目　　次

◆ 新訂五版の刊行に当たっ

◆ 編集に当たって

◆ この辞典の使い方

◆ 凡　　　　　例

あ行　か行　さ行　た行　な行　は行　ま行　や行　ら行　わ行

用字用語 新表記辞典

新訂五版

天沼　寧・加藤彰彦・鈴木仁也　編

第一法規

新訂五版の刊行に当たって

　第二次世界大戦終戦以前から、使用する漢字の制限をはじめとした日本語の書き表し方については検討が進められてきました。終戦後、「当用漢字表」（昭和21（1946）年内閣告示）や「現代かなづかい」（昭和21（1946）年内閣告示）の制定から日本語の書き表し方のよりどころは整備されていきます。その後、実際に使われていく中で課題が明らかになったり、情報化社会への対応が求められたりし、文字による円滑な日本語のコミュニケーション実現のために、社会からの求めに応じた改定が行われてきました。

　現在、日本語を書き表す際のよりどころとなっているものとしては、例えば次のようなものが挙げられます。

「常用漢字表」（平成22（2010）年内閣告示）

「現代仮名遣い」（昭和61（1986）年内閣告示）

「送り仮名の付け方」（昭和48（1973）年内閣告示）

「外来語の表記」（平成3（1991）年内閣告示）

「ローマ字のつづり方」（昭和29（1954）年内閣告示）

「表外漢字字体表」（平成12（2000）年国語審議会答申）

「公用文作成の考え方」（令和4（2022）年内閣官房長官通知）

「公用文における漢字使用等について」（平成22（2010）年内閣訓令）

「法令における漢字使用等について」（平成22（2010）年内閣法制局長官決定）

　平成22（2010）年の「常用漢字表」の改定を反映した本書の新訂四版は平成23（2011）年に刊行されましたが、「常用漢字表」の改定後も、文化審議会国語分科会では日本語の書き表し方に関する検

討が続けられ、「「異字同訓」の漢字の使い分け例」（平成26（2014）年国語分科会報告）や「常用漢字表の字体・字形に関する指針」（平成28（2016）年国語分科会報告）といった報告がまとめられました。一方、平成29（2017）年に改訂された小学校学習指導要領において学年別漢字配当表の見直しも行われました。さらに、令和元（2019）年には「公用文等における日本人の姓名のローマ字表記について」が関係府省庁申合せとしてまとめられました。昭和27（1952）年に通知された「公用文作成の要領」の見直しに向けた文化審議会国語分科会での審議も進められ、令和3（2021）年に「新しい「公用文作成の要領」に向けて」が報告され、令和4（2022）年には「公用文作成の考え方」の建議、建議を受けての内閣官房長官から各国務大臣宛ての通知が出され、「公用文作成の要領」に代わって「公用文作成の考え方」が使われるようになっています。

　この度、天沼寧先生、加藤彰彦先生の示された御方針を踏まえながら、上記のような新たな動きを反映させることと、時代に合わせた文例の見直しを行うために改訂作業を行いました。

　行政をはじめとした法令・公用文の分野、教育の分野、さらには一般社会において、日本語を書き表すに当たってのよりどころとして本書が活用されることを心から願っております。

　具体的な改訂作業は、第一法規株式会社出版編集局をはじめとする全社挙げての御協力により進めることができ、ここに新訂五版の刊行を見るに至りました。

　ここに記して感謝の意を表します。

　　令和4年10月

　　　　　　　　　鈴　木　仁　也

編集に当たって

　このたび、昭和56年10月１日付けで、「常用漢字表」が内閣告示
となりました。これに伴って、これまで国語を書き表すときの基準
であった「当用漢字表」・「当用漢字音訓表」・「当用漢字字体表」を
はじめ、「当用漢字別表」・「人名用漢字別表」・「人名用漢字追加表」
が廃止になりました。

　「常用漢字表」は、その「前書き」にもあるように、「法令、公用
文書、新聞、雑誌、放送など、一般の社会生活において、現代の国
語を書き表す場合の漢字使用の目安を示すもの」です。この「漢字
使用の目安を示すもの」というのが、「当用漢字表」の「使用する
漢字の範囲を示したもの」というのと、大きく違っているところで
あるということです。もっとも、この「目安」ということは、どう
いうことであるのか、ある数の漢字を掲げた表というものの性質か
らみて、はっきりしないところもあり、人によって、その解釈が必
ずしも一定しない面もあるようです。

　これについては、やはり「前書き」で、「この表の運用に当たっ
ては、個々の事情に応じて適切な考慮を加える余地のあるものであ
る。」と言い、また、国語審議会は、このことについて、答申の前
文で、「しかし、一般の社会生活において、相互の伝達や理解を円
滑にするためには、できるだけこの表に従った漢字使用が期待され
る。」と言っています。また、「目安」の趣旨を補足して、「……、
この表を無視してほしいままに漢字を使用してもよいというのでは
なく、この表を努力目標として尊重することが期待されるものであ
ること。」、「……、この表を基に、実情に応じて独自の漢字使用の
取決めをそれぞれ作成するなど、分野によってこの表の扱い方に差

を生ずることを妨げないものであること。」と言っています。

このように、今回の施策は、かつての国語施策が、いわゆる正書法的な方向を打ち出していたと思われるのに比べて、大きく方向を変え、画一的・統一的な表記というよりも、書き手の判断によって、適宜、取捨選択して用いるのが望ましいと考えているように思われます。

したがって、この趣旨からすれば、この施策に基づいた用字用語の手引きや辞典は不要であり、書き手は、銘々、「常用漢字表」を努力目標として頭におきながら国語を書き表せばよいということも言えます。しかしながら、さきに引用したように、国語審議会としては、「一般の社会生活において、相互の伝達や理解を円滑にするためには、できるだけこの表に従った漢字使用が期待される。」と言っています。すなわち、「目安」ということは、漢字の使用を、決して、いわゆる野放しにするという趣旨ではないと思われます。

目安であるということは、これまでの施策に比べて、書き表し方の幅が大きくなり、書き手の自由度が増したことになると同時に、書き手としては、絶えず判断を加えながら書いていかなければならないことになり、時と場合によっては、どう書いたらよいのか判断がつきかねる場合も生じるかもしれません。そこで私たちは、国語施策に基づいて書こうとする場合の参考・目安としての書き表し方の手引きを目標にこの辞典を編むこともあながち無用のことではないと考えて企画したものです。

この辞典は、国語を書き表すに際して、漢字の使用については、「常用漢字表」の趣旨・性格を十分に踏まえ、仮名遣いについては、内閣告示の「現代かなづかい」に準拠し、また、送り仮名については、同じく「送り仮名の付け方」をよりどころとすれば、このように書き表すことができるであろうということを目安として掲げたも

のであります。このようにこの辞典が掲げている書き表し方は、一応の目安ですから、書き手が施策の趣旨・性格の範囲内で、取捨選択を加えることは全く自由であるわけです。

　この辞典は、去る昭和48年8月、『用字用語新表記辞典』として出版したものを引き継いではおりますが、今回の「常用漢字表」が内閣告示となって実施されることになったのを機会に、新たに編集し直したものであります。編集に当たった天沼・加藤の両名は、旧版の編集にも携わっていたもので、今回もまた編集に当たりました。

　本書が、御利用をいただく方々の座右の書となり、豊かな言語生活の一助として、いささかでもお役に立つことになれば、この上もない幸せです。

　　昭和56年10月

　　　　　　　　　　天　沼　　　寧
　　　　　　　　　　加　藤　彰　彦

この辞典の使い方

　この辞典は、見出し語には、現代表記に必要な約2万6千語を収録し、それぞれに豊富な用例を掲げ、さらに参考表記、言い換え、公用文の表記、文部科学省語例集の表記等を示した。

　次に掲げる諸基準によって、現代国語を書き表そうとする場合の目安・よりどころとなるものである。

　　1　常用漢字表　　　　　　平成22年11月30日　内閣告示第2号

　　2　現代仮名遣い

　　　　　　　　　昭和61年7月1日　内閣告示第1号

　　　　　　　　　改正　平成22年11月30日　内閣告示第4号

　　3　送り仮名の付け方

　　　　　　　　　昭和48年6月18日　内閣告示第2号

　　　　　　　　　改正　平成22年11月30日　内閣告示第3号

　これらの諸基準に基づいて、語を書き表す場合、幾通りかの書き表し方が可能であるものは、たくさんある。

　常用漢字表　漢字とその音訓の使い方は、「常用漢字表」の「前書き」で、「この表の運用に当たっては、個々の事情に応じて適切な考慮を加える余地のあるものである。」としているから、ある分野、ある方面で、事情に応じて、適切な考慮を加えた上で、この表に掲げてない漢字を使うことも差し支えないし、この表に掲げてある漢字を、この表に掲げてない音訓で使うことも、同様な意味で差し支えないわけである。実際、新聞等における「絆」の使用や、兵庫県宝塚市における「障碍」の使用といった例が見られる。

　現代仮名遣い　「現代仮名遣い」では、「じ・ぢ」、「ず・づ」の使い方に関して、一部の語、例えば「せかいじゅう」、「いなずま」に

ついては、〈現代語の意識では一般に二語に分解しにくいもの等として、それぞれ「じ」「ず」を用いて書くことを本則とし、「せかいぢゅう」「いなづま」のように「ぢ」「づ」を用いて書くこともできるものとする。〉として、言わば許容を設けている。

送り仮名の付け方 「送り仮名の付け方」では、「通則7」を除く各通則に「許容」が設けてあり、しかも「前書き」で、「各通則において、送り仮名の付け方が許容によることのできる語については、本則又は許容のいずれに従ってもよいが、個々の語に適用するに当たって、許容に従ってよいかどうか判断し難い場合には、本則によるものとする。」とある。

上に述べた事柄を個々の語に適用して、その具体的な書き表し方の全てを掲げることにすると、各分野・各方面で、また、各個人で、それぞれの好みの書き表し方を選択することができ、一見便利なようではあるが、一面、ページ数の非常な増大を来し、煩わしく、しかも結局、どれに従ってよいか判断が付きかねるものが多くなってくるようにもなる。

そこで、この辞典は、漢字、及び、その音訓の使い方については、できるだけ常用漢字表に忠実に従うものとした。しかし、全く機械的ということではなく、国語施策に準ずると思われる公用文・法令関係の諸通知や、国語審議会・文化審議会のいろいろの報告、漢字部会の参考資料、新聞用語集、国語辞典等を参照し、また、社会一般にほぼ定着していると思われる書き表し方をも考慮して一語一語の具体的な書き表し方を掲げることに努めた。

この辞典では、1語について、原則として、一つの書き表し方を掲げることとしたのであるが、中には、二通りの漢字による書き表し方（漢字・仮名交じりを含む。）、漢字書きと仮名書きとの二通りの書き表し方を掲げたものがあるのは、以上のことを考慮したから

である。

　仮名遣いに関しては、全て本則による書き表し方を示し、「……書くこともできるものとする。」を適用した書き表し方は掲げなかった。

　送り仮名については、原則として、内閣告示の「通則1」から「通則6」までの、各本則・各例外、「通則7」、及び、「付表の語」のどれか一つを、それぞれの語に応じて適用した書き表し方を一つ掲げることにした。これは、公用文等でも、新聞でも、学校教育でも、原則としてそのようにしているからである。ただし、公用文等では、巻末に載せた付録でも分かるように、送り仮名の付け方について特別の処置・取り扱いをしているので、該当する語については、内閣告示の本則等による送り方及び公用文・法令における送り方若しくは「文部科学省用字用語例」・「文部科学省公用文送り仮名用例集」の語の送り方を掲げておいた。なお、これらのうち、(付)「「公用文作成の考え方(文化審議会建議)」解説」において、社会では、学校教育で学んだ表記が広く用いられており、公用文で使われる送り仮名を省く表記を見慣れていない人も多いことから、解説・広報等では、学校教育で学ぶ表記を用いた方が良い場合があると指摘されていることを踏まえ、必要に応じて、学校教育で学ぶ表記の例も掲げることとした。

　これ以外の語についても、内閣告示の「送り仮名の付け方」の許容を適用して、送り仮名(の一部)を省くことのできるものもたくさんあるが、許容による形は全て省いてある。

　通則7を適用する語については、なるべく控えめにし、主として告示に掲げてある語を中心に考えた。

　なお、この辞典において、ある語の書き表し方が、漢字(漢字・仮名交じりを含む。)で掲げてあっても、書き手の判断で、仮名書

きにすることは、少しも差し支えない。

　以上のような方針で、この辞典は、初めに掲げた三つの施策を適用した場合の語の書き表し方を掲げたものであるが、ここに掲げた書き表し方が、唯一の書き表し方であるというわけではない。

　見出しはアンチック体、現代仮名遣い、五十音順で掲げ、次の太字体（ゴシック体）は、３施策を適用した目安・よりどころとしての書き表し方である。

　異字同訓については、文化審議会国語分科会報告「「異字同訓」の漢字の使い分け例（報告）」に掲げてあるものを、それぞれの語の該当する箇所に分けて、全て原文のまま掲げた。

　同報告には、次のような前書きがある。

　1　この「「異字同訓」の漢字の使い分け例」（以下「使い分け例」という。）は、常用漢字表に掲げられた漢字のうち、同じ訓を持つものについて、その使い分けの大体を簡単な説明と用例で示したものである。

　2　この使い分け例は、昭和47年６月に国語審議会が「当用漢字改定音訓表」を答申するに際し、国語審議会総会の参考資料として、同審議会の漢字部会が作成した「「異字同訓」の漢字の用法」と、平成22年６月の文化審議会答申「改定常用漢字表」の「参考」として、文化審議会国語分科会が作成した「「異字同訓」の漢字の用法例（追加字種・追加音訓関連）」を一体化し、現在の表記実態に合わせて一層使いやすく分かりやすいものとなるよう作成したものである。作成に当たっては、簡単な説明を加えるとともに必要な項目の追加及び不要な項目の削除を行い、上記の資料に示された使い分けを基本的に踏襲しつつ、その適切さについても改めて検討した上で必要な修正を加えた。

　3　同訓の漢字の使い分けに関しては、明確に使い分けを示すこ

とが難しいところがあることや、使い分けに関わる年代差、個人差に加え、各分野における表記習慣の違い等もあることから、ここに示す使い分け例は、一つの参考として提示するものである。したがって、ここに示した使い分けとは異なる使い分けを否定する趣旨で示すものではない。また、この使い分け例は、必要に応じて、仮名で表記することを妨げるものでもない。

4　常用漢字表に掲げられた複数の同訓字の使い分けの大体を示すものであるから、例えば、常用漢字表にある「預かる」と、常用漢字表にない「与（あずか）る」とのような、同訓の関係にあっても、一方が常用漢字表にない訓である場合は取り上げていない。

　また、例えば、「かたよる」という語の場合に、「偏る」と表記するか、「片寄る」と表記するか、「ひとり」という語の場合に、「独り」と表記するか、「一人」と表記するかなど、常用漢字1字の訓同士でない場合についても取り上げていない。

教育漢字の右肩に添えたアラビア数字は、「小学校学習指導要領」の学年別漢字配当表に掲げてあるその漢字の配当学年を示している。なお、これは平成29年・文部科学省告示「小学校学習指導要領」による。

巻末には、各種の内閣告示をはじめ、国語を書き表す上での参考となると思われる資料を付録として添えた。

凡　　例

語のつなぎ方……「あいそ・あいそう」のように複数の読み方があ
　　　　　　る語、又は「圧伏・圧服」のように複数の書き方がある語
　　　　　　は、「・」でつないで、1項目にして示した場合がある。

読み表し方……語の音便化による変化等で複数の読みがある語は、
　　　　　　読みを「・」でつないで、1項目にして示した場合がある。

（　）　　康熙字典体……常用漢字表に掲げられている字体を示す。

〔　〕　　許容字体……常用漢字表に、「許容字体」として掲げられ
　　　　　ている字体を示す。

〔　〕　　音訓……カタカナは音、平仮名は訓、—は音又は訓がない
　　　　　ことを示す。訓中の太字は送り仮名を示す。音又は訓の下
　　　　　に付けたアンダーラインは、特別なものか、又は用法のご
　　　　　く狭いものを示す。

1〜6　　配当学年……漢字の右肩に添えた数字は、小学校学習指導
　　　　　要領の学年別漢字配当表に掲げられた漢字の配当学年を示
　　　　　す。

〔　〕　　品詞……連体詞・副詞などの品詞名を示す。

〈　〉　　参考表記……常用漢字表にない漢字（表外字）、又は常用
　　　　　漢字表に掲げられていない音訓（表外音訓）を使った書き
　　　　　表し方であり、×、△の印を付けて参考までに示した。

×　　　　表外字……常用漢字表に掲げられていない漢字を示す。

△　　　　表外音訓……常用漢字表に掲げられていない音訓の漢字を
　　　　　示す。

公　　　　法令・公用文における書き表し方……内閣訓令「公用文に
　　　　　おける漢字使用等について」・内閣法制局「法令における

漢字使用等について」に掲げられた書き表し方を示す。

(文)　文部科学省の公用文における書き表し方……「文部科学省用字用語例」及び「文部科学省公用文送り仮名用例集」に掲げられた書き表し方を示す。本書では、併せて「文科省語例集」の表記として示す。

(建)　(付)「公用文作成の考え方（文化審議会建議)」解説に基づく書き表し方……（付)「公用文作成の考え方（文化審議会建議)」解説で指摘されている、公用文で使われる送り仮名を省く書き表し方を見慣れない語と考えられるものの学校教育で学ぶ書き表し方を示す。

(付)　付表の語……常用漢字表の付表に掲げられている語を示す。

⇒　言い換え又は同義語・類語……これまでの伝統的な書き表し方が、表外の字、表外の音訓であるような語については、世間でかなり使われていると思われる言い換えや同義語・類義語などを、報道関係の用字用語集等を適宜参照して示した。

＊　都道府県名の表記……常用漢字表の備考欄に掲げられた都道府県名で、特別な読みの場合を示す。

(例)　用例……見出し語ごとに、適宜用例を示した。該当する見出し語は、用例中では「〜」で示した。ただし、前後の関係で、活用が変化したり、見出し語が濁音に変化するなどの場合は、「〜」を使用していない。

(注)　注記……必要に応じ、書き表し方、読み方に関する内容を中心に注を加えた。

「異字同訓」の漢字の使い分け……文化審議会国語分科会（平成26年2月21日）の報告に示された「「異字同訓」の漢字の使い分け例（報告)」の本表を収録した。

あ

あ　亜(亞)〔ア〕　例亜流、亜麻、亜
　　鉛、亜寒帯、亜熱帯、亜硫酸
ああ　ああ〈嗚呼・噫〉　例～悲しい。
あい　哀〔アイ
　　　　あわれ・あわれむ〕　例哀感、
　　哀愁、哀願、哀悼、悲哀
あい　挨〔アイ〕　例挨拶
あい　愛⁴〔アイ〕　例愛情、愛読、愛
　　惜、親愛、恋愛、愛する人、母
　　の愛　＊愛媛県(えひめけん)
あい　曖〔アイ〕　例曖昧
あい…　相…　文相…　例～戒める。
あい　藍　例青は～より出(い)でて
　　～より青し。
あいあいがさ　相合い傘　文相合い
　　傘　例～の二人連れ。
あいいれない　相いれない〈相容れ
　　ない〉
あいいろ　藍色　例～の着物。
あいうち　相打ち　例剣道の試合で
　　両者～となる。
あいうち　相討ち　例力を尽くして
　　戦ったが結局～となった。
あいうち　相撃ち　例ピストルで撃
　　ち合い～となる。
　　　注新聞では、「相討ち・相撃ち」は、「相
　　　打ち」と書く。
あいかぎ　合い鍵　文合い鍵

あいかわらず　相変わらず　文相変
　　わらず　例～忙しい。～元気だ。
あいかん　哀歓　例～を共にする。
あいがん　哀願　例今度だけは見逃
　　してくれと～する。
あいがん　愛玩　例～動物。
あいぎ　合い着・合着〈間着〉
あいきどう　合気道　文合気道
あいきょう　愛きょう〈愛敬・愛嬌〉
　　例～を振りまく。～のない人。
あいくち　あいくち〈合口・匕首〉
　　公あいくち　⇒短刀　例～を突
　　き付けて脅す。
　　　注法令では、「匕首」は用いない。「あい
　　　くち」を用いる。
あいくるしい　愛くるしい　例～目
　　をした犬。
あいけん　愛犬　例～と散歩をする。
あいご　愛護　例動物の～。
あいことなる　相異なる　例～考え。
あいことば　合い言葉
あいさつ　挨拶　公文挨拶　例会長
　　の～。丁寧に～する。
あいしゅう　哀愁　例～の感が漂う。
　　～を帯びた歌声。
あいしょう　相性〈合性〉　文相性
　　例～が良い人と結婚する。
　　　注新聞では、「相性」と書く。
あいしょう　愛唱〈愛誦〉　例～歌。
あいしょう　愛称　例～の募集。
あいじょう　愛情　例両親の～に育
　　まれてすくすくと育つ。

あいじょう　愛嬢　[例]Ａ氏の～。
あいじるし　合印〈合標〉
あいず　合図　[公][文]合図　[例]手を挙げて～をする。～で立ち上がる。
あいする　愛する　[例]動物を～心。
あいせき　相席〈合席〉　[例]御～でよろしければ、どうぞ。
あいせき　哀惜　[例]Ａ君の死は全く～の念に堪えない。
あいせき　愛惜　[例]～の品。
あいそ・あいそう　愛想　[例]～のいい返事。～も尽き果てる。～のいい態度。
あいそ　哀訴
あいぞう　愛憎
あいそづかし　愛想尽かし　[例]そんな～を言わないでくれ。
あいぞめ　藍染め　[文]藍染め
あいそわらい　愛想笑い
あいだ　間　[例]休みの～に原稿を書く。ＡとＢとの～にある点。
あいたいずく　相対ずく〈相対尽く〉　[例]これは～で決めたことだ。
あいたいする　相対する　[文]相対する　[例]～勢力。相対して座る。
あいだがら　間柄　[文]間柄　[例]親しい～。
あいちゃく　愛着　[例]～を感じる。
あいつ　あいつ〈彼奴〉　[例]～は、本当にひどいやつだ。
あいつぐ　相次ぐ　[例]吉報が～。事故が相次いで起きた。
あいづち　相づち〈相槌・相鎚〉　[文]相づち　[例]話に～を打つ。
あいて　相手〈対手〉　[文]相手　[例]～になる。～を負かす。話し～。
あいてかた・あいてがた　相手方　[例]～の出方を待って話を進める。
あいとう　哀悼　[例]～の意を表する。
あいどく　愛読　[例]小説を～する。
あいともなう　相伴う　[例]Ｂさん夫婦は相伴って旅行に出発した。
あいにく　あいにく〈生憎〉　[文]あいにく　[例]～品切れです。
あいのて　合いの手〈間の手〉　[文]合いの手　[例]～を入れる。
あいのり　相乗り
あいびき　あいびき〈逢い引き〉
あいびょう　愛猫
あいぶ　愛ぶ〈愛撫〉　⇒かわいがる　[例]猫を～しながら話す。
あいふく　合服・合い服〈間服〉　[公][文]合服　[建]合い服
あいぼう　相棒　[例]彼は仕事上の古くからの～だ。
あいま　合間　[公][文]合間　[例]仕事の～。
あいまい　曖昧　[文]曖昧　[例]～な返事。態度を～にする。
あいまって　あいまって・相まって〈相俟って〉　[文]あいまって　[例]周到な準備と豊富な資金とが～この難事業は成功した。
あいみたがい　相身互い〈相見互い〉

例苦しいときは～だ。

あいやど　相宿　例偶然～となる。

あいよく　愛欲〈愛慾〉　例～に溺れ
　　て身を滅ぼす。

あいらしい　愛らしい　例～態度。

あいろ　あい路〈隘路〉　⇒支障・困
　　難・障害　例資金の調達が、唯
　　一の～である。

あう　会う〈逢う〉　⊗会う　例3時
　　に東京駅で人に～約束がある。

あう　合う　⊗合う　例計算がぴっ
　　たりと～。彼とは気が～。

あう　遭う　⊗遭う　例事故に～。
　　囲「会う・合う・遭う」の使い分けは、
　　「「異字同訓」の漢字の使い分け」参
　　照。

あえぐ　あえぐ〈喘ぐ〉　例暑さに～。

あえて　あえて〈敢えて〉　⊗あえて
　　例～言う必要もないだろう。

あえない　あえない〈敢え無い〉
　　⇒はかない・あっけない　例～
　　最期を遂げる。あえなく敗れた。

────────　「異字同訓」の漢字の使い分け　────────

あう

【会う】主に人と人が顔を合わせる。
　　客と会う時刻。人に会いに行く。駅でばったり友人と会った*。
　　投票に立ち会う。二人が出会った場所**。

【合う】一致する。調和する。互いにする。
　　意見が合う。答えが合う。計算が合う。目が合う。好みに合う。
　　部屋に合った家具。割に合わない仕事。会議で話し合う。
　　幸運に巡り合う**。

【遭う】思わぬことや好ましくない出来事に出くわす。
　　思い掛けない反対に遭う。災難に遭う。にわか雨に遭う。

*　　「駅でばったり友人とあった」の「あう」については、「思わぬことに出くわ
　　す」という意で「遭」を当てることもあるが、「友人と顔を合わせる」という視点
　　から捉えて、「会」を当てるのが一般的である。

**　「出会う」は、「人と人が顔を合わせる」意だけでなく、「生涯忘れられない作
　　品と出会う」のように、「その人にとって強い印象を受けたもの、価値あるも
　　のなどに触れる」意でもよく使われる。また、「事故の現場に出会う」や「二つ
　　の道路が出会う地点」のように、「思わぬことや好ましくない出来事に出くわ
　　す。合流する」意では「出合う」と表記することが多い。
　　「巡りあう」の「あう」についても、「互いに出くわす」意で「合」を当てるが、
　　「出くわす」ものが人同士の場合には「人と人が顔を合わせる」という視点から
　　捉えて、「会」を当てることもできる。

（平成26年文化審議会国語分科会）

あ行

あえる　あえる〈和える〉　例ごまで〜。酢みそであえた料理。

あえん　亜鉛　例〜でめっきする。

あお　青　例信号が〜になる。

あおあお　青々　例〜とした麦畑。

あおい　青い〈碧い・蒼い〉　⊠青い　例〜空。考え方がまだ〜。

あおい　あおい〈葵〉　例〜の紋。

あおぎみる　仰ぎ見る　例月を〜。

あおぐ　仰ぐ　⊠仰ぐ　例判断を〜。空を〜。師と〜に足る人。

あおぐ　あおぐ〈扇ぐ・煽ぐ〉　例扇子で〜。

あおくさい　青臭い　例まだ若いから、〜ところがある。

あおさ　青さ　⊠青さ　例目の覚めるような空の〜。

あおざめる　青ざめる〈蒼ざめる〉　例見とがめられて顔色が〜。

あおじろい　青白い〈蒼白い〉　例月の光が〜。〜顔色の男。

あおぞら　青空

あおだたみ　青畳

あおな　青菜

あおにさい　青二才　例〜のくせに、生意気なことを言うな。

あおのり　青のり〈青海苔〉

あおぶくれ　青膨れ

あおみ　青み〈青味〉　例もう少し〜を加えればよい。

あおむく　あおむく〈仰向く〉　例照明を少しあおむける。

あおむけ　あおむけ〈仰向け〉　例〜に寝転ぶ。

あおやぎ　青やぎ〈青柳〉　例川辺の〜が美しい。

あおり　あおり〈煽り〉　例不況の〜を食って倒産した。〜運転。

あおる　あおる〈呷る〉　例ビールをぐいぐいと〜ように飲む。

あおる　あおる〈煽る〉　例人気を〜。風にあおられる。

あか　赤　例信号が〜になった。〜の他人。〜紫色。薄〜。

あか　あか〈垢〉　例こすると驚くほどの〜が出る。〜だらけの体。

あかあか　赤々　例〜とした夕日。

あかあか　赤々〈明々〉　例街の明かりが〜と見える。

あかい　赤い　⊠赤い　例夕焼けが〜。〜色。

あかおに　赤鬼

あかがね　あかがね〈銅〉　⇒銅(どう)　例〜色に輝く。〜のやかん。

あがき　あがき〈足掻き〉　例最後の〜。

あかぎれ　あかぎれ〈皸・皴〉　例〜だらけの手。

あがく　あがく〈足掻く〉　⇒じたばたする・もがく　例あがけば〜ほど深みにはまり込む。

あかぐみ　赤組　⊠赤組　例〜の勝ち。〜と白組に分かれて戦う。

あかご　赤子　例〜の手をひねるよ

囲:付表の語　✕:表外字　△:表外音訓　〈　〉:参考表記　⇒:言い換え等

り易しい。かわいい〜。

あかし　あかし〈証し〉　⇒証拠・証明　例身の〜を立てる。

あかじ　赤字　例今月も〜だ。訂正は〜で願います。

あかしくらす　明かし暮らす　例毎日毎日を泣きの涙で〜。

…(に)あかして　…(に)飽かして　⊗…(に)飽かして　例金に〜書画骨とうを買う。

あかじみる　あか染みる〈垢染みる〉

あかしんごう　赤信号　例〜で止まる。財政に〜がともる。

あかす　明かす　⊗明かす　例まんじりともせず一夜を〜。種を〜。

あかす　飽かす　⊗飽かす　例暇に飽かして本を読む。

あかす　あかす〈証す〉　例身の潔白を〜。

あかつき　暁　例もう〜も近い。この事業が成功の〜には…。

あかつち　赤土

あがなう　あがなう〈購う〉　⇒買う・買い求める　例大枚をはた

いてようやく〜ことができた。

あがなう　あがなう〈贖う〉　⇒つぐなう　例罪を〜。

あかぬける　あか抜ける〈垢抜ける〉　例あか抜けた装い。

あかみ　赤身　例〜の肉。

あかみ　赤み〈赤味〉　例頰に幾分〜が差してきたようだ。

あかみがかる　赤みがかる〈赤味掛かる〉　例赤みがかった頰。

あかむけ　赤むけ〈赤剝け〉　例〜した肌。

あがめる　あがめる〈崇める〉　例師と〜。神を〜。

あからさま　あからさま　例〜に言えば、随分下手だ。

あからむ　赤らむ　⊗赤らむ　例顔が〜。夕焼けで西の空が〜。

あからむ　明らむ　⊗明らむ　例次第に東の空が明らんでくる。

注「赤らむ・明らむ」の使い分けは、「「異字同訓」の漢字の使い分け」参照。

あからめる　赤らめる　⊗赤らめる

───── 「異字同訓」の漢字の使い分け ─────

あからむ
【赤らむ】赤くなる。
　　顔が赤らむ。夕焼けで西の空が赤らむ。
【明らむ】明るくなる。
　　日が差して部屋の中が明らむ。次第に東の空が明らんでくる。
　　　　　　　　　　　（平成26年文化審議会国語分科会）

あ行

例顔を～。

あかり　明かり〈灯り〉　⊗明かり
例～をつける。～を消す。

あがり　上がり　⊗上がり　例すご
ろくの～。物価の～下がり。

あがりぐち　上がり口　⊗上がり口
例2階への～。

あがる　上がる　⊗上がる　例値段
が～。雨が～。歓声が～。

あがる　揚がる　⊗揚がる　例日の
丸の旗が～。

あがる　挙がる　⊗挙がる　例犯人
が～。手が～。

注「上がる・揚がる・挙がる」の使い
分けは、「「異字同訓」の漢字の使い
分け」参照。

あかるい　明るい　⊗明るい　例空
が～。～部屋。～性格の人。

あかるさ　明るさ　⊗明るさ　例電
灯の～が足りない。表情に～が
ある。

あかるみ　明るみ　⊗明るみ　例隠
していた事件が～に出る。

あかるむ　明るむ　⊗明るむ　例東
の空がほんのりと～。

あかるめ　明るめ・明る目　例部屋
は～の方がよい。

注「形容詞＋め」は原則として「～め」。

あかわく　赤枠　例～で囲む。

あかんぼう　赤ん坊　⊗赤ん坊
例～を抱いた女の子。～の写真。

あき　秋　例～の空。～たけなわ。

「異字同訓」の漢字の使い分け

あがる・あげる

【上がる・上げる】位置・程度などが高い方に動く。与える。声や音を出す。
終わる。
　　二階に上がる。地位が上がる。料金を引き上げる。成果が上がる。
　　腕前を上げる。お祝いの品物を上げる。歓声が上がる。雨が上がる。

【揚がる・揚げる】空中に浮かぶ。場所を移す。油で調理する。
　　国旗が揚がる。花火が揚(上)がる＊。たこ揚げをして遊ぶ。船荷を揚げる。
　　海外から引き揚げる。天ぷらを揚げる。

【挙がる・挙げる】はっきりと示す。結果を残す。執り行う。こぞってする。
捕らえる。
　　例を挙げる。手が挙がる。勝ち星を挙げる。式を挙げる。
　　国を挙げて取り組む。全力を挙げる。犯人を挙げる。

＊　「花火があがる」は、「空中に浮かぶ」花火の様子に視点を置いて「揚」を当て
るが、「空高く上がっていく(高い方に動く)」花火の様子に視点を置いた場合
には「上」を当てることが多い。

(平成26年文化審議会国語分科会)

注:付表の語　×:表外字　△:表外音訓　〈　〉:参考表記　⇒:言い換え等

あき　明き　[例]この服は胸の～が大き過ぎる。前～のシャツ。

あき　空き　[例]ホテルの～部屋。何分、時間に～がありません。

あき　開き　[例]窓の～が少ないので風の通りが悪い。

あき　飽き〈厭き〉　[文]飽き　[例]このネクタイにも、もう～が来た。

あきかん　空き缶　[文]空き缶　[例]～の回収。

あきさめ　秋雨　[例]～前線。

あきす　空き巣　[文]空き巣　[例]～に入られた。～狙い。

あきたりない　飽き足りない　[例]まだまだ～点が多い。

あきち　空き地　[文]空き地　[例]～を貸す。

あきない　商い　[文]商い　[例]今日は～が少なかった。朝～。

あきなう　商う　[文]商う　[例]小間物を～店。

あきばこ　空き箱　[例]お菓子の～。

あきばれ　秋晴れ　[文]秋晴れ　[例]運動会は、すばらしい～だった。

あきびより　秋日和　[例]旅行中は、幸い～に恵まれた。

あきびん　空き瓶　[文]空き瓶　[例]～の回収。

あきま　空き間　[文]空き間　[例]～を物置にする。

あきまつり　秋祭り　[文]秋祭り　[例]村の～。

あきや　空き家　[文]空き家　[例]～だったが借り手が決まった。

あきらかだ　明らかだ　[文]明らかだ　[例]そのことは既に～。明らかに君が悪い。

あきらめ　諦め　[文]諦め　[例]～が悪い。

あきらめる　諦める　[文]諦める　[例]今度は～より仕方がない。

あきる　飽きる〈厭きる〉　[文]飽きる　[例]遊びに～。

あきれかえる　あきれ返る〈呆れ返る〉　[例]～ほど愚かな行為。

アキレスけん　アキレスけん〈アキレス腱〉

あきれはてる　あきれ果てる〈呆れ果てる〉　[例]全く君には～。

あきれる　あきれる〈呆れる〉　[例]到着まで～ほど時間が掛かった。

あきんど　あきんど〈商人〉　⇒商人　[例]俺は～の家に生まれた。

あく　悪3（悪）〔アク・オ わるい〕　[例]悪運、悪意、悪事、醜悪、凶悪、悪に染まる

あく　握〔アク にぎる〕　[例]握力、握手、把握、掌握

あく　明く　[文]明く　[例]目がぱっちりと～。

あく　空く　[文]空く　[例]席が～。

あく　開く　[文]開く　[例]扉が～。

[注]「明く・空く・開く」の使い分けは、「「異字同訓」の漢字の使い分け」p.8

あ行

参照。

あく　飽く〈厭く〉　例～ことを知らない。～なき野望。

あく　あく〈灰汁〉　例～を抜く。

あくい　悪意　例別に～はない。

あくえき　悪疫

あくぎょう　悪行　例～を働く。

あくじ　悪事　例～千里を走る。

あくしつ　悪質　例極めて～な犯罪。

あくしつ　悪疾

あくしゅ　握手　例～を交わす。

あくしゅう　悪臭　例～が鼻を突く。

あくしゅう　悪習

あくしょ　悪所　例～で難儀する。

あくしょ　悪書　例～を追放する。

あくせい　悪性　例～の病気。

あくせく　あくせく〈齷齪〉　例～と働く。～したって始まらない。

あくせんくとう　悪戦苦闘　例～の末、勝利を収めた。

あくた　あくた〈芥〉　⇒ごみ　例ちり～のように捨てる。

あくたい　悪態　例～をつく。聞くに堪えないほどの～を浴びせる。

あくだま　悪玉　例善玉と～。

あくどい　あくどい　例～やり方でもうける。～色彩。

あくとう　悪党　例～の一味。

あくなき　飽くなき　例～野望。

あくば　悪罵　例～を浴びせる。

あくび　あくび〈欠伸〉　例～が出るほどつまらない。～をかみ殺す。

あくへき　悪癖

あくま　悪魔

あくまで　飽くまで〈飽く迄〉　×飽くまで　例こうなったら～闘う。

あくむ　悪夢　例～から覚める。

あくよう　悪用　例規定を～する。

あぐら　あぐら〈胡坐〉　例座敷へ入るなりどっかりと～をかく。

あくらつ　悪辣　例やり方が～だ。

あくりょう　悪霊

あくりょく　握力　例～が強い。

あくる〔連体詞〕　明くる〈翌る〉

「異字同訓」の漢字の使い分け

あく・あける

【明く・明ける】目が見えるようになる。期間が終わる。遮っていたものがなくなる。

　　子犬の目が明く。夜が明ける。年が明ける。喪が明ける。らちが明かない。

【空く・空ける】からになる。

　　席が空く。空き箱。家を空ける。時間を空ける。

【開く・開ける】ひらく。

　　幕が開く。ドアが開かない。店を開ける。窓を開ける。そっと目を開ける。

　　　　　　　　　　　　　　　　　　　　（平成26年文化審議会国語分科会）

団:付表の語　×:表外字　△:表外音訓　〈　〉:参考表記　⇒:言い換え等

[公][文]明くる [例]～15日。～朝。～年。～晩。～日。
あけ 明け [例]連休～。～の空。
あけ あけ〈朱〉 [例]～に染まる。
あげ 上げ [例]裾の～を頼む。
あげ 揚げ [例]精進～。荷～。
あげあし 揚げ足 [文]揚げ足 [例]人の～を取る。
あげあしとり 揚げ足取り [例]～はおやめなさい。
あげあぶら 揚げ油 [文]揚げ油
あげいた 上げ板・揚げ板 [例]台所の～を外す。
あげおろし 上げ下ろし [例]箸の～までやかましく言う。
あけがた 明け方 [文]明け方 [例]～ひどい雨が降った。もう～だ。
あげく 挙げ句・揚げ句 [文]挙げ句 [例]散々泣いた～寝てしまった。～の果て。
[注]新聞では、「揚げ句」と書く。
あけくれ 明け暮れ [文]明け暮れ [例]～息子のことを心配する母親。
あげさげ 上げ下げ [例]かじで機首を～する。
あげしお 上げ潮 [文]上げ潮 [例]～に乗る。
あけしめ 開け閉め [例]障子の～。
あげぞこ 上げ底・揚げ底 [例]～の箱に入ったお菓子。
あけたて 開けたて〈開け閉て〉 [文]開けたて [例]障子を～する。
あけっぱなし 開けっ放し〈明けっ放し〉 [例]窓を～にしておく。
あけっぴろげ 開けっ広げ〈明けっ広げ〉 [例]障子を～にして涼風を入れる。～な性格の人。
[注]新聞では、「開けっ広げ」と書く。
あげて 挙げて [文]挙げて [例]国を～お祝いする。
あげに 揚げ荷
あけのみょうじょう 明けの明星
あけはなす 開け放す〈明け放す〉 [例]ふすまを～。窓を～。
あけはなつ 開け放つ〈明け放つ〉 [例]ふすまを一杯に～。
あけはなれる 明け離れる〈明け放れる〉 [文]明け離れる [例]夜がすっかり～。
あけぼの あけぼの〈曙〉 [例]～の空。春は～。
あげもの 揚げ物 [文]揚げ物 [例]～のおかず。
あける 明ける [文]明ける [例]夜が～。
あける 空ける [文]空ける [例]中身を～。
あける 開ける [文]開ける [例]窓を～。
[注]「明ける・空ける・開ける」の使い分けは、「「異字同訓」の漢字の使い分け」p.8参照。
あげる 上げる [文]上げる [例]棚に～。価格を～。これを君に～。

あげる　揚げる　[文]揚げる　[例]天ぷらを～。旗を～。
あげる　挙げる　[文]挙げる　[例]例を～と次のようだ。
[注]「上げる・揚げる・挙げる」の使い分けは、「「異字同訓」の漢字の使い分け」p.6参照。
…(て)あげる　…(て)あげる〈…(て)上げる〉　[公][文]…てあげる　[例]詳しく説明して～。持って～。
[注]公用文では、「図書を貸してあげる。」のように用いるときは、原則として、仮名で書く。
あけわたし　明け渡し　[公][文]明渡し　[建]明け渡し　[例]部屋の～をする。
あけわたしきじつ　明け渡し期日　[文]明渡し期日　[例]～が迫る。
あけわたす　明け渡す　[文]明け渡す　[例]城を～。
あご　顎　[例]～が落ちるほどおいしい。～が外れる。
あこがれ　憧れ〈憬れ〉　[文]憧れ
あこがれる　憧れる〈憬れる〉　[文]憧れる　[例]パリに～。スターに～。
あさ　麻　[例]～のシャツ。
あさ　朝　[例]～になる。冬の～。
あざ　字　[例]～と番地。
あざ　あざ〈痣〉　[例]転んで足に～ができた。赤い～。
あさあけ　朝明け
あさい　浅い　[文]浅い　[例]経験が～。～海。
あさおき　朝起き　[文]朝起き　[例]姉は～して出掛けた。
あさがすみ　朝がすみ〈朝霞〉
あさぎ　あさぎ〈浅葱〉　[例]～色。
あさぎり　朝霧
あさぐろい　浅黒い　[例]～顔。
あざける　嘲る　[文]嘲る　[例]むやみに人を～ものではない。
あさごはん　朝御飯　[例]さっさと～を済ませる。
あさせ　浅瀬　[例]～に乗り上げる。
あさぢえ　浅知恵　[例]～で判断するな。～を働かす。
あさづけ　浅漬け　[文]浅漬け　[例]大根の～。
あさって　あさって〈明後日〉
あさっぱら　朝っぱら　[例]～から電話で起こされた。
あさなぎ　朝なぎ〈朝凪〉
あさなわ　麻縄　[例]～で縛る。
あさねぼう　朝寝坊　[例]～をして遅刻した。
あさはかだ　浅はかだ　[文]浅はかだ　[例]考えが～。
あさひ　朝日　[例]～が昇る。
あさましい　浅ましい・あさましい　[例]～ことをするな。
あざむく　欺く　[文]欺く　[例]人を～。
あさめし　朝飯　[例]～前の仕事。
あさもや　朝もや〈朝靄〉　[例]～が掛かっている。
あざやかだ　鮮やかだ　[文]鮮やかだ

㉙意地の悪い質問に鮮やかに答
　える。色が〜。

あさやけ　朝焼け 圀 〜の日は、雨
　になりがちだ。美しい〜。

あさる　あさる〈漁る〉 ㉙資料を〜。

あざわらう　あざ笑う〈嘲笑う〉
　㉙人の失敗を〜。

あし　足 ㉙〜が速い。手と〜。

あし　脚 ㉙机の〜。雨〜。
　囲「足・脚」の使い分けは、「「異字同
　　訓」の漢字の使い分け」参照。

あじ　味 ㉙〜を付ける。ちょっと
　乙な〜だ。〜のある言葉。

あしあと　足跡 ㉙〜を追って行く。
　〜を見失う。

あしおと　足音 ㉙〜を忍ばせて歩
　く。春の〜。

あしがかり　足掛かり 図足掛かり
　㉙何の〜もないので困った。

あしかけ　足掛け・足かけ 図足掛

け ㉙結局〜10年掛かった。鉄
　棒で〜上がりをする。

あしからず　あしからず〈悪しから
　ず〉 ㉙〜御了承ください。

あしがる　足軽 ㉙〜から身を起こ
　して天下を取る。

あしげ　足げ〈足蹴〉 ㉙〜にする。

あじけない　味気ない・あじけない
　㉙〜思いをする。〜世の中。

あしざま　あしざま〈悪し様〉 ㉙〜
　に罵る。〜に言う。

あした　あした〈明日〉 ㉙〜は晴れ
　るだろう。〜会おう。

あしだい　足代 ㉙こう〜が高くな
　ってはやりきれない。

あしだまり　足だまり〈足溜まり〉
　㉙伯父の家を〜にして名所・旧
　跡を訪ねるつもりです。

あしつき　足つき〈足付き〉 ㉙危な
　い〜で歩いている。

―――「異字同訓」の漢字の使い分け―――

あし
【足】足首から先の部分*。歩く、走る、行くなどの動作に見立てたもの。
　　　足に合わない靴。足の裏。足しげく通う。逃げ足が速い。出足が鋭い。
　　　客足が遠のく。足が出る。
【脚】動物の胴から下に伸びた部分。また、それに見立てたもの。
　　　キリンの長い脚。脚の線が美しい。机の脚(足)*。
＊　「足」は、「脚」との対比においては「足首から先の部分」を指すが、「足を組
　む」「足を伸ばす」「手足が長い」など、「胴から下に伸びた部分」を指して用い
　る場合もある。「机のあし」に「足」を当てることができるのは、このような用
　い方に基づくものである。

（平成26年文化審議会国語分科会）

あしつき　脚付き　㊞～の台。
あじつけ　味付け　㊫味付け　㊞我が家の～が一番だ。
あしでまとい　足手まとい〈足手纏い〉　㊞～になるからと大人だけで行く。
あしどめ　足止め　㊫足止め　㊞突然の雨で～を食った。
あしどり　足取り　㊫足取り　㊞その後の～が分からない。元気な～で歩く。
あしなみ　足並み　㊫足並み　㊞全員が～をそろえて歩く。
あしならし　足慣らし〈足馴らし〉　㊞病後の～に公園を散歩する。
あしば　足場　㊞～を組む。生活の～を築く。
あしぶみ　足踏み　㊫足踏み　㊞景気は～状態だ。
あじみ　味見
あしもと　足元・足下〈足許〉　㊞～に注意して歩く。～を見る。
注新聞では､｢足元｣と書く。
あしゅら　あしゅら〈阿修羅〉
あしよわ　足弱
あしらい　あしらい　㊞全くひどい～だ。客～。
あしらう　あしらう　㊞秋の七草をあしらった帯。鼻で～。冷たく～。
あじわい　味わい　㊫味わい　㊞何とも言えない～がある。
あじわう　味わう　㊫味わう　㊞文を読み、その趣を～。料理を～。
あす　明日付　㊞～は晴れるさ。
あずかり　預かり　㊫預かり　㊞この一件は～とする。
あずかりきん　預かり金　㊓㊫預り金　㊮預かり金
あずかる　預かる　㊫預かる　㊞親類の子供を～。
あずかる　あずかる〈与る〉　㊫あずかる　㊞私までお招きに～とは恐縮です。相談に～。
あずき　小豆付　㊞～のあん。
あずけいれきん　預け入れ金　㊓㊫預入金
あずけきん　預け金　㊫預け金
あずける　預ける　㊫預ける　㊞ボーナスをそっくり銀行に～。
あずま　あずま〈東〉　㊞～男。
あずまや　あずま屋〈東屋・四阿〉　㊞公園の～で休憩する。
あせ　汗　㊞玉の～。手に～を握る。額に～する。
あぜ　あぜ〈畔・畦〉　㊞田の～。
あせばむ　汗ばむ　㊫汗ばむ　㊞じっとりと～ほど気温が高い。
あせみず　汗水　㊞～垂らして働く。
あせみずく　汗みずく〈汗水漬く〉　⇒汗だく・汗びっしょり・汗みどろ　㊞～になって働く。
あぜみち　あぜ道〈畔道・畦道〉
あせみどろ　汗みどろ

付:付表の語　×:表外字　△:表外音訓　〈　〉:参考表記　⇒:言い換え等

あせも　あせも〈汗疹・汗疣〉

あせり　焦り　㊊焦り　㋮～を隠す。

あせる　焦る　㊊焦る　㋮そう～な。

あせる　あせる〈褪せる〉　⇒さめる
　㋮日光に当てると色が～。

あぜん　あぜん〈啞然〉　㋮彼の発言
　に、一同～とする。

あそこ　あそこ〈彼処・彼所〉　㋮こ
　こにはない、～ならあるだろう。

あそばす　遊ばす　㋮子供を～。

…あそばす　…あそばす〈…遊ばす〉
　㋮お聞き～。御覧あそばせ。

あそび　遊び　㊊遊び　㋮～に飽き
　る。このハンドルには～がある。

あそびば　遊び場

あそぶ　遊ぶ　㊊遊ぶ　㋮子供が仲
　良く～。信州の温泉に～。

あだ　あだ〈仇〉　㋮恩を～で返す。

あだ　あだ〈徒〉　㋮せっかくの好意
　が～になる。

あたい　値　㊊値　㋮xの～。

あたい　価　㊊価　㋮～が高い品物。
　㊐「値・価」の使い分けは、「「異字同
　訓」の漢字の使い分け」参照。

あたいする　値する　㊊値する
　㋮一見に～。

あだうち　あだ討ち〈仇討ち〉　㊊あ
　だ討ち　⇒報復・仕返し・敵討
　ち

あたえる　与える　㊊与える　㋮小
　遣いを～。

あだおろそか　あだおろそか〈徒疎
　か〉　㋮～な気持ちでは困る。
　～に取り扱えない。

あたかも　あたかも〈宛も・恰も〉
　㊊あたかも　㋮時～よし。～一
　幅の絵のように美しい。

あたたかい　温かい　㊊温かい
　㋮～気持ちの人。～うちにお召
　し上がりください。～家庭。

あたたかい　暖かい　㊊暖かい
　㋮昼間は～。春の日ざし。
　㊐「温かい・暖かい」の使い分けは、
　「「異字同訓」の漢字の使い分け」
　p.14参照。

あたたかだ　温かだ　㊊温かだ
　㋮温かな雰囲気。

あたたかだ　暖かだ　㊊暖かだ

─── 「異字同訓」の漢字の使い分け ───

あたい

【値】値打ち。文字や式が表す数値。
　　千金の値がある。称賛に値する。未知数xの値を求める。

【価】値段。価格。
　　手間に見合った価を付ける。

（平成26年文化審議会国語分科会）

あ行

例今日は〜。暖かな日。

注「温かだ・暖かだ」の使い分けは、「「異字同訓」の漢字の使い分け」参照。

あたたかみ　温かみ　㊊温かみ
例人の心の〜を感じた。

あたたかみ　暖かみ　㊊暖かみ
例冬の日ざしのかすかな〜。

あたたまる　温まる　㊊温まる
例心の〜ような話。

あたたまる　暖まる　㊊暖まる
例ストーブに当たって十分に〜。

注「温まる・暖まる」の使い分けは、「「異字同訓」の漢字の使い分け」参照。

あたためる　温める　㊊温める
例冷たいみそ汁を〜。

あたためる　暖める　㊊暖める
例部屋を〜。

注「温める・暖める」の使い分けは、「「異字同訓」の漢字の使い分け」参照。

あたって　当たって　例この会の発足に〜、一言申し上げます。

あだな　あだ名〈仇名・渾名〉　例先生の〜。

あたま　頭　例〜の良い子。〜を悩ます。〜が上がらない。〜を下げる。

あたまうち　頭打ち　㊊頭打ち
例給料が〜になった。

あたまきん　頭金　例〜を払う。

あたまごし　頭越し　例〜にのぞく。

あたまごなし　頭ごなし　例〜に怒鳴る。

あたまわり　頭割り　㊊頭割り
例〜にすると一人幾らになるか。

あたら　あたら〈可惜〉　例〜若い命を散らす。

あたらしい　新しい　㊊新しい
例〜建物。

あたらしがりや　新しがり屋　例彼は、あれで相当な〜だ。

あたらしがる　新しがる　㊊新しが

──「異字同訓」の漢字の使い分け──

あたたかい・あたたかだ・あたたまる・あたためる

【温かい・温かだ・温まる・温める】冷たくない。愛情や思いやりが感じられる。

　温かい料理。スープを温める。温かな家庭。心温まる話。温かい心。温かい人柄。温かいもてなし。

【暖かい・暖かだ・暖まる・暖める】寒くない（主に気象や気温で使う）。

　日ごとに暖かくなる。暖かい日差し。暖かな毛布。暖まった空気。室内を暖める。

（平成26年文化審議会国語分科会）

㊊:付表の語　×:表外字　△:表外音訓　〈　〉:参考表記　⇒:言い換え等

る
あたらしさ　新しさ　[文]新しさ
あたり　辺り　[文]辺り　[例]財布を落としたのはこの〜だ。〜一面。
あたり　当たり　[文]当たり　[例]〜を付ける。〜が柔らかい。大〜。
あたり　あたり〈中たり〉　[例]暑気〜。食〜。
あたりさわり　当たり障り　[文]当たり障り　[例]〜のない回答。
あたりちらす　当たり散らす　[例]親に叱られて、弟に〜。
あたりどし　当たり年　[例]今年はワインの〜だ。
あたりはずれ　当たり外れ
あたりまえ　当たり前　[文]当たり前　[例]そんなことは〜のことだ。
あたりやく　当たり役　[例]弁慶は彼の〜だ。
あたる　あたる　[文]当たる　[例]的の真ん中に〜。一人当たり…。
あたる　あたる〈中たる〉　[例]ふぐの毒に〜。

あちこち　あちこち〈彼方此方〉　[例]〜に紙くずが散らばる。
あちら　あちら〈彼方〉　[文]あちら　[例]〜を御覧ください。〜にある。
あつ　圧5(壓)〔アツ〕　[例]圧力、圧迫、圧倒、圧縮空気、気圧、血圧
あつい　熱い　[文]熱い　[例]〜お茶を1杯下さい。〜戦い。
あつい　暑い　[文]暑い　[例]うだるように〜日。
[注]「熱い・暑い」の使い分けは、「「異字同訓」の漢字の使い分け」参照。
あつい　厚い　[文]厚い　[例]人情が〜。〜ノート。
あつい　あつい〈篤い〉　[例]病が〜。
あっか　悪化　[例]急に病状が〜した。
あつかい　扱い　[文]扱い　[例]〜に注意してください。特別〜。客〜。
あつかいひん　扱い品
あつかう　扱〔―あつかう〕
あつかう　扱う　[文]扱う　[例]壊さないように〜。取り〜。荷を〜。
あつかましい　厚かましい〈厚顔し

「異字同訓」の漢字の使い分け

あつい
【熱い】温度がとても高く感じられる。感情が高ぶる。
　お茶が熱くて飲めない。熱い湯。熱くなって論じ合う。熱い声援を送る。熱い思い。
【暑い】不快になるくらい気温が高い。
　今年の夏は暑い。暑さ寒さも彼岸まで。日中はまだまだ暑い。暑い部屋。暑がり屋。
（平成26年文化審議会国語分科会）

あ行

い〉　⊗厚かましい　例なんて
　　～人なんだろう。～ことを言う。

あつがみ　厚紙

あつがる　暑がる　⊗暑がる　例赤
　　ちゃんが～。

あっかん　圧巻　例彼の演技は～だ。

あつぎ　厚着　例寒いと言って、む
　　やみに～するのはよくない。

あつく　厚く　例心から～御礼申し
　　上げます。～感謝する。

あつくるしい　暑苦しい　例今日は
　　暑苦しくて眠れない。

あっけ　あっけ〈×呆気〉　例～に取ら
　　れる。

あっけない　あっけない〈×呆気ない〉
　　例全く～幕切れだった。

あっこうぞうごん　悪口雑言　例～
　　を吐く。

あつさ　暑さ　⊗暑さ　例ひどい～
　　だ。～に参ってしまった。

あつさ　熱さ　⊗熱さ　例余りの～
　　に驚いて湯船から飛び出した。

あつさ　厚さ　⊗厚さ　例紙の～を
　　比べる。

あっさく　圧搾　例空気を～する。

あっさり　あっさり　例～した料理。
　　いとも～負けた。

あっしゅく　圧縮　例データを～し
　　て送る。

あっする　圧する　例辺りを～ほど
　　の大声を出す。

あっせい　圧政　例～に苦しむ。

あっせん　あっせん〈斡×旋〉　公⊗あ
　　っせん　⇒周旋・世話　例～の
　　手数料。旅行を～する。
　　　注法令では、「あっ旋」は用いない。

あつで　厚手　例～の上着。

あっとう　圧倒　例～的勝利を収め
　　る。すばらしさに～される。

あっぱく　圧迫　例じりじりと相手
　　を～する。胸が～される。

あっぱれ　あっぱれ〈×天晴れ・×遖〉
　　例全く～な行いだ。

あっぷく　圧伏・圧服　例武力を誇
　　示して相手を～する。

あつまり　集まり　⊗集まり　例今
　　夜ちょっとした～がある。

あつまる　集まる　⊗集まる　例目
　　標額が～。

あつみ　厚み　⊗厚み　例この紙は
　　少し～が足りない。

あつめる　集める　⊗集める　例会
　　費を～。

あつらえ　あつらえ〈×誂え〉　例～の
　　家具。

あつらえむき　あつらえ向き〈×誂え
　　向き〉　例これは全くお～だ。

あつらえる　あつらえる〈×誂える〉
　　⊗あつらえる　⇒注文する
　　例ワイシャツを～。

あつりょく　圧力　例～を掛ける。

あつれき　あつれき〈×軋×轢〉　⇒いざ
　　こざ・摩擦・不和　例両国間の
　　～が解決した。

団:付表の語　×:表外字　△:表外音訓　〈　〉:参考表記　⇒:言い換え等

あて　当て　[文]**当て**　[例]～が外れる。全く～にならない人だ。肩～。

…あて　…宛　[文]**…宛**　[例]総務課～。

…あて　…宛て　[文]**…宛て**　[例]先生～の手紙。一人～２本。

[注]「あて」の後に続く言葉のあるときは「宛て」と書く。

あてがう　あてがう〈宛がう〉　[例]添え木を～。小遣いを～。

あてこすり　当てこすり〈当て擦り〉　[文]**当てこすり**　[例]～を言うな。

あてこする　当てこする〈当て擦る〉　[例]人の失敗を～のはよくない。

あてこむ　当て込む　[文]**当て込む**　[例]人出を当て込んで店を出す。

あてさき　宛先　[公][文]**宛先**

あてじ　当て字〈宛字〉　[文]**当て字**　[例]～だらけの原稿。～と誤字。

[注]新聞では、「当て字」と書く。

あてつける　当て付ける　[例]課長に～ようなことを言う。

あてど　当てど〈当て所・当て処〉　[例]～もなく池の周りをさまよう。

あてな　宛名　[文]**宛名**　[例]封筒に～を書く。

あてはずれ　当て外れ　[文]**当て外れ**　[例]期待は～に終わった。

あてはめる　当てはめる〈当て嵌める〉　[例]前例に～。

あてみ　当て身　[例]強力な～を食らわせて相手を倒す。

あでやか　あでやか〈艶やか〉　[例]～な姿を見せる。～に装う。

あてる　宛〔あてる〕　[例]宛てる、宛先

あてる　当てる　[文]**当てる**　[例]風に～。うまく一山～。

あてる　充てる　[文]**充てる**　[例]予算の不足に～。指導に～時間。

あてる　宛てる　[文]**宛てる**　[例]恩師に宛てて手紙を書く。

[注]「当てる・充てる・宛てる」の使い分けは、「「異字同訓」の漢字の使い分け」参照。

あと　後　[文]**後**　[例]～で電話するよ。～は野となれ山となれ。

あと　跡　[文]**跡**　[例]～を追う。火事

「異字同訓」の漢字の使い分け

あてる

【当てる】触れる。的中する。対応させる。
　胸に手を当てる。ボールを当てる。くじを当てる。仮名に漢字を当てる。

【充てる】ある目的や用途に振り向ける。
　建築費に充てる。後任に充てる。地下室を倉庫に充てる。

【宛てる】手紙などの届け先とする。
　本社に宛てて送られた書類。手紙の宛先。

（平成26年文化審議会国語分科会）

の～。苦心の～が見える。

あと　痕　[文]**痕**　[例]手術の～。傷～。

[注]「後・跡・痕」の使い分けは、「「異字同訓」の漢字の使い分け」参照。

あとあし　後足・後脚　[例]～で蹴る。

あとあじ　後味　[例]～が悪い。

あとおし　後押し　[文]**後押し**　[例]事業の～。車の～をする。

あとがき　後書き　[例]そのことは～に書いてある。前書きと～。

あとかた　跡形　[文]**跡形**　[例]～もなく消えうせてしまった。

あとかたづけ　後片付け　[文]**後片付け**　[例]会議の～。

あとかたづけ　跡片付け　[文]**跡片付け**　[例]災害現場の～。

あとがま　後釜　[例]会長の～に座る。

あとくされ・あとぐされ　後腐れ　[例]～のないように話を付ける。

あどけない　あどけない　[例]～顔つきの子供。

あとさき　後先　[例]～のことを考えない性格だ。

あとじさり　後じさり〈後退り〉　[例]恐ろしさから～した。

あとしまつ　後始末・跡始末　[例]～を付ける。～が大変だ。

あとずさり　後ずさり

あとち　跡地　[例]工場～を利用する。

あとつぎ　後継ぎ　[文]**後継ぎ**　[例]社長の～。

あとつぎ　跡継ぎ　[文]**跡継ぎ**　[例]旧家の～。

あとづけ　後付け　[文]**後付け**　[例]本の～。～の部品。

あとづけ　跡付け　[文]**跡付け**　[例]都市文化の変遷の～を行う。

あととり　跡取り　[文]**跡取り**　[例]～の息子。

あとのまつり　後の祭り　[例]今更そんなことを言ってももう～だ。

あとばらい　後払い　[文]**後払い**

「異字同訓」の漢字の使い分け

あと

【後】（⇔先・前）。順序や時間などが遅いこと。次に続くもの。
後の祭り。後から行く。後になり先になり。事故が後を絶たない。
社長の後継ぎ。

【跡】通り過ぎた所に残された印。何かが行われたり存在したりした印。家督。
車輪の跡。船の通った跡。苦心の跡が見える。縄文時代の住居の跡。
立つ鳥跡を濁さず。父の跡を継ぐ。旧家の跡継ぎ。

【痕】傷のように生々しく残る印。
壁に残る弾丸の痕。手術の痕。台風の爪痕。傷痕が痛む。

（平成26年文化審議会国語分科会）

例代金は～です。

あとまわし　後回し　⊗後回し
　　例そんなつまらないことは～だ。

あとめ　跡目　例～を継ぐ。

あともどり　後戻り　⊗後戻り
　　例今来た道を～することにした。

あとやく　後厄　例前厄と～。

あな　穴〈孔〉　例板に～を開ける。
　　～の開くほど見詰める。

あなうめ　穴埋め　⊗穴埋め　例損
　　害の～を請求する。借金の～。

あながち　あながち〈強ち〉　⊗あな
　　がち　例事情を聞いてみると、
　　～彼が悪いのでもなさそうだ。

あなぐら　穴蔵〈穴倉〉　例～に入る。

あなた　あなた〈貴方〉　⊗あなた
　　例～がやってください。～任せ
　　にする。

あなた〈彼方〉　例山の～。

あなづり　穴釣り　例わかさぎの～。

あなどり　侮り　⊗侮り　例～を受
　　ける。

あなどる　侮る　⊗侮る　例敵を～。

あに　兄　例～と弟。上の～。

あにでし　兄弟子　例～に遠慮する。

あによめ　兄嫁〈嫂〉　例～と一緒に
　　手伝う。

あね　姉　例～と妹。～様人形。

あねったい　亜熱帯

あの　あの〈彼の〉　例～方がきれい
　　だ。～本箱の後ろに隠れている。

あのよ　あの世〈彼の世〉　例～とこ

の世。

あばきだす　暴き出す〈発き出す〉
　　⊗暴き出す　例秘密を～。

あばく　暴く〈発く〉　⊗暴く　例悪
　　事を～。

あばた　あばた〈痘痕〉　例～もえく
　　ぼ。

あばらぼね　あばら骨〈肋骨〉　例～
　　が浮き出るほど痩せる。

あばらや　あばら家・あばら屋〈荒
　　ら家・荒ら屋〉　例ひどい～で
　　すが、…。

あばれもの　暴れ者　例～を取り押
　　さえる。

あばれる　暴れる　⊗暴れる
　　例散々に～。

あびせる　浴びせる　⊗浴びせる
　　例質問を～。

あびる　浴びる　⊗浴びる　例頭か
　　ら水を～。

あぶく　あぶく〈泡〉　⇒泡（あわ）
　　例～銭。

あぶない　危ない　⊗危ない　例斜
　　めの横断は～。

あぶながる　危ながる　⊗危ながる

あぶら　油　例機械に～を差す。～
　　紙。～を売る。

あぶら　脂　例仕事に～が乗る。
　　注「油・脂」の使い分けは、「「異字同
　　訓」の漢字の使い分け」p.20参照。

あぶらあげ　油揚げ　⊗油揚げ
　　例～の煮物。

あぶらあせ　脂汗　例〜を流す。

あぶらえ　油絵　例壁に〜を掛ける。
　〜を習う。

あぶらぎる　脂ぎる　文脂ぎる
　例脂ぎった顔。

あぶらけ　油気　例〜の多い食べ物。

あぶらけ　脂気　例〜のない顔。

あぶらげ　あぶらげ〈油揚〉

あぶらさし　油差し　文油差し

あぶらじみる　油染みる　文油染み
　る　例衣服が〜。

あぶらっけ　脂っ気　例〜のない顔。

あぶらづけ　油漬け　文油漬け

あぶらっこい　脂っこい〈油っこい〉
　例〜料理。

あぶらみ　脂身　例〜が多い牛肉。

あぶりだし　あぶり出し〈炙り出し〉
　例〜の占いで運勢を占う。

あぶる　あぶる〈炙る・焙る〉　例干
　物を〜。

あふれる　あふれる〈溢れる〉　例溝
　にごみが詰まって水が〜。

あぶれる　あぶれる　例仕事に〜。

あべこべ　あべこべ　例箸の置き方

が〜だ。話が〜になる。

あへん　あへん・アヘン〈阿片〉

あへんえん　あへん煙・アヘン煙
　〈阿片煙〉　公あへん煙

あま　尼　例〜になる。〜さん。

あま　亜麻　例〜色。

あま　海女付・海士付〈海人・蜑〉

あまあし　雨足・雨脚　例〜が次第
　にひどくなってきた。
　注新聞では、「雨脚」と書く。

あまい　甘い　文甘い　例〜言葉に
　誘われる。このみかんは〜。

あまえる　甘える　文甘える　例親
　に〜。お言葉に〜ことにします。

あまがさ　雨傘　例〜と日傘。

あまがっぱ　雨がっぱ〈雨合羽〉

あまからい　甘辛い　例甘辛く煮る。

あまぐ　雨具　例用心のため、〜を
　持っていく方がいい。

あまくだり　天下り〈天降り〉　文天
　下り　例〜人事を排する。

あまぐつ　雨靴　例ゴムの〜。

あまぐも　雨雲　例〜が広がる。

あまぐもり　雨曇り　文雨曇り

「異字同訓」の漢字の使い分け

あぶら
【油】常温で液体状のもの(主に植物性・鉱物性)。
　　事故で油が流出する。ごま油で揚げる。火に油を注ぐ。水と油。
【脂】常温で固体状のもの(主に動物性)。皮膚から分泌される脂肪。
　　牛肉の脂。脂の多い切り身。脂ぎった顔。脂汗が出る。脂が乗る年頃。
　　　　　　　　　　　　　　　　(平成26年文化審議会国語分科会)

付:付表の語　×:表外字　△:表外音訓　〈　〉:参考表記　⇒:言い換え等

㋺〜の日が続く。

あまごい 雨乞い ㋺この地方には〜の神事がある。

あまざけ 甘酒〈醴〉 ㋺〜を飲む。

あまざらし 雨ざらし〈雨曝し・雨晒し〉 ㋺自転車を〜にする。

あます 余す〈剰す〉 ㊛余す ㋺多過ぎたので〜。〜ところ10分だ。

あまた あまた〈数多・許多〉 ㋺〜の難関が横たわっている。

あまだれ 雨垂れ ㊛雨垂れ ㋺ぽたぽたと〜が落ちる。

あまつさえ あまつさえ〈剰え〉 ㊛あまつさえ ⇒おまけに・そればかりでなく・その上（に） ㋺雨が降り出し、〜かなりの風が出てきた。

あまったるい 甘ったるい ㋺〜声が聞こえる。

あまでら 尼寺 ㋺〜に立ち寄る。

あまど 雨戸 ㋺〜を閉める。

あまどい 雨どい〈雨樋〉 ㋺〜の修理。

あまなっとう 甘納豆

あまねく あまねく〈遍く・普く〉 ㊛あまねく ㋺〜世に知れ渡る。

あまのがわ 天の川〈天の河〉 ㊛天の川 ㋺〜がよく見える。

あまのじゃく あまのじゃく〈天の邪鬼〉 ㋺彼女は相当な〜だ。

あまみ 甘み・甘味 ㊛甘み ㋺少し〜が足りないような気がする。

あまみず 雨水 ㋺この島では〜を飲用水としている。

あまもり 雨漏り ㊛雨漏り ㋺屋根から〜がする。〜を修理する。

あまもよう 雨模様 ㊟「あめもよう」とも。

あまやかす 甘やかす ㊛甘やかす ㋺子供を過度に〜のは良くない。

あまやどり 雨宿り ㊛雨宿り ㋺商店の軒先で〜する。

あまよけ 雨よけ〈雨除け・雨避け〉 ㋺〜のシートを掛ける。

あまり 余り ㊛余り ㋺1万円〜残っている。喜びの〜泣き出した。〜は三つだ。

あまり〔副詞〕 余り・あまり ㊤㊛余り ㋺〜甘くない。〜の悲しさに涙も出ない。

あまりに 余りに・あまりに ㊛余りに ㋺〜も暑いので窓を全開にした。

あまる 余る ㊛余る ㋺10を3で割ると1が〜。五つ〜。

あまんじる 甘んじる ㋺賃金の安い仕事に〜。現状に〜。

あまんずる 甘んずる ㊛甘んずる

あみ 網 ㋺〜を張る。虫取り〜。

あみあげ 編み上げ ㊛編み上げ

あみあげぐつ 編み上げ靴 ㊤㊛編上靴 ㋺足にぴったりの〜。

あみあげる 編み上げる ㊛編み上げる

あみうち　網打ち

あみがさ　編みがさ〈編み笠〉　例深い～をかぶった侍。

あみかた　編み方　文編み方　例凝った～のセーター。～が難しい。

あみき　編み機　例最新型の～。

あみだ　あみだ〈阿弥陀〉　例～くじ。帽子を～にかぶる。～像。

あみだな　網棚　例～に載せた荷物を忘れる。

あみど　網戸　例～を修理する。

あみひき　網引き〈網曳き〉　文網引き

あみぼう　編み棒　例竹製の～。

あみめ　網目　例～からこぼれ出る。

あみめ　編み目　例細かい～。～がほつれる。

あみもの　編み物　文編み物　例暇さえあれば～をしている。

あむ　編む　文編む　例毛糸でセーターを～。辞書を～。

あめ　天　例～が下には隠れ家もなし。～つちの初めの頃。

あめ　雨　例明日の晩には～が降るでしょう。

あめ　あめ〈飴〉　例～をなめる。水～。～とむち。

あめあがり　雨上がり　文雨上がり　例～の空を眺める。

あめかぜ　雨風　例激しい～。

あめがち　雨がち〈雨勝ち〉　例明日は～の天気でしょう。

あめふり　雨降り　文雨降り　例～のときは、特に慎重に運転する。

あめもよう　雨模様　例一日中～の天気が続く。

注「あまもよう」とも。

あや　あや〈文・紋・綾〉　例それは言葉の～だよ。～模様。

あやうい　危うい　文危うい　例～ところをどうやら助かった。

あやうく　危うく・あやうく　文危うく　例～終電車に間に合った。～命を落とすところだった。

あやかる　あやかる〈肖る〉　例少しは彼にあやかりたいものだ。

あやしい　怪しい　文怪しい　例空模様が～。～人影。

あやしい　妖しい　文妖しい　例妖しくほほえむ。～魅力。

注「怪しい・妖しい」の使い分けは、「「異字同訓」の漢字の使い分け」p.23参照。

あやしがる　怪しがる　文怪しがる　例彼の証言を～人もいる。

あやしげだ　怪しげだ　文怪しげだ　例怪しげな話には乗るな。

あやしげだ　妖しげだ　文妖しげだ　例雰囲気が～。

あやしむ　怪しむ　文怪しむ　例特に～べきところはないようだ。

あやす　あやす　例子供を～。

あやつりにんぎょう　操り人形　文操り人形

あやつる　**操る**　[文]**操る**　[例]陰で人を～。舟を～。

あやぶむ　**危ぶむ**　[文]**危ぶむ**　[例]彼の実行力を～。

あやふや　**あやふや**　[例]答えが～になってきた。～な態度。

あやまち　**過ち**　[文]**過ち**　[例]万に一つの～も許されない。～を犯す。

あやまつ　**過つ**　[文]**過つ**　[例]過たず的を射る。方針を～。

あやまり　**誤り**〈謬り〉　[文]**誤り**　[例]発表内容に～があった。

あやまる　**誤る**〈謬る〉　[文]**誤る**　[例]方策を～。

あやまる　**謝る**　[文]**謝る**　[例]頭を下げて～。不行き届きを～。

[注]「誤る・謝る」の使い分けは、「「異字同訓」の漢字の使い分け」参照。

あやめる　**あやめる**〈殺める〉　⇒危害を加える・殺す　[例]人を～。

あゆ　**あゆ**〈年魚・香魚・鮎〉

あゆみ　**歩み**　[文]**歩み**　[例]～ののろい亀。

あゆみより　**歩み寄り**　[文]**歩み寄り**　[例]今日の会談で、幾分の～が見られた。

あゆみよる　**歩み寄る**　[例]お互いに～。両者が～。

あゆむ　**歩む**　[文]**歩む**　[例]ゆっくりと～。

あら　**あら**〈粗〉　[例]～が目に付く。魚の～。他人の～を探す。

あらあらしい　**荒々しい**　[文]**荒々しい**　[例]～振る舞いをする人。

あらい　**洗い**　[例]～が十分でない。浴衣を丸～にする。

あらい　**荒い**　[文]**荒い**　[例]波が～。～息。

「異字同訓」の漢字の使い分け

あやしい

【怪しい】疑わしい。普通でない。はっきりしない。

　挙動が怪しい。怪しい人影を見る。怪しい声がする。

　約束が守られるか怪しい。空模様が怪しい。

【妖しい】なまめかしい。神秘的な感じがする。

　妖しい魅力。妖しく輝く瞳。宝石が妖しく光る。

あやまる

【誤る】間違う。

　使い方を誤る。誤りを見付ける。言い誤る。

【謝る】わびる。

　謝って済ます。落ち度を謝る。平謝りに謝る。

（平成26年文化審議会国語分科会）

あ行

あらい　粗い　[文]粗い　[例]木目が～。編み目が～セーター。～細工。
[注]「荒い・粗い」の使い分けは、「「異字同訓」の漢字の使い分け」参照。

あらいがみ　洗い髪　[文]洗い髪

あらいこ　洗い粉　[文]洗い粉

あらいざらい　洗いざらい〈洗い浚い〉　[文]洗いざらい　[例]～打ち明けて相談する。

あらいざらし　洗いざらし〈洗い晒し〉　[文]洗いざらし　[例]～のシャツとズボン姿。

あらいだし　洗い出し　[例]まず問題点の～に取り掛かろう。

あらいば　洗い場　[例]～で体を一通り洗ってから浴槽に入る。

あらいはり　洗い張り　[文]洗い張り　[例]着物の～。

あらいもの　洗い物　[文]洗い物　[例]～がたくさんたまる。

あらう　洗う　[文]洗う　[例]ごしごしと～。密輸品の出どころを～。

あらかじめ　あらかじめ〈予め〉　[文]あらかじめ　[例]～申し上げておきます。～準備する。

あらかせぎ　荒稼ぎ　[文]荒稼ぎ

あらかた　あらかた・粗方　[例]夕方までに室内は～片付いた。

あらくれ　荒くれ　[例]～者。

あらけずり　荒削り・粗削り　[文]荒削り・粗削り　[例]～の材木。～な作品。

あらさがし　粗探し・あら探し　[例]あいつは人の～ばかりしている。

あらし　嵐〔あらし〕　[例]砂嵐

あらし　嵐〈暴風雨〉　[例]春の～。

あらす　荒らす　[文]荒らす　[例]畑を～。

あらず　あらず〈非ず〉　[文]あらず　[例]さに～。なきにしも～。

あらすじ　荒筋・粗筋　[例]小説の～。

あらそい　争い　[文]争い　[例]～が起こる。～が収まる。骨肉の～。

あらそう　争う　[文]争う　[例]一刻を～。

あらただ　新ただ　[文]新ただ　[例]災害は記憶に～。

「異字同訓」の漢字の使い分け

あらい
【荒い】勢いが激しい。乱暴である。
　波が荒い。荒海。金遣いが荒い。気が荒い。荒療治。
【粗い】細かくない。雑である。
　網の目が粗い。きめが粗い。粗塩。粗びき。仕事が粗い。
（平成26年文化審議会国語分科会）

あらだてる　荒立てる　[例]そう事を～こともないだろう。

あらたまる　改まる　[文]改まる　[例]年が～。改まった顔つき。

あらたまる　あらたまる〈革まる〉　[例]病がにわかに～。

あらためて　改めて　[文]改めて　[例]いずれ～御説明に伺います。

あらためる　改める　[文]改める　[例]制度を根本的に～。行いを～。

あらて　新手　[例]～を繰り出す。苦心の結果、～の戦法を編み出す。

あらなみ　荒波　[文]荒波　[例]世の～を乗り切る。船が～にもまれる。

あらなわ　荒縄　[文]荒縄　[例]荷物を～で十文字に縛る。

あらびき　粗びき〈粗挽き〉　[例]～のコーヒー豆。

あらまき　新巻き・荒巻き　[例]さけの～を歳暮として贈る。

[注]新聞では、「新巻き」と書く。

あらまし　あらまし　[例]～の説明を聞く。仕事は～片付いた。

あらむしゃ　荒武者　[文]荒武者

あらもの　荒物　[文]荒物　[例]～を商う。

あらゆる　あらゆる〈凡ゆる・所有〉　**[文]あらゆる**　[例]～努力をする。

あららげる　荒らげる　[例]声を～。

[注]「荒らげる」は「あらげる」でなく「あららげる」。

あられ　あられ〈霰〉　[例]～が降る。

あらわ　あらわ〈露わ・顕わ〉　[例]感情を～にする。事が～になる。

あらわす　表す　[文]表す　[例]赤鉛筆の印は例外を～。敬意を～。

あらわす　現す　[文]現す　[例]暗闇の中から不意に姿を～。

あらわす　著す　[文]著す　[例]研究の結果を１冊の本にまとめて～。

[注]「表す・現す・著す」の使い分けは、「「異字同訓」の漢字の使い分け」参照。

あらわれ　表れ　[文]表れ　[例]敬意の

「異字同訓」の漢字の使い分け

あらわす・あらわれる

【表す・表れる】思いが外に出る。表現する。表に出る。
　喜びを顔に表す。甘えが態度に表れる。言葉に表す。
　不景気の影響が表れる。

【現す・現れる】隠れていたものが見えるようになる。
　姿を現す。本性を現す。馬脚を現す。太陽が現れる。救世主が現れる。

【著す】本などを書いて世に出す。
　書物を著す。

（平成26年文化審議会国語分科会）

〜。それは努力の〜だ。

あらわれ　現れ　②現れ　例太陽の
　〜を待つ。

あらわれる　表れる　②表れる
　例心遣いが〜態度。

あらわれる　現れる　②現れる
　例主役が現れた。

　注「表れる・現れる」の使い分けは、
　「「異字同訓」の漢字の使い分け」
　p.25参照。

あらわれる　著れる　②著れる
　例名が〜。

あらんかぎり　有らん限り・あらん
　限り　例〜の力を出して頑張る。

あり　有り・あり　例配偶者〜。

ありあけ　有り明け　②有り明け
　例〜の月。

ありあまる　有り余る　例物資が〜。

ありありと　ありありと　例苦痛の
　色が〜見える。

ありあわせ　有り合わせ　②有り合
　わせ　例ほんの〜ですが、どう
　ぞ召し上がれ。

ありか　在りか〈在り処〉　②在りか
　例その物の〜が分からない。

ありかた　在り方　②在り方　例小
　学校における道徳教育の〜。

ありがたい　有り難い　②有り難い
　例大変〜と思います。

ありがたがる　有り難がる　②有り
　難がる

ありがたみ　有り難み　②有り難み

例親の〜。

ありがち　有りがち・ありがち〈有
　り勝ち〉　例こんなことは、〜
　なことで特に珍しくもない。

ありがとう　ありがとう〈有り難う〉
　②ありがとう　例どうも〜。お
　手伝いいただき〜ございます。

ありがね　有り金　②有り金　例〜
　をはたいて買う。

ありきたり　ありきたり〈在り来た
　り〉　例〜な品物。

ありさま　有り様・有様　②有様
　付有り様　例見苦しい〜をお見
　せいたしました。

ありしひ　在りし日　②在りし日
　例〜の思い出を物語る。

ありだか　有り高〈在り高〉　例現金
　の〜を調べる。

ありたやき　有田焼　②有田焼
　例〜の花瓶。

　注工芸品の場合に限る。

ありづか　あり塚〈蟻塚〉

ありつく　ありつく〈有り付く〉
　例ようやく飯に〜ことができた。

ありったけ　有りっ丈・ありったけ
　例〜の知恵を絞る。

ありてい　有り体・ありてい　例〜
　に言えば、行きたくないのだ。

ありのまま　有りのまま・ありのま
　ま〈有りの儘〉　例事実を〜に話
　す。

ありふれる　ありふれる〈有り触れ

る〉　例ごくありふれた話だ。

ありゅう　亜流　例有名な画家の〜にすぎない。

ありよう　ありよう〈有り様〉　例世の中の〜。

ある〔動詞〕　ある　公文ある　例その点に問題が〜。

　注公用文では、「その点に問題がある。」のように用いるときは、原則として、仮名で書く。

ある〔動詞〕　有る・ある　文有る　例財産が〜。故郷に家屋敷が〜。

ある〔動詞〕　在る・ある　文在る　例我ここに在り。日本はアジアの東に〜。

　注「有る・在る」の使い分けは、「「異字同訓」の漢字の使い分け」参照。

ある〔連体詞〕　ある〈或〉　文ある　例昔々、〜所に…。〜日曜日…。

…(て)ある　…(て)ある　文…(て)ある　例書いて〜。

あるいは　あるいは〈或いは〉　文あるいは　例〜そんなことをしたかな。A〜B。

あるきづめ　歩き詰め・歩きづめ　例これで6時間〜だ。

あるきまわる　歩き回る　例あちらこちらを〜。

あるく　歩く　文歩く　例駅まで〜。

アルコールづけ　アルコール漬け　文アルコール漬け

あれ　荒れ　例水仕事をするので手の〜がひどい。

あれ　あれ〈彼〉　例これより〜の方が良い。〜も今は幸福に暮らしているでしょう。

あれくるう　荒れ狂う　文荒れ狂う　例酒を飲んで〜。〜海。

あれこれ　あれこれ〈彼此〉　例〜と品選びをする。〜文句を付けているばかりでは困る。

あれしょう　荒れ性　文荒れ性

―――――――　「異字同訓」の漢字の使い分け　―――――――

　ある
【有る*】（⇔無い）。備わる。所有する。ありのままである。
　　　有り余る才能。有り合わせの材料で作った料理。有り金。有り体に言えば。
【在る*】存在する。
　　　財宝の在りかを探る。教育の在り方を論じる。在りし日の面影。
＊　「財源がある」「教養がある」「会議がある」「子がある」などの「ある」は、漢字で書く場合、「有」を、また、「日本はアジアの東にある」「責任は私にある」などの「ある」は「在」を当てるが、現在の表記実態としては、仮名書きの「ある」が一般的である。

（平成26年文化審議会国語分科会）

[例]～用のクリーム。

あれち　荒れ地　[文]荒れ地　[例]～を耕して畑にする。～の開墾。

あれの　荒れ野　[例]～をさまよう。

あれはだ　荒れ肌　[文]荒れ肌

あれはてる　荒れ果てる　[文]荒れ果てる　[例]田畑が～。

あれほど　あれほど〈彼程〉　[例]～言っておいたのに、遅刻した。

あれもよう　荒れ模様

あれる　荒れる　[文]荒れる　[例]海が～。冬になると手が～。

あわ　泡　[例]ビールの～。よく～が立つ石けん。～を食う。

あわい　淡い　[文]淡い　[例]～恋心。

あわす　合わす　[文]合わす　[例]話を～のに苦労した。音を～。

あわせ　あわせ〈袷〉　[例]～の着物。

あわせかがみ　合わせ鏡　[文]合わせ鏡　[例]～をして髪形を見る。

あわせて〔副詞〕　併せて　[文]併せて　[例]～お願いします。

あわせて〔接続詞〕　あわせて・併せて　[文]あわせて　[例]～、御活躍をお祈りします。

あわせめ　合わせ目　[文]合わせ目　[例]板の～が剝がれてしまった。

あわせる　合わせる　[文]合わせる　[例]つじつまを～。答えを～。～顔がない。

あわせる　併せる　[文]併せる　[例]両案を～。

[注]「合わせる・併せる」の使い分けは、「「異字同訓」の漢字の使い分け」参照。

あわせる　会わせる　[例]二人を～。

あわただしい　慌ただしい〈遽しい〉　[文]慌ただしい　[例]～毎日。

あわただしげだ　慌ただしげだ　[文]慌ただしげだ　[例]動きが～。

あわただしさ　慌ただしさ　[文]慌ただしさ

あわだち　泡立ち　[文]泡立ち

あわだつ　泡立つ　[文]泡立つ　[例]ビールが～。波が～。

あわだつ　あわ立つ〈粟立つ〉　[例]恐

「異字同訓」の漢字の使い分け

あわせる

【合わせる】一つにする。一致させる。合算する。

　　手を合わせて拝む。力を合わせる。合わせみそ。時計を合わせる。
　　調子を合わせる。二人の所持金を合わせる。

【併せる】別のものを並べて一緒に行う。

　　両者を併せ考える。交通費を併せて支給する。併せて健康を祈る。
　　清濁併せのむ。

（平成26年文化審議会国語分科会）

ろしさの余り肌が～。

あわだてる　泡立てる　例箸でかき
混ぜてよく～。

あわつぶ　あわ粒〈粟粒〉　例～ほど
のほくろだが、気になる。

あわてふためく　慌てふためく
例そんなに～ことはないさ。

あわてる　慌てる　⊗慌てる　例不
意に質問されて～。

あわゆき　淡雪　例春の～。

あわよくば　あわよくば　例～優勝
したいと思う。

あわれ　哀れ〈憐れ〉　⊗哀れ　例～
を催す。

あわれがる　哀れがる〈憐れがる〉
⊗哀れがる　例身の上を～。

あわれっぽい　哀れっぽい〈憐れっ
ぽい〉　例そんな～声を出すな。

あわれだ　哀れだ　⊗哀れだ　例哀
れに思う。哀れな話。

あわれみ　哀れみ〈憐れみ〉　⊗哀れ
み　例他人への～。

あわれむ　哀れむ〈憐れむ〉　⊗哀れ
む　例その子の立場を～。

あん　安³〔アン・やすい〕例安心、安定、
安全、安価、安産、安打、安眠、
安置、不安

あん　行²〔コウ・ギョウ・アン・いく・ゆく・おこなう〕例行
脚、行火、行在所　囲行方(ゆく
え)

あん　案⁴〔アン〕例案文、案外、案
内、原案、新案、一応の案、案

じる

あん　暗³〔アン・くらい〕例暗示、暗愚、
暗号、暗算、暗室、明暗、明と
暗とを分ける

あん　あん〈餡〉　例～入りのまんじ
ゅう。こし～と粒～。

あんい　安易　例そんな～な考えで
は駄目だ。～な道を選ぶ。

あんいつ　安逸〈安佚〉　例～を貪る。
～な生活を送る。

あんえい　暗影〈暗翳〉　例前途に～
を投げ掛ける。

あんか　行火　例寒いので～を入れ
て寝る。電気～。

あんか　安価　例～な品物。

あんがい　案外　例～寒い日だ。難
しいと思ったが～易しかった。

あんき　安危

あんぎゃ　行脚　例諸国～。

あんきょ　暗きょ〈暗渠〉　公暗渠(きょ)
例～による排水。～を通す。
［注］法令では、漢字をそのまま用いて
これに振り仮名を付ける。

あんぐ　暗愚

あんけん　案件　例～を協議する。

あんこく　暗黒　例～時代。

あんじ　暗示　例～に掛かる。

あんじゅう　安住　例～の地。

あんしょう　暗唱〈暗誦・諳誦〉
例憲法の前文を～する。

あんしょう　暗礁　例会議が～に乗
り上げる。～だらけの海。

あんしょうばんごう　暗証番号
[例]～を設定する。

あんじる　案じる　[例]遠方へ嫁いだ娘のことを～。一計を～。

あんしん　安心　[例]もうこれで～だ。どうぞ御～ください。

あんしんりつめい　安心立命　[例]ようやく～の境地に達する。

あんせい　安静　[例]しばらく～にしている。

あんぜん　安全　[例]～な所に避難する。交通～週間。

あんたい　安泰　[例]彼の地位は当分の間～だ。国家の～を願う。

あんたん　暗たん〈暗澹〉　⇒暗い・真っ暗　[例]～たる気持ち。

あんち　安置　[例]仏像を～する。

あんちょく　安直　[例]～なやり方。

あんてい　安定　[例]～のいい花瓶。精神を～させる薬。

あんてん　暗転　[例]舞台が～する。

あんど　安ど〈安堵〉　⇒安心　[例]～の胸をなで下ろす。

あんどん　あんどん〈行灯〉

あんない　案内　[例]私が御～します。地理に不～だ。～状。

あんに　暗に　[例]～けなす。～反対の意を表す。

あんのじょう　案の定　[例]気になっていたが～できていなかった。

あんのん　安穏　[例]～な航海を祈る。～に暮らす。

あんば　あん馬〈鞍馬〉　[例]～の選手。

あんばい　案配〈按排・按配〉　[例]時間をうまく～する。

あんばい　あんばい〈塩梅・按排・按配〉　[例]どうも体の～が良くない。塩加減を～する。

あんぴ　安否　[例]友の～を尋ねる。

あんぶん　案文　[例]～を清書する。

あんぶん　案分〈按分〉　[公]**按**(あん)**分**
[例]事業の利益を三者で～する。
[注]法令では、〈　〉で示した参考表記の漢字をそのまま用いてこれに振り仮名を付ける。

あんぶんひれい　案分比例〈按分比例〉　[例]分配数は～による。

あんまく　暗幕

あんみん　安眠　[例]ぐっすりと～したので、今朝は気分がいい。

あんもく　暗黙　[例]～の了解。

あんや　暗夜〈闇夜〉　[例]～に紛れて行方をくらます。

あんやく　暗躍　[例]裏側での～。

あんらく　安楽　[例]老後を～に暮らす。～な生活。～椅子。

い

い　以4〔イ〕　[例]以上、以内、以前、以後、以来

い　衣4〔イ　ころも〕　[例]衣装、衣服、衣

食住、衣冠束帯、作業衣、僧衣 [付]浴衣(ゆかた)

い　位[4]〔イ／くらい〕 [例]位置、第一位、各位、単位、順位

い　囲[5](圍)〔イ／かこむ・かこう〕 [例]囲炉裏、囲碁、周囲、範囲、包囲

い　医[3](醫)〔イ／―〕 [例]医師、医学、名医、医療、獣医師、医は仁術

い　依〔イ・エ／―〕 [例]依頼、依拠、依然、依託、依存

い　委[3]〔イ／ゆだねる〕 [例]委託、委任、委細、委員、委嘱

い　易[5]〔エキ・イ／やさしい〕 [例]容易、安易、難易、難を避けて易に就く

い　威〔イ／―〕 [例]威圧、威力、威厳、示威、権威、四方に威を振るう

い　為(爲)〔イ／―〕 [例]為政者、行為、無為、作為　[付]為替(かわせ)

い　畏〔イ／おそれる〕 [例]畏敬、畏縮、畏怖、畏友

い　胃[6]〔イ／―〕 [例]胃腸、胃酸、胃弱、胃が痛む

い　尉〔イ／―〕 [例]尉官、一尉、大尉

い　異[6]〔イ／こと〕 [例]異常、異論、異同、奇異、驚異、異を唱える

い　移[5]〔イ／うつる・うつす〕 [例]移転、移民、移動、移住、推移、転移

い　萎〔イ／なえる〕 [例]萎縮

い　唯〔ユイ・イ／―〕 [例]唯々諾々

い　偉〔イ／えらい〕 [例]偉大、偉人、偉観、偉業、偉容

い　椅〔イ／―〕 [例]椅子

い　彙〔イ／―〕 [例]語彙

い　意[3]〔イ／―〕 [例]意志、意味、意見、決意、敬意、意を尽くして…　[付]意気地(いくじ)

い　違〔イ／ちがう・ちがえる〕 [例]違憲、違反、違法、違約、相違

い　維〔イ／―〕 [例]維持、維新、繊維

い　慰〔イ／なぐさめる・なぐさむ〕 [例]慰安、慰問、慰労、慰留、弔慰

い　遺[6]〔イ・ユイ／―〕 [例]遺棄、遺憾、遺産、遺伝、遺影、遺跡、遺失

い　緯〔イ／―〕 [例]緯度、北緯、経緯

い　井　[例]～の中のかわず。

いあいぬき　**居合い抜き**

いあつ　**威圧**　[例]他人を～する。

いあわせる　**居合わせる**　[文]**居合わせる**　[例]その場に～。

いあん　**慰安**　[例]～旅行。

いい　**いい**〈良̂い〉　[例]こちらの方が～。それでも～。

いいあい　**言い合い**　[文]**言い合い**　[例]激しい～の後の仲直り。

いいあう　**言い合う**　[文]**言い合う**　[例]互いに～。

いいあやまる　**言い誤る**　[例]時には～こともある。

いいあらそう　**言い争う**　[例]つまらないことで両者が～。

いいあらわす　**言い表す**　[例]考えをうまく～ことができない。

いいおえる　**言い終える**

いいおく　**言い置く**　[例]それだけを

1～6：教育漢字学年配当　[公]：法令・公用文の表記　[文]：文科省語例集の表記

あ行

　～とすぐに帰った。

いいおとし　言い落とし　例～があ
　りましたので、付け加えます。

いいおとす　言い落とす　⊗言い落
　とす　例大事なことを～。

いいおわる　言い終わる　例全てを
　～と帰っていった。

いいかえ　言い換え〈言い替え〉
　⊗言い換え　例易しい言葉で～
　をする。

いいかえす　言い返す　⊗言い返す
　例弟も負けずに～。

いいかえる　言い換える〈言い替え
　る〉　⊗言い換える　例～とこ
　うなる。

いいがかり　言い掛かり　例変な～
　はやめてもらいたい。

いいかける　言い掛ける　例ちょっ
　と言い掛けてやめる。

いいかげん　いいかげん〈いい加減〉
　例～なやり方。冗談も～にしろ。

いいかた　言い方　⊗言い方　例そ
　ういう～もある。～が悪い。

いいかねる　言いかねる〈言い兼ね
　る〉　例どうも、そこまでは～。

いいかわす　言い交わす　例互いに
　固く～。言い交わした仲。

いいきかせる　言い聞かせる　例か
　んで含めるように～。

いいきる　言い切る　例大勢の前で
　はっきりと～。

いいぐさ　言いぐさ・言い草〈言い

　種〉　⊗言いぐさ　例彼の～が
　気に入らない。

いいくるめる　言いくるめる　例言
　葉巧みに～。

いいこめる　言い込める〈言い籠め
　る〉　例相手を～ことができた。

いいしぶる　言い渋る　例遅刻の理
　由を～。

いいしれぬ　言い知れぬ　例何とも
　～寂しさを感じる。～苦労。

いいすてる　言い捨てる　例たった
　一言言い捨てて出て行った。

いいそこなう　言い損なう　例大事
　なことを～と大変だ。

いいそびれる　言いそびれる　例何
　となく～。

いいたがえ　言いたがえ〈言い違え〉

いいだくだく　唯々諾々　例～と相
　手の出す注文に従う。

いいだす　言い出す　⊗言い出す
　例妙なことを～。

いいたてる　言い立てる　例口々に
　不満を～。

いいちがい　言い違い　⊗言い違い
　例うっかりして～をする。

いいちがえ　言い違え

いいちがえる　言い違える　例ぼん
　やりしていて～。

いいつかる　言い付かる　例大切な
　用事を～。

いいつぐ　言い継ぐ　例代々～。

いいつくす　言い尽くす　例言いた

田:付表の語　×:表外字　△:表外音訓　〈　〉:参考表記　⇒:言い換え等

いことはもう言い尽くした。

いいつけ　言い付け　例〜を守る。

いいつける　言い付ける　⊗言い付ける　例部下に〜。親に〜。

いいつたえ　言い伝え　⊗言い伝え　例村には、…の〜がある。

いいつたえる　言い伝える　⊗言い伝える　例社長の指示を〜。

いいつづける　言い続ける　例飽くまでも反対だと〜。

いいつのる　言い募る　例興奮してますます〜。

いいづらい　言いづらい〈言い辛い〉　例〜ことでも平気で言う。

いいとおす　言い通す　例飽くまでも「知らない。」と〜。

いいなおし　言い直し　⊗言い直し　例何度も何度も〜をする。

いいなおす　言い直す　例二度も三度も〜な。

いいなずけ　いいなずけ〈許婚・許嫁〉　⇒婚約者

いいならわし　言い習わし　例この地方の〜。

いいなり　言いなり〈言い成り〉　例親の〜になる。

いいなれる　言い慣れる　例早口言葉も〜と、何でもなくなる。

いいにくい　言いにくい　例君は〜ことを平気で言うね。

いいぬけ　言い抜け　⊗言い抜け

いいぬける　言い抜ける　例幾ら問

い詰められても巧みに〜。

いいのがれ　言い逃れ

いいのがれる　言い逃れる　例今度ばかりは〜ことができない。

いいのこす　言い残す　⊗言い残す　例そう〜と出て行った。

いいはじめる　言い始める　例いつものとおり文句を〜。

いいはなつ　言い放つ　例絶対に間違っていないと〜。

いいはる　言い張る　例強く〜。

いいひらき　言い開き　例巧みに〜をする。〜の余地がない。

いいふくめる　言い含める　例事情を〜。

いいふらす　言い触らす

いいふるす　言い古す〈言い旧す〉　例言い古されたことわざ。

いいぶん　言い分　⊗言い分　例あなたの〜を伺いましょう。

いいまくる　言いまくる　例散々に〜。

いいまわし　言い回し　⊗言い回し　例易しい〜で説明する。

いいもらし　言い漏らし　⊗言い漏らし　例これでもう〜はない。

いいもらす　言い漏らす　⊗言い漏らす　例大切な事柄を〜。

いいよう　言いよう　例ものも〜で角が立つ。何とも〜がない。

いいよる　言い寄る　例言葉巧みに〜人には十分注意しなさい。

あ行

いいわけ　言い訳　⊗言い訳　例あなたの〜はもう聞き飽きた。

いいわたし　言い渡し　⊗⊗言渡し　建言い渡し　例判決の〜。

いいわたす　言い渡す　⊗言い渡す　例懲役10年の刑を〜。

いいん　委員　例〜を選ぶ。

いう　言う〈云う・謂う〉　⊗言う　例はっきり〜。もう〜ことはない。あえて言えば…。
囲実際に言葉を発するときは「言う」を使う。

…いう　…いう〈…言う〉　⊗…いう　例何と〜ひどい暑さだ。絶対にそう〜ことはありません。

いえ　家　例〜を出る。持ち〜。

いえがら　家柄　⊗家柄　例〜を自慢する。

いえじ　家路　例〜をたどる。

いえじゅう　家中　例知らせを受けて〜大喜びだ。

いえども　いえども〈雖も〉　⊗いえども　⇒…でも・…であっても　例小学生と〜知っている。

いえもち　家持ち　⊗家持ち　例〜には、それなりの悩みがある。

いえもと　家元　⊗家元　例茶道の〜。

いえる　癒える　⊗癒える　例養生のかいあって、病が癒えた。

いえん　以遠　例大阪〜の地。

いおう　硫黄付　例〜の結晶。

いおり　いおり〈庵〉　例山奥の〜。

いか　以下　例〜のように定める。5度〜になる。1万円〜。

いか　いか〈烏賊〉　例〜釣り船。

いが　いが〈毬〉　例くりの〜。

いかい　位階　例〜勲等。

いがい　以外　例これ〜にはない。係員〜は入らないでください。

いがい　意外　例今日は〜に暑い。〜な事実を発見した。

いがい　遺骸　例〜を安置する。

いかが　いかが〈如何〉　例〜お過ごしでしょうか。一つ〜ですか。

いかがわしい　いかがわしい〈如何わしい〉　例〜場所。

いかく　威嚇　例武力による〜は平和を乱す。相手を〜する。

いがく　医学　例〜の進歩。

いかす　生かす〈活かす〉　⊗生かす　例人を〜道。資料を〜。
囲「活用する」の意味を強調するために「活」を使うときには、表外訓なので「活かす」と振り仮名を付ける。

いかすい　胃下垂　例〜の症状。

いかずち　いかずち〈雷〉　⇒雷（かみなり）

いかだ　いかだ〈筏〉　例〜に乗る。

いがた　鋳型　例溶けた材料を〜に流し込む。〜にはめ込む。

いかつい　いかつい〈厳つい〉　例〜顔をした人。

いかなる　いかなる〈如何なる〉

囲:付表の語　×:表外字　△:表外音訓　〈　〉:参考表記　⇒:言い換え等

[文]いかなる　[例]～理由でも…。

いかに　いかに〈如何に〉　[例]～頑張っても、難しそうだ。

いかにも　いかにも〈如何にも〉　[例]～楽しそうに遊んでいる。

いかほど　いかほど〈如何程〉　[例]これは～ですか。

いがみあい　いがみ合い〈啀み合い〉　[例]兄弟の～はみっともない。

いかめしい　いかめしい〈厳めしい〉　[例]～門構えの家。～顔つき。

いかよう　いかよう〈如何様〉　[例]～な御注文にも応じます。

いからす　怒らす　[文]怒らす　[例]彼は、いつも肩を怒らして歩く。

いがらっぽい　いがらっぽい　[例]～煙。喉が何となく～。

いかり　怒り　[文]怒り　[例]～を解く。

いかりくるう　怒り狂う　[文]怒り狂う

いかる　怒る　[文]怒る　[例]心底から～。

いかん　尉官

いかん　偉観　[例]この眺望は～としか言いようがない。

いかん　遺憾　[例]彼の言動は誠に～である。～の意。

いかん　いかん〈如何〉　[文]いかん　[例]～ともし難い状況である。

いがんたいしょく　依願退職

いき　域[6]〔イキ〕　[例]域外、域内、区域、地域、領域、域を出ない

いき　息　[例]～をのむ。～を殺す。

いき　粋　[例]～なことを言う。独りで～がる。

いき　意気　[例]～に感じる。

いき　委棄

[注]法令では、用いない。

いき　遺棄　[例]死体を～する。

いき　生き　[文]生き　[例]この魚は～がいい。

いき　行き　[文]行き　[例]～は電車で行く。このバスはどこ～か。

いぎ　威儀　[例]～を正す。

いぎ　異義　[例]同音～語。

いぎ　異議　[例]～を唱える。

いぎ　意義　[例]この仕事は大層～のあるものです。

いきあう　行き会う　[例]途中で隣の人に行き会った。

いきあたり　行き当たり　[文]行き当たり　[例]～に交番がある。～ばったり。

いきあたる　行き当たる　[文]行き当たる　[例]まっすぐ行くと駅に～。資金難の壁に行き当たった。

いきいきと　生き生きと〈活き活きと〉　[文]生き生きと　[例]～した顔。

いきうつし　生き写し　[文]生き写し　[例]死んだ叔父さんに～だ。

いきうめ　生き埋め　[文]生き埋め　[例]崖崩れで～になった。

いきおい　勢い・いきおい　[文]勢い

例激しい〜で衝突した。次第に
〜が衰える。地位が上がれば、
〜責任も重くなる。

いきがい　生きがい〈生き甲斐〉
⊗生きがい　例〜を感じる。子
の成長を〜にする。

いきかえり　行き帰り　⊗行き帰り
例〜にバスを利用する。

いきかえる　生き返る　⊗生き返る
例夕立の後は、青葉が生き返っ
たように一際鮮やかだ。

いきがかり　行き掛かり　⊗行き掛
かり　例〜上、やむを得ない。

いきがけ　行き掛け　⊗行き掛け
例〜の駄賃。〜に寄る。

いきかた　行き方

いきき　行き来　例車の〜が激しい。
彼とはいつも〜している。

いきぎれ　息切れ　⊗息切れ　例激
しい運動の後は、〜がする。

いきぐるしい　息苦しい　⊗息苦し
い　例〜ような暑さ。〜雰囲気。

いきけんこう　意気軒高〈意気軒昂〉
例選手は、〜として試合に臨ん
だ。

いきごみ　意気込み　⊗意気込み
例成功させようとする彼の〜は
全くすばらしい。

いきごむ　意気込む　例今度こそは
と〜。

いきさき　行き先　⊗行き先　例〜
が分からない。〜を変更する。

いきさつ　いきさつ〈経緯〉　例これ
までの〜を簡単に話す。

いきしに　生き死に　⊗生き死に
例人の〜。

いきじびき　生き字引　⊗生き字引
例彼は〜と言われている。

いきしょうちん　意気消沈〈意気銷
沈〉　例一度失敗したくらいで、
そう〜するな。

いきしょうてん　意気衝天　例初め
のうちは〜の勢いであった。

いきすぎ　行き過ぎ　⊗行き過ぎ
例少し〜だ。

いきすぎる　行き過ぎる　⊗行き過
ぎる　例目的の店を行き過ぎて
から気付いた。

いきだおれ　行き倒れ　⊗行き倒れ

いきち　生き血　⊗生き血

いきちがい　行き違い　⊗行き違い
例〜があったらしい。〜になる。

いきづかい　息遣い　例激しい〜。

いきつけ　行きつけ〈行き付け〉
例〜の店で買う。

いきづまり　行き詰まり　例研究に
〜を感じる。

いきづまる　行き詰まる　⊗行き詰
まる　例長年の研究が〜。

いきづまる　息詰まる　⊗息詰まる
例〜ような光景。

いきつもどりつ　行きつ戻りつ
例議論は〜して決した。

いきづらい　行きづらい〈行き辛い〉

いきどおり　憤り　⊗憤り　例〜を感じる。

いきどおる　憤る　⊗憤る　例大いに〜。

いきとどく　行き届く　例隅々まで注意が〜。行き届いた処置。

いきどまり　行き止まり　例この道は約100メートル先で〜です。

いきない　域内　例〜を出る。

いきながらえる　生き永らえる・生き長らえる

いきなやむ　行き悩む

いきなり　いきなり　例彼は〜戸を開けた。

いきぬき　息抜き　⊗息抜き　例少し〜をしてから仕事をしよう。

いきのこり　生き残り　⊗生き残り

いきのこる　生き残る　⊗生き残る　例戦いの中を生き残った。

いきのびる　生き延びる　例治療のおかげで、〜ことができた。

いきはじ　生き恥　⊗生き恥　例〜をさらす。

いきぼとけ　生き仏　⊗生き仏　例みんなから〜と慕われている。

いきまく　息巻く　⊗息巻く　例話にならないと盛んに〜。

いきむ　息む　例そう〜な。

いきもどり　行き戻り

いきもの　生き物　⊗生き物　例〜を飼う。

いきょ　依拠

いきょう　異教　例〜の徒。

いきょう　異郷　例〜に骨を埋める。

いきょう　異境　例〜に在って祖国に残した妻子を思う。

いきようよう　意気揚々

いきりたつ　いきり立つ　例何もそんなに〜必要はないでしょう。

いきる　生きる　⊗生きる　例力強く〜。

いきれ　いきれ〈熱れ・熅れ〉　例人〜。草〜。

いきわかれ　生き別れ　⊗生き別れ　例5歳の時、母と〜になった。

いきわたる　行き渡る　例各戸に〜。
　荘「ゆきわたる」とも。

いく　育³〔イク　そだつ・そだてる・はぐくむ〕　例育児、教育、発育、飼育、体育、知育

いく　幾　例〜山河を越えて…。〜年。〜人。

いく　行く　⊗行く　例学校へ〜。
　荘「ゆく」とも。

いく　逝く　⊗逝く　例父が逝って1年が過ぎた。
　荘「ゆく」とも。
　荘「行く・逝く」の使い分けは、「「異字同訓」の漢字の使い分け」p.38参照。

…(て)いく　…(て)いく〈…(て)行く〉　⧖⊗…ていく　例景気が上向いて〜。消えて〜。
　荘公用文では、「負担が増えていく。」のように用いるときは、原則とし

て、仮名で書く。

いぐい　居食い　[文]**居食い**　[例]～を続けて、退職金を使い果たす。

いくえ　幾重　[例]～にも重なる山々。～にもおわびする。

いくえい　育英　[例]前途有望な青少年の～に意を用いる。～会。

いくさ　戦　[文]**戦**　[例]～に出る。

いくさき　行く先　[文]**行く先**　[例]子の～を心配する。

いくじ　育児　[例]～に専念する。～休業。

いくじ　意気地[付]　[例]そんな～のないことでどうする。

いくせい　育成　[例]産業の～。

いくた　幾多　[例]～の障害を乗り越え、ようやく社業は安定した。

いくたび　幾度・幾たび　[例]同じ曲を～も繰り返して聴く。

いくつ　幾つ　[文]**幾つ**　[例]～残るか。

いくどうおん　異口同音　[例]～に反対を唱える。

いくにち　幾日　[例]～待てばいいか。

いくばく　幾ばく〈幾何・幾許〉　[例]残りは～もない。

いくぶん　幾分　[例]状況は～好転した模様である。

いくら　幾ら・いくら　[文]**幾ら**　[例]～言っても分からない。合計で～になりますか。

いくらか　幾らか・いくらか　[例]傷は～良くなった。今日は～寒い。

いけ　池　[例]～にこいを泳がせる。

いけい　畏敬　[例]～の念を抱く。

いけうお　生け魚〈活け魚〉　[例]～を料理して食べさせる店。

いけがき　生け垣　[文]**生け垣**　[例]～の手入れも大変です。

いけす　生けす〈生け簀〉　[例]魚を～に入れる。

いけどり　生け捕り　[文]**生け捕り**　[例]熊を～にする。

いけどる　生け捕る

いけない　いけない〈不可い〉　[文]**いけない**　[例]そんなことをしては～。

「異字同訓」の漢字の使い分け

いく・ゆく

【行く】移動する。進む。過ぎ去る。

電車で行く。早く行こう。仕事帰りに図書館に行った。

仕事がうまく行かない。行く秋を惜しむ。

【逝く】亡くなる。

彼が逝って３年たつ。安らかに逝った。多くの人に惜しまれて逝く。

（平成26年文化審議会国語分科会）

いけにえ　いけにえ〈生け贄〉　例神
　に〜をささげる。

いけばな　生け花〈活け花〉　公生け
　花　例〜を飾る。〜に凝る。

いける　生ける〈活ける〉　公生ける
　例水仙を〜。

いける　いける〈埋ける〉　⇒埋める
　例炭火を〜。根を〜。

いけん　異見　例〜を持つ。

いけん　意見　例それは〜の相違だ。
　息子に〜をする。〜書。

いけん　違憲　例〜判決。

いげん　威厳　例〜のある顔つき。

いご　以後　例〜、注意しなさい。

いご　囲碁　例〜に凝る。

いこい　憩い　公憩い　例〜の場所。

いこう　以降　例明治〜の風俗。

いこう　威光　例社長の〜。

いこう　移行　例次工程への〜。

いこう　偉功　例〜をたたえる。

いこう　意向〈意嚮〉　例相手の〜を
　聞いてからにしよう。

いこう　憩う　公憩う　例木陰に〜。

いこく　異国　例〜情緒の漂う街。

いごこち　居心地　例〜がいい。

いこじ　意固地〈依怙地〉　例そう〜
　になるな。〜なやつだ。

いこつ　遺骨　例〜の引き取り。

いこん　遺恨　例〜を持つ。

いごん　遺言　例父の〜。
　注「ゆいごん」とも。

いさい　委細　例〜は後便で。

いさい　異彩　例〜を放つ。

いさお　いさお〈勲・功〉　例〜を立
　てる。

いさかい　いさかい〈諍い〉　例隣人
　と〜を起こす。

いさぎよい　潔い　公潔い　例〜行
　動。

いざこざ　いざこざ　例両者の間に、
　ちょっとした〜があった。

いささか　いささか〈些か・聊か〉
　公いささか　⇒少し・僅か
　例〜大き過ぎる。〜勝手だ。

いざなう　いざなう〈誘う〉　⇒誘う
　例友を〜。

いさましい　勇ましい　公勇ましい
　例随分〜ことを言うね。

いさみあし　勇み足　公勇み足
　例あの発言は、少し〜だった。

いさみはだ　勇み肌　公勇み肌
　例〜の若者。

いさむ　勇む　公勇む　例心が〜。
　勇んで海外に出掛ける。

いさめる　いさめる〈諫める〉　例言
　葉を尽くして上司を〜。

いざよい　いざよい〈十六夜〉　例〜
　の月が誠に美しい。

いさりび　いさり火〈漁り火〉　例沖
　に漁船の〜が見える。

いさん　胃酸

いさん　遺産　例〜の相続。文化〜。

いし　石　例〜の上にも三年。

いし　医師　例掛かり付けの〜。

いし　意志　㊙彼女の～を確かめる。

いし　意思　㊙～の疎通。～決定。

いし　遺志　㊙親の～を継ぐ。

いし　い死〈縊死〉　⇒首つり・首くくり　㊙死因は～と判明。

いじ　意地　㊙～を通す。～が悪い。食い～。

いじ　維持　㊙現状を～する。

いじ　遺児　㊙犠牲者の～。

いしうす　石臼　㊙～で粉をひく。

いしがき　石垣　㊙城の～。

いしき　意識　㊙～不明。～してわざと言う。

いじきたない　意地汚い　㊙～人。

いしけり　石蹴り　㊙～をして遊ぶ。

いじける　いじける　㊙心が～。

いしころ　石ころ　㊙道端の～。

いしずえ　礎　㊙～を築く。

いしだたみ　石畳　㊛石畳　㊙～の坂道。

いしづき　石突き　㊛石突き　㊙ステッキの～。きのこの～。

いしづくり　石造り　㊛石造り　㊙～の蔵。

いじっぱり　意地っ張り　㊛意地っ張り　㊙一番の～は誰だ。

いしつぶつ　遺失物　㊙～の処理。

いしどうろう　石灯籠

いしはくじゃく　意志薄弱　㊙少々～なところがある。

いじめ　いじめ〈虐め・苛め〉　㊙～禁止。

いじめる　いじめる〈虐める・苛める〉　㊙弱い者を～な。

いしゃ　医者　㊙～に掛かる。

いじゃく　胃弱　㊙～体質。

いしゃりょう　慰謝料〈慰藉料〉　㊧慰謝料
　　㊐法令では、「慰藉料」は用いない。「慰謝料」を用いる。

いしゅう　い集〈蝟集〉　⇒集まること・群がること・密集　㊙群衆が～する。

いじゅう　移住　㊙南米に～する。

いしゅがえし　意趣返し

いしゅく　畏縮　㊙師範の前へ出ると～してしまう。

いしゅく　萎縮　㊙そんなことを言えば、ますます～するばかりだ。

いしょう　衣装〈衣裳〉　㊙結婚式の～。彼女は～持ちだ。

いしょう　意匠　㊙～を凝らす。～登録。

いじょう　以上　㊙大体～のとおりです。1,000円～。

いじょう　委譲　㊙権限を～する。

いじょう　異状　㊙～なく終了した。

いじょう　異常　㊙～潮位。今日は～に暑い日だ。

いしょく　委嘱〈依嘱〉　㊛委嘱　㊙審査員を～する。
　　㊐新聞では、「委嘱」と書く。

いしょく　移植　㊙臓器の～。

いしょくじゅう　衣食住

㊐:付表の語　×:表外字　△:表外音訓　〈　〉:参考表記　⇒:言い換え等

あ行

いじらしい　いじらしい　例～姿。

いじる　いじる〈弄る〉　例おもちゃ
　　を～。あちこちを～。

いじわる　意地悪　例～な人。

いしん　維新　例明治～。

いじん　偉人　例～の伝記。

いしんでんしん　以心伝心　例一々
　　聞かなくても、～で分かる。

いす　椅子　公文椅子　例机と～。

いずこ　いずこ〈何処〉　⇒どこ
　　例～ともなく消えうせた。

いずまい　居ずまい〈居住まい〉
　　例～を正す。

いずみ　泉　例～が湧き出る。

いずれ　いずれ〈何れ・孰れ〉　文い
　　ずれ　⇒どちらの・どの・どん
　　な　例～か一つ。～そのうち。

いずれにしても　いずれにしても
　　〈何れにしても〉　⇒どっちみ
　　ち・どうせ・どのみち　例～明
　　日は出発する。

いずれも　いずれも〈何れも〉　⇒ど
　　れも（これも）・全て　例～珍し
　　い物ばかりだ。

いすわる　居座る　例他人の家に～。
　　社長の座に～。

いせい　威勢　例～の良い掛け声。

いせい　異性　例～の友達。

いせいしゃ　為政者　例～を選ぶ。

いせき　遺跡〈遺蹟〉　例～の発掘。

いぜん　以前　例それは、随分～の
　　ことだ。3月11日～。

いぜん　依然　例～として強大な勢
　　力を保つ。旧態～。

いそ　いそ〈磯〉　例～で遊ぶ。
　　注新聞では漢字で書き表す。

いそいそ　いそいそ　例子供たちは
　　～と出掛けて行った。

いそうろう　居候　例彼の家には～
　　が二人もいる。

いぞう　遺贈　例相続人からの～。

いそがしい　忙しい　文忙しい
　　例～世の中。準備で、毎日～。

いそがしさ　忙しさ　文忙しさ

いそがす　急がす　例外出の支度を
　　～。工事の完成を～。

いそぎ　急ぎ　文急ぎ　例～の用事。

いそぎあし　急ぎ足　文急ぎ足
　　例～で歩く。

いそぎんちゃく　いそぎんちゃく
　　〈磯巾着〉　例～は海の花。

いそぐ　急ぐ　文急ぐ　例どうして
　　そんなに～必要があるのか。

いぞく　遺族　例～補償年金。

いそしむ　いそしむ〈勤しむ〉　例毎
　　日毎日勉学に～。

いそづたい　いそ伝い〈磯伝い〉
　　文いそ伝い

いそづり　いそ釣り〈磯釣り〉　文い
　　そ釣り

いそべ　いそ辺〈磯辺〉　例～餅。

いそん・いぞん　依存　例大国に～
　　する。

いぞん　異存　例特に～はない。

1～6：教育漢字学年配当　公：法令・公用文の表記　文：文科省語例集の表記

あ行

いた　板　例杉の〜。〜の間。

いたい　遺体　例〜を埋葬する。

いたい　痛い　文痛い　例触ると〜。

いだい　偉大　例〜な人物。

いたいけ　いたいけ〈幼気〉　例子供たちの〜な姿。

いたいたしい　痛々しい　例見るも〜姿で帰ってきた。

いたがこい　板囲い　文板囲い　例空き地に〜をする。

いたく　依託　例〜学生。

いたく　委託　例清掃を〜する。

　　匣新聞では、「依託・委託」は「委託」と書く。

いだく　抱く〈懐く〉　文抱く　例愛情を〜。

いたけだか　居丈高〈威丈高・威猛高〉　例〜な態度。

　　匣新聞では、「居丈高」と書く。

いたさ　痛さ　文痛さ

いたしかた　致し方　例〜がない。

いたしかゆし　痛しかゆし〈痛し痒し〉　例出るとぬれるし、いれば遅れるし、全く〜だ。

いたじき　板敷き　文板敷き　例〜の部屋は冬は冷え込みがひどい。

いたす　致す　文致す　例致し方ない。不徳の〜ところ。繁栄を致した理由。

　　匣「…をいたす」のときは、仮名書きが一般的。

いたす　いたす　文いたす　例御紹介をいたします。御案内をいたします。

…いたす　…いたす　文…いたす　例御案内いたします。お願いいたします。

いだす　いだす〈出す〉　文いだす　例見〜。

いたずら　いたずら〈悪戯〉　例余り〜をするなよ。〜っ子。

いたずら　いたずら〈徒〉　文いたずら　例〜に時間がたつ。

いただき　頂　文頂　例山の〜。

いただき　頂き〈戴き〉　例この勝負は〜だ。

いただきもの　頂き物〈戴き物〉　文頂き物　例お客様からの〜。

いただく　頂く〈戴く〉　文頂く　例有り難く〜ことにしましょう。

…(て)いただく　…(て)いただく〈…(て)頂く・…(て)戴く〉　公文…ていただく　例見て〜。

　　匣公用文では、「報告していただく。」のように用いるときは、原則として、仮名で書く。

いたたまれない　居たたまれない

いたちごっこ　いたちごっこ

いたって〔副詞〕　至って・いたって　公文至って　例〜元気です。

いたで　痛手　例再起不能の〜。

いだてん　いだてん〈韋駄天〉　例〜のように足の速い男。〜走り。

いたのま　板の間　例〜に座る。

匣:付表の語　×:表外字　△:表外音訓　〈　〉:参考表記　⇒:言い換え等

いたばさみ　板挟み　[文]**板挟み**　[例]両者の～になって困る。

いたばり　板張り　[文]**板張り**　[例]～の廊下を歩く。

いたぶき　板ぶき〈板葺き〉　[例]～の仮小屋に住む。

いたべい　板塀　[例]～と石塀。

いたまえ　板前　[例]腕のいい～。

いたましい　痛ましい〈傷ましい〉　[文]**痛ましい**　[例]聞くも～話。

いたみ　痛み　[文]**痛み**　[例]傷の～。

いたみ　傷み　[文]**傷み**　[例]～のひどいりんご。

いたみ　悼み　[文]**悼み**　[例]～の心。

いたみいる　痛み入る　[例]そう言われると、かえってこちらが～。

いたむ　痛む　[文]**痛む**　[例]傷口が～。

いたむ　傷む　[文]**傷む**　[例]雨漏りを放っておくと建物が～。

いたむ　悼む　[文]**悼む**　[例]死を～。

[注]「痛む・傷む・悼む」の使い分けは、「「異字同訓」の漢字の使い分け」参照。

いためがみ　板目紙　[例]～の表紙。

いためる　痛める　[文]**痛める**　[例]足首を～。

いためる　傷める　[文]**傷める**　[例]文化財を～。

[注]「痛める・傷める」の使い分けは、「「異字同訓」の漢字の使い分け」参照。

いためる　いためる〈炒める〉　[例]野菜を油で～。いため物。

いたり　至り　[文]**至り**　[例]恐縮の～です。

いたる　至る〈到る〉　[文]**至る**　[例]東京に～道。

いたるところ　至る所〈至る処・到る所〉　[文]**至る所**　[例]～で車の渋滞が見られる。

いたれりつくせり　至れり尽くせり

いたわしい　いたわしい〈労しい〉　[例]実に～ことだ。

いたわる　いたわる〈労る〉　[例]老人を～。長年の努力を～。

いち　一[1]〔イチ・イツ／ひと・ひとつ〕　[例]一度、一

「異字同訓」の漢字の使い分け

いたむ・いためる

【痛む・痛める】肉体や精神に苦痛を感じる。
　足が痛む。腰を痛める。今でも胸が痛む。借金の返済に頭を痛める。

【傷む・傷める】傷が付く。壊れる。質が劣化する。
　引っ越しで家具を傷める。家の傷みがひどい。髪が傷む。傷んだ果物。

【悼む】人の死を嘆き悲しむ。
　故人を悼む。親友の死を悼む。

（平成26年文化審議会国語分科会）

あ行

　　日、一覧表、一座、第一、万一
　　付一日(ついたち)、一人(ひとり)

いち　壱(壹)〔イチ〕　例金壱万円

いち　市　例毎月15日に〜が立つ。

いち　位置　例〜を決める。

いちい　一尉

いちいち　一々　例〜世話を焼く。

いちえん　一円　例関東〜。

いちおう　一応〈一往〉　例〜そこま
　　でにしておく。〜の結論が出た。
　　注新聞では、「一応」と書く。

いちおく　一億　例〜の人口。

いちがいに　一概に　例〜君が悪い
　　とは言えない。

いちぐう　一隅　例境内の〜に松の
　　巨木がある。

いちげんこじ　一言居士　例彼は〜
　　で相当有名だ。

いちご　一期　例〜の思い出。〜の
　　不覚。

いちごいちえ　一期一会

いちごん　一言　例〜の下にはねつ
　　けた。〜の断りもない。

いちざ　一座　例〜を見回す。

いちじ　一次　例〜の試験。

いちじ　一事　例〜が万事。

いちじ　一時　文一時　例〜通行を
　　止めます。〜の出来心。

いちじく　いちじく〈無花果〉

いちじていし　一時停止　例踏切で
　　は〜を励行すること。

いちじに　一時に　例〜二つの仕事

　　はできない。

いちじのがれ　一時逃れ　文一時逃
　　れ　例〜の言い訳にすぎない。

いちじばらい　一時払い　文一時払
　　い　例〜なら５％お引きします。

いちじゅういっさい　一汁一菜

いちじゅん　一巡　例順番が〜した。

いちじるしい　著しい　文著しい
　　例生産性の向上が〜。〜効果。

いちじるしさ　著しさ　文著しさ

いちず　いちず〈一途〉　文いちず
　　例彼は〜にそう思い込んでいる。

いちぞく　一族　例〜の集まり。

いちだい　一台

いちだいじ　一大事　例お家の〜。

いちだんと　一段と　例〜光り輝く。
　　〜進歩する。

いちづける　位置付ける　例A氏を
　　学界の大御所として〜。

いちど　一度

いちどう　一同　例〜がそろってや
　　って来た。〜起立。

いちどう　一堂　例〜に会する。

いちどきに　一時に・いちどきに
　　例そう〜できはしない。

いちどに　一度に　例全員が〜立ち
　　上がる。〜は運べない。

いちにちじゅう　一日中　例〜蒸し
　　暑い日だった。

いちにんまえ　一人前　例息子もど
　　うやら〜になりました。

いちねんじゅう　一年中　例〜遊び

暮らす。

いちば　市場　例〜に行く。公設〜。

いちはやく　いち早く〈逸早く〉
例〜姿を隠した。

いちばん　一番・いちばん　⊗一番
例行列の〜前。

いちばんどり　一番どり〈一番鶏〉
例〜が時を告げる。

いちばんのり　一番乗り

いちばんめ　一番目・一番め　例〜
は、Ａさんの独唱です。

いちぶ　一部　例規則の〜を改定す
る。夕刊は〜120円です。

いちぶいちりん　一分一厘

いちぶしじゅう　一部始終　例〜を
物語った。

いちべつ　一別　例〜以来。

いちべつ　一べつ〈一瞥〉　⇒一見・
一目・ちらと見ること　例じろ
りと〜しただけだった。

いちぼう　一望〈一眸〉　例展望台か
ら町中が〜の下に見渡せる。

いちまいずり　一枚刷り　⊗一枚刷
り

いちまつ　一抹　例〜の不安がある。

いちまんえん　一万円・壱万円
注「金〜(也)」という場合は、「壱万円」
又は「壱萬円」を用いる。

いちみ　一味　例盗賊の〜。

いちめん　一面　例彼の論にも〜の
真理はある。彼には幼い〜があ
る。

いちめんに　一面に　例辺り〜ばら
ばらと散らばる。

いちもうだじん　一網打尽　例犯人
の一味を〜にする。

いちもく　一目　例彼には〜置く。

いちもくさん　一目散　例〜に逃げ
出した。

いちもくりょうぜん　一目瞭然
例これを見れば〜だ。

いちもんじ　一文字　例口を真〜に
結んで、にらみつけている。

いちもんなし　一文なし

いちやく　一躍　例〜有名になる。

いちやづくり　一夜作り　例〜の案。

いちやづけ　一夜漬け　⊗一夜漬け
例〜の勉強で間に合わせる。

いちょう　胃腸　例〜が弱い。

いちよう　一様　例〜に平らな土地。
〜に分ける。尋常〜。

いちようらいふく　一陽来復　例ま
ずは〜というところだ。

いちらん　一覧　例〜表を作る。

いちり　一利　例どちらの案にも〜
一害があって決めかねる。

いちり　一理　例彼の言うことにも、
確かに〜ある。

いちりつ　一律　例〜に支給する。

いちりづか　一里塚　例門松は冥土
の旅の〜。

いちりゅう　一流　例当代〜の学者。
彼〜の押しの強さ。

いちりょうじつ　一両日

いちりん　一輪

いちりんざし　一輪挿し　🗴一輪挿
し　🟡～に生けた花。

いちる　いちる〈一縷〉　⇒一筋・僅
か　🟡～の望みを託する。

いちれんたくしょう　一れんたく生
〈一蓮托生〉　🟡こうなったから
には～だと思ってほしい。

いちろ　一路　🟡～ハワイへ飛び立
つ。～平安を祈る。

いちわ　一羽　🟡～の鶏。

いちわ　一把　🟡～のねぎ。

いつ　一¹〔イチ・イツ　ひと・ひとつ〕　🟡一瞬、一
般、唯一、同一、統一、画一、
心を一にする　🈁一日（ついたち）、
一人（ひとり）

いつ　逸（逸）〔イツ〕　🟡逸話、逸材、
逸品、安逸、秀逸、機を逸する

いつ　いつ〈何時〉　🗴いつ　🟡この
次は～お目に掛かれますか。そ
れは～のことでしたか。

いっか　一家　🟡～を構える。～そ
ろって出掛ける。

いつか　五日

いつか　いつか〈何時か〉　🟡～お目
に掛かりたい。

いっかい　一介　🟡私は～の勤め人
にすぎません。

いっかくせんきん　一獲千金〈一攫
千金〉　🟡～を夢見る。

いっかつ　一括　🟡以上の３件を～
提案します。

いっかつ　一喝　🟡遅刻者を～した。

いっかん　一巻　🟡～の終わり

いっかん　一貫　🟡裸～で出発した。
終始～態度を変えない。

いっかん　一環　🟡環境整備事業の
～として実施する。

いっきいちゆう　一喜一憂　🟡試合
の状況に～する。

いっきうち　一騎打ち・一騎討ち
🗴一騎打ち

🈭新聞では、「一騎打ち」と書く。

いっきかせい　一気かせい〈一気呵
成〉　⇒一息（に）　🟡～に攻め
込んだ。

いっきとうせん　一騎当千　🟡～の
兵（つわもの）。

いっきに　一気に　🟡～仕上げる。
大杯の酒を～飲み干す。

いっきょいちどう　一挙一動　🟡相
手の～をじっと見守る。

いっきょしゅいっとうそく　一挙手
一投足　🟡そう～にやかましく
言われたのではかなわない。

いっきょに　一挙に　🟡～完成した。

いつく　居着く〈居付く〉　🟡野良猫
が居着いてしまった。

いつくしみ　慈しみ　🗴慈しみ

いつくしむ　慈しむ　🗴慈しむ
🟡祖父が慈しんでいた猫。

いっけん　一件　🟡～落着。

いっけん　一見　🟡～おとなしい。

いっけん　一軒

🈭:付表の語　✕:表外字　△:表外音訓　〈　〉:参考表記　⇒:言い換え等

あ行

いっけんや　一軒家〈一軒屋〉　例山
　中の〜。

いっこ　一個　例〜50円です。

いっこう　一向　文一向　例〜に便
　りがない。〜平気だ。

いっこう　一行　例観光団の〜。

いっこう　一考　例〜を要する。

いっこく　一刻　例〜を争う。

いっこだち　一戸建ち　文一戸建ち

いっこだて　一戸建て　文一戸建て
　例〜の住宅。

いつごろ　いつ頃〈何時頃〉　例〜ま
　で掛かるでしょうか。

いっこん　一献　例〜差し上げたい。

いっさい　一切　文一切　例私は〜
　知らない。〜の障害を排除する。

いっさいがっさい　一切合財・一切
　合切　例〜盗まれた。

いっさくじつ　一昨日

いっし　一矢　例〜を報いる。

いつしか　いつしか〈何時しか〉
　⇒いつの間にか　例〜日も暮れ
　た。

いっしどうじん　一視同仁

いっしゃせんり　一しゃ千里〈一瀉
　千里〉　⇒一息に・一気に
　例事件は〜に解決した。

いっしゅ　一種　例これは昆虫の〜
　だ。〜独特の匂い。

いっしゅう　一蹴　例要求を〜する。

いっしゅうき　一周忌　例明日は父
　の〜だ。〜の法要を営む。

いっしゅうねん　一周年　例創立〜。

いっしゅん　一瞬　例ほんの〜のこ
　とで間に合わなかった。

いっしょ　一緒　文一緒　例〜に行
　きたい。色違いで〜の柄。

いっしょう　一生　例〜を気ままに
　過ごす。

いっしょうがい　一生涯

いっしょうけんめい　一生懸命

いっしょけんめい　一所懸命
　注新聞では、「一生懸命・一所懸命」は
　「一生懸命」と書く。

いっしん　一心　例〜不乱。

いっしん　一身　例〜上の都合で退
　職する。非難を〜に受ける。

いっしんいったい　一進一退

いっしんどうたい　一心同体　例夫
　婦は〜だなどと言われる。

いっすい　一睡　例〜もしない。

いっすい　いっ水〈溢水〉　例堤防が
　切れて〜する。
　注法令では、用いない。

いっする　逸する　文逸する　例機
　会を〜。

いっすんさき　一寸先　例〜は闇。

いっすんぼうし　一寸法師

いっせい　一斉　文一斉　例教室で
　〜テストを行う。〜に旗を振る。

いっせいちだい　一世一代　例〜の
　頼み。〜の冒険を試みる。

いっせきにちょう　一石二鳥　例〜
　をもくろむ。〜の効果。

いっそ　いっそ　（例）〜のこと辞めてしまおうかと思っている。
いっそう　一双　（例）左右一組の対になった〜のびょうぶ。
いっそう　一掃　（例）不安を〜する。
いっそう　一層　（文）**一層**　（例）今後とも〜注意してほしい。〜頑張れ。
いっそくとび　一足飛び　（文）**一足飛び**　（例）〜に出世する。
いったい　一体　（例）労使〜となって努力する。〜誰のいたずらだ。
いったい　一帯　（例）辺り〜に広がる。
いったいぜんたい　一体全体　（例）〜これはどういうことだ。
いつだつ　逸脱　（例）任務の範囲を〜した行為。
いったん　一旦　（文）**一旦**　（例）〜決めたことは、速やかに実行する。
いったん　一端　（例）研究の〜を発表する。棒の〜を削る。
いっち　一致　（例）意見の〜を見る。
いっちょう　一丁〈一挺・一梃〉　（例）〜ののこぎり。小銃〜。
いっちょう　一丁　（例）〜の豆腐。
いっちょういっせき　一朝一夕　（例）〜にはできない。
いっちょういったん　一長一短　（例）どちらの案にも〜がある。
いっちょうら　一張羅　（例）〜の洋服。
いつつ　五つ　（文）**五つ**　（例）〜子。
いっつい　一対　（例）〜の掛け軸。
いって　一手　（例）〜に引き受ける。
いってい　一定　（例）〜の間隔。
いってき　一滴　（例）大海の〜。
いってつ　一徹　（例）頑固〜。
いってん　一転　（例）心機〜。
いってんばり　一点張り　（文）**一点張り**　（例）知らぬ存ぜぬの〜。
いっとう　一等　（例）〜の賞金は10万円です。〜賞を得る。〜星。
いつのまにか　いつの間にか〈何時の間にか〉　（例）〜暗くなった。
いっぱい　一杯・いっぱい　（文）**一杯**　（例）水を〜欲しい。時間〜頑張る。人が〜だ。
いっぱく　一拍
いっぱん　一般　（例）〜にそう考えられている。〜の社会。
いっぴょう　一俵
いっぴん　逸品　（例）〜ぞろいだ。
いっぷく　一服　（例）疲れたから〜しよう。〜盛る。
いっぺん　一辺　（例）三角形の〜。
いっぺん　一遍　（例）週に〜行く。
いっぺんに　一遍に　（文）**一遍に**　（例）〜説明する。
いっぽう　一方　（例）〜の旗頭。彼は飲む〜だ。その〜、…。
いっぽんだち　一本立ち　（文）**一本立ち**　（例）なかなか〜できない。
いっぽんづり　一本釣り　（文）**一本釣り**　（例）かつおの〜。
いっぽんやり　一本やり〈一本槍〉　（例）これ〜で押し通す。

いつも　いつも〈何時も〉　例～の所
　　で待つ。～手ぶらで出掛ける。

いつわ　逸話　例～を紹介する。

いつわり　偽り　公文偽り　例～の
　　証言。
　　注法令では、「詐偽」は用いない。「偽
　　り」を用いる。

いつわる　偽る　文偽る　例人を偽
　　ってまで利益を得ようとするな。

いでたち　いで立ち〈出で立ち〉
　　例物々しい～。

いでゆ　いで湯〈出で湯〉　⇒温泉
　　例～の里。

いてる　いてる〈凍てる〉　例大地が
　　～。

いてん　移転　例～の通知。

いでん　遺伝　例隔世～。

いと　糸　例～をぴんと張る。

いと　意図　例～がつかめない。～
　　するところは分かる。

いど　井戸　例～を掘る。

いど　緯度　例～を測る。

いとう　以東

いとう　いとう〈厭う〉　例私は別に
　　苦労を～わけではない。

いどう　異同　例AとBとの～を調
　　べてみる。

いどう　異動　例人事～があった。

いどう　移動　例位置を～する。

いとおしい　いとおしい〈愛おしい〉
　　例我が子をいとおしく思う。

いとおしむ　いとおしむ〈愛おしむ〉

例ペットを～。

いどがえ　井戸替え　文井戸替え

いとぐち　糸口〈緒〉　例解決の～。

いとけない　いとけない〈稚けない・
　　幼けない〉　例～子供。

いとこ　いとこ〈従兄・従弟・従姉・
　　従妹・従兄弟・従姉妹〉

いどころ　居所・居どころ　例あれ
　　以来、～が分からない。

いとしい　いとしい〈愛しい〉　例～
　　我が子をしっかりと抱く。

いとしご　いとし子〈愛し子〉　例た
　　った一人の～を失った親の嘆き。

いとなみ　営み　文営み　例日常の
　　～。

いとなむ　営む　文営む　例スーパ
　　ーを～。

いどばた　井戸端　例～会議。

いとへん　糸偏　例～の漢字。

いどほり　井戸掘り　文井戸掘り

いとま　いとま〈暇〉　例昼食を取る
　　～もないほど忙しかった。

いとまき　糸巻き　文糸巻き

いとまごい　いとま乞い〈暇乞い〉
　　例～もそこそこに出発する。

いどむ　挑む　文挑む　例戦いを～。

いとめ　糸目　例金に～は付けない。
　　たこの～がもつれる。

いとわしい　いとわしい〈厭わしい〉
　　例～世の中が嫌になった。

いな　否　文否　例賛成か～か。

いない　以内　例10日～にできる。

あ行

いなおる　居直る　[文]居直る　[例]追及されて～。
いなか　田舎[付]　[例]～に住む。
いなかみち　田舎道
いなかむき　田舎向き
いながら　居ながら　[例]～にして世界の情勢を知る。
いなさく　稲作　[例]～地帯。
いなずま　稲妻
いなだ　稲田　[例]広々とした～。
いななく　いななく〈嘶く〉
いなびかり　稲光　[文]稲光　[例]ひどい～。
いなほ　稲穂　[例]～が垂れる。
いなむ　否む〈辞む〉　[文]否む　[例]先方には～に否めない事情があるらしい。
…(や)いなや　…(や)否や・…(や)いなや　[文]…(や)否や　[例]説明が終わるや～質問する。
いならぶ　居並ぶ　[文]居並ぶ　[例]ずらりと～各界の名士たち。
いなり　いなり〈稲荷〉　[例]～神社。
いにしえ　いにしえ〈古〉　[例]～の歌。～の奈良の都の…。
いにん　委任　[例]～状を送る。
いぬ　犬　[例]～のけんか。
[注]十二支の「いぬ」は「戌〈いぬ〉」。
いぬい　いぬい〈乾・戌亥〉　[例]～の方角から姿を現す。
いぬかき　犬かき〈犬掻き〉　[例]やっと～で泳げるようになった。
いぬき　居抜き　[文]居抜き　[例]～で買う。
いぬじに　犬死に　[文]犬死に　[例]彼の死を～にするな。
いね　稲　[例]～の刈り入れ。
いねかり　稲刈り　[文]稲刈り
いねこき　稲こき〈稲扱き〉
いねむり　居眠り　[文]居眠り　[例]～をして乗り越した。
いのこり　居残り　[文]居残り　[例]～当番。
いのこる　居残る　[例]遅くまで～。
いのち　命　[例]～を大事にする。
いのちがけ　命懸け　[文]命懸け　[例]～で頑張る。～の仕事。
いのちからがら　命からがら〈命辛々〉　[例]～逃げ帰った。
いのちごい　命乞い　[文]命乞い
いのちとり　命取り　[文]命取り　[例]あのエラーが～だった。
いのちびろい　命拾い　[文]命拾い　[例]危ないところをやっと～した。
いのり　祈り　[文]祈り　[例]～の言葉。
いのる　祈る　[文]祈る　[例]無事を～。
いはい　違背　[例]法律に～するようなことをするな。
[注]法令では、「違背」は用いない。「違反」を用いる。
いはい　位はい〈位牌〉　[例]～を仏壇に置く。～を守る。
いはつ　衣鉢　[例]師の～。
いはつ　遺髪　[例]母の～。

いばら　茨[4]〔―いばら〕 [例]茨城県

いばら　茨〈荊・棘〉 [例]～の道。

いばる　威張る [例]やたらに～。

いはん　違反 [公]違反 [例]規則～。

[注]法令では､｢違背｣は用いない｡｢違反｣を用いる。

いび　萎び〈萎靡〉 [例]～沈滞する。

いびき　いびき〈鼾〉 [例]～がうるさくて眠れない。高～。

いびつ　いびつ〈歪〉 [例]～な形。

いひょう　意表 [例]～を突くバント。

いびる　いびる [例]新人を～。

いひん　遺品 [例]遭難者の～。

いふ　畏怖 [例]～の念。

いぶかしい　いぶかしい〈訝しい〉 [例]例の件には少し～点がある。

いぶかる　いぶかる〈訝る〉 [例]しきりに～様子だった。

いぶき　息吹[付] [文]息吹 [例]春の～。

いふく　衣服 [例]～を着る。

いぶす　いぶす〈燻す〉 [例]煙で～。

いぶる　いぶる〈燻る〉 [例]生木が～。

いへん　異変 [例]～が起こる。

いぼ　いぼ〈疣〉 [例]額に～がある。

いほう　違法 [例]～の行為。

いぼく　遺墨 [例]高僧の～。

いぼてい　異母弟

いま　今・いま [例]～、何時ですか。～に来るでしょう。

いま　居間 [例]～でくつろぐ。

いまいましい　忌ま忌ましい・いまいましい [文]忌ま忌ましい [例]本当に何て～ことだろう。

いまがた　今方 [例]A君は、～帰ったばかりだ。

いまごろ　今頃 [例]～になって、やって来ても遅い。

いまさら　今更・いまさら [文]今更 [例]～、そんなことができるものか。～のように思い出す。

いましがた　今し方 [文]今し方 [例]～、別れたばかりだ。

いましめ　戒め〈誡め〉 [文]戒め [例]親の～を守る。

いましめ　いましめ〈縛め〉 [例]～を解く。

いましめる　戒める〈誡める〉 [文]戒める [例]怠惰な生活を～。

いましも　今しも [例]～春たけなわ。

いまだ　いまだ〈未だ〉 [文]いまだ ⇒まだ [例]～かつてない。

いまだに　いまだに〈未だに〉 [例]～行方不明だ。

いまどき　今時・今どき [例]～、そんな人はいない。

いまなお　今なお〈今猶〉 [例]事故の原因は～不明である。

いまに　今に・いまに [例]～きっと君にも納得がいくよ。

いまにも　今にも [例]棚から～落ちそうだ。

いまひとつ　今一つ・いまひとつ [例]この作品の出来は～だ。

いままで　今まで〈今迄〉 [例]～気が

付かなかった。
いまもって　今もって〈今以て〉
[例]彼からは～何の便りもない。
いまや　今や　[文]今や　[例]～全員が奮起すべき時だ。
いまわ　いまわ　[例]～の際。
いまわしい　忌まわしい　[文]忌まわしい　[例]～事件。～思い出。
いみ　意味　[例]～が分からない。
いみあい　意味合い　[文]意味合い
[例]そこには深い～があるのだ。
いみことば　忌み言葉〈忌み詞〉
[文]忌み言葉　[例]～を気にする。
いみじくも　いみじくも　[例]～言い得ている。
いみしんちょう　意味深長　[例]君の言うことはなかなか～だね。
いみづける　意味付ける
いみょう　異名　[例]「仕事の鬼」という～を取っている係長。
いみん　移民
いむ　忌む　[文]忌む　[例]～べき事柄。
いめい　依命　[例]～通達。
いめい　威名　[例]～をとどろかす。
いも　芋〔いも〕　[例]芋畑、里芋、焼き芋、芋を掘る
いも　芋　[例]長～。
いもうと　妹　[例]～に土産を買う。
いもづる　芋づる〈芋蔓〉　[例]犯人の一味が～式に検挙された。
いもの　鋳物　[例]～の釜。
いもほり　芋掘り　[文]芋掘り
いもん　慰問　[例]～の手紙。
いや　いや〈否〉　[例]～、それは違う。～と言うほど。
いやいや　嫌々・いやいや〈厭々〉
[例]～仕事に取り掛かる。
いやいや　いやいや〈否々〉　[例]～、事はそう簡単にはいかない。
いやおうなし　いや応なし〈否応無し〉　[例]～に承知させられる。
いやがうえにも　いやが上にも〈弥が上にも〉　[例]楽隊の演奏が、～雰囲気を盛り上げている。
いやがる　嫌がる〈厭がる〉　[文]嫌がる　[例]勉強を～。
いやく　意訳　[例]～と直訳。
いやく　違約　[例]～を責める。
いやけ　嫌気〈厭気〉　[文]嫌気　[例]～が差す。
いやし　癒やし　[文]癒やし
いやしい　卑しい〈賤しい〉　[文]卑しい　[例]～心。
いやしくも　いやしくも〈苟も〉
[文]いやしくも　[例]～大学を出たからには…。
いやしさ　卑しさ　[文]卑しさ
いやしむ　卑しむ　[文]卑しむ
いやしめる　卑しめる　[文]卑しめる
[例]自らを～必要はない。
いやす　癒やす　[文]癒やす　[例]傷ついた心を～。温泉で疲れを～。
いやだ　嫌だ　[文]嫌だ　[例]そんなことをするのは～。

いやみ 嫌み〈厭味〉 [例]そんな～を言うものではない。～たらたら。

いやらしい 嫌らしい・いやらしい〈厭らしい〉 [例]～話をするな。

いよいよ いよいよ〈愈〉 [文]いよいよ [例]～主役の登場だ。～夏休みだ。

いよう 威容・偉容 [例]～を誇る。

[注]新聞では、「威容」と書く。

いよう 異様 [例]～な感じ。

いよく 意欲〈意慾〉 [文]意欲 [例]すっかり～がうせた。

いらい 以来 [例]日曜～雨続きだ。

いらい 依頼 [例]回答を～する。

いらいら いらいら〈苛々〉 [例]そう～しない方がいい。

いらだつ いら立つ〈苛立つ〉 [例]仕事がはかどらないので～。

いらっしゃる いらっしゃる [例]先生が～までにまだ15分くらいあります。

いり 入り [文]入り [例]会場は半分の～だ。１ダース～の箱。

いりあい 入り会い

いりあいけん 入り会い権 [文]入会権 [建]入り会い権 [例]～の問題がこじれる。

いりあいのかね 入り相の鐘

いりうみ 入り海 [文]入り海 [例]静かな～。

いりえ 入り江 [文]入り江 [例]～に波が寄せている。静かな～。

いりぐち 入り口 [文]入り口

いりくむ 入り組む [文]入り組む [例]入り組んだ事情がある。

いりこむ 入り込む [文]入り込む [例]通りから入り込んだ所。

いりひ 入り日 [文]入り日

いりびたる 入り浸る [文]入り浸る [例]友人の家に～。

いりふね 入り船 [文]入り船 [例]出船、～。

いりまじる 入り交じる・入り混じる〈入り雑じる〉 [例]両者の利害が～。

いりまめ 煎り豆〈炒り豆〉 [文]煎り豆

いりみだれる 入り乱れる [例]両者入り乱れての大乱闘。

いりもやづくり 入りもや造り〈入り母屋造り〉 [文]入りもや造り [例]本堂の屋根は～だ。

いりゅう 慰留 [例]みんなで～して辞任を思いとどまらせる。

いりょう 衣料 [例]～品。

いりょう 衣糧 [例]～を調達する。

いりょう 医療 [例]～法人。～保険。

いりよう 入り用 [例]10万円ばかり～だ。

いりょく 威力 [例]～を発揮する。～行使。

いる 入る [文]入る [例]気に～。

いる 要る [文]要る [例]１万円～。

[注]「入る・要る」の使い分けは、「「異字

同訓」の漢字の使い分け」参照。

いる　射る　⊗射る　例ヘッドライトの光が目を〜。的を〜。

いる　煎る〈炒る〉　⊗煎る　例大豆を〜。

いる　鋳る　⊗鋳る　例仏像を〜。

いる　いる・居る　公⊗いる　例ここに〜。

　㊟公用文では、「ここに関係者がいる。」のように用いるときは、原則として、仮名で書く。

…(て)いる　…(て)いる〈…(て)居る〉　例座って〜。

いるす　居留守　例〜を使う。

いれあげる　入れ揚げる　例ひいきの歌手に〜。

いれい　異例　例今度の人事は全く〜のことだ。〜中の〜。

いれい　慰霊　例〜塔。

いれかえ　入れ替え　公⊗入替え　建入れ替え

いれかえる　入れ替える・入れ換える　⊗入れ替える　例展示品の一部を〜。

いれかわり　入れ替わり・入れ代わり　⊗入れ替わり　例A子さんは姉と〜に出て行った。

いれかわりたちかわり　入れ替わり立ち替わり・入れ代わり立ち代わり　例〜陳情にやって来る。

いれかわる　入れ替わる・入れ代わる　⊗入れ替わる　例AとBが〜。

いれずみ　入れ墨〈文̂身・刺̂青̂〉　例〜のある男。

いれぢえ　入れ知恵　⊗入れ知恵　例彼の〜に違いない。

いれちがい　入れ違い　⊗入れ違い　例君とほとんど〜に出て行った。

いれちがう　入れ違う　例ちょうど、彼と入れ違って会えなかった。

いれちがえる　入れ違える　例中身を〜。

いれば　入れ歯　⊗入れ歯

いれもの　入れ物〈容̂れ物〉　⊗入れ物　例手頃な〜を見付けた。

いれる　入れる〈容̂れる〉　⊗入れる　例瓶に〜。仲間に〜。

「異字同訓」の漢字の使い分け

いる

【入る】中にはいる。ある状態になる。

　　念入りに仕上げる。仲間入り。気に入る。恐れ入る。悦に入る。

【要る】必要とする。

　　金が要る。保証人が要る。親の承諾が要る。何も要らない。

（平成26年文化審議会国語分科会）

㊟:付表の語　✕:表外字　△:表外音訓　〈　〉:参考表記　⇒:言い換え等

いろ　色　例〜を付ける。〜を失う。〜をなす。

いろあい　色合い　⟪文⟫色合い　例〜が美しい。何とも言えない〜だ。

いろあげ　色揚げ　⟪文⟫色揚げ　例着物の〜をする。

いろいろ　いろいろ〈色々・種々〉　⟪文⟫いろいろ　⇒種々　例形が〜に変わる。〜なことがある。〜言ったが駄目だ。

いろう　慰労　例従業員〜のため、本日は臨時休業いたします。

いろう　遺漏　例〜のないように対応する。

いろか　色香　例〜に迷う。

いろがわり　色変わり　⟪文⟫色変わり　例日に焼けて〜した。

いろずり　色刷り　⟪文⟫色刷り　例〜の版画。

いろづく　色づく　⟪文⟫色づく　例みかんが〜頃。

いろづけ　色づけ・色付け　⟪文⟫色づけ

いろつや　色艶　例〜が美しい。

いろどり　彩り　⟪文⟫彩り　例〜豊か。

いろとりどり　色とりどり〈色取り取り〉　例〜の傘。〜の服装。

いろどる　彩る　⟪文⟫彩る　例色糸で〜。花で室内を〜。

いろぬき　色抜き　例着物を染め返す前に〜をする。

いろめ　色目　例〜のいい布地。

いろめがね　色眼鏡　例〜で人を見るものではない。

いろり　囲炉裏・いろり　例〜を囲んでの思い出話に花が咲く。

いろりばた　囲炉裏端・いろり端

いろわけ　色分け　⟪文⟫色分け　例候補者を保守と革新とに〜する。

いろん　異論　例〜を唱える。

いろんな　いろんな〈色んな〉　例〜工夫がしてある。〜色のテント。

いわ　岩　例大きな〜。〜山。

いわい　祝い　⟪文⟫祝い　例〜の電報。

いわいざけ　祝い酒　⟪文⟫祝い酒

いわいもの　祝い物　⟪文⟫祝い物

いわう　祝う　⟪文⟫祝う　例結婚を〜。

いわお　いわお〈巌〉　例〜のように頑丈な体。

いわかん　違和感　例私は、何となく〜を覚える。

いわく　いわく〈曰く〉　例師〜、…。

いわくつき　いわく付き〈曰く付き〉　例〜の品。〜の人物。

いわしぐも　いわし雲〈鰯雲〉

いわずもがな　言わずもがな　例商品の良さは〜ですが、…。

いわば　岩場　例〜を歩く。

いわば　言わば・いわば〈謂わば〉　⟪文⟫言わば　例〜君の不注意だ。

いわゆる　いわゆる〈所謂〉　⟪文⟫いわゆる　例それが、〜自業自得だ。

いわれ　いわれ〈謂れ〉　例こうなった〜を聞かせてくれ。

あ行

いわんや　いわんや〈況や〉　⟨文⟩いわんや　⇒言うまでもなく　⟨例⟩慣れた人でも難しい。〜未経験者にはとても無理だ。

いん　引²〔インひく・ひける〕　⟨例⟩引力、引率、引退、引見、強引、索引

いん　印⁴〔インしるし〕　⟨例⟩印鑑、印刷、印象、証印、調印、印を押す

いん　因⁵〔インよる〕　⟨例⟩因習、因果、原因、勝因、要因、因となる

いん　咽〔イン〕　⟨例⟩咽喉

いん　音¹〔オン・インおと・ね〕　⟨例⟩母音、福音

いん　姻〔イン〕　⟨例⟩姻族、婚姻

いん　員³〔イン〕　⟨例⟩満員、定員、社員、委員、欠員、従業員

いん　院³〔イン〕　⟨例⟩院政、院内、議院、寺院、病院、参議院、美容院、院の構成

いん　淫〔インみだら〕　⟨例⟩淫行、淫乱

いん　陰〔インかげ・かげる〕　⟨例⟩陰気、陰性、陰影、陰謀、陰陽、光陰

いん　飲³〔インのむ〕　⟨例⟩飲料、飲食、飲酒、暴飲、痛飲、牛飲馬食

いん　隠〔隠〕〔インかくす・かくれる〕　⟨例⟩隠居、隠匿、隠微、隠忍、隠語

いん　韻〔イン〕　⟨例⟩韻律、韻文、音韻、余韻、押韻、韻を踏む

いんうつ　陰鬱　⟨例⟩梅雨時の〜な空。〜な性格の男。

いんえい　印影　⟨例⟩〜を登録する。

いんえい　陰影〈陰翳〉　⟨例⟩〜のある顔だち。

いんか　印か〈印顆〉
⟨注⟩法令では、用いない。

いんが　因果　⟨例⟩何の〜でこんなつらいめに遭うのだろう。〜関係。

いんかん　印鑑　⟨例⟩〜証明。

いんき　陰気　⟨例⟩〜な部屋。

いんきょ　隠居　⟨例⟩隣の御〜。

いんぎょう　印形

いんぎん　いんぎん〈慇懃〉　⇒丁寧　⟨例⟩〜なもてなし。〜無礼。

いんご　隠語　⟨例⟩〜を使って話す。

いんこう　咽喉　⟨公⟩⟨文⟩咽喉　⟨例⟩耳鼻〜科。

いんこう　淫行

いんさつ　印刷　⟨例⟩書類を〜する。

いんさん　陰惨　⟨例⟩〜な事故。

いんし　印紙

いんしゅ　飲酒　⟨例⟩〜運転撲滅。

いんしゅう　因習・因襲　⟨例⟩〜に捉われたやり方。
⟨注⟩新聞では、「因習」と書く。

いんじゅん　因循　⟨例⟩〜こそくな方法では成功しないだろう。

いんしょう　印象　⟨例⟩第一〜。

いんしょう　印章

いんしょく　飲食　⟨例⟩〜物。

いんしん　いんしん〈殷賑〉　⇒にぎわい・繁華・繁盛　⟨例⟩港町は〜を極めていた。

いんする　印する　⟨例⟩足跡を〜。

いんせい　陰性　⟨例⟩〜反応。

いんせい　隠せい〈隠棲・隠栖〉

いんぜい　印税　例〜を支払う。

いんせき　姻戚　例〜関係。

いんせき　いん石〈隕×石〉

いんぜん　隠然　例政界に〜たる勢
　力を持っている。

いんぞく　姻族

いんそつ　引率　例生徒を〜する。

いんたい　引退　例〜の表明。

いんとく　陰徳　例〜を積む。

いんとく　隠匿　例犯人の〜。

いんない　院内　例〜感染の防止。

いんにん　隠忍　例〜自重する。

いんねん　因縁　例〜を付ける。

いんばい　淫売

いんぶん　韻文　例〜と散文。

いんぺい　隠蔽　公文隠蔽　例〜し
　ていた悪事。

いんぼう　陰謀　例〜が発覚する。

いんぽん　淫奔　例〜な性格。

いんめつ　隠滅〈堙×滅・湮×滅〉　公隠
　滅　例証拠を〜する。
　注法令では、「湮滅」は用いない。「隠
　滅」を用いる。

いんゆ　隠喩

いんよう　引用　例文献の〜。

いんよう　陰陽　例〜五行説。

いんよう　飲用　例〜に適した水。

いんよく　淫欲　例〜に溺れる。

いんらん　淫乱

いんりつ　韻律　例〜を重視する。

いんりょう　飲料　例〜水。

いんりょく　引力　例万有〜。

いんれき　陰暦　例〜と陽暦。

う

う　右¹〔ウ・ユウ
　みぎ〕　例右往左往、右
　岸、右折、右派、最右翼

う　宇⁶〔ウ〕　例宇宙、宇内、気宇、
　堂宇

う　羽²〔ウ
　は・はね〕　例羽毛、羽化、羽
　翼、換羽
　注「羽(は)」は、前に来る音によって
　「わ」「ば」「ぱ」になる。

う　有³〔ユウ・ウ
　ある〕　例有無、有象無
　象、有頂天

う　雨¹〔ウ
　あめ・あま〕　例雨天、雨量、
　降雨、梅雨、豪雨、晴雨、雷雨
　付五月雨(さみだれ)、時雨(しぐれ)、
　梅雨(つゆ)

うい　憂い　文憂い　例〜ことが重
　なる。物〜春の日。
　注「憂き」は、文語の連体形。

うい　有為　例有為無情
　注「ゆうい」と読む場合は、意味が異なる。

ういういしい　初々しい　文初々し
　い　例見るからに〜姿。

ういざん　初産　例〜は、誰でも心
　配なものだ。
　注医学関係では、「しょざん」。

ういじん　初陣　例〜の功名。

あ行

ういてんぺん　有為転変　例世の～を悟る。～は世の習い。

ういまご　初孫　例～が生まれる。団「はつまご」とも。

うえ　上　例机の～。右～の隅。～には～がある。

うえ　上・うえ　文上　例電話した～で会いに行く。

うえ　飢え〈餓え・饉え〉　文飢え　例～が迫る。～に苦しむ。

うえき　植木　公文植木　例庭の～。

うえきばち　植木鉢　文植木鉢

うえこみ　植え込み　文植え込み　例～に入らないでください。

うえした　上下　例～を逆にする。団「じょうげ」とも。

うえじに　飢え死に　文飢え死に

うえつけ　植え付け　公文植付け　建植え付け

うえつける　植え付ける　文植え付ける　例稲を～。印象を～。

うえる　飢える　文飢える　例書物に～。食糧難で人々が～。

うえる　植える　文植える　例庭に木を～。

うえん　うえん〈迂遠〉　⇒回りくどい・遠回り　例～なやり方。

うお　魚　例～心あれば水心。

うおいちば　魚市場　例～が開かれる。～へ買い出しに行く。

うおうさおう　右往左往　例～するばかりでは解決しない。

うおがし　魚河岸　例～の見学。

うおつり　魚釣り　文魚釣り　団「さかなつり」とも。

うおつりようぐ　魚釣り用具　公文魚釣用具　建魚釣り用具　例～をそろえる。

うか　羽化　例蚕が～する。

うかい　う飼い〈鵜飼い〉　文う飼い　例長良川の～は有名だ。

うかい　うかい〈迂回〉　⇒遠回り・回り道　例工事中、車は右へ～してください。

うがい　うがい〈嗽〉　例～をする。

うかがい　伺い　文伺い　例～を立てる。

…うかがい　…伺　公文…伺　例責任を取って進退～を提出する。

うかがいさだめ　伺い定め　文伺い定め

うかがう　伺う　文伺う　例先生のお話を～。明日伺います。

うかがう　うかがう〈窺う〉　例機会を～。相手の様子を～。

うかされる　浮かされる　例高熱に～のか盛んにうわごとを言う。

うかす　浮かす　文浮かす　例舟を湖水に～。旅費を～。

うかつ　うかつ〈迂闊〉　例～にもすっかり忘れていた。

うがつ　うがつ〈穿つ〉　例「雨垂れ石を～」という例えもある。うがった考え方。

団:付表の語　×:表外字　△:表外音訓　〈　〉:参考表記　⇒:言い換え等

うかぬかお　浮かぬ顔　囫彼は～で
　帰ってきた。
うかびあがる　浮かび上がる　図浮
　かび上がる　囫泡が海面に～。
　犯人像が～。
うかぶ　浮かぶ　図浮かぶ　囫空に
　～雲。まぶたに～面影。
うかべる　浮かべる　図浮かべる
　囫舟を～。涙を～。笑みを～。
うかる　受かる　図受かる　囫入学
　試験に～。
うかれる　浮かれる　図浮かれる
　囫花見の宴で大いに～。
うがん　右岸　囫～を散歩する。
うき　雨期・雨季　囫～に入る。
　囲新聞では、「雨期」と書く。
うき　浮き〈浮子〉　図浮き　囫～が
　動く。
うきあがる　浮き上がる　囫水泡が
　～。浮き上がった存在。
うきあし　浮き足　図浮足　囫敵の
　勢力に押されて～になる。
うきあしだつ　浮き足立つ
うきうき　浮き浮き・うきうき
　図浮き浮き　囫～した気分。
うきがし　浮き貸し　図浮き貸し
　囫～の発覚で免職になる。
うきくさ　浮き草　図浮草　囫池に
　は～が一杯だ。～稼業。
うきぐも　浮き雲　図浮雲
うきしずみ　浮き沈み　図浮き沈み
　囫人生に～のあるのは当然だ。

うきだす　浮き出す　囫花模様が浮
　き出している着物。
うきたつ　浮き立つ　囫何となく～
　ような心地になる。
うきな　浮き名　図浮名　囫昔は～
　を流したものだ。
うきぶくろ　浮き袋　公図浮袋
　囫～を使った練習。
うきぼり　浮き彫り　図浮き彫り
　囫～の欄間。
うきみ　浮き身　囫～の術。
うきみ　憂き身　囫～をやつす。
うきめ　憂き目・憂きめ　図憂き目
　囫落選の～を見る。
うきよ　浮き世　図浮世　囫～の義
　理だと思って諦める。
うきよえ　浮世絵　公図浮世絵
　囫～の収集家。
うく　浮く　図浮く　囫水面に～。
うけ　受け　図受け　囫上役の～が
　いい。
うけあい　請け合い　図請け合い
　囫～の品。安～。
うけあう　請け合う　図請け合う
　囫自信を持って～。
うけいれ　受け入れ　公図受入れ
　建受け入れ　囫留学生の～をす
　る。
うけいれがく　受け入れ額　公図受
　入額　建受け入れ額　囫～を確
　認する。
うけいれがわ　受け入れ側

あ
行

うけいれさき　受け入れ先　公文受入先　建受け入れ先　例～が見付からない。

うけいれたいせい　受け入れ態勢

うけいれねんがっぴ　受け入れ年月日　公文受入年月日　建受け入れ年月日

うけいれる　受け入れる　文受け入れる　例要求をことごとく～。

うけうり　受け売り　文受け売り　例彼の話は～にすぎない。

うけおい　請負　公文請負　例～仕事。

うけおう　請け負う　文請け負う　例工事を～。

うけかた　受け方　例ボールの～。

うけぐち　受け口　文受け口　例郵便物の～。

うけこ　受け子　例～を逮捕する。

うけこたえ　受け答え　文受け答え　例はきはきと～をする。

うけざら　受け皿　公文受皿　建受け皿

うけしょ　請け書　文請書　例念のため～を書いてください。

うけだす　請け出す　例質草を～。

うけたまわる　承る　文承る　例用件を～。

うけつぎ　受け継ぎ　文受け継ぎ　例事務の～。

うけつぐ　受け継ぐ　文受け継ぐ　例伝統を～。

うけつけ　受付　公文受付　例～で名刺を出す。

うけつけ　受け付け　例電話の～。

うけつけがかり　受付係　公文受付係

うけつけじゅん　受け付け順

うけつけまどぐち　受付窓口

うけつける　受け付ける　文受け付ける　例申し込みを～。

うけとめる　受け止める　例ボールを両手でしっかりと～。

うけとり　受取　公文受取　例～をもらう。

うけとり　受け取り　例～を拒否する。

うけとりしょ　受取書

うけとりにん　受取人　公文受取人

うけとる　受け取る　文受け取る　例品物を～。

うけながす　受け流す　例軽く～。

うけにん　請け人　文請け人　例～の印を頂きたい。

うけばらい　受け払い　例現金の～。

うけばらいきん　受け払い金　公文受払金

うけはん　請け判

うけみ　受け身　文受け身　例次第に～になる。

うけもち　受け持ち　公文受持ち　建受け持ち　例～の先生。～の仕事。

うけもつ　受け持つ　文受け持つ

[例]６年生のクラスを～。
うけもどし　請け戻し　[文]請け戻し
うけもどす　請け戻す　[文]請け戻す
うける　受ける　[文]受ける　[例]挨拶を～。
うける　請ける　[文]請ける　[例]道路工事を～。
[注]「受ける・請ける」の使い分けは、「「異字同訓」の漢字の使い分け」参照。
うけわたし　受け渡し　[公][文]受渡し　[建]受け渡し　[例]品物の～を確実にする。
うけわたす　受け渡す
うげん　右舷　[例]船が～に傾く。
うごかす　動かす　[文]動かす　[例]机の位置を右に～。機械を～。
うごき　動き　[文]動き　[例]相手方の～を見る。１週間何の～もない。
うごきだす　動き出す
うごく　動く　[文]動く　[例]電車が～。
うごのたけのこ　雨後の竹の子〈雨後の筍〉　[例]同業者が～のように出てきた。
うごめかす　うごめかす〈蠢かす〉　[例]鼻をうごめかしながら語る。
うごめく　うごめく〈蠢く〉　[例]箱の中で虫が～。
うさ　憂さ　[例]～を晴らす。
うさぎ　うさぎ〈兎〉　[例]～と亀。
うさぎがり　うさぎ狩り〈兎狩り〉
うさばらし　憂さ晴らし　[文]憂さ晴らし　[例]～に旅行に出る。
うさんくさい　うさんくさい〈胡散臭い〉　[例]どうもあいつは～。
うし　牛　[例]～と馬。～の歩み。
うし　う歯〈齲歯〉　⇒虫歯
うじ　氏　[例]～より育ち。
うじ　うじ〈蛆〉　[例]～が湧く。
うしお　うしお〈潮〉　[例]～の流れ。～汁を注文する。
うしおい　牛追い　[文]牛追い
うしかい　牛飼い　[文]牛飼い
うじがみ　氏神　[例]～を祭る。
うしなう　失う〈喪う〉　**[文]失う**　[例]希望を～。

「異字同訓」の漢字の使い分け

うける
【受ける】与えられる。応じる。好まれる。
注文を受ける。命令を受ける。ショックを受ける。保護を受ける。
相談を受ける。若者に受ける。
【請ける】仕事などを行う約束をする。
入札で仕事を請ける。納期を請け合う。改築工事を請け負う。
下請けに出す。
（平成26年文化審議会国語分科会）

うしろ　後ろ　⊗後ろ　例前と〜。
　〜側。

うしろあし　後ろ足・後ろ脚　例前
　足と〜。

うしろがみ　後ろ髪　例〜を引かれ
　る思いがする。

うしろぐらい　後ろ暗い　⊗後ろ暗
　い　例何も〜ようなことはない。

うしろすがた　後ろ姿　⊗後ろ姿

うしろだて　後ろ盾〈後ろ楯〉　⊗後
　ろ盾　例〜を探す。

うしろで　後ろ手　例〜に縛る。

うしろむき　後ろ向き　⊗後ろ向き

うしろめたい　後ろめたい　⊗後ろ
　めたい　例〜行為。

うしろゆび　後ろ指　例〜を指され
　るようなことはするな。

うす　臼　例きねと〜。

うず　渦　例〜を巻いて流れる。

うすあかり　薄明かり　⊗薄明かり

うすあじ　薄味　例〜を好む。

うすい　薄い　⊗薄い　例〜板。人
　情は紙のように〜。〜桃色。

うすうす　薄々・うすうす　例その
　ことは〜知っている。

うすぎ　薄着　例余り極端に〜をす
　ると風邪を引く。厚着と〜。

うすぎたない　薄汚い　例〜服装。

うすぎぬ　薄絹　例〜をまとう。

うずく　うずく〈疼く〉　例傷口が〜。

うずくまる　うずくまる〈蹲る〉

うすぐもり　薄曇り　⊗薄曇り

例今日は〜でそれほど暑くない。

うすぐらい　薄暗い　⊗薄暗い
　例部屋が〜。〜明かり。

うずしお　渦潮　例鳴門の〜。

うずたかい　うずたかい〈堆い〉
　例〜枯れ葉の山。

うすっぺら　薄っぺら　例〜な雑誌。
　〜な知識を振り回す。

うすで　薄手　例〜の紙。

うずまき　渦巻き　⊗⊗渦巻　建渦
　巻き　例〜の模様。〜ができる。

うずまく　渦巻く　⊗渦巻く　例〜
　潮の流れ。熱気が〜。

うすまる　薄まる　⊗薄まる　例濃
　度が〜。

うずまる　うずまる〈埋まる〉　例半
　分地中に〜。

うすみどり　薄緑

うずみび　うずみ火〈埋み火〉　例〜
　を掘り起こして、手をかざす。

うすめる　薄める　⊗薄める　例水
　で〜。

うずめる　うずめる〈埋める〉　例穴
　を掘って〜。

うずもれる　うずもれる〈埋もれる〉
　例大雪にうずもれた町。

うずら　うずら〈鶉〉　例〜の卵。

うすらぐ　薄らぐ　⊗薄らぐ　例煙
　が〜。疑いが薄らいだ。

うすらさむい　薄ら寒い　例〜日。

うすれる　薄れる　⊗薄れる　例関
　心が〜。

あ行

うすわらい　**薄笑い**　㊮**薄笑い**　㊟意味ありげに～を浮かべる。
うせつ　**右折**　㊟道路を～する。
うせもの　**うせ物**〈失せ物〉
うせる　**うせる**〈失せる〉　㊟消え～。
うそ　**うそ**〈嘘〉　㊟～をつく。～八百を並べる。
うぞうむぞう　**有象無象**　㊟～が寄ってくる。
うそさむい　**うそ寒い**　㊟～日。
うそじ　**うそ字**〈嘘字〉
うそつき　**うそつき**〈嘘吐き〉
うそはっぴゃく　**うそ八百**〈嘘八百〉
うそぶく　**うそぶく**〈嘯く〉　㊟「俺の知ったことではない。」と～。
うた　**唄**〔うた〕　㊟小唄、長唄、馬子唄
うた　**歌**　㊟美しい声で～を歌う。愛唱の～。
うた　**唄**　㊟小～の師匠。
㊟「歌・唄」の使い分けは、「「異字同訓」の漢字の使い分け」参照。
うたい　**謡**　㊮**謡**　㊟～を習う。
うたいぞめ　**歌い初め**　㊟新設のホールでの～。
うたいて　**歌い手**　㊮**歌い手**
うたいもんく　**うたい文句**〈謳い文句〉
うたう　**歌う**　㊮**歌う**　㊟歌を～。
うたう　**謡う**　㊮**謡う**　㊟謡曲を～。
㊟「歌う・謡う」の使い分けは、「「異字同訓」の漢字の使い分け」参照。
うたう　**うたう**〈謳う〉　㊮**うたう**　㊟声明書に～。効能を～。
うたがい　**疑い**　㊮**疑い**　㊟ひそかに～を抱く。～の目で見る。
うたかいはじめ　**歌会始**
うたがいぶかい　**疑い深い**
うたがう　**疑う**　㊮**疑う**　㊟彼の行動を～人が多い。

「異字同訓」の漢字の使い分け

うた
【歌】曲の付いた歌詞。和歌。
　小学校時代に習った歌。美しい歌声が響く。古今集の歌。
【唄】邦楽・民謡など。
　小唄の師匠。長唄を習う。馬子唄が聞こえる。

うたう
【歌う】節を付けて声を出す。
　童謡を歌う。ピアノに合わせて歌う。
【謡う】謡曲をうたう。
　謡曲を謡う。結婚披露宴で「高砂（たかさご）」を謡う。
（平成26年文化審議会国語分科会）

あ行

うたかた　うたかた〈泡沫〉　⇒あぶ
　　く　例人間の命なんて～のよう
　　にはかないものだ。

うたがわしい　疑わしい　文疑わし
　　い　例彼の話には～節がある。

うたぐりぶかい　うたぐり深い〈疑
　　り深い〉　例彼は全く～やつだ。

うたぐる　うたぐる〈疑る〉　⇒疑う
　　例人を～のもいいかげんにしろ。

うたげ　うたげ〈宴〉　⇒宴会・酒盛
　　り　例盛大な～の席。

うたごえ　歌声　例～が響く。

うたた　うたた〈転た〉　例～感慨に
　　堪えない。

うたたね　うたた寝〈転た寝〉　例～
　　をして、風邪を引いた。

うだつ　うだつ〈梲〉　例全く～が上
　　がらない。

うたまくら　歌枕

うたよみ　歌詠み　例平安時代の～。

うだる　うだる〈茹だる〉　例冷房が
　　故障して～ような暑さだった。

うたわれる　うたわれる〈謳われる〉
　　例学界の第一人者と～。

うち　内　文内　例～と外。腹の～。

うち　うち〈内・中〉　文うち　例そ
　　の～に行くよ。知らない～に…。
　　注形式名詞の場合、仮名書き。

うち　うち〈家〉　例～へ帰る。明日
　　は～に居ます。

うちあう　打ち合う・討ち合う
　　例竹刀で～。

うちあう　撃ち合う　例ピストルで
　　～。

うちあげ　打ち上げ　例ロケットの
　　～は、見事に成功した。

うちあけばなし　打ち明け話　文打
　　ち明け話　例～をする。

うちあげはなび　打ち上げ花火

うちあける　打ち明ける　文打ち明
　　ける　例内情を～。こっそり～。

うちあげる　打ち上げる　例ロケッ
　　トを～。

うちあてる　打ち当てる　例自動車
　　を石垣の角に～。

うちあわす　打ち合わす　例日取り
　　を～。

うちあわせ　打ち合わせ　公文打合
　　せ　建打ち合わせ　例事前の～。

うちあわせかい　打ち合わせ会
　　公文打合せ会　建打ち合わせ会

うちあわせる　打ち合わせる　文打
　　ち合わせる　例会の進行を～。

うちいり　討ち入り　文討ち入り
　　例義士の～。

うちいる　討ち入る

うちうち　内々　例～の相談。これ
　　は～のことです。
　　注「ないない」とも。

うちおとす　打ち落とす　例棒で庭
　　の柿の実を～。

うちおとす　撃ち落とす　例かもを
　　猟銃で～。

うちおろす　打ち下ろす　例ハンマ

ーを勢いよく～。

うちかえす　打ち返す　[文]打ち返す　[例]布団の綿を～。～波。球を～。

うちかつ　打ち勝つ〈打ち克つ〉　[例]怠け心に～ことが必要だ。

うちがわ　内側　[例]塀の～。

うちき　内気　[例]～な性格。

うちきり　打ち切り　[公][文]打切り　[建]打ち切り　[例]募集は来月末で～です。

うちきりほしょう　打ち切り補償　[公][文]打切補償　[建]打ち切り補償

うちきる　打ち切る　[文]打ち切る　[例]定員に達したので申込みを～。

うちきん　内金　[例]～として１万円だけ支払っておく。

うちくだく　打ち砕く　[例]岩を～。

うちけし　打ち消し・打消　[文]打ち消し　[例]うわさの～に走り回る。

うちけす　打ち消す　[文]打ち消す　[例]不安を～。

うちこむ　打ち込む　[文]打ち込む　[例]地中深くくいを～。勉強に～。

うちこむ　撃ち込む　[例]弾丸を～。

うちころす　打ち殺す　[例]棒で～。

うちころす　撃ち殺す　[例]銃で～。

うちこわす　打ち壊す〈打ち毀す〉　[例]金づちで木箱を～。

うちじに　討ち死に

うちすえる　打ち据える　[文]打ち据える　[例]くいを～。

うちたおす　打ち倒す

うちだし　打ち出し　[文]打ち出し　[例]大相撲の～。

うちだす　打ち出す　[文]打ち出す　[例]構想を～。

うちたてる　打ち立てる　[例]輝かしい新記録を～。

うちつける　打ち付ける　[例]扉をくぎで～。

うちつづく　打ち続く　[文]打ち続く　[例]～不況には参った。

うちでし　内弟子　[例]～として精進する。

うちとける　打ち解ける　[文]打ち解ける　[例]打ち解けた態度で話す。

うちとる　打ち取る　[例]相手の四番打者を外野フライに～。

うちとる　討ち取る　[例]敵を～。

うちぬく　打ち抜く　[文]打ち抜く　[例]プレス機で～。四角い穴を～。

うちぬく　撃ち抜く　[例]厚さ５センチの板を～ほどの威力の銃。

うちのめす　打ちのめす　[例]不況に打ちのめされた。

うちのり　内のり〈内法〉　[例]箱の～を測る。～の寸法。

うちばらい　内払い　[公][文]内払　[建]内払い

うちはらう　打ち払う　[例]火の粉を～。

うちはらう　討ち払う　[例]敵を～。

うちひも　打ちひも〈打ち紐〉　[文]打ちひも

うちぶところ　内懐　[例]相手にすっかり～を見透かされている。

うちべんけい　内弁慶　[例]彼は～だ。

うちぼり　内堀〈内濠〉

うちほろぼす　討ち滅ぼす　[例]ついに平家を～。

うちまく　内幕　[例]～を暴く。

うちまた　内股

うちみ　打ち身　[文]打ち身　[例]～の痕が紫色になる。～に効く薬。

うちみず　打ち水　[文]打ち水　[例]夏の夕方、庭に～をする。

うちやぶる　打ち破る　[文]打ち破る　[例]迷信を～。門を～。

うちやぶる　討ち破る　[例]敵を～。

うちゅう　宇宙　[例]～の開発。

うちょうてん　有頂天　[例]余り～になるな。～になって喜ぶ。

うちよせる　打ち寄せる　[例]岸辺に～波。

うちわ　内輪　[例]～の者だけで話し合う。～の祝宴。

うちわ　うちわ〈団扇〉　[例]～であおぐ。渋～。

うちわけ　内訳　[文]内訳　[例]支出の～。この～は次のとおり。

うつ　鬱〔ウツ〕　[例]鬱屈、憂鬱

うつ　鬱　[例]友と話し～を散ずる。

うつ　打つ　[文]打つ　[例]くぎを～。

うつ　討つ　[文]討つ　[例]敵を～。

うつ　撃つ　[文]撃つ　[例]かもを～。

[注]「打つ・討つ・撃つ」の使い分けは、「「異字同訓」の漢字の使い分け」参照。

うっかり　うっかり　[例]つい～して定期券を忘れた。～者。

うつくしい　美しい　[文]美しい

うつくしさ　美しさ　[文]美しさ

うっくつ　鬱屈　[例]～した気分。

うっけつ　鬱血　[例]～した箇所が紫色になっている。

うつし　写し　[文]写し　[例]～を２通添えてください。～を取る。

うつしかえ　移し替え　[公][文]移替え

「異字同訓」の漢字の使い分け

うつ

【打つ】強く当てる。たたく。あることを行う。

くぎを打つ。転倒して頭を打つ。平手で打つ。電報を打つ。心を打つ話。碁を打つ。芝居を打つ。逃げを打つ。

【討つ】相手を攻め滅ぼす。

賊を討つ。あだを討つ。闇討ち。義士の討ち入り。相手を討ち取る。

【撃つ】鉄砲などで射撃する。

拳銃を撃つ。いのししを猟銃で撃つ。鳥を撃ち落とす。敵を迎え撃つ。

（平成26年文化審議会国語分科会）

🏛移し替え

うつしかた　写し方　⊗写し方
　㋿風景写真の〜。

うつしとる　写し取る　㋿そっくり
　そのまま〜。

うつす　写す　⊗写す　㋿写真を〜。

うつす　映す　⊗映す　㋿池に影を
　〜老い松。

　注「写す・映す」の使い分けは、「「異字
　同訓」の漢字の使い分け」参照。

うつす　移す　⊗移す　㋿本籍を〜。

うっせき　鬱積　㋿心中に不満が〜
　する。〜した気分。

うっそう　鬱そう〈鬱蒼〉　㋿〜たる
　森林。〜と生い茂る樹木。

うったえ　訴え　⊗訴え　㋿〜を起
　こす。

うったえる　訴える　⊗訴える
　㋿無実を〜。視覚に〜芸術。

うつつ　うつつ〈現〉　㋿夢か、〜か。
　〜を抜かす。

うってつけ　打って付け　㋿彼に〜
　の仕事だと思う。

うっとうしい　鬱陶しい　㋿〜梅雨
　空。気分が〜。

うっとり　うっとり　㋿〜と見とれ
　ていた。

うつびょう　鬱病　㋿〜と診断され
　た。

うつぶせ　うつ伏せ〈俯せ〉　⊗うつ
　伏せ　㋿〜に寝る。

うっぷん　鬱憤　㋿〜を晴らす。

うつむき　うつむき〈俯き〉　㋿〜加
　減。

うつむく　うつむく〈俯く〉　㋿黙っ
　て〜ばかりだった。

うつむける　うつむける〈俯ける〉

うつり　写り　⊗写り　㋿写真〜の

「異字同訓」の漢字の使い分け

うつす・うつる

【写す・写る】そのとおりに書く。画像として残す。透ける。
　書類を写す。写真を写す。ビデオに写る＊。
　裏のページが写って読みにくい。

【映す・映る】画像を再生する。投影する。反映する。印象を与える。
　ビデオを映す＊。スクリーンに映す。壁に影が映る。時代を映す流行語。
　鏡に姿が映る。彼の態度は生意気に映った。

＊　「ビデオに写る」は、被写体として撮影され、画像として残ることであるが、その画像を再生して映写する場合は「ビデオを映す」と「映」を当てる。「ビデオに映る姿」のように、再生中の画像を指す場合は「映」を当てることもある。また、防犯ビデオや胃カメラなど、撮影と同時に画像を再生する場合も、再生する方に視点を置いて「ビデオに映る」と書くこともできる。

(平成26年文化審議会国語分科会)

あ行

良い顔。

うつり　映り　⊗映り　例～の良い
　着物。

うつりが　移り香　⊗移り香　例～
　がする。

うつりかわり　移り変わり　⊗移り
　変わり　例～の激しい世の中。

うつりかわる　移り変わる　⊗移り
　変わる　例世相はどんどん～。

うつりぎ　移り気　⊗移り気　例～
　な人。

うつりばし　移り箸　例～はやめろ。

うつる　写る　⊗写る　例よく～カ
　メラ。

うつる　映る　⊗映る　例水に～影。
　圧「写る・映る」の使い分けは、「「異字
　同訓」の漢字の使い分け」p.67参照。

うつる　移る　⊗移る　例人事課か
　ら庶務課に～。大阪に～。

うつろ　うつろ〈空ろ・虚ろ〉　例幹
　の中が～だ。～なまなざし。

うつわ　器　例ガラスの～。

うで　腕　例たくましい～。

うでおし　腕押し　⊗腕押し　例の
　れんに～。

うできき　腕利き　例～の刑事が捜
　査に当たっている。

うでぐみ　腕組み　例じっと～をし
　て考え込む。

うでくらべ　腕比べ〈腕競べ・腕較
　べ〉　⊗腕比べ　例料理の～。

うでずく　腕ずく〈腕尽く〉　例～で

奪い取る。

うでずもう　腕相撲

うでだめし　腕試し　例では、一つ
　～にやってみるか。

うでっぷし　腕っ節　例～の強い男。

うでどけい　腕時計　例新型の～。

うてな　うてな〈台〉　例はすの～。

うでまえ　腕前　例すごい～。十分
　に～を発揮する。

うでまくり　腕まくり〈腕捲り〉
　例みんなが～して頑張っている。

うでる　うでる〈茹でる〉　例卵を～。

うでわ　腕輪

うてん　雨天　例～順延。

うとい　疎い　⊗疎い　例世情に～。

うとうと　うとうと　例～している
　うちに着いた。～と眠る。

うとましい　疎ましい　⊗疎ましい
　例見るのも～。～間柄。

うとむ　疎む　⊗疎む

うどん　うどん〈饂飩〉

うとんじる　疎んじる

うながす　促す　⊗促す　例返済を
　～。町の発展を～。

うなされる　うなされる〈魘される〉
　例悪夢に～毎日が続く。

うなじ　うなじ〈項〉　⇒首筋・襟首
　例～を垂れて、じっと立つ。

うなずく　うなずく〈頷く〉　例「う
　ん、よしよし。」と～。

うなだれる　うなだれる〈項垂れる〉
　例しおらしげに～。

圧:付表の語　×:表外字　△:表外音訓　〈　〉:参考表記　⇒:言い換え等

うなばら　海原团　例船は、いよ
　　よ大〜に乗り出した。

うなり　うなり〈唸り・呻り〉　例〜
　　を発して矢が飛ぶ。〜声。

うなる　うなる〈唸る・呻る〉　例苦
　　しそうに〜。エンジンが〜。

うに　うに〈雲丹・海胆〉

うぬぼれ　うぬぼれ〈自惚れ〉　例〜
　　のない人はいない。〜が強い。

うぬぼれる　うぬぼれる〈自惚れる〉
　　例誰にも負けないと〜。

うね　畝〔うね〕　例畝間、畝織、畑
　　の畝

うね　畝〈畦〉　例〜を作る。

うねうね　うねうね　例〜と曲がり
　　くねった山道。

うねおり　畝織　文畝織

うねま　畝間

うねり　うねり　例波の〜。

うねる　うねる　例海が〜。

うのみ　うのみ〈鵜呑み〉　例他人の
　　言葉を〜にする。

うのめたかのめ　うの目たかの目
　　〈鵜の目鷹の目〉　例掘り出し物
　　はないかと〜であさる。

うば　乳母团　例〜車。

うばいあい　奪い合い　例おもちゃ
　　の〜。

うばいとる　奪い取る　文奪い取る
　　例嫌がるのを力ずくで〜。

うばう　奪う　文奪う　例無理やり
　　に〜。

うぶ　うぶ〈初・初心〉　例あの子は
　　まだ〜だ。

うぶぎ　産着〈産衣〉　文産着　例真
　　っ白な〜を赤ん坊に着せる。

うぶげ　産毛〈生毛〉

うぶごえ　産声〈初声〉　例元気な〜。

うぶすな　うぶすな〈産土〉　例〜の
　　神。

うぶゆ　産湯　例〜を使わせる。

うま　馬　例〜の耳に念仏。〜小屋。

うまい　うまい〈旨い・甘い・美味
　　い〉　例この料理は〜。

うまい　うまい〈上手い・巧い〉
　　例字が〜。実に〜説得の仕方だ。

うまのり　馬乗り　文馬乗り　例〜
　　になって殴り付ける。

うまみ　うま味・うまみ〈旨味〉
　　例何か〜のある仕事はないか。
　　昆布の〜。

うまや　うまや〈厩〉　⇒馬小屋

うまる　埋まる　文埋まる　例砂に
　　〜。

うまれ　生まれ　公生(まれ)　文生
　　まれ　例お〜はどちらですか。
　　平成〜。
　　囲法令では、表に記入したり記号的
　　に用いたりする場合には、原則と
　　して、(　)の中の送り仮名を省く。

うまれおちる　生まれ落ちる　例生
　　まれ落ちてこの方…。

うまれかわる　生まれ変わる　文生
　　まれ変わる　例今度〜ときは、

鳥になりたい。

うまれこきょう　生まれ故郷　[例]～に錦を飾る。

うまれたて　生まれ立て　[例]～の子猫を拾ってくる。

うまれつき　生まれつき〈生まれ付き〉　[文]**生まれつき**　[例]～器用なたちだ。

うまれづき　生まれ月

うまれながら　生まれながら　[例]～の音楽家。

うまれる　生まれる　[文]**生まれる**　[例]田舎で～。大傑作が～。

うまれる　産まれる　[文]**産まれる**　[例]長男が～。

[注]「生まれる・産まれる」の使い分けは、「「異字同訓」の漢字の使い分け」参照。

うみ　海　[例]～で遊ぶ。広い～。

うみ　生み・産み　[例]～の苦しみ。

うみ　うみ〈膿〉　[例]傷口の～を出す。

うみおとす　産み落とす　[例]玉のような赤ちゃんを～。めじろが卵を～。

うみせんやません　海千山千　[例]彼は～のしたたか者だ。

うみだす　生み出す　[例]新しい方式を～。

うみづき　産み月　[文]**産み月**

うみつける　産み付ける　[例]一度に数個の卵を～。

うみなり　海鳴り　[文]**海鳴り**　[例]はるかに～が聞こえる。

うみのおや　生みの親・産みの親　[例]～より育ての親。

うみべ　海辺　[例]～で遊ぶ。

うむ　有無　[例]在庫の～を問い合わせる。～相通じる。

うむ　生む　[文]**生む**　[例]利益を～。

うむ　産む　[文]**産む**　[例]鶏が卵を～。

「異字同訓」の漢字の使い分け

うまれる・うむ

【生まれる・生む】 誕生する。新しく作り出す。

京都に生まれる。子供が生まれる*。下町の生まれ。新記録を生む。傑作を生む。

【産まれる・産む】 母の体外に出る。

予定日が来てもなかなか産まれない。卵を産み付ける。来月が産み月になる。

*　「子供がうまれる」については、「母の体外に出る（出産）」という視点から捉えて、「産」を当てることもあるが、現在の表記実態としては、「誕生する」という視点から捉えて、「生」を当てるのが一般的である。

（平成26年文化審議会国語分科会）

囲「生む・産む」の使い分けは、「「異字
　　同訓」の漢字の使い分け」p.70参照。

うむ　うむ〈×倦む〉　例勉強に～。

うむ　うむ〈×膿む〉　例傷口が～。

うめ　梅　例～の名所。

うめあわせ　埋め合わせ　×埋め合
　　わせ　例今度何かで～をするよ。

うめあわせる　埋め合わせる　×埋
　　め合わせる　例不足分を～。

うめきごえ　うめき声〈×呻き声〉

うめく　うめく〈×呻く〉　例痛みに～。

うめくさ　埋め草　×埋め草　例～
　　の原稿を頼む。～の記事。

うめしゅ　梅酒

うめたて　埋め立て　公×埋立て
　　建埋め立て

うめたてくいき　埋め立て区域
　　公×埋立区域　建埋め立て区域

うめたてこうじ　埋め立て工事

うめたてじぎょう　埋め立て事業
　　公×埋立事業　建埋め立て事業

うめたてち　埋め立て地　公×埋立
　　地　建埋め立て地

うめたてる　埋め立てる　×埋め立
　　てる　例東京湾を～。

うめづけ　梅漬け

うめぼし　梅干し　×梅干し　例～
　　のお握り。

うめみ　梅見　例～に出掛ける。

うめる　埋める　×埋める　例地中
　　深く～。

うもう　羽毛　例～の布団。

うもれぎ　埋もれ木　×埋もれ木

うもれる　埋もれる　×埋もれる
　　例大雪に～。

うやうやしい　恭しい　×恭しい
　　例～態度。

うやまい　敬い　×敬い　例～の念。

うやまう　敬う　×敬う　例師を～。

うやむや　うやむや〈×有耶×無耶〉
　　例事件は結局～になった。

うようよ　うようよ　例庭のたまり
　　水に、ぼうふらが～している。

うよきょくせつ　うよ曲折〈×紆余曲
　　折〉　⇒曲折・複雑な経過
　　例事件の解決までには～があっ
　　た。

うよく　羽翼　例～の臣。

うら　浦〔うら〕　例田子の浦、津々
　　浦々

うら　浦　例～のとま屋。

うら　裏　例～と表。紙の～。

うらうち　裏打ち　×裏打ち　例～
　　をする。経験に～された学識。

うらうら　うらうら　例～とした春
　　の日ざし。

うらおもて　裏表　例紙の～を間違
　　う。彼の言葉には～がある。

うらがえす　裏返す　例背広を～。

うらがき　裏書き　公×裏書　例小
　　切手に～をする。

うらがきにん　裏書き人

うらかた　裏方　例それまでの～の
　　努力は、並大抵ではなかった。

あ行

うらがなしい　うら悲しい〈心悲し
　い〉　例～気持ちになる。

うらがれる　うら枯れる〈末枯れる〉

うらがわ　裏側　例～を知る。

うらぎり　裏切り　㊅裏切り　例～
　に遭う。

うらぎりこうい　裏切り行為　例彼
　の～を憎む。

うらぎりもの　裏切り者　㊅裏切り
　者

うらぎる　裏切る　㊅裏切る　例期
　待を～。

うらぐち　裏口　例～から入る。

うらごえ　裏声　例～で歌う。

うらさく　裏作　例表作と～。

うらさびしい　うら寂しい〈心寂し
　い・心淋しい〉　例～気持ち。

うらじ　裏地　例洋服の～。

うらづけ　裏付け　㊅裏付け　例～
　を取るために聞き込みをする。

うらづけそうさ　裏付け捜査　例～
　の段階です。

うらづける　裏付ける　例事実を～
　証拠を提出する。

うらて　裏手　例家の～の川。

うらない　占い　㊅占い　例星座の～。

うらなう　占う　㊅占う　例吉か凶
　かを～。

うらなり　うら成り〈末成り・末生
　り〉　例～のかぼちゃ。

うらはら　裏腹　例することと言う
　ことが全く～だ。

うらぶれる　うらぶれる　例見る影
　もなく～。うらぶれた生活。

うらぼんえ　うら盆会〈盂蘭盆会〉

うらみ　恨み〈怨み〉　㊅恨み　例～
　を抱く。

うらみ　うらみ〈憾み〉　例正確な表
　現だが、難解に過ぎる～がある。

うらみごと　恨み言〈怨み言〉　例こ
　の時とばかり～を並べる。

うらみち　裏道　例～を伝って行く。
　～から先回りする。

うらみっこ　恨みっこ　例さあ、こ
　れでお互いに～なしだ。

うらむ　恨む〈怨む〉　㊅恨む　例戦
　争を～。

うらむらくは　恨むらくは〈憾むら
　くは〉　例優れた機能の製品だ
　が～値段が高い。

うらめ　裏目　例～に出る。

うらめしい　恨めしい〈怨めしい〉
　㊅恨めしい　例つくづく～と思
　う。～仕打ちだ。

うらやましい　羨ましい　㊅羨まし
　い　例A君は全く～ほど優秀だ。

うらやむ　羨む　㊅羨む　例A君の
　栄転を～者が多い。

うららか　うららか〈麗らか〉　例～
　な春の一日。今日は本当に～だ。

うらわかい　うら若い　例～乙女。

うり　売り　㊅売り　例～と買い。
　この商品の～。

うり　うり〈瓜〉　例～のつるになす

びはならぬ。〜二つ。
うりあげ　売り上げ　[公][文]売上げ　[建]売り上げ　[例]毎月〜が伸びている。
うりあげきん　売上金　[文]売上金
うりあげだか　売上高　[公][文]売上高　[例]〜が目標に達しない。
うりあげる　売り上げる　[例]1日に50万円を〜。
うりいえ　売り家　[例]手頃な〜が見付かった。〜と貸家。
うりおしみ　売り惜しみ　[公][文]売惜しみ　[建]売り惜しみ　[例]品不足で〜をする。
うりおしむ　売り惜しむ
うりかい　売り買い　[文]売り買い　[例]株式の〜。
うりかけ　売り掛け　[文]売り掛け　[例]〜の代金。
うりかけきん　売り掛け金　[公][文]売掛金　[建]売り掛け金　[例]〜を回収する。
うりかた　売り方　[例]〜が下手だ。〜と買い方。
うりきる　売り切る　[例]屋台に並べた品物を1日で〜。
うりきれ　売り切れ　[文]売り切れ　[例]入場券は発売早々〜になった。
うりきれる　売り切れる　[文]売り切れる
うりぐい　売り食い　[文]売り食い　[例]〜の生活。
うりこ　売り子　[文]売り子　[例]野球場の〜。
うりごえ　売り声　[文]売り声
うりことば　売り言葉　[例]それは〜に買い言葉というものだ。
うりこみ　売り込み　[文]売り込み　[例]新車の〜競争。
うりこみさき　売り込み先
うりこむ　売り込む　[文]売り込む　[例]自分を〜。
うりざねがお　うりざね顔〈瓜実顔〉
うりさばく　売りさばく〈売り捌く〉　[例]製品を一手に〜。
うりだし　売り出し　[公][文]売出し　[建]売り出し　[例]開店の〜。〜の人気歌手。
うりだしきかん　売り出し期間
うりだしはっこう　売り出し発行　[公][文]売出発行　[建]売り出し発行
うりだす　売り出す　[文]売り出す　[例]新製品を〜。来月から〜。
うりたて　売り立て　[文]売り立て　[例]某家所蔵品の〜を行います。
うりち　売り地　[例]〜の広告。
うりつける　売り付ける　[例]言葉巧みに新車を〜。
うりて　売り手　[公][文]売手　[建]売り手　[例]〜と買い手。〜市場。
うりとばす　売り飛ばす　[例]二束三文で〜。
うりどめ　売り止め　[例]入場券の〜。
うりぬし　売り主　[公][文]売主　[建]売

あ行

　　り主　例〜と買い主。

うりね　売値　公文売値　例〜を幾
　　らに付けておこうか。〜と買値。

うりのこす　売り残す

うりば　売り場　公文売場　建売り
　　場　例食料品の〜を拡張する。

うりはじめる　売り始める　例3月
　　1日から〜。

うりはらい　売り払い　公文売払い
　　建売り払い

うりはらう　売り払う　文売り払う
　　例不要品を〜。捨て値で〜。

うりひろめる　売り広める　例日本
　　全国に〜。

うりふたつ　うり二つ〈瓜二つ〉
　　例兄と〜の顔をしている。

うりまわる　売り回る

うりもの　売り物　文売り物　例こ
　　れは〜ではなく展示物です。

うりや　売り家　例〜と貸家。

うりょう　雨量　例〜を測定する。

うりわたし　売り渡し　公文売渡し
　　建売り渡し　例〜を渋っている。

うりわたしかかく　売り渡し価格
　　公文売渡価格　建売り渡し価格

うりわたしさき　売り渡し先
　　公文売渡先

うりわたす　売り渡す　文売り渡す
　　例権利を〜

うる　売る　文売る　例古本を〜。

うる　得る　文得る　例〜ところ。
　　利益を〜。そういうこともあり

　　〜。

うるうどし　うるう年〈閏年〉

うるおい　潤い　文潤い　例〜のな
　　い生活。

うるおう　潤う　文潤う　例十分に
　　〜。お陰で我々の懐も潤った。

うるおす　潤す　文潤す　例喉を〜。
　　この川が下流の土地を〜。

うるおわす　潤わす　文潤わす

うるさい　うるさい〈煩い・五月蠅
　　い〉　例オートバイの音が〜。
　　そんな〜ことを言わないでくれ。

うるさがた　うるさ型　例うちの課
　　長は相当な〜で有名だ。

うるし　漆　例〜にかぶれる。

うるち　うるち〈粳〉　例〜米。

うるところ　得るところ

うるむ　潤む　文潤む　例目が〜。

うるわしい　麗しい　文麗しい
　　例〜行為。

うるわしさ　麗しさ　文麗しさ

うれ　売れ　文売れ　例〜が遠い品。

うれい　憂い　文憂い　例後顧の〜。

うれい　愁い　文愁い　例〜を帯び
　　た顔。

　　田「憂い・愁い」の使い分けは、「「異字
　　同訓」の漢字の使い分け」p.75参照。

うれえ　憂え〈愁え〉　文憂え　例後
　　顧の〜。

うれえがお　憂え顔　文憂え顔

うれえる　憂える　文憂える　例災
　　害時の混乱を〜。子の将来を〜。

うれえる　愁える　⊗愁える　例い
　としい我が子の死を～。
　迬「憂える・愁える」の使い分けは、
　「「異字同訓」の漢字の使い分け」参
　照。

うれくち　売れ口　⊗売れ口　例～
　が決まる。

うれしい　うれしい〈嬉̀しい〉　例思
　い掛けずお目に掛かれて～。

うれしなみだ　うれし涙〈嬉̀し涙̀〉

うれだか　売れ高　⊗売れ高　例～
　の減少。

うれっこ　売れっ子　⊗売れっ子
　例～の歌手。

うれのこり　売れ残り　⊗売れ残り
　例～の品。

うれのこる　売れ残る　⊗売れ残る
　例本が～。

うれゆき　売れ行き　公⊗売行き
　迬売れ行き　例幸いにも新製品
　の～がよい。

うれる　売れる　⊗売れる　例本が
　～。

うれる　熟れる　⊗熟れる　例柿の
　実が～。

うろ　う路〈迂路〉　⇒回り道

うろ　雨露　例～をしのぐ。

うろ　うろ〈空̀・洞〉　例木の～。

うろうろ　うろうろ　例手術室の前
　を～と歩く。

うろおぼえ　うろ覚え　⊗うろ覚え
　例～だから余り当てにするな。

うろこ　うろこ〈鱗̀〉　例魚の～。

うろたえる　うろたえる〈狼̀狽̀える〉
　例うそを見破られて～。

うろつく　うろつく　例家の前を～。

うろぬく　うろ抜く〈疎̀抜く〉　⇒間
　引く　例大根を～。

うろん　うろん〈胡̀乱〉　例～な男。

うわあご　上顎

うわえ　上絵　例～を描く。

うわがき　上書き　⊗上書き　例手
　紙の～。～保存。

うわき　浮気迬　例～する。～心。

うわぎ　上着　例～を脱ぐ。

うわぐすり　うわ薬〈上薬̀・釉̀・釉̀

「異字同訓」の漢字の使い分け

うれい・うれえる

【憂い＊・憂える】心配すること。心を痛める。
　　後顧の憂い。災害を招く憂いがある。国の将来を憂える。

【愁い＊・愁える】もの悲しい気持ち。嘆き悲しむ。
　　春の愁い。愁いに沈む。友の死を愁える。

＊　「うれい（憂い・愁い）」は、「うれえ（憂え・愁え）」から変化した言い方であ
　るが、現在は、「うれい」が一般的である。

（平成26年文化審議会国語分科会）

あ行

薬〉
うわくちびる　上唇　[例]〜と下唇。
うわぐつ　上靴　[例]〜に履き替える。
うわごと　うわごと〈譫言〉　[例]高熱のため〜を言う。
うわさ　うわさ〈噂〉　[例]町の〜。
うわさばなし　うわさ話〈噂話〉　[文]うわさ話
うわしき・うわじき　上敷き　[文]上敷き
うわすべり　上滑り　[例]〜の知識。
うわずみ　上澄み　[文]上澄み　[例]〜をすくう。
うわずる　上擦る　[例]声が〜。
うわぜい　上背　[文]上背　[例]〜のある男。
うわつく　浮つく[付]　[文]浮つく　[例]浮ついた気分では駄目だ。
うわっちょうし　上っ調子　[例]彼はどうも〜なところがある。
うわづつみ　上包み　[文]上包み
うわっつら　上っ面　[例]ほんの〜を見ただけだ。
うわっぱり　上っ張り　[例]〜を脱いで外出する。
うわづみ　上積み　[文]上積み　[例]あと1万円〜する。〜と下積み。
うわて　上手・うわて　[例]どう見てもA君の方が一枚〜だ。
うわてだしなげ　上手出し投げ
うわてなげ　上手投げ
うわぬり　上塗り　[文]上塗り　[例]恥の〜だ。壁の〜をする。
うわのそら　上の空・うわのそら　[例]親の小言を〜で聞いている。
うわのり　上乗り　[例]トラックの〜は楽ではない。
うわばき　上履き　[例]ここでは、〜に履き替えてください。
うわべ　上辺　[例]〜は平気な顔をしていた。〜を飾り立てる。
うわまえ　上前　[例]〜をはねる。
うわまわる　上回る　[文]上回る　[例]前回を〜好成績。
うわむき　上向き　[文]上向き　[例]相場が〜になってきた。
うわめ　上目　[例]〜遣いに見る。
うわやく　上役　[例]〜のお供。
うわる　植わる　[文]植わる　[例]庭に2本の紅葉が植わっている家。
うん　運3〔ウン はこぶ〕　[例]運動、運河、運送、運命、海運、不運、運を天に任せる
うん　雲2〔ウン くも〕　[例]雲海、雲竜、雲散霧消、風雲、積乱雲、乱雲、暗雲
うんえい　運営　[例]会の〜。
うんか　うんか〈浮塵子〉　[例]〜の群れが押し寄せる。
うんか　うんか〈雲霞〉　[例]〜のごとき大軍が押し寄せてきた。
うんが　運河　[例]〜を渡る船。
うんかい　雲海　[例]富士山頂に立って〜を見下ろす。

うんきゅう　運休　例電車の～。

うんこう　運行　例列車の～。

うんこう　運航　例船の～。

うんさんむしょう　雲散霧消

うんしん　運針

うんそう　運送　例荷物を～する。

うんだめし　運試し　例～にやって
　　みる。

うんちく　うんちく〈蓄蓄〉　⇒学識
　　例～を傾ける。

うんちん　運賃　例～を支払う。

うんでい　雲泥　例二人の実力には
　　～の差がある。

うんてん　運転　例車を～する。

うんてんし　運転士

うんどう　運動　例手足の～。

うんどうぐつ　運動靴

うんぬん　うんぬん〈云々〉　文うん
　　ぬん　⇒かくかく・しかじか
　　例後日発表する～で終わった。

うんぬんする　うんぬんする〈云々
　　する〉　⇒あれこれ言う　例そ
　　れについて～。

うんのう　うんのう〈蘊奥〉　例学の
　　～を究める。

うんぱん　運搬　例荷物を～する。

うんまかせ　運任せ　例仕事を～に
　　するのは私の主義ではない。

うんめい　運命　例人間の～。

うんも　うんも〈雲母〉

うんゆ　運輸　例～業。

うんよう　運用　例制度の～。

うんよく　運良く　例～当選した。

え

え　回²〔カイ・エ
　　まわる・まわす〕　例回向

え　会²(會)〔カイ・エ
　　あう〕　例会釈、会
　　得、法会

え　依〔イ・エ〕　例帰依

え　恵(惠)〔ケイ・エ
　　めぐむ〕　例恵方巻き、
　　知恵、悪知恵

え　絵²(繪)〔カイ・エ〕　例絵本、絵
　　柄、絵図、口絵、油絵、下絵、
　　絵を描く

え　柄　例ひしゃくの～。

え　餌　文餌　例小鳥に～をやる。

えい　永⁵〔エイ
　　ながい〕　例永続、永住、
　　永久、永眠、永遠、永年勤続者

えい　泳³〔エイ
　　およぐ〕　例泳法、水泳、
　　遠泳、競泳、背泳

えい　英⁴〔エイ〕　例英雄、英霊、英
　　文、英知、英才、英断、育英、
　　俊英

えい　映⁶〔エイ
　　うつる・うつす・はえる〕　例映
　　画、映像、上映、反映、映じる

えい　栄⁴(榮)〔エイ
　　さかえる・はえ・はえる〕
　　例栄誉、栄光、栄冠、栄養、栄
　　枯、繁栄、…の栄に浴する

えい　営⁵(營)〔エイ
　　いとなむ〕　例営業、経
　　営、陣営、運営、野営、国営

えい　詠〔エイ
　　よむ〕　例詠嘆、詠草、吟

詠、朗詠、御詠歌、詠じる

えい　影〔エイかげ〕　例影響、影像、陰
影、撮影、幻影

えい　鋭〔エイするどい〕　例鋭利、鋭気、
鋭角、鋭敏、精鋭、新鋭、新進
気鋭

えい　衛5（衞）〔エイ〕　例衛生、衛
星、護衛、守衛、前衛、自衛

えいい　鋭意　例〜努力する。

えいえい　営々　例日夜〜と働く。

えいえん　永遠　例〜の平和を願う。
ついに〜の眠りに就いた。

えいが　映画　例〜を作る。小説を
〜化する。日米合作の〜。

えいが　栄華　例〜を極めた生活。
一門の〜を誇る。

えいかく　鋭角　例この先で、道は
〜に右折している。

えいかん　栄冠　例〜を勝ち取る。

えいき　英気　例〜を養う。

えいき　鋭気　例〜の持ち主。

えいきゅう　永久　例〜に解けない
謎。〜保存。〜歯。

えいきょう　影響　例〜を及ぼす。

えいぎょう　営業　例午前10時から
〜いたします。〜時間。〜所。

えいけつ　英傑　例一代の〜。

えいこ　栄枯　例〜盛衰。

えいこう　栄光　例〜への道。

えいこう　えい航〈曳航〉　例港まで
〜する。

えいごう　永ごう〈永劫〉　⇒永久・

永遠　例未来〜究められない謎。

えいさい　英才〈×穎才〉　例隠れた〜
を育成する。

えいし　衛視　例国会には、「〜」と
いう職員がいる。

えいじ　えい児〈×嬰児〉　⇒乳児・乳
飲み子・赤ん坊・赤子

えいしゃ　映写　例映画の〜。

えいじゅう　永住　例沖縄に〜する。

えいじる　映じる　例水面に〜山々
の姿は、実に美しい。

えいじる　詠じる　例詩を〜。

えいしん　栄進　例とんとん拍子に
〜して局長になった。

えいせい　永世　例〜中立国。

えいせい　衛生　例〜に注意する。

えいせい　衛星　例月は地球の〜で
ある。〜電話を使う。

えいせいけんさぎし　衛生検査技師

えいせん　えい船〈×曳船〉　⇒引き船

えいぜん　営繕　例建物の〜。〜課。

えいそう　営巣

えいそう　詠草

えいぞう　映像　例亡き父の〜。

えいぞう　影像　例モナリザの〜。

えいぞうぶつ　営造物　例学校等の
〜の管理保守を厳重にする。

えいぞく　永続　例〜性がない。

えいたい　永代　例〜使用権。

えいたん　詠嘆〈詠×歎〉　例〜の声。

えいだん　英断　例〜を下す。

えいち　英知〈×叡智〉　例〜を傾ける。

えいてん　栄典　例～の授与。

えいてん　栄転　例支社長に～する。

えいねん　永年　例～勤続表彰。

えいびん　鋭敏　例～な感覚。頭脳が～だ。

えいほう　泳法　例～を教える。

えいほう　鋭ほう〈鋭鋒〉　⇒矛先　例敵の～をくじく。

えいまい　英まい〈英邁〉　⇒英明　例～な君主として有名である。

えいみん　永眠　例父の～を悼む。

えいめい　英明　例～な君主。

えいゆう　英雄　例時代の～となる。～豪傑。

えいよ　栄誉　例文化勲章受章の～に輝く人々。

えいよう　栄養　例体の～になる食べ物。～価。

えいよう　栄よう〈栄耀〉　例～栄華。

えいようし　栄養士　例～の資格を取る。

えいり　絵入り　⊗絵入り

えいり　営利　例～の追求。

えいり　鋭利　例～な刃物。

エーばん　A判

えがお　笑顔囲　例～を見せる。

えかき　絵描き〈画描き〉　⊗絵描き

えがきだす　描き出す〈画き出す〉　⊗描き出す　例巧みに状況を～。

えがく　描く〈画く〉　⊗描く　例円を～。

えがたい　得難い　例～人物。

えき　役3〔ヤク・エキ〕　例役牛、役務、使役、雑役、兵役、現役、役に就く

えき　易5〔エキ・イ／やさしい〕　例易学、易者、不易、貿易、交易

えき　疫〔エキ・ヤク〕　例疫病、疫痢、悪疫、防疫、検疫、免疫

えき　益5〔エキ・ヤク〕　例益虫、有益、利益、社会を益する、益がない

えき　液5〔エキ〕　例液体、液化、液状、血液、溶液、原液、濃い液

えき　駅3〔驛〕〔エキ〕　例駅員、駅伝、駅長、貨物駅、宿駅、終着駅

えきか　液化　例天然ガスを～する。

えきしゃ　易者　例～に運勢を見てもらう。大道～。

えきじゅう　液汁

えきしょう　液晶　例～画面。

えきじょう　液状　例～の薬剤。～化現象。

えきする　益する　例世に～事業。

えきたい　液体　例固体と～。

えきちゅう　益虫　例害虫と～。

えきちょう　益鳥　例害鳥と～。

えきちょう　駅長　例～を務める。

えきでん　駅伝　例～競走。

えきとう　駅頭　例～に出迎える。

えきびょう　疫病　例～にかかる。

えきべん　駅弁　例～を買う。

えきむ　役務　例～を果たす。

えきり　疫痢　例～にかかる。

えくぼ　えくぼ〈笑窪・靨〉　例頬に

あ行

～ができる。

えぐる　えぐる〈抉る〉　例心臓を～
　ようなことを言う。

えこう　回向　例亡父の～のため、
　法事を行う。

えごころ　絵心　例～のある人。

えこひいき　えこひいき〈依怙贔屓〉
　例～をするのは良くない。

えさ　餌　文餌　例小鳥の～。

えさがし　絵捜し・絵探し　例～の
　懸賞で1等に当たった。

えし　絵師〈画師〉　例お抱えの～。

えじき　餌食　文餌食　例～になる。
　熊の～。

えしゃく　会釈　例～して擦れ違う。

えず　絵図

えせ　えせ〈似非・似而非〉　例あい
　つはどう見ても～学者だ。

えそらごと　絵空事　例君の考えは
　～にすぎない。

えだ　枝　例木の～を切る。

えたい　得体　例～が知れない。

えだづたい　枝伝い　文枝伝い

えだは　枝葉　例根本的な問題から
　見れば、それは～の問題だ。

えだぶり　枝振り　例立派な～の松。

えたり　得たり　例～とばかり受け
　て立つ。

えたりかしこし　得たり賢し　例～
　と相手の隙を突く。

えたりやおう　得たりやおう　例～、
　確かめてみよう。

えつ　悦〔エツ〕　例悦楽、喜悦、満
　悦、愉悦

えつ　越〔エツ・こす・こえる〕　例越境、越
　冬、卓越、超越、優越

えつ　謁(謁)〔エツ〕　例謁見、拝謁、
　内謁、上謁、謁を賜る、謁する

えつ　閲〔エツ〕　例閲覧、閲読、閲
　歴、校閲、内閲、閲する

えつ　悦　例独り～に入る。

えっきょう　越境　例～入学。

えづけ　餌付け　文餌付け

えっけん　越権　例あれは～行為だ。

えっけん　謁見　例～式。

えっする　謁する

えっする　閲する

えっとう　越冬　例南極～隊。

えつどく　閲読　例資料の～。

えつねん　越年　例～資金。

えつらく　悦楽　例～にふける。

えつらん　閲覧　例図書を～する。

えつれき　閲歴　例我が～を語る。

えて　得手　例そろばんは君の～だ。
　誰にも～不～がある。

えてかって　得手勝手　例そんな～
　な振る舞いは許しません。

えてして　得てして・えてして
　例自慢話は～誇張される。

えと　えと〈干支〉

えとく　会得　例要領を～する。

えどっこ　江戸っ子　例親の代から
　～の仲間入りをした。

えどまえ　江戸前　例～のすし。

えにし　えにし〈縁〉　⇒縁(えん)　[例]不思議な～で結ばれた二人。
えのぐ　絵の具　[例]～で彩色する。
えはがき　絵はがき〈絵葉書・絵端書〉　[例]旅先から～を出す。
えび　えび〈海老・蝦〉　[例]～でたいを釣る。
えびす　恵比須〈恵比寿〉　[例]～と大黒。～様。～顔。
えびちゃ　えび茶〈海老茶〉　[例]～色のセーターを着た若い人。
えふで　絵筆　[例]～を執る。
えほうまいり　恵方参り　[文]恵方参り
えほうまき　恵方巻き
えぼし　えぼし〈烏帽子〉
えほん　絵本
えま　絵馬　[例]～に願いを託す。
えまきもの　絵巻物　[公][文]絵巻物
えみ　笑み　[例]～をたたえる。
えむ　笑む　[文]笑む　[例]穏やかに～。
えもいわれぬ　得も言われぬ・えもいわれぬ　[例]～美しさ。
えもじ　絵文字
えもの　獲物　[例]～が多い。
えものがたり　絵物語
えもん　えもん〈衣紋〉　[例]～を繕う。
えもんかけ　えもん掛け〈衣紋掛け〉　[例]着物を～に掛ける。
えら　えら〈腮・鰓〉　[例]魚の～。
えらい　偉い　[文]偉い　[例]～人。次第に偉くなる。
えらい　えらい〈偉い〉　[例]～事件が起きた。今日はえらく寒い。
えらびだす　選び出す　[文]選び出す
えらぶ　選ぶ　[文]選ぶ　[例]委員を～。
えらぶつ　偉物　[例]彼は～だ。
えらぶる　偉ぶる　[文]偉ぶる　[例]仲間に対して～人は、嫌われる。
えり　襟〈衿〉　[例]～を正す。立て～。
えりあし　襟足　[例]～が美しい女性。
えりうら　襟裏
えりかざり　襟飾り　[文]襟飾り
えりくび　襟首　[例]～をつかんで脅しを掛ける。
えりごのみ　えり好み〈選り好み〉　[文]えり好み　⇒より好み　[例]そう～をするな。
えりしょう　襟章　[例]母校の～は富士山をかたどっている。
えりどめ　襟止め　[文]襟止め
えりぬき　えり抜き〈選り抜き〉　[文]えり抜き　⇒より抜き　[例]これは～の品だ。
えりまき　襟巻き　[公][文]襟巻
えりもと　襟元
えりわける　えり分ける〈選り分ける〉　⇒より分ける　[例]形の整った物だけを別に～。
える　得る　[文]得る　[例]利益を～。
える　獲る　[文]獲る　[例]獲物を～。
える　える〈選る〉　⇒よる・選ぶ　[例]えり好みする。えりすぐる。
えん　円[1](圓)〔エン　まるい〕　[例]円滑、円

あ行

あ行

熟、円満、円卓、一円、円を描く

えん　延6〔エン ・のびる・のべる・のばす〕　例延滞、延着、延期、延長、遅延、順延

えん　沿6〔エン そう〕　例沿海、沿岸、沿線、沿革、沿道

えん　炎〔エン ほのお〕　例炎症、炎天、炎暑、炎上、火炎、肺炎、怪気炎

えん　怨〔エン・オン〕　例怨恨

えん　宴〔エン〕　例宴会、宴遊、宴席、酒宴、祝宴、供宴

えん　媛4〔エン〕　例才媛　＊愛媛県（えひめけん）

えん　援〔エン〕　例援助、援護、応援、声援、救援、後援、増援

えん　園2〔エン その〕　例園芸、園遊会、楽園、公園、田園、幼稚園

えん　煙〔エン けむる・けむり・けむい〕　例煙幕、煙霧、煙突、喫煙、白煙

えん　猿〔エン さる〕　例犬猿の仲、類人猿、野猿

えん　遠2〔エン・オン とおい〕　例遠足、遠近、敬遠、永遠、深遠、望遠鏡

えん　鉛〔エン なまり〕　例鉛直、鉛筆、鉛毒、鉛直線、黒鉛、亜鉛

えん　塩4（鹽）〔エン しお〕　例塩田、塩分、塩酸、食塩、製塩、岩塩

えん　演5〔エン〕　例演劇、演技、演奏、出演、講演、公演

えん　縁（緣）〔エン ふち〕　例縁故、縁日、縁起、無縁、血縁、縁を切る

えん　艶（艷）〔エン つや〕　例艶聞、妖艶

えんいん　延引　例ついついお返事が～しておりました。

えんいん　遠因　例物価高騰の～は、政治の貧困さにある。

えんえき　演えき〈演繹〉　例～と帰納。～する。～法。

えんえん　延々　例～10時間に及ぶ会議。

えんえん　えんえん〈奄々〉　⇒絶え絶え　例気息～としてようやくたどり着いた。

えんえん　えんえん〈蜿蜒〉　例～たる長蛇の列。

えんか　円価　例～の切り上げ。

えんか　円貨　例～と交換する。

えんか　演歌・艶歌

えんか　えんか〈嚥下〉　⇒飲み下し　例飲食物の～が困難だ。
注「えんげ」とも。

えんかい　沿海

えんかい　宴会　例～が続く。大～。

えんかく　沿革　例事業の～を調べる。仮名字体の～。

えんかく　遠隔　例～の地。

えんかつ　円滑　例交渉は～に進んでいる。

えんがわ　縁側　例～に腰掛ける。

えんがん　沿岸　例～漁業。

えんき　延期　例来週まで～だ。

えんぎ　演技　例見事な～。

えんぎ　縁起　例～を担ぐ。

えんきょく　えん曲〈婉曲〉　⇒遠回

し・やんわり　囫借金の申し込みを～に断る。

えんきり　縁切り　文縁切り　囫親子の～をする。～寺。

えんきん　遠近　囫～法。

えんぐみ　縁組み　公文縁組　建縁組み

えんげ　えんげ〈嚥下〉　⇒飲み下し　注「えんか」とも。

えんげい　園芸　囫～が私の唯一の趣味です。～植物。

えんげい　演芸　囫～の時間。

えんげき　演劇

えんげん　えん源〈淵源〉　⇒源・根源　囫教育の～。～を探る。

えんこ　円弧

えんこ　縁故　囫～を頼る。

えんご　援護〈掩護〉　囫事業を～する。～射撃。

えんこん　怨恨　囫～による殺人。

えんさ　怨さ〈怨嗟〉　囫その行為は人々の～の的となった。

えんざい　えん罪〈冤罪〉　⇒無実の罪・ぬれぎぬ　囫～を晴らす。

えんさき　縁先　囫～で涼む。

えんさん　塩酸

えんじ　園児

えんじいろ　えんじ色〈臙脂色〉

えんしゅう　円周

えんしゅう　演習　囫消防の～。

えんじゅく　円熟　囫～した人格。

えんしょ　炎暑　囫～の中出掛ける。

えんしょ　艶書

えんじょ　援助　囫～を受ける。

えんしょう　延焼　囫火事で～する。

えんしょう　炎症　囫喉の～。

えんじょう　炎上　囫本堂が～する。

えんじる　演じる　囫醜態を～。

えんじん　円陣　囫～を作る。

えんすい　円すい〈円錐〉

えんせい　遠征　囫～試合。

えんせい　えん世〈厭世〉　⇒世をはかなむこと　囫～的な気分。

えんせき　宴席　囫～を設ける。

えんぜつ　演説　囫選挙の応援～。

えんせん　沿線　囫～の商店街。

えんぜん　艶然　囫～とほほえむ。

えんそ　塩素

えんそう　演奏　囫ピアノの～。

えんそく　遠足

えんたい　延滞　囫地代の支払いが～する。～利子。

えんたく　円卓　囫～を囲む。

えんだん　演壇　囫～に立つ。

えんだん　縁談　囫～を進める。

えんち　園地〈苑地〉　公園地　囫～の整備。

注法令では、「苑地」は用いない。「園地」を用いる。

えんちゃく　延着　囫この電車は、約5分～の見込みです。

えんちゅう　円柱　囫～を立てる。

えんちょう　延長　囫期限を1か月～する。鉄道を～する。

あ行

えんづく　縁付く・縁づく　㊷娘が
　〜。

えんつづき　縁続き　㊊縁続き
　㊷うちとＡさんとは遠い〜だ。

えんてい　えん堤〈堰堤〉　㊊えん堤
　⇒ダム・堤防・土手・せき

えんてん　炎天　㊷夏の〜下で働く。

えんてんかつだつ　円転滑脱　㊷彼
　の答弁は実に〜だ。

えんとうけい　円筒形

えんどおい　縁遠い　㊷自分とは〜
　話。

えんとつ　煙突

えんにち　縁日　㊷〜に行く。

えんのした　縁の下　㊷〜の力持ち。

えんばく　えん麦〈燕麦〉　⇒からす
　麦の改良種　㊷〜の収穫。

えんばん　円盤　㊷空飛ぶ〜。

えんばんなげ　円盤投げ

えんぴつ　鉛筆　㊷赤い色の〜。

えんびふく　えんび服〈燕尾服〉

えんぶきょく　円舞曲

えんぶん　塩分

えんぶん　艶聞　㊷〜の持ち主。

えんま　えんま〈閻魔〉　㊷〜大王。
　〜帳。

えんまく　煙幕　㊷〜を張る。

えんまん　円満　㊷〜な人格。話し
　合いは、〜に行われた。

えんみ　塩味
　㊫「しおあじ」とも。

えんむ　煙霧

えんむすび　縁結び　㊊縁結び
　㊷〜の神。

えんめい　延命　㊷企業の〜を図る。

えんようぎょぎょう　遠洋漁業
　㊷船団を組んで、〜に出る。

えんりょ　遠慮　㊷〜は無用。

えんりょぶかい　遠慮深い　㊷彼女
　は本当に〜人だ。

えんろ　遠路　㊷〜はるばるやって
　来る。

お

お　汚 $\left[\begin{array}{l}\text{オ} \\ \text{けがす・けがれる・けがらわしい・} \\ \text{よごす・よごれる・きたない}\end{array}\right]$

　　㊷汚職、汚物、汚染、汚点、汚
　　名

お　和³ $\left[\begin{array}{l}\text{ワ・オ} \\ \text{やわらぐ・やわらげる・} \\ \text{なごむ・なごやか}\end{array}\right]$　㊷和尚

　　㊫日和(ひより)、大和(やまと)

お　悪³(惡) $\left[\begin{array}{l}\text{アク・オ} \\ \text{わるい}\end{array}\right]$　㊷悪寒、好
　　悪、嫌悪、憎悪

お　尾　㊷〜が長い犬。〜羽。〜を
　　引く。

お　緒　㊷げたの〜をすげる。

お…〔接頭語〕　お…〈御…〉　㊊お…
　　㊷〜礼。〜願い。

おい　老い　㊊老い　㊷〜の一徹。

おい　おい〈甥〉　㊷叔父と〜。

おいあげる　追い上げる　㊷後半に

㊫:付表の語　×:表外字　△:表外音訓　〈　〉:参考表記　⇒:言い換え等

なって、ぐんぐん～。
おいうち　追い打ち・追い討ち
[文]追い打ち　[例]敵に～を掛ける。
[注]新聞では、「追い打ち」と書く。
おいえげい　お家芸　[例]部長の～が始まった。
おいおい　追い追い・おいおい
[例]～快方に向かっています。
おいおとす　追い落とす
おいかえす　追い返す　[例]訪ねて来た使いを～。
おいかける　追い掛ける　[文]追い掛ける　[例]急いで後を～。
おいかぜ　追い風　[文]追い風　[例]ヨットが～に乗ってぐんぐん進む。
おいくちる　老い朽ちる　[文]老い朽ちる　[例]見る影もなく～。
おいごえ　追い肥　[例]適当な時期に2度くらい～をやる。
おいこし　追い越し　[公][文]追越し
[建]追い越し　[例]この道路は～ができない。
おいこしきんし　追い越し禁止
おいこす　追い越す　[文]追い越す
[例]前の車を～。
おいこみ　追い込み　[文]追い込み
[例]最後の～。
おいこむ　老い込む　[文]老い込む
[例]～にはまだ早い。
おいこむ　追い込む　[文]追い込む
[例]うさぎをわなに～。敵を窮地に～。
おいさき　生い先　[例]息子の～を楽しみに余生を暮らす。
おいさき　老い先　[例]～短い人生を楽しく暮らそう。
おいしい　おいしい〈美味しい〉
[例]何か～物を食べたい。
おいしげる　生い茂る　[文]生い茂る
[例]庭に～雑草を抜く。
おいすがる　追いすがる〈追い縋る〉
[例]親に～子。
おいせん　追い銭　[文]追い銭　[例]さしずめ盗人に～というところだ。
おいだし　追い出し　[例]反対派の～を策する。
おいだす　追い出す　[文]追い出す
[例]猫を～。
おいたち　生い立ち　[文]生い立ち
[例]～の記。
おいたてる　追い立てる　[例]忙しくて仕事に追い立てられる。
おいちらす　追い散らす　[例]犬を～。
おいつく　追い付く　[文]追い付く
[例]1時間ほどで～だろう。
おいつづける　追い続ける　[例]逃げた犯人を～刑事。
おいつめる　追い詰める　[文]追い詰める　[例]土壇場まで～。
おいて　おいて〈於いて〉　[文]おいて
[例]大阪に～開かれた大会。
おいて　おいて〈措いて〉　[例]適任者は彼を～いない。
おいで　おいで〈御出で〉　[例]あなた

あ行

も〜になりますか。先生の〜を
お待ち申し上げます。

おいてきぼり　置いてきぼり　例ぐ
ずぐずしていて〜を食った。
囲「置いてけぼり」とも。

おいてけぼり　置いてけぼり
囲「置いてきぼり」とも。

おいぬく　追い抜く　文追い抜く
例一人追い抜いて2着になった。

おいはぎ　追い剥ぎ　文追い剥ぎ
例この辺りには〜が出没する。

おいばね　追い羽根　文追い羽根
例子供が〜をして遊んでいる。

おいはらう　追い払う　文追い払う
例蚊を〜。

おいぼれ　老いぼれ〈老い耄れ〉
例まだ〜ではないつもりだ。

おいまくる　追いまくる〈追い捲る〉
例追って追って〜。

おいまつ　老い松　文老い松　例形
の良い〜。

おいまわす　追い回す　文追い回す
例犬を〜。

おいめ　負い目　文負い目　例〜を
感じる。

おいる　老いる　文老いる　例こう
なっては、私ももう〜一方です。

おいわけ　追分　文追分　例〜とい
う地名は方々にある。

おう　王¹〔オウ〕　例王国、王子、法
王、女王、帝王、百獣の王

おう　凹〔オウ〕　例凹凸、凹面鏡、凹

レンズ　団凸凹（でこぼこ）

おう　央³〔オウ〕　例中央、震央

おう　応⁵（應）〔オウ
こたえる〕　例応援、応
用、応答、呼応、臨機応変

おう　往⁵〔オウ〕　例往復、往生、往
診、往々、往来、右往左往、既
往症

おう　押〔オウ
おす・おさえる〕　例押印、押
韻、押収、押領、押送、花押

おう　旺〔オウ〕　例旺盛

おう　欧（歐）〔オウ〕　例欧州、欧文、
欧米、西欧、訪欧、渡欧

おう　殴（毆）〔オウ
なぐる〕　例殴打、殴殺

おう　皇⁶〔コウ・オウ〕　例皇子、法皇
囲「天皇」は、「てんのう」。

おう　桜⁵（櫻）〔オウ
さくら〕　例桜樹、桜
桃、桜花、観桜

おう　翁〔オウ〕　例老翁、翁の功績

おう　黄²（黃）〔コウ・オウ
き・こ〕　例黄金、
黄梅、卵黄　団硫黄（いおう）

おう　奥（奧）〔オウ
おく〕　例奥義、胸奥、
秘奥、深奥
囲「奥義」は、「おくぎ」とも。

おう　横³（橫）〔オウ
よこ〕　例横断、横行、
横領、横隔膜、縦横、専横

おう　生う　文生う　例生い茂る。

おう　負う　文負う　例責めを〜。
背に〜。

おう　追う　文追う　例犬を〜。理
想を〜。

おういつ　横いつ〈横溢〉　⇒あふれ
ること・みなぎること・一杯

団:付表の語　×:表外字　△:表外音訓　〈 〉:参考表記　⇒:言い換え等

[例]活気が～している。
おういん　押印　[公]**押印**　[例]ここに記名し、かつ～してください。
[注]法令では、「捺印」は用いない。「押印」を用いる。
おうえん　応援　[例]選手を～する。～演説。～団。～歌。
おうおう　往々・おうおう　[例]そういうことは～にしてあるものだ。
おうか　桜花　[例]～が咲き誇る。
おうか　おう歌〈謳歌〉　⇒称賛・賛美　[例]青春を～する。
おうかん　王冠　[例]優勝の～を手にする。ビール瓶の～。
おうぎ　扇　[文]**扇**　[例]～の的。
おうぎ　奥義　[例]～を伝える。
[注]「おくぎ」とも。
おうきゅう　応急　[例]～処置。～策。
おうこう　王侯　[例]～のような生活をしている。～貴族。
おうごん　黄金　[例]～の冠。
おうざ　王座　[例]～を占める。
おうし　雄牛
おうじ　王子
おうしゅう　応酬　[例]激しい～。
おうしゅう　押収　[例]家宅捜索の結果、多数の証拠書類を～した。
おうじょう　往生　[例]彼のしつこさには～した。大～を遂げる。
おうじょうぎわ　往生際　[例]あいつは実に～が悪い。
おうじる　応じる　[例]質問に～。
おうしん　往診　[例]医師に～を頼む。
おうせ　おうせ〈逢瀬〉　[例]～を楽しむ。～を重ねる。
おうせい　旺盛　[文]**旺盛**　[例]一同すこぶる元気～です。
おうせつ　応接　[例]～室。
おうせん　応戦　[例]～の準備。
おうだ　殴打　[例]相手を～する。
おうたい　応対　[例]窓口の～。
おうだん　横断　[例]～歩道。～面。
おうちゃく　横着　[例]何て～なやつだ。～を決め込む。
おうと　おう吐〈嘔吐〉　⇒吐く・吐き気　[例]急に～する。
おうとう　応答　[例]1号車～願います。はきはきと～する。
おうとう　桜桃
おうとつ　凹凸　[例]～のないように壁を塗る。～が激しい道路。
おうなつ　押なつ〈押捺〉　⇒押す　[例]公印を～する。
おうのう　おう悩〈懊悩〉　⇒悩み・もだえ・苦悩　[例]問題の解決に日夜～する。
おうはん　凹版　[例]～で印刷する。
おうひ　王妃
おうふく　往復　[例]～とも新幹線を利用する。～切符。
おうぶん　応分　[例]～の謝礼。
おうぶん　欧文　[例]～の手紙。
おうへい　横柄　[例]～な態度。
おうぼ　応募　[例]懸賞に～する。

あ行

おうほう　横暴　例あんな〜を許しておくわけにはいかない。

おうめんきょう　凹面鏡

おうめんせき　凹面積

おうよう　応用　例基礎を〜する。

おうよう　おうよう〈鷹揚〉　⇒ゆったり・おっとり　例〜な性質。

おうらい　往来　例車の〜が激しい。

おうりょう　横領　例公金の〜。

おうれんず　凹レンズ　例〜と凸レンズとを組み合わせる。

おうろ　往路　例〜と復路。

おえつ　おえつ〈嗚咽〉　例〜の声。

おえらがた　お偉方

おえる　終える　文終える　例研修の課程を〜。会を〜。

おおあざ　大字

おおあたり　大当たり　文大当たり　例〜1等賞。企画は〜だった。

おおあばれ　大暴れ　文大暴れ　例彼は教室で〜した。

おおあめ　大雨

おおあれ　大荒れ　文大荒れ　例山や海は多分〜になるでしょう。

おおあわて　大慌て　文大慌て　例〜で出て行く。

おおい　多い　文多い　例近頃火事が〜。にきびの〜年頃。

おおい　覆い　文覆い　例〜を掛ける。

おおいに〔副詞〕　大いに　公文大いに　例〜歓迎する。〜面目を施す。

おおいり　大入り　文大入り　例〜満員。

おおいりぶくろ　大入り袋

おおう　覆う〈被う・蔽う・掩う〉　文覆う

おおうつし　大写し　文大写し　例画面に人物が〜になった。

おおうりだし　大売り出し

おおがかり　大掛かり　文大掛かり　例〜な調査を行う。

おおかた　大方・おおかた　文大方　例もう〜帰った。〜そんなことだ。

おおがた　大形・大型　例〜の自動車。〜の模様。

おおかみ　おおかみ〈狼〉

おおがら　大柄　例〜な人。

おおきい　大きい　文大きい　例〜問題。

おおきさ　大きさ　文大きさ

おおきな〔連体詞〕　大きな　公文大きな　例〜問題。

おおきめ　大きめ・大き目　例もう少し〜の方がいい。
　　注「形容詞＋め」は原則として「〜め」。

おおぎょう　大仰〈大形〉　例彼は〜な身振りで話した。

おおく　多く　例〜を語ろうとしない。〜の人が希望した。

おおぐい　大食い　文大食い　例弟は家族の中で一番の〜だ。

おおげさ　おおげさ〈大袈裟〉 [例]少し～に言っておこう。
おおごえ　大声
おおざっぱ　大ざっぱ〈大雑把〉 [例]～に言う。
おおさわぎ　大騒ぎ　[文]大騒ぎ [例]一時は～だった。みんなで～だ。
おおしお　大潮　[例]台風の上陸予想時間と～とが重なる。
おおじかけ　大仕掛け　[文]大仕掛け [例]～な機械を据え付ける。
おおすじ　大筋　[例]話の～。
おおせ　仰せ　[文]仰せ　[例]～とあらば致し方がない。～のとおり。
おおぜい　大勢　[文]大勢　[例]～の客。
おおせつける　仰せ付ける
おおせる　おおせる〈果せる〉 [例]何とか隠し～。
おおそうじ　大掃除
おおだい　大台　[例]１万円の～。
おおだすかり　大助かり　[文]大助かり　[例]おかげで～でした。
おおたちまわり　大立ち回り　[文]大立ち回り　[例]派手な～を演じる。
おおだてもの　大立て者　[文]大立者 [例]財界の～を担ぎ出す。
おおづかみ　大づかみ〈大摑み〉 [例]～に言えば次のとおりだ。
おおつごもり　大つごもり〈大晦・大晦日〉　⇒大みそか
おおっぴら　おおっぴら　[例]～に見せる。～に要求する。
おおづめ　大詰め　[文]大詰め　[例]折衝も～の段階になった。
おおどおり　大通り　[文]大通り [例]銀座の～をパレードが通る。
おおはば　大幅　[例]～の布。～に譲歩する。
おおはらい　大はらい〈大祓い〉
おおばん　大判　[例]～の写真。
おおばんぶるまい　大盤振る舞い
おおぶね　大船　[例]～に乗ったような気持ちでいてください。
おおぶり　大降り　[文]大降り　[例]～の雨。
おおぶり　大振り　[例]～のスイング。
おおぶり　大振り・大ぶり　[例]できれば、もう少し～なのがいい。
おおぶろしき　大風呂敷　[例]～を広げる。
おおべや　大部屋　[例]～の役者。
おおまか　大まか　[例]～に言えばそんなところだ。
おおまた　大股
おおまわり　大回り　[文]大回り [例]この道は～になる。
おおみえ　大見得　[例]～を切る。
おおみず　大水
おおみそか　大みそか〈大晦日〉
おおむこう　大向こう　[文]大向こう [例]彼の演技は～をうならせた。
おおむね　おおむね〈概ね〉 [文]おおむね　⇒概して　[例]状況は～次

のとおりです。～良好。
おおめ　大目　[例]～に見る。
おおめ　多め・多目　[例]砂糖は少し～に入れてください。
[注]「形容詞＋め」は原則として「～め」。
おおもうけ　大もうけ〈大儲け〉　[例]株で～をした。
おおもて　大もて〈大持て〉　[例]彼は今夜～にもてた。
おおもと　大本　[例]人生の幸福の～は、まず健康であることだ。
おおもの　大物　[例]政界の～を担ぎ出して、会長に据える。
おおもり　大盛り　[例]並盛りですか、～ですか。～のざるそば。
おおや　大家　[例]昔は、～と言えば親も同然と言ったものだ。
おおやけ　公　[文]公　[例]～にする。～の立場。～と私。
おおよう　大様　[例]～な人物。
おおよそ　おおよそ〈大凡〉　[文]おおよそ　[例]～のことは推察できる。
おおよろこび　大喜び　[文]大喜び
おおらか　大らか・おおらか　[例]～な態度。
おおわらい　大笑い　[文]大笑い　[例]それは～だ。無遠慮に～する。
おおわらわ　おおわらわ〈大童〉　[例]開店の前日、一同～でした。
おか　岡[4]〔一 おか〕　[例]岡山県、静岡県、福岡県
おか　丘　[例]なだらかな～。
おか　岡　[例]～目八目。～持ち。
おか　おか〈陸〉　[例]～に上がる。
おかあさん　お母さん　[例]～とお父さん。
おかえし　お返し　[例]お祝いの～。
おがくず　おがくず〈大鋸屑〉　[例]～を再利用する。
おかげ　おかげ・お陰〈御蔭〉　[文]おかげ　[例]～で元気です。全てあなたの～だ。
おかしい　おかしい〈可笑しい〉　[例]～話。どうも少し～。
おかしな　おかしな〈可笑しな〉　[例]～顔つきをする。～話だ。
おかしらつき　尾頭付き　[文]尾頭付き　[例]～のたい。
おかす　犯す　[文]犯す　[例]罪を～。
おかす　侵す　[文]侵す　[例]境界を～。
おかす　冒す　[文]冒す　[例]危険を～。
[注]「犯す・侵す・冒す」の使い分けは、「「異字同訓」の漢字の使い分け」p.91参照。
おかず　おかず〈御数〉　[例]御飯と～。
おかた　お方　[例]あの～がお父様ですか。
おかっぱ　おかっぱ〈御河童〉　[例]髪を～にした女の子。
おかどちがい　お門違い　[例]そのような御質問は～です。
おかぼ　おかぼ〈陸稲〉
おかまいなく　お構いなく〈御構い無く〉　[例]どうぞ私に～。

おかみ　おかみ〈女将〉　例旅館の～。

おかみさん　おかみさん〈お上さん・内儀さん〉　例店の～。

おがみたおす　拝み倒す　文拝み倒す　例拝み倒して金を借りる。

おがむ　拝む　文拝む　例仏様を～。

おかめはちもく　岡目八目〈傍目八目〉　例～と言われるかもしれないが、…。

おかもち　岡持ち　例料理を～に入れて運ぶ。

おかやき　岡焼き〈傍焼き〉　例まあ、～半分に言えばね…。

おがわ　小川　例～の流れ。

おかわり　お代わり　例御飯の～。

おかん　悪寒　例風邪を引いたらしく、～がする。

おき　沖　例はるか～の方を船が通る。余り～まで出るな。

おき　おき〈燠・熾〉　例～を消す。

おきあい　沖合い　公文沖合　建沖合い　例～はるかに煙が見える。

おきあいぎょぎょう　沖合い漁業

文沖合漁業　建沖合い漁業　例沿海漁業と～。

おきあがりこぼし　起き上がりこぼし〈起き上がり小法師〉

おきあがる　起き上がる　文起き上がる　例むっくりと～。

おきかえる　置き換える　例位置を～。AとBとを～。

おきごたつ　置きごたつ〈置き炬燵〉　文置きごたつ

おきざり　置き去り　文置き去り　例荷物を～にする。

おきづり　沖釣り　文沖釣り　例船に乗って～に出掛ける。

おきて　おきて〈掟〉　例～に従う。

おきてがみ　置き手紙　文置き手紙　例～をして出掛ける。

おきどけい　置き時計

おきどころ　置き所　例いささか身の～もないような感じだ。

おきな　おきな〈翁〉　例竹取の～。

おぎない　補い　文補い　例不足分の～。

――― 「異字同訓」の漢字の使い分け ―――

おかす

【犯す】法律や倫理などに反する。
　　法を犯す。過ちを犯す。罪を犯す。ミスを犯す。

【侵す】領土や権利などを侵害する。
　　国境を侵す。権利を侵す。学問の自由を侵す。

【冒す】あえて行う。神聖なものを汚す。
　　危険を冒す。激しい雨を冒して行く。尊厳を冒す。

（平成26年文化審議会国語分科会）

1～6：教育漢字学年配当　公：法令・公用文の表記　文：文科省語例集の表記

あ行

おぎなう　補う　⊗補う　例資金を
　～。

おきにいり　お気に入り　例社長の
　～の店。大層～のようです。

おきぬけ　起き抜け　⊗起き抜け
　例～に冷水を３杯浴びる。

おきば　置き場　公⊗置場　建置き
　場　例材料の～がなくて困る。
　自転車～。

おきびき　置き引き　⊗置き引き
　例～に御用心ください。

おきふし　起き伏し〈起き臥し〉
　⊗起き伏し　例～もままならな
　い。毎日の～。

おきみやげ　置き土産　⊗置き土産
　例彼の～。

おきもの　置物　公⊗置物　例熊の
　～。

おきや　置き屋　例芸者の～。

おきょう　お経

おきる　起きる　⊗起きる　例朝早
　く～。

おきわすれる　置き忘れる　例網棚
　に傘を～。うっかりと～。

おく　屋³〔オク〕　例屋上、屋内、屋
　外、家屋、社屋　団母屋(おもや)、
　部屋(へや)、数寄屋・数奇屋(すき
　や)、八百屋(やおや)

おく　億⁴〔オク〕　例億兆、億万、一
　億、巨億、億の位

おく　憶〔オク〕　例憶測、記憶、追憶

おく　臆〔オク〕　例臆説、臆測、臆病、

臆面

おく　奥　例その～にある。～の手
　を出す。

おく　置く　⊗置く　例庶務係を～。
　花瓶を～。荷物を～所もない。

おく　おく〈措く・擱く〉　例これで
　筆を～ことにします。

…(て)おく　…(て)おく　公⊗…て
　おく　例やめて～。もう、書い
　ておきました。
　注公用文では、「通知しておく。」のよ
　　うに用いるときは、原則として、
　　仮名で書く。

おくがい　屋外　例～の運動場。

おくがき　奥書　公⊗奥書　例本の
　～。

おくぎ　奥義　例～を伝える。
　注「おうぎ」とも。

おくさん　奥さん

おくじょう　屋上　例ビルの～。

おくする　臆する　例～色もなく近
　づいていく。

おくせつ　臆説・憶説　公臆説
　例それは単に～にすぎない。

おくそく　臆測・憶測　公⊗臆測
　例～をたくましくすれば…。

おくそこ　奥底

おくちょう　億兆

おくづけ　奥付　公⊗奥付

おくて　おくて〈晩生・晩稲〉　例わ
　せと～。

おくて　奥手　例あの子は少し～だ。

団:付表の語　×:表外字　△:表外音訓　〈　〉:参考表記　⇒:言い換え等

おくない　屋内　例～で遊ぶ。

おくにじまん　お国自慢　例～をする。

おくになまり　お国なまり〈御国訛り〉　例懐かしい～でしゃべる。

おくのて　奥の手　例～を出す。

おくば　奥歯　例～を抜く。～に物の挟まったような言い方。

おくび　おくび〈噯気〉　例そんなことは～にも出さない。

おくびょう　臆病　例～なやつだ。

おくぶかい　奥深い　例そう言ったのには、～意味があるのだ。

おくまる　奥まる　文奥まる　例奥まった一室で会談する。

おくまん　億万　例～長者。

おくめんもなく　臆面もなく　例～よくそんなことが言えたものだ。

おくやみ　お悔やみ　文お悔やみ　例～を言う。

おくゆかしい　奥ゆかしい・おくゆかしい〈奥床しい〉　例心遣いがうかがわれる。

おくゆき　奥行き　文奥行き　例間口は狭いが～はかなりある。

おぐらい　小暗い　文小暗い　例～街角。

おくらす　遅らす　文遅らす　例やむを得ず一列車～。時計を～。

おくり　送り　文送り　例客を～に駅まで行く。野辺の～。

おくりかえす　送り返す　例宅配便で～。

おくりがな　送り仮名　文送り仮名　例～の付け方。

おくりこむ　送り込む　例招待客の一行を宿舎へ～。

おくりさき　送り先　文送り先　例～が分からない荷物。

おくりじょう　送り状　文送り状

おくりだし　送り出し　例～で横綱の勝ちでした。

おくりだす　送り出す　例客を～。

おくりとどける　送り届ける　文送り届ける　例自宅まで～。

おくりな　おくり名〈贈り名・諡〉　文おくり名　例徳川斉昭は、～を烈公という。

おくりぬし　送り主　文送り主　例～が不明だ。

おくりぬし　贈り主　例～の御厚意を受けることにしよう。

おくりむかえ　送り迎え　文送り迎え　例毎日幼稚園まで～をする。

おくりもの　贈り物　公文贈物　建贈り物

おくる　送る　文送る　例軽井沢で夏を～。金を～。荷物を～。

おくる　贈る　文贈る　例賞状を～。
注「送る・贈る」の使い分けは、「「異字同訓」の漢字の使い分け」p.94参照。

おくれ　遅れ　文遅れ　例５分の～が出た。

おくれ　後れ　例時代～の考え方。

人に～を取るな。

おくれげ　後れ毛　[文]**後れ毛**　[例]～をかき上げる。

おくればせ　遅ればせ・後ればせ〈遅れ馳せ・後れ馳せ〉　[例]～ながら参加することにしよう。

おくれる　遅れる　[文]**遅れる**　[例]授業に～。

おくれる　後れる　[文]**後れる**　[例]時代に～。

[注]「遅れる・後れる」の使い分けは、「「異字同訓」の漢字の使い分け」参照。

おけ　おけ〈桶〉　[例]大きな～。

おける　おける〈於ける〉　[例]東京に～大会。都市に～環境の問題。

おこえがかり　お声掛かり　[例]社長の～。

おこがましい　おこがましい〈烏滸がましい〉　[例]そんな～ことはできない。

おこし　お越し　[例]こちらへ～ください。九州方面へ～の方は…。

おこし　おこし〈粔籹〉　[例]あわ～。

おこす　起こす　[文]**起こす**　[例]朝5時に～。

「異字同訓」の漢字の使い分け

おくる

【送る】届ける。見送る。次に移す。過ごす。
　荷物を送る。声援を送る。送り状。卒業生を送る。順に席を送る。
　楽しい日々を送る。

【贈る】金品などを人に与える。
　お祝いの品を贈る。感謝状を贈る。名誉博士の称号を贈る。

おくれる

【遅れる】時刻や日時に間に合わない。進み方が遅い。
　完成が遅れる。会合に遅れる。手遅れになる。開発の遅れた地域。
　出世が遅れる。

【後れる】後ろになる。取り残される。
　先頭から後(遅)れる*。人に後(遅)れを取る*。気後れする。後れ毛。
　死に後れる。

*　「先頭からおくれる」については、「先頭より後ろの位置になる」という意で「後」を当てるが、「先頭より進み方が遅い」という視点から捉えて、「遅」を当てることもできる。

また、「人におくれを取る」についても、このような考え方で、「後」と「遅」のそれぞれを当てることができる。

（平成26年文化審議会国語分科会）

おこす　興す　[文]**興す**　[例]産業を～。
[注]「起こす・興す」の使い分けは、「「異字同訓」の漢字の使い分け」参照。

おこす　おこす〈熾す〉　[例]炭火を～。

おごそかだ　厳かだ　[文]**厳かだ**　[例]厳かな顔つき。

おこたり　怠り　[文]**怠り**　[例]1日の～もなく業務に励む。

おこたる　怠る　[文]**怠る**　[例]勉強を～。

おこない　行い　[文]**行い**　[例]立派な～。ふだんの～が大切だ。

おこなう　行う　[文]**行う**　[例]綿密な調査を～。自由に～。

おこなわれる　行われる　[文]**行われる**　[例]文化祭が～。

おこり　起こり　[文]**起こり**　[例]年中行事の～を調べる。

おごり　おごり〈奢り〉　[例]今日は彼の～だ。

おごり　おごり〈傲り・驕り〉　[例]あの態度には～が見える。

おこる　起こる　[文]**起こる**　[例]事故が～。

おこる　興る　[文]**興る**　[例]産業が～。
[注]「起こる・興る」の使い分けは、「「異字同訓」の漢字の使い分け」参照。

おこる　怒る　[文]**怒る**　[例]かんかんになって～。ぷんぷん～。

おこる　おこる〈熾る〉　[例]炭火が～。

おごる　おごる〈奢る〉　[例]部下を引き連れて、ビールを～。

おごる　おごる〈傲る・驕る〉　[例]～平家は久しからず。才能に～。

おこわ　おこわ〈御強〉　⇒赤飯　[例]～を炊く。

おさ　おさ〈長〉　⇒頭(かしら)　[例]一族の～。

おさえ　押さえ　[文]**押さえ**　[例]部下に対する～。～をする。

おさえ　抑え　[文]**抑え**　[例]感情の～。

おさえこむ　押さえ込む　[例]寝技で

「異字同訓」の漢字の使い分け

おこす・おこる

【起こす・起こる】立たせる。新たに始める。発生する。目を覚まさせる。
体を起こす。訴訟を起こす。事業を起こす*。持病が起こる。
物事の起こり。やる気を起こす。事件が起こる。朝早く起こす。

【興す・興る】始めて盛んにする。
産業を興す。国が興る。没落した家を興す。

*　「事業をおこす」の「おこす」については、「新たに始める」意で「起」を当てるが、その事業を「(始めて)盛んにする」という視点から捉えて、「興」を当てることもできる。

(平成26年文化審議会国語分科会)

～。しっかり～。
おさえつける　押さえ付ける　[例]ぎゅうぎゅうと力任せに～。
おさえる　押さえる　[文]押さえる　[例]扉を～。力任せに～。
おさえる　抑える　[文]抑える　[例]はやる気持ちを～。怒りを～。
[注]「押さえる・抑える」の使い分けは、「「異字同訓」の漢字の使い分け」参照。
おさがり　お下がり　[文]お下がり　[例]姉の～のセーター。
おさげ　お下げ　[例]髪を～にした女の子。
おさない　幼い　[文]幼い　[例]～妹。
おさなご　幼子〈幼児△〉　[文]幼子
おさなごころ　幼心　[例]～にもかわいそうだと思ったのだろう。
おさなともだち　幼友達　[例]駅前で偶然、～に会った。
おさななじみ　幼なじみ〈幼馴×染み〉　[文]幼なじみ　[例]この人とは～だ。
おざなり　おざなり〈御△座なり〉　[例]～な思い付きでは駄目だ。
おさまり　収まり　[例]何とかその場の～をつける。
おさまり　納まり　[文]納まり　[例]税の～具合がよい。
おさまり　治まり　[文]治まり
おさまる　収まる　[文]収まる　[例]争いが～。
おさまる　納まる　[文]納まる　[例]会長の座に～。
おさまる　治まる　[文]治まる　[例]国が～。
おさまる　修まる　[文]修まる　[例]身持ちが～。
[注]「収まる・納まる・治まる・修まる」の使い分けは、「「異字同訓」の漢字の使い分け」p.97参照。
おさめ　納め　[文]納め　[例]年貢の～時。
おさめもの　納め物　[文]納め物
おさめる　収める　[文]収める　[例]利益を～。
おさめる　納める　[文]納める　[例]住

「異字同訓」の漢字の使い分け

おさえる
【押さえる】力を加えて動かないようにする。確保する。つかむ。手などで覆う。
　紙の端を押さえる。証拠を押さえる。差し押さえる。要点を押さえる。耳を押さえる。
【抑える】勢いを止める。こらえる。
　物価の上昇を抑える。反撃を抑える。要求を抑える。怒りを抑える。
（平成26年文化審議会国語分科会）

民税を～。

おさめる　治める　[文]**治める**　[例]国を～。

おさめる　修める　[文]**修める**　[例]学問を～。

[注]「収める・納める・治める・修める」の使い分けは、「「異字同訓」の漢字の使い分け」参照。

おさらい　おさらい〈御復い〉　[例]毎日、ピアノの～をする。

おされる　押される　[例]後ろから～。押しも押されもしない。

おし　押し　[文]**押し**　[例]～が強い人。

おし　押し〈圧し〉　[例]もう少し～を利かせた方がよい。

おじ　伯父[付]　[例]～と伯母。

おじ　叔父[付]　[例]～と叔母。

おしあい　押し合い　[文]**押し合い**　[例]入り口は～へし合いだ。

おしあう　押し合う　[文]**押し合う**　[例]互いに～。

おしあける　押し開ける　[例]重い鉄の扉をみんなで～。

おしあげる　押し上げる　[文]**押し上げる**　[例]重い荷物を～。

おしい　惜しい　[文]**惜しい**　[例]～ことをした。～物ではない。

おじいさん　おじいさん〈お祖父さん・お爺さん〉　[例]～と孫。

おしいただく　押し頂く〈押し戴く〉　[例]有り難く～。守り札を～。

おしいる　押し入る　[文]**押し入る**　[例]強盗が～。

おしいれ　押し入れ　[文]**押し入れ**

おしうり　押し売り　[公][文]**押売**　[建]**押し売り**

おしえ　押し絵　[文]**押し絵**　[例]～の羽子板を買ってもらった。

「異字同訓」の漢字の使い分け

おさまる・おさめる

【収まる・収める】中に入る。収束する。手に入れる。良い結果を得る。
　博物館に収まる。目録に収める。争いが収まる。丸く収まる。
　手中に収める。効果を収める。成功を収める。

【納まる・納める】あるべきところに落ち着く。とどめる。引き渡す。終わりにする。
　国庫に納まる。税を納める。社長の椅子に納まる。胸に納める。
　注文の品を納める。歌い納める。見納め。

【治まる・治める】問題のない状態になる。統治する。
　痛みが治まる。せきが治まる。領地を治める。国内がよく治まる。

【修まる・修める】人格や行いを立派にする。身に付ける。
　身を修める。学を修める。ラテン語を修める。

（平成26年文化審議会国語分科会）

あ行

おしえ　教え　[文]教え　[例]先生の～。
おしえご　教え子　[文]教え子
おしえる　教える　[文]教える　[例]国語を～。
おしかける　押し掛ける　[文]押し掛ける　[例]先生の家へ大勢で～。
おしがる　惜しがる　[文]惜しがる　[例]盆栽が枯れたのを～。
おじぎ　お辞儀　[例]丁寧な～。
おしきせ　お仕着せ　[文]お仕着せ　[例]～の制服は嫌だ。
おしきる　押し切る　[文]押し切る　[例]多数の者の反対を強引に～。
おしくらまんじゅう　押しくらまんじゅう〈押し競饅頭〉
おしげ　惜しげ〈惜し気〉　[文]惜しげ　[例]～もなく破り捨ててしまった。
おじけ　おじけ〈怖じ気〉　[例]～を震う。急に～づく。
おじける　おじける〈怖じける〉　⇒びくびくする・怖がる　[例]異様な雰囲気に子供が～。
おしこむ　押し込む　[文]押し込む　[例]無理やりに～。ぎゅうっと～。
おしこめる　押し込める　[例]おりに～。箱の中に～。
おじさん　おじさん〈小父さん〉　[例]隣の～。
おしすすめる　推し進める　[文]推し進める　[例]準備を～必要がある。
おしたおす　押し倒す　[文]押し倒す
おしだし　押し出し　[文]押し出し
おしだしき　押し出し機　[公][文]押出機
おしだす　押し出す　[文]押し出す　[例]土俵から～。力ずくで～。
おしたてる　押し立てる　[例]プラカードを～。土俵際まで～。
おしつけ　押し付け　[文]押し付け　[例]面倒なことの～は御免だ。
おしつけがましい　押し付けがましい　[文]押し付けがましい　[例]～態度を見せる。
おしつける　押し付ける　[文]押し付ける　[例]面倒な仕事を人に～な。
おしつまる　押し詰まる　[文]押し詰まる　[例]今年もいよいよ押し詰まってきた。
おして　押して・おして　[例]不安はあるが、～実行に踏み切る。
おして　推して　[例]A君の口振りから～到底実現は無理だろう。
おしとおす　押し通す　[例]冬でも薄着で～。知らぬ存ぜぬで～。
おしながす　押し流す　[例]土石流が何もかも押し流してしまった。
おしなべて　押しなべて〈押し並べて〉　[例]この組の成績は～良い。
おしのける　押しのける〈押し退ける〉　[例]前の人を～。
おしのび　お忍び　[文]お忍び　[例]～で出掛ける。
おしば　押し葉　[文]押し葉
おしはかる　推し量る　[文]推し量る

㋫相手の気持ちを～。

おしはかる　推し測る　㋫現状から～とうまくいくだろう。

おしばな　押し花　㋛押し花

おしべ　雄しべ〈雄蕊〉　㋫～と雌しべ。

おしまい　おしまい〈御仕舞い〉　㋫もう～だ。－はどうなるのか。

おしむ　惜しむ　㋛惜しむ　㋫行く春を～。

おしめ　おしめ〈襁褓〉　⇒おむつ　㋫赤ちゃんの～を取り替える。

おしめり　お湿り　㋛お湿り　㋫よい～で植木も喜んでいるようだ。

おしもどし　押し戻し　㋛押し戻し

おしもどす　押し戻す　㋛押し戻す　㋫強い力で一挙に～。

おしもんどう　押し問答　㋛押し問答　㋫果てしない～を繰り返す。

おしゃべり　おしゃべり〈御喋り〉　㋫隣の人は実に～だ。

おしやる　押しやる〈押し遣る〉　㋫脇へ～。後ろへ～。

おしゃれ　おしゃれ〈御洒落〉　㋫～をして出掛ける。

おしょう　和尚　㋫寺の～さん。

おじょうさん　お嬢さん

おしょく　汚職　㋫～事件。

おしよせる　押し寄せる　㋛押し寄せる　㋫いなごの大群が～。陳情団が～。

おしろい　おしろい〈白粉〉　㋫素肌に～を付ける。

おしわける　押し分ける　㋫人垣を～ようにして進む。

おしんこ　おしんこ〈御新香〉　⇒漬物・香の物　㋫～でお茶漬け。

おす　雄〈牡〉　㋫～と雌。

おす　押す〈捺す〉　㋛押す　㋫消印を～。

おす　押す　㋫後ろから～。

おす　推す　㋛推す　㋫委員に～。
㊟「押す・推す」の使い分けは、「「異字同訓」の漢字の使い分け」参照。

おすい　汚水　㋫～を処理する。

おずおず　おずおず〈怖ず怖ず〉　㋫～とした顔つき。～するな。

おすそわけ　お裾分け　㋫～にあず

「異字同訓」の漢字の使い分け

おす
【押す】上や横などから力を加える。
　ベルを押す。印を押す。横車を押す。押し付けがましい。
【推す】推薦する。推測する。推進する。
　会長に推す。推して知るべしだ。計画を推し進める。
（平成26年文化審議会国語分科会）

かる。

おすみつき　お墨付き　囫専門家の
　～をもらう。

おせじ　お世辞　囫見え透いた～を
　言う。

おせちりょうり　お節料理

おせっかい　お節介　囫つまらない
　～はやめてくれ。

おせん　汚染　囫海が～される。

おぜんだて　お膳立て　囫式典の～。

おそい　遅い〈晩い〉　文遅い　囫～
　時間に帰宅する。

おそう　襲う　文襲う　囫台風が～。

おそうまれ　遅生まれ　囫～の子供。

おそかれはやかれ　遅かれ早かれ

おそざき　遅咲き　文遅咲き　囫～
　の桜が今や真っ盛りだ。

おそなえ　お供え　文お供え　囫～
　をする。

おそまき　遅まき〈遅蒔き・晩蒔き〉
　囫～ながら仕事に取り掛かる。

おそらく〔副詞〕　恐らく・おそらく
　公文恐らく　囫～それは間違い
　だろう。

おそるおそる　恐る恐る・おそるお
　そる　囫～申し出る。

おそるべき　恐るべき　囫台風は～
　被害をもたらした。

おそれ　虞〔おそれ〕　囫虞

おそれ　恐れ　公おそれ　文恐れ
　囫～を抱く。
　囲法令では、仮名で書く。

おそれ　畏れ　文畏れ

おそれ　おそれ〈虞〉　公文おそれ
　囫風俗を害する～がある。
　囲法令では、仮名で書く。
　囲「恐れ・畏れ・虞」の使い分けは、

「異字同訓」の漢字の使い分け

おそれ・おそれる

【恐れ・恐れる】おそろしいと感じる。
　死への恐れが強い。報復を恐れて逃亡する。失敗を恐れるな。

【畏れ・畏れる】おそれ敬う。かたじけなく思う。
　神仏に対する畏れ。師を畏れ敬う。畏(恐)れ多いお言葉*。

【虞**】心配・懸念。

*　「おそれ多いお言葉」の「おそれ」については、「かたじけなく思う」という意
　で「畏」を当てるが、「恐れ入る」「恐縮」などの語との関連から、「恐」を当てる
　ことも多い。

**　「公の秩序又は善良の風俗を害する虞がある……(「日本国憲法」第82条)」
　というように、「心配・懸念」の意で用いる「おそれ」に対して「虞」を当てるが、
　現在の表記実態としては、「恐れ」又は「おそれ」を用いることが一般的である。
　　　　　　　　　　　　　　　　　　　　　(平成26年文化審議会国語分科会)

囲:付表の語　×:表外字　△:表外音訓　〈　〉:参考表記　⇒:言い換え等

「「異字同訓」の漢字の使い分け」
p.100参照。

おそれいる　恐れ入る　⊗恐れ入る
例一も二もなく〜。

おそれおおい　畏れ多い・恐れ多い
例それでは、余りにも〜。

おそれながら　畏れながら・恐れな
がら　例〜申し上げます。

おそれる　恐れる〈怖れる・懼れる〉
⊗恐れる　例間違うことを〜。

おそれる　畏れる　⊗畏れる　例畏
れ敬う。

　注「恐れる・畏れる」の使い分けは、
「「異字同訓」の漢字の使い分け」
p.100参照。

おそろしい　恐ろしい　⊗恐ろしい
例〜夢。後々の影響が〜。

おそわる　教わる　⊗教わる　例父
に〜。

おそわれる　襲われる　例寝込みを
〜。恐怖の念に〜。

おそん　汚損　例文書を〜しないよ
うに丁寧に扱う。

おだいもく　お題目　例〜を唱える。

おたがいに　お互いに　⊗お互いに
例〜注意する。

おだく　汚濁　例水質の〜。

おたずねもの　お尋ね者

おだて　おだて〈煽て〉　例うっかり
と〜に乗った。

おだてる　おだてる〈煽てる〉
例「君ならできる。」と〜。

おたふく　お多福　例〜風邪。〜豆。

おだやかだ　穏やかだ　⊗穏やかだ
例穏やかな春の一日。風が〜。

おち　落ち　例準備に〜はないだろ
うね。話に〜を付ける。

おちあう　落ち合う　⊗落ち合う
例駅の北口で〜。

おちあゆ　落ちあゆ〈落ち鮎〉

おちいる　陥る　⊗陥る　例窮地に
〜。

おちおち　おちおち　例夜も〜眠れ
ないほどだ。

おちかかる　落ち掛かる　例脱線し
た電車が川に〜。

おちぐち　落ち口　⊗落ち口　例滝
の〜。

おちこち　おちこち〈遠近〉　例〜か
ら人が集まる。

おちこむ　落ち込む　⊗落ち込む
例生産量が急に〜。気分が〜。

おちつき　落ち着き　⊗落ち着き
例彼は〜のない目をしている。

おちつきはらう　落ち着き払う
例落ち着き払った態度。

おちつく　落ち着く　⊗落ち着く
例全く〜暇もないほど忙しい。

おちつける　落ち着ける　例気を〜
ためにコーヒーを飲む。

おちど　落ち度〈越度〉　⊗落ち度
例当方には何の〜もないはずだ。

おちのびる　落ち延びる　例戦に負
けて〜。

おちば　落ち葉　⊗落ち葉

おちぶれる　落ちぶれる〈落魄れる〉
　例見る影もなく～。

おちほ　落ち穂　⊗落ち穂　例～を
　拾う。

おちむしゃ　落ち武者　⊗落ち武者

おちめ　落ち目・落ちめ　⊗落ち目
　例あの会社ももう～だ。
　囲「動詞＋め」は「目」を使う。

おちゅうど　おちゅうど〈落人〉
　例ここには平家の～の言い伝え
　がある。

おちる　落ちる〈堕ちる・墜ちる〉
　⊗落ちる　例崖から～。つきが
　～。

おつ　乙〔オツ〕　例乙種、甲乙、乙
　な味がする　囲乙女(おとめ)

おっかぶせる　おっかぶせる〈押っ
　被せる〉　例責任を人に～。

おつかれさま　お疲れ様・お疲れさ
　ま　例～です。

おつき　お付き　例～の人。

おっくう　おっくう〈億劫〉　⇒面倒
　例そんなことは～だ。

おつげ　お告げ　例神の～。

おっしゃる　おっしゃる〈仰有る〉
　例先生の～とおりです。

おつしゅ　乙種

おっちょこちょい　おっちょこちょ
　い　例Ａ君は少し～だ。

おっつけ　おっつけ〈追っ付け〉
　例～到着すると思います。

おって　追っ手　⊗追っ手　例～を
　振り切る。

おって〔副詞〕　追って・おって
　⊗追って　例会場等は～お知ら
　せします。

おって〔接続詞〕　おって〈追而〉
　公⊗おって　例～、日時は…。

おってがき　追って書き〈追而書き〉
　⊗追って書き

おっと　夫　例～に先立たれる。

おっとり　おっとり　例いかにも～
　としたところがある。

おっとりがたな　押っ取り刀　例～
　で駆け付ける。

おっぱらう　追っ払う　例犬を～。

おつむ　おつむ　例～をなでる。～
　てんてん。

おつや　お通夜

おつゆ　おつゆ〈御汁〉

おてあげ　お手上げ　例もう～だ。

おでい　汚泥　例～をさらう。

おでき　おでき〈御出来〉　⇒できも
　の　例顔に～ができた。

おでこ　おでこ　例～が光っている。

おてまえ　お手前〈お点前〉　例結構
　な～です。

おてもり　お手盛り　例～の報酬増
　額に批判集中。

おてん　汚点　例～となる行為。

おてんとうさま　お天道様　例山の
　向こうから～が顔を出す。

おてんば　お転婆　例彼女は～だ。

囲:付表の語　×:表外字　△:表外音訓　〈　〉:参考表記　⇒:言い換え等

おと　音　例変な～が聞こえる。

おとうさん　お父さん

おとうと　弟　例～に勉強を教える。

おどおど　おどおど　例何を～して
　　いるのだ。～と進み出る。

おどかす　脅かす〈嚇かす〉　文脅か
　　す　例ピストルを突き付けて～。

おとぎばなし　おとぎ話〈御伽噺〉
　　文おとぎ話　例そんな～のよう
　　なことは、誰も信用しないよ。

おどける　おどける〈戯ける〉　例真
　　面目な話のときには～な。

おとこ　男　例～の中の～。

おとこざかり　男盛り　文男盛り
　　例～を無為に過ごす。

おとこだて　男だて〈男伊達〉　例そ
　　う～を気取っても駄目だ。

おとこっぷり　男っぷり〈男っ振り〉
　　例一段と～が上がった。

おとこなき　男泣き　例～に泣く。

おとこまさり　男勝り

おとこらしい　男らしい

おとさた　音沙汰　文音沙汰　例こ
　　こ数年、彼からは何の～もない。

おとし　落とし　文落とし　例長火
　　鉢の～。

おどし　脅し〈威し・嚇し〉　文脅し
　　例少し～を掛けてやろう。

おとしあな　落とし穴　文落とし穴
　　例～に引っ掛かる。

おとしいれる　陥れる　例相手を窮
　　地に～。

おとしこむ　落とし込む　例中へ～。

おとしだま　お年玉

おとしぬし　落とし主　例～を捜す。

おとしばなし　落とし話　例～はや
　　はり古典物に限る。

おとしもの　落とし物　文落とし物
　　例～をしないように。

おどしもんく　脅し文句　文脅し文
　　句　例～を浴びせる。

おとす　落とす　文落とす　例財布
　　を～。

おどす　脅す〈威す・嚇す〉　文脅す
　　例刃物を突き付けて～。

おとずれ　訪れ　文訪れ　例秋の～。

おとずれる　訪れる　文訪れる
　　例古都を～。

おととい　おととい〈一昨日〉　例そ
　　れは確か～の晩でした。

おととし　おととし〈一昨年〉　例～
　　の夏は非常に暑かった。

おとな　大人付　文大人　例～用の
　　運賃。

おとなしい　おとなしい〈大人しい・
　　温和しい〉　例彼は～。おとな
　　しくする。

おとななみ　大人並み　文大人並み
　　例幼稚園児なのに～に食べる。

おとなびる　大人びる　例大人びた
　　口振り。

おとめ　乙女付　例見目麗しい～。

おとも　お供　例祖母の～で寺参り
　　をする。課長の～。

1～6：教育漢字学年配当　　公：法令・公用文の表記　　文：文科省語例集の表記

あ行

おどらす　踊らす　⊗踊らす　例人を〜。

おどらす　躍らす　例心を〜。

おとり　劣り　⊗劣り　例勝り〜がない。

おとり　おとり〈囮̈〉　例〜として生き餌を使う。

おどり　踊り　⊗踊り　例〜が上手だ。

おどりあがる　躍り上がる　⊗躍り上がる　例合格の知らせに〜。

おどりこ　踊り子　⊗踊り子　例旅の〜。

おどりこむ　躍り込む　例大勢の者が、どやどやと室内に〜。

おどりじ　踊り字　例「国々、人々」などの「々」を〜という。

おどりば　踊り場　⊗踊り場　例階段の〜に花を飾る。

おとる　劣る　⊗劣る　例性能が〜。

おどる　踊る　⊗踊る　例ダンスを〜。

おどる　躍る　⊗躍る　例胸が〜。
　　注「踊る・躍る」の使い分けは、「「異字

同訓」の漢字の使い分け」参照。

おとろえ　衰え　⊗衰え　例〜を感じる。

おとろえる　衰える　⊗衰える　例勢力が〜。

おどろかす　驚かす　⊗驚かす　例いきなり「わっ」と言って〜。

おどろき　驚き〈愕̈き〉　⊗驚き　例〜をあらわにする。

おどろきいる　驚き入る　例彼の言動には、ただただ〜ばかりだ。

おどろく　驚く　⊗驚く　例物価の値上がりに〜。

おないどし　同い年　⊗同い年　例僕はA子さんと〜だ。

おなか　おなか〈御中・御腹̈〉　例朝から〜がしくしく痛む。

おなぐさみ　お慰み　例うまくできたら〜。

おなご　おなご〈女̈子〉　⇒女

おなじ　同じ　⊗同じ　例〜場所。どちらでも結局〜だ。

おなじく　同じく　例Aさんと〜私も気に入らない。

────── 「異字同訓」の漢字の使い分け ──────

おどる
【踊る】リズムに合わせて体を動かす。操られる。
　　音楽に乗って踊る。盆踊り。踊り場。踊らされて動く。甘言に踊らされる。
【躍る】跳び上がる。心が弾む。
　　吉報に躍り上がって喜ぶ。小躍りする。胸が躍る思い。心躍る出来事。
　　　　　　　　　　　　　　　（平成26年文化審議会国語分科会）

団:付表の語　×:表外字　△:表外音訓　〈　〉:参考表記　⇒:言い換え等

おなじだ　同じだ　⊗同じだ

おなじみ　おなじみ〈御馴染み〉
　　例あなたとは10年来の～ですね。

おなじゅうする　同じゅうする
　　例志を～する人々の集まり。

おに　鬼　例～の目にも涙。

おにぎり　お握り

おにごっこ　鬼ごっこ

おね　尾根　例～を歩く。～伝い。

おの　おの〈斧〉　例～とまさかり。

おのおの　各・各々　⊗各・各々
　　例～の席。
　　注一般には「各々」を使うことが多い。

おのこ　おのこ〈男子〉　⇒男

おのずから　おのずから〈自ずから〉
　　⊗おのずから　例時がたてば～
　　問題は解決する。

おのずと　おのずと〈自ずと〉　例そ
　　のうちに～分かるようになる。

おののく　おののく〈戦く〉　例恐れ
　　～。我知らず心が～。

おのれ　己　例～を知る。

おば　伯母注　例～と伯父。

おば　叔母注　例～と叔父。

おばあさん　おばあさん〈お祖母さ
　　ん・お婆さん〉

おはぎ　おはぎ〈御萩〉　例彼岸の中
　　日に～を作る。

おばけ　お化け　⊗お化け　例～屋
　　敷。

おはこ　おはこ〈十八番〉　例又、社
　　長の～が始まった。

おばさん　おばさん〈小母さん〉
　　例隣の～。

おはち　お鉢　例～一杯の御飯。～
　　が回ってきたようだ。

おばな　雄花　例～と雌花。

おはなし　お話

おはよう　お早う・おはよう
　　注一般的に挨拶のときは「おはよう」
　　を使うことが多い。

おはらい　おはらい〈御祓い〉　例神
　　前で～を受ける。

おはらいばこ　お払い箱　⊗お払い
　　箱　例長年愛用した机を～にす
　　る。

おび　帯　⊗帯　例「～に短したす
　　きに長し」というところだ。

おびあげ　帯揚げ　⊗帯揚げ

おびえる　おびえる〈怯える〉　例亡
　　霊に～。何者かに～。

おびきだす　おびき出す〈誘き出す〉
　　例言葉巧みに～。

おびきよせる　おびき寄せる〈誘き
　　寄せる〉

おびじ　帯地　例西陣織の～。

おびじめ　帯締め　⊗帯締め

おびただしい　おびただしい〈夥し
　　い〉　⊗おびただしい　例～死
　　者が出た。～出費。

おびどめ　帯留め　公⊗帯留　建帯
　　留め

おひとよし　お人よし〈御人好し〉
　　例あんな～はちょっといないね。

おひや　お冷や　例～を下さい。

おびやかし　脅かし　文脅かし
　例～に屈する。

おびやかす　脅かす　文脅かす
　例トップの座を～。

おひらき　お開き　例会を～にする。

おびる　帯びる　文帯びる　例赤み
　を～。

おふくろ　おふくろ〈御袋〉　例田舎
　の～は元気だ。～の味。

おぶさる　おぶさる〈負ぶさる〉
　例父の背に～。

おぶつ　汚物　例～を処理する。

おふれ　お触れ

おべっか　おべっか　例～を使う。

おぼえ　覚え　文覚え　例上司の～
　がめでたい。心～のために書く。

おぼえがき　覚え書き　公文覚書
　建覚え書き　例～の交換を行う。

おぼえる　覚える　文覚える　例仕
　事をよく～。親しみの情を～。

おぼしめし　おぼしめし〈思召し・
　思し召し〉　文おぼしめし
　例有り難い～に感謝する。

おぼしめす　おぼしめす〈思召す・
　思し召す〉　例この事態を何と
　～か。

おぼつかない　おぼつかない〈覚束
　ない〉　文おぼつかない　例期
　日までの完成は～状態だ。

おぼれじぬ　溺れ死ぬ　文溺れ死ぬ
　例深さ50センチくらいの所でも

～ことがある。

おぼれる　溺れる　文溺れる　例プ
　ールで～こともある。酒に～。

おぼろ　おぼろ〈朧〉　例月が～だ。

おぼろげ　おぼろげ〈朧気〉

おぼろづきよ　おぼろ月夜〈朧月夜〉

おまいり　お参り〈御詣り〉　例毎月
　10日に寺へ～に行く。

おまえ　お前・おまえ　例～こそ気
　を付けろ。明らかに～が悪い。

おまけ　おまけ〈お負け〉　例せいぜ
　い～しておきます。～付き商品。

おまけに　おまけに〈お負けに〉
　例急に風が出てきた、～雨も降
　り出した。

おまつりさわぎ　お祭り騒ぎ　例～
　はやめよう。

おまもり　お守り〈御守り〉

おまわりさん　お巡りさん団　文お
　巡りさん　例交通整理の～。

おみき　お神酒団

おみくじ　おみくじ〈御神籤〉

おみこし　おみこし〈御神輿〉　例町
　内の若い衆が～を担ぐ。

おみずとり　お水取り　例二月堂の
　～の行事。

おみやげ　お土産

おむつ　おむつ〈御襁褓〉　⇒おしめ
　例使い捨ての紙～。

おめい　汚名　例～を着せられる。

おめがね　お眼鏡〈御眼鏡〉　例部長
　の～にかなう。

団:付表の語　×:表外字　△:表外音訓　〈　〉:参考表記　⇒:言い換え等

あ行

おめし　お召し　例〜にあずかる。
　　〜の着物。

おめしもの　お召し物　例すてきな
　　〜ですね。

おめずおくせず　おめず臆せず〈怖
　　めず臆せず〉　⇒堂々と　例大
　　家の前で〜発表する。

おめだま　お目玉

おめでた　おめでた〈御目出度〉
　　例彼の奥さんは〜だそうだ。

おめでとう　おめでとう〈御目出度
　　う〉　例新年〜ございます。

おめにかかる　お目に掛かる　例〜
　　機会がない。

おめにかける　お目に掛ける　例先
　　生に〜。

おめみえ　お目見え〈御目見得〉
　　⊗お目見え　例初めて奥様に〜
　　したのは5年前でした。〜興行。

おも　主　例改定の〜な点を述べる。
　　バスで来る人が〜だ。

おも　面　例静かな水の〜。

おもい　重い　⊗重い　例責任が〜。

おもい　思い　⊗思い　例断腸の〜。

おもいあがり　思い上がり　例〜も
　　甚だしいというべきだ。

おもいあがる　思い上がる　⊗思い
　　上がる　例〜のもいいかげんに
　　しろ。

おもいあたる　思い当たる　⊗思い
　　当たる　例全然〜ことがない。

おもいあまる　思い余る　例実は、

思い余って父に相談した。

おもいいれ　思い入れ　⊗思い入れ
　　例〜が深い。

おもいうかべる　思い浮かべる
　　⊗思い浮かべる　例今でも〜こ
　　とができる。

おもいおこす　思い起こす　⊗思い
　　起こす　例当時のことは〜こと
　　ができない。

おもいおもい　思い思い　例〜の品
　　を注文する。

おもいかえす　思い返す　⊗思い返
　　す　例一旦出掛けたが思い返し
　　て行かないことにした。

おもいがけない　思い掛けない
　　⊗思い掛けない　例道で〜人に
　　出会った。

おもいがち　思いがち〈思い勝ち〉
　　例そう〜だが、実は違うのだ。

おもいきり　思い切り　⊗思い切り
　　例〜遊ぶ。〜が悪い。

おもいきる　思い切る　⊗思い切る
　　例なかなか〜ことができない。

おもいこむ　思い込む　⊗思い込む
　　例てっきりそうだとばかり〜。

おもいしる　思い知る　例つくづく
　　思い知った。

おもいすごし　思い過ごし　例それ
　　は君の〜だ。

おもいだす　思い出す　⊗思い出す
　　例忘れていたことをふっと〜。

おもいたつ　思い立つ　⊗思い立つ

あ行

[例]思い立ったが吉日だ。
おもいちがい　思い違い　[文]思い違い　[例]私は～をしていました。
おもいつき　思い付き　[文]思い付き　[例]この案はほんの～にすぎない。
おもいつく　思い付く　[文]思い付く　[例]うまいことを～。
おもいつめる　思い詰める　[文]思い詰める　[例]そんなに～な。
おもいで　思い出〈想い出〉　[文]思い出　[例]若い頃の～に浸る。～のアルバム。
おもいどおり　思いどおり・思い通り　[例]何でも～になる。
おもいとどまる　思いとどまる〈思い止まる〉　[例]購入を～。
おもいなおす　思い直す　[例]思い直して計画は取りやめにした。
おもいなやむ　思い悩む　[例]今後の生活をあれこれと～。
おもいのこす　思い残す　[文]思い残す　[例]この世に～ことはない。
おもいのほか　思いの外　[例]今日は～暑い日だった。
おもいめぐらす　思い巡らす〈思い回らす〉　[例]行く末を～。
おもいもよらず　思いも寄らず　[例]～旧友に会えた。
おもいやり　思いやり〈思い遣り〉　[文]思いやり　[例]～の心。
おもいやる　思いやる〈思い遣る〉　[例]故郷にいる父のことを～。
おもう　思う〈想う〉　[文]思う　[例]思えば～ほど変だ。将来を～。
おもうさま　思うさま〈思う様〉
おもうぞんぶん　思う存分　[例]～遊び回る。～にやる。
おもうつぼ　思うつぼ〈思う壺〉　[例]うまくこちらの～にはまった。
おもうまま　思うまま〈思う儘〉　[例]何事も～になるものではない。
おもおもしい　重々しい　[例]～感じの人。～音楽。
おもかげ　面影〈俤〉　[例]幼時の～。
おもかじ　面かじ〈面舵〉
おもがわり　面変わり
おもき　重き　[例]～を置く。
おもくるしい　重苦しい　[文]重苦しい　[例]～雰囲気が満ちている。
おもさ　重さ　[例]～を量る。
おもざし　面差し　[例]あの子の～はお父さんとそっくりだ。
おもし　重し〈重石〉　[例]押し花に～を載せる。
おもしろい　面白い・おもしろい　[文]面白い　[例]実に～話だ。
おもだ　主だ　[文]主だ
おもたい　重たい　[文]重たい　[例]何となく～気分だ。荷物が～。
おもだった　重立った・主立った　[例]～人々を集めて相談する。
おもちゃ　おもちゃ〈玩具〉
おもて　表　[例]～の入り口。
おもて　面　[例]～を伏せる。

注「表・面」の使い分けは、「「異字同訓」の漢字の使い分け」参照。

おもてがえ　表替え　例畳の〜。

おもてがき　表書き

おもてざた　表沙汰　例事件が〜になる。

おもてだつ　表立つ　例余り〜ことは避けたい。

おもてだった　表立った　例別に〜動きはない。

おもてどおり　表通り　文表通り　例〜は車の往来が激しい。

おもてむき　表向き　文表向き　例〜の理由はともかく…。

おもてもん　表門

おもな　主な　文主な　例〜人々。

おもなが　面長　例〜の女性。

おもに　主に　文主に　例〜学生が読む本。

おもねる　おもねる〈阿る〉　例時の政府に〜学者たち。

おもはゆい　面はゆい〈面映ゆい〉　例何となく〜感じがする。

おもみ　重み　文重み　例ずっしりとした〜がある。〜のない人。

おもむき　趣　文趣　例お手紙の〜拝承しました。…という〜だ。

おもむく　赴く　文赴く　例任地に〜。

おもむろに　おもむろに〈徐ろに〉　文おもむろに　例〜話を始める。

おももち　面持ち　文面持ち　例沈痛な〜。

おもや　母屋付・母家付　例〜に住む。

注新聞では、「母屋」と書く。

おもゆ　重湯　例〜を飲ませる。

おもり　お守り　文お守り　例赤ちゃんの〜。

おもり　重り〈錘〉　例さおばかりの〜。釣り糸に〜を付ける。

おもわく　思わく・思惑　文思わく　例〜は見事に外れた。〜買い。

おもわしい　思わしい　文思わしい　例病状が思わしくない。

おもわず　思わず　文思わず　例〜

「異字同訓」の漢字の使い分け

おもて

【表】（⇔裏）。表面や正面など主だった方。公になること。家の外。
　　表と裏。表玄関。表参道。畳の表替え。表向き。不祥事が表沙汰になる。表で遊ぶ。

【面】顔。物の表面や外面。
　　面を伏せる。湖の面に映る山影。批判の矢面に立つ。

（平成26年文化審議会国語分科会）

後ろに下がる。～目を伏せる。

おもわせぶり　思わせ振り・思わせ
　　ぶり　例～なことを言うな。

おもんずる　重んずる　⊗重んずる
　　例相手の言葉を～。

おもんぱかる　おもんぱかる〈慮る〉
　　例その間の事情を～。

おや　親　例～に相談する。

おやがかり　親掛かり　例彼はまだ
　　～の身だ。

おやかた　親方　例～の指示に従う。

おやがわり　親代わり　例弟の～に
　　なって面倒を見る。

おやこ　親子

おやごころ　親心

おやこづれ　親子連れ　⊗親子連れ
　　例あぜ道を～が通っている。

おやじ　おやじ〈親父・親爺〉

おやつ　おやつ・お八つ

おやま　おやま〈女形〉例芝居の～。

おやもと　親元〈親許〉例～に帰る。

おやゆずり　親譲り　⊗親譲り
　　例～の無鉄砲。この癖は～だ。

おやゆび　親指　例～と小指。

およぎ　泳ぎ　⊗泳ぎ　例～の練習。

およぐ　泳ぐ　⊗泳ぐ　例海で～。

およそ　およそ〈凡そ〉⊗およそ
　　例～動物というものは…。

およばずながら　及ばずながら
　　例～私がお世話します。

および〔接続詞〕　及び・および
　　公⊗及び　例手当～旅費。

注法令・公用文では、接続が二重にな
　る場合、小さな方の接続に「及び」、
　大きな方に「並びに」を使う。例え
　ば、「給料、手当及び旅費の額並び
　にその支給方法」のように用いる。

およびごし　及び腰　⊗及び腰
　　例そんな～ではできないよ。

およびたて　お呼び立て　例夜遅く
　　～して申し訳ない。

およびもつかない　及びも付かない
　　例実力では、彼には到底～。

およぶ　及ぶ　⊗及ぶ　例災害が～
　　範囲。

およぼす　及ぼす　⊗及ぼす　例重
　　大な影響を～。

おり　折　⊗折　例次にお目に掛か
　　る～には…。上京した～に…。

おり　おり〈澱〉例～がたまる。

おり　おり〈檻〉例～に入れる。

おり　折り　例菓子～。二つ～。

おり　織り　⊗織り　例～にむらの
　　ある布。～が粗雑だ。木綿～。

…おり　…織　公⊗…織　例西陣～。
　　博多～。

注工芸品の場合に限る。

おりあい　折り合い　⊗折り合い
　　例何とか～を付ける。～が悪い。

おりあう　折り合う　⊗折り合う
　　例互いに譲り合って～。

おりあしく　折あしく〈折悪しく〉
　　例試写会の時、～停電した。

おりいって　折り入って　例～お願

いしたいことがあります。

おりえり　折り襟　Ⓧ折り襟　例〜
の洋服。〜と立ち襟。

おりおり　折々　Ⓧ折々　例四季〜
の眺め。〜おうわさを…。

おりかえし　折り返し　Ⓧ折り返し
例ズボンの〜。マラソンの〜点。

おりかえし　折り返し・おりかえ
し〔副詞〕　例〜お返事を下さい。

おりかえしうんてん　折り返し運転
例終点で〜をいたします。

おりかえしせん　折り返し線
ⒶⓍ折返線　Ⓙ折り返し線
例〜に入る。

おりかえしてん　折り返し点　例や
っと〜にたどり着く。

おりかえす　折り返す　Ⓧ折り返す
例終点で〜ことになっています。

おりかさなる　折り重なる　Ⓧ折り
重なる　例折り重なって二人と
も倒れた。

おりかさねる　折り重ねる　例三つ
に〜ことができる。

おりがし　折り菓子

おりかた　折り方　Ⓧ折り方　例鶴
の〜を教えてください。

おりかた　織り方　Ⓧ織り方　例こ
の反物は、〜にむらがある。

おりかばん　折りかばん〈折り鞄〉
Ⓧ折りかばん　例〜を抱える。

おりがみ　折り紙　Ⓧ折り紙　例〜
細工。

おりがみつき　折り紙付き　Ⓧ折り
紙付き　例これは〜の品です。

おりから　折から〈折柄〉　折から
例向寒の〜お体お大事に。

おりこみ　折り込み　Ⓧ折り込み

おりこみこうこく　折り込み広告

おりこみずみ　織り込み済み　例御
意見は既に〜です。

おりこむ　折り込む　例内側に〜。

おりこむ　織り込む　Ⓧ織り込む
例金糸を〜。

おりたたみ　折り畳み　例〜椅子。

おりたたみがさ　折り畳み傘

おりたたみしき　折り畳み式　Ⓧ折
り畳み式　例軽便な〜の机。

おりたたむ　折り畳む　Ⓧ折り畳む
例机の脚を〜。

おりたつ　降り立つ　例無事に成田
空港に〜ことができた。

おりづめ　折り詰め　ⒶⓍ折詰
Ⓙ折り詰め　例〜の弁当。

おりづる　折り鶴　Ⓧ折り鶴　例た
くさんの〜を糸でつなぐ。

おりばこ　折り箱　Ⓧ折り箱　例弁
当を〜に詰める。

おりはじめる　織り始める　例毎日
夜になると布を〜。

おりひめ　織り姫

おりふし　折節　Ⓧ折節　例〜昔を
思い出しては懐かしがっている。

おりまげる　折り曲げる　Ⓧ折り曲
げる　例力ずくで鉄の棒を〜。

あ行

おりまぜる　**織り交ぜる**　[例]漆糸を～。例え話を織り交ぜて話す。

おりめ　**折り目**　[文]**折り目**　[例]～を付ける。～正しい人。

おりめ　**織り目**　[例]～の粗い布。

おりめただしい　**折り目正しい**　[例]～挨拶をする。

おりもと　**織り元**　[公][文]**織元**　[建]**織り元**

おりもの　**織物**　[公][文]**織物**　[例]～の商人。

おりよく　**折よく**〈折好く〉　[例]～バスが来た。～雨が上がった。

おりる　**降りる**　[文]**降りる**　[例]バスを～。

おりる　**下りる**　[文]**下りる**　[例]幕が～。

[注]「降りる・下りる」の使い分けは、「「異字同訓」の漢字の使い分け」参照。

おる　**折る**　[文]**折る**　[例]棒を～。膝を～。

おる　**織る**　[文]**織る**　[例]布を～。

おる　**おる**〈居る〉　[文]**おる**　[例]こうして～わけにはいかない。

おれ　**俺**〔おれ〕　[例]俺

おれ〔代名詞〕　**俺**　[公]**俺**　[例]～様。～に任せろ。

おれあう　**折れ合う**　[文]**折れ合う**　[例]両者が～。

おれい　**お礼**〈御礼〉　[例]～の品を贈る。～を言う。

[注]「御礼」は、「おんれい」と読む。

おれこむ　**折れ込む**

おれまがる　**折れ曲がる**　[文]**折れ曲がる**　[例]三つに～。

おれめ　**折れ目**　[文]**折れ目**　[例]～が付く。

おれる　**折れる**　[文]**折れる**　[例]棒が～。そう突っ張らないでもう折れろよ。

おろおろ　**おろおろ**　[例]突発事故に

「異字同訓」の漢字の使い分け

おりる・おろす

【降りる・降ろす】乗り物から出る。高い所から低い所へ移る。辞めさせる。
電車を降りる。病院の前で車から降ろす。高所から飛び降りる。
月面に降り立つ。霜が降りる。主役から降ろされる。

【下りる・下ろす】上から下へ動く。切り落とす。引き出す。新しくする。
幕が下りる。肩の荷を下ろす。腰を下ろす。錠が下りる。許可が下りる。
枝を下ろす。貯金を下ろす。下ろし立ての背広。書き下ろしの短編小説。

【卸す】問屋が小売店に売り渡す。
小売りに卸す。定価の6掛けで卸す。卸売物価指数。卸問屋を営む。卸値。

（平成26年文化審議会国語分科会）

～するばかりだ。

おろか　愚か　[文]愚か

…(は)おろか　…(は)おろか〈…(は)疎か〉　[文]…(は)おろか　[例]手に取ることは～見ることもできない。

おろかしい　愚かしい　[文]愚かしい　[例]～行い。なんて～やつだろう。

おろかだ　愚かだ　[文]愚かだ　[例]あいつは実に愚かなやつだ。

おろかもの　愚か者　[文]愚か者

おろし　卸　[文]卸　[例]～の値段。

おろし　下ろし　[例]仕立て～の洋服。大根～。

おろしうり　卸売り　[公][文]卸売　[建]卸売り　[例]～と小売り。

おろしうりかかく　卸売り価格

おろしうりぎょうしゃ　卸売り業者　[例]～が会合を開く。

おろしうりしょう　卸売り商

おろしうりぶっか　卸売り物価　[例]～が高騰する。

おろししょう　卸商　[文]卸商　[例]～を家業としています。

おろしどんや　卸問屋　[文]卸問屋　[例]～が集まっている街。

おろしね　卸値　[文]卸値　[例]～で買えばずっと安い。

おろす　卸〔―／おろす・おろし〕　[例]卸す

おろす　降ろす　[文]降ろす　[例]客を～。

おろす　下ろす　[文]下ろす　[例]幕を～。

おろす　卸す　[文]卸す　[例]小売店へ～。

[注]「降ろす・下ろす・卸す」の使い分けは、「「異字同訓」の漢字の使い分け」p.112参照。

おろそか　おろそか〈疎か〉　[文]おろそか　[例]一刻も～にできない。

おろち　おろち〈大蛇〉　[例]やまたの～を退治した話。

おわい　汚わい〈汚穢〉

[注]法令では、用いない。

おわび　おわび〈御詫び〉　[例]謹んで～申し上げます。

おわり　終わり〈了〉　[公]終(わり)　[文]終わり　[例]これで～です。この世の～。

[注]法令では、表に記入したり記号的に用いたりする場合には、原則として、(　)の中の送り仮名を省く。

おわる　終わる〈了わる〉　[文]終わる　[例]番組が～。

おん　音1〔オン・イン／おと・ね〕　[例]音楽、発音、騒音、異口同音、雑音

おん　怨〔エン・オン／―〕　[例]怨念、怨霊

おん　恩6〔オン／―〕　[例]恩愛、恩恵、恩赦、恩情、恩人、恩返し、謝恩

おん　温3(溫)〔オン／あたたか・あたたかい・あたたまる・あたためる〕　[例]温度、温厚、温暖、気温、体温、検温

おん　遠2〔エン・オン／とおい〕　[例]遠流、遠忌、

久遠

おん　穏(穩)〔オン おだやか〕 [例]穏和、穏当、穏健、不穏、静穏、平穏

おんいん　音韻　[例]～の研究。

おんがえし　恩返し　[文]恩返し　[例]～をする。

おんがく　音楽

おんぎ　恩義〈恩誼〉　[例]～を受ける。～を感じている。

おんきゅう　恩給　[例]～生活。

おんきょう　音響　[例]～効果を十分に考えて設計したホール。

おんくん　音訓　[例]漢字の～。

おんけい　恩恵　[例]人に～を施す。

おんけん　穏健　[例]～な思想。彼のものの考え方は～だ。

おんこう　温厚　[例]～な性質。

おんさ　音さ〈音叉〉

おんし　恩師　[例]～の還暦祝い。

おんし　恩賜

おんしつ　音質　[例]～が良い。

おんしつ　温室　[例]～で栽培する。

おんしゃ　恩赦　[例]～を受ける。

おんしゅう　恩しゅう〈恩讐・恩讎〉　[例]～のかなた。

おんしょう　温床　[例]花を～で育てる。悪の～。

おんじょう　温情　[例]～ある処置。

おんじょう　恩情　[例]～に報いる。

おんしらず　恩知らず　[例]彼は実に～なやつだ。

おんしん　音信　[例]～が絶える。

おんじん　恩人　[例]命の～。

おんしんふつう　音信不通　[例]ここ10年ほど～の状態です。

おんせい　音声　[例]～で知らせる。

おんせん　温泉　[例]～に入る。

おんぞうし　御曹子　[例]社長の～。

おんだん　温暖　[例]～な気候。

おんちゅう　御中　[例]～と宛名に書く。○○株式会社～。

おんちょう　恩ちょう〈恩寵〉　⇒恵み・恩恵　[例]神の～。

おんてん　恩典　[例]～に浴する。

おんど　音頭　[例]～を取る。

おんど　温度　[例]適正な～。

おんとう　穏当　[例]～な考え。～な処置だと思われる。

おんどく　音読　[例]～と黙読。みんなの前で～する。

おんどり　おんどり〈雄鳥・雄鶏〉　[例]～とめんどり。

おんとろうろう　音吐朗々　[例]声明文を～と読み上げる。

おんな　女　[例]男と～。～湯。

おんなごころ　女心

おんなづれ　女連れ　[文]女連れ　[例]～の旅行。

おんならしい　女らしい

おんねん　怨念

おんびき　音引き　[文]音引き　[例]～の索引と画引きの索引。

おんびん　穏便　[例]～に済ます。

おんぶ　おんぶ〈負んぶ〉　[例]さあ、

　～しよう。～にだっこ。

おんぷ　音符　例～を読む。

おんよう　温容　例～に接する。

おんりょう　怨霊　例～がたたる。

おんれい　御礼　文御礼　例～申し
　上げます。

囲「おれい」は、「お礼」と書く。

おんわ　温和　例気候が～だ。

おんわ　穏和　例～な人柄。

か

か行

か　下¹〔カ・ゲ　した・しも・もと・さげる・さがる・くだる・くだす・くださる・おろす・おりる〕
　例下層、下流、下降、落下、天
　下　付下手(へた)

か　化³〔カ・ケ　ばける・ばかす〕　例化石、化
　学、文化

か　火¹〔カ　ひ・ほ〕　例火災、灯火、発
　火、点火、消火

か　加⁴〔カ　くわえる・くわわる〕　例加重、
　加減、加入、参加、添加、追加

か　可⁵〔カ〕　例可決、可能、可否、
　認可、許可、それを可とする

か　仮⁵(假)〔カ・ケ　かり〕　例仮定、仮設、
　仮装、仮面、仮泊　付仮名(かな)

か　何²〔カ　なに・なん〕　例幾何学

か　花¹〔カ　はな〕　例花粉、花弁、花壇、
　落花、造花

か　佳〔カ〕　例佳作、佳人、佳景、
　佳境、絶佳

か　価⁵(價)〔カ　あたい〕　例価値、価格、
　物価、高価、評価

か　果⁴〔カ　はたす・はてる・はて〕　例果実、
　果敢、果断、結果、効果　付果
　物(くだもの)

か　河⁵〔カ　かわ〕　例河川、河畔、河口、
　運河、銀河　付河岸(かし)、河原
　(かわら)

か	苛〔カ〕　例苛酷、苛政、苛烈
か	科²〔カ〕　例科学、学科、教科、罪科、前科、科する
か	架〔カ　かける・かかる〕　例架線、架空、架橋、書架、担架、高架線
か	夏²〔カ　なつ〕　例夏季、初夏、盛夏、晩夏、立夏
か	家²〔カ・ケ　いえ・や〕　例家屋、家具、家庭、国家、作家　団母家(おもや)
か	荷³〔カ　に〕　例荷重、出荷、入荷、負荷
か	華〔カ・ケ　はな〕　例華麗、華美、繁華、豪華、栄華
か	菓〔カ〕　例菓子、製菓、茶菓
か	貨⁴〔カ〕　例貨車、貨幣、貨物、通貨、金貨
か	渦〔カ　うず〕　例渦中、渦紋
か	過⁵〔カ　すぎる・すごす・あやまつ・あやまち〕　例過激、過失、過度、超過、通過
か	嫁〔カ　よめ・とつぐ〕　例降嫁、転嫁、再嫁、嫁する
か	暇〔カ　ひま〕　例暇日、休暇、閑暇、余暇、寸暇
か	禍(禍)〔カ〕　例禍難、禍根、禍福、災禍、奇禍、戦禍
か	靴〔カ　くつ〕　例製靴、軍靴
か	寡〔カ〕　例寡黙、寡聞、寡婦、多寡、衆寡
か	歌²〔カ　うた・うたう〕　例歌曲、歌謡曲、唱歌、短歌、和歌、応援歌
か	箇〔カ〕　例箇条、箇所

か	稼〔カ　かせぐ〕　例稼業、稼働
か	課⁴〔カ〕　例課題、日課、総務課、課する
か	蚊〔カ〕　例蚊柱、やぶ蚊、蚊に刺される　団蚊帳(かや)
か	鹿⁴〔しか・か〕　例鹿の子
か	香　例いその～。色～。
か	蚊　例～に刺される。
か	箇・か　⊗箇　例何～月。何～所。何～条。訂正すべき～所。
か	か・カ〈ケ〉　⊗か　例1～月。3～所。10～条。
注	具体的な数字に付くときは「か」を使う。
が	牙〔ガ・ゲ　きば〕　例牙城、歯牙
が	瓦〔ガ　かわら〕　例瓦解
が	我⁶〔ガ　われ・わ〕　例我慢、我執、我流、彼我、無我、自我、我を折る、我を張る
が	画²(畫)〔ガ・カク〕　例画面、画家、絵画、映画、図画、日本画
が	芽⁴〔ガ　め〕　例発芽、麦芽、肉芽
が	賀⁴〔ガ〕　例賀正、賀状、祝賀、年賀、新年の賀、賀する
が	雅〔ガ〕　例雅楽、雅趣、風雅、優雅、典雅
が	餓〔ガ〕　例餓死、餓鬼、飢餓
が	が〈蛾〉　☆蛾　例ちょうと～。
注	法令では、漢字をそのまま用いてこれに振り仮名を付ける。
かあさん	母さん団
かい	介〔カイ〕　例介抱、介在、介

入、紹介、魚介類、意に介する

かい　回²〔まわる・まわす〕　例回答、回復、撤回、転回、次回

かい　灰⁶〔カイ・はい〕　例灰白色、石灰

かい　会²(會)〔カイ・エ・あう〕　例会話、会議、会計、社会、面会

かい　快⁵〔こころよい〕　例快活、快適、快晴、明快、軽快、全快

かい　戒〔カイ・いましめる〕　例戒心、戒名、戒律、十戒、警戒線、戒を破る

かい　改⁴〔あらためる・あらたまる〕　例改定、改革、改造、更改、変改

かい　怪〔カイ・あやしい・あやしむ〕　例怪異、怪談、怪物、怪電話、奇怪

かい　拐〔カイ〕　例拐帯、誘拐

かい　悔(悔)〔カイ・くいる・くやむ・くやしい〕　例悔恨、悔悟、後悔

かい　海²(海)〔カイ・うみ〕　例海岸、海運、海洋、海流、海水浴、航海　団海女・海士(あま)、海原(うなばら)

かい　界³〔カイ〕　例境界、学界、俗界、限界、外界、世界、分水界

かい　皆〔カイ・みな〕　例皆目、皆勤、皆伝、皆無、皆出席

かい　械⁴〔カイ〕　例機械、器械

かい　絵²(繪)〔カイ・エ〕　例絵画

かい　開³〔カイ・ひらく・ひらける・あく・あける〕　例開始、開発、開封、開拓、展開、公開

かい　階³〔カイ〕　例階段、階層、階級、地階

かい　街⁴〔ガイ・カイ・まち〕　例街道

かい　塊〔カイ・かたまり〕　例塊状、塊根、山塊、肉塊、金塊、土塊、氷塊

かい　楷〔カイ〕　例楷書

かい　解⁵〔カイ・ゲ・とく・とかす・とける〕　例解決、解散、解禁、理解、正解、和解、不可解、解する

かい　潰〔カイ・つぶす・つぶれる〕　例潰瘍

かい　壊(壞)〔カイ・こわす・こわれる〕　例壊乱、壊滅、決壊、破壊、崩壊

かい　懐(懷)〔カイ・ふところ・なつかしい・なつかしむ・なつく・なつける〕　例懐中、懐疑、懐炉、懐古、述懐、感懐

かい　諧〔カイ〕　例俳諧

かい　貝¹〔かい〕　例貝殻、貝塚、貝柱、貝細工、ほら貝

かい　貝　例〜を拾う。

かい　下位　例はるか〜にある。

かい　買い　文買い　例売りか〜か。

かい　かい〈甲斐〉　文かい　例勉強した〜があって合格した。

かい　かい〈櫂〉　例〜を操る。

がい　外²〔ガイ・ゲ・そと・ほか・はずす・はずれる〕　例外出、郊外、例外、案外、海外、除外

がい　劾〔ガイ〕　例弾劾

がい　害⁴〔ガイ〕　例害悪、害虫、加害、迫害、被害、損害

がい　崖〔ガイ・がけ〕　例断崖

がい　涯〔ガイ〕　例生涯、境涯、天涯

がい　街⁴〔ガイ・カイ・まち〕　例街頭、街路樹、市街、商店街、繁華街

がい　慨(慨)〔ガイ〕　例慨世、慨嘆、慨然、憤慨、感慨

がい　蓋〔ガイ・ふた〕　例頭蓋骨

がい　該〔ガイ〕　例該当、該博、当該

がい　概(概)〔ガイ〕　例概念、概括、一概、気概、大概、概して

がい　骸〔ガイ〕　例形骸化、死骸

がいあく　害悪　例～を与える。

かいあげ　買い上げ　公文買上げ　建買い上げ

かいあげかかく　買い上げ価格

かいあげきん　買い上げ金　文買上金　建買い上げ金

かいあげひん　買い上げ品　公文買上品　建買い上げ品　例政府の～の目録。

かいあげる　買い上げる　文買い上げる

かいあつめる　買い集める

かいい　怪異　例～な事件。

かいいぬ　飼い犬　文飼い犬

かいいれ　買い入れ　公文買入れ　建買い入れ

かいいれる　買い入れる　文買い入れる　例安く～。

かいうけ　買い受け　公文買受け　建買い受け　例御不用品の～をいたします。

かいうけにん　買い受け人　公文買受人　建買い受け人

かいうける　買い受ける　文買い受ける

かいうん　海運　例～業。

かいうん　開運　例～のお守り。

かいえん　開演　例～は6時です。

かいおき　買い置き　例～の品。

かいが　絵画　例～に興味を持つ。

がいか　がい歌〈凱歌〉　⇒勝ちどき　例～を上げて帰校した。

かいがい　海外　例～に派遣する。

かいがいしい　かいがいしい〈甲斐甲斐しい〉　例～姿で働く。

かいかえ　買い換え　公文買換え　建買い換え

かいかえる　買い換える

かいかく　改革　例制度を～する。

がいかく　外郭〈外廓〉　例～団体。

かいかけきん　買い掛け金　公文買掛金

かいかた　買い方　例～が上手だ。

かいかた　飼い方　例小鳥の～。

がいかだてさいけん　外貨建て債権　公外貨建債権　建外貨建て債権　例～を円に換算して記録する。

がいかだてさいけん　外貨建て債券　文外貨建債券　建外貨建て債券　例売買目的の～を保有する。

かいかつ　快活　例～な人。～に振る舞う。

がいかつ　概括　例～的な報告。

かいかぶる　買いかぶる〈買い被る〉　例自分の力を～。

かいがら　貝殻　例～を拾う。

かいかん　開館　例～時間。

団:付表の語　×:表外字　△:表外音訓　〈　〉:参考表記　⇒:言い換え等

かいがん　開眼　例〜手術。
　　注「かいげん」と読む場合は、意味が
　　異なる。

かいがん　海岸

がいかん　概観　例歴史を〜する。

かいき　快気　例〜祝い。

かいき　怪奇　例〜小説。

かいき　買い気　例〜をあおる。

かいぎ　会議　例〜を開く。

かいきしょく　皆既食〈皆既蝕〉

かいぎゃく　諧ぎゃく〈諧謔〉　⇒滑
　　稽・冗談・ユーモア　例〜を交
　　えた話し振り。

かいきゅう　階級　例〜制度。

かいきょ　快挙　例空前絶後と思わ
　　れるほどの〜を成し遂げる。

かいきょう　海峡　例〜を通る。

がいきょう　概況　例被災地の〜を
　　説明する。天気〜。

かいきり　買い切り　公買い切り
　　例〜で仕入れる。

かいきる　買い切る　例升席を〜。

かいきん　皆勤　例〜賞をもらう。

かいきん　解禁　例あゆ釣りの〜。

かいきん　開襟　例〜シャツ。

かいぐい　買い食い　公買い食い
　　例〜をする。

かいけい　会計　例〜を済ます。

かいけつ　解決　例問題を〜する。

かいげん　開眼　例本尊の〜供養。
　　注「かいがん」と読む場合は、意味が
　　異なる。

かいこ　蚕　例〜を飼う。

かいこ　回顧　例往時を〜する。

かいこ　解雇　例社員を〜する。

かいこ　懐古　例〜の情に浸る。

かいご　介護　例〜保険。

かいご　悔悟　例深く〜する。

かいこう　海溝　例日本〜。

かいこう　開口　例〜一番、…。

かいこう　かいこう〈邂逅〉　⇒巡り
　　合い　例久しぶりの〜。

がいこう　外交　例〜政策。

かいこく　戒告〈誡告〉　例〜を受け
　　る。〜処分。

がいこく　外国

かいこしゅみ　懐古趣味　例僕には、
　　そんな〜はない。

がいこつ　骸骨　例遺跡から、古代
　　人の〜が発掘された。

かいことば　買い言葉　例売り言葉
　　に〜でけんかになる。

かいごふくしし　介護福祉士

かいこむ　買い込む　公買い込む
　　例本を〜。

かいころく　回顧録　例〜の出版。

かいごろし　飼い殺し　例〜にする。

かいこん　悔恨　例〜の念が湧く。

かいこん　開墾　例野山を〜する。

かいさい　開催　例展示会の〜。

かいざいく　貝細工

かいさく　開削〈開鑿〉　例掘り割り
　　の〜工事を始める。

かいさつ　改札　例自動〜機。

かいさん　解散　例国会を～する。

かいざん　改ざん〈改竄〉　⇒変造・改変　例金額を～する。

がいさん　概算　例旅費を～する。

がいさんばらい　概算払い　公文概算払　例～で委託する。

かいし　開始　例授業を～する。

かいし　解止
　注法令では、用いない。

かいじ　戒示
　注法令では、用いない。

かいじ　開示　例理由の～。

がいし　がいし〈碍子〉　例送電塔の～が壊れた。

がいして〔副詞〕　概して　公文概して　例～よくできている。

かいしめ　買い占め　公文買占め　建買い占め　例株式の～をする。

かいしめる　買い占める　文買い占める

かいしゃ　会社

かいしゃく　解釈　例それは～の相違だから仕方がない。

かいしゅう　回収　例廃品の～。

かいしゅう　改宗　例家族で～する。

かいしゅう　改修　例道路の～。

かいじゅう　懐柔　例～の策。

かいじゅう　かい渋〈晦渋〉　⇒難解　例表現が～を極めている。

がいしゅつ　外出

かいしゅん　改しゅん〈改悛〉　⇒改心・悔悟　例～の情が著しい。

かいしょ　楷書　文楷書　例～だと文字が読みやすい。

かいじょ　解除　例警報の～。

かいしょう　解消　例前途の障害は～した。婚約の～。

かいしょう　かい性〈甲斐性〉　例～がない。

かいじょう　会場

かいじょう　塊状　例～の岩石。

かいしょく　会食　例～を楽しむ。

かいしょく　解職　例～される。

かいしん　会心　例～の作。

かいしん　戒心　例～を要する。

かいしん　改心　例悪いことをしたと～する。

かいじん　灰じん〈灰燼〉　例由緒ある寺もついに～に帰した。
　注法令では、用いない。

かいすい　海水　例～を運ぶ。

かいすいよく　海水浴

かいすう　回数　例～が多い。

かいする　介する　例人を～。

かいする　会する　例各党の代表者が一堂に～。川が～地点。

かいする　解する　例英語を～。人情の機微を～人。

がいする　害する　例健康を～。

かいせい　回生　例起死～。

かいせい　快晴　例～の天気。

かいせい　改正　例条約の～。

かいせい　改姓　例結婚による～。

かいせき　解析　例～を勉強する。

団:付表の語　×:表外字　△:表外音訓　〈　〉:参考表記　⇒:言い換え等

かいせつ　開設　例診療所を～する。

かいせつ　解説　例試合の様子を分かりやすく～する。～書。

がいせつ　概説　例世界史の～。

かいせん　回船　例～業。

かいせん　回線　例通信～。

かいせん　かいせん〈疥×癬〉

かいぜん　改善　例業務の～。

がいせん　がい旋〈凱×旋〉　例選手団が母校に～した。

かいそ　改組　例会を～する。

かいそう　回送〈廻×送〉　公回送　例～列車。

かいそう　回想　例往時を～する。

かいそう　会葬　例～者。

かいそう　海曹　例海上自衛隊の一等～。

かいそう　海草　例～の間に魚が集まっている。

かいそう　海藻　例昆布などの～が密生している。

かいそう　階層　例年齢～。

かいそう　潰走〈壊×走〉　例～千里。

かいそう　回そう〈回漕×〉　⇒回船

かいぞう　改造　例機械の～。

かいそうぎょう　回そう×業〈回漕×業〉　⇒回船業・海運業

かいぞえ　介添え　例～として付いて行く。～役。～人。

かいそく　快足　例～の持ち主。

かいそく　快速　例～電車。

かいたい　拐帯　例公金の～。

かいたく　開拓　例山林を～する。

かいだく　快諾　例申し入れを～する。御～くださるよう…。

かいだし　買い出し　公買い出し　例～に行く。～部隊。

かいだめ　買いだめ〈買い溜×め〉　公買いだめ　例食料を～する。

かいだん　怪談　例～を話す。

かいだん　階段　例急な～。

がいたん　慨嘆　例今日の世相を～する。～に堪えない。

かいちく　改築　例ただ今～中。

かいちゅう　回虫〈蛔×虫〉

かいちゅう　改鋳　例小判の～。

かいちゅう　懐中　例～を探る。～電灯。

がいちゅう　害虫　例～を殺す。

かいちょう　開帳　例秘仏の～。

かいちょう　諧調　例～の整った写真。

かいちん　開陳　例意見を～する。

かいづか　貝塚　例～の調査。

かいつけ　買い付け　公買い付け　例綿花の～。

かいつける　買い付ける

かいつまむ　かいつまむ〈掻×い摘×む〉　例大筋をかいつまんで話す。

かいて　買い手　公文買手　例売り手と～。～市場。

かいてい　改定　公改定　例規則の～。

かいてい　改訂　公改訂　例辞典の

～。～増補版の発行。

注法令では、「改訂」は書物などの内容に手を加えて正すことという意味についてのみ用いる。それ以外の場合は「改定」を用いる。

かいてい　海底　例～に潜る。

かいてき　快適　例～な生活。

かいてん　回転〈廻転〉　例勢いよく～する。頭の～が速い。

かいてん　開店　例花屋を～する。

かいとう　回答　例至急御～ください。文書で～する。

かいとう　快刀　例～乱麻を断つ。

かいとう　解答　例問題の～。

かいどう　街道　例昔の～筋。

がいとう　街灯　例～がつく。

がいとう　街頭　例～での募金。

がいとう　該当　例～者は1名。

がいとう　外とう〈外套〉　例冬の～。

かいどく　買い得　例～の品。

かいとり　買い取り　公文買取り　建買い取り

かいとりかかく　買い取り価格

かいとる　買い取る

かいな　かいな〈腕〉　⇒腕(うで)

かいならす　飼い慣らす〈飼い馴らす〉

かいなん　海難　例～事故。

かいにゅう　介入　例他人のけんかに～する。権力の～。

かいにん　解任　例～の命令。

かいにん　懐妊

かいぬし　買い主　公文買主

かいぬし　飼い主　文飼い主　例犬は～に懐くと言われている。

かいね　買値　公文買値　例～と売値。

かいねこ　飼い猫　文飼い猫

がいねん　概念　例～的な問題。

かいば　飼い葉　例～を与える。

かいはい　改廃　例法律の～。

かいはくしょく　灰白色

がいはく　外泊　例二晩～する。

がいはく　該博　例～な知識。

かいはつ　開発　例海洋の～。

かいひ　回避　例巧みな操縦技術で衝突を～する。

かいひ　開扉　例城門を～する。

かいひ　開披

注法令では、用いない。

かいびかえ　買い控え　例しばらく～をする。

かいびゃく　開びゃく〈開闢〉　例我が国～以来の大事件。

かいひん　海浜　例～で過ごす。

かいふ　回付　例書類の～。

かいふく　回復・快復〈恢復〉　例体調が～する。景気の～。

注「快復」は、主に病気が全治し、健康な状態に戻ったときに使う。

かいぶつ　怪物　例～の出現。

かいへい　開閉　例ドアの～。

かいほう　介抱　例病人の～。

かいほう　開放　例扉を～する。1

日だけ工場を～する。

かいほう　解放　例人質の～。

かいぼう　解剖　例～の実習。

がいぼう　外貌　例～を飾る。

かいまき　かい巻き〈搔い巻き〉
例冬の間は～を掛けて寝ている。

かいまみる　かいま見る〈垣間見る〉
例通りすがりに室内を～。

かいむ　皆無　例希望者は～だ。

かいめい　解明　例疑惑の～。

かいめつ　壊滅・潰滅　公壊滅
例～的な打撃を被る。

かいもく　皆目　例将来のことは、
～見当が付かない。

かいもどし　買い戻し　公文買戻し
建買い戻し　例土地の～を図る。

かいもどす　買い戻す　文買い戻す
例土地を～。売値で～。

かいもとめる　買い求める　例書物
を～。生活必需品を～。

かいもの　買い物　公文買物　建買
い物

かいゆ　快癒　例御～おめでとう。

かいゆう　回遊　例～魚。～式庭園。

かいよう　海洋　例～を渡る。

かいよう　潰瘍　文潰瘍　例胃に～
ができた。胃～の手術。

がいよう　概要　例事件の～。

かいらい　かいらい〈傀儡〉　⇒操り
人形・手先　例～政権。

かいらく　快楽　例～にふける。

かいらん　回覧　例資料を～する。

かいらん　壊乱・潰乱　公壊乱
例風俗を～するおそれがある。

かいらん　解らん〈解纜〉　⇒船出・
出帆　例横浜港を～する。

かいり　海里・カイリ〈浬〉　例沿岸
から２～の所を航行する。

かいりつ　戒律　例～を守る。

がいりゃく　概略　例事件の～。

かいろう　回廊〈廻廊〉　例寺の～。

がいろじゅ　街路樹　例大通りの～。

がいろとう　街路灯　例～の設置。

かいわ　会話

かいわい　界わい〈界隈〉　⇒付近・
周辺　例浅草～。

かう　買う　文買う　例本を～。

かう　飼う　文飼う　例犬を～。

かう　かう〈支う〉　例車止めを～。

…かう　…交う　文…交う　例飛び
～。行き～。

かえ　代え　文代え

かえ　換え　文換え

かえ　替え　文替え　例～のズボン。
～が利かない。

かえうた　替え歌　文替え歌

かえし　返し　文返し　例お～の品。

かえす　返す　文返す　例借金を～。

かえす　帰す　文帰す　例家へ～。
注「返す・帰す」の使い分けは、「「異字
同訓」の漢字の使い分け」p.124参照。

かえす　かえす〈反す〉　例田の土を
～。手のひらを～。

かえす　かえす〈孵す〉　例ひなを～。

かえすがえす　返す返す・かえすがえす　[例]逆転は～も残念だ。

かえだま　替え玉　[文]替え玉　[例]～受験が発覚した。

かえち　替え地　[文]替え地　[例]適当な～が見付からない。

かえって　かえって〈却って〉　[文]かえって　[例]～こちらが迷惑する。

かえば　替え刃　[文]替え刃　[例]かみそりの～。

かえり　返り　[文]返り　[例]～点。

かえり　帰り　[文]帰り　[例]行きと～。

かえりうち　返り討ち　[文]返り討ち　[例]～に遭った。

かえりがけ　帰り掛け　[例]学校の～に寄ってください。

かえりざき　返り咲き　[文]返り咲き　[例]彼の政界への～を喜ぶ。

かえりてん　返り点　[文]返り点　[例]～なしの漢文。

かえりみち　帰り道　[文]帰り道　[例]学校の～。

かえりみる　顧みる　[文]顧みる　[例]若かった頃のことを～。

かえりみる　省みる　[文]省みる　[例]自分の行いを～。

[注]「顧みる・省みる」の使い分けは、「「異字同訓」の漢字の使い分け」参照。

かえる　返る　[文]返る　[例]我に～。

かえる　帰る　[文]帰る　[例]家に～。

[注]「返る・帰る」の使い分けは、「「異字同訓」の漢字の使い分け」参照。

かえる　変える　[文]変える　[例]顔色を～。

かえる　換える　[文]換える　[例]新品

「異字同訓」の漢字の使い分け

かえす・かえる

【返す・返る】元の持ち主や元の状態などに戻る。向きを逆にする。重ねて行う。

　持ち主に返す。借金を返す。恩返し。正気に返る。返り咲き。
　手のひらを返す。言葉を返す。とんぼ返り。読み返す。思い返す。

【帰す・帰る】自分の家や元の場所に戻る。

　親元へ帰す。故郷へ帰る。生きて帰る。帰らぬ人となる。帰り道。

かえりみる

【顧みる】過ぎ去ったことを思い返す。気にする。

　半生を顧みる。家庭を顧みる余裕がない。結果を顧みない。

【省みる】自らを振り返る。反省する。

　我が身を省みる。自らを省みて恥じるところがない。

（平成26年文化審議会国語分科会）

と～。

かえる　**替える**　[文]**替える**　[例]観客を入れ～。

かえる　**代える**　[文]**代える**　[例]打者を～。

[注]「変える・換える・替える・代える」の使い分けは、「「異字同訓」の漢字の使い分け」参照。

かえる　**かえる**〈孵る〉　[例]ひなが～。

かえん　**火炎**〈火焔〉　[例]めらめらと～を噴き出して燃えている。

がえんじる　**がえんじる**〈肯んじる〉⇒(承知して)引き受ける・承諾する・首を縦に振る　[例]幾ら頼んでも到底～様子はない。

かえんびん　**火炎瓶**

かお　**顔**　[例]～が広い。

かおあわせ　**顔合わせ**　[文]**顔合わせ**　[例]初～を兼ねて総会を開く。

かおいろ　**顔色**　[例]～が悪い。その瞬間、さっと～を変えた。

かおく　**家屋**

かおだし　**顔出し**　[文]**顔出し**　[例]たまには～をしないと悪いね。

かおだち　**顔だち・顔立ち**　[文]**顔だち**　[例]立派な～の男。

かおつき　**顔つき**〈顔付き〉　[文]**顔つき**　[例]けげんな～をする。

かおつなぎ　**顔つなぎ**〈顔繫ぎ〉　[例]～をする。

かおぶれ　**顔ぶれ・顔触れ**　[文]**顔ぶれ**　[例]そうそうたる～の委員。

「異字同訓」の漢字の使い分け

かえる・かわる

【変える・変わる】前と異なる状態になる。
　形を変える。観点を変える。位置が変わる。顔色を変える。気が変わる。心変わりする。声変わり。

【換える・換わる】物と物を交換する。
　物を金に換える。名義を書き換える。電車を乗り換える。現金に換わる。

【替える・替わる】新しく別のものにする。
　頭を切り替える。クラス替えをする。振り替え休日。図表を差し替える*。入れ替わる。日替わり定食。替え歌。

【代える・代わる】ある役割を別のものにさせる。
　書面をもって挨拶に代える。父に代わって言う。身代わりになる。
　投手を代える。余人をもって代え難い。親代わり。

*　「差しかえる」「入れかえる」「組みかえる」などの「かえる」については、「新しく別のものにする」意で「替」を当てるが、別のものと「交換する」という視点から捉えて、「換」を当てることもある。

（平成26年文化審議会国語分科会）

かおまけ　顔負け　⊗顔負け　例指
　導者も～だ。若者～の奮闘。

かおみしり　顔見知り　例あの人は
　～程度だ。～のおじさん。

かおみせ　顔見せ　⊗顔見せ　例新
　役員の～。～興行。

かおむけ　顔向け　⊗顔向け　例恥
　ずかしくて到底～ができない。

かおり　香り　⊗香り　例いその～。

かおり　薫り　⊗薫り　例風の～。
　囲「香り・薫り」の使い分けは、「「異字
　同訓」の漢字の使い分け」参照。

かおる　香る　⊗香る　例菊が～。

かおる　薫る　⊗薫る　例風～５月。
　囲「香る・薫る」の使い分けは、「「異字
　同訓」の漢字の使い分け」参照。

がか　画家

がかい　瓦解　⊗瓦解　例彼の計画
　はものの見事に～した。

かかえこむ　抱え込む　例山のよう
　な仕事を一人で～。

かかえる　抱える　⊗抱える　例荷
　物を～。

かかく　価格　例～を上げる。

かがく　化学　例～を応用する。

かがく　価額　例資産の～。

かがく　科学　例～が発達する。

かがくてき　科学的

かかげる　掲げる　⊗掲げる　例旗
　印を～。

かかし　かかし〈案山子〉

かかす　欠かす　⊗欠かす　例どう
　しても～ことのできない条件。

かかずらう　かかずらう〈拘らう〉
　例つまらないことに～な。

かかと　かかと〈踵〉　例靴の～がす
　り減った。

かがまる　かがまる〈屈まる〉

かがみ　鏡　例～に映して見る。

かがみ　かがみ〈鑑〉　例人の～にな
　るような行い。

かがみもち　鏡餅　例～を飾る。

かがむ　かがむ〈屈む〉　例前に～。

かがめる　かがめる〈屈める〉

かがやかしい　輝かしい　⊗輝かし
　い　例～業績。

かがやかす　輝かす　⊗輝かす
　例目を～。

「異字同訓」の漢字の使い分け

かおり・かおる

【香り・香る】鼻で感じられる良い匂い。
　　茶の香り。香水の香り。菊が香る。梅の花が香る。

【薫り・薫る】主に比喩的あるいは抽象的なかおり。
　　文化の薫り。初夏の薫り。菊薫る佳日。風薫る五月。

　　　　　　　　　　　　　（平成26年文化審議会国語分科会）

団:付表の語　×:表外字　△:表外音訓　〈　〉:参考表記　⇒:言い換え等

かがやき　輝き　⊗輝き　囫目の〜。

かがやく　輝く　⊗輝く　囫星が〜。

かかり　係・掛　⊗係・掛　囫庶務
　の〜。〜の人に尋ねる。改札〜。
　囲役職に付けるときは、「係」を使うこ
　とが多い。

かかりあう　掛かり合う　⊗掛かり
　合う　囫つまらない事件に〜。

かかりいん　係員・掛員　⊗係員
　囫〜の派遣を要請する。

かかりかん　係官

かかりちょう　係長・掛長

かかりつけ　掛かり付け　囫〜の医
　者に診てもらう。

かがりび　かがり火〈篝火〉

かかりむすび　係り結び　⊗係り結
　び

かかる　掛かる　⊗掛かる　囫迷惑
　が〜。窓にカーテンが〜。

かかる　懸かる　⊗懸かる　囫この
　競技には、賞金が懸かっている。

かかる　架かる　⊗架かる　囫橋が
　〜。

かかる　係る〈関る〉　⊗係る　囫死
　活に〜問題。
　囲「掛かる・懸かる・架かる・係る」
　の使い分けは、「「異字同訓」の漢字
　の使い分け」参照。

「異字同訓」の漢字の使い分け

かかる・かける

【掛かる・掛ける】他に及ぶ。ぶら下げる。上から下に動く。上に置く。作用
する。
　　迷惑が掛かる。疑いが掛かる。言葉を掛ける。看板を掛ける。壁掛け。
　　お湯を掛ける。布団を掛ける。腰を掛ける。ブレーキを掛ける。
　　保険を掛ける。

【懸かる・懸ける】宙に浮く。託す。
　　月が中天に懸かる。雲が懸かる。懸(架)け橋*。優勝が懸かった試合。
　　賞金を懸ける。命を懸けて戦う。

【架かる・架ける】一方から他方へ差し渡す。
　　橋が架かる。ケーブルが架かる。鉄橋を架ける。電線を架ける。

【係る】関係する。
　　本件に係る訴訟。名誉に係る重要な問題。係り結び。

【賭ける】賭け事をする。
　　大金を賭ける。賭けに勝つ。危険な賭け。

*　　「かけ橋」は、本来、谷をまたいで「宙に浮く」ようにかけ渡した、つり橋
　のようなもので、「懸」を当てるが、「一方から他方へ差し渡す」という視点から
　捉えて、「架」を当てることも多い。

（平成26年文化審議会国語分科会）

かかる　かかる〈斯る〉　⊗かかる
　⇒このような　例～重大なこと
　は、…。

かかる　かかる〈罹る〉　⊗かかる
　例病に～。

かがる　かがる〈縢る〉　例糸で～。

かかわらず　かかわらず〈拘わらず〉
　公⊗かかわらず　例晴雨に～決
　行の予定です。

かかわり　関わり〈係わり・拘わり〉
　例私には～のないことだ。

かかわる　関わる〈係わる・拘わる〉
　公⊗関わる　例会社の浮沈に～
　重大な問題。

かかん　果敢　例～な行動。

かき　垣〔垣〕　例垣根、生け垣

かき　柿〔柿〕　例渋柿、干し柿

かき　垣　例～を巡らす。

かき　柿　例庭に～の木を植える。

かき　夏季　例～の休暇。

かき　夏期　例～の講習会。

かき　書き　例読みと～の練習。

かき　かき〈牡蠣〉　例～のフライ。

かき　かき〈花卉〉　⇒草花・花

かき…　かき…〈掻き…〉　⊗かき…
　例～消す。～集める。

かぎ　鍵〈鈎・鉤〉　公⊗鍵　例～を
　掛ける。

がき　餓鬼　例～大将。

かきあげる　書き上げる

かぎあな　鍵穴

かきあやまり　書き誤り　⊗書き誤

り　例うっかりと～をした。

かきあらわす　書き表す　例外来語
　は片仮名で～のが一般的である。

かきいれ　書き入れ　⊗書き入れ
　例たくさんの～がある本。

かきいれどき　書き入れ時　⊗書き
　入れ時　例商店の～。

かきいれる　書き入れる　⊗書き入
　れる　例所定の欄に氏名を～。

かきうる　書き得る

かきおき　書き置き　⊗書き置き
　例～をして出る。

かきおろし　書き下ろし　⊗書き下
　ろし　例～の長編小説。

かきおろす　書き下ろす

かきおわる　書き終わる　例10分で
　～から待ってくれ。

かきかえ　書き換え　公⊗書換え
　建書き換え　例文章の～をする。

かきかえる　書き換える・書き替え
　る　⊗書き換える　例全文を新
　しく～。

かきかた　書き方　⊗書き方　例～
　が悪い。

かきくだし　書き下し　⊗書き下し
　例～の漢文。

かきくもる　かき曇る〈掻き曇る〉
　例一天にわかに～。

かきくわえる　書き加える　例後か
　ら1行～。

かきことば　書き言葉　例話し言葉
　と～とは同じではない。

かきこみ　書き込み　[文]書き込み　[例]～のしてある本。
かきこむ　書き込む　[文]書き込む　[例]手帳に予定を～。
かぎざき　かぎ裂き〈鉤裂き〉　[文]かぎ裂き　[例]スカートの～。
かきしるす　書き記す　[例]思い付くままに～。克明に～。
かきそえる　書き添える
かきそこなう　書き損なう　[例]緊張するとかえって～ことがある。
かきぞめ　書き初め　[文]書き初め
かきそんじる　書き損じる　[例]何枚も何枚も～。
かきだし　書き出し　[文]書き出し　[例]～の文句をうまくまとめる。
かきだす　書き出す　[例]考えをまとめて一気に～。原稿を～。
かぎだす　嗅ぎ出す　[例]秘密を～。
かきたてる　書き立てる　[例]週刊誌が競って事件を～。
かきちらす　書き散らす　[例]思い付いたままを手帳に～。
かきつけ　書き付け　[公][文]書付　[建]書き付け　[例]念のため～を作る。
かきつける　書き付ける
かぎつける　嗅ぎ付ける　[例]魚の匂いを猫が～。秘密を～。
かきつらねる　書き連ねる　[例]発起人が名を～。
かきて　書き手　[例]～と読み手。
かきてあて　夏季手当・夏期手当
かきとめ　書留　[公][文]書留　[例]～で送る。
かきとめる　書き留める　[文]書き留める
かきとり　書き取り　[文]書き取り　[例]漢字の～。～帳。
かきとる　書き取る　[文]書き取る　[例]メモ帳に～。要点を～。
かきなおす　書き直す　[文]書き直す　[例]文を～。もう１枚～。
かきならす　かき鳴らす〈掻き鳴らす〉　[例]琴を～。
かきなれる　書き慣れる〈書き馴れる〉　[例]毛筆は書き慣れない。
かきぬき　書き抜き　[文]書き抜き　[例]資料の～を作る。
かきぬく　書き抜く　[文]書き抜く　[例]要点を～。
かきね　垣根　[例]庭の～。
かきねごし　垣根越し　[文]垣根越し
かきのこす　書き残す
かきまぜる　かき混ぜる〈掻き混ぜる〉　[例]ごちゃごちゃに～。
かきまわす　かき回す〈掻き回す〉　[文]かき回す　[例]風呂の湯を～。
かきみだす　かき乱す〈掻き乱す〉　[文]かき乱す　[例]雰囲気を～ような音楽。
かきむしる　かきむしる〈掻き毟る〉　[例]かゆいので～。髪の毛を～。
かきもち　かき餅

か行

かきもの　書き物　⊗書き物　例今、ちょっと～をしています。

かきもらす　書き漏らす〈書き洩らす〉　例重要事項を～。

かきゅう　火急　例～の用事。

かきょう　架橋　例～工事。

かきょう　華きょう〈華僑〉　⇒在外中国人・在留中国人・華商

かぎょう　家業　例～を継ぐ。

かぎょう　稼業　例浮き草～。

かきょく　歌曲　例～に合わせて踊る。シューベルトの～。

かきよせる　かき寄せる〈掻き寄せる〉　例さおの先でボールを～。

かぎり　限り　⊗限り　例5月31日～で無効です。力の～を尽くす。

かぎりない　限りない　例～感謝の念を抱く。

かぎりなく　限りなく　例どこまでも～続いている草原。

かぎる　限る　⊗限る　例5人に～。

かきわける　書き分ける　⊗書き分ける　例平仮名と片仮名で～。

かきわける　かき分ける〈掻き分ける〉　例人混みを～。

かきわり　書き割り　⊗書き割り　例芝居の～。

かく　各⁴〔カク　おのおの〕　例各位、各種、各地、各自、各社

かく　角²〔カク　かど・つの〕　例角質、角度、三角、互角、頭角、角ばる

かく　拡⁶(擴)〔カク〕　例拡大、拡充、拡散、拡張、拡声器

かく　画²(畫)〔ガ・カク〕　例画一、画期的、計画、企画、区画

かく　客³〔キャク・カク〕　例客死、刺客、主客、旅客、旅客機

かく　革⁶〔カク　かわ〕　例革命、革新、変革、皮革、牛革、改革

かく　格⁵〔カク・コウ〕　例格言、格式、規格、厳格、性格、別格

かく　核〔カク〕　例核心、核家族、核反応、結核、中核、核の脅威

かく　殻(殻)〔カク　から〕　例甲殻、地殻、皮殻、卵殻、外殻

かく　郭〔カク〕　例郭門、外郭、城郭、輪郭

かく　覚⁴(覺)〔カク　おぼえる・さます・さめる〕　例覚悟、感覚、知覚、発覚、不覚、味覚

かく　較〔カク〕　例較差、比較

かく　隔〔カク　へだてる・へだたる〕　例隔絶、隔年、隔離、隔月、間隔

かく　閣⁶〔カク〕　例閣議、閣僚、内閣、組閣、天守閣、神社仏閣

かく　確⁵〔カク　たしか・たしかめる〕　例確率、確認、確実、確定、正確、的確

かく　獲〔カク　える〕　例獲得、漁獲高、濫獲、捕獲

かく　嚇〔カク〕　例嚇怒、威嚇

かく　穫〔カク〕　例収穫

かく　欠く　⊗欠く　例条件を～。

かく　書く　⊗書く　例字を～。

かく　描く　⊗描く　例油絵を～。

囲「書く・描く」の使い分けは、「「異字同訓」の漢字の使い分け」参照。

かく　かく〈斯く〉　例～も悲惨な…。

かく　かく〈搔く〉　例かゆい所を～。

かぐ　嗅ぐ　文嗅ぐ　例香りを～。

がく　学¹（學）〔ガクまなぶ〕　例学習、学校、医学、科学、大学、留学

がく　岳（嶽）〔ガクたけ〕　例岳父、山岳、富岳八景

がく　楽²（樂）〔ガク・ラクたのしい・たのしむ〕　例楽譜、楽隊、楽器、音楽、能楽、楽の音　囲神楽（かぐら）

がく　額⁵〔ガクひたい〕　例額面、額縁、金額、巨額、増額、前額部

がく　顎〔ガクあご〕　例顎関節、上顎部

がく　がく〈萼〉　例花の～。

かくあげ　格上げ　文格上げ　例星一つから二つに～する。

かくい　各位　例会員の～。

かくう　架空　例～の物語。

かくおび　角帯

かくがり　角刈り　文角刈り　例～の頭。

がくかんせつ　顎関節

かくぎ　閣議　例～が行われる。

かくげつ　隔月　例～に集まる。

かくげん　格言　例～集。

かくご　覚悟　例～はできている。

かくさ　格差　例品質の～。

かくさ　較差　例気温の～。

かくざ　かく座〈擱坐〉　⇒座州・座礁　例船の～。～した車両。

かくさげ　格下げ　例債券の～。

かくし　客死　例～した友人。

かくじ　各自　例～の希望に沿う。

かくしき　格式　例～の高い旅館。

がくしき　学識　例～経験者。

かくしげい　隠し芸　文隠し芸

かくしごと　隠し事　文隠し事　例何か～をしている。

かくしだて　隠し立て　文隠し立て　例そう～をするな。

かくしつ　確執

かくじつ　確実　例当選は～だ。

かくして　かくして〈斯くして〉　例～二人は結ばれた。

かくしゃく　かくしゃく〈矍鑠〉　⇒元気・壮健・達者　例あの老

「異字同訓」の漢字の使い分け

かく
【書く】文字や文章を記す。
　　漢字を書く。楷書で氏名を書く。手紙を書く。小説を書く。日記を書く。
【描く】絵や図に表す。
　　油絵を描く。ノートに地図を描く。漫画を描く。設計図を描く。眉を描く。
　　　　　　　　　　　　　　　　　　　（平成26年文化審議会国語分科会）

　人はなお～としている。

かくしゅ　各種　例～の楽器。

かくしゅ　かく首〈鶴首〉　例吉報が届くのを～して待つ。

かくしゅ　かく首〈馘首〉　⇒解雇・免職　例～の撤回。

かくじゅう　拡充　例計画の～を図る。

がくしゅう　学習　例～塾。

がくじゅつ　学術　例～研究。

がくしょく　学殖　例～のある人。

かくしん　革新　例～的な考え。

かくしん　核心　例～に触れる。

かくしん　確信　例強い～を持つ。

かくす　隠す　文隠す　例本心を～。

かくする　画する〈劃する〉　例はっきりと一線を～ことはできない。

かくせい　覚醒　公覚醒

かくせいき　拡声器

かくせいざい　覚醒剤

かくぜん　画然〈劃然〉　例両者の間には～とした区別がある。

がくぜん　がく然〈愕然〉　例事実を聞いて～とする。

かくだい　拡大　例～して見る。

がくたい　楽隊　例～の演奏。

かくちょう　拡張　例～工事。

かくちょう　格調　例～が高い。

かくづけ　格付け　公文格付　建格付け

かくて　かくて〈斯くて〉　例～10年が過ぎ去った。

かくてい　確定　例当選が～した。

かくど　角度

かくとう　格闘〈搏闘〉　例難問と～する。

かくとく　獲得　例練習のかいあって待望の最優秀賞を～した。

かくにん　確認　例生存を～した。

かくねん　客年　⇒去年、昨年

かくねん　隔年　例～の行事。

かくはん　かくはん〈攪拌〉　⇒かき混ぜ・かき回し　例内容物を満遍なく～する。～機。

注「こうはん」の慣用読み。

かくはんのう　核反応

かくびき　画引き　文画引き　例～の索引。

がくふ　岳父

がくふ　楽譜　例～を書き写す。

かくふく　拡幅　例道路の～工事。

がくぶち　額縁　例絵を～に入れる。

かくべつ　格別　例～変わったこともない。今日は～暑い。

かくほ　確保　例信頼の～。

かくまう　かくまう〈匿う〉　例犯人を～と罰せられる。

がくや　楽屋　例～で一息付く。

がくやおち　楽屋落ち　文楽屋落ち

かぐら　神楽付　例祭礼の～。

かくらん　かく乱〈攪乱〉　⇒かき乱し　例人心の～を策する。

注「こうらん」の慣用読み。

かくり　隔離　例感染症患者を～す

付：付表の語　　×：表外字　　△：表外音訓　　〈　〉：参考表記　　⇒：言い換え等

る。

かくりつ　確立　例理論の〜。

かくりつ　確率　例成功の〜。

かくりょう　閣僚　例新〜の顔ぶれ。

がくれい　学齢　例〜に達する。

かくれが　隠れ家〈隠れ処〉　例犯人
　の〜を見付け出す。

かくれる　隠れる　文隠れる　例月
　が雲に〜。隠れた人材。

かくれんぼう　隠れん坊

かけ　欠け　文欠け　例〜がある皿。

かけ　掛け　文掛け　例〜で買う。

かけ　賭け　文賭け　例〜をする。

かげ　陰〈蔭〉　例建物の〜。

かげ　影〈翳〉　例障子に映る〜。
　注「陰・影」の使い分けは、「「異字同
　　訓」の漢字の使い分け」参照。

がけ　崖　公崖　例切り立った〜。

…がけ　…掛け　例３人〜のソファ
　ー。定価の８〜で買う。

かけあい　掛け合い　文掛け合い
　例値下げの〜。〜コール。

かけあいまんざい　掛け合い漫才

かけあう　掛け合う　文掛け合う
　例地主と〜。水を〜。

かけあし　駆け足　文駆け足　例駅
　から会社まで〜で行く。

かけうり　掛け売り　文掛け売り
　例〜は一切お断りしています。

かげえ　影絵〈影画〉

かけえり　掛け襟　文掛け襟

かけおち　駆け落ち　文駆け落ち
　例大恋愛の末〜する。

かけがい　掛け買い　例〜は、後の
　支払いが苦しい。

かけがえ　掛け替え　文掛け替え
　例〜のない命。〜のない地球。

かけがね　掛けがね・掛け金　文掛
　けがね　例開き戸の〜。

かけきん　掛け金　公文掛金　建掛
　け金　例〜の払い込み期日が来
　る。

かげぐち　陰口　例〜を言う。

かけくらべ　駆け比べ〈駆け競べ〉
　例あの電柱の所まで〜をしよう。

かけこ　掛け子・架け子　例〜から

――――「異字同訓」の漢字の使い分け ――――

かげ
【陰】光の当たらない所。目の届かない所。
　　山の陰。木陰で休む。日陰に入る。陰で支える。陰の声。陰口を利く。
【影】光が遮られてできる黒いもの。光。姿。
　　障子に影が映る。影も形もない。影が薄い。月影。影を潜める。
　　島影が見える。

（平成26年文化審議会国語分科会）

かか行

の詐欺の電話。
かけごえ　掛け声　[文]掛け声　[例]大きな～とともに持ち上げる。
かけごと　賭け事　[文]賭け事　[例]～に負ける。
かけことば　掛け言葉〈懸け詞〉　[例]～の面白み。
かけこみ　駆け込み　[例]～乗車。
かけこむ　駆け込む　[文]駆け込む　[例]発車１分前に駅に～。
かけざん　掛け算　[文]掛け算
かけじく　掛け軸　[文]掛け軸　[例]床の間に～を掛ける。
がけした　崖下
かけず　掛け図　[文]掛け図　[例]～について説明する。
かけすて　掛け捨て　[文]掛け捨て　[例]～の保険。
かけだし　駆け出し　[文]駆け出し　[例]彼はまだ～の新聞記者だ。
かけだす　駆け出す　[文]駆け出す　[例]校庭へ～。
かけぢゃや　掛け茶屋　[文]掛け茶屋　[例]峠の～で一休みする。
かけつける　駆け付ける　[例]知らせを聞いて～。
かけっこ　駆けっこ　[例]～しよう。
かけて　かけて　[例]展覧会は今月の半ばから来月に～開かれる。
かけどけい　掛け時計
かけとり　掛け取り　[文]掛け取り　[例]毎月のみそかに～が来る。
かげながら　陰ながら　[例]～御無事な旅を祈ります。
かけぬける　駆け抜ける　[例]路地を犬が～。
かけね　掛け値　[文]掛け値　[例]この話は～なしで本当だ。
かげのこえ　陰の声　[例]聴取者の皆さんには～でお知らせします。
かけはし　懸け橋・架け橋　[文]懸け橋　[例]両国友好の～となる。虹は空の～だ。
かけはなれる　掛け離れる・懸け離れる　[例]ＡとＢとを比べると、その実力はかなり～。
かけひき　駆け引き　[文]駆け引き　[例]彼は～がうまい。
かげひなた　陰ひなた〈陰日向〉　[例]～なく真面目に働く。
かけふだ　掛け札
かけぶとん　掛け布団〈掛け蒲団〉　[例]敷き布団と～。
かげふみ　影踏み　[例]～をして遊ぶ。
かげぼうし　影法師　[例]長い～。
かげぼし　陰干し〈陰乾し〉　[文]陰干し　[例]傘を～にする。
かけまわる　駆け回る　[文]駆け回る　[例]資料集めに～。子供たちが～。
かげむしゃ　影武者
かけもち　掛け持ち　[文]掛け持ち　[例]Ａ先生は、～の授業に忙しい。
かけもつ　掛け持つ　[例]学校を三つ～Ｂ教授。

かけもどる　駆け戻る　例忘れ物に
　気が付いて家に〜。

かけもの　掛け物　文掛け物　例床
　の間の〜を掛け換える。

かけよる　駆け寄る

かけら　かけら〈欠片〉　例ガラスの
　〜でけがをした。

かげり　陰り　文陰り　例景気に〜
　が見え始めた。

かける　掛〔かける・かかる・かかり〕

かける　欠ける　文欠ける　例注意
　に〜。

かける　駆ける〈駈ける〉　文駆ける
　例駅まで〜。

かける　掛ける　文掛ける　例3に
　5を〜。壁に額を〜。腰を〜。

かける　懸ける　文懸ける　例賞金
　を〜。

かける　架ける　文架ける　例鉄橋
　を〜。

かける　賭ける　文賭ける　例社運
　を賭けた大出版。大金を〜。

　注「掛ける・懸ける・架ける・賭ける」
　の使い分けは、「「異字同訓」の漢字
　の使い分け」p.127参照。

かける　かける〈翔る〉　例大空を〜。

かげる　陰る　文陰る　例日が〜。
　景気が〜。

かげろう　かげろう〈陽炎〉　例〜が
　燃える春の野。

かげん　加減　例〜乗除。

かげん　加減・かげん　例湯〜。味

〜。お〜はいかが。

かこ　過去　例〜の事件。

かご　籠　例〜の鳥。くず〜。

かご　かご〈駕籠〉　例大名の〜。

かこい　囲い　文囲い　例敷地の〜。

かこう　下降　例成績が〜する。

かこう　加工　例真珠の〜。

かこう　河口　例ナイル川の〜。

かこう　囲う　文囲う　例塀で〜。

かこうがん　花こう岩〈花崗岩〉
　⇒みかげ石・み影石

かこく　苛酷　例〜な仕事に耐える。

かこく　過酷　例〜な条件。

かこつ　かこつ〈託つ〉　例我が身の
　不遇を〜ばかりだ。

かこつける　かこつける〈託ける〉
　例病気にかこつけて休む。

かごばらい　過誤払い　公文過誤払
　建過誤払い

かこみ　囲み　文囲み　例〜を破っ
　て出る。〜記事。

かこむ　囲む　文囲む　例周りを〜。

かこん　禍根　例〜を残す。

かさ　傘　例〜を差す。日〜。

かさ　かさ〈笠〉　例三度〜。

かさ　かさ〈嵩〉　例〜のある品物。

かさい　火災　例〜を予防する。

かざかみ　風上　例〜に逃げる。

かさく　佳作　例〜に入る。

かざぐるま　風車　例〜を回す。

かざす　かざす〈翳す〉　例手を〜。

かさたて　傘立て　文傘立て

か行

かさなりあう　重なり合う　例山々が重なり合って見える。

かさなる　重なる　⊗重なる　例二重に〜。うれしいことが〜。

かさね　重ね〈襲〉　例〜の羽織。

かさねあう　重ね合う

かさねがさね　重ね重ね・かさねがさね　例申し訳ありません。

かさねぎ　重ね着　⊗重ね着　例寒い日は〜をしてもまだ寒い。

かさねて　重ねて・かさねて　例なお、〜申し上げます。

かさねる　重ねる　⊗重ねる　例三つ〜。

かさばる　かさ張る〈嵩張る〉

かさぶた　かさぶた〈瘡蓋〉

かざみ　風見　例屋根の〜。

かさむ　かさむ〈嵩む〉　例予定よりかなり費用が〜。

かざむき　風向き　⊗風向き　例話の〜が変わる。

　　注「かぜむき」とも。

かざり　飾り　⊗飾り　例花の〜。

かざりだな　飾り棚　⊗飾り棚

かざりつけ　飾り付け　⊗飾り付け　例室内の〜をする。

かざる　飾る　⊗飾る　例花を〜。

かさん　加算

かざんばい　火山灰

かし　下肢　例〜が不自由だ。

かし　下賜

かし　河岸付　例舟を〜に着ける。

かし　菓子　例〜を食べる。

かし　歌詞　例〜が難しい。

かし　貸し　⊗貸し　例1,000円の〜。

かし　かし〈瑕疵〉　公瑕疵　⇒傷・欠陥　例少しの〜すら許されない。

　　注法令では、漢字をそのまま用いてこれに振り仮名を付ける。

かじ　鍛冶付　例〜屋。刀〜。

かじ　かじ〈舵〉　例船の〜。

がし　餓死

かしおり　菓子折り　例〜を持ってお礼に行く。

かしかた　貸し方　公⊗貸方

かじかむ　かじかむ　例手が〜。

かしかり　貸し借り　例これでもう〜はなくなった。

かしきり　貸し切り　公⊗貸切り　建貸し切り　例〜のバス。2階席は〜です。

かしきん　貸し金　公⊗貸金　建貸し金　例〜の取り立て。

かしぐ　かしぐ〈炊ぐ〉　⇒炊(た)く

かしぐ　かしぐ〈傾ぐ〉　例船が〜。

かしげる　かしげる〈傾げる〉　例首をかしげて考え込んでいる。

かしこ　かしこ〈彼処〉　例そこ〜にあるという品物ではない。

かしこい　賢い　⊗賢い　例彼は〜。

かしこがる　賢がる　⊗賢がる

かしこくも　かしこくも〈畏くも〉

かしこさ　賢さ　⊗賢さ

付：付表の語　×：表外字　△：表外音訓　〈　〉：参考表記　⇒：言い換え等

かしこし　貸し越し　公文貸越し
　建貸し越し　例ちょうど5,000
　円の〜だ。

かしこしきん　貸し越し金　公文貸
　越金　建貸し越し金　例〜の残
　高を調べる。

かしこまる　かしこまる〈畏まる〉
　例そう、かしこまらなくてよい。

かしさげ　貸し下げ　文貸し下げ

かししつ　貸し室　公文貸室　建貸
　し室　例手頃な〜を探す。

かしずく　かしずく〈傅く〉　例殿様
　に〜家来。お姫様に〜。

かしせき　貸し席　公文貸席　建貸
　し席

かしだおれ　貸し倒れ　公文貸倒れ
　建貸し倒れ　例あの金は結局〜
　になった。

かしだおれひきあてきん　貸し倒れ
　引き当て金　公文貸倒引当金
　建貸し倒れ引き当て金

かしだし　貸し出し　公文貸出し
　建貸し出し　例図書の〜をする。

かしだしがく　貸し出し額

かしだしきかん　貸し出し期間

かしだしきん　貸し出し金　公文貸
　出金　建貸し出し金　例〜がま
　だ余っている。

かしだしだか　貸し出し高

かしだしひょう　貸し出し票
　公文貸出票　建貸し出し票　例
　〜の整理をする。

かしだしほ　貸し出し簿

かしだす　貸し出す　文貸し出す
　例本を〜。

かしち　貸し地　公文貸地　建貸
　地

かしちん　貸し賃　文貸賃　建貸
　賃　例お貸ししますが、〜は頂
　きます。

かしつ　過失　例故意と〜。

かじつ　果実　例〜の収穫。

かしつき　加湿器

かしつけ　貸し付け　公文貸付け
　建貸し付け

かしつけきかん　貸付期間

かしつけきん　貸付金　公文貸付金

かしつけざんだか　貸付残高

かしつける　貸し付ける　例開店の
　資金を〜。1,000万円まで〜。

かして　貸し手　文貸手　建貸し手

かじとり　かじ取り〈舵取り〉　文か
　じ取り　例話の〜が難しい。

かしぬし　貸し主　公文貸主　建貸
　し主

かしぶとん　貸し布団〈貸し蒲団〉
　例〜を借りてくる。

かしぶね　貸し船　公文貸船　建貸
　し船

かしほん　貸し本　公文貸本　建貸
　し本

かしま　貸し間　公文文貸間　建貸
　間　例安くて日当たりの良い〜
　を見付けた。

かしましい　かしましい〈囂しい・
姦しい〉　⇒うるさい・やかま
しい

かしみせ　貸し店

かじみまい　火事見舞い　例親類の
〜に行く。

かしや　貸家　公文貸家

かじや　鍛冶屋

かしゃく　仮借　例〜ない取り立て。

かしゃく　かしゃく〈呵責〉　⇒責め
苦・苦悩　例良心の〜を覚える。

かしゅ　歌手　例流行歌の〜。

かじゅ　果樹　例〜園。

がしゅ　雅趣

かしゅう　歌集　例自選の〜。

かじゅう　果汁　例〜飲料。

かじゅう　荷重　例〜試験。

がしゅう　我執　例〜の強い男。

がじゅく　画塾　例〜を開く。

かしょ　箇所・か所〈個所〉　例修正
の〜は赤鉛筆で願います。

注単独で「かしょ」と使うときは「箇
所」、「○かしょ」と数字の後に使う
ときは「か所」を使う。ただし「何」
に付くときは「何箇所」となる。

かしょう　仮称

かしょう　過小　例〜評価。

かしょう　過少　例所得額を〜に申
告する。〜申告加算税。

かじょう　過剰　例サービス〜。

かじょう　箇条・か条〈個条〉　例〜
ごとに行を改めて書く。

がじょう　賀状　例〜をもらう。

がじょう　牙城　例相手の〜に迫る。

かじょうがき　箇条書き〈個条書き〉
　公文箇条書　建箇条書き

かしょうりょく　歌唱力

かしょくのてん　華しょくの典〈華
燭の典〉　⇒結婚式

かしら　頭　例〜に霜を頂く。とび
職の〜。目頭。尾〜付き。

かしらもじ　頭文字　例氏名の〜。

かじりつく　かじり付く〈齧り付く〉
　例机に〜ようにして勉強する。

かじる　かじる〈齧る〉　例ねずみが
コードを〜。煎餅を〜。

かしわたしぎょう　貸し渡し業
　公文貸渡業　建貸し渡し業

かしわで　かしわ手〈拍手・柏手〉
　例神前で〜を打つ。

かしわもち　かしわ餅〈柏餅〉

かしん　過信　例実力を〜する。

かじん　佳人

がしんしょうたん　が薪しょう胆
〈臥薪嘗胆〉　例〜幾星霜…。

かす　貸す　文貸す　例金を〜。

かす　かす〈粕・糟〉　例酒の〜。

かす　かす〈滓〉　例〜がたまる。

かず　数　例〜が足りない。

かすか　かすか〈微か・幽か〉　例〜
に見える。〜な音がする。

かすがい　かすがい〈鎹〉　例「子は
夫婦の〜」と言う。

かずかぎりない　数限りない　例〜

いなごの大群。

かずかず　数々　例〜の土産話。

かすづけ　かす漬け〈粕漬け〉　文かす漬け

かずのこ　数の子　例〜を食べる。

かすみ　かすみ〈霞〉　例〜か雲か。

かすむ　かすむ〈霞む〉　例空がかすんでいる。

かすめる　かすめる〈掠める〉　例人の目を〜。財布を〜。

かずら　かずら〈葛・蔓〉　例つたや〜が一面に生い茂っている。

かすり　かすり〈飛白・絣〉　例〜の着物を着る。

かすりきず　かすり傷〈擦り傷・掠り傷〉　例ほんの〜だ。

かする　化する　例一筋の煙と〜。

かする　科する　文科する　例罰金を〜。

かする　嫁する　文嫁する　例実業家に〜。部下に責任を〜。

かする　課する　文課する　例重税を〜。

かする　かする〈擦る・掠る〉　例耳元を〜。

がする　賀する　文賀する　例新春を〜。

かせ　かせ〈枷〉　例〜をはめる。

かぜ　風　例強い〜。〜が吹く。

かぜ　風邪囲　例〜を引く。

かぜあたり　風当たり　文風当たり　例世間の〜が強い。

かせい　加勢　例一方に〜する。

かせい　家政　例〜学。

かせいがん　火成岩

かせいソーダ　苛性ソーダ

かせき　化石　例生きた〜。

かせぎ　稼ぎ　文稼ぎ

かせぎだか　稼ぎ高　文稼ぎ高

かせぎにん　稼ぎ人　文稼ぎ人

かぜぎみ　風邪気味

かせぐ　稼ぐ　文稼ぐ　例生活費を〜。

かぜぐすり　風邪薬　例〜を飲む。

かぜけ　風邪気　例少々〜だ。

かせつ　仮設　例〜の舞台。

かせつ　仮説　例〜を立てる。

かせつ　架設　例電話の〜工事。

かぜとおし　風通し　文風通し　例〜が悪い。

かぜひき　風邪引き　文風邪引き　例学級には〜が３人いる。

かぜむき　風向き　例〜が変わる。　注「かざむき」とも。

かぜよけ　風よけ〈風除け〉　例家の北側に〜の木を植える。

かせん　化繊　例〜の着物。

かせん　河川　例〜の増水。

がせん　画仙　例歌仙と〜。

がぜん　が然〈俄然〉　⇒突然・にわかに・急に・突如　例〜張り切る。事情は〜好転した。

がせんし　画仙紙

かそう　火葬　例〜場。

かそう　仮装　例〜行列。

かそう　仮想　例〜現実。

がぞう　画像　例〜情報。

かぞえあげる　数え上げる

かぞえうた　数え歌

かぞえどし　数え年　文数え年
　　例〜で五つ。

かぞえる　数える　文数える　例指
　　を折って〜。日数を〜。

かぞく　家族　例〜愛。四人〜。

かそせい　可塑性

かた　潟⁴〔かた〕

かた　潟　例干潟。

かた　片　例〜や○○、〜や△△。

かた　形　文形　例ハート〜。新し
　　い〜の作品。

かた　型　文型　例〜紙。
　　注「形・型」の使い分けは、「「異字同
　　訓」の漢字の使い分け」参照。

かた　肩　例〜の張った人。

かた　過多　例情報〜。胃酸〜。

かた　方　文方　例この〜がAさん
　　だ。あっせん〜。

…かた〔接尾語〕　…方　文…方
　　例先生方。あなた方。

かたあげ　肩上げ　文肩上げ　例〜
　　が取れる。

かたい　下たい〈下腿〉　例〜部。

かたい　堅い　文堅い　例〜約束。

かたい　固い　文固い　例〜団結。

かたい　硬い　文硬い　例表現が〜。
　　注「堅い・固い・硬い」の使い分けは、

「異字同訓」の漢字の使い分け

かた

【形】目に見える形状。フォーム。
　　ピラミッド形の建物。扇形の土地。跡形もない。柔道の形を習う。
　　水泳の自由形。

【型】決まった形式。タイプ。
　　型にはまる。型破りな青年。大型の台風。2014年型の自動車。血液型。
　　鋳型。

かたい

【堅い】中身が詰まっていて強い。確かである。
　　堅い材木。堅い守り。手堅い商売。合格は堅い。口が堅い。堅苦しい。

【固い】結び付きが強い。揺るがない。
　　団結が固い。固い友情。固い決意。固く信じる。頭が固い。

【硬い】（⇔軟らかい）。外力に強い。こわばっている。
　　硬い石。硬い殻を割る。硬い表現。表情が硬い。
　　選手が緊張で硬くなっている。

（平成26年文化審議会国語分科会）

「「異字同訓」の漢字の使い分け」
p.140参照。

かたい　難い　文難い　例想像に難
　　くない。

…がたい　…難い　例要求は認め～。
　注「動詞＋がたい」は漢字の「難い」で
　　表記する。

かだい　過大　例～評価。

かだい　課題　例～の解決。

かたいじ　片意地　例～を張る。

かたいっぽう　片一方

かたいなか　片田舎

かたえぞめ　型絵染　公文型絵染

がたおち　がた落ち　例主力選手が
　　抜け、戦力は～だ。

かたおもい　片思い　文片思い
　　例初恋は～に終わった。

かたがき　肩書き　公文肩書

かたかけ　肩掛け

かたがた　かたがた〈旁々〉　文かた
　　がた　例お知らせ～お願いまで。

かたかな　片仮名　例～で書く。

かたがみ　型紙　例スカートの～。

かたがわ　片側　例～通行。

かたがわり　肩代わり　文肩代わり
　　例債務を～する。

かたき　敵〈仇〉　例親の～。

かたぎ　堅気　例～になる。

かたぎ　かたぎ〈気質〉　例職人～。

かたきうち　敵討ち〈仇討ち〉　文敵
　　討ち

かたきどうし　敵同士〈仇同士〉

例あの二人はまるで～のようだ。

かたきやく　敵役　例～に回る。

かたく　仮託　例例え話に～する。

かたく　家宅　例～捜索。

かたくな　かたくな〈頑な〉　例彼に
　　は少し～なところがある。

かたくりこ　かたくり粉〈片栗粉〉

かたくるしい　堅苦しい　文堅苦し
　　い　例そんな～話はよそう。

かたことまじり　片言交じり　文片
　　言交じり　例～の日本語。

かたこり　肩凝り　文肩凝り　例今
　　日は特に～がひどい。

かたさ　固さ　文固さ　例練りの～。

かたさ　硬さ　文硬さ　例岩石の～。

かたじけない　かたじけない〈辱い・
　　忝い〉　文かたじけない　例お
　　気持ちは大変～。

かたず　固唾付　例結果はどうかと
　　一同～をのんで見守っている。

かたすかし　肩透かし　文肩透かし
　　例あっさり～を食わせる。

かたすみ　片隅　例廊下の～。

かたずみ　堅炭　例～は起こしにく
　　いが、火持ちが良い。

かたち　形　例～が崩れる。～ばか
　　り。奇妙な～。

かたちづくる　形作る・形造る・形
　　づくる　例穏和な性格を～。

かたづく　片付く・片づく　文片付
　　く

かたづける　片付ける・片づける

⊗片付ける　囫室内を〜。

かたっぱし　片っ端　囫問題を〜から片付ける。

かたっぽう　片っ方　囫靴下のもう〜が見付からない。

かたつむり　かたつむり〈蝸牛〉

かたて　片手　囫〜を挙げる。

かたてま　片手間　囫〜の仕事。

かたとき　片時・片とき　囫〜も忘れないでいる。

かたどる　かたどる〈象る・模る〉　囫富士山をかたどったマーク。

かたな　刀　囫〜を差す。

かたなし　形なし〈形無し〉　囫こんなことにまごつくとは彼も〜だ。

かたねり　固練り　囫〜の石けん。このようかんは〜だ。

かたはし　片端　囫問題を〜から解決してゆく。

かたほう　片方　囫手袋の〜がない。

かたまり　塊・固まり　⊗塊　囫氷の〜。欲の〜。

かたまる　固まる　⊗固まる

かたみ　片身　囫魚の〜。

かたみ　形見　囫父の〜を分ける。

かたみ　肩身　囫〜が狭い思い。

かたむき　傾き　⊗傾き　囫船の〜。

かたむく　傾く　⊗傾く　囫船が〜。

かたむける　傾ける　⊗傾ける　囫努力を〜。

かため　堅め　囫守備は〜。

かため　固め　⊗固め　囫〜の杯。

地固め。

かため　硬め　囫表現が〜だ。
注「形容詞＋め」は原則として「〜め」。

かためる　固める　⊗固める　囫基礎を〜。

かたやぶり　型破り　⊗型破り　囫〜な性格。

かたよせる　片寄せる　囫机を〜。

かたより　偏り　⊗偏り　囫政策に〜がある。知識の〜。

かたよる　偏る　⊗偏る　囫意見が一方に〜。偏った意見の持ち主。

かたらい　語らい　⊗語らい　囫楽しい〜。

かたらう　語らう　⊗語らう　囫友と〜。

かたり　語り　囫ただ今の〜は、○○○○氏でした。

かたり　かたり〈騙り〉　囫ゆすり、〜を厳重に取り締まる。

かたりあう　語り合う　⊗語り合う　囫腹蔵なく〜。

かたりあかす　語り明かす

かたりぐさ　語り草〈語り種〉　⊗語り草　囫末代までの〜になる。

かたりて　語り手　⊗語り手　囫民話の〜。

かたりもの　語り物　⊗語り物

かたる　語る　⊗語る　囫生い立ちを〜。

かたる　かたる〈騙る〉　囫名を〜。

かたわら　傍ら〈側ら〉　⊗傍ら

[例]ベッドの～にスタンドを置く。ラジオを聞く～手紙を書く。
かたわれ　片割れ　[文]**片割れ**　[例]賊の～が捕まった。
かたわれづき　片割れ月　[文]**片割れ月**
かたん　下端　[例]崖の～。
かたん　荷担・加担　[例]悪事に～する。
[注]新聞では、「加担」と書く。
かだん　花壇　[例]～に花を植える。
かだん　果断　[例]～な処置を施す。
かち　価値　[例]～判断をする。
かち　勝ち　[文]**勝ち**　[例]僕の～だ。
かち　かち〈徒〉　[例]川を～で渡る。
…がち〔接尾語〕　**…がち**〈…勝ち〉　[文]**…がち**　[例]曇り～の天気。遠慮～に言う。
かちあう　かち合う〈搗ち合う〉　[例]欠席できない会議が～。
かちいくさ　勝ち戦　[文]**勝ち戦**
かちうん　勝ち運　[例]～に乗って敵に大差で勝った。
かちき　勝ち気　[文]**勝ち気**　[例]彼はなかなか～だ。
かちく　家畜　[例]～を飼育する。
かちこす　勝ち越す
かちすすむ　勝ち進む
かちづける　価値付ける
かちっぱなし　勝ちっ放し　[例]12日間～の力士。
かちどき　勝ちどき〈勝ち鬨〉
かちなのり　勝ち名乗り　[例]～を上げて、にっこり笑った。
かちぬく　勝ち抜く　[例]決勝まで～。
かちほこる　勝ち誇る　[例]勝ち誇ったような顔。
かちぼし　勝ち星　[文]**勝ち星**　[例]～がない。
かちまけ　勝ち負け　[文]**勝ち負け**　[例]～の判定。
かちみ　勝ちみ〈勝ち味〉　[文]**勝ちみ**　[例]この調子では到底～はない。
かちめ　勝ち目・勝ちめ　[例]相手が彼では～はなさそうだ。
[注]「動詞＋め」は[文]では漢字の「目」で表記する。
かちゅう　渦中　[例]事件の～。
かっ　合2〔ゴウ・ガッ・カッ／あう・あわす・あわせる〕　[例]合戦
かつ　括〔カツ／—〕　[例]括弧、一括、包括、総括、概括
かつ　活2〔カツ／—〕　[例]活動、活字、活力、生活、快活、活を入れる
かつ　喝(喝)〔カツ／—〕　[例]喝破、一喝、大喝一声、恐喝
かつ　渇(渴)〔カツ／かわく〕　[例]渇望、渇水、枯渇、岩清水に渇を癒やす
かつ　割6〔カツ／わる・わり・われる・さく〕　[例]割愛、割拠、割譲、分割
かつ　葛〔カツ／くず〕　[例]葛藤
かつ　滑〔カツ・コツ／すべる・なめらか〕　[例]滑走、滑降、円滑、平滑、潤滑油
かつ　褐(褐)〔カツ／—〕　[例]褐色、茶褐色

か行

かつ　轄〔^{カツ}〕　例管轄、所轄、直轄

かつ　且〔_{かつ}〕　例驚き且つ喜ぶ

かつ　勝つ　⊠勝つ　例相手に〜。

かつ〔接続詞〕　かつ・且つ　公⊠かつ　例学び、〜遊ぶ。

がっ　合²〔^{ゴウ・ガッ・カッ}_{あう・あわす・あわせる}〕　例合併、合唱、合評、合点

　注「合点」は、「がてん」とも。

がつ　月¹〔^{ゲツ・ガツ}_{つき}〕　例正月、九月、年月日　付五月(さつき)、五月雨(さみだれ)

かつあい　割愛　例資料を〜する。

かつえる　かつえる〈飢える・餓える〉　⇒飢(う)える　例娯楽に〜。

かつおぶし　かつおぶし〈鰹節〉

がっか　学科　例文科系の〜。

かっき　活気　例〜のある会社。

がっき　楽器　例〜による演奏。

かっきづく　活気付く・活気づく　例業界が〜。

かっきてき　画期的〈劃期的〉　⊠画期的

がっきゅう　学究　例〜肌の人。

かっきょ　割拠　例群雄〜。

かつぐ　担ぐ　⊠担ぐ　例荷物を〜。肩で〜。人を〜。縁起を〜。

かっくう　滑空　例〜訓練。

かっけ　かっけ〈脚気〉

かっけつ　かっ血〈喀血〉　例二度も三度も、ひどく〜した。

かっこ　括弧　⊠括弧　例〜でくく

る。〜内に書き入れる。かぎ〜。

かっこ　確固〈確乎〉　例〜たる決意の表明。〜不動の姿勢。

かっこう　格好・かっこう　例おかしな〜をしている。

かっこう　滑降　例斜面を〜する。

がっこう　学校

がっこうい　学校医

がっこうしかい　学校歯科医

がっこうやくざいし　学校薬剤師

かっさい　喝采　例みんなの〜を浴びる。

がっさん　合算　例給料と手当を〜した額。

かつじ　活字　例〜で印刷する。

がっしゅく　合宿　例〜練習。

がっしょう　合唱　例校歌の〜。

がっしょう　合掌　例仏前で〜する。〜造り。

かっしょく　褐色　例〜の肌。

かっすい　渇水　例水源地の〜。

かっせい　活性　例地域社会の〜化。

かっせん　合戦　例川中島の〜。

かっそう　滑走　例飛行機の〜。

がっそう　合奏　例独奏と〜。

かったつ　かったつ〈闊達〉　例彼は〜な性分である。

がっち　合致　例目的に〜する。

かっちゅう　かっちゅう〈甲冑〉　例〜に身を固めた武士。

かって　勝手　⊠勝手　例お〜。〜なことをするな。使い勝手。

付:付表の語　×:表外字　△:表外音訓　〈　〉:参考表記　⇒:言い換え等

かつて　かつて〈曽て・×嘗て〉　㊊か
つて　㋷いまだ～聞いたことが
ない。
　⊞「かって」とも。

かってぐち　勝手口　㊊勝手口
　㋷～に回る。

かってに　勝手に　㊊勝手に　㋷～
しろ。～使う。

がってん　合点　㋷よし、～だ。
　⊞「がてん」とも。

かっとう　葛藤　㊊葛藤　㋷長い間
の～がやっと解決した。

かつどう　活動　㋷サークルで～す
る。～家。～状況。

かっとばす　かっ飛ばす　㋷見事な
ホームランを～。

かっぱ　喝破　㋷真理を～する。

かっぱ　かっぱ〈合羽〉　㋷ひどい吹
き降りなので～を着て出る。

かっぱ　かっぱ〈河童〉　㋷～の川流
れ。

かっぱつ　活発〈活×溌〉　㊊活発
　㋷～な子。

かっぱらい　かっ払い〈×掻っ払い〉
　㋷～の横行に御注意ください。

かっぱらう　かっ払う〈×掻っ払う〉
　㋷尾行してハンドバッグを～。

かっぷ　割賦　㋷～販売。

かっぷく　かっぷく〈×恰幅〉　⇒押し
出し　㋷～のよい人。

がっぺい　合併　㋷両会社が～して、
新会社を設立する。

かつぼう　渇望　㋷世界平和を～す
る。…を～してやまない。

かっぽう　かっぽう〈割烹〉　⇒料理
　㋷～着。～店。

かつもく　かつ目〈×刮目〉　⇒注目
　㋷これは～すべき発明だ。

かつら　かつら〈桂〉　㋷～の木。

かつら　かつら〈×鬘〉　㋷～をかぶる。

かつりょく　活力　㋷～を養う。

かて　糧　㋷日々の～にも困る。

かてい　仮定　㋷～の話。

かてい　家庭　㋷～料理。

かてい　過程　㋷生産の～。

かてい　課程　㋷教育～を改める。

がてん　合点　㋷～が行く。独り～。
早～。
　⊞「がってん」とも。

かど　角　㋷横丁の～を曲がる。言
葉に～がある。～が取れる。

かど　門　㋷笑う～には福来る。

かど　過度　㋷～に働く。

かど　かど〈×廉〉　㋷彼は…の～によ
って戒告を受けた。

かどう　華道〈花道〉　㋷～の家元。

かどう　稼働〈稼動〉　㋷～日数。

かとき　過渡期　㋷～における取り
扱い。これは～の現象である。

かどぐち　門口　㋷～まで送る。

かどだつ　角立つ　㋷それを言うと
～からやめておく。

かどづけ　門付け　㊊門付け　㋷～
の芸能人はほとんどいなくなっ

か行

か行

た。

かどで　門出〈首途〉　囫晴れの〜。

かどなみ　門並み　㊛門並み　囫〜に国旗が立ててある。

かどまつ　門松　囫正月に〜を立てる。

かとりせんこう　蚊取り線香　㊛蚊取り線香　囫〜をつける。

かどわかす　かどわかす〈拐かす・勾引かす〉

かな　仮名囲　㊛仮名　囫漢字と〜。

かな　かな〈哉〉　囫美しき〜日本の四季。惜しい〜。

かない　家内　囫〜安全。〜の話では…。

かなう　かなう〈協う・適う・叶う・敵う〉　㊛かなう　囫願いが〜。目的に〜。〜相手ではない。

かなえ　かなえ〈鼎〉　囫〜の軽重を問う。

かなえる　かなえる〈適える・叶える〉　囫願いを〜。

かながき　仮名書き　㊛仮名書き　囫接続詞を〜にする。

かなきりごえ　金切り声　㊛金切り声　囫〜で叫ぶ。

かなぐ　金具　囫〜を取り付ける。

かなしい　悲しい　㊛悲しい　囫そんな〜ことを言うな。大層〜。

かなしがる　悲しがる　㊛悲しがる　囫犬の死を〜。

かなしげ　悲しげ　㊛悲しげ　囫い

かにも〜な声を出す。

かなしさ　悲しさ　㊛悲しさ　囫その〜は計り知れない。

かなしばり　金縛り　㊛金縛り　囫〜にあったように動けない。

かなしみ　悲しみ　㊛悲しみ　囫〜に堪える。

かなしむ　悲しむ　㊛悲しむ　囫深く〜。

かなた　かなた〈彼方〉　㊛かなた　囫海の〜からやって来た。

かなだらい　金だらい〈金盥〉

かなづかい　仮名遣い　㊛仮名遣い　囫〜の誤りを正す。歴史的〜。

かなつき　仮名付き　㊛仮名付き　囫〜の文章。

かなづち　金づち〈金槌〉　囫〜でたたく。水泳は全くの〜だ。

かなでる　奏でる　㊛奏でる　囫音楽を〜。

かなぼう　金棒　囫鬼に〜。

かなまじり　仮名交じり　㊛仮名交じり　囫〜文。

かなめ　要　㊛要　囫肝腎〜。

かなもの　金物

かならず〔副詞〕　必ず　㊞㊛必ず　囫〜来い。

かならずしも〔副詞〕　必ずしも　㊞㊛必ずしも　囫正しいとは〜言い切れない。

かなり〔副詞〕　かなり〈可成り・可也〉　㊞㊛かなり　囫〜上達し

囲:付表の語　×:表外字　△:表外音訓　〈　〉:参考表記　⇒:言い換え等

た。

かなわない　かなわない〈敵わない〉
　例力比べでは、到底彼には〜。

かに　かに〈蟹〉　例〜の甲羅。

かにゅう　加入　例会に〜する。

かね　金　例〜を借りる。

かね　鐘　例除夜の〜。

かねあい　兼ね合い　例遊びと勉強
　との〜が難しい。

かねいれ　金入れ　⊗金入れ

かねかし　金貸し　⊗金貸し

かねがね　かねがね〈兼ね兼ね・予々〉
　例〜悪いと思っていた。

かねぐり　金繰り　例どうにも〜が
　つかない。

かねじゃく　かね尺〈曲尺〉　例〜の
　1尺は鯨尺の8寸に当たる。

かねずく　金ずく〈金尽く〉　例〜で
　解決しようと思っても駄目だ。

かねそなえる　兼ね備える　例知と
　勇とを〜。

かねつ　加熱　例徐々に〜しないと
　爆発するおそれがある。

かねつ　過熱　例景気の〜。

かねづかい　金遣い　⊗金遣い
　例〜が荒い。

かねづつみ　金包み　⊗金包み

かねづまり　金詰まり　⊗金詰まり
　例〜になる。

かねづる　金づる〈金蔓〉　例〜を探
　す。

かねて　かねて〈予て〉　⊗かねて

例〜知らせておいたとおりだ。
　〜の懸念が現実となる。

…(し)かねない　…(し)かねない
　〈…(し)兼ねない〉　例あの人な
　らそういうこともし〜。

かねばなれ　金離れ　例〜がいい。

かねまわり　金回り　⊗金回り
　例最近〜はいいから心配するな。

かねめ　金目　例泥棒は、〜の物だ
　けを盗んでいった。

かねもうけ　金もうけ〈金儲け〉
　例〜をする。

かねもち　金持ち　⊗金持ち

かねる　兼ねる　⊗兼ねる　例議長
　を〜。

…(し)かねる　…(し)かねる〈…
　(し)兼ねる〉　例残念ながらそ
　ういうことはいたしかねます。

かねんせい　可燃性

かの　かの〈彼の〉　例〜高名な哲人。

かのう　可能　例実現が〜である。

かのう　化のう〈化膿〉　⇒うむこと
　例傷口が〜した。

かのこ　鹿の子　例〜絞りの手拭い。
　〜餅。

かのじょ　彼女　⊗彼女　例彼と〜。

かのなみだ　蚊の涙

かばう　かばう〈庇う〉　例相手を〜。

がはく　画伯　例〜の美人画。

かばしら　蚊柱　例〜が立つ。

かばね　かばね〈屍〉　⇒死体

かばやき　かば焼き〈蒲焼き〉　⊗か

　　ば焼き

かばん　かばん〈鞄〉　例手提げ～。

かはんすう　過半数　例～を得る。

かひ　可否　例～を問う。

かび　華美　例～な服装。

かび　かび〈黴〉　例～が生える。

かびくさい　かび臭い〈黴臭い〉
　　例この部屋は少し～。

かびる　かびる〈黴びる〉　例餅が～。

かびん　花瓶　例～に挿した花。

かふ　寡夫・寡婦　例～控除を受け
　　る。

かぶ　株⁶〔かぶ〕　例株式、大株主

かぶ　株　例切り～。お～を奪う。

かぶ　かぶ〈蕪〉　例～と大根。

かぶか　株価

かぶき　歌舞伎　例～を見る。

かふく　禍福　例～は表裏一体。

かぶけん　株券

かぶしき　株式　例～市場。

かぶせる　かぶせる〈被せる〉　例上
　　からすっぽりと～。土を～。

かふそく　過不足　例～を生じたと
　　きの対応。

かぶと　かぶと〈甲・兜・冑〉　例よ
　　ろい～に身を固めた武士。

かぶら　かぶら〈蕪・蕪菁〉

かぶり　かぶり〈頭〉　例～を振る。

かぶりつく　かぶり付く〈嚙り付く・
　　齧り付く〉　例がぶっと～。

かぶる　かぶる〈冠る・被る〉　例帽
　　子をあみだに～。頭から水を～。

かぶれる　かぶれる〈気触れる〉
　　例漆に～。革命思想に～。

かぶわけ　株分け　文株分け　例草
　　花の～。

かぶんにして　寡聞にして　例～そ
　　ういうことは知らない。

かべ　壁　例～を塗る。～紙。

かへい　貨幣　例～の流通。

がべい　画餅　例ついに～に帰した。

かべかけ　壁掛け　文壁掛け　例～
　　を飾る。

かべつち　壁土　例～をこねる。

かべぬり　壁塗り　文壁塗り　例～
　　の仕事。素人でも～ができます。

かべん　花弁

がほ　牙保
　　注法令では、用いない。

かほう　果報　例～は寝て待て。

かぼそい　か細い　例～声で言う。

かほんか　かほん科〈禾本科〉　⇒イ
　　ネ科　例稲は～の植物だ。

かま　釜〔かま〕　例釜飯、電気釜

かま　窯　例焼き物の～。
　　注「釜・窯」の使い分けは、「「異字同
　　　訓」の漢字の使い分け」p.149参照。

かま　鎌〔かま〕　例鎌首、鎌倉時代

かま　釜　例同じ～の飯を食う。

かま　鎌　例～を研ぐ。

かまう　構う　文構う　例余り～な。
　　費用は構わずに…。

かまえ　構え　文構え　例敵に備え
　　る～。

かまえる　構える　[文]構える　[例]上段に～。駅前通りに店を～。

がまぐち　がま口〈蝦蟇口〉　⇒金入れ・財布　[例]わに皮の～。

かまくび　鎌首　[例]蛇が～をもたげる。

かまくらじだい　鎌倉時代

かまくらぼり　鎌倉彫　[公][文]鎌倉彫

[注]工芸品の場合に限る。

かまち　かまち〈框〉　[例]上がりがまちに腰を掛ける。

かまど　かまど〈竈〉　[例]～で飯を炊く。～にまきをくべる。

かまびすしい　かまびすしい〈喧しい〉　⇒やかましい・うるさい　[例]何とも～工事の音。

かまぼこ　かまぼこ〈蒲鉾〉

かまもと　窯元　[例]～で買うと幾分安く手に入る。

かまゆで　釜ゆで〈釜茹で〉

かまわない　構わない　[文]構わない　[例]費用は多額でも～。

…(ても)かまわない　…(ても)かまわない　[文]…(て)もかまわない　[例]それは捨てても～。

がまん　我慢　[文]我慢　[例]もう～ができない。～強い人。

かみ　上　[例]どうぞもう少し～の方へ。川～。～半期。～の句。

かみ　神　[例]～に祈る。～の助け。

かみ　紙　[例]上質の～。～製品。

かみ　髪　[例]～を結う。

かみあう　かみ合う〈嚙み合う〉　[例]話がうまくかみ合わない。

かみあぶら　髪油

かみあらい　髪洗い　[文]髪洗い

かみいれ　紙入れ　[文]紙入れ　[例]～を落とす。

かみがかり　神懸かり〈神憑り〉　[例]今夜の演奏は～的だった。

かみかざり　髪飾り　[文]髪飾り　[例]かわいい～を付けた女の子。

かみがた　上方　[例]～の言葉。

かみきる　かみ切る〈嚙み切る〉　[例]肉を～。鋭い歯で～。

かみきれ　紙切れ　[文]紙切れ　[例]道路に～が舞っている。小さな～。

かみくず　紙くず〈紙屑〉　[例]～はく

「異字同訓」の漢字の使い分け

かま

【釜】炊飯などをするための器具。
　鍋と釜。釜飯。電気釜。風呂釜。釜揚げうどん。

【窯】焼き物などを作る装置。
　炭を焼く窯。窯元に話を聞く。登り窯。

（平成26年文化審議会国語分科会）

か行

か行

ず籠へ。〜同然の品。

かみくだく　かみ砕く〈嚙み砕く〉
　例ばりばり〜。かみ砕いて話す。

かみこなす　かみこなす〈嚙みこなす〉　例難解な文章を〜。

かみころす　かみ殺す〈嚙み殺す〉
　例猫がねずみを〜。あくびを〜。

かみざ　上座　例〜に座る。

かみさま　神様　例A氏は受験の〜と呼ばれる。

かみしばい　紙芝居　例〜を見る。

かみしめる　かみ締める〈嚙み締める〉　例よく〜とおいしい。先生の教えをよく〜。

かみしも　かみしも〈裃〉　例〜を着たようにしゃちほこばる。

かみそり　かみそり〈剃刀〉　例〜のような頭脳。〜を当てる。

かみだな　神棚　例〜に供える。

かみだのみ　神頼み　例「苦しい時の〜」ということもある。

かみつく　かみ付く〈嚙み付く〉
　例犬が〜。相手に〜。

かみづつみ　紙包み　⽂紙包み
　例大きな〜をぶら下げて帰る。

かみつぶす　かみ潰す〈嚙み潰す〉
　例種を〜。苦虫を〜。

かみて　上手　例舞台の〜から登場する。〜と下手。

かみなり　雷　例〜が鳴る。

かみのけ　髪の毛　例〜をすく。

かみばさみ　紙挟み　⽂紙挟み

かみぶくろ　紙袋　例〜に入れる。

かみもうで　神詣で

かみやすり　紙やすり〈紙鑢〉　例表面を細かい〜でこする。

かみゆい　髪結い　⽂髪結い　例〜の亭主。

かみよ　神代　例〜の物語。

かみわける　かみ分ける〈嚙み分ける〉　例酸いも甘いも〜。

かむ　かむ〈擤む〉　例鼻を〜。

かむ　かむ〈嚙む〉　例爪を〜。

かめ　亀　例鶴は千年〜は万年。〜の甲。

かめ　かめ〈甕〉　例大きな〜。

かめい　加盟　例連合会に〜する。

かめい　仮名　例〜で投書する。

かめん　仮面　例〜を剝ぎ取る。

かも　かも〈鴨〉　例〜の生息地。

かもい　かもい〈鴨居〉　例〜に頭をぶつける。敷居と〜。

かもく　科目　例勘定〜。

かもく　寡黙　例〜な人。

かもく　課目　例必修〜。

かもしだす　醸し出す　⽂醸し出す　例和やかな雰囲気を〜。

…かもしれない　…かもしれない〈…かも知れない〉　公⽂…かもしれない　例行く〜。やめる〜。
　围公用文では、「間違いかもしれない。」のように用いるときは、原則として、仮名で書く。

かもす　醸す　⽂醸す　例酒を〜。

囲:付表の語　×:表外字　△:表外音訓　〈　〉:参考表記　⇒:言い換え等

かもつ　貨物　例〜の輸送。〜駅。

かもん　渦紋　例水面に〜を描く。

かや　蚊帳付　例〜をつって寝る。

かやく　火薬　例〜を調合する。

かやぶき　かやぶき〈茅葺き〉　例〜の屋根。

かやり　蚊やり〈蚊遣り〉　例〜をたく。ほのかに立ち上る〜の煙。

かゆ　かゆ〈粥〉　例〜を食べる。

かゆい　かゆい〈痒い〉　例背中が〜。

かよい　通い　文通い　例〜の店員。

かよいちょう　通い帳　文通い帳

かよいつめる　通い詰める

かよう　歌謡　例上代〜の研究。

かよう　通う　文通う　例学校に〜。お互いに心が〜仲。

かよう　かよう〈斯様〉　例〜な不祥事は二度と起こさない。

かよく　寡欲　例〜な人。

かよわい　か弱い　例〜女性。

かよわす　通わす　文通わす　例息子を大学に〜。心を〜。

から　空　例財布が〜だ。〜元気。

から　唐　例〜の国。

から　殻　例弁当の〜を持ち帰る。

から　から　例大阪〜仙台まで。

がら　柄　例大〜な男。

からあげ　空揚げ・唐揚げ　文空揚げ　例とりの〜。

からい　辛い　文辛い　例唐がらしは〜。

からいばり　空威張り

からおり　唐織　文唐織

からかう　からかう　例むやみに人を〜ものではない。

からかさ　唐傘〈傘〉　例〜と洋傘。

からかみ　唐紙　例〜を閉める。

からから　からから　例喉が〜に渇く。〜と音を立てる。

からがら　からがら〈辛々〉　例命〜逃げ出してきた。

からくさもよう　唐草模様　例〜の風呂敷で包む。

からくじ　空くじ〈空籤〉　例〜なしの福引きです。

からぐるま　空車　例帰りは〜だ。注「くうしゃ」とも。意味が異なる場合がある。

からげる　からげる〈絡げる・紮げる〉　例着物の裾を〜。

からし　からし〈芥子〉　例〜漬けで茶漬けを一杯。

からす　枯らす　文枯らす　例木を〜。

からす　からす〈烏・鴉〉　例〜が鳴く日は天気が悪いという。

からす　からす〈嗄らす〉　例声を〜。

ガラスきり　ガラス切り　文ガラス切り

からすぐち　からす口〈烏口〉　例〜で墨入れをする。

ガラスばち　ガラス鉢

ガラスばり　ガラス張り　例〜の外交。

ガラスびん　ガラス瓶

からせき　空せき〈空咳〉　例〜をして合図する。

からだ　体〈身体・軀〉

からだつき　体つき〈体付き〉　例立派な〜を誇る。

からっかぜ　空っ風　例〜が吹く。

からっぽ　空っぽ　例中は〜だ。

からて　空手・唐手　例〜の練習。　囲新聞では、「空手」と書く。

からてがた　空手形　例〜の乱発。

からとう　辛党　例甘党と〜。

からばこ　空箱　例お菓子の〜。

からぶき　から拭き〈乾拭き〉　例毎日廊下を〜している。

からぶり　空振り　例〜の三振。

からほり　空堀〈空濠〉

からまる　絡まる　文絡まる　例つるが〜。

からまわり　空回り　文空回り　例会談は〜するばかりだ。

からみ　辛み・辛味　文辛み　例〜が増す。

からみあう　絡み合う　例複雑な利害関係が〜。

からみつく　絡み付く　文絡み付く　例太い木の幹につるが〜。

からむ　絡む　文絡む　例種々の事情が〜。

からめて　からめ手〈搦め手〉　例〜から攻める。

からめる　絡める　文絡める　例麺にソースを〜。

がらん　がらん〈伽藍〉　⇒お寺・寺院・仏閣・殿堂　例七堂〜。

かり　仮　文仮　例〜の処置。〜小屋。

かり　刈り　文刈り　例〜入れる。〜込み。

かり　狩り〈猟〉　文狩り　例山に〜に行く。

かり　借り　文借り　例5万円の〜がある。

かり　かり〈雁〉　例晩秋の空を〜がかぎ形になって渡っていく。

…かり　…狩り　文…狩り　例たか狩り。紅葉狩り。

かりあげ　借り上げ　例〜住宅。

かりあげりょう　借上料　例会場の〜。

かりあつめる　駆り集める　例急いで5人ばかり〜。

かりいぬ　狩り犬　文狩り犬

かりいれ　刈り入れ　文刈り入れ　例稲の〜。

かりいれ　借り入れ　公文借入れ　建借り入れ　例資金の〜をする。

かりいれきん　借入金　公文借入金

かりいれる　刈り入れる　例機械を使って稲を〜。

かりいれる　借り入れる　文借り入れる　例銀行から建築資金を〜。

かりうけ　借り受け　公文借受け　建借り受け

かりうけにん　借り受け人　公文借受人　建借り受け人

かりうける　借り受ける　文借り受ける　例図書を〜。100万円ばかり〜。

かりかえ　借り換え　公文借換え　建借り換え

かりかし　借り貸し　文借り貸し　例〜無し。

かりかた　借り方　公文借方　建借り方

かりかぶ　刈り株　例〜にすずめが止まっている。

がりがり　がりがり　例そう〜勉強をするな。〜に痩せる。

かりぎ　借り着　文借り着　例何を隠そう、これは〜だ。

かりきる　借り切る　文借り切る　例劇場を〜。

かりこし　借り越し　文借り越し　例結局5,000円の〜になった。

かりこしきん　借り越し金　公文借越金　建借り越し金　例預金残高を超えて小切手を振り出したため〜が生じた。

かりこみ　刈り込み　文刈り込み　例〜ばさみ。

かりこみ　狩り込み

かりこむ　刈り込む　文刈り込む　例庭木を〜。

かりごや　仮小屋　例〜を建てる。

かりしょぶん　仮処分　例差押えの

〜を決定する。

かりずまい　仮住まい〈仮住居〉　文仮住まい　例ほんの一時の〜。

かりそめ　仮初め　例〜にもそれを言うな。〜の病。

かりたおす　借り倒す　例親類、知人から金を〜。

かりだす　狩り出す　例うさぎを〜。

かりだす　駆り出す　例人を〜。

かりたてる　駆り立てる　文駆り立てる

かりち　借り地

かりちん　借り賃　例〜を払う。

かりっぱなし　借りっ放し　例1年間〜にする。

かりて　借り手　文借り手　例〜を探す。

かりとじ　仮とじ〈仮綴じ〉　例この本は〜で製本してある。

かりとり　刈り取り　公文刈取り　建刈り取り

かりとりき　刈り取り機　公文刈取機　建刈り取り機

かりとる　刈り取る　例稲を〜。

かりに　仮に・かりに　文仮に　例〜そうだとしておこう。

かりぬい　仮縫い　文仮縫い　例洋服の〜。

かりぬし　借り主　公文借主　建借り主

かりば　狩り場　文狩り場

かりばらい　仮払い　例〜金。

かりぶしん　仮普請　例〜だから雨漏りくらいは仕方がない。

かりもの　借り物　文借り物　例〜競走。

かりや　借り家

かりゅう　下流

がりゅう　我流　例〜で泳ぐ。

かりゅうかい　花柳界

かりゅうど　かりゅうど〈狩人・猟人〉　⇒猟師

かりょう　科料　例交通違反の〜。

かりょう　過料　例届け出を怠った場合に〜が科される。

がりょう　がりょう〈臥竜〉

かりる　借りる　文借りる　例参考書を〜。

かりわたしきん　仮り渡し金　公文仮渡金　建借り渡し金

かる　刈〔かる〕　例羊毛を刈る

かる　刈る　文刈る　例稲を〜。刈り入れ。

かる　狩る　文狩る　例うさぎを〜。

かる　駆る　文駆る　例馬を〜。

かるい　軽い　文軽い　例〜仕事。

かるがるしい　軽々しい　文軽々しい　例〜行い。

かるがると　軽々と　文軽々と　例〜持つ。

かるた　かるた〈歌留多・骨牌〉

かるたるい　かるた類　公かるた類　注法令では、「骨牌」は用いない。「かるた類」を用いる。

かるはずみ　軽はずみ

かるやき　軽焼き　文軽焼き

かるわざ　軽業　例〜を見に行く。

かれ〔代名詞〕　彼　公文彼　例〜と彼女。

かれい　かれい〈鰈〉

かれえだ　枯れ枝　文枯れ枝

かれき　枯れ木　文枯れ木　例〜を切り倒す。

がれき　瓦れき・がれき〈瓦礫〉　注新聞では、「がれき」と書く。

かれくさ　枯れ草　文枯れ草

かれこれ　かれこれ〈彼此〉　例もう〜6時になるだろう。

かれつ　苛烈　文苛烈　例〜な戦い。

かれの　枯れ野　文枯れ野　例〜を駆け回る。

かれは　枯れ葉　文枯れ葉　例〜の舞う季節。

かれら　彼ら〈彼等〉　文彼ら　例〜の言い分にも一理がある。

かれる　枯れる　文枯れる　例木が〜。芸が〜。

かれる　かれる〈涸れる〉　例水が〜。

かれる　かれる〈嗄れる〉　例声が〜。

かれん　かれん〈可憐〉　⇒いじらしい様子・かわいらしい様子

がろう　画廊　例〜を見て歩く。

かろうじて〔副詞〕　辛うじて・かろうじて　公文辛うじて　例〜間に合った。

かろやかだ　軽やかだ　文軽やかだ

注:付表の語　×:表外字　△:表外音訓　〈　〉:参考表記　⇒:言い換え等

[例]動きが～。
かろんずる　軽んずる　[文]軽んずる　[例]命を～。
かわ　川　[例]～の流れ。
かわ　河　[例]白～夜船。
かわ　皮　[例]一～むく。化けの～。
かわ　革　[例]～のかばん。
[注]「皮・革」の使い分けは、「「異字同訓」の漢字の使い分け」参照。
がわ　側　[例]向こう～。
かわあそび　川遊び　[文]川遊び
かわいい　かわいい〈可愛い〉　[例]～赤ちゃん。まあ、～。
かわいがる　かわいがる〈可愛がる〉
かわいそう　かわいそう〈可哀相・可哀想〉　[例]～に思う。
かわいらしい　かわいらしい〈可愛らしい〉　[例]～顔つき。
かわうお　川魚　[例]～の料理。
かわおび　革帯　[例]～を腰に巻く。
かわかす　乾かす　[文]乾かす　[例]火で～。
かわかみ　川上　[例]～と川下。
かわき　乾き　[例]洗濯物の～が遅い。
かわき　渇き　[文]渇き　[例]喉の～。
かわぎし　川岸　[例]舟を～に着ける。
かわきり　皮切り　[文]皮切り　[例]余興の～は先輩の隠し芸だ。
かわく　乾く　[文]乾く　[例]洗濯物が～。
かわく　渇く　[文]渇く　[例]喉が～。
[注]「乾く・渇く」の使い分けは、「「異字同訓」の漢字の使い分け」参照。
かわぐ　革具
かわぐつ　革靴　[例]～を履く。
かわごえ　川越え
かわごし　川越し　[文]川越し　[例]～に見る。
かわざんよう　皮算用　[例]捕らぬたぬきの～。

「異字同訓」の漢字の使い分け

かわ
【皮】動植物の表皮。本質を隠すもの。
　虎の皮。木の皮。面の皮が厚い。化けの皮が剝がれる。
【革】加工した獣の皮。
　革のバンド。革製品を買う。革靴。なめし革。革ジャンパー。革細工。

かわく
【乾く】水分がなくなる。
　空気が乾く。干し物が乾く。乾いた土。舌の根の乾かぬうちに。
【渇く】喉に潤いがなくなる。強く求める。
　喉が渇く。渇きを覚える。心の渇きを癒やす。親の愛情に渇く。
（平成26年文化審議会国語分科会）

か行

かわしも　川下

かわす　交わす　⊗交わす　例挨拶
　を〜。

かわせ　為替団　⊗為替　例〜相場。

かわぞい　川沿い　⊗川沿い　例〜
　の道。

かわづたい　川伝い　⊗川伝い
　例〜に行く。

かわづら　川面

かわのおも　川の面

かわばた　川端　例〜の柳。

かわびらき　川開き　⊗川開き
　例〜の花火。

かわべ　川辺　例〜に咲く花。

かわむこう　川向こう　⊗川向こう

かわも　かわも〈川面〉　例〜に映る
　月影が美しい。〜を渡る風。

かわや　かわや〈厠〉　⇒便所・手洗
　い・化粧室・トイレ

かわら　河原団・川原団
　注新聞では、「河原」と書く。

かわら　瓦　⊗瓦　例屋根の〜。

かわらけ　かわらけ〈土器〉　例〜投
　げをして遊ぶ。

かわらぶき　瓦ぶき〈瓦葺き〉　例木
　造〜の家屋。

かわらやね　瓦屋根

かわり　変わり　⊗変わり　例季節
　の〜目。何のお〜もなく…。

かわり　換わり　⊗換わり

かわり　替わり　⊗替わり　例〜の
　人が来る。

かわり　代わり　⊗代わり　例親の
　〜になって面倒を見る。

かわりだね　変わり種　⊗変わり種
　例彼は国語教育の専門家として
　は〜で、大学は法学部出だ。

かわりばえ　代わり映え　例さっぱ
　り〜がしない。

かわりはてる　変わり果てる　例辺
　りの様子がすっかり〜。

かわりばんこ　代わり番こ　例〜に
　食事を取る。

かわりみ　変わり身　例〜が早い。

かわりめ　変わり目・変わりめ
　例季節の〜には足の傷が痛む。
　注「動詞＋め」は⊗では漢字の「目」で
　表記する。

かわりもの　変わり者　⊗変わり者
　例あいつは少し〜なんだ。

かわる　変わる　⊗変わる　例時代
　が〜。世相が〜。考えが〜。

かわる　換わる　⊗換わる　例着物
　がお金に〜。

かわる　替わる　⊗替わる　例年度
　が〜前に納品してほしい。

かわる　代わる　⊗代わる　例順番
　を〜。課長に代わって出席する。
　注「変わる・換わる・替わる・代わる」
　の使い分けは、「「異字同訓」の漢字
　の使い分け」p.125参照。

かわるがわる　代わる代わる・かわ
　るがわる　例〜質問をする。

かん　干⁶〔カン
　　　ほす・ひる〕　例干渉、干害、

団:付表の語　×:表外字　△:表外音訓　〈　〉:参考表記　⇒:言い換え等

干拓、干潮、干満、干拓地、若干

かん 刊⁵〔カン〕 例刊行、週刊、創
刊、月刊、発汗、増刊号

かん 甘〔カン・あまい・あまえる・あまやかす〕
例甘苦、甘受、甘美、甘言、甘
味料、甘露煮

かん 甲〔コウ・カン〕 例甲板、甲高
い、甲走った声

　注「甲板」は、「こうはん」とも。

かん 汗〔カン・あせ〕 例汗顔、発汗、流汗

かん 缶(罐)〔カン〕 例缶詰、製缶、
アルミ缶、缶入り、缶と瓶

かん 完⁴〔カン〕 例完了、完全、完
備、完成、完敗、未完

かん 肝〔カン・きも〕 例肝腎、肝臓、肝胆、
肝要

かん 官⁴〔カン〕 例官僚、官能、官
庁、器官、教官、官に仕える

かん 冠〔カン・かんむり〕 例冠位、冠婚葬
祭、冠詞、王冠、弱冠、栄冠

かん 巻⁶(卷)〔カン・まく・まき〕 例巻末、
巻頭、一巻、圧巻、全巻、開巻

かん 看⁶〔カン〕 例看護、看過、看
病、看破、看板、看守、看視

かん 陥(陷)〔カン・おちいる・おとしいれる〕
例陥落、陥没、陥入、欠陥

かん 乾〔カン・かわく・かわかす〕 例乾燥、乾
漆、乾物、乾期、乾杯、乾電池

かん 勘〔カン〕 例勘弁、勘当、勘定

かん 患〔カン・わずらう〕 例患者、急患、
疾患

かん 貫〔カン・つらぬく〕 例貫通、貫徹、

縦貫、突貫、尺貫法、裸一貫

かん 寒³〔カン・さむい〕 例寒暑、寒波、
寒村、厳寒、悪寒、大寒、春寒

かん 喚〔カン〕 例喚起、喚呼、喚問、
召喚、叫喚

かん 堪〔カン・たえる〕 例堪忍、堪能

　注「堪能」は、「たんのう」とも。

かん 換〔カン・かえる・かわる〕 例換気、換
金、換算、変換、交換、転換期

かん 敢〔カン〕 例敢行、敢闘、敢然、
果敢、勇敢

かん 棺〔カン〕 例棺おけ、石棺、出棺

かん 款〔カン〕 例定款、借款、約款、
落款

かん 間²〔カン・ケン・あいだ・ま〕 例間接、間隔、
中間、時間、間髪を容(い)れず

かん 閑〔カン〕 例閑却、閑静、閑話、
深閑、繁閑

かん 勧(勸)〔カン・すすめる〕 例勧誘、勧奨、
勧善懲悪、勧進元、勧告

かん 寛(寛)〔カン〕 例寛仁、寛容、
寛雅、寛厳、寛大

かん 幹⁵〔カン・みき〕 例幹線、幹部、幹
事、根幹、才幹、骨幹、主幹

かん 感³〔カン〕 例感心、感興、感
覚、直感、実感、隔世の感

かん 漢³(漢)〔カン〕 例漢字、漢詩、
漢語、門外漢、悪漢、和漢

かん 慣⁵〔カン・なれる・ならす〕 例慣用、慣
習、慣熟、慣例、慣性、習慣

かん 管⁴〔カン・くだ〕 例管理、管轄、管
制、血管、鉄管

かん　関⁴(關)〔カン せき・かかわる〕　例関心、関係、関節、関与、関する

かん　歓(歡)〔カン〕　例歓迎、歓楽、歓声、交歓、哀歓、歓を尽くす

かん　監〔カン〕　例監視、監督、監房、監査役、総監、統監

かん　緩〔カン ゆるい・ゆるやか・ゆるむ・ゆるめる〕　例緩衝、緩慢、緩急、緩和

かん　憾〔カン〕　例遺憾

かん　還〔カン〕　例還暦、還元、生還、帰還、返還

かん　館³〔カン やかた〕　例館内、館長、旅館、図書館、大使館、体育館

かん　環〔カン〕　例環視、環状、環境、循環

かん　簡⁶〔カン〕　例簡単、簡易、簡略、書簡、簡にして要を得た話

かん　観⁴(觀)〔カン〕　例観察、客観、壮観、悲観、主観、別人の観

かん　韓〔カン〕　例韓国

かん　艦〔カン〕　例艦船、艦長、艦隊、軍艦、戦艦

かん　鑑〔カン かんがみる〕　例鑑賞、鑑識、鑑定、年鑑、図鑑

かん　かん〈燗〉　例酒の～。

かん　かん〈癇〉　例～に障る。

がん　丸²〔ガン まる・まるい・まるめる〕　例丸薬、一丸、砲丸、弾丸

がん　元²〔ゲン・ガン もと〕　例元利、元年、元来、元祖、元日

がん　含〔ガン ふくむ・ふくめる〕　例含蓄、含有物、包含

がん　岸³〔ガン きし〕　例岸壁、海岸、沿岸、対岸、彼岸　付河岸(かし)

がん　岩²〔ガン いわ〕　例岩石、岩塩、火成岩、砂岩

がん　玩〔ガン〕　例玩具、愛玩

がん　眼⁵〔ガン・ゲン まなこ〕　例眼中、眼力、眼球、主眼、着眼、肉眼、眼を付ける　付眼鏡(めがね)

がん　頑〔ガン〕　例頑強、頑愚、頑迷、頑健、頑固

がん　顔²〔ガン かお〕　例顔面、拝顔、童顔、厚顔無恥　付笑顔(えがお)

がん　願⁴〔ガン ねがう〕　例願望、祈願、念願、志願者、願を掛ける

がん　がん〈癌〉　例～の早期発見。

かんあけ　寒明け

かんあん　勘案　例事情を～する。

かんい　簡易　例～な方法。

かんいっぱつ　間一髪　例～のところで特急に乗れた。

かんえん　肝炎　例ウイルス性～。

がんえん　岩塩

かんおう　観桜　例～会を催す。

かんおけ　棺おけ〈棺桶〉　例～に遺愛の品を入れる。

かんか　看過　例～できない不祥事。

かんか　閑暇　例～を持て余す。

かんか　感化　例～を受ける。

かんかい　勧解
　　注法令では、用いない。

かんがい　干害〈旱害〉　例～のため、収穫は皆無の状態である。

かんがい　感慨　例～を催す。しきりに～にふけっている。

かんがい　かんがい〈灌漑〉　⇒引き水・水利　例～用水。

かんがえ　考え　⃝文考え　例～を改める。

かんがえかた　考え方　⃝文考え方

かんがえごと　考え事　例ちょっと～をしていた。

かんがえこむ　考え込む

かんがえだす　考え出す　例すばらしいことを～。

かんがえちがい　考え違い　例それは、あなたの～だ。

かんがえつく　考え付く・考えつく

かんがえなおす　考え直す　⃝文考え直す　例～わけにはいかないか。

かんがえもの　考え物　例それは～だよ。～の答え。

かんがえる　考える　⃝文考える　例問題を～。

かんかく　間隔　例～を置く。

かんかく　感覚　例～が鋭い。

かんかつ　管轄　例～の区域。

かんがみる　鑑みる　⃝公⃝文鑑みる　例この現状を～に…。

かんがん　汗顔　例～の至りです。

かんき　乾季・乾期　例この国は今～なので、雨が降らない。

　　⃝注新聞では、「乾期」と書く。

かんき　寒気　例～がひどい。

かんき　喚起　例注意を～する。

かんき　換気　例部屋を～する。

かんき　歓喜　例～の余り…。

かんきゃく　閑却　例そのことを～しているわけではない。

かんきゅう　感泣　例恩情に～する。

かんきゅう　緩急　例～自在。

がんきゅう　眼球　例～の傷。

かんきょ　管きょ〈管渠〉　⃝公管渠
　　⃝注法令では、漢字をそのまま用いてこれに振り仮名を付ける。

かんきょう　感興　例～を催す。

かんきょう　環境　例～の良い所に住んでいる。～整備。

かんきょうけいりょうし　環境計量士

がんきょう　頑強　例～な抵抗。

かんきり　缶切り　⃝公⃝文缶切　⃝建缶切り

かんきん　監禁　例地下室に～する。

がんきん　元金　例～に組み入れる。

がんぐ　玩具　⃝公玩具　例～の安全性の基準。

がんくつ　岩窟〈巌窟〉　例～の中に隠されているという宝。

かんけい　関係　例鶏と卵の～。

かんげい　歓迎　例質問を大いに～する。選手団を～する。

かんげいこ　寒稽古　例空手の～。

かんげき　感激　例彼の話に～した。

かんげき　観劇　例趣味は～です。

かんげき　間隙　例そのことが原因で両者の間に～が生じた。

かんけつ　完結　例連載小説が～した。

かんけつ　間欠〈間歇〉　例～的に熱湯を噴出する。～泉。

かんけつ　簡潔　例～な言葉。

かんけん　官憲

かんげん　甘言　例～で人を釣る。

かんげん　換言　例～すれば…。

かんげん　管弦〈管絃〉　例～の宴。

かんげん　還元　例～剤。

かんげん　寛厳　例～よろしきを得る。

かんげん　かん言〈諫言〉　⇒忠告・意見　例あえて～を呈する。

がんけん　頑健　例～な体。

がんけん　眼けん〈眼瞼〉　⇒まぶた

かんげんがく　管弦楽〈管絃楽〉

かんこ　歓呼　例～の声。

かんご　看護　例病人の～。

かんご　漢語　例～と和語。

がんこ　頑固　例～な人。

かんこう　刊行　例当社が～している本。定期～物。

かんこう　完工　例～を祝う。

かんこう　敢行　例大雨にもかかわらず試合を～する。

かんこう　慣行　例～を破る。

かんこう　観光　例～に出掛ける。

かんこう　かん口〈箝口〉　⇒口止め　例～令を敷く。

かんこく　勧告　例改定の～。

かんこく　韓国

かんごし　看護師　例～の資格。

かんこつだったい　換骨奪胎

かんごり　寒ごり〈寒垢離〉

かんこんそうさい　冠婚葬祭

かんさ　監査　例会計の～。～役。

かんざし　かんざし〈簪〉

かんさつ　監察　例～官。

かんさつ　観察　例生態の～。

かんさつ　鑑札　例犬の～。

かんざまし　かん冷まし〈燗冷まし〉

かんさん　換算　例ドルに～する。

かんし　監視　例プールの～員。

かんし　環視　例衆人～の中で…。

かんし　冠詞　例英語の～。

かんじ　漢字　例～の伝来。

かんじ　幹事　例宴会の～。

かんじ　感じ　例見た～がいい。

がんじがらめ　がんじがらめ〈雁字搦め〉　例～に縛る。

かんしつ　乾漆

がんじつ　元日

かんしゃ　感謝　例親に～する。

かんじゃ　患者　例～の世話。

かんしゃく　かんしゃく〈癇癪〉

かんじゃく　閑寂

かんしゅ　看守　例刑務所の～。

かんしゅ　看取　例不利になったことをいち早く～する。

かんしゅ　管守　例公印を～する。　注法令では、「管守」は用いない。「保管」を用いる。

かんしゅ　監守

囲法令では、用いない。

かんじゅ　甘受　例批判を～する。

かんしゅう　慣習　例地方の～。

かんしゅう　監修　例辞典の～。

かんしゅう　観衆　例～の声援。

かんじゅせい　感受性　例～が鋭い。

かんしょ　寒暑　例～の差。

かんしょ　かんしょ〈甘×蔗〉　⇒砂糖
きび　例～の栽培。

かんしょ　かんしょ〈甘×藷・甘×薯〉
⇒さつま芋　例この原料は～だ。

かんしょう　干渉　例～するな。

かんしょう　勧奨　例退職の～。

かんしょう　感傷　例～に浸る。

かんしょう　管掌　例D課では、A
のこと、Bのことを～する。

かんしょう　緩衝　例～地帯。

かんしょう　観照　例人生の～。

かんしょう　観賞　例～用の植物。

かんしょう　鑑賞　例絵画の～。

かんじょう　勘定　例～は幾らにな
りますか。～書き。

かんじょう　感情　例～的になる。

かんじょう　環状　例～道路。～線。

がんしょう　岩礁

がんじょう　頑丈　例～な体。随分
～に作ってある。

かんしょく　間食　例むやみに～を
すると体に良くない。

かんしょく　感触　例～が良い。

かんじる　感じる　⊗感じる　例か
すかに～。

かんしん　寒心　例この不祥事は、
実に～に堪えないところだ。

かんしん　感心　例大層～する。

かんしん　関心　例～を示す。

かんしん　歓心　例～を買う。

かんじん　肝腎・肝心　⊗肝腎
例～なことが書いてない。

囲新聞では、「肝心」と書く。

かんすい　完遂　例大事業の～。

かんすう　関数〈×函数〉　例三角～。

かんする　冠する　例その発明こそ
「世界一」の語を～に値する。

かんする　関する　⊗関する　例環
境問題に～研究。

かんずる　感ずる　⊗感ずる

かんせい　完成　⊗完成　例～を祝
う。
囲法令では、「竣功」は特別な理由があ
る場合以外は用いない。「完成」を用
いる。

かんせい　官製　例～はがき。

かんせい　喚声　例～を挙げながら
デモ隊が街を行進する。

かんせい　閑静　例～な住まい。

かんせい　感性　例豊かな～。

かんせい　慣性　例～の法則。

かんせい　管制　例～塔。

かんせい　歓声　例～が上がる。

かんせい　陥せい〈陥×穽〉　⇒落と
し穴・わな　例見事に相手の～に
引っ掛かった。

囲法令では、用いない。

か行

かんせい　かん声〈喊声〉　⇒ときの
声　例優勢な敵の大部隊が〜を
上げて押し寄せて来る。

かんぜい　関税　例〜を掛ける。

がんせき　岩石

かんせつ　間接　例〜的な問題。

かんせつ　関節　例〜を曲げる。

がんぜない　頑是ない〈頑是無い〉
例まだ〜子供にすぎない。

かんせん　感染　例〜症。

かんせん　幹線　例主要〜の状況。

かんせん　艦船　例自衛隊の〜。

かんぜん　完全　例〜無欠。

かんぜん　敢然　例〜と戦う。

かんそ　簡素　例〜の中の美しさ。

がんそ　元祖　例名物和菓子の〜。

かんそう　乾燥　例洗濯物の〜。

かんそう　感想　例御〜はいかが。

かんぞう　肝臓　例〜が悪くなる。

がんぞう　がん造〈贋造〉　⇒偽造

かんそく　観測　例日食の〜。

かんそん　寒村　例北国の〜。

かんたい　寒帯　例熱帯と〜。

かんたい　歓待　例客を〜する。

かんだい　寛大　例〜な処置。

かんだかい　甲高い　文甲高い

かんたく　干拓　例〜事業。

かんたん　肝胆　例〜相照らす。

かんたん　感嘆〈感歎〉　例〜の声。

かんたん　簡単　例〜な操作。

かんだん　間断　例水が〜なく湧き
出る。

かんだん　寒暖　例〜の差。

かんだん　歓談　例旧友たちと〜の
一時を過ごした。

がんたん　元旦　例〜の初詣。

かんだんなく　間断なく　例〜悪口
を浴びせられる。

かんち　換地　例〜処分の公告。

かんち　感知　例煙を〜する機械。

かんち　関知　例全く〜しない。

かんち　かんち〈奸知・奸智〉　⇒悪
知恵　例〜にたけた男。

かんちがい　勘違い　例あなたは何
か〜しているのです。

がんちく　含蓄　例〜のある話。

かんちょう　干潮　例〜と満潮。

かんちょう　官庁　例〜に勤める。

かんちょう　間ちょう〈間諜〉　⇒ス
パイ・回し者

かんちょう　かん腸〈浣腸〉　例〜を
して便を出させる。

かんつう　貫通　例トンネルの〜。

かんづく　感づく・感付く〈勘付く〉
文感づく　例いち早く〜。

かんづめ　缶詰　公文缶詰　例〜と
瓶詰。旅館に〜になる。

かんてい　鑑定　例刀剣の〜。

かんてい　艦艇

かんてつ　貫徹　例初志を〜する。

かんてん　干天〈旱天〉　例〜の慈雨。

かんてん　寒天　例〜が固まる。

かんてん　観点　例〜が違う。

かんでん　感電　例〜事故の防止。

団:付表の語　×:表外字　△:表外音訓　〈　〉:参考表記　⇒:言い換え等

かんでんち　乾電池　例ラジオに〜
　　を入れる。

かんとう　巻頭　例〜の言葉。

かんどう　勘当　例息子を〜する。

かんどう　感動　例〜の一場面。

かんとく　監督　例野球の〜をする。

がんとして　頑として　例〜言うこ
　　とを聞かない。

かんな　かんな〈鉋〉　例〜で削る。

かんない　館内　例〜は禁煙です。

かんなくず　かんなくず〈鉋屑〉
　　例〜が風に舞って散らばる。

かんなづき　神無月　例〜には、日
　　本中の神様が、出雲の地に集ま
　　るという説がある。

かんなん　かん難〈艱難〉　⇒苦難・
　　困難　例〜辛苦を乗り越える。

かんにさわる　かんに障る〈癇に障
　　る〉　例〜ことを言う人だ。

かんにん　堪忍　例まあ、今度だけ
　　は〜してやれ。〜袋。

かんぬき　かんぬき〈閂〉

かんぬし　神主

かんねん　観念　例もはやこれまで
　　だと〜する。〜論。

かんのう　官能　例〜に訴える。〜
　　検査。

かんのう　感応　例ちょっとしたこ
　　とにも〜しやすいたち。

かんのう　堪能
　　注「たんのう」は慣用読み。

かんのもどり　寒の戻り

かんのん　観音　例浅草の〜様。

かんば　かん馬〈駻馬・悍馬〉　⇒荒
　　れ馬・暴れ馬

かんぱ　看破　例計略を〜する。

かんぱい　乾杯〈乾盃〉　例〜の音頭。

かんばしい　芳しい　文芳しい
　　例〜香り。

かんばしさ　芳しさ　文芳しさ

かんばつ　干ばつ〈旱魃〉　⇒日照
　　り・水枯れ　例50年ぶりの〜。

がんばる　頑張る　文頑張る　例最
　　後まで〜。

かんばん　看板　例どぎつい〜。

かんばん　甲板　例船の〜。
　　注「こうはん」とも。

かんばん　乾板　例写真の〜。

かんパン　乾パン　例非常時に備え
　　て〜を用意する。

かんび　甘美　例〜な音楽。

かんび　完備　例冷暖房〜。

かんビール　缶ビール

かんびょう　看病　例病人の〜。

かんぷ　完膚

かんぷ　還付　例税金の〜。

かんぶつ　乾物　例〜屋。

がんぶつ　がん物〈贋物〉　⇒偽物・
　　にせ物　例一見するなり〜だと
　　決め付けた。

かんぶつえ　かん仏会〈灌仏会〉

かんぷん　感奮　例大いに〜する。

かんぺき　完璧　例〜な設備を誇る。

がんぺき　岸壁　例船が〜に着く。

かんべつ　鑑別　⑳品質の〜。

かんべん　勘弁　⑳〜してくれ。

かんべん　簡便　⑳使用法が〜だ。

かんぼう　感冒　⑳〜にかかる。

かんぼう　官報

かんぽうやく　漢方薬

がんぼう　願望　⑳将来への〜。

かんぼく　かん木〈灌木〉　⇒低木
⑳〜ときょう木。

かんぼつ　陥没　⑳土地の〜。

かんまん　緩慢　⑳〜な流れ。

がんみ　玩味　⑳名著を熟読〜する。

かんみりょう　甘味料　⑳〜を加え
る。人工〜。

かんむり　冠　⑳王様の〜。

かんめい　感銘　⑳〜を受ける。

かんめい　簡明　⑳発言は〜にして
ください。

がんめい　頑迷　⇒分からず屋・か
たくなな様子　⑳何て〜な人な
んだろう。

かんめん　乾麺

がんめん　顔面　⑳〜が引きつる。

かんもん　喚問　⑳証人を〜する。

がんやく　丸薬　⑳〜を飲ませる。

かんゆう　勧誘　⑳保険に入るよう
に人々を〜する。サークルの〜。

がんゆう　含有　⑳有効成分の〜量
を分析して調べる。

かんよ　関与〈干与・干預〉　㊚関与
⑳審議に〜する。
　㊟法令では、「干与・干預」は用いない。

「関与」を用いる。

かんよう　肝要　⑳まず気を落ち着
けることが〜だ。

かんよう　寛容　⑳〜な態度。

かんよう　慣用　⑳〜句。

かんよう　かん養〈涵養〉　㊚涵養
⇒養成・育成　⑳国語を大切に
する精神を〜すべきである。
　㊟法令では、漢字をそのまま用いて
これに振り仮名を付ける。

がんらい　元来　⑳〜行く気はなか
ったのだ。

かんらく　陥落　⑳城が〜する。

かんらん　観覧　⑳会場をゆっくり
〜する。〜車。

かんり　官吏　⑳〜と公吏。

かんり　管理　⑳アパートの〜。

かんりえいようし　管理栄養士

がんりき　眼力　⑳〜を養う。

かんりゃく　簡略　⑳〜な説明。

かんりゅう　乾留〈乾溜〉　⑳石炭を
〜する。

かんりょう　完了　⑳無事〜した。

かんりょう　官僚　⑳〜的な人物。

がんりょう　顔料　⑳〜の製造。

かんるい　感涙　⑳〜にむせぶ。

かんれい　寒冷　⑳〜な土地。

かんれい　慣例　⑳〜によって忘年
会を開きます。

かんれき　還暦　⑳〜の祝い。

かんれん　関連　㊚関連　⑳AとB
とは互いに〜がある。〜事項。

㊥:付表の語　　×:表外字　　△:表外音訓　　〈　〉:参考表記　　⇒:言い換え等

囲法令では、「牽連」は用いない。「関
連」を用いる。

かんろく　貫ろく〈貫禄〉　囮〜十分
だ。〜が付いた。

かんわ　緩和　囮制限を〜する。

き

き　**己**6〔コ・キ〕〔おのれ〕　囮知己、克己

き　**企**〔キ〕〔くわだてる〕　囮企画、企業、
企図

き　**伎**〔キ〕　囮歌舞伎

き　**危**6〔キ〕〔あぶない・あやうい・あやぶむ〕
囮危機、危篤、危地、危険、危
害、安危

き　**机**6〔キ〕〔つくえ〕　囮机上、机辺、浄
机

き　**気**1〈氣〉〔キ・ケ〕　囮気を使う、
気体、気象、気候、元気、空気、
景気　囲意気地(いくじ)、浮気(う
わき)

き　**岐**4〔キ〕　囮岐路、分岐、多岐
＊岐阜県(ぎふけん)

き　**希**4〔キ〕　囮希望、希少、希薄、
希代、希釈

き　**忌**〔キ〕〔いむ・いまわしい〕　囮忌避、忌
日、忌中、禁忌、回忌

き　**汽**2〔キ〕　囮汽車、汽船、汽缶、
汽笛

き　**奇**〔キ〕　囮奇怪、奇数、奇襲、

珍奇、好奇　囲数奇屋(すきや)

き　**祈**〈祈〉〔キ〕〔いのる〕　囮祈願、祈念

き　**季**4〔キ〕　囮季節、冬季、雨季、
夏季、四季、今季、季が重なる

き　**紀**5〔キ〕　囮紀行、紀元、紀要、
世紀、風紀、白亜紀、ジュラ紀

き　**軌**〔キ〕　囮軌道、軌跡、広軌、
常軌、無軌道、軌を一にする

き　**既**〈既〉〔キ〕〔すでに〕　囮既知、既成、
既婚、既出、既往症、皆既食

き　**記**2〔キ〕〔しるす〕　囮記憶、記号、記
録、記入、伝記、日記、記する

き　**起**3〔キ〕〔おきる・おこる・おこす〕　囮起
源、起立、奮起、再起、躍起

き　**飢**〔キ〕〔うえる〕　囮飢餓、飢渇

き　**鬼**〔キ〕〔おに〕　囮鬼畜、鬼才、鬼神、
餓鬼、悪鬼

き　**帰**2〈歸〉〔キ〕〔かえる・かえす〕　囮帰還、
帰結、帰納、復帰、回帰、帰す
る

き　**基**5〔キ〕〔もと・もとい〕　囮基礎、基本、
基盤、基準、基地、五基

き　**寄**5〔キ〕〔よる・よせる〕　囮寄宿、寄贈、
寄付、寄生、寄港　囲数寄屋
(すきや)、最寄り(もより)、寄席(よ
せ)

き　**規**5〔キ〕　囮規模、規律、規則、
定規、法規

き　**亀**〈龜〉〔キ〕〔かめ〕　囮亀裂、亀鑑

き　**喜**5〔キ〕〔よろこぶ〕　囮喜劇、喜悦、
喜怒哀楽、狂喜、悲喜、歓喜

き　**幾**〔キ〕〔いく〕　囮幾何学、庶幾する

か
行

き　揮⁶〔キ〕　例揮発油、指揮、発揮

き　期³〔キ・ゴ〕　例期限、期待、期間、予期、定期、再会を期する

き　棋〔キ〕　例棋局、棋士、棋譜、将棋

き　貴⁶〔キ／たっとい・とうとい・たっとぶ・とうとぶ〕　例貴重、貴下、貴婦人、騰貴、富貴

き　棄〔キ〕　例棄却、棄権、放棄、破棄、遺棄

き　毀〔キ〕　例毀損、毀誉

き　旗⁴〔キ／はた〕　例旗手、旗色、旗艦、国旗、反旗

き　器⁴(器)〔キ／うつわ〕　例器量、器官、器具、器用、楽器、陶器

き　畿〔キ〕　例畿内、近畿

き　輝〔キ／かがやく〕　例輝石、光輝

き　機⁴〔キ／はた〕　例機械、機転、機会、危機、動機、機をうかがう

き　騎〔キ〕　例騎士、騎馬、騎手、騎兵、一騎当千

き　木〈樹〉　例記念の～を植える。

き　生　例ウイスキーを～で飲む。

き　黄　例～色。～表紙。

ぎ　技⁵〔ギ／わざ〕　例技術、技師、国技、競技、特技

ぎ　宜〔ギ〕　例適宜、便宜、時宜

ぎ　偽(僞)〔ギ／いつわる・にせ〕　例偽造、偽名、偽善、虚偽、真偽

ぎ　欺〔ギ／あざむく〕　例欺まん、詐欺

ぎ　義⁵〔ギ〕　例義務、義理、正義、意義、名義

ぎ　疑⁶〔ギ／うたがう〕　例疑念、疑惑、疑問、嫌疑、容疑

ぎ　儀〔ギ〕　例儀礼、儀式、地球儀、流儀、威儀、行儀

ぎ　戯(戲)〔ギ／たわむれる〕　例戯曲、悪戯、演戯、児戯、遊戯

ぎ　擬〔ギ〕　例擬装、擬音、擬人法、模擬、擬する

ぎ　犠(犠)〔ギ〕　例犠牲、犠打

ぎ　議⁴〔ギ〕　例議院、議論、異議、会議、決議、審議会の議を経る

きあい　気合　文気合　例～の入れ方が足りない。～を掛ける。

きあつ　気圧　例～が下がる。

きあわせる　来合わせる　文来合わせる　例うまいところに～。

きあん　起案　例文書を～する。

きい　奇異　例～に感じる。

きいっぽん　生一本　例～な性格。

きいと　生糸　例～を輸入する。

きいろい　黄色い　文黄色い　例～声を出す。

きいん　起因　例そのような現象が何に～するかを探る。

ぎいん　議院　例～内閣制。

きう　気宇　例～壮大。

きうけ　気受け　文気受け　例みんなの～が良い。

きうん　機運　例～が熟してきた。

きえ　帰依　例仏教に～する。

きえいる　消え入る　例～ような声。

きえうせる　消えうせる〈消え失せる〉　[例]ぱっと～。姿が～。
きえさる　消え去る　[例]跡形もなく～。一瞬にして～。
きえつ　喜悦　[例]～満面。
きえのこる　消え残る　[例]草むらに雪が消え残っている。
きえる　消える　[文]消える　[例]火が～。
きえん　気炎〈気焔〉　[例]大いに～を上げる。怪～。
ぎえん　義援・義えん〈義捐〉　[例]～金を募集する。
[注]法令では、「義捐」は用いない。
きえんさん　希塩酸〈稀塩酸〉
きおう　気負う　[例]大いに～。
きおうしょう　既往症　[例]～はない。～を全部記入すること。
きおく　記憶　[例]その～はない。
きおくれ　気後れ　[文]気後れ　[例]どうも～して返事ができない。
きおん　気温　[例]～が高い。
ぎおん　擬音　[例]巧みな～で効果を高める。～語と擬態語。
きか　気化　[例]ガソリンが～する。
きか　奇貨　[例]～居(お)くべし。
きか　奇禍　[例]～に遭う。
きか　帰化　[例]日本に～する。
きか　貴下　[例]～の御書面、拝読いたしました。
きが　飢餓〈饑餓〉　[例]～地獄。
きかい　奇怪　[例]～な事件。
きかい　器械　[例]光学～。
きかい　機会　[例]～を狙う。
きかい　機械　[例]工作～。
きがい　危害　[例]～を加える。
きがい　気概　[例]～を見せる。
きかいあみ　機械編み　[文]機械編み
きかいたいそう　器械体操
きがえ　着替え　[文]着替え
きかえる・きがえる　着替える　[例]制服に～。
きかがく　幾何学　[例]～の問題。
きがかり　気掛かり・気懸かり　[文]気掛かり　[例]～なことがある。
きかく　企画〈企劃〉　[例]すばらしい～だと褒められた。
きかく　規格　[例]～を定める。～外。
きかざる　着飾る　[例]着飾って外出する。
きかせる　利かせる　[例]機転を～。
きかせる　聞かせる　[例]話を～。
きがた　木型　[例]靴の～。
きがつく　気が付く・気がつく　[例]何事にもよく～人だ。
きがね　気兼ね　[文]気兼ね　[例]～は要りません。
きがまえ　気構え　[文]気構え　[例]やり遂げようという～に乏しい。
きがるだ　気軽だ　[文]気軽だ
きがわり　気変わり　[文]気変わり　[例]～のしないうちに買っておく。
きかん　気管　[例]～が塞がれる。
きかん　帰還　[例]無事～する。

か行

か行

きかん　期間　例授業料は所定の〜
　　に納入のこと。

きかん　器官　例〜の働き。消化〜。
　　感覚〜。

きかん　機関　例直ちに報道〜を通
　　じて公表する。〜誌。

きかん　亀鑑　例警官の〜ともいう
　　べき行いとして表彰された。

きかん　旗艦

きかん　汽かん〈汽×罐〉
　　注法令では、「汽×罐」は用いない。「ボイ
　　ラー」を用いる。

きがん　祈願　例合格を〜する。

ぎかん　技官　例〜と事務官。

ぎかん　技監
　　注法令では、特別な理由がある場合
　　以外は用いない。

きき　危機　例〜を脱する。

きき　機器・器機　例〜の操作。

ぎぎ　疑義　例〜のある事項。

ききあやまる　聞き誤る　文聞き誤
　　る　例電話を〜。名前を〜。

ききあわせる　聞き合わせる　文聞
　　き合わせる　例先方に〜。

ききいっぱつ　危機一髪　例〜のと
　　ころで助かった。

ききいる　聞き入る〈聴き入る〉
　　例じっと音楽に〜。

ききいれる　聞き入れる　文聞き入
　　れる　例願いを〜。

ききおさめ　聞き納め　文聞き納め
　　例校長先生のお話もこれが〜だ。

ききおとし　聞き落とし　文聞き落
　　とし　例重大な〜があった。

ききおとす　聞き落とす　例うっか
　　りして大事なことを〜。

ききおぼえ　聞き覚え　文聞き覚え
　　例その人の名前は〜がない。

ききおぼえる　聞き覚える　例知ら
　　ず知らずのうちに〜。

ききおよぶ　聞き及ぶ

ききかえす　聞き返す　例理解でき
　　なかった点を〜。

ききがき　聞き書き　文聞き書き

ききかじる　聞きかじる〈聞き×齧る〉
　　例少し聞きかじっただけだ。

ききかた　聞き方　文聞き方　例話
　　の〜。

ききぐるしい　聞き苦しい　文聞き
　　苦しい　例他人の悪口は〜。

ききこみ　聞き込み　文聞き込み
　　例〜捜査に全力を挙げる。

ききざけ　利き酒・聞き酒

ききすごす　聞き過ごす　文聞き過
　　ごす　例うっかりしていて、要
　　点を〜。

ききずて　聞き捨て　文聞き捨て
　　例その言葉は〜ならない。

ききすてる　聞き捨てる　例冗談だ
　　としても〜わけにはいかない。

ききそこなう　聞き損なう　例ノー
　　ベル賞受賞者の講演を〜。

ききだす　聞き出す　例秘密を〜。

ききただす　聞きただす〈聞き△質す〉

注:付表の語　×:表外字　△:表外音訓　〈　〉:参考表記　⇒:言い換え等

ききちがい　聞き違い　[文]**聞き違い**　[例]あるいは私の～かもしれない。
ききちがえる　聞き違える　[例]番地を～。待ち合わせの時刻を～。
ききつける　聞き付ける　[例]聞き付けているお決まりの文句。うわさを～。
ききつたえ　聞き伝え　[文]**聞き伝え**　[例]～の話では信用できない。
ききつたえる　聞き伝える　[例]事件を聞き伝えて人々が集まる。
ききづらい　聞きづらい〈聞き辛い〉　[例]アナウンスが～。
ききて　聞き手　[文]**聞き手**　[例]～と話し手。
ききとがめる　聞きとがめる〈聞き咎める〉　[例]ちょっとしたことを聞きとがめて文句を付ける。
ききとして　喜々として〈嬉々として〉　[例]～遊ぶ。
ききとどける　聞き届ける　[例]要求を～。
ききとる　聞き取る　[文]**聞き取る**　[例]話をよく～ことができない。
ききなおす　聞き直す　[例]何度も～。
ききながす　聞き流す　[例]冗談だと～わけにはいかない。
ききみみ　聞き耳　[文]**聞き耳**　[例]じっと～を立てている。
ききめ　効き目　[文]**効き目**　[例]～の薄い薬。いきなり怒鳴りつけてもさっぱり～がない。
ききもの　聞き物　[文]**聞き物**　[例]今晩の寄席の一番の～はこれです。
ききもらす　聞き漏らす　[例]うっかりしていて、要点を～。
ききゃく　棄却　[例]申し立てを～する。
ききやく　聞き役　[文]**聞き役**　[例]～に回る。
ききゅう　危急　[例]～存亡の秋(とき)。
ききゅう　希求　[例]日本国民は、正義と秩序を基調とする国際平和を誠実に～し、…。
ききょ　起居　[例]A君とは寮の同じ部屋で～を共にしていた。
ききょう　奇矯
ききょう　帰京　[例]地方から～する。
きぎょう　企業　[例]中小～。
きぎょう　起業　[例]～の支援。
ぎきょうしん　義きょう心〈義侠心〉　⇒男気　[例]～のある男。
ぎきょく　戯曲　[例]～を読む。
きぎれ　木切れ　[文]**木切れ**　[例]～を拾い集める。
ききわけ　聞き分け　[例]～のない子。
ききわける　聞き分ける　[文]**聞き分ける**　[例]"l"と"r"の音を～。
ききわすれる　聞き忘れる　[例]大事なことを～ところだった。
ききん　基金　[例]～を設立する。
ききん　ききん〈飢饉〉　⇒凶作　[例]昔の大～の記録を調べる。

ききんぞく　貴金属　例～の製品。

きく　菊〔キク〕　例菊花、菊月、白菊、菊の宴

きく　聞く　文聞く　例話を～。

きく　聴く　文聴く　例音楽を～。

注「聞く・聴く」の使い分けは、「「異字同訓」の漢字の使い分け」参照。

きく　利く　文利く　例目が～。左利き。

きく　効く　文効く　例薬がよく～。

注「利く・効く」の使い分けは、「「異字同訓」の漢字の使い分け」参照。

きぐ　器具　例ガス～。電気～。

きぐ　機具　例～の手入れ。

きぐ　危惧　文危惧　例～の念。交渉の結果を～する。

きぐう　奇遇　例実に～だね。

きぐう　寄ぐう〈寄寓〉　⇒同居・仮住まい　例兄の家に～する。

きくずれ　着崩れ　例和服が～する。

きくばり　気配り　文気配り

きぐみ　木組み　文木組み　例家の～が出来上がる。

きぐみ　気組み　文気組み　例～が違う。

きけい　奇形〈畸形〉

きけい　き計〈詭計〉　⇒謀略・ペテン　例～を巡らす。

ぎけい　義兄

ぎげい　技芸　例～の教授。

きげき　喜劇　例～と悲劇。

ぎけつ　議決　例過半数で～した。

きけん　危険　例～を避ける。

きけん　棄権　例試合を～する。

きげん　紀元　例～前。

きげん　起源　例漢字の～。

────「異字同訓」の漢字の使い分け────

きく

【聞く】音が耳に入る。受け入れる。問う。嗅ぐ。

　　話し声を聞く。物音を聞いた。うわさを聞く。聞き流しにする。
　　願いを聞く。親の言うことを聞く。転居した事情を聞く。
　　駅までの道を聞く。香を聞く。

【聴く】身を入れて耳を傾けて聞く。

　　音楽を聴く。国民の声を聴く。恩師の最終講義を聴く。

きく

【利く】十分に働く。可能である。

　　左手が利く。目が利く。機転が利く。無理が利く。小回りが利く。

【効く】効果・効能が表れる。

　　薬が効く。宣伝が効く。効き目がある。

（平成26年文化審議会国語分科会）

注:付表の語　×:表外字　△:表外音訓　〈　〉:参考表記　⇒:言い換え等

きげん　期限　例申し込みの～。

きげん　機嫌　例～がいい。

きげんそ　希元素〈稀元素〉　例アルゴンは～の一種である。

きげんつき　期限付き　公文期限付　建期限付き

きこう　気孔　例葉の～の構造を顕微鏡で調べる。

きこう　気候　例～の変動。

きこう　紀行　例エジプト～。

きこう　帰港　例南極観測船の～。

きこう　帰航　例～の途に就く。

きこう　寄港　例神戸港に～する。

きこう　機構　例～の改革。

きごう　記号　例～で記入のこと。

きごう　揮ごう〈揮毫〉　⇒染筆　例色紙へ～する。

ぎこう　技巧　例～を凝らす。

きこうぼん　きこう本〈稀覯本〉　⇒希少本・希書　例～の展示会。

きこえ　聞こえ　文聞こえ　例そう言うと～がいい。

きこえよがし　聞こえよがし　例～に悪口を言うのはやめなさい。

きこえる　聞こえる　文聞こえる　例よく～。

きこく　帰国　例欧州から～する。

ぎごく　疑獄　例政財界の～事件。

きごこち　着心地　例～がいい。

きごころ　気心　例～の知れた人。

きこなし　着こなし　例和服の～。

きこなす　着こなす　例派手な柄の洋服をうまく～。

きこり　きこり〈樵〉

きこん　既婚　例～者と未婚者。

きざ　きざ〈気障〉　例～な男だ。

きさい　奇才　例当代随一の～。

きさい　記載　例氏名を～する。

きさい　鬼才　例～の持ち主。

きさい　機才　例事に臨んで持ち前の～を発揮する。

きざい　器材　例業務用～。

きさき　きさき〈后・妃〉

きざし　兆し〈萌し〉　文兆し　例天気回復の～が見える。

きざす　兆す〈萌す〉　文兆す　例春が～。

きざはし　きざはし〈階〉　⇒階段　例お宮の～を上がる。

きざみ　刻み　文刻み　例1分～に音がする。～目。

きざみたばこ　刻みたばこ〈刻み煙草・刻み莨〉

きざみつける　刻み付ける　例しっかりと心に～。

きざむ　刻む　文刻む　例細かく～。

きさらぎ　きさらぎ〈如月〉　⇒2月

きざわり　気障り　例～な言い方。

きさん　起算　例請求があった日から～して60日以内。

きし　岸　例～に流れ着く。

きし　棋士　例碁・将棋の～。

きし　騎士

きし　きし〈旗幟〉　⇒立場・旗印・

態度　例～を鮮明にする。

きじ　生地　例酒を飲むと人の～が現れる。洋服の～を買う。

ぎし　技士　例ボイラー～。

ぎし　技師　例～として勤める。

ぎし　義歯　例～を入れてもらう。

ぎじ　疑似　例～体験。～餌。

ぎじ　議事　例～の進行。

きしかいせい　起死回生　例～の策。

ぎしき　儀式　例宮中の～。

ぎしそうぐし　義肢装具士

きしつ　気質　例おとなしい～。

きしづたい　岸伝い　②岸伝い　例～の道。

きしべ　岸辺　例～を歩く。

きしむ　きしむ〈軋む〉　例廊下が～。

きしゃ　汽車　例～に乗る。

きしゃ　喜捨　例～の精神。

きしゃく　希釈〈稀釈〉　例原液の5倍の水で～する。

きしゅ　旗手　例～を先頭に…。

きしゅ　騎手　例競馬の～。

きしゅう　奇襲　例～に備える。

きしゅく　寄宿　例寮に～する。

きしゅくしゃ　寄宿舎　例～に入る。

きじゅつ　記述　例正確な～。

ぎじゅつ　技術　例～援助を行う。

きじゅん　基準〈規準〉　例水質～。検定～。

　　　付新聞では、「基準」と書く。

きじゅん　規準　例学習評価の～。

きしょう　気性　例～が激しい。

きしょう　気象　例～衛星。

きしょう　希少〈稀少〉　例～価値。

きしょう　記章〈徽章〉　例学校の～。

きしょう　起床　例～の時間。

きじょう　机上　例～の空論。

きじょう　気丈　例～な子。

ぎしょう　偽証　例～罪。

きじょうぶ　気丈夫　例君が一緒に来てくれれば～だ。

ぎじょうへい　儀じょう兵〈儀仗兵〉　⇒儀礼兵

きしょうよほうし　気象予報士

きしょく　気色　例～が悪い。近頃どうも～が優れない。

　　　付「けしき」と読む場合は、意味が異なる。

きしょく　喜色　例～満面。

きしる　きしる〈軋る〉　例車の～音。

きしん・きじん　鬼神　例～をも泣かす。

ぎじんほう　擬人法　例～を用いた文章。

きす　帰す　例自己の責に～べき理由。

きず　傷〈創・疵〉　例～を受ける。

きずあと　傷痕　例～が残った。

きずいきまま　気随気まま〈気随気儘〉　例～に暮らす。

きすう　奇数　例～と偶数。

きすう　帰すう〈帰趨〉　⇒成り行き・動向・帰結　例勝敗の～は、いまだに明確でない。

付:付表の語　×:表外字　△:表外音訓　〈　〉:参考表記　⇒:言い換え等

きずきあげる　築き上げる　⊗築き
　　上げる　　例地位を～。

きずく　築く　⊗築く　　例堤防を～。

きずぐち　傷口〈創口・疵口〉

きずつく　傷つく・傷付く　⊗傷つ
　　く

きずつける　傷つける・傷付ける
　　⊗傷つける　　例心を～。名を～。

きずな　きずな〈絆〉　　例親子の～。
　　注新聞では漢字の「絆」と表記する。

きする　帰する　　例失敗に～。～と
　　ころ…。

きする　期する　⊗期する　　例ひそ
　　かに～ところがある。成功を～。

ぎする　擬する　　例海辺の景観を擬
　　した庭園。

ぎする　議する　　例慎重に～。

きせい　既成　　例～の事実。

きせい　既製　　例～の洋服。

きせい　帰省　　例お盆に～する。

きせい　規正　☆規正　　例政治資金
　　の～。
　　注法令では、ある事柄を規律して公
　　正な姿に当てはめることという意
　　味についてのみ用いる。

きせい　規制　☆規制　　例祭りの山
　　車が通るので交通の～を行う。
　　注法令では、「規正」はある事柄を規律
　　して公正な姿に当てはめることと
　　いう意味についてのみ、「規整」はあ
　　る事柄を規律して一定の枠に納め
　　整えることという意味についての

み、それぞれ用いる。それ以外の
場合は「規制」を用いる。

きせい　規整　☆規整
　　注法令では、ある事柄を規律して一
　　定の枠に納め整えることという意
　　味についてのみ用いる。

ぎせい　犠牲　　例～を払う。～者。

きせき　奇跡〈奇蹟〉　　例あの病人が
　　治ったのは全く～的だ。

きせき　軌跡　　例～をたどる。

きせき　輝石

きせつ　季節　　例～の変わり目。

きせる　着せる　⊗着せる　　例着物
　　を～。

きせる　きせる〈煙管〉

きぜわしい　気ぜわしい〈気忙しい〉
　　例何て～人だろう。

きせん　汽船　　例～で島へ渡る。

きせん　機先　　例～を制する。

きぜん　き然〈毅然〉　⇒厳然・決然
　　例～とした態度。

きそ　基礎　　例～を固める。

きそいあう　競い合う　　例腕を～。

きそう　競う　⊗競う　　例速さを～。

きそう・きぞう　寄贈　　例卒業生が
　　時計を～する。

ぎそう　偽装　　例～工作。

ぎそう　擬装　　例陣地を～する。

ぎそう　ぎそう〈艤装〉　⇒装備
　　例新しい船の～。

きそく　規則　☆規則　　例～を守る。
　　注法令の名称としては、「規程」は原則

か行

として用いない。「規則」を用いる。

きそく　き束〈羈束〉

　<u>囲</u>法令では、用いない。

きぞく　帰属　<u>例</u>市に～する。

きそん　既存　<u>例</u>～のものを上回る
　性能を発揮する。

きそん　毀損〈棄損〉　<u>公</u><u>文</u>毀損
　<u>例</u>機材・器具を～しないように
　取り扱う。名誉～で訴える。

きた　北　<u>例</u>磁針が～を指す。

ぎだ　犠打

きたい　気体　<u>例</u>～と液体。

きたい　期待　<u>例</u>～どおりの成績だ。

きたい　危たい〈危殆〉　⇒危険・危
　機　<u>例</u>～にひんする。

きたい・きだい　希代〈稀代〉　<u>例</u>～
　の天才。

きたえあげる　鍛え上げる　<u>例</u>刀を
　～。スポーツで鍛え上げた体。

きたえかた　鍛え方　<u>文</u>鍛え方
　<u>例</u>まだまだ体の～が足りない。

きたえる　鍛える　<u>文</u>鍛える　<u>例</u>体
　を～。

きだおれ　着倒れ　<u>例</u>京の～、大阪
　の食い倒れ。

きたかぜ　北風

きたく　帰宅　<u>例</u>～が遅れる。

きたく　寄託

きたけ　着丈　<u>例</u>～を測る。

きたす　来す　<u>文</u>来す　<u>例</u>支障を～。

きだて　気立て　<u>文</u>気立て　<u>例</u>～が
　いい。

きたない　汚い〈穢い〉　<u>文</u>汚い
　<u>例</u>～手。公園が紙くずで～。

きたならしい　汚らしい〈穢らしい〉
　<u>文</u>汚らしい　<u>例</u>何となく～感じ。

きたはんきゅう　北半球

きたむき　北向き　<u>文</u>北向き　<u>例</u>～
　の部屋なので冬は寒い。

ぎだゆう　ぎだゆう〈義太夫〉

きたる〔連体詞〕　来る　<u>公</u><u>文</u>来る
　<u>例</u>～15日から受け付ける。～べ
　き日。

きだん　奇談〈綺談〉　<u>例</u>珍談～。

きたんなく　きたんなく〈忌憚無く〉
　⇒腹蔵なく・率直に・遠慮なく
　<u>例</u>どうぞ～御意見を…。

きち　吉〔キチ・キツ〕　<u>例</u>吉日、吉夢、
　吉例、大吉、小吉、吉か凶か
　<u>囲</u>「吉日」は、「きつじつ」とも。

きち　基地　<u>例</u>～の返還。

きち　機知〈機智〉　<u>例</u>～を働かせる。

きちじ　吉事　<u>例</u>～と凶事。

きちじつ　吉日　<u>例</u>祝事を～に定め
　る。～を選んで式を挙げる。
　<u>囲</u>「きつじつ」とも。

きちゅう　忌中　<u>例</u>～につき欠礼
　たします。

きちょう　帰朝　<u>例</u>かねて留学中の
　A氏は明日～の予定です。

きちょう　基調　<u>例</u>～講演。

きちょう　貴重　<u>例</u>～な存在。

きちょうめん　きちょうめん〈几帳
　面〉　<u>例</u>彼は実に～だ。

<u>囲</u>:付表の語　×:表外字　△:表外音訓　〈　〉:参考表記　⇒:言い換え等

きちれい　吉例　例～の大特売。

きちんと　きちんと　例～片付ける。

きつ　吉〔キチ・キツ〕　例吉凶、吉報、不吉

きつ　喫〔キツ〕　例喫茶、喫驚、喫煙室、満喫、敗北を喫する

きつ　詰〔キツ　つめる・つまる・つむ〕　例詰問、詰責、難詰、面詰

きつえん　喫煙　例～の禁止。

きつおん　きつ音〈×吃音〉

きっか　菊花

きづかい　気遣い　例～は無用です。

きづかう　気遣う　⊗気遣う　例娘を～。安否を～。
　囲「気をつかう」のときは「使う」が多く用いられる。

きっかけ　きっかけ〈切っ掛け〉　例ふとした～で友達になった。

きっかり　きっかり　例～５時に始めます。～１万円ある。

きづかれ　気疲れ　⊗気疲れ　例今日はひどく～した。

きづかわしげ　気遣わしげ　例手術の終わるのを～な顔で待つ。

きっきょう　吉凶　例～を占う。

きづく　気付く・気づく　⊗気付く　例欠点に～。重大な誤りに～。

きつけ　気付け　例～の薬。

きつけ　着付け　⊗着付け　例出掛ける娘の訪問着の～を手伝う。

きづけ　気付　⊕⊗気付　例A編集部～○○○○先生。

きっこう　亀甲　例～形。

きっこう　きっこう〈×拮抗〉　⇒対抗・対立　例～する二大勢力。

きっさ　喫茶

きっさてん　喫茶店　例～で休憩する。

きつじつ　吉日　例大安～。
　囲「きちじつ」とも。

きっしょう　吉祥

きっすい　生粋　例～の江戸っ子。

きっすい　喫水〈×吃水〉　⊕喫水　例～が浅い船。～線。
　囲法令では、「吃水」は用いない。「喫水」を用いる。

きっする　喫する　⊗喫する　例惨敗を～。

きっちょう　吉兆　例富士山の夢を見たが、何かの～かもしれない。

きっちり　きっちり　例５時～に終わった。～１時間掛かる。

きって　切手　⊕⊗切手　例封筒と～。

…きっての　…きっての〈切っての〉　例業界～切れ者。本校～秀才。

きっと　きっと〈×屹度〉　例病気は～よくなる。～晴れる。

きっぱり　きっぱり　例～と断る。～と始末を付ける。

きっぷ　切符　⊕⊗切符　例新幹線の～を買う。

きっぷ　きっぷ〈気っ風〉　例彼は誠に～のいい男だ。

か行

──────────────────

か行

きっぽう　吉報　例～をもたらす。

きづまり　気詰まり　文気詰まり
　例専務と同宿では何となく～だ。

きつもん　詰問　例動機を～する。

きづよい　気強い　例あなたと一緒
　なら～限りです。

きつりつ　きつ立〈屹立〉　例3,000
　メートル級の山々が～する。

きてい　既定　例それはもう～の事
　実だ。～方針に従う。

きてい　規定　例自由種目と～種目。
　別に定める～による。

きてい　規程　例会社の～集。
　　注法令の名称としては、原則として
　　用いない。「規則」を用いる。

ぎてい　義弟

きてき　汽笛　例～を鳴らす。

きてれつ　きてれつ〈奇天烈〉　例奇
　妙～な話なんだがね。

きてん　起点　例～と終点。

きてん　基点　例東京駅を～として
　半径100キロの圏内。

きてん　機転　例～が利く人。

きでん　貴殿　例～の仰せのとおり
　にいたします。

きと　企図　例県庁の移転を～する。

きと　帰途　例一同～に就く。

きとう　祈とう〈祈禱〉　⇒祈り・祈
　念　例～をささげる。

きどう　軌道　例仕事が～に乗る。

きどうしゃ　気動車

きとく　危篤　例病人は～状態だ。

きとく　奇特　例～な行為。

きどり　気取り　文気取り　例スタ
　ー～で振る舞う。

きどる　気取る　例そう～な。

きない　畿内

きなが　気長　例～に待つ。

きながし　着流し　例～で出る。

きなこ　きな粉〈黄粉〉　例～をまぶ
　す。

きにいる　気に入る　例万人が～よ
　うな案はできっこない。

きにゅう　記入　例名前を～する。

きぬ　絹　例～のネクタイ。～を裂
　くような声。～織物。

きぬ　きぬ〈衣〉　例歯に～着せずに
　言う。～擦れの音。

きぬけ　気抜け　文気抜け　例何だ
　か～してしまったようだ。

きぬごし　絹ごし〈絹漉し〉　例～の
　豆腐。

きぬずくめ　絹ずくめ〈絹尽くめ〉
　例上から下まで～の盛装。

きぬた　きぬた〈砧〉　例～を打つ。

きぬばり　絹張り　文絹張り　例～
　の傘。

きね　きね〈杵〉　例臼と～。～でつ
　く。昔取った～づか。

きねん　祈念　例心から～する。

きねん　記念　例～の行事。～碑。

ぎねん　疑念　例～を晴らす。

きのう　昨日付　例～は暑かった。

きのう　帰納　例～法で説明する。

注:付表の語　　×:表外字　　△:表外音訓　　〈　〉:参考表記　　⇒:言い換え等

きのう　機能　[例]心臓の～。
ぎのう　技能　[例]技術・～の継承。
きのえ　きのえ〈甲〉
きのと　きのと〈乙〉
きのどく　気の毒　[例]大層お～です。～なことに…。
きのぼり　木登り　[文]木登り　[例]～の名人。
きのめ　木の芽　[例]～がもえ出る。
きのり　気乗り　[文]気乗り　[例]～がしない。～薄。
きば　牙　[例]象の～。
きば　騎馬　[例]～民族。～戦。
きはく　気迫〈気魄〉　[例]鋭い～。
きはく　希薄〈稀薄〉　[文]希薄　[例]上空に行くほど空気が～になる。
きばつ　奇抜　[例]随分～なやり方だ。
きはつゆ　揮発油　[例]原油を蒸留して～を作る。
きばむ　黄ばむ　[文]黄ばむ　[例]葉が～。紙が～。
きばや　気早　[例]～な人。
きばらし　気晴らし　[文]気晴らし　[例]～に散歩でもしてこよう。
きばる　気張る　[例]うんと気張って10万円の祝い金を包む。
きはん　規範・軌範　[例]～に従う。
きはん　きはん〈羈絆〉　⇒束縛・きずな・拘束　[例]全ての～を断って出家する。
きばん　基盤　[例]都市～の整備。
きひ　忌避　[例]徴兵を～する。
きび　機微　[例]人情の～をうがつ。
きびき　忌引き　[例]～で休む。～届。
きびしい　厳しい　[文]厳しい　[例]～寒さ。
きびしさ　厳しさ　[文]厳しさ
きびす　きびす〈踵〉　[例]～を返す。
きびん　機敏　[例]～な動作。
きふ　寄付・寄附　[文]寄附　[例]育英資金を御～願います。～金。
きふ　棋譜　[例]囲碁・将棋の～。
きふく　起伏　[例]～の変化に富んだ土地。～が激しい。
きふるし　着古し　[例]～の洋服。
きぶん　気分　[例]～が良い。正月～。
ぎふん　義憤　[例]～を感じる。
きへん　机辺　[例]～に辞書を置く。
きべん　き弁〈奇弁・詭弁〉　[例]～を弄する。それは～だ。
きぼ　規模　[例]～の大きい学校。大～な調査。
きほう　気泡　[例]表面に～が浮いている。ガラス中の～。
きぼう　希望　[例]～がかなう。
きぼね　気骨　[例]～が折れる。
きぼり　木彫り　[文]木彫り　[例]大きな～の熊を土産に買って帰る。
きほん　基本　[例]基礎～。
ぎまい　義妹
きまえ　気前　[例]～のいい人。
きまかせ　気任せ　[文]気任せ　[例]～に歩く。
きまぐれ　気まぐれ〈気紛れ〉　[文]気

か行

まぐれ　例〜な言葉。一時の〜。

きまじめ　生真面目　例〜な顔。あの人は大層〜だ。

きまずい　気まずい〈気不味い〉　例一瞬、〜空気が流れた。

きまま　気まま〈気儘〉　例〜な行動。気随〜に暮らす。

きまり　決まり　文決まり　例〜に従う。書き表し方の〜。

きまりもんく　決まり文句　例例の〜が始まった。

きまりわるい　決まり悪い

きまる　決まる　文決まる　例投票日が10月10日に〜。会長が〜。

ぎまん　欺まん〈欺瞞〉　⇒だますこと・欺くこと・偽ること・ごまかし　例相手を〜する行為。
注法令では、用いない。

きみ　君　例〜の万年筆。

きみ　気味　例何だか〜が悪い。

きみ　黄身　例卵の〜。

きみ　黄み〈黄味〉　例〜を帯びる。

きみがよ　君が代　例国歌〜の斉唱。

きみじかだ　気短だ　文気短だ　例気短な人。

きみたち　君たち〈君達〉　例〜はここで待っていなさい。

きみつ　機密　例国家の〜。

きみょう　奇妙　例〜な踊り。

きみら　君ら〈君等〉　例〜も来い。

ぎむ　義務　例納税の〜。〜感。

きむずかしい　気難しい　例あの人はいつも〜顔をしている。

きめ　木目〈肌理〉　例〜が細かい。〜込み人形。

きめ　決め〈極め〉　文決め　例2時間ごとに交代するという〜になっている。

ぎめい　偽名　例〜で投書する。

きめこまかい　きめ細かい　例〜対応。
注「きめ」は「細かい／粗い」なので本来「細やか」は使わない。

きめこむ　決め込む　例高見の見物を〜。

きめつける　決めつける〈決め付ける〉　例頭から〜。

きめて　決め手　文決め手　例〜がないので弱っている。

きめる　決める〈極める〉　文決める　例順番を〜。

きも　肝〈胆〉　例〜が据わった人。

きもいり　肝煎り　例課長の〜。

ぎもう　欺もう〈欺罔〉
注法令では、用いない。

きもち　気持ち　文気持ち　例〜が良い。愉快な〜だ。

きもったま　肝っ玉　例〜の大きな人。〜が据わった人。

きもの　着物　例〜を身にまとう。

ぎもん　疑問　例〜を持つ。

きゃ　脚〔キャク・キャ　あし〕　例脚立、行脚

きゃく　却〔キャク〕　例却下、退却、

注:付表の語　×:表外字　△:表外音訓　〈　〉:参考表記　⇒:言い換え等

売却、忘却

きゃく　客³〔キャク・カク〕　例客間、
客車、観客、乗客

きゃく　脚〔キャク・キャ
あし〕　例脚部、
脚本、三脚、健脚、失脚

ぎゃく　逆⁵〔ギャク
さか・さからう〕　例逆境、
逆転、逆上、順逆、反逆

ぎゃく　虐〔ギャク
しいたげる〕　例虐待、虐
使、虐殺、暴虐、残虐

きゃくあつかい　客扱い　⊗客扱い
例〜が乱暴だ。

ぎゃくこうか　逆効果　例そんなこ
とを言うのはかえって〜だよ。
　囲「ぎゃっこうか」とも。

ぎゃくさつ　虐殺　例かつて、大勢
の人たちが〜された場所。

きゃくしゃ　客車　例新しい〜。

ぎゃくじょう　逆上　例捨てぜりふ
を言われて〜する。

ぎゃくたい　虐待　例動物を〜して
はならない。

きゃくちゅう　脚注〈脚註〉　例この
本は〜が多い。頭注と〜。

ぎゃくてん　逆転　例形勢〜。

きゃくどめ　客止め　⊗客止め
例大入り満員なので〜をする。

きゃくひき　客引き　⊗客引き
例繁華街での〜は禁止だ。

きゃくぶ　脚部　例〜が痛む。

きゃくほん　脚本　例〜を書く。

きゃくま　客間　例人を〜に通す。

きゃくまち　客待ち　例〜のタクシ

ーに限り停車できます。

ぎゃくもどり　逆戻り　⊗逆戻り
例100メートルばかり〜する。

ぎゃくよう　逆用

きゃしゃ　きゃしゃ〈華奢〉

きやすめ　気休め　⊗気休め　例〜
を言うな。

きゃたつ　脚立

きゃっか　却下　例控訴を〜する。

きゃっかん　客観　例主観と〜。

ぎゃっきょう　逆境　例〜にもめげ
ず、すくすくと育つ。

きゃっこう　脚光　例〜を浴びる。

ぎゃっこう　逆行　例時代に〜する。

ぎゃっこうか　逆効果
　囲「ぎゃくこうか」とも。

ぎゃっこうせん　逆光線

きゃはん　きゃはん〈脚半・脚絆〉
　⇒ゲートル　例〜を巻く。

きゅう　九¹〔キュウ・ク
ここの・ここのつ〕　例九
百、九牛の一毛、三拝九拝

きゅう　久⁵〔キュウ・ク
ひさしい〕　例永久、恒
久、悠久、長久、耐久、持久走

きゅう　及〔キュウ
およぶ・および・およぼす〕
例及第、言及、波及、追及、普
及、過不及

きゅう　弓²〔キュウ
ゆみ〕　例弓道、弓勢、
弓形、弓状、洋弓、強弓

きゅう　丘〔キュウ
おか〕　例丘山、丘陵、
砂丘、段丘、火口丘

きゅう　旧⁵(舊)〔キュウ〕　例旧悪、旧
知、旧道、新旧、復旧、旧に復

する

きゅう　休¹〔キュウ／やすむ・やすまる・やすめる〕
⃝例休暇、休火山、休憩、休止、
定休、運休

きゅう　吸⁶〔キュウ／すう〕　⃝例吸引、吸収、
吸盤、吸入、呼吸、吸湿性

きゅう　朽〔キュウ／くちる〕　⃝例朽壊、朽廃、
不朽、腐朽、老朽建築物

きゅう　臼〔キュウ／うす〕　⃝例臼歯、脱臼

きゅう　求⁴〔キュウ／もとめる〕　⃝例求愛、求
職、求人、要求、欲求、追求

きゅう　究³〔キュウ／きわめる〕　⃝例究極、究
明、研究、探究心、論究、学究

きゅう　泣⁴〔キュウ／なく〕　⃝例泣血、泣訴、
感泣、悲泣、号泣

きゅう　急³〔キュウ／いそぐ〕　⃝例急所、急務、
急速、緊急、応急、事は急を要
する

きゅう　級³〔キュウ〕　⃝例級友、初級、
上級、階級、等級

きゅう　糾〔キュウ〕　⃝例糾弾、紛糾

きゅう　宮³〔キュウ・グウ・ク／みや〕　⃝例宮殿、
宮中、宮廷、迷宮、離宮

きゅう　救⁵〔キュウ／すくう〕　⃝例救助、救出、
救援、救急

きゅう　球³〔キュウ／たま〕　⃝例球形、球根、
球技、地球、気球、電球

きゅう　給⁴〔キュウ〕　⃝例給水、配給、
自給、月給、1号俸を給する

きゅう　嗅〔キュウ／かぐ〕　⃝例嗅覚

きゅう　窮〔キュウ／きわめる・きわまる〕　⃝例窮
状、窮屈、窮地、窮乏、窮極、

困窮、無窮、貧窮

きゅう　きゅう〈灸⃝×〉　⃝例〜を据える。
はりと〜。

きゅう　きゆう〈杞⃝×憂〉　⇒取り越し
苦労・無用の心配　⃝例それは君
の〜にすぎない。

ぎゅう　牛²〔ギュウ／うし〕　⃝例牛馬、牛肉、
牛乳、牛飲馬食、闘牛、水牛

きゅうえん　救援　⃝例〜隊。〜物質。

きゅうか　休暇　⃝例〜をもらう。

きゅうかく　嗅覚　⃝例犬の〜は鋭い。

きゅうかなづかい　旧仮名遣い

きゅうかねがい　休暇願　⃝公⃝文休暇
願

きゅうかん　休刊　⃝例雑誌を〜する。

きゅうかん　急患　⃝例休日〜診療所。

きゅうぎ　球技　⃝例バレーボール、
テニスなどの〜。

きゅうきゅう　救急　⃝例〜処置。

きゅうきゅう　きゅうきゅう〈汲⃝×々〉
⃝例資金繰りに〜とする。

きゅうきゅうきゅうめいし　救急救
命士

きゅうきゅうしゃ　救急車　⃝例〜の
出動を要請する。

ぎゅうぎゅうづめ　ぎゅうぎゅう詰
め　⃝例通勤電車は〜の状態だ。

きゅうきょ　急きょ〈急⃝×遽〉　⇒急ぎ
⃝例〜係官を派遣した。

きゅうきょう　窮境　⃝例〜に陥る。

きゅうきょく　究極・窮極　⃝例〜の
目的。

注新聞では、「究極」と書く。

きゅうくつ　窮屈　例この靴は少し〜だ。〜な格好。

きゅうけい　休憩　例午後の〜時間。

きゅうけい　球形　例〜の物体。

きゅうけい　球茎

きゅうげき　急激　例〜な変化。

きゅうご　救護　例けが人の〜に当たる。

きゅうこう　急行　例現地に〜する。〜列車。

きゅうごう　糾合〈鳩合〉　例同志を〜する。

きゅうごしらえ　急ごしらえ〈急拵え〉　例〜の小屋を建てる。

きゅうごはん　救護班

きゅうさい　救済　例難民の〜。

きゅうし　休止　例フルートはそこで〜する。運転〜。

きゅうし　臼歯　例マンモスの〜の化石。

きゅうし　きゅう師〈灸師〉

きゅうじ　給仕　例食事の〜。

きゅうじつ　休日

きゅうしゃ　きゅう舎〈厩舎〉　⇒馬小屋・うまや　例〜の清掃。

きゅうしゅう　吸収　例知識を〜する。脱脂綿が水を〜する。

きゅうしゅつ　救出　例人質の〜。

きゅうじゅつ　救じゅつ〈救恤〉　公救じゅつ　⇒救援・救助・救済

きゅうじょ　救助　例遭難者を〜する。〜活動。

きゅうじょう　弓状　例〜を呈する。〜に曲がった線。

きゅうじょう　窮状　例〜を訴える。

きゅうしょく　求職　例〜に対して求人がない。

きゅうしょく　給食　例学校〜。

ぎゅうじる　牛耳る　例会を〜。

きゅうじん　求人　例〜広告。

きゅうす　急須　例〜からお茶を注ぐ。

きゅうすい　給水　例〜栓。

きゅうする　給する　例手当として１万円を〜。衣食を〜。

きゅうする　窮する　例返答に〜。

きゅうせい　急逝　例夫は〜した。

きゅうせき　旧跡〈旧蹟〉　例休日に名所〜を訪ねる。

きゅうせんぽう　急先ぽう〈急先鋒〉　例彼は改革派の〜だ。

きゅうそく　休息　例しばらく〜する。〜を取る。〜室。

きゅうそく　急速　例〜に接近する。台風は〜に発達した。

きゅうだ　急だ　文急だ

きゅうだい　及第　例難しい試験に〜する。〜点を付ける。

きゅうたいいぜん　旧態依然　例〜たる有り様で失望した。

きゅうだん　糾弾〈糺弾〉　例少しも〜の手を緩めない。

きゅうち　窮地　例〜を脱する。

きゅうてい　宮廷

きゅうてき　きゅう敵〈仇敵〉　⇒かたき・敵　例〜と付け狙う。

きゅうでん　宮殿

きゅうとう　旧とう〈旧套〉　⇒旧態・旧習　例〜を墨守する。

きゅうどう　弓道　例〜を習う。

きゅうどう　旧道　例〜を歩く。

ぎゅうどん　牛丼

きゅうに　急に　例〜頼まれても困る。車は〜止まれない。

きゅうにゅう　吸入　例酸素の〜。

ぎゅうにゅう　牛乳　例〜を飲む。

ぎゅうば　牛馬

きゅうはく　急迫　例事態の〜。

きゅうはく　窮迫　例〜した生活。

きゅうはん　急坂　例〜を登る。

きゅうばん　吸盤　例たこやいかの足には〜がある。

きゅうひ　きゅう肥〈厩肥〉　⇒うまや肥　例畑に〜を施す。

きゅうふ　給付　文給付　例年金を〜する。

きゅうへい　旧弊　例〜な人。

きゅうぼん　旧盆

きゅうむ　急務　例ただ今のところ経済摩擦の解消が〜である。

きゅうめい　究明　例原因の〜。

きゅうめい　糾明〈糺明〉　例犯罪の動機を〜する。

きゅうやく　旧約　例〜を思い出した。〜聖書と新約聖書。

きゅうやく　旧訳　例〜を改める。

きゅうよ　給与　例あの会社の〜は業界第一だ。〜の改定。

きゅうよう　休養　例〜を取る。

きゅうり　きゅうり〈胡瓜〉

きゅうりょう　丘陵　例〜地帯。

きゅうろう　旧ろう〈旧臘〉　⇒昨年末　例〜29日。

きょ　去³〔キョ・コ　さる〕　例去年、去就、除去、辞去

きょ　巨〔キョ〕　例巨大、巨星、巨額、巨匠、巨万

きょ　居⁵〔キョ　いる〕　例居住、居室、居留、住居、隠居　付居士（こじ）

きょ　拒〔キョ　こばむ〕　例拒絶、拒否、辞拒

きょ　拠(據)〔キョ・コ〕　例拠点、準拠、本拠、占拠、根拠地

きょ　挙⁴(擧)〔キョ　あげる・あがる〕　例挙行、挙動、挙手、挙国、壮挙

きょ　虚(虛)〔キョ・コ〕　例虚栄、虚無、虚偽、虚心、空虚、謙虚

きょ　許⁵〔キョ　ゆるす〕　例許可、許諾、許容、免許、特許

きょ　距〔キョ〕　例距離、測距儀

きよ　寄与　例実現に〜する。

きよ　毀誉　例〜褒へん。

ぎょ　魚²〔ギョ　うお・さかな〕　例魚類、魚介類、人魚、木魚、金魚、鮮魚、淡水魚、深海魚　付雑魚（ざこ）

ぎょ　御〔ギョ・ゴ　おん〕　例御者、御意、

付:付表の語　×:表外字　△:表外音訓　〈　〉:参考表記　⇒:言い換え等

防御、統御、制御、御する

ぎょ　漁[4]〔ギョ・リョウ／—〕 [例]漁業、漁港、漁民、漁船、漁色、漁村

きよい　清い　[文]清い　[例]～心。

きょう　凶〔キョウ／—〕 [例]凶悪、凶報、凶作、吉凶、元凶

きょう　兄[2]〔ケイ・キョウ／あに〕 [例]兄弟 [付]兄さん(にいさん)
[注]「兄弟」は、「けいてい」とも。

きょう　共[4]〔キョウ／とも〕 [例]共感、共同、共通、共有、公共

きょう　叫〔キョウ／さけぶ〕 [例]叫喚、絶叫

きょう　狂〔キョウ／くるう・くるおしい〕 [例]狂気、狂喜、狂言、熱狂、酔狂

きょう　京[2]〔キョウ・ケイ／—〕 [例]京風、帰京、上京、在京、京の着倒れ

きょう　享〔キョウ／—〕 [例]享有、享年、享受、享楽

きょう　供[6]〔キョウ・ク／そなえる・とも〕 [例]供述、供出、供給、自供、提供

きょう　協[4]〔キョウ／—〕 [例]協力、協定、協会、協議会、妥協

きょう　況〔キョウ／—〕 [例]状況、近況、概況、不況、盛況、好況、実況

きょう　峡(峽)〔キョウ／—〕 [例]峡谷、峡湾、山峡、地峡、海峡

きょう　挟(挾)〔キョウ／はさむ・はさまる〕 [例]挟撃、挟持、挟殺

きょう　狭(狹)〔キョウ／せまい・せばめる・せばまる〕 [例]狭義、狭量、狭小、偏狭、広狭

きょう　恐〔キョウ／おそれる・おそろしい〕 [例]恐怖、恐縮、恐竜、恐慌、恐喝

きょう　香[4]〔コウ・キョウ／か・かおり・かおる〕 [例]香車、香落ち、成り香

きょう　恭〔キョウ／うやうやしい〕 [例]恭悦、恭順、恭倹、恭賀新年

きょう　胸[6]〔キョウ／むね・むな〕 [例]胸襟、胸囲、胸中、胸骨、胸像、度胸

きょう　脅〔キョウ／おびやかす・おどす・おどかす〕 [例]脅迫、脅威

きょう　強[2]〔キョウ・ゴウ／つよい・つよまる・つよめる・しいる〕 [例]強化、強要、強弱、勉強、屈強、列強、10センチ強

きょう　教[2]〔キョウ／おしえる・おそわる〕 [例]教育、教養、教訓、宗教、説教

きょう　経[5](經)〔ケイ・キョウ／へる〕 [例]経師、経文、経机、お経、写経、観音経 [付]読経(どきょう)

きょう　郷[6](鄕)〔キョウ・ゴウ／—〕 [例]郷里、郷愁、郷土、異郷、帰郷、理想郷

きょう　境[5]〔キョウ・ケイ／さかい〕 [例]境界、境遇、境地、環境、逆境

きょう　橋[3]〔キョウ／はし〕 [例]橋畔、橋脚、陸橋、鉄橋、架橋、歩道橋

きょう　興[5]〔コウ・キョウ／おこる・おこす〕 [例]興味、興趣、余興、即興、不興

きょう　矯〔キョウ／ためる〕 [例]矯正、矯風、矯激、奇矯

きょう　鏡[4]〔キョウ／かがみ〕 [例]鏡台、鏡花水月、顕微鏡、望遠鏡、反射鏡、明鏡止水 [付]眼鏡(めがね)

きょう　競⁴〔キョウ・ケイ きそう・せる〕　例競争、競 走、競演、競技、競泳	**きょういく　教育**　例子供の～。
きょう　響(響)〔キョウ ひびく〕　例音響、影 響、反響、交響楽団	**きょうえい　競泳**　例～大会。
きょう　驚〔キョウ おどろく・おどろかす〕　例驚 異、驚喜、驚嘆、驚天動地	**きょうえん　供宴**〈饗宴〉　例お祝い の～を開く。
きょう　今日付　例～は晴れるかな。 昨日や～のことではない。	**きょうおう　供応**〈饗応〉　公供応 例業者からの～を断る。
きょう　器用　例～な手つき。	注法令では、「饗応」は用いない。「供 応」を用いる。

ぎょう　行²〔コウ・ギョウ・アン いく・ゆく・おこなう〕 例行事、行政、行列、興行、修 行、行を積む　付行方(ゆくえ)	**きょうか　強化**
	きょうか　教科　例～外の活動。
ぎょう　仰〔ギョウ・コウ あおぐ・おおせ〕　例仰視、 仰山、仰角、仰天、景仰	**きょうが　恭賀**　例～新年。
	きょうかい　協会
ぎょう　形²〔ケイ・ギョウ かた・かたち〕　例形相、 人形、印形、僧形	**きょうかい　教会**　例～のミサ。
	きょうかい　教戒〈教誨〉　例～師。
ぎょう　暁(曉)〔ギョウ あかつき〕　例暁星、 暁雲、暁天、今暁、早暁、通暁、 払暁	**きょうかい　境界**　例～線の確定。
	きょうかく　きょう客〈俠客〉
ぎょう　業³〔ギョウ・ゴウ わざ〕　例業務、 業績、卒業、職業、学業	**きょうがく　共学**　例男女～。
	きょうがく　教学　例～の振興。
ぎょう　凝〔ギョウ こる・こらす〕　例凝集、 凝結、凝縮、凝議、凝固、凝視	**きょうがく　驚がく**〈驚愕〉　⇒驚き 例急死の知らせに～する。
	注法令では、用いない。
きょうあい　狭あい〈狭隘〉　⇒狭い 様子・窮屈　例～な国土。	**ぎょうかく　仰角**　例20度の～。
注法令では、用いない。	**きょうかつ　恐喝**　例～して金品を 巻き上げる。～罪。
きょうあく　凶悪〈兇悪〉	**きょうかん　凶漢**〈兇漢〉　例～に襲 われる。
きょうい　胸囲　例～の測定。	**きょうかん　共感**　例大いに彼の説 に～する。～を覚える。
きょうい　脅威　例～にさらされる。 相手に～を与える。	**きょうかん　叫喚**
	きょうかん　教官　例～室。
きょうい　驚異　例科学の～。～に 値する記録を打ち立てた。	**きょうき　凶器**〈兇器〉　例～はナイ フだ。

か行

付:付表の語　×:表外字　△:表外音訓　〈　〉:参考表記　⇒:言い換え等

きょうき　狂気

きょうき　きょう気〈俠気〉　[例]彼はなかなか～のある男だ。

きょうぎ　協議　[例]国語改善の施策の在り方について～する。

きょうぎ　競技　[例]～会。～場。

ぎょうぎ　行儀　[例]もう少し～よくしていなさい。～の悪い人。

きょうきゃく　橋脚

きょうきゅう　供給　[例]需要と～。

きょうきょう　きょうきょう〈恐々・兢々〉　[例]人員整理のうわさに、社員は～としている。

ぎょうぎょうしい　仰々しい　[例]そんな～ことはよしなさい。

きょうきん　胸襟　[例]～を開く。

きょうぐう　境遇　[例]不幸な～。

きょうくん　教訓　[例]貴重な～となる。～を垂れる。

きょうげき　挟撃　[例]敵を～する。

ぎょうけつ　凝結

きょうけん　強健

きょうげん　狂言　[例]～を仕組む。

きょうこ　強固〈鞏固〉

ぎょうこ　凝固　[例]血液は空気に触れると～する性質がある。

きょうこう　凶行〈兇行〉　[例]～に及ぶ。～のあった現場。

きょうこう　恐慌　[例]～が世界を見舞う。金融～。

きょうこう　強行　[例]登山の～。

きょうこう　強硬　[例]～な反対論。

きょうごう　強豪　[例]名だたる～チームを迎えての試合。

きょうごう　競合　[例]～企業。

ぎょうこう　行幸

ぎょうこう　ぎょうこう〈僥倖〉　⇒まぐれ当たり・幸運　[例]万一の～を当てにする。

きょうこく　峡谷　[例]～を越える。

きょうさ　教唆　[例]犯罪を～する。

きょうさい　共済　[例]～組合。

きょうさく　凶作　[例]豊作と～。

きょうざつぶつ　きょう雑物〈夾雑物〉　⇒不純物・交じり物　[例]交じっている～を取り除く。

きょうざめ　興ざめ〈興醒め〉　[例]～な話。

きょうざめる　興ざめる〈興醒める〉

ぎょうさん　ぎょうさん〈仰山〉　[例]～に言う。～な身振り。

きょうし　教師　[例]国語の～。

きょうじ　きょう持〈矜持〉　⇒誇り・自負　[例]社員としての～。

きょうじ　教示　[例]御～賜りたく…。

ぎょうし　仰視

ぎょうし　凝視　[例]一点を～する。

ぎょうじ　行司　[例]相撲の～。

ぎょうじ　行事　[例]恒例の～の一環として行う。年中～。

きょうしゃ　香車

きょうじゃく　強弱　[例]～を使い分ける。～アクセント。

きょうしゅ　興趣　[例]その絵に～を

感じる。更に～を添える。

きょうじゅ　享受　㋕その福利は国
　民がこれを～する。

きょうじゅ　教授　㋕華道の～。

きょうしゅう　教習　㋕自動車～所。

きょうじゅう　今日中　㋕～には是
　非やり遂げたい。

きょうしゅく　恐縮　㋕そこまでし
　ていただいては～です。

きょうじゅつ　供述　㋕当時の状況
　を～する。

きょうしゅぼうかん　きょう手傍
　観〈拱手傍観〉　⇒何の手出しも
　しない・手をこまねく

きょうじゅん　恭順

ぎょうしょ　行書　㋕～と草書。

きょうしょう　狭小　㋕～な国土。

ぎょうじょう　行状　㋕～が悪い。

きょうじる　興じる　㋕野球に～。

きょうじん　凶刃〈兇刃〉

きょうじん　強じん〈強靱〉　⇒粘り
　強い様子　㋕～な神経。

きょうする　供する　㋕参考に～。

きょうせい　強制　㋕加入を～する。
　～的なやり方。

きょうせい　矯正　㋕歯列の～。

ぎょうせい　行政　㋕～の改革。

ぎょうせいしょし　行政書士

ぎょうせき　行跡　㋕日頃の～。不
　～。

ぎょうせき　業績　㋕すばらしい～。

きょうそう　強壮　㋕～な体。～剤。

きょうそう　競争　㋕生存～。

きょうそう　競走　㋕短距離～。

きょうそう　競そう〈競漕〉　⇒ボー
　トレース・レガッタ

ぎょうそう　形相　㋕～が変わる。

きょうぞめ　京染め　㋨京染め
　㋕～の着物。

きょうたい　狂態　㋕～を演じる。

きょうたい　きょう態〈嬌態〉

きょうだい　兄弟　㋕～げんか。
　㊟「けいてい」とも。

きょうだい　鏡台

きょうたく　供託　㋕地代の～。

きょうたん　驚嘆〈驚歎〉　㋕～に値
　する。～すべき発明。

きょうだん　教壇　㋕～に立つ。

きょうち　境地　㋕少しは私の苦し
　い～も察してほしい。

きょうちゅう　胸中　㋕妻の～を思
　いやる。

きょうちょう　協調　㋕互いの～。

きょうちょう　強調　㋕その点を特
　に～して話してください。

きょうつう　共通　㋕両者の～点。

きょうてい　協定　㋕～を結ぶ。

きょうてい　競艇

きょうてん　教典

きょうてん　経典　㋕有り難い～。

ぎょうてん　仰天　㋕びっくり～。

ぎょうてん　暁天

きょうど　郷土　㋕我が～の誇り。

きょうどう　共同　㋕～募金。

㊟:付表の語　×:表外字　△:表外音訓　〈　〉:参考表記　⇒:言い換え等

きょうどう　協同　例〜組合。

きょうどう　協働　例参加及び〜。

きょうとうほ　橋頭ほ〈橋頭保・橋
　　頭堡〉　⇒足掛かり

きょうにのる　興に乗る

きょうねん　享年　例〜八十歳。

きょうばい　競売　例差押え品を〜
　　する。〜にかける。
　　囲「けいばい」とも。

きょうはく　脅迫　例弱みに付け込
　　んで〜する。

きょうはくかんねん　強迫観念
　　例〜に襲われる。

きょうはん　共犯　例主犯と〜。

きょうふ　恐怖　例〜にさらされる。
　　〜を抱く。〜心を持つ。

きょうふう　京風

きょうふう　強風　例〜が吹く。

きょうへん　凶変〈兇変〉

きょうべん　教べん〈教鞭〉　例母校
　　で〜を執る。

きょうぼう　凶暴〈兇暴〉

きょうぼう　共謀　例〜して詐欺を
　　働く。〜者がいるらしい。

きょうぼく　きょう木〈喬木〉　⇒高
　　木　例かん木と〜。

きょうまん　きょう慢〈驕慢〉　⇒高
　　慢　例〜な態度。

きょうみ　興味　例〜を示す。

きょうみしんしん　興味津々

ぎょうむ　業務　例〜命令。

きょうめい　共鳴　例音の〜。Ａ先
　　生の意見に〜する。

きょうもん　経文　例〜を唱える。

きょうやく　協約　例紳士〜。

きょうゆ　教諭　例小学校の〜。

きょうゆう　共有　例〜財産。

きょうゆう　享有　例基本的人権を
　　〜している。

きょうよう　共用　例〜会議室。

きょうよう　供用　例一般への〜を
　　禁止する。

きょうよう　強要　例服従の〜。

きょうらく　享楽　例〜主義。

きょうり　郷里　例〜に帰る。

きょうりゅう　恐竜　例〜の化石。

きょうりょう　狭量　例〜な人間。

きょうりょう　橋りょう〈橋梁〉
　　　公橋りょう　⇒橋　例〜の架設。

きょうりょく　協力　例方々に〜を
　　求める。御〜願います。

きょうれつ　強烈　例〜な光線。

ぎょうれつ　行列　例〜を見送る。

きょえいしん　虚栄心　例〜の塊。

きょか　許可　例〜を申請する。

きょか　きょ火〈炬火〉　⇒トーチ・
　　たいまつ

きょかい　巨かい〈巨魁〉　⇒首領・
　　頭目　例盗賊の〜。

ぎょかい　魚介　例〜類の販売。

ぎょかくだか　漁獲高　例〜の予想。

きょぎ　虚偽　例〜の申告をする。

ぎょき　漁期　例さんまの〜。

ぎょぎょう　漁業　例農業と〜。

きょきょじつじつ　虚々実々　例両
　者は～の戦いを続けている。

きょきん　拠金〈醵金〉

きょく　曲³〔キョク　まがる・まげる〕　例曲線、
　曲芸、曲面、名曲、作曲

きょく　局³〔キョク〕　例局部、局長、
　難局、結局、時局、郵便局

きょく　極⁴〔キョク・ゴク　きわめる・きわまる・きわみ〕
　例極度、極端、極点、極限、積
　極的、終極、南極、陽極、磁極

ぎょく　玉¹〔ギョク　たま〕　例玉座、玉稿、
　玉石、宝玉、珠玉、金科玉条

きょくげん　局限　例東京都の区部
　に～する。

きょくげん　極言　例～すれば、こ
　の企画は中止すべきだ。

きょくげん　極限　例～の状況。

ぎょくざ　玉座

きょくしょう　極小　例～の値。

ぎょくせき　玉石

きょくせん　曲線　例～と直線。

きょくたん　極端　例そう～なこと
　を言っても駄目だ。

きょくち　局地　例～的な豪雨。

きょくち　極地　例～の探検。

きょくち　極致　例美の～。

きょくどめ　局留め　例～の郵便。

きょくのり　曲乗り　文曲乗り
　例自転車の～をして見せる。

きょくぶ　局部　例～麻酔。

きょくめん　曲面　例～と平面。

きょくめん　局面　例～の打開。

きょくりょく　極力　例御希望に沿
　うように～努力してみます。

きょこう　挙行　例式典を～する。

ぎょこう　漁港　例～に船が入る。

きょこく　挙国　例～一致。

きょさつ　巨刹　例有名な～の山門。

ぎょじ　御璽

きょしつ　居室　例～に集う。

ぎょしゃ　御者〈馭者〉

きょしゅ　挙手　例～による採決。

きょしゅう　去就　例両者の板挟み
　になって～に迷う。

きょじゅう　居住　例都市に～する。
　この団地の～者の数。

きょしゅつ　拠出〈醵出〉　例一般か
　らも～を求める。確定～型年金。
　注新聞では、「拠出」と書く。

きょしょ　居所　例～不明。

きょしょう　巨匠　例ピアノの～。

きょしんたんかい　虚心たん懐〈虚
　心坦懐〉　⇒こだわりない様子
　例～に言う。～な気持ち。

ぎょする　御する　例暴れ馬を巧み
　に～。

きよせ　季寄せ　例季語を集めた～。

きょぜつ　拒絶　例要求を～する。
　～反応。

ぎょせん　漁船　例～で出漁する。

きょそ　挙措　例～動作。

ぎょそう　魚倉〈魚艙〉　公魚倉
　注法令では、「魚艙」は用いない。「魚
　倉」を用いる。

きょぞう　巨象

ぎょそん　漁村　例〜の暮らし。

きょだい　巨大　例〜な設備。

きょたく　居宅　例〜介護。

きょだく　許諾　例〜を求める。

きょだつ　虚脱　例〜感。

きょてん　拠点　例〜を構える。

きょどう　挙動　例怪しい〜。

きょねん　去年　例〜の暮れ。

きょひ　拒否　例要求を〜する。

ぎょふのり　漁夫の利・漁父の利
　　例あれは正に〜と言うべきだ。

きよほうへん　毀誉褒へん〈毀誉褒
　　貶〉　⇒評判・世評　例世間の
　　〜を一々気にする。

きよまる　清まる　⊗清まる　例心
　　が〜。

きょまん　巨万　例〜の富。

きょむ　虚無　例〜的な考え。

きよめ　清め　例〜の水。お〜。

きよめる　清める〈浄める〉　⊗清め
　　る　例身を〜。

ぎょもう　漁網　例〜の破れ。

きよもと　清元　例〜の稽古。

きょよう　許容　例〜の範囲。

ぎょらい　魚雷

きよらかだ　清らかだ　⊗清らかだ

きょり　距離　例Ａ、Ｂ間の〜。

ぎょるい　魚類　例〜と甲殻類。

ぎょろう　漁労〈漁撈〉　例〜に携わ
　　る。

きら　きら〈綺羅〉　例〜、星のごと

く有名人が出席する。

きらい　嫌い　⊗嫌い　例〜な動物。
　　独断の〜がある。

きらう　嫌う　⊗嫌う　例忌み〜。

きらす　切らす　⊗切らす　例米を
　　〜。

きらびやか　きらびやか　例〜な装
　　い。〜に着飾る。

きらめく　きらめく〈煌めく・燦め
　　く〉　例夜空に星が〜。

きり　霧　例〜が掛かる。夜〜。

きり　切り　⊗切り　例〜のいいと
　　ころでやめよう。〜がない。

きり　きり〈桐〉　例〜のたんす。

きり　きり〈錐〉　例〜で穴を開ける。

…きり　…きり　例もうこれっ〜し
　　かない。残金はあと1,000円〜
　　だ。

ぎり　義理　例〜と人情。〜を欠く。

きりあう　斬り合う　例刀で〜。

きりあげ　切り上げ　⊗⊗切上げ
　　建切り上げ　例今日のところは
　　これくらいで〜としよう。通貨
　　の〜。〜算。

きりあげる　切り上げる　⊗切り上
　　げる　例100円未満は〜。

きりうり　切り売り　⊗切り売り
　　例10センチ単位で〜します。

きりおとす　切り落とす・斬り落と
　　す　例枯れ枝を〜。腕を〜。

きりかえ　切り替え〈切り換え〉
　　⊗⊗切替え　建切り替え　例〜

スイッチ。

囲新聞では、「切り替え」と書く。

きりかえくみあいいん　切り替え組
合員　公切替組合員　建切り替
え組合員

きりかえす　切り返す　例意地の悪
い質問に対して巧みに〜。

きりかえび　切り替え日　公文切替
日　建切り替え日　例契約の〜
が数日後に迫る。

きりかえる　切り替える〈切り換え
る〉　文切り替える　例電話を
2階へ〜。

きりかかる　切り掛かる・斬り掛か
る　例真っ向から〜。刀を振り
かざして〜。

きりかぶ　切り株　文切り株　例木
の〜。

きりがみ　切り紙　文切り紙　例〜
細工。

きりがみ　切り髪　文切り髪　例〜
の婦人。

きりきざむ　切り刻む　文切り刻む
例めちゃくちゃに〜。大根を〜。

きりきず　切り傷　文切り傷　例〜
を負う。

きりきり　きりきり　例〜と痛む。

ぎりぎり　ぎりぎり〈限り限り〉
例〜合格圏内に入る。

きりきりまい　きりきり舞い　例忙
しくて社員一同〜だった。

きりくず　切りくず〈切り屑〉　文切

りくず　例木の〜。

きりくずし　切り崩し　例崖の〜に
掛かる。

きりくずす　切り崩す　例山を〜。

きりくち　切り口　文切り口　例見
事な〜。

きりげた　きりげた〈桐下駄〉

きりこ　切り子　文切り子　例〜灯
籠。〜ガラス。

きりこうじょう　切り口上　文切り
口上

きりこみ　切り込み・斬り込み
例縁に大きな〜を入れる。問題
への〜方。

きりこむ　切り込む・斬り込む
文切り込む　例敵陣に〜。

きりころす　斬り殺す

きりさく　切り裂く　例布を〜。

きりさげ　切り下げ　公文切下げ
建切り下げ　例通貨の〜。

きりさげる　切り下げる　文切り下
げる　例労働条件を〜。

きりさめ　霧雨　例〜に煙る湖。

きりすて　切り捨て　公文切捨て
建切り捨て

きりすてる　切り捨てる・斬り捨て
る　文切り捨てる　例端数を〜。
余分なものを〜。

きりずみ　切り炭　文切り炭　例〜
をくべる。

きりそこなう　切り損なう・斬り損
なう　例うっかりと、昨日の新

聞の記事を切り損なった。敵を
～。

きりそろえる　切りそろえる〈切り
　　$\overset{\times}{揃}$える〉

きりたおす　切り倒す　例木を～。

きりだし　切り出し　例～ナイフ。

きりだす　切り出す　文切り出す
　　例山から木材を～。話を～。

きりたつ　切り立つ　例切り立った
　　崖。

ぎりだて　義理立て　文義理立て
　　例～は要らない。みんなへの～。

きりつ　起立　例～して迎える。

きりつ　規律〈紀律〉　公規律　例～
　　正しい生活。～を守る。服務～。
　　注法令では、「紀律」は特別な理由があ
　　る場合以外は用いない。「規律」を用
　　いる。

きりつける　切り付ける・斬り付け
　　る　例いきなり相手に～。

きりづまづくり　切り妻造り　文切
　　り妻造り　例～の大きな本堂。

きりつめる　切り詰める　文切り詰
　　める　例経費を～。

きりど　切り土　公文切土　建切り
　　土　例～を盛り土に使う。

きりどおし　切り通し　文切り通し

きりとり　切り取り　公文切取り
　　建切り取り

きりとる　切り取る　文切り取る
　　例必要な部分を～。半分ほど～。

きりぬき　切り抜き　文切り抜き
　　例新聞の～。～帳。

きりぬく　切り抜く　文切り抜く
　　例丸く～。

きりぬける　切り抜ける　文切り抜
　　ける　例危ないところを～。

きりばな　切り花　文切り花　例～
　　を花瓶に生ける。

きりはなし　切り離し〈切り放し〉
　　公文切離し　建切り離し

きりはなす　切り離す〈切り放す〉
　　例後部3両を途中の駅で～。

きりはらう　切り払う・斬り払う
　　例立ち木を～。敵を～。

きりばり　切り張り　文切り張り
　　例障子の～をする。

きりひらく　切り開く〈切り$\overset{\frown}{拓}$く〉
　　文切り開く　例新天地を～。非
　　常に努力して苦境を～。

きりふき　霧吹き　文霧吹き　例～
　　で霧を吹く。

きりふだ　切り札　文切り札　例こ
　　れが最後の～だ。トランプの～。

きりぼし　切り干し　文切り干し
　　例大根の～。

きりまくる　切りまくる・斬りまく
　　る〈切り$\overset{\times}{捲}$る・斬り$\overset{\times}{捲}$る〉　例切
　　って切って～。

きりまわす　切り回す　文切り回す
　　例台所を～。所帯を～。

きりみ　切り身　文切り身　例魚の
　　～。

きりめ　切り目・切りめ　例折り目、

〜をきちんとする。

きりもち　切り餅

きりもみ　きりもみ〈錐揉み〉　例飛
　行機が〜状態になる。

きりもり　切り盛り　⚅切り盛り
　例家計の〜。

きりゃくじゅうおう　機略縦横

きりゅうさん　希硫酸〈稀硫酸〉

きりょう　器量　例〜が良い。

ぎりょう　技量〈技倆〉　例すばらし
　い〜に感心する。

きりん　きりん〈麒麟〉

きる　切る〈伐る〉　⚅切る　例よう
　かんを〜。紙を〜。

きる　斬る　⚅斬る　例刀で〜。
　注「切る・斬る」の使い分けは、「「異字
　　同訓」の漢字の使い分け」参照。

きる　着る　⚅着る　例シャツを〜。

きれ　切れ　⚅切れ　例〜の良い包
　丁。〜の良い味。

きれ　切れ・きれ〈布〉　⚅切れ
　例共切れ。

きれあじ　切れ味　⚅切れ味　例〜
　が鈍る。

きれい　奇麗・きれい〈綺麗〉　例〜
　な花。部屋が〜になった。

ぎれいてき　儀礼的　例〜な会合。

きれぎれだ　切れ切れだ　⚅切れ切
　れだ　例話が〜。

きれくち　切れ口

きれこみ　切れ込み　⚅切れ込み

きれこむ　切れ込む

きれじ　切れ地・きれ地〈布地〉

きれつ　亀裂　⚇亀裂

きれつづき　切れ続き　⚅切れ続き
　例意味の〜がはっきりしない。

きれはし　切れ端　⚅切れ端　例紙
　の〜。

きれめ　切れ目・切れめ　⚅切れ目
　注「動詞＋め」は⚅では漢字の「目」で
　　表記する。

きれもの　切れ者　例彼はなかなか
　の〜だという評判である。

きれる　切れる　⚅切れる　例この

─────「異字同訓」の漢字の使い分け─────

きる

【切る】刃物で断ち分ける。つながりを断つ。
　　野菜を切る。切り傷。期限を切る。電源を切る。縁を切る。電話を切る。

【斬る】刀で傷つける。鋭く批判する。
　　武士が敵を斬(切)り捨てる＊。世相を斬る。

＊　「武士が敵をきり捨てる」の「きり捨てる」については、「刀で傷つける」意で
　「斬」を当てるが、「刃物で断ち分ける」意で広く一般に使われる「切」を当てる
　こともできる。

　　　　　　　　　　　　　　　　（平成26年文化審議会国語分科会）

注：付表の語　　×：表外字　　△：表外音訓　　〈　〉：参考表記　　⇒：言い換え等

ナイフはよく～。通話が～。
きろ　岐路　[例]～に立たされる。
きろ　帰路　[例]往路及び～。
きろく　記録　[例]すばらしい～。
ぎろん　議論　[例]徹底的に～する。
きわ　際　[文]際　[例]崖の～。水際。
きわく　木枠
ぎわく　疑惑　[例]～の目で見る。
きわだつ　際立つ　[文]際立つ　[例]一際～。
きわだって　際立って　[例]今日は～暑い日だ。～よく見える。
きわどい　際どい〈際疾い〉　[例]～差で勝つ。
きわまり　窮まり　[文]窮まり　[例]天つちと共に～がない。
きわまり　極まり　[文]極まり　[例]全く不都合～ない話だと憤慨する。
きわまる　窮まる　[文]窮まる　[例]進退～。窮まりなき宇宙。
きわまる　極まる　[文]極まる　[例]感～。
[注]「窮まる・極まる」の使い分けは、「「異字同訓」の漢字の使い分け」参照。
きわみ　窮み　[文]窮み
きわみ　極み　[文]極み　[例]遺憾の～。
きわめ　窮め　[文]窮め
きわめつき　極め付き　[文]極め付き　[例]～の演技だ。
きわめて〔副詞〕　極めて・きわめて　[公][文]極めて　[例]～好意的だ。
きわめる　窮める　[文]窮める　[例]真理を～。
きわめる　極める　[文]極める　[例]おごりを～。
きわめる　究める　[文]究める　[例]学を～。

「異字同訓」の漢字の使い分け

きわまる・きわめる

【窮まる・窮める】行き詰まる。突き詰める。
　進退窮まる。窮まりなき宇宙。真理を窮(究)める*。
【極まる・極める】限界・頂点・最上に至る。
　栄華を極める。不都合極まる言動。山頂を極める。極めて優秀な成績。見極める。
【究める】奥深いところに達する。
　学を究(窮)める*。
*　「突き詰める」意で用いる「窮」と、「奥深いところに達する」意で用いる「究」については、「突き詰めた結果、達した状態・状況」と「奥深いところに達した状態・状況」とがほぼ同義になることから、この意で用いる「窮」と「究」は、どちらを当てることもできる。

(平成26年文化審議会国語分科会)

か行

付「窮める・極める・究める」の使い分けは、「「異字同訓」の漢字の使い分け」p.193参照。

きわもの　際物　例〜を売る。

きん　巾〔キン〕　例頭巾、布巾、雑巾

きん　斤〔キン〕　例斤量、1斤

きん　今²〔コン・キン〕　例今上、古今和歌集　付今日（きょう）、今朝（けさ）、今年（ことし）

きん　均⁵〔キン〕　例均斉、均質、均等、均衡、均分、均一、平均

きん　近²〔キン〕　例近況、近所、近代、近距離、接近、最近

きん　金¹〔キン・コン〕　例金属、金庫、金銭、純金、現金、十八金

きん　菌〔キン〕　例菌類、菌糸、細菌、病菌、無菌、殺菌、保菌者

きん　勤⁶（勤）〔キン・ゴン〕　例勤務、勤続、勤勉、出勤、通勤、欠勤

きん　琴〔キン〕　例琴曲、琴線、手風琴、木琴、弾琴

きん　筋⁶〔キン〕　例筋肉、筋力、筋骨、腹筋、鉄筋

きん　僅〔キン〕　例僅差、僅少

きん　禁⁵〔キン〕　例禁止、禁煙、禁忌、厳禁、解禁、禁を解く

きん　緊〔キン〕　例緊張、緊縮、緊迫、緊密、緊急

きん　錦〔キン〕　例錦秋

きん　謹（謹）〔キン〕　例謹慎、謹賀、謹厳、謹聴、謹製、謹呈

きん　襟〔キン〕　例襟懐、襟帯、襟度、開襟、胸襟

ぎん　吟〔ギン〕　例吟味、吟遊詩人、詩吟、苦吟、朗吟、詩を吟じる

ぎん　銀³〔ギン〕　例銀貨、銀河、銀行、純銀、水銀、銀の首飾り

きんいつ　均一　例〜の料金。

きんえい　近影　例〜の顔写真。

きんえん　禁煙　例〜の実行。

きんが　謹賀　例〜新年。

ぎんか　銀貨　例金貨と〜。

きんかい　きん快〈欣快〉　例御栄転の由、誠に〜に堪えない。

きんがく　金額　例〜を気にする。

きんき　近畿　例〜地方。

きんき　禁忌　例その言葉は、ここでは〜となっています。〜薬。

きんきゅう　緊急　例〜の事態。

きんぎょ　金魚　例〜を飼う。〜鉢。〜藻。

きんきん　近々　例〜完成する。　付「ちかぢか」とも。

きんけん　金権　例〜政治。

きんけん　勤倹　例〜を旨とする。

きんげん　金言　例〜を引いて話す。

きんこ　禁錮　公禁錮　例〜3年。

きんこう　近郊　例都市の〜。

きんこう　均衡　例力の〜を保つ。

きんごう　近郷　例〜近在。

ぎんこう　銀行　例〜と郵便局。

きんこつ　筋骨　例〜たくましい。

きんさ　僅差　文僅差　例〜で勝つ。

付：付表の語　×：表外字　△：表外音訓　〈　〉：参考表記　⇒：言い換え等

きんし　禁止　例通行を～する。

きんしゃ　金しゃ・錦しゃ〈金紗・錦紗〉

きんしゅ　禁酒　例～禁煙。

きんしゅう　錦秋

きんじゅう　きん獣〈禽獣〉　⇒鳥獣　例～にも劣る行為。

きんしゅく　緊縮　例不景気になったので交際費を～する。

きんじょ　近所　例～の人に会う。

きんしょう　僅少　文僅少　例幸い～な被害で済んだ。

きんじょう　今上

ぎんしょう　吟唱〈吟誦〉

きんじょづきあい　近所付き合い　例～は大切だ。

きんじる　禁じる　例夜間の外出を～。部外者の入室を～。

きんしん　謹慎　例～を命じられた。幾分～の意を表している。

きんす　金子　例～を用意する。

きんせい　均整〈均斉〉　例～美。

きんせいひん　禁制品　例～を持ち込もうとして捕まる。

きんせつ　近接　例～市町村。

きんせん　金銭　例～に執着しない。～ずく。

きんせん　琴線

きんぞく　金属　例電気をよく通す～は何か。～製の事務机。

きんぞく　勤続　例～年数。

きんだい　近代　例～文学。～史。

きんちゃく　巾着

きんちょう　緊張　例～して話を聞く。両国間の～状態が続く。

きんてい　謹呈　例この品を～いたします。

きんてん　均てん〈均霑〉　⇒均分に潤すこと　例いかにして利益を～するか頭を悩ませている。

きんど　襟度　例大国の～。

きんとう　均等　例～に与える。

きんにく　筋肉　例～を鍛える。

きんのう　勤皇・勤王

きんぱい　金杯〈金盃〉

ぎんぱい　銀杯〈銀盃〉

きんぱく　緊迫　例情勢が～する。

きんぱく　金ぱく〈金箔〉

きんべん　勤勉　例～な人。

ぎんみ　吟味　例内容を～する。

きんみつ　緊密　例～な関係。

きんむ　勤務　例真面目に～する。

きんむく　金むく〈金無垢〉

きんもつ　禁物　例無理は～だ。

きんゆう　金融　例～を引き締める。～業を営む。～機関。

きんりょう　斤量

きんりん　近隣　例～との交際。

く

く　九¹〔キュウ・ク　ここの・ここのつ〕　例九月、九

分九厘、九輪

く　久⁵〔キュウ・ク〕　例久遠
　　〔ひさしい〕

く　工²〔コウ・ク〕　例工夫、工面、細
　　工物、日曜大工

く　口¹〔コウ・ク〕　例口舌、口調、口
　　〔くち〕　伝、口説き、異口同音

く　区³(區)〔ク〕　例区別、区々、区
　　域、区分、区の範囲、地区

く　句⁵〔ク〕　例句点、句集、字句、
　　俳句、節句、慣用句、二の句が
　　継げない

く　功⁴〔コウ・ク〕　例功徳、功力

く　苦³〔ク　くるしい・くるしむ・くる
　　　　　しめる・にがい・にがる〕　例苦
　　心、苦悩、苦労、苦難、苦もな
　　くやり遂げる、辛苦、病苦

く　供⁶〔キョウ・ク　例供物、供
　　　　　そなえる・とも〕
　　養、供米

く　紅⁶〔コウ・ク　例真紅、深
　　　　　べに・くれない〕
　　紅　団紅葉(もみじ)

く　宮³〔キュウ・グウ・ク〕　例宮内庁
　　〔みや〕

く　庫³〔コ・ク〕　例庫裏

く　貢〔コウ・ク〕　例年貢
　　〔みつぐ〕

く　駆(驅)〔ク　かける・かる〕　例駆使、駆
　　除、駆逐、疾駆、先駆、長駆

ぐ　具³〔グ〕　例具現、具備、具申、
　　具体的、道具、家具、一具

ぐ　惧〔グ〕　例危惧

ぐ　愚〔グ　おろか〕　例愚問、愚直、愚鈍、
　　暗愚、賢愚、凡愚

ぐあい　具合〈工合〉　文具合　例～
　　よくできた。いささか～が悪い。

くい　悔い　文悔い　例～はない。

くい　くい〈杭・杙〉　例～を何本も
　　打つ。出る～は打たれる。

くいあう　食い合う　文食い合う
　　例互いに～。歯車が～。

くいあげ　食い上げ　文食い上げ
　　例これでは、飯の～だ。

くいあます　食い余す

くいあらす　食い荒らす　文食い荒
　　らす　例虫が衣類を～。

くいあらためる　悔い改める　文悔
　　い改める　例前非を～。

くいあわせ　食い合わせ　文食い合
　　わせ　例～が悪い。

くいいじ　食い意地　文食い意地
　　例～が張っている。

くいいる　食い入る　文食い入る
　　例～ような目つきで見ている。

くいおわる　食い終わる　例そばを
　　～。

くいかけ　食いかけ　例～の弁当。

くいき　区域　例～を分担する。

くいけ　食い気　例色気より～。

くいこみ　食い込み　文食い込み

くいこむ　食い込む　文食い込む
　　例講演が延びて協議の時間に～。

くいさがる　食い下がる　例納得す
　　るまで～。

くいしばる　食いしばる　例歯を～。

くいしんぼう　食いしん坊　例彼は
　　～だ。

くいすぎ　食い過ぎ　文食い過ぎ

例〜で腹痛を起こしたらしい。

くいたおす　食い倒す　⊗食い倒す

くいだおれ　食い倒れ　⊗食い倒れ
　例京の着倒れ、大阪の〜。

くいちがい　食い違い　⊗食い違い
　例話に〜がないようにする。

くいちがう　食い違う　⊗食い違う
　例話が〜。

くいちらす　食い散らす　例犬が餌
　を〜。

くいつく　食い付く　⊗食い付く
　例ぱくっと〜。

くいつぶす　食い潰す

くいつめる　食い詰める　例都会で
　食い詰めて故郷へ帰った。

くいどうらく　食い道楽　⊗食い道
　楽

くいとめる　食い止める　例懸命の
　消火作業で、延焼を〜。

くいにげ　食い逃げ　⊗食い逃げ
　例〜の常習犯を捕まえる。

くいのばす　食い延ばす　⊗食い延
　ばす　例3日分の米を1週間に
　〜。

くいはぐれ　食いはぐれ〈食い逸れ〉
　例ここにいれば絶対に〜はない。

くいほうだい　食い放題

くいもの　食い物　⊗食い物　例〜
　を探す。悪徳業者の〜になる。

くいやぶる　食い破る　例袋を〜。

くいる　悔いる　⊗悔いる　例学生
　時代に勉強しなかったことを〜。

くう　空¹〔クウ／そら・あく・あける・から〕
　例空想、空中、空間、空港、空
　をつかむ、上空、高空、天空

くう　食う　⊗食う　例よく〜やつ
　だ。時間を〜仕事。

ぐう　宮³〔キュウ・グウ・ク／みや〕　例宮司、
　参宮、竜宮、神宮、行宮、東宮

ぐう　偶〔グウ〕　例偶然、偶像、偶数、
　配偶者、土偶

ぐう　遇〔グウ〕　例奇遇、境遇、待遇、
　優遇、千載一遇、遇する

ぐう　隅〔グウ／すみ〕　例隅角、一隅、辺隅

くうき　空気　例清浄な〜。

くうきそう　空気槽
　困法令では、「空気槽」は用いない。「空
　気タンク」を用いる。

くうきょ　空虚　例〜な気持ち。

ぐうきょ　ぐう居〈寓居〉　例町外れ
　に〜を定める。

くうくうばくばく　空々漠々

くうぐん　空軍　例〜に志願する。

くうげき　空隙　例警備の〜を狙う。

くうこう　空港　例〜に行く。

ぐうじ　宮司

くうしゃ　空車　例やっと〜が来た。
　困「からぐるま」とも。意味が異なる
　場合がある。

ぐうすう　偶数　例〜と奇数。

ぐうする　遇する　⊗遇する　例賓
　客として〜。礼をもって〜。

くうぜん　空前　例〜の人出。

ぐうぜん　偶然　例〜の一致。

くうぜんぜつご　空前絶後　[例]こんな事件は恐らく～だろう。
くうそう　空曹　[例]自衛隊の～。
くうそう　空想　[例]～にふける。
くうちょう　空調　[例]～設備。
くうていぶたい　空てい部隊〈空挺部隊〉　[例]～を降下させて、同地を占領した。
くうどう　空洞　[例]地下の～。
くうふく　空腹　[例]～を我慢する。
くうらん　空欄　[例]～に記入する。
ぐうわ　ぐう話〈寓話〉　⇒例え話
くおん　久遠　[例]～の理想。
くかく　区画〈区劃〉　[例]～整理。
くがつ　九月
くき　茎　[例]～の長い植物。
くぎ　くぎ〈釘〉　[例]～を打つ。五寸～。ぬかに～。
くぎづけ　くぎ付け〈釘付け〉　[文]**くぎ付け**　[例]試合に～になる。
くぎぬき　くぎ抜き〈釘抜き〉　[文]**くぎ抜き**　[例]くぎを～で抜く。
くぎり　区切り・句切り　[文]**区切り・句切り**　[例]～のいいところでやめよう。～を付ける。～点。
くぎる　区切る・句切る　[文]**区切る・句切る**　[例]文を句読点で～。部屋を三つに～。
くぎん　苦吟　[例]～の跡が分かる。
くく　区々　[例]～たる小事。
くくりつける　くくり付ける〈括り付ける〉　[例]柱に～。赤ん坊を背に～。
くくる　くくる〈括る〉　[例]ひもで～。腹を～。固く～。
くぐる　くぐる〈潜る〉　[例]水を～。
くげ　くげ〈公家〉
くけい　く形〈矩形〉　⇒長方形
くける　くける〈絎ける〉　[例]裾を～。
くさ　草　[例]～が生える。
くさい　臭い　[文]**臭い**　[例]生ごみが～。～物に蓋。
くさかり　草刈り　[文]**草刈り**　[例]朝早くから～に出掛ける。～鎌。
くさぐさ　くさぐさ〈種々〉　⇒いろいろ　[例]かばんから～の土産物を取り出す。
くささ　臭さ　[文]**臭さ**
くさす　くさす〈腐す〉　[例]人を～。
くさたけ　草丈　[例]～が伸びる。
くさとり　草取り　[文]**草取り**　[例]校庭の～。
くさばな　草花
くさび　くさび〈楔〉　[例]～を打つ。
くさぶかい　草深い　[文]**草深い**
くさみ　臭み〈臭味〉　[文]**臭み**　[例]～を消す。
くさむしり　草むしり〈草毟り〉　[例]運動場の～をする。
くさむら　草むら〈叢〉　[例]～に蛇がいる。～の中を捜す。
くさもち　草餅　[例]～を作る。
くさらす　腐らす　[文]**腐らす**　[例]魚を～。

くさり　鎖　例〜につながれる。

くさり　腐り　文腐り　例〜が早い。

くさる　腐る　文腐る　例肉が〜。

くされ　腐れ　例〜の来ている芋。

くされえん　腐れ縁　文腐れ縁
　例なかなか〜が切れない。

くされる　腐れる　文腐れる　例ふ
　て〜。

くさわけ　草分け　文草分け　例日
　本語教育の〜時代。

くし　駆使　例技巧を〜する。

くし　串〔くし〕　例串刺し、串焼き

くし　串　例〜に刺す。

くし　くし〈櫛〉　例髪を〜でとかす。
　プラスチックの〜。

くじ　くじ〈籤〉　例〜に当たる。〜
　引き。

くしがき　串柿

くじく　くじく〈挫く〉　例足首を〜。

くしくも　くしくも〈奇しくも〉
　例〜1年前と同じ日に出会った。

くしけずる　くしけずる〈梳る〉
　例つげのくしで髪の毛を〜。

くじける　くじける〈挫ける〉

くしざし　串刺し　文串刺し　例〜
　にする。

くじびき　くじ引き〈籤引き〉
　公文くじ引　例〜で決めよう。
　〜に当たる。

くじびきけん　くじ引き券〈籤引き
　券〉　文くじ引券　例〜を配る。

くしやき　串焼き　文串焼き

くしゃみ　くしゃみ〈嚏〉　例二つ続
　けて〜が出た。

くしゅう　句集　例〜の出版。

くじゅう　苦汁　例〜をなめる。

くじゅう　苦渋　例〜の面持ち。

くじょ　駆除　例害虫の〜。

くじょう　苦情　例〜相談。

ぐしょぬれ　ぐしょぬれ〈ぐしょ濡
　れ〉　例夕立に遭って〜になる。

くじら　鯨　例〜の写真。

くしん　苦心　例〜して作品を仕上
　げる。〜の跡が見える。

ぐしん　具申　例意見を〜する。

くず　くず〈屑〉　例木を削った〜。

くず　葛　例〜餅。〜湯。

ぐず　ぐず〈愚図〉　例若い頃にはよ
　く〜だと言われた。

くずかご　くず籠〈屑籠〉　例紙くず
　は〜に入れてください。

ぐずぐず　ぐずぐず〈愚図愚図〉
　例そんなに〜するな。

くすぐったい　くすぐったい〈擽っ
　たい〉　例そう褒められると、
　どうも〜気持ちだ。背中が〜。

くすぐる　くすぐる〈擽る〉　例脇の
　下を〜。心を〜。

くずしがき　崩し書き　文崩し書き
　例〜で手紙を書く。

くずす　崩す　文崩す　例山を〜。
　1万円札を〜。字を崩して書く。

くすだま　くす玉〈薬玉〉　例〜が割
　れて紙吹雪が舞う。

1～6:教育漢字学年配当　公:法令・公用文の表記　文:文科省語例集の表記

か行

ぐずつく　ぐずつく〈愚図つく〉
　例数日間天気は〜見込みだ。

くすのき　くすのき〈楠・樟〉

くすぶる　くすぶる〈燻る〉　例くす
　ぶって黒光りする天井。家でく
　すぶっている。

くすべる　くすべる〈燻る〉　例生木
　を〜。

くすむ　くすむ　例くすんだ色。

くずもち　葛餅　例〜を土産にする。

くずゆ　葛湯　例〜を飲む。

くすり　薬　例〜を飲む。〜湯。

くすりゆび　薬指　例中指と〜。

ぐずる　ぐずる〈愚図る〉　例子供が
　〜。

くずれ　崩れ　例積み荷の〜を防ぐ。

くずれる　崩れる　文崩れる　例土
　砂が〜。山が〜。夢が〜。

くせ　癖　例無くて七〜。〜が付く。
　知らないうちに〜になる。

くせに　くせに〈癖に〉　例知ってい
　る〜知らん顔をしている。

くせもの　くせ者〈曲者〉　例〜を捕
　らえる。

くせん　苦戦　例これまでのところ
　味方は大いに〜している。

くそ　くそ〈糞〉　例みそも〜も一緒
　にする。〜真面目。

くだ　管　例竹の〜。〜を巻く。

ぐたいてき　具体的　例どうか〜な
　例を挙げてください。

くだく　砕く　文砕く　例細かく〜。

くだける　砕ける　文砕ける　例容
　易に〜。

ください　下さい　文下さい　例私
　にそれを〜。この鉛筆を6本〜。

…(て)ください　…(て)ください
　〈…(て)下さい〉　公文…てくだ
　さい　例どうか御遠慮〜。気に
　入らない点を言って〜。

　注公用文では、「遠慮する」を敬語にし
　た「御遠慮ください。」や「問題点を
　話してください。」のように用いる
　ときは、原則として、仮名で書く。

くださる　下さる　文下さる　例御
　褒美を〜ことになりました。

くだし　下し　文下し　例腹〜。

くだしぐすり　下し薬　文下し薬
　例〜を飲んで便を出す。

くだす　下す〈降す〉　文下す　例判
　決を〜。敵を〜。腹を〜。

くたびれる　くたびれる〈草臥れる〉
　例そんなに働くと〜よ。

くだもの　果物付　文果物　例南国
　産の〜。

くだらない　下らない　例〜ことを
　言うな。10名を〜死者が出た。

くだり　下り　文下り　例〜の列車。
　17時発の〜に乗る。

くだり　くだり〈行・件〉　例その〜
　を読んでください。

くだりざか　下り坂　文下り坂
　例〜では速度を落とせ。

くだりれっしゃ　下り列車　文下り

付:付表の語　×:表外字　△:表外音訓　〈　〉:参考表記　⇒:言い換え等

列車

くだる　下る　⟨文⟩下る　⟨例⟩坂を～。

くだん　くだん〈件〉　⟨例⟩～の話は、その後どうなりましたか。

くち　口　⟨例⟩～が裂けても言うものか。～幅ったい。

ぐち　愚痴　⟨例⟩盛んに～をこぼす。

くちあけ　口開け　⟨文⟩口開け　⟨例⟩～ですから安くしておきますよ。

くちあたり　口当たり　⟨文⟩口当たり　⟨例⟩～の良い酒。～の柔らかい人。

くちいれ　口入れ　⟨文⟩口入れ

くちうら　口裏　⟨例⟩～を合わせる。

くちえ　口絵　⟨例⟩雑誌の～。

くちおしい　口惜しい　⟨例⟩全く～次第ではありませんか。

くちかず　口数　⟨例⟩～が少ない人。

くちがね　口金　⟨例⟩ハンドバッグの～が壊れた。

くちき　朽ち木　⟨文⟩朽ち木　⟨例⟩まるで～が倒れるように倒れた。

くちきき　口利き　⟨文⟩口利き　⟨例⟩先生の～で就職した。

くちぎたない　口汚い　⟨例⟩そう口汚く罵るな。

くちきり　口切り　⟨文⟩口切り　⟨例⟩では話の～に、私から一つ…。

くちく　駆逐　⟨例⟩敵を～する。

くちぐせ　口癖　⟨例⟩いつも～のように言っている。

くちぐち　口々　⟨例⟩～に褒めそやす。

くちぐるま　口車　⟨例⟩うっかりと～に乗ってしまった。

くちごたえ　口答え　⟨文⟩口答え　⟨例⟩何かと言うと～をする。

くちごもる　口籠もる　⟨例⟩何となく～様子が見えた。

くちさき　口先　⟨例⟩～では請け合うが、少しも実行しない。

くちすぎ　口過ぎ　⟨例⟩校正の仕事をしてどうやら～をしています。

くちずさむ　口ずさむ〈口遊む〉　⟨例⟩流行歌を～。

くちぞえ　口添え　⟨例⟩よろしくお～くださるようお願いします。

くちだし　口出し　⟨文⟩口出し　⟨例⟩つまらない～をするな。

くちだのみ　口頼み　⟨文⟩口頼み　⟨例⟩～だけで大丈夫かな。

くちつき　口付き・口つき　⟨文⟩口付き　⟨例⟩不満そうな～。

くちづけ　口づけ〈口付け〉　⟨例⟩甘い～。

くちづたえ　口伝え　⟨文⟩口伝え　⟨例⟩この地方には昔から…という～がある。

くちづて　口づて〈口伝て〉　⟨例⟩そのことは～に聞いていた。

くちどめ　口止め　⟨文⟩口止め　⟨例⟩～されているので話せません。

くちなおし　口直し　⟨文⟩口直し　⟨例⟩～の菓子。

くちば　朽ち葉　⟨文⟩朽ち葉

くちばし　くちばし〈喙・嘴〉　⟨例⟩～

が特徴的だ。～を入れる。

くちばしる　口走る　例あらぬこと
を～。ついうっかりと～。

くちはてる　朽ち果てる　文朽ち果
てる　例世に入れられず、～。

くちはばったい　口幅ったい　例そ
んな～ことを言うな。

くちび　口火　例話の～を切る。

くちびる　唇　例～をかむ。上～。

くちぶえ　口笛

くちぶり　口ぶり・口振り　文口ぶ
り　例～からすると駄目らしい。

くちべに　口紅　例～を付ける。

くちべらし　口減らし　文口減らし
例～のために働きに出る。

くちまね　口まね〈口真似〉　例先生
の～をする。

くちもと　口元〈口許〉　例かわいら
しい～をした人形。

くちやかましい　口やかましい〈口
喧しい〉　例彼は人一倍～。

くちゅう　苦衷　例～を察する。

くちょう　口調　例演説～。

くちよごし　口汚し　文口汚し
例ほんのお～ですが、…。

くちる　朽ちる　文朽ちる　例木が
～。～ことのない名声。

くちわ　口輪　例犬に～を付ける。

くつ　屈〔クツ〕　例屈辱、屈伸、屈
従、屈託、不屈、理屈、退屈

くつ　掘〔クツ／ほる〕　例掘進、掘削機、
発掘、採掘現場

くつ　窟〔クツ〕　例巣窟、洞窟

くつ　靴〈沓〉　例～を履く。

くつう　苦痛　例～を訴える。

くつがえす　覆す　文覆す　例前説
を～。

くつがえる　覆る　文覆る　例原案
が～。

くっきょう　屈強　例～な男。

くっきょう　くっきょう〈究竟〉
例～な場所。

くっさく　掘削〈掘鑿〉　例機械で～
する。

くっし　屈指　例～の人物。

くつした　靴下　例～を履く。

くつしたどめ　靴下留め　公文靴下
留　建靴下留め

くつじょく　屈辱　例～を感じる。

くっしん　屈伸　例～運動。

くつずみ　靴墨　例～を塗る。

くっする　屈する　例相手の威力に
～。上体を～。指を～。

くつずれ　靴擦れ　文靴擦れ

くっせつ　屈折　例～した心。

くったく　屈託　例～のない顔。

くつなおし　靴直し　文靴直し

くつぬぎ　靴脱ぎ〈沓脱ぎ〉

くつばこ　靴箱

くっぷく　屈服・屈伏　例一たまり
もなく、相手に～する。
　注新聞では、「屈服」と書く。

くつべら　靴べら〈靴箆〉

くつみがき　靴磨き　文靴磨き

くつや　靴屋

くつろぐ　くつろぐ〈寛ぐ〉　例ゆっくりと〜。くつろいだ格好。

くつわ　くつわ〈轡〉　例馬の〜。

くてん　句点　例〜と読点。

くでん　口伝　例奥義を〜する。

くどい　くどい　例話が〜。〜ほど念を押す。

くとう　句読　例〜を切って読む。

くとうてん　句読点　例〜の付け方が間違っている。

くどき　口説き　例ついに〜は成功したかに見えたが…。

くどく　功徳　例〜を積む。〜を施す。〜がある。

くどく　口説く　例強引に〜。

くどくど　くどくど　例〜と小言を言う。

ぐどん　愚鈍　例〜な息子。

くないちょう　宮内庁

くなん　苦難　例〜の道を経て、ようやく成功した。

くに　国　例日本の〜。〜の歩み。〜に帰る。

くにがら　国柄

くにづくり　国造り

くになまり　国なまり〈国訛り〉　例今もってお〜が取れない。

くにもと　国元〈国許〉

くねくね　くねくね　例体を〜させる。〜と曲がった山道。

くのう　苦悩　例〜が続く。

くはい　苦杯　例〜をなめる。

くばる　配る　公配る　例郵便物を〜。気を〜。

くび　首　例〜を長くして待つ。

ぐび　具備　例必要条件を〜する。

くびかざり　首飾り　公首飾り　例真珠の〜。

くびきり　首切り　例〜に反対。

くびくくり　首くくり〈首縊り〉　⇒首つり　例〜による自殺。

くびじっけん　首実検　例目撃者が〜の結果、犯人と断定した。

くびす　くびす〈踵〉　⇒きびす・かかと　例〜を接する。

くびすじ　首筋〈頸筋〉

くびづか　首塚

くびったけ　首ったけ　例彼女は彼に〜だということだ。

くびっぴき　首っ引き　例辞書と〜で難しい原書を読む。

くびつり　首つり〈首吊り〉

くびなげ　首投げ　例〜の技。

くびまき　首巻き　例毛糸の〜。

くびれる　くびれる〈括れる〉　例上部がくびれた形の瓶。

くびわ　首輪〈頸輪〉　例犬の〜。

くふう　工夫　例〜を凝らす。

くぶくりん　九分九厘

くぶどおり　九分どおり　例新社屋が〜完成した。

くべつ　区別　例両者の〜。

くぼみ　くぼみ〈凹み・窪み〉　例地

面に〜がある。

くぼむ　くぼむ〈凹む・窪む〉　例10
センチくらいくぼんでいる。

くま　熊⁴〔⌒くま〕　例白熊、大熊座

くま　熊　例〜蜂。〜狩り。

くまで　熊手　例〜で落ち葉を庭の
隅にかき集める。

くまどり　くま取り〈隈取り〉　例〜
をした顔。

くまなく　くまなく〈隈無く〉　例手
分けをして館内を〜捜す。

くみ　組　⊗組　例赤の〜。6年2
〜。

くみ　組み　⊗組み　例三つで一〜
の杯。

くみあい　組合　公⊗組合　例〜の
結成。

くみあい　組み合い　例お互いに興
奮して〜になってしまった。

くみあう　組み合う　例男女それぞ
れ5人が組み合って輪を作る。

くみあわせ　組み合わせ　公⊗組合
せ　建組み合わせ　例試合の〜
発表。

くみあわせる　組み合わせる　⊗組
み合わせる　例AとBを〜。

くみいれ　組み入れ　公⊗組入れ
建組み入れ

くみいれきん　組み入れ金　公組入
金　建組み入れ金

くみいれる　組み入れる　⊗組み入
れる

くみうち　組み討ち・組み打ち
⊗組み討ち　例強豪同士の〜。

くみかえ　組み替え　公⊗組替え
建組み替え　例予算の〜。

くみかえる　組み替える　⊗組み替
える

くみかた　組み方　⊗組み方

くみかわす　酌み交わす　⊗酌み交
わす　例久しぶりに酒を〜。

くみきょく　組曲　⊗組曲

くみこむ　組み込む　⊗組み込む
例実施要項の中に〜。予算に〜。

くみしく　組み敷く　例敵を〜。

くみしゃしん　組み写真　⊗組み写
真　例4枚1組みの〜。

くみする　くみする〈組する・与す
る〉　⇒関係する・仲間入りす
る　例悪事に〜。少数意見に〜。

くみたて　組み立て　公⊗組立て
建組み立て

くみたて　くみ立て〈汲み立て〉
例〜の名水。

くみたてこう　組み立て工　公⊗組
立工　建組み立て工　例〜を募
集する。

くみたてしき　組み立て式

くみたてる　組み立てる　⊗組み立
てる　例部品を集めて〜。

くみちょう　組長　⊗組長

くみつく　組み付く　例自分よりは
るかに強い相手に〜。

くみとりべんじょ　くみ取り便所

か行

公文くみ取便所　建くみ取り便所

くみとる　くみ取る〈汲み取る〉　例意のあるところを～。

くみはん　組み版　文組み版　例書籍の～工程。

くみふせる　組み伏せる

くみもの　組み物　文組み物

くみわけ　組分け　例赤白に～する。

くむ　組む　文組む　例腕を～。

くむ　酌む　文酌む　例酒を～。

くむ　くむ〈汲む〉　例水を～。

…ぐむ　…ぐむ　例話を聞いて思わず涙～。草木が芽～頃。

くめん　工面　例金を～する。

くも　雲　例～が切れる。

くもがくれ　雲隠れ　文雲隠れ　例どこかへ～してしまった。

くもつ　供物　例～をささげる。

くものす　くもの巣〈蜘蛛の巣〉

くもゆき　雲行き　文雲行き　例どうやら～が怪しくなってきた。

くもらす　曇らす　文曇らす　例涙で顔を～。

くもり　曇り　公曇(り)　文曇り　例晴れ後～。
　注法令では、表に記入したり記号的に用いたりする場合には、原則として、（　）の中の送り仮名を省く。

くもりぞら　曇り空　文曇り空

くもる　曇る　文曇る　例空が～。

くもん　苦もん〈苦悶〉　⇒苦悩

例～の表情を浮かべる。

ぐもん　愚問　例それは～だ。～賢答。

くやしい　悔しい〈口惜しい〉　文悔しい　例～思い。100点が取れなくて～。

くやしがる　悔しがる　文悔しがる

くやしなき　悔し泣き　文悔し泣き

くやしなみだ　悔し涙　例後になって～を流しても間に合わない。

くやみ　悔やみ　文悔やみ　例お～を言う。

くやみじょう　悔やみ状　文悔やみ状

くやむ　悔やむ　文悔やむ　例深く～。失敗を～。

ぐゆう　具有　例資格を～する。
　注法令では、用いない。

くゆらす　くゆらす〈燻らす〉

くよう　供養　例犠牲者の～。

くら　倉　例米を～に入れる。

くら　蔵　例～払い。酒蔵。

くら　くら〈鞍〉　例馬に～を置く。

くらい　位　文位　例～が高い人。～負けする。

くらい　暗い　文暗い　例～夜道。

…くらい・ぐらい〔助詞〕　…くらい・ぐらい〈…位〉　公文…くらい（ぐらい）　例幾ら～掛かるでしょう。できるのは君～のものさ。それ～は誰にでもできる。

くらいする　位する　文位する

か行

[例]日本の中央に～。

くらいどり　位取り　[文]位取り

くらいれ　蔵入れ〈倉入れ〉　[文]蔵入れ

くらう　食らう〈喰らう〉　[文]食らう　[例]大飯を～。

くらがえ　くら替え〈鞍替え〉　[例]野球をやめてゴルフに～する。

くらがり　暗がり　[文]暗がり　[例]～を歩く。

くらく　苦楽　[例]～を共にする。

くらし　暮らし　[文]暮らし　[例]～が立たない。楽な～。

くらしきりょう　倉敷料　[公][文]倉敷料

くらしむき　暮らし向き　[文]暮らし向き　[例]～が少しは楽になった。

くらす　暮らす　[文]暮らす　[例]元気で～。

くらだし　蔵出し〈倉出し〉　[文]蔵出し　[例]～の酒。

くらばらい　蔵払い　[文]蔵払い　[例]～の大安売り。

くらびらき　蔵開き　[文]蔵開き　[例]～の特売を開催いたします。

くらべる　比べる〈較べる〉　[文]比べる　[例]AとBとを～。

くらます　くらます〈暗ます・晦ます〉　[例]巧みに行方を～。

くらむ　くらむ〈眩む〉　[例]目が～。

くらやみ　暗闇　[文]暗闇

くらわす　食らわす〈喰らわす〉

くらわたし　倉渡し〈蔵渡し〉　[文]倉渡し　[例]～の価格。

くり　庫裏〈庫裡〉　[例]寺の～。

くりあがり　繰り上がり

くりあがる　繰り上がる

くりあげ　繰り上げ　[公][文]繰上げ　[建]繰り上げ

くりあげしょうかん　繰り上げ償還　[公][文]繰上償還　[建]繰り上げ償還

くりあげせんきょ　繰り上げ選挙

くりあげとうせん　繰り上げ当選

くりあげる　繰り上げる　[文]繰り上げる　[例]順番を～。予定の期日を３日～。

くりあわせ　繰り合わせ　[文]繰り合わせ　[例]万障お～の上、是非御出席ください。

くりあわせる　繰り合わせる　[文]繰り合わせる

くりいれ　繰り入れ　[公][文]繰入れ　[建]繰り入れ

くりいれきん　繰り入れ金　[公][文]繰入金　[建]繰り入れ金　[例]来年度の～とする。

くりいれげんどがく　繰り入れ限度額　[公][文]繰入限度額　[建]繰り入れ限度額

くりいれりつ　繰り入れ率　[公][文]繰入率　[建]繰り入れ率

くりいれる　繰り入れる　[文]繰り入れる

くりかえ　繰り替え　[公][文]繰替え

[付]:付表の語　×:表外字　△:表外音訓　〈　〉:参考表記　⇒:言い換え等

[建]繰り替え
くりかえきん　繰り替え金　[公][文]繰替金　[建]繰り替え金
くりかえし　繰り返し　[文]繰り返し
くりかえす　繰り返す　[文]繰り返す
くりかえる　繰り替える　[例]予備の費用を～。
くりげ　くり毛〈栗毛〉
くりこし　繰り越し　[公][文]繰越し　[建]繰り越し
くりこしきん　繰越金　[公][文]繰越金
くりこす　繰り越す　[例]この事業は来年度に～ことにした。
くりごと　繰り言　[文]繰り言　[例]老いの～。
くりこむ　繰り込む　[文]繰り込む　[例]今月分に～。会場へ～。
くりさげ　繰り下げ　[公][文]繰下げ　[建]繰り下げ
くりさげる　繰り下げる　[文]繰り下げる　[例]一つずつ～。順々に～。
くりだす　繰り出す　[文]繰り出す　[例]大勢で～。
くりぬく　くりぬく〈刳り貫く〉　[例]板を～。
くりのべ　繰り延べ　[公][文]繰延べ　[建]繰り延べ　[例]来月に～になる。
くりのべしさん　繰り延べ資産　[公][文]繰延資産　[建]繰り延べ資産
くりのべる　繰り延べる　[文]繰り延べる
くりひろげる　繰り広げる　[例]一大絵巻を～。
くりもどし　繰り戻し　[公][文]繰戻し　[建]繰り戻し
くる　繰〔くる〕　[例]糸を繰る、ページを繰る
くる　来る　[文]来る　[例]自動車が～。
くる　繰る　[文]繰る　[例]ページを～。
…(て)くる　…(て)くる・…(て)来る　[公][文]…てくる　[例]暖かくなって～。見て～間待て。
[注]公用文では､｢寒くなってくる。｣のように用いるときは、原則として、仮名で書く。
くるい　狂い　[文]狂い　[例]寸法に～がある。
くるいざき　狂い咲き　[文]狂い咲き
くるう　狂う　[文]狂う　[例]時計が～。
くるおしい　狂おしい　[文]狂おしい　[例]～ほど好きだ。
くるしい　苦しい　[文]苦しい　[例]～事情。
くるしがる　苦しがる　[文]苦しがる
くるしさ　苦しさ　[文]苦しさ　[例]あの時の～は言いようがない。
くるしまぎれ　苦し紛れ　[文]苦し紛れ　[例]～に適当な答えをする。
くるしみ　苦しみ　[文]苦しみ　[例]生みの～。
くるしむ　苦しむ　[文]苦しむ　[例]難問に～。
くるしめる　苦しめる　[文]苦しめる
くるぶし　くるぶし〈踝〉　[例]～にけ

か行

か行

がをした。

くるま　車　例～に注意。

くるまざ　車座　例～になる。

くるまどめ　車止め　⽂車止め

くるまよせ　車寄せ　⽂車寄せ
　例～に自動車を横付けにする。

くるまる　くるまる

くるみ　くるみ〈胡桃〉　例～の実。

くるむ　くるむ〈包む〉　例綿で～。

くるめく　くるめく〈眩めく〉　例目
　が～ほど動きの速い踊り。

くるめる　くるめる〈包める〉　例配
　達料を代金にくるめて請求する。

くるわ　くるわ〈廓〉　例この辺りは
　江戸時代～があった所だ。

くるわしい　狂わしい　⽂狂わしい

くるわす　狂わす　⽂狂わす　例予
　定を～。

くれ　暮れ　⽂暮れ　例年の～。

くれかかる　暮れ掛かる　例春の日
　の～頃家に帰り着いた。

くれがた　暮れ方　⽂暮れ方　例～
　になると何となく寂しくなる。

くれぐれも　くれぐれも〈呉々も〉
　⽂くれぐれも　例どうか～お体
　をお大事に。

くれない　紅　例～の旗。

くれのこる　暮れ残る

くれる　暮れる　⽂暮れる　例日が
　～。悲しみに～。

くれる　くれる〈呉れる〉　⽂くれる
　例それを私に～かい。

…(て)くれる　…(て)くれる　⽂…
　(て)くれる　例力を貸して～わ
　けにはいかないか。

ぐれんたい　ぐれん隊〈愚連隊〉

くろ　黒　例～と白。～の洋服。

くろい　黒い　⽂黒い　例～服を着
　こなす。

くろう　苦労　例親に～を掛ける。

ぐろう　愚弄　例相手を～するよう
　なことをしてはいけない。

くろうと　玄人団　⽂玄人　例～と
　素人。

くろがね　くろがね〈鉄〉

くろこげ　黒焦げ　⽂黒焦げ　例～
　になる。

くろさ　黒さ　⽂黒さ

くろしお　黒潮　例～の流れ。

くろずくめ　黒ずくめ〈黒尽くめ〉

くろずむ　黒ずむ　⽂黒ずむ　例色
　が～。

くろぬり　黒塗り　⽂黒塗り　例～
　の車。

くろびかり　黒光り　⽂黒光り
　例～している車体。

くろぼし　黒星　例初日から～続き
　だ。明らかに私の～だ。

くろまく　黒幕　例政界の～。

くろみ　黒み〈黒味〉　⽂黒み

くろめがち　黒目がち〈黒目勝ち〉

くろやき　黒焼き　⽂黒焼き　例い
　もりの～。

くろわく　黒枠　例～のはがき。

くわ　桑　例蚕に〜をやる。

くわ　くわ〈鍬〉　例〜で畑を耕す。

くわいれ　くわ入れ〈鍬入れ〉　例〜
　の儀式を執り行う。

くわえざん　加え算

くわえる　加える　文加える　例2
　に3を〜。メンバーに〜。

くわえる　くわえる〈銜える・啣え
　る〉　例鳥が虫をくわえて飛び
　立った。

くわしい　詳しい〈委しい〉　文詳し
　い　例〜事情をお話しします。

くわしさ　詳しさ　文詳しさ

くわす　食わす　文食わす　例飯を
　〜。一杯〜。

くわずぎらい　食わず嫌い　文食わ
　ず嫌い　例それは〜というもの
　だ。

くわせもの　食わせ物・食わせ者
　文食わせ物(者)　例安いという
　ので買ったら全くの〜だ。あい
　つはとんだ〜だった。

くわだて　企て　文企て　例それは
　面白い〜だ。

くわだてる　企てる　文企てる
　例悪事を〜。

くわばたけ　桑畑

くわわる　加わる　文加わる　例一
　味に〜。

くん　君³〔クン
きみ〕　例君子、君命、君
　臨、君主、諸君、細君、名君

くん　訓⁴〔クン〕　例訓練、家訓、音
　訓、字訓、教訓、漢字の音と訓

くん　勲(勳)〔クン〕　例勲等、勲章、
　勲功、勲一等、叙勲、殊勲

くん　薫(薫)〔クン
かおる〕　例薫風、薫煙、
　薫育、薫陶、余薫

ぐん　軍⁴〔グン〕　例軍隊、軍艦、軍
　人、軍備、空軍、援軍、男性軍

ぐん　郡⁴〔グン〕　例郡部、郡司、○
　○県○○郡

ぐん　群⁴〔グン
むれる・むれ・むら〕　例群集、
　群雄、群居、大群、抜群、群を
　抜く

くんいく　訓育　例郷土の子弟の〜
　に一生をささげる。

くんかい　訓戒〈訓誡〉　例一同を集
　めて〜を垂れる。

ぐんかん　軍艦

ぐんき　軍紀　例〜を厳正に保つ。

ぐんきょ　群居　例かもめが〜する。

くんこう　勲功　例〜を立てる。

くんじ　訓示　例新大臣の〜。

くんじ　訓辞　例校長の〜。
　囲新聞では、「訓示・訓辞」は「訓示」と
　書く。

くんしゅ　君主

ぐんしゅう　群衆　例〜の整理。

ぐんしゅう　群集　例〜心理。

ぐんしゅく　軍縮　例世界の〜。

くんしょう　勲章　例〜を贈る。

くんじょう　くん蒸〈燻蒸〉　例〜法
　で害虫を退治する。

ぐんじょう　群青

か行

くんしん　君臣

くんずほぐれつ　組んずほぐれつ
〈組んず解れつ〉　例～の大げんか。

くんせい　薫製〈燻製〉　例さけの～。
～のチーズ。

ぐんたい　軍隊　例～を指揮する。

くんとう　薫陶　例～を受ける。

ぐんび　軍備　例～の拡張。

ぐんぶ　郡部　例～の管轄。

くんぷう　薫風　例５月の～。

くんりん　君臨　例経済界に～する。

くんれい　訓令　例告示及び～。

くんれん　訓練　例警察犬の～。

け

け　化³〔カ・ケ｜ばける・ばかす〕　例化粧、化身、権化、道化芝居

け　仮⁵（假）〔カ・ケ｜かり〕　例仮病、仮相、虚仮おどし　付仮名（かな）

け　気¹（氣）〔キ・ケ〕　例気配、気色ばむ、火の気、風邪の気　付意気地（いくじ）、浮気（うわき）

け　家²〔カ・ケ｜いえ・や〕　例家来、本家、分家、当家　付母家（おもや）

け　華〔カ・ケ｜はな〕　例香華、散華

け　懸〔ケン・ケ｜かける・かかる〕　例懸念、懸想

け　毛　例～を染める。白い～。

け　け〈卦〉　例凶という～が出た。

げ　下¹〔カ・ゲ｜した・しも・もと・さげる・さがる・くだる・くだす・くだ・だる・おろす・おりる〕
例下校、下車、下山、下水、卑下、上下、無下　付下手（へた）

げ　牙〔ガ・ゲ｜きば〕　例象牙

げ　外²〔ガイ・ゲ｜そと・ほか・はずす・はずれる〕　例外科、外典、外道、外題

げ　夏²〔カ・ゲ｜なつ〕　例夏至、半夏生

げ　解⁵〔カイ・ゲ｜とく・とかす・とける〕　例解脱、解熱剤、解毒剤、解せない

…げ〔接尾語〕　…げ・…気　公文…げ　例惜し～もなく。大人～ない。

けあい　蹴合い

けあがり　蹴上がり　例鉄棒の～。

けあげる　蹴上げる　例ボールを～。

けあな　毛穴〈毛孔〉　例～が開く。

けい　兄²〔ケイ・キョウ｜あに〕　例兄事、貴兄、父兄、義兄、兄たり難く弟たり難し　付兄さん（にいさん）

けい　刑〔ケイ〕　例刑罰、刑事、刑法、処刑、減刑、求刑

けい　形²〔ケイ・ギョウ｜かた・かたち〕　例形態、形容、形成、図形、地形、三角形、有形無形

けい　系⁶〔ケイ〕　例系統、系図、系列、体系、家系、文科系

けい　京²〔キョウ・ケイ〕　例京華、京師、京阪、京浜、京葉道路

けい　径⁴（徑）〔ケイ〕　例径路、直径、直情径行、径１メートル

けい　茎（莖）〔ケイ｜くき〕　例球茎、地下

付:付表の語　×:表外字　△:表外音訓　〈　〉:参考表記　⇒:言い換え等

茎

傾聴、傾注、傾向、傾倒、右傾

けい 係³〔ケイ かかる・かかり〕 例係属、係争、係留、係累、係数、関係

けい 携〔ケイ たずさえる・たずさわる〕 例携行、携帯、必携、提携、連携

けい 型⁵〔ケイ かた〕 例原型、模型、類型、母型、定型、典型的

けい 継(繼)〔ケイ つぐ〕 例継続、継走、継承、継電器、後継、中継放送

けい 契〔ケイ ちぎる〕 例契約、契印、契機、黙契

けい 詣〔ケイ もうでる〕 例参詣

けい 計²〔ケイ はかる・はからう〕 例計算、計画、統計、合計、会計、寒暖計、計10万円 団時計(とけい)

けい 境⁵〔キョウ・ケイ さかい〕 例境内

けい 慶〔ケイ〕 例慶弔、慶事、慶祝、慶賀、吉慶

けい 恵(惠)〔ケイ・エ めぐむ〕 例恵愛、恵存、恵沢、恵贈、恵与、恩恵

けい 憬〔ケイ〕 例憧憬

けい 稽〔ケイ〕 例稽古、滑稽

けい 啓〔ケイ〕 例啓発、啓上、啓示、拝啓、天啓

けい 憩〔ケイ いこい・いこう〕 例休憩

けい 掲(揭)〔ケイ かかげる〕 例掲示、掲揚、掲載、前掲、上掲

けい 警⁶〔ケイ〕 例警告、警戒、警察、警報、自警、夜警

けい 渓(溪)〔ケイ〕 例渓谷、渓流、雪渓

けい 鶏(鷄)〔ケイ にわとり〕 例鶏卵、鶏舎、鶏肉、闘鶏、養鶏場

けい 経⁵(經)〔ケイ・キョウ へる〕 例経費、経営、経験、経路、経済 団読経(どきょう)

けい 競⁴〔キョウ・ケイ きそう・せる〕 例競売、競馬場、競輪選手

けい 蛍(螢)〔ケイ ほたる〕 例蛍光灯、蛍光塗料、蛍雪の功

げい 芸⁴(藝)〔ゲイ〕 例芸術、芸当、芸能、文芸、曲芸

けい 敬⁶〔ケイ うやまう〕 例敬意、敬称、敬服、尊敬、失敬

げい 迎〔ゲイ むかえる〕 例迎撃、迎合、歓迎、送迎

けい 景⁴〔ケイ〕 例景勝、景気、光景、風景、情景、背景、殺風景、日本三景 団景色(けしき)

げい 鯨〔ゲイ くじら〕 例鯨肉、鯨油、鯨飲馬食、巨鯨、捕鯨船

けいあい 敬愛 例A氏を～する。

けい 軽³(輕)〔ケイ かるい・かろやか〕 例軽快、軽挙、軽量、軽薄、軽率、軽音楽、軽工業、軽挙妄動

けいい 経緯 例～の説明。

けいい 敬意 例～を表す。

けいい 軽易 例～な照会の処理。

けいいん 契印 例～を押す。

けいえい 形影 例～相伴う。

けいえい 経営 例会社を～する。

けい 傾〔ケイ かたむく・かたむける〕 例傾斜、

けいえん 敬遠 例あの課長は課員

一同に～されている。

けいか　経過　例病人の～は良好で
　　す。時間の～。～措置。

けいが　慶賀　例～の行事。

けいかい　軽快　例～な音楽。

けいかい　警戒　例～が厳重だ。

けいがい　形骸　文形骸　例ルール
　　が～化している。

けいかく　計画　例仕事の～。

けいかん　景観　例すばらしい～を
　　一望の下に見渡す。

けいかん　けい冠〈挂冠〉

けいがん　けい眼〈炯眼〉　例敏腕刑
　　事の～に見抜かれる。

けいき　契機　例A氏の発言を～に
　　して委員会は大いに荒れた。

けいき　景気　例～が下り坂だ。

げいぎ　芸ぎ〈芸妓〉　⇒芸者

けいきょもうどう　軽挙妄動　例～
　　を慎むよう注意されたい。

けいけん　経験　例～を積む。

けいけん　敬けん〈敬虔〉　⇒恭しい
　　様子・つつましい様子　例～な
　　態度で牧師の話を聞く。

けいげん　軽減　例負荷を～する。

けいこ　稽古　文稽古　例踊りの～。

けいこう　傾向　例～を探る。

げいごう　迎合　例いたずらに他人
　　の意見に～するな。

けいこうとう　蛍光灯　例～の交換。

けいこうとりょう　蛍光塗料

けいこく　渓谷　例～を歩く。

けいこく　警告　例～を発する。

けいさい　掲載　例新聞に～する。

けいざい　経済　例～を考える。

けいさつ　警察　例～に通報する。

けいさん　計算　例～が速い。

けいし　けい紙〈罫紙〉　例～でなく
　　白紙にお書きください。

けいじ　掲示　例注意事項を～する。
　　～板。

けいじ　啓示

けいしき　形式　例～にこだわる。

けいしゃ　傾斜　例急な～。

けいしゃ　鶏舎

けいしゅく　慶祝　例～の宴。

げいじゅつ　芸術　例～の秋。

けいしょう　敬称　例～の取り扱い。

けいしょう　軽少　例ほんの～です
　　が、どうぞお納めください。

けいしょう　軽症　例～の患者。

けいしょう　軽傷　例運良く～で済
　　んだ。

けいしょう　継承　例技術の～。

けいしょう　警鐘　例～を鳴らす。

けいじょう　経常　例～利益。

けいすう　係数　例～を乗じる。

けいすう　計数　例～管理の徹底。

けいせい　形成　例物質を～する。

けいせん　係船〈繋船〉　公係船
　　例港に～する。
　　注法令では、「繋船」は用いない。「係
　　船」を用いる。

けいせん　けい線〈罫線〉　例行間に

〜を引く。

けいそ　けい素〈珪素〉

けいそう　係争〈繋争〉　例それは、目下〜中の事件だ。

けいぞう　恵贈

けいそく　計測

けいぞく　係属〈繋属〉　公文係属
　注法令では、「繋属」は用いない。「係属」を用いる。

けいぞく　継続　例活動を〜する。

けいそつ　軽率　例〜な行い。

けいたい　形態　例種々の〜。

けいたい　携帯　例〜品の検査。

けいだい　境内　例神社の〜。

けいちょう　慶弔　例〜が重なる。

けいちょう　軽ちょう〈軽佻〉

けいてい　兄弟　例〜に友に、夫婦相和し…。
　注「きょうだい」とも。

けいてき　警笛　例電車の〜。

けいと　毛糸　例〜を買う。

けいど　軽度　例〜の安静を要する。

けいとう　系統　例〜立てて話す。

けいとう　傾倒　例B先生の説にすっかり〜する。

けいどうみゃく　けい動脈〈頸動脈〉

げいにく　鯨肉

げいのう　芸能　例〜を楽しむ。

けいば　競馬　例〜に凝る。

けいばい　競売　例〜に付する。

けいはく　軽薄　例〜な行動を慎む。

けいはつ　啓発　例この本によって

大いに〜させられた。

けいばつ　刑罰　例重い〜。

けいばつ　けい閥〈閨閥〉　例彼の出世は〜によるところが大きい。

けいはん　京阪

けいひ　経費　例〜が掛かる。

けいひ　軽費　例〜老人ホーム。

けいび　軽微　例〜な変更。

けいび　警備　例〜を厳重にする。

けいひん　京浜

けいひん　景品　例〜付き。

けいふ　系譜

けいぶ　軽侮　例他人を〜する。

けいふく　敬服　例〜に堪えない。

けいべつ　軽蔑　例相手を〜する。

けいぼ　敬慕　例私が〜する人物。

けいほう　刑法　例〜を制定する。

けいほうき　警報機　例〜が鳴る。

けいもう　啓もう〈啓蒙〉　文啓もう
　⇒啓発　例人々を〜する。
　注差別的な表現と考えられることもある。

けいやく　契約　例土地の購入を〜する。この〜は無効です。

けいゆ　経由　例羽田〜で帰る。

げいゆ　鯨油

けいよ　恵与　例〜された品。

けいよう　形容　例〜できない美しさ。〜詞。〜動詞。

けいよう　掲揚　例国旗を〜する。

けいら　警ら〈警邏〉　⇒パトロール　例〜隊。管内を〜する。

けいらん　鶏卵　[例]～の栄養価。

けいり　経理〈計理〉　[公]経理　[例]会社の～。～課。

[注]法令では、「計理」は用いない。「経理」を用いる。

けいりゃく　計略　[例]～を練る。

けいりゅう　係留〈繋留〉　[公]係留　[例]ボートを～する。

[注]法令では、「繋留」は用いない。「係留」を用いる。

けいりゅう　渓流　[例]清らかな～。

けいりょう　計量　[例]～器。

けいりょう　軽量　[例]～力士。

けいりん　競輪　[例]～を見る。

けいりん　経りん〈経綸〉　⇒政策・抱負・方針　[例]抱負～を語る。

けいるい　係累　[例]～に煩わされる。～が多い。

けいれき　経歴　[例]彼は少し変わった～の持ち主だ。

けいれつ　系列　[例]～の会社。

けいれん　けいれん〈痙攣〉　⇒引き付け　[例]急に～を起こす。

けいろ　毛色　[例]～の変わった作品。

けいろ　経路　[例]～を変更する。

けいろう　敬老　[例]～の日。

けう　けう〈希有・稀有〉　⇒まれな様子・珍しい様子　[例]今回の事件は、近頃～な事件だ。

けおとす　蹴落とす

けおり　毛織り

けおりもの　毛織物　[文]毛織物

けが　けが〈怪我〉　[例]～をした。

げか　外科　[例]～の医師。

けかえす　蹴返す　[例]飛んできたボールを～。

けがす　汚す　[文]汚す　[例]名を～す。

けがにん　けが人〈怪我人〉　[例]交通事故で～がたくさん出た。

けがらわしい　汚らわしい〈穢らわしい〉　[文]汚らわしい　[例]そんな～金は受け取れない。

けがれ　汚れ〈穢れ〉　[文]汚れ　[例]～をはらう。

けがれる　汚れる〈穢れる〉　[文]汚れる　[例]身が～。

[注]「よごれ(汚れ)」「よごれる(汚れる)」と紛らわしいときは「けがれ」「けがれる」と仮名表記にすることもある。

けがわ　毛皮　[例]～のコート。

げき　隙〔ゲキ すき〕　[例]間隙

げき　劇[6]〔ゲキ —〕　[例]劇薬、劇画、劇場、演劇、寸劇、喜劇

げき　撃(擊)〔ゲキ うつ〕　[例]撃退、撃破、攻撃、進撃、目撃、打撃

げき　激[6]〔ゲキ はげしい〕　[例]激情、激突、激動、感激、憤激、激する

げきか　激化〈劇化〉　[例]戦争の～。

げきか　劇化　[例]小説を～する。

げきこう　激こう〈激高・激昂〉　⇒憤激・興奮・激怒　[例]相手を～させないように話す。

[注]「げっこう」とも。

げきしゅう　激臭〈劇臭〉　例〜のある薬品。

げきしょ　激暑〈劇暑〉　例〜にもめげず元気で働いている。

げきじょう　劇場　例〜に行く。

げきしょく　激職〈劇職〉　例販売課長の〜にある。

げきしん　激震〈劇震〉　例〜により大きな被害が出た。

げきじん　激甚〈劇甚〉　例被害〜。〜災害。

げきする　激する　例感情が〜。

げきせん　激戦　例〜の跡。

げきぞう　激増　例人口が〜する。

げきたい　撃退　例敵を〜する。

げきつい　撃墜

げきつう　激痛〈劇痛〉　例体の節々に〜を伴う発熱。

げきど　激怒　例父が〜する。

げきどう　激動　例〜の時代。

げきどく　劇毒　例〜がある。

げきは　撃破　例敵を〜した。

げきぶつ　劇物　例〜を使用する。

げきへん　激変〈劇変〉　例天候の〜による遭難と見られる。

げきやく　劇薬　例〜の取り扱い。

けぎらい　毛嫌い　例〜する。

げきりゅう　激流　例あっと言う間もなく〜に飲まれてしまった。

げきりん　げきりん〈逆鱗〉　例社長の〜に触れる。

げきろん　激論　例〜の末、ようや

く案がまとまった。

けげん　けげん〈怪訝〉　例〜な面持ちで眺める。〜に思う。

げこ　下戸　例うちの父は〜だ。

げこくじょう　下克上〈下剋上〉

けさ　今朝⑰　例〜雨が降った。

けさ　けさ〈袈裟〉　例〜を着る。

げざい　下剤　例〜を服用する。

げし　夏至　例〜は一年中で昼の時間が一番長い。〜と冬至。

けしいん　消印　公文消印　例10月31日までの〜は有効です。

けしかける　けしかける〈嗾ける〉

けしからん　けしからん〈怪しからん〉　例その言い方は〜。

けしき　気色　例格別驚いた〜もないようである。

　　注「きしょく」と読む場合は、意味が異なる。

けしき　景色⑰　例すばらしい〜。

けしきばむ　気色ばむ　例少し気色ばんで言う。

けしゴム　消しゴム　文消しゴム

けしさる　消し去る　例証拠を〜。

けしずみ　消し炭　文消し炭

けしとぶ　消し飛ぶ　例ひとたまりもなく〜。

けしとめる　消し止める　文消し止める　例大事に至らず〜ことができた。

けじめ　けじめ　例彼は物事の〜をきちんと付ける人だ。

げしゃ　下車　[例]上野駅で～した。
げじゅん　下旬
けしょう　化粧　[例]～品。雪化粧。
けしん　化身　[例]美の～。
けす　消す　[文]消す　[例]火を～。
げす　げす〈下衆・下種〉　[例]～の勘繰り。～の後知恵。
げすい　下水　[例]～道。～管。
げすいこう　下水溝
けずりくず　削りくず〈削り屑〉　[文]削りくず
けずる　削る　[文]削る　[例]鉛筆を～。
げせない　解せない　[例]君の言うことは、何とも～。
けそう　懸想
けた　桁〔―・けた〕　[例]桁違い、橋桁
けた　桁　[文]桁　[例]8～まで計算可能。
[注]「ひとけた」「ふたけた」「みけた」と読ませる場合は「一桁」「二桁」「三桁」と漢数字を使う。
げた　げた〈下駄〉　[例]～を履く。
けたい　け怠〈懈怠〉
[注]法令では、用いない。
げだい　外題　[例]芝居の～。
けたおす　蹴倒す　[文]蹴倒す
けだかい　気高い　[例]～感じ。
けだし　けだし〈蓋し〉　[文]けだし　⇒多分・確かに　[例]～名言だ。
けたたましい　けたたましい　[例]～サイレンの音が聞こえる。
けたちがい　桁違い　[文]桁違い　[例]～に大きい。まるで～だ。
げだつ　解脱　[例]煩悩から～する。
げたばこ　げた箱〈下駄箱〉　[例]履き物は各自～に入れてください。
けたはずれ　桁外れ　[例]そんな～な要求は駄目だ。
けだもの　けだもの〈獣〉
けち　けち　[例]新しい提案に～が付いた。
けちくさい　けち臭い　[例]そんな～ことを言うな。
けちらす　蹴散らす　[文]蹴散らす
けちんぼう　けちんぼう〈けちん坊〉
けつ　欠4(缺)〔ケツ・かける・かく〕　[例]欠乏、欠点、間欠、補欠、無欠席
けつ　穴6〔ケツ・あな〕　[例]穴居、洞穴、墓穴
けつ　血3〔ケツ・ち〕　[例]血液、血縁、血圧、血管、血統、鮮血、輸血
けつ　決3〔ケツ・きめる・きまる〕　[例]決行、決意、決裂、解決、判決
けつ　結4〔ケツ・むすぶ・ゆう・ゆわえる〕　[例]結論、結婚、連結、完結、団結式、結する
けつ　傑〔ケツ・―〕　[例]傑出、傑作、傑物、英傑、怪傑、豪傑、十傑
けつ　潔5〔ケツ・いさぎよい〕　[例]潔癖、潔白、清潔、貞潔、簡潔、純潔
げつ　月1〔ゲツ・ガツ・つき〕　[例]月曜、月刊、月光、月謝、明月、歳月
[付]五月(さつき)、五月雨(さみだれ)
けつい　決意　[例]～を新たにする。

けついん　欠員　例～が生じる。

けつえき　血液　例～を採る。

けつえきがた　血液型

けつえん　血縁　例～のある人。

けっか　結果　例慎重な審議の～、成案を得た。原因と～。

けっかい　決壊・決潰　公決壊　例堤防が～する。

けっかく　結核　例～の予防。

げっかひょうじん　月下氷人

けっかん　欠陥　例機械の一部に重大な～のあることが判明した。

けっき　血気　例～盛んな若者。

けっき　決起〈蹶起〉　例ここに一同の～を促す次第である。

けつぎ　決議　例審査会の～。

げっきゅう　月給　例～が上がる。

けっきょ　穴居

けっきょく　結局　例～うやむやにされてしまった。

けっきん　欠勤　例風邪を引いたので今日は～します。

げっけいかん　月けい冠〈月桂冠〉　例見事～を勝ち得た。

けっこう　欠航　例荒天のため～。

けっこう　決行　例雨天～。

けっこう　結構　文結構　例～なお天気です。どちらでも～です。～役に立つ。

けつごう　結合　例～が強まる。

げっこう　激こう〈激高・激昂〉　⇒憤激・興奮・激怒　例相手を～させないように話す。　注「げきこう」とも。

けっこうずくめ　結構ずくめ〈結構尽くめ〉　例～の暮らし。

けっこん　血痕　例着衣に～が付着している。

けっこん　結婚　例見合い～。

けっさい　決済　例勘定の～。

けっさい　決裁　例局長の～。

けっさい　潔斎　例精進～。

けっさく　傑作　例近来にない～だ。

けっさん　決算　例予算と～。

けっして　決して　文決して　例～そんなことはない。

げっしゃ　月謝　例～を払う。

けっしゅう　結集　例英知を～する。

けつじょ　欠如　例自主性が～している。

けっしょう　結晶　例努力の～。

げっしょく　月食〈月蝕〉

けっしん　決心　例固く～する。

けっしん　結審　例～は明日だ。

けっする　決する　例運命を～。

けっせい　血清　例～の注射。

けっせい　結成　例会派を～する。

けっせき　欠席　例長期間～する。

けっせきとどけ　欠席届　公文欠席届　例～を提出する。

けっせん　血栓　例脳～。

けっせん　決戦　例～に備える。

けつぜん　決然〈蹶然〉　例～として立ち向かう。

けっせんとうひょう　**決選投票**　[例]上位得票者２名について～を行います。

けっそく　**結束**　[例]固い～。

けつぞく　**血族**　[例]直系～。

けっそん　**欠損**　[例]～した品物。

けったく　**結託**　[例]業者と～する。

けっちゃく　**決着**〈結着〉　[例]なかなか～がつかない。

[注]新聞では、「決着」と書く。

けってい　**決定**　[例]審議の結果、A案を採ることに～いたしました。

けっとう　**血統**　[例]～書付きの犬。

けっぱく　**潔白**　[例]身の～を証明する。清廉～な人。

けっぴょう　**結氷**

げっぷ　**月賦**　[例]～で支払う。

けつぶつ　**傑物**　[例]彼は～だ。

げっぷばらい　**月賦払い**　[公][文]**月賦払**

けっぺき　**潔癖**　[例]彼は～な人だ。

けつべつ　**決別**〈訣別〉　[例]永遠に～する。～を告げる。

けつぼう　**欠乏**　[例]資金が～する。

けつまくえん　**結膜炎**

けつまずく　**蹴つまずく**〈蹴躓く〉　[例]小石に蹴つまずいて転ぶ。

けづめ　**蹴爪**　[例]鶏の～。

げつよう　**月曜**　[例]～日。

けつれつ　**決裂**　[例]交渉が～した。

けつろん　**結論**　[例]結局、～はどうなったのか。～を出す。

げどう　**外道**

げどく　**解毒**　[例]この薬には～の作用がある。～剤。

けとばす　**蹴飛ばす**　[例]ボールを～。要求を～。

けなげ　**けなげ**〈健気〉　[例]～な様子。

けなす　**けなす**〈貶す〉　[例]相手を～。

けなみ　**毛並み**　[文]**毛並み**　[例]～の美しい犬。

げに　**げに**〈実に〉　⇒本当に・誠に　[例]～美しい。

けぬき　**毛抜き**　[文]**毛抜き**

げねつざい　**解熱剤**　[例]～を飲む。

けねん　**懸念**　[例]その～はありませんから御安心ください。

けはい　**気配**　[例]～を察する。

けばだつ　**毛羽立つ**〈毳立つ〉

げばひょう　**下馬評**　[例]～では、あのチームが優勝しそうだ。

けびょう　**仮病**　[例]～を使ってずる休みをする。

げびる　**下卑る**　[例]話が～。

げひん　**下品**　[例]～な振る舞い。

けぶかい　**毛深い**

けぶり　**気振り**　[例]～で察する。

けぶる　**けぶる**〈煙る〉　[例]雨に～。

げぼく　**下僕**

けむ　**けむ**〈煙〉　[例]煙突から～が出ている。人を～に巻く。

けむい　**煙い**　[文]**煙い**　[例]紙がいぶって～。

けむし　**毛虫**

けむたい　煙たい　例何となく～存在だ。

けむたがる　煙たがる

けむだし　けむ出し〈煙出し〉　⇒煙突

けむり　煙　⽂煙　例～が立ち上る。

けむる　煙る　⽂煙る　例雨に～山々。

けもの　獣　例～道。

けらい　家来　例～を連れた殿様。

けり　蹴り　⽂蹴り

けり　けり　例話の～が付く。

げり　下痢　例ひどい～をする。

けりたおす　蹴り倒す　⽂蹴り倒す

ける　蹴る　⽂蹴る　例ボールを～。

けれん　けれん〈外連〉　例彼は少しも～のない人で楽に付き合える。

けわしい　険しい　⽂険しい　例～山。

けわしさ　険しさ

けん　犬¹〔ケン・いぬ〕　例犬歯、愛犬、野犬、猟犬、日本犬、犬猿の仲

けん　件⁵〔ケン〕　例件数、事件、条件、一件、要件

けん　見¹〔ケン・みる・みえる・みせる〕　例見学、見解、見地、外見、意見

けん　券⁶〔ケン〕　例券売機、株券、旅券、証券、入場券、指定券、乗車券、債券

けん　肩〔ケン・かた〕　例肩章、双肩、比肩

けん　建⁴〔ケン・コン・たてる・たつ〕　例建設、建築、建議、再建、土建、封建的

けん　研³〔ケン・とぐ〕　例研究、研磨機、研学、研修会

けん　県³〔縣〕〔ケン〕　例県庁、県立、県営、○○県、府県

けん　倹〔儉〕〔ケン〕　例倹約、倹素、恭倹、勤倹、節倹

けん　兼〔ケン・かねる〕　例兼用、兼業、兼備、兼任、兼職、首相兼外相

けん　剣〔劍〕〔ケン・つるぎ〕　例剣道、剣幕、剣舞、刀剣、真剣、銃剣道

けん　拳〔ケン・こぶし〕　例拳銃、拳法

けん　軒〔ケン・のき〕　例軒数、軒灯、一軒、数軒

けん　健⁴〔ケン・すこやか〕　例健康、健在、健脚、健闘、穏健、強健

けん　険⁵〔險〕〔ケン・けわしい〕　例険相、険悪、危険、冒険、保険

けん　圏〔圈〕〔ケン〕　例圏内、圏外、圏点、首都圏、成層圏、南極圏

けん　堅〔ケン・かたい〕　例堅固、堅持、堅実、中堅、強堅、堅を誇る

けん　検⁵〔檢〕〔ケン〕　例検出、検討、検印、検査、点検、探検

けん　間²〔カン・ケン・あいだ・ま〕　例世間、人間、一間はおよそ六尺に当たる

けん　嫌〔ケン・ゲン・きらう・いや〕　例嫌悪、嫌疑、嫌忌、嫌煙権

けん　献〔獻〕〔ケン・コン〕　例献上、献策、献呈、献身的、文献、貢献、献じる

けん　絹⁶〔ケン・きぬ〕　例絹糸、絹本、絹布、人絹、正絹

けん　遣〔ケン
つかう・つかわす〕　例遣外、遣
唐使、派遣、差遣、分遣隊

けん　権⁶(權)〔ケン・ゴン〕　例権利、
権限、権謀術数、権威、人権、
所有権、特権

けん　憲⁶〔ケン〕　例憲法、憲政、立
憲、官憲、違憲、児童憲章

けん　賢〔ケン
かしこい〕　例賢明、賢人、先
賢、聖賢

けん　謙〔ケン〕　例謙虚、謙譲、恭謙

けん　鍵〔ケン
かぎ〕　例鍵盤

けん　繭〔ケン
まゆ〕　例繭糸

けん　顕(顯)〔ケン〕　例顕著、顕彰、
顕微鏡、露顕

けん　験⁴(驗)〔ケン・ゲン〕　例試験、
経験、体験、実験、受験生

けん　懸〔ケン・ケ
かける・かかる〕　例懸隔、懸
命、懸賞、懸垂、懸案、懸絶

げん　元²〔ゲン・ガン
もと〕　例元気、元素、
多元、紀元、一世一元

げん　幻〔ゲン
まぼろし〕　例幻滅、幻影、
幻想、幻覚、幻灯、変幻、夢幻

げん　玄〔ゲン〕　例玄妙、玄関、玄米、
幽玄　付玄人(くろうと)

げん　言²〔ゲン・ゴン
いう・こと〕　例言及、言論、
言行、宣言、断言、不言

げん　弦〔ゲン
つる〕　例弦楽、上弦、下
弦、正弦

げん　限⁵〔ゲン
かぎる〕　例限界、限度、
制限、刻限、期限、無限大

げん　原²〔ゲン
はら〕　例原因、原案、原
料、原理、高原　付海原(うなば

ら)、河原・川原(かわら)

げん　現⁵〔ゲン
あらわれる・あらわす〕　例現
代、現実、現象、現在、表現

げん　舷〔ゲン〕　例舷側、右舷

げん　眼⁵〔ガン・ゲン
まなこ〕　例開眼　付眼
鏡(めがね)

げん　減⁵〔ゲン
へる・へらす〕　例減退、減
少、増減、半減、加減

げん　源⁶〔ゲン
みなもと〕　例源流、源泉課
税、起源、資源、水源、根源

げん　嫌〔ゲン
きらう・いや〕　例機嫌

げん　厳⁶(嚴)〔ゲン・ゴン
おごそか・きびしい〕
例厳格、厳密、厳重、威厳、尊
厳、厳にする

げん　験⁴(驗)〔ゲン・ゲン〕　例験者、
霊験、験がある

げん　舷　公舷

けんあく　険悪　例～な状態。

けんあん　懸案　例これで、かねて
からの～がやっと片付いた。

げんあん　原案　例慎重に審議の結
果、～どおり決定しました。

けんい　権威　例物理学界の～。

けんいん　けん引〈牽引〉　⇒引っぱ
ること　例重量物を～する。研
究を～する存在。

けんいん　検印　例～を押す。

げんいん　原因　例～を究明する。

けんえき　検疫　例動物～所。

けんえつ　検閲

けんえんのなか　犬猿の仲

けんお　嫌悪　例～の情を催す。

か行

けんおんき　検温器

けんか　けんか〈喧嘩〉　例子供の～に親が出る。～両成敗。

げんか　言下　例～に断る。

げんか　弦歌〈絃歌〉　例～のさざめきが聞こえる。

げんか　原価　例～を割る。

げんか　現下　例～の情勢上、やむを得ない。

けんかい　見解　例一応の～を述べる。～を異にする。

けんがい　圏外　例～に落ちる。

けんがい　遣外　例～使節。

げんかい　限界　例体力の～。

けんがく　見学　例工場を～する。

げんかく　幻覚　例～が生じる。

げんかく　厳格　例～な態度で臨む。～に取り締まる。

げんがく　減額　例給与の～。

げんがくがっそう　弦楽合奏

げんかしょうきゃく　減価償却　例まだ～が済まない。

げんがっき　弦楽器〈絃楽器〉　例～と管楽器。

げんかん　玄関　例～から入る。

げんかん　厳寒　例～に耐える。

けんぎ　建議　例大臣に～する。

けんぎ　嫌疑　例～を掛ける。

げんき　元気　例君の声を聞いたら、どうやら～が出てきた。

げんぎしょ　原議書　例決裁済みの～。

けんきゅう　研究　例～を重ねる。

けんきょ　検挙　例犯人を～する。

けんきょ　謙虚　例～な態度。

けんぎょう　兼業　例～農家。～届。

げんきょう　元凶〈元兇〉　例猛暑が不作の～だ。

げんきょう　現況　例事業の～について説明します。

けんきん　献金　例御～ください。

げんきん　厳禁　例土足は～です。

げんきんがい　現金買い　例～の方が安く買える。

げんきんばらい　現金払い　公文現金払　建現金払い　例～で仕入れる。

げんけい　原形　例～をとどめないほどに破損している。

げんけい　原型　例洋裁の～。

けんげん　権限　例局長の～。

けんけんごうごう　けんけんごうごう〈喧々囂々〉　例～たる非難。注「けんけんがくがく」は誤り。

けんご　堅固　例～な建物。

げんこ　げんこ〈拳固〉　例～で殴る。～を固める。

げんご　言語　例～を絶する。～学。

げんご　原語　例～で読む。

けんこう　健康　例人間は何といっても～であることが第一だ。

けんこう　権衡　例～を考慮する。

げんこう　言行　例～不一致だ。

げんこう　原稿　例～の締め切りが

迫る。〜を書く。〜用紙。

けんこうこつ　肩甲骨〈肩胛骨〉

げんこつ　げんこつ〈拳骨〉　囫大き
　　な〜を作る。〜を見舞う。

けんこんいってき　けんこんいって
　　き〈乾坤一擲〉　⇒一か八か・のる
　　か反るか　囫〜の大勝負。

けんさ　検査　囫厳密に〜する。

けんざい　顕在　囫被害が〜化する。

げんざい　現在　囫〜は良好だ。

けんさく　検索　囫公文書の〜。

けんさずみ　検査済み　囫箱の中の
　　商品は〜だ。

けんさずみしょう　検査済み証
　　　⊗検査済証　囫〜のないものは
　　保証いたしかねます。

けんさん　研さん〈研鑽〉　⇒研究
　　囫卒業後も、独学で〜を積む。

けんざん　検算〈験算〉　囫〜をして
　　みたら答えが違っていた。

けんし　犬歯

けんし　検視　囫〜が済むまでは手
　　を触れないこと。

けんし　絹糸
　　囲「きぬいと」とも。

けんし　繭糸

けんしき　見識　囫ひとかどの〜を
　　持つ。優れた〜がある。

けんじつ　堅実　囫〜なやり方。

げんじつ　現実　囫〜の問題。

げんしてき　原始的　囫〜なやり方。

げんしゅ　元首　囫Ａ、Ｂ両国の〜

が会談する。

げんしゅ　厳守　囫時間を〜する。

けんしゅう　研修　囫新入社員の〜
　　をする。教員の〜会。

けんじゅう　拳銃　⊕拳銃　囫〜の
　　発射音。

げんじゅう　厳重　囫〜な警戒。〜
　　に保管する。

げんしゅく　厳粛　囫〜な事実。

げんしょ　原書　囫〜を買う。

けんしょう　肩章

けんしょう　検証　囫実地〜。

けんしょう　憲章　囫〜を定める。

けんしょう　顕彰　囫功績の〜。

けんしょう　懸賞　囫〜に応募する。

けんじょう　献上　囫〜品。

けんじょう　謙譲　囫〜の美徳。

げんしょう　現象　囫不思議な〜。

げんしょう　減少　囫漸次〜する。

げんじょう　原状　囫〜に復する。
　　〜回復。

げんじょう　現状　囫〜の維持。

けんしょく　兼職　囫〜を認める。

げんしょく　原色　囫〜を混ぜる。

げんしろ　原子炉　囫〜の点検。

けんしん　検診　囫胃がん〜。

けんじん　賢人　囫〜の集まり。

けんしんてき　献身的　囫〜な愛。

けんすい　懸垂

げんすい　元帥

けんすう　件数　囫交通事故の〜。

けんすう　軒数　囫商店の〜。

けんする　検する　例これを〜に特に異状は認められない。

けんずる　献ずる　例一本を〜。

げんずる　減ずる　例参加者が〜。

げんすん　原寸　例〜大の模型。

けんせい　けん制〈牽制〉　⇒抑制　例盛んに相手を〜する。

けんせい　顕性　例〜遺伝。

けんせき　けん責〈譴責〉　⇒戒告　例〜処分に付する。

けんせつ　建設　例ダムを〜する。

けんぜん　健全　例財政の〜化。

げんせん　源泉　例〜が枯れる。〜徴収。

げんせん　厳選　例企画を〜する。

げんぜん　厳然〈儼然〉　例〜たる事実。〜として存在する。

けんそ　険阻〈嶮岨〉　例〜な山道。

げんそ　元素　例〜記号。

けんそう　けんそう〈喧噪〉　⇒騒がしいこと・やかましいこと・騒騒しさ　例大都会の〜。

げんぞう　現像　例写真の〜。

けんぞうぶつ　建造物　例伝統的〜。

けんぞく　けん属〈眷属・眷族〉　⇒一族・一門　例一家を〜引き連れて参上する。

げんそく　原則　例〜と例外。

げんそく　舷側

けんそん　謙遜　文謙遜　例〜して多くを語らない。

けんたい　検体　例〜の提供。

けんたい　献体　例〜の申し出。

けんたい　けん怠〈倦怠〉　⇒退屈・だるさ　例〜を覚える。

げんだい　現代

けんたん　健たん〈健啖〉　例いつもの〜家ぶりを発揮する。

けんち　見地　例異なる〜に立つ。

げんち　言質　例〜を取られる。

けんちく　建築　例住居を〜する。

けんちくし　建築士

けんちょ　顕著　例成果が〜だ。

けんちょう　県庁　例〜に行く。

けんてい　検定　例教科書の〜。

げんてい　限定　例範囲を〜する。

げんてい　舷てい〈舷梯〉　⇒船側はしご・タラップ

けんていずみ　検定済み　文検定済み　例〜の印を押す。

けんでん　けん伝〈喧伝〉　例これが今世間で〜されている品だ。

げんてん　原点　例民主主義の〜。

げんど　限度　例〜を超える。

けんとう　見当　例〜が付く。

けんとう　拳闘

けんとう　健闘　例〜をたたえる。

けんとう　検討　例問題を〜する。

けんどう　剣道　例〜の練習。

げんとう　幻灯　例〜で映す。

げんどう　言動　例乱暴な〜。

げんどうきつきじてんしゃ　原動機付き自転車　文原動機付自転車

けんとうちがい　見当違い　文見当

違い　例〜の答えでは困る。

げんどうりょく　原動力　例ガソリンエンジンを〜とする。

けんどちょうらい　けん土重来〈巻土重来・捲土重来〉　⇒巻き返し　例〜を期す。

　注「けんどじゅうらい」とも。

けんない　圏内　例合格の〜。

げんに　現に　文現に　例〜この目で見た。〜ここに証拠がある。

げんに　厳に　例〜戒める。

けんにん　兼任　例〜で教える。

けんのん　けんのん〈剣呑〉　例その方法は少し〜だ。

げんば　現場　例事故の〜。

げんばく　原爆　例〜の後遺症。

けんばん　鍵盤　例〜楽器。

げんばん　原板　例写真の〜。

げんばん　原盤　例レコードの〜。

げんばん　原版　例印刷の〜。

けんびきょう　顕微鏡　例〜で検査する。電子〜。

げんぴょう　原票　例入力〜。

けんぶ　剣舞

けんぷ　絹布

けんぶん　見聞　例大いに〜を広める。実地に〜する。

げんぶん　原文　例〜に当たる。

げんぶんいっち　言文一致

けんぺいずく　権柄ずく

けんぽう　拳法

けんぽう　憲法　例〜を制定する。

〜の改正。日本国〜。

げんぽう　減俸　例〜処分。

けんぼうしょう　健忘症　例〜にかかる。

げんぽん　原本　例〜と比較する。

けんま　研磨〈研摩〉　例ダイヤモンドを〜する。〜剤。

げんまい　玄米

けんまく　剣幕〈見幕・権幕〉　例すごい〜で怒る。

げんみつ　厳密　例〜な調査。

けんむ　兼務　例職の〜。

けんめい　賢明　例〜なやり方。

けんめい　懸命　例〜に努力する。

げんめつ　幻滅　例この世に〜する。

げんめん　減免　例使用料の〜。

けんやく　倹約　例費用を〜する。

けんよう　兼用　例晴雨〜の傘。

けんらん　けんらん〈絢爛〉　⇒きらびやか・華やか　例〜たる一大絵巻を繰り広げる。

けんり　権利　例〜と義務。

げんり　原理　例〜を学ぶ。

けんりおち　権利落ち

けんりつ　県立

げんりゅう　源流　例黄河の〜。

げんりょう　原料　例〜の確保。

けんりょく　権力　例〜に屈する。

けんれん　けん連〈牽連〉

　注法令では、「牽連」は用いない。「関連」を用いる。

けんろう　堅ろう〈堅牢〉　⇒堅固・

注:付表の語　×:表外字　△:表外音訓　〈　〉:参考表記　⇒:言い換え等

か行

丈夫　例〜な作り。

げんろん　**言論**　例〜の自由。

げんろん　**原論**　例国語学〜。

げんわく　**幻惑**〈眩惑〉　例目先の利益に〜されないように。

こ

こ　**己**⁶〔コ・キおのれ〕　例自己、利己

こ　**戸**²〔コと〕　例戸数、戸籍、戸外、門戸、上戸、下戸

こ　**古**²〔コふるい・ふるす〕　例古代、古典、考古学、太古、中古品

こ　**去**³〔キョ・コさる〕　例過去

こ　**呼**⁶〔コよぶ〕　例呼吸、呼称、呼応、点呼、連呼

こ　**拠**(據)〔キョ・コ〕　例証拠

こ　**固**⁴〔コかためる・かたまる・かたい〕　例固定、固形、固着、固有、堅固、確固　団固唾(かたず)

こ　**股**〔コまた〕　例股間、股関節

こ　**虎**〔コとら〕　例虎穴、猛虎

こ　**孤**〔コ〕　例孤高、孤独、孤島、孤軍、孤影、孤児、孤立

こ　**弧**〔コ〕　例弧線、弧状、括弧、円弧、弧を描いて飛ぶ

こ　**故**⁵〔コゆえ〕　例故障、故意、故郷、事故、縁故

こ　**枯**〔コかれる・からす〕　例枯渇、枯死、枯淡、枯木、栄枯盛衰

こ　**個**⁵〔コ〕　例個人、個体、個性、一個、別個

こ　**庫**³〔コ・ク〕　例倉庫、文庫、車庫、在庫、宝庫

こ　**虚**(虚)〔キョ・コ〕　例虚空、虚無僧、虚仮おどし

こ　**湖**³〔コみずうみ〕　例湖上、湖水、湖心、湖畔、湖南、湖沼、江湖

こ　**雇**〔コやとう〕　例雇用、雇員、解雇

こ　**誇**〔コほこる〕　例誇示、誇大、誇張、誇称

こ　**鼓**〔コつづみ〕　例鼓笛、鼓膜、鼓動、鼓舞、太鼓

こ　**錮**〔コ〕　例禁錮

こ　**顧**〔コかえりみる〕　例顧慮、顧問、顧客、回顧、一顧、後顧

ご　**五**¹〔ゴいつ・いつつ〕　例五感、五色、五穀、五目飯、五里霧中　団五月(さつき)、五月雨(さみだれ)

ご　**互**〔ゴたがい〕　例互角、互助、互選、相互、交互

ご　**午**²〔ゴ〕　例午後、午前、子午線、正午、端午

ご　**呉**〔ゴ〕　例呉服、呉越同舟、呉音、呉の国

ご　**後**²〔ゴ・コウのち・うしろ・あと・おくれる〕　例後日、後刻、午後、前後、最後、背後

ご　**娯**〔ゴ〕　例娯楽、歓娯

ご　**悟**〔ゴさとる〕　例悟得、悟性、悔悟、覚悟、大悟

ご　**御**〔ギョ・ゴおん〕　例御飯、御殿、御

1〜6：教育漢字学年配当　㊒：法令・公用文の表記　㊛：文科省語例集の表記

幣、御用、御親切、女御、母御

ご　期³〔キ・ゴ〕　例最期、末期の水、
　この期に及んで

ご　碁〔ゴ〕　例碁石、碁会、碁盤、
　囲碁、詰め碁、碁を打つ

ご　語²〔ゴ かたる・かたらう〕　例語学、新
　語、国語、私語、用語

ご　誤⁶〔ゴ あやまる〕　例誤解、誤差、誤
　用、過誤、錯誤、正誤表

ご　護⁵〔ゴ〕　例護身、護衛、救護、
　看護、保護

ご…〔接頭語〕　御…・ご…　公文御
　…　例〜案内。〜挨拶。

ご…〔接頭語〕　ご…・御…　公文ご
　…　例〜もっとも。

注公用文では、その接頭語が付く語
　を漢字で書く場合は、原則として、
　漢字で書き、その接頭語が付く語
　を仮名で書く場合は、原則として、
　仮名で書く。

こあきない　小商い　文小商い
　例〜だから利益は知れたものだ。

こあたり　小当たり　例ともかく〜
　に当たってみよう。

こい　恋　文恋　例初めての〜。

こい　故意　例〜と過失。

こい　濃い　文濃い　例〜色に染め
　る。

こい　乞い　文乞い　例雨乞い。

こい　請い　文請い　例〜に応じる。

ごい　語彙　文語彙　例〜が豊富だ。

こいうた　恋歌・恋唄

こいがたき　恋敵

こいこがれる　恋い焦がれる　文恋
　い焦がれる

こいごころ　恋心　例淡い〜。

こいし　小石　例〜を拾う。

ごいし　碁石

こいしい　恋しい　文恋しい　例故
　郷が〜。

こいしがる　恋しがる　文恋しがる
　例母を〜。

こいしたう　恋い慕う　文恋い慕う
　例彼を〜。

こいする　恋する　文恋する　例〜
　思い。

こいつ　こいつ〈×此△奴〉　例どいつも
　〜もいいやつだ。

こいなか　恋仲　例隣の娘と〜だ。

こいねがう　こいねがう〈△希う・×冀
　う〉　例切に〜ところです。

こいねがわくは　こいねがわくは
　〈△希くは・×冀くは〉　⇒どうか・
　何とぞ・お願いですが

こいのぼり　こいのぼり〈×鯉△幟〉
　例５月の空に〜が泳ぐ。

こいびと　恋人　文恋人　例〜と会
　う。

こいぶみ　恋文　文恋文　例長い〜。

こう　口¹〔コウ・ク くち〕　例口実、口述、
　人口、開口、利口、河口

こう　工²〔コウ・ク〕　例工場、工業、
　加工、図工、人工、印刷工

こう　公²〔コウ おおやけ〕　例公平、公私、

公園、公演、公共

こう　勾〔コウ〕　例勾配、勾留

こう　孔〔コウ〕　例眼孔、気孔、鼻孔

こう　功⁴〔コウ・ク〕　例功罪、功用、功名、功績、成功、偉功

こう　巧〔コウ／たくみ〕　例巧拙、巧妙、精巧、技巧、老巧、利巧

こう　広²(廣)〔コウ／ひろい・ひろまる・ひろめる・ひろがる・ひろげる〕
　例広告、広域、広大、広言、広義、広範囲

こう　甲〔コウ・カン〕　例甲乙、甲羅、鉄甲、装甲車、甲の組、手の甲

こう　交²〔コウ／まじわる・まじえる・まじる・まざる・まぜる・かう・かわす〕
　例交通、交流、交番、社交、外交、親交

こう　光²〔コウ／ひかる・ひかり〕　例光栄、光線、栄光、採光、観光、蛍光灯

こう　向³〔コウ／むく・むける・むかう・むこう〕
　例向上、向日性、意向、傾向、趣向、方向

こう　后⁶〔コウ〕　例后妃、皇后、立后、母后、皇太后

こう　好⁴〔コウ／このむ・すく〕　例好感、好評、好意、好敵手、良好、同好

こう　江〔コウ／え〕　例江湖、江月、長江

こう　考²〔コウ／かんがえる〕　例考察、考慮、考古学、思考、備考、参考

こう　行²〔コウ・ギョウ・アン／いく・ゆく・おこなう〕　例行楽、行進、行動、行為、旅行、通行、一行　団行方(ゆくえ)

こう　仰〔ギョウ・コウ／あおぐ・おおせ〕　例信仰

こう　坑〔コウ〕　例坑夫、坑道、炭坑、金坑、廃坑

こう　孝⁶〔コウ〕　例孝行、孝養、孝子、孝心、不孝、忠孝

こう　抗〔コウ〕　例抗争、抗力、抗議、対抗、抗生物質、抵抗

こう　攻〔コウ／せめる〕　例攻防、攻守、攻撃、専攻、難攻

こう　更〔コウ／さら・ふける・ふかす〕　例更衣、更生、更新、更迭、変更

こう　効⁵(效)〔コウ／きく〕　例効果、効率、効力、時効、有効

こう　幸³〔コウ／さいわい・さち・しあわせ〕　例幸福、巡幸、行幸、不幸

こう　拘〔コウ〕　例拘束、拘禁、拘泥、拘留、拘置

こう　肯〔コウ〕　例肯定、首肯

こう　侯〔コウ〕　例王侯、諸侯、君侯、藩侯

こう　厚⁵〔コウ／あつい〕　例厚情、厚顔、厚生、厚志、温厚、濃厚、重厚

こう　恒(恆)〔コウ〕　例恒常、恒星、恒産、恒例、恒久、恒温動物

こう　洪〔コウ〕　例洪水、洪積層

こう　皇⁶〔コウ・オウ〕　例皇帝、皇居、皇室、皇后、皇位

こう　紅⁶〔コウ・ク／べに・くれない〕　例紅白、紅顔、紅玉、紅葉、紅茶、紅潮、紅梅、紅一点　団紅葉(もみじ)

こう　荒〔コウ／あらい・あれる・あらす〕　例荒

か行

か行

天、荒廃、荒野、荒涼、救荒

こう　郊〔コウ〕　例郊外、近郊

こう　香⁴〔コウ・キョウ か・かおり・かおる〕　例香水、香料、香気、線香、焼香

こう　後²〔ゴ・コウ のち・うしろ・あと・おくれる〕　例後援、後悔、後輩、後続車

こう　候⁴〔コウ そうろう〕　例候補、天候、徴候、斥候、気候、測候所

こう　校¹〔コウ〕　例校舎、校正、校閲、将校、転校、学校、登校

こう　耕⁵〔コウ たがやす〕　例耕作、耕地、耕具、農耕、中耕、晴耕雨読

こう　格⁵〔カク・コウ〕　例格子

こう　耗〔モウ・コウ〕　例心神耗弱

こう　航⁵〔コウ〕　例航海、航路、航空、就航、出航、渡航、密航

こう　貢〔コウ・ク みつぐ〕　例貢献、朝貢

こう　降⁶〔コウ おりる・おろす・ふる〕　例降雨、降参、降伏、以降、下降

こう　高²〔コウ たかい・たか・たか まる・たかめる〕　例高遠、高級、高架線、高低、最高、標高

こう　康⁴〔コウ〕　例健康、小康

こう　控〔コウ ひかえる〕　例控除、控訴

こう　梗〔コウ〕　例心筋梗塞、脳梗塞

こう　黄²（黄）〔コウ・オウ き・こ〕　例黄葉、黄道、黄口　团硫黄（いおう）

こう　喉〔コウ のど〕　例喉頭、咽喉

こう　慌〔コウ あわてる・あわただしい〕　例恐慌

こう　港³〔コウ みなと〕　例港湾、漁港、出港、寄港

こう　硬〔コウ かたい〕　例硬貨、硬度、生硬、強硬

こう　絞〔コウ しぼる・しめる・しまる〕　例絞殺、絞死、絞首刑

こう　項〔コウ〕　例項目、別項、要項、事項、条項、第一項

こう　溝〔コウ みぞ〕　例下水溝、排水溝

こう　鉱⁵（鑛）〔コウ〕　例鉱物、鉱業、鉱産物、鉱山、鉄鉱、採鉱

こう　構⁵〔コウ かまえる・かまう〕　例構造、構図、構内、虚構、結構

こう　綱〔コウ つな〕　例綱紀、綱領、綱常、綱要、大綱

こう　酵〔コウ〕　例酵母、酵素、発酵

こう　稿〔コウ〕　例起稿、原稿、遺稿、草稿、投稿

こう　興⁵〔コウ・キョウ おこる・おこす〕　例興奮、興亡、興行、復興、振興、再興

こう　衡〔コウ〕　例衡度、均衡、平衡、度量衡

こう　鋼⁶〔コウ はがね〕　例鋼鉄、鋼材、鋼索、精鋼、製鋼、特殊鋼

こう　講⁵〔コウ〕　例講座、講演、講師、講義、聴講、受講、代講

こう　購〔コウ〕　例購入、購買、購読

こう　乞〔こう〕　例命乞い、許しを乞う

こう　恋う　文恋う　例母を～。

こう　請う　文請う　例許可を～。

こう　乞う　文乞う　例慈悲を～。

团「請う・乞う」の使い分けは、「「異字

「同訓」の漢字の使い分け」参照。

こう　こう〈×斯う〉　例～いうふうに
　するのだ。～やってごらん。

ごう　号³(號)〔ゴウ〕　例号令、号
　泣、号外、番号、暗号、次の号

ごう　合²〔ゴウ・ガッ・カッ
　　　　　　あう・あわす・あわせる〕　例合
　格、合計、合同、結合、総合、
　5合目

ごう　拷〔ゴウ〕　例拷問

ごう　剛〔ゴウ〕　例剛健、剛胆、剛
　直、強剛、金剛力

ごう　強²〔キョウ・ゴウ
　　　　　つよい・つよまる・
　　　　　つよめる・しいる〕　例強引、
　強情、強欲、強力、強盗

ごう　郷⁶(郷)〔キョウ・ゴウ〕　例郷士、
　水郷、在郷、近郷近在

ごう　傲〔ゴウ〕　例傲然、傲慢

ごう　業³〔ギョウ・ゴウ
　　　　　わざ〕　例業病、罪
　業、自業自得、業を煮やす

ごう　豪〔ゴウ〕　例豪華、豪雨、豪
　遊、文豪、富豪

こうい　行為　例不法な～。

こうい　好意　例彼に～を寄せる。

こうい　更衣　例～室。

こうい　厚意　例御～に感謝する。

こういう　こういう〈×斯う言う〉
　　例～ふうにすればよいのだ。

こういき　広域　例～行政。

こういしょう　後遺症　例事故の～。

こういっつい　好一対　例Aさんと
　Bさんとは～の存在だ。

こういってん　紅一点　例彼女は、
　チームの～だ。

こういん　公印　例～を押す。

こういん　勾引〈拘引〉

こういん　光陰　例～矢のごとし。

こういん　後いん〈後×胤〉　⇒子孫・
　後えい　例第2代将軍の～。

ごういん　強引　例～に説き伏せる。

こうう　降雨　例～が多い地方。

ごうう　豪雨　例～に悩まされる。

こううん　幸運　例～に恵まれる。

こううんき　耕うん機〈耕運機・耕
　×耘機〉

―――――「異字同訓」の漢字の使い分け―――――

こう
【請う】そうするように相手に求める。
　　認可を請う。案内を請(乞)う*。紹介を請(乞)う*。
【乞う】そうするように強く願い求める。
　　乞う御期待。命乞いをする。雨乞いの儀式。慈悲を乞う。
*　「案内をこう」「紹介をこう」などの「こう」は、「そうするように相手に求め
　る」意で「請」を当てるが、相手に対して「そうするようにお願いする」という
　意味合いを強く出したい場合には、「乞」を当てることもできる。
　　　　　　　　　　　　　　　　　　　（平成26年文化審議会国語分科会）

1～6：教育漢字学年配当　㋐：法令・公用文の表記　㋜：文科省語例集の表記

こうえい　公営　例〜企業。

こうえい　光栄　例身に余る〜。

こうえい　後えい〈後裔〉　⇒子孫
　　例源義家の〜だと称している。

こうえき　公益　例〜事業。

こうえつ　校閲　例原稿を〜する。

こうえん　口演　例浪曲の〜。

こうえん　公演　例大阪での〜は、
　　東京の後です。特別〜。

こうえん　公園　例児童〜。

こうえん　広遠〈宏遠〉

こうえん　講演　例研究者の〜。

こうえん　後援　例〜会。

こうお　好悪　例〜が激しい。

こうおつ　甲乙　例〜が付け難い。

こうおつへいてい　甲乙丙丁

ごうおん　ごう音〈轟音〉　例ジェッ
　　ト機の〜に悩まされる。

こうか　効果　例何の〜もない。

こうか　高架　例〜下自転車駐輪場。

こうか　硬貨　例〜に両替する。

ごうか　豪華　例〜な結婚式。

こうかい　公開　例情報〜。

こうかい　更改　例規約を〜する。

こうかい　後悔　例〜先に立たず。

こうかい　航海　例処女〜。

こうがい　公害　例〜対策。

こうがい　郊外　例〜に住む。

こうがい　梗概　例小説の〜。

こうがい　こう慨〈慷慨〉　⇒憤慨・
　　悲憤　例一人で悲憤〜する。

ごうがい　号外　例〜が出る。

こうかいし　航海士

こうかく　甲殻　例〜類。

こうかく　降格　例昇格と〜。

こうがく　工学　例機械〜。

こうがく　光学　例〜式顕微鏡。

こうがく　好学　例〜の士。

こうがく　後学　例〜のために見て
　　おこう。

ごうかく　合格　例試験に〜する。

こうがくしん　向学心　例〜に燃え
　　る青年。〜が盛んだ。

こうかつ　こうかつ〈狡猾〉　⇒ずる
　　いこと・悪賢いこと　例彼は実
　　に〜なやつだ。〜な手段。

こうかん　公刊　例〜された出版物。

こうかん　交換　例部品を〜する。

こうかん　交歓　例留学生同士の〜
　　を図る。

こうかん　好感　例〜の持てる人。

こうかん　こう間〈巷間〉　⇒世間・
　　世上　例〜のうわさ。

こうがん　厚顔　例〜な人。

こうがん　紅顔　例〜の美少年。

ごうかん　強かん〈強姦〉　公強姦
　　注法令では、漢字をそのまま用いて
　　これに振り仮名を付ける。

ごうがん　傲岸　例〜な態度を取る。

こうき　工期　例〜を短くする。

こうき　広軌　例〜の鉄道。

こうき　光輝　例〜ある伝統。

こうき　香気　例バラの〜が漂う。

こうき　高貴　例〜なお方。

団:付表の語　×:表外字　△:表外音訓　〈　〉:参考表記　⇒:言い換え等

か行

こうき　綱紀　例〜粛正。

こうぎ　広義　例〜の解釈。

こうぎ　抗議　例審判に〜する。

こうぎ　講義　例先生の〜。

こうきしん　好奇心　例〜が強い。

こうきゅう　恒久　例〜の平和。

こうきゅう　降給　例昇給と〜。

こうきゅう　高級　例〜な車。

ごうきゅう　号泣　例訃報に〜する。

ごうきゅう　剛球　例〜を投げる。

こうきょ　溝渠〈溝渠〉　例〜の構築工事。
　困法令では、特別な理由がある場合以外は用いない。

こうきょう　公共　例〜の建物。

こうきょう　広狭　例敷地の〜。

こうぎょう　工業　例〜と商業。

こうぎょう　鉱業〈礦業〉

こうぎょう　興行　例東京での〜は今月限りです。特別〜。

こうきょうがく　交響楽　例〜の演奏が行われる。

こうきょうきょく　交響曲

こうきん　拘禁　例留置場に〜する。

こうくう　航空　例〜写真を撮る。

こうげ　香華

こうけい　光景　例美しい〜。

こうげい　工芸　例美術〜品。

ごうけい　合計　例〜を出す。

こうげき　攻撃　例7回の表の〜。

こうけつ　高潔　例〜な人格。

ごうけつ　豪傑　例身の丈6尺の〜。

こうけん　貢献　例国に〜する。

こうげん　広言　例〜を吐く。

こうげん　抗原　例〜抗体反応。

こうげん　高原　例〜に遊ぶ。

ごうけん　剛健　例質実〜な気風。

こうこ　好個　例旅のつれづれを慰める〜の読み物。

こうこ　江湖　例〜の好評を得る。

こうご　口語　例〜と文語。

こうこう　孝行　例親に〜する。

こうこう　口こう〈口腔〉　⇒口むろ　例〜の検査。〜外科。
　困医学・歯学では「こうくう」。

こうこう　こうこう〈煌々〉　例明かりを〜とつけている。

こうごう　皇后

こうごうしい　神々しい　文神々しい　例〜感じがする。

こうこく　公告　例市有地の売却を〜する。〜式。

こうこく　広告　例新製品発売の〜。

こうこつ　硬骨〈鯁骨〉　例〜魚と軟骨魚。彼は〜漢で鳴る。

こうこつ　こうこつ〈恍惚〉　⇒うっとり　例すばらしい演奏にしばし〜とする。

こうさ　交差〈交叉〉　例この道は1キロ先で国道と〜している。

こうさ　考査　例学力の〜を行う。人物〜。

こうざ　口座　例〜振替。

こうざ　講座　例公開〜。

こうさい	公債	例	～の発行。

こうさい　公債　例～の発行。

こうさい　交際　例～範囲が広い。

こうざい　鋼材

こうさいりくり　光彩陸離

こうさく　交錯　例考えが～する。

こうさく　耕作　例～する人。

こうさつ　考察　例問題を～する。

こうさつ　絞殺　例～死体の発見。

こうさてん　交差点〈交叉点〉　公交差点

　　注法令では、「交叉点」は用いない。「交差点」を用いる。

こうさん　降参　例難問に～する。

こうざん　高山　例～植物。

こうざん　鉱山　例～を掘る。

こうし　子牛　例親牛と～。

こうし　公私　例～を混同する。

こうし　行使　例権限を～する。

こうし　格子　例玄関の～戸。

こうし　講師　例～を依頼する。

こうし　こう矢〈嚆矢〉　⇒最初・始まり・発端

こうじ　小路　例この道は袋～だ。

こうじ　公示　例～の期間。

こうじ　好餌　例～をもって人を誘う。

こうじ　こうじ〈麹〉　例～を寝かせておく。～かび。

ごうし　郷士

こうした　こうした〈斯うした〉　例～事件が今後も起こるならば注意が必要だ。

こうしつ　皇室

こうじつ　口実　例～を設ける。

こうして　こうして〈斯うして〉　文こうして　例これは～作る。

こうしゃ　公社　例住宅供給～。

こうしゃ　公舎　例～の使用料。

こうしゃ　校舎　例～を改築する。

ごうしゃ　豪しゃ〈豪奢〉　⇒豪華・豪勢　例なかなか～な別荘だ。

こうしゅ　攻守　例～所を変える。

こうしゅう　公衆　例～の面前で相手を侮辱する。～トイレ。

こうしゅけい　絞首刑

こうじゅつ　口述　例原稿を～する。～筆記。～試験。

こうじゅつ　公述　例～人。

こうじょ　控除〈扣除〉　例基礎～。

こうしょう　交渉　例～の再開。

こうしょう　考証　例劇の時代～。

こうしょう　高尚　例趣味が～だ。

こうしょう　こう笑〈哄笑〉　⇒高笑い・大笑い　例余りのおかしさに、一同～する。

こうじょう　工場　例食品加工～。

こうじょう　向上　例体力の～。

こうじょう　恒常　例～性。

こうじょう　厚情　例御～に感謝します。

ごうじょう　強情　例～な人。

こうじょうせん　甲状腺　例～が腫れる。

こうじる　高じる〈嵩じる〉　例収集

熱が～。病が～。

こうじる　講じる　例対策を～。

こうしん　孝心　例～を持つ。

こうしん　行進　例開会式の～。

こうしん　更新　例契約の～。

こうしん　口唇

こうしん　紅唇

こうしん　こう進〈昂進・亢進〉
　　⇒高ぶること・高ぶってゆくこ
　　と　例心悸(しんき)が～する。

こうじん　幸甚　例御意見をお寄せ
　　くだされば～に存じます。

こうじん　黄じん〈黄塵〉⇒土煙・
　　砂煙　例～にまみれる。

こうしんきょく　行進曲

こうじんぶつ　好人物

こうしんりょう　香辛料

こうすい　香水　例～を付ける。

こうずい　洪水　例～に見舞われる。
　　自動車の～。

こうずか　好事家　例～の集まり。

こうする　抗する　例最後まで～。

ごうする　号する　例最強だと～。

こうせい　公正　例～な判断。

こうせい　更正　例税の～決定。

こうせい　更生　例悪の道から～す
　　る。会社～法。

こうせい　厚生　例～施設の充実。

こうせい　恒星　例～と惑星。

こうせい　後世　例～に伝える。

こうせい　後生　例～を導く。

こうせい　構成　例文章の～。

ごうせい　合成　例～樹脂。

ごうせい　豪勢　例～な暮らし。

こうせいずり　校正刷り　文校正刷
　　り　例～を２部出してください。

こうせき　功績　例～を上げる。

こうせき　鉱石〈礦石〉

こうせきそう　洪積層

こうせつ　巧拙　例字の～。

こうせつ　降雪　例～が多い年。

こうせつ　こう説〈巷説〉⇒風説・
　　浮説　例そんな～は気にするな。

ごうせつ　豪雪　例～地帯。

こうせん　光線　例～を当てる。

こうせん　鉱泉　例～浴場。

こうぜん　公然　例～の秘密。

ごうぜん　傲然　例～とした態度。

こうそ　控訴　例高等裁判所に～す
　　る。～を諦める。

こうそう　広壮〈宏壮〉例～な邸宅。

こうそう　抗争　例～が激しい。

こうそう　高層　例～を飛行する。
　　～建築物が建ち並ぶ。超～。

こうそう　高僧

こうそう　高燥　例～な土地。

こうそう　構想　例新企画の～を練
　　る。～を新たにする。

こうぞう　構造　例～を調べる。

ごうそう　豪壮　例～な屋敷。

こうそく　拘束　例契約に～されな
　　い。～時間は１日８時間だ。

こうそく　梗塞　文梗塞　例心筋～。

こうぞく　後続　例～を断つ。

か行

こうぞく　皇族

ごうぞく　豪族　例〜の子孫。

こうそこうか　公租公課

こうた　小唄　例〜を習う。

こうたい　交代〈交替・更代〉　公交
　　代　例〜の要員。勤務を〜する。
　　囲法令では、「更代」は用いない。「交
　　代」を用いる。
　　囲新聞では、「交代」と書く。

こうたい　後退　例景気が〜する。

こうだい　広大〈宏大〉　例〜な土地。

こうだい　後代　例〜までの語り草。

こうたいごう　皇太后

こうたいし　皇太子

こうたく　光沢　例〜のある布。

ごうたん　豪胆・剛胆　例〜な人。
　　囲新聞では、「豪胆」と書く。

こうち　巧緻　例極めて〜な細工だ。

こうち　拘置　例被疑者を〜する。

こうち　耕地　例〜面積。

ごうち　碁打ち　公碁打ち

こうちしょ　拘置所　例死刑囚が〜
　　に収容される。

こうちゃ　紅茶

こうちゃく　こう着〈膠着〉　⇒行き
　　詰まり・固着　例両国間の会談
　　は目下〜状態を続けている。

こうちょう　広聴　例広報及び〜。

こうちょう　好調　例〜な滑り出し。

こうちょく　硬直　例〜化を防ぐ。

こうつう　交通　例〜が激しい。

こうつごう　好都合　例明日おいで

くだされば〜です。

こうてい　肯定　例〜と否定。

こうてい　皇帝　例〜の命令。

こうてい　校訂　例源氏物語の〜。

こうてい　校庭　例〜で遊ぶ。

こうてい　高低　例声の〜。

こうでい　拘泥　例これまでのこと
　　には〜しない。

こうていひょう　工程表　例工事の
　　〜。

こうていぶあい　公定歩合

こうてきしゅ　好敵手

こうてつ　更迭　例局長を〜する。

こうてつ　鋼鉄　例〜製の箱。

こうてん　荒天　例〜の一日。

こうでん　香典〈香奠〉　例「課員一
　　同」として〜を包む。

こうど　硬度　例〜の高い鉱物。

こうとう　口頭　例〜で申し出る。

こうとう　高騰〈昂騰〉　例物価の〜。

こうとう　喉頭

こうどう　坑道　例〜を掘る。

ごうとう　強盗　例〜が入った。

ごうどう　合同　例〜で練習する。

こうとうがん　喉頭がん〈喉頭癌〉

こうとうしもん　口頭試問　例明日
　　の〜で試験は終わりだ。

こうとうてき　高踏的　例〜な態度。

こうとうむけい　荒唐無稽　例〜な
　　話。

こうどく　購読　例雑誌を〜する。

こうない　構内　例駅の〜。

囲:付表の語　　×:表外字　　△:表外音訓　　〈　〉:参考表記　　⇒:言い換え等

こうなん　硬軟　[例]～のボール。
こうにゅう　購入　[例]物品の～。
こうにん　公認　[例]この記録はまだ～されていない。～会計士。
こうにん　降任　[例]昇任と～。
こうにんかいけいし　公認会計士
こうのう　効能　[例]薬の～。～書き。
ごうのもの　剛の者　[例]さすが～の彼も今度は参ったらしい。
こうはい　交配　[例]ろばと馬を～させる。
こうはい　後輩　[例]先輩と～。
こうはい　荒廃　[例]～に任せる。
こうばい　勾配　[文]勾配　[例]急な～。
こうばい　紅梅
こうばい　購買　[例]～力の調査。
こうはく　紅白　[例]～の梅。
こうばく　広漠〈宏漠〉　[例]～とした原野。
こうばしい　香ばしい〈芳ばしい〉　[例]何とも言えない～香り。
こうはん　広範・広汎　[公][文]広範　[例]～な地域に渡る。
[注]新聞では､「広範」と書く。
こうはん　甲板　[例]船の～。
[注]「かんぱん」とも。
こうはん　こうはん〈攪拌〉　⇒かき混ぜ・かき回し　[例]内容物を満遍なく～する。～機。
[注]「かくはん」とも。
こうばん　交番　[例]～に届ける。
こうひつ　硬筆　[例]毛筆と～。
こうひょう　公表　[例]真相を～する。
こうひょう　講評　[例]厳しい～。
こうふ　公布　[文]公布　[例]法律の～。
こうふ　交付　[文]交付　[例]補助金を～する。
こうふく　幸福　[例]人生の～。
こうふく　降伏　[例]敵に～する。
ごうふく　剛腹　[例]～な男。
こうぶち　荒ぶ地〈荒蕪地〉　⇒荒れ地・不毛の地　[例]～の開拓。
こうぶつ　好物　[例]彼の～。
こうぶつ　鉱物　[例]～を採掘する。
こうふん　興奮〈昂奮・亢奮〉　[例]観客が～する。～状態。
こうふん　口ふん〈口吻〉　⇒口ぶり　[例]満更でもない～だ。
こうぶんしょ　公文書　[例]～の開示。
こうべ　こうべ〈首・頭〉　[例]～を巡らして見る。～を垂れる。
こうへい　公平　[例]～に与える。
こうへん　後編〈後篇〉　[例]～の発売は来年になる。
こうほ　候補　[例]～者。対立～。
こうぼ　公募　[例]委員を～する。
こうぼ　酵母　[例]～を入れる。
こうほう　公報　[例]選挙～。
こうほう　広報〈弘報〉　[公][文]広報　[例]会社の～誌。～班。～活動。
[注]法令では､「弘報」は用いない｡「広報」を用いる。
こうぼう　光ぼう〈光芒〉　⇒光・光線　[例]探照灯の強烈な～。

ごうほう　豪放　例～な人。

こうぼく　公僕　例公務員は国民の
　　～である。

こうま　子馬　例親馬と～。

こうまい　高まい〈高邁〉　⇒秀でた
　　様子・高い様子・気高い様子
　　例～な精神の持ち主。

ごうまん　傲慢　例～な態度。

こうみょう　功名　例けがの～。

こうみょう　巧妙　例～な手口。

こうみょう　光明　例一筋の～。

こうむ　公務　例～で出張する。

こうむ　校務　例～を掌理する。

こうむる　被る〈蒙る〉　文被る
　　例損害を～。

こうめいせいだい　公明正大　例～
　　な行い。～にやる。

こうもく　項目　例～を分ける。

こうもりがさ　こうもり傘〈蝙蝠傘〉
　　⇒洋傘　例～と番傘。

こうもん　こう門〈肛門〉

ごうもん　拷問　例～による自白は
　　証拠とならない。

こうや　広野〈曠野〉　例雪の～。

こうや　紺屋　例～の白ばかま。
　　注「こんや」とも。

こうやく　こう薬〈膏薬〉　例吹き出
　　物に～を貼る。

こうやくすう　公約数

こうゆう　交遊　例友達と～する。

ごうゆう　豪遊　例銀座で～する。

こうよう　効用　例際立った～。

こうよう　紅葉　例～の季節。

こうよう　高揚〈昂揚〉　文高揚
　　例士気の～を図る。

こうよう　黄葉　例いちょうの～。

ごうよく　強欲〈強慾〉　例～非道。

こうら　甲羅　例～干しをする。

こうらく　行楽　例～の旅。～客。

こうらん　こう乱〈攪乱〉　⇒かき乱
　　し　例人心の～を策する。
　　注「かくらん」とも。

こうり　小売り　公文小売　例弊店
　　では～はいたしません。

こうり　こうり〈行李〉　例～に詰め
　　る。

こうりかかく　小売価格　例～を明
　　示する。

こうりがし　高利貸し

ごうりき　強力・剛力　例～に荷物
　　を担いでもらう。

こうりしょう　小売商　公文小売商

こうりつ　効率　例～を高める。

こうりてん　小売店

こうりぶっか　小売物価

こうりゅう　勾留　公勾留　例未決
　　～。被疑者を～する。

こうりゅう　拘留　例15日間の～に
　　処する。

こうりゅう　興隆　例文化の～。

こうりょ　考慮　例目下～中だ。

こうりょう　校了　例校正は再校で
　　～となった。責任～。

こうりょう　荒涼〈荒寥〉　例～たる

注:付表の語　×:表外字　△:表外音訓　〈　〉:参考表記　⇒:言い換え等

原野。

こうりょう　綱領

こうりょく　効力　例〜を有する。

こうれい　恒例　例〜の催し物。

こうれい　高齢　例〜者の福祉。

ごうれい　号令　例生徒に〜する。

こうろう　功労　例顕著な〜。

こうわ　講和〈媾和〉　例両国が〜する。〜条約。

こうわん　港湾　例〜に停泊する。

こえ　声　例大きな〜を出すな。

こえ　肥　文肥　例〜をやる。

ごえい　護衛　例首相の〜をする。

こえがわり　声変わり　文声変わり　例ちょうど今〜の時期だ。

こえつち　肥え土

ごえつどうしゅう　呉越同舟

ごえもんぶろ　ごえもん風呂〈五右衛門風呂〉

こえる　肥える　文肥える　例丸々と〜。

こえる　越える　文越える　例山を〜。国境を〜。

こえる　超える　文超える　例10万円を〜金額。

注「越える・超える」の使い分けは、「「異字同訓」の漢字の使い分け」参照。

こおう　呼応　例〜する語。

こおとこ　小男　例〜と大男が並ぶ。

こおどり　小躍り　例〜して喜ぶ。

こおり　氷　文氷　例〜が溶ける。

こおり　こおり〈郡〉

こおりざとう　氷砂糖　例梅酒を作るには〜が必要だ。

こおりすべり　氷滑り　例この湖では〜を楽しむことができる。

こおりつく　凍り付く　文凍り付く　例一日中〜ような寒さだった。

こおりづめ　氷詰め　文氷詰め　例魚を〜にして送る。

こおりまくら　氷枕　例熱が高いので〜をする。

こおりみず　氷水

こおりや　氷屋　例道端の〜。

こおる　凍る　文凍る　例池が〜。

「異字同訓」の漢字の使い分け

こえる・こす

【越える・越す】ある場所・地点・時を過ぎて、その先に進む。
　県境を越える。峠を越す。選手としてのピークを越える。年を越す。
　度を越す。困難を乗り越える。勝ち越す。

【超える・超す】ある基準・範囲・程度を上回る。
　現代の技術水準を超える建築物。人間の能力を超える。
　想定を超える大きな災害。10万円を超える額。1億人を超す人口。

（平成26年文化審議会国語分科会）

こおろぎ　こおろぎ〈×蟋×蟀〉

こがい　戸外　例〜で遊ぶ。

こがい　子飼い　⊗子飼い　例〜の弟子。

ごかい　誤解　例それは君の〜だ。

ごかく　互角〈×牛角〉　例〜の勝負。

ごがく　語学　例〜を学ぶ。

こがくれ　木隠れ　⊗木隠れ　例〜に清流を見下ろす。

こかげ　木陰〈×蔭〉　例〜で休む。

こがす　焦がす　⊗焦がす　例鍋を〜。身を〜思い。

こがた　小型・小形　例〜の乗用車。〜のテレビ。

こがたな　小刀　例〜で削る。

こかつ　枯渇〈×涸渇〉　例財源が〜する。井戸水が〜する。

こがね　黄金　例〜色に輝く仏像。

こがら　小柄　例〜な選手。

こがらし　木枯らし〈×凩〉　⊗木枯らし　例〜が吹きすさぶ頃。

こがれる　焦がれる　⊗焦がれる　例思い〜。

こかん　股間

ごかん　五官　例〜で感じる。

ごかん　五感　例〜が鋭い。

こかんせつ　股関節

こき　古希〈古×稀〉　例〜の祝い。

ごき　誤記　例〜等の明白な誤り。

こきおろす　こき下ろす〈扱き下ろす〉　例相手を散々に〜。

こきざみ　小刻み　⊗小刻み　例〜に進む。

こきつかう　こき使う〈扱き使う〉　例部下を〜。

こぎつける　こぎ着ける〈×漕ぎ着ける〉　例やっとここまで〜。

こぎって　小切手　㉓⊗小切手　例〜で支払う。

こきゃく　顧客　例〜志向。

こきゅう　呼吸　例〜が激しい。

こきょう　故郷　例〜に帰る。

こぎれ　小切れ・小ぎれ〈小×布〉　例〜をついで座布団を作る。

こく　石1〔セキ・×シャク・×コク／いし〕　例石高、千石船、一万石の大名

こく　克〔コク〕　例克服、克明、克己、下克上、超克

こく　告5〔コク／つげる〕　例告示、告白、報告、予告、申告、警告、勧告

こく　谷2〔コク／たに〕　例幽谷、峡谷、渓谷、深山幽谷

こく　刻6〔コク／きざむ〕　例刻限、刻苦、時刻、深刻、彫刻、刻一刻

こく　国2(國)〔コク／くに〕　例国語、国家、国際的、母国、祖国、外国

こく　黒2(黒)〔コク／くろ・くろい〕　例黒板、黒点、黒白、暗黒、漆黒

こく　穀6(穀)〔コク〕　例穀物、穀粒、穀類、雑穀、米穀、脱穀機

こく　酷〔コク〕　例酷薄、酷評、酷似、残酷、冷酷、過酷

こく　こく〈扱く〉　例稲を〜。

こぐ　こぐ〈×漕ぐ〉　例オールで〜。

ごく　極[4]〔キョク・ゴク
　　きわめる・きわまる、きわみ〕
　　例極意、極上、極秘、極楽、至
　　極、極太の毛糸

ごく　獄〔ゴク〕　例獄門、獄舎、疑獄、
　　地獄、監獄、投獄

ごく　ごく〈極〉　文ごく　例〜上等
　　の品。

ごくあく　極悪　例〜非道の人。

こくう　虚空　例〜をつかむ。

こくえん　黒鉛

こくご　国語　例〜の教科書。

こくこく　刻々　例〜と時がたつ。

ごくごく　ごくごく〈極々〉　例〜上
　　等の品。〜お安くなっています。

こくさい　国際　例〜関係。

ごくさいしき　極彩色　例〜の絵。

こくさく　国策　例国語改革を〜の
　　一つとして取り上げる。

こくさん　国産　例〜の自動車。

こくし　国史　例〜の編さん。

こくし　酷使　例労働者を〜する。

こくじ　告示　例投票日を〜する。

こくじ　酷似　例AとBとは〜して
　　いる。

こくじ　国璽

ごくしゃ　獄舎

こくじょう　国情〈国状〉　例A国の
　　〜を調べる。
　　注新聞では、「国情」と書く。

ごくじょう　極上　例〜の品。

こくする　刻する　例名を〜。

こくぜ　国是

こくせい　国勢　例〜調査。

こくせき　国籍　例アメリカの〜を
　　取得する。〜不明の飛行機。

こくそ　告訴　例〜する。

こくそう　穀倉　例〜地帯。

こくだか　石高

こぐちがい　小口買い　例〜の客。

ごくつぶし　ごく潰し〈穀潰し〉

こくど　国土　例〜の開発。

こくはく　告白　例事実を〜する。

こくばん　黒板　例〜に字を書く。

ごくひ　極秘　例〜の書類。

こくびゃく　黒白　例〜を争う。

こくふく　克服　例病気の〜。

こくふく　克復　例平和を〜する。

こくべつ　告別　例〜式に出る。

こくほう　国宝　例〜の仏像。

こくみん　国民　例〜の意思。

こくめい　克明　例〜に記録する。

こくもつ　穀物　例〜を生産する。

ごくらく　極楽　例〜浄土。

ごくろう　御苦労　例〜様でした。

こけおどし　虚仮おどし〈虚仮威し〉
　　例そんな〜は通用しない。

こげくさい　焦げ臭い　例〜臭い。

こげちゃいろ　焦げ茶色　文焦げ茶
　　色

こけつ　虎穴　例〜に入らずんば虎
　　子を得ず。

こげつく　焦げ付く　例債権が〜。
　　御飯が〜。

こけらおとし　こけら落とし〈柿落

とし〉　㊅こけら落とし　㊕劇
場の～。

こげる　焦げる　㊅焦げる　㊕パン
が～。

こけん　こけん〈沽券〉　⇒体面
㊕～に関わる。

ごげん　語源・語原　㊕～を探る。

ここ　個々　㊕～の問題。

ここ　ここ〈是・茲・此処・此所〉
㊅ここ　㊕～にある。～までお
いで。

ごご　午後〈午后〉　㊕～の部。

ここう　虎口　㊕危うく～を逃れる。

ここう　股こう〈股肱〉　⇒腹心・片
腕・手足　㊕～の臣。

こごえ　小声　㊕～で言う。

こごえじに　凍え死に　㊅凍え死に

こごえしぬ　凍え死ぬ　㊅凍え死ぬ

こごえつく　凍え付く

こごえる　凍える　㊅凍える　㊕手
足が～。

ごこく　五穀　㊕～豊じょう。

ごこく　後刻　㊕～お目に掛かる。

ここち　心地団　㊕～いい天気。

こごと　小言　㊕～を言う。

こごと　戸ごと〈戸毎〉　㊕～に旗が
立っている。

ここのえ　九重

ここのか　九日　㊕九月～。

ここのこえ　ここの声〈呱々の声〉
⇒産声　㊕～を上げる。

ここのつ　九つ　㊅九つ　㊕娘は今

年～になる。菓子が～ある。

ここら　ここら〈此処ら・此所ら〉
⇒ここいら・この辺り・この辺
㊕～で休もう。

こころ　心　㊕～の美しい人。

こころあたり　心当たり　㊅心当た
り　㊕さっぱり～がない。

こころあて　心当て　㊅心当て
㊕特に～があるわけではない。

こころある　心ある〈心有る〉　㊕そ
の処置は、～人を大いに憤慨さ
せた。

こころえ　心得　㊕利用者の～。

こころえちがい　心得違い　㊅心得
違い

こころえる　心得る　㊅心得る
㊕道理を～。万事心得た。

こころおきなく　心置きなく〈心置
き無く〉　㊕～お使いください。

こころおぼえ　心覚え　㊅心覚え
㊕～のため書いておく。

こころがけ　心掛け・心懸け　㊅心
掛け・心懸け　㊕平素の～が大
切だ。

こころがける　心掛ける・心懸ける

こころがまえ　心構え　㊅心構え

こころがわり　心変わり　㊅心変わ
り　㊕急に～がした。

こころぐみ　心組み　㊅心組み
㊕部外者とは～が違う。

こころぐるしい　心苦しい

こころざし　志　㊅志　㊕～を遂げ

団:付表の語　×:表外字　△:表外音訓　〈　〉:参考表記　⇒:言い換え等

る。～を無にする。
こころざす　志す　[文]志す　[例]学問に～。
こころだのみ　心頼み　[文]心頼み　[例]外部の援助を～にしている。
こころづかい　心遣い
こころづき　心付き・心づき
こころづく　心付く・心づく　[文]心付く　[例]何事もよく～人だ。
こころづくし　心尽くし　[文]心尽くし　[例]～のごちそうを頂く。
こころづけ　心付け　[文]心付け　[例]運転手に直接～を手渡した。
こころづもり　心積もり　[文]心積もり　[例]～はちゃんとできている。
こころづよい　心強い
こころならずも　心ならずも　[例]諸般の事情があって～断った。
こころのこり　心残り　[例]先生にお会いできなかったのが～です。
こころぼそい　心細い　[文]心細い　[例]一人では少々～感じがする。
こころまかせ　心任せ　[文]心任せ　[例]～に行動する。
こころまち　心待ち　[文]心待ち　[例]今か今かと～にしている。
こころみ　試み　[文]試み　[例]全く新しい～。
こころみに　試みに　[文]試みに　[例]～してみる。
こころみる　試みる　[文]試みる　[例]実験を～。
こころもち　心持ち　[文]心持ち　[例]いい～だ。
こころもち〔副詞〕　心持ち・こころもち　[文]心持ち　[例]～右へ動かす。
こころもとない　心もとない〈心許無い〉　[例]彼一人ではどうも～。
こころやすい　心安い　[例]～間柄。
こころゆくまで　心行くまで　[例]～秋色を楽しむ。
こころよい　快い　[文]快い　[例]～風。
ここん　古今　[例]～東西。
こさ　濃さ　[文]濃さ
ごさ　誤差　[例]測定値には～がある。
ござ　ござ〈茣蓙〉　[例]～を敷く。
ございます　ございます〈御座います〉　[例]こちらに～。お寒う～。
こざかしい　こざかしい〈小賢しい〉　[例]彼はともすれば～口を利く。
こざかな　小魚　[例]～しか釣れない。
こさく　小作　[例]～農。
こさつ　古刹　[例]～を訪ねる。
こざっぱり　こざっぱり　[例]～した服装で出掛ける。
こさめ　小雨　[例]～が降る。
こざら　小皿　[例]～に取る。
ごさん　午さん〈午餐〉　⇒昼食　[例]～を共にする。～会。
こし　腰　[例]～をかがめる。
こし　枯死　[例]木が～する。
こし　こし〈輿〉　[例]～に乗る。
こじ　孤児　[例]戦争で～となる。

か行

こじ　居士田　例一言～。

こじ　誇示　例権力を～する。

こじあける　こじ開ける〈挵じ開け
る〉　例鍵の掛かった箱を～。

こしいれ　こし入れ〈輿入れ〉　文こ
し入れ　例旧家へ～をする。

こしおれ　腰折れ　文腰折れ　例～
歌。～文（ぶみ）。

こしかけ　腰掛け　文腰掛け　例～
に掛ける。

こしかけしごと　腰掛け仕事　例こ
れはほんの～だ。

こしかける　腰掛ける　例石に～。

ごしき　五色　例～に彩る。

こしくだけ　腰砕け　例結局、最後
は～になってしまった。

こしだめ　腰だめ〈腰撓め〉　文腰だ
め　例～で決める。

こしたんたん　虎視たんたん〈虎視
眈々〉　例～と隙を狙う。

ごしちちょう　五七調　例～の文。

こしつ　固執　例自説に～する。
注「こしゅう」とも。

こしつ　こ疾〈痼疾〉　⇒持病　例頑
固な～に悩む。

こしつき　腰つき〈腰付き〉　例危な
っかしい～。

こじつける　こじつける

ごじっぽひゃっぽ　五十歩百歩
例どの案も～だ。

こしなげ　腰投げ　例～で勝つ。

こしぬけ　腰抜け　文腰抜け

こしまき　腰巻き

こしまわり　腰回り

こしゃく　こしゃく〈小癪〉　例～な
やつ。

こしゅう　固執　例自説に～する。
注「こしつ」とも。「こしゅう」の方がや
や古風。

ごじゅうおん　五十音　例～順。

ごじゅうのとう　五重の塔

ごしょ　御所　例京都～の見学。

こしょう　故障　例機械が～する。

こしょう　湖沼　例高原の～。

こじょう　弧状

ごじょう　互譲　例～の精神。

ごしょうだいじ　後生大事

ごしょく　誤植　例～を訂正する。

こしょくそうぜん　古色そう然〈古
色蒼然〉　⇒古びた　例～たる
1軒の建物がある。

こじらいれき　故事来歴

こしらえる　こしらえる〈拵える〉
文こしらえる　例適当な理由を
～。箱を～。

こじらせる　こじらせる〈拗らせる〉
例風邪を～と、後が長引く。

こじる　こじる〈挍る〉　例その蓋は、
～とすぐ開く。

こじれる　こじれる〈拗れる〉　例話
が～と大変なことになる。

こじん　古人　例～の教え。

こじん　故人　例～をしのぶ。

こじん　個人　例～情報。

田：付表の語　×：表外字　△：表外音訓　〈　〉：参考表記　⇒：言い換え等

こす　越す　⊗越す　例年を〜。山を〜。

こす　超す　⊗超す　例予算を〜。
　注「越す・超す」の使い分けは、「「異字同訓」の漢字の使い分け」p.237参照。

こす　こす〈漉す・濾す〉　例布で〜。

こすい　湖水　例〜を渡る風。

こすい　鼓吹　例愛国心を〜するような映画。

こすい　こすい〈狡い〉　例〜やり方。

ごすい　午睡

こすう　個数〈箇数〉

こずえ　こずえ〈梢〉　例木の〜。

こすりつける　こすり付ける〈擦り付ける〉　例壁に泥を〜。

こする　こする〈擦る〉　例強く〜。

ごする　ごする〈伍する〉　⇒加わる・肩を並べる　例〜者はいない。

こせい　個性　例〜を発揮する。

ごせい　悟性　例〜に訴える。

こせき　戸籍　例〜抄本。〜謄本。

こせき　古跡〈古蹟〉　例名所〜。

こせこせ　こせこせ　例何もそう〜しなくてもよい。

こぜに　小銭　例〜の持ち合わせがない。〜入れ。

こぜりあい　小競り合い

ごせん　互選　例〜により決定する。

ごぜん　午前　例〜の部。

こせんきょう　こ線橋〈跨線橋〉　⇒陸橋・渡線橋・ブリッジ　例〜を渡って2番線の列車へ。

こぞう　小僧　例門前の〜習わぬ経を読む。

こそく　こそく〈姑息〉　⇒間に合わせ・一時しのぎ　例〜な手段。

こぞって　こぞって〈挙って〉　⊗こぞって　例国中〜歓迎する。

こそどろ　こそ泥

ごぞんじ　御存じ〈御存知〉　⊗御存じ　例多分〜でしょうが…。

こだい　古代　例〜の墓。

こだい　誇大　例〜に宣伝する。

こたえ　答え　☆答(え)　⊗答え　例問いと〜。
　注法令では、表に記入したり記号的に用いたりする場合には、原則として、（　）の中の送り仮名を省く。

こたえ　応え　⊗応え

こたえる　答える　⊗答える　例質問に〜。

こたえる　応える　⊗応える　例御希望に〜よう努力します。
　注「答える・応える」の使い分けは、「「異字同訓」の漢字の使い分け」p.244参照。

こだかい　小高い　例〜丘。

こだから　子宝　例〜に恵まれる。

ごたごた　ごたごた　例〜が絶えない。〜言う。

こだし　小出し　例〜にして使う。

こだち　木立　⊗☆文木立　例昼なお暗い〜。

こたつ　こたつ〈炬燵〉

かー行

ごたつく　**ごたつく**　[例]家の中が～。
ごたぶん　**御多分**　[例]～に漏れず…。
こだま　**こだま**〈谺〉　⇒山びこ　[例]～が聞こえる。
こだわる　**こだわる**〈拘る〉　[例]何もそう～ことはない。
こたん　**枯淡**　[例]～の境地。
ごちそう　**ごちそう**〈御馳走〉
ごちそうさま　**ごちそうさま**〈御馳走様〉　[例]どうも～でした。
こちょう　**誇張**　[例]～した表現。
こちら　**こちら**〈此方〉　[例]～へいらっしゃい。～にあります。
こぢんまり　**こぢんまり**　[例]～した住まい。～と暮らす。
こつ　**骨**6〔コツ/ほね〕　[例]骨子、枯骨、筋骨、老骨、納骨、遺骨
こつ　**滑**〔カツ・コツ/すべる・なめらか〕　[例]滑稽
こつ　**こつ**〈骨〉　[例]～を覚える。うまくやる～を教えてほしい。
こつあげ　**骨揚げ**　[例]故人の～。
こっか　**国家**　[例]～の存立。
こづかい　**小遣い**　[例]～の不足。
こづかいせん　**小遣い銭**　[例]～をもらう。
こっかく　**骨格**〈骨骼〉　[例]たくましい～。～図。
こっかん　**酷寒**　[例]～の地。
こっき　**克己**　[例]～の心。
こっき　**国旗**　[例]～を掲げる。
こづく　**小突く**　[例]脇腹を～。
こづくり　**小作り**　[文]小作り　[例]～な人。
こっけい　**滑稽**　[例]～な話。
こっこく　**刻々**　[例]～と時がたつ。
こつこつ　**こつこつ**〈兀々〉　[例]～と努力する。～と励む。
こつこつ　**こつこつ**　[例]～という靴の音が聞こえる。
ごつごつ　**ごつごつ**　[例]～した岩。
こっし　**骨子**　[例]計画の～。
こつずい　**骨髄**　[例]～移植。
こっせつ　**骨折**　[例]足を～した。
こつぜん　**こつ然**〈忽然〉　⇒突然　[例]～として姿を消す。
ごったがえす　**ごった返す**　[例]駅は帰省客でごった返していた。
こづち　**小づち**〈小槌〉

「異字同訓」の漢字の使い分け

こたえる
【答える】解答する。返事をする。
　設問に答える。質問に対して的確に答える。名前を呼ばれて答える。
【応える】応じる。報いる。
　時代の要請に応える。期待に応える。声援に応える。恩顧に応える。
（平成26年文化審議会国語分科会）

こっちょう　骨頂・骨張　例愚の〜。

こつづみ　小鼓　例〜を習う。

こづつみ　小包　公文小包　例〜で
　　送る。

こっとう　骨とう〈骨董〉　⇒古美術
　　品　例〜を買う。

こっぱ　木っ端　例〜を集める。

こっぱい　骨ぱい〈骨牌〉

　　注法令では、「骨牌」は用いない。「かる
　　た類」を用いる。

こっぱみじん　木っ端みじん〈木端
　　微塵〉　例〜になってしまう。

こつぶ　小粒　例〜のダイヤ。

こづらにくい　小面憎い　例〜やつ。

こて　こて〈鏝〉　例〜を当てる。

こてい　固定　例床に〜する。

こてさき　小手先　例〜の仕事。

こてしらべ　小手調べ　例ともかく
　　も〜にやってみよう。

こてなげ　小手投げ

こてん　古典　例〜の学習法。

ごてん　御殿

こと　異　例意見を〜にする。

こと　琴〈箏〉　例〜の名手。

こと　事　文事　例〜を好むわけで
　　はない。〜と次第によっては。

…こと　…こと〈…事〉　公文…こと
　　例…する〜は差し支えない。準
　　備する〜。

　　注公用文では、「許可しないことがあ
　　る。」のように用いるときは、原則と
　　して、仮名で書く。

こと　こと〈糊塗〉　⇒取り繕い・一
　　時しのぎ・ごまかし　例その場
　　を〜する。

…ごと　…ごと〈…毎〉　例日〜夜〜。
　　急行の発車は1時間〜です。

ことあげ　言挙げ　例困難に耐えて
　　〜せず。

こどう　鼓動　例〜が激しい。

ことかく　事欠く　例その日の暮ら
　　しにも〜ような状態。

ことがら　事柄　文事柄　例〜が〜
　　だけに慎重な考慮を要する。

ときれる　事切れる　例発病後三
　　日目に事切れた。

こどく　孤独　例〜を楽しむ。

ごとく　ごとく〈如く〉　文ごとく
　　⇒ように　例かくの〜。

ことごとく　ことごとく〈悉く〉
　　文ことごとく　例〜間違えた。

ことごとに　事ごとに〈事毎に〉
　　例〜文句を言わなくてもよい。

ことさら　殊更・ことさら　文殊更
　　例〜それを言わなくてもよい。

ことし　今年付　文今年　例〜は頑
　　張ろう。

ことしじゅう　今年中　例〜には間
　　に合いそうもない。

ことづかる　言付かる〈託かる〉
　　文言付かる　例用事を〜。

ことづける　言付ける〈託ける〉
　　文言付ける　例大切な用を〜。

ことづて　言づて〈言伝て〉　文言づ

て　[例]用件の～をする。
ことなる　異なる　[文]異なる　[例]～色。
ことに〔副詞〕　殊に・ことに
[公][文]殊に　[例]今日は～暑い。～面倒だ。
…ごとに　…ごとに〈…毎に〉　[文]…ごとに　[例]1年～人口が増える。
ことにする　異にする　[例]考えを～。
ことのほか　殊の外・ことのほか
[文]殊の外　[例]今日は～暑い。
ことば　言葉〈詞〉　[文]言葉　[例]優しい～を掛ける。～遣いを改める。
ことばがき　ことば書き〈詞書き〉
ことはじめ　事始め　[文]事始め
[例]蘭(らん)学～。
ことばづかい　言葉遣い　[例]～が乱暴な人。
ことばつき　言葉つき　[例]丁寧な～。
ことぶき　寿　[例]～を保つ。
ことほぐ　ことほぐ〈寿ぐ〉　[例]祖父の喜寿を～。新年を～。
こども　子供・子ども・こども
[文]子供　[例]幼い～。
[注]祝日は、「こどもの日」。
こどもたち　子供たち・子どもたち・こどもたち〈子供達〉　[例]～が騒ぐ。
こともなげ　事もなげ〈事も無げ〉
[例]難しい問題を～に解いた。
ことり　小鳥
ことわざ　ことわざ〈諺〉
ことわり　断り　[文]断り　[例]～の手紙を書く。
ことわり　ことわり〈理〉　[例]物事の～を説いて聞かせる。
ことわりじょう　断り状　[文]断り状
ことわる　断る　[文]断る　[例]出席を～返事をする。
こな　粉　[例]～チーズ。～にする。
こない　来ない　[例]まだ～。
こなぐすり　粉薬　[例]～と水薬。
こなごな　粉々　[例]～にする。
こなす　こなす〈熟す〉　[例]仕事を～。乗り～。
こなひき　粉ひき〈粉挽き〉
こなみじん　粉みじん〈粉微塵〉
[例]コップが～に壊れた。
こなゆき　粉雪　[例]～が舞う。
[注]「こゆき」とも。
こなれる　こなれる〈熟れる〉　[例]胃の中で食物が～。
こにくらしい　小憎らしい　[例]あの子は、全く～ことを言う子だ。
こにもつ　小荷物
ごにん　誤認　[例]事実を～する。
こにんず・こにんずう　小人数
[例]～で行く。
こねこ　子猫
こねる　こねる〈捏ねる〉　[例]理屈を～。
この　この〈此・之の〉　[公][文]この
[例]～人のおかげで…。
このあいだ　この間〈此の間〉　[例]～

[付]:付表の語　×:表外字　△:表外音訓　〈　〉:参考表記　⇒:言い換え等

お目に掛かった。

このかた　この方〈此の方〉　例～が
　案内してくださったのです。

このごに…　この期に…　⊗この期
　に…　例～及んで…。

このごろ　この頃・このごろ〈此の
　頃〉　例～生活が楽になった。

このさい　この際〈此の際〉

このたび　この度・このたび〈此の
　度〉　⊗この度　例～はお世話
　になりました。

このは　木の葉　例～が落ちる。

このほか　このほか・この外・この
　他〈此の外・此の他〉　例～行く
　者はいないか。

　注公文書では、「殊の外」「何某外○
　　名」のように用いるとき以外は、原
　　則として仮名で書く。

このほど　このほど〈この程・此の
　程〉　例～転勤になりました。

このま　木の間　例鬱そうと茂った
　～から日光が漏れる。

このましい　好ましい　⊗好ましい
　例～人物。

このみ　木の実　例～を拾う。

このみ　好み　⊗好み　例～に合う。

このむ　好む　⊗好む　例薄味を～。

このもしい　好もしい　⊗好もしい
　例～人物。

このよ　この世〈此の世〉

このんで　好んで　例自ら～したこ
　となのだから仕方がない。

こはく　こはく〈琥珀〉　例～色。

こばこ　小箱

ごはさん　御破算　例これまでやっ
　てきたことは全て～になった。

こばしり　小走り　例～に歩く。

こはぜ　こはぜ〈小鉤・鞐〉　例足袋
　の～を掛ける。

こばち　小鉢　例皿と～。

こばな　小鼻　例～をうごめかす。

こばなし　小話〈小咄〉

こばむ　拒む　⊗拒む　例かたくな
　に～。

こはるびより　小春日和　例今日は
　日中～のような暖かさだった。

こはん　湖畔　例～の家。

ごはん　御飯　例～を炊く。

ごばん　碁盤　例～と碁石。

ごはんつぶ　御飯粒　例～が一つほ
　っぺたに付いている。

ごはんむし　御飯蒸し　⊗御飯蒸し
　例～で芋をふかす。

こひ　戸扉
　注法令では、用いない。

こび　こび〈媚び〉　例～を売る。

ごび　語尾　例～を上げる。

こびと　小人　例～の国。

ごびゅう　ごびゅう〈誤謬〉　⇒誤り
　例大きな～を発見した。
　注法令では、用いない。

こびりつく　こびり付く　例飯粒が
　茶わんに～。頭に～。

こびる　こびる〈媚びる〉　例人に～。

こぶ　昆布　例〜のだし。塩〜。
付「こんぶ」とも。

こぶ　鼓舞　例士気を〜する。

こぶ　こぶ〈瘤〉　例〜ができた。

ごぶ　五分　例一寸の虫にも〜の魂。

こふう　古風　例〜な家具。

ごふく　呉服　例〜を選ぶ。〜屋。

ごぶごぶ　五分五分　例今のところ
見通しは〜だ。〜の勝負。

ごぶさた　御無沙汰　文御無沙汰
例長らく〜をしています。

こぶし　拳　例〜を振り上げる。〜
大の石ころ。

こぶた　子豚　例〜が生まれた。

ごぶづき　五分づき〈五分搗き〉

こぶとり　小太り〈小肥り〉

こぶね　小舟　例〜で川を渡る。

こぶまき　昆布巻き　文昆布巻き
例お節料理に〜を作る。

こぶり　小降り　文小降り　例雨が
少し〜になったので出発する。

こぶり　小振り・小ぶり　文小振り
例〜の器に入れる。

こふん　古墳　例〜を調査する。

ごへい　語弊　例こう言うと〜があ
るかもしれないが…。

ごへいかつぎ　御幣担ぎ　文御幣担
ぎ　例おふくろの〜にも困る。

こべつ　戸別　例〜に訪問する。

こべつ　個別　例問題を〜に片付け
る。〜調査。

ごほう　誤報　例〜又は虚報。

こぼす　こぼす〈零す〉　例御飯を〜。

こぼれる　こぼれる〈毀れる〉　例刀
の刃が〜。のこぎりの歯が〜。

こぼれる　こぼれる〈零れる〉　例水
が〜。〜ような笑み。

こぼんのう　子煩悩　例〜な人。

こま　駒〔こま〕　例持ち駒、将棋の
駒

こま　駒　例ひょうたんから〜。

こま　こま〈独楽〉　例〜を回す。

こまいぬ　こま犬〈狛犬〉

こまかい　細かい　文細かい　例〜
砂。

ごまかし　ごまかし〈誤魔化し〉
例そんな〜は絶対に通用しない。

ごまかす　ごまかす〈誤魔化す〉

こまかだ　細かだ　文細かだ

こまぎれ　細切れ〈小間切れ〉　例〜
の牛肉を買う。〜の話。

こまく　鼓膜

こまごま　細々・こまごま　例〜と
した注意を与える。

こまねく　こまねく〈拱く〉　例ただ
手をこまねいているだけだ。

こまもの　小間物　例〜を商う。

こまやか　細やか・こまやか〈濃や
か〉　例説明が〜だ。
付「木目（きめ）に対しては「細かい」を
使い、「細やか」は使わない。

こまりきる　困り切る

こまりぬく　困り抜く

こまりはてる　困り果てる　例本当

に困り果てています。

こまりもの　困り者　[文]困り者 [例]あいつは我が家の～だ。

こまる　困る　[文]困る [例]誤りが多くて～。

ごみ　ごみ〈塵芥〉 [例]～を散らかさないように。～箱。

こみあう　混み合う・込み合う　[文]混み合う・込み合う [例]通路が～。

こみあげる　込み上げる　[文]込み上げる [例]悲しみの情が～。

こみいる　込み入る [例]これには、少し込み入った事情がある。

ごみため　ごみため〈塵芥溜め〉 [例]～を掃除する。

こみち　小道 [例]一筋の～が林の奥にまで通じている。

ごみとり　ごみ取り〈塵芥取り〉　[文]ごみ取り

こむ　込〔こむ・こめる〕

こむ　混む　[文]混む [例]バスが～。

こむ　込む　[文]込む [例]手が～。投げ～。入り～。

[注]「混む・込む」の使い分けは、「「異字同訓」の漢字の使い分け」参照。

ゴム　ゴム [例]～のホース。

こむぎ　小麦 [例]～の刈り入れ。

こむぎこ　小麦粉 [例]～で菓子を作る。

ゴムぐつ　ゴム靴

こむすび　小結 [例]～に昇進する。

こむすめ　小娘

こむそう　虚無僧

こめ　米 [例]～の販売。

こめだわら　米俵

こめつぶ　米粒 [例]～を拾う。

こめる　込める〈籠める〉　[文]込める [例]心を～。力を込めて投げる。

ごめん　御免 [例]～ください。～被る。お役～。

こも　こも〈薦〉 [例]～でくるむ。

こもかぶり　こもかぶり〈薦被り〉 [例]～の清酒。

「異字同訓」の漢字の使い分け

こむ

【混む】混雑する。

電車が混(込)む*。混(込)み合う店内*。人混(込)みを避ける*。

【込む】重なる。入り組む。

負けが込む。日程が込んでいる。仕事が立て込む。手の込んだ細工を施す。

*　「混雑する」意では、元々、多くの人や物が重なるように1か所に集まる様子から「込む」と書かれてきたが、現在は、「混雑」という語との関連から「混む」と書く方が一般的である。

(平成26年文化審議会国語分科会)

か行

ごもくならべ　五目並べ　⊗五目並べ

ごもくめし　五目飯

こもごも　こもごも〈交々〉　例悲喜〜。

こもち　子持ち　⊗子持ち　例三人の〜。〜昆布。

こもづつみ　こも包み〈薦包み〉　⊗こも包み

ごもっとも　ごもっとも

こもり　子守　公⊗子守　例弟の〜。

こもりうた　子守歌・子守唄　例〜で赤ん坊を寝かし付ける。

こもる　籠もる　⊗籠もる　例煙が〜。家に〜。

こもれび　木漏れ日〈木洩れ日〉

こもん　顧問　例〜の先生。

こや　小屋　例山小屋。

こやし　肥やし　⊗肥やし　例〜をまく。

こやす　肥やす　⊗肥やす　例土地を〜。目を〜。

こやみ　小やみ〈小止み〉　例どうやら雨が〜になってきた。

こゆう　固有　例〜の性質。

こゆうめいし　固有名詞

こゆき　小雪　例明日は〜が降るでしょう。〜模様の空。

こゆき　粉雪　例〜が舞い落ちる。付「こなゆき」とも。

こゆび　小指　例親指と〜。

こよい　こよい〈今宵〉　例〜の月は殊の外美しい。

こよう　雇用〈雇傭〉　例〜契約。

ごよう　御用　例〜を承る。

ごようおさめ　御用納め　⊗御用納め　例〜は12月28日です。

ごようきき　御用聞き　⊗御用聞き

ごようはじめ　御用始め　⊗御用始め　例1月4日は〜だ。

こよみ　暦　例〜の上では春だ。

こより　こより〈紙縒り〉　例〜とじた原稿。

ごらいこう　御来光　例富士山頂で〜を拝む。

こらえしょう　こらえ性〈堪え性〉

こらえる　こらえる〈堪える〉

ごらく　娯楽　例〜設備。〜費。

こらしめる　懲らしめる　⊗懲らしめる　例敵を〜。

こらす　凝らす　⊗凝らす　例趣向を〜。

こらす　懲らす　⊗懲らす　例悪を〜。

ごらん　御覧　例よく〜ください。

…(て)ごらん　…(て)ごらん　例おいしいから食べて〜なさい。

こり　凝り　⊗凝り　例肩の〜。

こりかたまる　凝り固まる　⊗凝り固まる　例一つの考えに〜。

こりごり　懲り懲り　例もう〜だ。

こりしょう　凝り性　⊗凝り性　例彼は〜だ。

こりつ　孤立　例意見の対立で〜す

る。〜無援。

ごりむちゅう　五里霧中　例依然と
　して〜の状態である。

ごりやく　御利益　例この神社はな
　かなか〜があるということだ。

こりょ　顧慮　例事態を〜する。

こりる　懲りる　文懲りる　例すっ
　かり〜。

こる　凝る　文凝る　例切手集めに
　〜。凝った模様。

これ　これ〈是・之〉　公文これ
　例〜は誰のか。〜を下さい。〜
　から行く。

これしき　これしき　例〜のこと、
　何でもないさ。

これだけ　これだけ　例〜は別だ。

これほど　これほど〈これ程〉　例〜
　立派なものは、ほかにない。

これまで　これまで　例〜ありがと
　うございました。もう〜だ。

これら　これら　例〜の事柄は全て
　既知のことだ。

ころ　頃〔ころ〕　例頃、日頃

ころ　頃　文頃　例あの〜。近頃の
　流行は…。

ごろ　語呂　例〜合わせ。

ころあい　頃合い　例〜を見計らう。

ころう　古老〈故老〉　例〜の言うと
　ころによれば…。

ころう　固ろう〈固陋〉　⇒頑固・か
　たくな・強情　例頑迷〜。

ころがす　転がす　文転がす　例玉

を〜ような声。ボールを〜。

ころがる　転がる　文転がる　例坂
　道を〜。ごろごろと〜。

ごろく　語録　例高僧の〜。

ころげおちる　転げ落ちる

ころげこむ　転げ込む　例〜ように
　玄関に飛び込んで来た。

ころげまわる　転げ回る

ころげる　転げる　文転げる　例笑
　い〜。

ころし　殺し　文殺し　例〜の現場。

ころしあう　殺し合う

ころす　殺す　文殺す　例害虫を〜。

ごろつき　ごろつき

ごろね　ごろ寝　例〜をする。

ころぶ　転ぶ　文転ぶ　例つまずい
　て〜。

ころも　衣　例僧侶の〜。

ころもがえ　衣替え〈衣更え〉　例〜
　の季節。

こわい　怖い〈恐い〉　文怖い　例雷
　が〜。〜もの見たさ。

こわい　こわい〈強い〉　例御飯が〜。

こわいろ　声色　例よく似た〜。

こわがる　怖がる　文怖がる　例猫
　を〜子。

こわけ　小分け　例野菜を〜して売
　る。

こわごわ　怖々・こわごわ〈恐々〉
　例中に〜入ってみる。

こわす　壊す〈毀す〉　文壊す　例空
　き箱を〜。

こわね　声音　[例]うぐいすの～。

こわばる　こわばる〈強張る〉　[例]表情が～。時間がたつにつれ～。

こわめし　こわ飯〈強飯〉　⇒赤飯

こわもて　こわもて〈怖面・強面〉　[例]～に意見をする。

こわもて　こわもて〈怖持て・強持て〉　[例]彼は～のする人だ。

ごわり　五割

こわれる　壊れる〈毀れる〉　[文]壊れる　[例]家が～。

こん　今[2]〔コン・キン／いま〕　[例]今回、今昔、今学年、今後、今日、今朝、今年、現今、昨今　[付]今日(きょう)、今朝(けさ)、今年(ことし)

こん　困[6]〔コン／こまる〕　[例]困難、困惑、困窮、困苦、貧困

こん　金[1]〔キン・コン／かね・かな〕　[例]金色、金堂、金剛力、金剛づえ、黄金

こん　昆〔コン／―〕　[例]昆虫、昆布

[注]「昆布」は、「こぶ」とも。

こん　恨〔コン／うらむ・うらめしい〕　[例]恨事、痛恨、悔恨、遺恨、多情多恨

こん　建[4]〔ケン・コン／たてる・たつ〕　[例]建立、五重の塔の再建

こん　根[3]〔コン／ね〕　[例]根気、根拠、根本、精根、平方根、精も根も尽き果てる

こん　婚〔コン／―〕　[例]婚姻、婚約、結婚、既婚、新婚

こん　混[5]〔コン／まじる・まざる・まぜる・こむ〕　[例]混合、混迷、混用、混雑、混線、混じる

こん　痕〔コン／あと〕　[例]痕跡、血痕

こん　紺〔コン／―〕　[例]紺青、紺色、紺屋、紫紺、濃紺、紺の背広

こん　献(獻)〔ケン・コン／―〕　[例]献立、一献

こん　魂〔コン／たましい〕　[例]魂胆、亡魂、心魂、商魂、霊魂、忠魂碑

こん　墾〔コン／―〕　[例]墾田、開墾、新墾

こん　懇〔コン／ねんごろ〕　[例]懇切、懇意、懇談、懇親会、別懇

ごん　言[2]〔ゲン・ゴン／いう・こと〕　[例]言上、言語道断、伝言、遺言、無言、雑言

ごん　勤[6](勤)〔キン・ゴン／つとめる・つとまる〕　[例]勤行

ごん　権[6](權)〔ケン・ゴン／―〕　[例]権化、権現、権宮司、権大納言

ごん　厳[6](嚴)〔ゲン・ゴン／おごそか・きびしい〕　[例]荘厳

こんい　懇意　[例]私の～の人。

こんいん　婚姻　[例]～の儀。

こんいんとどけ　婚姻届

こんかん　根幹　[例]事の～。

こんき　根気　[例]～が続かない。

こんきゅう　困窮　[例]生活に～する。

こんきょ　根拠　[例]～を示す。

こんぎょう　今暁　[例]～の朝焼けは特に美しかった。

ごんぎょう　勤行　[例]朝の～。

こんくらべ　根比べ　[文]根比べ　[例]どちらが我慢強いか、～する。

こんげ　権化　例悪の～。

こんげん　根源・根元　例諸悪の～。

ごんげん　権現　例～造り。

こんご　今後　例～の発展を祈る。

こんこう　混交〈混淆〉　例玉石～。

こんごう　混合　例男女～。

こんごうりき　金剛力

ごんごどうだん　言語道断

こんこん　懇々　例～と道理を説く。

こんこん　こんこん〈昏々〉　例一晩
　　中～と眠り続ける。

こんこん　こんこん〈滾々〉　例泉の
　　水が～と湧き出している。

こんこん　こんこん　例～とせきを
　　する。雪が～と降る。

こんざつ　混雑　例～した通り。

こんじき　金色　例～に輝く寺院。

こんじゃく　今昔　例～の感がある。

こんじょう　根性　例～がある。

こんじょう　紺青　例～の空。

ごんじょう　言上　例～する。

こんしん　こん身〈渾身〉　⇒満身・
　　全身　例～の力を込める。

こんしんかい　懇親会　例～に出る。

こんすい　こん睡〈昏睡〉　⇒人事不
　　省・失神　例～に陥る。

こんせき　今夕　例～の集いは…。

こんせき　痕跡　文痕跡　例何の～
　　もない。

こんせつ　懇切　例～丁寧な説明。

こんせん　混戦　例～状態。

こんせん　混線　例話が～する。

こんぜん　こん然〈混然・渾然〉
　　例～一体の見事な調和。

こんだて　献立　公文献立　例～表。

こんたん　魂胆　例一体全体どんな
　　～があるのだろうか。

こんちゅう　昆虫　例～採集。

こんちょう　今朝　例～の朝焼け。

こんてい　根底〈根柢〉　文根底
　　例～から覆る。

こんでい　金泥　例紺紙～。

こんとう　こん倒〈昏倒〉　⇒卒倒
　　例その場に～した。

こんどう　混同　例公私～。

こんとく　懇篤　例御～なお言葉…。

こんとん　混とん〈渾沌〉　例～たる
　　状態が続いている。

こんなん　困難　例妥協は～だ。

こんにち　今日　例～の問題。

こんにちは　こんにちは〈今日は〉
　　例～、お元気ですか。やあ～。

こんにゅう　混入　例異物の～。

こんねん　今年　例～もよろしく。

こんぱい　困ぱい〈困憊〉　⇒疲れ果
　　てる　例疲労～の極に達する。

こんぱく　魂ぱく〈魂魄〉　⇒霊魂

こんばん　今晩　例～6時に行く。

こんばんは　こんばんは〈今晩は〉
　　例～、お邪魔いたします。

こんぶ　昆布　例～を採る。
　　注「こぶ」とも。

こんぼう　混紡

こんぼう　こん棒〈棍棒〉　⇒棒

こんぽう　**こん包**〈×梱包〉　⇒荷作り
[例]～した荷物。
こんぽん　**根本**　[例]～の問題。
こんまけ　**根負け**　[文]根負け　[例]彼の熱心なのにはとうとう～した。
こんめい　混迷〈×昏迷〉　[例]情勢は～状態にある。
こんや　**紺屋**　[例]～の白ばかま。
[注]「こうや」とも。
こんやく　**婚約**　[例]～の発表。
こんらん　**混乱**　[例]～に陥る。
こんりゅう　**建立**　[例]神社の～。
こんりんざい　**金輪際**　[例]～うそはつかないと誓う。
こんろ　**こんろ**〈×焜炉〉　[例]ガス～。
こんわく　**困惑**　[例]一同を～させる。

さ

さ　**左**[1]〔サ　ひだり〕　[例]左右、左派、左翼、左遷、左官
さ　**再**[5]〔サイ・サ　ふたたび〕　[例]再来年、再来月、再来週
さ　**佐**[4]〔サ　―〕　[例]佐幕、補佐、大佐、佐賀県
さ　**沙**〔サ　―〕　[例]沙汰
さ　**作**[2]〔サク・サ　つくる〕　[例]作業、作法、作用、動作
さ　**査**[5]〔サ　―〕　[例]査問、査察、巡査、調査、検査
さ　**砂**[6]〔サ・シャ　すな〕　[例]砂丘、砂漠、砂糖　[付]砂利(じゃり)
さ　**茶**[2]〔チャ・サ　―〕　[例]茶道、茶話会、茶菓、喫茶店
さ　**唆**〔サ　そそのかす〕　[例]教唆、示唆
さ　**差**[4]〔サ　さす〕　[例]差異、差配、差別、誤差、格差　[付]差し支える(さしつかえる)
さ　**詐**〔サ　―〕　[例]詐欺、詐取、詐称、詐術、詐病
さ　**鎖**〔サ　くさり〕　[例]鎖骨、鎖国、連鎖、閉鎖、封鎖
ざ　**座**[6]〔ザ　すわる〕　[例]座敷、座席、座談、座右、星座、座を外す
ざ　**挫**〔ザ　―〕　[例]挫折、頓挫、捻挫
さい　**才**[2]〔サイ　―〕　[例]才能、才気、才

覚、秀才、天才、音楽の才

さい　切²〔セツ・サイ／きる・きれる〕　例一切

さい　再⁵〔サイ・サ／ふたたび〕　例再来、再婚、再度、再選、再出発、再調査

さい　西²〔セイ・サイ／にし〕　例西国、西域、西方浄土、関西、東西南北

さい　災⁵〔サイ／わざわい〕　例災禍、災難、災害、火災、天災

さい　妻⁵〔サイ／つま〕　例妻子、妻女、妻帯、良妻、夫妻

さい　采〔サイ〕　例采配、喝采

さい　砕(砕)〔サイ／くだく・くだける〕　例砕身、砕片、砕石、砕氷、粉砕、破砕

さい　宰〔サイ〕　例宰領、宰相、主宰

さい　栽〔サイ〕　例栽培、盆栽

さい　財⁵〔ザイ・サイ〕　例財布

さい　殺⁵(殺)〔サツ・サイ・セツ／ころす〕　例相殺、減殺

さい　彩〔サイ／いろどる〕　例彩色、色彩、淡彩、水彩

さい　採⁵〔サイ／とる〕　例採集、採血、採点、採択、採用、採光、伐採

さい　済⁶(済)〔サイ／すむ・すます〕　例済世、救済、弁済、経済、返済、未済

さい　祭³〔サイ／まつる・まつり〕　例祭日、祭礼、復活祭、文化祭、冠婚葬祭

さい　斎(齋)〔サイ〕　例斎戒、斎場、書斎、精進潔斎

さい　細²〔サイ／ほそい・ほそる・こまか・こまかい〕　例細胞、細心、零細、詳細、繊細、細に

わたる…

さい　菜⁴〔サイ／な〕　例菜園、菜食、野菜、白菜、山菜、一汁一菜

さい　最⁴〔サイ／もっとも〕　例最高、最近、最適、最新、最大、最先端、最小限、最年少　団最寄り（もより）

さい　裁⁶〔サイ／たつ・さばく〕　例裁断、裁判、裁縫、洋裁、決裁、体裁

さい　債〔サイ〕　例債権、債券、債務、負債、国債、公債

さい　催〔サイ／もよおす〕　例催眠、催促、催涙弾、開催、共催、主催者

さい　塞〔サイ・ソク／ふさぐ・ふさがる〕　例要塞

さい　歳〔サイ・セイ〕　例歳入、歳月、歳末、当歳、二十歳　団二十歳（はたち）

さい　載〔サイ／のせる・のる〕　例掲載、記載、満載、積載量、千載一遇

さい　際⁵〔サイ／きわ〕　例際限、交際、実際、国際、この際…

さい　埼⁴〔さい〕　例埼玉県

さい　差異・差違　例両者間の〜。　注新聞では、「差異」と書く。

さい　さい〈骰子・賽〉　例〜を振る。〜の目に切る。〜ころ。

ざい　在⁵〔ザイ／ある〕　例在留、在庫、在京、在宅、存在、自由自在

ざい　材⁴〔ザイ〕　例材木、材料、教材、人材、製材所

ざい　剤(劑)〔ザイ〕　例薬剤師、錠剤、調剤、消化剤、中性洗剤

ざい　財⁵〔ザイ・サイ〕　例財宝、財政、

さ行

財力、財産家、公益財団法人、家財、私財、文化財、財を成す
ざい　**罪**5〔ザイ／つみ〕　[例]罪悪、罪名、罪人、罪状、犯罪、謝罪、功罪
ざいあく　**罪悪**　[例]数々の～。～感。
さいえん　**才媛**　[例]彼女は～だ。
さいえん　**菜園**　[例]家庭～。
さいか　**再嫁**　[例]良縁があり～した。
さいか　**災禍**　[例]～に見舞われる。
ざいか　**罪科**　[例]重い～を受ける。
さいかい　**再会**　[例]～を期す。
さいかい　**再開**　[例]会議を～する。
さいかい　**斎戒**　[例]～もく浴して神事を執り行う。
さいがい　**災害**　[例]台風による～。
ざいかい　**財界**　[例]～の協力を得る。
ざいがい　**在外**　[例]～選挙人名簿。
さいかく　**才覚**　[例]彼は～がある。
ざいがく　**在学**　[例]～を証明する。
さいかん　**才幹**　[例]～のある人。
さいき　**才気**　[例]～に満ちた人。
さいきかんぱつ　**才気かん発**〈才気煥発〉　[例]～な青年。
さいぎしん　**さいぎ心**〈猜疑心〉　⇒疑心・疑念・邪推　[例]～が強い。
さいきん　**細菌**　[例]～の作用。
さいきん　**最近**　[例]～の出来事。
さいく　**細工**　[例]～が丁寧だ。小細工。
さいくつ　**採掘**　[例]金を～する。
さいくん　**細君**〈妻君〉　[例]彼女はAさんの～だ。
さいけつ　**採血**　[例]移動～車。
さいけつ　**採決**　[例]～の結果。
さいけつ　**裁決**　[例]審理と～。
さいげつ　**歳月**　[例]～が流れる。
さいけん　**再建**　[例]会社を～する。
さいけん　**債券**　[例]～を発行する。
さいけん　**債権**　[例]～者。
さいげん　**再現**　[例]状況を～する。
さいげん　**際限**　[例]～のない欲求。
ざいげん　**財源**　[例]減税に見合う～。
さいご　**最後**　[例]～の総会で議決した。もうこれが～だ。
さいご　**最期**　[例]あえない～。
さいこう　**採光**　[例]窓からの～。
さいこう　**最高**　[例]自己の～記録。
ざいごう　**在郷**
ざいごう　**罪業**　[例]重い～。
さいこうちょう　**最高潮**　[例]～に達する。
さいごく　**西国**　[例]～の温泉巡り。
さいごつうちょう　**最後通ちょう**〈最後通牒〉　⇒最後通告　[例]～を突き付ける。
さいころ　**さいころ**〈骰子・賽〉　[例]～を振って決める。
さいこん　**再建**　[例]焼失した寺の～。
さいこん　**再婚**
さいさい　**再々**　[例]～頼んだが…。
さいさき　**さい先**〈幸先〉　[例]～が良い。
さいさん　**再三**　[例]～注意する。～再四。

さ行

[付]:付表の語　×:表外字　△:表外音訓　〈　〉:参考表記　⇒:言い換え等

さいさん　採算　例その値段では到底～が取れない。～割れ。

ざいさん　財産　例親の残した～を相続する。～家。

さいし　妻子　例～を連れて行く。

さいし　祭し〈祭祀〉　⇒祭り・祭事　例～をつかさどる。～料。

さいしき　彩色　例下絵に～する。

さいじつ　祭日

ざいしつ　材質

さいして　際して　例開会に～一言御挨拶申し上げます。

さいしゅう　採集　例昆虫～。

さいしゅう　最終　例～のバス。

さいしゅつ　歳出　例歳入と～。

さいしゅっぱつ　再出発　例定年後の～。

さいしょ　最初　例～からやり直す。

さいしょう　宰相　例一国の～。

さいしょう　最小　例～の努力で最大の効果を上げる。

さいしょう　最少　例～催行人数。

さいじょう　斎場　例～を清める。

ざいじょう　罪状　例～認否。

さいしょうげん　最小限　例～の条件を付ける。～度。

さいしょく　菜食　例～主義。

ざいしょく　在職　例～年数。

さいしん　再審　例～請求。

さいしん　細心　例～の注意。

さいしん　最新　例～のデータ。

ざいす　座椅子

さいせい　再生　例録画の～。～紙。

ざいせい　在世　例主人が～中は何かとお世話になりました。

ざいせい　財政

さいせいき　最盛期　例梨の～。

さいせき　砕石　例～を敷き詰める。

ざいせき　在籍　例職員の～期間。

さいせん　再選　例今回の選挙では前市長が～された。

さいせん　さい銭〈賽銭〉　例～箱。

さいぜん　最前　例～来た人は誰ですか。

さいぜん　最善　例～の方法。

さいぜんせん　最前線　例戦いの～。

さいせんたん　最先端〈最尖端〉　例流行の～。

さいそく　細則　例～を定める。

さいそく　催促　例矢のような～。

さいだい　細大　例～漏らさず。

さいだい　最大　例世界～の客船。

さいたく　採択　例案を～する。

ざいたく　在宅　例～介護。

さいだん　細断　例書類をシュレッダーに掛けて～する。

さいだん　裁断　例上司の～を仰ぐ。生地を～する。

ざいだん　財団　例公益～法人。

さいち　才知〈才智〉　例～にたけた人。

さいちゅう　最中　例運動会の～ににわか雨が降ってきた。

さいてい　最低　例～価格。～の費

用で最高の結果を狙う。
さいてい　裁定　[例]仲裁～。
さいてん　採点　[例]答案の～。
さいてん　祭典　[例]民族の～。
さいど　再度　[例]司法試験に～挑戦する。～のおいでを待つ。
さいなむ　さいなむ〈苛む〉　[例]自らを責め～。不安にさいなまれる。
さいなん　災難　[例]旅先で～に遭う。
さいにゅう　歳入　[例]～と歳出。
さいにん　再任　[例]役員に～する。
ざいにん　在任　[例]中国に～する。～期間。
さいねんしょうしゃ　最年少者　[例]一行の～は9歳の少年だ。
さいねんちょうしゃ　最年長者　[例]～が仮議長となる。
さいのう　才能　[例]～を発揮する。
さいはい　采配　[文]采配　[例]～を振る。
さいばい　栽培　[例]しいたけの～。
さいばしる　才走る　[例]彼は才走ったやつだ。
さいはつ　再発　[例]事故の～防止。
ざいばつ　財閥　[例]～解体。
さいばん　裁判　[例]～に訴える。最高～所。～沙汰。
さいひょう　砕氷　[例]～船。
さいふ　財布　[例]～の底をはたく。
さいぶ　細部　[例]～を説明する。～にわたって注文を付ける。
さいほう　裁縫　[例]うちの姉は～が上手だ。
さいぼう　細胞　[例]脳～。～組織。
ざいほう　財宝　[例]～を手に入れる。
さいまつ　歳末　[例]～は何となく慌ただしい。～大売り出し。
さいみん　催眠　[例]～術。
さいむ　債務　[例]～不履行。
ざいもく　材木　[例]～置き場。
さいやく　災厄　[例]とんだ～に遭う。
さいよう　採用　[例]社員に～する。
ざいりゅう　在留　[例]パリに～する日本人。
さいりょう　宰領　[例]団体の～を務める。
さいりょう　最良　[例]～の状態です。
さいりょう　裁量　[例]あなたの～に任せます。自由～。
ざいりょう　材料　[例]判断の～。
さいれい　祭礼　[例]～を執り行う。
さいろく　採録　[例]原文を～する。
さいわい　幸い・さいわい　[文]幸い　[例]～助かった。
さいわいだ　幸いだ　[文]幸いだ
さいわいに　幸いに　[文]幸いに
さいわん　才腕　[例]～を振るう。
さえ　さえ〈冴え〉　[例]腕の～。
さえ　さえ　[例]天気～良ければ…。
さえぎる　遮る　[文]遮る　[例]途中で話を～。行く手を～。
さえずる　さえずる〈囀る〉　[例]森の中で小鳥が～。
さえる　さえる〈冴える〉　[例]腕前が

一際〜。夜空が〜。目が〜。

さお　さお〈棹・槕・竿〉　例洗濯物を〜に干す。

さおさす　さおさす〈槕差す〉　例流れに〜。

さおだけ　さお竹〈竿竹〉

さおとめ　早乙女附　例田植えをする〜。

さか　坂　例急な〜を上る。

さか　逆　例〜潮。〜恨み。

さか　茶菓　例〜のもてなし。

さかい　境〈界〉　例隣との〜。

さかいめ　境目　例どこが〜だか、はっきりしない。

さかうらみ　逆恨み　文逆恨み　例それは〜というものだ。

さかえ　栄え　文栄え　例王国の〜。

さかえる　栄える　文栄える　例国が〜。

さかおとし　逆落とし　文逆落とし　例ひよどり越えの〜。

さがく　差額　例〜を支払う。

さかぐら　酒蔵　例〜から酒を出す。

さかさ　逆さ　文逆さ　例〜につる

す。

さかさま　逆さま〈逆様〉　例〜だ。

さがしあてる　捜し当てる・探し当てる　文捜し当てる　例やっと〜ことができた。

さがしだす　捜し出す・探し出す　文捜し出す　例なくした物を〜。

さがしもの　捜し物・探し物　文捜し物　例〜が見付かった。

ざがしら　座頭　例歌舞伎の〜。

さがす　探す　文探す　例粗を〜。

さがす　捜す　文捜す　例行方を〜。

　注「探す・捜す」の使い分けは、「「異字同訓」の漢字の使い分け」参照。

さかずき　杯〈盃〉　例〜を干す。

さかだい　酒代　例〜を払う。〜を弾む。

さかだち　逆立ち　文逆立ち　例〜の練習。〜したって無理だ。

さかだつ　逆立つ　例身の毛が〜。

さかだてる　逆立てる　文逆立てる　例髪の毛を逆立てて怒る。

さかて　逆手　例〜に持つ。

さかな　魚　例〜を釣る。

さ行

―――――「異字同訓」の漢字の使い分け―――――

さがす
【探す】欲しいものを尋ね求める。
　　貸家を探す。仕事を探す。講演の題材を探す。他人の粗を探す。
【捜す】所在の分からない物や人を尋ね求める。
　　うちの中を捜す。犯人を捜す。紛失物を捜す。行方不明者を捜す。
　　　　　　　　　　　　　　　　　　（平成26年文化審議会国語分科会）

さかな　さかな〈肴〉　例酒の〜。

さかなつり　魚釣り
　囲「うおつり」とも。

さかなや　魚屋

さかねじ　逆ねじ〈逆捩じ〉　例この時とばかり〜を食わせる。

さかのぼる　遡る〈溯る〉　公文遡る　例川を〜。時代を〜。

さかば　酒場　例大衆〜。〜の雰囲気が好きだ。

さかまく　逆巻く　文逆巻く　例〜波。

さかみち　坂道　例〜を駆け下りる。

さかむけ　逆むけ〈逆剝け〉　⇒ささくれ　例親指に〜ができた。

さかもり　酒盛り　文酒盛り　例〜の真っ最中。

さかや　酒屋

さかゆめ　逆夢　例正夢と〜。

さからう　逆らう　文逆らう　例親に〜。

さかり　盛り　文盛り　例春の〜。

さがり　下がり　文下がり　例兄のお〜。株価の上がり〜が激しい。

さかりば　盛り場　文盛り場　例〜をぶらぶら歩く。

さがりめ　下がり目・下がりめ　例相場が〜になってきた。

さかる　盛る　文盛る　例火が燃え〜。店にぶどうが出〜。

さがる　下がる　文下がる　例物価が〜。

さかん　左官　例〜業。

さかん　盛ん　文盛ん　例〜に声援を送る。

さかんだ　盛んだ　文盛んだ

さかんに　盛んに　文盛んに　例〜言い訳をする。

さき　崎[4]〔崎〕　例○○崎

さき　崎　例○○へ遊びに行く。

さき　先　文先　例棒の〜。〜に行く。

さき　左記　例〜のとおり…。

さき　咲き　文咲き　例〜の良い草花。八重咲きのつばき。

さぎ　詐偽
　囲法令では、「詐偽」は用いない。「偽り」を用いる。

さぎ　詐欺　例〜を働く。〜に引っ掛かった。

さきおくり　先送り　例決定を〜する。

さきおととい　さきおととい〈一昨昨日〉　例〜の晩は雨だった。

さきおととし　さきおととし〈一昨昨年〉　例確か〜の春だった。

さきがけ　先駆け〈魁・先駈け〉　文先駆け　例春の〜。〜の功名。

さきがける　先駆ける〈魁ける・先駈ける〉　例梅は、春に先駆けて咲く花だ。

さきがり　先借り　文先借り　例給料の〜を申し出たが、断られた。

さきごろ　先頃　例〜はお世話にな

囲:付表の語　　×:表外字　　△:表外音訓　　〈　〉:参考表記　　⇒:言い換え等

りました。

さきざき　先々　例～のこと。

さきそろう　咲きそろう〈咲き揃う〉
　例色とりどりの花が～。

さきだす　咲き出す　例梅が～頃。

さきだつ　先立つ　文先立つ　例～
　ものがない。～不孝。

さきどり　先取り　文先取り　例手
　数料の～。

さきどりとっけん　先取り特権
　公文先取特権　建先取り特権

さきに　さきに・先に〈嚮に・曩に〉
　文さきに　例～述べたような訳
　で…。

さきにおう　咲き匂う　例～菊の花。

さきのこる　咲き残る　例梅が一輪
　咲き残っている。

さきばしり　先走り　文先走り
　例何でも～して準備しておく。

さきばしる　先走る　文先走る
　例余り先走ったことをするな。

さきばらい　先払い　文先払い
　例代金は～でお願いします。

さきぶれ　先触れ　文先触れ　例春
　の～。

さきほこる　咲き誇る　例桜の花が
　今を盛りと～。

さきほど　先ほど〈先程〉　文先ほど
　例～見た。～から待っている。

さきまわり　先回り　文先回り
　例そう～して質問されても困る。

さきみだれる　咲き乱れる　文咲き

乱れる　例菊の花が庭一杯に～。

さきもの　先物　例～取引。～買い。

さきゅう　砂丘　例鳥取～。

さきゆき　先行き　文先行き　例～
　の不安。

さぎょう　作業　例その～はまだ終
　わらない。～員。

さぎょうい　作業衣

さぎょうかんきょうそくていし　作
　業環境測定士

さぎょうぎ　作業着　例～を着る。

さぎょうりょうほうし　作業療法士

さきわたし　先渡し　文先渡し
　例現品～で販売する。

さきんずる　先んずる　文先んずる
　例相手より一歩～。

さく　冊[6]〔サツ・サク〕　例短冊

さく　作[2]〔サク・つくる-サ〕　例作詩、作為、
　著作、傑作、平年作、豊作

さく　削〔サク・けずる〕　例削除、削減、
　添削

さく　昨[4]〔サク〕　例昨晩、昨年、昨
　今、昨日、一昨日　団昨日（きのう）

さく　柵〔サク〕　例鉄柵、柵を巡らす

さく　索〔サク〕　例索漠、索引、思索、
　捜索、検索、鉄索、索道

さく　策[6]〔サク〕　例策略、策謀、国
　策、政策、対策、策を巡らす

さく　酢〔サク・す〕　例酢酸

さく　搾〔サク・しぼる〕　例搾取、圧搾

さく　錯〔サク〕　例錯誤、錯覚、錯乱、
　倒錯、交錯

さく　咲〔咲〕　㋕話に花が咲く

さく　柵　㊢柵　㋕～を巡らす。

さく　咲く　㋑咲く　㋕桜が～。

さく　裂く　㋑裂く　㋕真っ二つに
　　～。

さく　割く　㋑割く　㋕寸暇を～。
　　㊟「裂く・割く」の使い分けは、「「異字
　　同訓」の漢字の使い分け」参照。

さくい　作為　㋕～の跡がある。

さくい　作意　㋕作者の～を察する。

さくいん　索引　㋕辞書の～。

さくがら　作柄　㋕米の～を調べる。

さくがんき　削岩機〈鑿岩機〉　㋕～
　　で岩に穴を空ける。

さくげん　削減　㋕経費を～する。

さくご　錯誤　㋕試行～。

さくさく　さくさく　㋕梨を～と食
　　べる。大根を～と切る。

さくさん　酢酸〈醋酸〉

さくし　作詞　㋕校歌の～をする。

さくし　作詩　㋕～が趣味です。

さくじつ　昨日　㋕～は失礼した。

さくしゅ　搾取　㋕労働者から～す
　　る。～が激しい。

さくじょ　削除　㋕名簿から～する。

さくする　策する　㋕ひそかに～。

さくせい　作成　㊢作成　㋕予定表
　　を～する。

さくせい　作製　㊢作製　㋕機械の
　　～。
　　㊟法令では、「作製」は製作（物品を作
　　ること）という意味についてのみ用
　　いる。それ以外の場合は「作成」を
　　用いる。

さくせい　さく井〈鑿井〉　⇒井戸掘
　　り　㋕水脈を探して～する。
　　㊟法令では、用いない。

さくせん　作戦　㋕～を練る。

さくそう　錯そう〈錯綜〉　⇒交錯・
　　込み入ること・もつれること
　　㋕情報が～している。

さくつけ・さくづけ　作付け　㊞作
　　付け　㋕稲の～。

さくつけめんせき・さくづけめんせ
　　き　作付面積　㊢㊞作付面積

さくてい　策定　㋕計画を～する。

さくねん　昨年　㋕～の夏。

さくひん　作品　㋕～を展示する。

────── 「異字同訓」の漢字の使い分け ──────

さく
【裂く】破る。引き離す。
　　布を裂く。生木を裂く。二人の仲を裂く。岩の裂け目。切り裂く。
【割く】一部を分け与える。
　　時間を割く。事件の報道に紙面を割く。警備のために人手を割く。
　　　　　　　　　　　　　（平成26年文化審議会国語分科会）

㊟:付表の語　✕:表外字　△:表外音訓　〈　〉:参考表記　⇒:言い換え等

さくぶん　作文　例〜を書く。

さくもつ　作物　例〜の出来が良い。

さくら　桜　例〜が真っ盛りだ。

さくらいろ　桜色　例〜のスカーフ。

さくらがり　桜狩り　文桜狩り

さくらもち　桜餅

さぐり　探り　文探り　例ちょっと
　　〜を入れてみようか。

さぐりあし　探り足　文探り足
　　例〜で歩く。

さぐりだす　探り出す　例秘密を〜。

さくりゃく　策略　例〜を練る。

さぐる　探る　文探る　例内情を〜。
　　ポケットを〜。

さくれつ　さく裂〈炸裂〉　⇒破裂
　　例爆弾が〜した。

さけ　酒　例〜は百薬の長。

さげ　下げ　文下げ　例値〜断行。
　　髪をお〜にする。

さげしお　下げ潮　例上げ潮と〜。

さげしぶる　下げ渋る　例株価が〜。

さけずき　酒好き　文酒好き　例〜
　　の老人。

さげすむ　蔑む　文蔑む　例相手を
　　〜目つきで見る。

さけのみ　酒飲み〈酒呑み〉　文酒飲
　　み　例〜の独り言。

さけび　叫び　文叫び　例反対の〜
　　が次第に高くなる。

さけびごえ　叫び声　文叫び声
　　例鋭い〜。

さけぶ　叫ぶ　文叫ぶ　例大声で〜。

さけぶとり　酒太り　例〜した人。

さけめ　裂け目　文裂け目　例地面
　　の〜。

さける　裂ける　文裂ける　例二つ
　　に〜。

さける　避ける　文避ける　例衝突
　　を〜。

さげる　下げる　文下げる　例値段
　　を〜。

さげる　提げる　文提げる　例手に
　　〜。

　注「下げる・提げる」の使い分けは、
　　「「異字同訓」の漢字の使い分け」参
　　照。

──────「異字同訓」の漢字の使い分け──────

さげる

【下げる】低くする。下に垂らす。
　　値段を下げる。室温を下げる。問題のレベルを下げる。等級を下げる。
　　軒に下げる。

【提げる】つるすように手に持つ。
　　大きな荷物を手に提げる。手提げかばんで通学する。手提げ金庫。
　　　　　　　　　　　　　　　　　（平成26年文化審議会国語分科会）

さげわたし　下げ渡し　[文]下げ渡し
さげわたす　下げ渡す　[文]下げ渡す　[例]土地を～。
さげん　左舷　[例]～はるかに島が見える。
ざこ　雑魚[付]　[例]～の魚(とと)交じり。網に掛かるのは～ばかり。
ざこう　座高〈坐高〉　[例]～を測る。
さこく　鎖国　[例]江戸時代、我が国は～をしていた。～政策。
ざこね　雑魚寝　[例]～をする。
ささいな　ささいな〈些細な〉　[文]ささいな　⇒僅かな　[例]そんな～ことをとやかく言う必要はない。
ささえ　支え　[文]支え　[例]ちょっとしたことが心の～になる。
ささえる　支える　[文]支える　[例]重い物を～。一家を～。
ささげる　ささげる〈献げる・捧げる〉　[文]ささげる　[例]神様に～。
ささつ　査察　[例]事件を～する。
さざなみ　さざ波〈小波・細波・漣〉　[例]水面の～。心に～が立つ。
ささぶね　ささ舟〈笹舟〉　[例]～を流して遊ぶ。
ささやか　ささやか〈細やか〉　[例]～な贈り物。～な祝宴。
ささやく　ささやく〈私語く・囁く〉　[例]ひそひそと～声が聞こえる。
ささやぶ　ささやぶ〈笹籔〉　[例]～の中にボールが飛び込んだ。
ささる　刺さる　[文]刺さる　[例]とげが～。
さざれいし　さざれ石〈細石〉
さし　刺し　[例]～棒で米の等級を調べる。
さし　差し・指し〈尺〉　[例]～で長さを測る。
さし　差し　[例]父と～で飲む。
さし　さし〈止し〉　[例]燃え～。
さじ　さじ〈匙〉　[例]～で食べる。
ざし　座視〈坐視〉　[例]～するに忍びない、何とかしてやろう。
さしあげる　差し上げる　[文]差し上げる　[例]これを～。頭上に～。
さしあし　差し足　[例]抜き足、～、忍び足。
さしあたり　差し当たり　[文]差し当たり　[例]～二人もいればいい。
さしあみ　刺し網　[文]刺し網
さしいれ　差し入れ　[文]差し入れ　[例]先輩から～があった。
さしいれひん　差し入れ品
さしいれる　差し入れる　[文]差し入れる　[例]下から～。弁当を～。
さしえ　挿絵〈挿画〉　[公][文]挿絵　[例]小説の～。
さしおく　差し置く　[文]差し置く　[例]それはしばらく差し置いて、この問題を先に解決しましょう。
さしおさえ　差し押さえ　[公][文]差押え　[建]差し押さえ
さしおさえめいれい　差し押さえ命令　[公][文]差押命令　[建]差し押さ

え命令

さしおさえる　差し押さえる　[文]差し押さえる　[例]執行官が家財を～。

さしかえ　差し替え　[例]記事の～。

さしかえる　差し替える　[例]札を～。原稿を～。

さしかかる　差し掛かる　[文]差し掛かる　[例]やがて道は峠に～。

さしかけ　指し掛け　[例]～の将棋。

さしかけ　差し掛け　[例]台所の出入り口に～を作る。

さしかける　差し掛ける　[例]後ろから傘を～。

さしがね　差し金　[文]差し金　[例]誰かの～に違いない。～で測る。

さしき　挿し木　[文]挿し木　[例]～がどうやらついたようだ。

さじき　桟敷[付]　[文]桟敷　[例]～席。

ざしき　座敷　[公][文]座敷　[例]8畳の～。～に通す。

さしこ　刺し子　[例]～の半てん。

さしこみ　差し込み　[文]差し込み　[例]電気の～。急な～。

さしこむ　差し込む　[文]差し込む　[例]奥まで～。

さしころす　刺し殺す　[文]刺し殺す

さしさわり　差し障り　[文]差し障り　[例]そこまで言うのは～がある。

さししお　差し潮　[例]そろそろ～になってきた。

さししめす　指し示す　[例]地図を広げて地点を～。処置を～。

さしず　指図　[公][文]指図　[例]先生の～に従って行動する。

さしずめ　さしずめ〈差し詰め〉　[文]さしずめ　[例]～用事はない。

さしせまる　差し迫る　[文]差し迫る　[例]期日が～と慌て出す。

さしだし　差し出し　[例]郵便物の～は、午後5時まで。

さしだしぐち　差し出し口　[文]差し出し口

さしだしにん　差し出し人　[公][文]差出人　[例]～の住所。

さしだす　差し出す　[文]差し出す　[例]書類を～。

さしちがえる　刺し違える　[例]互いに刺し違えて死ぬ。

さしちがえる　指し違える　[例]将棋で～。

さしちがえる　差し違える　[例]行司が軍配を～。

さしつかえ　差し支え　[文]差し支え　[例]お～がなければどうぞ。

さしつかえる　差し支える[付]　[文]差し支える　[例]仕事に～。

さしつかわす　差し遣わす　[文]差し遣わす　[例]息子を～。

さして　指し手　[例]将棋の～。

さして　差し手　[例]相撲の～。

さして　さして　[例]～暑くない。

さしでがましい　差し出がましい　[例]～口を利くものではない。

さ行

さしでぐち　差し出口　[文]差し出口
　[例]そんなつまらない～をするな。
さしでる　差し出る　[例]部外者が～ようで恐縮ですが…。
さしとめ　差し止め　[公][文]差止め
　[建]差し止め　[例]報道の～をする。
さしとめる　差し止める　[文]差し止める　[例]この事件の報道を～。
さしのべる　差し伸べる　[文]差し伸べる　[例]温かい救いの手を～。
さしはさむ　差し挟む　[文]差し挟む
　[例]疑いを～余地は全くない。
さしばな　挿し花
さしひかえる　差し控える　[文]差し控える　[例]発言をしばらく～。
さしひき　差し引き　[公][文]差引き
　[建]差し引き　[例]これで～貸し借りなしだ。
さしひきかんじょう　差し引き勘定
　[公][文]差引勘定　[建]差し引き勘定
さしひきぼ　差し引き簿　[公][文]差引簿　[建]差し引き簿
さしひく　差し引く　[文]差し引く
　[例]今月の給料から前借り分を～。
さしまねく　差し招く　[例]人を～。
さしまわし　差し回し　[例]会社～の自動車。
さしみ　刺身　[公][文]刺身　[例]たいの～。
さしむかい　差し向かい　[文]差し向かい　[例]～で食事する。
さしむき　差し向き　[文]差し向き
　[例]～急ぎの用事は何もない。
さしもどし　差し戻し　[公][文]差戻し
　[建]差し戻し
さしもどす　差し戻す　[文]差し戻す
さしゅう　査収　[例]御～ください。
さしょう　詐称　[例]経歴を～する。
さしょう　さ少〈些̽少〉　⇒少々・僅か・軽少・少し
ざしょう　座礁〈坐̽礁〉
さしわたし　差し渡し　[文]差し渡し
さす　砂州〈砂洲̽〉
さす　差す　[文]差す　[例]傘を～。日が～。嫌気が～。
さす　指す　[文]指す　[例]棒の先で～。
さす　刺す　[文]刺す　[例]針で指を～。
さす　挿す　[文]挿す　[例]髪飾りを～。
[注]「差す・指す・刺す・挿す」の使い分けは、「「異字同訓」の漢字の使い分け」p.267参照。

さすがに　さすがに〈流̂石̂に〉　[文]さすがに　[例]～熟練者だけある。
さずかる　授かる　[文]授かる　[例]子を～。
さずける　授ける　[文]授ける　[例]策を～。
さすらう　さすらう〈流̂離̂う〉　[例]当てどもなく、荒野を～。
さする　さする〈摩̂る・擦̂る〉　[例]胸を～。
ざせき　座席　[例]～を指定する。
ざせつ　挫折　[文]挫折　[例]計画の～。
させん　左遷　[例]～される。

さ行

ざぜん　座禅〈坐禅〉　例〜を組む。

さぞ　さぞ〈嘸〉　例〜暑いだろう。

さそい　誘い　文誘い　例〜に乗る。

さそいあう　誘い合う　例互いに誘い合って行く。

さそいだす　誘い出す

さそいみず　誘い水　文誘い水
　　例〜を差す。景気回復の〜。

さそう　誘う　文誘う　例友人を〜。

ざぞう　座像〈坐像〉

さぞかし　さぞかし〈嘸かし〉　⇒さぞや　例〜お喜びでしょう。

さた　沙汰　文沙汰　例何の〜もない。

さだかだ　定かだ　文定かだ　例原因は定かでない。

さだまり　定まり　文定まり　例お〜のコース。

さだまる　定まる　文定まる　例位置が〜。

さだめ　定め　文定め　例〜に従う。世の〜と思えば致し方がない。

さだめし　定めし・さだめし　文定めし　例〜嫌だっただろうと思う。

さだめて　定めて・さだめて　文定めて

さだめる　定める　文定める　例規則を〜。

さたん　左たん〈左袒〉　⇒加勢すること・味方をすること

ざだん　座談　例〜の形式。〜会。

さち　幸　例海の〜、山の〜。〜多かれと切に祈る。

さっ　早[1]〔ソウ・サッ はやい・はやまる・はやめる〕　例早速、早急　団早乙女(さおとめ)、早苗(さなえ)

さつ　冊[6]〔サツ・サク〕　例冊数、別冊、書冊、分冊、大冊、小冊子

「異字同訓」の漢字の使い分け

さす

【差す】挟み込む。かざす。注ぐ。生じる。
　　腰に刀を差す。抜き差しならない状況にある。傘を差す。日が差す。
　　目薬を差す。差しつ差されつ。顔に赤みが差す。嫌気が差す。魔が差す。

【指す】方向・事物などを明らかに示す。
　　目的地を指して進む。名指しをする。授業中に何度も指された。指し示す。

【刺す】とがった物を突き入れる。刺激を与える。野球でアウトにする。
　　針を刺す。蜂に刺される。串刺しにする。鼻を刺す嫌な臭い。
　　本塁で刺される。

【挿す】細長い物を中に入れる。
　　花瓶に花を挿す。髪にかんざしを挿す。一輪挿し。

　　　　　　　　　　　　　　　　（平成26年文化審議会国語分科会）

さつ　札⁴〔サツ／ふだ〕　例札入れ、出札、鑑札、検札、改札、表札、入札

さつ　刷⁴〔サツ／する〕　例刷新、印刷、縮刷、増刷

さつ　刹〔二・サツ・セツ〕　例古刹、名刹

さつ　拶〔サツ〕　例挨拶

さつ　殺⁵(殺)〔サツ・サイ・セツ／ころす〕　例殺害、殺到、殺人、黙殺、抹殺、忙殺

さつ　察⁴〔サツ〕　例察知、観察、警察、診察、考察、推察、察する

さつ　撮〔サツ／とる〕　例撮影、撮要

さつ　擦〔サツ／する・すれる〕　例擦過傷、摩擦

ざつ　雑⁵(雑)〔ザツ・ゾウ〕　例雑談、雑音、雑学、雑多、混雑、複雑、雑な作り　団雑魚(ざこ)

さついれ　札入れ　文札入れ　例〜を持ち歩く。なめし革製の〜。

さつえい　撮影　例人物の〜。

ざつおん　雑音　例〜が入る。

さっか　作家　例彼は新鋭の〜として注目されている。

ざっか　雑貨　例〜店。〜商。

さっかく　錯覚　例それは君の〜だ。

さっかしょう　擦過傷　例転んだ拍子に膝に〜を負った。

さっかん　錯簡　例この本には少し〜があるようだ。

ざっかん　雑感　例時事〜。

さつき　五月団　例〜の空。

ざつき　座付き　文座付き　例〜役

者。

ざっきちょう　雑記帳

さつきばれ　五月晴れ　◎五月晴れ

さっきゅう　早急　文早急　例〜に対策を講じる。〜な処置。

さっきん　殺菌　例牛乳の〜をする。

ざっこく　雑穀　例あわ・きび・ひえなどを〜という。

さっこん　昨今　例〜の情勢。

さっし　冊子　例〜を配布する。

さっし　察し　例ほぼ〜が付く。

ざっし　雑誌　例書籍と〜。

ざっしゅ　雑種　例〜の犬。

さっしょう　殺傷

さっしん　刷新　例制度の〜を図る。人事を〜する。

さつじん　殺人　例凶悪な〜事件。

さっする　察する　例事情を〜。

さっそう　さっそう〈颯爽〉　例〜たる姿。〜として出て行く。

ざっそう　雑草　例庭の〜を刈る。

さっそく　早速　文早速　例〜出掛ける。

ざった　雑多　例物が〜に置いてある。

ざつだん　雑談　例〜の名人。

さっち　察知　例危険を〜する。

さっちゅうざい　殺虫剤

さっと　さっと〈颯と〉　例〜吹いてくる風。仕事を〜片付ける。

ざっと　ざっと　例〜見たところ…。

さっとう　殺到　例人が〜する。

団:付表の語　×:表外字　△:表外音訓　〈　〉:参考表記　⇒:言い換え等

ざっとう　雑踏〈雑踏〉　例〜の中で
　友達とはぐれた。

さつばつ　殺伐　例〜とした都会。

さっぱり　さっぱり　例何だか〜分
　からない。ああ、〜した。

さっぷうけい　殺風景　例〜な部屋。

ざつむ　雑務　例毎日〜に追われる。

ざつよう　雑用　例〜に追われる。

さつりく　殺りく〈殺戮〉　⇒殺害・
　殺し　例〜を繰り返す。

さて　さて〈扨・偖〉　文さて　例〜
　その次は…。〜どうしよう。

さてつ　さてつ〈蹉跌〉　⇒失敗・つ
　まずき　例〜を来す。

さと　里　例嫁は今、〜にいる。

さとい　さとい〈聡い〉　例利に〜。

さといも　里芋

さとう　砂糖　例〜を入れる。

さどう　茶道　例〜の家元。

さとういり　砂糖入り　文砂糖入り

さとうきび　砂糖きび〈砂糖黍〉

さとうづけ　砂糖漬け　公文砂糖漬
　建砂糖漬け

さとおや　里親　例養育〜の登録。

さとがえり　里帰り　文里帰り
　例お盆に〜する。

さとかぐら　里神楽

さとごころ　里心　例〜が付く。

さとし　諭し　文諭し　例先生の〜。

さとす　諭す　文諭す　例教え〜。

さとり　悟り　文悟り　例〜を開く。

さとる　悟る　文悟る　例真実を〜。

さなえ　早苗団　例〜取り。

さなか　さなか〈最中〉　例講演会の
　〜に停電した。

さながら　さながら〈宛ら〉　例牛馬
　〜の労働。〜昼間のようだ。

さの　左の　例〜要領によって行う。
　〜とおり。
　　注法令では、「次の」という意味では用
　　いない。

さばき　裁き　文裁き　例〜を受け
　る。

さばく　佐幕　例〜派。

さばく　砂漠〈沙漠〉　例らくだは〜
　を渡る船と言われる。

さばく　裁く　文裁く　例罪を〜。

さばく　さばく〈捌く〉　文さばく
　例品物を売り〜。仕事を〜。

さばける　さばける〈捌ける〉　例品
　物がよく〜。さばけた人。

さび　寂　例わびと〜。

さび　さび〈銹・錆〉　例鉄の〜。

さびしい　寂しい〈淋しい〉　文寂し
　い　例〜山の中。一人では〜。

さびしがる　寂しがる〈淋しがる〉
　文寂しがる

さびしげだ　寂しげだ　文寂しげだ

さびどめ　さび止め〈銹止め・錆止
　め〉　文さび止め　例〜の塗料。

ざひょう　座標　例直線上にある点
　の〜。〜軸。

さびる　さびる〈銹びる・錆びる〉
　例トタンが〜。赤くさびた刀。

さびれる　寂れる　⊗寂れる　例町
　　が〜。

ざぶとん　座布団〈座蒲団〉

さべつ　差別　例〜をなくす。

さほう　作法　例〜どおりに行う。
　　行儀〜を習う。〜室。

さほど　さほど〈左程・然程〉　⊗さ
　　ほど　例今日は、〜寒くはない。

さま　様　例父上〜。〜にならない。
　　思う〜暴れる。

ざま　ざま〈様・態〉　例何だ、その
　　〜は。

さまざまに　様々に・さまざまに
　　⊗様々に　例〜に変化する。

さます　覚ます〈醒ます〉　⊗覚ます
　　例目を〜。

さます　冷ます　⊗冷ます　例麦茶
　　を〜。

　　注「覚ます・冷ます」の使い分けは、
　　「「異字同訓」の漢字の使い分け」参
　　照。

さまたげ　妨げ　⊗妨げ　例〜にな
　　る。

さまたげる　妨げる　⊗妨げる

例安眠を〜おそれがある。

さまよう　さまよう〈さ迷う・彷徨
　　う〉　例荒野を〜。当てもなく
　　〜。

さみだれ　五月雨付　例〜が降る。

さみどり　さ緑〈早緑〉　例〜の目に
　　染みる頃。

さむい　寒い　⊗寒い　例今日は〜。

さむがる　寒がる　⊗寒がる　例縮
　　こまって〜子。寒い寒いと〜。

さむけ　寒け〈寒気〉　例〜がする。

さむさ　寒さ　例〜が激しい。

さむざむ　寒々　例〜とした空。

さむぞら　寒空　例〜に瞬く星。

さむらい　侍　例なかなかの〜だ。

さめざめ　さめざめ　例〜と泣く。

さめる　覚める〈醒める〉　⊗覚める
　　例目が〜。すっかり酔いが〜。

さめる　冷める　⊗冷める　例コー
　　ヒーが〜。

　　注「覚める・冷める」の使い分けは、
　　「「異字同訓」の漢字の使い分け」参
　　照。

さめる　さめる〈褪める〉　例色が〜。

―――――「異字同訓」の漢字の使い分け―――――

さます・さめる
【覚ます・覚める】睡眠や迷いなどの状態から元に戻る。
　　太平の眠りを覚ます。迷いを覚ます。目が覚める。寝覚めが悪い。
【冷ます・冷める】温度を下げる。高ぶった感情などを冷やす。
　　湯冷まし。湯が冷める。料理が冷める。熱が冷める。興奮が冷める。
　　　　　　　　　　　　　　　　　　（平成26年文化審議会国語分科会）

付:付表の語　×:表外字　△:表外音訓　〈　〉:参考表記　⇒:言い換え等

さも　さも〈然も〉　例〜悲しげに…。

さもしい　さもしい　例〜ことを言うな。何て〜やつだろう。

ざもち　座持ち　例〜がうまい人。

さや　さや〈莢〉　例豆の〜。

さや　さや〈鞘〉　例刀の〜。

さやあて　さや当て〈鞘当て〉　例恋の〜。

さやく　鎖やく〈鎖鑰〉
　　围法令では、用いない。

さゆ　さ湯〈白湯〉　例薬を〜で飲む。

さゆう　左右　例〜をよく見て、横断歩道を渡る。言を〜にする。

ざゆう　座右　例〜の書。〜の銘。

さよ　さ夜〈小夜〉　例〜更けて星が瞬く。〜嵐。〜曲。

さよう　作用　例〜を及ぼす。

さよう　さよう〈左様・然様〉　例〜なことは知らなかった。

さようなら　さようなら〈左様なら・然様なら〉
　　例〜。

さよく　左翼　例〜と右翼。

さら　皿³〔さら〕　例灰皿、皿と鉢

さら　皿　例三〜の料理。

さらあらい　皿洗い　文皿洗い

さらい…　再来…　文再来…　例〜週。〜月。〜年。

さらう　さらう〈復習う〉　例習ったことを〜。

さらう　さらう〈浚う〉　例川を〜。

さらう　さらう〈攫う〉　例人気を〜。

さらけだす　さらけ出す〈曝け出す〉

例内情をすっかり〜。

さらさ　さらさ〈更紗〉　例〜の布地。

さらさら　さらさら〈更々〉　例〜そんなことは考えていない。

さらし　さらし〈晒し〉　例〜の布。

さらしあん　さらしあん〈晒し餡〉
　　例〜とこしあん。

さらす　さらす〈晒す・曝す〉　例布を〜。日光に〜。危険に身を〜。

さらなる〔連体詞〕　更なる　文更なる　例〜検討を要する。

さらに〔副詞〕　更に・さらに
　　公文更に　例〜要求する。〜言えば…。

さらに〔接続詞〕　さらに・更に
　　文さらに　例雨が強い。〜風も吹いてきた。

さらば　さらば〈然らば〉　例〜お元気で。いざ〜。〜これまで。

さらまわし　皿回し

ざらめ　ざらめ〈粗目〉　例〜の砂糖。〜雪。

さりながら　さりながら〈然り乍ら〉
　　例さは〜やむを得ない。

さる　猿　例〜も木から落ちる。

さる〔連体詞〕　去る　公文去る
　　例〜15日に開いた。

さる〔動詞〕　去る　文去る　例会場を〜。〜者は追わず。

さる　さる〈然る〉　例これは〜人に頼まれたのですが…。

ざる　ざる〈笊〉　例〜ですくう。

さるがく　猿楽

さるぐつわ　猿ぐつわ〈猿轡〉

さるしばい　猿芝居

さるすべり　さるすべり〈百日紅〉

さるぢえ　猿知恵　例〜を働かせて
　も何にもならない。

さるまね　猿まね〈猿真似〉

さるまわし　猿回し

さるもの　さる者〈然る者〉　例敵も
　〜、そうたやすくは参らない。

されき　砂れき〈砂礫〉　⇒砂利・小
　石　例〜の多い土地。

ざれる　ざれる〈戯れる〉　⇒ふざけ
　る

さわ　沢　例〜の水。〜に下りる。

さわかい　茶話会　例〜を催す。
　注「ちゃわかい」とも。

さわがしい　騒がしい　文騒がしい
　例〜会場。表が何やら〜。

さわがす　騒がす　文騒がす　例世
　間を〜。

さわぎ　騒ぎ　文騒ぎ　例何の〜だ。

さわぎだす　騒ぎ出す

さわぎたてる　騒ぎ立てる　例マス

コミが〜。

さわぐ　騒ぐ　文騒ぐ　例子供が〜。

ざわざわ　ざわざわ　例会場が〜し
　ていて話が聞き取れない。

ざわつく　ざわつく　例場内が〜。

ざわめく　ざわめく　例会場が〜。

さわやか　爽やか　例〜な空気。心
　が〜になる。

さわやかだ　爽やかだ　文爽やかだ

さわり　触り　例〜の文句。

さわり　障り　例予定に〜はない。

さわる　触る　文触る　例そっと〜。

さわる　障る　文障る　例気に〜。
　注「触る・障る」の使い分けは、「「異字
　同訓」の漢字の使い分け」参照。

さわん　左腕　例先発の〜投手。

さん　三¹〔サン
　み・みつ・みっつ〕　例三省、
　三脚、三流、三杯酢、三角形、
　再三　団三味線（しゃみせん）

さん　山¹〔サン
　やま〕　例山岳、山林、山
　脈、高山、登山　団山車（だし）、
　築山（つきやま）

さん　参⁴(叅)〔サン
　まいる〕　例参加、参
　考、参観者、参万円、降参

──────「異字同訓」の漢字の使い分け──────

さわる
【触る】触れる。関わり合う。
　　　そっと手で触る。展示品に触らない。政治的な問題には触らない。
【障る】害や妨げになる。不快になる。
　　　激務が体に障る。出世に障る。気に障る言い方をされる。
（平成26年文化審議会国語分科会）

団:付表の語　×:表外字　△:表外音訓　〈　〉:参考表記　⇒:言い換え等

さん　桟(棧)〔サン〕　例桟橋、桟道、障子の桟　団桟敷(さじき)

さん　蚕⁶(蠶)〔サン・かいこ〕　例蚕繭、蚕業、蚕糸、蚕食、蚕卵紙、養蚕

さん　惨(慘)〔サン・ザン・みじめ〕　例惨状、惨劇、惨事、悲惨、陰惨

さん　産⁴〔サン・うむ・うまれる・うぶ〕　例産物、産業、生産、財産、出産、九州の産　団土産(みやげ)

さん　傘〔サン・かさ〕　例傘下、落下傘

さん　散⁴〔サン・ちる・ちらす・ちらかす・ちらかる〕　例散歩、散在、散文、解散、発散

さん　算²〔サン〕　例算数、計算、予算、暗算、誤算、皮算用

さん　酸⁵〔サン・すい〕　例酸性、酸化、酸味、酸素、辛酸、希塩酸

さん　賛⁵(贊)〔サン〕　例賛成、賛意、賛同、称賛、絶賛、山水画に賛をする

ざん　残⁴(殘)〔ザン・のこる・のこす〕　例残留、残酷、残照、残念、残業、敗残　団名残(なごり)

ざん　斬〔ザン・きる〕　例斬殺、斬新

ざん　惨(慘)〔サン・ザン・みじめ〕　例惨死、惨殺

ざん　暫〔ザン〕　例暫時、暫定

さんいつ　散逸〈散佚〉　例大切な資料が～してしまった。

さんか　参加　例事業に～する。

さんか　傘下　例○○～の会社。

さんかい　山塊　例遠くに見える～。

さんがい　惨害　例～の及ぶ範囲はすこぶる広い。

ざんがい　残骸　例墜落した飛行機の～。

さんかく　三角　例～形。

さんかく　参画　例計画に～する。

さんがく　山岳　例～地帯。

さんかくす　三角州〈三角洲〉

さんがにち　三が日　例正月～。

さんかん　参観　例授業を～する。

ざんき　ざんき〈慚愧〉　⇒赤面・汗顔　例～の念に堪えない。

さんぎいん　参議院

さんきゃく　三脚　例カメラの～。

ざんぎゃく　残虐　例～な行い。

さんぎょう　産業　例～革命。

さんぎょう　賛仰〈讃仰・鑽仰〉

ざんぎょう　残業　例今日は～だから帰りが遅くなる。～手当。

さんげ　散華

ざんげ　ざんげ〈懺悔〉

さんけい　参詣　例～の老若男女。

さんげき　惨劇　例昨晩～があった。

さんけつ　酸欠　例～事故。

さんげん　三弦〈三絃〉　例三味線のことを～とも呼ぶ。

ざんげん　ざん言〈讒言〉　⇒中傷・告げ口　例～される。

さんげんしょく　三原色　例赤・黄・青を色の～という。

さんこう　参考　例過去のデータを～にする。～文献。

さ行

さ行

ざんごう　ざんごう〈塹壕〉　例〜を掘る。

ざんこく　残酷　例〜なやり方。

さんごしょう　さんご礁〈珊瑚礁〉　例南の海には〜が多い。

さんざい　散在　例高原にペンションが〜している。

さんざい　散財　例とんだ〜だ。

ざんさつ　惨殺　例〜死体。

ざんさつ　斬殺

さんさろ　三差路・三さ路〈三叉路〉

さんさん　さんさん〈燦々〉　例〜と降り注ぐ日の光。

さんざん　散々　例〜な目に遭う。

さんさんごご　三々五々　例公園を〜散歩する。〜家路に就く。

さんし　蚕糸　例〜を紡ぐ。

さんじ　惨事　例大〜。〜の現場。

さんじ　賛辞〈讃辞〉　例〜を述べる。

ざんし　惨死　例多数の〜者。

ざんし　残し〈残滓〉　⇒残りかす

ざんじ　暫時　例〜お待ちを。

さんしゃく　参酌　⊗参酌　例諸方面からの要求を〜して決定する。

さんじょきん　賛助金　例大会の〜。

ざんしょ　残暑　例〜見舞い。

さんしょく　蚕食　例領土を〜される。

さんしょくずり　三色刷り　⊗三色刷り

さんじょくねつ　産じょく熱〈産褥熱〉　例〜の治療。

ざんしん　斬新　⊗斬新　例全く〜な製品です。

さんすい　散水〈撒水〉　例ホースで〜する。〜車。

さんすいかん　散水管〈撒水管〉　⚖散水管　囲法令では、「撒水管」は用いない。「散水管」を用いる。

さんすう　算数

さんする　算する　例500名を〜。

さんする　賛する〈讃する〉

さんずる　参ずる　例急いで〜。

さんずる　散ずる　例財を〜。

さんせい　賛成　例趣旨に〜する。

さんせいう　酸性雨　例〜の発生状況。

さんせいけん　参政権

さんぜん　さん然〈燦然〉　⇒きらびやか・きらきら・輝かしい　例〜と光り輝くダイヤモンド。

さんそ　酸素　例〜が不足する。

さんだい　参内　例宮中に〜する。

さんたん　賛嘆〈讃嘆・讃歎〉　例思わず〜の声を漏らす。

さんたん　惨たん〈惨憺〉　⇒悲惨・みじめ　例〜たる様相。

さんだん　算段　例仕事の〜をする。

さんだんとび　三段跳び

さんだんろんぽう　三段論法

さんてい　算定　例〜した総数。

ざんてい　暫定　例〜的な処置。

さんどう　桟道　例崖際の〜。

さんどう　**賛同**　[例]意見に～する。
ざんにん　**残忍**　[例]～な行為。
さんにんしょう　**三人称**
ざんねん　**残念**　[例]参加できなかったことを～に思います。
ざんぱい　**惨敗**　[例]～を喫する。
さんぱいきゅうはい　**三拝九拝**　[例]～して依頼する。
さんばし　**桟橋**　[例]船が～に着く。
さんばやく　**産婆役**　[例]新製品の～。
さんはんきかん　**三半規管**
さんび　**酸鼻**　[例]～を極める。
さんび　**賛美**〈讃美〉　[例]～を惜しまない。
さんぴ　**賛否**　[例]～を問う。
さんびか　**賛美歌**〈讃美歌〉　[例]～の合唱。
さんびょうし　**三拍子**　[例]走・攻・守の～そろった選手。
さんぷ　**散布**〈撒布〉　[例]薬剤の～。
さんぷく　**山腹**　[例]～を縫って自動車道路が走っている。
さんぶん　**散文**　[例]～と韻文。
さんぽ　**散歩**　[例]毎朝～する。
さんぼう　**三方**　[例]鏡餅を～に載せる。～に載せた供え物。
さんまい　**三昧**　[例]読書三昧の日々。
さんまいめ　**三枚目**　[例]～の役。
さんまん　**散漫**　[例]注意が～だ。
さんまんえん　**三万円・参万円**
[注]「金～(也)」という場合は、「参万円」又は「参萬円」を用いる。

さんみ　**酸味**　[例]～の利いた料理。
さんみいったい　**三位一体**
さんみゃく　**山脈**　[例]東西に走る～。
ざんむ　**残務**　[例]～整理。
さんめんろっぴ　**三面六ぴ**〈三面六臂〉　⇒縦横無尽　[例]～の活躍。
ざんよ　**残余**　[例]仕事の～を翌日へ繰り越す。
さんようすうじ　**算用数字**　[例]漢数字と～。～で記入する。
さんらん　**産卵**　[例]魚の～期。
さんらん　**散乱**　[例]容器の～を防止する。
さんりゅう　**三流**　[例]～小説。
ざんりゅう　**残留**　[例]～農薬。
さんりん　**山林**　[例]～を伐採する。
さんろう　**参籠**　[例]本堂に～する。
さんろく　**山麓**　[例]富士～の演習場。

し

し　**士**5〔シ〕　[例]士気、士官、紳士、武士、同好の士　[付]海士(あま)、居士(こじ)、博士(はかせ)
し　**子**1〔シ・ス／こ〕　[例]子音、子孫、女子、帽子、母子、原子核、貴公子　[付]迷子(まいご)、息子(むすこ)
し　**支**5〔シ／ささえる〕　[例]支配、支障、支流、支持、支店、支払い、気管支、十二支　[付]差し支える(さし

さ行

（つかえる）

し　止²〔シ／とまる・とめる〕　例止宿、休止、禁止、静止、中止　団波止場（はとば）

し　氏⁴〔シ／うじ〕　例氏名、氏族、姓氏、同氏、某氏

し　仕³〔シ・ジ／つかえる〕　例仕事、仕官、仕手株、奉仕、出仕

し　史⁵〔シ〕　例史学、史跡、歴史、国史

し　司⁴〔シ〕　例司会、司令、司書、司法、上司

し　四¹〔シ／よ・よっ・よっつ・よん〕　例四海、四季、四散、四角、四十七士、十四

し　市²〔シ／いち〕　例市場、市況、市民、市町村、都市、市の財政

し　矢²〔シ／や〕　例一矢を報いる

し　示⁵〔ジ・シ／しめす〕　例示唆、示教

し　旨〔シ／むね〕　例旨意、要旨、本旨、趣旨、論旨

し　死³〔シ／しぬ〕　例死去、死因、死亡、死角、必死、決死隊

し　糸¹（絲）〔シ／いと〕　例錦糸、絹糸、製糸、金糸、蚕糸、原糸、綿糸

し　至⁶〔シ／いたる〕　例至急、至言、至当、至便、至近距離、夏至

し　次³〔ジ・シ／つぐ・つぎ〕　例次第

し　自²〔ジ・シ／みずから〕　例自然

し　伺〔シ／うかがう〕　例伺候、伺察

し　志⁵〔シ／こころざす・こころざし〕　例志願、志気、志望、志向、闘志、意志、同志、有志、寸志

し　私⁶〔シ／わたくし・わたし〕　例私服、私語、私物、私情、私立、私腹、公私、公平無私

し　使³〔シ／つかう〕　例使用、使者、使役、大使、天使、公使、駆使

し　刺〔シ／さす・ささる〕　例刺激、刺殺、名刺、風刺、有刺鉄線

し　始³〔シ／はじめる・はじまる〕　例始業、始末、始球式、始終、年始、開始、創始者

し　姉²〔シ／あね〕　例姉妹、義姉、長姉、諸姉　団姉さん（ねえさん）

し　枝⁵〔シ／えだ〕　例枝葉、枝幹、樹枝

し　祉（祉）〔シ〕　例福祉

し　肢〔シ〕　例肢体、四肢、上肢、下肢、選択肢

し　姿⁶〔シ／すがた〕　例姿勢、雄姿、容姿

し　思²〔シ／おもう〕　例思案、思想、相思、意思

し　指³〔シ／ゆび・さす〕　例指定、指揮、指示、指導、指南者、屈指、十二指腸

し　施〔シ・セ／ほどこす〕　例施行、施設、施政、実施

し　師⁵〔シ〕　例師弟、師匠、医師、教師、牧師　団師走（しわす・しはす）

し　恣〔シ〕　例恣意的

し　紙²〔シ／かみ〕　例紙面、紙幣、表紙、用紙、新聞紙

し　脂〔シ／あぶら〕　例脂肪、脂粉、油脂、

団:付表の語　×:表外字　△:表外音訓　〈　〉:参考表記　⇒:言い換え等

樹脂

し　視⁶(视)〔シ〕　例視界、視覚、視力、注視、監視

し　紫〔シ／むらさき〕　例紫紺、紫雲、紫煙、紫外線、暗紫色、千紫万紅

し　詞⁶〔シ〕　例詞章、作詞、名詞、冠詞、誓詞、賀詞、品詞、歌詞
田祝詞(のりと)

し　歯³(齒)〔シ／は〕　例歯科、乳歯、義歯、犬歯

し　嗣〔シ〕　例嗣子、家嗣、継嗣、嫡嗣

し　試⁴〔シ／こころみる・ためす〕　例試験、試合、試写、試運転、試作、追試、入試

し　詩³〔シ〕　例詩集、詩人、詩歌、詩情、漢詩、叙事詩、詩を作る
注「詩歌」は、「しいか」とも。

し　資⁵〔シ〕　例資源、資格、資本、物資、投資、融資、越年資金

し　飼⁵〔シ／かう〕　例飼育、飼料、飼養

し　誌⁶〔シ〕　例誌面、誌上、日誌、雑誌、地誌

し　雌〔シ／め・めす〕　例雌雄、雌伏

し　摯〔シ〕　例真摯

し　賜〔シ／たまわる〕　例賜杯、賜暇、下賜、恩賜

し　諮〔シ／はかる〕　例諮議、諮問

じ　示⁵〔ジ・シ／しめす〕　例示談、示威、指示、表示、暗示、内示、掲示板

じ　仕³〔シ・ジ／つかえる〕　例給仕

じ　字¹〔ジ／あざ〕　例字体、字画、字引、

文字、数字、活字、国字

じ　寺²〔ジ／てら〕　例寺院、寺社、社寺、末寺、仏寺

じ　次³〔ジ・シ／つぐ・つぎ〕　例次回、次元、目次

じ　耳¹〔ジ／みみ〕　例耳底、耳目、耳鼻科、中耳炎

じ　自²〔ジ・シ／みずから〕　例自由、自分、各自、独自

じ　地²〔チ・ジ〕　例地面、地元、地震、意地、生地、地を現す
田心地(ここち)、意気地(いくじ)

じ　似⁵〔ジ／にる〕　例類似、近似、酷似、疑似、相似

じ　児⁴(兒)〔ジ・ニ〕　例児童、育児、幼児　＊鹿児島県(かごしまけん)
田稚児(ちご)

じ　事³〔ジ・ズ／こと〕　例事件、事物、無事、師事、従事

じ　侍〔ジ／さむらい〕　例侍従、侍女、侍医、近侍

じ　治⁴〔ジ・チ／おさめる・おさまる・なおる・なおす〕　例政治、退治、根治、療治、主治医

じ　持³〔ジ／もつ〕　例持参、持病、持続、支持、所持、維持

じ　除⁶〔ジョ・ジ／のぞく〕　例除目、掃除

じ　時²〔ジ／とき〕　例時間、時代、時候、当時、同時　田時雨(しぐれ)、時計(とけい)

じ　滋⁴〔ジ〕　例滋養、滋味　＊滋賀県(しがけん)

じ　慈〔ジ〕〔いつくしむ〕　例慈愛、慈善、慈
　　母、慈悲、仁慈、慈善事業

じ　辞⁴〔辭〕〔ジ やめる〕　例辞典、辞退、
　　辞令、辞書、辞職、賛辞、式辞

じ　磁⁶〔ジ〕　例磁石、磁界、磁気、
　　陶磁器、白磁

じ　餌〔餌〕〔ジ えさ・え〕　例好餌、食餌

じ　璽〔ジ〕　例印璽、玉璽、国璽、
　　御名御璽

じ　路　例家～をたどる。

じ　じ〈痔〉　例～の手術をする。

しあい　試合　公文試合　例～に出
　　る。

じあい　自愛　例切に御～を祈る。

じあい　慈愛　例～のまなざし。

じあい　地合い　例しっとりした～
　　の布。～が弱い。

しあがり　仕上がり　文仕上がり
　　例～の期日。

しあがる　仕上がる　例見事に～。

しあげ　仕上げ　文仕上げ　例～が
　　上手だ。

じあげ　地上げ〈地揚げ〉　例～した
　　土地に家を建てる。～屋。

しあげきかい　仕上げ機械　公文仕
　　上機械　建仕上げ機械　例新型
　　の～を導入する。

しあげこう　仕上げ工　公文仕上工
　　建仕上げ工

しあげこうじ　仕上げ工事　例いよ
　　いよ～に取り掛かる。

しあげる　仕上げる　例必ず～。

しあさって　しあさって〈明明後日〉
　　例～の昼までに持って行く。

しあつ　指圧　例背中を～する。

しあわせ　幸せ〈仕合わせ・倖せ〉
　　文幸せ　例あなたの～を祈る。

しあわせだ　幸せだ　文幸せだ

しあん　思案　例～に暮れる。

しあん　試案　例改定の～。

しい　しい〈思惟〉　⇒思考・考え
　　例じっと～にふけっている。

しい　恣意　文恣意

じい　侍医

じい　示威　例～行為。

じい　辞意　例～を伝える。

しいか　詩歌　例～管弦の道。
　　注「しか」とも。

しいく　飼育　例昆虫を～する。

じいさん　じいさん〈祖父さん・爺
　　さん〉

しいたげる　虐げる　文虐げる
　　例動物を～。

しいて　強いて・しいて　文強いて
　　例～今日中にやる必要はない。

しいてき　恣意的　例～な解釈。

しいる　強いる　文強いる　例無理
　　なことを～。

しいれ　仕入れ　文仕入れ　例品物
　　の～。

しいれかかく　仕入れ価格　公文仕
　　入価格　建仕入れ価格　例～が
　　高過ぎる。

しいれさき　仕入れ先　文仕入先

注:付表の語　×:表外字　△:表外音訓　〈　〉:参考表記　⇒:言い換え等

[建]仕入れ先
しいれひん　仕入れ品
しいれる　仕入れる　[例]商品を～。
しいん　子音　[例]母音と～。
じいん　寺院　[例]仏教～。
じうた　地唄　[例]～舞。
じうたい　地謡
しうち　仕打ち　[文]仕打ち　[例]ひどい～。
しうんてん　試運転　[例]新車の～。
しえい　私営　[例]～の水道。
じえい　自衛　[例]～のための手段。
しえき　使役　[例]～の助動詞。
しえん　支援　[例]～を受ける。
しえん　紫煙　[例]～をくゆらす。
しえん　私怨　[例]～による犯行。
しお　塩　[例]～と砂糖。～味。
しお　潮〈汐〉　[例]～が差して来る。
しおあじ　塩味　[例]～を付ける。
[注]「えんみ」とも。
しおおせる　しおおせる〈為果せる〉　[例]月末までに予定の仕事を～。
しおかぜ　潮風　[例]～に吹かれる。
しおから　塩辛　[例]いかの～。
しおからい　塩辛い　[文]塩辛い　[例]～味。
しおき　仕置き　[例]お～をする。
しおくり　仕送り　[文]仕送り　[例]親の～で大学に通う。
しおけ　塩気・塩け
しおけむり　潮煙　[文]潮煙　[例]～が立つ。
しおさい・しおざい　潮さい・潮ざい〈潮騒〉　[例]～の音。
しおざけ　塩ざけ〈塩鮭〉
しおさめ　仕納め　[文]仕納め　[例]これが、大騒ぎの～だ。
しおだし　塩出し　[例]しばらく水に漬けて～をしないと辛い。
しおだち　塩断ち　[文]塩断ち　[例]～をして、家族の無事を祈る。
しおづけ　塩漬け　[文]塩漬け　[例]～のなす。
しおどき　潮時　[例]～を見る。
しおひがり　潮干狩り〈汐干狩り〉　[文]潮干狩り　[例]～に行く。
しおびき　塩引き　[文]塩引き　[例]～のさけ。
しおみず　塩水　[例]～に漬ける。
しおむし　塩蒸し　[文]塩蒸し　[例]この料理屋の～はおいしい。
しおもみ　塩もみ〈塩揉み〉
しおやき　塩焼き　[文]塩焼き　[例]あゆの～。
しおらしい　しおらしい　[例]～ことを言う。
しおり　しおり〈栞〉　[例]本に～を挟んでおく。入学の～。
しおれる　しおれる〈萎れる〉
じおん　字音　[例]～と字訓。
しか　鹿[4]〔―　しか・か〕　[例]子鹿
しか　鹿　[例]～を追う。
しか　市価　[例]～の2割引き。
しか　詩歌

さ行

[注]「しいか」とも。
しか　賜暇
しか　歯科　[例]～衛生士。
しが　歯牙　[例]～にも掛けない。
じか　時価　[例]～数百万円の絵。
じか　じか〈直〉　[例]～に話す。
じが　自我　[例]～に目覚める。
しかい　司会　[例]会議の～をする。
しかい　し界〈斯界〉　⇒この方面・この社会　[例]～の大御所。
しがい　市街　[例]～の区域。
しがい　死骸　[例]累々たる～の山。
じかい　次回　[例]～に期待しよう。
しがいせん　紫外線
しがいち　市街地　[例]～再開発事業。
しかえいせいし　歯科衛生士
しかえし　仕返し　[文]仕返し　[例]～をする。
しかく　死角　[例]大型車には危険な～が多い。～になっている。
しかく　刺客　[例]～に刺される。
しかく　視覚　[例]～障害。
しかく　資格　[例]会員の～。
しかく　四角　[例]～四面。
しがく　史学　[例]～を学ぶ。
じかく　字画　[例]～を正しく書く。
じかく　自覚　[例]～を促す。～症状。
しかくばる　四角張る　[例]そう四角張った挨拶は抜きだ。
しかけ　仕掛け　[例]どんな～がしてあるのだろう。
しかけはなび　仕掛け花火　[公][文]仕掛花火　[建]仕掛け花火　[例]見事な～。
しかけひん　仕掛け品　[公][文]仕掛品　[建]仕掛け品
しかし　しかし〈然し・併し〉　[文]しかし
じがじさん　自画自賛〈自画自讃〉　[例]～していれば世話はない。
しかして　しかして〈然して・而して〉
しかしながら　しかしながら〈併し乍ら・然し乍ら〉　[文]しかしながら　[例]事情はよく分かった。～甚だ残念だ。
じかせんえん　耳下腺炎
しかた　仕方　[文]仕方　[例]何とも～がない。説明の～。
じかたび　地下足袋〈直足袋〉　[例]～を履く。
じがため　地固め　[文]地固め　[例]～が大切だ。
じかだんぱん　じか談判〈直談判〉　[例]社長に～をする。
…しがち　…しがち〈…仕勝ち〉　[例]とかく遠慮～になる。
しかつ　死活　[例]それは我々の～問題だ。～に関わる。
じかつ　自活　[例]～の道を探す。
しかつめらしい　しかつめらしい〈鹿爪らしい〉　[例]～挨拶。
しかと　しかと〈確と〉　[例]この目で～見定めるまでは心配だ。

じかに　じかに〈直に〉　例～触れないようにしてください。

じがね　地金　例めっきが剝げて～が出た。

しかねる　しかねる〈仕兼ねる〉　例急には返事を～。

しかのみならず　しかのみならず〈然のみならず〉　⇒それだけでなく・その上

しかばね　しかばね〈屍〉

しがみつく　しがみ付く

しかめる　しかめる〈顰める〉　例余りの痛さに思わず顔を～。

しかも　しかも〈然も・而も〉

じかよう　自家用　例～自動車。

しからざる　しからざる〈然らざる〉　⇒そうでない

しかりつける　叱り付ける　例頭からがみがみと～。

しかる　叱る　⊗叱る　例強く～。

しかるに　しかるに〈然るに〉　⊗しかるに　⇒それなのに・ところが　例～なおも抗弁をやめない。

しかん　士官　例～学校。

しかん　し緩〈弛緩〉　⇒緩み・たるみ　例綱紀の～を恐れる。

しがん　志願　例～者。

じかん　時間　例～の節約。

じかんわり　時間割り　⊗時間割　⚖時間割り

しき　式³〔シキ〕　例式典、式場、形式、数式、儀式、方式、挙式

しき　色²〔ショク・シキ〕　例色彩、色紙、色素、色調、色欲、五色　団景色（けしき）

しき　織⁵〔ショク・シキ〕　例組織

しき　識⁵〔シキ〕　例識別、意識、知識、常識

しき　士気　例～を鼓舞する。

しき　指揮　例合唱を～する。

しき　四季　例～咲きのばら。

じき　直²〔チョク・ジキ〕〔ただちに・なおす・なおる〕　例直答、直談、直訴、直筆、正直、直に

じき　食²〔ショク・ジキ〕〔くう・くらう・たべる〕　例断食、悪食、中食

じき　時季　例花火の～。～外れ。

じき　時期　例～尚早。多忙な～。

じき　時機　例～をうかがう。

じき　磁気　例～を帯びた石。

じぎ　児戯　例彼の言動は極めて幼稚で～に等しい。

しきあみ　敷き網　⚖敷網

しきい　敷き居　⚖⊗敷居　⚖敷き居

しきいし　敷石　⚖⊗敷石　例玄関の～。

しきいた　敷き板

しきがわ　敷き革

しききん　敷き金　⚖⊗敷金　⚖敷き金

しきけん　識見　例立派な～。

しきさい　色彩　例～が美しい。

しきし　色紙　例～に揮ごうする。

しきじ　式辞　囫～を述べる。

じきじき　直々　囫～に会う。

しきしゃ　指揮者

しきしゃ　識者　囫～の意見。

しきせ　仕着せ　囫お～は御免だ。

しきそ　色素　囫天然の～。

じきそ　直訴　囫社長に～する。

しきたり　仕来り・しきたり　囫従来の～。

しきち　敷地　公文敷地　囫～が狭い。

しきちょう　色調　囫～を調える。

しきつめる　敷き詰める　囫長い参道に玉砂利を～。ござを～。

しきてん　式典　囫～を挙行する。

じきでん　直伝　囫師匠の～だ。

じきに　直に　囫～できる。

じきひ　直披　囫宛名の脇に～と書く。
　　囯「ちょくひ」とも。

じきひつ　直筆　囫～の署名。

しきふ　敷き布　公文敷布　建敷き布

しきぶとん　敷き布団〈敷き蒲団〉　囫～と掛け布団。

しきべつ　識別　囫色の～。

じきまき　直まき〈直播き〉

しきもの　敷物　公文敷物　囫～を敷く。

しきゅう　支給　囫手当を～する。

しきゅう　至急　囫～対応します。

じきゅう　持久　囫～力。～走。

しきょ　死去　囫会長の～。

しきょう　市況　囫～の調査。

しぎょう　始業　囫～の時間。

じきょう　自供　囫犯行を～する。

じぎょう　事業　囫～を始める。

しきよく　色欲〈色慾〉

じきょく　時局　囫～講演会。

しきり　仕切り　文仕切り　囫～値段。カーテンを～にする。

しきりきん　仕切り金

しきりじょう　仕切り状

しきりに　しきりに〈頻りに〉　文しきりに　囫～愛想を振りまく。

しきる　仕切る　囫月末で～。部屋を～。

しきわら　敷きわら〈敷き藁〉

しきん　資金　囫～を借り入れる。

しぎん　詩吟　囫～を習う。

しく　敷く　文敷く　囫布団を～。

じく　軸〔ジク〕　囫軸心、軸物、地軸、車軸

じく　字句　囫～の修正をする。

じくうけ　軸受け〈軸承け〉　公文軸受　建軸受け　囫～に油を差す。

しぐさ　しぐさ〈仕種〉

しくじる　しくじる　囫怠けた結果、試験をしくじった。

しくつ　試掘　囫～等の許可。

じくばり　字配り　文字配り　囫～を考える。

しくみ　仕組み　文仕組み　囫機械の～。

しぐれ　時雨[付]　例〜が降る。

しぐれる　しぐれる〈時雨れる〉

じくん　字訓　例字音と〜。

しけ　しけ〈時化〉　例大〜の海。

しけい　死刑　例〜判決。

しけいしゅう　死刑囚

しげき　刺激〈刺戟〉　文刺激　例強
い〜。

しげしげ　しげしげ〈繁々〉　例〜と
見る。〜と通う。

しげみ　茂み〈繁み〉　文茂み　例木
の〜に鳥の巣がある。

しげり　茂り　例葉の〜具合が良い。

しける　しける〈時化る〉　例海が〜。

しける　しける〈湿気る〉　例のりが
〜。

しげる　茂る〈繁る〉　文茂る　例木
が〜。

しけん　試験　例〜の結果。

しげん　資源　例〜を開発する。

じけん　事件　例〜の捜査。

じげん　次元　例四〜の世界。

しこ　四股　例力士が〜を踏む。

しご　死後　例会長の〜、会の活動
はさっぱり振るわない。

しご　私語　例〜を慎む。

じこ　自己　例〜主張。〜啓発。

じこ　事故　例途中で〜に遭う。

しこう　伺候　例大臣に〜する。

しこう　思考　例〜力。

しこう　志向　例顧客〜の考え方。

しこう　指向　例〜性スピーカー。

しこう　施行　例8月1日から〜。
注「せこう」とも。

しこう　施工　例〜費用。〜業者。
注「せこう」とも。

しこう　しこう〈嗜好〉　⇒好み・愛
好　例〜が異なる。

じこう　事項　例懸案〜の処理。

じこう　時効　例事件が〜となる。

じこう　時候　例〜の挨拶。

しこうして　しこうして〈而して〉
　⇒そして・そうして

じごうじとく　自業自得　例何もか
も〜と諦める。

しこうひん　しこう品〈嗜好品〉
　⇒好物・愛好品

じごえ　地声　例〜が大きい。

しごく　至極　文至極　例〜上等の
品。

しごく　しごく〈扱く〉　例帯を〜。
部員を〜。

じこく　時刻　例電車の発車〜。

じごく　地獄　例天国と〜。

しごせん　子午線

しごと　仕事　例〜が忙しい。

しこみ　仕込み　文仕込み　例酒の
〜。

しこむ　仕込む　例弟子を〜。

しこり　しこり〈凝り・痼り〉　例今
後に〜が残らないようにする。

しこん　紫紺　例〜の優勝旗。

しさ　示唆　例〜を与える。

しさい　子細〈仔細〉　文子細　例〜

を語る。

しざい　私財　例～を投じる。

しざい　資材　例～を購入する。

じざい　自在　例～画。～かぎ。

しさく　思索　例～にふける。

しさく　施策　例～の推進を図る。
　　囲「せさく」とも。

しさく　試作　例～品。

じさく　自作　例～の本棚。

じざけ　地酒　例～を飲む。

しさつ　視察　例被災地の～。

じさつ　自殺　例～の原因。

しさん　試算　例新規事業の～。

しさん　資産　例固定～税。

じさん　持参　例各自、～のこと。

しし　四肢　例～のしびれ。

しし　嗣子　例商売を～に任せる。

しじ　支持　例A党を～する。

しじ　指示　例適切な～を与える。

しじ　師事　例A先生に～する。

じじ　時事　例～問題。

ししつ　資質　例～の向上を図る。

じじつ　事実　例～を確認する。

ししまい　しし舞〈獅子舞〉

ししゃ　使者　例～を隣国へ送る。

ししゃ　試写　例新作映画の～会。

じしゃく　磁石　例永久～。

じじゃく　自若　例泰然～たる態度。

ししゃごにゅう　四捨五入

ししゅ　旨趣
　　囲法令では、「旨趣」は用いない。「趣
　　旨」を用いる。

じしゅ　自主　例～独立の精神。

じしゅ　自首　例犯人が～する。

ししゅう　刺しゅう・ししゅう〈刺
　　繡〉

しじゅう　始終　文始終　例～黙っ
　　ていた。

じしゅう　自修　例作曲法を～する。

じしゅう　自習　例～時間。

じじゅう　侍従　例天皇の～。

ししゅく　止宿　例温泉地に～する。

ししゅく　私淑　例A先生に～する。

しじゅく　私塾　例～に通う。

じしゅく　自粛　例外出を～する。

ししゅつ　支出　例収入と～。

ししゅつずみがく　支出済み額
　　　公文支出済額　建支出済み額

しじゅん　諮じゅん〈諮詢〉　例大臣
　　の～に応じて審議する。

ししょ　支所　例～及び出張所。

ししょ　死所・死処　例～を得る。
　　囲新聞では、「死所」と書く。

じしょ　地所　例～を買う。

じしょ　自署　例署名は～に限る。

じしょ　字書　例漢字の～。

じしょ　辞書　例国語の～。

じじょ　侍女

じじょ　次女〈二女〉
　　囲戸籍では、「二女」と書く。

ししょう　支障　例特に～はない。

ししょう　死傷　例～者は3名。

ししょう　師匠　例三味線の～。

しじょう　市場　例～を開拓する。

囲:付表の語　×:表外字　△:表外音訓　〈　〉:参考表記　⇒:言い換え等

しじょう　私情　例〜を差し挟む。

しじょう　枝条
　　匯法令では、用いない。

しじょう　詩情　例〜豊かな風景。

じしょう　自称　例〜大学教授。

じじょう　自乗　例2の〜は4だ。
　　匯学術用語では、「二乗（にじょう）」。

じじょう　事情　例〜を聞く。

じじょうじばく　自縄自縛

ししょく　試食　例御〜ください。

じしょく　辞職　例一身上の都合で
　　〜した。〜願。〜届。

じじょでん　自叙伝

ししん　私心　例〜を去る。

ししん　私信　例これは〜です。

ししん　指針　例メーターの〜。

しじん　詩人　例吟遊〜。

じしん　自身　例彼〜の問題だ。

じしん　自信　例〜に満ちた顔。

じしん　地震　例〜の予知。

じじん　自刃

しずい　雌ずい〈雌蕊〉　⇒雌しべ

じすい　自炊　例〜生活。

しずかだ　静かだ　文静かだ　例山
　　里は〜。

しずく　滴〈雫〉　例一〜の涙。雨の
　　〜。

しずけさ　静けさ　文静けさ

しずしずと　静々と　文静々と
　　例〜歩む。

じすべり　地滑り〈地辷り〉

しずまる　静まる　文静まる　例騒
　　ぎが〜。

しずまる　鎮まる　文鎮まる　例神
　　〜地。

　　匯「静まる・鎮まる」の使い分けは、
　　「「異字同訓」の漢字の使い分け」参
　　照。

しずみ　沈み　例浮き〜が激しい。

しずむ　沈む　文沈む　例船が〜。

しずめ　鎮め　例国の〜。

しずめる　静める　文静める　例騒
　　ぎを〜。

しずめる　鎮める　文鎮める　例争

さ行

―――――「異字同訓」の漢字の使い分け――――

しずまる・しずめる
【静まる・静める】動きがなくなり落ち着く。
　　心が静まる。嵐が静まる。騒がしい場内を静める。気を静める。
【鎮まる・鎮める】押さえ付けて落ち着かせる。鎮座する。
　　内乱が鎮まる。反乱を鎮める。痛みを鎮める。せきを鎮める薬。
　　神々が鎮まる。
【沈める】水中などに没するようにする。低くする。
　　船を沈める。ベッドに身を沈める。身を沈めて銃弾をよける。
　　　　　　　　　　　　　　　　（平成26年文化審議会国語分科会）

いを～。

しずめる　沈める　⊗沈める　例船
　を～。

注「静める・鎮める・沈める」の使い
　分けは、「「異字同訓」の漢字の使い
　分け」p.285参照。

しする　資する　⊗資する　例参考
　に～。

じする　持する　例満を～。

じする　辞する　例友人の家を～。

しせい　市井　例～に埋もれる。

しせい　市制　例～を敷く。

しせい　至誠　例～天に通ず。

しせい　姿勢　例～を正しくする。

しせい　施政　例～方針の発表。

じせい　時世　例～を待つ。

じせい　時勢　例～におもねる。

じせい　辞世　例～の歌。

しせき　史跡〈史蹟〉　例～調査。

じせき　事跡〈事蹟〉　例当時の～。

じせき　事績　例立派な～を残す。

しせつ　私設　例～の市場。

しせつ　使節　例～を派遣する。

しせつ　施設　例公共の～。

じせつ　時節　例暖かい～。～柄。

しせん　視線　例～が合う。

しせん　詩仙　例画仙と～。

しぜん　自然　例～を味わう。

じせん　自薦　例～、他薦。

じぜん　慈善　例～興行。～事業。

しぜんとうた　自然とう汰〈自然淘
　汰〉⇒自然選択　例生物は、

～によって進化している。

しそう　思想　例～・信条の自由。

しそう　歯槽　例～のうろう。

しそう　詞藻　例～に富む詩人。

しそう　しそう〈使嗾〉⇒扇動・唆
　し・けしかけ　例若者を～して
　騒動を起こす。

しそうけんご　志操堅固　例彼は、
　～だという定評がある。

しそく　子息

じそく　時速　例～210キロ。

じぞく　持続　例現状を～する。

しそこなう　仕損なう〈為損なう〉
　例たまには～こともある。

しそん　子孫　例源氏の～。

しそんじ　仕損じ〈為損じ〉　⊗仕損
　じ　例めったに～などはしない。

しそんじる　仕損じる〈為損じる〉
　例どんな名人でも～こともある。

じそんしん　自尊心　例～が傷つけ
　られる。

した　下　例上と～。縁の～。

した　舌　例～を出す。

じた　自他　例～共に認める。

したい　死体〈屍体〉　例～の発見。

したい　肢体　例～不自由。

しだい　次第　⊗次第　例式の～。
　着き～。

じたい　事態　例ゆゆしい～。

じたい　辞退　例立候補を～する。

じだい　時代　例新しい～。

しだいがき　次第書き

したいよる　慕い寄る
したう　慕う　[文]慕う　[例]親を～。
したうけ　下請け　[公][文]下請　[建]下請け
したうけこうじ　下請け工事　[公][文]下請工事　[建]下請け工事　[例]～を引き受ける。
したうけだいきん　下請け代金
したうけにん　下請け人
したうち　舌打ち　[文]舌打ち　[例]～をする。
したえ　下絵　[例]～を描く。
したおし　下押し　[例]このところ、ずっと相場は～気味だ。
したがう　従う〈随う・順う〉　[文]従う　[例]規則に～。
したがえる　従える　[文]従える　[例]部下を～。
したがき　下書き　[文]下書き　[例]原稿の～。
したがって〔接続詞〕　したがって・従って　[公][文]したがって　[例]電車が遅れた、～少し遅刻する。
したぎ　下着　[例]毎日～を替える。
したく　支度〈仕度〉　[例]御飯の～。
[注]新聞では､｢支度｣と書く。
じたく　自宅　[例]～から通学する。
したくちびる　下唇　[例]～をかむ。
したごころ　下心　[例]変な～はない。
したごしらえ　下ごしらえ〈下拵え〉　[例]～は万全だ。料理の～。
したさき　舌先　[例]～三寸。～でごまかす。
したざさえ　下支え　[例]景気の～。
したじ　下地　[例]工事の～。
しだし　仕出し　[文]仕出し　[例]～弁当。
したしい　親しい　[文]親しい　[例]～間柄。
したじき　下敷き　[文]下敷き
したしく　親しく　[文]親しく　[例]～お目に掛かることができた。
したしさ　親しさ　[文]親しさ　[例]～を増す。
したしみ　親しみ　[文]親しみ　[例]～を覚える。
したしむ　親しむ　[文]親しむ　[例]読書に～。
しだしや　仕出し屋　[公][文]仕出屋　[建]仕出し屋
したしらべ　下調べ　[文]下調べ　[例]明日の～に忙しい。
しだす　仕出す　[例]料理を～。
したそうだん　下相談　[例]内輪の者だけで～をしておく。
したたか　したたか〈強か〉　[例]彼は、なかなか～なやつだ。～者。
したためる　したためる〈認める〉　[文]したためる　[例]手紙を～。
したたらず　舌足らず　[文]舌足らず
したたり　滴り　[文]滴り
したたる　滴る　[文]滴る　[例]汗が～。
したつづみ　舌鼓　[例]～を打つ。
したっぱ　下っ端

したづみ　下積み　[文]下積み　[例]～の時代。
したづみせいかつ　下積み生活
したて　下手　[例]～に出る。
したて　仕立て　[文]仕立て　[例]和服の～を頼む。
したてあがり　仕立て上がり　[文]仕立て上がり
したておろし　仕立て下ろし
したてけん　仕立て券　[公][文]仕立券　[建]仕立て券
したてなげ　下手投げ　[文]下手投げ　[例]～で横綱の勝ち。
したてもの　仕立て物　[公][文]仕立物　[建]仕立て物
したてや　仕立屋　[公][文]仕立屋
したてる　仕立てる　[例]夏服を～。
したなめずり　舌なめずり〈舌舐めずり〉　[例]～をして待ち構える。
したぬい　下縫い　[文]下縫い　[例]洋服の～。
したぬり　下塗り　[文]下塗り　[例]壁の～。
したばき　下履き　[例]～の靴。
したばき　下ばき〈下穿き〉
したばたらき　下働き　[文]下働き
したばら　下腹　[例]～が痛む。
したび　下火　[例]人気が～になる。
したまわる　下回る　[文]下回る　[例]予想を～。
したみ　下見　[例]旅行の～に行く。
したむき　下向き　[文]下向き　[例]景気が～だ。
したよみ　下読み　[文]下読み
じだらく　自堕落
したりがお　したり顔　[例]～で手柄を話す。
しだれる　枝垂れる　[例]柳の枝が～。
したわしい　慕わしい　[文]慕わしい　[例]恩師が慕わしく思い出される。
じだん　示談　[例]事故を～にする。
じだんだ　じだんだ〈地団太・地団駄〉　[例]～を踏んで悔しがる。
しち　七[1]〔シチ　なな・ななつ・なの〕　[例]七五三、七面鳥、七福神　[付]七夕（たなばた）
しち　質[5]〔シツ・シチ・チ〕　[例]質物、質札、質屋、人質、質に入れる
じち　自治　[例]地方～体。
しちいれ　質入れ　[文]質入れ
しちいれしょうけん　質入れ証券　[公][文]質入証券
しちぐさ　質草〈質種〉
しちけん　質権　[例]～の設定。
しちごさん　七五三　[例]～の祝い。
しちてんばっとう　七転八倒〈七顛八倒〉　[例]～の苦しみ。
しちながれ　質流れ　[例]～の品。
しちふくじん　七福神
しちめんどう　七面倒　[例]そんな～な話はお断りだ。
しちや　質屋　[例]～を利用する。
しちゅう　支柱　[例]～を立てる。
しちょう　視聴　[例]ビデオを～する。

じちょう　自重　例～を望む。

じちょう　自嘲

しちょうそん　市町村　例～組合。

しちょうひょう　七曜表　例～を卓
　上に置く。　⇒カレンダー

じちんさい　地鎮祭

しつ　叱〔シツ しかる〕　例叱責

しつ　失⁴〔シツ うしなう〕　例失意、失敗、
　失望、消失、過失、遺失物

しつ　室²〔シツ むろ〕　例室外、室温、室
　内、皇室、温室、居室、２号室

しつ　疾〔シツ〕　例疾風、疾走、疾患、
　悪疾、眼疾

しつ　執〔シツ・シュウ とる〕　例執行、執筆、
　執事、執政、執務、確執

しつ　湿（濕）〔シツ しめる・しめす〕　例湿度、
　湿原、湿布、湿地、多湿、乾湿

しつ　嫉〔シツ〕　例嫉妬

しつ　漆〔シツ うるし〕　例漆器、漆工、漆
　黒、乾漆像

しつ　質⁵〔シツ・シチ・チ〕　例質問、質
　疑、質実、本質、素質

じっ　十¹〔ジュウ・ジッ とお・と〕　例十回、十
　指、十手、十把一からげ　付十
　重二十重（とえはたえ）、二十・二
　十歳（はたち）、二十日（はつか）
　　注「じっ」は、「じゅっ」とも。

じつ　日¹〔ニチ・ジツ ひ・か〕　例日月、翌日、
　期日、後日、休日、連日、平日
　付明日（あす）、昨日（きのう）、今日
　（きょう）、一日（ついたち）、二十日
　（はつか）、日和（ひより）、二日（ふつか）

じつ　実³（實）〔ジツ み・みのる〕　例実用、
　実態、実行、実質、実社会、実
　況放送、実力、充実、実に

しつい　失意　例～の人。

じっかい　十回
　　注「じゅっかい」とも。

しっかく　失格　例規定により～と
　なる。

しっかり　しっかり〈確り・聢り〉

しっかん　疾患　例急性～。

じっかん　実感　例豊かさを～する。

しっき　漆器　例名産の～。

しつぎ　質疑　例～のある方は、お
　申し出ください。～応答。

しっきゃく　失脚　例放言が過ぎて
　ついに～した。

しつぎょう　失業　例～者。

じっきょう　実況　例～中継。

じつぎょう　実業　例～家。

しっくい　しっくい〈漆喰〉

しっくり　しっくり　例入社以来、
　彼とはどうも～いかない。

しっけ　湿気　例～がひどい。

しつけ　仕付け　例縫い上げた着物
　に～をする。～糸。

しつけ　しつけ〈躾〉　例～が良い。

しつける　しつける〈躾る〉　例我が
　子を厳しく～。

しつげん　失言　例～を取り消す。

じっけん　実検　例首～をする。

じっけん　実権　例経営の～を握る。

じっけん　実験　例化学～。～室。

さ行

さ行

じつげん　実現　[例]夢を～する。
しつこい　しつこい　[例]～やつ。
しっこう　執行　[例]予算の～。
しっこう　失効　[例]条例の～。
じっこう　実行　[例]計画を～する。
じっこう　実効　[例]～性が乏しい。
しっこく　漆黒　[例]～の闇。
じっさい　実際　[例]～的な話。～そのとおりだ。
じつざい　実在　[例]～の人物。
しっさく　失策〈失錯〉　[例]～を責める。
しっし　嫉視　[例]相手を～する。
じっし　実施　[例]～の時期。
しつじつ　質実　[例]～剛健。
じっしつ　実質　[例]～上は彼がリーダーだ。
じっしゅう　実習　[例]～及び実技。
しつじゅん　湿潤　[例]～な気候。
じっしょう　実証　[例]仮説を～する。
じつじょう　実情・実状　[例]～の視察。～を探る。
[注]新聞では、「実情」と書く。
しっしょく　失職　[例]目下～中。とうとう～してしまった。
しっしん　失神・失心　[例]～する。
しっしん　湿しん〈湿疹〉
じっしんほう　十進法
[注]「じゅっしんほう」とも。
しっする　失する　[例]遅きに～。機会を～。
しっせき　叱責　[文]叱責　[例]ひどく～された。
じっせき　実績　[例]～を上げる。
じっせん　実践　[例]社長自ら～する。
しっそ　質素　[例]～な生活。
しっそう　疾走　[例]車が～する。
しっそう　失踪　[公]失踪　[例]～宣告。
じっそう　実相　[例]～を見る。
じっそう　実装　[例]新しい技術を～する。
じっそく　実測　[例]建設予定地の～。
しった　しった〈叱咤〉　[例]～激励。
しったい　失態　[例]～を演じる。
じったい　実体　[例]宇宙の～の解明。
じったい　実態　[例]～の調査。
しったかぶり　知ったか振り・知ったかぶり　[例]～をする。
じつだん　実弾　[例]～を込める。
しっち　湿地　[例]～の生態系。
じっち　実地　[例]～検証。～研究。
じっちゅうはっく　十中八九
[注]「じゅっちゅうはっく」とも。
じっちょく　実直　[例]～な人。
じつづき　地続き　[例]隣国と～だ。
しっと　嫉妬　[例]～心が強い人。
しつど　湿度　[例]一定の～を保つ。
じっと　じっと　[例]～している。
じつどう　実動　[例]この機械の～時間は、2万時間に達している。
じつどう　実働　[例]～8時間。
しっとり　しっとり　[例]～した味わいがある。～とぬれる。
しつない　室内　[例]～の整理。

じつに〔副詞〕　実に　公文実に　例～愉快だ。

しつねん　失念　例うっかり～する。

じつは　実は　例～今失業中です。

しっぱい　失敗　例事業に～する。

しっぴつ　執筆　例原稿の～。

しっぷ　湿布　例肩に～をする。

しっぷう　疾風　例～が枯れ葉を巻き上げる。～怒とう。

しっぷうじんらい　疾風迅雷　例～の勢い。

じつぶつ　実物　例～を展示する。

しっぺい　疾病

しっぽ　尻尾団　文尻尾　例犬の～。

しつぼう　失望　例～の極み。

しつぼく　質朴　例～な人。

しつむ　執務　例～時間。～室。

じつむ　実務　例～に携わる。

じづめ　字詰め　文字詰め　例原稿の～を決める。

しつめい　失明　例事故で～する。

しつもん　質問　例～に答える。

しつよう　しつよう〈執拗〉　⇒しつこい・粘り強い　例～に食い下がる。～な勧誘を受ける。

じつよう　実用　例～にはこれで十分だ。～品。

じづら　字面　例～で判断する。

しづらい　しづらい〈為辛い〉　例この照明ではどうも勉強～。

じつり　実利　例～を取る。

じつりょく　実力　例～を出す。

しつれい　失礼　例昨日は～した。

じつれい　実例　例～を挙げる。

しつれん　失恋　例～の痛手。

じつろく　実録　例～映像。

してい　子弟　例～の教育。

してい　私邸　例～に客を招く。

してい　指定　例座席を～する。

してい　師弟　例～の関係を結ぶ。

しでかす　仕出かす〈為出かす〉　例彼は何を～か分からない。

してき　私的　例～感情を交える。

してき　指摘　例欠点を～する。

じてき　自適　例悠々～の暮らし。

してん　支店　例～を出す。

してん　視点　例～を変える。

じてん　字典　例三体漢字～。

じてん　事典　例百科～で調べる。

じてん　辞典　例表記～。国語～。

してんづめ　支店詰め　文支店詰

してんのう　四天王　例業界の～。

しとう　至当　例～な意見。

しどう　指導　例初心者を～する。

しどう　しどう〈斯道〉　⇒この道　例～の権威。

じどう　自動　例～と手動。

じどう　児童　例～文学。

じどうしゃせいびし　自動車整備士

じどうふくしし　児童福祉司

しとげる　仕遂げる〈為遂げる〉　例完全に～。

しとしと　しとしと　例雨が～降る。

じとじと　じとじと　例長雨のため、

～している。

しとめる　仕留める　例1発で～。

しとやか　しとやか〈淑やか〉

じどり　地取り　例建築の前に～をする。

しどろもどろ　しどろもどろ　例問い詰められ、～の答えをする。

しな　品　例珍しい～。～ぞろえ。

しない　竹刀付　例～の素振り。

しなう　しなう〈撓う〉　例よく～。

しなうす　品薄　例人気商品のため～だ。

しなおす　し直す〈為直す〉

しなぎれ　品切れ　⊗品切れ　例その商品はただ今～です。

しなさだめ　品定め　⊗品定め　例～をする。

しなじな　品々　例珍しい～。

しなびる　しなびる〈萎びる〉

しなもの　品物　例望みの～。

しなやか　しなやか　例～な動き。

じならし　地ならし〈地均し〉

じなり　地鳴り　⊗地鳴り　例～がする。

しなん　指南　例剣道を～する。

じなん　次男〈二男〉
付戸籍では、「二男」と書く。

しにおくれる　死に後れる　例死ぬべき時に～。

しにがお　死に顔　⊗死に顔　例安らかな～。

しにがね　死に金　⊗死に金　例～

だと思って出してやろう。

しにぎわ　死に際　⊗死に際　例～を飾る。

しにざま　死にざま〈死に様〉

しにせ　老舗付

しにそこなう　死に損なう

しにたえる　死に絶える　⊗死に絶える　例大昔に死に絶えた動物。

しにどき　死に時　⊗死に時

しにどころ　死に所〈死に処〉　例～を探す。

しにば　死に場　⊗死に場　例～を求めてさまよい歩く。

しにはじ　死に恥　⊗死に恥　例～をさらす。

しにばな　死に花　⊗死に花　例～を咲かせる。

しにみず　死に水　⊗死に水　例～を取る。

しにめ　死に目　⊗死に目　例親の～に間に合った。

しにものぐるい　死に物狂い　⊗死に物狂い　例～で頑張る。

しにょう　し尿〈屎尿〉　公し尿
⇒大小便・汚物　例～の処理。

しにわかれ　死に別れ　⊗死に別れ　例妻とは数年前～ました。

しにわかれる　死に別れる

じにん　自任　例秀才と～する。

じにん　自認　例失敗を～する。

じにん　辞任　例会長を～する。

しぬ　死ぬ　⊗死ぬ　例病気で～。

じぬし　地主

しのぎ　しのぎ〈鎬〉　例金メダルを得ようと互いに〜を削る。

しのぐ　しのぐ〈凌ぐ〉　例昨年の生産量をはかるに〜。飢えを〜。

しのこす　し残す〈為残す〉

しののめ　しののめ〈東雲〉

しのばせる　忍ばせる　文忍ばせる

しのび　忍び　文忍び　例〜の者。

しのびあし　忍び足　文忍び足　例〜で歩く。

しのびあるき　忍び歩き　文忍び歩き

しのびこむ　忍び込む　文忍び込む

しのびなき　忍び泣き　文忍び泣き　例隣室から〜の声が漏れる。

しのびやかだ　忍びやかだ　文忍びやかだ

しのびよる　忍び寄る　例後ろからそっと〜。音もなく〜。

しのぶ　忍ぶ　文忍ぶ　例人目を〜。つらさを〜。

しのぶ　しのぶ〈偲ぶ〉　例祖国を〜。

しば　芝〔しば〕　例芝居、芝刈り機　付芝生(しばふ)

しば　芝　例〜を刈る。

しば　しば〈柴〉　例〜を集める。

しはい　支配　例国を〜する。〜人。

しばい　芝居　例〜に夢中になる。

しばいぎ・しばいけ　芝居気　例彼はあれでも〜のある男だ。

しばいっけ　芝居っ気

しばかり　芝刈り

しばかり　しば刈り〈柴刈り〉　例おじいさんは山へ〜に行きました。

じはく　自白　例犯行を〜する。

しばし　しばし〈暫し〉　例〜お待ちください。〜ご猶予のほどを。

しばしば　しばしば〈屢々〉　文しばしば　例〜訪れる。

しはす　師走付　例〜の街。注「しわす」とも。

じはだ　地肌　例山の〜が現れる。

しはつ　始発　例〜の電車。

しばふ　芝生付　例〜の手入れ。

しはらい　支払い　公文支払　建支払い　例〜窓口は1番です。

しはらいえんき　支払い延期　例1か月の〜を求める。

しはらいかんじょう　支払い勘定

しはらいにん　支払い人　文支払人　建支払い人

しはらいもとうけだか　支払い元受け高　公文支払元受高　建支払い元受け高

しはらう　支払う　文支払う　例代金を〜。

しばらく　しばらく〈暫く〉　文しばらく　例〜お待ちください。

しばりあげる　縛り上げる

しばりつける　縛り付ける　例動かないように〜。

しばる　縛る　文縛る　例縄で〜。

しはん　市販　例〜の商品。

しはん　師範　例日本舞踊の～。

しはん　紫斑　例皮膚に～が現れる。

じばん　地盤　例～が沈下する。

しはんき　四半期　例第1～。

じひ　自費　例～出版。

じひ　慈悲　例～の心が深い人。

じびか　耳鼻科　例～に通う。

じびき　字引　公文字引　例～を引く。

じびきあみ　地引き網　文地引き網

じひつ　自筆　例～の手紙。

じひびき　地響き　文地響き　例大木が～を立てて倒れた。

じひょう　辞表　例～を出す。

しびれる　しびれる〈痺れる〉

しぶ　渋　例柿の～。

しぶい　渋い　文渋い　例好みが～。

しぶがき　渋柿

しぶがみ　渋紙　例～は丈夫だ。

しぶき　しぶき〈飛沫〉　例波の～。

しふく　私腹　例～を肥やす。

しふく　雌伏　例～5年。

しぶく　しぶく　例波が～。雨が激しく～。

しぶさ　渋さ　文渋さ

しぶしぶ　渋々・しぶしぶ　例やむを得ず～承知する。

じぶつ　事物　例危険な～。

しぶとい　しぶとい　例何て～やつだ。しぶとく食い下がる。

しぶぬき　渋抜き　文渋抜き　例柿の～。

しぶぬり　渋塗り　文渋塗り　例最後に～をして仕上げる。

しぶみ　渋み・渋味　文渋み　例～がある。

しぶりばら　渋り腹

しぶる　渋る　文渋る　例返事を～。

じぶん　自分　例～でやるよ。

じぶん　時分　例今～。～をうかがう。

じぶんかって　自分勝手　例～なことを言う。

じぶんじしん　自分自身　例～を省みる。

しへい　紙幣　例硬貨と～。

じべた　地べた　例～に座る。

しべつ　死別　例生別と～。

しへん　紙片

じへん　事変　例満州～。

しぼ　思慕　例～の情が募る。

しほう　司法　例～試験。～権。

しぼう　死亡　例事故で～した。

しぼう　志望　例進学を～する。

しぼう　脂肪　例～の塊。～分。

じほう　時報　例正午の～。

しほうしょし　司法書士

しほうだい　し放題〈為放題〉　例好き勝手なことの～。

しぼつ　死没〈死歿〉

しぼむ　しぼむ〈萎む・凋む〉　例計画が～。風船が～。花が～。

しぼり　絞り　文絞り　例～の浴衣。

しぼりあげる　絞り上げる　文絞り

上げる [例]ぎゅうぎゅう～。
しぼりじる　搾り汁
しぼりぞめ　絞り染め　[文]絞り染め
[例]～のへこ帯を締めて出掛ける。
しぼりたて　搾り立て　[例]～の果汁。
しぼる　絞る　[文]絞る　[例]雑巾を～。
しぼる　搾る　[文]搾る
[注]「絞る・搾る」の使い分けは、「「異字同訓」の漢字の使い分け」参照。
しほん　資本　[例]～を蓄積する。
しま　島　[例]～に渡る。
しま　しま〈縞〉　[例]～模様の洋服。
しまい　仕舞　[文]仕舞　[例]～のおさらい。
しまい　姉妹　[例]～都市。～編。
しまい　しまい〈仕舞い・終い・了い〉　[例]これでもうお～だ。
しまう　しまう〈仕舞う・終う・了う〉　[例]古い服を物置に～。
…(て)しまう　…(て)しまう〈…(て)仕舞う・…(て)終う・…(て)了う〉　[公][文]…てしまう
[注]公用文では、「書いてしまう。」のように用いるときは、原則として、仮名で書く。
しまうま　しま馬〈縞馬〉
しまおくそく　しま臆測〈揣摩臆測〉
⇒当て推量・想像
しまぐに　島国　[例]我が国は～だ。
しまつ　始末　[例]～を付ける。
しまつしょ　始末書　[例]～を書く。
しまつする　始末する　[文]始末する
[例]後をちゃんと始末しなさい。
しまづたい　島伝い
しまながし　島流し
しまり　締まり　[文]締まり　[例]～を付ける。
しまる　締まる　[文]締まる　[例]身が～。
しまる　絞まる　[文]絞まる　[例]首が～。
しまる　閉まる　[文]閉まる　[例]門が～。
[注]「締まる・絞まる・閉まる」の使い分けは、「「異字同訓」の漢字の使い分け」p.296参照。
じまわり　地回り　[文]地回り
じまん　自慢　[例]～話。

さ行

「異字同訓」の漢字の使い分け

しぼる
【絞る】ねじって水分を出す。無理に出す。小さくする。
手拭いを絞る。知恵を絞る。声を振り絞る。範囲を絞る。音量を絞る。
【搾る】締め付けて液体を取り出す。無理に取り立てる。
乳を搾る。レモンを搾った汁。ゴマの油を搾る。年貢を搾り取られる。
(平成26年文化審議会国語分科会)

しみ　染み　[文]染み　[例]赤い～。

じみ　地味・じみ　[例]このネクタイは少し～だ。～に暮らす。

[注]「ちみ」と読む場合は、意味が異なる。

じみ　滋味　[例]～豊かな食物。

しみこむ　染み込む　[例]油が～。

しみじみ　しみじみ〈沁々〉　[例]二人だけで～と語る。～と考える。

しみず　清水[付]　[例]～をくむ。

しみだす　染み出す　[例]包み紙に油が～。じわじわと外に～。

じみち　地道　[例]～な仕事。

しみつく　染み付く　[例]汗が～。

しみったれ　しみったれ　[例]～たことを言う。

しみとおる　染みとおる〈染み通る・染み透る〉　[例]心に～。

しみぬき　染み抜き　[文]染み抜き　[例]着物の～を頼む。

しみる　染みる〈沁みる・滲みる〉　[文]染みる　[例]傷口に～。身に～。

しみる　しみる〈凍みる〉　[例]～ような寒さに、思わず身震いが出た。

…じみる　…染みる　[例]子供染みた言動をする。

しみわたる　染み渡る

しみん　市民　[例]～生活。

じむ　事務　[例]～を執る。～所。

しむけ　仕向け

しむけち　仕向け地　[公][文]仕向地　[建]仕向け地

しむける　仕向ける　[例]自発的に物事をするように～。

じむとりあつかい　事務取り扱い　[公][文]事務取扱　[建]事務取り扱い

じむひきつぎ　事務引き継ぎ　[公][文]事務引継　[建]事務引き継ぎ　[例]～をする。

しめ　しめ〈注連〉　[例]～を張る。

「異字同訓」の漢字の使い分け

しまる・しめる

【締まる・締める】緩みのないようにする。区切りを付ける。
ひもが締まる。帯を締める。ねじを締める。引き締まった顔。
心を引き締める。財布のひもを締める。羽交い締め。
売上げを月末で締める。申し込みの締め切り。

【絞まる・絞める】首の周りを強く圧迫する。
ネクタイで首が絞まって苦しい。柔道の絞め技。自らの首を絞める発言。

【閉まる・閉める】開いているものを閉じる。
戸が閉まる。カーテンが閉まる。蓋を閉める。店を閉める。
扉を閉め切りにする。

（平成26年文化審議会国語分科会）

さ行

しめい　氏名　[例]～を書く。
しめい　使命　[例]～を遂行する。
しめい　指名　[例]首班を～する。～権。～手配。
しめかざり　しめ飾り〈注連飾り〉[文]しめ飾り
しめきり　締め切り〈〆切〉[公][文]締切り　[建]締め切り　[例]～は今月末です。
しめきりび　締め切り日　[公][文]締切日　[建]締め切り日　[例]～を厳守する。
しめきる　締め切る　[文]締め切る
しめくくり　締めくくり〈締め括り〉[文]締めくくり　[例]～の発言。
しめくくる　締めくくる〈締め括る〉
しめこみ　締め込み　[例]～をきりりと着けた力士。
しめころす　絞め殺す
しめし　示し　[文]示し　[例]部下に～が付かない。
しめしあわせる　示し合わせる　[文]示し合わせる　[例]両者が～。
しめす　示す　[文]示す　[例]要点を～。
しめす　湿す　[文]湿す　[例]霧を吹いて～。
しめた　しめた　[例]～、今度こそうまくいくぞ。
しめだし　締め出し
しめだす　締め出す　[文]締め出す
しめつ　死滅　[例]～した生物の化石。
じめつ　自滅　[例]～をする。
しめつける　締め付ける　[例]強い力でぐいぐいと～。
しめっぽい　湿っぽい　[例]～空気。
しめなわ　しめ縄〈注連縄〉
しめやか　しめやか　[例]～な弔辞。
しめらす　湿らす　[文]湿らす　[例]喉を～。
しめり　湿り　[文]湿り　[例]布の～。
しめりけ　湿り気　[例]この押し入れの中は、～がひどい。
しめる　占める　[文]占める　[例]学生が大半を～。東側に位置を～。
しめる　湿る　[文]湿る　[例]空気が～。
しめる　締める　[文]締める　[例]ベルトを～。
しめる　絞める　[文]絞める　[例]首を～。
しめる　閉める　[文]閉める　[例]雨戸を～。

[注]「締める・絞める・閉める」の使い分けは、「「異字同訓」の漢字の使い分け」p.296参照。

しめん　紙面　[例]新聞の～。
しめん　誌面　[例]～を飾る特集記事。
じめん　地面　[例]～にじかに置く。
しも　下　[例]～の世話。～半期。
しも　霜　[例]～が降りる。
しもがれ　霜枯れ　[文]霜枯れ　[例]～時。
じもく　耳目　[例]～を驚かす。
しもごえ　下肥　[文]下肥　[例]～を施す。

さ行

しもじも　下々　㊐〜の意見。

しもて　下手　㊐舞台の〜。

じもと　地元　㊐〜の要望。

しもどけ　霜解け〈霜融け〉　㊐〜の
　ぬかるみ道。

しもばしら　霜柱　㊐見事な〜。

しもぶくれ　下膨れ〈下脹れ〉

しもふり　霜降り　㊡霜降り　㊐〜
　の牛肉。

しもやけ　霜焼け　㊡霜焼け

しもよけ　霜よけ〈霜除け〉

しもん　指紋　㊐〜が付く。

しもん　試問　㊐口頭〜。

しもん　諮問　㊡諮問　㊐大臣の〜。

じもんじとう　自問自答　㊐〜する。

しゃ　写³(寫)〔シャ
うつす・うつる〕　㊐写
　真、写生、描写、映写、書写

しゃ　社²(社)〔シャ
やしろ〕　㊐社会、会
　社、退社、神社

しゃ　車¹〔シャ
くるま〕　㊐車輪、車庫、電
　車、停車　㊥山車(だし)

しゃ　舎⁵〔シャ〕　㊐舎弟、舎監、校
　舎、宿舎、庁舎、寄宿舎　㊥田
　舎(いなか)

しゃ　者³(者)〔シャ
もの〕　㊐医者、前者、
　学者、第三者　㊥猛者(もさ)

しゃ　砂⁶〔サ・シャ
すな〕　㊐砂石、土砂、
　金砂、白砂青松　㊥砂利(じゃり)

しゃ　射⁶〔シャ
いる〕　㊐射撃、照射、反
　射、発射、噴射、日射病

しゃ　捨⁶〔シャ
すてる〕　㊐捨象、捨身、
　喜捨、取捨選択、四捨五入

しゃ　赦〔シャ〕　㊐赦罪、赦免、大
　赦、容赦、恩赦

しゃ　斜〔シャ
ななめ〕　㊐斜線、斜辺、斜
　陽、斜塔、斜面、傾斜

しゃ　煮(煮)〔シャ
にる・にえる・にやす〕
　㊐煮沸

しゃ　遮〔シャ
さえぎる〕　㊐遮断、遮光

しゃ　謝⁵〔シャ
あやまる〕　㊐謝意、謝礼、
　謝絶、感謝、陳謝、慰謝料

しや　視野　㊐〜が広い人。

じゃ　邪〔ジャ〕　㊐邪悪、邪念、邪
　魔、邪教、邪心、邪推、正邪
　㊥風邪(かぜ)

じゃ　蛇〔ジャ・ダ
へび〕　㊐蛇の目、蛇口、
　蛇腹、大蛇、毒蛇、白蛇

しゃいん　社員　㊐〜食堂。

じゃあく　邪悪　㊐〜な心。

しゃおん　謝恩　㊐〜会に出る。

しゃか　しゃか〈釈迦〉

しゃかい　社会　㊐〜見学。地域〜。

しゃかいふくしし　社会福祉士

しゃかいほけんろうむし　社会保険
　労務士

しゃがむ　しゃがむ

しゃかん　舎監　㊐学生寮の〜。

しゃきょう　写経　㊐熱心に〜する。

しゃく　尺⁶〔シャク〕　㊐尺度、尺八、
　尺貫法、縮尺、巻き尺

しゃく　石¹〔セキ・シャク・コク
いし〕　㊐磁
　石、盤石、温石

しゃく　赤¹〔セキ・シャク
あか・あかい・あか
らむ・あからめる〕　㊐赤

口、赤銅色　田真っ赤(まっか)

しゃく　昔³〔セキ・シャク／むかし〕　例今昔

しゃく　借⁴〔シャク／かりる〕　例借用、借金、借地、借財、拝借、貸借

しゃく　酌〔シャク／くむ〕　例酌量、晩酌、独酌、参酌、手酌、お酌をする

しゃく　釈(釋)〔シャク〕　例釈然、釈明、釈放、注釈、解釈、会釈

しゃく　爵〔シャク〕　例爵位、伯爵

しゃく　しゃく〈癪〉　例〜に障る。〜の種。

じゃく　若⁶〔ジャク・ニャク／わかい・もしくは〕　例若輩、若年、若干、自若、傍若無人　田若人(わこうど)

じゃく　弱²〔ジャク／よわい・よわる・よ・わまる・よわめる〕　例弱点、弱小、弱者、文弱、貧弱、強弱、１メートル弱

じゃく　寂〔ジャク・セキ／さび・さびしい・さびれる〕　例寂滅、閑寂、静寂、幽寂

じゃく　着³〔チャク・ジャク／きる・きせる・つく・つける〕　例愛着、執着　注「愛着」は「あいちゃく」、「執着」は「しゅうちゃく」とも。

しゃくい　爵位

しゃくし　しゃくし〈杓子〉　例〜定規。

じゃくしょう　弱小　例〜チーム。

しゃくぜん　釈然　例〜としない。

じゃぐち　蛇口　例水道の〜。

じゃくてん　弱点　例〜をつかむ。

しゃくど　尺度　例物事の〜。

しゃくどう　赤銅　例〜色の皮膚。

じゃくにくきょうしょく　弱肉強食

しゃくねつ　しゃく熱〈灼熱〉

じゃくねん　若年・弱年　例〜の頃に描いていた夢。　注新聞では、「若年」と書く。

じゃくねん　寂然　例〜たる神社。　注「せきぜん」とも。

じゃくはい　若輩・弱輩　例〜者。　注新聞では、「若輩」と書く。

しゃくほう　釈放　例身柄の〜。

しゃくめい　釈明　例事情を〜する。

じゃくめつ　寂滅　例〜為楽。

しゃくや　借家　例〜住まい。

しゃくよう　借用　例〜証書。

しゃくりょう　酌量　例情状〜。

しゃげき　射撃　例〜の名手。

じゃけん　邪険〈邪慳〉　例〜に扱う。

しゃこ　車庫　例車を〜へ入れる。

しゃこう　社交　例〜ダンス。

しゃこう　遮光　例〜カーテン。

しゃこう　しゃ口〈藉口〉　⇒口実・かこつけ　例芸術に〜して出資させる。

しゃこうしん　射幸心〈射倖心〉　例人の〜をそそる。

しゃさい　社債　例〜の募集。

しゃざい　謝罪　例相手に〜する。

しゃし　しゃし〈奢侈〉　⇒おごり・ぜいたく　例〜に流れる。

しゃじ　社寺　例有名な〜を訪れる。

しゃじく　車軸　例〜を固定する。

さ行

しゃじつ　写実　例〜主義。〜的。

しゃしょう　車掌　例〜と運転士。

しゃしょう　捨象　例余計なものを〜する。

しゃしん　写真　例撮影をする。

しゃしんき　写真機

しゃしんばん　写真版　例昔は〜を作って印刷した。

じゃすい　邪推　例友達に〜された。〜しては人をけなす。

しゃする　謝する　例有り難く〜。

しゃせい　写生　例郊外へ〜に行く。

しゃせつ　社説　例〜を読む。

しゃぜつ　謝絶　例面会〜。

しゃせん　斜線　例〜を引く。

しゃそう　車窓　例〜からの眺め。

しゃだつ　しゃだつ〈洒脱〉⇒あか抜けした・俗気のない

しゃだん　社団　例一般〜法人。

しゃだん　遮断　例交通を〜する。

しゃだんき　遮断機　例踏切の〜。

しゃっかん　借款　例先進国から〜する。円〜。

じゃっかん　若干　例〜名。

じゃっかん　弱冠　例〜16歳で、世界記録保持者となる。

しゃっかんほう　尺貫法　例昔は〜を用いていた。

じゃっき　じゃっ起〈惹起〉⇒引き起こすこと　例大臣の進退問題を〜した。

しゃっきん　借金　例親から〜する。

しゃっくり　しゃっくり〈吃逆〉

しゃにむに　遮二無二・しゃにむに　例〜要求を通そうとする。

じゃのめ　蛇の目　例〜の模様。〜傘。

しゃば　しゃば〈娑婆〉　例まだ〜に未練がある。

じゃばら　蛇腹　例〜のカーテン。

しゃふつ　煮沸　例〜消毒する。

しゃへい　遮蔽　例外部から〜する。

しゃべる　しゃべる〈喋る〉　例あの人はよく〜。

じゃま　邪魔　例〜が入る。

しゃみせん　三味線付　例〜の音。

しゃめん　斜面　例急な〜。

しゃめん　赦免　例〜状。

しゃもじ　しゃもじ〈杓文字〉　例〜ですくう。樹脂製の〜。

じゃり　砂利付　例〜を敷く。

しゃりょう　車両〈車輌〉　文車両　例〜故障のため電車が遅れた。

しゃりん　車輪　例機関車の〜。

しゃれ　しゃれ〈洒落〉　例〜を言う。お〜な人。

しゃれい　謝礼　例〜を出す。

しゃれこうべ　しゃれこうべ〈髑髏〉

しゃれる　しゃれる〈洒落る〉

じゃれる　じゃれる〈戯れる〉

じゃんけん　じゃんけん〈じゃん拳〉

しゅ　手¹〔シュ　てて・た〕　例手術、手記、手交、手段、手腕、挙手、触手、選手、握手、下手人、好敵手

付：付表の語　×：表外字　△：表外音訓　〈　〉：参考表記　⇒：言い換え等

国上手（じょうず）、下手（へた）、手
伝う（てつだう）

しゅ　主³〔シュ・ス
ぬし・おも〕　例主演、主人、
主権、主義、施主、社主

しゅ　守³〔シュ・ス
まもる・もり〕　例守備、守
衛、厳守、攻守、保守、天守閣

しゅ　朱〔シュ〕　例朱肉、朱色、朱
印、朱筆、朱書、朱塗り

しゅ　取³〔シュ
とる〕　例取捨、取得、取
材、聴取、採取

しゅ　狩〔シュ
かる・かり〕　例狩猟

しゅ　首²〔シュ
くび〕　例首都、首位、首
尾、首席、元首、一首、自首

しゅ　殊〔シュ
こと〕　例殊勝、殊勲、殊恩、
特殊

しゅ　珠〔シュ〕　例珠算、珠玉、真
珠、宝珠　国数珠（じゅず）

しゅ　酒³〔シュ
さけ・さか〕　例酒客、酒食、
酒宴、酒精、洋酒、飲酒、禁酒、
日本酒　国お神酒（おみき）

しゅ　修⁵〔シュウ・シュ
おさめる・おさまる〕　例修行、
修羅場、修験者

しゅ　衆⁶〔シュウ・シュ〕　例衆生、若
衆、若い衆

しゅ　腫〔シュ
はれる・はらす〕　例腫瘍

しゅ　種⁴〔シュ
たね〕　例種子、種族、種
痘、種類、人種、品種、各種

しゅ　趣〔シュ
おもむき〕　例趣旨、趣味、
趣向、趣興、意趣、情趣、野趣

じゅ　寿（壽）〔シュ
ことぶき〕　例寿命、寿
齢、寿詞、長寿、天寿、米寿

じゅ　受³〔シュ
うける・うかる〕　例受信、受

講、受諾、受験、受益者、甘受、
感受性

じゅ　呪〔ジュ
のろう〕　例呪縛、呪文

じゅ　従⁶（從）〔ジュウ・ショウ・ジュ
したがう・したがえる〕
例従二位、従三位（じゅさんみ）

じゅ　授⁵〔ジュ
さずける・さずかる〕　例授業、
授乳、授与、伝授、教授

じゅ　就⁶〔シュウ・ジュ
つく・つける〕　例成就

じゅ　需〔ジュ〕　例需要、需給、特需、
軍需、必需品

じゅ　儒〔ジュ〕　例儒道、儒教、儒
学、儒者、大儒

じゅ　樹⁶〔ジュ〕　例樹木、樹立、樹
齢、果樹、針葉樹、街路樹、合
成樹脂

しゅい　主意　例以上の事業を行う
ことを～とする。本会の～。

しゅい　首位　例～の座を奪う。

しゅい　趣意　例会設立の～。～書。

しゅう　収⁶（收）〔シュウ
おさめる・おさまる〕
例収穫、収容、収入、回収、吸
収、押収

しゅう　囚〔シュウ〕　例囚人、囚役、
虜囚、幽囚、死刑囚

しゅう　州³〔シュウ
す〕　例州都、州議
会、六大州、欧州、本州、奥州

しゅう　舟〔シュウ
ふね・ふな〕　例舟運、舟艇、
舟航、軽舟、漁舟

しゅう　秀〔シュウ
ひいでる〕　例秀作、秀麗、
秀逸、秀才、優秀、俊秀

しゅう　周⁴〔シュウ
まわり〕　例周期、周知、
周辺、周囲、円周、3周年

しゅう　宗[6]〔シュウ・ソウ〕　例宗教、宗派、宗旨、宗義、改宗

しゅう　拾[3]〔シュウ・ジュウ・ひろう〕　例拾得、拾遺、収拾

しゅう　秋[2]〔シュウ・あき〕　例秋雨、秋分、秋季、晩秋、初秋、麦秋、立秋、春夏秋冬

しゅう　臭(臭)〔シュウ・くさい・におう〕　例臭気、臭悪、異臭、体臭、激臭、悪臭、俗臭

しゅう　祝[4](祝)〔シュク・シュウ・いわう〕　例祝儀、祝言、祝着、不祝儀　付祝詞(のりと)

しゅう　修[5]〔シュウ・シュ・おさめる・おさまる〕　例修飾、修養、修理・必修、改修

しゅう　袖〔シュウ・そで〕　例領袖

しゅう　執〔シツ・シュウ・とる〕　例執念、執心、執着、偏執、妄執、我執

しゅう　終[3]〔シュウ・おわる・おえる〕　例終日、終局、終了、最終、有終の美

しゅう　羞〔シュウ〕　例羞恥心

しゅう　習[3]〔シュウ・ならう〕　例習性、習慣、習得、学習、練習、予習、講習

しゅう　週[2]〔シュウ〕　例週間、週末、週刊誌、隔週、毎週、週の初め

しゅう　就[6]〔シュウ・ジュ・つく・つける〕　例就職、就学、就任、就寝、就眠、去就

しゅう　衆[6]〔シュウ・シュ〕　例衆寡、衆知、民衆、聴衆、群衆、大衆

しゅう　集[3]〔シュウ・あつまる・あつめる・つどう〕　例集合、集団、集結、全集、歌集、第1集

しゅう　愁〔シュウ・うれえる・うれい〕　例愁嘆、愁傷、哀愁、郷愁、旅愁、憂愁

しゅう　酬〔シュウ〕　例報酬、応酬

しゅう　醜〔シュウ・みにくい〕　例醜怪、醜聞、醜悪、醜態、美醜、醜をさらす

しゅう　蹴〔シュウ・ける〕　例一蹴

しゅう　襲〔シュウ〕　例襲撃、襲名、世襲、来襲、空襲、敵襲、夜襲

しゅう　雌雄　例ひよこの〜を見分ける。〜の鑑別法。

じゅう　十[1]〔ジュウ・ジッ・とお・と〕　例十字、十悪、十五夜、十字架、十文字、十を二倍する　付十重二十重(とえはたえ)、二十・二十歳(はたち)、二十日(はつか)

じゅう　中[1]〔チュウ・ジュウ・なか〕　例一年中、家中、町中

じゅう　汁〔ジュウ・しる〕　例果汁、肉汁、液汁、墨汁、胆汁、一汁一菜

じゅう　充〔ジュウ・あてる〕　例充足、充満、充実、充電、充血、補充

じゅう　住[3]〔ジュウ・すむ・すまう〕　例住所、住民、住宅、安住、衣食住

じゅう　柔〔ジュウ・ニュウ・やわらか・やわらかい〕　例柔順、柔軟、柔道、懐柔、優柔不断

じゅう　重[3]〔ジュウ・チョウ・え・おもい・かさねる・かさなる〕　例重要、重量、重点、重視、重大、重圧、加重、厳重、二重　付十重二十重(とえはたえ)

じゅう　拾[3]〔シュウ・ジュウ〕　例拾万円、平成弐拾参年拾月壱日

じゅう　従⁶(從)〔ジュウ・ショウ・ジュ〕〔したがう・したがえる〕
　例従属、従順、従者、従事、服従、主従、忍従、専従者

じゅう　渋(澁)〔ジュウ〕〔しぶ・しぶい・しぶる〕
　例渋滞、渋面、難渋、苦渋

じゅう　銃〔ジュウ〕　例銃砲、銃声、銃弾、小銃、猟銃、機関銃

じゅう　獣(獸)〔ジュウ〕〔けもの〕　例獣医師、獣類、猛獣、怪獣、鳥獣

じゅう　縦⁶(縱)〔ジュウ〕〔たて〕　例縦列、縦貫、縦覧、縦横、縦断、操縦

…じゅう　…中　例日本〜。一日〜暑かった。

じゅう　自由　例表現の〜。

じゅう　事由　例中止の〜。

しゅうあく　醜悪　例〜さが目につく。

しゅうい　周囲　例池の〜。

じゅういし　獣医師

しゅういつ　秀逸　例〜な絵。

しゅうう　しゅう雨〈驟雨〉　⇒にわか雨　例〜に見舞われる。

しゅううん　舟運　例〜の便。

しゅうえき　収益　例〜を寄付する。

しゅうえん　終えん〈終焉〉　⇒最期　例ここがあの人の〜の地だ。

じゅうおう　縦横　例鉄道が〜に走っている。

しゅうか　集荷〈蒐荷〉　例〜機関。

しゅうか　衆寡　例〜敵せず。

しゅうかく　収穫　例みかんの〜。

しゅうかく　臭覚　例〜が鋭い。

しゅうがく　修学　例〜旅行。

しゅうがく　就学　例〜率。

じゆうがた　自由形　例100メートル〜に出場する。

しゅうかん　週刊　例〜誌。隔〜。

しゅうかん　週間　例交通安全〜。

しゅうかん　習慣　例良い〜。

じゅうかん　縦貫　例〜道。

しゅうき　周忌　例祖父の七〜。

しゅうき　周期　例それは〜的に発生する。３年を〜とする。

しゅうき　秋季　例〜運動会。

しゅうき　秋期　例〜講習会。

しゅうき　臭気　例〜を放つ。

しゅうぎ　祝儀　例御〜袋。

じゅうき　じゅう器〈什器〉　⇒器物　例〜を買い求める。

しゅうぎかい　州議会　例ワシントン〜。

しゅうきどめ　臭気止め　文臭気止め

しゅうきゃく　集客　例〜力。

しゅうきゅう　週休　例〜二日制。

しゅうきゅう　週給　例賃金は〜で支払われる。〜５万円。

しゅうきゅう　蹴球　⇒サッカー　例〜の試合。

じゅうきょ　住居　例新しい〜。

しゅうきょう　宗教　例〜の自由。

しゅうぎょう　修業　例高校の課程を〜する。
　注「しゅぎょう」とも。

１〜６：教育漢字学年配当　　公：法令・公用文の表記　　文：文科省語例集の表記

しゅうぎょう　終業　例始業は午前9時で、〜は午後5時です。

しゅうぎょう　就業　例〜時間は1日8時間とする。〜規則。

しゅうきょく　終曲　例序曲と〜。

しゅうきょく　終局　例事件はついに悲しい〜を迎えた。

しゅうきょく　終極　例〜の目標。

しゅうぎょとう　集魚灯

しゅうけい　集計　例投票の〜。

しゅうげき　襲撃　例空から突然〜された。〜部隊。

しゅうけつ　終結　例事件の〜。

しゅうけつ　集結　例部隊が〜する。

しゅうげん　祝言　例〜を挙げる。

しゅうこう　周航　例遊覧船に乗って湖を〜する。

しゅうこう　修好　例〜条約。

しゅうこう　就航　例新造船の〜。

しゅうこう　集光　例〜レンズ。

しゅうごう　集合　例〜時刻を守る。

しゅうさい　秀才　例彼は〜だ。

しゅうし　終始　例〜友好的に接する。ゲームで攻撃に〜する。

じゅうし　重視　例発言を〜する。

じゅうじ　従事　例職務に〜する。

じゅうじか　十字架

しゅうじつ　終日　例〜家にいる。

じゅうじつ　充実　例〜した一日を過ごす。内容を〜させる。

じゅうしまつ　じゅうしまつ〈十姉妹〉　例〜を飼う。

しゅうじゃく　執着　例〜を持つ。
　囲「しゅうちゃく」とも。

しゅうじゅ　収受　例文書の〜及び配布。

しゅうしゅう　収拾　例事態の〜。

しゅうしゅう　収集〈蒐集〉　例切手を〜する。〜家。

じゅうじゅう　重々　例〜承知しております。〜おわびします。

しゅうしゅく　収縮　例筋肉の〜。

しゅうじゅく　習熟　例業務に〜する。

じゅうじゅん　従順・柔順　例〜な態度。
　囲新聞では、「従順」と書く。

じゅうしょ　住所　例〜の変更。

しゅうしょう　愁傷　例御〜様です。

しゅうしょう　周章　例〜ろうばい。

じゅうしょう　重症　例〜の患者。

じゅうしょう　重傷　例〜を負う。

しゅうしょく　修飾　例〜の多い文。

しゅうしょく　就職　例〜のあっせんを依頼する。〜難。

じゅうじろ　十字路　例この先の〜を右に曲がればよい。

しゅうしん　執心　例出世に〜する。

しゅうしん　就寝　例〜の時刻。

しゅうしん　終身　例〜会員。

しゅうじん　囚人　⇒受刑者　例〜服。

しゅうせい　修正　例原案の〜。

しゅうせい　修整　例写真の〜。

しゅうせい　終生〈終世〉　例この御恩は～忘れません。

しゅうせい　習性　例動物の～。

しゅうせき　集積　例産業の～。廃棄物を所定の場所に～する。

しゅうせん　周旋　例就職の～。

しゅうせん　終戦　例～の日。

しゅうぜん　修繕　例時計の～。

じゅうぜん　従前　例～の例による。

じゅうそう　重曹

じゅうそう　縦走　例南アルプスを～する。山脈が～している。

しゅうそく　収束　例事態の～。

しゅうそく　終息〈終熄〉　例騒ぎがようやく～した。

しゅうぞく　習俗　例伝統的な～。

じゅうそく　充足　例～した生活。

じゅうぞく　従属　例強国に～する弱小国。～的な地位。

しゅうたい　醜態　例～をさらす。

じゅうたい　重体・重態　例意識不明の～。

　　　注新聞では、「重体」と書く。

じゅうたい　渋滞　例交通～。

じゅうだい　重大　例～な問題だ。

じゅうたく　住宅　例～の購入。

しゅうだん　集団　例～健診。

じゅうたん　じゅうたん〈絨緞・絨毯〉　⇒カーペット　例ふかふかの～を敷いた部屋。

じゅうだん　銃弾　例～をよける。

じゅうだん　縦断　例アメリカ大陸

を～する。～面。

しゅうたんば　愁嘆場　例～を演じる。

しゅうち　周知　例それは～の事実だ。一般に～徹底させる。

しゅうち　衆知〈衆智〉　例～を集めて善後策を講じる。

しゅうち　羞恥　例～心。

しゅうちゃく　執着　例～を持つ。

　　　注「しゅうじゃく」とも。

しゅうちゃく　終着　例～駅。

しゅうちゅう　集中　例意識を～して聞く。～攻撃を加える。

しゅうちょう　しゅう長〈酋長〉

じゅうちん　重鎮　例教育界の～。

しゅうてい　舟艇　例上陸用～。

しゅうてん　終点　例バスの～。

じゅうてん　重点　例施設の拡充に～を置く。～的に配分する。

じゅうてん　充填　文充塡　例隙間にセメントを～する。

じゅうでん　充電　例蓄電池に～をする。～期間。

しゅうと　しゅうと〈舅〉　例～と一緒に暮らす。

しゅうとう　周到　例～な準備。

じゅうとう　充当　例費用を～する。

じゅうどう　柔道　例～と剣道。

じゅうどうせいふくし　柔道整復師

しゅうどうに　修道尼　例～となって奉仕する。

しゅうとく　拾得　例10万円入りの

さ行

財布を〜した。〜物。

しゅうとく　修得　例単位の〜。

しゅうとく　習得　例言葉の〜。

しゅうとめ　しゅうとめ〈姑〉　例〜
と一緒に暮らす。

じゅうなん　柔軟　例〜な体を作る。
〜仕上げ剤。

しゅうにゅう　収入　例毎月の〜。

しゅうにん　就任　例会長に〜する。

じゅうにんなみ　十人並み　文十人
並み　例〜の腕前。

しゅうねん　周年　例5〜記念。

しゅうねん　執念　例〜に凝り固ま
る。〜深い。

しゅうのう　収納　例〜用の家具。

しゅうは　宗派　例仏教の〜。

しゅうはい　集配　例〜業務。

じゅうばこ　重箱　例〜に料理を詰
める。〜読み。

しゅうび　愁眉　例〜を開く。

しゅうぶん　秋分　例〜の日。

じゅうぶん　十分・じゅうぶん〈充
分〉　文十分　例もうこれで〜
だ。〜に御覧ください。

注新聞では、「十分・じゅうぶん」と書
く。

しゅうへき　習癖　例変わった〜。

しゅうへん　周辺　例ホテルの〜。

しゅうほう　秀峰　例アルプスの〜。

じゅうほう　重宝〈什宝〉　例代々伝
わる〜。

じゅうほう　銃砲　例〜の音。

しゅうまつ　週末　例〜の予定。

しゅうまつ　終末　例大事件もめで
たく〜を迎えた。〜期医療。

じゅうまん　充満　例煙が〜する。

じゅうまんえん　十万円・拾万円
例金〜。

じゅうみん　住民　例〜の意思を反
映する。〜税。〜登録。

しゅうめい　襲名　例師匠の名を〜
する。〜披露。

じゅうもんじ　十文字　例小包にひ
もを〜に掛ける。

じゅうやく　重役　例会社の〜。

しゅうよう　収用　例土地を〜する。

しゅうよう　収容　例〜可能人数。

しゅうよう　修養　例精神〜をする。

じゅうよう　重要　例〜な問題。

じゅうらい　従来　例〜のやり方。

しゅうらく　集落〈聚落〉　例あちこ
ちに〜が見える。

じゅうらん　縦覧　例一般の〜。

しゅうり　修理　例時計を〜に出す。

しゅうりょう　修了　例規定の課程
を〜したことを証する。

しゅうりょう　終了　例めでたく任
務を〜した。

じゅうりょう　重量　例規定の〜。

じゅうりょうあげ　重量挙げ　例〜
で金メダルを取る。

じゅうりん　じゅうりん〈蹂躙〉
⇒踏みにじる・(人権)侵害
例人権〜の疑いがある。

さ行

じゅうるい　獣類　例〜と鳥類。

しゅうれん　修練・修錬　例〜を積み重ねる。技の〜。

しゅうれん　収れん〈収斂〉　例血管の〜。〜剤。〜レンズ。

しゅうろく　収録　例資料を〜する。

しゅうろく　集録　例研究集会の〜。

しゅうわい　収賄　例〜の罪。

しゅえい　守衛　例〜の募集。

じゅえき　受益　例〜者負担金。

しゅえん　主演　例〜の女優。

しゅえん　酒宴　例〜を催す。

しゅかい　首かい〈首魁〉　⇒首領・首謀者　例盗賊の〜。

　　　注法令では、「首魁」は用いない。「首謀者」を用いる。

しゅかく　主客　例〜転倒。

じゅがく　儒学　例〜思想。

しゅかん　主観　例〜と客観。

しゅがん　主眼　例調査の〜。

しゅき　酒気　例〜を帯びる。

しゅぎ　主義　例〜に反する。

じゅきゅう　需給　例〜の調節。

しゅぎょう　修行　例武者〜。

しゅぎょう　修業　例〜を積む。

　　　注「しゅうぎょう」とも。

じゅきょう　儒教　例〜の教え。

じゅぎょう　授業　例理科の〜。

しゅぎょく　珠玉　例〜の文章。

しゅく　叔〔シュク〕　例伯叔　団叔父(おじ)、叔母(おば)

しゅく　祝⁴(祝)〔シュク・シュウ／いわう〕　例祝賀、祝辞、祝福、祝日、奉祝、慶祝　団祝詞(のりと)

しゅく　宿³〔シュク／やど・やどる・やどす〕　例宿舎、宿題、宿泊、合宿、下宿、宿する

しゅく　淑〔シュク〕　例淑女、淑徳、貞淑、私淑

しゅく　粛(肅)〔シュク〕　例粛正、粛然、粛々、粛啓、粛清、自粛、静粛、厳粛、粛として襟を正す

しゅく　縮⁶〔シュク／ちぢむ・ちぢまる・ちぢめる・ちぢれる・ちぢらす〕　例縮小、縮刷、縮図、収縮、伸縮、短縮、圧縮、軍縮、濃縮液

じゅく　塾〔ジュク〕　例塾生、塾長、私塾、そろばん塾、塾に通う

じゅく　熟⁶〔ジュク／うれる〕　例熟練、熟睡、熟慮、成熟、習熟、早熟、半熟

しゅくが　祝賀　例〜式。〜会。

じゅくがよい　塾通い

しゅくげん　縮減　例経費の〜。

じゅくご　熟語　例この〜の意味が分からない。重要〜集。

しゅくじ　祝辞　例卒業式の〜。

しゅくじつ　祝日　例国民の〜。

しゅくしゃ　宿舎　例〜に落ち着く。

しゅくしゃく　縮尺　例〜50分の1の平面図。

しゅくじょ　淑女　例紳士と〜。

しゅくしょう　縮小　例最初の計画を〜する。拡大と〜。〜図。

しゅくず　縮図　例人生の〜。

さ行

じゅくすい　熟睡　例すっかり〜した。久しぶりに〜ができた。

しゅくする　祝する　例創立10周年を〜。心から御卒業を〜。

じゅくする　熟する　例機が〜。

しゅくせい　粛正　例綱紀の〜。

しゅくせい　粛清　例反対派の〜。

じゅくせい　塾生　例〜の募集。

じゅくせい　熟成　例清酒の〜。

しゅくだい　宿題　例〜をやる。

じゅくたつ　熟達　例〜者。

じゅくち　熟知　例過去のいきさつを〜している。〜の間柄。

しゅくちょく　宿直　例〜勤務。

しゅくはい　祝杯〈祝盃〉　例完成を祝って〜を上げる。

しゅくはく　宿泊　例〜予定。〜客。

しゅくふく　祝福　例神の〜。

しゅくぼう　宿望　例〜がかなう。

しゅくめい　宿命　例前世からの〜。

じゅくりょ　熟慮　例〜の後、断行することに決めた。

じゅくれん　熟練　例機械の操作に〜する。〜工。

しゅくん　殊勲　例〜賞。

しゅげい　手芸　例私の趣味は〜です。〜用品。

しゅけん　主権　例〜者。〜在民。

じゅけん　受検　例検定を〜する。

じゅけん　受験　例大学〜。

しゅご　守護　例〜神。

しゅこう　趣向　例〜を凝らす。

しゅこう　首肯　例〜できない説。

じゅこう　受講　例講座を〜する。

しゅこうぎょう　手工業　例〜と機械工業。〜が発達している。

しゅこうりょう　酒こう料〈酒肴料〉　⇒金一封　例一同に〜として1万円出す。

しゅさい　主宰　例会を〜する。

しゅさい　主催　例政府が〜する協議会。〜者。

しゅざい　取材　例〜記者。

しゅざん　珠算　例〜検定。

じゅさん　授産　例〜施設。

しゅし　主旨　例文章の〜。

しゅし　趣旨　公趣旨　例設立の〜。
注法令では、「旨趣」は用いない。「趣旨」を用いる。

じゅし　樹脂　例植物〜。

しゅしゃ　取捨　例〜選択する。

じゅしゃ　儒者

しゅじゅ　種々　例〜の方法。

じゅじゅ　授受　例文書の〜。

しゅじゅつ　手術　例〜を行う。

しゅしょう　主将　例チームの〜。

しゅしょう　主唱　例運動の〜者。

しゅしょう　首相　例〜の交代。

しゅしょう　殊勝　例〜な心掛け。

しゅじょう　衆生　例〜の済度。

じゅしょう　受章　例勲章の〜。

じゅしょう　受賞　例新人賞の〜。

じゅしょう　授賞　例〜式を行う。

しゅしん　朱唇

しゅじん　主人　[例]旅館の～。
じゅしん　受信　[例]メールの～。
じゅしん　受診　[例]がん検診の～。
しゅす　しゅす〈繻子〉　[例]～の帯。
じゅず　数珠[付]　[例]～を爪繰る。
しゅせい　酒精　[例]～飲料。
[注]法令では、「酒精」は用いない。「アルコール」を用いる。
じゅせい　受精　[例]～卵。
じゅせい　授精　[例]人工～の研究。
しゅせき　手跡〈手蹟〉
しゅせき　主席　[例]国家～。
しゅせき　首席　[例]彼は学年の～だ。
しゅせん　酒仙
しゅぜん　しゅぜん〈鬚髯〉
[注]法令では、用いない。
しゅせんど　守銭奴
じゅそ　呪そ〈呪詛〉　⇒呪い　[例]～の言葉を投げ掛ける。
じゅぞう　受像　[例]ただ今～中。
じゅぞう　受贈　[例]～雑誌。
しゅたい　主体　[例]～と客体。
しゅだい　主題　[例]研究の～。
じゅたい　受胎　[例]～告知。
じゅたく　受託　[例]～業務。
じゅだく　受諾　[例]要求を～する。
しゅだん　手段　[例]目的のためには～を選ばない。～を講ずる。
じゅちゅう　受注〈受註〉　[例]大量に～する。～品。～生産。
しゅちょう　主張　[例]意見を～する。
しゅちょう　首長　[例]地方自治体の～。
しゅつ　出[1]〔シュツ・スイ／でる・だす〕　[例]出演、出発、出現、出入、提出、支出、神出鬼没
じゅつ　述[5]〔ジュツ／のべる〕　[例]述懐、述作、叙述、陳述、記述、論述、著述
じゅつ　術[5]〔ジュツ／—〕　[例]術計、術策、芸術、技術、美術、術を使う
しゅつえん　出演　[例]劇に～する。
しゅつえん　出えん〈出捐〉　[公]出えん　[例]～金。
しゅっか　出荷　[例]特産品の～。
じゅっかい　十回
[注]「じっかい」とも。
じゅっかい　述懐　[例]往時を～する。
しゅっかん　出棺　[例]～の時刻。
しゅっきん　出勤　[例]～簿。
しゅっけつ　出欠　[例]～を調べる。
しゅっけつ　出血　[例]傷口からの～。
しゅつげん　出現　[例]ライバルの～。
しゅっこう　出向　[例]子会社への～。
しゅっこう　出港　[例]船の～。
じゅっこう　熟考　[例]しばらく～の後、断を下す。
じゅっさく　術策　[例]まんまと～にはまる。
しゅっさん　出産　[例]～の予定日。
しゅっし　出仕　[例]公務員として～する。
しゅっしょ　出所　[例]資金の～。
しゅつじょう　出場　[例]競技大会に～する。～停止。～者。

しゅっしょう　出生　例〜の地。

しゅっしょうとどけ　出生届　例市役所へ〜を出す。

しゅっしょうりつ　出生率

しゅっしょしんたい　出処進退　例〜を明らかにする。

しゅっしん　出身　例Ａ大学の〜。

じゅっしんほう　十進法　毘「じっしんほう」とも。

しゅっすいき　出穂期　例〜を迎える。

しゅっせ　出世　例昨年、部長に〜した。立身〜。

しゅっせい　出征　例〜兵士。

しゅっせき　出席　例会に〜する。

しゅつだい　出題　例〜傾向。

じゅっちゅうはっく　十中八九　毘「じっちゅうはっく」とも。

しゅっちょう　出張　例福岡へ〜する。〜所。

しゅってい　出廷　例裁判所に口頭弁論のため〜した。

しゅっとう　出頭　例来る15日、午前10時までに〜してください。

しゅつどう　出動　例消防隊の〜。

しゅつにゅう　出入　例自動車の〜を規制する。

しゅつば　出馬　例選挙に〜する。

しゅっぱつ　出発　例明日〜する。

しゅっぱん　出帆　例港を〜する。

しゅっぱん　出版　例本を〜する。

しゅつぼつ　出没　例すりが〜する。

しゅっぽん　出奔　例故郷を〜した。

しゅつらん　出藍　例〜の誉れ。

しゅと　首都　例〜東京の景観。

しゅとう　種痘

しゅとく　取得　例免許を〜する。

じゅなん　受難　例〜劇。〜史。

しゅにく　朱肉　例印鑑と〜。

じゅにゅう　授乳　例〜時間。

しゅぬり　朱塗り　文朱塗り　例〜の盆。

しゅのう　首脳

じゅばく　呪縛

しゅはん　主犯　例紙幣偽造団の〜。

しゅはん　首班　例内閣の〜。

じゅばん　じゅばん〈襦袢〉

しゅび　守備　例〜を固める。

しゅび　首尾　例〜は上々だ。

じゅひ　樹皮　例〜を剝ぐ。

しゅひぎむ　守秘義務　例〜に関する誓約書。

しゅひつ　朱筆　例原稿に〜が入る。

しゅびょう　種苗　例〜の輸出。

しゅびよく　首尾よく　例〜志望校に合格した。

しゅひん　主賓　例〜をもてなす。

しゅふ　主婦　例専業〜。

しゅふ　首府　例我が国の〜。

しゅぶん　主文　例判決の〜。

しゅべつ　種別　例〜で分ける。

しゅほう　手法　例新しい〜。

しゅぼうしゃ　首謀者・主謀者　公首謀者　例〜を捕まえた。

毘:付表の語　×:表外字　△:表外音訓　〈　〉:参考表記　⇒:言い換え等

注法令では、「首魁」は用いない。「首謀者」を用いる。

しゅみ　趣味　例君の〜は何だ。

じゅみょう　寿命　例平均〜。

じゅもく　樹木　例〜医。〜図鑑。

じゅもん　呪文

しゅやく　主役　例〜を演ずる。

じゅよ　授与　例学位を〜する。

しゅよう　主要　例〜な問題。

しゅよう　腫瘍

じゅよう　需要　例〜と供給。

しゅらば　修羅場　例〜をくぐり抜ける。

じゅり　受理　例辞表を〜する。

じゅりつ　樹立　例新記録の〜。

しゅりゅうだん　手りゅう弾〈手榴弾〉　⇒手投げ弾

しゅりょう　狩猟　例〜の免許。

しゅりょう　首領　例盗賊の〜。

しゅるい　種類　例〜が違う。

じゅれい　樹齢　例〜400年の大木。

しゅろなわ　しゅろ縄〈棕櫚縄〉

じゅわき　受話器　例〜を置く。

しゅわん　手腕　例彼の〜を信じて、交渉を任せる。

しゅん　旬〔ジュン・シュン〕　例旬の食材、旬の野菜

しゅん　俊〔シュン〕　例俊敏、俊逸、俊才、俊秀、俊英、英俊

しゅん　春²〔シュン・はる〕　例春眠、春季、立春、青春

しゅん　瞬〔シュン・またたく〕　例瞬間、瞬時、一瞬

じゅん　旬〔ジュン・シュン〕　例旬間、旬報、旬日、旬刊、旬余、上旬

じゅん　巡〔ジュン・めぐる〕　例巡視、巡礼、巡回、巡業、巡洋艦、一巡
付お巡りさん（おまわりさん）

じゅん　盾〔ジュン・たて〕　例矛盾

じゅん　准〔ジュン〕　例准将、批准

じゅん　殉〔ジュン〕　例殉教、殉職、殉死、殉難碑、殉じる

じゅん　純⁶〔ジュン〕　例純情、純粋、純真、清純、単純、芳純、不純

じゅん　循〔ジュン〕　例循環、因循

じゅん　順⁴〔ジュン〕　例順位、順調、順々、順序、従順、手順

じゅん　準⁵〔ジュン〕　例準備、準拠、基準、標準、水準、照準

じゅん　潤〔ジュン・うるおう・うるおす・うるむ〕　例潤滑、潤沢、潤色、湿潤、利潤、浸潤

じゅん　遵〔ジュン〕　例遵守、遵法

じゅんい　順位　例〜を決める。

しゅんえい　俊英　例彼は〜の誉れが高い。

じゅんえん　順延　例雨天〜。

じゅんおくり　順送り　例1部ずつ取って〜にしてください。

じゅんか　純化〈醇化〉　公純化
注法令では、「醇化」は用いない。「純化」を用いる。

じゅんか　順化〈馴化〉　例風土に〜する。

じゅんかい　巡回　例構内を警備員が～している。～サービス車。

じゅんかつ　潤滑　例～油。

しゅんかん　瞬間　例その～の写真。

じゅんかん　旬間　例交通安全～。

じゅんかん　旬刊　例～の旅行雑誌。

じゅんかん　循環　例市内を～するバス。血液の～。

じゅんかんごし　准看護師

しゅんき　春季　例～運動会。

しゅんき　春期　例～講習会。

じゅんぎゃく　順逆　例～を誤る。

しゅんきょ　しゅん拒〈浚拒〉　⇒拒絶・拒否　例要求を～した。

じゅんきょ　準拠　例学習指導要領に～している参考書。

じゅんぎょう　巡業　例地方～。

じゅんきょうじゅ　准教授

じゅんきん　純金　例～の指輪。

じゅんぐり　順繰り　例～に読む。

しゅんけいぬり　春慶塗　公文春慶塗

注工芸品の場合に限る。

じゅんけつ　純血　例～種。

じゅんけつ　純潔

じゅんけっしょう　準決勝　例～に進出することになった。

しゅんげん　しゅん厳〈峻厳〉　⇒厳しい・冷厳　例～な態度を取る。

しゅんこう　しゅん工・しゅん功〈竣工・竣功〉　文しゅん工・しゅん功　⇒落成・完工　例新校

舎の～を祝う。～式。

注法令では、「竣功」は特別な理由がある場合以外は用いない。「完成」を用いる。

じゅんさ　巡査　例～になる。

しゅんさい　俊才〈駿才〉　例いずれ劣らぬ～ぞろいだ。

しゅんじ　瞬時　例～の差。

じゅんし　巡視　例会社内を～する。

じゅんし　殉死

じゅんじ　順次　例～発表する。

じゅんしゅ　遵守・順守　例法律を～する。

注新聞では、「順守」と書く。

しゅんしゅう　俊秀　例～な人物。

しゅんじゅう　春秋　例幾～を経る。

しゅんじゅん　しゅん巡〈逡巡〉　⇒ためらい　例少しも～しない。

じゅんじゅん　順々　例押し合わず、～に入ってください。

じゅんじゅん　じゅんじゅん〈諄々〉　⇒懇々・懇ろに　例～と諭す。

じゅんじょ　順序　例～良く並んでいる。～が狂ってしまった。

しゅんしょう　春宵

じゅんしょく　殉職　例～した職員の冥福を祈る。

じゅんしょく　潤色　例うわさが～されて広がる。

じゅんじる　殉じる　例職に～。

じゅんじる　準じる　例前項に～。

じゅんしん　純真　例～な子供。

注:付表の語　×:表外字　△:表外音訓　〈　〉:参考表記　⇒:言い換え等

じゅんすい　純粋　例〜な気持ち。

しゅんせい　しゅん成〈竣成〉　⇒完成・完工・落成　例新会館の〜を祝う会を催す。

囲「しゅんこう」を参照。

しゅんせつせん　しゅんせつ船〈浚渫船〉　例〜で川底をさらう。

しゅんそく　俊足〈駿足〉　例校内随一の〜を誇る。

じゅんたく　潤沢　例〜な資金。

じゅんちょう　順調　例経過は〜だ。

しゅんでい　春泥　例〜の小道。

しゅんどう　しゅん動〈蠢動〉　⇒うごめき　例反対派の〜を抑える。

じゅんなん　殉難

じゅんのう　順応　例環境に〜する。

じゅんぱい　巡拝　例京都の主な神社仏閣を〜する。

じゅんぱく　純白　例〜のドレス。

じゅんばん　順番　例〜を待つ。

じゅんび　準備　例〜は整った。

しゅんびん　俊敏　例〜な動き。

じゅんぷうびぞく　じゅん風美俗〈醇風美俗〉　⇒良風美俗

じゅんぽう　遵法・順法

囲新聞では、「順法」と書く。

じゅんぼく　純朴〈醇朴〉　例〜な人。

しゅんめ　しゅんめ〈駿馬〉　⇒良馬・名馬　例国一番の〜。

じゅんめん　純綿　例〜のシャツ。

じゅんもう　純毛　例〜の上着。

じゅんよう　準用　例規則の〜。

さ行

じゅんら　巡ら〈巡邏〉　⇒巡回・パトロール　例〜の警官。

じゅんれい　巡礼〈順礼〉

囲新聞では、「巡礼」と書く。

じゅんろ　順路　例〜はこちら。

しょ　処6〈處〉〔ショ〕　例処理、処置、処罰、処女、善処

しょ　初4〔ショ　はじめ・はじめて・はつ・うい・そめる〕　例初歩、初夏、最初、初期、初心者

しょ　所3〔ショ　ところ〕　例所得、所在、住所、近所、長所、短所

しょ　書2〔ショ　かく〕　例書道、書籍、書画、読書、秘書、文書、封書

しょ　庶〔ショ〕　例庶民、庶務

しょ　暑3〈暑〉〔ショ　あつい〕　例暑中、暑気、酷暑、避暑、残暑

しょ　署6〈署〉〔ショ〕　例署員、署長、署名、警察署、自署、部署

しょ　緒(緒)〔ショ・チョ　お〕　例緒戦、緒論、端緒、由緒、緒に就く

しょ　諸6(諸)〔ショ〕　例諸説、諸君、諸国、諸相、諸種、諸般

じょ　女1〔ジョ・ニョ・ニョウ　おんな・め〕　例女子、女流、女性、少女、淑女、三女、才女　団海女(あま)、乙女(おとめ)

じょ　如〔ジョ・ニョ〕　例如才、如上、欠如、突如、躍如

じょ　助3〔ジョ　たすける・たすかる・すけ〕　例助手、助言、助力、助監督、救助、援助

じょ　序5〔ジョ〕　例序論、序列、序

幕、順序、秩序、長幼の序

じょ　叙(敍)〔ジョ〕　例叙述、叙情、叙景、叙勲、詳叙、自叙伝

じょ　徐〔ジョ〕　例徐行、徐々に

じょ　除⁶〔ジョ・ジ／のぞく〕　例除去、除雪、除外、除数、解除、被除数

じょ　自余〈×爾余〉　例～の作品は取るに足りないものばかりだ。

しょいこむ　しょい込む〈背負い込む〉　例つまらない問題を～。

しょう　小¹〔ショウ／ちいさい・こ・お〕　例小説、小児、小数点、小成、小心、縮小、微小、大小　団小豆(あずき)

しょう　上¹〔ジョウ・ショウ／うえ・うわ・かみ・あげる・あがる・のぼる・のぼせる・のぼす〕　例上人、身上を潰す　団上手(じょうず)　注「身上」は「しんしょう」と「しんじょう」とで、意味が異なる。

しょう　升〔ショウ／ます〕　例一升五合

しょう　少²〔ショウ／すくない・すこし〕　例少女、少年、多少、希少、減少、年少者

しょう　井⁴〔セイ・ショウ／い〕　例天井

しょう　召〔ショウ／めす〕　例召喚、召還、国会の召集、応召

しょう　正¹〔セイ・ショウ／ただしい・ただす・まさ〕　例正午、正面、正味、正直、正月、賀正、正3時

しょう　生¹〔セイ・ショウ／いきる・いかす・いける・うまれる・うむ・おう・はえる・はやす・き・なま〕　例生涯、生滅、一生、誕生、殺

生、後生大事、さびを生じる　団芝生(しばふ)、弥生(やよい)

しょう　匠〔ショウ〕　例匠人、師匠、名匠、宗匠、刀匠、巨匠、意匠

しょう　床〔ショウ／とこ・ゆか〕　例起床、就床、病床、臨床、温床

しょう　抄〔ショウ〕　例抄記、抄本、抄出、抄録、抄訳、○○抄

しょう　肖〔ショウ〕　例肖像、不肖

しょう　声²(聲)〔セイ・ショウ／こえ・こわ〕　例声明、大音声

しょう　尚〔ショウ〕　例尚早、尚志、尚古、尚武、高尚、和尚

しょう　招⁵〔ショウ／まねく〕　例招待、招集、招来、招致、招請、招じる

しょう　承⁶〔ショウ／うけたまわる〕　例承認、承諾、承服、承知、継承、伝承

しょう　昇〔ショウ／のぼる〕　例昇華、昇格、昇進、昇降、昇給、上昇

しょう　松⁴〔ショウ／まつ〕　例松竹梅、白砂青松

しょう　沼〔ショウ／ぬま〕　例沼沢地、湖沼

しょう　姓〔セイ・ショウ〕　例百姓

しょう　性⁵〔セイ・ショウ〕　例性根、性分、根性、相性、気性、本性、性に合う

しょう　青¹〔セイ・ショウ／あお・あおい〕　例緑青、紺青、群青　団真っ青(まっさお)

しょう　昭³〔ショウ〕　例昭代、昭和

しょう　政⁵〔セイ・ショウ／まつりごと〕　例摂政

しょう　星²〔セイ・ショウ／ほし〕　例明星

しょう　省⁴〔セイ・ショウ／かえりみる・はぶく〕　例省

団:付表の語　×:表外字　△:表外音訓　〈　〉:参考表記　⇒:言い換え等

略、省力、省議、文部科学省

しょう　相³〔ソウ・ショウ　あい〕　例相伴、首相、宰相、外相　団相撲(すもう)

しょう　宵〔ショウ　よい〕　例徹宵、秋宵、春宵一刻値千金

しょう　将⁶(將)〔ショウ〕　例将来、将軍、将棋、大将、武将、王将、一軍の将

しょう　消³〔ショウ　きえる・けす〕　例消滅、消息、消耗、消極的、費消、解消、抹消

しょう　症〔ショウ〕　例症状、炎症、重症

しょう　祥(祥)〔ショウ〕　例祥雲、祥月命日、吉祥、発祥、不祥事、清祥

しょう　称(稱)〔ショウ〕　例称賛、称号、通称、愛称、名称、称する

しょう　笑⁴〔ショウ　わらう・えむ〕　例笑声、笑覧、談笑、爆笑、冷笑、微笑、苦笑、失笑　団笑顔(えがお)

しょう　従⁶(從)〔ジュウ・ショウ・ジュ　したがう・したがえる〕　例従容、合従連衡

しょう　唱⁴〔ショウ　となえる〕　例唱歌、唱和、歌唱、提唱、合唱、暗唱

しょう　商³〔ショウ　あきなう〕　例商業、商売、商品、通商、貿易商、小売商

しょう　渉(涉)〔ショウ〕　例渉外、渉猟、交渉、干渉、徒渉

しょう　章³〔ショウ〕　例章節、記章、

文章、勲章、憲章、第1章

しょう　紹〔ショウ〕　例紹介

しょう　訟〔ショウ〕　例訴訟、争訟

しょう　清⁴〔セイ・ショウ　きよい・きよまる・きよめる〕　例六根清浄　団清水(しみず)

しょう　勝³〔ショウ　かつ・まさる〕　例勝敗、勝算、必勝、優勝、名勝

しょう　掌〔ショウ〕　例掌握、掌中、掌理、合掌、車掌、職掌、分掌

しょう　晶〔ショウ〕　例結晶、水晶

しょう　焼⁴(燒)〔ショウ　やく・やける〕　例焼却、焼失、焼香、全焼、燃焼

しょう　焦〔ショウ　こげる・こがす・こがれる・あせる〕　例焦点、焦燥、焦心、焦土、焦慮、焦熱地獄

しょう　硝〔ショウ〕　例硝石、硝薬、硝酸、硝煙、煙硝

しょう　粧〔ショウ〕　例化粧

しょう　詔〔ショウ　みことのり〕　例詔勅、詔書

しょう　証⁵(證)〔ショウ〕　例証拠、証書、証人、証明、証文、証券、保証、確証、反証、免許証

しょう　象⁵〔ショウ・ゾウ〕　例象徴、印象、気象、形象、対象、現象、抽象画

しょう　装⁶(裝)〔ソウ・ショウ　よそおう〕　例装束、衣装

しょう　傷⁶〔ショウ　きず・いたむ・いためる〕　例傷心、傷病、傷害、負傷、感傷、損傷、擦過傷

しょう　奨(奬)〔ショウ〕　例奨励、奨

金、奨学金、奨励、勧奨、推奨、報奨金

しょう　照4〔ショウ てる・てらす・てれる〕 [例]照明、照合、照会、対照的、参照、日照権

しょう　詳〔ショウ くわしい〕 [例]詳細、詳報、詳述、詳論、不詳、未詳

しょう　彰〔ショウ ―〕 [例]表彰、顕彰

しょう　障6〔ショウ さわる〕 [例]障害、障壁、障子、故障、支障、保障

しょう　精5〔セイ・ショウ ―〕 [例]精霊流し、精進、不精

しょう　憧〔ショウ あこがれる〕 [例]憧憬
[注]「憧憬」は、「どうけい」とも。

しょう　衝〔ショウ ―〕 [例]衝突、衝撃、衝動、折衝、要衝、緩衝地帯

しょう　賞5〔ショウ ―〕 [例]賞罰、賞品、賞与、懸賞、授賞、賞をもらう、賞する

しょう　償〔ショウ つぐなう〕 [例]償金、賠償、弁償、代償、補償、報償、無償提供

しょう　礁〔ショウ ―〕 [例]暗礁、座礁、岩礁、離礁、さんご礁

しょう　鐘〔ショウ かね〕 [例]鐘声、鐘楼、半鐘、晩鐘、警鐘、ぼん鐘

しょう　しょう〈背負う〉 [例]大きな荷物を背中に～。難問をしょって苦労する。

しよう　使用　[例]部品として～する。

しよう　枝葉　[例]～末節のこと。

しよう　試用　[例]～期間。

じょう　上1〔ジョウ・ショウ うえ・うわ・かみ・あげる・あがる・のぼる・のぼせる・のぼす〕 [例]上演、上昇、上巻、上代、上旬、地上、机上、献上、頂上、史上、海上　[付]上手(じょうず)

じょう　丈〔ジョウ たけ〕 [例]丈六、丈余、気丈、大丈夫、丈夫な体

じょう　冗〔ジョウ ―〕 [例]冗談、冗語、冗員、冗費、冗舌、冗長、冗漫

じょう　成4〔セイ・ジョウ なる・なす〕 [例]成就、成仏

じょう　条5(條)〔ジョウ ―〕 [例]条理、条例、条約、箇条、信条

じょう　状5(狀)〔ジョウ ―〕 [例]状況、状態、現状、白状、免状

じょう　定3〔テイ・ジョウ さだめる・さだまる・さだか〕 [例]定石、定規、定紋、必定、禅定、案の定

じょう　乗3(乘)〔ジョウ のる・のせる〕 [例]乗客、乗車、乗数、大乗的、便乗、機に乗じる

じょう　城4〔ジョウ しろ〕 [例]城内、城壁、城下町、築城、落城、不夜城
＊茨城県(いばらきけん)、宮城県(みやぎけん)

じょう　浄(淨)〔ジョウ ―〕 [例]浄化、浄書、浄水、浄土、洗浄、清浄、御不浄

じょう　剰(剩)〔ジョウ ―〕 [例]剰余金、過剰、余剰

じょう　常5〔ジョウ つね・とこ〕 [例]常識、常緑樹、常備、日常、正常、非常、

異常
じょう　情[5]〔ジョウ・セイ／なさけ〕 [例]情報、情緒、情熱、人情、感情、愛情
じょう　盛[6]〔セイ・ジョウ／もる・さかる・さかん〕 [例]盛者必衰、繁盛
じょう　場[2]〔ジョウ／ば〕 [例]場内、劇場、開場、会場、入場、運動場
[付]波止場(はとば)
じょう　畳(疊)〔ジョウ／たたむ・たたみ〕 [例]畳語、畳々、重畳、半畳、８畳間
じょう　蒸[6]〔ジョウ／むす・むれる・むらす〕 [例]蒸気、蒸留、蒸散、蒸発
じょう　静[4](靜)〔セイ・ジョウ／しず・しずか・しずまる・しずめる〕 [例]静脈
じょう　縄[4](繩)〔ジョウ／なわ〕 [例]縄索、縄文、捕縄、自縄自縛
じょう　壌(壤)〔ジョウ／―〕 [例]土壌、天壌無窮、雲壌の差がある
じょう　嬢(孃)〔ジョウ／―〕 [例]令嬢、愛嬢、受付嬢、お嬢さん
じょう　錠〔ジョウ／―〕 [例]錠前、錠剤、手錠、糖衣錠、錠を下ろす
じょう　譲(讓)〔ジョウ／ゆずる〕 [例]譲渡、譲歩、譲与、謙譲、委譲、分譲
じょう　醸(釀)〔ジョウ／かもす〕 [例]醸造、醸成、吟醸酒
じょう　じょう〈帖〉 [例]半紙は１～20枚だ。
じよう　滋養 [例]～に富んだ食物。
じょうあい　情愛 [例]夫婦の～。
しょうあく　掌握 [例]部下を～する。
しょうい　小異 [例]～を捨てて大同に就く。
しょうい　傷い〈傷痍〉
[注]法令では、用いない。
しょういだん　しょうい弾〈焼夷弾〉
じょういん　冗員・剰員 [例]～の整理をする必要がある。
じょういん　乗員
じょうえい　上映 [例]映画の～時間。
じょうえん　上演 [例]芝居の～。
しょうおう　照応 [例]首尾～する。
しょうか　消化 [例]食べ物を～する。
しょうか　消火 [例]～器。
しょうか　消夏〈銷夏〉 [例]これが私の～法だ。
しょうか　唱歌 [例]～を愛唱する。
じょうか　浄化 [例]水を～する。
しょうかい　紹介 [文]紹介 [例]Ａ君を御～いたします。
しょうかい　照会 [文]照会 [例]内容の～。出品の可否を～する。
しょうかい　しょう戒〈哨戒〉 ⇒警戒・見張り [例]～飛行。
しょうがい　生涯 [例]～学習。
しょうがい　渉外 [例]～係。
しょうがい　傷害 [例]～事件。
しょうがい　障害〈障碍〉 [例]多くの～を乗り越えて進む。
[注]「障がい」と書くこともある。
しようがき　仕様書き
しょうかく　昇格 [例]昇給及び～。
しょうがく　小額 [例]～の貨幣。

しょうがく　少額　[例]ほんの～ですがこれだけ寄託します。

じょうかく　城郭〈城廓〉

しょうがくきん　奨学金　[例]～に申し込む。

しょうかざい　消化剤　[例]～を飲む。

しょうかせん　消火栓　[例]～の点検。

じょうかそう　浄化槽

しょうがつ　正月　[例]～の用意。

じょうかまち　城下町　[例]～を歩く。

しょうかん　召喚　[例]証人として裁判所から～されている。

しょうかん　召還　[例]大使は、既に本国へ～された。

しょうかん　償還　[例]債券の～。

じょうかんぱん　上甲板

しょうき　焼き〈焼燬〉

[注]法令では、用いない。

しょうぎ　将棋　[例]～を指す。

しょうぎ　床ぎ〈床几〉　[例]～に腰を下ろす。

じょうき　常軌　[例]～を逸した行い。

じょうき　蒸気　[例]ボイラーで～を発生させる。～機関車。

じょうぎ　定規〈定木〉　[例]三角～。

じょうぎ　情義　[例]～を欠く。

じょうぎ　情宜〈情誼〉　[例]あの人は～に厚い人だ。

じょうきげん　上機嫌　[例]今夜の父はいやに～だ。

しょうきゃく　消却〈銷却〉　[公]**消却**　[例]負債を～する。

[注]法令では、「銷却」は用いない。「消却」を用いる。

しょうきゃく　焼却　[例]ごみの～。

しょうきゃく　償却　[例]減価～。

じょうきゃく　乗客　[例]～の誘導。

しょうきゅう　昇給　[例]～の辞令。

じょうきゅう　上級　[例]～試験。

しょうきょ　消去　[例]データの～。

しょうぎょう　商業　[例]～の発達。

じょうきょう　上京　[例]父が～してきた。週に一度～する。

じょうきょう　状況〈情況〉　[公]**状況**　[例]その場の～を説明する。

[注]法令では、「情況」は特別な理由がある場合以外は用いない。「状況」を用いる。

[注]新聞では、「状況」と書く。

しょうきょく　消極　[例]積極と～。

しょうきょくてき　消極的　[例]～な態度。

しょうきん　奨金　[例]奨励のために社から～を出す。

しょうきん　賞金　[例]1等賞の～。

しょうきん　償金　[例]損害の～。

じょうきん　常勤　[例]～の役員。

じょうくう　上空　[例]～を飛ぶ。

じょうげ　上下　[例]～に揺れる。

[注]「うえした」とも。

しょうけい　小憩〈少憩〉　[例]5分間の～をとる。

[注]新聞では、「小憩」と書く。

しょうけい　承継　[例]事業を～する。

さ行

しょうけい　憧憬　[例]～の念を抱く。
[注]「どうけい」は慣用読み。
しょうけい　しょう径〈捷径〉　⇒早道　[例]国文法～。
じょうけい　情景　[例]～の描写。
しょうげき　衝撃　[例]～を受ける。～的な事実。
しょうけつ　しょうけつ〈猖獗〉　⇒はびこること・流行
しょうけん　証券　[例]～を買う。
しょうげん　証言　[例]～する。
じょうけん　条件　[例]～を備える。
じょうげん　上弦　[例]～の月。
じょうけんつき　条件付き　[公][文]条件付　[建]条件付き　[例]～で許可する。
じょうけんつきさいよう　条件付き採用　[公][文]条件付採用　[建]条件付き採用
しょうこ　尚古　[例]～趣味。
しょうこ　証拠　[公]証拠　[例]～を見せる。
[注]法令では、「証憑・憑拠」は用いない。「証拠」を用いる。
しょうご　正午　[例]～の時報。
じょうご　畳語　[例]「人々」「泣く泣く」などを～という。
じょうご　じょうご〈漏斗〉　[例]～を使って瓶に入れる。
しょうこう　小康　[例]～を保つ。
しょうこう　昇降　[例]階段の～。
しょうこう　消耗　[例]神経を～する。
[注]「しょうもう」とも。
しょうこう　焼香　[例]御～をお願いします。
しょうこう　将校
しょうごう　称号　[例]～の授与。
しょうごう　商号　[例]～の登記。
しょうごう　照合　[例]原文と～する。
じょうこう　条項　[例]法律の～。
しょうこうぐん　症候群　[例]後天性免疫不全～。
しょうこりもなく　性懲りもなく　[文]性懲りもなく　[例]～同じことを繰り返す。
しょうこん　商魂　[例]いずれも～たくましい人たちばかりだ。
しょうさ　小差　[例]～で２着になった。
しょうさい　詳細　[例]～は別紙参照。
じょうざい　錠剤　[例]～を飲む。
じょうさし　状差し　[文]状差し
しょうさん　硝酸　[例]～は爆薬などの製造に用いる。
しょうさん　称賛・賞賛〈称讃・賞讃〉　[例]～に値する行為。
[注]新聞では、「称賛」と書く。
しょうし　少子　[例]～高齢化社会。
しょうじ　障子　[例]～の張り替え。
じょうし　上司　[例]～の命令。
じょうし　上肢　[例]～と下肢。
じょうし　上し〈上梓〉　⇒出版　[例]論文を～する。
じょうし　城し〈城址〉　⇒城跡

さ行

じょうじ　常時　囫〜携帯しておく。

しょうじき　正直　囫〜な人。

じょうしき　常識　囫〜的な対応。

しょうしつ　消失　囫権利の〜。

じょうじつ　情実　囫〜にとらわれ
ない人事。

しょうしゃ　照射　囫放射線を〜す
る。

しょうしゃ　しょうしゃ〈瀟洒〉
⇒すっきりした・しゃれた
囫〜な住宅が建ち並んでいる。

じょうしゃ　乗車　囫〜口。

じょうしゃけん　乗車券　囫京都ま
での〜と指定席券を買う。

じょうしゅ　情趣　囫〜に富む。

じょうじゅ　成就　囫大願〜。

しょうしゅう　召集　囫国会の〜。

しょうしゅう　招集　囫委員を〜し
て、緊急総会を開く。

じょうじゅう　小銃　囫〜を持つ。

じょうじゅん　上旬　囫次の会議は
来月の〜に行います。

しょうしょ　証書　囫〜の発行。

しょうしょ　詔書

しようしょ　仕様書

しょうじょ　少女　囫〜時代。

しょうじょ　昇叙〈陞叙〉　囫職務の
等級を2等級に〜する。

じょうしょ　情緒　囫この辺りには
まだ幾分江戸〜が残っている。
囲「じょうちょ」とも。

しょうしょう　少々　囫〜お尋ねい

たします。

しょうじょう　症状　囫〜の悪化。

しょうじょう　賞状　囫〜をもらう。

しょうじょう　しょうじょう〈猩々〉

じょうしょう　上昇　囫〜気流に乗
る。株価が〜する。

じょうじょう　上々　囫〜の天気。

じょうじょう　情状　囫〜酌量。

しょうしょく　小食・少食　囫うち
の娘は〜だ。
囲新聞では、「小食」と書く。

じょうしょく　常食　囫日本人の〜
は米である。

しょうじる　生じる　囫問題が〜。

じょうじる　乗じる　囫隙に〜。

しょうしん　小心　囫彼は〜者だ。

しょうしん　昇進　囫部長に〜する。

しょうしん　焦心　囫〜の念にから
れる。

しょうしん　傷心　囫〜を癒やす。

しょうじん　精進　囫今後も〜いた
します。〜料理。

じょうしん　上申　囫功績の〜。

しょうじんあげ　精進揚げ　⊗精進
揚げ　囫昼のおかずは〜だった。

しょうじんおち　精進落ち

じょうず　上手囲　⊗上手　囫〜の
手から水が漏る。〜な話し方。

しょうすい　しょうすい〈憔悴〉
⇒やつれ・衰え　囫さすがの彼
にも〜の色が見える。

じょうすい　浄水　囫〜池。

囲:付表の語　　×:表外字　　△:表外音訓　　〈　〉:参考表記　　⇒:言い換え等

しょうすう　小数　[例]～の計算。
しょうすう　少数　[例]参加者は～だ。
じょうすう　乗数　[例]～と除数。
しようずみ　使用済み　[文]使用済み
しようずみねんりょう　使用済み燃料　[文]使用済燃料
しょうする　称する　[文]称する　[例]遠い親戚と～男。
しょうする　証する　[例]卒業を～。
しょうする　賞する　[例]奨励のためこれを～。花を～。
しょうせい　招請　[例]出場を～する。
じょうせい　情勢・状勢　[例]～を分析する。
[注]新聞では､｢情勢｣と書く。
じょうせい　醸成　[例]お酒を～する。勤勉の空気を～する。
しょうせき　硝石
じょうせき　定石　[例]囲碁の～。
じょうせき　定跡　[例]将棋の～。
しょうせつ　小説　[例]～を読む。
じょうぜつ　冗舌・じょう舌〈饒舌〉　[例]～な人。
[注]新聞では､｢冗舌｣と書く。
しょうぜん　しょう然〈悄然〉　⇒しょんぼり　[例]～として去る。
じょうせん　乗船〈上船〉　[例]～の開始。
しょうそう　少壮　[例]～の学者。
しょうそう　尚早　[例]時期～だ。
しょうそう　焦燥〈焦躁〉　[例]試験が近づくと～を感じる。
しょうぞう　肖像　[例]～画。
じょうそう　情操　[例]～を養う。
じょうぞう　醸造　[例]日本酒の～。
しょうそく　消息　[例]～は不明だ。
しょうぞく　装束　[例]黒～に身を固める。能～。
しょうたい　正体　[例]～は不明だ。
しょうたい　招待　[例]～客。～状。
じょうたい　状態〈情態〉　[例]そちらの～はどうだい。
[注]新聞では､｢状態｣と書く。
じょうたい　常態　[例]～に復する。
しょうたく　沼沢　[例]～地。
しょうだく　承諾　[例]～を求める。
じょうたつ　上達　[例]英語が～した。
じょうだん　冗談　[例]～を言う。
しょうち　承知　[例]今度やったら～しない。委細～。
しょうち　招致　[例]専門家を～する。
じょうち　常置　[例]～の委員会。
しょうちくばい　松竹梅　[例]～はめでたいときの飾り物だ。
しょうちゅう　焼酎　[公]焼酎
しょうちゅう　掌中　[例]～に収める。
じょうちょ　情緒　[例]下町～。
[注]｢じょうしょ｣とも。
しょうちょう　象徴　[例]天皇は、日本国の～である。～詩。
じょうちょう　冗長　[例]～な説明。
じょうちょう　情調　[例]異国～にあふれる街。
しょうちょく　詔勅

しょうちん　消沈〈銷沈〉　例すっかり意気〜の様子だ。

しょうつきめいにち　祥月命日

じょうてい　上程　例議案の〜。

じょうでき　上出来　例結果は〜だ。

しょうてんがい　商店街　例駅前の〜は繁盛している。

しょうど　焦土　例戦争で都市が〜と化す。

しょうど　照度　例〜を計測する。

じょうと　譲渡　例権利を〜する。

しょうとう　しょう頭〈檣頭〉　⇒マストトップ　例〜に旗が翻る。
　注法令では、「檣頭」は用いない。「マストトップ」を用いる。

しょうどう　唱道　例「早寝早起き朝御飯」を〜する。

しょうどう　唱導　例仏教を信ずるよう〜する。

しょうどう　衝動　例〜的な行動。

じょうとう　上棟　例〜式を行う。

じょうとうしゅだん　常とう手段〈常套手段〉　例それが彼の〜だ。

しょうどく　消毒　例病室を〜する。

しょうとつ　衝突　例自動車の〜。

しょうとりひき　商取引

じょうない　城内　例〜へ入る。

じょうない　場内　例〜は禁煙。

しょうに　小児　例〜病棟。

しょうにか　小児科　例〜医。

しょうにゅうどう　しょう乳洞〈鍾乳洞〉　例〜の探検。

しょうにん　上人　例徳を備えた〜。

しょうにん　小人　例〜は入場無料。

しょうにん　昇任　例〜試験。

しょうにん　承認　例〜を得る。

しょうにん　証人　例〜になる。

じょうにん　常任　例〜委員会。

しょうね　性根　例〜を入れ替える。

じょうねつ　情熱　例〜的な人。

しょうねん　少年　例〜少女。

しょうのう　しょうのう〈樟脳〉

じょうば　乗馬　例彼の趣味は〜だ。

しょうはい　勝敗　例〜を決める。

しょうはい　賞杯〈賞盃〉　例優勝者に〜を授与する。

しょうはい　賞はい〈賞牌〉　⇒メダル　例〜を授与する。

しょうばい　商売　例〜が繁盛する。

しょうばいがたき　商売敵　例同業の〜の店ができた。

しょうばつ　賞罰　例〜無し。

じょうはつ　蒸発　例水が〜する。

しょうひ　消費　例砂糖の〜量。

しょうび　賞美・称美　例風光を〜する。
　注新聞では、「賞美」と書く。

しょうび　焦眉　例〜の急。

じょうひ　冗費　例〜を削減する。

じょうび　常備　例消火器を〜する。

しょうひざい　消費材

しょうひょう　商標　例登録〜。

しょうひょう　証標
　注法令では、用いない。

注:付表の語　　×:表外字　　△:表外音訓　　〈　〉:参考表記　　⇒:言い換え等

しょうひょう　証ひょう〈証憑〉
⇒証拠
[注]法令では、「証憑」は用いない。「証拠」を用いる。
しょうびょう　傷病　[例]公務上の～。
しょうひん　商品　[例]～を陳列する。
じょうひん　上品　[例]～な人。
しょうぶ　尚武　[例]～の気風。
しょうぶ　勝負　[例]～を争う。
しょうぶ　しょうぶ〈菖蒲〉
じょうぶ　丈夫　[文]丈夫　[例]～な体。
しょうふく　承服　[例]条件を～する。
しょうふだつき　正札付き　[文]正札付き
じょうぶつ　成仏　[例]～する。
しょうぶん　性分　[例]ちょっとしたことが気になる～。
じょうぶん　条文　[例]該当する～を読み上げる。～の字句。
しょうへい　招へい〈招聘〉　⇒招くこと・招請・招待　[例]教授として～する。
しょうへき　障壁〈牆壁〉　[例]高い～。言葉の～を乗り越える。
[注]法令では、「牆壁」は用いない。
しょうへきが　障壁画
じょうほ　譲歩　[例]大幅に～する。
しょうほう　詳報　[例]～が入る。
しょうぼう　消防　[例]～署。
じょうほう　情報　[例]～化社会。
しょうほん　抄本　[例]戸籍～。
じょうまえ　錠前　[例]～を掛ける。
じょうまん　冗漫　[例]～な文章。
しょうみ　正味　[例]～は50グラムだ。
しょうみ　賞味　[例]食品の～期限。
じょうみゃく　静脈　[例]～と動脈。
しょうめい　証明　[例]身分～。～書。
しょうめい　照明　[例]舞台の～。
しょうめつ　消滅　[例]その権利は既に～している。自然～。
しょうめつ　生滅　[例]～流転。
しょうめん　正面　[例]～に大きな建物が見える。真っ～。
しょうもう　消耗　[例]気力を～する。体力の～が激しい。
[注]「しょうこう」の慣用読み。
じょうもん　定紋　[例]～入りのちょうちん。
じょうもん　縄文　[例]～時代。
じょうもんしきどき　縄文式土器
しょうやく　抄訳　[例]原文の～。
じょうやく　条約　[例]～を結ぶ。
じょうやど　定宿・常宿　[例]僕の～は○○ホテルです。
[注]新聞では、「定宿」と書く。
しょうゆ　しょう油〈醤油〉　[例]刺身に～を付ける。
しょうよ　賞与　[例]～の支給。
じょうよ　剰余　[例]その割り算の～は1である。～金。
しょうよう　従容　[例]～として死地に赴く。
しょうよう　称揚・賞揚　[例]その行為を～する。

さ行

囲新聞では、「称揚」と書く。

しょうよう　　しょうよう〈逍遥〉
⇒散歩・散策　例友人と肩を並べて林間を〜する。

しょうよう　　しょうよう〈慫慂〉
⇒勧誘・勧奨　例会長に就任することを強く〜される。

じょうよく　　情欲　例〜のとりこになる。

しょうらい　　招来　例自らの不注意によって〜した事態。

しょうらい　　将来　例日本の〜。

しょうらん　　笑覧　例御〜ください。

しょうり　　掌理　例所管事務の〜。

しょうり　　勝利　例〜を得る。

じょうり　　条理　例〜にかなった方法。

じょうり　　情理　例〜を尽くして説く。〜を兼ね備える。

しょうりゃく　　省略　例詳細は〜する。挨拶を〜する。

じょうりゅう　　上流　例川の〜で魚を釣る。〜の社会。

じょうりゅう　　蒸留〈蒸溜〉　例〜水。

しょうりょ　　焦慮　例〜の念にかられる。

しょうりょう　　小量　例〜な人物。

しょうりょう　　少量　例砂糖をほんの〜入れる。

しょうりょう　　渉猟　例多くの判例を〜する。

じょうりょく　　常緑　例〜の樹木。

じょうるり　　浄瑠璃

しょうれい　　奨励　例若手の挑戦を〜する。〜金。

じょうれい　　条例　例〜を制定する。

じょうれん　　常連〈定連〉　例店の〜。

じょうろ　　じょうろ〈如雨露〉　例〜で植木に水をやる。

しょうろう　　鐘楼　例寺の〜。

しょうろく　　抄録　例文章の〜。

じょうろく　　丈六　例〜の仏像。

しょうわ　　昭和　例〜の歌人。

しょうわ　　唱和　例万歳の〜。

しょか　　初夏　例外は〜の陽気だ。

しょか　　書架　例スチール製の〜。

しょが　　書画　例〜を買い込む。

じょがい　　除外　例特別の事情のある者は、〜する。〜例。

しょがかり　　諸掛かり　例運賃〜込みの料金。

しょかつ　　所轄　例〜地区の警備。

しょかん　　所管　例委員会の〜。

しょかん　　書簡〈書翰〉　例〜文。

じょかんとく　　助監督　例映画の〜。

しょき　　初期　例実験は〜の段階だ。

しょき　　所期　例〜の目的。

しょき　　暑気　例〜を避ける。

しょきあたり　　暑気あたり〈暑気中たり〉　例〜で倒れる。

じょきょ　　除去　例障害物の〜。

しょぎょう　　所業・所行　例許し難い〜。

囲新聞では、「所業」と書く。

囲:付表の語　×:表外字　△:表外音訓　〈　〉:参考表記　⇒:言い換え等

しょく　色²〔ショク・シキ
いろ　　　　　〕　例染色、
特色、配色、原色、物色、鮮紅
色、中間色　団景色（けしき）

しょく　拭〔ショク
ふく・ぬぐう〕　例払拭

しょく　食²〔ショク・ジキ
くう・くらう・たべる〕
例食事、食欲、食料、会食、給
食、食が細い

しょく　植³〔ショク
うえる・うわる〕　例植民
地、植物、植樹、誤植、移植、
扶植

しょく　殖〔ショク
ふえる・ふやす〕　例繁殖、
生殖、利殖、学殖、増殖炉

しょく　飾〔ショク
かざる〕　例装飾、虚飾、
粉飾、服飾、修飾語、満艦飾

しょく　触（觸）〔ショク
ふれる・さわる〕　例触
媒、触手、触覚、触発、接触、
感触

しょく　嘱（囑）〔ショク〕　例嘱託、嘱
目、嘱任、委嘱

しょく　織⁵〔ショク・シキ
おる〕　例織工、
織女、織機、紡織、染織、不織
布

しょく　職⁵〔ショク〕　例職業、職人、
職務、就職、汚職、内職、職を
求める

しよく　私欲　例〜を満たす。私利
〜に走る。

じょく　辱〔ジョク
はずかしめる〕　例辱知、侮
辱、屈辱、恥辱、雪辱戦

しょくあたり　食あたり〈食中たり〉
例夏は〜を起こしやすい。

しょくいく　食育　例〜の推進。

しょくいん　職員　例学校〜。〜室。

しょぐう　処遇　例職員の〜。

しょくえん　食塩　例いろいろな産
地の〜をそろえる。生理〜水。

しょくぎょう　職業　例〜に貴せん
はない。〜を変える。〜病。

しょくさい　植栽　例〜の管理。

しょくざい　しょく罪〈贖罪〉　⇒罪
滅ぼし

しょくじ　食事　例楽しい〜。

しょくじ　食餌　例〜療法。

しょくじゅ　植樹　例〜祭。

しょくしょう　職掌　例会社での〜。

しょくせき　職責　例〜を全うする。

しょくぜん　食膳　例季節の料理を
〜に並べる。

しょくたく　食卓　例〜を囲む。

しょくたく　嘱託　例この仕事を〜
する。会社の〜になる。

しょくにん　職人　例植木〜。

しょくば　職場　例〜を離れる。

しょくばい　触媒　例〜作用。

しょくはつ　触発　例名画に〜され
る。

しょくぶつ　植物　例自然〜園。

しょくぼう　嘱望　例彼は将来を〜
されている。

しょくみんち　植民地　例フランス
の〜だった国。

しょくむ　職務　例〜に忠実な人。

しょくもつ　食物　例体に良い〜を
取る。〜連鎖。

さ行

しょくよく　食欲〈食×慾〉　例～が旺
　　盛だ。～をそそる。

しょくりょう　食料　例～品。

しょくりょう　食糧　例３日分の～。

しょくん　諸君　例～の健康を祈る。

じょくん　叙勲　例～の栄。

しょけい　処刑

じょけい　叙景　例～文。

しょげる　しょげる〈悄気る〉　例叱
　　られて～。

じょげん　助言　例彼の～で、この
　　方面に進むことにした。～者。

しょこう　諸侯

しょこう　しょ光〈曙光〉　例平和の
　　～。

じょこう　徐行　例構内では10キロ
　　以下の～をしてください。

しょこく　諸国　例～を旅行する。

しょさい　書斎　例～で過ごす。

しょざい　所在　例責任の～。

じょさいない　如才ない　例～人。

じょさんし　助産師

しょし　諸姉　例志ある～の皆様…。

しょじ　所持　例大金を～する。

じょし　女子　例～学生。

じょしゅ　助手　例～を雇う。

じょじゅつ　叙述　例詳しく～する。

しょじょ　処女　例作家の～作品。

しょしょう　所掌　例～事務の遂行。

じょじょう　叙情〈抒情〉

じょじょに　徐々に　⊗徐々に
　　例健康が～回復する。

しょしんしゃ　初心者　例～用のテ
　　キスト。

じょすう　除数　例乗数と～。

じょすうし　助数詞　例「１枚、２
　　回」等の、「枚、回」等を～という。

じょすうし　序数詞　例「第１、第
　　２」等を～という。

しょする　処する　例これも一つの
　　世に～道であろうと思う。

じょする　叙する　例勲三等に～。

しょせい　処世　例～術を心得る。

じょせい　助成　例研究の～。

じょせい　助勢　例友達に～する。

じょせい　女性　例～の経済的自立。

じょせい　女婿　例～と気が合う。

しょせき　書籍　例～の出版。

じょせき　除斥　例議事から～する。

じょせき　除籍　例～処分。

じょせつ　除雪　例道の～をする。

しょせん　緒戦　例～は勝った。

しょせん　所詮　例～こちらの負け
　　だとは思っている。

しょぞう　所蔵　例美術館～の作品。

じょそう　助走　例棒高飛びの～。

しょぞく　所属　例体操部に～する。

しょたい　所帯〈世帯〉　例新たに～
　　を持つ。～道具。

しょたい　書体　例字体と～。

しょたいもち　所帯持ち

しょだな　書棚　例作り付けの～。

しょち　処置　例応急～をする。

しょちゅううかがい　暑中伺い

[文]暑中伺い
しょちゅうみまい　暑中見舞い
しょちょう　署長　[例]警察～。労働基準監督～。
しょっき　食器　[例]～を洗う。
しょっき　織機
しょっけん　職権　[例]～の濫用。
しょっこう　しょつ光〈燭光〉
しょてい　所定　[例]～の用紙。
しょとう　初等　[例]～教育。
しょとく　所得　[例]～が増す。
しょとくわり　所得割り　[公][文]所得割
しょにち　初日　[例]～は大入り満員だった。～が出ない。
しょばつ　処罰　[例]～を食らう。
しょはん　諸般　[例]～の情勢。
しょぶん　処分　[例]古い本の～。
しょほ　初歩　[例]～の英語。
しょほうせん　処方箋　[公]処方箋　[例]～をもらって薬局へ行く。
じょまく　序幕　[例]芝居の～。
じょまくしき　除幕式
しょみん　庶民　[例]～の意見。
しょむ　庶務　[例]～課。
しょむがかり　庶務係　[例]部内の～。
しょめい　署名　[例]自筆の～。
じょめい　助命　[例]～を嘆願する。
じょめい　除名　[例]１年以上会費を滞納した者は～する。
しょめん　書面　[例]～で申し入れる。
しょもう　所望　[例]茶を～する。
しょもつ　書物　[例]～を買う。
じょやのかね　除夜の鐘　[例]～を聞く。
しょゆう　所有　[例]土地を～する。
しょよう　所用　[例]～で外出する。
しょよう　所要　[例]～の手続き。
しょり　処理　[例]事務を～する。
じょりゅう　女流　[例]～文学者。
じょりょく　助力　[例]～を求める。
じらい　じらい〈爾来〉　⇒以後・その後　[例]～音信不通だ。
しらが　白髪[付]　[例]～が増える。
しらかべ　白壁　[例]～の続く城下町。
しらぎく　白菊　[例]鉢植えの～。
しらきづくり　白木造り　[例]～のお宮。
しらける　白ける　[文]白ける　[例]座が～。
しらじらしい　白々しい　[例]～うそ。
じらす　じらす〈焦らす〉　[例]そう子供を～ものではない。
しらずしらず　知らず知らず　[例]～のうちに…。
しらせ　知らせ〈報せ〉　[文]知らせ　[例]急な～。
しらせる　知らせる〈報せる〉　[例]重大事件を～。一般に～。
しらばくれる　しらばくれる　[例]～のもいいかげんにしろ。
しらはのや　白羽の矢　[例]～を立てる。
しらふ　しらふ〈白面・素面〉　[例]～

ではとても言えない。

しらべ　調べ　㊅調べ　㋟下～。たえなる琴の～。

しらべる　調べる　㊅調べる　㋟辞書で～。

しらみつぶし　しらみ潰し〈虱潰し〉　㋟～に調べたが分からない。

しらむ　白む　㊅白む　㋟空が～。

しらやき　白焼き　㊅白焼き　㋟うなぎの～。

しり　尻〔しり〕　㋟目尻、尻を落ち着ける、尻すぼみ、尻込み　囲尻尾(しっぽ)

しり　尻　㋟～に敷く。～をたたく。

しりあい　知り合い　㊅知り合い　㋟あそこには～がいる。

しりあう　知り合う　㊅知り合う　㋟二人はよく知り合った仲だ。

しりあがり　尻上がり　㊅尻上がり　㋟～に調子が出る。

しりおし　尻押し　㊅尻押し　㋟議員の～をする。

じりき　自力　㋟～で脱出する。

じりき　地力　㋟～を発揮する。

しりきれ　尻切れ　㊅尻切れ　㋟その文章は～だ。～とんぼ。

しりごみ　尻込み〈後込み〉　㊅尻込み　㋟みんな～をしている。

しりさがり　尻下がり　㋟～の調子で言う。

しりぞく　退く　㊅退く　㋟職を～。

しりぞける　退ける〈斥ける〉　㊅退

ける　㋟挑戦を～。

しりつ　私立　㋟～大学に通う。

じりつ　自立　㋟～の精神。

じりつ　自律　㋟～的な行動。

しりつくす　知り尽くす　㋟何もかも～。事情を十分に～。

じりつしんけい　自律神経

しりとり　尻取り

しりぬぐい　尻拭い　㋟借金の～。

しりびと　知り人　㋟彼はちょっとした～です。

しりめ　尻目　㋟慌てる人々を～に悠然としている。

しりもち　尻餅　㋟～をつく。

しりょ　思慮　㋟～に富んだ人。

しりょう　死霊　㋟～が取り付く。

しりょう　思量・思料　㋟許可して差し支えないものと～する。
　泊新聞では、「思量」と書く。

しりょう　資料　㋟～を集める。

しりょう　史料　㋟明治時代の～。

しりょう　飼料　㋟家畜の～。

しりょく　視力　㋟～が衰えた。

しる　汁　㋟～の実。みそ～。うまい～を吸う。

しる　知る　㊅知る　㋟世界情勢を～。酒の味を～。

しるこ　汁粉

しるし　印　㊅印　㋟～を付ける。～ばんてん。

しるす　記す〈誌す・印す〉　㊅記す　㋟ノートに～。符号を～。

しるべ　知るべ・知る辺　[文]知るべ
[例]～を頼って上京する。
しるべ　しるべ〈導べ・標〉　[例]道～。
しるもの　汁物
しれい　司令　[例]～塔。～部。
しれい　指令　[例]～を出す。
じれい　辞令　[例]転勤の～。社交～。
しれつ　し烈〈熾烈〉　⇒激烈・猛烈
[例]～な戦いを繰り広げる。
じれったい　じれったい　[例]～思い。～やつだ。
しれない　知れない　[例]あんなことを言うなんて彼の気が～。
しれる　知れる　[文]知れる　[例]気心が～。高が～。
じれる　じれる〈焦れる〉　[例]返事の遅さに～。
しれわたる　知れ渡る　[例]うわさが～。
しれん　試練〈試煉〉　[例]～に耐える。
しろ　白　[例]突然のことに頭が真っ～になる。赤と～。
しろ　代　[例]のり～。飲み～。
しろ　城　[例]～を築く。～跡。
しろい　白い　[文]白い　[例]～雪。
しろうと　素人[付]　[文]素人　[例]～と玄人。
しろがね　しろがね〈銀〉
しろぐみ　白組　[例]～の勝ち。赤組と～に分かれて戦う。
しろくろ　白黒　[例]～を付ける。目を～させて驚く。

しろびかり　白光り　[文]白光り
しろみ　白身　[例]～の魚。
しろむく　白むく〈白無垢〉
しろめ　白目　[例]～でにらむ。
しろもの　代物　[例]とんだ～だ。
じろん　持論　[例]かねての～。
しわ　しわ〈皺〉　[例]額の～。
しわがれる　しわがれる〈嗄れる〉
[例]風邪を引いて声が～。
しわけ　仕訳　[例]～帳。
しわけ　仕分け〈仕訳〉　[公][文]仕分
[建]仕分け　[例]商品の～。
しわざ　仕業　[例]彼の～に違いない。
しわす　師走[付]　[例]慌ただしい～。
[注]「しはす」とも。
しわよせ　しわ寄せ〈皺寄せ〉　[例]とかく弱い者、下の者に～が来る。
じわり　地割り　[例]露店の～を決める。～のことで争いが起きた。
じわれ　地割れ　[例]道路の～。
しん　心[2]〔シン／こころ〕　[例]心配、心理、心身、感心、中心、初心、安心、用心　[付]心地(ここち)
しん　申[3]〔シン／もうす〕　[例]申告、申請、内申書、答申
しん　伸〔シン／のびる・のばす・のべる〕　[例]伸長、伸展、伸縮自在、屈伸、追伸
しん　臣[4]〔シン・ジン／―〕　[例]臣下、臣従、重臣
しん　芯〔シン／―〕　[例]鉛筆の芯、りんごの芯
しん　身[3]〔シン／み〕　[例]身体、身長、自

さ行

身、単身、等身大、八頭身

しん　辛〔シン・からい〕　例辛苦、辛抱、辛気、辛酸、辛労、香辛料

しん　侵〔シン・おかす〕　例侵略、侵害、侵入、侵攻、侵犯、不可侵

しん　信⁴〔シン〕　例信号、信頼、信用、確信、自信、過信、通信、信じる

しん　津〔シン・つ〕　例興味津々

しん　神³(神)〔シン・ジン・かみ・かん・こう〕　例神秘、神聖、神経、精神　＊神奈川県(かながわけん)　団お神酒(おみき)、神楽(かぐら)

しん　唇〔シン・くちびる〕　例唇音、口唇、両唇

しん　娠〔シン〕　例妊娠

しん　振〔シン・ふる・ふるう・ふれる〕　例振幅、振起、振興、振動、振鈴、不振

しん　浸〔シン・ひたす・ひたる〕　例浸水、浸潤、浸食、浸入、浸透圧

しん　真³(眞)〔シン・ま〕　例真理、真実、真偽、写真、純真　団真面目(まじめ)　真っ赤(まっか)　真っ青(まっさお)

しん　針⁶〔シン・はり〕　例針葉樹、針路、指針、方針、秒針、運針

しん　深〔シン・ふかい・ふかまる・ふかめる〕　例深意、深刻、深窓、深山、深夜、水深

しん　紳〔シン〕　例紳士、紳商、貴紳

しん　進³〔シン・すすむ・すすめる〕　例進級、進歩、進言、前進、昇進

しん　森¹〔シン・もり〕　例森林、森閑、森厳、森羅万象

しん　診〔シン・みる〕　例診察、診断、診療、往診、検診

しん　寝(寢)〔シン・ねる・ねかす〕　例寝所、寝台、寝室、寝具、就寝

しん　慎(愼)〔シン・つつしむ〕　例慎重、謹慎処分

しん　新²〔シン・あたらしい・あらた・にい〕　例新旧、新聞、刷新、革新

しん　審〔シン〕　例審判、審査、審議、不審、再審

しん　請〔セイ・シン・こう・うける〕　例普請

しん　震〔シン・ふるう・ふるえる〕　例震度、震源、震動、震災、地震

しん　薪〔シン・たきぎ〕　例薪炭、薪水

しん　親²〔シン・おや・したしい・したしむ〕　例親愛、親身、親展、親友、親族、肉親、両親、近親者

じん　人¹〔ジン・ニン・ひと〕　例人格、人員、人名、人道、成人　団玄人(くろうと)、素人(しろうと)、仲人(なこうど)、若人(わこうど)、大人(おとな)、一人(ひとり)、二人(ふたり)

じん　刃〔ジン・は〕　例兵刃、凶刃、自刃、白刃

じん　仁⁶〔ジン・ニ〕　例仁義、仁愛、仁慈、仁術、仁の心

じん　尽(盡)〔ジン・つくす・つきる・つかす〕　例尽忠、尽力、無尽蔵、一網打尽

じん　迅〔ジン〕　例迅速、疾風迅雷、

奮迅

じん　臣⁴〔シン・ジン〕　例大臣

じん　甚〔ジン
はなはだ・はなはだしい〕　例甚
大、激甚、深甚、幸甚

じん　神³（神）〔シン・ジン
かみ・かん・こう〕
　例神社、神代、神宮、神通力、
風神　＊神奈川県(かながわけん)
　付お神酒(おみき)、神楽(かぐら)

じん　陣〔ジン〕　例陣頭、陣痛、陣
羽織、円陣、出陣、報道陣

じん　尋〔ジン
たずねる〕　例尋問、尋常一
様、千尋の谷

じん　腎〔ジン〕　例腎臓、肝腎
　注「肝腎」は、「肝心」とも書く。

しんあい　親愛　例〜の情を示す。

じんあい　じんあい〈塵埃〉　⇒ほこ
り　例〜が舞い上がる。
　注法令では、用いない。

しんあん　新案　例実用〜。

しんい　真意　例〜をただす。

じんいん　人員　例〜を増やす。

しんうち　真打ち　例落語の〜。

じんえい　陣営　例〜を固める。

しんえん　深えん〈深淵〉

しんおう　深奥　例芸の〜を究める。

しんか　臣下

しんか　進化　例生物の〜。

しんがい　心外　例全く〜だ。

しんがい　侵害　例権利を〜する。

しんがい　震がい〈震駭〉　例世間を
〜させた大事件。

じんかい　じんかい〈塵芥〉　⇒ごみ・

ちり　例〜の処理。
　注法令では、用いない。

じんかいしょうきゃくじょう　じん
かい焼却場〈塵芥焼却場〉　⇒ご
み焼き場・ごみ焼却場

じんかく　人格　例〜を尊重する。

じんがさ　陣がさ〈陣笠〉

しんがた　新型・新形　例〜の機械。

しんかぶかいつけけいやくしょ　新
株買い付け契約書　公新株買付
契約書　文新株買い付け契約書

しんがり　しんがり〈殿〉　例列の〜
を歩く。

しんかん　森閑・深閑　例いやに〜
とした建物だ。
　注新聞では、「森閑」と書く。

しんかん　震かん〈震撼〉　⇒揺るが
すこと　例日本中を〜させた凶
悪事件がやっと解決した。

しんき　新奇　例〜を好む。

しんき　新規　例〜の契約。

しんぎ　真偽　例〜を確かめる。

しんぎ　審議　例〜を尽くす。

じんぎ　仁義　例〜に厚い。

じんぎ　神器　例三種の〜。

しんきいってん　心機一転　例〜家
業に精を出すことにした。

しんきゅう　進級　例無事〜する。

しんきゅう　新旧　例〜の交替。

しんきょう　心境　例〜の変化。

しんきろう　しんきろう〈蜃気楼〉
例〜のようにはかなく消える。

しんぎん　しんぎん〈呻吟〉　例病の床に～する。句作に～する。

しんきんこうそく　心筋梗塞　例～で倒れる。

しんく　辛苦　例～の末、やっと完成した。粒々～。

しんく　深紅・真紅　例～の旗。
　囲新聞では、「深紅」と書く。

しんぐ　寝具　例～を調える。

しんくう　真空　例～パック。

じんぐう　神宮

しんけい　神経　例～が細かい人。

しんけつ　心血　例～を注ぐ。

しんけん　真剣　例～なまなざし。

しんけん　親権　例～者。

しんげん　進言　例上司に～する。

しんげん　森厳　例～な境内。

じんけん　人権　例～を尊重する。

じんけん　人絹　例～で織った布。

しんげんち　震源地

しんご　新語　例～を取り入れる。

しんこう　信仰　例～心。

しんこう　振興　例産業の～。

しんこう　進行　例～の合図。

しんこう　新興　例～住宅地。

じんこう　人口　例～が増加する。

じんこう　人工　例～衛星。～知能。

しんこうがかり　進行係　⊗進行係

しんごうき　信号機　例～の設置。

しんこく　申告　例所得の～。

しんこく　深刻　例～な問題。

しんこん　心魂　例～を傾ける。

しんこん　新婚　例～生活。

しんさ　診査　例健康～を受ける。

しんさ　審査　例応募作品の～。

しんさい　震災　例～に遭う。

じんざい　人材　例～を登用する。

しんさつ　診察　例患者を～する。

しんさん　辛酸　例～をなめる。

しんざん　深山　例～幽谷。

しんし　紳士　例～と淑女。

しんし　神し〈神祠〉　⇒ほこら

しんし　真摯　⊗真摯　例～な態度。

じんじ　人事　例～の異動。

しんしつ　寝室　例～のベッド。

しんじつ　真実　例～を語る。

じんじゃ　神社　例～に奉納する。

しんしゃく　しんしゃく〈斟酌〉　⊗しんしゃく　⇒手加減・手心・取捨選択・遠慮　例～を加える。事情を～する。

しんしゅ　進取　例～の気性。

しんじゅ　真珠　例～の指輪。

じんしゅ　人種　例～のるつぼ。

しんじゅう　心中　例一家～。

しんしゅく　伸縮　例～する布。

しんじゅつ　針術〈鍼術〉　例～による治療を試みる。

じんじゅつ　仁術　例医は～なり。

しんしょう　心証　例～を害する。

しんしょう　身上　例～を潰す。

しんじょう　身上　例誠実なのが彼の～だ。一～の都合。

しんじょう　真情　例～の吐露。

団:付表の語　×:表外字　△:表外音訓　〈 〉:参考表記　⇒:言い換え等

じんじょう　尋常　[例]～な手段では解決しない。
しんしょく　侵食〈侵蝕〉　[公][文]**侵食**　[例]領土を～する。
[注]法令では、「侵蝕」は用いない。「侵食」を用いる。
しんしょく　浸食〈浸蝕〉　[文]**浸食**　[例]雨水が岩を～する。～作用。
しんじる　信じる　[例]人を～。
しんしん　心身〈身心〉　[例]～の鍛錬。
しんしん　心神　[例]～喪失。
しんしん　津々　[例]～として興味が尽きない。興味～。
しんしん　深々　[例]夜が～と更ける。
しんじん　信心　[例]～深い人。
しんじん　深甚　[例]～なる敬意。
しんしんこうじゃく　心身耗弱
しんすい　心酔　[例]恩師に～する。
しんすい　浸水　[例]～家屋は５戸。
しんすい　薪水　[例]～の労。
しんずい　真髄・神髄　[例]学問の～。
[注]新聞では、「神髄」と書く。
じんすい　尽すい〈尽瘁〉　⇒骨折り・尽力　[例]育英事業に～する。
しんせい　申請　[例]補助金の～。
しんせい　神聖　[例]～な場所。
じんせい　人世　[例]～の常。
じんせい　人生　[例]幸福な～。
しんせき　真跡〈真蹟〉　[例]弘法(こうぼう)大師の～。
しんせき　親戚　[例]～の家に泊まる。
じんせき　人跡　[例]～まれな山奥。
しんせつ　新設　[例]事務所を～する。
しんせつ　親切　[例]～な心遣い。
しんせん　神仙　[例]～の住みか。
しんせん　深浅　[例]～の差の激しい海だから航行に注意のこと。
しんせん　新鮮　[例]～な野菜。
しんぜん　親善　[例]両国の～。
しんそ　親疎　[例]～の別なく接する。
しんそう　真相　[例]～を語る。
しんそう　深窓　[例]～に育つ。
しんぞう　心臓　[例]～がどきどきしている。経営の～部。
じんぞう　人造　[例]～の皮革。
じんぞう　腎臓　[公]**腎臓**
しんぞく　親族　[例]～一同。
じんそく　迅速　[例]～な処理。
しんそこ　心底〈真底〉　[例]～から喜ぶ。
しんたい　身体　[例]～が丈夫だ。
しんたい　進退　[例]～を伺う。
じんたい　人体　[例]～に有害だ。
じんだい　甚大　[文]**甚大**　[例]被害が～だ。
しんたいうかがい　進退伺　[公][文]**進退伺**　[例]～を出す。
しんたいしょうがいしゃふくしし　身体障害者福祉司
しんたく　信託　[例]財産の管理を～する。～銀行。
じんだて　陣立て　[文]**陣立て**　[例]新たな～。
しんたん　薪炭

さ行

しんだん　診断　例医師の～書。

しんちゅう　心中　例～を察する。

しんちゅう　進駐　例～軍。

しんちゅう　真ちゅう〈真鍮〉　⇒黄銅　例～の板。

しんちょう　伸長〈伸暢〉　例学力が～する。

しんちょう　伸張　例勢力の～を図る。

しんちょう　慎重　例～な姿勢。

しんちょう　新調　例～のスーツ。

じんちょうげ　じんちょうげ〈沈丁花〉　例～は香りが良い。

しんちょく　進捗　公文進捗　例事業の～状況。

しんつう　心痛　例～の余り床に伏せる。

じんつう　陣痛　例～が起きる。

じんつうりき　神通力

しんてい　進呈　例謹んで～する。

しんてん　伸展　例勢力の～。

しんてん　進展　例事態が～する。

しんてん　親展　例～の手紙。

しんでんづくり　寝殿造り　文寝殿造り

しんと　信徒

しんとう　浸透〈滲透〉　例液体が～する。思想が～する。～圧。

しんとう　神道　例～を信仰する。

しんとう　親等　例三～内の親族。

しんどう　振動　例機械の～。

しんどう　震動　例地震の～。

じんとう　陣頭　例～で指揮する。

じんどう　人道　例～にもとる行為。

じんとく　人徳　例～がある。

じんどる　陣取る　例最前列に～。

しんに　真に　例～喜んだ。

しんにゅう　侵入　例不法～。

しんにゅう　浸入　例濁流の～。

しんにん　信任　例～状。～が厚い。

しんにん　新任　例～の先生。

しんねん　信念　例～を貫く。

しんのう　親王　例～が誕生した。

しんぱい　心配　例将来を～する。

じんぱい　じん肺〈塵肺〉　公じん肺

しんばりぼう　心張り棒

しんぱん　侵犯　例領海を～する。

しんぱん　審判　例少年野球の～。

しんぴ　神秘　例宇宙の～。

しんぴょうせい　信ぴょう性〈信憑性〉　⇒信頼性・信用度　例その報道は～がある。

じんぴん　人品　例～卑しからぬ人。

しんぷく　心服　例部下を～させる。

しんぷく　振幅　例振り子の～。

しんぷく　震幅　例揺れの～。

じんぶつ　人物　例ひとかどの～。登場～。

しんぶん　新聞　例～を読む。

じんぶん　人文　例～科学。～地理。

じんぶん　人ぷん〈人糞〉

しんぶんし　新聞紙　例～で包む。

しんぺん　身辺　例要人の～を警護する。～の整理。～雑話。

団:付表の語　×:表外字　△:表外音訓　〈　〉:参考表記　⇒:言い換え等

しんぽ　進歩　例～の跡。～的。

しんぼう　心棒　例歯車の～。

しんぼう　辛抱　例もう少しの～だ。

しんぼう　信望　例部下の～が厚い。

しんぽう　信奉　例民主主義を～する。～者。

じんぼう　人望　例～の厚い人。

しんぼく　親睦　文親睦　例～会。

しんまい　新米　例～が出回る。～記者。

じんましん　じんましん〈蕁麻疹〉

しんみ　親身　例～になって考える。

しんみつ　親密　例～な間柄。

しんみょう　神妙　例～な心掛け。

しんめ　新芽　例ばらの～が育つ。

しんめい　身命　例～を賭して社会事業に尽くす。～を賭する。

じんめい　人命　例尊い～。

じんめんじゅうしん　人面獣心

しんもつ　進物　例～を買う。

じんもん　尋問〈訊問〉　文尋問

しんや　深夜　例～の訪問。～バス。

しんやく　新約　例～聖書。

しんやく　新訳　例～源氏物語。

しんゆう　親友　例20年来の～。

しんよう　信用　例～が絶大だ。店の～を落とす。

しんようがい　信用買い

しんようがし　信用貸し　文信用貸し

しんようとりひき　信用取引

しんらい　信頼　例彼の手腕を～する。～感。

しんらつ　辛辣　例～な批評。

しんり　心理　例～の分析。～学。

しんり　真理　例～を探究する。

しんりゃく　侵略〈侵掠〉　例他国の～を防ぐ。

しんりょう　診療　例～所。

しんりょうほうしゃせんぎし　診療放射線技師

しんりょく　新緑　例～の郊外を散歩する。～の頃。

じんりょく　尽力　例精一杯の～。

しんりん　森林　例～地帯を歩く。

じんりん　人倫　例～にもとる。

しんるい　親類　例～縁者。～付き合い。

じんるい　人類　例文化～学。～愛。

しんれい　心霊　例～現象。

しんれい　神霊　例～をまつる。

しんれい　振鈴

しんろ　針路　例船の～。

しんろ　進路　例～妨害。～指導。

しんろう　新郎　例～と新婦。

す

す　子[シ・ス]　例様子、扇子、金子　付迷子（まいご）、息子（むすこ）

す　主[シュ・ス　ぬし・おも]　例法主、坊主　注「法主」は、「ほうしゅ」、「ほっしゅ」

さ行

とも。

す　守³〔シュ・ス
まもる・もり〕　例留守

す　素⁵〔ソ・ス〕　例素直、素足、素
顔、素手、素性　団素人(しろう
と)

す　須〔ス〕　例必須

す　数²(數)〔スウ・ス
かず・かぞえる〕　例人数、
数寄を凝らす　団数寄屋・数奇
屋(すきや)、数珠(じゅず)

　　注「人数」は、「にんずう」とも。

す　州〈洲〉　例川の中ほどの〜。

す　巣　例小鳥の〜。〜箱。

す　酢　例もう少し〜を利かす。

す　す〈簀〉　例〜立て。

ず　図²(圖)〔ズ・ト
はかる〕　例図画、図表、
地図、掛け図、図で示す

ず　豆³〔トウ・ズ
まめ〕　例大豆　団小豆
(あずき)

ず　事³〔ジ・ズ
こと〕　例好事家

ず　頭²〔トウ・ズ・ト
あたま・かしら〕　例頭脳、頭
痛、頭上、頭寒足熱、頭が高い

すあし　素足　例〜で歩く。

ずあん　図案　例優れた〜。

すい　水¹〔スイ
みず〕　例水道、水彩、水
分、水陸、海水、治山治水
団清水(しみず)

すい　出¹〔シュツ・スイ
でる・だす〕　例出納係

すい　吹〔スイ
ふく〕　例吹奏、吹管、吹
鳴、鼓吹　団息吹(いぶき)、吹雪
(ふぶき)

すい　垂⁶〔スイ
たれる・たらす〕　例垂訓、垂
直、懸垂、胃下垂

すい　炊〔スイ
たく〕　例炊事、炊飯、自炊、
雑炊

すい　帥〔スイ〕　例統帥、元帥、将帥

すい　粋(粹)〔スイ
いき〕　例粋狂、純粋、
粋人、抜粋、精粋

すい　衰〔スイ
おとろえる〕　例衰運、衰退、
衰弱、衰勢、盛衰、減衰、老衰

すい　推⁶〔スイ
おす〕　例推移、推薦、推
進、推量、推測、推論、類推

すい　酔(醉)〔スイ
よう〕　例酔漢、酔眼、
心酔、泥酔、陶酔、麻酔

すい　遂〔スイ
とげる〕　例遂行、未遂、既
遂、完遂

すい　睡〔スイ〕　例睡眠、睡魔、熟
睡、午睡

すい　穂(穗)〔スイ
ほ〕　例穂状、出穂期

すい　酸い　⊗酸い　例〜味。

ずい　随(隨)〔ズイ〕　例随行、随従、
随意、付随、追随

ずい　髄(髓)〔ズイ〕　例精髄、脳髄、
神髄、骨髄、真髄

すいあげ　吸い上げ　⊗吸い上げ
例〜ポンプ。

すいあげる　吸い上げる　⊗吸い上
げる　例強力なポンプで〜。

すいあつ　水圧　例〜が高くなる。

すいい　推移　例時代の〜。

ずいい　随意　例何でも御〜に。

すいいれる　吸い入れる

すいえい　水泳　例〜を習う。

すいか　すいか〈西瓜〉　例〜の栽培。

すいがら　吸い殻　⊗吸い殻

団:付表の語　×:表外字　△:表外音訓　〈　〉:参考表記　⇒:言い換え等

すいかん　酔漢　[例]～を背負う。
すいきょう　酔狂・粋狂　[例]～にもほどがある。～な人だ。
[注]新聞では、「酔狂」と書く。
すいぎん　水銀
すいくち　吸い口　[文]吸い口
すいげん　水源　[例]～地。
すいこう　遂行　[例]任務の～。
すいこう　推こう〈推敲〉　⇒文を練ること　[例]～を重ねる。
ずいこう　随行　[例]大臣に～する。
すいこむ　吸い込む　[文]吸い込む　[例]高原の空気を胸一杯～。
すいさいが　水彩画
すいさつ　推察　[例]事情を～する。
すいさん　水産　[例]～業。
すいじ　炊事　[例]毎日の～は大変だ。
ずいじ　随時　[例]～御覧になれます。
すいしつ　水質　[例]～検査。
すいじゃく　衰弱　[例]体が～する。
すいじゅん　水準　[例]一応の～に達している。～器。
ずいしょ　随所　[例]～に見られる。
すいしょう　水晶　[例]見事な結晶の～。～時計。
すいしょう　推奨　[例]協会～の図書。
すいしょう　推賞・推称　[例]優秀品だと～された。
[注]新聞では、「推賞・推称」は「推奨」と書く。
すいじょう　穂状　[例]がまは夏に～の花を付ける。
すいじょうき　水蒸気
すいしん　水深　[例]～を測る。
すいしん　推進　[例]計画を～する。
すいじん　粋人　[例]～と自認する。
すいせい　すい星〈彗星〉　⇒ほうき星　[例]ハレー～の観測。
すいせん　水仙　[例]鉢植えの～。
すいせん　水洗　[例]～トイレ。
すいせん　垂線　[例]三角形内の一点Ｐから、各辺に～を下ろす。
すいせん　推薦　[文]推薦　[例]候補者の～。
すいそ　水素　[例]～ガス。～爆発。
すいそう　水槽　[例]熱帯魚の～。
すいそう　吹奏　[例]～楽。
すいぞう　すい臓〈膵臓〉
すいそく　推測　[例]その～は正しい。
すいぞくかん　水族館
すいたい　衰退〈衰頽〉
すいたい　推戴　[例]Ｃ先生を学長に～する。
すいだす　吸い出す　[文]吸い出す
ずいちょう　ずい兆〈瑞兆〉　⇒吉兆　[例]何かの～かもしれない。
すいちょく　垂直　[例]～と水平。
すいつく　吸い付く　[例]ぴたりと～。
すいてい　推定　[例]この化石は、約２万年前の生物だと～される。
すいてき　水滴　[例]コップに～が付いている。
すいでん　水田　[例]～の草を取る。
すいとう　水筒　[例]～と弁当。

さ行

すいとう　水痘

すいとう　水稲　㋕〜と陸稲。

すいとう　出納　㋕〜簿。

すいどう　水道　㋕〜を引く。紀伊
　〜。

すいどう・ずいどう　すい道・ずい
　道〈隧×道〉　⇒トンネル

すいとうがかり　出納係

すいとりがみ　吸い取り紙

すいとる　吸い取る　㋲吸い取る
　㋕水を〜。ほこりを〜。

すいなん　水難　㋕〜者の救護。

すいのみ　吸い飲み〈吸い呑×み〉

すいはん　炊飯　㋕〜器。

すいはん　垂範　㋕率先〜。

すいばん　推ばん〈推輓×・推挽×〉
　⇒推挙・引き立て・推薦

ずいはん　随伴　㋕〜者。

すいび　衰微　㋕国力が〜する。

すいぶん　水分　㋕〜の補給。

ずいぶん　随分　㋲随分　㋕〜高い。

すいへい　水平　㋕板を〜に置く。

すいほう　水泡　㋕池の底から〜が
　上がってくる。〜に帰する。

すいほう　水防　㋕〜工事。

すいま　睡魔　㋕〜に襲われる。

すいみん　睡眠　㋕〜が不足だ。

すいめい　吹鳴　㋕警笛の〜。

すいもの　吸い物　㋲吸い物　㋕せ
　っかくの〜が冷めてしまった。

すいようえき　水溶液　㋕食塩の〜。

すいり　水利　㋕〜が良い。〜権。

すいり　推理　㋕事情を〜する。

すいりく　水陸　㋕〜両用車。

すいりょう　推量　㋕私の〜が正し
　いことが分かった。

すいれん　すいれん〈睡蓮〉

すいろん　推論　㋕〜する。

すう　枢（樞）〔スウ〕　㋕枢機、枢軸、
　枢密、枢要、中枢神経

すう　崇〔スウ〕　㋕崇拝、崇敬、崇
　高

すう　数²（數）〔スウ、ス
　かず・かぞえる〕　㋕数
　字、数量、年数、複数、算数
　㋫数珠（じゅず）、数寄屋・数奇屋
　（すきや）

すう　吸う　㋲吸う　㋕息を〜。

すうき　枢機　㋕そんな〜にわたる
　ことは我々には分からない。

すうき　数奇　㋕〜な運命。

すうこう　崇高　㋕〜な理想。

すうじ　数字　㋕アラビア〜。

すうしき　数式　㋕〜を解く。

すうじく　枢軸　㋕事業の〜となる
　人物。

ずうずうしい　ずうずうしい〈図々^
　しい〉　㋕何て〜のだろう。

すうせい　すう勢〈趨×勢〉　⇒成り行
　き・大勢・形成・傾向　㋕時代
　の〜に応じる。

すうせき　数隻　㋕船が〜見える。

すうたい　素謡　㋕〜会を開く。

ずうたい　ずうたい〈図体〉　㋕大き
　な〜を持て余す。

㋫:付表の語　　×:表外字　　△:表外音訓　　〈　〉:参考表記　　⇒:言い換え等

すうち　数値　例適合する～。

すうはい　崇拝　例師を～する。

すうひき　数匹　例～のめだか。

すうよう　枢要　例～な地位。

すうりょう　数量　例～が不足だ。

すえ　末　例世も～だ。

すえおき　据え置き　公文据置き
　　建据え置き　例５年間～にする。

すえおききかん　据え置き期間
　　公文据置期間　建据え置き期間

すえおきちょきん　据え置き貯金
　　文据置貯金　建据え置き貯金

すえおく　据え置く　文据え置く

すえおそろしい　末恐ろしい

すえぜん　据え膳　例上げ膳～。

すえたのもしい　末頼もしい　文末
　　頼もしい

すえつけ　据え付け　公文据付け
　　建据え付け　例ボイラーの～を
　　する。

すえつける　据え付ける　文据え付
　　ける

すえっこ　末っ子　文末っ子　例あ
　　の子は～のせいか甘えん坊だ。

すえる　据〔すえる・すわる〕　例据え置
　　く

すえる　据える　文据える　例腰を
　　～。

すえる　すえる〈饐える〉　例朝炊い
　　た御飯がもうすえてしまった。

ずが　図画　例～工作。

ずかい　図解　例仕組みの～。

ずがいこつ　頭蓋骨　例～の模型。

すがお　素顔　例～が美しい。

すかし　透かし　文透かし　例紙幣
　　の～。

すかしおり　透かし織り

すかしぼり　透かし彫り　文透かし
　　彫り

すかす　透かす　文透かす　例間を
　　透かして、木を植える。

すかす　すかす〈空かす〉　例腹を～。

すかす　すかす〈賺す〉　例なだめ～。

すがすがしい　すがすがしい〈清々
　　しい〉　例～高原の朝。～気分。

すがた　姿　例勇ましい～。

ずがら　図柄　例～が良い。

すがりつく　すがり付く〈縋り付く〉

すがる　すがる〈縋る〉　例有志の厚
　　意に～。母に取り～。

ずかん　図鑑　例動物～。

すき　数寄・数奇　例～を凝らす。
　　注新聞では、「数寄」と書く。

すき　隙　文隙　例少しも～のない
　　仕事。日程に～がない。

すき　好き　文好き　例彼女が～だ。

すき　すき〈鋤〉　例～で畑を耕す。

すき　すき〈漉き〉　例紙の～が良い。

すぎ　杉〔すぎ〕　例杉並木、杉の板

すぎ　杉　例～の花粉。

すぎ　過ぎ　例６時～に着く。

すきうつし　透き写し　文透き写し
　　例文字を～にする。

すききらい　好き嫌い　文好き嫌い

さ行

[例]あの子は～が激しいので困る。
すきこのむ　好き好む
すぎさる　過ぎ去る
すきずき　好き好き　[例]～を言う。たで食う虫も～。
すきっぱら　すきっ腹〈空きっ腹〉
すきとおる　透き通る　[文]透き通る　[例]～ようなきれいな声。
…(に)すぎない　…(に)すぎない〈…(に)過ぎない〉　[公][文]…にすぎない　[例]これは、口実に～。
[注]公用文では、「調査だけにすぎない。」のように用いるときは、原則として、仮名で書く。
すぎなみき　杉並木　[文]杉並木
すぎばし　杉箸
すぎばやし　杉林
すきばら　すき腹〈空き腹〉
すきま　隙間・透き間　[文]隙間・透き間
[注]新聞では、「隙間」と書く。
すきみ　隙見・透き見　[文]隙見・透き見　[例]垣根越しに～をする。
すきや　数寄屋・数奇屋[付]
[注]新聞では、「数寄屋」と書く。
すきやき　すき焼き〈鋤焼き〉　[文]すき焼き
すきやづくり　数寄屋造り・数奇屋造り　[例]～の建築。
すぎゆく　過ぎ行く　[例]～月日は、矢のように速い。
すぎる　過ぎる　[文]過ぎる　[例]6時を5分～。
…すぎる　…過ぎる　[例]世話を焼き～。多～。
ずきん　頭巾　[文]頭巾
すく　好く　[文]好く　[例]音楽を～。
すく　透く　[文]透く　[例]間が～。
すく　すく〈空く〉　[例]腹が～。
すく　すく〈梳く〉　⇒くしけずる　[例]髪を～。
すく　すく〈漉く・抄く〉　[例]紙を～。
すく　すく〈鋤く〉　[例]畑を～。
すぐ　すぐ〈直ぐ〉　[例]～持って来る。
…ずく　…ずく〈…尽く〉　[例]力～で取り上げる。欲得～でする。
すくい　救い　[文]救い　[例]～を求める。
…すくい　…すくい〈…掬い〉　[例]金魚～。
すくいだす　救い出す
すくいなげ　すくい投げ〈掬い投げ〉　[例]見事な～の技を見せる。
すくいぬし　救い主　[文]救い主
すくう　救う　[文]救う　[例]溺れた人を～。
すくう　巣くう　[文]巣くう
すくう　すくう〈掬う〉　[例]魚を～。足を～。
すぐさま　すぐさま〈直ぐ様〉
すくない　少ない〈尠い〉　[文]少ない
すくなからず　少なからず　[文]少なからず　[例]～喜んだ。
すくなくとも〔副詞〕　少なくとも

[付]:付表の語　×:表外字　△:表外音訓　〈　〉:参考表記　⇒:言い換え等

〈尠くとも〉　☆⊗少なくとも
例～10万円は掛かるだろう。

すくなくない　少なくない　例類例
は世間に～。

すくなめ　少なめ・少な目　例御飯
の盛りは～がよい。

　　注「形容詞＋め」は、原則として「～
　　め」とする。

すぐに　すぐに〈直ぐに〉　⊗すぐに

すくむ　すくむ〈竦む〉　例足が～。

…ずくめ　…ずくめ〈…尽くめ〉
　例結構～の話。黒～の装い。

すくめる　すくめる〈竦める〉　例首
を～。

すぐれる　優れる〈勝れる〉　⊗優れ
る　例学力が～。気分が優れな
い。

ずけい　図形　例～を描く。

すげかえる　すげ替える　例げたの
鼻緒を～。首を～。

すげがさ　すげがさ〈菅笠〉

すけだち　助太刀　⊗助太刀　例誰
も～をする人がいなかった。

すげない　すげない〈素気無い〉
　例～返事。

すける　透ける　⊗透ける　例向こ
う側が透けて見える。

すげる　すげる　例鼻緒を～。人形
の首を～。

すごい　すごい〈凄い〉　⊗すごい
　例～煙。～人出だ。

すこし〔副詞〕　少し〈些し〉　☆⊗少

し　例もう～だ。

すこしは　少しは　例～こちらの事
も考えてほしい。

すこしも　少しも　⊗少しも　例10
年前と～変わらない町の様子。

すごす　過ごす　⊗過ごす　例楽し
い時を～。

すこぶる　すこぶる〈頗る〉　⊗すこ
ぶる　例～元気だ。

すごむ　すごむ〈凄む〉　例相手に～。

すごもり　巣籠もり　⊗巣籠もり

すこやかだ　健やかだ　⊗健やかだ
　例健やかに育つ。健やかな体。

すごろく　すごろく〈双六〉

すさび　すさび〈遊び〉　例ほんの筆
の～に過ぎません。

すさまじい　すさまじい〈凄まじい〉
　例～形相で怒鳴り込んで来た。

すさむ　すさむ〈荒む〉　例心が～。
風が吹き～。

ずさん　ずさん〈杜撰〉　⇒粗雑・で
たらめ　例～な仕事。

すし　すし〈寿司・鮓・鮨〉

すじ　筋〈条〉　例まっすぐな～。～
がいい。

ずし　ずし〈厨子〉　例玉虫の～。

すじあい　筋合い　⊗筋合い　例そ
んなことを言われる～はない。

すじかい　筋交い　例交差点を～に
渡る。壁に～を入れる。

すじがき　筋書き　⊗筋書　例～に
従って進めていく。

すじがね　筋金　例〜入りの男。

ずしき　図式　例〜化して説明する。

すじちがい　筋違い　⽂筋違い
　　例〜な話。

すしづめ　すし詰め　例〜の電車。

すじみち　筋道　例〜に従う。

すじむかい　筋向かい　例〜の家。

すじむこう　筋向こう　⽂筋向こう

すじょう　素性・素姓〈種姓〉　例彼
　　の〜はよく分からない。
　　　注新聞では、「素性」と書く。

ずじょう　頭上　例〜に星が輝く。

すす　すす〈煤〉　例〜だらけの顔。
　　〜を払う。

すず　鈴　例〜を鳴らす。

すず　すず〈錫〉　例〜製の茶つぼ。

すずかぜ　涼風　例〜の立つ頃…。

すすき　すすき〈薄・芒〉　例〜の穂。

すすぐ　すすぐ〈雪ぐ〉　例汚名を〜。

すすぐ　すすぐ〈漱ぐ〉　例口を〜。

すすぐ　すすぐ〈濯ぐ〉　例洗い物を
　　〜。

すすける　すすける〈煤ける〉　例煙
　　で〜。

すずしい　涼しい　⽂涼しい　例〜
　　季節。目元が〜。

すずしさ　涼しさ　⽂涼しさ

すずなり　鈴なり　例観客が〜だ。

すすはき　すす掃き〈煤掃き〉　⽂す
　　す掃き

すすはらい　すす払い〈煤払い〉
　　⽂すす払い　例年末に〜をする。

すすみ　進み　⽂進み　例仕事の〜
　　具合。

すずみ　涼み　⽂涼み　例〜がてら
　　行く。

すずみだい　涼み台　⽂涼み台
　　例庭の〜。

すすみでる　進み出る

すすむ　進む　⽂進む　例前へ〜。

すずむ　涼む　⽂涼む　例浴衣で〜。

すすめ　進め　⽂進め　例〜の合図。

すすめ　勧め　⽂勧め　例彼の〜で
　　この仕事を引き受けた。

すすめる　進める　⽂進める　例交
　　渉を〜。時計を10分〜。

すすめる　勧める　⽂勧める　例一
　　読を〜。保険に入るように〜。

すすめる　薦める　⽂薦める　例A
　　君を採用するように〜。
　　　注「進める・勧める・薦める」の使い
　　分けは、「「異字同訓」の漢字の使い
　　分け」p.343参照。

すずらん　すずらん〈鈴蘭〉

すずり　すずり〈硯〉　例筆と〜。

すすりあげる　すすり上げる〈啜り
　　上げる〉

すすりなき　すすり泣き〈啜り泣き〉
　　⽂すすり泣き

すすりなく　すすり泣く〈啜り泣く〉
　　例彼女はただ〜ばかりだ。

すする　すする〈啜る〉　例茶を〜。

すそ　裾〔すそ〕　例裾、裾野

すそ　裾　⽂裾　例着物の〜。

すその　裾野
すそまわし　裾回し
すだく　すだく〈集く〉 [例]草むらに～虫の声に秋を感じる。
すだち　巣立ち　[文]巣立ち　[例]ひなの～。
すだつ　巣立つ　[文]巣立つ　[例]学窓を～。
ずだぶくろ　ずだ袋〈頭陀袋〉
すたる　廃る　[文]廃る　[例]男が～。
すだれ　すだれ〈簾〉
すたれる　廃れる　[文]廃れる　[例]流行が～。
ずつ　ずつ〈宛〉　[文]ずつ　[例]三つ～配る。各人から100円～集める。
ずつう　頭痛　[例]ひどい～に悩む。
すっかり　すっかり　[例]もう～秋らしくなった。
すづけ　酢漬け　[文]酢漬け
すっぱい　酸っぱい　[文]酸っぱい　[例]～味。
すっぱだか　素っ裸
すっぱぬく　すっぱ抜く〈素っ破抜く〉 [例]秘密を～。
すで　素手　[例]～で戦う。
すていし　捨て石　[文]捨て石　[例]世の～となる。
すてうり　捨て売り　[文]捨て売り　[例]1個100円で～をする。
すてがね　捨て金　[文]捨て金　[例]あの金は全くの～になった。
すてき　すてき〈素敵〉　[例]～な人。
すてご　捨て子　[文]捨て子
すてさる　捨て去る　[例]惜しげもなく～。嫌な思い出を～。
すてぜりふ　捨てぜりふ〈捨て台詞〉 [文]捨てぜりふ
すでに〔副詞〕　既に・すでに

「異字同訓」の漢字の使い分け

すすめる

【進める】前や先に動かす。物事を進行させる。
　前へ進める。時計を進める。交渉を進める。議事を進める。
【勧める*】そうするように働き掛ける。
　入会を勧める。転地を勧める。読書を勧める。辞任を勧める。
【薦める*】推薦する。
　候補者として薦める。良書を薦める。お薦めの銘柄を尋ねる。
*　「勧める」と「薦める」の使い分けについては、例えば、「読書」といった行為(本を読む)をするように働き掛けたり、促したりする場合に「勧める」を用い、「候補者」や「良書」といった特定の人や物がそれにふさわしい、望ましいとして推薦する場合に「薦める」を用いる。

（平成26年文化審議会国語分科会）

公文既に

すてね　捨て値　文捨て値　例〜で
　売る。

すてば　捨て場　公文捨場　建捨て
　場

すてばち　捨て鉢　文捨て鉢　例〜
　な気持ち。そう〜になるな。

すてみ　捨て身　文捨て身　例〜の
　技。

すてる　捨てる〈棄てる〉　文捨てる
　例ごみを〜。

すどおし　素通し　文素通し　例〜
　のガラス。

すどおり　素通り　文素通り　例問
　題の箇所を〜する。

すどまり　素泊まり　例〜の宿。

すな　砂　例五色の〜。〜山。

すなあそび　砂遊び　文砂遊び

すなあらし　砂嵐

すなお　素直　例〜な子供。

すながき　砂書き　文砂書き

すなけむり　砂煙　文砂煙　例風で
　すごい〜が立つ。

すなじ　砂地　例この植物は〜でな
　いと育たない。

すなどけい　砂時計　例〜で時を計
　る。

すなば　砂場　例公園の〜で遊ぶ。

すなはま　砂浜　例〜に寝そべる。

すなほこり　砂ぼこり〈砂埃〉

すなわち　すなわち〈則ち・即ち・
　乃ち〉　文すなわち　例母音、

〜ア、イ、ウ、エ、オ。

ずぬける　ずぬける〈図抜ける・頭
　抜ける〉　例A君の成績はずぬ
　けてすばらしい。

すね　すね〈脛・臑〉　例〜に傷を持
　つ身。親の〜をかじる。

すねる　すねる〈拗ねる〉　例あの子
　はすぐに〜。世を〜。

ずのう　頭脳　例〜明せき。

すのこ　すのこ〈簀の子〉　例〜を敷
　く。

すのもの　酢の物　例〜を作る。

すばこ　巣箱　例鳥の〜。

すばしっこい　すばしっこい

すはだ　素肌　例〜を出す。

ずばぬける　ずば抜ける

すばやい　素早い　文素早い　例〜
　動作。

すばらしい　すばらしい〈素晴らし
　い〉　文すばらしい　例〜景色。

ずひょう　図表　例この関係を〜に
　表す。

ずぶとい　ずぶとい〈図太い〉

ずぶぬれ　ずぶぬれ〈ずぶ濡れ〉

すぶり　素振り　例バットの〜。
　注「そぶり」と読む場合は、意味が異
　なる。

すべ　すべ〈術〉　例なす〜もなく経
　過を見守っているばかりだ。

すべからく　すべからく〈須く〉
　例〜努力すべきだ。
　注「全て」「みんな」の意味で用いない。

団:付表の語　×:表外字　△:表外音訓　〈　〉:参考表記　⇒:言い換え等

すべて〔副詞〕　全て〈凡て・総て〉
　　公文全て　例～順調に進んでい
　　る。

すべり　滑り　文滑り　例戸の～が
　　悪い。

すべりおちる　滑り落ちる　例屋根
　　から雪が～。勢いよく～。

すべりこむ　滑り込む　例発車3分
　　前に危うく駅に～。

すべりだい　滑り台　例～で遊ぶ。

すべりだし　滑り出し　例事業の～
　　は上々と言うべきだ。

すべる　滑る　文滑る　例廊下で～。
　　筆が～。

すべる　統べる〈総べる〉　文統べる
　　例会を～。

ずぼし　図星　例～を指される。

すぼまる　すぼまる〈窄まる〉　例先
　　に行くほど～。

すぼむ　すぼむ〈窄む〉　例先のすぼ
　　んだズボン。叱られて～。

すぼめる　すぼめる〈窄める〉　例口
　　を～。傘を～。

すまい　住まい〈住居〉　文住まい
　　例結構なお～ですね。新しい～。

すまう　住まう　文住まう　例田舎
　　に～。

すまき　す巻き〈簀巻き〉

すましがお　澄まし顔　文澄まし顔

すます　済ます　文済ます　例さっ
　　さと～。

すます　澄ます　文澄ます　例濁り

　　水を～。

すまない　すまない〈済まない〉
　　例君には大変～ことをした。

すみ　炭　例火鉢に～をつぐ。

すみ　隅〈角〉　例部屋の～。

すみ　墨　例～をする。

すみ・ずみ　済み　文済み　例検定
　　～。支払いは～だ。

…ずみ…　…済み…　公…済…
　　例支出～額。使用～燃料。

すみえ　墨絵　例～を描く。

すみか　住みか〈住み処〉　例天井裏
　　がねずみの～になっている。つ
　　いの～。

すみきる　澄み切る　例きれいに澄
　　み切った秋の空。

すみごこち　住み心地　例新居の～
　　はどうですか。

すみこみ　住み込み　文住み込み
　　例～で働く。

すみこむ　住み込む　文住み込む
　　例管理人として～。

すみずみ　隅々　例～まで調べる。

すみぞめ　墨染め　文墨染め　例～
　　の衣。

すみとり　炭取り　文炭取り

すみなれる　住み慣れる

すみにくい　住みにくい〈住み難い〉

すみび　炭火　例～で肉を焼く。

すみやかだ　速やかだ　文速やかだ

すみやかに　速やかに　文速やかに
　　例～に処理する。

すみやき　炭焼き　⊗炭焼き　例～の煙。

すみやきごや　炭焼き小屋　例山腹の～を目標に登る。

すみわたる　澄み渡る

すむ　住む　⊗住む　例東京に～。

すむ　済む　⊗済む　例予定の仕事が～。

すむ　澄む　⊗澄む　例水が～。空が～。

ずめん　図面　例～を添付する。

すもう　相撲団〈角力〉　例～大会。

すもうじんく　相撲甚句

すもうとり　相撲取り

すやき　素焼き　⊗素焼き　例～のつぼ。

ずらす　ずらす　例少し左へ～。

すり　刷り　⊗刷り　例～が悪い。

すり　すり〈掏摸〉　例～の逮捕。

すりあがり　刷り上がり　⊗刷り上がり　例この本の～は今月末だ。

すりあがる　刷り上がる　⊗刷り上がる　例議案書が～。

すりあげる　刷り上げる　例今月中に～必要がある。

すりえ　すり餌〈摺り餌〉

すりかえる　すり替える〈掏り替える〉　例巧みに～。

すりきず　擦り傷　⊗擦り傷

すりきれる　擦り切れる　例洋服の袖口が～。

すりこぎ　すりこぎ〈摺り粉木〉

すりこむ　擦り込む　例患部に薬をよく～。

ずりさがる　ずり下がる

すりつぶす　すり潰す〈摺り潰す〉

すりぬける　擦り抜ける　例大勢の人の間を～。

すりばち　すり鉢〈摺り鉢〉　例～でとろろを作る。

すりへらす　すり減らす〈磨り減らす〉　⊗すり減らす　例やすりでこすって～。心労で神経を～。

すりへる　すり減る〈磨り減る〉　例車の心棒が～。止め金が～。

すりむく　擦りむく〈擦り剝く〉　例転んで膝を～。

すりもの　刷り物　⊗刷り物　例いずれ～にしてお目に掛けます。

すりよる　擦り寄る　例そばに～。

する　刷る　⊗刷る　例新聞を～。

する　擦る　⊗擦る　例マッチを～。
注「刷る・擦る」の使い分けは、「「異字同訓」の漢字の使い分け」p.347参照。

する　する〈為る〉　例勉強を～。

する　する〈掏る〉　例財布を～。

ずるい　ずるい〈狡い〉　例～男だ。

…するおり　…する折　例外出～には一声掛けてください。

するどい　鋭い　⊗鋭い　例～目つき。

するどさ　鋭さ　⊗鋭さ　例～に欠ける。

するめ　するめ〈鯣〉

団:付表の語　×:表外字　△:表外音訓　〈　〉:参考表記　⇒:言い換え等

ずれ　ずれ　例位置に〜を生じる。

すれあう　擦れ合う　例木の枝が〜
　ほどの強い風が吹く。

すれすれ　すれすれ〈擦れ擦れ〉
　例水面〜に鳥が飛ぶ。違反〜。

すれちがう　擦れ違う　例バスがや
　っと〜ような狭い道。意見が〜。

すれっからし　擦れっ枯らし

すれる　擦れる　⊗擦れる　例傷口
　が〜。

ずれる　ずれる　例見当が〜。

すわ　すわ　例〜一大事だ。

すわり　据わり・座り〈坐り〉　⊗据
　わり　例〜が悪い。

すわりこみ　座り込み　公⊗座込み
　建座り込み　例〜禁止。

すわりこむ　座り込む　例道端に〜。

すわる　座る〈坐る〉　⊗座る　例き
　ちんと〜。

すわる　据わる　⊗据わる　例度胸

が〜。目が〜。赤ん坊の首が〜。

注「座る・据わる」の使い分けは、「「異
　字同訓」の漢字の使い分け」参照。

すん　寸⁶〔スン〕　例寸法、寸断、寸
　暇、一寸先

すんか　寸暇　例〜を惜しんで働く。

すんごう　寸ごう〈寸毫〉　⇒寸分・
　少しも　例〜も疑いを差し挟む
　余地はない。

すんこく　寸刻　例〜を争う。

すんし　寸志　例〜を包む。

すんぜん　寸前　例ゴール〜。

すんづまり　寸詰まり　例〜の洋服。

すんびょう　寸秒　例〜を争う。

すんぽう　寸法　例箱の〜を測る。

すんぽうがき　寸法書き　⊗寸法書
　き　例〜のとおりに仕立てる。

──────「異字同訓」の漢字の使い分け──────

する
【刷る】印刷する。
　　名刺を刷る。新聞を刷る。版画を刷る。社名を刷り込む。刷り物。
【擦る】こする。
　　転んで膝を擦りむく。マッチを擦る。擦り傷。洋服が擦り切れる。

すわる
【座る】腰を下ろす。ある位置や地位に就く。
　　椅子に座る。上座に座る。社長のポストに座る。
【据わる】安定する。動かない状態になる。
　　赤ん坊の首が据わる。目が据わる。腹の据わった人物。

　　　　　　　　　　　　　　　　　　（平成26年文化審議会国語分科会）

せ

せ　世³〔セイ・セ
よ〕　例世界、世代、世
間、世話、末世、出世、来世

せ　施〔シ・セ
ほどこす〕　例施主、施肥、施
物、施療、施薬院、布施

せ　瀬(瀨)〔せ
い〕　例瀬戸際、早瀬、浅
瀬、瀬踏み、立つ瀬

せ　背　例～に腹は代えられない。

ぜ　是〔ゼ〕　例是正、是認、是非、国
是、社是、是か非か

せい　井⁴〔セイ・ショウ
い〕　例井泉、井
目、市井、油井

せい　世³〔セイ・セ
よ〕　例世紀、時世、
処世、当世

せい　正¹〔セイ・ショウ
ただしい・ただす・まさ〕　例正
義、正常、正誤、訂正、改正、
正の数

せい　生¹〔セイ・ショウ
いきる・いかす・いける・
うまれる・うむ・おう・は
える・はやす・き・なま〕
例生活、生産、写生、発生、先
生、余生、生を受ける　団芝生
(しばふ)、弥生(やよい)

せい　成⁴〔セイ・ジョウ
なる・なす〕　例成功、成
績、成立、完成、賛成、合成、
編成、大成

せい　西²〔セイ・サイ
にし〕　例西暦、西域、
西欧、西部、北西

せい　声²(聲)〔セイ・ショウ
こえ・こわ〕　例声明、
声援、声楽、名声、音声

せい　制⁵〔セイ〕　例制約、制度、制
限、規制、統制、全国を制する

せい　姓〔セイ・ショウ〕　例姓名、姓氏、
改姓、同姓、旧姓

せい　征〔セイ〕　例征服、征伐、征
圧、征討、遠征、出征、長征

せい　性⁵〔セイ・ショウ〕　例性格、性
質、性別、男性、理性、個性

せい　青¹〔セイ・ショウ
あお・あおい〕　例青天、青
酸、青春、青銅、青年　団真っ
青(まっさお)

せい　斉(齊)〔セイ〕　例斉唱、斉一、
一斉、整斉、均斉

せい　政⁵〔セイ・ショウ
まつりごと〕　例政治、政
府、政策、政情、行政、家政、
財政、郵政

せい　星²〔セイ・ショウ
ほし〕　例星座、星
霜、流星、衛星、恒星、惑星

せい　牲〔セイ〕　例犠牲

せい　省⁴〔セイ・ショウ
かえりみる・はぶく〕　例反省、
自省、内省、猛省、三省、帰省

せい　凄〔セイ〕　例凄惨、凄絶

せい　逝〔セイ
ゆく・いく〕　例逝去、永逝、
急逝、長逝

せい　清⁴〔セイ・ショウ
きよい・きよまる・きよめる〕
例清流、清涼、清貧、清潔、清
算、清遊、粛清　団清水(しみず)

せい　盛⁶〔セイ・ジョウ
もる・さかる・さかん〕　例盛
況、盛衰、盛大、隆盛、全盛

せい　情⁵〔ジョウ・セイ
なさけ〕　例風情

せい　婿〔セイ
むこ〕　例女婿

団:付表の語　×:表外字　△:表外音訓　〈　〉:参考表記　⇒:言い換え等

せい　晴²〔セイ／はれる・はらす〕　例晴天、晴雨、晴朗、快晴、晴耕雨読

せい　勢⁵〔セイ／いきおい〕　例勢力、形勢、姿勢、情勢、余勢、優勢、態勢

せい　聖⁶〔セイ〕　例聖歌、聖域、聖火、聖書、聖人、聖夜、神聖

せい　誠⁶〔セイ／まこと〕　例誠意、誠実、誠正、忠誠、至誠、丹誠、赤誠

せい　歳〔サイ・セイ〕　例歳暮　因二十歳（はたち）

せい　精⁵〔セイ・ショウ〕　例精神、精密、精巧、精米、精力

せい　製⁵〔セイ〕　例製造、製品、製鉄、鉄製、作製、外国製、調製

せい　誓〔セイ／ちかう〕　例誓詞、誓願、誓約書、宣誓

せい　静⁴（静）〔セイ・ジョウ／しず・しずか・し／ずまる・しずめる〕　例静寂、静止、静穏、鎮静、安静

せい　請〔セイ・シン／こう・うける〕　例請求、請暇、請願、要請、懇請、申請書

せい　整³〔セイ／ととのえる・ととのう〕　例整理、整然、整列、均整、調整

せい　醒〔セイ〕　例覚醒

せい　背　例～が高い。

せい　せい〈所為〉　例多分風邪の～だ。それは天気の～だ。

ぜい　税⁵〔ゼイ〕　例税金、税関、納税、免税、関税、所得税

ぜい　説⁴〔セツ・ゼイ／とく〕　例遊説

せいあつ　制圧　例反乱軍を～する。

せいい　誠意　例全く～がない。

せいいく　生育　例杉の～状態。

せいいく　成育　例ゴリラの～。

せいいっぱい　精一杯　例～やったので悔いはない。

せいう　晴雨　例～にかかわらず行います。～計。

せいうん　青雲　例～の志。

せいえい　精鋭　例～による攻撃。

せいえん　声援　例～を送る。

せいえん　凄艶　例～な女優たちの共演。

せいおう　西欧　例～諸国。

せいおん　静穏　例～状態が続く。

せいか　成果　例研究の～。

せいか　青果　例～市場。

せいか　盛夏　例～の候…。

せいか　製菓　例～会社。

せいか　製靴　例～業。

せいかい　政界　例～の黒幕。

せいかく　正確　例～な時計。

せいかく　性格　例～が合わない。

せいがく　声楽　例～の専門家。

せいかつ　生活　例日常～。～排水。

せいかっこう　背格好・背かっこう〈背恰好〉　例～が似ている。　因「せかっこう」とも。

せいかん　生還　例無事～する。

せいかん　製缶

せいかん　精かん〈精悍〉　⇒精力的・たくましい様子　例～な顔。

せいがん　正眼・青眼　例竹刀を～に構える。

せいがん　請願　例国に～する。

せいき　生気　例～にあふれた顔。

せいき　世紀　例～の偉業。

せいき　正規　例～の手続き。

せいき　成規
　注法令では、用いない

せいぎ　正義　例～を重んじる。

せいきゅう　請求　例代金の～。

せいきょ　逝去　⊗逝去　例会長の
　～。

せいぎょ　制御〈制馭・制禦〉　⊗制
　御

せいきょう　盛況　例～を呈する。

せいぎょう　正業　例～に就く。

せいぎょう　生業　例住民は漁業を
　～としている。

ぜいきん　税金　例～を納める。

せいくらべ　背比べ　⊗背比べ
　例兄と～をする。どんぐりの～。

せいけい　生計　例～を立てる。

せいけい　成型　例～加工。

せいけい　整形　例鼻の～。

せいけつ　清潔　例～な食品。

せいけん　政権　例～を担う。

せいけん　政見　例～放送。

せいげん　制限　例時間の～。

せいげん　正弦　例三角関数のサイ
　ンを～という。

せいご　正誤　例～表。

せいこう　生硬　例～な文章。

せいこう　成功　例見事な～。

せいこう　精巧　例～な仕組み。

せいこう　製鋼　例～所。

せいごう　整合　例政策との～性。

せいこく　正こく〈正鵠〉　⇒正確
　例～を射た意見と言える。
　注「せいこう」は慣用読み。

ぜいこみ　税込み　例～で10万円。

せいこん　精根　例～が尽きる。

せいこん　精魂　例～を傾ける。

せいざ　正座〈正坐〉　例1時間～し
　ていたら足がしびれた。

せいざ　星座　例～を調べる。

せいざ　静座〈静坐〉

せいさい　生彩・精彩　例～を欠く。
　注新聞では、「精彩」と書く。

せいさい　制裁　例～を加える。

せいざい　製材　例山から切り出し
　た木を～する。～所。

せいさく　政策　例外交～。

せいさく　制作　例映画の～。

せいさく　製作　例家具の～。

せいさん　生産　例米の～。

せいさん　清算　例借金を～する。

せいさん　精算　例運賃を～する。

せいさん　凄惨　例～な戦い。

せいし　生死　例～が不明だ。

せいし　正視　例余りにむごたらし
　くて、～できない。

せいし　姓氏

せいし　制止　例～を振り切る。

せいし　静止　例一瞬も～すること
　なく動いている。～衛星。

せいし　製糸　例～工場。

団:付表の語　×:表外字　△:表外音訓　〈　〉:参考表記　⇒:言い換え等

せいし　製紙　例〜業が盛んだ。

せいし　誓詞　例〜を述べる。

せいじ　政治　例国の〜。

せいしき　正式　例〜な手続き。

せいしつ　性質　例おとなしい〜。

せいじつ　誠実　例実に〜な人だ。

せいじゃ　正邪　例〜をはっきりさせる。

せいじゃく　静寂　例夜の〜。

ぜいじゃく　ぜい弱〈脆弱〉　⇒もろく弱い様子　例〜な構造。

せいしゅく　静粛　例〜を保つ。

せいじゅく　成熟　例〜した社会。

せいしゅん　青春　例〜をおう歌する。楽しい〜時代を過ごす。

せいじゅん　清純　例〜な乙女。

せいしょ　清書　例手紙を〜する。

せいしょ　聖書　例〜を読む。

せいしょう　斉唱　例校歌の〜。

せいしょう　清祥・清勝　例ますます御〜の段…。

せいじょう　正常　例機械は〜に働いている。〜な方法。

せいじょう　清浄　例〜な空気。

せいしょうねん　青少年　例〜の健全育成。

せいしょく　生殖　例〜の能力。

せいしん　清新　例〜の気。

せいしん　精神　例〜が緊張する。

せいじん　成人　例〜式。

せいじん　聖人　例〜君子。

せいしんほけんふくしし　精神保健

福祉士

せいすい　盛衰　例栄枯〜。

せいすい　精粋　例論文の〜。

せいする　制する　例行動を〜。

せいする　製する　例チーズを〜。

せいせい　清々・せいせい　例〜した気分。

せいぜい　精々・せいぜい　例〜やってみます。〜500円くらいだ。

せいせいどうどう　正々堂々　例〜と主張する。〜たる態度。

せいせき　成績　例立派な〜。

せいせき　聖跡〈聖蹟〉　例〜巡り。

せいぜつ　凄絶　例〜な戦い。

せいせん　生鮮　例〜食料品。

せいせん　精選　例原料の〜。

せいぜん　整然　例理路〜と話す。〜とした家並み。

せいぜん　生前　例〜贈与。

せいそ　精粗　例文章に〜がある。

せいそ　清そ〈清楚〉　⇒清らか・すっきり　例〜な感じの人。

せいそう　正装　例〜と略装。

せいそう　清掃　例校庭を〜する。

せいそう　盛装　例〜して出掛ける。

せいそう　凄そう〈凄愴・悽愴〉　⇒ものすごい様子　例〜な光景。

せいぞう　製造　例機械の〜。

せいそうけん　成層圏　例〜のオゾン層を調べる。

せいそく　生息〈棲息・栖息〉　例かもしかの〜地。

さ行

せいぞろい　勢ぞろい〈勢揃い〉
　例一同〜して出掛ける。

せいぞん　生存　例〜者を探す。

せいたい　生体　例〜認証。

せいたい　生態　例昆虫の〜。

せいたい　声帯　例〜を震わせる。

せいだい　盛大　例〜な見送り。

せいだく　清濁　例川の〜。

ぜいたく　ぜいたく〈贅沢〉　例〜な
　生活。

せいだす　精出す　例仕事に〜。

せいたん　生誕　例〜100周年。

せいち　精緻　例〜な作り。

せいちゅう　誠忠　例〜を尽くす。

せいちゅう　せいちゅう〈掣肘〉
　⇒制約・拘束・干渉　例あれこ
　れと〜を受けるのはいやだ。

せいちょう　生長　例朝顔の〜。

せいちょう　成長　例虫の〜。我が
　子の〜を願う。

せいちょう　清澄　例〜な空気。

せいつう　精通　例事情に〜する。

せいてい　制定　例憲法の〜。

せいてつ　製鉄　例〜所。

せいてん　晴天　例〜に恵まれる。

せいてんのへきれき　青天のへきれ
　き〈青天の霹靂〉　例あの事件は
　私にとっては全く〜だった。

せいてんはくじつ　青天白日　例晴
　れて〜の身となる。

せいと　生徒　例〜の自主性。

せいど　制度　例〜を改める。

せいど　精度　例〜を高める。

せいとう　正当　例〜な理由。

せいとう　正統　例〜を継ぐ。

せいとう　政党　例〜政治。

せいとう　製糖　例〜工場。

せいどう　青銅　例〜の彫刻。

せいどく　精読　例解説を〜する。

せいとん　整頓　公文整頓　例整理
　〜を心掛ける。

ぜいにく　ぜい肉〈贅肉〉　例運動を
　して腹の〜を取る。

せいねん　成年　例未〜者。〜後見。

せいねん　青年　例元気な〜。

せいねんがっぴ　生年月日

せいのう　性能　例〜の優れた機械。

せいは　制覇　例全国〜を狙う。

せいばい　成敗　例けんか両〜。

せいばく　精麦　例〜して小麦粉を
　作る。

せいはつ　整髪　例〜料。

せいばつ　征伐　例悪者を〜する。

せいび　整備　例道路を〜する。

ぜいひき　税引き　例〜後の利益。

せいひん　清貧　例〜に甘んじる。

せいひん　製品　例〜を出荷する。

せいふ　政府　例〜の声明。

せいぶ　西部　例東京都の〜地域。

せいふく　正副　例〜委員長。

せいふく　制服　例〜を着る。

せいふく　征服　例頂上を〜する。

せいぶつ　生物　例古代の〜。

せいぶつ　静物　例〜を写生する。

団:付表の語　×:表外字　△:表外音訓　〈　〉:参考表記　⇒:言い換え等

せいふん　製粉　例～工場。

せいぶん　成分　例日本食品標準～。

せいぶん　成文　例～化する。～法。

せいべつ　生別　例～と死別。

せいぼ　歳暮　例お～を贈る。

せいぼう　制帽　例～をかぶる。

せいまい　精米　例～機。

せいみつ　精密　例～な検査。

せいめい　生命　例～を尊重する。

せいめい　声明　例～を発表する。
　　注「しょうみょう」と読む場合は、意
　　味が異なる。

せいめい　姓名　例～を記載する。

せいやく　制約　例時間の～。

せいやく　誓約　例確かな～を取り
　　付ける。～を交わす。～書。

せいやく　製薬　例～会社。

せいよう　静養　例病後の～に努め
　　る。しばらく温泉で～する。

せいよく　性欲〈性慾〉

せいらい　生来　例～器用だ。

せいり　生理　例人体の～。

せいり　整理　例書類の～をする。

ぜいりし　税理士

せいりつ　成立　例交渉の～。

せいりょう　清涼　例～の気。

せいりょうざい　清涼剤　例一服の
　　～となる。

せいりょく　勢力　例～の拡張。

せいりょく　精力　例～的な活動。

せいるい　声涙　例～ともに下る。

せいれい　精励　例仕事に～する。

せいれき　西暦　例～2050年。

せいれつ　整列　例広場に～する。

せいれつ　清冽〈清冽〉　⇒清らか
　　例谷川の～な流れ。

せいれん　清廉　例～な人柄。

せいれん　精練　例生糸の～。

せいれん　精錬・製錬　例金属の～。
　　～所。

せいれんけっぱく　清廉潔白　例～
　　の身となる。

せいろ・せいろう　せいろ・せいろ
　　う〈蒸籠〉　例まんじゅうを～で
　　蒸す。

せおいなげ　背負い投げ　⊗背負い
　　投げ

せおう　背負う　⊗背負う　例重い
　　荷物を～。

せおよぎ　背泳ぎ　例～と平泳ぎ。

せかい　世界　例～的視野に立つ。

せかいじゅう　世界中

せかす　せかす〈急かす〉　例仕事を
　　～。

せかっこう　背格好・背かっこ
　　う〈背恰好〉　例～が似ている。
　　注「せいかっこう」とも。

ぜがひでも　是が非でも　例～聞い
　　てもらいたい。

せがむ　せがむ　例おもちゃを～。

せがれ　せがれ〈倅〉　例いつも～が
　　御厄介になっています。

せがわ　背革　例～の装丁。

せき　夕[1]〔セキ／ゆう〕　例夕影、夕日、今

夕、一朝一夕　田七夕(たなばた)

せき　斥〔セキ〕　例斥候、斥力、排斥

せき　石¹〔セキ・シャク・コク　いし〕　例石材、石碑、化石、岩石、宝石

せき　赤¹〔セキ・シャク　あか・あかい・あか　らむ・あからめる〕　例赤道、赤飯、赤貧、赤痢、赤十字社、発赤　田真っ赤(まっか)

せき　昔³〔セキ・シャク　むかし〕　例昔日、昔年、昔時

せき　析〔セキ〕　例析出、分析、解析

せき　席⁴〔セキ〕　例席順、席上、座席、出席、客席　田寄席(よせ)

せき　脊〔セキ〕　例脊髄、脊柱

せき　隻〔セキ〕　例隻手、隻脚、隻眼、数隻

せき　惜〔セキ　おしい・おしむ〕　例惜敗、惜別、惜春、痛惜、愛惜、哀惜

せき　戚〔セキ〕　例親戚

せき　責⁵〔セキ　せめる〕　例責務、責任、自責、職責、重責、引責

せき　寂〔ジャク・セキ　さび・さびしい・さびれる〕　例寂然、寂として
　囲「寂然」は、「じゃくねん」とも。

せき　跡〔セキ　あと〕　例形跡、奇跡、追跡、旧跡、遺跡

せき　積⁴〔セキ　つむ・つもる〕　例積雪、集積、体積、蓄積、滞積、面積

せき　績⁵〔セキ〕　例紡績、成績、功績、業績、実績、治績、事績

せき　籍〔セキ〕　例書籍、国籍、入籍、戸籍、本籍

せき　関　例〜所。

せき　せき〈咳〉　例ひどい〜だ。

せき　せき〈堰〉　例川に〜を作る。

せきがく　せき学〈碩学〉　例当代随一の〜として知られている。

せきがし　席貸し　⊗席貸し

せきこむ　せき込む〈急き込む〉　例せき込んで話す。

せきこむ　せき込む〈咳き込む〉　例苦しそうに〜。こんこんと〜。

せきさい　積載　例トラックの〜量。

せきざい　石材　例塀の〜を選ぶ。

せきさん　積算　例費用を〜する。

せきじ　昔時　例〜をしのぶ。

せきじつ　昔日　例〜の面影。

せきしゅ　隻手

せきしゅつ　析出　例結晶の〜。

せきじょう　席上　例会議の〜。

せきずい　脊髄

せきせつ　積雪　例〜3メートル。

せきぜん　寂然　例〜たる神社。
　囲「じゃくねん」とも。

せきたてる　せき立てる〈急き立てる〉　例早く終わるように〜。

せきたん　石炭　例〜を燃やす。

せきちゅう　脊柱　⚎脊柱

せきつい　脊椎　例〜動物。

せきとう　石塔　例〜を建てる。

せきどう　赤道　例〜祭。

せきとして　寂として　例〜音がしない。

せきどめ　せき止め〈咳止め〉　⊗せ

き止め

せきとめる　せき止める〈塞き止め
　る・堰き止める〉　例流れを～。

せきとり　関取　㊤㊨関取　例浴衣
　姿の～。

せきにん　責任　例～を感じる。

せきねん　昔年　例～の話をする。

せきねん　積年　例～の恨み。

せきのやま　関の山　例私の力では
　この辺が～だ。

せきはい　惜敗　例試合に～した。

せきばく　せきばく〈寂寞〉　⇒寂し
　さ・ひっそり　例～とした原野。

せきばらい　せき払い〈咳払い〉

せきはん　赤飯　例お祝いの～。

せきひ　石碑　例記念の～を建てる。

せきひん　赤貧　例～洗うがごとし。

せきべつ　惜別　例～の情。

せきむ　責務　例～を果たす。

せきめん　赤面　例思わず～した。
　全く～の至りです。

せきもり　関守　㊨関守

せきゆ　石油　例～精製所。

せきらら　赤裸々　例～な告白。

せきらんうん　積乱雲　例夏空の～。

せきり　赤痢　例～の予防。

せきりょう　寂りょう〈寂寥〉　例～
　たる風景。～感。

せく　せく〈急く〉　例そう～な。

せく　せく〈塞く・堰く〉　例流れを
　～。

せけん　世間　例～を騒がす。

せけんてい　世間体　例～を気にす
　る。

せけんなみ　世間並み　例～の生活。

せこ　世故　例～にたけた人。

せこ　せこ〈勢子〉　例～を使って鹿
　を狩る。

せこう　施行　例法律の～。
　㊟「しこう」とも。

せこう　施工　例増改築の～。
　㊟「しこう」とも。

せさく　施策　例～の推進。
　㊟「しさく」とも。

せじ　世辞　例お～のうまい人。

せしゅ　施主　例法事の～を務める。

せしゅう　世襲　例～制。

せじょう　施錠　例～して保管する。

せすじ　背筋　例～を伸ばす。

ぜせい　是正　例～措置。

せせこましい　せせこましい　例裏
　通りは、何となく～感じだ。

せたい　世帯　例～主。

せだい　世代　例～交代。

せたけ　背丈　例～が高い。

せち　節⁴(節)〔セツ・セチ
　　　　　　　ふし〕　例節会、
　お節料理

せちがらい　世知辛い〈世智辛い〉
　例～世の中。

せつ　切²〔セツ・サイ
　　　　　きる・きれる〕　例切実、切
　断、親切、適切、切に願う

せつ　折⁴〔セツ
　　　　　おる・おり・おれる〕　例折半、
　折衝、折衷、屈折、曲折、骨折

せつ　刹〔サツ・セツ〕　例刹那

せつ　拙〔セツ｜つたない〕　例拙者、拙速、拙劣、巧拙、稚拙

せつ　窃（竊）〔セツ〕　例窃盗、窃取、窃視、窃用

せつ　殺⁵（殺）〔サツ・サイ・セツ｜ころす〕　例殺生

せつ　接⁵〔セツ〕　例接触、接待、接着、間接、直接、密接

せつ　設⁵〔セツ｜もうける〕　例設定、設備、設立、設計図、建設、施設

せつ　雪²〔セツ｜ゆき〕　例雪害、雪辱、降雪、残雪、積雪　団雪崩（なだれ）、吹雪（ふぶき）

せつ　摂（攝）〔セツ〕　例摂取、摂氏、摂理、摂生、包摂、兼摂

せつ　節⁴（節）〔セツ・セチ｜ふし〕　例節度、節減、節約、関節、季節

せつ　説⁴〔セツ・ゼイ｜とく〕　例説明、伝説、小説、演説、諸説、解説

ぜつ　舌⁶〔ゼツ｜した〕　例舌禍、舌端、筆舌、弁舌、毒舌

ぜつ　絶⁵〔ゼツ｜たえる・たやす・たつ〕　例絶対、絶滅、絶妙、絶食、断絶

ぜつえん　絶縁　例電気を～する。

ぜっか　絶佳　例風光～の地。

せっかい　切開　例腹部を～する。

せっかい　石灰　例～岩。

せっかく　せっかく〈折角・切角〉　文せっかく　例～の努力が水泡に帰した。

せっかち　せっかち　例何て～な人だろう。

せっかん　石棺　例～が出土した。

せっかん　せっかん〈折×檻〉

せっきょう　説教　例～する。

ぜっきょう　絶叫　例～が響き渡る。

せっきょくてき　積極的　例～な人。

せっきん　接近　例実力が～する。

せっく　節句〈節×供〉　例端午の～。
　　注新聞では、「節句」と書く。

せっけい　設計　例建物を～する。

せっけい　雪渓　例～を横断する。

せっけん　節倹　例～に努める。

せっけん　石けん・せっけん〈石×鹸〉　例～で洗う。洗濯～。
　　注新聞では、「せっけん」と書く。

せっけん　席けん〈席×巻・席×捲〉　⇒勝ち進むこと・押しまくること　例破竹の勢いで全土を～する。
　　注新聞では、「席巻」と書く。

せつげん　節減　例経費の～。

せっこう　斥候

せっこう　石こう〈石×膏〉　例～の等身像。～細工。

ぜっこう　絶交　例親友と～する。

ぜっこう　絶好　例～の機会を逃す。

せっこつ　接骨　例～院。

せっさたくま　せっさたくま〈切×磋×琢磨〉　⇒鍛練・修練　例たゆまない～の結果。

ぜっさん　絶賛〈絶×讃〉　例～を博する。～を浴びる。

せつじつ　切実　例～な問題。

せっしゅ　窃取　例金品を～する。

せっしゅ　接種　例予防～。

せっしゅ　摂取　例栄養の～量。

せっしょう　折衝　例その問題について、相手国と～する。

せっしょう　殺生　例そんな～なことをするな。～禁断の池。

せっしょう　摂政　例～を置く。

せっしょく　接触　例～事故。

せつじょく　雪辱　例～を果たす。

ぜっしょく　絶食　例丸一日～した。

せっする　接する　例国境に～。

せっする　節する　例費用を～。

ぜっする　絶する　例想像を～。

せっせい　摂生　例医者の指示に従い～する。

せっせい　節制　例酒を～する。

せっせん　接戦　例～の末勝った。

せっそう　節操　例～がない。～を重んじる。

せっそく　拙速　例～な判断をする。

せつぞく　接続　例５分の待ち合わせで急行に～する。

せった　せった〈雪駄〉

せったい　接待　例客の～をする。

ぜったい　絶対　例～に大丈夫だ。

ぜつだい　絶大　例～な支持。

ぜったいち　絶対値

ぜったいぜつめい　絶体絶命　例～の窮地に陥る。

せつだん　切断〈截断〉　例木の～面。

ぜつだん　舌端　例～火を吐く。

せっち　設置　例委員会を～する。

せっちゃく　接着　例強力な～剤。

せっちゅう　折衷　例和洋～。

ぜっちょう　絶頂　例人気の～。

せってい　設定　例パスワードを～する。

せっとう　窃盗　例～の罪。

せっとく　説得　例親を～する。

せつな　刹那　例あわや衝突という～、…。

せつない　切ない　例～思い。

せつなる　切なる　例～願い。

せつに〔副詞〕　切に　公文切に　例～御自愛をお祈りいたします。

せっぱく　切迫　例期日が～する。

せっぱつまる　切羽詰まる〈切端詰まる〉　例切羽詰まってから準備を始める。

せっぱん　折半　例費用を～する。

せつび　設備　例内部の～。

ぜっぴつ　絶筆　例Ｋ氏の～。

せっぷく　切腹

せっぷく　説伏　例相手を～する。

せっぷん　せっぷん〈接吻〉　⇒口づけ・キス　例頬に軽く～する。

ぜっぺき　絶壁　例川の両岸は見上げるような～になっている。

せつぼう　切望　例援助を～する。

ぜつぼう　絶望　例～を感じる。

ぜつぼう　舌ぽう〈舌鋒〉　⇒弁舌・舌端　例～鋭く相手を攻める。

ぜつみょう　絶妙　例～な間合い。

さ行

せつめい　説明　例議案の〜をする。

ぜつめつ　絶滅　例〜した動物。

せつやく　節約　例費用を〜する。

せつゆ　説諭　例子供を〜する。

せつよう　窃用

　囲法令では、「窃用」は用いない。「盗
　用」を用いる。

せつりつ　設立　例会社を〜する。

ぜつりん　絶倫　例精力〜。

せつれつ　拙劣　例〜な文章を直す。

せとぎわ　瀬戸際　例〜に立つ。

せとびき　瀬戸引き　文瀬戸引き
　例〜鍋。

せともの　瀬戸物　例〜の茶わん。

せなか　背中　例〜がかゆい。

せなかあわせ　背中合わせ　文背中
　合わせ　例A君と〜に座る。

ぜに　銭　例安物買いの〜失い。

ぜにいれ　銭入れ　文銭入れ

ぜにかねずく　銭金ずく〈銭金尽く〉

ぜにん　是認　例要求を〜する。

せのび　背伸び　文背伸び　例〜を
　する。

せばまる　狭まる　文狭まる　例間
　隔が〜。

せばめる　狭める　文狭める　例間
　隔を〜。

せひ　施肥　例花壇に〜を行う。

ぜひ　是非・ぜひ　文是非　例事の
　〜を問う。〜お願いします。

ぜひとも　是非とも・ぜひとも
　例〜お越しください。

せひょう　世評　例〜を気にする。

せびる　せびる　例小遣いを〜。

せびろ　背広　例紺の〜。

せぶみ　瀬踏み　文瀬踏み　例仕事
　がうまくいくか〜をする。

せぼね　背骨　例〜が曲がる。

せまい　狭い　文狭い　例出口が〜。

せまきもん　狭き門　例入試の〜を
　無事突破した。

せまくるしい　狭苦しい　文狭苦し
　い　例〜部屋。

せまる　迫る　文迫る　例危険が〜。

せめ　攻め　例〜の一手。

せめ　責め　文責め　例〜を果たす。

せめいる　攻め入る

せめおとす　攻め落とす　文攻め落
　とす　例敵の城を〜。

せめく　責め苦　例ひどい〜。

せめこむ　攻め込む　例敵陣に〜。

せめたてる　攻め立てる　例敵を〜。

せめたてる　責め立てる　例手落ち
　を〜。これでもかと〜。

せめて　せめて　例〜一目会いたい。

せめどうぐ　責め道具　文責め道具

せめほろぼす　攻め滅ぼす　例敵国
　を〜。

せめよせる　攻め寄せる

せめる　攻める　文攻める　例城を
　〜。

せめる　責める　文責める　例失敗
　を〜。責めさいなむ。

　囲「攻める・責める」の使い分けは、

「「異字同訓」の漢字の使い分け」参照。

せり　競り〈糶り〉　例古本を〜で落札した。

せりあい　競り合い　⊗競り合い　例激しい〜。

せりあう　競り合う　⊗競り合う　例互いに〜。勝敗を〜。

せりあげる　競り上げる　例どんどん値段を〜。

せりいち　競り市　⊗競り市　例〜が立つ。

せりうり　競り売り　⊗競り売り　例古道具の〜をする。

せりだす　せり出す〈迫り出す〉　例おなかが〜。

せりふ　せりふ〈台詞・科白〉　例主役の〜。そんな〜は聞き飽きた。

せりょう　施療　例〜院。

せる　競る〈糶る〉　⊗競る　例値段を〜。

せろん　世論　例〜の動向。〜調査。　注「よろん」とも。

せわ　世話　例病人の〜をする。〜が焼ける。職を〜する。

せわしい　せわしい〈忙しい〉　例近頃は〜毎日を過ごしています。

せわずき　世話好き　例〜な人。

せわやき　世話焼き　⊗世話焼き

せん　干[¹]〔セン・ち〕　例千円、千人力、千里眼、千差万別、千載一遇

せん　川[¹]〔セン・かわ〕　例川柳、河川　団川原（かわら）

せん　仙〔セン〕　例仙境、仙人、仙骨、酒仙、水仙

せん　占〔セン・しめる・うらなう〕　例占用、占有、占拠、占星術、独占

せん　先[¹]〔セン・さき〕　例先頭、先方、先生、優先、率先、先立って

せん　宣[⁶]〔セン〕　例宣告、宣誓、宣言、宣伝、宣戦、宣教師、開会を宣する

せん　専[⁶]（専）〔セン・もっぱら〕　例専門、専有、専念、専属、専用、専任

せん　泉[⁶]〔セン・いずみ〕　例泉水、鉱泉、清泉、温泉、源泉徴収

「異字同訓」の漢字の使い分け

せめる

【攻める】攻撃する。
　　敵の陣地を一気に攻める。積極的に攻め込む。兵糧攻めにする。
　　質問攻めにする。

【責める】非難する。苦しめる。
　　過失を責める。無責任な言動を責める。自らを繰り返し責める。
　　拷問で責められる。

（平成26年文化審議会国語分科会）

せん　浅⁴(淺)〔セン　あさい〕　例浅聞、浅慮、浅学、浅薄、深浅

せん　洗⁶〔セン　あらう〕　例洗顔、洗面、洗練、洗濯、洗面所、洗剤

せん　染⁶〔セン　そめる・そまる・しみる・しみ〕　例染料、染色、汚染、感染

せん　扇〔セン　おうぎ〕　例扇子、扇動、扇状地、扇風機、夏炉冬扇

せん　栓〔セン〕　例栓抜き、耳栓、消火栓、給水栓、栓をする

せん　旋〔セン〕　例旋回、旋風、旋律、周旋

せん　船²〔セン　ふね・ふな〕　例船長、船舶、乗船、造船、汽船　付伝馬船(てんません)

せん　戦⁴(戰)〔セン　いくさ・たたかう〕　例戦争、戦災、苦戦、論戦、作戦

せん　煎〔セン　いる〕　例煎茶

せん　羨〔セン　うらやむ・うらやましい〕　例羨望

せん　腺〔セン〕　例前立腺、涙腺

せん　詮〔セン〕　例詮索、所詮

せん　践(踐)〔セン〕　例践行、実践

せん　箋〔セン〕　例処方箋、便箋

せん　銭⁶(錢)〔セン　ぜに〕　例銭貨、銭湯、金銭、銅銭、口銭

せん　潜(潛)〔セン　ひそむ・もぐる〕　例潜水、潜在的、潜伏、潜望鏡、沈潜

せん　線²〔セン〕　例線路、脱線、曲線、光線、視線、点線　付三味線(しゃみせん)

せん　遷〔セン〕　例遷延、遷都、遷宮、変遷、左遷

せん　選⁴〔セン　えらぶ〕　例選挙、選択、選手、入選、当選、選に漏れる

せん　薦〔セン　すすめる〕　例推薦、自薦

せん　繊(纖)〔セン〕　例繊弱、繊維、繊毛、繊細、化繊、合成繊維

せん　鮮〔セン　あざやか〕　例鮮度、鮮烈、鮮魚、鮮血、鮮明、新鮮

せん　栓〔文栓〕　例瓶に～をする。

ぜん　全³〔ゼン　まったく・すべて〕　例全部、全滅、全国、完全、安全、全10巻、全日本、万全

ぜん　前²〔ゼン　まえ〕　例前途、前歴、前進、前後、前長官、以前、空前、寸前、直前

ぜん　善⁶〔ゼン　よい〕　例善悪、善良、善処、慈善、親善、真善美

ぜん　然⁴〔ゼン・ネン〕　例依然、公然、自然、偶然、全然、必然

ぜん　禅(禪)〔ゼン〕　例禅定、禅宗、禅寺、禅僧、座禅、参禅、友禅

ぜん　漸〔ゼン〕　例漸次、漸加、漸進的、東漸

ぜん　膳〔ゼン〕　例配膳、膳を出す

ぜん　繕〔ゼン　つくろう〕　例修繕、営繕

ぜんあく　善悪　例～を考える。

せんい　繊維　例食物～。～製品。

ぜんい　善意　例～の第三者。

ぜんいき　全域　例市の～。

せんえい　先鋭〈尖鋭〉　例～的。

せんえつ　せん越〈僭越〉　⇒思い上がり・出過ぎ　例では～ながら私が司会を務めます。

付:付表の語　×:表外字　△:表外音訓　〈　〉:参考表記　⇒:言い換え等

せんえん　千円　[例]こちらの品物は～です。
せんえん　遷延　[例]事態を～する。
せんおう　専横　[例]～を極める。
せんか　戦果　[例]～が乏しい。
せんか　戦禍　[例]～を被る。
ぜんか　前科　[例]～はない。
せんかい　仙界　[例]～に住む。
せんかい　旋回　[例]飛行機が左に～する。
ぜんかい　全快　[例]病気が～する。
ぜんかい　全壊・全潰　[公]全壊　[例]～と半壊。
せんがく　浅学　[例]～非才。
ぜんがく　全額　[例]～払い込む。
ぜんがくぶ　前額部　[例]～をたたく。
せんがん　洗顔　[例]～用石けん。
せんぎ　詮議　[例]～立て。
せんきゃくばんらい　千客万来
せんきょ　占拠　[例]不法に～する。
せんきょ　選挙　[例]激しい～戦。
せんきょ　船きょ〈船渠〉　⇒ドック　[例]船を～に入れる。
[注]法令では､「船渠」は用いない｡「ドック」を用いる。
せんぎょ　鮮魚　[例]～売り場。
せんきょう　仙境・仙郷　[例]～に遊ぶ心地とは、正にこのことだ。
せんきょう　船橋　[例]～で指揮する。
せんきょう　戦況　[例]～の報告。
せんぎょう　専業　[例]～農家。
せんぎり　千切り〈繊切り〉　[文]千切り　[例]汁の実は大根の～だ。
せんきん　千金　[例]～を費やす。
せんきん　千きん〈千鈞〉　[例]彼の言葉には～の重みがある。
せんく　先駆　[例]時代の～者。
ぜんけい　前掲　[例]～の図。
せんけつ　先決　[例]～問題。
せんけつ　専決　[例]局長の～事項。
せんけつ　鮮血　[例]～が滴る。
せんけつ　潜血　[例]～反応。
せんけん　先見　[例]～の明。
せんけん　先賢　[例]～の教え。
せんげん　宣言　[例]開会を～する。
ぜんけん　全権　[例]～を委任する。
せんご　戦後　[例]～処理。
ぜんご　前後　[例]～を見回す。
せんこう　先行　[例]～取得。
せんこう　先攻　[例]～を決める。
せんこう　専攻　[例]～の学問分野。
せんこう　線香　[例]～を立てる。
せんこう　選考〈詮衡・銓衡〉　[文]選考　[例]候補者の～。
せんこう　せん光〈閃光〉　⇒きらめき　[例]鋭い～が闇を貫く。
ぜんこう　善行　[例]隠れた～。
せんこうはなび　線香花火
せんこく　先刻　[例]お客様が～からお待ちかねです。～承知。
せんこく　宣告　[例]失踪～。
ぜんこく　全国　[例]～の天気。
ぜんごさく　善後策　[例]～を講じる。
せんさい　戦災　[例]～に遭う。

さ行

せんさい　繊細　[例]～な感覚。
せんざい　洗剤　[例]合成～。
せんざい　潜在　[例]～意識。
ぜんざい　ぜんざい〈善哉〉　[例]汁粉と～。
せんざいいちぐう　千載一遇　[例]～の好機に恵まれる。
せんざいてき　潜在的
せんさく　詮索〈穿鑿〉　[例]理由を根掘り葉掘り～する。
せんさばんべつ　千差万別
ぜんじ　漸次　[例]～増加する。
せんじぐすり　煎じ薬
せんじつめる　煎じ詰める　[例]～と結局やり方の問題だ。
ぜんしゃ　前者　[例]～と後者。
せんしゅ　選手　[例]水泳の～。
ぜんしゅう　全集　[例]近代文学～。
ぜんしゅう　禅宗　[例]～の僧。
せんしゅつ　選出　[例]委員長の～。
せんじゅつ　仙術
せんじゅつ　戦術　[例]戦略と～。
ぜんしょ　善処　[例]～を求める。
せんしょう　戦勝〈戦捷〉
せんしょう　せん称〈僭称〉　⇒自称・誇称　[例]王を～する。
せんじょう　洗浄〈洗滌〉　[公]洗浄　[例]瓶を～する。～液。～装置。
[注]法令では､｢洗滌｣は用いない｡｢洗浄｣を用いる。
せんじょう　扇情〈煽情〉　[例]～的な絵画。
ぜんしょう　全焼　[例]火事で～する。
ぜんしょう　全勝　[例]～で優勝する。
ぜんしょうせん　前しょう戦〈前哨戦〉　⇒前衛戦　[例]選挙の～。
せんじょうち　扇状地
せんしょく　染色　[例]～を楽しむ。
せんしょく　染織　[例]～の仕事。
せんじる　煎じる　[例]薬草を～。
せんしん　先進　[例]～国。
せんしん　専心　[例]研究に～する。
せんじん　千尋〈千仭〉　[例]～の谷。
せんじん　戦じん〈戦塵〉　[例]～を避ける。
ぜんしん　全身　[例]～の力を込める。
ぜんしん　前進　[例]～を続ける。
ぜんしんてき　漸進的　[例]～に改革する。
せんす　扇子　[例]～であおぐ。
せんすい　泉水　[例]庭の～で遊ぶ。
せんすい　潜水　[例]深く～する。
せんする　宣する　[例]開会を～。
せんせい　先生　[例]小学校の～。
せんせい　専制　[例]～君主。
せんせい　宣誓　[例]選手～。
ぜんせい　全盛　[例]～を極める。
せんせいじゅつ　占星術　[例]～に凝る。
せんせつ　せんせつ〈僭窃〉
[注]法令では、用いない。
せんせん　宣戦　[例]～布告する。
せんせん　戦線　[例]～を縮小する。
ぜんぜん　全然　[例]～分からない。

[付]:付表の語　×:表外字　△:表外音訓　〈　〉:参考表記　⇒:言い換え等

せんせんきょうきょう　戦々恐々
〈戦々競々〉　例～とする。

せんぞ　先祖　例～の供養。

せんそう　船倉〈船×艙〉　例～のねず
みを駆除する。

せんそう　戦争　例～と平和。

せんぞく　専属　例～の歌手。

ぜんそく　ぜん息〈×喘息〉　例～の発
作に苦しむ。

ぜんたい　全体　例～を見る。

ぜんだいみもん　前代未聞　例全く
～の快挙である。

せんたく　洗濯　例毎日～する。

せんたく　選択　例どちらを～して
もよい。必修科目と～科目。

せんたくし　選択肢　例次の～から
適当と思うものを一つ選べ。

せんだって　先だって〈先達て〉
例～は失礼しました。

ぜんだて　膳立て　例お～を調える。

せんたん　先端〈尖端〉　例棒の～を
とがらす。時代の～を行く。

せんだん　専断〈×擅断〉　例～のきら
いがある。

ぜんち　全治　例～3週間のけが。

せんちゃ　煎茶

せんちゃく　先着　例～100名に限
り入場できます。～順。

ぜんちょう　前兆　例嵐の～。

せんて　先手　例～を取られる。

せんてい　選定　例優秀作の～。

せんてい　せん定〈×剪定〉　例植え込

みの～をする。～ばさみ。

ぜんてい　前提　例～条件を出す。

せんてつ　先哲　例偉大な～の教え。

ぜんでら　禅寺　～で修行する。

せんでん　宣伝　例新製品の～。

せんと　遷都　例平安～。

せんど　先途　例ここを～と戦う。

せんど　鮮度　例品質や～を調べる。

ぜんと　前途　例～に光明を見いだ
す。～を悲観する。～洋々。

せんとう　先頭　例～を切る。

せんとう　戦闘　例～を開始する。

せんとう　銭湯　例～に行く。

せんどう　扇動〈煽動〉　文扇動
例群集を～する。～的な言葉。

せんどう　船頭　例渡し船の～。

せんなり　千成り〈千△生り〉　例～び
ょうたん。

ぜんなんぜんにょ　善男善女　例～
が寺参りをする。

せんにゅうかん　先入観

せんにん　仙人　例～のような生活。

せんにん　選任　例議長を～する。

ぜんにん　善人　例～と悪人。

せんにんりき　千人力　例彼さえい
れば～だ。

せんぬき　栓抜き　公文栓抜　建栓
抜き

せんねん　専念　例研究に～する。

せんばい　専売　例～特許。

せんぱい　先輩　例大学の～。～面。

せんぱく　浅薄　例～な考え。

せんぱく　**船舶**　[例]大小の～が港に停泊している。～の修理。
せんばつ　**選抜**　[例]出場者の～。
せんぱつ　**先発**　[例]～電車。～隊。
せんばづる　**千羽鶴**　[例]～を折る。
せんぱん　**先般**　[例]～御依頼のことについて回答します。
ぜんぱん　**全般**　[例]～の状況。
せんびょうしつ　**腺病質**
ぜんぶ　**全部**　[例]～で10万円だ。
せんぷう　**旋風**　[例]～を巻き起こす。
せんぷうき　**扇風機**　[例]～の風。
せんぷく　**潜伏**　[例]都内に～する。～期。
ぜんぷく　**全幅**　[例]～の信頼。
ぜんぶん　**前文**　[例]法律の～。
せんべい　**煎餅**　[例]塩～。～布団。
せんべつ　**せん別・せんべつ**〈餞別〉⇒はなむけ　[例]～を贈る。
せんべん　**先べん**〈先鞭〉⇒先手・トップ　[例]研究に～を付ける。
せんぺんいちりつ　**千編一律**〈千篇一律〉　[例]どれも～の内容だ。
せんぼう　**羨望**　[文]羨望　[例]～の的。
せんぽう　**先方**　[例]～の意見。
せんぽう　**先ぽう**〈先鋒〉⇒先頭・先陣・先駆け
ぜんぼう　**全貌**　[文]全貌　[例]事件の～を語る。
せんぼつ　**戦没**〈戦歿〉　[例]～者。
ぜんまい　**ぜんまい**〈発条〉　[例]～仕掛けの人形。
ぜんまい　**ぜんまい**〈薇〉　[例]山に入って～を採る。
せんまいづけ　**千枚漬け**
せんまいどおし　**千枚通し**　[文]千枚通し　[例]～で穴を空ける。
せんむ　**専務**　[例]～に任ぜられる。
せんめい　**鮮明**　[例]～な記憶。
せんめつ　**せん滅**〈殲滅〉⇒掃滅・全滅　[例]害虫の～法を考える。
ぜんめつ　**全滅**　[例]一挙に～を図る。
せんめん　**洗面**　[例]～所。～道具。
ぜんめん　**全面**　[例]新聞の～広告。
ぜんめん　**前面**　[例]～に押し出す。
せんもん　**専門**　[例]～が違う。
せんゆう　**占有**　[例]土地の～。
せんゆう　**専有**　[例]利益の～。
せんよう　**占用**　[例]道路の～許可。
せんよう　**専用**　[例]社長の～車。
ぜんよう　**全容**　[例]事件の～。
せんりがん　**千里眼**　[例]彼は～だ。
せんりつ　**旋律**　[例]美しい～。
せんりつ　**戦慄**　[例]思わず～を覚える。～すべき凶悪な事件。
ぜんりつせん　**前立腺**
せんりゅう　**川柳**　[例]滑稽な～。
せんりょう　**千両**　[例]～役者。～箱。
せんりょう　**占領**　[例]～政策。
せんりょう　**染料**　[例]天然の～。
ぜんりょう　**善良**　[例]～な人。
せんれい　**先例**　[例]～を調べる。
ぜんれき　**前歴**　[例]～は問わない。

せんれつ　鮮烈　例～な色彩。

せんれん　洗練〈洗煉〉　例～された
　　趣味。

せんろ　線路　例～に沿って歩く。

そ

そ　狙〔ネらう〕　例狙撃

そ　阻〔ソばむ〕　例阻止、阻害、険阻

そ　祖⁵(祖)〔ソ〕　例祖国、祖父、元
　　祖、先祖、道祖神、哲学の祖

そ　租〔ソ〕　例租界、租借、租税、
　　租庸調、公租公課、地租

そ　素⁵〔ソ・ス〕　例素材、素質、素
　　粒子、元素、平素、要素　団素
　　人(しろうと)

そ　措〔ソ〕　例措置、措定、措辞、
　　挙措

そ　粗〔ソあらい〕　例粗品、粗密、粗野、
　　粗略、精粗

そ　組²〔ソくむ・くみ〕　例組閣、組織、
　　組成、改組

そ　疎〔ソうとい・うとむ〕　例疎遠、疎外、
　　疎密、空疎、親疎

そ　訴〔ソうったえる〕　例訴訟、告訴、哀
　　訴、直訴

そ　塑〔ソ〕　例塑像、彫塑、可塑剤、
　　可塑性

そ　想³〔ソウ・ソ〕　例愛想

そ　遡[遡]〔ソさかのぼる〕　例遡及、遡上

そ　礎〔ソいしずえ〕　例礎石、基礎、定礎

ぞ　曽(曾)〔ソウ・ゾ〕　例未曽有

そあくひん　粗悪品　例～が混入し
　　ている。

そあん　素案　例～の作成。

そいね　添い寝　⊗添い寝　例赤ん
　　坊に～する。

そう　双(雙)〔ソウふた〕　例双眼鏡、双
　　肩、双生児、双方、無双

そう　壮(壯)〔ソウ〕　例壮観、壮健、
　　壮大、壮年、強壮、少壮、悲壮

そう　早¹〔ソウ・サッはやい・はやまる・はやめる〕
　　例早期、早朝、早晩、早々に
　　団早乙女(さおとめ)、早苗(さなえ)

そう　争⁴(爭)〔ソウあらそう〕　例争奪、争
　　議、紛争、競争、論争、政争

そう　走²〔ソウはしる〕　例走破、走行、
　　滑走、競走、逃走　団師走(しわ
　　す・しはす)

そう　宗⁶〔シュウ・ソウ〕　例宗家、宗
　　匠、宗社、大宗、祖宗

そう　奏⁶〔ソウかなでる〕　例奏楽、演奏、
　　合奏、上奏、前奏曲

そう　相³〔ソウ・ショウあい〕　例相愛、相
　　似形、相当、相談、真相、手相、
　　相が変わる　団相撲(すもう)

そう　荘(莊)〔ソウ〕　例荘厳、荘重、
　　別荘、山荘、旅荘

そう　草¹〔ソウくさ〕　例草案、草原、草
　　稿、草書、雑草、除草、牧草、
　　薬草、月見草　団草履(ぞうり)

そう　送³〔ソウおくる〕　例送還、送迎、

送電、送別、運送、放送、郵送

そう　倉⁴〔ソウ／くら〕　㋑倉庫、穀倉

そう　捜(搜)〔ソウ／さがす〕　㋑捜査、捜索

そう　挿(插)〔ソウ／さす〕　㋑挿入、挿話

そう　桑〔ソウ／くわ〕　㋑桑園、桑田、桑門

そう　巣⁴(巢)〔ソウ／す〕　㋑営巣、病巣、卵巣

そう　掃〔ソウ／はく〕　㋑掃除、一掃、清掃

そう　曹〔ソウ〕　㋑法曹、法曹界、陸曹、一曹、空曹

そう　曽(曾)〔ソウ・ゾ〕　㋑曽祖父、曽孫

そう　爽〔ソウ／さわやか〕　㋑爽快

そう　窓⁶〔ソウ／まど〕　㋑窓外、学窓、車窓、深窓、船窓、同窓

そう　創⁶〔ソウ／つくる〕　㋑創意、創刊、創造、独創、刀創

そう　喪〔ソウ／も〕　㋑喪失、喪神、大喪

そう　痩(瘦)〔ソウ／やせる〕　㋑痩身

そう　葬〔ソウ／ほうむる〕　㋑葬儀、葬送、火葬、会葬、社葬、埋葬

そう　装⁶(裝)〔ソウ・ショウ／よそおう〕　㋑装置、装備、服装、変装、旅装

そう　僧(僧)〔ソウ〕　㋑僧院、僧職、僧俗、高僧、尼僧

そう　想³〔ソウ・ソ〕　㋑想起、想像、思想、感想、予想、理想

そう　層⁶(層)〔ソウ〕　㋑層雲、階層、若年層、高層、断層

そう　総⁵(總)〔ソウ〕　㋑総合、総会、総意、総括、総額、総裁

そう　遭〔ソウ／あう〕　㋑遭遇、遭難

そう　槽〔ソウ〕　㋑浄化槽、水槽、油槽船、浴槽、歯槽

そう　踪〔ソウ〕　㋑失踪

そう　操⁶〔ソウ／みさお・あやつる〕　㋑操業、操行、操作、操縦、節操、体操

そう　燥〔ソウ〕　㋑乾燥、高燥、焦燥

そう　霜〔ソウ／しも〕　㋑霜害、風霜、晩霜

そう　騒(騷)〔ソウ／さわぐ〕　㋑騒然、騒動、騒音、騒乱、物騒、騒々しい

そう　贈(贈)〔ソウ・ゾウ／おくる〕　㋑寄贈
　　㊟「寄贈」は、「きぞう」とも。

そう　藻〔ソウ／も〕　㋑藻類、海藻、詞藻、文藻

そう　沿う　㊆沿う　㋑鉄道に～道。希望に～。

そう　添う〈副う〉　㊆添う　㋑あたかも、影が形に～ようなものだ。
　　㊟「沿う・添う」の使い分けは、「「異字同訓」の漢字の使い分け」p.367参照。

そう　そう〈然う〉　㋑～なればよいが…。～は問屋が卸さない。

そう　そう〈艘〉　⇒隻　㋑1～の舟。

ぞう　造⁵〔ゾウ／つくる〕　㋑造園、造花、造船、構造、製造、創造力、粗製濫造

ぞう　象⁵〔ショウ・ゾウ〕　㋑象眼、アフリカ象、巨象

ぞう　雑⁵(雜)〔ザツ・ゾウ〕　㋑雑巾、雑木林、雑炊、雑歌、雑兵

㊟:付表の語　×:表外字　△:表外音訓　〈　〉:参考表記　⇒:言い換え等

　　田雑魚（ざこ）

ぞう　像⁵〔ゾウ〕　例肖像、現像、想
　　像、人間像、ブロンズ像

ぞう　増⁵（增）〔ゾウ
　　　　　　　ます・ふえる・ふやす〕
　　例増加、増減、増産、増水、増
　　補、激増、倍増、１万円の増

ぞう　憎（憎）〔ゾウ
　　　　にくむ・にくい・に
　　　　くらしい・にくしみ〕　例憎
　　悪、愛憎

ぞう　蔵⁶（藏）〔ゾウ
　　　　　　　　くら〕　例蔵書、貯蔵、
　　土蔵、秘蔵、某氏蔵

ぞう　贈（贈）〔ゾウ・ソウ
　　　　　　　おくる〕　例贈答、
　　贈呈、贈与、贈正一位、追贈、
　　A氏贈

ぞう　臓⁶（臟）〔ゾウ〕　例臓器、臓物、
　　肝臓、内臓、心臓

そうあたり　総当たり　例今度の試
　　合は～制で行う。

そうあん　草案　例改正の～。

そうい　相違　例これに～ない。

そうい　創意　例～工夫を凝らす。

そうい　総意　例住民の～。

そういん　僧院

そううつびょう　そう鬱病〈躁鬱病〉
　　⇒双極性障害

そううん　層雲　例～が垂れ込める。

そうえん　桑園　例～の広がる地。

ぞうえん　造園　例～業。

ぞうお　憎悪　例～の念を抱く。

そうおう　相応　例身分～の品。

そうおん　騒音　例～の防止。

ぞうか　造化　例～の妙。

ぞうか　造花　例～を飾る。

ぞうか　増加　例収入が～する。

そうかい　壮快　例選手の～な活躍。

そうかい　総会　例株主～。

そうかい　爽快　例実に～な朝だ。

そうがい　霜害　例～で農作物の出

───「異字同訓」の漢字の使い分け───

そう
【沿う】長く続いているものや決まりなどから離れないようにする。
　　　　川沿いの家。線路に沿って歩く。決定された方針に沿（添）って行動する＊。
　　　　希望に沿（添）う＊。
【添う】そばに付いている。夫婦になる。
　　　　母に寄り添って歩く。病人の付き添い。仲むつまじく添い遂げる。
　　　　連れ添う。
＊　　　「沿う」は「決まりなどから離れないようにする」、「添う」は「そばに付いて
　　　いる」の意で、どちらも「その近くから離れない」という共通の意を持つため、
　　　「方針」や「希望」に「そう」という場合には、「沿」と「添」のどちらも当てること
　　　ができる。

　　　　　　　　　　　　　　　　　（平成26年文化審議会国語分科会）

来が悪い。

そうがかり　総掛かり　⊗総掛かり
　⑩社員〜で仕事を片付けた。

そうがく　奏楽　⑩〜の響き。

そうがく　総額　⑩〜は幾らか。

ぞうがく　増額　⑩手当を〜する。

そうかつ　総括　☖総括　⑩〜的に
　述べる。

そうかつ　総轄　⑩各課にわたる事
　務を〜する。
　㊟法令では、「総轄」は用いない。「総
　括」を用いる。

そうかん　壮観　⑩すこぶる〜だ。

そうかん　送還　⑩強制〜。

そうかん　創刊　⑩〜の言葉。

そうかん　総監　⑩警視〜。

ぞうがん　象眼〈象嵌〉　⑩〜細工。

そうがんきょう　双眼鏡　⑩〜で舞
　台を見る。

そうき　早期　⑩がんの〜発見。

そうぎ　争議　⑩〜が起こる。

そうぎ　葬儀　⑩〜の日取り。

ぞうき　臓器　⑩〜の移植。

ぞうきばやし　雑木林

そうきょ　壮挙　⑩全国制覇の〜。

そうぎょう　早暁　⑩〜、鳥の声で
　目を覚ます。

そうぎょう　創業　⑩〜100周年。

そうぎょう　操業　⑩〜時間。

ぞうきょう　増強　⑩防衛力の〜。

そうきん　送金　⑩会費を〜する。

ぞうきん　雑巾　⊗雑巾

そうぐう　遭遇　⑩未知との〜。

そうくずれ　総崩れ　⑩不意を突か
　れて、味方は〜になった。

そうくつ　巣窟　⑩悪党の〜。

そうけ　宗家　⑩能楽の〜。

ぞうげ　象牙　⑩〜細工。

そうけい　早計　⑩辞めるのは〜だ。

そうげい　送迎　⑩〜バス。

ぞうけい　造形　⑩〜美術。

ぞうけい　造型　⑩〜材料。
　㊟新聞では、「造形・造型」は「造形」と
　書く。

ぞうけい　造詣　⑩国語のアクセン
　トについて〜が深い。

そうけだつ　総毛立つ

ぞうけつ　造血　⑩〜機能。

ぞうげぼり　象牙彫り　⊗象牙彫り

そうけん　双肩　⑩期待を〜に担う。

そうけん　壮健　⑩〜な人。

ぞうげん　増減　⑩予算の〜。

そうこ　倉庫　⑩〜にしまう。

そうご　相互　⑩〜の連絡。

そうこあらし　倉庫荒らし　⊗倉庫
　荒らし

そうこう　走行　⑩〜テスト。

そうこう　奏功　⑩警告が〜する。

そうこう　奏効　⑩新薬が〜する。
　㊟効果に力点を置いた場合は「奏効」
　を用いることが多い。
　㊟新聞では、「奏功・奏効」は「奏功」と
　書く。

そうこう　草稿　⑩演説の〜を書く。

㊝:付表の語　×:表外字　△:表外音訓　〈　〉:参考表記　⇒:言い換え等

そうごう　相好　例〜を崩す。

そうごう　総合〈綜合〉　⊗総合
　　例様々な条件を〜的に考える。

そうこうしゃ　装甲車

そうこく　相克〈相剋〉　例保守派と
　　革新派との〜。

そうごん　荘厳　例〜な光景。

そうさ　捜査　例犯人の〜。

そうさ　操作　例機械を〜する。

ぞうさ　造作　例何の〜もない。
　　注「ぞうさく」と読む場合は、意味が
　　　異なる。

そうさい　相殺　例貸し借りの〜。

そうさい　葬祭　例〜場。

そうさい　総裁　例次期の〜。

そうざい　総菜〈惣菜〉　例〜売り場。

そうさく　捜索　例行方不明者の〜。

そうさく　創作　例〜に専念する。

ぞうさく　造作　例凝った〜。
　　注「ぞうさ」と読む場合は、意味が異
　　　なる。

ぞうさつ　増刷　例本を〜する。

ぞうさない　造作ない〈造作無い〉
　　例５時起きなんて〜ことだ。

ぞうさん　増産　例車の〜。

そうし　相思　例〜の仲。〜相愛。

そうし　草紙・草子・双紙

そうじ　掃除　例部屋を〜する。

そうしつ　喪失　例自信の〜。

そうして　そうして〈然うして〉
　　例ＡをＢに入れる、〜Ｃを注ぐ。

そうじて　総じて　⊗総じて　例〜

言えば…。

そうじまい　総じまい〈総仕舞い〉
　　例冬物〜のバーゲンセール。

そうじゅう　操縦　例飛行機の〜。

そうじゅうし　操縦士

そうじゅく　早熟　例〜な子供。

そうしょ　双書〈叢書〉　例教育学〜。

ぞうしょ　蔵書　例図書館の〜。

そうしょう　宗匠　例芭蕉(ばしょう)
　　は俳諧の〜と言われている。

そうしょう　争訟　例〜に係る費用。

そうじょう　騒じょう〈騒擾〉　⇒騒
　　乱　例〜事件。

そうしょく　装飾　例店内を〜する。

そうしん　喪心・喪神　例〜状態。
　　注新聞では、「喪心」と書く。

そうしん　送信　例データを〜する。

そうしん　痩身

ぞうしん　増進　例健康を〜する。

ぞうすい　雑炊　例〜を作る。

そうすう　総数　例投票〜。

そうする　奏する　例功を〜。雅楽
　　を〜。

そうぜい　総勢　例〜50名です。

ぞうせい　造成　例宅地の〜。

そうせつ　創設　例研究機関の〜。

そうぜん　騒然　例場内〜。

ぞうせん　造船　例〜所。

そうぞう　創造　例〜と模倣。

そうぞう　想像　例〜を超える。

そうぞうしい　騒々しい

そうそうたる　そうそうたる〈錚々

たる〉 ⇒立派な・一流の

　　例学界の〜人物が一堂に会する。

そうそうに　早々に　⚠早々に

　　例〜退散する。

そうぞく　相続　例遺産を〜する。

そうそふ　曽祖父　例〜の遺影。

そうそん　曽孫

そうたい　早退　例〜届。

そうだい　壮大　例〜な眺め。

そうだい　総代　例〜に選ばれる。

ぞうだい　増大　例〜と減少。

そうだち　総立ち　例ゴール前、観

　　客は〜になった。

そうたつ　送達　例書類を〜する。

そうだつ　争奪　例激しい〜戦。

そうだん　相談　例身の上〜。

そうち　送致　例家庭裁判所に〜す

　　る。

そうち　装置　例危険防止の〜。

ぞうちく　増築　例住宅を〜する。

そうちょう　早朝　例〜から働く。

そうちょう　荘重　例〜な楽の音。

そうてい　装丁〈装幀・装釘〉　⚠装

　　丁　例上品な〜の本。

そうてい　想定　例火災を〜して避

　　難訓練を行う。

そうてい　そう艇〈漕艇〉　⇒ボート

　　をこぐこと　例〜部に入る。

ぞうてい　贈呈　例謹んで〜する。

そうてん　争点　例〜を明確にする。

そうてん　装塡　例弾丸を〜する。

そうと　壮図　例〜を抱く。

そうと　壮途　例〜に就く。

そうとう　相当　⚠相当　例〜程度

　　が高い。1,000円〜の品。

そうとう　掃討〈掃蕩〉　例暴力の〜。

そうどう　騒動　例〜を起こす。

ぞうとう　贈答　例〜品。

そうどうせん　双胴船

そうなん　遭難　例〜を免れる。

ぞうに　雑煮　例〜を食べる。

そうにゅう　挿入　⚠挿入　例語句

　　を〜する。

そうはく　そう白〈蒼白〉　例顔面が

　　〜になった。

そうばん　早晩　例〜うまくいかな

　　くなるだろう。

そうび　装備　例最先端の〜。

ぞうひょう　雑兵

ぞうひん　ぞう品〈贓品〉　⇒盗品

そうふ　送付　例書類を〜する。

そうへき　双璧　例A氏とB氏とは

　　医学界の〜だ。

そうべつ　送別　例〜の会を催す。

そうほう　双方　例〜が納得した。

そうほう　僧坊・僧房

　　🈡新聞では、「僧坊」と書く。

そうほう　相貌　例〜が似た人。

ぞうほう　増俸　例〜と減俸。

そうまとう　走馬灯

そうめい　そうめい〈聡明〉　⇒賢

　　明・賢い　例〜な子。

そうめつ　掃滅〈剿滅〉　例敵を〜す

　　る。

🈡:付表の語　　✕:表外字　　△:表外音訓　　〈　〉:参考表記　　⇒:言い換え等

そうめん　そう麺〈素麺〉

ぞうよ　贈与　例財産の～。

ぞうり　草履▣　例～を履く。

そうりつ　創立　例会社を～する。

そうりょ　僧侶

そうりょう　送料　例～を含む。

そうりょう　爽涼　例～の秋。

そうりょう　総領　例～息子。

そうるい　藻類　例～の観察。

そうれい　壮麗　例～な建物。

そうれつ　壮烈　例～な戦い。

そうろうぶん　候文　文候文　例近
　頃～はほとんど見掛けない。

そうわ　挿話　例ちょっとした～。

ぞうわい　贈賄　例～の容疑。～罪。

そえがき　添え書き　文添え書き
　例書き終わってから、二、三行
　～をする。

そえぢ　添え乳　文添え乳　例～し
　て赤ん坊を寝かし付ける。

そえてがみ　添え手紙　文添え手紙
　例荷物と一緒に～を送る。

そえもの　添え物　文添え物

そえる　添える　文添える　例手紙
　を～。

そえん　疎遠　例～な間柄。

そがい　阻害〈阻碍〉　例工事を～す
　る。

そがい　疎外　例みんなに～された。

そかく　疎隔　例～を生じる。

そきゅう　遡及　公遡及　例この取
　り決めは設立のときに～して効

力を有する。

そく　即〈即〉〔ソク〕　例即位、即応、
　即吟、即席、即興、…に即して

そく　束4〔ソク
たば〕　例束縛、結束、拘
　束、約束、二束三文

そく　足1〔ソク
あし・たりる・たる・たす〕
　例足下、足跡、遠足、不足、満
　足、補足　団足袋(たび)

そく　促〔ソク
うながす〕　例促音、促進、
　促成、催促、督促状

そく　則5〔ソク〕　例原則、校則、鉄
　則、法則、変則、…に則して

そく　息3〔ソク
いき〕　例息災、休息、安
　息日、子息、消息、嘆息、長息
　団息吹(いぶき)、息子(むすこ)

そく　捉〔ソク
とらえる〕　例捕捉

そく　速3〔ソク
はやい・はやめる・
はやまる・すみやか〕　例速記、
　速度、時速、音速、敏速

そく　側4〔ソク
がわ〕　例側近、側面、側
　壁、左側
　注「がわ」は、「かわ」とも。

そく　測5〔ソク
はかる〕　例測量、不測、
　目測、推測、予測、観測

そく　塞〔サイ・ソク
ふさぐ・ふさがる〕　例脳梗塞、
　閉塞

そぐ　そぐ〈殺ぐ・削ぐ〉　例勢いを
　～。

ぞく　俗〔ゾク〕　例俗事、俗称、俗
　物、風俗、民俗、俗な言葉

ぞく　族3〔ゾク〕　例一族、家族、血
　族、士族、民族、水族館

ぞく　属5(屬)〔ゾク〕 [例]属国、属性、専属、従属、金属、隷属

ぞく　賊〔ゾク〕 [例]賊軍、盗賊、乱臣賊子、賊を逮捕する

ぞく　続4(續)〔ゾク つづく・つづける〕 [例]続行、続出、続発、続編、接続、連続、正と続

さ行

ぞくあく　俗悪　[例]～な広告。

そくい　即位　[例]～の礼。

ぞくうけ　俗受け　[文]俗受け　[例]～のする文。

そくおう　即応　[例]状況に～する。

ぞくぐん　賊軍

そくざ　即座　[例]～に実行せよ。

そくじ　即時　[例]～撤退。

ぞくじ　俗事　[例]～に追われる。

そくじつ　即日　[例]～施行の法律。

そくじばらい　即時払い　[文]即時払い

ぞくしゅう　俗臭　[例]～ふんぷん。

ぞくしゅつ　続出　[例]難問～。

そくしん　促進　[例]審議の～。

そくする　即する　[文]即する　[例]実情に即して処置をする。

そくする　則する　[文]則する　[例]法に～。

ぞくする　属する　[例]保守党に～議員。昆虫類に～。

そくせい　即製　[例]期間中に限り御希望の品を～いたします。

そくせい　促成　[例]野菜の～栽培。

そくせい　速成　[例]英語の～教育。

ぞくせい　族生〈簇×生〉 [例]はまなすの～地。

ぞくせい　属性　[例]花の～。

そくせき　即席　[例]～の座興。

そくせき　足跡　[例]先祖の～。

そくせんそっけつ　速戦即決　[例]～が私の主義だ。

ぞくぞく　続々　[例]～と来る。

そくたつ　速達　[例]～で出す。

そくだん　即断　[例]～即決。

そくてい　測定　[例]体重～を受ける。

そくど　速度　[例]～を増す。

そくとう　即答　[例]～を求める。

そくばい　即売　[例]展示～。

そくばく　束縛　[例]長い間の～からやっと解き放たれた。

そくぶん　側聞〈仄×聞〉 [例]～するところによれば…。

そくへき　側壁

そくめん　側面　[例]～からの援助。

そくりょう　測量　[例]土地の～。

そくりょうし　測量士

そげき　狙撃　[例]犯人を～する。

そげる　そげる〈殺△げる・削△げる〉 [例]先が鋭くそげた竹。頬が～。

そこ　底　[例]海の～。～が抜ける。

そこ　そこ〈其×処△〉 [例]～にある。～ここに水たまりがある。

そご　そご〈齟×齬×〉 ⇒食い違い [例]計画に～を来す。

[注]法令では、用いない。

そこいら　そこいら〈其×処△いら〉

[例]まあ、今日は～でやめておこう。
そこう　**素行**　[例]～が悪い。
そこがため　**底固め**
そこぢから　**底力**　[例]～を出す。
そこつ　**そこつ**〈粗忽〉　[例]～者。
そこづみ　**底積み**　[文]**底積み**　[例]～の貨物。
そこなう　**損なう**〈害なう〉　[文]**損なう**　[例]健康を～。特急に乗り～。
そこぬけ　**底抜け**　[文]**底抜け**　[例]～のお人よし。
そこねる　**損ねる**〈害ねる〉　[文]**損ねる**　[例]機嫌を～。
そこばく　**そこばく**〈若干〉　⇒幾ら・何ほどか　[例]～の見舞金。
そこびえ　**底冷え**　[文]**底冷え**　[例]冬の京都はひどく～がする。
そこびかり　**底光り**　[文]**底光り**　[例]～のする目。
そこびきあみ　**底引き網**〈底曳き網〉
そこら　**そこら**〈其処ら〉　[例]多分～にしまってあるはずだ。
そざい　**素材**　[例]昔話を～にする。
そざつ　**粗雑**　[例]～な作り。
そし　**阻止**〈沮止〉　[例]発言の～。
そじ　**措辞**　[例]～が巧みである。
そしき　**組織**　[例]全国的な～。
そしつ　**素質**　[例]画家の～がある。
そして　**そして**〈然して〉　[例]読み、～思う。
[注]「そして」は「そうして」の口頭語表現。
そしゃく　**そしゃく**〈咀嚼〉　⇒かみこなすこと・消化　[例]奥歯で食物を～する。文章の～力。
そじゅつ　**祖述**　[例]～に終始していて独自の見解がない。
そしょう　**訴訟**　[例]～を起こす。
そじょう　**訴状**　[例]～を提出する。
そじょう　**遡上**　[例]川を～する。
そしらぬかお　**素知らぬ顔**　[例]知っているくせに～をする。
そしる　**そしる**〈謗る・譏る〉　[例]人を～。口汚く～。
そすい　**疎水**〈疏水〉　[例]～工事。
そせい　**組成**　[例]石けんの～。
そせい　**そせい**〈蘇生〉　⇒よみがえること・生き返ること　[例]手を尽くした結果、やっと～した。
そぜい　**租税**　[例]～を納める。
そせいらんぞう　**粗製濫造・粗製乱造**　[例]～の代表のような商品だ。
そせき　**礎石**　[例]昔の寺院の～。
そせん　**祖先**　[例]～の霊を祭る。
そそう　**阻喪**〈沮喪〉　[例]意気～する。
そそう　**粗相**　[例]～のないように十分気を付けてください。
そぞう　**塑像**　[例]石こうの～。
そそぐ　**注ぐ**　[文]**注ぐ**　[例]水を～。力を～。
そそぐ　**そそぐ**〈濯ぐ〉　[例]洗濯物を～。
そそぐ　**そそぐ**〈雪ぐ〉　[例]汚名を～。

さ行

そそっかしい　そそっかしい
そそのかす　唆す　[文]唆す　[例]悪事を～。
そそりたつ　そそり立つ〈聳り立つ〉　[例]高山が目の前に～。
そそる　そそる　[例]食欲を～。
そぞろ　そぞろ〈漫ろ〉　[例]公園を～歩きする。
そだ　そだ〈粗朶〉　[例]囲炉裏に～を燃やして暖を取る。
そだい　粗大　[例]～ごみ。
そだち　育ち　[文]育ち　[例]稲の～が良い。氏より～。
そだつ　育つ　[文]育つ　[例]元気に～。
そだてあげる　育て上げる　[例]子供を～。
そだてのおや　育ての親　[文]育ての親
そだてる　育てる　[文]育てる　[例]伸び伸びと～。
そち　措置　[文]措置　[例]適当な～。
そちら　そちら〈其方〉　[例]～へ伺う。
そつ　卒[4]〔ソツ／―〕　[例]卒中、卒業、卒倒、兵卒、大学卒
そつ　率[5]〔ソツ・リツ／ひきいる〕　[例]率先、率直、軽率、引率、統率力
そつい　訴追　[例]裁判官を～する。
そつう　疎通〈疏通〉　[例]意思の～。
ぞっか　俗化　[例]環境の～。
そっき　速記　[例]講演を～する。
そっきょう　即興　[例]～の歌。
そつぎょう　卒業　[例]中学を～する。
そっきん　側近　[例]首相の～。
そっけつ　即決　[例]～する。
そっけない　素っ気ない　[例]～挨拶。
そっこう　即効　[例]～性の薬。
そっこう　速効　[例]～肥料。
そっこう　側溝　[例]～に流す。
ぞっこう　続行　[例]会を～する。
そっこうじょ　測候所
そっこく　即刻　[例]～伺います。
そっせん　率先　[文]率先　[例]～して行う。
そつぜん　卒然〈率然〉　[例]～と去る。
そっちのけ　そっちのけ〈其方退け〉　[例]勉強なんか～で遊んでいる。
そっちゅう　卒中　[例]脳～。
そっちょく　率直　[例]～な意見。
そっとう　卒倒　[例]驚きの余り～する。
そで　袖　[例]～が長い。
そでぐち　袖口　[例]～が擦り切れる。
そと　外　[例]～で遊ぶ。
そとがけ　外掛け　[例]～で倒す。
そとがこい　外囲い　[文]外囲い　[例]材料置場に～を作る。
そとがまえ　外構え　[文]外構え　[例]あの家は～が立派だ。
そとがわ　外側　[例]～の壁。
そとば　そとば〈卒塔婆〉　⇒塔婆
そとぼり　外堀〈外濠〉　[例]～を埋める。～と内堀。
そとまわり　外回り　[文]外回り　[例]家の～を片付ける。～の勤務。

そなえ　供え　例仏壇のお～。

そなえ　備え　文備え　例万一の～。
　～あれば憂いなし。

そなえおき　備え置き　公文備置き
　建備え置き

そなえつけ　備え付け　公文備付け
　建備え付け　例～の本棚。

そなえつけひん　備え付け品
　公文備付品　建備え付け品
　例～の検査をする。

そなえつける　備え付ける　文備え
　付ける　例消火器を～。

そなえもの　供え物　文供え物
　例～をする。

そなえる　備える　文備える　例教
　室に辞書を～。災害に～。

そなえる　供える　文供える　例仏
　壇に～。
　注「備える・供える」の使い分けは、
　「「異字同訓」の漢字の使い分け」参
　照。

そなわる　備わる　文備わる　例威
　厳が～。最新式の機械が～。

そねむ　そねむ〈嫉む・妬む〉　例友
　達の出世を～のはよくない。

その　園　例学びの～。

その　その〈其の〉　公文その　例～
　本は誰のか。～ままでよい。

そのうえ　その上・そのうえ〈其の
　上〉

そのうち　そのうち・その内〈其の
　中〉　例～伺います。～分かる。

そのおり　その折〈其の折〉　例～に
　は、どうかよろしく。

そのくせ　そのくせ・その癖〈其の癖〉

そのせつ　その節〈其の節〉　例～は
　ありがとうございました。

そのた　その他〈其の他〉　例～規則
　で定める場合。

そのため　そのため〈其の為〉　例～
　調査ができず困っている。

そのて　その手〈其の手〉　例彼を説
　得するには～に限る。

そのでん　その伝〈其の伝〉　例よし、
　～でいくことにしよう。

そのばかぎり　その場限り〈其の場

「異字同訓」の漢字の使い分け

そなえる
【備える】準備する。具備する。
　　台風に備える。老後の備え。各部屋に消火器を備える。
　　防犯カメラを備えた施設。
【供える】神仏などの前に物をささげる。
　　お神酒を供える。霊前に花を供える。鏡餅を供える。お供え物。
　　　　　　　　　　　　　　　（平成26年文化審議会国語分科会）

限り〉　例あれは～の対応だ。

そのひぐらし　その日暮らし〈其の
日暮らし〉　例～の生活。

そのへん　その辺〈其の辺〉　例～で
落とした。～でやめておけ。

そのほか　そのほか・その外・その
他　例～のことは知りません。
囲公文書では、「殊の外」「何某外○
名」のように用いるとき以外は、原
則として仮名で書く。

そのまま　そのまま〈其の儘〉　例そ
っくり～の形で残っていた。

そば　そば〈傍・側〉　文そば　例君
の～にある本を取ってください。

そば　そば〈蕎麦〉　例うどんと～。

そばかす　そばかす〈雀斑〉　例顔に
～のある人。

そばだつ　そばだつ〈峙つ〉　例3,000
メートル級の山が～。

そばだてる　そばだてる〈欹てる〉
例じっと耳を～。

そばづえ　そばづえ〈側杖〉　例危う
く～を食うところだった。

そびえる　そびえる〈聳える〉　例空
高く～。一際高く～山。

そびやかす　そびやかす〈聳やかす〉
例いかにも得意げに肩を～。

そびょう　素描　例木炭で～する。

そふ　祖父　例母方の～に会う。

そぶり　素振り　例怪しい～。
囲「すぶり」と読む場合は、意味が異な
る。

そぼ　祖母　例～に会う。

そほう　粗放〈疎放〉　例～なやり方。
囲新聞では、「粗放」と書く。

そぼう　粗暴　例～な振る舞い。

そほうか　素封家　例この地方の～。

そぼく　素朴　例～な疑問。

そぼふる　そぼ降る　例雨が～日。

そまつな　粗末な　文粗末な　例～
食事。

そまる　染まる　文染まる　例悪に
～。夕日に赤く～。

そみつ　粗密・疎密　例人口の～。

そむく　背く　文背く　例教えに～。

そむける　背ける　文背ける　例思
わず目を～。顔を～。

そめ　染め　文染め　例～のいい布。

…ぞめ　…染　公文…染　例型絵～。
囲工芸品の場合に限る。

…ぞめ　…染め　例血～。墨～。

そめあがり　染め上がり　文染め上
がり　例～が美しい染料。

そめあがる　染め上がる　文染め上
がる　例この染料は、美しく～。

そめあげる　染め上げる　例鮮やか
な柿色に～。

そめい　疎明〈疏明〉　公疎明　例こ
の立証は～で足りる。
囲法令では、「疏明」は用いない。「疎
明」を用いる。

そめいと　染め糸

そめいろ　染め色　文染め色

そめかえ　染め替え　文染め替え

[例]着物を～に出す。
そめかえし　染め返し　[文]染め返し　[例]一見して、～とは分からない。
そめかえす　染め返す　[文]染め返す　[例]色のあせた紋付きを～。
そめかえる　染め替える　[文]染め替える　[例]着物を～。
そめこ　染め粉　[文]染め粉
そめつけ　染め付け　[文]染め付け　[例]～の花瓶。
そめなおす　染め直す　[文]染め直す　[例]濃い色に～。
そめぬく　染め抜く　[文]染め抜く　[例]家紋を～。
そめもの　染め物　[公][文]染物　[建]染め物　[例]趣味として～をやっている。
そめる　初める　[例]咲き～。
そめる　染める　[文]染める　[例]着物を～。手を～。頰を～。
そめわける　染め分ける　[例]赤と黒とに～。
そもそも　そもそも〈抑も〉　[文]そもそも　[例]～私が言い始めたことだ。
そや　粗野　[例]～な振る舞い。
そよう　素養　[例]音楽の～。
そよかぜ　そよ風〈微風〉　[例]心地よく～が頰をなでる。
そよぐ　そよぐ〈戦ぐ〉　[例]風に～稲。
そら　空　[例]～高く舞い上がる。
そらあい　空合い　[文]空合い　[例]今にも雨の降り出しそうな～。
そらいろ　空色　[例]～に塗る。
そらおそろしい　空恐ろしい　[例]行く末が～。
そらおぼえ　空覚え　[例]～の数字。
そらごと　空言　[例]～を言うな。
そらす　反らす　[文]反らす　[例]胸を～。
そらす　そらす〈逸らす〉　[例]話を～。
そらだのみ　空頼み　[文]空頼み　[例]昇給するかと思ったが、～に終わった。
そらなき　空泣き　[文]空泣き　[例]子供の～。
そらに　空似　[例]他人の～。
そらみみ　空耳　[例]今の音は～か。
そらもよう　空模様　[例]怪しい～。
そらよろこび　空喜び　[文]空喜び　[例]残念ながら、とんだ～だった。
そらんじる　そらんじる〈諳んじる〉　[例]長い文章を～。
そり　反り　[文]反り　[例]～が合わない。
そり　そり〈橇〉　[例]～で滑る。
そりかえる　反り返る　[例]板が～。
そりみ　反り身　[例]壇上で～になる。
そりゃく　粗略・疎略　[例]～に扱う。
[注]新聞では、「粗略」と書く。
そる　反る　[文]反る　[例]板が～。胸を～。
そる　そる〈剃る〉　[例]ひげを～。
それ　それ〈夫れ・其れ〉　[文]それ

さ行

例〜でもよい。

それがし　それがし〈某〉

それぞれ　それぞれ〈夫れ夫れ〉
　例〜3回ずつ書く。〜の家。

それでは　それでは　例〜さような
　ら。〜足りない。

それどころか　それどころか〈其れ
　処か〉　例〜大いに賛成だ。

それとも　それとも　例買おうか、
　〜やめにしようか。

それはさておき　それはさておき
　例〜、次の話題ですが…。

それゆえ　それゆえ〈其れ故〉　例〜
　にこの解答は正しい。

それる　それる〈逸れる〉　例的を〜。

そろう　疎漏・粗漏　例〜のないよ
　うに十分注意してほしい。
　囲新聞では、「疎漏」と書く。

そろう　そろう〈揃う〉　文そろう

そろえる　そろえる〈揃える〉　例雑
　誌を創刊号から〜。足を〜。

そろそろ　そろそろ　例〜帰り支度
　をしよう。〜歩く。

そろばん　そろばん〈算盤・十露盤〉
　例〜をはじく。〜塾。

そわる　添わる　文添わる　例威厳
　が身に〜。

そん　存6〔ソン・ゾン〕　例存在、存続、
　存立、既存、共存

そん　村1〔ソン むら〕　例村長、村民、村
　落、寒村、市町村、農村

そん　孫4〔ソン まご〕　例愛孫、子孫、皇
孫、嫡孫、子々孫々

そん　尊6〔ソン たっとい・とうとい・たっとぶ・とうとぶ〕　例尊
　顔、尊敬、尊大、尊父、尊重、
　尊卑、本尊、自尊心、地蔵尊

そん　損5〔ソン そこなう・そこねる〕　例損益、
　損失、損得、損傷、損壊、損料、
　汚損、大損、欠損、破損

そん　遜〔遜〕〔ソン〕　例謙遜、不遜

ぞん　存6〔ソン・ゾン〕　例存分、存
　命、異存、温存、所存、保存、
　存じます

そんえき　損益　例〜を計算する。

そんかい　損壊　例住居の滅失又は
　〜。

そんがい　損害　例〜賠償。

ぞんがい　存外　例〜難しい。

そんけい　尊敬　例〜を受ける。

そんげん　尊厳　例〜を損なう。

そんこう　損耗　例〜がひどい。
　囲「そんもう」とも。

そんざい　存在　例偉大な〜。

ぞんざい　ぞんざい　例〜な言葉。

そんしつ　損失　例〜を計上する。

ぞんじます　存じます　文存じます

そんしょう　損傷　例器を〜する。

そんしょく　遜色　例〜がない。

そんじる　損じる　例機嫌を〜。

そんする　存する　例主権の〜日本
　国民の総意に基づく。

ぞんずる　存ずる　文存ずる

そんぞく　存続　例平和の〜。

囲:付表の語　×:表外字　△:表外音訓　〈　〉:参考表記　⇒:言い換え等

そんぞく　尊属　例一親等の直系〜。

そんだい　尊大　例〜な態度。

そんたく　そんたく〈忖度〉　⇒推量・
　　推測・推察　例彼女の心中を〜
　　する。意向を〜する。

そんちょう　村長　例〜の選挙。

そんちょう　尊重　例意思の〜。

そんとく　損得　例〜を計算する。

そんとくずく　損得ずく〈損得尽く〉
　　例〜でやるのは感心しない。

そんな　そんな　例〜ことはない。

そんのう　尊皇・尊王　例〜派。

そんぱい　存廃　例審議会の〜。

ぞんぶん　存分　例〜に働く。

そんぼう　存亡　例危急〜の秋（と
　　き）。

そんもう　損耗　例〜がひどい。
　　注「そんこう」の慣用読み。

そんらく　村落　例谷あいの〜。

た

た　太²〔タイ・タ
　　ふとい・ふとる〕　例丸太、根
　　太　付太刀（たち）

た　他³〔タ
　　ほか〕　例他人、他国、自他、
　　排他的、愛他主義

た　多²〔タ
　　おおい〕　例多少、多大、多
　　数、雑多、過多、労を多とする

た　汰〔タ〕　例沙汰

た　他　文他　例〜の意見を聞く。

た　田　例〜に稲を植える。〜畑。

だ　打³〔ダ
　　うつ〕　例打撃、打倒、打楽
　　器、打破、乱打、安打

だ　妥〔ダ〕　例妥協、妥結、妥当

だ　唾〔ダ
　　つば〕　例唾液、唾棄　付固
　　唾（かたず）
　　注「唾」は、「つばき」とも。

だ　蛇〔ジャ・ダ
　　へび〕　例蛇行、蛇足、長
　　蛇の列

だ　堕（墮）〔ダ〕　例堕胎、堕落

だ　惰〔ダ〕　例惰気、惰眠、怠惰

だ　駄〔ダ〕　例駄菓子、駄作、無駄

ダース　ダース〈打〉　文ダース

たい　大¹〔ダイ・タイ
　　おお・おおきい・おおいに〕
　　例大綱、大望、大衆、大した
　　付大人（おとな）、大和（やまと）

たい　太²〔タイ・タ
　　ふとい・ふとる〕　例太陽、
　　太鼓、皇太子　付太刀（たち）

たい　代³〔ダイ・タイ
　　かわる・かえる・よ・しろ〕

例代謝、交代、永代

たい　台²(臺)〔ダイ・タイ〕　例台風、
台頭、舞台、屋台

たい　対³(對)〔タイ・ツイ〕　例対応、
対立、対談、対照的、対面、絶
対、反対、対校試合

たい　体²(體)〔タイ・テイ〕　例体育、
体格、人体、主体、身体
からだ

たい　耐〔タイ〕　例耐久、耐熱、耐
たえる
火、耐水、忍耐

たい　待³〔タイ〕　例待命、待機、待
まつ
遇、待避、期待、接待、歓待

たい　怠〔タイ〕　例怠惰、
おこたる・なまける
怠業、怠慢

たい　胎〔タイ〕　例胎児、受胎、母胎

たい　退⁶〔タイ〕　例退
しりぞく・しりぞける
化、退屈、退却、進退、辞退、
引退　団立ち退く(たちのく)

たい　帯⁴(帶)〔タイ〕　例帯刀、
おびる・おび
携帯、温帯、地帯、連帯

たい　泰〔タイ〕　例泰然、泰西、泰斗、
安泰

たい　堆〔タイ〕　例堆積

たい　袋〔タイ〕　例風袋、郵袋、有
ふくろ
袋類　団足袋(たび)

たい　逮〔タイ〕　例逮捕、逮夜

たい　替〔タイ〕　例交替、代
かえる・かわる
替、隆替　団為替(かわせ)

たい　貸⁵〔タイ〕　例貸借、貸費、貸
かす
与、賃貸、賃貸料

たい　隊⁴〔タイ〕　例隊員、隊列、軍
隊、部隊、観測隊、艦隊、横隊

たい　滞(滯)〔タイ〕　例滞空、滞
とどこおる
貨、滞在、沈滞、停滞、渋滞

たい　態⁵〔タイ〕　例態勢、態度、生
態、形態、旧態、容態

たい　戴〔タイ〕　例戴冠、頂戴

たい　他意　例～はない。

…たい〔助動詞〕　…たい〈…度い〉
文…たい　例何とかし～。

だい　大¹〔ダイ・タイ〕
おお・おおきい・おおいに
例大学、大小、大胆、遠大、拡大
鏡　団大人(おとな)、大和(やまと)

だい　内²〔ナイ・ダイ〕　例内裏、境内、
うち
参内

だい　代³〔ダイ・タイ〕
かわる・かえる・よ・しろ
例代案、代金、代用品、代理、
現代、三十代、世代、古代

だい　台²(臺)〔ダイ・タイ〕　例台紙、
台帳、台本、台地、一台、高台、
灯台、百円台、天文台

だい　弟²〔テイ・ダイ・デ〕　例兄弟
おとうと

だい　第³〔ダイ〕　例第一、第三者、
及第、落第、式次第

だい　題³〔ダイ〕　例題材、題名、出
題、問題、宿題、季題、題する

たいあたり　体当たり　文体当たり
例～で仕事をする。～で壊す。

たいあん　大安　例～吉日。

たいい　大意　例文の～をつかむ。

たいい　大尉

たいいく　体育　例～の授業。

だいいち　第一　例健康～。

だいいちい　第一位　例大会で～と

団:付表の語　×:表外字　△:表外音訓　〈　〉:参考表記　⇒:言い換え等

なる。
だいいっせん　第一線　[例]企業の～に立って活躍する。
たいいん　隊員　[例]救助～。
たいいんれき　太陰暦
たいえいてき　退えい的〈退嬰的〉⇒消極的　[例]～な生活。
たいおう　対応　[例]～する辺。速やかに～する。
だいおんじょう　大音声　[例]～で呼び掛ける。
たいか　対価　[例]労働の～。
たいか　耐火　[例]～金庫。
たいか　退化　[例]～器官。
たいか　滞貨　[例]～を一掃する。
たいがい　大概　[文]大概　[例]～の事には驚かない。
たいかく　体格
たいがくとどけ　退学届
だいがく　大学　[例]～に進学する。
だいがわり　代替わり　[文]代替わり　[例]親から子へ経営を～する。
たいかん　戴冠　[例]～式。
たいがん　対岸　[例]～の火事。
たいき　大器　[例]～晩成。
たいき　待機　[例]後方で～する。
たいぎ　大義　[例]～に生きる。
だいきち　大吉　[例]～のおみくじ。
たいぎめいぶん　大義名分　[例]こう説明すれば～が立つ。
たいきゃく　退却　[例]戦いに負けて～する。～に～を重ねる。
たいきゅう　耐久　[例]～消費財。
だいきゅう　代休　[例]休日出勤の～。
たいきょ　退去　[例]建物からの～。
だいきらい　大嫌い　[例]～な食べ物。
だいきんしはらい　代金支払い
だいきんひきかえ　代金引換　[公][文]代金引換　[例]～で品物を渡す。
たいく　体く〈体軀〉⇒体・体格・身体　[例]堂々たる～。
だいく　大工　[例]日曜～。～道具。
たいぐう　待遇　[例]～改善。
たいくつ　退屈　[例]～な日を送る。
たいぐん　大群　[例]魚の～。
たいけい　大系　[例]国史～。
たいけい　大慶　[例]～に存じます。
たいけい　体系　[例]教育学の～。
たいけい　体形　[例]大人の～になる。
たいけい　体型　[例]痩せ型の～。
だいけい　台形　[例]～の模様。
たいけん　体験　[例]貴重な～。
たいこ　太古　[例]～の時代。
たいこ　太鼓　[例]～を鳴らす。
たいご　隊ご〈隊伍〉⇒隊・隊列　[例]～を組んで進む。
たいこう　大綱　[例]計画の～。
たいこう　対向　[例]～車に注意。
たいこう　対抗　[例]敵に～する。
たいこう　対校　[例]～試合。
だいこう　代行　[例]学長～。
だいこう　代講　[例]A教授の～。
たいこうぼう　太公望

た行

だいこくばしら　大黒柱　例彼は一家の～だ。

だいごみ　だいご味〈醍醐味〉　⇒妙味　例釣りの～に浸る。

たいさ　大佐

たいざい　滞在　例１週間の～。

たいさく　対策　例災害の～。

たいさん　退散　例さあ、～しよう。

だいさんしゃ　第三者　例～の意見。

たいざんめいどう　大山鳴動　例～してねずみ一匹。

たいし　大志　例～を抱く。

たいじ　胎児　例～が動く。

たいじ　退治　例害虫を～する。

たいじ　対じ〈対峙〉　⇒対立・対抗　例両雄が相～する。

だいじ　大事　例物を～にする。

たいした　大した　文大した　例～ことはない。お祭りは～人出だった。

たいしつ　体質　例太りやすい～。

たいして〔副詞〕　大して　公文大して　例～難しくない。

たいしゃ　大赦　例～と特赦。

たいしゃ　代謝　例新陳～。

だいじゃ　大蛇　例～の伝説。

たいしゃく　貸借　例～の清算。

たいしゅう　大衆　例～小説。

たいじゅう　体重　例～の測定。

たいしょ　対処　例事件に～する。

たいしょう　大将　例白組の～。

たいしょう　対称　例左右～。

たいしょう　対象　例～者。

たいしょう　対照　例新旧の～。

たいじょう　退場　例～を命じる。

たいしょう　大小　例～の品物。

だいしょう　代償　例損害の～。

だいじょうだん　大上段　例竹刀を～に振りかぶる。

たいしょうてき　対照的　例二人は～な性格だ。

だいじょうてき　大乗的　例～見地から和解した。

だいじょうぶだ　大丈夫だ　文大丈夫だ　例もう～。

たいしょうりょうほう　対症療法

たいしょく　退色〈褪色〉　例この布は、～がひどい。

たいしょく　退職　例～届。

たいしょこうしょ　大所高所　例～からの判断が必要である。

たいしょてき　対しょ的〈対蹠的〉　⇒対照的・正反対　例ＡさんとＢさんの意見は、全く～だ。　注「たいせきてき」の慣用読み。

たいしん　耐震　例建築物の～化。

だいじん　大臣　例文部科学～。

だいず　大豆　例～から豆腐を作る。

だいすき　大好き　例彼が～です。

たいする　対する　例学問に～態度。

たいする　体する　例その趣意を体して行動する。

だいする　題する　例「雪」と～映画。

たいせい　大成　例彼は将来～する

団:付表の語　×:表外字　△:表外音訓　〈　〉:参考表記　⇒:言い換え等

であろう。

たいせい　大勢　例〜が決まる。

たいせい　体制　例資本主義〜。〜
　にくみする。反〜。

たいせい　体勢　例〜を崩す。有利
　な〜に持ち込む。

たいせい　胎生　例卵生と〜。

たいせい　退勢〈頽勢〉　例〜をばん
　回するよう努力する。

たいせい　泰西　例〜の名画。

たいせい　態勢　例〜を整える。独
　走〜。受け入れ〜。挙党〜。

たいせいよう　大西洋　例〜横断。

たいせき　体積　例面積と〜。

たいせき　堆積　公文堆積　例火山
　灰が〜する。

たいせつに　大切に　文大切に
　例〜扱う。

たいせん　対戦　例〜相手。

たいぜん　泰然　例〜自若。

だいせん　題せん〈題簽〉

たいそう　大層　文大層　例〜寒い。

たいそう　体操　例器械〜。

だいそうじょう　大僧正

だいそれた　大それた　例〜野心。

たいだ　怠惰　例〜な生活。

だいたい　大体　文大体　例〜良い。

だいたい　代替　例〜輸送。

だいだい　代々　例〜旅館を営む。

だいだいいろ　だいだい色〈橙色〉

だいたいぶ　大たい部〈大腿部〉
　⇒太もも　例〜の骨折。

たいだん　対談　例〜の記録。

だいたん　大胆　例〜な行動。

だいだんえん　大団円

だいち　台地　例武蔵野の西の〜。

たいちょう　体調　例〜が悪い。

たいちょう　退庁　例〜時刻。

だいちょう　大腸　例〜と小腸。

だいちょう　台帳　例登録〜。

たいてい　大抵　文大抵　例〜でき
　る。

たいと　泰斗　例建築学の〜。

たいど　態度　例堂々とした〜。

たいとう　台頭〈擡頭〉　文台頭
　例新興勢力の〜。

たいとう　対等　例〜に交渉する。

たいとう　たいとう〈駘蕩〉　⇒のど
　か・うらら　例春風〜。

たいどう　帯同　例秘書を〜する。

だいどうしょうい　大同小異　例ど
　の案も〜というところだ。

だいとうりょう　大統領

たいとく　体得　例要領を〜する。

だいどころ　台所　例〜で働く。

だいなし　台なし〈台無し〉　例今ま
　での努力が〜だ。

たいにん　大任　例〜を果たす。

たいにん　退任　例３月で〜する。

たいのう　滞納　例税金の〜。

たいはい　退廃〈頽廃〉　例〜的な文
　化。

だいばかり　台ばかり〈台秤〉　例重
　さを量るために、〜に載せる。

た行

たいばつ　体罰　例〜は禁止だ。

たいはん　大半　例〜は完成した。

たいひ　待避　例〜線。〜駅。

たいひ　退避　例火災の〜訓練。

たいひ　堆肥　例生ごみで〜を作る。

だいひょう　代表　例友人〜。

たいぶ　大部　例〜の論文。

だいぶ　大分　文大分　例〜暖かく
　なった。〜よくなった。

たいふう　台風〈颱風〉　例〜の進路。

だいふく　大福　例〜餅。

だいぶぶん　大部分　例仕事の〜が
　終わった。

だいぶん　大分　文大分　例〜よく
　なった。

たいへい　太平・泰平　例〜の世の
　中。天下〜。

たいへいよう　太平洋　例〜の横断。

たいべつ　大別　例大型と小型とに
　〜する。〜すればこうなる。

たいへん　大変　文大変　例〜な事
　が起きた。〜失礼しました。

たいほ　退歩　例記憶力が〜する。

たいほ　逮捕　例犯人を〜する。

たいほう　大砲　例〜を撃つ。

たいぼう　大望

たいぼう　耐乏　例〜生活。

たいぼう　待望　例〜の運動会。

たいぼく　大木　例〜が倒れる。

たいまい　大枚　例〜をはたいて名
　画を買う。

たいまつ　たいまつ〈松明〉

たいまん　怠慢　例職務〜。

だいみょう　大名　例〜旅行。

だいむしゃ　代務者

だいめい　題名　例映画の〜。

たいめん　対面　例親子の〜。

たいめん　体面　例〜を汚す。

たいもう　大望　例〜を抱く。

たいや　逮夜　例〜のお勤め。

たいやく　大厄　例〜を迎える。

たいやく　大役　例〜を果たす。

たいやく　対訳

たいよ　貸与　例奨学金の〜。

たいよう　大洋　例世界の五〜。

たいよう　大要　例文章の〜。

たいよう　太陽　例真夏の〜。

たいよう　耐用　例〜年数。

たいよう　態様　例勤務〜。

たいようれき　太陽暦

たいよく　大欲〈大慾〉　例〜非道な
　人間。〜は無欲に似る。

たいらかだ　平らかだ　文平らかだ
　例世の中が〜。

たいらげる　平らげる　文平らげる
　例ごちそうをぺろりと〜。

たいらだ　平らだ　文平らだ　例土
　地が〜。

だいり　内裏　例〜びな。

だいり　代理　例父の〜で行く。

たいりくだな　大陸棚

たいりつ　対立　例意見が〜する。

たいりゃく　大略　例〜の説明。

たいりょう　大猟　例今月は〜だ。

団:付表の語　×:表外字　△:表外音訓　〈　〉:参考表記　⇒:言い換え等

たいりょう 大量 [例]～の物資。
たいりょう 大漁 [例]いわしの～。
たいりょく 体力 [例]～が衰える。
たいれつ 隊列 [例]～を整える。
たいわ 対話 [例]親子の～。
たうえ 田植え [公][文]田植 [建]田植え [例]忙しい～の時期。
たえ たえ〈妙〉 [例]～なる笛の音。
だえき 唾液 [例]～を飲み込む。
たえしのぶ 堪え忍ぶ・耐え忍ぶ [文]堪え忍ぶ [例]つらさを～。
たえず〔副詞〕 絶えず [公][文]絶えず [例]～風が吹く。
たえだえ 絶え絶え [例]息も～…。
たえて 絶えて [例]～便りがない。
たえない 堪えない [例]見るに～悲しい事件。
たえま 絶え間 [文]絶え間 [例]客の～がない。
たえまなく 絶え間なく [例]～雨が降る。～自動車が通る。
たえる 絶える [文]絶える [例]人通りが～。
たえる 耐える [文]耐える [例]暑さに～。
たえる 堪える [文]堪える [例]任に～。喜びに堪えない。
[注]「耐える・堪える」の使い分けは、「「異字同訓」の漢字の使い分け」参照。
だえん だ円〈楕円〉 ⇒長円 [例]～の軌道を描いて回る。
たおす 倒す [文]倒す [例]ドミノを～。
たおる 手折る [例]一枝を～。
たおれこむ 倒れ込む [例]床に～。
たおれる 倒れる [文]倒れる [例]病床に～。
たか 高 [例]～をくくる。
たか 多寡 [例]人数の～は関係ない。
たが たが〈箍〉 [例]～が緩む。
たかい 他界 [例]友が～した。
たかい 高い [文]高い [例]物価が～。
たがい 互い [文]互い [例]～の意志を尊重する。
だかい 打開 [例]難局を～する。

「異字同訓」の漢字の使い分け

たえる
【耐える】苦しいことや外部の圧力などをこらえる。
重圧に耐える。苦痛に耐える。猛暑に耐える。風雪に耐える。
困苦欠乏に耐える。
【堪える】その能力や価値がある。その感情を抑える。
任に堪える。批判に堪える学説。鑑賞に堪えない。見るに堪えない作品。
憂慮に堪えない。遺憾に堪えない。
（平成26年文化審議会国語分科会）

た行

たがいちがい　互い違い　文互い違い　例〜に手を組み合わせる。

たがいに〔副詞〕　互いに　公文互いに　例〜意見を述べる。

たかいびき　高いびき〈高鼾〉　例〜をかいて眠っている。

たがう　たがう〈違う〉　例志と〜。

たがえる　たがえる〈違える〉　例約束を〜ことのないように。

たかく　多角　例経営を〜化する。

たがく　多額　例〜の出費。

たかげた　高げた〈高下駄〉

だがし　駄菓子

たかしお　高潮　例〜による被害。

たかだい　高台　例〜の住宅地。

たかだか　高々　例旗を〜と掲げる。〜100円の品物。

たかどの　高殿　例〜に登って周囲を見渡す。

たかとび　高飛び　文高飛び　例海外に〜する。

たかとび　高跳び　文高跳び　例走り〜。棒〜。

たかなり　高鳴り　例胸の〜。

たかなる　高鳴る　例胸が〜。

たかね　高値　例野菜の〜。

たかね　高根〈高嶺〉　例〜の花。

たかびしゃ　高飛車　例〜な態度。

たかぶる　高ぶる　文高ぶる　例気持ちが〜。

たかまくら　高枕　例これでやっと〜で寝られる。

たかまり　高まり　文高まり　例感情の〜。

たかまる　高まる　文高まる　例興奮が〜。

たかみ　高み　例〜の見物。

たかめ　高め・高目　例〜の椅子。注「形容詞＋め」は原則として「〜め」。

たかめる　高める　文高める　例水準を〜。

たがやす　耕す　文耕す　例畑を〜。

たから　宝　例子は家の〜。

たからかだ　高らかだ　文高らかだ　例声高らかに歌う。

たからぶね　宝船　例〜の夢。

たかる　たかる〈集る〉　例虫が〜。後輩にたかられる。

たかわらい　高笑い　文高笑い　例大きな口を開けて〜する。

だかん　だ換〈兌換〉　⇒引き換え・取り替え　例〜券。

たき　滝（瀧）〔たき〕　例滝つぼ

たき　滝　例こいの〜登り。

たき　多岐　例〜にわたる問題。

だき　惰気　例〜が起きる。

だき　唾棄　例〜すべき行為。

だきあう　抱き合う　文抱き合う

たきあげる　炊き上げる

だきあげる　抱き上げる　例子を〜。

だきあわせ　抱き合わせ　文抱き合わせ　例〜で売る。

だきおこす　抱き起こす　例倒れた子供を〜。

だきかかえる　抱き抱える

たきぎ　薪　例〜を集める。

たきこみごはん　炊き込み御飯

だきこみ　抱き込み　⊗抱き込み
　例相手を〜に掛かる。

だきこむ　抱き込む　⊗抱き込む
　例相手をこちら側に〜。

だきしめる　抱き締める　例赤ん坊
　をしっかりと胸に〜。

たきだし　炊き出し　⊗炊き出し
　例〜をする。

だきつく　抱き付く　例蛇に驚いて
　同行者に〜。

たきつけ　たき付け〈焚き付け〉
　⊗たき付け　例紙を〜にする。

たきつける　たき付ける〈焚き付け
　る〉　例悪事を〜。

たきつぼ　滝つぼ〈滝壺〉

たきび　たき火〈焚き火〉　例キャン
　プ場で〜をする。

だきょう　妥協　例互いに〜する。

たぎる　たぎる〈滾る〉　例湯が〜。
　情熱が〜。

たく　宅⁶〔タク〕　例宅地、帰宅、自
　宅、邸宅、住宅、先生のお宅

たく　択(擇)〔タク〕　例択一的、選
　択、採択、二者択一

たく　沢(澤)〔タク・さわ〕　例光沢、潤沢、
　恩沢、恵沢、沼沢地

たく　卓〔タク〕　例卓説、卓抜、卓
　越、卓上、卓球、食卓、円卓

たく　拓〔タク〕　例拓本、開拓地

たく　度³〔ド・ト・タク・たび〕　例支度金

たく　託〔タク〕　例託宣、託児所、
　委託、結託、屈託、託する

たく　濯〔タク〕　例洗濯機、洗濯物

たく　炊く　⊗炊く　例飯を〜。

たく　たく〈炷く〉　例香を〜。

たく　たく〈焚く〉　例風呂を〜。

だく　諾〔ダク〕　例諾否、受諾、快諾、
　承諾、諾する

だく　濁〔ダク・にごる・にごす〕　例濁音、濁
　流、濁浪、清濁、半濁点

だく　抱く　⊗抱く　例子供を〜。

たくあつかい　宅扱い　⊗宅扱い
　例〜で荷物を送る。

たくあん　たくあん〈沢庵〉

たぐい　類い　⊗類い　例〜まれな
　宝石。金魚はふなの〜だ。

たくえつ　卓越　例〜した技。

だくおん　濁音　例清音と〜。

たくさん　たくさん・沢山　⊗たく
　さん　例もう〜だ。〜の本。

たくじょう　卓上　例〜型のコンロ。

たくす　託す〈托す〉　例望みを〜。

たくぜつ　卓絶　例〜した功績。

たくせん　託宣　例神様の御〜。

だくだく　諾々　例唯々〜と従う。

たくち　宅地　例〜を造成する。

たくはつ　たく鉢〈托鉢〉　例修行僧
　が〜に出る。

だくひ　諾否　例〜の返事をする。

たくほん　拓本　例石碑の〜。

たくましい　たくましい〈逞しい〉

た行

[例]彼は、実に～肉体をしている。
たくみ　たくみ〈工・匠〉　[例]～の技。
たくみだ　巧みだ　[文]巧みだ　[例]演技が～。言い逃れが～。
たくらむ　たくらむ〈企む〉　[例]悪事を～。数人で何事かを～。
だくりゅう　濁流　[例]～に飲まれる。
たぐりよせる　手繰り寄せる　[例]次から次へと網を～。
たぐる　手繰る　[文]手繰る　[例]記憶を～。
たくわえ　蓄え〈貯え〉　[文]蓄え　[例]～がない。
たくわえる　蓄える〈貯える〉　[文]蓄える　[例]物資を～。知識を～。
たけ　丈　[文]丈　[例]～が高い。思いの～を打ち明ける。身の～。
たけ　竹　[例]～を割ったような性格の持ち主。～細工。
たけ　岳　[例]白馬～。
…だけ〔助詞〕　…だけ　[公][文]…だけ　[例]もうこれ～だ。調査した～。
たけがき　竹垣　[例]～を結う。生け垣と～。
だげき　打撃　[例]ひどい～を被る。
たけくらべ　丈比べ
たけざお　竹ざお〈竹竿〉
たけだけしい　たけだけしい〈猛々しい〉
だけつ　妥結　[例]交渉が～する。
たけづつ　竹筒　[例]～の花器。
たけなわ　たけなわ〈酣・闌〉　[例]春は、今が～だ。
たけのこ　竹の子〈筍〉　[例]～御飯。
たけぼうき　竹ぼうき〈竹箒〉
たけやぶ　竹やぶ〈竹藪〉
たけりたつ　たけり立つ〈猛り立つ〉　[例]興奮して～。
たける　たける〈長ける・闌ける〉　[例]世故に～。春が～。年が～。
たげん　多元　[例]一元論と～論。
たこ　たこ〈紙鳶・凧〉　[例]～揚げ。
たこ　たこ〈胼胝〉　[例]足に～ができる。
たこ　たこ〈章魚・蛸〉　[例]～つぼ。
だこう　蛇行　[例]川が～している。
たこく　他国　[例]自国と～。
たさい　多彩　[例]～な魅力。
ださく　駄作　[例]～と秀作。
ださん　打算　[例]～的な考え。
たし　足し　[文]足し　[例]旅費の～にする。
たじ　他事　[例]～ながら御安心くださいますよう…。
たじ　多事　[例]～多端。～多難。
だし　山車[付]　[例]祭りの～。
だし　だし〈出し・出汁〉　[例]～に使う。昆布の～。
だしあう　出し合う　[例]金を～。
だしいれ　出し入れ　[文]出し入れ　[例]金の～。
だしおくれる　出し遅れる　[例]暑中見舞いを～。
たしかさ　確かさ　[文]確かさ　[例]あ

た行

[付]:付表の語　×:表外字　△:表外音訓　〈　〉:参考表記　⇒:言い換え等

る程度の～が必要である。
たしかだ　確かだ　[文]確かだ　[例]腕は～。
たしかに　確かに・たしかに　[文]確かに　[例]～受け取りました。
たしかめる　確かめる　[文]確かめる　[例]もう一度人数を～必要がある。
だしきる　出し切る　[例]力を～。
だしこ　出し子　[例]特殊詐欺の～。
たしざん　足し算　[例]～と引き算。
だししぶる　出し渋る　[例]金を～。
だしじる　出し汁　[文]出し汁　[例]昆布の～。
たしせいせい　多士せいせい〈多士済々〉　[例]この会社は～だ。
[注]「たしさいさい」は慣用読み。
たしつ　多湿　[例]高温～。
だしなげ　出し投げ　[例]～で横綱を倒す。
たしなみ　たしなみ〈嗜み〉　[例]叔母には茶道の～がある。
たしなむ　たしなむ〈嗜む〉　[例]趣味として書道を～。酒を～。
たしなめる　たしなめる〈窘める〉　[例]乱暴な行いを～。
だしぬく　出し抜く　[例]まんまと～。
だしぬけ　出し抜け　[例]～に言う。
だしもの　出し物〈演し物〉　[文]出し物　[例]今月の～は面白い。
だじゃく　惰弱〈懦弱〉　[例]～な態度。
だじゃれ　だじゃれ〈駄洒落〉　[例]～を飛ばす。～の名人。

たしょう　多少　[文]多少　[例]～の差はある。
たしょうのえん　多生の縁〈他生の縁〉　[例]袖振り合うも～。
[注]本来は「多生」と書くが、「他生」と書かれることも多い。
たじろぐ　たじろぐ　[例]思わず～。
だしん　打診　[例]意向を～する。
たす　足す　[文]足す　[例]水分を～。
だす　出す　[文]出す　[例]金を～。精を～。
…だす　…出す・…だす　[例]勉強し～。ゆっくりと動き～。
たすう　多数　[例]～出席する。～決。
たすかる　助かる　[文]助かる　[例]命が～。
たすき　たすき〈襷〉　[例]～と帯。
たすきがけ　たすき掛け〈襷掛け〉
たすけ　助け　[文]助け　[例]～を求める。
たすけあい　助け合い　[例]～の精神。
たすけあう　助け合う　[例]困ったときはお互いに～ことが大切だ。
たすけぶね　助け舟・助け船　[文]助け船　[例]～を出す。
たすける　助ける〈援ける・扶ける〉　[文]助ける　[例]仕事を～。
たずさえる　携える　[文]携える　[例]大金を～。
たずさわる　携わる　[文]携わる　[例]サービス業に～。
たずねびと　尋ね人　[文]尋ね人

た行

例〜がなかなか見付からない。

たずねまわる　尋ね回る　例あちこちと〜。

たずねる　尋ねる〈訊ねる〉　⊗尋ねる　例行方を〜。

たずねる　訪ねる　⊗訪ねる　例友を〜。

付「尋ねる・訪ねる」の使い分けは、「「異字同訓」の漢字の使い分け」参照。

だする　堕する　例柔弱に〜。

たぜい　多勢　例〜に無勢。

だせい　惰性　例〜で仕事をするな。

たそがれ　たそがれ〈黄昏〉

だそく　蛇足　例〜ながら、…。

たた　多々　例〜確認する点がある。

ただ　ただ〈唯・只〉　⊗ただ　例何もせず〜立っている。〜の品物。

だだ　駄々　例〜をこねる。〜っ子。

ただいま　ただ今・ただいま〈唯今・只今〉　例〜参ります。〜帰った。

ただいま　ただいま〈唯今・只今〉　例「ただいま。」と言って家に入った。

たたえる　たたえる〈称える・讃える〉　例彼の功績を〜。

たたかい　戦い　⊗戦い　例関ケ原の〜。

たたかい　闘い　⊗闘い　例貧困との〜。

たたかう　戦う　⊗戦う　例選挙で〜。

たたかう　闘う　⊗闘う　例困難と〜。裁判で〜。

付「戦う・闘う」の使い分けは、「「異字同訓」の漢字の使い分け」参照。

たたき　たたき〈三和土〉　例玄関の

「異字同訓」の漢字の使い分け

たずねる

【尋ねる】問う。捜し求める。調べる。
　道を尋ねる。研究者に尋ねる。失踪した友人を尋ねる。尋ね人。
　由来を尋ねる。

【訪ねる】おとずれる。
　知人を訪ねる。史跡を訪ねる。古都を訪ねる旅。教え子が訪ねてくる。

たたかう

【戦う】武力や知力などを使って争う。勝ち負けや優劣を競う。
　敵と戦う。選挙で戦う。優勝を懸けて戦う。意見を戦わせる。

【闘う】困難や障害などに打ち勝とうとする。闘争する。
　病気と闘う。貧苦と闘う。寒さと闘う。自分との闘い。労使の闘い。

（平成26年文化審議会国語分科会）

付:付表の語　×:表外字　△:表外音訓　〈　〉:参考表記　⇒:言い換え等

〜に水を流して洗う。

たたきあげ　たたき上げ〈叩き上げ〉
　例〜の社長。

たたきおこす　たたき起こす〈叩き
　起こす〉

たたきおとす　たたき落とす〈叩き
　落とす〉

たたきこむ　たたき込む〈叩き込む〉
　例頭の中に〜。

たたきつける　たたき付ける〈叩き
　付ける〉　例地面に〜。

たたきふせる　たたき伏せる〈叩き
　伏せる〉　例相手を〜。

たたく　たたく〈叩く〉　例戸を〜。

ただごと　ただ事〈唯事・徒事・只
　事〉　例これは〜ではない。

ただし　但〔ただし〕　例但し書き

ただし〔接続詞〕　ただし・但し
　公文ただし　例月曜日は休館で
　す、〜国民の祝日に当たる場合
　は…。

ただしい　正しい　文正しい　例礼
　儀〜人。

ただしがき　ただし書き・但し書き
　公文ただし書　例次の場合は〜
　を適用する。

ただしさ　正しさ　文正しさ　例論
　理の〜。

ただす　正す　文正す　例誤りを〜。

ただす　ただす〈糺す〉　例罪を〜。

ただす　ただす〈質す〉　例疑問を〜。

たたずまい　たたずまい〈佇まい〉

例趣のある〜。

たたずむ　たたずむ〈佇む〉　例川の
　ほとりに〜。

ただただ　ただただ〈唯々・只々〉
　例〜あきれる。

ただちに〔副詞〕　直ちに　公文直ち
　に　例〜行く。

だだっぴろい　だだっ広い　例〜寺
　の本堂。

ただならぬ　ただならぬ　例〜物音
　に目を覚ました。

ただのり　ただ乗り〈只乗り〉

ただばたらき　ただ働き〈只働き〉

たたみ　畳　文畳　例新しい〜を入
　れる。〜いわし。

たたみおもて　畳表　文畳表　例〜
　を取り替える。

たたみがえ　畳替え　文畳替え
　例暮れに〜をする。

たたみかける　畳み掛ける　例〜よ
　うに話す。

たたみこむ　畳み込む　例交渉の段
　取りを胸に〜。

たたむ　畳む　文畳む　例店を〜。
　和服を〜。

ただよう　漂う　文漂う　例煙が〜。

ただよわす　漂わす　文漂わす
　例香りを〜。

たたり　たたり〈祟り〉　例神の〜。

たたる　たたる〈祟る〉　例そんなに
　無理をすると、後で〜よ。

ただれる　ただれる〈爛れる〉　例皮

膚が～。

たち　太刀⟨付⟩　⟨例⟩～を持った人形。

たち　たち〈質〉　⟨例⟩～が悪い。

…たち〔接尾語〕　…たち〈…達〉
　⟨文⟩…たち　⟨例⟩子供～。

たちあい　立ち会い　⟨公⟩⟨文⟩立会い
　⟨建⟩立ち会い　⟨例⟩医師の～を頼む。

たちあい　立ち合い　⟨例⟩相撲の～。

たちあいえんぜつ　立ち会い演説
　⟨公⟩⟨文⟩立会演説　⟨建⟩立ち会い演説

たちあいにん　立ち会い人　⟨公⟩⟨文⟩立
　会人　⟨建⟩立ち会い人　⟨例⟩～が必
　要だ。

たちあう　立ち会う　⟨文⟩立ち会う
　⟨例⟩手術に～。

たちあう　立ち合う　⟨例⟩東西に分か
　れて、正々堂々と～。

たちあがり　立ち上がり　⟨文⟩立ち上
　がり　⟨例⟩投手の～をたたく。

たちあがる　立ち上がる　⟨文⟩立ち上
　がる　⟨例⟩勢いよく～。救援に～。

たちい　立ち居　⟨文⟩立ち居　⟨例⟩静か
　な～。

たちいた　裁ち板　⟨文⟩裁ち板　⟨例⟩～
　の上に布を広げる。

たちいふるまい　立ち居振る舞い
　⟨文⟩立ち居振る舞い　⟨例⟩美しい～。

たちいり　立ち入り　⟨公⟩⟨文⟩立入り
　⟨建⟩立ち入り　⟨例⟩当分の間～を禁
　止します。

たちいりきんし　立ち入り禁止
　⟨文⟩立入禁止　⟨建⟩立ち入り禁止

⟨例⟩～の立て札。

たちいりけんさ　立ち入り検査
　⟨公⟩⟨文⟩立入検査　⟨建⟩立ち入り検査
　⟨注⟩法令では、「臨検」は犯則事件の調査
　の場合についてのみ用いる。それ
　以外の場合は「立入検査」を用いる。

たちいる　立ち入る　⟨文⟩立ち入る
　⟨例⟩部外者は、構内に～ことを禁
　ずる。立ち入ったことを聞く。

たちうち　太刀打ち　⟨文⟩太刀打ち
　⟨例⟩これでは、とても～できない。

たちうり　立ち売り　⟨文⟩立ち売り
　⟨例⟩駅弁の～。

たちおうじょう　立ち往生　⟨文⟩立ち
　往生　⟨例⟩事故で列車が～する。

たちおくれ　立ち後れ・立ち遅れ
　⟨文⟩立ち後れ

たちおよぎ　立ち泳ぎ　⟨文⟩立ち泳ぎ

たちかえる　立ち返る

たちかた　裁ち方　⟨例⟩着物の～。

たちがれ　立ち枯れ　⟨文⟩立ち枯れ
　⟨例⟩酸性雨のため、木の～が多い。

たちき　立ち木　⟨文⟩立ち木

たちぎえ　立ち消え　⟨文⟩立ち消え
　⟨例⟩せっかくのいい話が～になる。

たちぎき　立ち聞き　⟨文⟩立ち聞き
　⟨例⟩人の話を～してはいけない。

たちきる　断ち切る　⟨文⟩断ち切る
　⟨例⟩ロープを～。関係を～。

たちぐい　立ち食い　⟨文⟩立ち食い
　⟨例⟩屋台での～。

たちぐされ　立ち腐れ　⟨文⟩立ち腐れ

⟨付⟩:付表の語　　✕:表外字　　△:表外音訓　　〈　〉:参考表記　　⇒:言い換え等

例〜の小屋。

たちこめる　立ち込める〈立ち籠める〉　例辺り一面に霧が〜。

たちさる　立ち去る　⊗立ち去る　例誰にも告げずに、〜。

たちさわぐ　立ち騒ぐ　例波が〜。

たちすくむ　立ちすくむ〈立ち竦む〉　例恐ろしさに思わず〜。

たちつくす　立ち尽くす　例ずっと〜。

たちつづけ　立ち続け　⊗立ち続け　例席がなく、〜で疲れた。

たちつづける　立ち続ける　例満員のため長時間〜。

たちどおし　立ち通し　例終点までずっと〜だった。

たちどころに　立ち所に・たちどころに　⊗立ち所に　例〜書き上げる。

たちどまる　立ち止まる　⊗立ち止まる　例人の気配を感じて〜。

たちなおり　立ち直り　⊗立ち直り　例失敗からの〜が早い。

たちなおる　立ち直る　⊗立ち直る　例ショックからすぐに〜。

たちならぶ　立ち並ぶ　⊗立ち並ぶ　例人家が〜。

たちぬい　裁ち縫い　⊗裁ち縫い　例和服の〜に精を出す。

たちのき　立ち退き　例〜を迫る。

たちのきさき　立ち退き先　⊗立ち退き先

たちのく　立ち退く⊞　⊗立ち退く　例引っ越し先を見付けて〜。

たちのぼる　立ち上る　例煙が〜。

たちば　立場　⊘⊗立場　例自分の〜を守る。

たちはだかる　立ちはだかる　例目の前に大男が〜。

たちはたらく　立ち働く　⊗立ち働く　例朝から晩まで〜。

たちばなし　立ち話　⊗立ち話　例友人と〜をする。

たちはばとび　立ち幅跳び

たちばん　立ち番　⊗立ち番　例真夜中に〜に就く。

たちまち　たちまち〈忽ち〉　⊗たちまち　例〜売り切れになる。

たちまわり　立ち回り　⊗立ち回り　例舞台の上での〜。

たちまわりさき　立ち回り先　⊗立ち回り先　例犯人の〜を調べる。

たちまわる　立ち回る　⊗立ち回る　例うまく〜。

たちみ　立ち見　⊗立ち見　例〜でよろしければ、席があります。

たちみせき　立ち見席　⊗立見席　建立ち見席　例芝居を〜で見る。

たちむかう　立ち向かう　例難局に〜。恐れずに強敵に〜。

たちもの　裁ち物　⊗裁ち物　例〜をする。

たちやく　立ち役　⊗立ち役　例あの役者は〜が得意だ。

たちよみ　立ち読み　[例]本屋の店先で～をする。～を禁止する。

たちよる　立ち寄る　[文]**立ち寄る**　[例]友人の家に～。

だちん　駄賃　[例]お使いのお～をもらう。行き掛けの～。

たつ　達4〔タツ／―〕　[例]達人、配達、伝達、調達　[付]友達(ともだち)

たつ　竜　[例]～をモチーフにする。

たつ　断つ　[文]**断つ**　[例]退路を～。

たつ　絶つ　[文]**絶つ**　[例]消息を～。

たつ　裁つ　[文]**裁つ**　[例]布を～。

[注]「断つ・絶つ・裁つ」の使い分けは、「「異字同訓」の漢字の使い分け」参照。

たつ　立つ　[文]**立つ**　[例]うわさが～。

たつ　建つ　[文]**建つ**　[例]家が～。

[注]「立つ・建つ」の使い分けは、「「異字同訓」の漢字の使い分け」参照。

たつ　たつ〈辰〉　[例]～年生まれ。

たつ　たつ〈発つ〉　[例]東京駅を～。

たつ　たつ〈経つ〉　[例]時間が～。

だつ　脱〔ダツ／ぬぐ・ぬげる〕　[例]脱衣、脱稿、脱出、逸脱、虚脱、脱する

た行

「異字同訓」の漢字の使い分け

たつ

【断つ】つながっていたものを切り離す。やめる。

退路を断つ。国交を断(絶)つ*。関係を断(絶)つ*。快刀乱麻を断つ。酒を断つ。

【絶つ】続くはずのものを途中で切る。途絶える。

縁を絶つ。命を絶つ。消息を絶つ。最後の望みが絶たれる。交通事故が後を絶たない。

【裁つ】布や紙をある寸法に合わせて切る。

生地を裁つ。着物を裁つ。紙を裁つ。裁ちばさみ。

*　「国交をたつ」や「関係をたつ」の「たつ」については、「つながっていたものを切り離す」意で「断」を当てるが、「続くはずのものを途中で切る」という視点から捉えて、「絶」を当てることもできる。

たつ・たてる

【立つ・立てる】直立する。ある状況や立場に身を置く。離れる。成立する。

演壇に立つ。鳥肌が立つ。優位に立つ。岐路に立つ。使者に立つ。席を立つ。見通しが立つ。計画を立てる。手柄を立てる。評判が立つ。相手の顔を立てる。

【建つ・建てる】建物や国などを造る。

家が建つ。ビルを建てる。銅像を建てる。一戸建ての家。国を建てる。都を建てる。

(平成26年文化審議会国語分科会)

だつ　奪〔グツ〕〔うばう〕　例奪回、奪還、奪取、争奪、略奪

…だつ　…立つ・…だつ　例けば〜。節くれ〜。目〜。際〜。

だつい　脱衣　例〜場。〜籠。

だっかい　奪回　例陣地を〜する。

たっかん　達観　例人生を〜する。

だっきゃく　脱却　例旧弊からの〜。

たっきゅう　卓球　例〜の試合。

だっきゅう　脱臼　例肩を〜する。

たづくり　田作り　文田作り

たっけん　卓見　例なかなか〜だ。

たっけん　達見　例〜の持ち主。

だっこく　脱穀　例〜機。

たっし　達し　例上からのお〜。

たっしゃ　達者　例〜で暮らす。

だっしゅ　奪取　例タイトルを〜する。

だっしゅつ　脱出　例やっと〜した。

たつじん　達人　例剣道の〜。

たっする　達する　例目標に〜。

だっする　脱する　例窮地を〜する。

たつせ　立つ瀬　文立つ瀬　例あんな風に言われては、〜がない。

たっせい　達成　例目標を〜する。

たった　たった　例〜10円。〜今。

だったい　脱退　例会派を〜する。

たって　たって　⇒強いて・無理に　例〜のお願い。

たっとい　尊い　文尊い　例〜犠牲。

たっとい　貴い　文貴い　例〜資料。

注「尊い・貴い」の使い分けは、「「異字同訓」の漢字の使い分け」参照。

たっとぶ　尊ぶ　文尊ぶ　例神を〜。

たっとぶ　貴ぶ　文貴ぶ　例命を〜。

注「尊ぶ・貴ぶ」の使い分けは、「「異字同訓」の漢字の使い分け」参照。

たづな　手綱　例〜を締める。

だっぴ　脱皮　例蛇が〜する。

たっぴつ　達筆　例〜な手紙。

だつぼう　脱帽　例彼の熱意には〜する。神前で〜する。

たつまき　竜巻　公文竜巻　例〜に襲われる。

だつらく　脱落　例上位から〜した。

だつりゃく　奪略〈奪掠〉

だつろう　脱漏　例文字の〜がある。

たて　盾〈楯〉　文盾　例〜に取る。

た行

────「異字同訓」の漢字の使い分け────

たっとい・たっとぶ・とうとい・とうとぶ

【尊い・尊ぶ】尊厳があり敬うべきである。
　　尊い神。尊い犠牲を払う。神仏を尊ぶ。祖先を尊ぶ。

【貴い・貴ぶ】貴重である。
　　貴い資料。貴い体験。和をもって貴しとなす。時間を貴ぶ。

　　　　　　　　　　　　　　　（平成26年文化審議会国語分科会）

〜の半面。

たて　縦　例〜と横。

…たて　…立て・…たて　文…立て
例ペンキ塗り〜。焼き〜のパン。

…だて　…立て　文…立て　例隠し
〜。とがめ〜。三本〜の映画。

…だて　…建て　例52階〜のビル。

だて　だて〈伊達〉　例〜の薄着。

たていた　立て板　文立て板　例〜
に水のようなしゃべり方。

たていと　縦糸〈経糸〉　例〜と横糸
で織り成す。

たてうり　建て売り　例〜の住宅。

たてかえ　立て替え　公文立替え
建立て替え　例〜の分を払って
ください。

たてかえきん　立て替え金　公文立
替金　建立て替え金　例旅費の
〜を精算する。

たてかえばらい　立て替え払い
公文立替払　建立て替え払い

たてかえる　立て替える　文立て替
える　例費用を一時的に〜。

たてかえる　建て替える　例家を〜。

たてがき　縦書き　文縦書き　例〜
と横書き。

たてかける　立て掛ける　文立て掛
ける　例看板を〜。壁に〜。

たてがみ　たてがみ〈鬣〉　例馬の〜。

たてかんばん　立て看板　文立て看
板　例学園祭の〜。

たてぐ　建て具　公文建具　建建
具

たてぐみ　縦組み　例〜の版面。

たてごと　たて琴〈竪琴〉

たてこむ　立て込む　文立て込む
例仕事が〜。

たてこむ　建て込む　例小さな家が
〜。

たてこもる　立て籠もる　例一日中
書斎に〜。

たてつく　盾突く〈楯突く〉　例子が
親に〜。

たてつけ　立て付け・建て付け
文立て付け　例戸の〜が悪い。

たてつづけ　立て続け　文立て続け
例〜に事故が起きる。

たてつぼ　建坪　公文建坪　例家の
〜はどれくらいあるか。

たてなおし　立て直し　文立て直し
例態勢の〜を図る。

たてなおし　建て直し　文建て直し
例家の〜。

たてなおす　立て直す　文立て直す
例新たに計画を〜ことにした。

たてなおす　建て直す　例家を〜。

たてね　建て値　公文建値　建建
値

たてば　立て場〈建て場〉　文立て場

たてひき　立て引き〈達引き〉　文立
て引き　例恋の〜を題材にする。

たてひざ　立て膝　文立て膝

たてふだ　立て札　公文立札　建立
て札

団:付表の語　×:表外字　△:表外音訓　〈　〉:参考表記　⇒:言い換え等

たてまえ　建て前　公文建前　建建
て前　例本音と～。

たてまし　建て増し　文建て増し
例子供部屋を～する。～の費用。

たてまつる　奉る　文奉る　例お神
酒を～。

たてもの　建物　公文建物　例敷地
と～。

たてやくしゃ　立て役者　文立て役
者　例交渉の～。

たてる　立てる　文立てる　例計画
を～。

たてる　建てる　文建てる　例小屋
を～。

注「立てる・建てる」の使い分けは、
「「異字同訓」の漢字の使い分け」
p.394参照。

…だてる　…立てる・…だてる
例心をいら～。とがめ～。

たとい　たとい〈仮令〉　文たとい
例～雨でも行います。
注「たとえ」とも。

だとう　打倒　例宿敵を～する。

だとう　妥当　例～な意見だ。

たとうがみ　たとう紙〈畳紙〉

たとえ　例え〈喩え・譬え〉　文例え
例～を引いて説明をする。

たとえ　たとえ〈仮令〉　例～雨でも
行くことにする。
注「たとい」とも。

たとえば〔副詞〕　例えば〈喩えば・
譬えば〉　公文例えば　例春咲

く花には、～桜があります。

たとえばなし　例え話〈譬え話〉
文例え話

たとえる　例える〈喩える・譬える〉
文例える　例白さを雪に～。

たどたどしい　たどたどしい　例～
しゃべり方。～筆遣い。

たどりつく　たどり着く〈辿り着く〉

たどる　たどる〈辿る〉　例野道を～。
記憶を～。

たな　棚〔たな〕　例戸棚、本棚、大陸
棚

たな　棚　例～をつる。

たなあげ　棚上げ　文棚上げ　例問
題を～にする。

たなおろし　棚卸し〈店卸し〉　文棚
卸し　例～のため休業します。

たなおろししさん　棚卸し資産
公文棚卸資産　建棚卸し資産

たなごころ　たなごころ〈掌〉　例～
を返すような態度。

たなざらえ　棚ざらえ〈棚浚え〉
例夏物の整理のため～をする。

たなざらし　たなざらし〈棚晒し・
店晒し〉　例長い間～になって
いた商品。法案が～になる。

たなにあげる　棚に上げる　例箱を
～。自分のことは～。

たなばた　七夕付　例～のささ。

たなびく　棚引く・たなびく　例か
すみが～。雲が低く～。

たに　谷　例深い～。山と～。

た行

たにあい　谷あい〈谷間〉　例〜に咲
　　く白ゆり。〜に下る。

たにがわ　谷川　例〜の流れ。

たね　種　例花の〜。〜をまく。

たねあかし　種明かし　⑰種明かし
　　例手品の〜をする。

たねぎれ　種切れ　⑰種切れ　例も
　　う〜だ。

たねとり　種取り　⑰種取り　例朝
　　顔の〜。

たねまき　種まき〈種蒔き〉　例春に
　　〜をする。

たのしい　楽しい〈愉しい〉　⑰楽し
　　い　例〜遠足。

たのしがる　楽しがる〈愉しがる〉
　　⑰楽しがる

たのしげだ　楽しげだ〈愉しげだ〉
　　⑰楽しげだ　例いかにも〜。

たのしさ　楽しさ〈愉しさ〉　⑰楽し
　　さ　例〜を味わう。

たのしみ　楽しみ〈愉しみ〉　⑰楽し
　　み　例老後の〜。次号をお〜に。

たのしむ　楽しむ〈愉しむ〉　⑰楽し
　　む　例絵を〜。

たのみ　頼み　⑰頼み　例〜がある。
　　〜の綱。

たのみごと　頼み事　例〜をする。

たのみこむ　頼み込む　例協力を〜。

たのむ　頼む　⑰頼む　例医者を〜。

たのもしい　頼もしい〈頼母しい〉
　　⑰頼もしい　例〜青年。

たば　束　例〜にする。

だは　打破　例現状を〜する。

たばかる　たばかる〈謀る〉

たばこ　たばこ〈煙草・莨〉　㊕たば
　　こ　例〜をやめる。

たばさむ　手挟む　⑰手挟む　例書
　　類を〜。

たばねる　束ねる　⑰束ねる　例10
　　本ずつ〜。

たび　旅　例〜に出る。船の〜。

たび　足袋㊕　例〜を履く。

たび　度　⑰度　例〜重なる。この
　　〜。

…たび　…たび・…度　⑰…たび
　　例読む〜に…。…する〜。

だび　だび〈茶毘〉　⇒火葬　例なき
　　がらを〜に付す。

たびかさなる　度重なる　⑰度重な
　　る　例〜不幸に落胆する。

たびさき　旅先　例〜で病む。

たびじ　旅路　例〜を急ぐ。

たびじたく　旅支度〈旅仕度〉　例急
　　いで〜を整える。

たびだち　旅立ち　⑰旅立ち　例社
　　会への〜。

たびだつ　旅立つ　⑰旅立つ　例朝
　　早く〜。

たびたび　度々　例〜催促する。

たびづかれ　旅疲れ　⑰旅疲れ
　　例〜が取れない。

たびびと　旅人　例〜が通る。

たびまわり　旅回り　例〜の役者。

たぶん　他聞　例〜をはばかる。

㊕:付表の語　×:表外字　△:表外音訓　〈　〉:参考表記　⇒:言い換え等

たぶん　多分　例～の御寄付を頂いて大いに恐縮しています。

たぶん　多分・たぶん〔副詞〕　文多分　例～行けると思う。

たべかけ　食べかけ・食べ掛け　文食べかけ

たべかす　食べかす〈食べ滓〉　例～を捨てる。

たべざかり　食べ盛り　文食べ盛り　例～の子。

たべすぎ　食べ過ぎ　文食べ過ぎ

たべずぎらい　食べず嫌い

たべのこし　食べ残し　文食べ残し　例～を持ち帰る。

たべのこす　食べ残す

たべもの　食べ物　文食べ物　例～と飲み物。

たべる　食べる　文食べる　例朝食を～。

たべん　多弁　例～な人。

だべん　駄弁　例～を弄する。

だほ　だ捕〈拿捕〉　⇒捕獲　例密漁船を～する。

たほう　多忙　例～な毎日。

だぼく　打撲　例～傷を負う。

たま　玉　例～にきず。

たま　球　例～を投げる。

たま　弾　例ピストルの～。

　注「玉・球・弾」の使い分けは、「「異字同訓」の漢字の使い分け」参照。

たま　霊〈魂〉　例～送り。み～。

たま　たま〈偶〉　例～の休み。

たまう　たまう〈給う・賜う〉　例見～。…（し）たまえ。

たまぐし　玉串　例～をささげる。

たまげる　たまげる〈魂消る〉　⇒びっくりする・驚く

たまご　卵〈玉子〉　例鶏の～。

たまごやき　卵焼き　文卵焼き

たましい　魂　例三つ子の～百まで。～を入れ替えて仕事に励む。

だましうち　だまし討ち〈騙し討ち〉

たまじゃり　玉砂利　例神社の～。

だます　だます〈騙す〉　例人を～。

たまたま　たまたま〈偶々〉　例～前を通り掛かる。

た行

―――「異字同訓」の漢字の使い分け―――

たま
【玉】宝石。円形や球体のもの。
　玉を磨く。玉にきず。運動会の玉入れ。シャボン玉。玉砂利。善玉悪玉。
【球】球技に使うボール。電球。
　速い球を投げる。決め球を持っている。ピンポン球。電気の球。
【弾】弾丸。
　拳銃の弾。大砲に弾を込める。流れ弾に当たって大けがをする。
　　　　　　　　　　　　　　　（平成26年文化審議会国語分科会）

たまつき　玉突き　㊐玉突き　㋙〜
　事故。

たまのり　玉乗り　㊐玉乗り

たままつり　霊祭り〈魂祭り〉　㊐霊
　祭り　㋙先祖の〜を行う。

たまもの　たまもの〈賜物〉　㋙御協
　力の〜と感謝しております。

たまや　霊屋　㋙〜に祭る。

たまらない　たまらない〈堪らない〉
　㋙うれしくて〜。寒くて〜。

たまりかねる　たまりかねる〈堪り
　兼ねる〉　㋙騒音に〜。

だまりこむ　黙り込む　㊐黙り込む

たまりみず　たまり水〈溜まり水〉
　㋙〜にぼうふらが湧く。

たまる　たまる〈溜まる〉　㋙水が〜。

だまる　黙る　㊐黙る　㋙黙って座
　る。

たまわりもの　賜り物

たまわる　賜る　㊐賜る　㋙結構な
　品を〜。お言葉を〜。

たみ　民　㋙一億の〜。〜の願い。

だみん　惰眠　㋙〜を貪る。

たむけ　手向け　㊐手向け　㋙〜の
　香をたく。

ため　ため〈為〉　㊐㊐ため　㋙〜に
　なる話。渋滞の〜に、遅れた。
　失敗は油断の〜だ。

だめ　駄目　㊐駄目　㋙〜を出す。
　〜で元々。

ためいき　ため息〈溜め息〉　㋙悲し
　さに〜をつく。

ためいけ　ため池〈溜め池〉　㋤ため
　池

だめおし　駄目押し　㊐駄目押し

ためし　試し〈験し〉　㊐試し　㋙〜
　にやってみる。ものは〜だ。

ためし　ためし〈例し〉　⇒前例・先
　例　㋙勝った〜がない。

ためす　試す〈験す〉　㊐試す　㋙自
　分の力を〜。

ためなおす　矯め直す　㊐矯め直す

ためらう　ためらう〈躊躇う〉　⇒ち
　ゅうちょする　㋙実行を〜。

ためる　矯める　㊐矯める　㋙木の
　枝を〜。

ためる　ためる〈貯める・溜める〉
　㋙お金を〜。水を〜。仕事を〜。

たもつ　保つ　㊐保つ　㋙間隔を〜。

たもと　たもと〈袂〉　㋙〜を分かつ。
　長い〜の着物。

たやす　絶やす　㊐絶やす　㋙火種
　を〜。害虫を〜。

たやすい　たやすい〈容易い〉　⇒簡
　単な・容易な　㋙〜ことだ。

たゆむ　たゆむ〈弛む〉　㋙〜ことな
　く仕事を続ける。

たよう　多様　㋙〜な意見。

たより　便り　㊐便り　㋙風の〜。

たより　頼り　㊐頼り　㋙〜にする。

たよりない　頼りない　㋙〜人。

たよる　頼る　㊐頼る　㋙人を〜。

たらい　たらい〈盥〉　㋙木の〜。

たらいまわし　たらい回し〈盥回し〉

㊐:付表の語　✕:表外字　△:表外音訓　〈　〉:参考表記　⇒:言い換え等

　　　　⊗たらい回し　例仕事の〜。
だらく　堕落　例品性が〜する。
たらす　垂らす　⊗垂らす　例前に
　　〜。釣り糸を〜。
たらふく　たらふく〈鱈腹〉　例おい
　　しい料理を〜食べる。
たりる　足りる　⊗足りる　例千円
　　で〜。
たる　足る　⊗足る　例一見に〜。
たる　たる〈樽〉　例〜に入れた酒。
だるい　だるい〈懈い〉　例体が〜。
たるづめ　たる詰め〈樽詰め〉
だるま　だるま〈達磨〉　例〜ストー
　　ブ。
たるみ　たるみ〈弛み〉　例〜を取る。
たるむ　たるむ〈弛む〉　例糸が〜。
だれ　誰〔だれ〕　例誰
だれ〔代名詞〕　誰　公⊗誰　例〜で
　　も参加できます。
たれさがる　垂れ下がる　例幕が〜。
たれる　垂れる　⊗垂れる　例ひも
　　が〜。
たれる　たれる〈滴れる〉　例水が〜。
だれる　だれる　例気持ちが〜。
たわいない　たわいない　例〜話。
たわごと　たわ言〈戯言〉　例そんな
　　〜を言うな。
たわし　たわし〈束子〉
たわむ　たわむ〈撓む〉　例枝が〜。
たわむれ　戯れ　⊗戯れ　例〜の恋。
たわむれる　戯れる　⊗戯れる
　　例雪と〜犬。

たわめる　たわめる〈撓める〉　例竹
　　をたわめて籠を作る。
たわら　俵　例米俵。〜を担ぐ。
たわわに　たわわに〈撓わに〉　例枝
　　も〜柿の実がなっている。
たん　丹〔タン〕　例丹前、丹念、丹精、
　　丹田
たん　反[3]〔ハン・ホン・タン
　　　　　　　そる・そらす〕　例反物、
　　反当たり、1反歩の畑
たん　旦〔タン・ダン〕　例一旦、元旦
たん　担[6]（擔）〔タン
　　　　　　　　　かつぐ・になう〕　例担
　　任、担当、担架、分担、負担
たん　単[4]（單）〔タン〕　例単位、単独、
　　単複、簡単、単なる、単に
たん　炭[3]〔タン
　　　　　　　すみ〕　例炭化、炭鉱、炭
　　素、石炭、粉炭、泥炭、木炭
たん　胆（膽）〔タン〕　例大胆、落胆、
　　魂胆
たん　探[6]〔タン
　　　　　　さぐる・さがす〕　例探求、探
　　索、探訪、探照灯、探知
たん　淡〔タン
　　　　　あわい〕　例淡彩、淡水、淡
　　味、淡赤色、濃淡、冷淡、枯淡
たん　短[3]〔タン
　　　　　　みじかい〕　例短歌、短期、
　　短所、短縮、長短、最短距離
たん　嘆（歎）〔タン
　　　　　　　なげく・なげかわしい〕
　　例嘆息、嘆願、詠嘆、驚嘆、悲
　　嘆、嘆じる
たん　端〔タン
　　　　　はし・は・はた〕　例端正、両
　　端、極端、一端、末端
たん　綻〔タン
　　　　　ほころびる〕　例破綻
たん　誕[6]〔タン〕　例誕生、生誕、降
　　誕祭

た行

た行

たん　壇〔ダン・タン〕　例土壇場

たん　鍛〔タン きたえる〕　例鍛造、鍛鉄、
　　　鍛錬、鍛鋼　団鍛冶(かじ)

たん　たん〈痰〉　例～を吐くな。

だん　旦〔タン・ダン〕　例旦那

だん　団⁵(團)〔ダン・トン〕　例団結、
　　　団地、集団、消防団、団の名誉

だん　男¹〔ダン・ナン おとこ〕　例男女、男子、
　　　男性、男装、快男児

だん　段⁶〔ダン〕　例段位、段階、段
　　　落、階段、手段、…の段

だん　断⁵(斷)〔ダン たつ・ことわる〕　例断
　　　言、断絶、断定、断片、決断、
　　　判断、中断、断を下す、断じる

だん　弾(彈)〔ダン ひく・はずむ・たま〕
　　　例弾圧、弾丸、弾性、弾力、照
　　　明弾、砲弾、爆弾、弾じる

だん　暖⁶〔ダン あたたか・あたたかい・あたたまる・あたためる〕　例暖
　　　冬、暖房、暖流、温暖

だん　談³〔ダン〕　例談判、談合、談
　　　話、相談、内談、○○氏談

だん　壇〔ダン・タン〕　例壇上、花壇、
　　　登壇、文壇、演壇、壇から降り
　　　る

だんあつ　弾圧　例言論を～する。

たんい　単位　例度量衡の～。

たんか　担架　例～で運ぶ。

たんか　単価　例1個当たりの～。

たんか　短歌　例～と長歌。

たんか　たんか〈啖呵〉　例～を切る。

だんか　だん家〈檀家〉　例寺の～。

だんかい　段階　例計画の各～。

だんがい　弾劾　例～裁判所。

だんがい　断崖　例～から落ちる。

たんがん　嘆願〈歎願〉　例減刑の～。

だんがん　弾丸　例～が当たる。

たんき　短期　例～大学。

だんぎ　談義　例下手の長～。

たんきゅう　探求　例原因の～。

たんきゅう　探究　例真理の～。

だんけつ　団結　例一致～する。

たんけん　探検・探険　例洞窟の～。
　　注新聞では、「探検」と書く。

だんげん　断言　例実行を～する。

だんこ　断固〈断乎〉　例～反対する。

だんご　団子・だんご　例花より～。

たんこう　炭坑　例～の出入り口。

たんこう　炭鉱〈炭礦〉

だんこう　断交　例A国は、ついに
　　　B国と～した。

だんこう　断行　例値下げの～。

だんこん　弾痕　例壁の生々しい～。

たんざ　端座〈端坐〉　例寺の本堂に
　　　～して話を聞く。

たんさい　淡彩　例～で絵を描く。

だんさい　断裁　例紙を～する。

たんざく　短冊　例～に歌を書く。

たんさんガス　炭酸ガス〈炭酸瓦斯〉

だんし　男子　例～学生。

だんじき　断食　例修行のための～。

だんじて　断じて　例～許せない。

たんじゅう　胆汁

たんしゅく　短縮　例～授業。

団:付表の語　×:表外字　△:表外音訓　〈　〉:参考表記　⇒:言い換え等

たんじゅん　**単純**　[例]～な考え。
たんしょ　**短所**　[例]長所と～。
たんしょ　**端緒**　[例]～を開く。
[注]「たんちょ」は慣用読み。
だんじょ　**男女**　[例]～同権。
たんしょう　**嘆賞・嘆称**　[例]美しい風景を存分に～する。
[注]新聞では、「嘆賞」と書く。
たんじょう　**誕生**　[例]子供の～。
だんしょう　**談笑**　[例]和やかな～。
だんじょう　**壇上**　[例]～で演説する。
たんしん　**単身**　[例]～で赴任する。
たんじん　**炭じん**〈炭塵〉
たんす　**たんす**〈簞笥〉
たんすい　**淡水**　[例]～魚。
たんずる　**嘆ずる**　[例]我が身の不運を～。名人の芸を～。
だんずる　**断ずる**　[例]優劣を～。
だんずる　**弾ずる**　[例]琴を～。
だんずる　**談ずる**　[例]大いに～。
たんせい　**丹精・丹誠**　[例]～を込める。
[注]新聞では、「丹精」と書く。
たんせい　**端正・端整**　[例]～な振る舞い。～な顔つき。
[注]新聞では、「端正」と書く。
だんせい　**男性**　[例]～用の化粧品。
たんせき　**旦夕**　[例]命(めい)～に迫る。
だんぜつ　**断絶**　[例]国交の～。
たんぜん　**丹前**　[例]～に着替える。
だんそう　**断層**　[例]土地の～。
たんそく　**嘆息**　[例]～を漏らす。
たんたん　**淡々**　[例]～と語る。
たんたん　**たんたん**〈坦々〉　⇒平らな　[例]～と続く道路。
だんだん　**段々**　[例]～畑。
だんだん　**段々・だんだん**〔副詞〕　[例]～暑くなる。～に面白くなる。
たんち　**探知**　[例]動きを～する。
だんち　**団地**　[例]～に住む。
だんちがい　**段違い**　[文]**段違い**　[例]技術が～だ。～平行棒。
たんちょう　**単調**　[例]～な仕事。
たんつぼ　**たんつぼ**〈痰壺〉
たんてい　**探偵**　[例]～小説。
だんてい　**断定**　[例]すぐに～する。
たんてき　**端的**　[例]～に言おう。
たんでき　**たん溺**〈耽溺〉　⇒溺れること・ふけること・夢中になること　[例]酒色に～する。
たんとう　**担当**　[例]～の係員。
たんとう　**短刀**　[例]～で脅す。
たんとうちょくにゅう　**単刀直入**　[例]～に質問する。～に言う。
たんどく　**単独**　[例]～で行動する。
たんどく　**たん読**〈耽読〉　⇒読みふけること　[例]小説を～する。
だんどり　**段取り**　[文]**段取り**　[例]仕事の～。
だんな　**旦那**〈檀那〉　[例]～芸。若～。
たんなる　**単なる**　[例]～勘違い。
たんに　**単に**　[例]～言うだけでなく実行してほしい。
たんにん　**担任**　[例]～の先生。

た行

たんねん　丹念　例〜な仕事。

だんねん　断念　例計画を〜する。

たんのう　たんのう〈堪能〉　例語学
　に〜な人。
　注「かんのう」の慣用読み。
　注新聞では、「堪能」と書く。

たんのう　たんのう〈堪能〉　例料理
　を〜する。
　注新聞では、「堪能」と書く。
　注「足んぬ」の変化。

たんぱく　淡泊・淡白　例〜な味。
　注新聞では、「淡泊」と書く。

たんぱくしつ　たんぱく質〈蛋白質〉

だんばしご　段ばしご〈段梯子〉

だんぱん　談判　例社長に〜する。

たんび　たん美〈耽美〉　例〜主義。

たんぺいきゅう　短兵急　例そう〜
　に責め立てても無理だ。

たんぺん　短編〈短篇〉　例〜小説を
　読む。〜映画。

だんぺん　断片　例記憶の〜をたど
　る。

たんぼ　田んぼ〈田圃〉
　注新聞では、「田んぼ」と書く。

たんぽ　担保　例土地を〜にする。

たんぼう　探訪　例古都の歴史〜。

だんぼう　暖房〈煖房〉　文暖房

たんぼみち　田んぼ道・たんぼ道
　〈田圃道〉

たんまつ　端末　例〜を操作する。

だんまつま　断末魔　例〜の叫び声。

たんもの　反物　例〜を買う。

だんらく　段落　例〜に区切る。

だんらん　だんらん〈団欒〉　⇒まど
　い　例一家〜。

だんりゅう　暖流　例〜と寒流。

だんりょく　弾力　例〜がある。

たんれい　端麗　例容姿〜。

たんれん　鍛錬・鍛練　例心身を〜
　する。〜に〜を重ねる。
　注新聞では、「鍛錬」と書く。

だんろ　暖炉〈煖炉〉　例〜のある家。

だんわ　談話　例〜を発表する。

ち

ち　地2〔チ・ジ〕　例地域、地質学、
　地下、土地、天地、境地、敷地
　団心地（ここち）、意気地（いくじ）

ち　池2〔チ いけ〕　例池畔、電池、貯水
　池

ち　知2〔チ しる〕　例知育、知覚、知識、
　知人、通知、世間知、承知

ち　治4〔ジ・チ おさめる・おさまる・なおる・なおす〕　例治安、
　治世、治水、自治、統治、法治
　国、治いにて乱を忘れず

ち　値6〔チ ね・あたい〕　例価値、数値、
　絶対値、平均値、偏差値

ち　恥〔チ はじる・はじ・はじらう・はずかしい〕　例恥辱、
　無恥、破廉恥

注:付表の語　×:表外字　△:表外音訓　〈　〉:参考表記　⇒:言い換え等

ち　致〔チ／いたす〕　例致死量、誘致、招
　　致、一致、合致、極致、風致

ち　遅(遅)〔チ／おくれる・おくらす・おそい〕
　　例遅延、遅刻、遅速、遅滞

ち　痴(癡)〔チ〕　例痴漢、痴情、愚痴

ち　稚〔チ〕　例稚気、稚拙、稚魚、
　　幼稚園　団稚児(ちご)

ち　置⁴〔チ／おく〕　例置換、安置、位置、
　　放置、処置、留置、装置

ち　緻〔チ〕　例緻密、精緻

ち　質⁵〔シツ・シチ・チ〕　例言質

ち　血　例～のにじむような努力。

ち　乳　例～飲み子。～兄弟。

ちあい　血合い　例魚の～。

ちあん　治安　例～を保つ。

ちい　地位　例社会的な～。

ちいき　地域　例～住民の福祉。

ちいく　知育　例～と体育。

ちいさい　小さい　文小さい　例損
　　害が～。

ちいさな〔連体詞〕　小さな　公文小
　　さな　例～家。

ちいさめ　小さめ・小さ目　例～の
　　洋服。もう少し～に作る。
　　　注「形容詞＋め」は、原則として「～
　　め」。

ちえ　知恵〈×智×慧〉　例～がある。

ちえくらべ　知恵比べ　文知恵比べ

ちえん　地縁　例～による団体。

ちえん　遅延　例電車が～した。

ちか　地下　例～に潜る。～鉄。

ちかい　地階　例～の食堂。

ちかい　近い　文近い　例駅に～。

ちかい　誓い　文誓い　例～を新た
　　にする。

ちがい　違い　文違い　例～を探す。

ちかいあう　誓い合う　例固く～。

ちかいごと　誓い言　文誓い言
　　例神前で～を述べる。

ちがいだな　違い棚　文違い棚

ちがいほうけん　治外法権

ちかう　誓う　文誓う　例再訪を～。

ちがう　違う　文違う　例約束が～。

ちがえる　違える　文違える　例や
　　り方を～。

ちかがい　地下街　例～を歩く。

ちかく　地殻　例～の変動。

ちかく　知覚　例～神経。

ちかく　近く　文近く　例～の店。

ちかけい　地下茎

ちかごろ　近頃　文近頃　例～事故
　　が多い。～珍しい話だ。

ちかしい　近しい〈親しい〉　文近し
　　い　例～間柄。

ちかぢか　近々・ちかぢか　文近々
　　例～結婚する予定です。
　　　注「きんきん」とも。

ちかづき　近づき・近付き　文近づ
　　き　例お～になれて、うれしい。

ちかづく　近づく・近付く　文近づ
　　く　例試験が～。目的地に～。

ちかづける　近づける・近付ける
　　文近づける　例顔を～。

ちかまわり　近回り　文近回り

た行

例〜の道。

ちかみち　近道　例〜を行く。

ちかめ　近め・近目　例〜の球を投げる。

　　注「形容詞＋め」は、原則として「〜め」。

ちかよる　近寄る　⊗近寄る　例そっと〜。

ちから　力　例〜を合わせる。

ちからいっぱい　力一杯

ちからおとし　力落とし　⊗力落とし　例さぞお〜のことでしょう。

ちからくらべ　力比べ　⊗力比べ　例友達と〜をする。

ちからこぶ　力こぶ〈力瘤〉

ちからしごと　力仕事　例〜は任せてください。

ちからずく　力ずく〈力尽く〉　例〜で奪い取る。

ちからぞえ　力添え　⊗力添え　例〜を頼む。

ちからだめし　力試し

ちからづける　力付ける　⊗力付ける　例病人を〜。

ちからづよい　力強い　例〜投球。

ちからまかせ　力任せ　⊗力任せ　例綱を〜に引く。〜に引っ張る。

ちからまけ　力負け　⊗力負け

ちからもち　力持ち　⊗力持ち

ちき　知己　例10年来の〜。

ちきゅう　地球　例〜の自転。

ちきゅうぎ　地球儀

ちぎょ　稚魚　例〜を育てる。

ちきょう　地峡　例パナマ〜。

ちぎり　契り　文契り　例〜を結ぶ。

ちぎる　契る　文契る　例固く〜。

ちぎる　ちぎる〈千切る〉　例紙を〜。

ちぎれぐも　ちぎれ雲〈千切れ雲〉　例空に浮かんだ〜。

ちぎれる　ちぎれる〈千切れる〉　例ボタンが〜。

ちく　竹[チク たけ]　例竹林、竹馬の友、松竹梅、爆竹　付竹刀(しない)

ちく　畜[チク]　例畜産、畜舎、畜類、家畜、牧畜

ちく　逐[チク]　例逐次、逐一、逐語訳、逐条、駆逐、角逐

ちく　蓄[チク たくわえる]　例蓄財、蓄積、蓄電池、貯蓄、備蓄、含蓄

ちく　築[チク きずく]　例築城、築港、建築、改築　付築山(つきやま)

ちく　地区　例文教〜。

ちくいち　逐一　文逐一　例〜報告する。

ちぐう　知遇　例〜を得る。

ちくおんき　蓄音機

ちぐさ　千草　例庭の〜。

ちくさん　畜産　例〜を奨励する。

ちくじ　逐次　例〜説明する。

ちくしゃ　畜舎

ちくせき　蓄積　例資本を〜する。

ちくでんち　蓄電池　例〜の充電。

ちくばのとも　竹馬の友

付:付表の語　✕:表外字　△:表外音訓　〈　〉:参考表記　⇒:言い換え等

ちくび　乳首　(例)哺乳瓶の～。
ちくりん　竹林　(例)～の七賢。
ちけむり　血煙　(例)～を上げる。
ちけん　知見　(例)専門的～。
ちご　稚児[付]　(例)～の行列。
ちこく　遅刻　(例)今日も～した。
ちしお　血潮〈血汐〉　(例)～がたぎる。
ちしき　知識　(例)～と技能。
ちじく　地軸　(例)～を中心に回る。
ちしつ　知しつ〈知悉〉　⇒よく知る　(例)その分野を～する。
ちしゃ　知者　(例)～の言。
ちじょう　地上　(例)～の部分。
ちじょう　痴情　(例)～による犯罪。
ちじょく　恥辱　(例)～を受ける。
ちじん　知人　(例)路上で～に会う。
ちず　地図　(例)～を読む。
ちすい　治水　(例)治山～。
ちせき　地積　(例)地目及び～。
ちせき　地籍　(例)～台帳の管理。
ちせつ　稚拙　(例)～な案。
ちそく　遅速　(例)開花に～がある。
ちたい　地帯　(例)安全～。
ちたい　遅滞　(例)～なく処理する。
ちち　父　(例)～と母。～の仕事。
ちち　乳　(例)～を飲む。牛の～。
ちち　遅々　(例)～として進まない。
ちちおや　父親　(例)～と母親。
ちちくさい　乳臭い　(例)～意見。
ちぢこまる　縮こまる　(例)寒さに～。
ちぢに　千々に　(文)千々に　(例)心が～乱れる。
ちぢまる　縮まる　(文)縮まる　(例)トップとの差が～。
ちぢみ　縮み　(例)伸び～。
ちぢみ　縮　(例)～の着物。～織り。
ちぢみあがる　縮み上がる　(例)恐ろしさに～。
ちぢむ　縮む　(文)縮む　(例)生地が～。
ちぢめる　縮める　(文)縮める　(例)タイムを～。
ちぢらす　縮らす　(文)縮らす　(例)髪の毛を～。
ちぢれげ　縮れ毛　(文)縮れ毛
ちぢれる　縮れる　(文)縮れる　(例)髪の毛が～。
ちつ　秩〔チツ〕　(例)秩序
ちつ　窒〔チツ〕　(例)窒息、窒素
ちっきょ　ちっ居〈蟄居〉　⇒閉居　(例)～を仰せ付けられる。
ちっこう　築港　(例)～計画。
ちつじょ　秩序　(例)～を保つ。
ちっそ　窒素　(例)～肥料。
ちっそく　窒息　(例)～して死ぬ。
ちつづき　血続き　(文)血続き　(例)～の間柄。
ちてきざいさんけん　知的財産権
ちどめ　血止め　(文)血止め　(例)～の薬。
ちなまぐさい　血なまぐさい〈血腥い〉　(例)～事件が発生した。
ちなみに　ちなみに〈因みに〉　(文)ちなみに　(例)～例を挙げると…。
ちなむ　ちなむ〈因む〉　(文)ちなむ

た行

[例]10周年に〜行事。
ちのう　知能〈智能〉 [例]人工〜。
ちのけ　血の気 [例]〜が多い。
ちのみご　乳飲み子〈乳呑み児〉
　[文]乳飲み子 [例]〜を抱えて働く。
ちのめぐり　血の巡り [例]〜がいい。
ちのり　地の利 [例]〜を得る。
ちばしる　血走る [例]血走った目。
ちばなれ　乳離れ [文]乳離れ [例]〜する。
ちびる　ちびる〈禿びる〉 ⇒擦り切れる [例]筆の穂先が〜。
ちぶさ　乳房 [例]豊かな〜。
ちほう　地方 [例]〜経済。〜自治体。
ちぼう　知謀〈智謀〉 [例]〜に優れた武将。
ちまた　ちまた〈巷〉 [例]〜の声。
ちまつり　血祭り [文]血祭り [例]〜に上げる。
ちまなこ　血眼 [例]〜になって捜す。
ちまみれ　血まみれ〈血塗れ〉 [例]崖から落ちて〜になる。
ちまよう　血迷う [文]血迷う
ちみつ　緻密 [文]緻密 [例]〜な頭脳。
ちみどろ　血みどろ [例]〜の戦い。
ちゃ　茶[2]〔チャ・サ／—〕 [例]茶色、茶席、茶番劇、番茶、お茶を濁す
ちゃいれ　茶入れ [文]茶入れ
ちゃいろ　茶色 [例]〜の靴。
ちゃうけ　茶請け [例]〜の菓子。
ちゃか　茶菓 [例]〜のもてなし。
ちゃがし　茶菓子 [例]〜を出す。
ちゃかす　ちゃかす〈茶化す〉 [例]真面目な話を〜。そう〜な。
ちゃかっしょく　茶褐色
ちゃがま　茶釜 [例]〜で沸かす。
ちゃがら　茶殻 [例]〜を捨てる。
ちゃきん　茶巾 [例]〜ずし。
ちゃく　着[3]〔チャク・ジャク／きる・きせる・つく・つける〕
　[例]着眼、着用、着手、着実、着想、土着、発着
ちゃく　嫡〔チャク／—〕 [例]嫡子、嫡男、嫡流、嫡出子、正嫡
ちゃくい　着衣 [例]〜の消毒。
ちゃくがん　着眼 [例]鋭い〜。〜点。
ちゃくし　嫡子
ちゃくじつ　着実 [例]〜に上達する。
ちゃくしゅ　着手 [例]工事に〜する。
ちゃくしょく　着色 [例]〜料の使用。
ちゃくせき　着席 [例]順に〜する。
ちゃくそう　着想 [例]すばらしい〜。
ちゃくそん　嫡孫
ちゃくちゃく　着々 [例]仕事は予定どおりに〜と進んでいる。
ちゃくばらい　着払い
ちゃくふく　着服 [例]公金の〜。
ちゃくよう　着用 [例]結婚式にモーニングを〜する。
ちゃくりく　着陸 [例]離陸と〜。
ちゃくりゅう　嫡流 [例]源氏の〜。
ちゃだんす　茶だんす〈茶箪笥〉
ちゃづけ　茶漬け [文]茶漬け
ちゃっこう　着工 [例]〜の延期。
ちゃづつ　茶筒

[付]:付表の語　×:表外字　△:表外音訓　〈　〉:参考表記　⇒:言い換え等

ちゃつみ　茶摘み　⊗茶摘み　囲〜の季節。

ちゃどう　茶道　囲〜の家元。

ちゃのま　茶の間　囲〜でくつろぐ。

ちゃのみぢゃわん　茶飲み茶わん〈茶飲み茶碗〉　⊗茶飲み茶わん

ちゃばなし　茶話　⊗茶話

ちゃばんげき　茶番劇

ちゃぶだい　ちゃぶ台〈卓袱台〉

ちゃめ　ちゃめ〈茶目〉　囲〜っ気。

ちゃや　茶屋　囲峠の〜で休む。

ちゃわかい　茶話会　囲〜をする。　囲「さわかい」とも。

ちゃわん　茶わん〈茶碗〉

ちゃわんむし　茶わん蒸し〈茶碗蒸し〉　⊗茶わん蒸し

ちゆ　治癒　囲病が〜する。〜証明。

ちゅう　中¹〔チュウ・ジュウ　なか〕　囲中心、中央、中座、中元、中毒、胸中、命中、的中、中肉中背、大中小

ちゅう　仲⁴〔チュウ　なか〕　囲仲介者、仲裁、伯仲　団仲人(なこうど)

ちゅう　虫¹(蟲)〔チュウ　むし〕　囲虫害、害虫、幼虫、益虫、回虫、昆虫類

ちゅう　沖⁴〔チュウ　おき〕　囲沖積層、沖天の勢い、天に沖する

ちゅう　宙⁶〔チュウ〕　囲宇宙、宙返り、宙に舞う

ちゅう　忠⁶〔チュウ〕　囲忠実、忠勤、忠告、不忠、誠忠、忠と孝

ちゅう　抽〔チュウ〕　囲抽出、抽象画

ちゅう　注³〔チュウ　そそぐ〕　囲注記、注入、注意、頭注、発注

ちゅう　昼²(晝)〔チュウ　ひる〕　囲昼夜、昼間、昼食、白昼夢

ちゅう　柱³〔チュウ　はしら〕　囲柱石、角柱、電柱、支柱、円柱、門柱

ちゅう　衷〔チュウ〕　囲衷心、衷情、苦衷、和洋折衷

ちゅう　酎〔チュウ〕　囲焼酎

ちゅう　鋳(鑄)〔チュウ　いる〕　囲鋳造、鋳鉄、鋳銅、改鋳、新鋳

ちゅう　駐〔チュウ〕　囲駐屯、駐留、駐在、駐車場、駐英大使、進駐

ちゅう　注〈註〉　⊗注　囲〜を付ける。

ちゅうい　注意　囲歩行者に〜。

ちゅうおう　中央　囲道の〜。

ちゅうか　中華　囲〜料理。

ちゅうかい　仲介　囲仕事を〜する。

ちゅうかい　注解〈註解〉　囲詳しい〜を施す。

ちゅうかい　ちゅうかい〈厨芥〉　⇒台所のごみ　囲〜の処理。

ちゅうがえり　宙返り　⊗宙返り

ちゅうかく　中核　囲地域医療の〜。

ちゅうかん　中間　囲Ａ、Ｂの〜。

ちゅうかん　昼間　囲〜と夜間。

ちゅうき　注記〈註記〉　囲本文に〜する。詳しい〜。

ちゅうぎ　忠義　囲〜を尽くす。

ちゅうきん　忠勤　囲〜を励む。

ちゅうけい　中継　囲〜基地。

た行

ちゅうけん　中堅　[例]～の社員。
ちゅうげん　中元　[例]～と歳暮。
ちゅうこ　中古　[例]～自動車。
ちゅうこく　忠告　[例]友人に～する。
ちゅうさい　仲裁　[例]けんかの～。
ちゅうざい　駐在　[例]海外～になる。～所。
ちゅうさん　昼さん〈昼餐〉　⇒昼食　[例]大臣主催の～会。
ちゅうし　中止　[例]会議を～する。
ちゅうし　注視　[例]動向を～する。
ちゅうじえん　中耳炎　[例]～の治療。
ちゅうじつ　忠実　[例]職務に～な人。
ちゅうしゃ　注射　[例]腕に～する。
ちゅうしゃ　駐車　[例]～違反。～場。
ちゅうしゃく　注釈〈註釈〉　[例]平家物語の～。～を付ける。
ちゅうしゅう　中秋　[例]陰暦の８月15日を～という。
ちゅうしゅう　仲秋　[例]陰暦の８月を～という。
ちゅうしゅうのめいげつ　中秋の名月〈仲秋の名月・中秋の明月・仲秋の明月〉
[注]新聞では､「中秋の名月」と書く。
ちゅうしゅつ　抽出　[例]成分の～。
ちゅうじゅん　中旬
ちゅうしょう　中傷　[例]他人を～してはいけない。ひどい～を受ける。
ちゅうしょう　抽象　[例]～画。～的。
ちゅうしょうきぎょうしんだんし　中小企業診断士
ちゅうしょく　昼食
ちゅうしん　中心　[例]円の～。
ちゅうしん　衷心　[文]衷心　[例]～から御礼申し上げます。
ちゅうすいえん　虫垂炎　[例]～で入院した。
ちゅうすう　中枢　[例]会社の～。
ちゅうする　沖する〈冲する〉　[例]天に～炎。
ちゅうせい　中正　[例]～な考え方。
ちゅうぜい　中背　[例]中肉～。
ちゅうせきそう　沖積層
ちゅうぜつ　中絶　[例]妊娠～。
ちゅうせん　抽せん〈抽選・抽籤〉　⇒くじ引き　[例]～を行う。
ちゅうぞう　鋳造　[例]仏像の～。
ちゅうたい　ちゅう帯〈紐帯〉　⇒つながり・連帯　[例]～を強める。
ちゅうだん　中断　[例]話が～する。
ちゅうちょ　ちゅうちょ〈躊躇〉　⇒ためらい　[例]決定を～する。
ちゅうづり　宙づり〈宙吊り〉　[例]はしごが外れて～となる。
ちゅうてつ　鋳鉄
ちゅうてん　沖天〈冲天〉　[例]～の勢い。
ちゅうと　中途　[例]～採用。
ちゅうどく　中毒　[例]一酸化炭素～。
ちゅうとはんぱ　中途半端　[例]～な態度。
ちゅうとん　駐屯　[例]～部隊。

ちゅうとんち　駐屯地　囫部隊の〜。
　〜を移動する。

ちゅうにゅう　注入　囫液体の〜。

ちゅうばん　中盤　囫試合の〜。

ちゅうぶう　中風　囫〜で苦労する。
　囲「ちゅうふう」とも。

ちゅうへん　中編〈中篇〉

ちゅうぼう　ちゅう房〈厨房〉　⇒台
　所・調理室

ちゅうぼく　忠僕

ちゅうみつ　ちゅう密〈稠密〉　⇒周
　密・密集　囫都市部の人口は非
　常に〜である。
　囲法令では、用いない。

ちゅうもく　注目　囫〜を浴びる。

ちゅうもん　注文〈註文〉　㐅注文
　囫品物を〜する。〜を付ける。

ちゅうや　昼夜　囫〜を分かたず…。

ちゅうよう　中庸　囫〜の道。

ちゅうりつ　中立　囫〜の立場。

ちゅうりゅう　中流　囫川の〜。〜
　意識。

ちゅうるい　虫類

ちょ　著⁶〈著〉〔チョ
あらわす・いちじるしい〕
　囫著名、著書、著作、名著、顕
　著、○○先生の著

ちょ　貯⁵〔チョ〕　囫貯金、貯蔵、貯
　蓄、貯水池

ちょ　緒〈緒〉〔ショ・チョ
お〕　囫緒論、緒
　言、情緒、緒に就く
　囲「情緒」は、「じょうしょ」とも。

ちょう　丁³〔チョウ・テイ〕　囫丁数、

落丁、二丁目

ちょう　弔〔チョウ
とむらう〕　囫弔慰金、弔
　辞、弔電、弔問、慶弔、弔する

ちょう　庁⁶〈廳〉〔チョウ〕　囫庁舎、省
　庁、府庁、登庁、官庁、県庁、
　検察庁

ちょう　兆⁴〔チョウ
きざす・きざし〕　囫兆候、
　前兆、吉兆、億兆、兆の位

ちょう　町¹〔チョウ
まち〕　囫町会、町長、
　町内、町営、市町村

ちょう　長²〔チョウ
ながい〕　囫長女、長所、
　長短、成長、社長、一日の長

ちょう　重³〔ジュウ・チョウ
え・おもい・かさ
ねる・かさなる〕　囫重畳、
　重宝、慎重、貴重、軽重、自重
　囲十重二十重（とえはたえ）

ちょう　挑〔チョウ
いどむ〕　囫挑戦、挑発

ちょう　帳³〔チョウ〕　囫帳面、帳簿、
　通帳、台帳　囲蚊帳（かや）

ちょう　張⁵〔チョウ
はる〕　囫張力、張本
　人、拡張、緊張、主張、誇張

ちょう　彫〔チョウ
ほる〕　囫彫刻、彫像、
　彫塑、彫金、木彫

ちょう　眺〔チョウ
ながめる〕　囫眺望

ちょう　釣〔チョウ
つる〕　囫釣果、釣技、
　釣況、釣魚、釣艇

ちょう　頂⁶〔チョウ
いただく・いただき〕　囫頂
　上、頂点、絶頂、天頂

ちょう　鳥²〔チョウ
とり〕　囫鳥獣、鳥類、
　野鳥、益鳥、一石二鳥、花鳥風
　月　＊鳥取県（とっとりけん）

ちょう　朝²〔チョウ
あさ〕　囫朝刊、朝夕、

た行

朝礼、朝食、朝三暮四、今朝、
早朝、帰朝、平安朝、朝する

付今朝(けさ)

ちょう　貼〔チョウ／はる〕　例貼付

注「貼付」は、「てんぷ」とも。

ちょう　超〔チョウ／こえる・こす〕　例超越、超
過、超人、超短波、入超

ちょう　腸6〔チョウ〕　例腸炎、大腸、
脱腸、盲腸炎、胃腸

ちょう　跳〔チョウ／はねる・とぶ〕　例跳馬、跳
舞、跳躍競技

ちょう　徴(徵)〔チョウ〕　例徴税、徴
収、特徴、象徴、徴する

ちょう　嘲〔チョウ／あざける〕　例嘲笑、自嘲

ちょう　潮6〔チョウ／しお〕　例潮流、満潮、
干潮、風潮、思潮、最高潮

ちょう　澄〔チョウ／すむ・すます〕　例澄明、清
澄、明澄

ちょう　調3〔チョウ／しらべる・ととの／う・ととのえる〕　例調印、
調理師、調査、調和、好調

ちょう　聴(聽)〔チョウ／きく〕　例聴覚、聴
衆、聴講、聴診器、傍聴、拝聴

ちょう　懲(懲)〔チョウ／こりる・こらす・／こらしめる〕　例懲
役、懲戒、懲罰、勧善懲悪

ちょうあい　ちょう愛〈×寵愛〉　⇒か
わいがること・気に入り・熱愛

ちょうい　弔意　例～を表す。

ちょうい　弔慰　例～金。

ちょういん　調印　例条約の～。

ちょうえき　懲役　例～3年。

ちょうえつ　超越　例利害を～して、
協力する。

ちょうえん　腸炎

ちょうか　釣果　例～を競う。

ちょうか　超過　例予算の～。

ちょうかい　町会　例～の集まり。

ちょうかい　懲戒　例～免職。

ちょうかく　聴覚　例～が鋭い。

ちょうかん　朝刊　例～の配達。

ちょうかん　鳥かん〈鳥×瞰〉　⇒見下
ろす　例山頂から～する。

ちょうかんず　鳥かん図〈鳥×瞰図〉

ちょうぎょ　釣魚　例～図鑑。

ちょうきょうし　調教師

ちょうけし　帳消し　文帳消し
例これで貸し借りは～だ。

ちょうこう　兆候・徴候　例回復の
～。危険な～。

注新聞では、「兆候」と書く。

ちょうこう　聴講　例講義を～する。

ちょうごう　調合　例薬を～する。

ちょうこうぜつ　長広舌　例～を振
るう。

ちょうこく　彫刻　例絵画と～。

ちょうさ　調査　例～研究する。

ちょうし　調子　例～がいい。

ちょうし　ちょうし〈×銚子〉　例～に
酒を注ぐ。～を傾ける。

ちょうじ　弔辞　例～を述べる。

ちょうじ　ちょう児〈×寵児〉　⇒人気
者・花形　例時代の～。

ちょうしづく　調子付く・調子づく

た行

[例]余り～な。
ちょうしはずれ　調子外れ　[例]～な歌い方。
ちょうしゃ　庁舎　[例]合同～。
ちょうしゅ　聴取　[例]事情の～。
ちょうじゅ　長寿　[例]～を祝う。
ちょうしゅう　徴収　[例]税金の～。
ちょうしゅう　徴集　[例]兵の～。
ちょうしゅう　聴衆　[例]演説会の～。
ちょうじゅう　鳥獣　[例]～保護区。
ちょうしゅうずみがく　徴収済み額　[文]徴収済額　[建]徴収済み額
ちょうしょ　長所　[例]～と短所。
ちょうじょ　長女　[例]A氏の～。
ちょうしょう　嘲笑　[例]失敗を～する。～を受ける。
ちょうじょう　重畳　[例]お元気で～に存じます。～たる山並み。
ちょうじょう　頂上　[例]～に着く。
ちょうしょく　朝食　[例]～をとる。
ちょうじり　帳尻　[文]帳尻　[例]～を合わせる。
ちょうじる　長じる　[例]技術に～。長じて後、学者になった。
ちょうず　ちょうず〈手水〉　⇒手洗い　[例]～に行く。
ちょうすう　丁数　[例]～を数える。
ちょうずばち　ちょうず鉢〈手水鉢〉
ちょうせい　長逝　[例]～を悼む。
ちょうせい　調製　[例]注文の品を～する。名簿の～。
ちょうせい　調整　[例]意見を～する。税金の年末～。
ちょうせき　潮せき〈潮汐〉
ちょうせつ　調節　[例]機械の～。
ちょうせん　挑戦　[例]～を受ける。
ちょうぜん　超然　[例]～とした態度。
ちょうそ　彫塑　[例]美術展の～部門。
ちょうだ　長蛇　[例]～の列。
ちょうだい　頂戴・ちょうだい　[文]頂戴　[例]遠慮なく～します。
ちょうたつ　調達　[例]物資の～。
ちょうたん　長短　[例]物の～を物差しで測る。それぞれに～がある。
ちょうちん　ちょうちん〈提灯〉
ちょうつがい　ちょうつがい〈蝶番〉
ちょうづけ　帳付け　[文]帳付け
ちょうづめ　腸詰め　[文]腸詰め
ちょうてい　調停　[例]紛争の～。
ちょうてい　釣艇　[例]～に乗る。
ちょうてん　頂点　[例]三角形の～。
ちょうでんどう　超伝導・超電導
[注]「超伝導」は基礎研究分野、「超電導」は実用化分野で主に使う。
ちょうど　ちょうど・丁度〈恰度〉　[文]ちょうど　[例]～良い。10時～。
ちょうなん　長男　[例]～と長女。
ちょうば　帳場　[例]旅館の～。
ちょうはつ　挑発　[例]相手を～する。
ちょうばつ　懲罰　[例]～を加える。
ちょうび　ちょう尾〈掉尾〉　⇒最後・最終　[例]本年の～を飾る演劇。
[注]「とうび」は慣用読み。
ちょうふ　貼付　[公][文]貼付　[例]切手

た行

を～する。～薬。

囲「てんぷ」は慣用読み。

ちょうふく　重複　例～を避ける。

ちょうへい　徴兵　例～制度。

ちょうへん　長編〈長篇〉

ちょうぼ　帳簿　例～に記入する。

ちょうほう　重宝　例～な物を頂く。

ちょうほう　ちょう報〈諜報〉　⇒秘
　密情報・情報・スパイ

ちょうぼう　眺望　例～絶佳。

ちょうむすび　ちょう結び〈蝶結び〉
　⊗ちょう結び　例～にする。

ちょうめん　帳面　例～に書く。

ちょうもん　弔問　例～客。

ちょうもん　聴聞　例～会。～僧。

ちょうやく　跳躍　例～競技。

ちょうらく　ちょう落〈凋落〉　⇒衰
　微・没落・落ち目　例～の一途。

ちょうり　調理　例魚の～。

ちょうりし　調理師　例～免許。

ちょうりつし　調律師

ちょうりゅう　潮流　例時代の～。

ちょうりょう　跳りょう〈跳梁〉
　⇒横行・はびこり・のさばり
　例悪者が～する。

ちょうりょく　張力　例表面～。

ちょうりょく　聴力　例～検査。

ちょうるい　鳥類　例～の保護。

ちょうれいぼかい　朝令暮改　例～
　の政治。

ちょうろう　長老　例学界の～。

ちょうろう　嘲弄　例人を～する。

ちょうわ　調和　例色の～。

ちょきん　貯金　例～通帳。

ちょく　直²〔チョク・ジキ
　ただちに・なおす・なおる〕
　例直営、直接、直立、実直、日
　直

ちょく　勅(敕)〔チョク〕　例勅語、勅
　使、詔勅、神勅、勅を奉じる

ちょく　捗〔チョク〕　例進捗

ちょくご　勅語　例～を賜る。

ちょくし　勅使　例～を派遣する。

ちょくじょうけいこう　直情径行
　例～の人物。

ちょくせつ　直接　例～の交渉。

ちょくせつ　直せつ〈直截〉　例～簡
　明な御説明をお願いします。

ちょくせん　直線　例～を引く。

ちょくぞく　直属　例～の上司。

ちょくひ　直披　例宛名の脇に～と
　書く。

囲「じきひ」とも。

ちょくめん　直面　例危機に～する。

ちょくやく　直訳　例～と意訳。

ちょくりつ　直立　例～不動。

ちょさく　著作　例～物。～権。

ちょしゃ　著者　例本の～。

ちょじゅつ　著述　例～者。

ちょしょ　著書　例彼の～。～目録。

ちょすいち　貯水池

ちょぞう　貯蔵　例芋の～。～庫。

ちょちく　貯蓄　例～の奨励。

ちょっか　直下　例赤道～。

ちょっかつ　直轄　例国の～事業。

た行

囲:付表の語　×:表外字　△:表外音訓　〈　〉:参考表記　⇒:言い換え等

ちょっかん　直感　例〜的な判断。

ちょっかん　直観　例真理を〜する。

ちょっきん　直近　例〜一週間の売上げ。

ちょっけい　直系　例〜血族。

ちょっけい　直径　例〜10センチ。

ちょっと　ちょっと〈一寸・鳥渡〉　文ちょっと　例もう〜。〜の間。

ちょとつもうしん　ちょ突猛進〈猪突猛進〉　⇒無鉄砲・向こう見ず　例〜を戒める。

ちょめい　著名　例〜な芸術家。

ちらかす　散らかす　文散らかす　例むやみに紙くずを〜な。

ちらかる　散らかる　文散らかる　例紙が〜。

ちらし　散らし　例〜ずし。

ちらしがき　散らし書き　文散らし書き　例色紙に〜をする。

ちらしがみ　散らし髪　文散らし髪　例湯上がりの〜。

ちらす　散らす　文散らす　例くもの子を〜。花を〜嵐。

ちらつく　ちらつく　例眼前に〜。

ちらばる　散らばる　文散らばる　例方々に〜。

ちらほら　ちらほら　例桜が〜咲き始める。〜うわさになる。

ちり　地理　例山の〜に明るい人。

ちり　ちり〈塵〉　例〜も積もれば、山となる。

ちりあくた　ちりあくた〈塵芥〉

例〜のように捨ててしまう。

ちりがみ　ちり紙〈塵紙〉

ちりぢりに　散り散りに　文散り散りに　例一家が〜なる。

ちりとり　ちり取り〈塵取り〉　文ちり取り　⇒ごみ取り　例ほうきと〜。

ちりばめる　ちりばめる〈鏤める〉　例宝石をちりばめた指輪。

ちりめん　ちりめん〈縮緬〉　例〜の風呂敷。〜の着物。

ちりょう　治療　例病気を〜する。

ちる　散る　文散る　例桜の花が〜。

ちわげんか　痴話げんか〈痴話喧嘩〉

ちん　沈〔チン　しずむ・しずめる〕　例沈下、沈滞、沈没、沈黙、浮沈、撃沈

ちん　珍〔チン　めずらしい〕　例珍奇、珍重、珍妙、珍客、珍談、珍説

ちん　朕〔チン〕

ちん　陳〔チン〕　例陳述、陳列、陳情書、陳謝、開陳、新陳代謝

ちん　賃6〔チン〕　例賃金、賃上げ、賃借り、運賃、駄賃、家賃

ちん　鎮(鎭)〔チン　しずめる・しずまる〕　例鎮圧、鎮座、鎮静、鎮火、鎮痛剤、文鎮、重鎮、鎮守の森

ちんあげ　賃上げ　文賃上げ　例〜の要求。

ちんあつ　鎮圧　例暴動を〜する。

ちんか　沈下　例地盤の〜。

ちんがし　賃貸し　文賃貸し

ちんがり　賃借り　文賃借り

ちんき　珍奇　例～な品物。

ちんきゃく　珍客　例～の御入来。

ちんぎん　賃金　例～を支払う。

ちんこんきょく　鎮魂曲

ちんざ　鎮座　例御神体は、無事に新しい神殿に～した。

ちんじ　珍事〈椿事〉　例思い掛けない～が起こる。

　　囲新聞では、「珍事」と書く。

ちんしゃ　陳謝　例深く～する。

ちんじゅつ　陳述　例証人の～。

ちんじょう　陳情　例～の受け付け。

ちんせい　鎮静　例～剤。

ちんせん　沈潜　例研究に～する。

ちんたい　沈滞　例景気が～する。

ちんたい　賃貸　例～住宅。

ちんたいしゃく　賃貸借　例～料。

ちんちゃく　沈着　例～な行動。

ちんちょう　珍重　例酒のさかなとして～される。

ちんつう　沈痛　例～な面持ち。

ちんつうざい　鎮痛剤

ちんでん　沈殿〈沈澱〉　⊗沈殿　例不純物が～する。

ちんでんち　沈殿池・ちんでん池〈沈澱池〉　⊗ちんでん池

ちんとう　珍答　例～に接する。

ちんにゅう　ちん入〈闖入〉　⇒乱入・侵入　例～者。

ちんぷ　陳腐　例～な表現。

ちんぼつ　沈没　例船の～。

ちんみょう　珍妙　例～な取り合わ

せ。すこぶる～だ。

ちんもく　沈黙　例～を守る。

ちんれつ　陳列　例品物を～する。

つ

つ　通[2][ツウ・ツ][とおる・とおす・かよう]　例通夜

つ　都[3](都)[ト・ツ][みやこ]　例都合、都度

つい　対[3](對)[タイ・ツイ]　例対句、対幅、対語、一対、対の着物

つい　追[3][ツイ][おう]　例追加、追求、追認、追伸、追跡、追放、訴追

つい　椎[ツイ]　例椎間板、脊椎

つい　墜[ツイ]　例墜落、墜死、撃墜、失墜

ついえ　費え　⊗費え　例～を節する。

ついえる　費える　⊗費える　例時間が～。

ついおく　追憶　例～にふける。

ついか　追加　例後から～する。

ついかんばん　椎間板

ついきゅう　追及　例責任の～。

ついきゅう　追求　例利潤の～。

ついきゅう　追究　例真理の～。

ついく　対句　例漢詩の～。

ついし　墜死　例無残な～。

ついしけん　追試験　例～を受ける。

ついじゅう　追従　例他人に～する。

ついしょう　追従　例～を言う。

ついしん　追伸　例手紙に～を書く。

ついずい　追随　例～を許さない。

ついせき　追跡　例犯人を～する。

ついたち　一日田　文一日

ついたて　つい立て〈衝立〉　例部屋
　を～で仕切る。

ついちょう　追徴　例～金。

…(に)ついて　…(に)ついて・…
　(に)就いて　公文…について
　例計画に～十分な検討を加える。
　囲公用文では、「これについて考慮す
　る。」のように用いるときは、原則
　として、仮名で書く。

ついで〔副詞〕　次いで　公文次いで
　例会長の後、～社長が挨拶した。

ついでに　ついでに〈序に〉　文つい
　でに　例出掛けた～寄る。

ついては〔接続詞〕　ついては・就い
　ては　公文ついては　例～、皆
　様の御助力をお願いします。

ついとう　追悼　例～の意を表す。

ついに　ついに〈遂に・終に〉　文つ
　いに　例～彼は現れなかった。

ついばむ　ついばむ〈啄む〉　例小鳥
　が餌を～。

ついほう　追放　例悪を～する。

ついやす　費やす　文費やす　例時
　間を無駄に～。大金を～。

ついらく　墜落　例飛行機が～する。

つう　通²〔ツウ・ツ
　とおる・とおす・かよう〕　例通
　貨、通知、通行、通読、普通、

交通、事情通

つう　痛⁶〔ツウ
　いたい・いたむ・いためる〕
　例痛飲、痛切、痛快、苦痛、心
　痛、鎮痛剤、神経痛

つういん　痛飲　例友と～する。

つうえん　通園　例～日数。

つうか　通貨　例～の政策。

つうか　通過　例予選を～する。

つうかい　痛快　例～な出来事。

つうがく　通学　例家から～する。

つうぎょう　通暁　例古社寺建築に
　～している。

つうきん　通勤　例電車で～する。

つうこう　通行　例～を禁止する。

つうこうどめ　通行止め　文通行止
　め　例自動車を～にする。

つうこく　通告　例立ち退きの～。

つうこん　痛恨　例～の極みだ。

つうさん　通算　例～した日数。

つうじ　通事
　囲法令では、「通事」は用いない。「通訳
　人」を用いる。

つうじ　通じ　例朝から～がない。

つうしょう　通商　例～条約。

つうじょうばらい　通常払い　文通
　常払い

つうじる　通じる　例電話が～。一
　言で相手に～。

つうしん　通信　例～が絶える。

つうしんもう　通信網　例～を完備
　する。

つうせき　痛惜　例偉大な芸術家の

死は、～の念に堪えない。
つうせつ　痛切　[例]～に感じる。
つうぞく　通俗　[例]～的な文学。
つうたつ　通達　[例]官庁の～。
つうち　通知　[例]会議の開催～。
つうちょう　通帳　[例]預金の～。
つうちょう　通ちょう〈通牒〉　⇒通達　[例]最後～。
つうどく　通読　[例]論文を～する。
つうほう　通報　[例]事故を～する。
つうやく　通訳　[例]英語の～。
つうやくにん　通訳人　[公]通訳人
[注]法令では、「通事」は用いない。「通訳人」を用いる。
つうよう　痛よう〈痛痒〉　[例]この程度の損害では、～を感じない。
つえ　つえ〈杖〉　[例]～を突く。
つか　塚(塚)〔つか〕　[例]塚穴、貝塚
つか　塚　[例]一里～。
つか　つか〈柄〉　[例]刀の～。
つかい　使い　[文]使い　[例]～に行く。
つがい　つがい〈番〉　[例]一～の鳥。
つかいかた　使い方　[文]使い方
つかいこみ　使い込み・遣い込み　[文]使い込み　[例]公金の～。
つかいこむ　使い込む・遣い込む　[文]使い込む　[例]会社の金を～。
つかいて　使い手・遣い手　[文]使い手　[例]名だたる剣の～。
つかいなれる　使い慣れる　[例]使い慣れた万年筆は書きやすい。
つかいはたす　使い果たす　[文]使い果たす　[例]持ち金を～。
つかいふるす　使い古す　[文]使い古す　[例]使い古した机。
つかいみち　使い道〈使い途〉　[例]金の～が分からない。
つかいもの　使い物　[例]機械が壊れて～にならない。
つかいわける　使い分ける　[例]書体によって筆を～。
つかう　使う　[文]使う　[例]人を～。
つかう　遣う　[文]遣う　[例]気を～。
[注]「使う・遣う」の使い分けは、「「異字同訓」の漢字の使い分け」p.419参照。
つかえる　仕える　[文]仕える　[例]主人に～。
つかえる　つかえる〈支える・閊える〉　[例]食べ物が喉に～。
つがえる　つがえる〈番える〉　[例]弓に矢を～。
つかさ　つかさ〈司〉　[例]国の～。
つかさどる　つかさどる〈司る・掌る〉　[例]校務を～。
つかす　尽かす　[文]尽かす　[例]愛想を～。
つかずはなれず　付かず離れず
つかねる　つかねる〈束ねる〉　[例]手をつかねて見ているばかりだ。
つかのま　つかの間〈束の間〉　[例]それは、ほんの～のことでした。
つかまえる　捕まえる　[文]捕まえる　[例]やっと犯人を～ことができた。
つかまつる　つかまつる〈仕る〉

[付]:付表の語　×:表外字　△:表外音訓　〈　〉:参考表記　⇒:言い換え等

た行

例一足お先に失礼〜。

つかまる　捕まる　⊠捕まる　例犯人が〜。

つかみあう　つかみ合う〈摑み合う〉

つかみだす　つかみ出す〈摑み出す〉
　例袋の中のお菓子を〜。

つかむ　つかむ〈摑む〉　例幸福を〜。

つからす　つからす〈疲らす〉

つかる　漬かる〈浸かる〉　⊠漬かる
　例風呂に〜。白菜が〜。

つかれ　疲れ　⊠疲れ　例〜が出る。

つかれはてる　疲れ果てる　例徹夜が続いて、〜。

つかれる　疲れる　⊠疲れる　例神経が〜。

つかれる　つかれる〈憑かれる〉
　例つかれたように打ち込む。

つかわす　遣わす　⊠遣わす　例使者を〜。

つき　月　例日と〜。〜の入り。

つき　突き　⊠突き　例〜で倒す。

つき　つき〈付き〉　⊠つき　例顔〜。
　目〜。体〜。

つき　つき〈搗き〉　例七分づき。

…つき　…付き　⊠…付き　例景品〜で売り出す。折り紙〜。

…つき…　…付き…　…付…　⊕…付…　例条件〜採用。

つぎ　次　⊠次　例この〜。〜の間。

つぎ　継ぎ　⊠継ぎ　例破れに〜を当てる。

つきあい　付き合い　⊠付き合い
　例近所との〜。

つきあう　付き合う　⊠付き合う
　例お互いに仲良く長い間〜。

つきあかり　月明かり　例〜の道。

――――「異字同訓」の漢字の使い分け――――

つかう

【使う】人や物などを用いる。
　通勤に車を使う。電力を使う。機械を使って仕事をする。予算を使う。
　道具を使う。人間関係に神経を使う。頭を使う。人使いが荒い。
　大金を使う。体力を使う仕事。

【遣う】十分に働かせる。
　心を遣(使)う＊。気を遣(使)う＊。安否を気遣う。息遣いが荒い。心遣い。
　言葉遣い。仮名遣い。筆遣い。人形遣い。上目遣い。無駄遣い。金遣い。
　小遣い銭。

＊　現在の表記実態としては、「使う」が広く用いられる関係で、「遣う」を動詞の形で用いることは少なく、「○○遣い」と名詞の形で用いることがほとんどである。特に、心の働き、技や金銭などに関わる「○○づかい」の場合に「遣」を当てることが多い。

（平成26年文化審議会国語分科会）

つきあげる　突き上げる　例幹部を〜。下から長い棒で〜。

つきあたり　突き当たり　文突き当たり　例〜を右へ曲がる。

つきあたる　突き当たる　例大きな問題に突き当たってしまった。

つきあわす　突き合わす　例帳簿を〜。角を〜。

つぎあわす　継ぎ合わす　例布を〜。

つきあわせる　突き合わせる　文突き合わせる

つぎあわせる　継ぎ合わせる　文継ぎ合わせる

つきおくれ　月遅れ・月後れ　文月遅れ・月後れ　例〜のお盆。
注新聞では、「月遅れ」と書く。

つきおとす　突き落とす　文突き落とす　例崖から〜。不幸のどん底に突き落とされたような気分。

つきかえす　突き返す　例書類を〜。

つきがけ　月掛け　公文月掛　建月掛け

つきがけちょきん　月掛け貯金　公文月掛貯金　建月掛け貯金

つきがわり　月替わり・月代わり　例〜で早番出勤だ。〜の出し物。
注新聞では、「月替わり」と書く。

つぎき　接ぎ木　文接ぎ木　例柿の木の〜をする。

つきぎめ　月ぎめ・月決め〈月極め〉　文月ぎめ　例〜の料金。
注新聞では、「月決め」と書く。

つききり　付ききり〈付き切り〉　例〜で新人の面倒を見る。

つぎくち　つぎ口〈注ぎ口〉

つきごと　月ごと〈月毎〉　例〜に精算する。〜の集計。

つぎこむ　つぎ込む〈注ぎ込む〉　例財産を事業に〜。

つきさす　突き刺す

つきすすむ　突き進む　例ジャングルの中を〜。

つきそい　付き添い　公文付添い　建付き添い　例保護者の〜が必要だ。

つきそいにん　付き添い人　公文付添人　建付き添い人　例病人に〜を付ける。

つきそう　付き添う　文付き添う

つきたおす　突き倒す

つきだし　突き出し　例〜で勝った。酒の〜の品。

つぎたし　継ぎ足し　文継ぎ足し　例ろうそくの〜をする。

つきだす　突き出す　文突き出す　例げんこつを〜。犯人を〜。

つぎたす　継ぎ足す　例紙を〜。

つきたらず　月足らず　文月足らず　例〜で生まれた赤ちゃん。

つきづき　月々　例〜の支払い。

つぎつぎに　次々に　文次々に　例〜現れる。

つきっきり　付きっきり〈付きっ切り〉　例〜で指導する。

つきつける　突き付ける　[文]突き付ける　[例]動かぬ証拠を～。
つきつめる　突き詰める　[文]突き詰める　[例]突き詰めて考える。
つぎて　継ぎ手〈接ぎ手〉　[文]継ぎ手　[例]家業の～。水道管の～。
つきでる　突き出る　[例]腹が～。
つきとおす　突き通す　[文]突き通す
つきとばす　突き飛ばす　[文]突き飛ばす
つきとめる　突き止める　[文]突き止める　[例]原因を～。犯人を～。
つきなみ　月並み〈月次〉　[文]月並み　[例]～な文句。～の会合。
つぎに　次に　[文]次に　[例]～話す人。
つきぬける　突き抜ける　[文]突き抜ける
つぎのとおり　次のとおり〈次の通り〉　[公]次のとおり　[例]～相違ない。～だ。
つぎば　継ぎ歯　[例]～の治療。
つきはじめ　月初め　[例]～に代金が引き落とされる。
つきはてる　尽き果てる　[文]尽き果てる　[例]精も根も～。
つきはなす　突き放す　[文]突き放す　[例]あえて～ような態度をとる。
つきばらい　月払い　[公][文]月払　[建]月払い
つきびと　付き人
つきまとう　付きまとう〈付き纏う〉　[例]不審な男が～。
つきみ　月見　[例]～の宴を催す。
つぎめ　継ぎ目〈接ぎ目〉　[文]継ぎ目　[例]レールの～で電車が揺れる。
つきもどす　突き戻す
つきもの　付き物　[例]すしにわさびは～だ。
つきもの　つき物〈憑き物〉　[例]～が落ちたようにさっぱりした。
つきやぶる　突き破る
つきやま　築山[付]　[文]築山　[例]～を造る。
つきよ　月夜　[例]～に散歩する。
つきる　尽きる　[文]尽きる　[例]材料が～。
つきわり　月割り　[文]月割り　[例]支払いを～にすると20万円になる。
つく　突く〈衝く〉　[文]突く　[例]急所を～。
つく　付く〈附く〉　[文]付く　[例]しみが～。
つく　着く　[文]着く　[例]目的地に～。
つく　就く　[文]就く　[例]職に～。床に～。
[注]「付く・着く・就く」の使い分けは、「「異字同訓」の漢字の使い分け」p.422参照。
つく　つく〈点く〉　[例]電灯が～。
つく　つく〈吐く〉　[例]うそを～。ため息を～。
つく　つく〈搗く〉　[例]餅を～。
つく　つく〈憑く〉　[例]悪霊が～。
つぐ　次ぐ　[文]次ぐ　[例]社長に～地

た行

位。
つぐ　**継ぐ**　[文]**継ぐ**　[例]跡を～。
つぐ　**接ぐ**　[文]**接ぐ**　[例]木を～。
[注]「次ぐ・継ぐ・接ぐ」の使い分けは、「「異字同訓」の漢字の使い分け」参照。
つぐ　**つぐ**〈注ぐ〉　[例]茶を～。
つくえ　**机**　[例]～と椅子。
…づくし　**…尽くし**　[例]心～の贈り物。
つくす　**尽くす**　[文]**尽くす**　[例]全力を～。社会に～。
つくだに　**つくだ煮**〈佃煮〉
つくづく　**つくづく**〈熟〉　[例]～自分が嫌になる。～と眺める。
つぐない　**償い**　[文]**償い**　[例]～をする。
つぐなう　**償う**　[文]**償う**　[例]罪を～。
つぐむ　**つぐむ**〈噤む〉　[例]口を～。
つくり　**作り**　[文]**作り**　[例]～の悪い机。
つくり　**造り**　[文]**造り**　[例]立派な～の家。
…づくり　**…作り**　[例]小～の男。
…づくり　**…造り**　[例]石～の家。
つくりかえる　**作り替える**　[例]統計

「異字同訓」の漢字の使い分け

つく・つける
【付く・付ける】付着する。加わる。意識などを働かせる。
墨が顔に付く。足跡が付く。知識を身に付(着)ける*。利息が付く。名前を付ける。条件を付ける。味方に付く。付け加える。気を付ける。目に付く。
【着く・着ける】達する。ある場所を占める。着る。
手紙が着く。東京に着く。船を岸に着ける。車を正面玄関に着ける。席に着く。衣服を身に着ける。
【就く・就ける】仕事や役職、ある状況などに身を置く。
職に就く。役に就ける。床に就く。緒に就く。帰路に就く。眠りに就く。
*　「知識を身につける」の「つける」は、「付着する」意で「付」を当てるが、「知識」を「着る」という比喩的な視点から捉えて、「着」を当てることもできる。

つぐ
【次ぐ】すぐ後に続く。
事件が相次ぐ。首相に次ぐ実力者。富士山に次いで高い山。次の日。
【継ぐ】後を受けて続ける。足す。
跡を継ぐ。引き継ぐ。布を継ぐ。言葉を継ぐ。継ぎ目。継ぎを当てる。
【接ぐ】つなぎ合わせる。
骨を接ぐ。新しいパイプを接ぐ。接ぎ木。
(平成26年文化審議会国語分科会)

[付]:付表の語　×:表外字　△:表外音訓　〈　〉:参考表記　⇒:言い換え等

た行

表を新たに～必要がある。

つくりかえる　造り替える　例狭い
　台所を広く～。

つくりかた　作り方　⊗作り方
　例料理の～。

つくりごと　作り事　⊗作り事
　例～を言ってもすぐに分かる。

つくりざかや　造り酒屋　⊗造り酒
　屋

つくりだす　作り出す　例製品を～。

つくりだす　造り出す　例船を～。

つくりだす　創り出す　例芸術作品
　を～。

つくりつけ　作り付け　⊗作り付け
　例書斎の～の本棚。

つくりなおし　作り直し　⊗作り直
　し

つくりなおす　作り直す　例一旦壊
　して新しく～。

つくりばなし　作り話　⊗作り話

つくりもの　作り物　⊗作り物
　例～の花。

つくりわらい　作り笑い　⊗作り笑
　い

つくる　作る　⊗作る　例米を～。

つくる　造る　⊗造る　例船を～。

つくる　創る　⊗創る　例未来を～。
　注「作る・造る・創る」の使い分けは、
　　「「異字同訓」の漢字の使い分け」参
　　照。

つくろい　繕い　⊗繕い　例～をす
　る。

つくろいもの　繕い物　⊗繕い物

つくろう　繕う　⊗繕う　例破れた
　所を～。その場を～。

つけ　付け　⊗付け　例～で買う。

つけ　つけ〈付け〉　例雨に～、風に
　～、毎日通学する。

た行

───────「異字同訓」の漢字の使い分け───────

つくる
【作る】こしらえる。
　　米を作る。規則を作る。新記録を作る。計画を作る。詩を作る。
　　笑顔を作る。会社を作る。機会を作る。組織を作る。
【造る】大きなものをこしらえる。醸造する。
　　船を造る。庭園を造る。宅地を造る。道路を造る。数寄屋造りの家。
　　酒を造る。
【創る*】独創性のあるものを生み出す。
　　新しい文化を創(作)る。画期的な商品を創(作)り出す。
＊　　一般的には「創る」の代わりに「作る」と表記しても差し支えないが、事柄
　の「独創性」を明確に示したい場合には、「創る」を用いる。
　　　　　　　　　　　　　　　　　　　　（平成26年文化審議会国語分科会）

…づけ　…付け　[文]…付け　[例]４月１日～の新聞。

…づけ　…漬け　[例]塩～。

つけあがる　付け上がる　[例]すぐに～悪い癖がある。

つけあわせ　付け合わせ　[例]～の野菜。

つけあわせる　付け合わせる　[文]付け合わせる

つけいる　付け入る　[例]弱点に～。

つけかえる　付け替える　[例]かばんの金具を～。費目を～。

つげぐち　告げ口　[文]告げ口

つけくわえる　付け加える　[文]付け加える　[例]注を～。なお一言～。

つけこむ　付け込む　[例]無知に～。

つけこむ　漬け込む　[例]大根を～。

つけたし　付け足し　[文]付け足し　[例]説明を～する。

つけたり　付けたり　[例]ほんの～にすぎない。

つけとどけ　付け届け　[文]付け届け　[例]盆暮れの～。

つけな　漬け菜　[文]漬け菜

つけね　付け根　[例]足の～。

つけねらう　付け狙う　[例]親の敵と～。

つけひげ　付けひげ〈付け髭〉

つけびと　付け人

つけまわす　付け回す　[例]後を～。

つけめ　付け目　[例]そこが企画の～なんだ。

つけもの　漬物　[公][文]漬物

つけやき　付け焼き　[文]付け焼き　[例]魚を～にする。

つけやきば　付け焼き刃　[文]付け焼き刃　[例]～では役に立たない。

つける　漬〔つける・つかる〕　[例]漬物

つける　付ける〈附ける〉　[文]付ける　[例]名を～。

つける　着ける　[文]着ける　[例]衣服を身に～。

つける　就ける　[文]就ける　[例]役に～。

[注]「付ける・着ける・就ける」の使い分けは、「「異字同訓」の漢字の使い分け」p.422参照。

つける　漬ける　[文]漬ける　[例]白菜を～。

つげる　告げる　[文]告げる　[例]人に～。

つごう　都合　[文]都合　[例]～を聞く。

つごもり　つごもり〈晦・晦日〉　[例]大～。

つじ　つじ〈辻〉　[例]四つ～。

つじつま　つじつま〈辻褄〉　[例]どうしても～が合わない。

…づたい　…伝い　[例]尾根～。

つたう　伝う　[文]伝う　[例]尾根を～。

つたえ　伝え　[文]伝え　[例]古い～。

つたえきく　伝え聞く　[例]～ところによれば…。

つたえる　伝える　[文]伝える　[例]話を～。後世に～技法。

つたない　拙い　㊡拙い　例～文章。

つたわる　伝わる　㊡伝わる　例古くから～芸能。話が～。

つち　土　例～が付く。～に返る。

つち　つち〈槌〉　例～で打つ。

つちかう　培う　㊡培う　例技を～。

つちくれ　土くれ〈土塊〉　例～を投げる。～を踏み砕く。

つちけむり　土煙　㊡土煙　例～を上げる。

つちはこび　土運び　㊡土運び

つつ　筒　例～先。竹の～。

つつうらうら　津々浦々　例全国～。

つっかえす　突っ返す　㊡突っ返す　例書類を～。

つっかかる　突っ掛かる　例ささいなことに一々～。

つっかける　突っ掛ける　例サンダルを突っ掛けて外へ出る。

つつがなく　つつがなく〈恙無く〉　例～旅を終える。～帰った。

つづき　続き　㊡続き　例話の～。

つづきがら　続き柄　例世帯主との～は長男です。

つづきもの　続き物　㊡続き物　例～の小説が待ち遠しい。

つっきる　突っ切る　㊡突っ切る　例道路を足早に～。

つつく　つつく〈突く〉　例鳥が餌を～。背中を～。鍋を～。

つづく　続く　㊡続く　例並木が～。

つづけざま　続け様　例事件が～に起こる。

つづける　続ける　㊡続ける　例運動を～。

つっこみ　突っ込み　例取材に際して～が足りない。

つっこむ　突っ込む　㊡突っ込む　例棒を～。突っ込んだ話。

つつじ　つつじ〈躑躅〉

つつしみ　慎み　㊡慎み　例～が足りない。

つつしみぶかい　慎み深い

つつしむ　慎む　㊡慎む　例酒を～。

つつしむ　謹む　㊡謹む

　　注「慎む・謹む」の使い分けは、「「異字同訓」の漢字の使い分け」参照。

つつしんで　謹んで　㊡謹んで

「異字同訓」の漢字の使い分け

つつしむ

【慎む】控え目にする。
　　身を慎む。酒を慎む。言葉を慎む。

【謹む】かしこまる。
　　謹んで承る。謹んで祝意を表する。

　　　　　　　　　　（平成26年文化審議会国語分科会）

例〜申し上げます。

つったつ　突っ立つ

つっつく　つっつく〈突っ突く〉
　例後ろから〜。

つつぬけ　筒抜け　文筒抜け　例こ
　ちらの話が全部隣へ〜だ。

つっぱる　突っ張る　文突っ張る
　例両足を〜。そんなに〜な。

つつましい　つつましい〈慎ましい〉

つつみ　堤　例〜が決壊する。

つつみ　包み　文包み　例菓子の〜。

つづみ　鼓　例〜を打つ。

つつみかくす　包み隠す　例包み隠
　さず話す。

つつみがみ　包み紙　文包み紙

つつみこむ　包み込む　例あんを〜。

つつむ　包む　文包む　例布で〜。

つづめる　つづめる〈約める〉　例文
　章を〜。費用を〜。

つづら　つづら〈葛籠〉

つづらおり　つづら折り〈九十九折
　り〉　例〜の坂道。

つづり　つづり〈綴り〉　例書類の〜。

つづりかた　つづり方〈綴り方〉
　例ローマ字の〜。

つづる　つづる〈綴る〉　文つづる
　例書類を〜。文章を〜。

つづれ　つづれ〈綴れ〉　例〜織り。

つて　つて〈伝・伝手〉　例就職の〜
　を求める。〜がない。

つと　つと〈苞〉　例〜入りの納豆。

つど　都度　文都度　例その〜請求
　する。

つどい　集い　文集い　例音楽の〜。

つどう　集う　文集う　例母校に〜。

つとに　つとに〈夙に〉　⇒早くから
　例彼が〜唱えていたことだ。

つとまる　勤まる　文勤まる
　例この会社の仕事は誰でも〜仕
　事ではない。

つとまる　務まる　文務まる　例彼
　女には主役が〜だろう。

―――――「異字同訓」の漢字の使い分け―――――

つとまる・つとめる

【勤まる・勤める】給料をもらって仕事をする。仏事を行う。
　この会社は私には勤まらない。銀行に勤める。永年勤め上げた人。勤め人。
　本堂でお勤めをする。法事を勤める。

【務まる・務める】役目や任務を果たす。
　彼には主役は務まらない。会長が務まるかどうか不安だ。議長を務める。
　親の務めを果たす。

【努める】力を尽くす。努力する。
　完成に努める。解決に努める。努めて早起きする。

　　　　　　　　　　　　　　　　　（平成26年文化審議会国語分科会）

団:付表の語　×:表外字　△:表外音訓　〈　〉:参考表記　⇒:言い換え等

注「勤まる・務まる」の使い分けは、「「異字同訓」の漢字の使い分け」p.426参照。

つとめ　勤め　⊗勤め　例〜に出る。

つとめ　務め　⊗務め　例〜を果たす。

つとめぐち　勤め口　⊗勤め口　例いい〜が見付かった。

つとめさき　勤め先　⊗勤め先

つとめて〔副詞〕　努めて・つとめて〈勉めて〉　公努めて　例〜笑顔で人に接する。

つとめにん　勤め人　⊗勤め人

つとめる　勤める　⊗勤める　例会社に〜。

つとめる　務める　⊗務める　例議長を〜。

つとめる　努める〈勉める〉　⊗努める　例実現に〜。

注「勤める・務める・努める」の使い分けは、「「異字同訓」の漢字の使い分け」p.426参照。

つな　綱　例〜を引く。〜を張る。

つながる　つながる〈繋がる〉　⊗つながる　例電話が〜。解決に〜。

つなぎ　つなぎ〈繋ぎ〉　例そばの〜に小麦粉を使う。場〜。

つなぐ　つなぐ〈繋ぐ〉　例犬を〜。手を〜。

つなひき　綱引き〈綱曳き〉　⊗綱引き

つなみ　津波〈津浪・海嘯〉

つなわたり　綱渡り　⊗綱渡り

つね　常　例〜の仕事。世の〜。

つねづね　常々　例〜言っている。

つねに〔副詞〕　常に　公⊗常に　例〜使う道具。

つねる　つねる〈抓る〉　例頬を〜。

つの　角　例〜を出す。〜を矯めて牛を殺す。

つのかくし　角隠し　例花嫁の〜。

つのつきあい　角突き合い　⊗角突き合い　例親子の〜が絶えない。

つのぶえ　角笛　例〜を吹く。

つのる　募る　⊗募る　例意見を〜。

つば　唾　例眉〜。〜を吐く。
注「つばき」とも。

つば　つば〈鍔・鐔〉　例刀の〜。

つばき　唾
注「つば」とも。

つばき　つばき〈椿〉　例〜油。

つばさ　翼　例飛行機の〜。

つぶ　粒　例小さな〜。

つぶさに　つぶさに〈具に・備に〉　例係員が実情を〜調査する。

つぶし　潰し　⊗潰し　例〜が利かない。ごく〜。

つぶす　潰す　⊗潰す　例肝を〜。

つぶぞろい　粒ぞろい〈粒揃い〉　例今年の新人は〜だ。

つぶやく　つぶやく〈呟く〉　例小さな声で〜。何かをぶつぶつ〜。

つぶより　粒より〈粒選り〉　例〜のさくらんぼ。

た行

つぶら　つぶら〈円ら〉　例〜な瞳。

つぶる　つぶる〈瞑る〉　例目を〜。

つぶれる　潰れる　⊗潰れる　例家が〜。

つぼ　坪〔つぼ〕　例坪数、建坪

つぼ　坪　例〜庭。〜刈り。

つぼ　つぼ〈壺〉　例大きな〜。〜を押さえる。

つぼあたり　坪当たり　例〜の単価。

つぼすう　坪数

つぼね　つぼね〈局〉

つぼまる　つぼまる〈窄まる〉

つぼみ　つぼみ〈蕾・莟〉

つぼむ　つぼむ〈窄む〉　例花が〜。

つぼやき　つぼ焼き〈壺焼き〉　⊗つぼ焼き　例さざえの〜。

つま　爪　例〜音。〜先上がり。

つま　妻　例夫と〜。

つま　つま〈褄〉　例着物の〜。

つまさき　爪先　⊗爪先

つましい　つましい〈倹しい〉　例〜暮らしをする。

つまずく　つまずく〈躓く〉　例石につまずいて転ぶ。

つまだつ　爪立つ　例爪立って歩く。

つまはじき　爪はじき〈爪弾き〉　例友人から〜される。

つまびき　爪弾き

つまびく　爪弾く　⊗爪弾く

つまびらか　つまびらか〈詳らか・審らか〉　⊗つまびらか　⇒詳細

つまみ　つまみ〈摘み・撮み〉　例土

瓶の蓋の〜。ビールの〜。

つまみぐい　つまみ食い〈摘み食い〉　⊗つまみ食い　例料理を〜する。

つまみだす　つまみ出す〈摘み出す〉　例ピンセットで〜。関係のない人を会場から〜。

つまむ　つまむ〈摘む・撮む〉　例お菓子を〜。要点をつまんで話す。

つまようじ　爪ようじ〈爪楊枝〉

つまらない　つまらない〈詰まらない〉　例〜ことを気にするな。

つまり　つまり〈詰まり〉　例〜こういうことだ。

つまる　詰まる　⊗詰まる　例溝が〜。

つみ　罪　例〜を犯す。

つみ　詰み　⊗詰み　例王手で〜となる。

…づみ　…積み　例３トン〜。

つみあげる　積み上げる　例着実にデータを〜。山のように〜。

つみおろし　積み卸し　公⊗積卸し　建積み卸し　例船荷の〜。

つみおろししせつ　積み卸し施設　公⊗積卸施設　建積み卸し施設

つみかえ　積み替え　公⊗積替え　建積み替え

つみかえる　積み替える　⊗積み替える　例トラックから貨車に〜。

つみかさなる　積み重なる

つみかさねる　積み重ねる　例空き箱を何段にも〜。

囲:付表の語　×:表外字　△:表外音訓　〈　〉:参考表記　⇒:言い換え等

つみき　積み木　⊗積み木　例～で
　遊ぶ。

つみきん　積み金　⊗積み金

つみくさ　摘み草　⊗摘み草　例日
　曜日に、一家そろって～に行く。

つみごえ　積み肥　⊗積み肥　例秋
　から冬にかけて～を作る。

つみこみ　積み込み　公⊗積込み
　建積み込み　例～作業は夜間に
　行う予定だ。

つみこむ　積み込む

つみする　罪する

つみだし　積み出し　公⊗積出し
　建積み出し　例荷物の～。～港。

つみだしち　積み出し地　公⊗積出
　地　建積み出し地

つみだす　積み出す

つみたて　積み立て　公⊗積立て
　建積み立て　例費用の～。～の
　お金。

つみたてがく　積立額

つみたてきん　積立金　公⊗積立金

つみたてる　積み立てる　⊗積み立
　てる

つみつくり　罪作り　⊗罪作り
　例～な話。

つみつけ　積み付け　公⊗積付け
　建積み付け

つみとる　摘み取る　例茶を～。余
　分な芽を～。

つみに　積み荷　公⊗積荷　建積み
　荷

つみのこし　積み残し　⊗積み残し
　例荷が多過ぎて、～が出た。

つみほろぼし　罪滅ぼし　⊗罪滅ぼ
　し　例せめてもの～。

つむ　詰む　⊗詰む　例目が詰んだ
　布。飛車で王が～。

つむ　摘む　⊗摘む　例芽を～。

つむ　積む　⊗積む　例れんがを～。

つむ　つむ〈錘〉　例紡績機の～。

つむぎ　つむぎ〈紬〉　例～の着物。

つむぐ　紡ぐ　⊗紡ぐ　例糸を～。

つむじ　つむじ〈旋毛〉　例～を曲げ
　る。

つむじかぜ　つむじ風〈旋風〉

つむじまがり　つむじ曲がり〈旋毛
　曲がり〉　⊗つむじ曲がり
　例彼は～だ。

つめ　爪〔つめ・つま〕　例爪痕、生爪

つめ　爪　例～を切る。

…づめ　…詰め・…づめ　例終点ま
　で立ち～だった。橋～。

つめあと　爪痕　例～を残す。

つめあわせ　詰め合わせ　⊗詰め合
　わせ　例缶詰の～。果物の～。

つめあわせる　詰め合わせる　⊗詰
　め合わせる

つめえり　詰め襟　⊗詰め襟　例～
　の学生服。

つめかえ　詰め替え　⊗詰め替え
　例シャンプーの～。

つめかえる　詰め替える　⊗詰め替
　える

た行

た行

つめかける　詰め掛ける　[文]詰め掛ける　[例]1時間も前から客が〜。
つめきり　爪切り　[文]爪切り
つめきり　詰めきり〈詰め切り〉
つめこみ　詰め込み　[例]知識の〜。
つめこむ　詰め込む　[文]詰め込む　[例]かばんに本を〜。知識を〜。
つめしょ　詰め所　[公][文]詰所　[建]詰め所
つめしょうぎ　詰め将棋　[文]詰め将棋
つめたい　冷たい　[文]冷たい　[例]〜飲み物。
つめたさ　冷たさ　[文]冷たさ　[例]彼の〜には驚いた。泉の水の〜。
つめばら　詰め腹　[文]詰め腹　[例]〜を切らされる。
つめもの　詰め物　[文]詰め物　[例]クッションの〜。
つめよる　詰め寄る　[文]詰め寄る　[例]責任者に〜。
つめる　詰める　[文]詰める　[例]旅行かばんに荷物を〜。息を〜。
つもり　つもり・積もり〈心算〉　[文]つもり　[例]明日は行く〜だ。その〜だ。
つもり　積もり　[文]積もり　[例]心積もり。
つもる　積もる　[文]積もる　[例]雪が〜。〜話。
つや　通夜　[例]〜を執り行う。
つや　艶　[文]艶　[例]〜のある顔。
つややか　艶やか　[文]艶やか
つゆ　露　[例]〜にぬれて歩く。
つゆ　梅雨[付]　[例]〜の空。
つゆ　つゆ〈露〉〔副詞〕　[例]〜知らない。
つゆ　つゆ〈汁〉　[例]そばの〜。
つゆあけ　梅雨明け　[文]梅雨明け
つゆいり　梅雨入り
つゆはらい　露払い　[文]露払い　[例]私が〜をお引き受けします。
つゆばれ　梅雨晴れ　[文]梅雨晴れ
つよい　強い　[文]強い　[例]意志が〜。
つよがる　強がる　[文]強がる　[例]〜のはよせ。
つよまる　強まる　[文]強まる　[例]風が〜。
つよみ　強み〈強味〉　[文]強み　[例]冷静なのが彼の〜だ。
つよめる　強める　[文]強める　[例]連帯感を〜。
つら　面　[例]いい〜の皮。
つらあて　面当て　[例]〜に言う。
つらい　つらい〈辛い〉　[例]〜仕事。
つらがまえ　面構え　[文]面構え　[例]根性がありそうな〜。
つらだましい　面魂　[例]不敵な〜。
つらつら　つらつら〈熟〉　[例]〜考えたが、到底できそうにない。
つらなる　連なる　[文]連なる　[例]山脈が〜。
つらぬきとおす　貫き通す　[例]原則を〜。

[付]:付表の語　×:表外字　△:表外音訓　〈　〉:参考表記　⇒:言い換え等

つらぬく　貫く　⊗貫く　例主義主
　張を～。

つらねる　連ねる　⊗連ねる　例名
　前を～。

つらのかわ　面の皮　例～が厚い。

つらよごし　面汚し　例そんなこと
　をするなんて、野球部の～だ。

つらら　つらら〈氷柱〉

つり　釣り　⊗釣り　例沖で～をす
　る。一万円札では～がない。

つりあい　釣り合い　公⊗釣合い
　建釣り合い　例男女の数の～を
　考える。

つりあう　釣り合う　例うまく～。

つりあがる　つり上がる〈吊り上が
　る〉　例つり上がった目。

つりあげる　釣り上げる　⊗釣り上
　げる　例大きな魚を～。

つりいと　釣り糸　⊗釣り糸

つりおとす　釣り落とす　例魚を～。

つりがね　釣り鐘　公⊗釣鐘　建釣
　り鐘　例～を突く。

つりかわ　つり革〈釣り革・吊り革〉

つりざお　釣りざお〈釣り竿〉　⊗釣
　りざお

つりさげる　つり下げる〈釣り下げ
　る・吊り下げる〉　例風鈴を～。

つりせん　釣り銭　公⊗釣銭　建釣
　り銭

つりだな　釣り棚・つり棚〈吊り棚〉
　⊗釣り棚

つりて　釣り手　⊗釣り手　例～が

　多い。

つりてんじょう　つり天井〈釣り天
　井・吊り天井〉　例～の施設。

つりどうぐ　釣り道具　⊗釣り道具

つりばし　つり橋〈釣り橋・吊り橋〉

つりばり　釣り針　公⊗釣針　建釣
　り針

つりびと　釣り人

つりぶね　釣り船・釣り舟　⊗釣り
　舟

つりぼり　釣り堀　公⊗釣堀　建釣
　り堀

つりわ　つり輪〈吊り環〉　例Ａ選手
　は得意の～で見事優勝した。

つる　鶴〔つる〕　例千羽鶴、鶴の一声

つる　鶴　例～は千年、亀は万年。

つる　弦　例矢は～を放れた。

つる　釣る　⊗釣る　例魚を～。

つる　つる〈蔓〉　例藤の～。

つるかめざん　鶴亀算

つるぎ　剣　例もろ刃の～。

つるしあげる　つるし上げる〈吊る
　し上げる〉

つるす　つるす〈吊るす〉　例風鈴を
　～。

つるはし　つるはし〈鶴嘴〉

つるべ　つるべ〈釣瓶〉　例～井戸。

つるべうち　つるべ打ち・つるべ撃
　ち〈釣瓶打ち・釣瓶撃ち〉　⇒連
　打・連発　例～に質問をする。

つるべおとし　つるべ落とし〈釣瓶
　落とし〉　例～に夕日が沈む。

つれ　連れ　⊗連れ　例〜にはぐれる。

…づれ　…連れ　例子供〜。

つれあい　連れ合い　⊗連れ合い　例〜に先立たれる。

つれこ・つれご　連れ子　⊗連れ子　例３人の〜。

つれそう　連れ添う　⊗連れ添う　例長年連れ添った妻。

つれだす　連れ出す　例子を外へ〜。

つれだつ　連れ立つ　⊗連れ立つ　例友人と連れ立って旅に出る。

つれづれ　つれづれ〈徒然〉　例旅の〜を慰める。

つれない　つれない　例〜返事。

つれびき　連れ弾き　⊗連れ弾き　例琴の〜。

つれる　連れる　⊗連れる　例犬を連れて散歩する。

つわもの　つわもの〈兵・強者〉　例政界の古〜。

つわり　つわり〈悪阻〉　例〜がある。

て

て　手　例〜と足。その〜の品。

で　弟²〔テイ・ダイ・デ／おとうと〕　例弟子

てあい　手合い　⊗手合い　例そんな〜に関わるな。

であい　出会い　例人との〜。

であいがしら　出会い頭　⊗出会い頭　例〜にぶつかった。

であう　出会う　⊗出会う　例旧友にばったり〜。

であう　出合う　⊗出合う　例本流と支流が〜。

てあか　手あか〈手垢〉　例〜の付いた表現。〜で汚れる。

てあき　手あき〈手空き〉　例〜の人を頼む。

てあし　手足　例〜となって働く。

であし　出足　例〜は好調だ。

てあそび　手遊び

てあたりしだい　手当たり次第　例〜に物を投げる。

てあつい　手厚い　⊗手厚い　例〜看護。

てあて　手当　公⊗手当　例扶養〜。

てあて　手当て　⊗手当て　例傷の〜をする。早目に〜をする。

てあみ　手編み　⊗手編み　例〜のセーター。

てあら　手荒　例〜なことをするな。

てあらい　手洗い　⊗手洗い　例男子用〜。ブラウスを〜する。

てあらい　手荒い　⊗手荒い　例〜やり方。

てあらいじょ　手洗い所　⊗手洗い所

であるく　出歩く　例ふらふらと〜。

てあわせ　手合わせ　⊗手合わせ　例将棋の〜。

てい　丁³〔チョウ・テイ〕　例丁字路、
　丁重、丁寧、壮丁、甲乙丙丁

てい　低⁴〔テイ
ひくい・ひくめる・ひくまる〕　例低下、低級、低迷、低温、低
　空、低俗、低気圧、高低、最低

てい　呈〔テイ〕　例呈上、献呈、進呈、
　贈呈、露呈、苦言を呈する

てい　廷〔テイ〕　例廷臣、朝廷、出
　廷、宮廷、法廷、開廷、退廷

てい　体²(體)〔タイ・テイ
からだ〕　例体裁、
　風体、世間体、体のいい言葉

てい　弟²〔テイ・ダイ・デ
おとうと〕　例弟妹、実
　弟、義弟、子弟、舎弟、門弟、
　兄(けい)たり難く弟たり難し

てい　定³〔テイ・ジョウ
さだめる・さだまる・さだか〕
　例定員、定義、定着、定価、安
　定、改定、決定、測定

てい　底⁴〔テイ
そこ〕　例底辺、底流、海
　底、到底、徹底、払底、湖底

てい　抵〔テイ〕　例抵当、抵触、抵抗、
　大抵

てい　邸〔テイ〕　例邸宅、邸内、公邸、
　自邸、私邸、別邸

てい　亭〔テイ〕　例亭主、旗亭、料亭

てい　貞〔テイ〕　例貞淑、貞女、貞節、
　貞操、不貞、童貞

てい　帝〔テイ〕　例帝位、帝王、帝国、
　皇帝、先帝、女帝

てい　訂〔テイ〕　例訂正、改訂、増訂、
　補訂版、校訂本

てい　庭³〔テイ
にわ〕　例庭園、庭内、庭
　球、庭前、家庭、校庭

てい　逓(遞)〔テイ〕　例逓信、逓増、
　逓減、逓送

てい　停⁵〔テイ〕　例停学、停車、停
　戦、停止、停留所、調停

てい　偵〔テイ〕　例偵察機、密偵、内
　偵、探偵

てい　堤〔テイ
つつみ〕　例堤防、突堤、防
　波堤

てい　提⁵〔テイ
さげる〕　例提起、提案、提
　出、提供、提示、前提

てい　程⁵〔テイ
ほど〕　例程度、日程、課
　程、過程、行程

てい　艇〔テイ〕　例艇庫、艦艇、舟艇、
　競艇、釣艇、艇を沈める

てい　締〔テイ
しまる・しめる〕　例締結、締
　約

てい　諦〔テイ
あきらめる〕　例諦観、諦念

でい　泥〔テイ
どろ〕　例泥酔、泥土、雲
　泥、拘泥

ていあん　提案　例新しい～をする。

ていいん　定員　例～に達する。

ていえん　庭園　例～を散策する。

ていおう　帝王　例無冠の～。

ていか　低下　例学力が～する。

ていか　定価　例本の～。

ていかい　低回〈低徊〉

ていかん　定款　例会社の～。

ていかん　諦観

ていき　定期　例～券。～預金。

ていぎ　定義　例用語の～。

ていきあつ　低気圧　例～の移動。

ていきびん　定期便

た行

ていきゅう　低級　例～な趣味。

ていきゅう　定休　例毎月第2、第
　　4土曜日は～です。～日。

ていきょう　提供　例番組の～。

ていけい　定形　例～郵便物。

ていけい　定型　例～詩。

ていけい　提携　例技術～。

ていけいこう　定係港〈定繫港〉
　　公定係港

　　届法令では、「定繫港」は用いない。「定
　　係港」を用いる。

ていけつ　締結　例条約を～する。

ていげん　低減　例生産高の～。

ていげん　逓減　例収益が～する。

ていげん　提言　例委員会の～。

ていこう　抵抗　例～を感じる。

ていこく　定刻　例～に発車する。

ていこく　帝国　例～主義。

ていさい　体裁　例～を取り繕う。

ていさつ　偵察　例敵情の～。

ていし　停止　例一時～をする。

ていじ　提示〈呈示〉　公提示　例証
　　明書を～する。

　　届法令では、「呈示」は用いない。「提
　　示」を用いる。

ていしゃ　停車　例急～。

ていしゅ　亭主　例～関白。

ていしゅく　貞淑　例～な妻。

ていしゅつ　提出　例論文を～する。

ていしょう　提唱　例早起き運動を
　　～する。

ていじょう　呈上　例粗品を～する。

ていしょく　停職　例～処分。

ていしょく　定職　例～に就く。

ていしょく　抵触〈牴触・觝触〉
　　文抵触　例法律に～する。

ていじろ　丁字路　例突き当たりの
　　～を左へ曲がる。

ていしん　逓信

ていしん　てい身〈挺身〉　⇒率先・
　　捨て身　例福祉事業に～する。

でいすい　泥酔　例～者。

ていすう　定数　例委員の～。

ていする　呈する　例活況を～。
　　謹んで著書を～。

ていする　ていする〈挺する〉　例身
　　をていして救う。

ていせい　訂正　例誤りを～する。

ていせつ　定説　例～を破る。

ていせつ　貞節　例～を守る。

ていそ　定礎　例～式。「～」の文字
　　は社長の書だ。

ていそ　提訴　例裁判所に～する。

ていそう　逓送　例貨物の～。

ていそう　貞操　例～観念。

ていそくすう　定定数　例～を満た
　　す。

ていたい　停滞　例寒冷前線の～。

ていたい　手痛い　例～損害。

ていたく　邸宅　例A氏の～。

ていたらく　体たらく　例何という
　　～だ。

ていだん　てい談〈鼎談〉　⇒座談・
　　三者会談　例～を記事にする。

ていちゃく　定着　例制度が～する。

ていちょう　丁重〈鄭重〉　例～な取り扱い。～にもてなす。

ていちょう　低調　例～な記録。

ていてい　亭々　例～たる杉並木。

ていてつ　てい鉄〈蹄鉄〉　例馬のひづめに～を打つ。

ていでん　停電　例落雷による～。

ていど　程度　例義務教育修了～。

でいど　泥土　例～が流れ出す。

ていとう　抵当　例土地を～に入れて借金をする。～物件。

ていとん　停頓　例進行が～する。

ていない　邸内　例広い～。

ていねい　丁寧〈叮嚀〉　⊗丁寧　例～な人。客を～にもてなす。

でいねい　泥ねい〈泥濘〉　⇒ぬかるみ　例～に足を取られる。

ていねん　定年〈停年〉　⊕定年　例～を5年延長する。～退職。
　　注法令では、「停年」は用いない。「定年」を用いる。
　　注新聞では、「定年」と書く。

ていねん　諦念　例～に達する。

ていはく　停泊〈碇泊〉　例船が港に～している。

ていひょう　定評　例～のある本。

ていぼう　堤防　例～を築く。

ていほん　定本　例～福沢諭吉全集。～として認められている。

ていほん　底本　例～としては、○○本を用いた。

ていまい　弟妹

ていめい　低迷　例景気が～する。

ていよく　体よく　例～断る。

でいり　出入り　⊗出入り　例人の～が多い。

でいりぐち　出入り口　⊕⊗出入口

ていりつ　てい立〈鼎立〉　⇒三者対立　例A氏、B氏、C氏の～。

ていりゅう　底流　例時代の～。

ていれ　手入れ　⊗手入れ　例植木の～。

ていれい　定例　例～会議。

てうす　手薄　例在庫が～になる。

てうち　手打ち　⊗手打ち　例～のうどん。仲直りの～をする。

てうち　手討ち　⊗手討ち　例～にする。

てうちそば　手打ちそば〈手打ち蕎麦〉　⊗手打ちそば

ておい　手負い　⊗手負い　例～のいのしし。

ておくれ　手遅れ・手後れ　⊗手後れ　例今からではもはや～だ。
　　注新聞では、「手遅れ」と書く。

ておけ　手おけ〈手桶〉　例～で水をくむ。

ておしぐるま　手押し車　⊗手押し車

ておち　手落ち　⊗手落ち　例～のないように気を配る。

ておどり　手踊り　⊗手踊り　例～を習う。

ておの　手おの〈手斧〉

ており　手織り　例〜のつむぎ。

てがかり　手掛かり・手懸かり・手がかり　⚠手掛かり　例〜がない。

　　注新聞では、「手掛かり」と書く。

てかぎ　手かぎ〈手鈎〉　例〜で引き寄せる。

でがけ　出掛け　⚠出掛け　例〜に客が来る。

てがける　手掛ける・手懸ける・手がける　例新しい事業を〜。

でかける　出掛ける　⚠出掛ける　例近所まで買い物に〜。

てかげん　手加減　例〜を加える。

てかず　手数　例〜を掛ける。

でかせぎ　出稼ぎ　⚠出稼ぎ　例〜に行く。

てがた　手形　例〜を振り出す。

てがたい　手堅い　⚠手堅い　例〜方法。

でがたり　出語り　⚠出語り

てがら　手柄　例〜を立てる。

てがるだ　手軽だ　⚠手軽だ　例こっちの方法が〜。

てき　的⁴〔テキ・まと〕　例的中、目的、知的、標的、積極的、科学的

てき　笛³〔テキ・ふえ〕　例汽笛、警笛、牧笛、号笛、霧笛、鼓笛隊

てき　摘〔テキ・つむ〕　例摘出、摘発、摘要、指摘

てき　滴〔テキ・しずく・したたる〕　例滴下、

雨滴、点滴、水滴、一滴

てき　適⁵〔テキ〕　例適応、適格、適切、適度、快適、適か不適か

てき　敵⁶〔テキ・かたき〕　例敵陣、敵意、匹敵、敵と味方、敵する

でき　溺〔デキ・おぼれる〕　例溺愛、溺死

でき　出来　⚠出来　例〜が良い。

…でき　…出来　⚠…出来　例上〜。

できあい　出来合い　⚠出来合い　例〜の総菜。

できあい　溺愛　例孫を〜する。

できあがり　出来上がり　⚠出来上がり　例全く見事な〜だ。

できあがる　出来上がる　⚠出来上がる　例努力の結果、立派に〜。

てきい　敵意　例〜を見せる。

てきおう　適応　例環境に〜する。

てきがいしん　敵がい心〈敵愾心〉　⇒敵意・敵対心　例〜をあおる。

てきかく　的確　例〜な判断。

　　注「的確」は正確さ、「適確」は適切公平さに注目。

てきかく　適確　例〜な業務遂行。

　　注「的確」は正確さ、「適確」は適切公平さに注目。

てきかく　適格　例候補として〜だ。

てきがた　敵方　例〜に内通する。

てきぎ　適宜　例〜休憩する。

できぐあい　出来具合

てきごう　適合　例規格に〜する。

できごころ　出来心　⚠出来心　例つい〜でしてしまった。

できごと　出来事　[文]出来事　[例]今日の～。
てきざいてきしょ　適材適所　[例]社員を～に配置する。
てきじ　適時　[例]～適切な処置。
できし　溺死　[例]海で～する。
てきしゅつ　摘出〈剔出〉　[例]破片を～する。
てきする　適する　[例]宅地に～土地。
てきせい　適正　[例]～な価格。
てきせい　適性　[例]～を検査する。
てきせつだ　適切だ　[文]適切だ　[例]処置が～。
できそこない　出来損ない　[例]～の品は売るわけにはいかない。
できだか　出来高　[例]米の～。
できだかばらい　出来高払い　[公][文]出来高払
てきちゅう　的中　[例]予想の～。
てきど　適度　[例]～の運動をする。
できばえ　出来栄え〈出来映え〉　[文]出来栄え　[例]見事な～だ。
[注]新聞では、「出来栄え」と書く。
てきはつ　摘発　[例]脱税の～。
てきひ　適否　[例]飲用水としての～。
てきびしい　手厳しい　[例]～批評。
てきめん　てきめん〈覿面〉　[例]薬が～に効く。効果は～だ。
できもの　出来物　[例]大きな～。
てきよう　適用　[例]法の～。
てきよう　摘要　[例]～の欄。
できる　できる・出来る　[公][文]できる　[例]公民館が～。勉強がよく～。
[注]「できる」は、〈完成する〉の意味と〈可能である〉の意味に大きく分けられる。表記に対する一つの考え方は、動詞「できる」は意味に関係なく常に仮名で書くとする考え方である。もう一つの考え方は、「家が出来る」のように〈完成する〉の意味のときは「出来る」、「面会できる」のように〈可能である〉の意味のときは「できる」と書き分ける考え方である。いずれかに統一して表記することが求められる。
てきるい　敵塁　[例]～を攻撃する。
てぎれ　手切れ　[文]手切れ　[例]～に金を渡す。
てぎれきん　手切れ金　[文]手切れ金
てぎわ　手際　[文]手際　[例]～がいい。
てぐすね　手ぐすね〈手薬煉〉　[例]～引いて待っている。
でぐち　出口　[例]～から出る。
でくのぼう　でくの坊〈木偶の坊〉
てくばり　手配り　[文]手配り　[例]人員を～して準備する。
てくび　手首
でくわす　出くわす　[例]街角で～。
でげいこ　出稽古
てこ　てこ〈梃子〉　[例]～入れをする。～でも動かない。
てこずる　てこずる〈手子摺る〉　[例]泣く子に～。質問に～。
てごたえ　手応え　[文]手応え　[例]打

た行

った瞬間、ホームランの〜があ
った。〜のある仕事。

でこぼこ　凸凹囲　例〜の道。

てごろ　手頃　×手頃　例〜な値段。

てごわい　手ごわい〈手強い〉　例〜
　相手。

でさかり　出盛り　×出盛り　例り
　んごの〜。

でさき　出先　例国の〜機関。

てさぐり　手探り　×手探り　例〜
　で歩く。

てさげ　手提げ　×手提げ　例〜か
　ばん。

てさばき　手さばき〈手捌き〉　例鮮
　やかな〜にしばし見とれる。

てざわり　手触り　×手触り　例絹
　の〜。

でし　弟子　例〜を取る。兄〜。

でしいり　弟子入り　例陶芸家に〜
　する。

てしお　手塩　例〜に掛けて育てた
　娘。

てじな　手品　例〜の種を明かす。

てじゃく　手酌　例〜で飲む。

でしゃばる　出しゃばる　例事情を
　よく知りもしないのに〜な。

てじゅん　手順　例実施〜の見直し。

てじょう　手錠　例〜を掛ける。

てすう　手数　例〜を掛ける。

てずから　手ずから　×手ずから
　例〜苗木を植える。

てすき　手すき〈手隙・手透き〉

例お〜のときにお願いします。

てすき　手すき〈手漉き〉　例〜の紙。

ですぎ　出過ぎ　×出過ぎ

ですぎる　出過ぎる　例少し〜よ。

てすさび　手すさび〈手遊び〉　⇒手
　慰み　例〜に俳句を作る。

でずっぱり　出ずっぱり

てすり　手すり〈手摺り〉

てずり　手刷り　×手刷り　例今時、
　〜の版画とは珍しいね。

でぞめしき　出初め式　×出初め式

でそろう　出そろう〈出揃う〉　例作
　品が〜。夏物が〜。

てだし　手出し　×手出し　例横合
　いから余計な〜をするな。

てだすけ　手助け　×手助け　例仕
　事の〜をする。

てだて　手立て・手だて　×手立て
　例別の〜を考える。

でたらめ　でたらめ〈出鱈目〉　例〜
　なことを言うな。

てちがい　手違い　×手違い　例ち
　ょっとした〜でした。

てぢかだ　手近だ　×手近だ　例手
　近なところで間に合わせる。

てちょう　手帳〈手帖〉

てつ　迭〔テツ〕　例迭立、更迭

てつ　哲〔テツ〕　例哲学、哲人、先哲、
　聖哲

てつ　鉄[3]（鐵）〔テツ〕　例鉄道、鉄棒、
　鉄筋、鋼鉄、寸鉄、地下鉄

てつ　徹〔テツ〕　例徹底、徹夜、徹宵、

囲:付表の語　×:表外字　△:表外音訓　〈　〉:参考表記　⇒:言い換え等

貫徹、透徹、夜を徹する

てつ　撤〔テツ〕　例撤回、撤去、撤退、
　　撤収、撤兵、陣地を撤する

てっかい　撤回　例発言の〜。

てつがく　哲学　例〜を研究する。

てつかず　手付かず　例〜の金。

てづかみ　手づかみ〈手摑み〉　例大
　　きな握り飯を〜で食べる。

てっかん　鉄管　例〜と土管。

てつき　手付き・手つき　文手付き
　　例踊りの〜が良い。慣れた〜。

てっきょ　撤去　例古家が〜される。

てっきょう　鉄橋　例〜を架ける。

てっきん　鉄筋　例〜コンクリート。

てづくり　手作り　文手作り　例〜
　　品。

てつけ　手付け　文手付け　例契約
　　の印として〜を打つ。

てつけきん　手付け金　公文手付金

てっけん　鉄拳

てっこう　鉄鉱

てっこつ　鉄骨　例〜の構造物。

てっさく　鉄索　例〜でつなぐ。

てっさく　鉄柵

てっしょう　徹宵　例〜して事に当
　　たる。

てつじん　哲人　例古代の〜。

てっする　徹する　例誠実に〜。夜
　　を〜。

てっする　撤する　例障害物を〜。

てっせい　鉄製　例〜のくい。

てっそく　鉄則　例時間厳守が〜だ。

てったい　撤退　例不採算事業から
　　〜する。

てつだい　手伝い　文手伝い

てつだう　手伝う戸　文手伝う
　　例仕事を〜。

でっちあげる　でっち上げる

てっつい　鉄つい〈鉄槌〉　例悪人に
　　〜を下す。

てつづき　手続き　公文手続　建手
　　続き　例入国の〜を済ませる。

てってい　徹底　例〜的に調べる。

てつどう　鉄道　例〜を敷く。

てっとりばやい　手っ取り早い
　　例自分でやった方がよほど〜。

てっぱい　撤廃　例制限を〜する。

でっぱる　出っ張る　文出っ張る
　　例中年になると、腹が〜。

てっぱん　鉄板　例〜で覆う。

てつびん　鉄瓶　例〜で湯を沸かす。

てっぺい　撤兵　例戦線から〜する。

てっぺん　てっぺん〈天辺〉　⇒頂上
　　例山の〜。頭の〜がはげる。

てつぼう　鉄棒　例〜は苦手だ。

てっぽう　鉄砲　例〜を撃つ。

てづまり　手詰まり　例交渉は〜だ。
　　資金繰りが〜だ。

てつや　徹夜　例〜で勉強する。

てづり　手釣り　文手釣り

てづる　手づる〈手蔓〉　⇒縁故
　　例〜を求めて就職する。

てつわく　鉄枠

でどこ　出どこ〈出所・出処〉

1〜6：教育漢字学年配当　　公：法令・公用文の表記　　文：文科省語例集の表記

でどころ　出どころ〈出所・出処〉
　例うわさの～を探る。
てどり　手取り　文手取り　例～で20万円だ。
てどりがく　手取り額
てどりきん　手取り金　文手取り金
てなおし　手直し　文手直し　例計画の～をする。
でなおす　出直す　例新規に～。
てなげだん　手投げ弾
てなずける　手なずける〈手懐ける〉
　例犬を～。
てなみ　手並み　文手並み　例では、お～拝見といくか。
てならい　手習い　文手習い　例六十の～。
てぬい　手縫い　文手縫い　例～の着物。
てぬかり　手抜かり　文手抜かり
　例～のないように気を配る。
てぬぐい　手拭い
てぬるい　手ぬるい〈手緩い〉　例それは随分～やり方だ。
てのひら　手のひら〈掌〉　例～を返すような態度。
てはい　手配　例宿の～をする。
ではいり　出入り　例人の～。
てはじめ　手始め　文手始め　例～にデッサンから練習する。
ではじめ　出始め〈出初め〉　文出始め　例～のぶどう。
てはず　手はず〈手筈〉　文手はず
　例旅行の～を調える。
てばた　手旗　例～で信号を送る。
ではな・でばな　出はな・出ばな
　〈出鼻・出端〉　例～をくじく。
でばな　出鼻　例岬の～。
てばなし　手放し　文手放し　例～で喜ぶ。
てばなす　手放す　文手放す　例土地を～。
でばぼうちょう　出刃包丁　例～で魚を下ろす。
てばやい　手早い　例～処置。
ではらう　出払う　例家中～。
でばん　出番　例君の～だ。
てびかえ　手控え　文手控え　例～に書いておく。～を作る。
てびき　手引き　公文手引　建手引き　例安全の～。
てびき　手引き　文手引き　例工場への侵入の～をした者。
てびきしょ　手引き書　公文手引書
　建手引き書
てひどい　手ひどい〈手酷い〉　例相手から～仕打ちを受ける。
てびょうし　手拍子　例～を取る。
てびろい　手広い　例～商売。
てふうきん　手風琴
てぶら　手ぶら　例～で訪問する。
てぶり　手振り　文手振り　例身振り～を交えて話をする。
てほどき　手ほどき〈手解き〉　例謡の～を受ける。

た行

てま　手間　[例]～を掛ける。
てまえ　手前　[例]一つ～の駅。
でまえ　出前　[例]そばの～を頼む。
でまえもち　出前持ち
でまかせ　出任せ　[例]～を言う。
てまちん　手間賃　[例]～を稼ぐ。
でまど　出窓　[例]部屋の～。
てまどる　手間取る　[例]準備に～。
てまね　手まね〈手真似〉　[例]～で話をする。
てまねき　手招き　[文]手招き　[例]～をする。
てまめ　手まめ　[例]家具を日曜大工で作った～な人。
てまわし　手回し　[文]手回し　[例]～が良い。
てまわり　手回り　[文]手回り
てまわりひん　手回り品　[公][文]手回品　[例]お～に御注意ください。
でまわる　出回る　[文]出回る　[例]旬の野菜が市場に～。
てみじかに　手短に　[文]手短に　[例]～に話す。
てみやげ　手土産
てむかい　手向かい　[文]手向かい　[例]下手に～をするな。
てむかう　手向かう　[例]～やつは容赦しない。
でむかえ　出迎え　[文]出迎え　[例]空港へ友人を～に行く。～の人々。
でむかえる　出迎える
でむく　出向く　[例]こちらから～。
てもち　手持ち　[文]手持ち　[例]ノートの～がない。
てもちきん　手持ち金
てもちひん　手持ち品　[公][文]手持品　[建]手持ち品
てもちぶさた　手持ち無沙汰　[例]仕事がなく～で困っている。
てもと　手元〈手許〉　[文]手元　[例]的を狙ったが、～が狂った。
てもなく　手もなく〈手も無く〉　[例]～負けた。
でもの　出物　[例]手頃な～。
てもり　手盛り　[文]手盛り　[例]お～予算。
てら　寺　[例]～で供養してもらう。
てらう　てらう〈衒う〉　[例]奇を～。
てらこや　寺子屋
てらしあわす　照らし合わす　[文]照らし合わす　[例]資料と～。
てらしあわせる　照らし合わせる　[文]照らし合わせる　[例]原文と～。
てらしだす　照らし出す　[例]月光が夜道を～。
てらす　照らす　[文]照らす　[例]懐中電灯で～。
てらまいり　寺参り　[文]寺参り　[例]母は父の命日に必ず～をする。
てり　照り　[文]照り　[例]今日は～が強い。
てりかえし　照り返し　[文]照り返し　[例]西日の～が強い。
てりかえす　照り返す　[例]太陽の光

た行

を屋根が〜。

てりつける　照りつける〈照り付け
る〉　例じりじりと〜太陽。

てりはえる　照り映える　例夕日に
〜紅葉。

てりやき　照り焼き　⊗照り焼き
例ぶりの〜。

てりゅうだん　手りゅう弾〈手榴弾〉
⇒手投げ弾

てる　照る　⊗照る　例日が〜。

でる　出る　⊗出る　例庭に〜。布
団から腕が〜。次第に速力が〜。

てるてるぼうず　照る照る坊主

てれかくし　照れ隠し　例〜に笑う。

てれくさい　照れ臭い　例余り褒め
られると〜。

てれる　照れる　⊗照れる　例人前
で〜。

てわけ　手分け　⊗手分け　例〜し
て捜す。

てわたし　手渡し　⊗手渡し

てわたす　手渡す　例相手に〜。

てん　天[1]〔テン・あめ・あま〕　例天才、天地、
天文学、天然、雨天、晴天

てん　典[4]〔テン〕　例典拠、典籍、辞
典、式典、祝典、教典、古典

てん　店[2]〔テン・みせ〕　例店員、店舗、本
店、支店、百貨店、開店

てん　点[2]（點）〔テン〕　例点字、点火、
点線、点呼、点滅、採点

てん　展[6]〔テン〕　例展観、展開、展
示、展覧会、発展、親展

てん　添〔テン・そえる・そう〕　例添書、添削、
添付、添加剤、添乗員

てん　転[3]（轉）〔テン・ころがる・ころげる／ころがす・ころぶ〕
例転回、転用、転出、回転、空
転、逆転、運転、起承転結

てん　填〔テン〕　例装填、補填

てん　殿〔デン・テン・との・どの〕　例殿上人、御殿

でん　田[1]〔デン・た〕　例田園、田地、水
田、油田、美田、塩田、我田引
水　付田舎（いなか）

でん　伝[4]（傳）〔デン・つたわる・つた／える・つたう〕　例伝言、
伝来、伝聞、伝統、宣伝、駅伝
競走、秘伝、直伝　付伝馬船
（てんません）、手伝う（てつだう）

でん　殿〔デン・テン・との・どの〕　例殿堂、殿下、
宮殿、貴殿、宝物殿

でん　電[2]〔デン〕　例電源、電気、電
話、電報、市電、発電

てんい　転移　例がんが〜する。

てんか　点火　例マッチで〜する。

てんか　添加　例食品〜物。

てんか　転嫁　例責任を〜する。

てんかい　展開　例試合の〜。〜図。

てんかい　転回　例方向を〜する。

てんがい　天外　例奇想〜。

てんがいこどく　天涯孤独

でんがくざし　田楽刺し　⊗田楽刺
し

てんかん　転換　例気分を〜をする。

てんき　転機　例人生の〜。

た行

でんき　伝記　例偉人の〜を読む。

でんき　電気　例〜をつける。

てんきょ　典拠　例〜を示す。

てんきょ　転居　例〜通知。

てんきん　転勤　例本社に〜になった。

てんけい　天恵　例〜を受ける。

てんけい　典型　例日本人の〜。

てんけん　点検　例機械を〜する。

でんげん　電源　例〜を切る。

てんこ　点呼　例〜を取る。

てんこう　天候　例〜が急変する。

てんこう　転向　例野手に〜する。

でんこう　電光　例〜掲示板。〜石火。

でんごん　伝言　例人に〜を頼む。

てんさい　天災　例〜に遭う。

てんさく　添削　例文章を〜する。

てんじ　点字　例〜図書。

てんじ　展示　例作品を〜する。

でんし　電子　例〜辞書。〜レンジ。

でんしゃ　電車　例〜に乗る。

でんじゅ　伝授　例奥義を〜する。

てんしゅかく　天守閣

てんしゅつ　転出　例〜届。

てんじょう　天井　例〜のくもの巣。物価が〜知らずに上がる。

でんしょう　伝承　例〜文学。

でんしょばと　伝書ばと〈伝書鳩〉

てんじる　点じる　例明かりを〜。

てんじる　転じる　例方向を〜。

てんしんらんまん　天真らんまん

〈天真爛漫〉　例〜な子供。

てんせい　天性　例〜の画家。

てんせき　転籍　例関連会社に〜する。〜届。〜地。

てんせん　点線　例実線と〜。

てんぜん　てん然〈恬然〉　⇒平然・超然　例〜として恥じない。

でんせん　伝染　例眠気が〜する。

でんたつ　伝達　例命令を〜する。

てんたん　てん淡〈恬淡・恬澹〉　⇒淡泊・あっさり　例〜としてものにこだわらない性格。

てんち　天地　例〜神明に誓う。

でんち　田地　例〜を売り渡す。

でんち　電池　例〜の交換。

でんちゅう　電柱

てんてき　点滴　例薬の〜。

てんてこまい　てんてこ舞い〈転手古舞い・天手古舞い〉　例大勢の来客で〜の忙しさだ。

てんでに　てんでに　⇒銘々に・思い思いに　例〜勝手なことを言っては困る。

てんてん　点々　例民家が〜と見える。〜を打つ。

てんてん　転々　例各地を〜とする。球が〜と転がる。

てんとう　店頭　例〜で販売する。

てんとう　点灯　例街灯が〜する。

てんとう　転倒〈顛倒〉　例スケートで〜する。気が〜する。

でんとう　伝統　例〜の美。

でんとう　電灯　[例]〜をつける。
でんどう　伝動　[例]〜装置。
でんどう　伝道　[例]宗教の〜。
でんどう　伝導　[例]熱の〜。
でんどう　殿堂　[例]野球の〜。
てんどん　天丼
てんにゅう　転入　[例]〜生。
てんにょ　天女　[例]〜の伝説。
てんにん　転任　[例]営業に〜となった。〜する。
てんねん　天然　[例]〜ガス。
てんねんきねんぶつ　天然記念物
てんねんとう　天然痘
てんのう　天皇
でんぱ　電波　[例]〜を発する。
でんぱ　伝ぱ〈伝播〉　⇒広がり・伝わり・波及　[例]仏教の〜。
てんばつ　天罰　[例]〜てきめん。
てんびき　天引き　[文]天引き　[例]毎月給与から〜する。
てんびょう　点描　[例]〜の肖像画。
でんぴょう　伝票　[例]〜を切る。
てんびん　てんびん〈天秤〉　[例]〜に掛ける。精密な〜。
てんぷ　天賦　[例]〜の才能。
てんぷ　添付　[例]証明書の〜。
てんぷ　貼付
[注]「ちょうふ」の慣用読み。
でんぶ　でんぶ〈田麩〉　[例]ちらしずしに〜を載せる。
てんぷく　転覆〈顚覆〉　[例]強風のため船が〜した。
てんぷら　天ぷら〈天麩羅〉
でんぷん　でん粉〈澱粉〉　[公]でん粉　[例]じゃがいもから〜を作る。
てんぽ　店舗　[例]新〜を開く。
てんぼう　展望　[例]窓からの〜。〜台。将来の〜を語る。
でんぽう　電報　[例]〜を打つ。
てんまく　天幕　[例]〜を張って野営する。ナイロンの〜。
てんません　伝馬船[付]
てんまつ　てん末〈顚末〉　[公]てん末　⇒事の経過・いきさつ・始末　[例]〜を明らかにする。
てんめい　天命　[例]人事を尽くして〜を待つ。〜と諦める。
てんめん　てんめん〈纏綿〉　⇒こまやか　[例]情緒〜たる風景。
てんもんがく　天文学
でんらい　伝来　[例]先祖〜の土地。
てんらく　転落　[例]崖から〜する。〜の一途をたどる。
てんらん　展覧　[例]〜会。
でんりゅう　電流　[例]〜を流す。
でんれい　電鈴　⇒ベル　[例]〜を鳴らす。
でんわ　電話　[例]携帯〜。〜機。

と

と　土[1]〔ド・ト／つち〕　[例]土地　[付]土産（み

と　斗〔ト〕　例斗酒、一斗、泰斗、北斗七星

と　吐〔はく・ト〕　例吐息、吐血、吐露、音吐朗々

と　図²(圖)〔ズ・ト・はかる〕　例図書館、意図、壮図、雄図、企図、版図

と　妬〔ねたむ・ト〕　例嫉妬

と　度³〔ド・ト・タク・たび〕　例法度

と　徒⁴〔ト〕　例徒手、徒食、徒歩、徒労、信徒、無頼の徒

と　途〔ト〕　例途次、途中、途上、帰途、前途、帰国の途に就く

と　都³(都)〔ト・ツ・みやこ〕　例都会、都市、都心、都知事、首都、都の財政

と　登³〔トウ・ト・のぼる〕　例登山、登城

と　渡〔ト・わたる・わたす〕　例渡航、渡河、渡米、渡世、譲渡、過渡期

と　塗〔ト・ぬる〕　例塗布、塗装、塗料

と　賭〔ト・かける〕　例賭場、賭博

と　頭²〔トウ・ズ・ト・あたま・かしら〕　例音頭

と　戸　例～を閉める。雨戸。

ど　土¹〔ド・ト・つち〕　例土足、土木、国土、本土、粘土　付土産（みやげ）

ど　奴〔ド〕　例奴隷、農奴、守銭奴

ど　努⁴〔ド・つとめる〕　例努力

ど　度³〔ド・ト・タク・たび〕　例度胸、度量衡、制度、限度、度が過ぎる

ど　怒〔ド・いかる・おこる〕　例怒号、怒気、怒声、激怒、喜怒哀楽

どあい　度合い　文度合い　例完成の～。

とあみ　投網付　例～で魚を捕る。

とい　問い　公問(い)　文問い　例～と答え。

注法令では、表に記入したり記号的に用いたりする場合には、原則として、（　）の中の送り仮名を省く。

とい　とい〈樋〉　例～が壊れる。

といあわせ　問い合わせ　公文問合せ　建問い合わせ　例本社からの～。

といあわせじこう　問合せ事項・問い合わせ事項　文問合せ事項　建問い合わせ事項

といあわせる　問い合わせる　文問い合わせる　例在庫の有無を～。安否を～。

といかえす　問い返す　例質問の意味を～。

といかける　問い掛ける　例矢継ぎ早に～。

といき　吐息　例青息～。

といし　と石〈砥石〉

といただす　問いただす〈問い質す〉　文問いただす　例真相を～。

どいつ　どいつ〈何奴〉　例いたずらをしたのは、どこの～だ。

といつめる　問い詰める

といや　問屋　文問屋　例～と小売店。

注「とんや」とも。

といろ　十色　例十人～。

とう　刀²〔トウ・かたな〕　例刀剣、短刀、名

刀、小刀、木刀　付太刀(たち)、竹刀(しない)

とう　冬²〔トウ・ふゆ〕　例冬季、冬至、冬眠、旧冬、越冬、春夏秋冬

とう　灯⁴(燈)〔トウ・ひ〕　例灯台、灯火、電灯、街灯、点灯、走馬灯

とう　当²(當)〔トウ・あたる・あてる〕　例当局、当然、当惑、妥当、当を得る

とう　投³〔トウ・なげる〕　例投影、投手、投資、投下、暴投、好投、投じる　付投網(とあみ)

とう　豆³〔トウ・ズ・まめ〕　例豆乳、豆腐、納豆　付小豆(あずき)

とう　東²〔トウ・ひがし〕　例東西南北、東岸、東国、関東、以東、中近東

とう　到〔トウ〕　例到達、到底、到来、到着、周到、殺到、前人未到

とう　逃〔トウ・にげる・にがす・のがす・のがれる〕　例逃走、逃亡者、逃避行

とう　倒〔トウ・たおれる・たおす〕　例倒立、倒産、倒置法、傾倒、圧倒、転倒、卒倒

とう　凍〔トウ・こおる・こごえる〕　例凍結、凍傷、凍死、冷凍庫、不凍港

とう　唐〔トウ・から〕　例唐詩、唐本、唐突、唐人、唐の時代

とう　島³〔トウ・しま〕　例島民、群島、孤島、半島、列島、無人島

とう　桃〔トウ・もも〕　例桃源郷、桜桃、白桃

とう　討⁶〔トウ・うつ〕　例討議、討伐、討論、討幕、追討、検討

とう　透〔トウ・すく・すかす・すける〕　例透視、透写、透明、透察力、浸透

とう　党⁶(黨)〔トウ〕　例党員、党派、政党、徒党、与党、保守党

とう　納⁶〔ノウ・ナッ・ナ・ナン・トウ・おさめる・おさまる〕　例出納、出納簿

とう　悼〔トウ・いたむ〕　例悼辞、哀悼、追悼

とう　盗(盜)〔トウ・ぬすむ〕　例盗賊、盗難、盗用、強盗、窃盗

とう　陶〔トウ〕　例陶芸、陶然、陶器、陶工、陶酔、薫陶

とう　道²〔ドウ・トウ・みち〕　例神道

とう　塔〔トウ〕　例塔婆、供養塔、石塔、五重の塔、塔を建てる

とう　搭〔トウ〕　例搭載量、搭乗員、搭乗券

とう　棟〔トウ・むね・むな〕　例上棟式、管理棟、病棟

とう　湯³〔トウ・ゆ〕　例湯治、熱湯、薬湯、微温湯、金城湯池

とう　痘〔トウ〕　例痘苗、種痘、水痘、天然痘

とう　登³〔トウ・ト・のぼる〕　例登頂、登録、登校、登壇、登記、登竜門

とう　答²〔トウ・こたえる・こたえ〕　例答案、答弁、応答、問答、自問自答

とう　等³〔トウ・ひとしい〕　例等間隔、等分、等級、平等、特等、二等分線

とう　筒〔トウ・つつ〕　例筒状、封筒、水筒、円筒形、発煙筒

付:付表の語　×:表外字　△:表外音訓　〈　〉:参考表記　⇒:言い換え等

とう　統⁵〔トウ／すべる〕　例統合、統一、統
　計、血統、伝統、正統

とう　読²(讀)〔ドク・トク・トウ／よむ〕
　　例読点、句読点　付読経(どきょう)

とう　稲(稻)〔トウ／いね・いな〕　例稲苗、水
　稲、晩稲、陸稲

とう　踏〔トウ／ふむ・ふまえる〕　例踏査、踏
　破、踏襲、高踏的、舞踏、雑踏

とう　糖⁶〔トウ〕　例糖分、果糖、砂
　糖、製糖

とう　頭²〔トウ・ズ・ト／あたま・かしら〕　例頭骨、
　頭部、年頭、頭取、駅頭、船頭

とう　謄〔トウ〕　例謄写版、謄本

とう　藤〔トウ／ふじ〕　例葛藤

とう　闘(鬭)〔トウ／たたかう〕　例闘犬、闘
　争、闘志、戦闘、決闘、乱闘

とう　騰〔トウ〕　例騰貴、暴騰、沸騰

とう　問う　文問う　例責任を～。

とう　とう〈訪う〉　⇒訪ねる　例友
　の家を～。

とう　とう〈薹〉　例～が立つ。

…とう　…等　例松、杉～の常緑樹。

どう　同²〔ドウ／おなじ〕　例同一、同情、異
　同、混同、共同、合同、雷同

どう　洞〔ドウ／ほら〕　例洞穴、洞察、風洞、
　空洞、しょう乳洞

どう　胴〔ドウ〕　例胴部、胴体、胴締
　め、双胴船、胴回り

どう　動³〔ドウ／うごく・うごかす〕　例動物、
　動揺、活動、騒動、言動、変動

どう　堂⁵〔ドウ〕　例堂々と、公会堂、
　母堂、殿堂、堂に入る

どう　童³〔ドウ／わらべ〕　例童心、童謡、童
　話、児童、牧童、学童、悪童

どう　道²〔ドウ／みち・トウ〕　例道路、道徳、
　国道、報道、言語道断

どう　働⁴〔ドウ／はたらく〕　例稼働、実働、
　労働

どう　銅⁵〔ドウ〕　例銅貨、銅器、銅
　像、青銅、白銅

どう　導⁵〔ドウ／みちびく〕　例導入、導火線、
　指導、半導体、誘導尋問

どう　瞳〔ドウ／ひとみ〕　例瞳孔

どう　どう〈如何〉　例～したのだ。

どうあげ　胴上げ　文胴上げ　例優
　勝して監督を～する。

どうい　同意　例～を得る。

とういつ　統一　例意見を～する。

どういつ　同一　例～の品物。

どうう　堂宇　例建ち並ぶ～。

とうか　灯火　例～管制。

とうか　投下　例救援物資を～する。

とうかい　倒壊・倒潰　公倒壊
　　例家屋が～する。

とうがい　当該　文当該　例～条項。

とうかく　頭角　例～を現す。

とうかつ　統括　例事務を～する。

とうかつ　統轄　例内閣が～する。

どうかつ　どうかつ〈恫喝〉　⇒脅す
　こと　例～する。

とうから　とうから〈疾うから〉
　　⇒前から・早くから　例そんな
　ことなら～知っている。

とうがらし　唐辛子〈唐芥子〉

た行

とうかん　等閑　例～に付する。

とうかん　投かん〈投函〉　例はがき
　　を～する。

どうがん　童顔　例～の人。

とうき　冬季　例～のスポーツ。

とうき　冬期　例～講習会。

とうき　投棄　例不法～。

とうき　投機　例～に手を出す。

とうき　陶器　例～のつぼ。

とうき　登記　例不動産を～する。

とうき　騰貴　例物価の～。

とうぎ　討議　例～を進める。

どうき　動機　例犯行の～。

どうき　銅器　例古代の～。

どうき　動き〈動悸〉　⇒鼓動

どうぎ　動議　例～を提出する。

どうぎ　道義　例～上の責任。

とうきゅう　等級　例～を決める。

とうぎゅう　闘牛　例～士。

どうきゅう　どう球〈撞球〉　⇒玉突
　　き・ビリヤード　例～場。

どうきょ　同居　例両親と～する。

どうぎょう　同業　例～者の集まり。

どうぐ　道具　例～をそろえる。

とうぐう　東宮〈春宮〉　例～御所。

どうぐだて　道具立て　文道具立て
　　例すっかり～がそろう。

どうくつ　洞窟　例～を探検する。

とうげ　峠〔とうげ〕　例峠道

とうげ　峠　例～の茶屋。

どうけ　道化　例～役者。

とうけい　東経　例～140度。

とうけい　統計　例人口の～。

とうげい　陶芸　例～教室。

どうけい　憧憬　例～の的。
　　注「しょうけい」の慣用読み。

とうけつ　凍結　例資産を～する。

どうけつ　洞穴

とうげみち　峠道　例やがて～に差
　　し掛かる。

とうけん　刀剣　例～の鑑定。

どうけん　同権　例男女～。

とうげんきょう　桃源郷　例～に遊
　　ぶ心地。

とうこう　投稿　例雑誌に～する。

とうこう　登校　例集団で～する。

とうごう　統合　例組織を～する。

どうこう　動向　例国内外の～。

どうこう　瞳孔　例～が開く。

どうこういきょく　同工異曲　例出
　　てきた案はいずれも～だ。

どうこく　どうこく〈慟哭〉　例親友
　　を失って～する。

とうざ　当座　例～しのぎの弁解。

どうさ　動作　例機敏な～。

とうさい　登載　例公報に～する。

とうさい　搭載　例航空機に～する。

とうざい　東西　例～対抗試合。

どうさつ　洞察　文洞察　例心理を
　　～する。

とうさん　父さん付

とうさん　倒産　例ついに～した。

どうさん　動産　例～の物権。

とうし　投資　例株式に～する。

とうし　**凍死**　[例]冬山で～する。
とうし　**透視**　[例]～画法。
とうし　**闘志**　[例]～をむき出しにする。～満々たる面構え。
とうじ　**冬至**　[例]夏至と～。
とうじ　**当時**　[例]～の様子。
とうじ　**悼辞**　[例]～を読む。
とうじ　**湯治**　[例]～に行く。
とうじ　**答辞**　[例]卒業生の～。
どうし　**同士**　[例]友達～で行く。
どうし　**同志**　[例]～を募る。
どうしうち　**同士討ち・同士打ち**　[文]**同士討ち**
[注]新聞では､「同士打ち」と書く。
とうじき　**陶磁器**
とうじしゃ　**当事者**　[例]事件の～。
どうじめ　**胴締め**　[文]**胴締め**　[例]相手の体を～にする。色鮮やかな～。
とうしゃ　**透写**　[例]図形を～する。
とうしゃ　**謄写**　[例]～版印刷。
とうしゅう　**踏襲**〈蹈襲〉　[例]前例を～するだけでは進歩がない。
とうしょ　**当初**　[例]～の見込み。
とうしょ　**島しょ**〈島嶼〉　⇒諸島
とうしょう　**凍傷**　[例]指が～にかかる。
とうじょう　**搭乗**　[例]～手続き。
とうじょう　**登場**　[例]～人物。
どうじょう　**同上**〈仝上〉　[文]**同上**　[例]～のこと。
どうじょう　**同情**　[例]～を寄せる。
とうじょういん　**搭乗員**　[例]航空機の～。～を募集する。
とうじょうけん　**搭乗券**
とうじょうしゃ　**搭乗者**
とうじる　**投じる**　[例]資本を～。
どうじる　**同じる**　[例]考えに～。
どうじる　**動じる**　[例]めったにものに動じない性格の人。
とうしん　**灯心**〈灯芯〉　[例]～を切る。
とうしん　**答申**　[例]審議会の～。
とうじん　**とう尽**〈蕩尽〉　⇒使い果たすこと　[例]財産を～する。
どうしん　**童心**　[例]～に返る。
どうじん　**同人**　[例]俳句の～。
とうしんだい　**等身大**　[例]～の人形。
とうすい　**陶酔**　[例]音楽に～する。
とうすい　**統帥**　[例]軍を～する。
とうせい　**統制**　[例]～の取れた動き。
どうせい　**同姓**　[例]～同名の人。
どうせい　**動静**　[例]敵の～を探る。
どうせい　**同せい**〈同棲〉　⇒同居・一緒に住むこと　[例]～生活。
とうせいむき　**当世向き**　[文]**当世向き**　[例]～の服装。
とうせき　**透析**　[例]腎臓～。
とうせん　**当選**　[例]市長に～する。
とうせん　**当せん**〈当選・当籤〉　⇒くじに当たること　[例]～者。
[注]新聞では､「当選」と書く。
とうぜん　**当然**　[例]～の義務。
とうぜん　**東漸**　[例]仏教の～。
どうぜん　**同然**　[例]紙くず～。

た行

どうぞ　どうぞ　[例]～お先に。又～。
とうそう　刀創　[例]～のある男。
とうそう　逃走　[例]犯人が～した。
とうそう　闘争　[例]賃上げ～。
どうそう　同窓　[例]～会。
どうぞう　銅像　[例]～を建てる。
とうぞく　盗賊　[例]～の仲間。
とうそつ　統率　[例]部下を～する。
とうた　とう汰〈淘汰〉　⇒整理　[例]自然～。
とうだい　灯台　[例]岬の～。
どうたい　胴体　[例]～着陸する。
とうだいもり　灯台守　[公][文]灯台守
とうたつ　到達　[例]目的地に～する。
とうだん　登壇　[例]～して講演する。
とうち　統治　[例]国を～する。
とうちゃく　到着　[例]無事～した。
どうちゃく　どう着〈撞着〉　⇒食い違い・矛盾　[例]自家～。
とうちょう　登庁　[例]大臣の～。
とうちょう　登頂　[例]富士山への～。
どうちょう　同調　[例]意見に～する。
とうつう　とう痛〈疼痛〉　⇒痛み・うずき　[例]～が激しい。
とうてい　到底・とうてい　[文]到底　[例]そんなことは～できない。
とうてき　投てき〈投擲〉　⇒投げること　[例]～競技。
とうてん　読点　[例]句点と～。
とうとい　尊い　[文]尊い　[例]～教え。
とうとい　貴い　[文]貴い　[例]～体験。
[注]「尊い・貴い」の使い分けは、「「異字同訓」の漢字の使い分け」p.395参照。
とうとう　とうとう〈到頭〉　[文]とうとう　[例]～負けてしまった。
どうどうと　堂々と　[例]～した態度。
どうどうめぐり　堂々巡り　[例]議論が～する。
どうとく　道徳　[例]～教育。
とうとつ　唐突　[例]いささか～だ。
とうとぶ　尊ぶ　[文]尊ぶ　[例]師を～。
とうとぶ　貴ぶ　[文]貴ぶ　[例]命を～。
[注]「尊ぶ・貴ぶ」の使い分けは、「「異字同訓」の漢字の使い分け」p.395参照。
とうどり　頭取　[公][文]頭取　[例]銀行の～になる。
とうなん　盗難　[例]～に遭う。
どうにゅう　導入　[例]新技術の～。
とうにょうびょう　糖尿病　[例]～の治療。
どうにん　同人　[例]～は全く知らないと言っている。
とうは　党派　[例]～を超えた外交。
とうは　踏破　[例]砂漠を～する。
とうば　塔婆　[例]～を立てる。
どうはい　同輩　[例]会社の～。
とうはつ　頭髪　[例]～用ブラシ。
とうばつ　討伐　[例]敵を～する。
とうはん　登はん〈登攀〉　⇒よじ登ること・登山　[例]アルプスの～を試みる。
とうばん　当番　[例]掃除の～。
どうはん　同伴　[例]保護者～。
とうひ　当否　[例]～を論じる。

とうひ　逃避　例現実から～する。

とうび　とう尾〈掉尾〉　例～を飾る。
　注「ちょうび」の慣用読み。

とうひょう　投票　例選挙の～。

とうびょう　痘苗　例～の接種。

とうびょう　投びょう〈投錨〉　⇒停
　泊・入港　例港に～する船。

どうひょう　道標　例～をたどる。

とうひょうばこ　投票箱〈投票函〉

とうふ　豆腐　例～にかすがい。

とうぶ　頭部　例～に負傷する。

どうぶつ　動物　例～を分類する。

どうぶるい　胴震い　文胴震い
　例余りの寒さに思わず～が出る。

とうぶん　当分　例～休業する。

とうぶん　等分　例～に分ける。

とうぶん　糖分　例～の摂取。

とうべん　答弁　例～に立つ。

とうぼう　逃亡　例犯人が～する。

どうほう　同胞　例海外にいる～。

とうほん　唐本　例古書店で～を探
　す。

とうほん　謄本　例戸籍～。

とうほんせいそう　東奔西走　例調
　査に～する。

どうまき　胴巻き　文胴巻き　例現
　金を～に入れる。

どうまわり　胴回り　文胴回り
　例～を測る。

どうみゃく　動脈　例～と静脈。

とうみょう　灯明　例仏前の～。

とうみん　島民　例～の暮らし。

とうめい　透明　例～なガラス。

どうめい　同盟　例～を結ぶ。

とうめん　当面　例～の問題。

どうもう　どう猛〈獰猛〉　例～な動
　物。

どうもん　洞門

とうや　陶冶　文陶冶　例心身の～。

とうゆ　灯油

とうよう　盗用　公盗用　例論文を
　～する。
　注法令では、「窃用」は用いない。「盗
　用」を用いる。

とうよう　登用〈登庸〉　例有用な人
　材をどしどし～する。
　注新聞では、「登用」と書く。

どうよう　動揺　例心が～する。

どうらく　道楽　例～をする。

どうらん　胴乱　例～に虫を入れる。

どうらん　動乱　例～が起こる。

どうり　道理　例物事の～。

とうりゅう　とう留〈逗留〉　⇒滞在
　例1か月近く温泉に～する。

とうりゅうもん　登竜門　例作家へ
　の～。

とうりょう　とうりょう〈棟梁〉
　⇒(大工の)親方・統率者

どうりょう　同僚　例職場の～。

どうろ　道路　例～を舗装する。

とうろう　灯籠　例石の～。

とうろく　登録　例商標の～。

とうろん　討論　例～会を開く。

どうわ　童話　例～を創作する。

た行

1～6:教育漢字学年配当　　公:法令・公用文の表記　　文:文科省語例集の表記

とうわく　当惑　例〜した顔つき。

とえはたえ　十重二十重付　例周り
　を〜に取り囲む。

とお　十　文十　例卵が〜ある。

とおあさ　遠浅　例〜の海岸。

とおい　遠い　文遠い　例駅まで〜。

とおう　渡欧　例自費で〜する。

とおか　十日　例その後〜たつ。

とおく　遠く　文遠く　例〜の親類
　より近くの他人。

とおざかる　遠ざかる　文遠ざかる
　例〜景色。

とおざける　遠ざける　文遠ざける
　例人を〜。

とおし　通し　文通し　例〜番号。

とおしきっぷ　通し切符　文通し切
　符

とおしきょうげん　通し狂言　文通
　し狂言

とおす　通す　文通す　例ひもを〜。
　目を〜。自分の意見を〜。

とおで　遠出　例車で〜する。

とおのく　遠のく〈遠退く〉　文遠の
　く　例交通が不便で足が〜。

とおのり　遠乗り　文遠乗り　例久
　しぶりに自転車で〜をする。

とおぼえ　遠ぼえ〈遠吠え〉　例夜更
　けに犬の〜が聞こえる。

とおまき　遠巻き　文遠巻き　例大
　勢が〜にして見物している。

とおまわし　遠回し　文遠回し
　例〜に尋ねる。〜に言う。

とおまわり　遠回り　文遠回り
　例〜して家に帰る。

とおり　通り　文通り　例〜を歩く。

…とおり　…とおり・…通り
　公文…とおり　例次の〜。思っ
　た〜。
　注公用文では、「次のとおりである。」
　のように用いるときは、原則とし
　て、仮名で書く。

とおりあめ　通り雨　文通り雨

とおりいっぺん　通り一遍　例〜の
　挨拶を交わして別れる。

とおりがかり　通り掛かり　文通り
　掛かり　例〜に寄る。〜の人。

とおりかかる　通り掛かる　文通り
　掛かる　例橋の上を〜。

とおりこす　通り越す　例店を〜。

とおりすがり　通りすがり　例〜に
　立ち寄る。

とおりすぎる　通り過ぎる　文通り
　過ぎる　例目の前を〜。

とおりそうば　通り相場　文通り相
　場　例高いが〜なら仕方がない。

とおりぬけ　通り抜け　文通り抜け
　例この道は〜できません。

とおりぬける　通り抜ける　文通り
　抜ける

とおりま　通り魔　例〜事件。

とおりみち　通り道　文通り道
　例〜に物を置くな。

とおる　通る　文通る　例前を〜。
　無理が〜。筋の通った発言。よ

　　く～声。

とか　渡河　例大軍が～する。

とが　とが〈科・咎〉　例罪～のない
　　子供。

とかい　都会　例～と田舎。

どがいし　度外視　例採算は～する。

とがき　ト書き　⊗ト書き　例～と
　　せりふ。

とかく　とかく〈兎角〉　例～怠けが
　　ちになる。

とかす　解かす　⊗解かす　例警戒
　　心を～。

とかす　溶かす　⊗溶かす　例ろう
　　を～。砂糖を水に～。

　　注「解かす・溶かす」の使い分けは、
　　「「異字同訓」の漢字の使い分け」参
　　照。

とかす　とかす〈梳かす〉　例髪を～。

とがめる　とがめる〈咎める〉　例何
　　となく良心が～。

とがる　とがる〈尖る〉　例とがった
　　声。

とき　時　⊗時　例～を待つ。～は
　　金なり。～が解決する。

…とき　…とき・…時　公⊗…とき
　　例都合の悪い～は…。

　　注公用文では、「事故のときは連絡す
　　る。」のように用いるときは、原則
　　として、仮名で書く。

どき　怒気　例～を含んだ声。

ときあかす　説き明かす　例懇切丁
　　寧に～。

ときおこす　説き起こす　例そもそ
　　もの初めから～。

────　「異字同訓」の漢字の使い分け　────

とかす・とく・とける
【解かす・解く・解ける】固まっていたものが緩む。答えを出す。元の状態に
戻る。
　　　　結び目を解く。ひもが解ける。雪解け*。相手の警戒心を解かす。
　　　　問題が解ける。緊張が解ける。誤解が解ける。包囲を解く。
　　　　会長の任を解く。
【溶かす・溶く・溶ける】液状にする。固形物などを液体に入れて混ぜる。一
体となる。
　　　　鉄を溶かす。雪や氷が溶(解)ける*。チョコレートが溶ける。
　　　　砂糖が水に溶ける。絵の具を溶かす。小麦粉を水で溶く。
　　　　地域社会に溶け込む。
　　*　「雪や氷がとける」の「とける」については、「雪や氷が液状になる」意で「溶」
　　を当てるが、「固まっていた雪や氷が緩む」と捉えて「解」を当てることもでき
　　る。「雪解け」はこのような捉え方で「解」を用いるものである。
　　　　　　　　　　　　　　　　　　　　　（平成26年文化審議会国語分科会）

1～6：教育漢字学年配当　　公：法令・公用文の表記　　⊗：文科省語例集の表記

ときおり　時折　⊗時折　例～雨が
　　ぱらぱらと降ってくる。

ときかた　解き方　⊗解き方　例問
　　題の～を教える。

とぎすます　研ぎ澄ます　例感覚を
　　～。研ぎ澄ました刃物。

ときたま　時たま〈時偶〉　例～見掛
　　けることがある。

ときどき　時々・ときどき　例～郷
　　里へ帰る。～の花をめでる。

ときはなす　解き放す　例人質を～。

ときふせる　説き伏せる　⊗説き伏
　　せる　例苦労して相手を～。

ときめく　時めく　⊗時めく　例今
　　を～人気者。

ときめく　ときめく　例胸が～。

どぎも　度肝〈度胆〉　例～を抜く。

ときもの　解き物　⊗解き物

どきょう　度胸　例～を試す。

どきょう　読経附　例僧の～。

とぎれる　途切れる〈跡切れる〉
　　例電話が～。声が～。

ときわぎ　ときわ木〈常磐木〉　⇒常
　　緑樹　例～を植える。

ときわず　ときわず〈常磐津〉

とく　匿〔トク〕　例匿名、隠匿、秘匿

とく　特[4]〔トク〕　例特急、特殊、特
　　別、特集号、特産、奇特、独特

とく　得[5]〔トク　える・うる〕　例得意、得失、
　　会得、損得、この方が得だ

とく　督〔トク〕　例督促、督励、提督、
　　監督、家督、総督、督する

とく　読[2]（讀）〔ドク・トク・トウ　よむ〕　例読
　　本　附読経（どきょう）

とく　徳[4]（德）〔トク〕　例徳性、徳用、
　　徳義、道徳、早起きは三文の徳

とく　篤〔トク〕　例篤学、篤農、危篤、
　　懇篤

とく　解く　⊗解く　例問題を～。

とく　溶く　⊗溶く　例絵の具を～。
　　　注「解く・溶く」の使い分けは、「「異字
　　　同訓」の漢字の使い分け」p.453参照。

とく　説く　⊗説く　例道理を～。

とぐ　研ぐ　⊗研ぐ　例刀を～。

どく　毒[5]〔ドク〕　例毒薬、毒舌、有
　　毒、中毒、毒にあたる

どく　独[5]（獨）〔ドク　ひとり〕　例独学、独
　　立、独断、独善、単独、孤独

どく　読[2]（讀）〔ドク・トク・トウ　よむ〕　例読
　　解、読書、音読、購読、黙読、
　　熟読、乱読、一読　附読経（どき
　　ょう）

どく　どく〈退く〉　例すぐに～。

とくい　特異　例～な存在。

とくい　得意　例～な学科。お～様。

どくが　毒牙　例～に掛かる。

どくが　毒が〈毒蛾〉　例～を見付け
　　る。

とくぎ　特技　例～は書道です。

とくぎ　徳義　例～を重んじる。

どくけ　毒気　例～を抜かれる。

どくけし　毒消し　⊗毒消し　例～
　　の効果がある。

とくさん　特産　例各県の～品。

た行

とくしか　篤志家　例～からの寄付。

とくしつ　特質　例製品の～。

とくしゅ　特殊　例～な方法。

とくしゅう　特集〈特輯〉　例一つの
　　テーマで雑誌を～する。～号。

どくしゅう　独習　例英語の～。

どくしゅう　独修　例技術の～。

どくしょ　読書　例趣味は～です。

とくしょく　特色　例日本文化の～。

とくしょく　とく職〈瀆職〉　⇒汚職

どくしんじゅつ　読唇術

どくしんりょう　独身寮　例会社の
　　～に入る。

とくせい　特性　例～を生かす。

どくぜつ　毒舌　例～を振るう。

どくせん　独占　例市場を～する。

どくせんじょう　独せん場〈独擅場〉
　　⇒独り舞台　例謡なら彼の～だ。
　　注「独壇場（どくだんじょう）」は、慣
　　用的な用法。

どくそ　毒素　例～を取り除く。

どくそう　独走　例～態勢に入る。

どくそう　独奏　例ピアノの～。

どくそう　独創　例～性の発揮。

とくそく　督促　例税金の～。～状。

とくだね　特種　例～記事。

どくだん　独断　例～で事を行う。

どくだんじょう　独壇場
　　注「独擅場（どくせんじょう）」の慣用
　　的な用法。

とくちょう　特長　例商品の～。

とくちょう　特徴　例犯人の～。

どくづく　毒づく〈毒突く〉　文毒づ
　　く　例当てが外れて～。

とくてん　特典　例会員の～。

とくと　篤と・とくと　例～考える。

どくとく　独特〈独得〉　例彼は～の
　　語り口をする。
　　注新聞では、「独特」と書く。

どくどくしい　毒々しい　例～色。

とくに〔副詞〕　特に　公文特に
　　例～良い品。その点を～強調す
　　る。

とくのう　篤農　例～家。

とくべつ　特別　例～な扱い。

どくぼう　独房　⇒独居房、独居監
　　房　例受刑者を～に入れる。

とくほん　読本　例～の古書を買う。

どくみ　毒味〈毒見〉　例料理の～。

とくめい　匿名　例～で投稿する。

どくやく　毒薬　例～を飲む。

とくゆう　特有　例日本～の状況。

とくよう　徳用・得用　例こちらの
　　方が安くて、お～です。～品。
　　注新聞では、「徳用」と書く。

とくり　徳利　例～に酒をつぐ。
　　注「とっくり」とも。

どくりつ　独立　例～して一家を構
　　える。～自尊。

とくれい　特例　例～として認める。

とくれい　督励　例部下を～する。

とけあう　解け合う　文解け合う
　　例お互いに気持ちが～。

とけい　時計田　例～が鳴る。

た行

とけつ　吐血　例〜の応急手当て。

とげぬき　とげ抜き〈刺抜き〉　例〜で指のとげを取る。

とける　解ける　文解ける　例謎が〜。

とける　溶ける　文溶ける　例砂糖が水に〜。

　注「解ける・溶ける」の使い分けは、「「異字同訓」の漢字の使い分け」p.453参照。

とげる　遂げる　文遂げる　例目的を〜。

どける　どける〈退ける〉　例脇へ〜。

とこ　床　例〜に就く。〜の間。

どこ　どこ〈何処〉　文どこ　例〜にあるのか。〜かにいる。〜吹く風。〜までも追い掛ける。

とこあげ　床上げ　文床上げ　例病気が治って〜をする。〜の祝い。

とこう　渡航　例外国に〜する。

どごう　怒号　例〜が飛び交う。

とこかざり　床飾り　文床飾り　例お正月の〜。

とこしえ　とこしえ〈永久・常しえ〉　例〜に眠る。〜の平和を祈る。

とこずれ　床擦れ　例〜の予防。

とこなつ　常夏　例〜の国。

とこのま　床の間　例〜の置物。

ところ　所〈処〉　文所　例家を建てる〜を求める。〜番地。

…ところ　…ところ〈…所〉　公文…ところ　例照会した〜、すぐに回答があった。見た〜、変化がない。

　注公用文では、「現在のところ差し支えない。」のように用いるときは、原則として、仮名で書く。

ところが〔接続詞〕　ところが〈所が〉　公文ところが　例急いだ〜、〜間に合わなかった。

…どころか　…どころか　例お茶〜水も出なかった。

ところがき　所書き　文所書き　例うっかりして〜を書き忘れた。

ところで〔接続詞〕　ところで　公文ところで　例〜これからどうする。

…ところで　…ところで　例損をした〜知れている。

ところてん　ところてん〈心太〉

ところどころ　所々　例〜に空き地がある。

とさか　とさか〈鶏冠〉　例おんどりの〜。

どさくさ　どさくさ　例〜に紛れる。

とざす　閉ざす〈鎖す〉　文閉ざす　例門を〜。

とざん　登山　例冬山〜。

とし　年〈歳〉　例〜が明ける。〜を越す。〜には勝てない。

とし　都市　例〜計画。

としがい　年がい〈年甲斐〉　例〜もなく大声で怒鳴った。

としかさ　年かさ〈年嵩〉　⇒年上

例A君はB君より～だ。

としご　年子　例～の兄弟。

としこし　年越し　⊗年越し　例～
　のそば。

としごと　年ごと〈年毎〉　例子供は
　～に見違えるように成長する。

とじこむ　とじ込む〈綴じ込む〉
　例ファイルに書類を～。

とじこめる　閉じ込める　⊗閉じ込
　める　例狭い所に～。

とじこもる　閉じ籠もる　例一人っ
　きりで部屋に～。

としごろ　年頃　例あの子も～だ。

としのいち　年の市〈歳の市〉　例～
　で羽子板を買う。～のにぎわい。

としのくれ　年の暮れ

としのこう　年の功　例「亀の甲よ
　り～」ということもある。

としのせ　年の瀬〈歳の瀬〉　例～も
　押し詰まってきた。

としは　年端　例～もいかない子供。

としま　としま〈年増〉

とじまり　戸締まり　⊗戸締まり
　例しっかり～をしてから寝る。

としまわり　年回り　⊗年回り
　例～が悪い。

とじめ　とじ目〈綴じ目〉　例本の～。

としゃ　吐しゃ〈吐瀉〉　⇒吐き下し
　例～物の検査をする。

どしゃ　土砂　例～が崩れる。

どしゃくずれ　土砂崩れ　例大雨の
　ため、各所で～が起きた。

どしゃぶり　土砂降り　例～の雨。

としゅ　斗酒　例～なお辞せず。

としょ　図書　例～を購入する。

としょう　徒渉・渡渉　例河川を～
　する。

とじょう　途上　例帰国の～にある。

とじょう　登城

どじょう　土壌　例～の検査。

としょかん　図書館

としより　年寄り　⊗年寄り　例～
　を大切にする。～に席を譲る。

とじる　閉じる　⊗閉じる　例袋の
　口を～。

とじる　とじる〈綴じる〉　⊗とじる
　例紙をそろえて～。ひもで～。

としわすれ　年忘れ　⊗年忘れ
　例～の会。

としん　都心　例にぎやかな～。

とする　賭する　例社運を～。命を
　～。

どせき　土石　例～流。

とぜつ　途絶〈杜絶〉　例通信が～す
　る。

とそ　とそ〈屠蘇〉　例～を祝う。

とそう　塗装　例ペンキで～する。

どぞう　土蔵　例～に収める。

どだい　土台　例家の～。

どだい　どだい　例～無理なことだ。

とだえる　途絶える〈跡絶える〉
　例大水で交通が～。

とだな　戸棚　例～にしまう。

とたん　途端　例大通りに出た～、

タクシーが来た。
トタンいた　トタン板〈亜鉛板〉
どたんば　土壇場　[例]〜で敗れる。
とち　栃[4]〔―とち〕　[例]栃木県
とち　栃　[例]〜の木。
とち　土地　[例]〜を買う。
とちかおくちょうさし　土地家屋調査士
とちく　と畜〈屠畜〉　[公]と畜
どちゃく　土着　[例]〜の住民。
とちゅう　途中　[例]〜で別れる。
どちら　どちら〈何方〉　[例]お宅は〜ですか。〜にしますか。
とちる　とちる　[例]せりふを〜。
とつ　凸〔トツ―〕　[例]凸版、凸レンズ、凹凸(おうとつ)　[付]凸凹(でこぼこ)
とつ　突(突)〔トツつく〕　[例]突起物、突如、突然、突端、突堤、突風、激突、衝突
とっかん　突貫　[例]〜工事。
とっき　突起　[例]〜がある。
とつき　十月　[例]〜十日。
とっき　特記　[例]〜すべき事項。
とつぎさき　嫁ぎ先　[文]嫁ぎ先　[例]娘の〜。
とっきょ　特許　[例]〜を取る。
とつぐ　嫁ぐ　[文]嫁ぐ　[例]初恋の相手に〜。
とっくみあい　取っ組み合い　[例]兄弟が〜のけんかをする。
とっくり　とっくり〈徳利〉　[例]〜に酒を満たす。
[注]「とくり」とも。
とっけん　特権　[例]〜意識がある。
とっさ　とっさ〈咄嗟〉　[例]〜に体をかわす。〜の判断。
とっしゅつ　突出　[例]〜した技術力。
とつじょ　突如　[例]〜現れる。
とつぜん〔副詞〕　突然　[公][文]突然　[例]〜照明が消えた。
とったん　突端　[例]岬の〜。
どっち　どっち〈何方〉　[例]〜付かずの考え。〜へ行くか。
とっつき　取っ付き　[例]〜にくい人。
とって　取っ手〈把っ手〉　[例]ドアの〜を握る。
…とって　…とって　[例]私に〜、忘れられない事件だ。
とっておき　取って置き　[例]〜の酒。
とってかわる　取って代わる　[例]補欠選手が代表選手に〜。
とつとつ　とつとつ〈訥々・吶々〉　[例]〜と語る。
とっぱつ　突発　[例]事件が〜する。
とっぱん　凸版　[例]〜で印刷する。
とっぴ　突飛　[例]〜な考え。
とっぴょうし　突拍子　[例]〜もない声を張り上げる。
とつべん　とつ弁〈訥弁〉　⇒口下手　[例]彼の〜は愛きょうがある。
とつレンズ　凸レンズ
とてつもない　とてつもない〈途轍も無い〉　⇒途方もない　[例]〜考え。

とても　とても〈迚も〉　[文]とても　[例]～かなわない。
とどう　徒党　[例]～を組む。
どとう　怒とう〈怒濤〉　⇒荒波・激浪　[例]～の勢い。
とどく　届く　[文]届く　[例]声が～。待ち望んでいた品物が～。
とどけ　届け　[文]届け　[例]～を出す。
…とどけ　…届　[公][文]…届　[例]欠席～。転出～を提出する。
とどけさき　届け先　[文]届け先　[例]お中元の～。～不明の荷物。
とどけしょ　届け書　[文]届け書　[例]～を出す。
とどけずみ　届け済み　[文]届け済み　[例]～の刀剣。それは、もう～だ。
とどけで　届け出　[公][文]届出　[建]届け出　[例]～を怠る。遺失物の～。
とどけでる　届け出る　[文]届け出る　[例]前もって～。予定の変更を～。
とどける　届6(屆)〔とどける・とどく〕　[例]荷物を届ける。
とどける　届ける　[文]届ける　[例]贈り物を～。
とどこおり　滞り　[文]滞り　[例]式が～なく済む。仕事が～がちだ。
とどこおる　滞る　[文]滞る　[例]税金が～。
ととのう　整う　[文]整う　[例]列が～。
ととのう　調う　[文]調う　[例]用意が～。
[注]「整う・調う」の使い分けは、「「異字同訓」の漢字の使い分け」参照。
ととのえる　整える　[文]整える　[例]部屋の中をきちんと～。
ととのえる　調える　[文]調える　[例]材料を～。
[注]「整える・調える」の使い分けは、「「異字同訓」の漢字の使い分け」参照。
とどまる　とどまる〈止まる・留まる〉　[例]惜しくも3位に～。思い～。
とどめ　とどめ〈止め〉　[例]～を刺す。
どどめ　土留め・土止め　[例]崖崩れを防ぐため～をする。
とどめる　とどめる〈止める・留める〉　[文]とどめる　[例]要点を挙げるに～。

「異字同訓」の漢字の使い分け

ととのう・ととのえる
【整う・整える】乱れがない状態になる。
　体制が整う。整った文章。隊列を整える。身辺を整える。呼吸を整える。
【調う・調える】必要なものがそろう。望ましい状態にする。
　家財道具が調う。旅行の支度を調える。費用を調える。味を調える。
（平成26年文化審議会国語分科会）

とどろく　とどろく〈轟く〉　例雷鳴
　が〜。胸が〜。

となえる　唱える　文唱える　例念
　仏を〜。新説を〜。

となえる　となえる〈称える〉　⇒名
　付ける・称する　例ここを「太
　陽の広場」と〜ことにする。

どなた　どなた〈何方〉　例あなたは
　〜ですか。〜に御用ですか。

となり　隣　文隣　例〜の家。両隣。

となりあう　隣り合う　文隣り合う
　例互いに〜席に着く。

となりあわせ　隣り合わせ

となりきんじょ　隣近所　例〜の付
　き合い。

となりむら　隣村　文隣村　例〜の
　村長。

どなる　怒鳴る・どなる〈呶鳴る〉

とにかく　とにかく〈兎に角〉　例〜
　しばらく考えてみよう。

どの　殿　例鈴木〜。

どのう　土のう〈土嚢〉　例水害に備
　えて〜を準備する。

とのがた　殿方　例〜用の傘。

とのさま　殿様　例百万石の〜。

どのへん　どの辺〈何の辺〉　例あな
　たの家は、〜ですか。

とば　賭場

とはいうものの　とはいうものの
　文とはいうものの

とはいえ　とはいえ　文とはいえ
　例友人〜、頼めない。

とばく　賭博　公賭博

とばす　飛ばす　文飛ばす　例車を
　〜な。冗談を〜。

どはずれ　度外れ　例〜な考え方。

とばっちり　とばっちり〈迸り〉
　例〜を食う。

とばり　とばり〈帳・帷〉　例夜の〜。

とびあがる　飛び上がる　文飛び上
　がる　例飛行機が〜。

とびあがる　跳び上がる　文跳び上
　がる　例台の上に〜。

とびあるく　飛び歩く　例あちらこ
　ちらを〜。

とびいし　飛び石　文飛び石　例〜
　連休。庭を〜伝いに歩く。

とびいた　飛び板　例〜の上で跳ね
　る。

とびいたとびこみ　飛び板飛び込み

とびいり　飛び入り　文飛び入り
　例演芸会で〜で踊る。〜歓迎。

とびおきる　飛び起きる　例驚いて
　〜。布団を蹴って〜。

とびおり　飛び降り　例〜禁止。

とびおりる　飛び降りる　例ここか
　ら〜と危ない。
　　注新聞では、「飛び降りる」と書く。

とびかう　飛び交う　文飛び交う
　例右に左に〜火花。うわさが〜。

とびかかる　飛び掛かる　例番犬が
　不審者に〜。

とびきり　飛び切り　文飛び切り
　例〜上等の品物です。

付：付表の語　　×：表外字　　△：表外音訓　　〈　〉：参考表記　　⇒：言い換え等

とびぐち　とび口〈鳶口〉　例～で材
木を引っ掛ける。

とびこえる　飛び越える　例階級を
～。

とびこえる　跳び越える　例思い切
って小川を～。

とびこす　飛び越す　例階級を～。

とびこす　跳び越す　例頭の上を～。
1メートルなら～ことができる。

とびこみ　飛び込み　文飛び込み
例～の競技。～自殺。

とびこみだい　飛び込み台

とびこむ　飛び込む　文飛び込む
例台の上から～。紛争の中へ～。

とびしょく　とび職〈鳶職〉　例身の
軽い～。

とびだしナイフ　飛び出しナイフ
文飛び出しナイフ　例危険だか
ら、～を持たないように。

とびだす　飛び出す　文飛び出す
例家を～。子供が～。

とびたつ　飛び立つ　文飛び立つ
例飛行機が～。

とびち　飛び地　文飛び地

とびちる　飛び散る　例火花が～。

とびつく　飛び付く　例帰ってきた
親に子供が～。もうけ話に～。

とびでる　飛び出る　例目玉が～ほ
ど高価だ。

とびどうぐ　飛び道具　文飛び道具
例～には、かなわない。

とびとび　飛び飛び　例～に読む。

とびのく　飛びのく〈飛び退く〉
例驚いて～。

とびのる　飛び乗る　文飛び乗る
例急いでいたので電車に～。

とびばこ　跳び箱
注新聞では、「跳び箱」と書く。

とびはねる　跳びはねる　例うれし
くて辺りを～。
注新聞では、「跳びはねる」と書く。

とびひ　飛び火　文飛び火　例火元
から～する。事件が～する。

とびまわる　飛び回る　文飛び回る
例新聞記者として世界を～。

どひょう　土俵　例～に上がる。

どひょういり　土俵入り　文土俵入
り　例堂々たる横綱の～。

とびら　扉　例～を静かに開ける。

どびん　土瓶　例～が割れた。

どびんむし　土瓶蒸し　文土瓶蒸し

とふ　塗布　例防水剤を～する。

とぶ　飛ぶ　文飛ぶ　例空を～。

とぶ　跳ぶ　文跳ぶ　例ハードルを
～。
注「飛ぶ・跳ぶ」の使い分けは、「「異字
同訓」の漢字の使い分け」p.462参照。

どぶ　どぶ〈溝〉　⇒下水　例～をさ
らう。～に落ちる。

どぶどろ　どぶ泥〈溝泥〉

どぶねずみ　どぶねずみ〈溝鼠〉

どぶろく　どぶろく〈濁酒〉　⇒濁り
酒　例～をごちそうになる。

どべい　土塀　例旧家の～。

とほ　徒歩　例〜で10分掛かる。

とほうにくれる　途方に暮れる

とほうもない　途方もない〈途方も
　無い〉例〜話。

どぼく　土木　例〜工事。

とぼける　とぼける〈恍ける・惚け
　る〉例知っているくせに〜。

とぼしい　乏しい　文乏しい　例知
　識が〜。

とぼしさ　乏しさ　文乏しさ

とます　富ます　文富ます　例国を
　〜。

とまつ　塗抹　例壁面を〜する。

とまどい　戸惑い〈途惑い〉文戸惑
　い　例意外な行動に〜を感じる。

とまどう　戸惑う〈途惑う〉例不意
　に質問されて〜ばかりだった。

とまり　止まり　文止まり

とまり　留まり　文留まり　例この
　辺りが高値の〜だろう。

とまり　泊まり　文泊まり　例〜を
　重ねる。

とまりがけ　泊まり掛け　文泊まり
　掛け　例〜の旅に出掛ける。

とまりぎ　止まり木　文止まり木
　例じっと〜に止まっている鳥。

とまりきゃく　泊まり客　文泊まり
　客

とまりこむ　泊まり込む

とまる　止まる　文止まる　例出血
　が〜。電車が急に〜。

とまる　留まる　文留まる　例心に
　〜歌。

とまる　泊まる　文泊まる　例ホテ
　ルに〜。
　囲「止まる・留まる・泊まる」の使い分
　けは、「「異字同訓」の漢字の使い分
　け」p.463参照。

とみ　富　文富　例〜を誇る。

とみさかえる　富み栄える　文富み

「異字同訓」の漢字の使い分け

とぶ

【飛ぶ】空中を移動する。速く移動する。広まる。順序どおりでなく先に進む。
　　鳥が空を飛ぶ。海に飛び込む。アメリカに飛ぶ。家を飛び出す。
　　デマが飛ぶ。うわさが飛ぶ。途中を飛ばして読む。飛び級。飛び石。

【跳ぶ】地面を蹴って高く上がる。
　　溝を跳ぶ。三段跳び。跳び上がって喜ぶ。跳びはねる*。
　　うれしくて跳び回る。縄跳びをする。跳び箱。

*　「跳」は、常用漢字表に「とぶ」と「はねる」の二つの訓が採られているので、
　「跳び跳ねる」と表記することができるが、読みやすさを考えて「跳びはねる」
　と表記することが多い。

（平成26年文化審議会国語分科会）

団:付表の語　×:表外字　△:表外音訓　〈　〉:参考表記　⇒:言い換え等

栄える　[例]国が～。
とむ　富む　[文]富む　[例]栄養に～食品。
とむらい　弔い　[文]弔い　[例]～の言葉。
とむらう　弔う　[文]弔う　[例]亡き父を～。
とめ　止め　[例]けんかの～に入る。
とめおき　留め置き　[文]留め置き　[例]警察に～される。
とめおきでんぽう　留置電報　[公][文]留置電報
とめおきゆうびん　留置郵便
とめおく　留め置く　[例]郵便物を局に～。
とめがね　留め金・止め金　[例]かばんの～。～が外れる。
とめそで　留め袖　[例]～を着た女性。
とめどなく　とめどなく〈止め処無く・留め処無く〉　[例]どういう訳か涙が～流れ出てくる。
とめばり　留め針　[文]留め針　[例]～をする。
とめる　止める　[文]止める　[例]車を門前に～。
とめる　留める　[文]留める　[例]長く心に～。
とめる　泊める　[文]泊める　[例]客を一晩～。
[注]「止める・留める・泊める」の使い分けは、「「異字同訓」の漢字の使い分け」参照。
とも　友〈朋〉　[例]竹馬の～。
とも　共　[文]共　[例]～食い。～働き。
とも　供　[例]先生のお～をする。
とも　とも〈艫〉　[例]船の～。
とも　とも・共　[公]とも　[例]彼と～に行く。大切であると～に…。

「異字同訓」の漢字の使い分け

とまる・とめる
【止まる・止める】動きがなくなる。
交通が止まる。水道が止まる。小鳥が木の枝に止(留)まる*。
笑いが止まらない。息を止める。車を止める。通行止め。止まり木。
【留まる・留める】固定される。感覚に残る。とどめる。
ピンで留める。ボタンを留める。目に留まる。心に留める。留め置く。
局留めで送る。
【泊まる・泊める】宿泊する。停泊する。
宿直室に泊まる。友達を家に泊める。船が港に泊まる。
*　「小鳥が木の枝にとまる」の「とまる」については、小鳥が飛ぶのをやめて「木の枝に静止する(動きがなくなる)」意で「止」を当てるが、「木の枝にとどまっている(固定される)」という視点から捉えて、「留」を当てることもできる。
(平成26年文化審議会国語分科会)

た行

注 公用文では、「説明するとともに意見を聞く。」のように用いるときは、原則として、仮名で書く。

…とも　…とも　⟨文⟩…とも　⟨例⟩今後〜よろしく。そうだ〜。

…ども〔接尾語〕　…ども〈…共〉　⟨公⟩⟨文⟩…ども　⟨例⟩私〜。男〜。大人〜。

ともあれ　ともあれ　⟨例⟩〜一度試してみよう。

ともえ　ともえ〈巴〉　⟨例⟩〜投げ。〜戦。

ともえり　共襟　⟨例⟩〜の着物。

ともかく　ともかく〈兎も角〉　⟨例⟩〜行ってみることにしました。

ともかせぎ　共稼ぎ　⟨文⟩共稼ぎ　⟨例⟩夫婦〜。

ともぎれ　共切れ・共ぎれ〈共布〉　⟨文⟩共切れ　⟨例⟩〜で継ぎを当てる。

ともぐい　共食い　⟨文⟩共食い　⟨例⟩同業者が多くて、〜になる。

ともしび　ともしび〈灯・灯火〉　⟨例⟩山小屋の〜がかすかに見える。

ともす　ともす〈点す・灯す〉　⟨例⟩火を〜。

ともだおれ　共倒れ　⟨文⟩共倒れ　⟨例⟩過当競争で〜になる。

ともだち　友達団　⟨文⟩友達　⟨例⟩〜と遊ぶ。

ともづな　とも綱〈艫綱・纜〉　⟨例⟩船の〜を解く。

ともづり　友釣り　⟨文⟩友釣り　⟨例⟩あ

ゆの〜。

ともども　共々　⟨例⟩公私〜よろしくお願いします。

ともなう　伴う　⟨文⟩伴う　⟨例⟩危険が〜仕事。

ともびき　友引

ともまわり　供回り　⟨文⟩供回り

どもり　度盛り　⟨文⟩度盛り　⟨例⟩温度計の〜。

どもる　どもる〈吃る〉

とやかく　とやかく〈兎や角〉　⟨例⟩今更〜言っても仕方がない。

どようなみ　土用波

どようぼし　土用干し　⟨文⟩土用干し　⟨例⟩書画骨とうの〜をする。

どようやすみ　土用休み　⟨文⟩土用休み

どよめく　どよめく〈響めく〉　⟨例⟩〜歓声が聞こえてくる。人々が〜。

とら　虎　⟨例⟩〜党。

どら　どら〈銅鑼〉　⟨例⟩〜が鳴り響く。

とらえかた　捉え方　⟨文⟩捉え方

とらえる　捕らえる　⟨文⟩捕らえる　⟨例⟩犯人を〜。腕を〜。

とらえる　捉える　⟨文⟩捉える　⟨例⟩要点を〜。

注「捕らえる・捉える」の使い分けは、「「異字同訓」の漢字の使い分け」p.465参照。

とらのまき　虎の巻　⟨文⟩虎の巻　⟨例⟩兵法の〜。教科書の〜。

どらむすこ　どら息子

団:付表の語　×:表外字　△:表外音訓　〈　〉:参考表記　⇒:言い換え等

とらわれ　捕らわれ〈囚われ〉　例～
　の身を嘆く。

とらわれる　捕らわれる〈囚われる〉
　𝄐捕らわれる　例敵軍に～。

とらわれる　とらわれる〈囚われる〉
　例主観に～。前例に～。

とり　鳥　例～が飛ぶ。小～。

とりあい　取り合い　例ボールの～。

とりあう　取り合う　𝄐取り合う
　例手を～。本気で取り合わない。

とりあえず　とりあえず〈取り敢え
　ず〉　𝄐取りあえず　例右～御
　礼まで。～この辺でやめておく。

とりあげ　取り上げ　公𝄐取上げ
　建取り上げ

とりあげる　取り上げる　𝄐取り上
　げる　例嫌がるのに無理に～。

とりあげる　採り上げる〈取り上げ
　る〉　例議題として～。

とりあつかい　取り扱い　公𝄐取扱
　い　建取り扱い　例現金の～は
　いたしません。

とりあつかいかた　取扱方　例美術

品の～の注意を述べる。

とりあつかいじょ　取扱所　公𝄐取
　扱所

とりあつかいだか　取扱高　𝄐取扱
　高　例輸入品の～が増えている。

とりあつかいちゅうい　取扱注意
　公𝄐取扱注意

とりあつかいてん　取扱店

とりあつかいにん　取扱人　𝄐取扱
　人　例～の印を押してもらう。

とりあつかいひん　取扱品　𝄐取扱
　品　例～の種類が非常に多い。

とりあつかいほう　取扱法　𝄐取扱
　法　例薬品の～。

とりあつかう　取り扱う　𝄐取り扱
　う　例商品を～。注意して～。

とりあわせ　取り合わせ　𝄐取り合
　わせ　例色の～が良い。

とりい　鳥居　例神社の～。

とりいそぐ　取り急ぐ　例取り急ぎ
　申し上げます。

とりいる　取り入る　𝄐取り入る
　例上役に～。言葉巧みに～。

た行

───「異字同訓」の漢字の使い分け───

とらえる
【捕らえる】取り押さえる。
　　逃げようとする犯人を捕らえる。獲物の捕らえ方。密漁船を捕らえる。
【捉える】的確につかむ。
　　文章の要点を捉える。問題の捉え方が難しい。真相を捉える。
　　聴衆の心を捉える。

（平成26年文化審議会国語分科会）

とりいれ　取り入れ　[文]取り入れ　[例]米の～がそろそろ始まる。

とりいれぐち　取り入れ口　[公][文]取入口　[建]取り入れ口　[例]水の～。

とりいれる　取り入れる　[文]取り入れる　[例]米を～。良い点を～。

とりうち　鳥撃ち　[文]鳥撃ち

とりうちぼう　鳥打ち帽　[例]～をかぶった男。

とりえ　取り柄　[文]取り柄　[例]私は健康が唯一の～だ。

とりおこなう　執り行う　[例]式を～。

とりおさえる　取り押さえる　[文]取り押さえる　[例]犯人を～。

とりおとす　取り落とす　[例]大切な品を～。うっかりして～。

とりおろし　取り卸し　[公][文]取卸し　[建]取り卸し

とりかえ　取り替え　[公][文]取替え　[建]取り替え　[例]かみそりの刃の～をする。

とりかえす　取り返す　[例]取られた物を力ずくで～。

とりかえひん　取り替え品　[公][文]取替品　[建]取り替え品　[例]～はすぐにお送りします。

とりかえる　取り替える　[文]取り替える　[例]部品を～。毎日服を～。

とりかかる　取り掛かる　[文]取り掛かる　[例]宿題に～。

とりかご　鳥籠

とりかこむ　取り囲む　[文]取り囲む　[例]囲炉裏を～。周りをみんなで～。

とりかたづける　取り片付ける　[文]取り片付ける　[例]室内を～。

とりかわす　取り交わす　[例]契約書を～。

とりきめ　取り決め〈取り極め〉　[公][文]取決め　[建]取り決め　[例]両者の間の～に従う。

とりきめる　取り決める〈取り極める〉　[文]取り決める　[例]条件を～。

とりくずし　取り崩し　[公][文]取崩し　[建]取り崩し

とりくずす　取り崩す　[文]取り崩す　[例]土砂の山を～。積立金を～。

とりくち　取り口　[文]取り口　[例]相撲の～。

とりくみ　取り組み　[公][文]取組　[建]取り組み　[例]本日の好～。勉強への～。

とりくむ　取り組む　[文]取り組む　[例]難題に～。

とりけし　取り消し　[公][文]取消し　[建]取り消し　[例]予約の～をする。

とりけしきじ　取り消し記事　[文]取消し記事

とりけししょぶん　取り消し処分　[公][文]取消処分　[建]取り消し処分

とりけす　取り消す　[文]取り消す　[例]発言を～。

とりこ　とりこ〈虜・擒〉　[例]敵兵を

～にする。歴史小説の～になる。
とりこしぐろう　取り越し苦労
とりこみ　取り込み　[文]取り込み　[例]～中ですから、明日にしてください。
とりこみさぎ　取り込み詐欺　[例]信用し過ぎて～に遭った。
とりこむ　取り込む　[文]取り込む　[例]にわか雨に慌てて洗濯物を～。
とりごや　鳥小屋
とりこわし　取り壊し　[公][文]取壊し　[建]取り壊し　[例]老朽建物の～作業。
とりこわす　取り壊す　[文]取り壊す　[例]古くなった家を～。
とりさげ　取り下げ　[公][文]取下げ　[建]取り下げ
とりさげる　取り下げる　[文]取り下げる　[例]告訴を～。
とりさし　鳥刺し　[文]鳥刺し　[例]～ざお。
とりざた　取り沙汰　[文]取り沙汰　[例]世間で～される。
とりさばく　取りさばく〈取り捌く〉
とりさる　取り去る　[例]汚れを～。
とりしきる　取り仕切る　[例]商売一切を一人で～。
とりしずめる　取り鎮める　[例]警官が出て騒ぎを～。
とりしまり　取り締まり　[公][文]取締り　[建]取り締まり
とりしまりほう　取締法　[公][文]取締法　[例]麻薬及び向精神薬～。
とりしまりやく　取締役　[公][文]取締役　[例]専務～に就任する。
とりしまる　取り締まる　[文]取り締まる　[例]脱税を～。交通違反を～。
とりしらべ　取り調べ　[公][文]取調べ　[建]取り調べ
とりしらべる　取り調べる　[文]取り調べる　[例]事件の原因を～。
とりすがる　取りすがる〈取り縋る〉　[例]泣いて～。
とりそこなう　取り損なう　[例]ついうっかりして貸し金を～。
とりそろえる　取りそろえる〈取り揃える〉　[例]品物を豊富に～。
とりだか　取り高　[文]取り高　[例]各自の～を決める。
とりだしぐち　取り出し口
とりだす　取り出す　[例]財布から金を～。
とりたて　取り立て　[公][文]取立て　[建]取り立て　[例]税金の～。
とりたてきん　取り立て金　[公][文]取立金　[建]取り立て金　[例]～を取られる。
とりたてそしょう　取り立て訴訟　[公][文]取立訴訟　[建]取り立て訴訟
とりたてる　取り立てる　[文]取り立てる　[例]部長に～。税金を～。
とりちがえる　取り違える　[文]取り違える　[例]言葉の意味を～。

た行

とりちらかす　取り散らかす　㋑取り散らかした部屋。

とりつぎ　取り次ぎ　㋕㋙取次ぎ　㊙取り次ぎ　㋑社長への〜を頼む。

とりつぎてん　取次店　㋕㋙取次店

とりつく　取り付く　㋑〜島もない。手すりに〜。

とりつぐ　取り次ぐ　㋙取り次ぐ　㋑電話を〜。社長に〜。

とりつくす　取り尽くす　㋑きのこを全部〜。

とりつくろう　取り繕う　㋑その場をうまく〜。

とりつけ　取り付け　㋕㋙取付け　㊙取り付け　㋑器具の〜を頼む。〜騒ぎ。

とりつけこうじ　取り付け工事　㋕㋙取付工事　㊙取り付け工事

とりつける　取り付ける　㋙取り付ける　㋑機械を〜。了解を〜。

とりとめる　取り留める　㋑命を〜。

とりどり　とりどり〈取り取り〉　㋑色〜に飾り立てる。

とりなおす　取り直す　㋑気を〜。

とりなおす　撮り直す　㋑写真を〜。

とりなす　取り成す・執り成す　㋑両者を〜。

とりなわ　捕り縄　㋙捕り縄

とりにがす　取り逃がす　㋑危うくチャンスを〜ところだった。

とりのいち　とりの市〈酉の市〉

とりのける　取りのける〈取り除ける〉　㋑邪魔な物を脇に〜。

とりのこし　取り残し　㋙取り残し　㋑〜のごみが汚らしい。

とりのこす　取り残す　㋙取り残す

とりのぞく　取り除く　㋙取り除く　㋑障害物を全て〜。不安を〜。

とりはからい　取り計らい　㋙取り計らい　㋑特別の〜をする。

とりはからう　取り計らう　㋙取り計らう　㋑うまく〜。

とりはこび　取り運び　㋙取り運び　㋑会議の〜がうまくいく。

とりはこぶ　取り運ぶ　㋙取り運ぶ　㋑商談をうまく〜。

とりはずす　取り外す　㋑枠を〜。

とりはだ　鳥肌〈鳥膚〉　㋑〜が立つ。

とりはらい　取り払い　㋙取り払い　㋑古くなった小屋の〜をする。

とりはらう　取り払う　㋙取り払う　㋑壊れた塀を〜。

とりひき　取り引き　㋕㋙取引　㊙取り引き　㋑あの銀行とは〜がない。

とりひきじょ　取引所　㋕㋙取引所　㋑証券〜。

とりぶん　取り分　㋙取り分　㋑利益の〜をもらう。〜が少ない。

とりまき　取り巻き　㋙取り巻き　㋑〜連中。社長の〜。

とりまぎれる　取り紛れる　㋑忙しさに〜。

㋟:付表の語　×:表外字　△:表外音訓　〈　〉:参考表記　⇒:言い換え等

とりまく　取り巻く　[文]取り巻く　[例]選手が監督を～。見物人が～。
とりまぜる　取り混ぜる　[例]いろいろ取り混ぜて袋に入れる。
とりまとめ　取りまとめ〈取り纏め〉　[文]取りまとめ　[例]意見の～。
とりまとめる　取りまとめる〈取り纏める〉　[文]取りまとめる　[例]注文を～。荷物を～。
とりみだす　取り乱す　[文]取り乱す　[例]突然の不幸の知らせに～。
とりむすぶ　取り結ぶ　[例]社長の御機嫌を～。契約を～。
とりもち　取り持ち　[文]取り持ち　[例]恋の～をする。交渉の～。
とりもち　鳥もち〈鳥黐〉　[例]竹の先に～を付ける。
とりもつ　取り持つ　[文]取り持つ　[例]二人の間を～。売買を～。
とりもどし　取り戻し　[公][文]取戻し　[建]取り戻し
とりもどしせいきゅうけん　取り戻し請求権　[公][文]取戻請求権　[建]取り戻し請求権
とりもどす　取り戻す　[文]取り戻す　[例]病気が回復して健康を～。
とりもなおさず　取りも直さず　[例]健康は～美容につながる。
とりもの　捕り物　[文]捕り物　[例]警戒を厳重にして、大～になる。
とりやめ　取りやめ〈取り止め〉　[文]取りやめ　[例]計画を～にする。
とりやめる　取りやめる〈取り止める〉　[文]取りやめる
とりょう　塗料　[例]壁に～を塗る。
どりょう　度量　[例]～のある人物。
どりょうこう　度量衡
どりょく　努力　[例]～のかいがある。
とりよせ　鳥寄せ　[例]～の名人。
とりよせる　取り寄せる　[文]取り寄せる　[例]産地から品物を～。
とりわけ　取り分け　[文]取り分け
とりわけ〔副詞〕　とりわけ・取り分け　[文]とりわけ　[例]～困難な仕事。
とりわける　取り分ける　[文]取り分ける　[例]菓子を幾つかに～。
とる　取る　[文]取る　[例]物を～。名を～。食事を～。
とる　採る　[文]採る　[例]良い案を～。
とる　執る　[文]執る　[例]事務を～。筆を～。
とる　捕る　[文]捕る　[例]ねずみを～。
とる　撮る　[文]撮る　[例]写真を～。
[注]「取る・採る・執る・捕る・撮る」の使い分けは、「「異字同訓」の漢字の使い分け」p.470参照。
とる　とる〈摂る〉　[例]栄養を～。
とる　とる〈獲る〉　[例]鹿を～。
どるい　土塁　[例]～を築く。
どれ　どれ〈何れ〉　[例]～がいいか。
どれい　奴隷
とれだか　取れ高　[文]取れ高　[例]米の～。

た行

とろ　吐露　㊋真情を〜する。

どろ　泥　㊋〜をかぶる。

どろあし　泥足　㊋〜で上がる。

とろう　徒労　㊋努力したが、調停は〜に終わった。

どろうみ　泥海　㊋一面の〜。

どろえのぐ　泥絵の具

どろくさい　泥臭い　㊋〜やり方。

とろける　とろける〈蕩ける〉　㊋心が〜。舌に〜ように甘い。

どろじあい　泥仕合　⊗泥仕合　㊋〜を演じる。

どろなわ　泥縄　㊋〜式の対策。

どろぬま　泥沼　㊋〜にはまる。

どろぼう　泥棒〈泥坊〉　㊋〜を捕え

る。

どろまみれ　泥まみれ〈泥塗れ〉　㊋〜になって働く。

どろみず　泥水　㊋〜を跳ね上げる。

どろよけ　泥よけ〈泥除け〉　㊋自転車の〜がへこんでしまった。

どわすれ　度忘れ　⊗度忘れ　㊋あの人の名前を〜してしまった。

とん　屯〔トン〕　㊋屯所、屯営、屯田兵、駐屯、駐屯地

とん　団⁵(團)〔ダン・トン〕　㊋布団、金団、水団、座布団

とん　豚〔トン ぶた〕　㊋豚舎、養豚、豚カツ

とん　頓〔トン〕　㊋頓着、整頓

「異字同訓」の漢字の使い分け

とる

【取る】手で持つ。手に入れる。書き記す。つながる。除く。
　　本を手に取る。魚を取(捕)る*。資格を取る。新聞を取る。政権を取る。年を取る。メモを取る。連絡を取る。着物の汚れを取る。疲れを取る。痛みを取る。

【採る】採取する。採用する。採決する。
　　血を採る。きのこを採る。指紋を採る。新入社員を採る。こちらの案を採る。会議で決を採る。

【執る】手に持って使う。役目として事に当たる。
　　筆を執る。事務を執る。指揮を執る。政務を執る。式を執り行う。

【捕る】つかまえる。
　　ねずみを捕る。鯨を捕る。外野フライを捕る。生け捕る。捕り物。

【撮る】撮影する。
　　写真を撮る。映画を撮る。ビデオカメラで撮る。

*　「魚をとる」の「とる」は「手に入れる」という意で「取」を当てるが、「つかまえる」という視点から捉えて、「捕」を当てることもできる。

（平成26年文化審議会国語分科会）

田:付表の語　×:表外字　△:表外音訓　〈　〉:参考表記　⇒:言い換え等

どん　貪〔ドン／むさぼる〕　例貪欲

どん　鈍〔ドン／にぶい・にぶる〕　例鈍感、鈍器、鈍角、愚鈍、利鈍

どん　曇〔ドン／くもる〕　例曇天、晴曇

…どん　…丼　文…丼　例親子〜。

どんかく　鈍角　例〜と鋭角。

どんかん　鈍感　例〜な人。

とんきょう　頓狂　例〜な声。

とんざ　頓挫　文頓挫　例計画が途中で〜してしまった。

とんし　頓死　例交通事故で〜する。

とんじ　とん辞〈遁辞〉　⇒逃げ口上　例巧みな〜だ。

とんせい　とん世〈遁世〉　⇒隠世　例出家〜の身。

とんそう　とん走〈遁走〉　⇒逃走　例戦いに負けて〜する。

とんち　頓知〈頓智〉　例〜を働かす。

とんちゃく　頓着　例物に〜しない。

どんちょう　どんちょう〈緞帳〉　例舞台の〜を上げる。

とんちんかん　とんちんかん〈頓珍漢〉　例〜な返事をする。

どんづまり　どん詰まり　⇒最後・物事の果て

どんてん　曇天　例晴天と〜。

どんでんがえし　どんでん返し　例〜の結末。

どんな　どんな　例〜人も彼にはかなわない。〜に暑くても平気だ。

とんぷく　頓服　例頭痛の〜薬。

どんぶり　丼〔どんぶり・どん〕　例丼、丼飯

どんぶり　丼　文丼　例〜鉢。〜勘定。

どんぶりめし　丼飯　文丼飯

とんぼがえり　とんぼ返り〈蜻蛉返り〉　例東京・大阪間を〜する。

とんま　とんま〈頓馬〉　⇒間抜け

とんや　問屋　公文問屋　例〜で仕入れる。
注「といや」とも。

どんよく　貪欲　例彼は実に〜な人だ。

た行

な

な　那〔ナ〕　例利那、旦那

な　奈⁴〔ナ〕　例奈落

な　南²〔ナン・ナ〕　例南無大師遍照
　　　　　　〔みなみ〕
　　金剛

な　納⁶〔ノウ・ナッ・ナ・ナン・トウ〕
　　　　〔おさめる・おさまる〕
　　例納屋、大納言

な　名　例赤ん坊に～を付ける。学
　　問で～を上げる。

な　菜　例～を塩で漬ける。

なあて　名宛て　例～を正しく書く。

ない　内²〔ナイ・ダイ〕　例内外、内向
　　　　　〔うち〕
　　性、内容、内部、家内

ない　ない・無い　公⊗ない　例手
　　元にあった本が～。～物ねだり。
　　関心が持て～。

　　囲公用文では、「欠点がない。」のよう

に用いるときは、原則として、仮
名で書く。

囲打ち消しの助動詞のときは、仮名
で書く。

ない　亡い　⊗亡い　例あの人も今
　　は～。亡き母のぼだいを弔う。

囲多く文語の「亡き」で使う。

囲「無い・亡い」の使い分けは、「「異字
同訓」の漢字の使い分け」参照。

ないい　内意　例～を伺う。

ないえん　内縁　例～の夫。

ないがい　内外　例～の情勢。千円
　　～の品。

ないかく　内閣　例～の改造。

ないがしろ　ないがしろ〈蔑ろ〉
　　例親を～にする。

ないこう　内向　例～的な性格。

ないこう　内攻　例病気が～する。

ないこう　内こう〈内訌〉　⇒内紛
　　例～が表立つ。

ないし　ないし〈乃至〉　⊗ないし

「異字同訓」の漢字の使い分け

ない

【無い*】（⇔有る・在る）。存在しない。所有していない。
　　有ること無いこと言い触らす。無くて七癖。無い袖は振れぬ。
　　無い物ねだり。

【亡い】死んでこの世にいない。
　　今は亡い人。友人が亡くなる。亡き父をしのぶ。

*　　「今日は授業がない」「時間がない」「金がない」などの「ない」は、漢字で
　　書く場合、「無」を当てるが、現在の表記実態としては、仮名書きの「ない」が
　　一般的である。

（平成26年文化審議会国語分科会）

例5人～6人。東～東南の風。

ないしょ　内緒〈内証〉　例～の話。

ないじょう　内情　例政界の～。

ないしょく　内職　例～を始める。

ないしんしょ　内申書　例～の提出。

ないしんのう　内親王

ないせい　内省　例自分の心理状態を～する。～法による調査。

ないぞう　内臓　例～の病気。

ないてい　内定　例就職が～した。

ないてい　内偵　例～を進める。

ないない　内々　例～で知らせる。
　注「うちうち」とも。

ないふん　内紛　例～を起こす。

ないほう　内包　例概念の～。

ないゆう　内憂　例～外患。

ないよう　内容　例～が大事だ。

なう　なう〈綯う〉　例縄を～。

なえ　苗　例稲の～。

なえぎ　苗木　例～を植える。

なえる　萎える　文萎える　例気持ちが～。

なお　なお〈猶・尚〉　文なお　例そ

れでも～できない。～、返信のない場合は、意見なしとして扱います。

なおさら　なおさら〈猶更・尚更〉　例ふだんも余り眠れないのに、試験の前の晩は～だ。

なおざり　なおざり〈等閑〉　例どんなに小さなことでも～にしない。
　注「おざなり」（その場しのぎでいいかげん）との混同に注意。

なおし　直し　文直し　例原稿に～が入る。

なおす　直す　文直す　例誤りを～。

なおす　治す　文治す　例病気を～。
　注「直す・治す」の使い分けは、「「異字同訓」の漢字の使い分け」参照。

なおる　直る　文直る　例故障が～。

なおる　治る　文治る　例病気が～。
　注「直る・治る」の使い分けは、「「異字同訓」の漢字の使い分け」参照。

なおれ　名折れ　文名折れ　例あんなことをするなんて、家の～だ。

なか　中　文中　例家の～を明るく

な行

───── 「異字同訓」の漢字の使い分け ─────

なおす・なおる
【直す・直る】正しい状態に戻す。置き換える。
　誤りを直す。機械を直す。服装を直す。故障を直す。ゆがみが直る。
　仮名を漢字に直す。
【治す・治る】病気やけがから回復する。
　風邪を治す。けがが治る。傷を治す。治りにくい病気。
　　　　　　　　　　　　　　　（平成26年文化審議会国語分科会）

1～6：教育漢字学年配当　公：法令・公用文の表記　文：文科省語例集の表記

する。二つの意見の〜を取る。

なか　仲　例〜がいい友人。

注「中・仲」の使い分けは、「「異字同訓」の漢字の使い分け」参照。

ながい　長い　⊗長い　例〜鉛筆。

ながい　永い　⊗永い　例〜眠りに就く。

注「長い・永い」の使い分けは、「「異字同訓」の漢字の使い分け」参照。

ながいき　長生き　⊗長生き　例〜をするための秘けつ。

ながいす　長椅子

なかいり　中入り　例〜後の勝敗。

ながうた　長唄

なかおれぼう　中折れ帽

なかがい　仲買　公⊗仲買　例魚の〜。

なかがいにん　仲買人　⊗仲買人　例〜を通じて仕入れる。

ながぐつ　長靴　例ゴムの〜。

なかごろ　中頃　例来月の〜。

ながさ　長さ　例机の〜を測る。

ながし　流し　⊗流し　例台所の〜。〜のタクシー。

ながしこむ　流し込む　⊗流し込む　例型へ〜。

―――――「異字同訓」の漢字の使い分け ―――――

なか

【中】（⇔外）。ある範囲や状況の内側。中間。
　　　箱の中。家の中。クラスの中で一番足が速い。嵐の中を帰る。
　　　両者の中に入る。

【仲】人と人との関係。
　　　仲がいい。仲を取り持つ。仲たがいする。話し合って仲直りする。
　　　犬猿の仲。

ながい

【長い】（⇔短い）。距離や時間などの間隔が大きい。
　　　長い髪の毛。長い道。長い年月。気が長い。枝が長く伸びる。長続きする。
　　　長い目で見る。

【永い】永久・永遠と感じられるくらい続くさま。
　　　永い眠りに就く。永の別れ。永くその名を残す。永のいとまを告げる。
　　　末永（長）く契る＊。

＊　　時間の長短に関しては、客観的に計れる「長い」に対して、「永い」は主観的な思いを込めて使われることが多い。「末ながく契る」は、その契りが「永久・永遠と感じられるくらい続く」ようにという意で「永」を当てるが、客観的な時間の長さという視点から捉えて、「長」を当てることもできる。

（平成26年文化審議会国語分科会）

困:付表の語　×:表外字　△:表外音訓　〈　〉:参考表記　⇒:言い換え等

ながしだい　流し台

ながしづり　流し釣り

ながしめ　流し目　例～で見る。

なかす　中州〈中洲〉　例～に取り残される。

なかす　泣かす　文泣かす　例子供を～。

なかす　鳴かす　文鳴かす　例小鳥を～。

ながす　流す　文流す　例水に～。汗を～。

ながぜりふ　長ぜりふ〈長台詞〉　例～なので覚えられない。

ながそで　長袖　例～のシャツ。

なかたがい　仲たがい〈仲違い〉　例友達と～する。

なかだち　仲立ち　例先輩の～で、どうやら話がまとまった。

なかだちぎょう　仲立ち業　公文仲立業　建仲立ち業

なかだちにん　仲立ち人　文仲立人　建仲立ち人　例～を依頼する。

ながたらしい　長たらしい　例～話。

なかつぎ　中継ぎ〈中次ぎ〉　文中継ぎ　例～の投手。

ながつづき　長続き　文長続き　例稽古事が～しない。

なかづみ　中積み　文中積み　例～の荷物。

なかなおり　仲直り　文仲直り　例けんかの後、すぐに～する。

なかなか　なかなか・中々〈仲々・却々〉　文なかなか　例～できない。～上手な絵だ。

ながなが　長々・ながなが　例～お世話になりました。

なかにわ　中庭　例～に集合する。

ながねん　長年・永年　例～の夢。
　注新聞では、「長年」と書く。賞状などでは「永年にわたり」と書くことが多い。「永年勤続（えいねんきんぞく）」は別。

なかば　半ば　文半ば　例夏ももう～を過ぎた。～諦めていた。

なかばたらき　仲働き　文仲働き　例料亭の～。

ながびく　長引く　文長引く　例病気が～。

なかほど　中ほど〈中程〉　例工事が～まで進む。橋の～。

なかま　仲間　例サークルの～。

なかまいり　仲間入り　例趣味の同好会の～をする。

なかまはずれ　仲間外れ　例気が合わなくて、～にされる。

なかみ　中身・中味　例外見より～が大切だ。
　注新聞では、「中身」と書く。

ながめ　長め・長目　文長め　例～の髪。
　注「形容詞＋め」は原則として「～め」。

ながめ　眺め　文眺め　例いい～だ。

ながめる　眺める　文眺める　例山頂から四方を～。つくづくと～。

なかもち　長持　例〜とたんす。

ながもち　長持ち　例物を〜させる。

ながや　長屋　例〜住まい。

なかやすみ　中休み　例仕事の〜。

なかよし　仲良し　例〜の友達。

ながら　ながら〈乍ら〉　㋒ながら　例狭い〜も楽しい我が家。スマホを見〜食事をする。

ながらえる　長らえる・永らえる　㋒長らえる　例命を〜。
　団新聞では、「永らえる」と書く。

ながらく　長らく〈永らく〉　例〜お待たせいたしました。

ながれ　流れ　㋒流れ　例川の〜。

ながれこむ　流れ込む　㋒流れ込む

ながれづくり　流れ造り　㋒流れ造り　例〜の神社。

ながれぼし　流れ星　㋒流れ星

ながれる　流れる　㋒流れる　例涙が〜。うわさが〜。水が〜。

ながわずらい　長患い　㋒長患い　例〜の床に就く。

なかんずく　なかんずく〈就中〉　㋒なかんずく　⇒中でも　例中国の、〜唐の時代の書が好きだ。

なき　亡き　例〜父。

なき　泣き　㋒泣き　例〜を入れる。

なき　鳴き　㋒鳴き　例随分、〜の良いうぐいすですねえ。

なぎ　なぎ〈凪〉　例朝〜と夕〜。

なきおとし　泣き落とし　例とうとう〜の戦術に出て来た。

なきがお　泣き顔　㋒泣き顔　例子供の〜。

なきがら　なきがら〈亡骸〉　⇒しかばね　例〜を弔う。

なきくずれる　泣き崩れる　例わっと〜。

なきくらす　泣き暮らす　㋒泣き暮らす　例悲しみに一日中〜。

なきごえ　泣き声　㋒泣き声　例赤ん坊の〜。

なきごえ　鳴き声　㋒鳴き声　例小鳥たちの〜。

なきごと　泣き言　㋒泣き言　例つらくても、〜を言わない。

なぎさ　なぎさ〈渚・汀〉

なきさけぶ　泣き叫ぶ　㋒泣き叫ぶ　例傷の痛さに〜。大声で〜。

なきしずむ　泣き沈む　㋒泣き沈む　例非常な悲しみに〜。

なきじゃくる　泣きじゃくる〈泣き噦る〉　例〜子供をなだめる。

なきじょうご　泣き上戸　㋒泣き上戸

なぎたおす　なぎ倒す〈薙ぎ倒す〉　例群がる敵を次から次へと〜。

なきだす　泣き出す　例火が付いたように〜。

なきつく　泣き付く　例親に〜。

なきつづける　泣き続ける　例1時間も〜。

なきっつら・なきつら　泣きっ面・泣き面　例正に、「〜に蜂」とい

うところだ。

なきなき　泣き泣き　例〜訴える。

なぎなた　なぎなた〈長刀・薙刀〉
　　例〜を振り回す。

なきねいり　泣き寝入り　灾泣き寝
　　入り　例このままでは〜だ。

なきひと　亡き人　灾亡き人　例〜
　　をしのぶ。

なきふす　泣き伏す　例わっと〜。

なきまね　泣きまね〈泣き真似〉

なきまね　鳴きまね〈鳴き真似〉
　　灾鳴きまね　例鳥の〜が上手だ。

なきむし　泣き虫　灾泣き虫　例あ
　　の子は〜でいつも泣いている。

なきやむ　泣きやむ〈泣き止む〉
　　例赤ん坊が〜。

なきやむ　鳴きやむ〈鳴き止む〉
　　例うるさく鳴いていたせみが〜。

なきわかれ　泣き別れ　灾泣き別れ
　　例駅のホームで〜する。

なきわらい　泣き笑い　灾泣き笑い
　　例〜の人生を送る。

なく　泣く　灾泣く　例子供が〜。

なく　鳴く〈啼く〉　灾鳴く　例鳥が
　　〜。

なぐ　なぐ〈凪ぐ〉　例風が〜。

なぐさみ　慰み　灾慰み　例ほんの
　　お〜にすぎない。手〜。

なぐさむ　慰む　灾慰む　例心が〜。

なぐさめ　慰め　灾慰め　例〜の言
　　葉。

なぐさめる　慰める　灾慰める

例友を〜。

なくす　亡くす　灾亡くす　例親を
　　〜。

なくす　なくす・無くす　例鍵を〜。

なくなく　泣く泣く　例〜手離す。

なくなる　亡くなる　灾亡くなる
　　例父は、この秋亡くなりました。

なくなる　なくなる・無くなる
　　例お金が〜。体力が〜。

なぐりあい　殴り合い　灾殴り合い

なぐりがき　なぐり書き　例急いで
　　〜をする。

なぐりこみ　殴り込み　灾殴り込み
　　例〜を止める。

なぐりつける　殴り付ける

なぐりとばす　殴り飛ばす

なぐる　殴る〈撲る・擲る〉　灾殴る
　　例思い切り〜。

なげ　投げ　例すくい〜。

なげあし　投げ足　灾投げ足　例電
　　車での〜は迷惑だ。

なげいれ　投げ入れ　灾投げ入れ
　　例〜の花。

なげいれる　投げ入れる　灾投げ入
　　れる　例池に石を〜。

なげうつ　なげうつ〈抛つ・擲つ〉
　　例命をなげうって救助する。

なげうり　投げ売り　灾灾投売り
　　建投げ売り　例季節外れの品の
　　〜をする。

なげうりひん　投げ売り品　灾灾投
　　売品　建投げ売り品　例〜を並

べる。

なげかける　**投げ掛ける**　[文]**投げ掛ける**　[例]計画に疑問を～。

なげかわしい　**嘆かわしい**　[文]**嘆かわしい**　[例]～少年の非行。

なげき　**嘆き**〈歎×き〉　[文]**嘆き**　[例]親の～。～明かす。

なげきかなしむ　**嘆き悲しむ**　[例]友の死を～。

なげく　**嘆く**〈歎×く〉　[文]**嘆く**　[例]我が身の不運を～。

なげくび　**投げ首**　[例]難問題にぶつかって思案～の体である。

なげこむ　**投げ込む**　[文]**投げ込む**　[例]ごみを川へ～のはやめよう。

なげし　**なげし**〈長△押△〉

なげすて　**投げ捨て**　[文]**投げ捨て**　[例]吸い殻の～禁止。

なげすてる　**投げ捨てる**　[文]**投げ捨てる**　[例]空き缶を～な。

なげだす　**投げ出す**　[文]**投げ出す**　[例]途中で仕事を～。足を～。

なげつける　**投げ付ける**　[文]**投げ付ける**　[例]厳しい言葉を～。

なげとばす　**投げ飛ばす**　[文]**投げ飛ばす**　[例]大男を～。力一杯～。

なげなわ　**投げ縄**　[例]～の名人。

なげやり　**投げやり**〈投げ槍×〉

なげやり　**投げやり**〈投げ遣△り〉　[文]**投げやり**　[例]～な態度。

なげる　**投げる**　[文]**投げる**　[例]ボールを～。試合を～。タオルを～。

なこうど　**仲人**[付]　[例]～の挨拶。

なごむ　**和む**　[文]**和む**　[例]心が～。

なごやかだ　**和やかだ**　[文]**和やかだ**　[例]雰囲気が～。

なごり　**名残**[付]　[文]**名残**　[例]～が尽きない。～惜しい。

なさけ　**情け**　[文]**情け**　[例]～を掛ける。

なさけない　**情けない**〈情け無い〉　[例]～成績だ。

なさけぶかい　**情け深い**　[例]～人。

なざし　**名指し**　[文]**名指し**　[例]～で非難する。

なざす　**名指す**　[例]相手を～。

なし　**梨**[4]〔—なし〕　[例]梨、洋梨

なし　**梨**　[例]～のつぶて。

なし　**無し・なし**　[文]**無し**〈有り・無し〉　[例]配偶者～。

なしくずし　**なし崩し**〈済△し崩し〉　[例]ばくだいな借金を～に返す。計画が～に変更になる。

なしとげる　**成し遂げる**　[文]**成し遂げる**　[例]仕事を立派に～。

なじみ　**なじみ**〈馴×染み〉　[例]～の客。

なじむ　**なじむ**〈馴×染む〉　[例]靴が～。

なじる　**なじる**〈詰△る〉　[例]失敗を～。

なす　**成す**　[文]**成す**　[例]名を～。論文の体裁を成していない。

なす　**なす**〈為△す〉　⇒する　[文]**なす**　[例]偉業を～。～すべもない。

なする　**なする**〈擦△る〉　⇒こする　[例]指先で～と汚れる。罪を人に

[付]:付表の語　×:表外字　△:表外音訓　〈　〉:参考表記　⇒:言い換え等

なすり付ける。

なぜ　なぜ〈何故〉　⊗なぜ　例～で
しょう。～だか分からない。

なぞ　謎［謎］〔^x謎〕　例謎

なぞ　謎　例～を掛ける。世界の～。

なぞらえる　なぞらえる〈準える・
擬える〉　例名園になぞらえて
造った庭。

なぞる　なぞる　例文字を～。

なた　なた〈^x鉈〉　例～を振るう。

なだい　名代　例～の和菓子。

なだい　名題　例～の役者。

なだかい　名高い　例城で～町。

なたね　菜種　例～油。～梅雨。

なだめる　なだめる〈^x宥める〉
例相手を～。気持ちを～。

なだれ　雪崩囲　例～が起こる。

なだれこむ　なだれ込む〈雪崩れ込
む〉　例場内に群衆が～。

なっ　納⁶〔ノウ・<u>ナッ</u>・<u>ナ</u>・<u>ナン</u>・<u>トウ</u>
おさめる・おさまる〕
例納得、納豆

なつ　夏　例～の休み。

なついん　なつ印〈^x捺印〉　⇒押印
例署名～。責任者の～が必要だ。
囲法令では、「捺印」は用いない。「押
印」を用いる。

なつかしい　懐かしい　⊗懐かしい
例～歌。

なつかしむ　懐かしむ　⊗懐かしむ
例故郷を～気持ち。

なつがれ　夏枯れ　例商売の～時。

なつく　懐く　⊗懐く　例子供が～。

なづけ　名付け　⊗名付け　例～に
苦労する。

なづけおや　名付け親　⊗名付け親
例弟子の～になる。

なつける　懐ける　⊗懐ける

なづける　名付ける　⊗名付ける
例南極観測船を「しらせ」と～。

なっとう　納豆　例～を買う。

なっとく　納得　例説明に～する。

なっとくずく　納得ずく〈納得尽く〉
例～で仕事を進める。

なっぱ　菜っ葉　例～を塩に漬ける。

なつふく　夏服　例～と冬服。

なつまけ　夏負け　⊗夏負け　例～
で食欲が全くない。～するたち。

なつまつり　夏祭り

なつみかん　夏みかん〈夏^x蜜柑〉

なつむき　夏向き　⊗夏向き　例～
の洋服生地。～の音楽。

なつやすみ　夏休み　⊗夏休み

なつやせ　夏痩せ　例食欲が落ちて
～した。～するたち。

なでぎり　なで斬り〈^x撫で斬り〉
例評論で作家を～にする。

なでつける　なで付ける〈^x撫で付け
る〉　例髪の毛をきれいに～。

なでる　なでる〈^x撫でる〉　例頭を～。

…など　…など〈…^x等〉　⊗…など
例冷蔵庫・テレビ～の家電製品。
囲「等」は「とう」と読む。

なとり　名取り　⊗名取り　例日本
舞踊の～。

ななくさ　七草〈七種〉　例春の〜。

ななころび　七転び　例〜八起き。

ななつ　七つ　公七つ　例〜ある。

ななつきめ　七月目　例退院後、〜を無事に迎えた。

ななつどうぐ　七つ道具　例棚を作るのに、〜を持ち出す。

ななひかり　七光り　例親の光は〜。

ななまがり　七曲がり　公七曲がり　例坂道が〜している。

ななめ　斜め　公斜め　例〜の線。

ななめうしろ　斜め後ろ　例〜から現れる。

ななめに　斜めに　公斜めに　例〜傾く。

なに〔代名詞〕　何　公公何　例〜かないか。

なに　なに〈何〉　例〜、いいさ。

なにがし　なにがし〈某〉　例山田〜という男。

なにかと　何かと・なにかと〈何彼と〉　例〜雑用で忙しい。

なにくれ　何くれ・なにくれ　例〜となく世話をする。

なにげない　何げない〈何気無い〉　例〜様子。

なにげなく　何げなく〈何気無く〉　例〜辺りの様子を見る。

なにごと　何事　例一体〜か。

なにしろ　何しろ・なにしろ　例〜忙しい。

なにせ　何せ・なにせ　例〜こう寒くてはかなわない。

なにとぞ　何とぞ・なにとぞ〈何卒〉　公何とぞ　例〜お許しください。〜よろしくお願い申し上げます。

なにぶん　何分・なにぶん　公何分　例〜不案内な土地ですので、…。

なにほど　何ほど・なにほど〈何程〉　例勝負強いとは聞いているが、〜のことがあろうか。

なにも　何も・なにも　例〜知らない。〜そうまで言う必要はないでしょう。

なにもかも　何もかも〈何も彼も〉　例〜失った。

なにもの　何者　例〜の仕業か。

なにやかや　何やかや・なにやかや〈何や彼や〉　例〜と雑用が多い。

なにゆえ　何故・なにゆえ　例〜そうまで言うのか。

なにより　何より・なにより　例〜の品をありがとうございました。

なにわぶし　なにわ節〈浪花節〉　⇒浪曲
　　注新聞では、「浪花節」と書く。

なのか　七日　例今月の〜。初〜。
　　注「なぬか」とも。

なのはな　菜の花

なのり　名乗り〈名告り〉

なのりでる　名乗り出る〈名告り出る〉　例容疑者が〜。

なのる　名乗る〈名告る〉　公名のる　例姓名を〜。堂々と名を〜。

なびかす　なびかす〈靡かす〉　例旗を～。人々の心を～。

なびく　なびく〈靡く〉　例穂が～。

なふだ　名札　例胸に～を付ける。

なぶる　なぶる〈嬲る〉　⇒弄ぶ
例猫がねずみを～。

なべ　鍋〔なべ〕　例鍋、～料理

なべ　鍋　例寄せ～。

なべやき　鍋焼・鍋焼き

なべりょうり　鍋料理

なへん　那辺・奈辺　例その原因は～にあるか。

なま　生　例～の魚。～ビール。

なまあげ　生揚げ　文生揚げ

なまあたたかい　生暖かい　例～風。

なまいき　生意気　例～な年頃。

なまえ　名前　文名前　例～を呼ぶ。

なまがし　生菓子

なまかじり　生かじり〈生齧り〉
例～の知識を振り回す。

なまがわき　生乾き　例～の靴下。

なまき　生木　例～を裂く。

なまきず　生傷　例～が絶えない。

なまぐさい　生臭い〈腥い〉　例肉や魚は～。～風が吹く。

なまけもの　怠け者　文怠け者

なまける　怠ける　文怠ける　例練習を～。

なまごろし　生殺し　例～の状態。

なまじ　なまじ　例～自信があったので痛い目に遭った。

なます　なます〈膾・鱠〉　例あつも

のに懲りて～を吹く。

なまたまご　生卵

なまづめ　生爪　例～を剝がす。

なまなか　なまなか〈生半〉　例～のことでは承知しない。

なまなましい　生々しい　文生々しい　例～傷痕。まだ～記憶。

なまにえ　生煮え　文生煮え　例～の態度。

なまぬるい　生ぬるい〈生温い〉
例そんな～態度では駄目だ。

なまはんか　生半可　例～な知識。

なまへんじ　生返事　例～をする。

なまぼし　生干し〈生乾し〉　例～の魚。

なまみ　生身　例～の体。

なまみず　生水　例～を飲むな。

なまめかしい　なまめかしい〈艶めかしい〉

なまもの　生物・生もの　例～なので早く食べる。

なまやけ　生焼け　文生焼け　例～の魚。

なまやさしい　生易しい　例ダムの建設は、～仕事ではない。

なまよい　生酔い　文生酔い　例～本性たがわず。

なまり　鉛　例～の文鎮。

なまり　なまり〈訛り〉　例お国～。

なまりいろ　鉛色　例～の雲。

なまる　なまる〈訛る〉　例言葉が～。

なまる　なまる〈鈍る〉　例腕が～。

なみ　並　⊗並　例～の肉。～外れ。

なみ　波〈浪・濤〉　例～が立つ。

…なみ　…並み　例山～。家～。

なみあし　並足　⊗並足　例馬の～。

なみいる　並み居る　例～聴衆の前で話す。

なみうちぎわ　波打ち際　⊗波打ち際　例～で、かにと遊ぶ。

なみうつ　波打つ　例大きく～。

なみがしら　波頭　例～が砕ける。

なみき　並木　公⊗並木　例～道。

なみだ　涙　例～を流す。

なみたいてい　並大抵　例～の努力ではない。

なみだぐましい　涙ぐましい　⊗涙ぐましい　例～努力を続ける。

なみだぐむ　涙ぐむ　⊗涙ぐむ　例相手に同情して思わず～。

なみだつ　波立つ　⊗波立つ　例～海。

なみだもろい　涙もろい〈涙脆い〉　例～性格。母は実に～。

なみなみ　並々　⊗並々　例～ならぬお世話になった。

なみなみ　なみなみ　例杯に～とついだ酒を一気に飲む。

なみのしな　並の品　⊗並の品

なみはずれる　並外れる　例並外れた力持ち。

なみま　波間　例～に浮かぶ。

なみよけ　波よけ〈波除け〉

なむ　南無　例～三宝。

なめしがわ　なめし革〈鞣し革〉　例～で作ったジャンパー。

なめらかだ　滑らかだ　⊗滑らかだ　例表面が～。

なめる　なめる〈嘗める・舐める〉　例辛酸を～。なめて味を見る。

なや　納屋　例～にしまう。

なやましい　悩ましい　⊗悩ましい　例～問題。

なやます　悩ます　⊗悩ます　例頭を～。

なやみ　悩み　⊗悩み　例恋の～。

なやむ　悩む　⊗悩む　例失恋に～。

ならい　習い　⊗習い　例～性となる。前からの～。

ならう　習う　⊗習う　例英語を～。

ならう　倣う〈傚う〉　⊗倣う　例先例に～。

　　注「習う・倣う」の使い分けは、「「異字同訓」の漢字の使い分け」p.483参照。

ならく　奈落　例～の底。舞台の～。

ならす　鳴らす　⊗鳴らす　例笛を～。

ならす　慣らす　⊗慣らす　例体を気候に～。

ならす　ならす〈均す〉　例地面を平らに～。費用を一人一人に～。

ならす　慣らす〈馴らす〉　例犬を～。

ならび　並び　⊗並び　例家の～。通りの～にある店。～ない傑作。

ならびだいみょう　並び大名　⊗並

び大名
ならびたつ　並び立つ　[文]並び立つ　[例]～ビル。
ならびに〔接続詞〕　並びに・ならびに　[公][文]並びに　[例]a及びb～c及びd。
[注]法令・公用文では、接続が二重になる場合、小さなまとまりの方の接続に「及び」、大きなまとまりの方に「並びに」を使う。例えば、「給料、手当及び旅費の額並びにその支給方法」のように用いる。

ならぶ　並ぶ　[文]並ぶ　[例]一列に～。
ならべたてる　並べ立てる　[例]不平を～。
ならべる　並べる　[文]並べる　[例]机を～。
ならわし　習わし〈慣わし〉　[文]習わし　[例]それが世の～だ。
ならわす　習わす〈慣わす〉　[例]ピアノを～。言い～。
なり　鳴り　[文]鳴り　[例]太鼓の～が良い。
なり　なり〈形・態〉　[例]弓～になる。
…なり　…なり〈也〉　[例]金五千円～。
…なり　…なり　[例]どこへ～と行きます。ペン～鉛筆～で書く。
なりあがり　成り上がり　[文]成り上がり　[例]～者。
なりあがる　成り上がる　[文]成り上がる　[例]億万長者に～。
なりかわる　成り代わる　[例]当人に成り代わってわびる。
なりきん　成り金　[文]成金　[例]株でもうけて～になる。
なりさがる　成り下がる　[文]成り下がる
なりすます　成り済ます　[例]他人に～。
なりたち　成り立ち　[文]成り立ち　[例]社会の～。
なりたつ　成り立つ　[文]成り立つ　[例]うまい具合に証明が～。
なりて　なり手　[例]委員に～がない。
なりどし　なり年〈生り年〉　[例]今年はみかんの～だ。

な行

―「異字同訓」の漢字の使い分け―

ならう
【習う】教わる。繰り返して身に付ける。
　先生にピアノを習う。英語を習う。習い覚えた技術。習い性となる。見習う。
【倣う】手本としてまねる。
　前例に倣う。西洋に倣った法制度。先人のひそみに倣う。右へ倣え。
（平成26年文化審議会国語分科会）

なりはてる　成り果てる

なりひびく　鳴り響く　[例]鐘が～。

なりふり　なりふり〈形振り〉　[例]～構わず働く。

なりもの　鳴り物　[例]～の禁止。

なりもの　なり物〈生り物〉

なりものいり　鳴り物入り　[文]鳴り物入り　[例]～で入団する。

なりゆき　成り行き　[文]成り行き　[例]事の～を静観する。～次第。

なりわい　なりわい〈生業〉

なりわたる　鳴り渡る

なる　成る〈為る〉　[文]成る　[例]ついに新社屋～。3章から～論文。

なる　鳴る　[文]鳴る　[例]鈴が～。

なる　なる〈生る〉　[例]実が～。

なる　なる〈為る〉　[公][文]なる　[例]冬に～。

[注]公用文では、「合計すると1万円になる。」のように用いるときは、原則として、仮名で書く。

なるこ　鳴子　[文]鳴子　[例]～を鳴らして踊る。

なるたけ　なるたけ〈成る丈〉　[例]～早く行くことにします。

なるべく　なるべく〈可成く〉　[文]なるべく　[例]～早く行く。

なるほど　なるほど〈成る程〉　[文]なるほど　[例]～よくできている。

なれ　慣れ〈馴れ〉　[文]慣れ　[例]物事は～が大切だ。

なれあい　なれ合い〈馴れ合い〉　[文]なれ合い　[例]～で事を決める。

なれあう　なれ合う〈馴れ合う〉

なれそめ　なれ初め〈馴れ初め〉　[例]そもそもの～は…。

なれっこ　慣れっこ　[例]もう～だ。

なれなれしい　なれなれしい〈馴れ馴れしい〉　[例]～態度をするな。

なれのはて　成れの果て

なれる　慣れる〈馴れる〉　[文]慣れる　[例]仕事に～。犬が～。

なわ　縄　[例]～をなう。

なわあみ　縄編み　[文]縄編み

なわしろ　苗代　[例]～を作る。

なわとび　縄跳び・縄飛び　[文]縄跳び

なわのれん　縄のれん〈縄暖簾〉

なわばしご　縄ばしご〈縄梯子〉

なわばり　縄張り　[公][文]縄張　[建]縄張り

なん　男[1]〔ダン・ナン／おとこ〕　[例]三男、長男、善男善女、老若男女

なん　南[2]〔ナン・ナ／みなみ〕　[例]南極、南方、南下、南端、指南、東西南北

なん　納[6]〔ノウ・ナッ・ナ・ナン・トウ／おさめる・おさまる〕　[例]納戸

なん　軟〔ナン／やわらか・やわらかい〕　[例]軟禁、軟化、軟弱、硬軟、軟体動物

なん　難[6]（難）〔ナン／かたい・むずかしい〕　[例]難易、難点、困難、就職難、非難、少々難を言えば…

[注]「むずかしい」は「むつかしい」とも。

なん　何・なん　[文]何　[例]～でも。

な行

～にも。～ら。～点。

なんい　南緯　例〜30度の地点。

なんい　難易　例問題の〜。

なんか　軟化　例態度が〜する。

なんかい　難解　例〜な問題。

なんかじょう　何箇条・何か条〈何個条〉　文何箇条　例日本国憲法は〜ですか。

なんかん　難関　例〜を突破する。

なんぎ　難儀　例吹雪で〜する。

なんきつ　難詰　例相手を〜する。

なんぎょうくぎょう　難行苦行　例〜の末、ようやく完成した。

なんきょく　難局　例どうやら〜を切り抜けることができた。

なんこう　難航　例工事が〜する。

なんこう　軟こう〈軟膏〉　例皮膚に〜を塗る。

なんじ　何時　例今〜ですか。

なんじ　なんじ〈汝〉　⇒あなた・お前　例〜の限界を知れ。

なんじゃく　軟弱　例〜な地盤。

なんじゅう　難渋　例〜を極める。

なんだい　難題　例〜に取り組む。

なんたん　南端　例日本の〜。

なんでも　何でも・なんでも　例〜いい。〜昨日、来日したそうです。〜ない。

なんてん　難点　例〜のある品。

なんと　何と・なんと　例〜いい話だろう。〜したものか。

なんど　何度　例〜も言う。

なんど　納戸　例〜にしまう。

なんどき　何時・なんどき

なんとなく　何となく・なんとなく〈何と無く〉　例〜分かる。

なんとも　何とも・なんとも　例今のところ〜言えない。

なんなんとする　なんなんとする〈垂んとする〉　例創立100年に〜学校。

なんにも　何にも・なんにも

なんねん　何年　例〜先のことか。

なんのことか　何の事か・なんのことか　例〜分からない。

なんぱ　軟派

なんぱ　難破　例〜船。

なんばん　南蛮　例〜漬け。

なんびと・なんぴと　何人　例法律の上では、〜も差別されない。

なんべん　何遍・なんべん　例〜書いても同じに書ける。

なんぼく　南北　例〜の通り。

なんぼん　何本　例〜あるか。

なんもん　難問　例〜に答える。

なんら　何ら・なんら〈何等〉　例〜疑うべきところがない。

なんらか　何らか・なんらか　例〜の対策を講じる必要がある。

な行

に

に　二¹〔二 ふた・ふたつ〕　例二度、二重、二の句、二回目、二分、二番目、十二月、無二　付十重二十重（とえはたえ）、二十・二十歳（はたち）、二十（はつか）、二人（ふたり）、二日（ふつか）

に　仁⁶〔ジン・二〕　例仁王

に　尼〔二 あま〕　例尼僧、修道尼

に　弐（貳）〔二〕　例弐万円、金弐拾万円

に　児⁴（兒）〔ジ・二〕　例小児科　＊鹿児島県（かごしまけん）　付稚児（ちご）

に　荷　例〜を積む。〜物。

に　煮　例〜豆。角〜。

にあい　似合い　文似合い　例〜の夫婦。

にあう　似合う　例和服がよく〜。

にあげ　荷揚げ・荷上げ　文荷揚げ
　注山小屋などに荷物を運び上げる場合は「荷上げ仕事」を用いる。

にあげしごと　荷揚げ仕事・荷上げ仕事　例〜に従事する。

にあつかいじょう　荷扱い場　公文荷扱場　建荷扱い場

にいさん　兄さん付　例〜と遊ぶ。

にいづま　新妻

にいぼん　新盆　例祖母の〜。

にうけ　荷受け　文荷受け

にうけにん　荷受け人　公文荷受人　建荷受け人

にえ　煮え　文煮え　例〜が足りない。

にえかえる　煮え返る　文煮え返る　例湯がぐらぐらと〜。

にえき　荷役　例港湾〜事業。

にえきらない　煮え切らない　例〜態度では困る。

にえくりかえる　煮え繰り返る　例腹わたが〜ほどの思いをした。

にえたつ　煮え立つ　文煮え立つ　例湯が〜。

にえゆ　煮え湯　文煮え湯　例〜を飲まされる。〜でやけどをする。

にえる　煮える　文煮える　例豆が〜。

におい　匂い　文匂い

におい　臭い　文臭い
　注「匂い・臭い」の使い分けは、「「異字同訓」の漢字の使い分け」p.487参照。

においぶくろ　匂い袋　文匂い袋

におう　匂〔匂 におう〕　例匂う、匂い

におう　仁王　例〜の像。

におう　匂う　文匂う　例花の香が〜。香水が〜。

におう　臭う　文臭う　例ごみが〜。
　注「匂う・臭う」の使い分けは、「「異字同訓」の漢字の使い分け」p.487参照。

におうだち　仁王立ち

「匂い・臭い」の使い分けは、「「異字同訓」の漢字の使い分け」p.487参照。

付：付表の語　　×：表外字　　△：表外音訓　　〈　〉：参考表記　　⇒：言い換え等

におくりにん　荷送り人

におやか　匂やか　例～な笑み。

におろし　荷降ろし・荷下ろし・荷
　　卸し　例船からの～が始まった。
　　注載せている荷物を下に移す場合は
　　「荷降ろし・荷下ろし」(新聞では
　　「荷降ろし」)を用い、問屋から商店
　　に荷物を移す場合は「荷卸し」を用
　　いる。

におわす　匂わす　例言外に～。

にがい　苦い　⊗苦い　例～経験を
　　する。

にかいだて　二階建て　⊗二階建て

にかいづくり　二階造り　⊗二階造
　　り

にかいや　二階屋・二階家
　　注新聞では、「二階屋」と書く。

にかえす　煮返す　例豆を～。

にがおえ　似顔絵　例先生の～。

にがさ　苦さ　例薬の～に驚く。

にがす　逃がす　⊗逃がす　例機会
　　を～。

にがて　苦手　例英語は～だ。

にがにがしい　苦々しい　⊗苦々し

　　い　例～思い出がよみがえる。

にがみ　苦み・苦味　⊗苦み　例ビ
　　ールの～を味わう。

にがみばしる　苦み走る　例ちょっ
　　と苦み走った表情。

にがむし　苦虫　例～をかみ潰した
　　ような顔。

にかよう　似通う　⊗似通う　例兄
　　弟は性格が～ところがある。

にがり　にがり〈苦塩・苦汁〉　例豆
　　腐を作るのに～を入れる。

にがりきる　苦り切る　⊗苦り切る
　　例苦り切った顔をする。

にかわ　にかわ〈膠〉　例接着剤とし
　　て～を用いる。

にがわらい　苦笑い　⊗苦笑い
　　例頭をかいて～をしている。

にきび　にきび〈面皰〉

にぎやか　にぎやか〈賑やか〉　例～
　　な通り。大勢寄って～に話す。

にぎり　握り　⊗握り　例傘の～。

にぎりこぶし　握り拳　⊗握り拳
　　例～を振り上げる。

にぎりしめる　握り締める　例手を

―――――――「異字同訓」の漢字の使い分け―――――――

におい・におう
【匂い・匂う】主に良いにおい。
　　梅の花の匂い。香水がほのかに匂う。
【臭い・臭う】主に不快なにおいや好ましくないにおい。
　　魚の腐った臭い。生ごみが臭う。ガスが臭う。
　　　　　　　　　　　　　(平成26年文化審議会国語分科会)

な行

ぎゅっと～。
にぎりずし　**握りずし**〈握り鮨〉　[文]**握りずし**　[例]～が食べたい。
にぎりつぶす　**握り潰す**　[例]提案を～。力任せに～。
にぎりめし　**握り飯**　[文]**握り飯**
にぎる　**握る**　[文]**握る**　[例]手を～。
にぎわう　**にぎわう**〈賑わう〉　[文]**にぎわう**　[例]休日は通りが人で～。
にぎわす　**にぎわす**〈賑わす〉　[例]冗談を言って座を～。
にく　**肉**²〔ニク〕　[例]肉食、肉類、肉薄、肉屋、牛肉、筋肉、血と肉
にくい　**憎い**　[文]**憎い**　[例]敵が～。
…(し)にくい　**…(し)にくい**〈…難い〉　[文]**…にくい**　[例]小骨が多くて食べ～。歩き～。
にくいり　**肉入り**　[文]**肉入り**　[例]～の中華まんじゅうが好きだ。
にくいれ　**肉入れ**　[文]**肉入れ**　[例]印と～。
にくが　**肉芽**　[例]～が生じる。
にくがん　**肉眼**　[例]～でも見える。
にくきり　**肉切り**　[文]**肉切り**　[例]～の包丁。
にくげ　**憎げ**　[文]**憎げ**　[例]いかにも～に言う。
にくさ　**憎さ**　[文]**憎さ**　[例]かわいさ余って、～百倍。～が増す。
にくしみ　**憎しみ**　[文]**憎しみ**　[例]～を忘れて、付き合う。
にくしん　**肉親**　[例]～の情。
にくずれ　**荷崩れ**　[例]掛けた縄が緩んで～を起こす。
にくづき　**肉付き**　[文]**肉付き**　[例]近頃～がよくなってきた。
にくづけ　**肉付け**　[例]原案に～する。
にくなべ　**肉鍋**
にくにくしい　**憎々しい**　[例]～声。
にくはく　**肉薄・肉迫**　[例]先頭に～する。
[注]新聞では、「肉薄」と書く。
にくまれぐち　**憎まれ口**　[文]**憎まれ口**　[例]～をたたくものではない。
にくまれっこ　**憎まれっ子**
にくみ　**憎み**　[文]**憎み**
にくむ　**憎む**　[文]**憎む**　[例]罪を～。
にくよく　**肉欲**
にくらしい　**憎らしい**　[文]**憎らしい**　[例]～ことを言う。本当に～人だ。
にくるい　**肉類**　[例]～を好む。
にげ　**逃げ**　[文]**逃げ**　[例]こうなったら～の一手しかない。～を打つ。
にげあし　**逃げ足**　[文]**逃げ足**　[例]弱い動物は～が速い。
にげうせる　**逃げうせる**〈逃げ失せる〉
にげおくれる　**逃げ遅れる**　[例]火事のとき、～ことのないよう…。
にげかくれ　**逃げ隠れ**　[例]もう～はいたしません。
にげこうじょう　**逃げ口上**　[文]**逃げ口上**　[例]追及されて、～を言う。
にげごし　**逃げ腰**　[文]**逃げ腰**　[例]初

な行

めから～になっていては駄目だ。

にげこむ　逃げ込む　例家に～。

にげじたく　逃げ支度　㊡逃げ支度

にげだす　逃げ出す　㊡逃げ出す

にげのびる　逃げ延びる

にげば　逃げ場　例～を失う。

にげまどう　逃げ惑う　例あちらこちらと～。

にげまわる　逃げ回る　㊡逃げ回る

にげみち　逃げ道　㊡逃げ道　例～がない。

にげる　逃げる　㊡逃げる

にごしらえ　荷ごしらえ〈荷拵え〉　例しっかり～する。

にごす　濁す　㊡濁す　例お茶を～。肝腎なところで言葉を～。

にこみ　煮込み　例肉と野菜の～。

にこむ　煮込む　例長い時間～。

にごらす　濁らす　㊡濁らす

にごり　濁り　㊡濁り　例水の～。

にごりざけ　濁り酒　㊡濁り酒

にごりみず　濁り水　㊡濁り水

にごる　濁る　㊡濁る　例水が～。

にごん　二言　例～はない。

にざかな　煮魚

にさばき　荷さばき〈荷捌き〉　例～が思いの外はかどった。

にし　西　例～と東。～向き。

にじ　虹〔にじ〕　例七色の虹

にじ　虹　例空に～が架かる。

にしき　錦　例故郷に～を飾る。

にしきえ　錦絵

にしじんおり　西陣織　㊡西陣織　㊅工芸品の場合に限る。

にしび　西日　例～が当たる。

にじむ　にじむ〈滲む〉　例汗が～。

にしむき　西向き　㊡西向き

にしめ　煮しめ〈煮染め〉　例野菜の～を作る。

にしゃたくいつ　二者択一　例AかBか、～だ。

にじゅう　二重　例～に錠を下ろす。

にじょう　二乗　例2の～。　㊅「自乗（じじょう）」とも。

にじりよる　にじり寄る〈躙り寄る〉

にしん　二伸

にせ　偽〈贋〉　例～の品を売る。

にせい　二世　例日系の～。

にせさつ　偽札　例～を取り締まる。

にせもの　偽物〈贋物〉

にせもの　偽者〈贋者〉

にせる　似せる　㊡似せる　例本物に～。

にそう　尼僧　例修道院の～。

にそくさんもん　二束三文　例古本を～で売る。

にたき　煮炊き　例毎日の～。

にだしじる　煮出し汁　㊡煮出し汁

にたつ　煮立つ　例湯が～。

にたてる　煮立てる　例スープを～。

にたりよったり　似たり寄ったり　例～の考え。どれも～だ。

にだんぬき　二段抜き　㊡二段抜き　例～の見出しを付けた記事。

な行

にち　日¹〔ニチ・ジツ／ひ・か〕　例日時、日曜、日光、日課、命日、毎日、来日　付明日(あす)、昨日(きのう)、今日(きょう)、一日(ついたち)、二十日(はつか)、日和(ひより)、二日(ふつか)

にちじ　日時　例〜を決める。

にちじょう　日常　例〜生活。

にちぼつ　日没　例〜の頃。

にちよう　日曜　例〜の予定。

にちよう　日用　例〜品。

にっか　日課　例体操を〜とする。

につかわしい　似つかわしい　文似つかわしい　例部屋に〜調度品。

にっかん　日刊　例〜新聞。

にっき　日記　例〜を書く。

にっきゅう　日給　例〜制で働く。

にづくり　荷造り　文荷造り　例しっかりと〜をする。

にづくりき　荷造り機　公文荷造機　建荷造り機

にづくりひ　荷造り費　公文荷造費　建荷造り費

につけ　煮付け　文煮付け　例魚の〜。

にっこう　日光　例〜に当たる。

にっし　日誌　例当番〜。

にっしゃびょう　日射病　例〜にならないように帽子をかぶる。

にっしょく　日食〈日蝕〉　例太陽と月が重なって〜になる。

にっしんげっぽ　日進月歩　例科学は〜だ。〜の世の中。

にっちもさっちも　にっちもさっちも〈二進も三進も〉　例とうとう〜いかなくなってしまった。

にっちょく　日直　例〜勤務。

にってい　日程　例旅行の〜。

につまる　煮詰まる　例汁が〜。交渉が段々と〜。

にづみ　荷積み　文荷積み　例〜の済んだ車から発車する。

につめる　煮詰める　例議論を〜。

にとうだて　二頭立て　文二頭立て　例〜の馬車に乗る。

になう　担う〈荷う〉　文担う　例荷物を肩に〜。未来を〜青少年。

ににんさんきゃく　二人三脚　例〜の競走で１等になった。

にぬり　に塗り〈丹塗り〉　例〜の鳥居と〜の社殿。

にのあし　二の足　例〜を踏む。

にのかわり　二の替わり　文二の替わり　例今月の芝居の〜を見る。

にのく　二の句　例〜が継げない。

にのぜん　二の膳

にのつぎ　二の次　文二の次　例形式は〜で、内容が大切である。

にのまい　二の舞　文二の舞　例前任者の〜をしないように…。

にばい　二倍　例〜の大きさ。

にはこび　荷運び　例〜を手伝う。

にばんめ　二番目・二番め　例〜に歌う。〜の娘が生まれた。

にぶい　鈍い　文鈍い　例刃先が〜。

付:付表の語　×:表外字　△:表外音訓　〈　〉:参考表記　⇒:言い換え等

な行

にぶさ　鈍さ　⊗鈍さ　囫切れ味の
　　〜に手を焼く。

にぶらす　鈍らす　⊗鈍らす　囫決
　　心を〜。

にぶる　鈍る　⊗鈍る　囫頭が〜。

にぶん　二分　囫勢力を〜する。

にぼし　煮干し　⊗煮干し　囫〜で
　　みそ汁の出しを取る。

にほん　日本　囫〜酒。〜代表。

にほんがみ　日本髪　囫〜を結う。

にほんじゅう　日本中　囫〜をくま
　　なく歩く。

にほんだて　二本立て　⊗二本立て
　　囫〜の映画館。〜興行。

にまいじた　二枚舌　囫〜を使う。

にまいめ　二枚目　囫〜の役者。

にまめ　煮豆

にまんえん　二万円・弐万円
　　囲小切手などの場合は、「弐万円」と書
　　くことが多い。

にもつ　荷物　囫〜を送る。

にもの　煮物　囫野菜の〜。

にゃく　若⁶〔ジャク・ニャク
わかい・もしくは〕　囫老
　　若　囲若人(わこうど)
　　囲「老若」は、「ろうじゃく」とも。

にやく　荷役　囫〜の作業。

にやす　煮やす　⊗煮やす　囫業
　　(ごう)を〜。

にゅう　入¹〔ニュウ
いる・いれる・はいる〕
　　囫入会、入場、入学式、侵入、
　　収入、出入、輸入、編入

にゅう　乳⁶〔ニュウ
ちち・ち〕　囫乳児、乳液、

乳牛、牛乳　囲乳母(うば)

にゅう　柔〔ジュウ・ニュウ
やわらか・やわらかい〕　囫柔
　　弱、柔和

にゅうえき　乳液

にゅうか　入荷　囫新刊本の〜。

にゅうがく　入学　囫４月から大学
　　に〜する。〜願書。〜式。

にゅうさつ　入札　囫工事の〜。

にゅうさん　乳酸　囫〜飲料。

にゅうし　乳歯　囫〜が生える。

にゅうじ　乳児

にゅうじゃく　柔弱　囫〜な体。

にゅうしょ　入所　囫施設に〜する。

にゅうじょう　入場　囫選手の〜。

にゅうせき　入籍　囫交際していた
　　女性と〜する。〜の手続き。

にゅうせん　入選　囫展覧会に出品
　　した絵が〜する。〜者。

にゅうたいしつ　入退室　囫〜の管
　　理。

にゅうちょう　入超　囫輸出が振る
　　わず〜となった。

にゅうねん　入念　囫〜な仕上げ。

にゅうばい　入梅　囫〜が遅れる。

にゅうもん　入門　囫道場に〜する。

にゅうよう　入用　囫金が〜になる。

にゅうようじ　乳幼児　囫〜施設。

にゅうわ　柔和　囫〜な顔つき。

にょ　女¹〔ジョ・ニョ・ニョウ
おんな・め〕　囫女性、
　　女人禁制、天女、善男善女
　　囲海女(あま)、乙女(おとめ)

にょ　如〔ジョ・ニョ〕　囫如実、如来、

な行

真如、不如意

にょう　女¹〔ジョ・ニョ・<u>ニョウ</u>
おんな・め〕　例女
御、女房　団海女(あま)、乙女
(おとめ)

にょう　尿〔<u>ニョウ</u>〕　例尿意、尿器、
尿素、排尿、夜尿症、尿の検査

にょうい　尿意　例〜を催す。

にょうそ　尿素

にょうぼう　女房　例〜と子供。

にょじつに　如実に　⊠如実に
例事の重大さを〜物語っている。

にょにん　女人　例〜禁制。

にょらい　如来　例薬師〜。

により　似寄り　⊠似寄り　例〜の
品。

にらみ　にらみ〈睨み〉　例〜を利か
せる。

にらみあう　にらみ合う〈睨み合う〉
⇒対立する　例敵と〜。

にらみつける　にらみつける〈睨み
付ける〉　例相手をきっと〜。

にらむ　にらむ〈睨む〉　⊠にらむ
例天を〜。先生ににらまれる。

にる　似る　⊠似る　例兄に〜。

にる　煮る　⊠煮る　例魚を〜。

にわ　庭　例〜のある家。

にわか　にわか〈俄〉　⊠にわか
例〜に雨が降り出す。

にわかあめ　にわか雨〈俄雨〉

にわかじこみ　にわか仕込み〈俄仕
込み〉　⊠にわか仕込み　例〜
の知識では、どうにもならない。

にわさき　庭先　例〜で話をする。

にわつくり　庭造り・庭作り

にわづたい　庭伝い　⊠庭伝い
例〜に行く。

にわつづき　庭続き　例〜の離れ。

にわとり　鶏　例〜の卵。

にん　人¹〔ジン・ニン
ひと〕　例人魚、人間、
人情、人形、住人、代理人
団玄人(くろうと)、素人(しろうと)、
仲人(なこうど)、若人(わこうど)、
大人(おとな)、一人(ひとり)、二人
(ふたり)

にん　任⁵〔ニン
まかせる・まかす〕　例任意、
任務、委任、責任、専任、任に
堪えない、任じる

にん　妊〔ニン〕　例妊婦、妊娠、懐妊、
避妊、不妊

にん　忍〔ニン
しのぶ・しのばせる〕　例忍術、
忍耐、忍者、残忍、忍の一字

にん　認⁶〔ニン
みとめる〕　例認可、認識、
認知、承認、公認、否認、確認

にんい　任意　例〜の点を選ぶ。

にんいん　認印　例書類に〜を押す。

にんか　認可　例設置の〜。

にんき　任期　例〜の満了。

にんきとり　人気取り　⊠人気取り
例〜のための行動。

にんきょう　任きょう〈任侠〉　⇒男
気・男だて　例〜映画。

にんぎょう　人形　例五月〜。

にんぎょうじょうるり　人形浄瑠璃
例〜の代表的なものは文楽だ。

にんぎょうつかい　人形遣い　[例]文楽の～。
にんげん　人間
にんげんみ　人間味　[例]彼はとても～にあふれている。
にんげんわざ　人間業　[例]とても～とは思えない。
にんしき　認識　[例]実情を～する。
にんじゃ　忍者　[例]～のような早業を見せる。～屋敷。
にんしょう　人称　[例]～代名詞。
にんしょう　認証　[例]国務大臣の～式。
にんじょう　人情　[例]～に厚い。
にんじょう　にんじょう〈刃傷〉[例]～沙汰。
にんじる　任じる　[例]課長に～。博識をもって～。
にんしん　妊娠　[例]～する。
にんじん　にんじん〈人参〉
にんずう　人数　[例]～を数える。
にんそう　人相　[例]～を見る。
にんたい　忍耐　[例]どんな苦しいことでも～する。～心。
にんち　認知　[例]事実だと～する。子供を～する。
にんてい　認定　[例]～試験。
にんむ　任務　[例]～を果たす。
にんめい　任命　[例]大使を～する。
にんよう　任用　[例]公務員の～。
にんよう　認容　[例]条件を～する。

ぬ

ぬい　縫い　[文]縫い　[例]この着物は、～がしっかりしている。
ぬいあげ　縫い上げ　[文]縫い上げ　[例]肩の～を取る。
ぬいあげる　縫い上げる　[文]縫い上げる　[例]洋服１着を１か月で～。
ぬいあわせ　縫い合わせ　[例]～がきれいだ。
ぬいあわせる　縫い合わせる　[例]傷口を～。綻びを～。
ぬいいと　縫い糸　[文]縫い糸
ぬいかえし　縫い返し　[文]縫い返し　[例]～を見て仕立ての良さを知る。
ぬいかえす　縫い返す　[文]縫い返す　[例]裾を～。和服を何度も～。
ぬいかた　縫い方　[文]縫い方　[例]和服の～を習う。～が下手だ。
ぬいこみ　縫い込み　[文]縫い込み　[例]～を多くする。
ぬいこむ　縫い込む　[文]縫い込む　[例]お守りを服の裏に～。
ぬいしろ　縫い代　[例]～を取る。
ぬいつける　縫い付ける　[例]裏に名前を～。
ぬいとり　縫い取り　[文]縫い取り　[例]品の良い～模様。
ぬいばり　縫い針

な行

ぬいめ　縫い目　⊗縫い目　例～が
　粗い。～が綻びる。

ぬいもの　縫い物　⊗縫い物　例～
　をする。

ぬいもん　縫い紋　⊗縫い紋

ぬう　縫う　⊗縫う　例着物を～。

ぬえ　ぬえ〈鵺・鵼〉　例彼は得体の
　知れない～的な人物だ。

ぬか　ぬか〈糠〉　例～にくぎ。

ぬかす　抜かす　⊗抜かす　例腰を
　～。1ページ抜かして書く。

ぬかずく　ぬかずく〈額突く〉　例霊
　前に恭しく～。

ぬかよろこび　ぬか喜び〈糠喜び〉
　⊗ぬか喜び　例勝ったと思った
　ら、～だった。

ぬかり　抜かり　⊗抜かり　例～な
　くやる。

ぬかる　抜かる　⊗抜かる　例その
　点～はずはない。

ぬかる　ぬかる〈泥濘る〉　例道が～。

ぬかるみ　ぬかるみ〈泥濘〉　例車が
　～にはまり込む。

ぬき　抜き　例朝食～で出勤する。

ぬきあし　抜き足　⊗抜き足　例～
　で歩く。～、差し足、忍び足。

ぬきうち　抜き打ち　⊗抜き打ち
　例～に検査する。～の試験。

ぬきえり　抜き襟　⊗抜き襟

ぬきがき　抜き書き　⊗抜き書き
　例論文の～。

ぬきさし　抜き差し　⊗抜き差し

例～ならない状態だ。

ぬぎすてる　脱ぎ捨てる　⊗脱ぎ捨
　てる　例古い殻を～。洋服を～。

ぬきだす　抜き出す　⊗抜き出す
　例要点を～。

ぬきて　抜き手　⊗抜き手　例対岸
　に向かって～を切って泳ぎ出す。

ぬきとり　抜き取り　公⊗抜取り
　建抜き取り　例～検査をする。

ぬきとる　抜き取る　⊗抜き取る
　例とげを～。

ぬきみ　抜き身　⊗抜き身　例～を
　かざす。

ぬきよみ　抜き読み　⊗抜き読み
　例平家物語の～。

ぬきんでる　抜きん出る〈抽ん出る・
　擢ん出る〉　例他に抜きん出た
　才能がある。

ぬく　抜く　⊗抜く　例力を～。手
　を～。

ぬぐ　脱ぐ　⊗脱ぐ　例服を～。一
　肌～。

ぬくい　ぬくい〈温い〉　例～湯。

ぬぐいとる　拭い取る　例泥を～。

ぬぐう　拭う　⊗拭う　例汗を～。

ぬくまる　ぬくまる〈温まる〉　例湯
　に入って十分に～。

ぬくめる　ぬくめる〈温める〉　例ス
　トーブで手足を～。

ぬけあな　抜け穴　⊗抜け穴　例～
　をくぐり抜ける。法律の～。

ぬけがけ　抜け駆け〈抜け駈け〉

団:付表の語　×:表外字　△:表外音訓　〈　〉:参考表記　⇒:言い換え等

な行

⊗抜け駆け　例～はずるい。

ぬけがら　抜け殻〈脱け殻〉　⊗抜け
　殻　例せみの～を見付けた。

ぬけかわる　抜け替わる　⊗抜け替
　わる　例春になると毛が～。

ぬけげ　抜け毛〈脱け毛〉　⊗抜け毛
　例～が多くなる。

ぬけだす　抜け出す　⊗抜け出す
　例用を思い出して会議の席を～。

ぬけでる　抜け出る

ぬけみち　抜け道〈抜け路〉　⊗抜け
　道　例～を通って行く。

ぬけめ　抜け目　⊗抜け目　例彼は
　あれでなかなか～のない人だ。

ぬける　抜ける　⊗抜ける　例力が
　～。

ぬげる　脱げる　⊗脱げる　例靴が
　～。

ぬし　主　例家の～。話題の～。

ぬすびと　盗人　例～に追い銭。～
　にも三分の理。
　　[注]「ぬすっと」とも。

ぬすみ　盗み　⊗盗み　例～を働く。

ぬすみあし　盗み足　⊗盗み足
　例～で歩く。

ぬすみぎき　盗み聞き・盗み聴き
　　⊗盗み聞き　例話を～する。

ぬすみぐい　盗み食い　⊗盗み食い
　例腹が減って、台所で～する。

ぬすみとる　盗み取る　⊗盗み取る
　例まんまと宝物を～。

ぬすみみる　盗み見る　例新聞を横

から～。

ぬすみよみ　盗み読み　⊗盗み読み
　例隣の人の新聞を横から～する。

ぬすむ　盗む　⊗盗む　例財布を～。

ぬの　布　例～を織る。

ぬのじ　布地　例柔らかい～。

ぬのめ　布目　例～の詰んだ布巾。

ぬま　沼　例～と湖。

ぬまち　沼地　例雑草の生えた～。

ぬまべ　沼辺　例～で遊ぶ。

ぬらす　ぬらす〈濡らす〉　例雨の日
　に裾を～。涙で頬を～。

ぬり　塗り　⊗塗り　例～が剝げる。
　ペンキ～。

…ぬり　…塗　公⊗…塗　例春慶～。
　輪島～。
　　[注]工芸品の場合に限る。

ぬりあげる　塗り上げる　⊗塗り上
　げる　例壁を好きな色で～。

ぬりえ　塗り絵　例～で遊ぶ。

ぬりかえ　塗り替え　⊗塗り替え

ぬりかえる　塗り替える　例壁の色
　を～。ペンキで～。

ぬりかた　塗り方　⊗塗り方　例～
　を工夫する。～が下手だ。

ぬりぐすり　塗り薬　⊗塗り薬
　例皮膚に～を付ける。

ぬりげた　塗りげた〈塗り下駄〉
　　⊗塗りげた　例赤い～を履く。

ぬりたて　塗り立て　例～のベンチ。

ぬりたてる　塗り立てる　⊗塗り立
　てる　例壁を～。派手な色で～。

な行

ぬりづくえ　塗り机　⊗塗り机

ぬりつける　塗り付ける　⊗塗り付ける

ぬりぼん　塗り盆　⊗塗り盆

ぬりもの　塗り物　⊗塗り物　例～のおわん。

ぬる　塗る　⊗塗る　例ペンキを～。

ぬるい　ぬるい〈温い〉　例～湯。

ぬるい　ぬるい〈緩い〉　例～やり方。

ぬるまゆ　ぬるま湯〈微温湯〉

ぬるむ　ぬるむ〈温む〉　例水～春。

ぬれぎぬ　ぬれぎぬ〈濡れ衣〉　例～を着せられる。

ぬれて　ぬれ手〈濡れ手〉　例～であわの例えのとおり…。

ぬれねずみ　ぬれねずみ〈濡れ鼠〉　例夕立で～になる。

ぬれば　ぬれ場〈濡れ場〉　例～を演じる。芝居の～。

ぬれもの　ぬれ物〈濡れ物〉

ぬれる　ぬれる〈濡れる〉　例雨に～。

ね

ね　音　例～を上げる。笛の～。

ね　根　例木の～。～はいい人。

ね　値　例～が高い。～上げ。

ねあがり　値上がり　⊗値上がり　例物価の～を抑える。

ねあげ　値上げ　⊗値上げ　例料金

の～。

ねあせ　寝汗〈盗汗〉　例～をかく。

ねい　寧〔ネイ〕　例寧日、安寧、丁寧

ねいき　寝息　例安らかな～。

ねいりばな　寝入りばな〈寝入り端〉　⊗寝入りばな　例～を起こされる。

ねいる　寝入る　⊗寝入る　例ぐっすりと～。

ねいろ　音色　例ピアノの～。

ねうち　値打ち　⊗値打ち　例～のある品。全く～がない。

ねえさん　姉さん付

ねおき　寝起き　⊗寝起き　例～のいい子供。

ねおし　寝押し　例ズボンの～。

ねがい　願い　⊗願い　例～を聞く。

…ねがい　…願　公⊗…願　例事前に休暇～を提出すること。退職～。

ねがいあげる　願い上げる　⊗願い上げる　例伏して～次第です。

ねがいごと　願い事　⊗願い事　例やっと～がかなった。

ねがいさげ　願い下げ　⊗願い下げ　例そんなことはこちらから～だ。

ねがいさげる　願い下げる　⊗願い下げる

ねがいで　願い出　⊗願い出

ねがいでる　願い出る　⊗願い出る　例再検査を～。退職を～。

ねがう　願う　⊗願う　例許可を～。

付:付表の語　×:表外字　△:表外音訓　〈　〉:参考表記　⇒:言い換え等

な行

ねがえり　寝返り　[文]寝返り　[例]～を打つ。
ねがえる　寝返る　[例]敵に～。
ねかす　寝かす　[文]寝かす　[例]赤ん坊を～。
ねがわくは　願わくは　[文]願わくは　[例]～幸多かれと祈る。
ねがわしい　願わしい　[文]願わしい
ねぎらう　ねぎらう〈労う・犒う〉　[例]今までの苦労を～。
ねぎる　値切る　[例]古本を～。
ねくずれ　値崩れ　[例]～が起こる。
ねくび　寝首　[例]～をかく。
ねぐら　ねぐら〈塒〉　[例]鳥の～。
ねぐるしい　寝苦しい　[例]～夜。
ねこ　猫　[例]～に小判。～の手も借りたいほど忙しい。
ねこあし　猫足　[例]～で歩く。
ねこあし　猫脚　[例]～の机。
ねこかぶり　猫かぶり〈猫被り〉
ねこかわいがり　猫かわいがり〈猫可愛がり〉　[例]～にかわいがる。
ねごこち　寝心地　[例]～が良い布団。
ねこじた　猫舌　[例]私は～で、熱い物が食べられない。
ねこぜ　猫背　[例]～になる。
ねこそぎ　根こそぎ　[例]雑草を～抜き取る。
ねごと　寝言　[例]～を言う。
ねこなでごえ　猫なで声〈猫撫で声〉　[例]～で誘う。
ねこみ　寝込み　[文]寝込み　[例]～を襲う。
ねこむ　寝込む　[文]寝込む　[例]風邪で～。
ねこやなぎ　猫柳
ねごろ　値頃　[例]～な品物を買う。
ねころぶ　寝転ぶ　[例]芝生に～。
ねさがり　値下がり　[文]値下がり
ねさげ　値下げ　[文]値下げ
ねざす　根ざす・根差す　[文]根ざす　[例]地域に～。
ねざめ　寝覚め　[例]昨夜遅かったので～が悪い。あんなことになるなんて～が悪い。
ねじ　ねじ〈螺子・捩子〉
ねじあげる　ねじ上げる〈捩じ上げる〉
ねじきる　ねじ切る〈捩じ切る〉　[例]針金を～。
ねじくぎ　ねじくぎ〈螺子釘〉
ねじける　ねじける〈拗ける〉　⇒ひねくれる　[例]心が～。
ねじこむ　ねじ込む〈捩じ込む〉　[例]札束を懐に～。子供のけんかに親がねじ込んで来た。
ねしずまる　寝静まる　[例]子供がやっと～。辺りが～頃…。
ねじふせる　ねじ伏せる〈捩じ伏せる〉　[例]力ずくで～。
ねじまげる　ねじ曲げる〈捩じ曲げる〉
ねじまわし　ねじ回し〈螺子廻し〉　[文]ねじ回し

な行

ねじりはちまき　ねじり鉢巻き〈捩
　り鉢巻き〉　例〜で頑張る。

ねじる　ねじる〈捩る〉　例右に〜と
　締まる。力任せに〜。

ねじれる　ねじれる〈捩れる〉　例ひ
　もが〜。

ねじろ　根城　例悪事の〜。

ねすぎる　寝過ぎる

ねすごす　寝過ごす　⊗寝過ごす
　例寝過ごして遅刻する。

ねずみとり　ねずみ取り・ねずみ捕
　り〈鼠取り・鼠捕り〉　⊗ねずみ
　取り

ねぞう　寝相　例〜が悪い。

ねたましい　妬ましい〈嫉ましい〉
　⊗妬ましい　例他人の幸福が〜。

ねたみ　妬み　⊗妬み

ねたむ　妬む〈嫉む〉　⊗妬む　例人
　の成功を〜。

ねだやし　根絶やし　⊗根絶やし
　例悪を〜にする。

ねだる　ねだる　例親に小遣いを〜。

ねだん　値段　例〜が高い。

ねつ　熱4〔ネツ／あつ‐い〕　例熱病、熱帯、
　熱化学、熱湯、情熱、炎熱

ねつい　熱意　例仕事に対する〜。

ねっき　熱気　例〜を帯びる。

ねつき　寝付き・寝つき　⊗寝付き
　例〜が悪く、いつも寝不足だ。

ねっきょう　熱狂　例〜する人々。

ねつく　寝付く・寝つく　例子供が
　すやすやと〜。

ねっけつかん　熱血漢

ねつさまし　熱冷まし

ねっしん　熱心　例仕事〜。

ねっする　熱する　例物事に熱しや
　すく冷めやすい性格。

ねつぞう　ねつ造〈捏造〉　⇒でっち
　上げ・作り事　例事実無根のこ
　とを〜する。
　注「でつぞう」の慣用読み。

ねっちゅう　熱中　例読書に〜する。

ねっちゅうしょう　熱中症　例〜に
　気を付ける。

ねっとう　熱湯　例〜を注ぐ。

ねつびょう　熱病　例〜にかかる。

ねつべん　熱弁　例〜を振るう。

ねづもり　値積もり　⊗値積もり
　例不動産の〜をする。

ねづよい　根強い　例〜伝統の力。

ねつれつ　熱烈　例〜に歓迎する。

ねどこ　寝床　例〜を用意する。

ねとまり　寝泊まり　⊗寝泊まり
　例〜するだけの家。

ねばつく　粘つく・粘着く　例やに
　で手が〜。

ねはば　値幅　例〜が大き過ぎて手
　が出せない。

ねばり　粘り　⊗粘り　例我々の〜
　でついに勝つことができた。

ねばりけ　粘り気・粘りけ　例この
　接着剤は〜が少ない。

ねばりつく　粘りつく・粘り着く

ねばりづよい　粘り強い　⊗粘り強

な行

い　例彼は非常に～性格である。

ねばりづよさ　粘り強さ　⊗粘り強
　　さ

ねばりぬく　粘り抜く　例最後の最
　　後まで～。

ねばる　粘る　⊗粘る　例最後まで
　　～。

ねはん　ねはん〈涅槃〉　例仏が～に
　　入る。～図。

ねびえ　寝冷え　⊗寝冷え　例夏は
　　どうしても～をしがちだ。

ねびき　値引き　⊗値引き　例～販
　　売。

ねぶみ　値踏み　⊗値踏み

ねぼう　寝坊　例～する。

ねぼける　寝ぼける〈寝惚ける〉

ねほりはほり　根掘り葉掘り　⊗根
　　掘り葉掘り　例～尋ねる。

ねまき　寝巻き・寝間着　⊗寝巻き
　　囲新聞では、「寝間着」と書く。

ねまわし　根回し　例議案の承認を
　　得るために各方面へ～をする。

ねむい　眠い〈睡い〉　⊗眠い　例～
　　朝。

ねむがる　眠がる　⊗眠がる　例赤
　　ん坊が～。

ねむけ　眠気・眠け　⊗眠気　例～
　　を催す。～が覚める。

ねむたい　眠たい　⊗眠たい　例徹
　　夜をしたので～。

ねむらす　眠らす　⊗眠らす　例薬
　　で～。

ねむり　眠り　⊗眠り　例深い～に
　　入る。

ねむりぐすり　眠り薬　⊗眠り薬

ねむる　眠る〈睡る〉　⊗眠る　例よ
　　く～。

ねめつける　ねめつける〈睨め付け
　　る〉　⇒にらみ付ける　例相手
　　を～。

ねもと　根元・根本〈根許〉　例～を
　　しっかり固める。
　　囲新聞では、「根元」と書く。

ねらい　狙い　⊗狙い

ねらいうち　狙い撃ち　⊗狙い撃ち
　　例～にする。

ねらいうち　狙い打ち　例スライダ
　　ーを～にした。

ねらう　狙う　⊗狙う　例的を～。
　　ひそかに機会を～。

ねり　練り〈煉り〉　⊗練り　例～物。
　　まだまだ～が足りない。

ねりあるく　練り歩く　例行列が～。

ねりあわす　練り合わす

ねりいと　練り糸　⊗練り糸

ねりかためる　練り固める　例粘土
　　を十分に～。

ねりぎぬ　練り絹　⊗練り絹

ねりなおし　練り直し　⊗練り直し
　　例計画の～をする。

ねりなおす　練り直す　⊗練り直す

ねりはみがき　練り歯磨き〈煉り歯
　　磨き〉　⊗練歯磨　翅練り歯磨
　　き

な行

ねりようかん　練りようかん〈練り
　羊×羹〉　⊠練りようかん　例お
　いしい～。

ねる　寝る　⊠寝る　例10時に～。

ねる　練る〈錬る・煉る〉　⊠練る
　例構想を～。うどん粉を～。

ねれる　練れる〈錬れる・煉れる〉
　⊠練れる　例よく練れた人格者。

ねわけ　根分け　⊠根分け　例菊の
　～をする。草木の～。

ねわざ　寝技　例柔道の～。

ねん¹　年¹〔ネン　とし〕　例年始、年代、晩
　年、青年、本年、少年、豊年
　団今年(ことし)

ねん　念⁴〔ネン〕　例念願、念仏、一
　念、信念、断念、念を入れる

ねん　捻〔ネン〕　例捻挫、捻出、捻転

ねん　粘〔ネン　ねばる〕　例粘土、粘膜、粘
　着、粘液、粘性

ねん　然⁴〔ゼン・ネン〕　例天然、天然
　色、黙然、本然、寂然

ねん　燃⁵〔ネン　もえる・もやす・もす〕　例燃
　焼、燃料、可燃性、内燃機関

ねんいり　念入り　⊠念入り　例～
　に作る。

ねんえき　粘液　例～を出す。

ねんが　年賀　例～の挨拶。

ねんかん　年間　例～計画。

ねんかん　年鑑　例統計～。

ねんがん　念願　例～を果たす。

ねんき　年季　例～が入る。

ねんき　年忌　例母の三～。

ねんぐ　年貢　例～の納め時。

ねんこう　年功　例～序列。

ねんごう　年号　例令和の～。

ねんごろ　懇ろ　⊠懇ろ　例～なも
　てなしを受ける。

ねんごろだ　懇ろだ　⊠懇ろだ
　例二人は～。

ねんざ　捻挫　例足首を～する。

ねんし　年始　例～回りをする。

ねんじ　年次　例～休暇。計画～。

ねんじゅう　年中　例～忙しい。

ねんしゅつ　捻出　⊠捻出　例旅行
　の費用を～する。

ねんしょ　念書　例～を書く。

ねんしょう　年少　例～の者。

ねんしょう　燃焼　例ガソリンの～。

ねんじる　念じる　例旅の無事を～。

ねんすう　年数　例耐久～。

ねんだい　年代　例～を推定する。

ねんちゃく　粘着　例のりの～力。

ねんちゅうぎょうじ　年中行事

ねんてん　捻転　例腸～。

ねんど　粘土　例～細工。

ねんとう　年頭　例～の挨拶。

ねんとう　念頭　例与えられた注意
　を～に置いて作業をする。

ねんのため　念のため〈念の△為〉
　例～調べる。

ねんぱい　年配・年輩　例～の紳士。
　注新聞では、「年配」と書く。

ねんぷ　年譜　例画家の～。

ねんぶつ　念仏　例～を唱える。

団:付表の語　×:表外字　△:表外音訓　〈　〉:参考表記　⇒:言い換え等

ねんぽう　年俸　例～2,000万円。

ねんまく　粘膜　例鼻の～。

ねんまつちょうせい　年末調整

ねんらい　年来　例～の希望。

ねんりょう　燃料　例～の消費量。

ねんりん　年輪　例～を積む。

ねんれい　年齢〈年令〉

　　注小学校では「齢」を習わないので「年令」と書く。

の

の　野　例～を駆け回る。

のあそび　野遊び　文野遊び

のあらし　野荒らし　文野荒らし

のう　悩(惱)〔ノウ〕〔なやむ・なやます〕　例悩殺、苦悩、煩悩

のう　納6〔ノウ・ナッ・ナ・ナン・トウ〕〔おさめる・おさまる〕　例納期、納税、納入、納涼、収納、滞納、完納

のう　能5〔ノウ〕　例能楽、能弁、能力、効能、芸能、可能

のう　脳6(腦)〔ノウ〕　例脳髄、首脳、大脳、頭脳

のう　農3〔ノウ〕　例農業、農政、農村、農具、酪農、豪農

のう　濃〔ノウ〕〔こい〕　例濃密、濃淡、濃度、濃厚、濃紺、濃霧、濃縮液

のうえん　濃艶　例～な舞い姿。

のうがき　能書き　文能書き　例～

を垂れる。薬の～。

のうがく　能楽　例～を演じる。

のうかっしょく　濃褐色

のうかん　納棺　例～を終える。

のうかんき　農閑期　例～の機械整備。

のうき　納期　例～を守る。

のうぎょう　農業

のうぐ　農具　例～置場。

のうこう　農耕　例～に精を出す。

のうこう　濃厚　例～な味。我が校の優勝の可能性が～だ。

のうこうそく　脳梗塞　例～で入院する。

のうこつ　納骨　例～堂。

のうこん　濃紺　例～の制服。

のうさつ　悩殺　例男性を～する。

のうさんぶつ　農産物　例～の生産。

のうずい　脳髄

のうぜい　納税　例～の義務。

のうせきずい　脳脊髄

のうそん　農村

のうたん　濃淡　例墨色の～。

のうてん　脳天　例～に響く。

のうにゅう　納入　例商品を～する。

のうはんき　農繁期

のうふ　農夫

のうふずみきかん　納付済み期間　文納付済期間　違納付済み期間

のうみそ　脳みそ〈脳味噌〉

のうむ　濃霧　例～が発生した。

のうり　能吏　例手腕にたけた～。

のうり　脳裏〈脳裡〉　㊛脳裏　㋑い
　　い考えが〜をかすめる。

のうりつ　能率　㋑〜が上がる。

のうりょう　納涼　㋑〜花火大会。

のうりょく　能力　㋑〜を試す。

のがす　逃す　㊛逃す　㋑機会を〜。

のがれる　逃れる〈遁れる〉　㊛逃れ
　　る　㋑もう〜ことはできない。

のき　軒　㋑〜を並べる。

のきさき　軒先　㋑〜をかすめて飛
　　ぶつばめ。

のきなみ　軒並み　㊛軒並み　㋑豪
　　雪のため〜列車が遅れた。

のきば　軒端　㋑〜の梅の木。

のく　のく〈退く〉　㋑飛び〜。

のけぞる　のけ反る〈仰け反る〉
　　㋑のけ反って球をよける。

のけもの　のけ者〈除け者〉　㋑一人
　　だけ〜にするのは駄目だ。

のける　のける〈退ける〉　㋑押し〜。
　　言って〜。

のける　のける〈除ける〉　㊛のける
　　㋑邪魔な物を〜。

のこぎり　のこぎり〈鋸〉

のこし　残し　㊛残し

のこす　残す　㊛残す　㋑食事を〜。

のこらず　残らず　㋑〜平らげた。

のこり　残り　㊛残り　㋑〜少なく
　　なる。仕事の〜を終わらせる。

のこりび　残り火　㋑〜をかき立て
　　る。〜の始末をする。

のこりもの　残り物　㊛残り物
　　㋑〜には福がある。〜で失礼。

のこる　残る　㊛残る　㋑財産が〜。

のし　のし〈熨斗〉　㋑〜を付ける。

のしあがる　のし上がる〈伸し上が
　　る〉　㋑重役に〜。

のしかかる　のしかかる〈伸し掛か
　　る〉　㋑大きな責任が双肩に〜。

のじゅく　野宿　㋑山中で〜する。

のせる　乗せる　㊛乗せる　㋑車に
　　子供を〜。口車に〜。

のせる　載せる　㊛載せる　㋑記事
　　を〜。車に荷物を〜。

　　㊟「乗せる・載せる」の使い分けは、
　　「「異字同訓」の漢字の使い分け」参

「異字同訓」の漢字の使い分け

のせる・のる

【乗せる・乗る】乗り物に乗る。運ばれる。応じる。だます。勢い付く。
　　バスに乗る。タクシーに乗せて帰す。電車に乗って行く。電波に乗せる。
　　風に乗って飛ぶ。時流に乗る。相談に乗る。口車に乗せられる。図に乗る。

【載せる・載る】積む。上に置く。掲載する。
　　自動車に荷物を載せる。棚に本を載せる。机に載っている本。
　　新聞に載った事件。雑誌に広告を載せる。名簿に載る。

　　　　　　　　　　　　　　　　　　（平成26年文化審議会国語分科会）

㊟:付表の語　×:表外字　△:表外音訓　〈　〉:参考表記　⇒:言い換え等

照。

のぞく　除く　⊗除く　例祝日を～。

のぞく　のぞく〈覗く・覘く〉　例節
　　穴から～。お店をのぞいて歩く。

のそだち　野育ち　⊗野育ち

のぞましい　望ましい　⊗望ましい

のぞみ　望み　⊗望み　例～を託す。

のぞみうすだ　望み薄だ　⊗望み薄
　　だ　例優勝は～。

のぞむ　望む　⊗望む　例峠から富
　　士山を～。平和を～。

のぞむ　臨む　⊗臨む　例試験に～。
　　海に臨んで建つ家。

　　注「望む・臨む」の使い分けは、「「異字
　　同訓」の漢字の使い分け」参照。

のたうちまわる　のたうち回る
　　例激痛で～。

のだて　野だて〈野点〉

のたれじに　野垂れ死に　例悪事を
　　重ねた果てに～した。

のち　後　例曇り～晴れ。

のちぞい　後添い　⊗後添い　例～
　　をもらう。

のちのち　後々　例～のことを頼む。

のちのよ　後の世　例～のかがみ。

のちほど　後ほど〈後程〉　⊗後ほど
　　例～御挨拶に伺います。

のっとる　乗っ取る　例会社を～。

のっとる　のっとる〈則る〉　⊗のっ
　　とる　⇒基づく・従う・よる・
　　即する　例規則に～。

のっぴきならない　のっ引きならな
　　い〈退っ引きならない〉　例～事
　　情。

のど　喉〈咽〉　例～が渇く。～から
　　手が出る。～仏。

のどか　のどか〈長閑〉　例～な風景。

のどもと　喉元　例～過ぎれば熱さ
　　を忘れる。

ののしりあい　罵り合い　⊗罵り合
　　い

ののしりあう　罵り合う　⊗罵り合
　　う

ののしる　罵る　⊗罵る　例大声で
　　相手を～。口汚く～。

のばす　伸ばす　⊗伸ばす　例しわ
　　を～。才能を～。

のばす　延ばす　⊗延ばす　例時間

「異字同訓」の漢字の使い分け

のぞむ
【望む】遠くを眺める。希望する。
　　山頂から富士を望む。世界の平和を望む。自重を望む。多くは望まない。
【臨む】面する。参加する。対する。
　　海に臨む部屋。式典に臨む。試合に臨む。厳罰をもって臨む。難局に臨む。
　　　　　　　　　　　　　　　　　　　　（平成26年文化審議会国語分科会）

1～6:教育漢字学年配当　㊣:法令・公用文の表記　⊗:文科省語例集の表記

を～。パイ生地を～。

注「伸ばす・延ばす」の使い分けは、「「異字同訓」の漢字の使い分け」参照。

のばなし　野放し　文野放し　例犬を～にしてはいけない。～状態。

のはら　野原　例～で遊ぶ。

のび　伸び　文伸び　例草の～。

のび　延び　文延び　例工期の～。

のびあがる　伸び上がる　文伸び上がる　例伸び上がって取る。

のびちぢみ　伸び縮み　文伸び縮み　例自由に～する。

のびなやむ　伸び悩む　例株価が～。

のびのび　伸び伸び　例～遊ぶ。

のびのび　延び延び　例会議の開催が～になる。

のびる　伸びる　文伸びる　例背が～。売上げが毎月のように～。

のびる　延びる　文延びる　例期限が～。クリームがよく～。

注「伸びる・延びる」の使い分けは、「「異字同訓」の漢字の使い分け」参照。

のべ　野辺　例～の送り。

のべ　延べ　文延べ　例～人数。

のべがね　延べ金　文延べ金　例金の～。

のべじんいん　延べ人員　文延べ人員　例3人が5日働くと、～は15人ということになる。

のべつ　のべつ　例～幕なしにしゃべりまくる。

のべつぼ　延べ坪　文延べ坪　例～と建坪。

のべにっすう　延べ日数　文延べ日数　例3人が11日働くと、～は33日だ。

「異字同訓」の漢字の使い分け

のばす・のびる・のべる

【伸ばす・伸びる・伸べる】まっすぐする。増す。そのものが長くなる。差し出す。

　　手足を伸ばす。旅先で羽を伸ばす。伸び伸びと育つ。勢力を伸ばす。
　　輸出が伸びる。学力が伸びる。草が伸びる。身長が伸びる。
　　救いの手を差し伸べる。

【延ばす・延びる・延べる】遅らす。つながって長くなる。重複も認め合計する。広げる。

　　出発を延ばす。開会を延ばす。支払いが延び延びになる。
　　地下鉄が郊外まで延びる。寿命が延びる。終了時間が予定より10分延びた。
　　延べ1万人の観客。金の延べ棒。

（平成26年文化審議会国語分科会）

のべばらい　延べ払い　例～輸出。

のべぼう　延べ棒　例金の～。

のべる　述べる　⊗述べる　例意見を～。

のべる　伸べる　⊗伸べる　例救いの手を～。

のべる　延べる　⊗延べる　例期日を～。床を～。

注「伸べる・延べる」の使い分けは、「「異字同訓」の漢字の使い分け」p.504参照。

のほうず　野放図　例～な性格。

のぼす　上す　⊗上す

のぼせる　上せる　⊗上せる　例議題に～。新作を舞台に～。

のぼせる　のぼせる〈逆上せる〉　例長風呂で～。アイドルに～。

のぼらす　上らす　⊗上らす

のぼり　上り　⊗上り　例～の列車。

のぼり　登り　⊗登り　例山～。

のぼり　のぼり〈幟〉　例祭りの～。

のぼりがま　登り窯　例～で焼く。

のぼりくだり　上り下り　⊗上り下り　例川の～に船を使う。

のぼりぐち　上り口　例階段の～。

のぼりぐち　登り口　⊗登り口　例山の～。

のぼりざか　上り坂　⊗上り坂　例景気は次第に～となるだろう。

のぼりざか　登り坂　例急な～。

な行

──────「異字同訓」の漢字の使い分け──────

のぼる

【上る】（⇔下る）。上方に向かう。達する。取り上げられる。
　　階段を上る。坂を上る*。川を上る。出世コースを上る。上り列車。
　　損害が1億円に上る。話題に上る。うわさに上る。食卓に上る。

【登る】自らの力で高い所へと移動する。
　　山に登る。木に登る。演壇に登る。崖をよじ登る*。富士山の登り口。

【昇る】（⇔降りる・沈む）。一気に高く上がる。
　　エレベーターで昇る*。日が昇（上）る*。天に昇（上）る*。高い位に昇る。

*　「坂を上る」「崖をよじ登る」「エレベーターで昇る」の「上る」「登る」「昇る」は、「上の方向に移動する」という意では共通している。この意で使う「上る」は広く一般に用いるが、「登る」は急坂や山道などを一歩一歩確実に上がっていく様子、「昇る」は一気に上がっていく様子を表すのに用いることが多い。また、「日がのぼる」「天にのぼる」の「のぼる」に「昇」と「上」のどちらも当てることができるのは、このような捉え方に基づくものである。

　　なお、ケーブルカーなどで山にのぼる場合にも「登」を当てるのは、「登山」という語との関係やケーブルカーなどを自らの足に代わるものとして捉えた見方による。

（平成26年文化審議会国語分科会）

のぼりつめる　上り詰める　例坂道を〜。

のぼりつめる　登り詰める　例頂上まで〜と、ほこらがある。

のぼりつめる　昇り詰める　例官位を〜。

のぼりれっしゃ　上り列車　文上り列車

のぼる　上る　文上る　例川を〜。

のぼる　登る　文登る　例山に〜。

のぼる　昇る　文昇る　例日が〜。

　　圧「上る・登る・昇る」の使い分けは、「「異字同訓」の漢字の使い分け」p.505参照。

のみ　のみ〈蚤〉　例〜の心臓。

のみ　のみ〈鑿〉　例〜と金づち。

のみあかす　飲み明かす　例友と〜。

のみあるく　飲み歩く

のみかけ　飲みかけ　文飲みかけ

のみくい　飲み食い　文飲み食い　例一日中〜せずに歩き続けた。

のみぐすり　飲み薬　文飲み薬

のみくだす　飲み下す　例苦い薬を一気に〜。

のみこうい　のみ行為〈呑み行為〉

のみこみ　のみ込み〈呑み込み〉　例仕事の〜が早い。

のみこむ　飲み込む〈呑み込む〉　文飲み込む　例薬を〜。一息に〜。

のみたおす　飲み倒す　文飲み倒す　例酒代を〜。

のみつぶれる　飲み潰れる

のみて　飲み手　文飲み手

のみで　飲みで〈飲み出〉　例見掛けほどには〜がない。

のみとりこ　のみ取り粉〈蚤取り粉〉　文のみ取り粉

のみにげ　飲み逃げ　文飲み逃げ　例〜はいけない。

のみほす　飲み干す　文飲み干す　例大杯を一息に〜。

のみみず　飲み水　文飲み水

のみもの　飲み物　公文飲物　建飲み物

のみや　飲み屋〈呑み屋〉　文飲み屋

のむ　飲む〈呑む〉　文飲む　例水を〜。

のむ　のむ〈呑む〉　例代案を〜。

のむ　のむ〈喫む〉　例たばこを〜。

のめる　のめる　例つまずいて〜。

のら　野良団　例〜仕事。

のらねこ　野良猫

のり　のり〈海苔〉　例〜をあぶる。

のり　のり〈糊〉　例〜で貼る。

のりあい　乗り合い　文乗り合い　例〜の船。

のりあいぶね　乗り合い船　公文乗合船　建乗り合い船　例貸切り船と〜。

のりあいりょかく　乗り合い旅客　公文乗合旅客　建乗り合い旅客

のりあげる　乗り上げる　例船が暗礁に〜。

団：付表の語　×：表外字　△：表外音訓　〈　〉：参考表記　⇒：言い換え等

のりあわせる　乗り合わせる　[文]乗り合わせる　[例]同じバスに～。
のりいれ　乗り入れ　[文]乗り入れ　[例]相互～。
のりいれる　乗り入れる　[文]乗り入れる　[例]車を～ことは禁止だ。
のりうつる　乗り移る　[文]乗り移る　[例]別の船に～。神霊が～。
のりおくれる　乗り遅れる　[例]列車に～。時流に～。
のりおり　乗り降り　[文]乗り降り　[例]～は御順に願います。
のりかえ　乗り換え　[公][文]乗換え　[建]乗り換え　[例]○○方面は当駅で～です。
のりかええき　乗換駅　[公][文]乗換駅
のりかえけん　乗換券　[文]乗換券
のりかえばしょ　乗換場所
のりかえる　乗り換える　[文]乗り換える　[例]新幹線から在来線に～。
のりかかる　乗り掛かる　[文]乗り掛かる　[例]乗り掛かった船。
のりき　乗り気　[文]乗り気　[例]もうけ話に～になる。
のりきる　乗り切る　[文]乗り切る　[例]大波を～。難局を無事に～。
のりくみ　乗り組み　[公][文]乗組み　[建]乗り組み　[例]新造船に～を希望する。
のりくみいん　乗組員　[公][文]乗組員
のりくむ　乗り組む　[文]乗り組む
のりこえる　乗り越える　[文]乗り越える　[例]塀を～。不況を～。
のりごこち　乗り心地　[例]～の良い自動車。～は上々だ。
のりこし　乗り越し　[文]乗り越し　[例]～して、差額を払う。
のりこす　乗り越す　[文]乗り越す　[例]一駅～。
のりこみ　乗り込み　[例]～開始。
のりこむ　乗り込む　[文]乗り込む　[例]列車に～。談判に～。
のりしろ　のり代〈糊代〉
のりすごす　乗り過ごす　[例]うつらうつらとしていて一駅～。
のりすてる　乗り捨てる
のりそこなう　乗り損なう　[例]特急列車に～。
のりだす　乗り出す　[文]乗り出す　[例]話に夢中になって身を～。
のりつぐ　乗り継ぐ
のりづけ　のり付け〈糊付け〉
のりつける　乗りつける〈乗り付ける・乗り着ける〉　[例]玄関に自動車を～。
のりつづける　乗り続ける　[例]列車に6時間～。
のりづめ　乗りづめ・乗り詰め　[文]乗りづめ　[例]車に～で疲れた。
のりて　乗り手　[文]乗り手　[例]馬の～。
のりと　祝詞[付]　[例]神主が神前で～を上げる。
のりにげ　乗り逃げ　[例]タクシーで

な行

　〜された。

のりば　乗り場　例観光船の〜。

のりまき　のり巻き〈海苔巻き〉
　　文のり巻き

のりまわす　乗り回す　文乗り回す
　　例オートバイを〜。

のりもの　乗り物　文乗り物

のる　乗る　文乗る　例新幹線に〜。
　　勢いに〜。相談に〜。

のる　載る　文載る　例新聞に〜。
　　注「乗る・載る」の使い分けは、「「異字
　　同訓」の漢字の使い分け」p.502参照。

のれん　のれん〈暖簾〉　例店の〜を
　　分ける。〜を守る。

のろい　呪い〈詛い〉　文呪い　例〜
　　を掛ける。

のろい　のろい〈鈍い〉　例動作が〜。

のろう　呪う〈詛う〉　文呪う　例人
　　を呪わば穴二つ。

のろけ　のろけ〈惚気〉　例〜話。

のろし　のろし〈狼煙・烽火〉　例合
　　図の〜を上(揚)げる。
　　注「上(揚)げる」は、「「異字同訓」の漢
　　字の使い分け」p.6参照。

のろま　のろま〈鈍間〉　例ぼんやり
　　とした〜な男。

のわき・のわけ　野分き・野分け
　　例〜の後の秋空。

のんき　のんき〈暢気・呑気〉　例〜
　　な話。〜な性格。

は

は　把〔ハ〕　例把握、把持、一把、
　　二把、三把、六把、十把
　　注「把(ハ)」は、前に来る音によって
　　「ワ」、「バ」、「パ」になる。

は　波³〔ハ／なみ〕　例波浪、波頭、波紋、
　　波及、音波、電波、防波堤
　　団波止場(はとば)

は　派⁶〔ハ〕　例派出、派遣、派生、
　　流派、分派、硬派、賛成派

は　破⁵〔ハ／やぶる・やぶれる〕　例破壊、破
　　産、破損、破談、破棄、読破、
　　突破、撃破、序破急

は　覇(霸)〔ハ〕　例覇気、覇権、覇
　　者、制覇、連覇、覇を唱える

は　刃　例刀の〜。〜こぼれ。

は　葉　例木の〜。〜が落ちる。

は　歯　例〜の治療。〜医者。

は　端　例山の〜。〜数。

ば　馬²〔バ／うま・ま〕　例馬車、馬場、馬力、
　　競馬、乗馬　団伝馬船(てんません)

ば　婆〔バ〕　例老婆、産婆役

ば　罵〔バ／ののしる〕　例罵声、罵倒

ば　場　例その〜に行く。

ばあい　場合　公文場合　例雨天の
　　〜は延期する。時と〜によって
　　…。

はあく　把握　文把握　例要点を〜

する。

ばあさん　ばあさん〈婆さん〉

ばあたり　場当たり　⊗場当たり
　例～的な考え。

はい　拝⁶(拜)〔ハイ／おがむ〕　例拝顔、拝
　見、拝礼、崇拝、拝する

はい　杯〔ハイ／さかずき〕　例杯洗、祝杯、
　優勝杯、銀杯、一杯、二杯

はい　背⁶〔ハイ／せ・せい・そむく・そむける〕
　例背景、背後、背信、背反、腹
　背

はい　肺⁶〔ハイ〕　例肺炎、肺臓、肺
　活量、片肺

はい　俳⁶〔ハイ〕　例俳優、俳人、俳
　句、俳画、俳諧、俳味

はい　配³〔ハイ／くばる〕　例配合、配達、
　配分、交配、支配、心配

はい　排〔ハイ〕　例排気、排除、排
　斥、排列、排水溝、万難を排す

はい　敗⁴〔ハイ／やぶれる〕　例敗因、敗走、
　敗北、無敗、失敗、勝敗、腐敗

はい　廃(廢)〔ハイ／すたれる・すたる〕　例廃
　刊、廃物、廃止、廃絶、廃棄、
　改廃、存廃、全廃、荒廃、廃する

はい　輩〔ハイ〕　例輩出、後輩、先輩、
　末輩、同輩、我が輩

はい　灰　例焼けて～となる。

はい　はい〈蠅〉　例～がたかる。
　囲「はえ」とも。

ばい　売²(賣)〔バイ／うる・うれる〕　例売買、
　売却、売品、販売、商売

ばい　倍³〔バイ〕　例倍増、倍率、倍
加、二倍、倍にして返す

ばい　梅⁴(梅)〔バイ／うめ〕　例梅雨、梅園、
　梅林、紅梅、入梅　囲梅雨(つゆ)

ばい　培〔バイ／つちかう〕　例培養、栽培

ばい　陪〔バイ〕　例陪席、陪臣、陪食、
　陪審

ばい　媒〔バイ〕　例媒介、媒酌、媒体、
　媒材、触媒、虫媒花

ばい　買²〔バイ／かう〕　例買価、買収、売
　買、購買

ばい　賠〔バイ〕　例賠償

はいいろ　灰色　例～の空。

ばいいん　売淫
　囲法令では、「売淫」は用いない。「売春」
　を用いる。

ばいう　梅雨　例～前線。

はいえい　背泳　例～の競技。

はいえつ　拝謁　例天皇に～する。

はいえん　肺炎　例～になる。

ばいえん　梅園　例～を散歩する。

ばいえん　ばい煙〈煤煙〉　㉛ばい煙
　⇒すす　例空が～で汚れている。

はいおとし　灰落とし　⊗灰落とし

はいか　配下　例大勢の～がある。

はいが　はい芽〈胚芽〉　例～米。

ばいか　倍加　例苦労が～する。

はいかい　俳諧

はいかい　はいかい〈徘徊〉　⇒うろ
　つくこと・ぶらつくこと　例夜
　の町を～する。

ばいかい　媒介　例動物が～する病
　気。

はいかつりょう　肺活量
はいかん　拝観　[例]宝物を～する。
はいかん　廃刊　[例]雑誌の～。
はいき　排気　[例]自動車の～。
はいき　廃棄　[例]古い書類を～する。
ばいきゃく　売却　[例]不動産の～。
はいきゅう　配給　[例]映画の～。
ばいきゅう　倍旧　[例]～の御愛顧をお願いいたします。
はいきょ　廃虚〈廃墟〉　[例]戦火により～と化す。
ばいきん　ばい菌〈黴菌〉　⇒細菌
はいく　俳句　[例]～を詠む。
はいぐうしゃ　配偶者
はいけい　拝啓　[例]～と敬具。
はいけい　背景　[例]舞台の～。
はいけん　拝見　[例]お手紙～いたしました。
はいご　背後　[例]～から声を掛けられた。～に山が迫る。
はいこう　廃坑　[例]かつて多量の金を掘り出した～。
はいこう　廃校　[例]少子化のため～となった。
はいこう　廃鉱　[例]今は～となった。
はいごう　配合　[例]肥料を～する。
はいごう　廃合　[例]統～。
はいざい　廃材　[例]がれきや～。
はいざら　灰皿
はいざん　敗残　[例]～の身。
はいし　廃止　[例]虚礼を～する。
はいしゃく　拝借　[例]お手を～。～いたします。
ばいしゃく　媒酌〈媒妁〉　[例]～人。
ばいしゅう　買収　[例]広い土地を～する。～罪。
はいしゅつ　排出　[例]汚水を～する。
はいしゅつ　輩出　[例]人材を～する。
ばいしゅん　売春　[公]売春
[注]法令では、「売淫」は用いない。「売春」を用いる。
はいじょ　排除　[例]不正の～。
はいじょ　廃除　[例]相続人の～。
ばいしょう　賠償　[例]損害～。～金。
ばいしょく　陪食　[例]～の栄を賜る。
ばいしん　陪審　[例]～員制度。
はいすい　背水　[例]～の陣を敷く。
はいすい　配水　[例]～管。
はいすい　排水　[例]～施設。
はいすい　廃水　[例]工場の～。
はいすいこう　排水溝
はいする　拝する　[例]御神体を～。
はいする　配する　[例]警備員を～。
はいする　排する　[例]万難を～。
はいする　廃する　[例]制度を～。
はいせき　排斥　[例]敵対勢力の～。
ばいせき　陪席　[例]～の栄に浴する。
はいせつ　排せつ〈排泄〉　[公]排せつ　⇒排出　[例]体外へ～する。
はいせん　配線　[例]電気の～工事。
はいぜん　配膳　[例]～係。
はいぞう　肺臓
ばいぞう　倍増　[例]予算が～する。
はいたい　はい胎〈胚胎〉　⇒はらむ

は行

こと・根差すこと・兆すこと　例危機が〜する。

ばいたい　媒体　例広告〜。

はいだす　はい出す〈這い出す〉　例暗闇から〜。のこのこと〜。

はいたつ　配達　例新聞を〜する。

はいてき　排他的　例〜な考え。

はいち　配置　例人員を〜する。

はいち　はいち〈背馳〉　⇒背反・反すること・背くこと　例それは既定方針に〜する。

はいちょう　はい帳〈蝿帳〉

はいでる　はい出る〈這い出る〉　例ありの〜隙もない。

はいとう　配当　例利益を〜する。

はいとうおち　配当落ち

はいとうつき　配当付き　交配当付き

はいとく　背徳〈悖徳〉　例〜者。

はいとり　はい取り〈蝿取り〉　交はい取り

はいとりがみ　はい取り紙〈蝿取り紙〉　交はい取り紙

はいならし　灰ならし〈灰均し〉　例〜で火鉢の灰をならす。

はいにん　背任　例〜横領罪。

ばいばい　売買　例株を〜する。

ばいばいしゅん　売買春　例〜の根絶。

はいはん　廃藩　例〜置県。

はいひん　廃品　例〜を回収する。

ばいひん　売品　例これは〜だ。

はいふ　配付・配布　公配付・配布　例広報を〜する。〜資料。

注法令では、「配付」は交付税及び譲与税配付金特別会計のような特別な場合についてのみ用いる。それ以外の場合は「配布」を用いる。

はいふ　肺ふ〈肺腑〉　⇒肺臓　例〜をえぐるような悲惨な話。

はいふき　灰吹き　交灰吹き

はいぶつ　廃物　例〜を利用する。

はいぶん　配分　例利益を〜する。

はいぼく　敗北　例〜を喫する。

ばいまし　倍増し　交倍増し　例〜の配当。

ばいましりょうきん　倍増し料金　交倍増し料金

はいまわる　はい回る〈這い回る〉　例赤ちゃんが部屋の中を〜。

はいみ　俳味　例〜のある風情。

ばいやくずみ　売約済み

はいゆう　俳優　例〜を志願する。

はいよう　はい用〈佩用〉　⇒着用・着けること　例勲章の〜。

ばいよう　培養　例細菌を〜する。

ばいりつ　倍率　例〜の高い双眼鏡。

はいりょ　配慮　例〜に欠ける。

はいる　入る〈這入る〉　交入る　例大学に〜。

はいれ　歯入れ　交歯入れ　例げたの〜。

はいれい　拝礼　例神社に〜する。

はいれつ　配列〈排列〉　例五十音順

は行

の〜。〜の順序を変える。

注新聞では、「配列」と書く。

はう　はう〈這う〉　例床下を〜。

はうた　端唄　例〜を習う。

はえ　はえ〈蠅〉　例〜を取る。

注「はい」とも。

…はえ・ばえ　…映え　例夕〜が美しい。

…はえ・ばえ　…栄え　例仕立て〜。見〜。

注「映え・栄え」の使い分けは、「「異字同訓」の漢字の使い分け」参照。

はえある　栄えある　文栄えある
　例〜受賞。

はえぎわ　生え際　例毛の〜。

はえなわぎょぎょう　はえ縄漁業
　〈延縄漁業〉

はえぬき　生え抜き　文生え抜き
　例〜の選手。

はえる　生える　文生える　例草が
　〜。羽が〜。

はえる　映える　文映える　例夕日
　に〜山々。

はえる　栄える　文栄える

注「映える・栄える」の使い分けは、「「異字同訓」の漢字の使い分け」参照。

はおり　羽織　公文羽織　例〜を着
　る。

はおる　羽織る　例コートを〜。

はか　墓　例〜石。〜参り。

はか　はか〈捗〉　例仕事の〜がいく。

ばか　馬鹿〈莫迦〉

はかい　破戒　例〜僧。

はかい　破壊　例遺跡が〜される。

はがいじめ　羽交い締め　文羽交い
　締め　例〜にする。

はがき　はがき〈葉書・端書〉　文は
　がき

はがす　剥がす　文剥がす　例切手
　をうまく〜。

ばかす　化かす　文化かす

はかせ　博士付　例医学〜。〜号。

注「はくし」の慣用読み。

はかたおり　博多織　公文博多織

注工芸品の場合に限る。

はかどる　はかどる〈捗る〉　文はか
　どる　⇒進捗する　例仕事が〜。

「異字同訓」の漢字の使い分け

はえ・はえる

【映え・映える】光を受けて照り輝く。引き立って見える。
　　夕映え。紅葉が夕日に映える。紺のスーツに赤のネクタイが映える。

【栄え・栄える】立派に感じられる。目立つ。
　　栄えある勝利。見事な出来栄え。見栄えがする。栄えない役回り。

（平成26年文化審議会国語分科会）

付：付表の語　×：表外字　△：表外音訓　〈　〉：参考表記　⇒：言い換え等

はかない　はかない〈果敢無い・儚い〉　例人の命は～ものだ。

はかなむ　はかなむ〈儚む〉　例世を～。人生を～。

はがね　鋼　例～のような体。

はかばかしい　はかばかしい〈捗々しい〉　例～進展が見られない。

はかま　はかま〈袴〉

はかまいり　墓参り〈墓詣り〉　文墓参り　例お彼岸に～に行く。

はがゆい　歯がゆい〈歯痒い〉　⇒もどかしい・じれったい　例彼のやり方は、見ていて～。

はからい　計らい　文計らい　例特別の～をする。

はからう　計らう　文計らう　例今後のことは適当に～。

はからずも　図らずも〈不図〉　文図らずも　例～お目に掛かれてうれしい。

はかり　計り　文計り

はかり　測り　文測り

はかり　量り　文量り

はかり　はかり〈秤〉　例～に掛ける。

…ばかり　…ばかり〈…許〉　文…ばかり　例雨～降る。ただ慌てる～だ。

はかりうり　量り売り　文量り売り　例米を～で１キロ買う。

はかりごと　はかりごと〈謀〉　例～を巡らす。

はかる　図る　文図る　例解決を～。

はかる　計る　文計る　例時間を～。

はかる　測る　文測る　例水深を～。

はかる　量る　文量る　例容量を～。

はかる　謀る　文謀る　例うまく謀って、こちらの味方にする。

はかる　諮る　文諮る　例会議に～。

　注「図る・計る・測る・量る・謀る・諮る」の使い分けは、「「異字同訓」の漢字の使い分け」p.514参照。

はがれる　剥がれる　文剥がれる　例化けの皮が～。壁紙が～。

はき　破棄・破毀　公破棄　例条約を～する。不用の文書を～する。
　注新聞では、「破棄」と書く。
　注上級裁判所が原判決を取り消すとは本来「破毀」。

はき　覇気　例～にあふれる。

はぎあわせる　はぎ合わせる〈接ぎ合わせる〉　例布を～。

はききよめる　掃き清める　例毎朝、寺の庭を～。

はきくだし　吐き下し　例食中毒で全員が激しく～をした。

はきけ　吐き気　文吐き気　例食べ過ぎて～がする。

はぎしり　歯ぎしり〈歯軋り〉　例～して悔しがる。ごまめの～。

はきだし　吐き出し　文吐き出し　例水の～口。

はきだしまど　掃き出し窓

はきだす　吐き出す　例食物を～。

はきだす　掃き出す　例ごみを～。

はきたて　掃き立て　⊗掃き立て

　例蚕の～。～の部屋。

はきだめ　掃きだめ〈掃き溜め〉

　⊗掃きだめ　例～に鶴。

はきちがえる　履き違える　例靴を

　～。自由の意味を～。

はぎとる　剝ぎ取る　例木の皮を～。

はきもの　履物　公⊗履物

はきゅう　波及　例～効果。

はぎょう　覇業　例～を成し遂げる。

はきょく　破局　例～を免れる。

はぎれ　歯切れ　⊗歯切れ　例すっ

きりとした～のいいリズムだ。

はぎれ　端切れ・端ぎれ〈端布〉

　例～を寄せ集めて作った座布団。

はく　白¹〔ハク・ビャク／しろ・しら・しろい〕　例白紙、

　白状、白昼、白色、白髪、白昼

　夢、純白、紅白、明白　付白髪

　（しらが）

はく　伯〔ハク〕　例伯爵、伯仲、画伯

　付伯父（おじ）、伯母（おば）

はく　拍〔ハク・ヒョウ〕　例拍車、拍手、

　一拍、二拍

はく　泊〔ハク／とまる・とめる〕　例泊地、宿

「異字同訓」の漢字の使い分け

はかる

【図る】あることが実現するように企てる。

　　合理化を図る。解決を図る。身の安全を図る。再起を図る。

　　局面の打開を図る。便宜を図る。

【計る】時間や数などを数える。考える。

　　時間を計る。計り知れない恩恵。タイミングを計る。

　　頃合いを計って発言する。

【測る】長さ・高さ・深さ・広さ・程度を調べる。推測する。

　　距離を測る。標高を測る。身長を測る*。水深を測る。面積を測る。

　　血圧を測る。温度を測る。運動能力を測る。測定器で測る。

　　真意を測りかねる。

【量る】重さ・容積を調べる。推量する。

　　重さを量る。体重を量る*。立体の体積を量る。容量を量る。

　　心中を推し量る。

【謀る】良くない事をたくらむ。

　　暗殺を謀る。悪事を謀る。会社の乗っ取りを謀る。競争相手の失脚を謀る。

【諮る】ある問題について意見を聞く。

　　審議会に諮る。議案を委員会に諮る。役員会に諮って決める。

＊　「身長と体重をはかる」という場合の「はかる」は、「測定する」と言い換えら

　れることなどから、「量る」よりも「測る」を用いる方が一般的である。

　　　　　　　　　　　　　　　　　　　　　　（平成26年文化審議会国語分科会）

付:付表の語　×:表外字　△:表外音訓　〈　〉:参考表記　⇒:言い換え等

泊、外泊、停泊、淡泊、一泊

はく　迫〔ハク せまる〕　例迫害、圧迫、緊
　　　迫、脅迫、切迫

はく　剥〔ハク はがす・はぐ・はがれる・はげる〕
　　　例剥製、剥奪

はく　舶〔ハク〕　例舶載、舶来、船舶

はく　博⁴〔ハク・バク〕　例博識、博愛、
　　　博学、博覧、博物館、博士号、
　　　好評を博する　団博士(はかせ)

はく　薄〔ハク うすい・うすめる・うすまる・うすらぐ・うすれる〕　例薄
　　　氷、薄謝、薄情、軽薄、肉薄、浮
　　　薄

はく　吐く　②吐く　例唾を～。

はく　掃く　②掃く　例ほうきで～。

はく　履く　②履く　例靴を～。

はく　はく〈箔〉　例経験することに
　　　よって～が付く。金ぱく。

はく　はく〈佩く〉　例太刀を～武士。

はく　はく〈穿く〉　例ズボンを～。

はぐ　剥ぐ　②剥ぐ　例仮面を～。

ばく　麦²(麥)〔バク むぎ〕　例麦芽、麦秋、
　　　米麦、精麦

ばく　博⁴〔ハク・バク〕　例博徒、博労
　　　団博士(はかせ)

ばく　漠〔バク〕　例漠然、空漠、砂
　　　漠、広漠、漠とした形

ばく　幕⁶〔マク・バク〕　例幕府、幕政、
　　　幕臣、幕末、幕僚、倒幕

ばく　暴⁵〔ボウ・バク あばく・あばれる〕　例暴露

ばく　縛〔バク しばる〕　例束縛、捕縛、緊
　　　縛、就縛、縛に就く

ばく　爆〔バク〕　例爆音、爆発、爆風、
　　　爆笑、爆竹、爆弾、原爆

はくあ　白亜〈白堊〉　例～の殿堂。

はくい　白衣　例～の天使。

はくおし　はく押し〈箔押し〉

ばくが　麦芽　例～糖。

はくがい　迫害　例異教徒を～する。

はぐき　歯茎　例～を丈夫にする。

はぐくむ　育む　②育む　例学力を
　　　～。自治の精神を～。

はくし　博士　例医学～。
　　注「はかせ」は慣用読み。

はくしき　博識　例彼は～だ。

はくしごう　博士号　例～を取る。

はくしゃ　拍車　例～を掛ける。

はくしゃ　薄謝　例～を呈する。

はくじゃく　薄弱　例根拠が～だ。

はくしゃせいしょう　白砂青松

はくしゅ　拍手　例～を送る。

はくしゅく　伯叔　例伯父・伯母、
　　　叔父・叔母をまとめて～と言う。

ばくしゅう　麦秋　例～の候。

ばくしょ　ばく書〈曝書〉　⇒(本の)
　　　虫干し　例～は秋に行う。

はくじょう　白状　例いたずらを～
　　　する。

はくじょう　薄情　例彼は～だ。

はくしん　迫真　例～の演技。

はくじん　白刃　例～を振りかざす。

ばくしん　ばく進〈驀進〉　⇒突進・
　　　猛進　例～する機関車。

はくする　博する　例好評を～。

は行

はくせい　剝製　例〜の鳥を飾る。

はくせき　白せき〈白晳〉　例〜の美少年。

ばくぜん　漠然　⊗漠然　例〜とした考え。

ばくだい　ばくだい・ばく大〈莫大〉　⊗ばくだい　⇒多大　例〜な量。

はくだつ　剝奪　公⊗剝奪　例権利を〜する。

ばくだん　爆弾　例〜を投下する。

ばくち　ばくち〈博打・博奕〉　例大〜を打つ。

ばくちく　爆竹　例〜を鳴らす。

はくちゅう　白昼　例〜堂々。〜夢。

はくちゅう　伯仲　例実力が〜する。

ばくと　博徒　例〜の仁義。

はくとう　白桃　例〜の缶詰。

はくないしょう　白内障　例〜の手術をする。

はくはつ　白髪　例〜の老人。

ばくはつ　爆発　例漏れたガスが〜する。

はくび　白眉　例参加者中の〜だ。

ばくふ　幕府　例江戸に〜を開く。

ばくふ　ばく布〈瀑布〉　⇒滝

はくぶつかん　博物館

はくぼ　薄暮　例〜にそびえ立つ富士。

はくぼく　白墨　例〜で文字を書く。

はくまい　白米

ばくまつ　幕末　例〜から維新へ。

はくや　白夜

注「びゃくや」は慣用読み。

はくらい　舶来　例〜の品。

はぐらかす　はぐらかす　例問題点を〜。

はくらく　剝落　例壁の〜。

はくらん　博覧　例〜に供する。

はくらんかい　博覧会　例万国〜。

はくらんきょうき　博覧強記

はくり　剝離　⊗剝離　例網膜〜。

ばくりょう　幕僚　例統合〜会議。〜長。

はくりょく　迫力　例〜に欠ける。

はぐるま　歯車　例時計の〜。

はぐれる　はぐれる〈逸れる〉　例雑踏に押されて仲間に〜。

ばくろ　暴露〈曝露〉　例内幕の〜。

ばくろう　博労〈馬喰・伯楽〉

ばくろん　ばく論〈駁論〉　⇒反論　例〜を発表する。

はけ　はけ〈刷毛〉　⇒ブラシ

はげ　はげ〈禿げ〉

ばけ　化け　例〜の皮が剝がれる。

はけぐち　はけ口〈捌け口〉　例水〜。感情の〜。

はげしい　激しい〈烈しい・劇しい〉　⊗激しい　例気性が〜。〜風。

はげしさ　激しさ　⊗激しさ

はげまし　励まし　⊗励まし　例〜の言葉。

はげます　励ます　⊗励ます　例友を〜。

はげみ　励み　⊗励み　例練習の〜。

はげむ　励む　[文]励む　[例]勉強に～。
ばけもの　化け物　[文]化け物　[例]～屋敷。
はげやま　はげ山〈禿山〉　[例]樹木を切って、～にする。
はける　はける〈捌ける〉　[例]品物が～。
はげる　剝げる　[文]剝げる　[例]古くなった塀のペンキが～。
はげる　はげる〈禿げる〉　[例]頭が～。
ばける　化ける　[文]化ける　[例]きつねが～。
はけん　派遣　[例]調査団を～する。
はけん　覇権　[例]～を握る。
ばげん　罵言　[例]～を浴びせる。
はこ　箱[3]〔―はこ〕　[例]箱庭、小箱
はこ　箱　[例]～に詰める。宝石箱。
はごいた　羽子板
はこいり　箱入り　[文]箱入り　[例]～の洋菓子。
はこいりむすめ　箱入り娘　[文]箱入り娘
はこう　は行〈跛行〉　⇒ちぐはぐ・不均衡　[例]経済の～状態。
はこがき　箱書き　[文]箱書き　[例]～のある巻き物を恭しく取り出す。
はごたえ　歯応え　[例]～がある。
はこづめ　箱詰め
はこにわ　箱庭　[例]～に池を作る。
はこび　運び　[文]運び　[例]やっと開会の～となる。筆の～。
はこぶ　運ぶ　[文]運ぶ　[例]荷物を～。
はごろも　羽衣　[例]天(あま)の～。
はさい　破砕〈破摧〉　[例]岩を～する。
はざかいき　端境期　[例]米の～。
はざくら　葉桜　[例]～の季節。
はさまる　挟まる　[文]挟まる　[例]奥歯に物の挟まったような言い方。ドアに手が～。
はさみ　はさみ〈鋏〉　[例]～で切る。
はさみうち　挟み打ち・挟み撃ち　[文]挟み打ち　[例]前後から～だ。
はさみしょうぎ　挟み将棋
はさむ　挟む　[文]挟む　[例]箸で豆を～。隣の話を小耳に～。
はさん　破産　[例]～の宣告。
はし　箸〔―はし〕　[例]菜箸、火箸
はし　箸　[例]～が進む。
はし　端　[例]机の～。～に寄る。
はし　橋　[例]～を渡る。
はじ　恥〈辱〉　[文]恥　[例]～をかく。～も外聞もない。
はじ　把持　[例]権力を～する。
はじいる　恥じ入る　[文]恥じ入る　[例]心から～。
はしおき　箸置き　[文]箸置き
はしか　はしか〈麻疹〉　[例]～の流行。
はしがかり　橋懸かり
はしがき　端書き　[文]端書き　[例]本の～を書く。手紙に～を添える。
はじく　はじく〈弾く〉　[例]水を～布。そろばんを～。
はしくれ　端くれ　[例]役員の～として席に連なる。木の～。

は行

は行

はしけ　はしけ〈艀〉　例～に乗る。

はしげた　橋桁

はじける　はじける〈弾ける〉　例くりが～。～ように笑う。

はしご　はしご〈梯子〉

はじさらし　恥さらし〈恥曝し〉　⊗恥さらし　例～な行為。

はした　はした〈端〉　例～を切り上げる。～金。

はしたて　箸立て　⊗箸立て

はしぢかだ　端近だ　⊗端近だ　例そんな端近にいないで…。

はしづめ　橋詰め　⊗橋詰め　例○○大橋の～に交番がある。

はしばこ　箸箱

はじまり　始まり　⊗始まり　例けんかの～は一体何だ。

はじまる　始まる　⊗始まる　例新年が～。明日から仕事が～。

はじめ　初め　⊗初め　例８月の～。

はじめ　始め　⊗始め　例事の～。

　　　注「初め・始め」の使い分けは、「「異字同訓」の漢字の使い分け」参照。

…(を)はじめ　はじめ・始め　⊗はじめ　例社長を～、社員一同…。

はじめて〔副詞〕　初めて・はじめて　公⊗初めて　例～経験する。～の試み。

はじめる　始める　⊗始める　例商売を～。

はしゃ　覇者　例～を目指す。

ばしゃ　馬車　例～に乗る。

はしゃぐ　はしゃぐ　例子供が～。

はしゅ　は種〈播種〉　⇒種まき

はしゅつ　派出　例警察官を～する。

ばしょ　場所　例見晴らしのいい～。

ばしょがら　場所柄　例～をわきまえて言動を慎む。

「異字同訓」の漢字の使い分け

はじまる・はじめ・はじめて・はじめる

【初め・初めて】ある期間の早い段階。最初。先の方のもの。

　　初めはこう思った。秋の初め。年の初め。初めて聞いた話。
　　初めてお目に掛かる。初めての経験。初めからやり直す。
　　初めの曲の方がいい。

【始まる・始め・始める】開始する。始めたばかりの段階。物事の起こり。主たるもの。

　　懇親会が始まる。仕事を始める。書き始める。手始め。仕事始め。
　　始めと終わり。国の始め。人類の始め。校長を始め、教職員一同……＊。

＊　「校長をはじめ、教職員一同……」などという場合の「はじめ」については、多くの人や物の中で「主たるもの」の意で「始」を当てるが、現在の表記実態としては、仮名で書かれることも多い。

（平成26年文化審議会国語分科会）

田:付表の語　×:表外字　△:表外音訓　〈　〉:参考表記　⇒:言い換え等

はしょる　はしょる〈端折る〉　例話
　の途中で〜。着物の裾を〜。

ばしょわり　場所割り　例出店の〜
　をする。〜でもめる。

はしら　柱　例家の〜。

はじらい　恥じらい　文恥じらい
　例〜を覚える。

はじらう　恥じらう　文恥じらう
　例うつむいて〜。

はしらす　走らす　例車を〜。

はしらどけい　柱時計

はしり　走り　文走り　例まつたけ
　の〜のごちそう。安定した〜。

はしりがき　走り書き　文走り書き
　例ノートに〜しておく。

はしりさる　走り去る

はしりたかとび　走り高跳び

はしりだす　走り出す

はしりづかい　走り使い　文走り使
　い　例店の〜をする。

はしりでる　走り出る

はしりはばとび　走り幅跳び

はしりまわる　走り回る　例児童が
　校庭を〜。あちこちと〜。

はしりよる　走り寄る　例近くへ〜。

はしる　走る　文走る　例懸命に〜。
　舟が〜。筆が〜。空想に〜。

はじる　恥じる〈辱じる・羞じる〉
　文恥じる　例我が身を〜。

はしわたし　橋渡し　例平和への〜。

はす　はす〈斜〉　例道路を〜に渡っ
　てはいけない。〜に構える。

はず　はず〈筈〉　文はず　例そんな
　〜ではなかった。それもその〜。

はすう　端数　文端数　例〜を切り
　上げる。

ばすえ　場末　例〜の酒場。

はすかい　はすかい〈斜交い〉　⇒斜
　め　例〜に線を引く。

はずかしい　恥ずかしい　文恥ずか
　しい

はずかしめ　辱め　文辱め　例〜を
　受ける。

はずかしめる　辱める　文辱める
　例名を〜。

はずす　外す　文外す　例1時間ば
　かり席を〜。上着のボタンを〜。

はすっぱ　はすっぱ〈蓮っ葉〉　例〜
　な態度。

はずみ　弾み　文弾み　例〜が付く。

はずむ　弾む　文弾む　例まりが〜。
　楽しい期待に心が〜。息が〜。

はずれ　外れ　例村の〜の水車小屋。
　当たり〜がある。

はずれる　外れる　文外れる　例予
　想が〜。

はせい　派生　例そこから〜した問
　題。動詞の〜語。

ばせい　罵声　例〜を浴びせる。

はぜる　はぜる〈爆ぜる〉　⇒はじけ
　る　例くりの実が〜。

はそん　破損　例ガラスが〜する。

はた　畑3〔はた・はたけ〕　例畑作、田畑

はた　畑　例〜を作る。

は行

はた　端　例～からは分からない。

はた　旗　例日本の～。～印。

はた　機　例～を織る。

はだ　肌〔はだ〕　例肌色、地肌、山肌

はだ　肌〈膚〉　例～が荒れる。～で
　感じる。職人～。

はだあい　肌合い　支肌合い　例彼
　とはどうも～が違うようだ。

はたあげ　旗揚げ　例商売の～をす
　る。

はたいろ　旗色　例～が悪い。

はだいろ　肌色〈膚色〉

はたおり　機織り　支機織り　例趣
　味で～をする。

はだか　裸　例暑いので～になる。

はたがしら　旗頭　例一方の～。

はたき　はたき〈叩き〉　例～とほう
　きで掃除する。

はだぎ　肌着〈膚着〉　例～を替える。

はたきこみ　はたき込み〈叩き込み〉

はたく　はたく〈叩く〉　例手で～。

はたけ　畑　例～を耕す。

はたけちがい　畑違い　支畑違い
　例～のことなので分からない。

はたざお　旗ざお〈旗竿〉

はたさく　畑作　例～日本一の県。

はださむい・はだざむい　肌寒い
　〈膚寒い〉　支肌寒い　例朝晩は
　～季節になった。

はだざわり　肌触り〈膚触り〉　支肌
　触り　例～の良いシャツ。

はだし　はだし〈裸足・跣〉　例砂の

上を～で歩く。玄人～の芸。

はたしあい　果たし合い　支果たし
　合い　例～を申し入れる。

はたしじょう　果たし状　支果たし
　状

はたして〔副詞〕　果たして・はたし
　て　公果たして　例彼は～来
　なかった。～成功するのか。

はたじるし　旗印〈旗標〉　例自由の
　～を掲げる。

はたす　果たす　支果たす　例必ず
　約束を～。

はたち　二十（付）・二十歳（付）　例～に
　なったお祝いをする。

はだぬぎ　肌脱ぎ〈膚脱ぎ〉　支肌脱
　ぎ　例～になる。

はだみ　肌身〈膚身〉　例～離さず。

はため　はた目〈傍目〉　例～には良
　く見える。

はためく　はためく　例旗が～。

はたもち　旗持ち　支旗持ち

はたもと　旗本　例直参の～。

はたらかす　働かす　支働かす
　例部下を～。

はたらき　働き　支働き　例～に行
　く。機械の～。

はたらきかけ　働き掛け　例行事に
　参加するように～をする。

はたらきざかり　働き盛り　支働き
　盛り　例四十といえば～だ。

はたらきづめ　働き詰め・働きづめ

はたらきて　働き手　支働き手

は行

例〜を失う。

はたらきばち　働き蜂　㊅働き蜂
例〜が蜜を運ぶ。

はたらく　働く　㊅働く　例毎日〜。

はたん　破綻　㊐㊅破綻　例経営が〜した。

はち　八¹〔ハチ（や・やつ・やっつ・よう）〕例八人、八回、八月、八方、十八、尺八、四苦八苦　㊥八百屋(やおや)、八百長(やおちょう)

はち　鉢〔ハチ・ハツ〕例鉢植え、植木鉢、火鉢

はち　蜂　例〜が刺す。〜蜜。

ばち　罰〔バツ・バチ〕例罰当たり

ばち　ばち〈撥〉例三味線の〜。

ばちあたり　罰当たり　㊅罰当たり

はちあわせ　鉢合わせ　㊅鉢合わせ
例街角で〜する。

はちうえ　鉢植え　㊅鉢植え　例〜の菊。

ばちがい　場違い　例〜の質問。

はちがつ　八月

はちきれる　はち切れる　例今にもはち切れそうな大きな風船。

はちくのいきおい　破竹の勢い

はちぶんめ　八分目・八分め

はちまき　鉢巻き　㊅鉢巻き

はちみつ　蜂蜜

はちめんろっぴ　八面六ぴ〈八面六臂〉例〜の活躍。

はちもの　鉢物　例観葉植物の〜。

はちゅうるい　は虫類〈爬虫類〉

例蛇などを〜と言う。

はっ　法⁴〔ホウ・ハッ・ホッ〕例法被、法度

はつ　鉢〔ハチ・ハツ〕例衣鉢

はつ　発³(發)〔ハツ・ホツ〕例発砲、発明、発射、突発、先発、東京発、発する

はつ　髪(髮)〔ハツ（かみ）〕例髪膚、白髪、理髪、毛髪、頭髪、整髪、間髪を入れず　㊥白髪(しらが)

はつ　初　例〜の受賞。〜春。

ばつ　末⁴〔マツ・バツ（すえ）〕例末子、末弟、末孫
㊐「末子」は「まっし」、「末弟」は「まってい」とも。

ばつ　伐〔バツ〕例伐採、征伐、殺伐

ばつ　抜(拔)〔バツ（ぬく・ぬける・ぬかす・ぬかる）〕例抜群、抜糸、海抜、選抜

ばつ　罰〔バツ・バチ〕例罰金、罰則、厳罰、処罰、天罰、信賞必罰

ばつ　閥〔バツ〕例閥族、学閥、財閥、派閥、門閥

ばつ　ばつ　例〜が悪い。

はついく　発育　例〜がいい。

はつうま　初うま〈初午〉

はつおん　発音　例英語の〜。

はっか　発火　例自然〜。

はっか　薄荷・はっか　例〜菓子。

はつか　二十日㊥

はつが　発芽　例〜する。

はっかく　発覚　例事件が〜する。

はっかん　発刊　[例]全集を～する。
はっかん　発汗　[例]～が激しい。
はっき　発揮　[例]実力を～する。
ばっきん　罰金　[例]駐車違反の～。
はっくつ　発掘　[例]遺跡を～する。
ばつぐん　抜群　[例]～の成績。
はっけ　はっけ〈八卦〉　⇒易・占い　[例]当たるも～、当たらぬも～。
はっけん　発見　[例]新事実を～する。
はつげん　発言　[例]会議で～する。
ばっこ　ばっこ〈跋扈〉　⇒横行・はびこり・のさばること　[例]魔物が～する。悪の～。
はつこい　初恋　[文]初恋　[例]～の人。
はっこう　発光　[例]～塗料。
はっこう　発行　[例]雑誌を～する。
はっこう　発効　[例]条例が～する。
はっこう　発酵〈醱酵〉　[例]～食品。
はっこう　薄幸〈薄倖〉　[例]～を嘆く。
はっこうずみかぶしき　発行済み株式　[文]発行済株式
はつごおり　初氷　[文]初氷　[例]～が張る。
ばっさい　伐採　[例]樹木を～する。
はっさん　発散　[例]水分を～する。
ばっし　末子　[例]～をかわいがる。
[注]「まっし」とも。
はつしも　初霜　[例]～が降りる。
はっしゃ　発射　[例]ロケットの～。
はっしょう　発祥　[例]スキー～の地。
ばっしょう　ばっ渉〈跋渉〉　⇒踏破　[例]山野を～する。
はっしん　発しん〈発疹〉　[例]体に～ができる。
ばっすい　抜粋〈抜萃〉　[例]要点の～。
はつずり　初刷り　[文]初刷り
はっする　発する　[例]命令を～。
ばっする　罰する　[例]重く～。
はっせい　発生　[例]災害の～。
はっせいげん　発生源　[例]汚染の～。
はっそう　発送　[例]文書の～。
はっそう　発想　[例]自由な～。
はっせき　発赤　[例]皮膚の～。
はったつ　発達　[例]心身の～。
はつだより　初便り　[文]初便り
はっちゅう　発注　[例]品物を問屋へ～する。
ばってい　末弟
[注]「まってい」とも。
ばってき　抜てき〈抜擢〉　⇒登用・起用　[例]重役に～する。
はってん　発展　[例]経済の～。
はつでん　発電　[例]水力で～する。
はっと　法度　[例]その話は御～だ。
はつどう　発動　[例]指揮権の～。
はつなり　初なり〈初生り〉　[例]～のトマト。
はつに　初荷　[例]～を運ぶ。
はっぱ　葉っぱ　[例]～が散る。
はっぴ　法被　[例]そろいの～。
はっぴょう　発表　[例]論文の～。
ばつびょう　抜びょう〈抜錨〉　⇒出港・出帆・船出
はっぷ　発布　[例]憲法を～する。

はっぷん　発憤・発奮　例〜して勉
　強する。大いに〜する。
　注新聞では、「発奮」と書く。

はっぽう　八方　例〜に広がる。四
　方〜が見える。〜美人。

はっぽう　発泡　例〜スチロール。
　〜錠。〜性ワイン。

ばっぽん　抜本　例〜的な措置。

はつまいり　初参り　例伊勢神宮に
　〜する。〜のお客。

はつまご　初孫　例〜が生まれる。
　注「ういまご」とも。

はつみみ　初耳　例その話は〜だ。

はつめい　発明　例必要は〜の母。

はつもうで　初詣　文初詣

はつもの　初物　例まつたけの〜。

はつゆき　初雪　例〜が降る。

はつゆめ　初夢　例すてきな〜。

はつらつ　はつらつ〈潑剌〉　文はつ
　らつ　⇒活発　例〜とした若者。

はつれい　発令　例人事異動の〜。

はつろ　発露　例愛情の〜。

はて　果て　文果て　例地の〜。

はで　派手　文派手　例〜な洋服。

ばてい　馬てい〈馬蹄〉　⇒馬のひづ
　め　例〜形の磁石。

はてしない　果てしない　文果てし
　ない　例〜地平線が広がる。

はでやか　派手やか　例〜に着飾る。

はてる　果てる　文果てる　例命が
　〜。

はてんこう　破天荒　例〜な企画。

はと　はと〈鳩〉　例〜笛。

はとう　波とう〈波濤〉　⇒波浪・大
　波　例万里の〜を乗り越える。

ばとう　罵倒　例大声で〜する。

はとば　波止場付　例〜に停泊する。

はどめ　歯止め　文歯止め　例イン
　フレ傾向に〜を掛ける。

はな　花　例〜が咲く。先方に〜を
　持たせる。

はな　華　例〜のある役者。江戸の
　〜。
　注「花・華」の使い分けは、「「異字同
　訓」の漢字の使い分け」参照。

はな　鼻　例〜が高い。〜に掛ける。

────── 「異字同訓」の漢字の使い分け ──────

はな
【花】植物の花（特に桜の花）。花のように人目を引くもの。
　　　花が咲く。花を生ける。花も実もない。花道を飾る。両手に花。花の都。
　　　花形。
【華】きらびやかで美しい様子。本質を成す最も重要な部分。
　　　華やかに着飾る。華やかに笑う。華々しい生涯。国風文化の華。
　　　武士道の華。

（平成26年文化審議会国語分科会）

はな　はな〈洟〉　例〜を垂らす。

はな　はな〈端〉　例岬の〜。

はなあわせ　花合わせ　⊗花合わせ

はないけ　花生け〈花活け〉

はなお　鼻緒　例げたの〜。

はながた　花形　例〜選手。

はなぐもり　花曇り　⊗花曇り

はなことば　花言葉〈花詞〉　例オリ
　　ーブの〜は「平和」。

はなごよみ　花暦　例花の名所は、
　　〜で分かる。

はなざかり　花盛り　⊗花盛り
　　例野山は、〜だ。

はなし　話　⊗話　例〜に花が咲く。
　　難航したがやっと〜が付いた。

はなしあい　話し合い　公⊗話合い
　　建話し合い　例〜の結果、妥結
　　した。

はなしあいて　話し相手　⊗話し相
　　手　例〜になる。

はなしあう　話し合う　⊗話し合う

はなしがい　放し飼い　⊗放し飼い
　　例馬が〜にしてある。牛の〜。

はなしかける　話し掛ける　例子供
　　に優しく〜。

はなしかた　話し方　⊗話し方

はなしがたい　話し難い　例他人に
　　〜事情がある。

はなしことば　話し言葉

はなしこむ　話し込む　例長時間〜。

はなしずき　話し好き　⊗話好き
　　建話し好き　例〜な友人。

はなしちゅう　話し中　例〜に割り
　　込む。電話は〜です。

はなして　話し手　⊗話し手　例〜
　　と聞き手。上手な〜。

はなす　話す　⊗話す　例上手に〜。

はなす　離す　⊗離す　例手を〜。

はなす　放す　⊗放す　例鳥を〜。
　　注「離す・放す」の使い分けは、「「異字
　　同訓」の漢字の使い分け」参照。

はなせる　話せる　例英語が〜。あ
　　の人はなかなか〜人だ。

はなぞの　花園

はなたて　花立て　⊗花立て

はなたば　花束　例〜を贈る。

　　　　　　　　　　「異字同訓」の漢字の使い分け

はなす・はなれる
【離す・離れる】距離や間隔が広がる。離脱する。
　　間を離す。ハンドルから手を離す。切り離す。駅から遠く離れた町。
　　離れ島。離れ離れになる。戦列を離れる。職を離れる。
【放す・放れる】拘束や固定を外す。放棄する。
　　鳥を放す。魚を川に放す。違法駐車を野放しにする。放し飼い。
　　手放しで褒める。矢が弦を放れる。見放す。

　　　　　　　　　　　　　　　　　　　（平成26年文化審議会国語分科会）

　　団:付表の語　×:表外字　△:表外音訓　〈　〉:参考表記　⇒:言い換え等

はなだより　花便り　⊗花便り
　例各地から～が届く。

はなち　鼻血　例～が出る。

はなつ　放つ　⊗放つ　例光を～。
　一段と異彩を～。

はなづくし　花尽くし　⊗花尽くし
　例～の柄の着物。

はなづくり　花作り　⊗花作り

はなっぱしら　鼻っ柱　例～が強い。

はなつまみ　鼻つまみ〈鼻摘まみ〉
　例世間の～者として嫌われる。

はなづまり　鼻詰まり　例風邪を引
　いて～になる。

はなつみ　花摘み　⊗花摘み　例～
　に行く。

はなづら　鼻面　例馬の～。

はなはだ〔副詞〕　甚だ・はなはだ
　公⊗甚だ　例～暑い。～不愉快
　だ。

はなはだしい　甚だしい　⊗甚だし
　い　例誤解も～。～迷惑だ。

はなばなしい　華々しい　⊗華々し
　い　例～活躍を期待する。

はなび　花火〈煙火〉　例線香～。

はなびら　花びら〈花弁〉

はなふぶき　花吹雪　例～が舞う。

はなまつり　花祭り　⊗花祭り

はなむけ　はなむけ〈餞〉　例卒業生
　への～の言葉。

はなむこ　花婿〈花聟〉

はなむすび　花結び　⊗花結び
　例ひもを～にする。

はなもち　鼻持ち　例～ならない人。

はなや　花屋　例駅前で～を営む。

はなやかだ　華やかだ　⊗華やかだ
　例パレードが～。

はなやぐ　華やぐ　⊗華やぐ　例華
　やいだ衣装。気分が～。

はなよめ　花嫁　例～と花婿。

はならび　歯並び　⊗歯並び　例～
　がいい。

はなれ　離れ　⊗離れ　例～に客を
　通す。

ばなれ　場慣れ〈場馴れ〉　例毎度の
　ことで～している。

はなれざしき　離れ座敷　⊗離れ座
　敷

はなれじま　離れ島　⊗離れ島

はなればなれ　離れ離れ　例親子が
　～になって暮らす。

はなれや　離れ家　⊗離れ家　例～
　に一人で住んでいる。

はなれる　離れる　⊗離れる　例職
　を～。手が～。岸から～。

はなれる　放れる　⊗放れる　例綱
　から放れた馬。風船が手から～。
　注「離れる・放れる」の使い分けは、
　「「異字同訓」の漢字の使い分け」
　p.524参照。

はなれわざ　離れ業・離れ技　⊗離
　れ業　例～を演じる。
　注体操などでは「離れ技」を使う。

はなわ　花輪〈花環〉

はにかむ　はにかむ　例褒められて

〜。もじもじと〜。

はにわ　はにわ〈埴輪〉　例発掘された〜。

はぬけ　歯抜け　例虫歯で〜になる。

はね　羽　例〜が生える。のんびりと〜を伸ばす。

はね　羽根　例赤い〜。飛行機の〜。

ばね　ばね〈発条〉　例〜が伸びる。

はねあがる　跳ね上がる　例物価が倍に〜。

はねあげる　跳ね上げる　例泥を〜。

はねおきる　跳ね起きる　例物音にびっくりして〜。

はねかえす　跳ね返す　例劣勢を〜。

はねかえる　跳ね返る　例原料の値上げが、物価に〜。

はねかざり　羽飾り　文羽飾り　例帽子に〜を付ける。

はねつき　羽根突き

はねつける　はねつける〈撥ね付ける〉　例要求をきっぱりと〜。

はねぶとん　羽布団〈羽蒲団〉

はねまわる　跳ね回る　文跳ね回る　例うさぎが〜。

はねる　跳ねる〈撥ねる〉　文跳ねる　例泥が〜。

はは　母　例父と〜。〜親。

はば　幅　文幅　例川の〜。横〜。

ばば　ばば〈祖母〉　例じじと〜。

ははおや　母親　例〜への感謝。

はばかる　はばかる〈憚る〉　文はばかる　例人目を〜。憎まれっ子

世に〜。

ははぎみ　母君

はばたき　羽ばたき〈羽撃き・羽搏き〉　例鳥の〜。

はばたく　羽ばたく〈羽撃く・羽搏く〉　例大空に鳥が〜。

はばつ　派閥　例政党内の〜。

はばとび　幅跳び　例走り〜。

はばむ　阻む　文阻む　例実行を〜。

はびこる　はびこる〈蔓延る〉　例雑草が庭一面に〜。悪が〜。

はぶく　省く　文省く　例無駄を〜。

はぶたえ　羽二重　例〜の着物。

はブラシ　歯ブラシ

はぶり　羽振り　例〜を利かせる。彼は近頃〜がいい。

はへん　破片　例ガラスの〜。

はま　浜　例〜に出て遊ぶ。

はまき　葉巻　公文葉巻　例〜をくゆらす。

はまづたい　浜伝い　文浜伝い　例〜に行く。

はまべ　浜辺　例〜で遊ぶ。

はまやき　浜焼き　文浜焼き　例名物の〜を買う。

はまる　はまる〈嵌まる・嵌まる〉　例計略に〜。穴に〜。戸が〜。

はみがき　歯磨き　文歯磨き

はみがきこ　歯磨き粉　文歯磨粉　建歯磨き粉

はみだす　はみ出す〈食み出す〉　例参加者が大勢で会場から〜。

はみでる　はみ出る〈⌢食み出る〉
　　例字が大き過ぎて、欄外に〜。

はむ　はむ〈⌢食む〉　例高給を〜。

はむかう　刃向かう　例親に〜。

はめ　羽目〈破目〉　例〜を外す。苦
　　しい〜に陥る。
　　注新聞では、「羽目」と書く。

はめいた　羽目板

はめこみ　はめ込み〈⌢填め込み・⌢嵌
　　め込み〉　例壁に〜の本棚。

はめこむ　はめ込む〈⌢填め込む・⌢嵌
　　め込む〉　例たんすを壁に〜。

はめる　はめる〈⌢填める・嵌̽める〉
　　例皮の手袋を〜。元の位置に〜。

はもの　刃物　例〜を研ぐ。

はもの　端物　例〜の投げ売り。

はもん　波紋　例〜が広がる。

はやい　早い　文早い　例まだ〜。

はやい　速い　文速い　例速度が〜。
　　注「早い・速い」の使い分けは、「「異字
　　同訓」の漢字の使い分け」参照。

はやうち　早打ち　文早打ち　例太
　　鼓の〜。

はやうち　早撃ち　文早撃ち　例射
　　撃の〜の技を競う。

はやおき　早起き　文早起き

はやがえり　早帰り　文早帰り

はやがてん　早合点　例質問の意味
　　を〜して間違えた。

はやがわり　早変わり〈早替わり〉
　　文早変わり　例見事な役者の〜。

はやく　端役　例〜で出演する。

はやくち　早口　例〜で言う。

はやくも　早くも　例会社の創立以
　　来〜10年がたった。

はやさ　速さ　文速さ　例〜を測る。

はやざき　早咲き　文早咲き　例〜
　　の梅。

はやし　林　例森と〜。

はやし　はやし〈囃̽子〉

はやしかた　はやし方〈囃̽子方〉

はやしたてる　はやし立てる〈囃̽し
　　立てる〉　例やんやと〜。

はやじに　早死に　文早死に

はやじまい　早じまい〈早仕舞い・
　　早終い・早了い〉　例店を〜する。

「異字同訓」の漢字の使い分け

はやい・はやまる・はやめる
【早い・早まる・早める】時期や時刻が前である。時間が短い。予定よりも前になる。
　　時期が早い。早く起きる。気が早い。早変わり。早口。矢継ぎ早。早まっ
　　た行動。順番が早まる。出発時間が早まる。開会の時刻を早める。
【速い・速まる・速める】スピードがある。速度が上がる。
　　流れが速い。投手の球が速い。テンポが速い。改革のスピードが速まる。
　　回転を速める。脈拍が速まる。足を速める。
　　　　　　　　　　　　　　　　　　　　　　（平成26年文化審議会国語分科会）

1〜6：教育漢字学年配当　　公：法令・公用文の表記　　文：文科省語例集の表記

はやす　生やす　⊗生やす　例ひげを〜。

はやす　はやす〈囃す〉　例みんなが、手をたたいて、わあっと〜。

はやて　はやて〈疾風〉　例〜のように駆け抜ける。

はやのみこみ　早のみ込み〈早呑み込み〉　⇒早合点　例よく分からないまま、事情を〜する。

はやばや　早々・はやばや　例〜と仕事を片付ける。

はやびけ　早引け〈早退け〉

はやまる　早まる　⊗早まる　例自分だけの考えで〜ことはない。

はやまる　速まる　⊗速まる　例スピードが〜。脈拍が〜。

　注「早まる・速まる」の使い分けは、「「異字同訓」の漢字の使い分け」p.527参照。

はやみみ　早耳

はやめ　早め・早目　例〜の処置。
　注「形容詞＋め」は原則として「〜め」。

はやめる　早める　⊗早める　例時間を〜。

はやめる　速める　⊗速める　例速度を〜。

　注「早める・速める」の使い分けは、「「異字同訓」の漢字の使い分け」p.527参照。

はやり　はやり〈流行り〉　例〜の歌。

はやりうた　はやり歌〈流行り歌〉　⇒流行歌

はやりすたり　はやり廃り〈流行り廃り〉　⊗はやり廃り　例流行語は〜が早い。

はやる　はやる〈流行る〉　例冬になると風邪が〜。ゴルフが〜。

はやる　はやる〈逸る〉　例心が〜。

はやわかり　早分かり　例筆順〜。

はやわざ　早業・早技　例電光石火の〜で相手をやっつける。
　注新聞では、「早業」と書く。

はら　原　例〜っぱ。野〜。

はら　腹〈肚〉　例〜が出てきた。痛くない〜を探られる。

ばら　ばら〈散〉　例部品を〜で売る。

はらあて　腹当て　⊗腹当て

はらい　払い　⊗払い　例毎月の〜。

はらいきよめる　はらい清める〈祓い清める〉　例心身の汚れを〜。

はらいこみ　払い込み　公⊗払込み　建払い込み

はらいこみきじつ　払い込み期日　⊗払込期日　建払い込み期日　例〜は月末だ。

はらいこみきん　払い込み金　公⊗払込金　建払い込み金

はらいこむ　払い込む　⊗払い込む

はらいさげ　払い下げ　公⊗払下げ　建払い下げ

はらいさげひん　払い下げ品　公⊗払下品　建払い下げ品　例軍の〜。

はらいさげる　払い下げる　⊗払い

下げる　例民間に〜。

はらいせ　腹いせ〈腹癒せ〉　例負けた〜に当たり散らす。

はらいだし　払い出し　公文払出し　建払い出し　例貯金の〜。

はらいだしきん　払い出し金　公文払出金　建払い出し金

はらいだしにん　払い出し人

はらいだす　払い出す　文払い出す　例金を〜。

はらいっぱい　腹一杯

はらいのける　払いのける〈払い除ける〉　例手で〜。

はらいもどし　払い戻し　公文払戻し　建払い戻し　例預金の〜。〜金額。

はらいもどしきん　払い戻し金　公文払戻金　建払い戻し金

はらいもどししょうしょ　払い戻し証書　公文払戻証書　建払い戻し証書

はらいもどす　払い戻す　文払い戻す　例預金を〜。

はらいもの　払い物　文払い物

はらいわたし　払い渡し　公文払渡し　建払い渡し

はらいわたしきん　払い渡し金　公文払渡金　建払い渡し金

はらいわたしずみ　払い渡し済み　公文払渡済み　建払い渡し済み

はらいわたしゆうびんきょく　払い渡し郵便局　公文払渡郵便局

建払い渡し郵便局

はらいわたす　払い渡す　文払い渡す

はらう　払う　文払う　例金を〜。

はらう　はらう〈祓う〉　例汚れを〜。

はらおび　腹帯　文腹帯

はらがけ　腹掛け　文腹掛け

はらから　はらから〈同胞〉　⇒同胞・同じ国民　例海外の〜。

はらきり　腹切り　文腹切り

はらぐあい　腹具合　例〜が悪い。

はらくだし　腹下し　文腹下し

はらぐろい　腹黒い　文腹黒い　例〜相手。

はらげい　腹芸　例〜がうまい。

はらごしらえ　腹ごしらえ〈腹拵え〉　例〜をしっかりする。

はらす　晴らす　文晴らす　例気分を〜。

はらす　腫らす　文腫らす　例目を〜。

はらだたしい　腹立たしい　例〜思いをする。

はらだち　腹立ち　文腹立ち　例〜紛れ。

はらちがい　腹違い　文腹違い　例〜の弟。

はらつづみ　腹鼓　例たぬきの〜。

はらまき　腹巻き

ばらまく　ばらまく〈散蒔く〉　例滑らないように一面に砂を〜。

はらむ　はらむ〈孕む〉　例子を〜。

は行

はらわた　はらわた〈腸〉　例〜が煮
　　え繰り返るようだ。

はらん　波乱〈波瀾〉　例〜万丈。

はり　針　例〜と糸。

はり　張り　文張り　例〜のある声。

はり　はり〈梁〉　例〜で支える。

ばり　罵り〈罵詈〉　⇒悪口　例〜雑
　　言。〜罵倒する。

はりあい　張り合い　文張り合い
　　例この職場は、働く〜がある。

はりあう　張り合う　例互いに〜。

はりあげる　張り上げる　例声を〜。

はりいた　張り板

はりかえ　張り替え　文張り替え
　　例ふすまの〜をする。

はりかえる　張り替える

はりがね　針金　例〜を張る。

はりがみ　貼り紙・張り紙　例お知
　　らせの〜。〜禁止。

ばりき　馬力　例80〜のエンジン。

はりきる　張り切る　文張り切る

はりこ　張り子　文張り子　例〜の
　　虎。

はりこみ　張り込み　文張り込み

はりこみ　貼り込み　例画像の〜。

はりこむ　張り込む　文張り込む
　　例刑事が〜。大金を〜。

はりこむ　貼り込む　例アルバムに
　　写真を〜。

はりさける　張り裂ける　文張り裂
　　ける　例悲しみに胸が〜。

はりさし　針刺し　文針刺し

はりし　はり師〈鍼師〉

はりたおす　張り倒す　例相手を〜。

はりだし　張り出し　文張り出し
　　例〜窓。

はりだしこむすび　張出小結　文張
　　出小結

はりだす　張り出す・貼り出す
　　文張り出す　例掲示を〜。成績
　　を〜。

はりつけ　貼り付け　公文貼付け
　　建貼り付け

はりつけ　はりつけ〈磔〉　例〜の刑
　　に処する。

はりつける　貼り付ける・張り付け
　　る　文貼り付ける　例壁に〜。

はりつめる　張り詰める　例張り詰
　　めた気持ち。

はりとばす　張り飛ばす　例相手を
　　〜ほどの勢い。

はりふだ　貼り札・張り札

はる　春　例〜の七草。

はる　張る　文張る　例網を〜。金
　　額が〜。

はる　貼る　文貼る　例切手を〜。
　　　注「張る・貼る」の使い分けは、「「異字
　　同訓」の漢字の使い分け」p.531参照。

…ばる　…張る・…ばる　例形式〜。

はるか　はるか〈遥か〉　例〜に見え
　　る青い海。〜昔のことだ。

はるがすみ　春がすみ〈春霞〉

はるさめ　春雨　例〜にぬれる。

はるばる　はるばる〈遥々〉　例〜外

は行

国からやって来る。

はるめく　春めく　㊛春めく　㋐すっかり～。

はれ　晴れ　㊝晴(れ)　㊛晴れ　㋐～、後曇り。

　　注法令では、表に記入したり記号的に用いたりする場合には、原則として、（　）の中の送り仮名を省く。

はれ　腫れ〈脹れ〉　㊛腫れ　㋐打ち身の～が引いた。

はれあがる　晴れ上がる　㋐空が～。

はれあがる　腫れ上がる　㋐捻挫した足が～。

はれぎ　晴れ着　㊛晴れ着　㋐七五三の～を着る。～姿。

はれすがた　晴れ姿　㋐表彰式の～。

はれつ　破裂　㋐水道管が～する。

はればれしい　晴れ晴れしい　㋐～顔つきで現れた。

はれま　晴れ間　㊛晴れ間　㋐～を見て洗濯物を干す。

はれもの　腫れ物　㋐～に触るように気を遣う。

はれやかだ　晴れやかだ　㊛晴れやかだ　㋐表情が～。

はれる　晴れる　㊛晴れる　㋐空が～。心が～。疑いが～。

はれる　腫れる〈脹れる〉　㊛腫れる　㋐蜂に刺されてひどく～。

ばれる　ばれる　㋐秘密が～。

はれわたる　晴れ渡る　㋐空が～。

はれんち　破廉恥　㋐～な行動。

はろう　波浪　㋐風で～が高い。

はわたり　刃渡り　㊛刃渡り　㋐～15センチぐらいの包丁。

はん　凡〔ボン・ハン〕　㋐凡例

はん　反³〔ハン・ホン・タン そる・そらす〕　㋐反映、反感、反作用、反対、違反

───「異字同訓」の漢字の使い分け───

はる

【張る】広がる。引き締まる。取り付ける。押し通す。
　　氷が張る。根が張る。策略を張り巡らす。気が張る。張りのある声。
　　テントを張る。テニスのネットを張る。板張りの床。論陣を張る。
　　強情を張る。片意地を張る。

【貼る】のりなどで表面に付ける。
　　ポスターを貼る。切手を貼り付ける。貼り紙。貼り薬。
　　壁にタイルを貼(張)る*。

*　　「タイルをはる」の「はる」については、「タイルをのりなどで表面に付ける」という意で「貼」を当てるが、「板張りの床」などと同様、「タイルを壁や床一面に取り付ける（敷き詰める）」意では、「張」を当てることが多い。

（平成26年文化審議会国語分科会）

1～6：教育漢字学年配当　㊝：法令・公用文の表記　㊛：文科省語例集の表記

はん　半²〔ハン〕〔なかば〕　例半紙、半日、半分、半面、大半、前半

はん　氾〔ハン〕　例氾濫

はん　犯⁵〔ハン〕〔おかす〕　例犯行、犯罪、共犯、現行犯、侵犯

はん　帆〔ハン〕〔ほ〕　例帆船、帆走、出帆

はん　汎〔ハン〕　例汎用

はん　伴〔ハン・バン〕〔ともなう〕　例同伴、随伴

はん　判⁵〔ハン・バン〕　例判決、判明、判定、裁判、判を押す

はん　坂³〔ハン〕〔さか〕　例急坂、登坂

はん　阪⁴〔ハン〕　例阪神、京阪　＊大阪府(おおさかふ)

はん　板³〔ハン・バン〕〔いた〕　例板木、甲板、鉄板、合板、乾板

はん　版⁵〔ハン〕　例版画、版下、改訂版、出版、写真版、重版

はん　班⁶〔ハン〕　例班員、班長、救護班、班に分ける

はん　畔〔ハン〕　例河畔、湖畔、池畔

はん　般〔ハン〕　例過般、一般、諸般、先般

はん　販〔ハン〕　例販価、販売、販路、市販

はん　斑〔ハン〕　例斑点

はん　飯⁴〔ハン〕〔めし〕　例飯米、御飯、赤飯、炊飯、日常茶飯事

はん　搬〔ハン〕　例搬送、搬出、搬入、運搬

はん　煩〔ハン・ボン〕〔わずらう・わずらわす〕　例煩雑、煩労、煩をいとわず

はん　頒〔ハン〕　例頒価、頒布

はん　範〔ハン〕　例範囲、範例、師範、模範、範を垂れる

はん　繁(繁)〔ハン〕　例繁栄、繁殖、繁忙、繁盛、繁茂、繁華街

はん　藩〔ハン〕　例藩主、脱藩、廃藩

ばん　万²(萬)〔マン・バン〕　例万事、万国、万全、万端、万有引力

ばん　伴〔ハン・バン〕〔ともなう〕　例伴食、伴奏、お相伴

ばん　判⁵〔ハン・バン〕　例大判、小判形、A判、判の大きさ

ばん　板³〔ハン・バン〕〔いた〕　例板金、看板、円板、黒板、掲示板

ばん　晩⁶(晩)〔バン〕　例晩夏、晩秋、晩酌、今晩、昨晩、早晩

ばん　番²〔バン〕　例番犬、番組、番人、順番、当番

ばん　蛮(蠻)〔バン〕　例蛮人、蛮勇、蛮行、野蛮

ばん　盤〔バン〕　例盤面、基盤、碁盤、地盤、円盤、配電盤

はんい　範囲　例勢力の及ぶ～。

はんえい　反映　例彼の考えが～されている。

はんえい　繁栄　例～する社会。

はんえり　半襟〈半衿〉

はんか　頒価　例特売品の～。

はんが　版画　例～を彫る。

ばんか　晩夏　例～の候、…。

ばんか　ばん歌〈挽歌〉

ばんかい　ばん回〈挽回〉　⇒盛り返し・回復・立て直し　例名誉～。

㊒:付表の語　×:表外字　△:表外音訓　〈　〉:参考表記　⇒:言い換え等

はんかがい　繁華街
はんかん　繁閑　[例]仕事の～。
はんかん　繁簡　[例]～整わない文。
はんき　反旗〈叛旗〉　[例]～を翻す。
はんぎ　版木〈板木〉　[例]～を彫る。
はんぎゃく　反逆〈叛逆〉　[例]領主に対して～を企てる。
ばんきょ　ばんきょ〈盤踞〉　[例]地方の豪族が～する。
はんきょう　反響　[例]～が大きい。
ばんきん　板金〈鈑金〉　[例]～加工。
ばんぐみ　番組　[公][文]**番組**　[例]～表。
ばんくるわせ　番狂わせ　[文]**番狂わせ**　[例]思い掛けない～が生じた。
はんけい　半径　[例]～５センチの円。
はんげき　反撃　[例]～に転じる。
はんけつ　判決　[例]～を下す。
はんこ　はんこ〈判子〉　⇒印　[例]～を押す。水晶の～。
はんこう　反抗　[例]親に～する。
はんごう　飯ごう〈飯盒〉　[例]～で飯を炊く。
ばんこう　蛮行　[例]～は許せない。
ばんごう　番号　[例]～の順に並ぶ。
ばんこく　万国　[例]～共通。～旗。
はんごろし　半殺し　[文]**半殺し**　[例]～の目に遭わされた。
はんこん　はん痕〈瘢痕〉　⇒傷痕
ばんこんさくせつ　盤根錯節
はんざい　犯罪　[例]～を取り締まる。
ばんざい　万歳　[例]～を唱える。
はんざつ　煩雑　[例]～な機構。操作が～なので嫌だ。
はんざつ　繁雑　[例]種類が多くて～な記号。
[注]新聞では、「煩雑・繁雑」は、「煩雑」と書く。
はんさな　はんさな〈煩瑣な〉　⇒煩わしい　[例]～な手続き。
ばんさん　晩さん〈晩餐〉　⇒夕食　[例]～に招待する。
ばんじきゅうす　万事休す　[例]資金が途絶えては、事業も～だ。
はんじもの　判じ物　[例]この絵は～のようだ。
はんしゃきょう　反射鏡
ばんしゃく　晩酌　[例]～を楽しむ。
ばんじゃく　盤石〈磐石〉　[例]会社の基礎は～だ。
はんしゅ　藩主　[例]～に仕える。
ばんしゅう　晩秋　[例]～の頃。
はんしゅつ　搬出　[例]作品の～。
ばんしょ　板書　[例]要点を～する。
はんしょう　半鐘　[例]～を鳴らす。
はんしょう　半焼　[例]～家屋。
はんじょう　繁盛〈繁昌〉　[例]店が～する。お陰で大～だ。
ばんしょう　万障　[例]～お繰り合わせの上、御出席ください。
はんしょく　繁殖〈蕃殖〉　[公]**繁殖**　[例]細菌が～する。鳥の～地。
[注]法令では、「蕃殖」は用いない。「繁殖」を用いる。
はんしん　阪神　[例]～工業地帯。

は行

ばんじん　蛮人

はんすう　反すう〈反芻〉　例牛が~
　する。昨日の出来事を~する。

はんする　反する　例意思に~。

はんせい　反省　例過去を~する。

ばんせい　晩成　例大器~。

はんせつ　半切〈半截〉　例~に漢詩
　を書く。

はんせん　帆船　例~の模型。

ばんぜん　万全　例~の策を採る。

はんそう　帆走　例ヨットで~する。

ばんそう　伴奏　例ピアノの~。

ばんそう　晩霜　例~が降りる。

ばんそうこう　ばんそうこう〈絆創
　膏〉　例傷口に~を貼る。

はんそく　反則　例~を取られる。

はんそで　半袖

はんだ　はんだ〈半田〉　例~付け。

ばんだ　ばんだ〈万朶〉　例~の桜。

はんたい　反対　例提案に~する。

ばんだいふえき　万代不易

はんだくおん　半濁音

はんだん　判断　例正しく~する。

ばんたん　万端　例準備~整う。

ばんちゃ　番茶　例~で喉を潤す。

はんちゅう　範ちゅう〈範疇〉　⇒範
　囲・カテゴリー・部類・枠
　例道徳の~。

はんちょう　班長　例~の指示。

ばんづけ　番付　公文番付　例相撲
　の~。

はんてい　判定　例~勝ち。

はんてん　半天　例~に懸かる月。

はんてん　斑点　例~のある葉。

はんてん　はんてん〈半纏〉　例~を
　着た植木職人。

はんと　版図　例~を広げる。
　注法令では、用いない。

はんとう　半島　例伊豆~を巡る旅。

はんどうたい　半導体　例~の工場。

はんとりちょう　判取り帳　文判取
　り帳

はんにえ　半煮え　例~の肉。

はんにゃ　はんにゃ〈般若〉　例~の
　面。

はんにゅう　搬入　例作品を~する。

はんにん　犯人　例~を逮捕する。

ばんにん　万人　例~向きの商品。

ばんにん　番人　例すいか畑の~。

ばんねん　晩年　例幸福な~。

はんのう　反応　例全く~がない。

ばんのう　万能　例スポーツ~。

はんぱ　半端　例~な数では困る。

はんばい　販売　例物品を~する。

はんばく　反ばく〈反駁〉　⇒反論
　例他人の説に~する。

はんぱつ　反発〈反撥〉　例彼の高慢
　な態度には~を感じる。

はんはん　半々　例~に分ける。

はんびらき　半開き　例~のふすま。

はんぴれい　反比例　例速度と時間
　は~する。

はんぷ　頒布　例商品の~。

はんぷく　反復　例~練習。

は行

ばんぶつ　万物　囫〜の霊長。

はんぶん　半分　囫〜に切る。

はんべつ　判別　囫違いを〜する。

はんぼう　繁忙　囫〜期。

はんめい　判明　囫真実が〜する。

はんめん　反面　囫賛成の〜、かなりの不満もなくはない。

はんめん　半面　囫顔の〜。

はんも　繁茂　囫草木が〜する。

はんもく　反目　囫民族間の〜。

はんもん　煩もん〈煩悶〉　⇒悩み・もだえ　囫将来のことで〜する。

はんやけ　半焼け　囫火の発見が早く、〜で済んだ。

ばんゆう　万有　囫〜引力。

はんよう　汎用　公文汎用　囫〜性が高い製品。〜コンピュータ。

はんらん　反乱〈叛乱〉　囫軍人が〜を起こす。〜部隊。

はんらん　氾濫　公文氾濫　囫雨で川が〜する。

はんりょ　伴侶　囫人生の良き〜。

はんれい　凡例　文凡例　囫辞書の〜を見れば、引き方が分かる。

はんれい　判例　囫〜を調べる。

はんろ　販路　囫〜の拡張。

はんろん　反論　囫意見に〜する。

ひ

ひ　比⁵〔ヒ・くらべる〕　囫比較、比類、比例、無比、比する

ひ　皮³〔ヒ・かわ〕　囫皮革、皮膚、皮相、樹皮

ひ　妃〔ヒ〕　囫妃殿下、王妃、皇太子妃

ひ　否⁶〔ヒ・いな〕　囫否定、成否、適否、安否

ひ　批⁶〔ヒ〕　囫批判、批准、批評、高批

ひ　彼〔ヒ・かれ・かの〕　囫彼我、彼岸

ひ　披〔ヒ〕　囫披見、披露、直披

ひ　肥⁵〔ヒ・こえる・こえ・こやす・こやし〕　囫肥満、肥料、肥大、金肥、追肥、施肥

ひ　非⁵〔ヒ〕　囫非常、非難、理非、是非、非は当方にはない

ひ　泌〔ヒツ・ヒ〕　囫泌尿器

ひ　卑(卑)〔ヒ・いやしい・いやし・む・いやしめる〕　囫卑近、卑屈、卑下、卑劣、尊卑

ひ　飛⁴〔ヒ・とぶ・とばす〕　囫飛行、飛散、飛来、飛報、飛躍、雄飛

ひ　疲〔ヒ・つかれる〕　囫疲労、疲弊

ひ　秘⁶(祕)〔ヒ・ひめる〕　囫秘密、秘書、神秘、部外秘、秘中の秘

ひ　被〔ヒ・こうむる〕　囫被服、被害、被

災、被告、被写体、被除数

ひ　悲³〔ヒ・かなしい・かなしむ〕　囫悲願、悲喜、悲劇、悲観、悲壮、慈悲

ひ　扉〔ヒ・とびら〕　囫開扉、鉄扉、門扉

ひ　費⁵〔ヒ・ついやす・ついえる〕　囫費用、出費、雑費、消費、旅費、学費、交通費

ひ　碑(碑)〔ヒ〕　囫碑文、碑銘、石碑、句碑、記念碑、碑を建てる

ひ　罷〔ヒ〕　囫罷業、罷免

ひ　避〔ヒ・さける〕　囫避暑地、避難、待避、忌避、回避、逃避、不可避

ひ　日　囫〜がたつ。〜に焼ける。若い〜の思い出。

ひ　火　囫〜を見るより明らか。

ひ　灯　囫山の家の〜が見える。

び　尾〔ビ・お〕　囫尾行、尾翼、首尾、末尾　団尻尾(しっぽ)

び　眉〔ビ・まゆ・△ミ〕　囫眉目、焦眉、愁眉、白眉、柳眉

び　美³〔ビ・うつくしい〕　囫美醜、美術、美味、賛美、優美、天然の美

び　備⁵〔ビ・そなえる・そなわる〕　囫備考、備品、守備、準備、予備、警備

び　微〔ビ〕　囫微細、微笑、微温湯、微動、衰微、極微、微に入り細をうがつ

び　鼻³〔ビ・はな〕　囫鼻音、鼻孔、酸鼻、耳鼻科

ひあい　悲哀　囫人生の〜。

ひあがる　干上がる　⊗干上がる　囫日照りで田が〜。顎が〜。

ひあし　日脚　囫〜が延びる。

ひあし　日足　囫一日の株価の値動きを１本のローソク足で表す〜。

ひあし　火脚・火足　囫強い風で〜が速かった。

ひあそび　火遊び　⊗火遊び　囫〜は危険だ。

ひあたり　日当たり　⊗日当たり　囫〜の良い部屋。

ひいき　ひいき〈贔×屓×〉　囫先生が〜する。〜の引き倒し。

ひいては　ひいては〈延^いては〉　⊗ひいては　囫花壇作りは、自分の趣味ばかりでなく、〜学校のためにもなる。

ひいでる　秀でる　⊗秀でる　囫一芸に〜。

ビールびん　ビール瓶〈ビール壜×〉

ひいれ　火入れ　⊗火入れ

ひいれしき　火入れ式　⊗火入れ式

ひうちいし　火打ち石　⊗火打ち石

ひうん　非運〈否運〉　囫身の〜を嘆く。

　囲新聞では、「非運」と書く。

ひうん　悲運　囫〜に泣く。

ひえ　冷え　⊗冷え　囫〜が厳しい。

ひえき　ひ益〈裨×益〉　囫この発言は世を〜するところが多い。

ひえきる　冷え切る　囫体が〜。

ひえこむ　冷え込む　囫明け方は、〜。

ひえしょう　冷え性　⊗冷え性

は行

団:付表の語　×:表外字　△:表外音訓　〈　〉:参考表記　⇒:言い換え等

例〜の女性。

ひえる　冷える　⊗冷える　例今夜
は〜。

びおん　鼻音　例「ナ、ニ、ヌ、ネ、
ノ」の出だしの音のように、鼻
に掛かる音を〜と言う。

ひが　彼我　例〜の利害関係。

ひがい　被害　例豪雨のため、大き
な〜があった。〜者。

ひかえ　控え　⊗控え　例〜を取る。

ひかえしつ　控え室　公⊗控室
建控え室

ひかえめ　控え目・控えめ　⊗控え
目　例〜な態度。
　注「動詞＋め」は「目」を使う。

ひがえり　日帰り　⊗日帰り　例〜
の旅。

ひかえる　控える　⊗控える　例食
事を〜。裏に山を〜。手帳に〜。

ひかく　皮革　例〜の加工。

ひかく　比較　例程度を〜する。

ひかげ　日陰〈日蔭〉　例〜で遊ぶ。

ひかげ　日影　例〜が漏れる。

ひがけ　日掛け　⊗日掛け　例〜の
貯金を始める。

ひかげん　火加減　例〜をする。

ひがさ　日傘　例〜と雨傘。

ひかされる　引かされる　⊗引かさ
れる　例情に〜。子に〜。

ひがし　東　例〜の風。〜向き。

ひがしがわ　東側

ひかす　引かす　⊗引かす　例牛に

車を〜。

ひがた　干潟　例〜で遊ぶ。

ひがみ　ひがみ〈僻み〉　例〜根性。

ひがむ　ひがむ〈僻む〉　例出世を〜。

ひからす　光らす　⊗光らす　例目
を〜。

ひからびる　干からびる〈干涸びる〉
例野菜が〜。

ひかり　光　⊗光　例〜を失う。

ひかりかがやく　光り輝く　⊗光り
輝く　例太陽がさんさんと〜。

ひかる　光る　⊗光る　例稲妻が〜。

ひがわり　日替わり

ひかん　悲観　例前途を〜する。

ひがん　彼岸　例〜の入り。

ひき　匹〈疋〉　例二〜の犬。

ひき　悲喜　例〜こもごも。

ひき　ひ毀〈誹毀〉
　注法令では、用いない。

ひき　引き　⊗引き　例重役の〜が
ある。

びぎ　美技　例〜を披露する。

ひきあい　引き合い　⊗引き合い
例〜に出す。

ひきあう　引き合う　例綱を〜。一
万円なら〜。

ひきあげ　引き上げ　公⊗引上げ
建引き上げ　例賃金の〜。沈没
船の〜。

ひきあげ　引き揚げ　公⊗引揚げ
建引き揚げ　例海外からの〜。

ひきあげしゃ　引き揚げ者　⊗引揚

は
行

者　[建]引き揚げ者　[例]～の受け入れ態勢。

ひきあげる　引き上げる　[文]引き上げる　[例]値段を～。

ひきあげる　引き揚げる　[文]引き揚げる　[例]外国から～。

ひきあて　引き当て　[例]～の金。

ひきあてきん　引き当て金　[公][文]引当金　[建]引き当て金　[例]退職手当～。

ひきあわす　引き合わす　[例]友人を親に～。

ひきあわせ　引き合わせ　[文]引き合わせ　[例]会えたのは神様の～だ。

ひきあわせる　引き合わせる　[文]引き合わせる　[例]原稿と～。

ひきいる　率いる　[文]率いる　[例]団体を～。

ひきいれる　引き入れる　[文]引き入れる　[例]仲間に～。

ひきうけ　引き受け　[公][文]引受け　[建]引き受け　[例]身元の～。修理品の～。

ひきうけじこく　引受時刻　[公][文]引受時刻

ひきうけにん　引受人　[公][文]引受人　[例]身元の～を決めてください。

ひきうける　引き受ける　[文]引き受ける　[例]二つ返事で仕事を～。

ひきうつす　引き写す　[例]原文を～。

ひきおこし　引き起こし　[公][文]引起し　[建]引き起こし

ひきおこす　引き起こす〈惹き起こす〉　[文]引き起こす　[例]事件を～。

ひきおとし　引き落とし　[例]公共料金の～。

ひきおとす　引き落とす　[例]前に～。残金を～。

ひきおろす　引き下ろす　[例]旗を～。

ひきかえ　引き換え・引き替え　[公][文]引換え　[建]引き換え　[例]当選券と～。

…ひきかえ　…引換　[公][文]…引換　[例]代金～。

ひきかえ　引き換え・引き替え・ひきかえ　[例]昨日に～、今日は…。

ひきかえけん　引換券・引替券　[公][文]引換券

ひきかえす　引き返す　[文]引き返す　[例]元の所へ～。

ひきかえる　引き換える・引き替える　[文]引き換える　[例]代金と～。

ひきがたり　弾き語り　[例]ギターの～。

ひきがね　引き金　[文]引き金　[例]～を引く。ピストルの～。

ひきぎわ　引き際　[例]～をきれいにすることが大切だ。

ひきこみ　引き込み　[公][文]引込み　[建]引き込み　[例]水道の～工事をする。

ひきこみせん　引き込み線　[文]引込線　[建]引き込み線　[例]屋内への

〜。

围鉄道の場合「ひっこみせん」とも。

ひきこむ　引き込む　⊗引き込む
　　例ガスを〜。仲間に〜。

ひきこもる　引き籠もる　例部屋に
　　〜。

ひきさがる　引き下がる　⊗引き下
　　がる　例黙って〜。

ひきさく　引き裂く　例力任せに〜。

ひきさげ　引き下げ　⊗⊗引下げ
　　建引き下げ　例物価の〜に努力
　　する。

ひきさげる　引き下げる　⊗引き下
　　げる　例価格を〜。

ひきざん　引き算　⊗引き算

ひきしお　引き潮　⊗引き潮　例満
　　ち潮と〜。

ひきしぼる　引き絞る　例弓を〜。

ひきしまる　引き締まる　⊗引き締
　　まる　例身が〜思いがした。

ひきしめ　引き締め　⊗⊗引締め
　　建引き締め　例金融の〜を実施
　　する。

ひきしめる　引き締める　例気を〜。

ひきすえる　引き据える　⊗引き据
　　える　例侵入者を捕えて〜。

ひきずりこむ　引きずり込む〈引き
　　摺り込む〉　例仲間に〜。

ひきずる　引きずる〈引き摺る〉
　　例裾を〜。過去を〜。

ひきたおす　引き倒す　例相手をつ
　　かんで〜。

ひきだし　引き出し〈抽き出し・抽
　　斗〉　⊗引き出し　例机の〜。

ひきだす　引き出す　⊗引き出す
　　例お金を〜。

ひきたつ　引き立つ　例この赤の色
　　が〜。気分が〜。

ひきたて　引き立て　⊗引き立て
　　例〜役。

ひきたてる　引き立てる　⊗引き立
　　てる　例気分を〜。重役に〜。

ひきちゃ　ひき茶〈挽き茶・碾き茶〉

ひきつぎ　引き継ぎ　⊗⊗引継ぎ
　　建引き継ぎ　例事務の〜を済ま
　　せる。

ひきつぎじぎょう　引き継ぎ事業
　　⊗⊗引継事業　建引き継ぎ事業

ひきつぎちょうしょ　引き継ぎ調書
　　⊗⊗引継調書　建引き継ぎ調書

ひきつぐ　引き継ぐ　⊗引き継ぐ
　　例事務を〜。

ひきつける　引き付ける〈惹き付け
　　る〉　例目を〜。人を〜。

ひきつづき　引き続き　⊗引き続き
　　例〜、来賓の御挨拶を頂きます。

ひきつづく　引き続く　⊗引き続く

ひきづな　引き綱　⊗引き綱

ひきつれる　引き連れる　⊗引き連
　　れる　例大勢のお供を〜。

ひきて　引き手　⊗引き手　例ふす
　　まの〜。

ひきて　弾き手　⊗弾き手　例ピア
　　ノの〜。

ひきでもの　引き出物　⊗引き出物
　㸔結婚式の～を選ぶ。

ひきど　引き戸　⊗引き戸　㸔～を
　閉める。

ひきどき　引き時　㸔今が～だ。

ひきとめさく　引き止め策　⊗引き
　止め策　㸔～を講じる。

ひきとめる　引き止める　⊗引き止
　める　㸔客を～。

ひきとり　引き取り　公⊗引取り
　建引き取り　㸔荷物の～を拒む。

ひきとりけいひ　引き取り経費
　公⊗引取経費　建引き取り経費

ひきとりぜい　引き取り税　公⊗引
　取税　建引き取り税　㸔～を支
　払う。

ひきとりにん　引き取り人　⊗引取
　人　建引き取り人　㸔荷物の～。

ひきとる　引き取る　㸔身柄を～。

ひきにく　ひき肉〈挽き肉〉

ひきぬき　引き抜き　⊗引き抜き
　㸔職人の～。

ひきぬく　引き抜く　⊗引き抜く
　㸔雑草を～。優秀な人材を～。

ひきのばし　引き伸ばし　⊗引き伸
　ばし　㸔写真の～。

ひきのばし　引き延ばし　⊗引き延
　ばし　㸔期限の～。

ひきのばす　引き伸ばす　⊗引き伸
　ばす　㸔写真を大きく～。

ひきのばす　引き延ばす　⊗引き延
　ばす　㸔返済を～。

ひきはなす　引き離す　㸔親子を～。

ひきはらう　引き払う　⊗引き払う
　㸔住み慣れたアパートを～。

ひきふね　引き船〈曳き船〉

ひきまく　引き幕　⊗引き幕　㸔歌
　舞伎の舞台の～。～を引く。

ひきまゆ　引き眉　⊗引き眉

ひきまわし　引き回し　⊗引き回し
　㸔何とぞお～のほどを…。

ひきまわす　引き回す　⊗引き回す
　㸔縄を～。あちこち～。

ひきみず　引き水　⊗引き水　㸔川
　から～をしている。

ひきもきらず　引きも切らず　㸔朝
　から～客が押し掛ける。

ひきもどす　引き戻す　⊗引き戻す
　㸔元の場所に～。ボートを～。

ひきもの　引き物　⊗引き物　㸔～
　を配る。

ひきやぶる　引き破る　㸔紙を～。

ひきょう　秘境　㸔～を探る。

ひきょう　悲況　㸔～を報道する。

ひきょう　悲境　㸔～に陥る。

ひきょう　ひきょう〈卑怯〉　⇒卑劣
　㸔～な振る舞いをするな。

ひぎょう　罷業　㸔同盟～。

ひきよせる　引き寄せる　⊗引き寄
　せる　㸔グラスを手元へ～。

ひきわけ　引き分け　⊗引き分け
　㸔同点で～になる。～の勝負。

ひきわける　引き分ける　㸔両者を
　右と左に～。5対5で～。

団:付表の語　✕:表外字　△:表外音訓　〈　〉:参考表記　⇒:言い換え等

ひきわたし　引き渡し　[公][文]引渡し　[建]引き渡し　[例]武器の～を要求する。
ひきわたしにん　引き渡し人　[公][文]引渡人　[建]引き渡し人
ひきわたす　引き渡す　[文]引き渡す
ひきん　卑近　[例]～な例を挙げる。
ひく　引く　[文]引く　[例]綱を～。
ひく　弾く　[文]弾く　[例]ピアノを～。
[注]「引く・弾く」の使い分けは、「「異字同訓」の漢字の使い分け」参照。
ひく　引く〈退く〉　[例]身を～。
ひく　引く〈惹く〉　[例]人目を～。
ひく　ひく〈挽く〉　[例]木を～。
ひく　ひく〈碾く〉　[例]小麦を～。
ひく　ひく〈轢く〉　[例]車が人を～。
ひくい　低い　[文]低い　[例]～山。
ひくさ　低さ　[文]低さ
ひくつ　卑屈　[例]～な態度。
ひくて　引く手　[例]～あまただ。
ひくまる　低まる　[文]低まる　[例]気温が～。
ひくめ　低め・低目　[例]～の球。
[注]「形容詞＋め」は原則として「～め」。
ひくめる　低める　[文]低める　[例]姿勢を～。
ひぐれ　日暮れ　[文]日暮れ　[例]～時。
ひけ　引け〈退け〉　[文]引け　[例]相手に絶対に～を取らない。
ひげ　卑下　[例]自分を～する。
ひげ　ひげ〈髭・鬚・髯〉
ひげき　悲劇　[例]～の主人公。
ひけぎわ　引け際　[例]会社の～。
ひけし　火消し　[文]火消し　[例]～役。
ひけつ　否決　[例]議案を～する。
ひけつ　秘けつ〈秘訣〉　⇒奥の手・こつ・極意　[例]上手になる～。
ひげづら　ひげ面〈髭面〉
ひけどき　引け時〈退け時〉　[文]引け時　[例]会社の～に電話が掛かる。
ひけめ　引け目・引けめ　[文]引け目　[例]～を感じる。

「異字同訓」の漢字の使い分け

ひく
【引く】近くに寄せる。線を描く。参照する。やめる。注意や関心などを向けさせる。
　綱を引く。水道を引く。田に水を引く。引き金を引く。風邪を引く。
　けい線を引く。設計図を引く。辞書を引く。例を引く。身を引く。
　人目を引く。同情を引く。
【弾く】弦楽器や鍵盤楽器を奏でる。
　ピアノを弾く。バイオリンを弾く。ショパンの曲を弾く。
　ギターの弾き語り。弾き手。
（平成26年文化審議会国語分科会）

は行

注「動詞＋め」は「目」を使う。

ひける　引ける〈退ける〉　文引ける
　例学校が〜。

ひけん　比肩　例〜するものがない。

ひけん　披見　例書状を〜する。

ひご　飛語〈蜚語〉　例流言〜。

ひご　ひご〈庇護〉　⇒保護・擁護
　例親の〜。

ひこう　非行　例〜少年。

ひこう　飛行　例夜間に〜する。

ひごう　非業　例〜の死を遂げる。

びこう　尾行　例被疑者を〜する。

びこう　備考　例〜欄。

びこう　鼻孔　例〜をくすぐる匂い。

びこう　鼻こう〈鼻腔〉　⇒鼻むろ
　注医学・歯学用語では「びくう」。

ひごうほう　非合法　例〜活動。

ひこく　被告　例〜と原告。

ひごと　日ごと〈日毎〉　文日ごと
　例これからは、〜に暖かくなる。

ひごろ　日頃　文日頃　例〜の行い。

ひざ　膝〔ひざ〕　例膝、膝頭

ひざ　膝　公膝　例〜を痛める。

ひさい　非才〈菲才〉　例浅学〜の身。

ひさい　被災　例〜状況を調べる。

びさい　微細　例〜にわたって観測
　する。〜なほこり。

ひざかけ　膝掛け　文膝掛け

ひざがしら　膝頭　文膝頭

ひざかり　日盛り　文日盛り　例夏
　の〜。

ひさし　ひさし〈庇・廂〉　例〜を貸

して母屋を取られる。

ひざし　日ざし・日差し〈日射し・
　陽射し〉　文日ざし　例柔らか
　な〜。〜が強い。

ひさしい　久しい　文久しい　例音
　信が絶えて〜。

ひさしぶり　久しぶり・久し振り
　文久しぶり　例〜に会った。

ひざづめだんぱん　膝詰め談判

ひさびさ　久々　例〜に会う。

ひざまくら　膝枕

ひざまずく　ひざまずく〈跪く〉
　例身を清め、恭しく神前に〜。

ひさめ　氷雨　例冷たい〜。

ひざもと　膝元・膝下〈膝許〉　例親
　の〜から離れて暮らす。
　注新聞では、「膝元」と書く。

ひさん　飛散　例土砂が〜する。

ひさん　悲惨　例〜な事故。

ひし　彼し〈彼此〉
　注法令では、用いない。

ひじ　肘〔ひじ〕　例肘、肘掛け

ひじ　肘〈肱〉　公肘　例〜を突く。

びじ　美辞　例〜麗句を並べる。

ひじかけ　肘掛け　文肘掛け

ひしがた　ひし形〈菱形〉

ひしぐ　ひしぐ〈拉ぐ〉　例鬼をも〜
　かと思われるほどの力。

ひじでっぽう　肘鉄砲　例〜を食う。

ひしめく　ひしめく〈犇めく〉　例群
　衆が会場の周りに〜。

ひしもち　ひし餅〈菱餅〉

注:付表の語　×:表外字　△:表外音訓　〈　〉:参考表記　⇒:言い換え等

は行

ひしゃく　ひしゃく〈柄杓〉　例〜で水をくむ。〜の柄。

びしゅう　美醜　例〜を問わない。

びじゅつ　美術　例〜館。

ひじゅん　批准　例条約の〜。

ひしょ　秘書　例社長の〜。

ひしょ　避暑　例高原へ〜に行く。

ひしょう　費消　例公金の〜。

ひしょう　飛しょう〈飛翔〉　⇒飛行　例空高く〜する。

ひじょう　非常　例〜の時。〜に楽しい。〜な努力を要する。

びしょう　微小　例〜な粒子。

びしょう　微少　例〜な額の金。

びしょう　微笑　例〜を絶やさない。

ひじょうきん　非常勤　例〜の職員。

ひじり　ひじり〈聖〉　例歌の〜。

ひすい　ひすい〈翡翠〉

ひずみ　ひずみ〈歪み〉　⇒ゆがみ　例物体の〜の程度を調べる。

ひずむ　ひずむ〈歪む〉　例材料が〜。

ひする　比する　例昨年に比して予算が増えている。〜物がない。

ひする　秘する　例特に名を〜。

びせいぶつ　微生物　例〜の検査。

ひぜめ　火攻め　文火攻め　例城を〜にする。

ひぜめ　火責め　文火責め

ひせん　卑せん〈卑賤〉　⇒卑しい

びぜんやき　備前焼　公文備前焼　注工芸品の場合に限る。

ひそ　ひ素〈砒素〉　公砒素

注法令では、漢字をそのまま用いてこれに振り仮名を付ける。

ひそう　皮相　例〜な見解。

ひそう　悲壮　例〜な決心。

ひぞう　秘蔵　例〜の宝石。

ひそか　ひそか〈秘か・密か〉　例二人だけで〜に会う。

ひぞく　卑俗〈鄙俗〉　例〜な風習。

ひそまる　潜まる　文潜まる

ひそむ　潜む　文潜む　例物陰に〜。

ひそめる　潜める　文潜める　例鳴りを〜。

ひそめる　ひそめる〈顰める〉　例困ったことだと眉を〜。

ひそやか　ひそやか〈秘やか・密やか〉　例〜に会談を進める。

ひだ　ひだ〈襞〉　例カーテンの〜。

ひたい　額　例〜を集める。

ひだい　肥大　例肝臓が〜する。

びたい　び態〈媚態〉　⇒色っぽさ・こび

ひたおし　ひた押し〈直押し〉　例大勢の人たちが〜に押してくる。

ひたす　浸す　文浸す　例湯に〜。

ひたすら　ひたすら〈只管〉　文ひたすら　例〜勉学に励んでいる。

ひだち　肥立ち　例産後の〜がよい。

ひたはしり　ひた走り〈直走り〉　例脇目も振らず〜に走る。

ひだまり　日だまり〈日溜まり〉　例運動場の〜で友と語る。

ひたむき　ひたむき〈直向き〉　例〜

に進む。〜さに打たれる。

ひだり　左　囫右と〜。〜側。

ひだりきき　左利き　⊗左利き

ひだりまき　左巻き　⊗左巻き

ひたる　浸る　⊗浸る　囫名作に〜。

ひたん　悲嘆〈悲歎〉　囫〜に暮れる。

びちく　備蓄　囫石油の〜。

ひつ　匹⁴〔ヒツ〕　囫匹敵、匹夫、匹婦、
　　　　〔ひき〕
　馬匹

ひつ　必⁴〔ヒツ　〕　囫必然、必死、
　　　　〔かならず〕
　必読、必要、必需品、信賞必罰

ひつ　泌〔ヒツ・ヒ〕　囫分泌
　囲「分泌」は、「ぶんぴ」とも。

ひつ　筆³〔ヒツ　〕　囫筆力、筆墨、筆
　　　　〔ふで〕
　記、筆者、毛筆、○○氏の筆

ひっかかり　引っ掛かり

ひっかかる　引っ掛かる

ひっかく　引っかく〈引っ搔く〉
　囫爪で顔を〜。力一杯〜。

ひっかける　引っ掛ける

ひっかぶる　引っかぶる〈引っ被る〉
　囫布団を頭から〜。罪を〜。

ひっき　筆記　囫〜試験。〜用具。

ひつき　火付き　囫〜の良い炭。

ひつぎ　ひつぎ〈棺・柩〉

ひっきょう　ひっきょう〈畢竟〉
　⊗ひっきょう　⇒つまり・詰ま
　るところ　囫〜これと同じだ。

ひっきりなし　ひっきりなし〈引っ
　切り無し〉　囫〜に車が通る。

ひっくりかえす　ひっくり返す〈引っ
　繰り返す〉　囫箱を〜。

ひづけ　日付〈日附〉　公⊗日付

ひっけい　必携　囫学生〜の参考書。

ひづけいん　日付印

ひっこし　引っ越し　⊗引っ越し
　囫〜荷物。

ひっこす　引っ越す　⊗引っ越す

ひっこぬく　引っこ抜く　囫草を〜。

ひっこみ　引っ込み　⊗引っ込み
　囫どうにも〜がつかない状態だ。

ひっこみじあん　引っ込み思案
　⊗引っ込み思案

ひっこみせん　引っ込み線　公引込
　線　建引っ込み線　囫鉄道の〜。
　囲「ひきこみせん」とも。

ひっこむ　引っ込む　⊗引っ込む
　囫取り次ぎのため奥へ〜。

ひっさげる　引っ提げる　囫要求を
　〜。重い籠を〜。

ひっし　必死　囫〜の覚悟。

ひっし　必至　囫辞職は〜だ。

ひつじ　羊　囫〜の肉。

ひつじかい　羊飼い　⊗羊飼い

ひっしゅう　必修　囫〜科目。

ひつじゅひん　必需品　囫生活〜。

ひつじょう　必定　囫敗戦は〜だ。

ひっす　必須　⊗必須　囫〜条件。

ひっせい　ひっ生〈畢生〉　⇒一生・
　終生　囫〜の大事業。

ひっせき　筆跡〈筆蹟〉　囫〜の鑑定。

ひつぜつ　筆舌　囫〜に尽くし難い。

ひつぜん　必然　囫〜性。〜の結果。

ひったてる　引っ立てる　囫犯人を

は行

警察に～。

ひっちゅう　必中　例一発～の弾。

ひってき　匹敵　例初段に～する実力を持っている。

ひっとう　筆答　例～試験。

ひっとう　筆頭　例～株主。

ひっぱく　ひっ迫〈逼迫〉　⇒行き詰まり・窮迫　例生活の～。

ひっぱりだこ　引っ張りだこ〈引っ張り凧・引っ張り蛸〉　文引っ張りだこ　例～の人気。

ひっぱる　引っ張る　文引っ張る　例綱を～。大勢が力一杯～。

ひっぷ　匹夫　例～の勇。

ひつぼく　筆墨　例～をそろえる。

ひづめ　ひづめ〈蹄〉　例馬の～。

ひつよう　必要　例登山に～な品。

ひつりょく　筆力　例～の強い書。

ひてい　否定　例うわさを～する。

ひでり　日照り〈旱〉　文日照り　例～続き。

ひでんか　妃殿下

ひと　人　例女の～。～のうわさ。

ひとあつめ　人集め　文人集め　例～に奔走する。～が難しい。

ひどい　ひどい〈非道い・酷い〉　例～言葉。あんな～人はない。

ひといき　一息　例ビールを～に飲み干す。ここらで～付こう。

ひといちばい　人一倍　例～熱心だ。

ひとうち　一打ち　文一打ち　例馬にむちを～入れる。

ひとえ　一重　例～のまぶた。

ひとえ　ひとえ〈単衣〉　例～の着物。

ひとえに　ひとえに〈偏に〉　例これも～あなたのおかげです。

ひとおじ　人おじ〈人怖じ〉　例～しない性格。

ひとおもい　一思い　文一思い　例～に死のうかとさえ思った。

ひとかかえ　一抱え　文一抱え　例～もある大木を切り倒す。

ひとがき　人垣　例～をかき分ける。

ひとかげ　人影　例～がまばらだ。

ひとかさね　一重ね　文一重ね　例和服～。

ひとかせぎ　一稼ぎ　例株で～する。

ひとかたならぬ　一方ならぬ　文一方ならぬ　例～世話になる。

ひとかど　ひとかど〈一角・一廉〉　例～の人物。～の意見。

ひとがら　人柄　例立派な～。

ひとぎき　人聞き　文人聞き　例～が悪い。

ひとぎらい　人嫌い　例～な性質。

ひときれ　一切れ　文一切れ　例～の肉。

ひときわ　一際・ひときわ　例彼女は～目立つ存在だ。

ひとく　秘匿　例情報を～する。

ひとくせ　一癖　例あの人は～ある。

ひとくみ　一組み　例～の食器。

ひとけ　人気・人け　例～がない。

ひどけい　日時計　例～を作る。

は行

ひとごこち　人心地　[例]暖かい部屋に入って、やっと～が付く。
ひとこと　一言　[例]～で分かる。～御挨拶します。
ひとごと　人事・人ごと〈他人事〉
ひとこま　一こま〈一齣〉　[例]思い出の～が心に浮かぶ。
ひとごみ　人混み・人込み　[文]人混み　[例]～の中で友達とはぐれる。
ひところ　一頃　[例]～はやった歌。
ひとごろし　人殺し
ひとさしゆび　人さし指・人差し指〈人指し指〉
[注]新聞では、「人さし指」と書く。
ひとさわがせ　人騒がせ　[文]人騒がせ　[例]～な事件。
ひとしい　等しい　[文]等しい　[例]長さの～棒。
ひとしお　ひとしお〈一入〉　[文]ひとしお　⇒一段と　[例]寒さが～厳しくなる。
ひとしく　等しく〈斉しく〉　[文]ひとしく　[例]全員～賛成した。
ひとしごと　一仕事　[例]～済ませてから休憩する。
ひとじち　人質　[例]～に取られる。
ひとじに　人死に　[文]人死に　[例]～が出なかったのが幸いだ。
ひとずき　人好き　[例]～のする性格。
ひとすじ　一筋　[例]学問～に生きる学者。～縄ではいかない。
ひとずれ　人擦れ　[例]彼女は、まだ～がしていない。
ひとそろい　一そろい〈一揃い〉　[文]一そろい　[例]～の野球用具。
ひとだかり　人だかり〈人集り〉　[例]何があるのか～がしている。
ひとだすけ　人助け　[文]人助け　[例]～になると思って引き受けた。
ひとだのみ　人頼み　[文]人頼み　[例]何事も～ではいけない。
ひとたび　一たび・一度　[文]一たび　[例]～決心すればすぐできる。
ひとだま　人だま〈人魂〉
ひとちがい　人違い　[文]人違い　[例]よく似ているので～をした。
ひとつ　一つ　[文]一つ　[例]～違いの兄。答えは～だ。
ひとつ　一つ・ひとつ　[例]～やってみようじゃないか。
ひとつおぼえ　一つ覚え
ひとつがい　一つがい〈一番〉　[例]雄と雌～のカナリア。
ひとづかい　人使い　[文]人使い　[例]～が荒い。
ひとつき　一突き　[文]一突き　[例]～で倒す。
ひとづきあい　人付き合い　[文]人付き合い　[例]彼は～が悪い。
ひとつきめ　一月目・一月め　[例]退院して～を無事に過ごす。
ひとつづき　一続き　[文]一続き　[例]～の話。
ひとづて　人づて〈人伝て〉　[例]元気

[付]:付表の語　×:表外字　△:表外音訓　〈　〉:参考表記　⇒:言い換え等

は行

な様子を〜に聞く。

ひとつひとつ　一つ一つ・ひとつひとつ　例〜丁寧に調べる。

ひとつぶだね　一粒種

ひとづま　人妻

ひとつまみ　一つまみ〈一摘み〉

ひとで　人手　例〜が必要になる。最近は〜不足だ。〜に渡る。

ひとで　人出　例休日は〜が多い。

ひとで　ひとで〈人手・海星〉　例海辺で〜を見付けた。

ひとでなし　人でなし　例彼は〜だ。

ひととおり　一通り・ひととおり　文一通り　例〜は読み終えた。

ひとどおり　人通り　文人通り　例〜が多い。

ひととき　一時・ひととき　例憩いの〜を過ごす。

ひととせ　一とせ・ひととせ〈一年〉　例〜の夏を山奥で暮らした。

ひととなり　人となり〈為人〉　例真面目な〜を高く評価する。

ひととび　一飛び　文一飛び　例太平洋を〜して、アメリカまで行く。

ひととび　一跳び　例小川を〜する。

ひとなか　人中　例〜で恥をかく。

ひとなかせ　人泣かせ　文人泣かせ　例勉強中なのに、〜な停電だ。

ひとなつっこい　人懐っこい　例〜性格。〜犬。

ひとなみ　人波　例〜をかき分ける。

ひとなみ　人並み　文人並み　例〜の暮らしをしている。

ひとにぎり　一握り　文一握り　例〜の砂。

ひとねいり　一寝入り　文一寝入り　例疲れたので、ちょっと〜する。

ひとねむり　一眠り　文一眠り　例ベッドで〜する。

ひとはしり　一走り

ひとばらい　人払い　文人払い　例〜をして話す。

ひとびと　人々　例集まった〜。

ひとふさ　一房　例〜のぶどう。

ひとふり　一振り　例棒を〜する。

ひとべらし　人減らし　文人減らし　例業績悪化のため〜をする。

ひとまかせ　人任せ　文人任せ　例自分でやらずに〜にする。

ひとまず　ひとまず〈一先ず〉　文ひとまず　例〜伺うことにします。

ひとまね　人まね〈人真似〉　例〜をしないで自分で工夫する。

ひとまわり　一回り　文一回り　例〜大きい。池の周りを〜する。

ひとみ　瞳〈眸〉　例〜を凝らす。

ひとみしり　人見知り　文人見知り　例〜をしない子。

ひとむかし　一昔　例十年〜。

ひとむれ　一群れ　文一群れ　例〜の羊。

ひとめ　一目　例〜で分かる。

ひとめ　人目　例〜を忍ぶ。

は行

ひとめぐり　一巡り　⊗一巡り
　　例島の周りをヨットで～する。

ひともうけ　一もうけ〈一儲け〉

ひとやすみ　一休み　⊗一休み
　　例途中で～する。

ひとよせ　人寄せ　⊗人寄せ　例～
　　の口上。

ひとり　一人団　⊗一人　例～だけ
　　で行く。

ひとり　独り　⊗独り　例まだ～で
　　いる。

　注人数に注意するときは「一人」、自
　　己の判断で独立して、という意味
　　のときは「独り」を用いる。

ひどり　日取り　⊗日取り　例式の
　　～を決める。

ひとりあるき　一人歩き　例暗い夜
　　道の～は危険です。

ひとりあるき　独り歩き　例まだ、
　　～ができないほど未熟な技術。

ひとりがてん　独り合点　例～する。

ひとりぎめ　独り決め　例みんなの
　　意見を聞かず、～にする。

ひとりぐらし　一人暮らし　例～の
　　気楽さを味わう。

ひとりぐらし　独り暮らし　例寂し
　　い～。

　注人数に注意するときは「一人暮ら
　　し」、孤独という意味のときは「独
　　り暮らし」を用いる。

ひとりごと　独り言　⊗独り言
　　例～を言う。

ひとりじめ　独り占め　⊗独り占め
　　例もうけを～にする。

ひとりずつ　一人ずつ〈一人宛〉

ひとりずもう　独り相撲

ひとりだち　独り立ち　⊗独り立ち
　　例親元を離れて～する。

ひとりたび　一人旅

ひとりっこ　一人っ子

ひとりでに　ひとりでに〈独りでに〉
　　例～動き出す。

ひとりひとり　一人一人・一人ひと
　　り

ひとりぶたい　独り舞台　例この分
　　野は、彼の～だ。

ひとりぼっち　ひとりぼっち・一人
　　ぼっち・独りぼっち　例広い屋
　　敷に～で住む。

ひとりもの　独り者　⊗独り者

ひとりよがり　独りよがり　例～の
　　考え方。

ひとわたり　ひとわたり・一渡り
　　⊗ひとわたり　例～読み終える。

ひなあそび　ひな遊び〈雛遊び〉
　　⊗ひな遊び

ひなか　日中　例昼の～。

ひなが　日永〈日長〉　例春の～。
　　注新聞では、「日永」と書く。

ひながた　ひな型〈ひな形〉〈雛型・
　　雛形〉　例書類の～を見て書く。

ひなた　日なた〈日向〉

ひなだん　ひな壇〈雛壇〉　例国会の
　　～に並ぶ。

ひなにんぎょう　ひな人形〈雛人形〉

ひなまつり　ひな祭り〈雛祭り〉

　　　　文ひな祭り　例３月３日は〜だ。

ひなん　非難〈批難〉　例相手から〜される。〜の声が高い。

　　囲新聞では、「非難」と書く。

ひなん　避難　例被災地から〜する。

びなん　美男　例〜美女。

ひにく　皮肉　例〜を言う。

ひにくる　皮肉る　例世の中を〜。

ひにち　日にち〈日日〉　例〜がたつ。

ひにひに　日に日に　例〜良くなる。

ひにょうき　泌尿器

ひにん　否認　例事実を〜する。

ひにん　避妊　例〜薬。

ひねくりまわす　ひねくり回す〈捻くり回す〉　例あちこちを〜。

ひねくる　ひねくる〈捻くる〉　例機械をあちこちと〜。

ひねくれる　ひねくれる〈捻くれる〉　例そんなに〜ことはないだろう。

ひねる　ひねる〈捻る〉　例俳句を〜。

ひのきぶたい　ひのき舞台〈檜舞台〉

ひのくるま　火の車　例家計は〜だ。

ひのけ　火の気　文火の気　例〜のない部屋。

ひのこ　火の粉　例〜が降る。

ひので　火の手　例〜が上がる。

ひので　日の出　例〜を拝む。

ひのべ　日延べ　文日延べ　例会議の〜を認める。

ひのまる　日の丸　例〜の旗。

ひのめ　日の目　例〜を見る。

ひのもと　火の元　例〜に注意。

ひばく　被爆　例原爆の〜者の援護。

ひばく　被ばく〈被曝〉　例放射線による〜。

ひばし　火箸　例焼け〜。

ひばち　火鉢　例瀬戸物の〜。

ひばな　火花　例〜が散る。

ひはん　批判　例相手を〜する。

ひび　日々　例〜を平和に暮らす。

ひび　ひび〈皹・皸〉　例手の〜。

ひび　ひび〈罅〉　例茶わんの〜。

ひびかす　響かす　文響かす　例遠くまで〜。

ひびき　響き　文響き　例鐘の〜。

ひびく　響く　文響く　例音が〜。

ひひょう　批評　例小説を〜する。

ひびわれ　ひび割れ〈罅割れ〉　文ひび割れ　例壁に〜ができる。

びひん　備品　例会社の〜。

ひふ　皮膚　例〜のかぶれ。

ひぶ　日歩　例〜１銭。

ひふく　被服　例〜を支給する。

ひぶた　火蓋　例戦いの〜を切る。

ひへい　疲弊　例村が〜する。

ひほう　秘方　例〜の漢方薬。

ひほう　秘法　例〜を伝授する。

ひぼう　ひぼう〈誹謗〉　⇒中傷・そしり・悪口　例相手を〜する。

びほう　びほう〈弥縫〉　⇒繕い・間に合わせ・一時しのぎ　例〜策。

びぼう　備忘　例〜のために書く。

びぼう　美貌　例〜の女性。

ひぼし　日干し〈日乾し〉　例布団を〜にする。〜れんが。

ひぼし　干ぼし〈干乾し〉　例何も食べないと〜になる。

ひま　暇　例〜を取る。

ひまご　ひ孫〈曽孫〉

ひましに　日増しに　例〜寒くなる。

ひまん　肥満　例〜体型。

びまん　びまん〈瀰漫〉　⇒広がること・みなぎること　例悪習が社会一般に〜する。

ひみつ　秘密　例〜を守る。

びみょう　微妙　例〜な差。両者の関係が〜になってきた。

ひむろ　氷室　例〜に入れる。

ひめ　姫〔ひめ〕　例姫、姫松

ひめ　姫　例美しい〜。

ひめい　悲鳴　例〜を上げる。

ひめい　碑銘　例〜を読む。

ひめまつ　姫松　例〜を盆栽に作る。

ひめる　秘める　文秘める　例胸に〜。

ひめん　罷免　例課長の〜。

ひも　ひも〈紐〉　例〜を掛ける。

びもく　眉目　例〜秀麗な青年。

ひもじい　ひもじい〈饑じい〉　例〜思いをする。

ひもつき　ひも付き〈紐付き〉　例〜の金。

ひもと　火元　例火事の〜。

ひもとく　ひもとく〈繙く・紐解く〉

例本を〜。歴史を〜。

ひもの　干物〈乾物〉　例魚の〜。

ひや　冷や　文冷や　例酒を〜で飲む。

ひやあせ　冷や汗　文冷や汗　例遅刻しそうになって〜をかく。

ひやかし　冷やかし　文冷やかし　例〜半分に言う。〜の客。

ひやかす　冷やかす　文冷やかす　例品物を買わないで店を〜。

ひやく　飛躍　例〜的な進歩。

ひゃく　百１〔ヒャク〕　例百聞、百貨店、百科全書、数百　団八百屋（やおや）、八百長（やおちょう）

びゃく　白１〔ハク・ビャク　しろ・しら・しろい〕　例白夜、黒白　団白髪（しらが）

ひゃくしょう　百姓

ひゃくにちぜき　百日ぜき〈百日咳〉　例〜の感染を予防する。

ひゃくぶんりつ　百分率

びゃくや　白夜　注「はくや」の慣用読み。

ひやけ　日焼け　例〜した顔。

ひやざけ　冷や酒　文冷や酒　例〜をあおる。

ひやす　冷やす　文冷やす　例頭を〜。

ひゃっかじてん　百科事典

ひゃっかぜんしょ　百科全書

ひゃっかてん　百貨店

ひやとい　日雇い〈日傭い〉　公文日雇　建日雇い　例〜として働く。

団:付表の語　×:表外字　△:表外音訓　〈　〉:参考表記　⇒:言い換え等

ひやみず　冷や水　[文]冷や水　[例]年寄りの～。
ひやむぎ　冷や麦　[文]冷や麦
ひやめし　冷や飯　[文]冷や飯　[例]～を食う。
ひややかだ　冷ややかだ　[文]冷ややかだ　[例]表情が～。
ひゆ　比喩〈譬喩〉　[文]比喩　[例]～を用いて説明する。
びゅうけん　びゅう見〈謬見〉
ひょう　氷[3]〔ヒョウ／こおり・ひ〕　[例]氷点、氷山、氷河、氷解、結氷、薄氷
ひょう　兵[4]〔ヘイ・ヒョウ／—〕　[例]兵糧、小兵、雑兵
ひょう　拍〔ハク・ヒョウ／—〕　[例]拍子、手拍子、突拍子
ひょう　表[3]〔ヒョウ／おもて・あらわす・あらわれる〕　[例]表紙、表面、表裏、辞表、代表、発表、次の表による、表する
ひょう　俵[6]〔ヒョウ／たわら〕　[例]一俵、土俵
ひょう　票[4]〔ヒョウ／—〕　[例]票決、票数、受験票、伝票、投票
ひょう　評[5]〔ヒョウ／—〕　[例]評価、評定、評判、定評、評を書く、評する
ひょう　漂〔ヒョウ／ただよう〕　[例]漂着、漂泊、漂流、漂然、漂白
ひょう　標[4]〔ヒョウ／—〕　[例]標語、標準、標本、目標、登録商標
ひよう　費用　[例]～を節約する。
びょう　平[3]〔ヘイ・ビョウ／たいら・ひら〕　[例]平等
びょう　苗〔ビョウ／なえ・なわ〕　[例]種苗、痘苗、育苗　[付]早苗(さなえ)
びょう　秒[3]〔ビョウ／—〕　[例]秒時、秒針、秒速、一秒、分秒、寸秒
びょう　病[3]〔ビョウ・ヘイ／やむ・やまい〕　[例]病院、病気、病名、病根、看病
びょう　描〔ビョウ／えがく・かく〕　[例]描写、描線、線描、点描、素描、寸描
びょう　猫〔ビョウ／ねこ〕　[例]猫額、愛猫
びょう　びょう〈鋲〉　[例]～を打つ。
びょう　びょう〈廟〉　[例]聖人を～に祭る。孔子を祭った～。
びよう　美容　[例]～と健康。
ひょういつ　ひょう逸〈飄逸〉　[例]あの人は本当に～な人だ。
びょういん　病院　[例]救急～。
ひょうか　氷菓　[例]～を楽しむ。
ひょうか　評価　[例]学力を～する。
ひょうが　氷河　[例]～期。
ひょうかい　氷解　[例]長年の疑問が一気に～した。
ひょうがい　ひょう害〈雹害〉　[例]～による大きな痛手。
ひょうかん　ひょうかん〈剽悍〉　[例]～な獣。
ひょうき　表記　[文]表記　[例]国語の～。～の住所へ移転しました。
ひょうき　標記　[文]標記　[例]～の件。
びょうき　病気　[例]重い～。
ひょうきょ　ひょう拠〈憑拠〉　⇒よりどころ
[注]法令では、「憑拠」は用いない。「証拠」を用いる。

ひょうきん　ひょうきん〈剽×軽△〉
　㋕～なおじさん。

びょうく　病苦　㋕～との闘い。

びょうく　病く〈病躯×〉　⇒病体・病
　気　㋕～を押して出席する。

ひょうぐし　表具師

ひょうけつ　表決　㋕～権の行使。

ひょうけつ　票決　㋕～を採る。

ひょうげん　表現　㋕～の自由。

びょうげん　病原〈病源〉　㋕～菌。
　㊟新聞では、「病原」と書く。

ひょうご　標語　㋕交通安全の～。

ひょうこう　標高　㋕富士山の～。

びょうこん　病根　㋕～を絶つ。

ひょうさつ　表札〈標札〉　㋕～を門
　柱に掛ける。

ひょうざん　氷山　㋕～の一角。

ひょうし　拍子　㋕転んだ～に足首
　をひねった。～を取る。

ひょうし　表紙　㋕～を替える。

ひょうじ　表示・標示　㊒表示
　㋕意思を～する。価格を～する。
　㊟法令では、「標示」は、特別な理由が
　ある場合以外は用いない。「表示」を
　用いる。

びようし　美容師

ひょうしき　標識　㋕道路～。

ひょうしぎ　拍子木　㋕～を打つ。

ひょうしぬけ　拍子抜け　㋕あっさ
　り謝られたので～した。

びょうしゃ　描写　㋕風景の～。

ひょうしゅつ　表出　㋕感情の～。

ひょうじゅん　標準　㋕～を定める。

ひょうしょう　表象　㋕記憶～。

ひょうしょう　表彰　㋕善行を～す
　る。～式に臨む。

ひょうじょう　表情　㋕明るい～。

びょうしょう　病床　㋕～に伏す。

びょうじょく　病じょく〈病褥×〉
　　⇒病床　㋕長く～にある人。

びょうしん　秒針　㋕～と分針。

ひょうせつ　ひょう窃〈剽×窃×〉　⇒盗
　むこと　㋕他人の作を～する。

ひょうぜん　ひょう然〈飄×然〉　⇒ふ
　らり　㋕叔父が～と現れた。

びょうそう　病巣　㋕～が深い。

ひょうそく　ひょうそく〈平仄×〉
　㋕～を合わせる。

びょうそく　秒速　㋕～15メートル
　の風が吹きまくる。

ひょうだい　表題〈標題〉　㋕～を大
　きく記す。
　㊟新聞では、「表題」と書く。「標題音
　楽」は「標題」。

ひょうちゃく　漂着　㋕島に～する。

ひょうちゅう　標柱　㋕～を立てる。

ひょうてい　評定　㋕勤務～。

ひょうてん　氷点　㋕～下5度。

びょうとう　病棟　㋕内科～。

びょうどう　平等　㋕男女～。

ひょうのう　氷のう〈氷嚢×〉　⇒氷袋
　㋕高熱のため～を当てる。

ひょうはく　漂白　㋕～剤。

ひょうはく　漂泊　㋕～の旅。

㊟:付表の語　×:表外字　△:表外音訓　〈　〉:参考表記　⇒:言い換え等

ひょうばん　評判　例世間の〜。

びょうぶ　びょうぶ〈屏風〉　例〜を
　　立てる。金〜。

びょうへき　病癖

ひょうへん　ひょう変〈豹変〉　⇒一
　　変・急変・変節　例態度が〜す
　　る。

びょうほ　苗ほ〈苗圃〉　⇒苗床・苗
　　畑　例〜に種をまく。

ひょうぼう　標ぼう〈標榜〉　⇒看板
　　にする・旗印を掲げる　例技術
　　革新を〜する。

びょうぼつ　病没〈病歿〉　例若くし
　　て〜した彼を惜しむ。

ひょうほん　標本　例昆虫の〜。

ひょうめん　表面　例液体の〜。

ひょうり　表裏　例〜一体を成す。

ひょうりゅう　漂流　例海面の〜物。

ひょうろう　兵糧　例〜が尽きる。

ひよく　比翼　例〜の鳥、連理の枝。

ひよく　肥沃　例〜な土地。

びよく　尾翼　例飛行機の〜。

ひよけ　日よけ〈日除け〉　例窓の〜。

ひより　日和付　⊗日和　例良い〜。

ひよりみ　日和見　例〜主義。

ひよわ　ひ弱　例〜な感じ。

ひらあやまり　平謝り　⊗平謝り
　　例こちらの非を認めて〜に謝る。

ひらおよぎ　平泳ぎ　⊗平泳ぎ

ひらがな　平仮名　例〜と片仮名。

ひらき　開き　⊗開き　例学力の〜。

ひらきど　開き戸　⊗開き戸

ひらきなおる　開き直る　⊗開き直
　　る　例痛いところを突かれて〜。

ひらきふう　開き封　⊗開き封

ひらく　開く　⊗開く　例本を〜。
　　会を〜。

ひらく　開く〈拓く〉・ひらく　⊗開
　　く　例荒野を〜。未来を〜。

ひらける　開ける　⊗開ける　例運
　　が〜。

ひらたい　平たい　⊗平たい　例〜
　　土地。

ひらて　平手　例〜打ち。

ひらに　平に・ひらに　⊗平に
　　例〜御容赦ください。

ひらめく　ひらめく〈閃く〉　例いい
　　考えが〜。光がぱっと〜。

ひらや　平家・平屋　例〜を建てる。
　　注新聞では、「平屋」と書く。

ひらやだて　平家建て・平屋建て
　　⊗平家（平屋）建て
　　注新聞では、「平屋建て」と書く。

びらん　びらん〈糜爛〉　⇒腐乱・た
　　だれ　例皮膚の〜。

ひりき　非力　例〜をかこつ。

ひりつ　比率　例〜が違う。

ひりょう　肥料　例〜を施す。

ひる　昼　例〜と夜。

ひる　干る　⊗干る　例潮が〜。

ひるがえす　翻す　⊗翻す　例態度
　　を〜。

ひるがえる　翻る　⊗翻る　例旗が
　　〜。

は行

ひるげ　昼げ〈昼餉〉　⇒昼食
ひるさがり　昼下がり　[文]昼下がり　[例]夏の～。
ひるすぎ　昼過ぎ　[文]昼過ぎ　[例]～に待ち合わせる。
ひるどき　昼時　[例]～の客。
ひるね　昼寝　[例]～を楽しむ。
ひるひなか　昼日中　[例]～から眠りこけている。
ひるま　昼間　[例]～は暖かい。
ひるむ　ひるむ〈怯む〉　[例]勢いに～。
ひるめし　昼飯　[例]～を済ます。
ひるやすみ　昼休み　[文]昼休み
ひれい　比例　[例]一定の速さで歩くときの、時間と距離は～する。
ひれいはいぶん　比例配分
びれい　美麗　[例]～な衣装。
ひれき　ひれき〈披瀝〉　⇒開陳・示すこと　[例]心中を～する。
ひれつ　卑劣〈鄙劣〉　[例]～な態度。
ひろ　ひろ〈尋〉　[例]千～の海底。
ひろい　広い　[文]広い　[例]～野原。肩身が～。顔が～。
ひろいぬし　拾い主　[文]拾い主
ひろいもの　拾い物　[文]拾い物
ひろいよみ　拾い読み　[文]拾い読み　[例]雑誌をぱらぱらと～する。
ひろう　披露　[例]～宴。新製品の～。
ひろう　疲労　[例]～回復。
ひろう　拾う　[文]拾う　[例]財布を～。
ひろがり　広がり　[文]広がり　[例]波紋の～。
ひろがる　広がる〈拡がる〉　[文]広がる
ひろくちびん　広口瓶
ひろげる　広げる　[文]広げる
ひろこうじ　広小路
ひろさ　広さ　[例]球場の～。
ひろば　広場　[例]子供の～。
ひろびろと　広々と　[文]広々と　[例]～した庭。
ひろまる　広まる　[文]広まる　[例]うわさが～。新しい習慣が～。
ひろめる　広める　[文]広める　[例]学問を世界に～。
びわ　びわ〈枇杷〉　[例]～の木。
びわ　びわ〈琵琶〉　[例]～を弾く。
ひわい　卑わい〈卑猥・鄙猥〉　⇒淫ら　[例]～な言葉。
ひわり　日割り　[文]日割り　[例]～で計算する。
ひわりけいさん　日割り計算　[文]日割計算　[建]日割り計算
ひん　品3〔ヒン/しな〕　[例]品評、品位、品目、作品、上品、品がない
ひん　浜(濱)〔ヒン/はま〕　[例]海浜、京浜
ひん　貧5〔ヒン・ビン/まずしい〕　[例]貧血、貧富、貧弱、清貧、貧する
ひん　賓(賓)〔ヒン/―〕　[例]賓客、貴賓席、国賓、来賓、主賓
ひん　頻(頻)〔ヒン/―〕　[例]頻出、頻度、頻発、頻繁、頻々
びん　敏(敏)〔ビン/―〕　[例]敏速、敏腕、鋭敏、機敏、機を見るに敏

は行

[付]:付表の語　×:表外字　△:表外音訓　〈　〉:参考表記　⇒:言い換え等

びん　便4〔ベン・ビン／たより〕　例便乗、便船、郵便、航空便、定期便

びん　瓶(瓶)〔ビン〕　例瓶代、瓶詰、花瓶、鉄瓶、大きな瓶

びん　貧5〔ヒン・ビン／まずしい〕　例貧乏

ひんい　品位　例〜を保つ。

ひんきゃく　賓客　例〜を迎える。

ひんきゅう　貧窮　例〜のどん底。

ひんこう　品行　例〜方正。

ひんこん　貧困　例〜にあえぐ。

ひんし　品詞　例〜に分ける。

ひんし　ひん死〈瀕死〉　⇒危篤

ひんしつ　品質　例〜の管理。

ひんじゃく　貧弱　例〜な表現力。

ひんしゅ　品種　例〜の改良。

ひんしゅく　ひんしゅく〈顰蹙〉　⇒顔をしかめること・苦々しく思うこと　例世の〜を買う。

ひんしゅつ　頻出　例〜単語。

びんしょう　敏しょう〈敏捷〉　⇒敏活・機敏　例〜な動作。

びんじょう　便乗　例〜値上げ。

ひんする　ひんする〈瀕する〉　例危機に〜。

ひんせい　品性　例〜を養う。

びんせん　便船　例〜を求める。

びんせん　便箋　例〜と封筒。

ひんそう　貧相　例〜な身なり。

びんそく　敏速　例〜な行動。

びんづめ　瓶詰　公文瓶詰　例〜と缶詰。

ひんど　頻度　例漢字の使用〜。

ひんぱつ　頻発　例事件が〜する。

ひんぱん　頻繁　文頻繁　例放火事件が〜に起こる。

ひんぴょう　品評　例〜会。

ひんぴん　頻々　例〜と事件が起きる。

ひんぷ　貧富　例〜の差。

びんぼう　貧乏　例〜暇無し。

びんぼうがみ　貧乏神

びんぼうゆすり　貧乏揺すり　文貧乏揺すり

びんらん　便覧　例事務〜。
　注「べんらん」の慣用読み。

びんらん　びん乱〈紊乱〉　⇒乱すこと・乱脈　例風紀の〜。
　注法令では、用いない。

びんわん　敏腕　例〜を振るう。

ふ

ふ　不4〔フ・ブ〕　例不当、不利、不安、不屈、不自由、不祥事、不賛成、不即不離

ふ　夫4〔フ・フウ／おっと〕　例夫妻、夫人、夫唱婦随、農夫、凡夫、情夫

ふ　父2〔フ／ちち〕　例父母、父系、父兄、厳父、祖父　付叔父・伯父(おじ)、父さん(とうさん)

ふ　付4〔フ／つける・つく〕　例付近、付言、付与、寄付、給付、交付

は行

ふ　布[5]〔フ／ぬの〕　[例]布陣、布教、綿布、塗布、分布

ふ　扶〔フ／－〕　[例]扶助、扶養、扶育、家扶

ふ　歩[2]（步）〔ホ・ブ・フ／あるく・あゆむ〕　[例]歩の駒

ふ　府[4]〔フ／－〕　[例]府下、府県、府立校、首府、政府、文教の府

ふ　怖〔フ／こわい〕　[例]恐怖、驚怖

ふ　阜[4]〔フ／－〕　[例]岐阜県

ふ　附〔フ／－〕　[例]附則、附属、附帯、附置、寄附

ふ　訃〔フ／－〕　[例]訃報

ふ　負[3]〔フ／まける・まかす・おう〕　[例]負債、負担、負傷、勝負、正と負

ふ　赴〔フ／おもむく〕　[例]赴任

ふ　風[2]〔フウ・フ／かぜ・かざ〕　[例]風情、風炉、風土記、中風　[付]風邪（かぜ）

ふ　浮〔フ／うく・うかれる・うかぶ・うかべる〕　[例]浮説、浮沈、浮水、浮薄、浮力　[付]浮気（うわき）、浮つく（うわつく）

ふ　婦[5]〔フ／－〕　[例]婦女、婦人、夫婦、主婦、一夫一婦制

ふ　符〔フ／－〕　[例]符号、符節、切符、音符、護符、割符、免罪符

ふ　富[4]〔フ・フウ／とむ・とみ〕　[例]富強、富裕、富豪、豊富、巨富、国富、貧富　＊富山県（とやまけん）

ふ　普〔フ／－〕　[例]普及、普通、普請、普遍

ふ　腐〔フ／くさる・くされる・くさらす〕　[例]腐心、腐肉、腐敗、陳腐、豆腐

ふ　敷〔フ／しく〕　[例]敷設　[付]桟敷（さじき）

ふ　膚〔フ／－〕　[例]膚接、皮膚、完膚

ふ　賦〔フ／－〕　[例]賦役、賦課、月賦、天賦、早春の賦、賦する

ふ　譜〔フ／－〕　[例]譜代、譜面、系譜、年譜、楽譜、棋譜、譜を読む

ふ　付　[文]付　[例]～近を散歩する。

ふ　附　[文]附　[例]附則。附属。附帯。附置。寄附。

[注]公文書では、上記の5語は「附」を用いるが、一般には、これらにも「付」を用いることが多い。

ふ　ふ〈麩〉　[例]みそ汁に～を入れる。

ぶ　不[4]〔フ・ブ／－〕　[例]不作法、不祝儀、不用心

ぶ　分[2]〔ブン・フン・ブ／わける・わかれる・わかる・わかつ〕　[例]分限者、一分一厘、大分、五分、分厚い、分が悪い

ぶ　歩[2]（步）〔ホ・ブ・フ／あるく・あゆむ〕　[例]歩合、日歩、一町歩、歩を取る

ぶ　奉〔ホウ・ブ／たてまつる〕　[例]奉行、供奉

ぶ　侮（侮）〔ブ／あなどる〕　[例]侮辱、軽侮

ぶ　武[5]〔ブ・ム／－〕　[例]武力、武士、武器、武術、武装、文武、尚武

ぶ　部[3]〔ブ／－〕　[例]部下、部分、全部、本部、野球部、Aの部　[付]部屋（へや）

ぶ　無[4]〔ム・ブ／ない〕　[例]無事、無礼、無難、無礼講、無愛想、傍若無人

ぶ　舞〔ブ／まう・まい〕　[例]舞台、舞踏、鼓舞、剣舞、乱舞、演舞

ぶあい　歩合　[公][文]歩合　[例]公定～。

ぶあいそう　無愛想　例～な顔。

ぶあつい　分厚い　例～書類。

ふあん　不安　例～に襲われる。

ふい　不意　例～に思い出す。

ふい　ふい　例努力が～になる。

ふいうち　不意打ち　文不意打ち　例～の検査。

ふいうち　不意討ち　文不意討ち　例敵を～にする。

ふいく　扶育　例遺児の～。

ふいちょう　ふいちょう〈吹聴〉　⇒言い触らし　例手柄を～する。

ふいり　不入り　文不入り　例興行が～だ。

ふいり　ふ入り〈斑入り〉　例～の葉。

ふう　夫４〔フ・フウ おっと〕　例夫婦、工夫

ふう　封〔フウ・ホウ〕　例封印、封鎖、封書、封筒、密封、封をする

ふう　風２〔フウ・フ かぜ・かざ〕　例風車、風景、風俗、風力、強風、和風、台風、暴風雨　付風邪(かぜ)

ふう　富４〔フ・フウ とむ・とみ〕　例富貴　注「富貴」は、「ふっき」とも。

ふう　風　文風　例洋～。

…ふう　…ふう・…風　文…ふう　例こういう～にする。そんな～に言うな。

ふうう　風雨　例～が激しい。

ふううん　風雲　例～急を告げる。

ふうか　風化　例戦争体験が～する。

ふうが　風雅　例～の道。

ふうがわり　風変わり　文風変わり

例～な服装をした男。

ふうかん　封かん〈封緘〉　公封かん　⇒封　例封筒を～する。

ふうき　風紀　例～が乱れる。

ふうき　富貴　例～を誇る。　注「ふっき」とも。

ふうきり　封切り　文封切り　例本日～の映画を見る。

ふうきりかん　封切り館　公文封切館　建封切り館

ふうけい　風景　例田園の～。

ふうこうめいび　風光めいび〈風光明媚〉　例～の地。

ふうさ　封鎖　例港を～する。

ふうさい　風采　例～が上がらない。

ふうし　風刺〈諷刺〉　例世相を～する。～劇。

ふうじこめ　封じ込め　例～政策。

ふうじこめる　封じ込める

ふうじめ　封じ目　文封じ目　例～を剝がす。

ふうしょ　封書　例～を送る。

ふうじる　封じる　例発言を～。

ふうせつ　風雪　例～に耐える。

ふうせつ　風説　例～が乱れ飛ぶ。

ふうぞく　風俗　例昔からの～。

ふうたい　風袋　例～ごと量る。

ふうち　風致　例～地区。

ふうちょう　風潮　例時代の～。

ふうてい　風体〈風態〉　例怪しげな～の男。

ふうど　風土　例日本の～。

は行

ふうとう　封筒　[例]便箋と～。

ふうどう　風洞　[例]～実験。

ふうび　ふうび〈風靡〉　⇒支配・制圧・なびかせること　[例]一世を～した流行。

ふうひょう　風評　[例]～被害。

ふうふ　夫婦　[例]おしどり～。

ふうふづれ　夫婦連れ　[文]夫婦連れ

ふうぶん　風聞　[例]～が流れる。

ふうみ　風味　[例]～の良い果物。

ふうりょく　風力　[例]～発電。

ふうりん　風鈴　[例]～を下げる。

ふえ　笛　[例]～の音。

ふえき　不易　[例]万古～。

ふえき　賦役　[例]～を課する。

ふえて　不得手　[例]～な科目。

ふえふき　笛吹き

ふえる　増える　[文]増える　[例]人数が～。

ふえる　殖える　[文]殖える　[例]財産が～。

[注]「増える・殖える」の使い分けは、「「異字同訓」の漢字の使い分け」参照。

ふえん　敷えん〈敷衍〉　[例]条文を～する。

ぶえんりょ　無遠慮　[例]～な質問。

ふおん　不穏　[例]～な動き。

ふおんとう　不穏当　[例]～な言動。

ふか　付加　[例]条件を～する。

ふか　負荷　[例]～に耐える。

ふか　賦課　[例]税を～する。

ぶか　部下　[例]～に命じる。

ふか　ふ化〈孵化〉　⇒かえすこと　[例]卵を～する。

ふかい　不快　[例]～の念を与えない。

ふかい　深い　[文]深い　[例]～海。欲が～。

ふかいり　深入り　[文]深入り　[例]余りその事件に～しない方がいい。

「異字同訓」の漢字の使い分け

ふえる・ふやす

【増える・増やす】（⇔減る・減らす）。数や量が多くなる。
　人数が増える。体重が増える。出費が増える。資本金を増やす。
　仲間を増やす。

【殖える*・殖やす*】財産や動植物が多くなる。
　資産が殖える。財産を殖やす。ねずみが殖える。家畜を殖やす。
　株分けで殖やす。

*　「利殖・繁殖」という語との関係を意識して「殖える・殖やす」と「殖」を当てるが、現在の表記実態としては、「利殖・繁殖」の意で用いる場合も「資産が増える」「家畜を増やす」など、「増」を用いることが多い。

（平成26年文化審議会国語分科会）

は行

ふかかい　不可解　例〜な出来事。

ふかく　不覚　例〜を取る。

ふかく　ふ角〈俯角〉　⇒伏角

ふかけつ　不可欠　例必要〜な品。

ふかこうりょく　不可抗力　例〜の
　事故と断定する。

ふかしん　不可侵　例〜条約。

ふかす　吹かす　例エンジンを〜。
　先輩風を〜。

ふかす　更かす　⊗更かす　例夜を
　〜。

ふかす　ふかす〈蒸す〉　例芋を〜。

ぶかっこう　不格好〈不恰好〉　例〜
　な建物。
　　旺新聞では、「不格好」と書く。

ふかづめ　深爪　例〜をする。

ふかで　深手〈深傷〉　例〜を負う。

ふかなさけ　深情け　⊗深情け
　例悪女の〜。

ふかのう　不可能　例実現は〜だ。

ふかひ　不可避　例〜の事故。

ふかぶか　深々　例〜と頭を下げる。

ふかぶん　不可分　例〜の関係。

ふかまる　深まる　⊗深まる　例秋
　が〜。

ふかみ　深み　⊗深み　例〜にはま
　る。

ふかめる　深める　⊗深める　例友
　情を〜。

ふかん　ふかん〈俯瞰〉　⇒見下ろす
　こと　例山から〜した風景。

ふき　付記　例本文の〜。

ふぎ　付議　例専門委員会に〜する。

ふきあげる　吹き上げる　⊗吹き上
　げる　例風がごみを〜。蒸気が
　蓋を〜。

ふきあれる　吹き荒れる　例嵐が〜。

ふきおろす　吹き下ろす　例山から
　冷たい風が〜。

ふきかえ　吹き替え　⊗吹き替え
　例外国の映画の〜。

ふきかえ　ふき替え〈葺き替え〉
　例屋根の〜をする。

ふきかえす　吹き返す　例息を〜。

ふきかける　吹き掛ける　例盛んに
　議論を〜ので少々困った。

ふきけす　吹き消す　例ろうそくの
　火を〜。

ふきげん　不機嫌　例〜な顔。

ふきこみ　吹き込み　⊗吹き込み
　例音声の〜。

ふきこむ　吹き込む　⊗吹き込む
　例雨が家の中に〜。うわさを〜。

ふきさらし　吹きさらし〈吹き曝し〉
　⊗吹きさらし　例〜のホーム。

ふきすさぶ　吹きすさぶ〈吹き荒ぶ〉
　例一晩中嵐が〜。

ふきそうじ　拭き掃除

ふきだす　吹き出す　⊗吹き出す
　例余りのおかしさに思わず〜。

ふきだす　噴き出す　⊗噴き出す
　例温泉が突如として〜。

ふきだまり　吹きだまり〈吹き溜ま
　り〉　⊗吹きだまり　例落ち葉

は行

の～。
ふきつ　不吉　[例]～な予感がする。
ふきつける　吹き付ける　[例]風がまともに～。塗料を～。
ふきでもの　吹き出物　[文]吹き出物
ふきどおし　吹き通し　[文]吹き通し　[例]ゆうべは一晩中風が～だった。
ふきとおす　吹き通す　[例]路地を心地良い風が～。
ふきとばす　吹き飛ばす　[例]砂を～。
ふきとぶ　吹き飛ぶ　[例]眠気が～。
ふきとる　拭き取る　[例]汚れを～。
ふきながし　吹き流し　[文]吹き流し　[例]江戸っ子は五月のこいの～。～がたなびく。
ふきぬき　吹き抜き　[文]吹き抜き　[例]～の部屋。
ふきはらう　吹き払う　[例]強い風が雲をきれいに～。
ふきぶり　吹き降り　[文]吹き降り　[例]激しい～。
ふきまくる　吹きまくる〈吹き捲る〉　[例]日中風が～。ほらを～。
ぶきみ　不気味・無気味
[注]新聞では、「不気味」と書く。
ふきや　吹き矢　[例]～で射る。
ふきゅう　不休　[例]不眠～の作業。
ふきゅう　不朽　[例]～の名作。
ふきゅう　不急　[例]不要～の外出。
ふきゅう　普及　[例]一般に～する。
ふきゅう　腐朽　[例]門柱が～する。
ふきょう　不況　[例]～になる。
ふきょう　布教　[例]～活動。
ふきょう　富強　[例]～を誇る。
ぶきよう　不器用・無器用　[例]～な手つき。
[注]新聞では、「不器用」と書く。
ぶぎょう　奉行　[例]南町～。
ふきよせる　吹き寄せる　[文]吹き寄せる　[例]口笛で小鳥を～。風が落ち葉を～。
ふきん　付近　[例]学校の～を歩く。
ふきん　布巾　[例]食器を～で拭く。
ふく　伏〔フク　ふせる・ふす〕　[例]伏線、伏兵、起伏、降伏、潜伏、威に伏する
ふく　服[3]〔フク　―〕　[例]服役、服地、服従、服装、洋服、心服、服を着る、刑に服する
ふく　副[4]〔フク　―〕　[例]副業、副産物、副詞、副作用、正副
ふく　幅〔フク　はば〕　[例]幅員、三幅対、辺幅、振幅、全幅、拡幅
ふく　復[5]〔フク　―〕　[例]復活、復縁、復刊、復習、復旧、往復、報復
ふく　福[3]（福）〔フク　―〕　[例]福祉、福徳、福利厚生、禍福、幸福、祝福
ふく　腹[6]〔フク　はら〕　[例]腹案、腹痛、腹部、腹膜炎、山腹、空腹、船腹
ふく　複[5]〔フク　―〕　[例]複数、複合、複写、複眼、複雑、単複、重複
ふく　覆〔フク　おおう・くつがえす・くつがえる〕　[例]覆刻、覆水、覆面、転覆
ふく　拭く　[例]机を～。拭き掃除。
ふく　吹く　[文]吹く　[例]笛を～。

は行

ふく　噴く　⊗噴く　例火を～。

　　注「吹く・噴く」の使い分けは、「「異字同訓」の漢字の使い分け」参照。

ふく　ふく〈葺く〉　例屋根を～。

ふくあん　腹案　例～を練る。

ふくいく　ふくいく〈馥郁〉　例～たる菊の花の香。

ふくいん　幅員　例道路の～。

ふくいん　福音　例神の～。

ふぐう　不遇　例～な身の上。

ふくぎょう　副業　例～の収入。

ふくげん　復元　例遺跡の～。

ふくげん　復原　例横転した船の～。～力の大きい船。

ふくごう　複合　例～的な影響。

ふくざつ　複雑　例～な事情。

ふくさよう　副作用　例薬の～。

ふくし　福祉　例～事業。

ふくしき　複式　例～学級。

ふくしゃ　複写　例書類の～。

ふくしゃ　ふく射〈輻射〉　⇒放射　例～による熱。

ふくしゅう　復習　例予習と～。

ふくしゅう　復しゅう〈復讐〉　⇒報復・返報・仕返し・敵討ち　例～は何の解決にもならない。

ふくじゅう　服従　例命令に～する。

ふくしょく　副食　例主食と～。

ふくしょく　服飾　例～デザイナー。

ふくしん　腹心　例～の部下。

ふくじんづけ　福神漬け

ふくすう　複数　例単数と～。

ふくする　伏する　例威に～。

ふくする　服する　例命令に～。

ふくする　復する　例正常に～。

ふくせい　複製　例原本の～。

ふくせん　伏線　例話の～を張る。

ふくせん　複線　例～の鉄道。

───「異字同訓」の漢字の使い分け───

ふく

【吹く】空気が流れ動く。息を出す。表面に現れる。

　　そよ風が吹く。口笛を吹く。鯨が潮を吹(噴)く＊。干し柿が粉を吹く。
　　吹き出物。不満が吹(噴)き出す＊。汗が吹(噴)き出る＊。

【噴く】気体や液体などが内部から外部へ勢いよく出る。

　　火山が煙を噴く。エンジンが火を噴く。石油が噴き出す。
　　火山灰を噴き上げる。

＊　「鯨が潮をふく」は、鯨が呼気とともに海水を体外に出すところに視点を置いた場合は「吹」を、体内から体外に勢いよく出るところに視点を置いた場合は「噴」を当てる。

　　また、「不満」や「汗」が「表面に現れる」とき、その現れ方の激しさに視点を置いた場合には「噴」を当てることもできる。

（平成26年文化審議会国語分科会）

ふくそう　服装　[例]涼しげな～。
ふくそう　ふくそう〈輻輳・輻湊〉　⇒集中　[例]事務が～する。
ふくぞうなく　腹蔵なく　[例]お互いに～話し合う。
ふくつ　不屈　[例]～の精神。
ふくとく　福徳　[例]～円満。
ふくはい　腹背　[例]～に敵を受ける。
ふくはんのう　副反応　[例]ワクチンの～。
ふくびき　福引き　[公][文]福引　[建]福引き
ふくびきけん　福引き券　[公][文]福引券　[建]福引き券
ふくほん　副本　[例]申請書の～。
ふくほん　複本　[例]原本の～。名簿の～。
ふくまる　含まる　[文]含まる
ふくまれる　含まれる　[例]中に～。
ふくみ　含み　[文]含み　[例]～を残す。
ふくむ　服務　[例]～規程。
ふくむ　含む　[文]含む　[例]水分を～。
ふくめる　含める　[文]含める　[例]かんで～ように言う。因果を～。
ふくめん　覆面　[例]～を取る。
ふくよう　服用　[例]薬を～する。
ふくよか　ふくよか　[例]～な手。～な新茶の香り。
ふくらしこ　膨らし粉
ふくらます　膨らます〈脹らます〉　[例]夢を～。頬を～。
ふくらみ　膨らみ〈脹らみ〉　[文]膨らみ　[例]かばんの～。
ふくらむ　膨らむ〈脹らむ〉　[文]膨らむ　[例]つぼみが～。借金が～。
ふくり　福利　[例]～厚生。
ふくり　複利　[例]～で計算する。
ふくりゅう　伏流
ふくれる　膨れる〈脹れる〉　[文]膨れる　[例]腹が～。
ふくろ　袋　[例]紙の～。～のねずみ。
ふくろいり　袋入り
ふくろだたき　袋だたき〈袋叩き〉　[例]世論は～状態になった。
ふくろぬい　袋縫い　[文]袋縫い　[例]袖下を～する。
ふけ　ふけ〈雲脂〉　[例]頭の～。
ふけい　父兄　[例]～を招く。
ふけつ　不潔　[例]～な手。
ふけやく　老け役　[文]老け役　[例]～の俳優。
ふける　更ける　[文]更ける　[例]夜が～。
ふける　老ける　[文]老ける　[例]年よりもかなり老けて見える。

[注]「更ける・老ける」の使い分けは、「「異字同訓」の漢字の使い分け」p.563参照。

ふける　ふける〈耽る〉　[例]考えに～。
ふける　ふける〈蒸ける〉　[例]芋が～。
ふけん　府県　[例]都道～。
ふげん　不言　[例]～実行。
ふげん　付言　[例]あえて～すれば…。
ふこう　不孝　[例]親～をする。

は行

[付]:付表の語　×:表外字　△:表外音訓　〈　〉:参考表記　⇒:言い換え等

ふこう　不幸　例〜な一日。

ふごう　符号　例〜を付ける。

ふごう　符合　例ぴたりと〜する。

ふこく　布告　例宣戦を〜する。

ぶこくざい　ぶ告罪〈誣告罪〉　⇒虚
　　偽告訴の罪

ふこころえ　不心得　例〜を諭す。

ぶこつ　武骨・無骨　例〜な男。
　　旺新聞では、「武骨」と書く。

ふさ　房　例ぶどうの〜。

ふさい　夫妻　例Ａ氏〜。

ふさい　負債　例〜に苦しむ。

ふざい　不在　例部長は〜だ。

ぶさいく　不細工・無細工　例〜な
　　仕上り。
　　旺新聞では、「不細工」と書く。

ふさがる　塞がる　㋟塞がる　例部
　　屋がすぐに〜。排水管が〜。

ふさぐ　塞ぐ〈鬱ぐ〉　㋟塞ぐ　例穴
　　を〜。心が〜。

ふざける　ふざける〈巫山戯る〉

ぶさた　無沙汰　例御〜しました。

ぶさほう　不作法・無作法　例〜な
　　態度で客に接する。

　　旺新聞では、「不作法」と書く。

ぶざま　不様・無様　例〜な負け方。

ふさわしい　ふさわしい〈相応しい〉
　　㋟ふさわしい　例学生に〜環境。

ふさんせい　不賛成

ふし　節　例竹の〜。民謡の〜。

ふじ　藤　例〜の花。下がり〜。

ふじ　不治　例〜の病。

ぶし　武士　例〜道。

ぶじ　無事　例〜に暮らす。

ふしあな　節穴　例〜からのぞく。

ふしあわせ　不幸せ〈不仕合わせ〉

ふじいろ　藤色

ふしおがむ　伏し拝む　㋟伏し拝む
　　例神を〜。〜ようにして借りる。

ふしぎ　不思議　例〜な話。

ふしだら　ふしだら　例〜な生活。

ふしづけ　節付け　㋟節付け　例元
　　の歌詞に新しい〜をする。

ぶしつけ　ぶしつけ〈不躾〉　⇒不作
　　法　例〜な質問。

ふしまつ　不始末　例火の〜。

ふしまわし　節回し　㋟節回し
　　例演歌の〜。

───── 「異字同訓」の漢字の使い分け ─────

ふける

【更ける】深まる。
　　深々と夜が更ける。秋が更ける。夜更かしする。

【老ける】年を取る。
　　年の割には老けて見える。老け込む。この１、２年で急に老けた。
　　　　　　　　　　　　　　　　　（平成26年文化審議会国語分科会）

ふじみ　不死身　例～の体。

ふしめ　伏し目　文伏し目　例相手を見ないで～がちに話す。

ふじゅうぶん　不十分〈不充分〉　文不十分　例証拠が～だ。

ふじゅん　不純　例～な動機。～物。

ふじゅん　不順　例天候が～だ。

ふじょ　扶助　例相互～の態勢。

ぶしょ　部署　例所属～。

ふしょう　不肖　例～の子。

ふしょう　不詳　例氏名～。

ふしょう　負傷　例～者の救護。

ふじょう　不浄　例～な金。

ぶしょう　無精・不精　例筆～。
　　囲新聞では、「無精」と書く。

ふしょうじ　不祥事　例～が起きた。

ふしょうぶしょう　不承不承　例～ながら引き受ける。

ふしょく　腐食〈腐蝕〉　例酸で～させる。

ふしょく　腐植　例～土。

ぶじょく　侮辱　例人を～する。

ふしょくふ　不織布　例～のマスク。

ふしん　不信　例人間～の念。

ふしん　不振　例経営～に陥る。

ふしん　不審　例～な行動。

ふしん　普請　例家の～。

ふしん　腐心　例経営に～する。

ふじん　夫人　例大統領～。

ふじん　布陣　例完璧な～。

ふじん　婦人　例産科と～科。

ふす　伏す　文伏す　例泣き～。

ふずい　不随　例半身～。

ふずい　付随　例そのことに～して起こる問題。

ぶすい　不粋・無粋　例～な人。

ふすう　負数　例正数と～。

ふすま　ふすま〈襖〉　例～を閉める。

ふする　付する　例会議に～。書類に意見を付して回す。

ふせ　布施　例寺にお～を出す。

ふせい　不正　例～を働く。

ふせい　不整　例脈拍の～。

ふぜい　風情　例～のある庭。私～にはもったいない話です。

ぶぜい　無勢　例多勢に～。

ふせき　布石　例将来への～。

ふせぎ　防ぎ　文防ぎ　例～に回る。

ふせぐ　防ぐ　文防ぐ　例事故を～。

ふせじ　伏せ字　文伏せ字

ふせつ　付説　例本論の～。

ふせつ　敷設・布設　例鉄道の～。
　　囲新聞では、「敷設」と書く。

ふせる　伏せる　文伏せる　例顔を～。本を～。

ふせん　付箋　例～を付ける。

ぶぜん　ぶぜん〈憮然〉　⇒暗然・がっかり　例～とした面持ち。

ぶそう　武装　例～解除。

ふそく　不測　例～の事態。

ふそく　不足　例～金額。

ふそく　付則・附則

ふぞく　付属・附属　例～病院。

ふそくふり　不即不離　例Ａ事件と

囲:付表の語　×:表外字　△:表外音訓　〈　〉:参考表記　⇒:言い換え等

B事件とは、～の関係にある。
ふぞろい　不ぞろい〈不揃い〉 [例]～な大きさ。列が～だ。
ふそん　不遜 [例]～な態度。
ふた　蓋 [例]鍋の～。
ふだ　札 [例]順番の～。
ぶた　豚 [例]～を飼う。
ふたい　付帯・附帯 [例]～条件。
ぶたい　部隊 [例]～を編成する。
ぶたい　舞台 [例]晴れの～。～稽古。
ふたえ　二重 [例]紙を～に折る。
ふたえまぶた　二重まぶた
ふたく　付託 [例]委員に～する。
ふたく　負託 [例]～に応える。
ふたご　双子〈二子〉
ふたことめ　二言目・二言め [例]～には「暑い」と言う。
ふたしかだ　不確かだ [文]不確かだ [例]情報が～。
ふたたび〔副詞〕 再び [公][文]再び
ふたつ　二つ [文]二つ [例]～に割る。～返事。
ふだつき　札付き [文]札付き [例]この辺りでは～の悪者だ。
ふだどめ　札止め [例]満員～の盛況。
ふたば　双葉・二葉
ふたまた　二股
ふたり　二人[付] [文]二人 [例]～の仲。
ふたん　負担 [例]各自の～。
ふだん　不断 [例]～の努力。
ふだん　ふだん・普段 [文]ふだん [例]～の心掛け。
ふち　縁 [例]崖の～。目の～。
ふち　付置・附置 [例]～研究所。
ふち　ふち〈淵〉 [例]深い～。
ぶちこわす　ぶち壊す [例]計画を～。
ふちどり　縁取り [文]縁取り [例]きれいな糸で周りを～する。
ふちゃく　付着 [例]ほこりが～する。
ふちょう　不調 [例]エンジンが～だ。
ふちょう　符丁〈符牒〉 [文]符丁 ⇒印 [例]～で言う。
ぶちょうほう　不調法・無調法 [例]大変～をいたしまして…。酒は～です。
[注]新聞では、「不調法」と書く。
ふちん　浮沈 [例]それは国家の～に関わる問題である。
ふつ　払（拂）〔フツ はらう〕 [例]払暁、払底
ふつ　沸〔フツ わく・わかす〕 [例]沸騰、沸点、煮沸
ぶつ　仏5（佛）〔ブツ ほとけ〕 [例]仏教、仏事、仏像、仏頂面、念仏、神仏
ぶつ　物3〔ブツ・モツ もの〕 [例]物資、物質、物理、人物、動物 [付]果物（くだもの）
ぶつ　ぶつ〈打つ〉 [例]背中を～。
ふつう　不通 [例]新幹線が～になる。
ふつう　普通 [例]～のやり方。
ふつか　二日[付] [文]二日 [例]～掛かりの仕事。
ふっかける　吹っ掛ける [例]高い値段を～。難問を～。
ふっかつ　復活 [例]旧制度の～。

は行

ふつかよい　二日酔い〈宿酔〉　⊗二日酔い　囫〜で頭が痛い。

ぶつかる　ぶつかる〈打付かる〉　囫車が〜。

ふっかん　復刊　囫休刊にしていた月刊誌を〜する。

ふっき　復帰　囫職場に〜する。

ふっき　富貴　囫〜を誇る。
　囲「ふうき」とも。

ぶつぎ　物議　囫〜を醸す。

ふっきゅう　復旧　囫災害の後の〜作業。すっかり〜した。

ふつぎょう　払暁　囫〜の出発。

ぶつける　ぶつける〈打付ける〉　囫額を柱に〜。体ごと〜。

ふっこう　復興　囫被災地の〜。

ふつごう　不都合　囫〜な話。

ふっこく　復刻〈複刻・覆刻〉　囫貴重本の〜を始める。〜版。
　囲新聞では、「復刻」と書く。

ぶっし　物資　囫〜の輸送。

ぶつじ　仏事　囫〜を営む。

ぶっしつ　物質　囫〜文明。

ふっしょく　払拭　⚲⊗払拭　囫旧弊の〜。

ぶっしょく　物色　囫室内を〜する。

ぶっそう　物騒　囫〜な世の中。

ぶつぞう　仏像　囫〜を拝む。

ぶっちょうづら　仏頂面　囫不機嫌だと見えて〜をしている。

ふつつか　ふつつか〈不束〉　囫〜者ですが何分よろしく。

ぶっつづけ　ぶっ続け〈打っ続け〉　囫丸二日間〜で仕事をする。

ふってい　払底　囫在庫が〜する。

ふってん　沸点　囫〜を調べる。

ふっとう　沸騰　囫湯が〜する。人気が〜する。

ぶっとおし　ぶっ通し〈打っ通し〉　囫午前と午後〜で演奏する。

ふっとぶ　吹っ飛ぶ　囫ガス爆発で家が〜。吹っ飛んで帰る。

ぶつよく　物欲〈物慾〉　囫〜のとりこになる。〜が激しい。

ふつりあい　不釣り合い　⊗不釣合い　⚲不釣り合い　囫〜な組み合わせ。

ふで　筆　囫〜と墨。

ふてい　不定　囫収入が〜だ。

ふてい　不貞　囫〜を働く。

ふてい　ふてい〈不逞〉　⇒不届き・ふらち　囫〜のやから。

ふていさい　不体裁　囫大き過ぎて〜なかばん。

ふでいれ　筆入れ　⊗筆入れ　囫〜と鉛筆。

ふてき　不適　囫勉強に〜な環境。

ふてき　不敵　囫大胆〜な行動。

ふでき　不出来　囫長雨で野菜が〜だ。

ふてぎわ　不手際　囫〜な処置。

ふてくされる　ふて腐れる〈不貞腐れる〉　⊗ふて腐れる　囫思うようにならず〜。

囲:付表の語　×:表外字　△:表外音訓　〈　〉:参考表記　⇒:言い換え等

ふでさき　筆先　[例]批判の～が鈍る。
ふでたて　筆立て　[文]筆立て
ふでづか　筆塚
ふでづかい　筆遣い　[例]～が巧みだ。
ふてぶてしい　ふてぶてしい　[例]～態度を見せる。
ふでまめ　筆まめ〈筆忠実〉　[例]手紙を～に書く。～な人だ。
ふと〔副詞〕　ふと〈不図〉　[公][文]ふと　[例]～気が付く。～見ると…。
ふとい　太い　[文]太い　[例]～綱。声が～。
ふとう　不当　[例]～な請求。
ふとう　ふ頭〈埠頭〉　[公]埠頭　⇒岸壁・波止場・突堤
[注]法令では、漢字をそのまま用いてこれに振り仮名を付ける。
ふとう　ふとう〈不撓〉　⇒不屈　[例]～の精神。
ふどう　不同　[例]順～。
ふどう　不動　[例]～の地位を築く。
ふどう　浮動　[例]～票。
ぶとう　舞踏〈舞蹈〉　[例]～会。
ぶどうがり　ぶどう狩り〈葡萄狩り〉　[文]ぶどう狩り
ふどうさん　不動産　[例]～の取得。
ふどうさんかんていし　不動産鑑定士
ふとおり　太織り　[文]太織り
ふところ　懐　[例]財布を～に入れる。山の～。～が深い。
ふところで　懐手　[例]～して見て見ぬ振りをする。
ふとせん　太線　[例]～で囲む。
ふとっぱら　太っ腹　[例]～な人。
ふとどき　不届き　[文]不届き　[例]～千万な態度。
ふとまき　太巻き
ぶどまり　歩留まり〈歩止まり〉　[公][文]歩留り　[建]歩留まり　[例]～がいい。
ふとめ　太め・太目　[例]～のズボン。
[注]「形容詞＋め」は原則として「～め」。
ふともも　太もも〈太股〉
ふとる　太る〈肥る〉　[文]太る
ふとん　布団〈蒲団〉
ふなあし　船脚・船足　[例]～が速い。
[注]新聞では、「船脚」と書く。
ふなあそび　船遊び・舟遊び　[文]船遊び
ふなうた　舟歌・舟唄
[注]新聞では、「舟歌」と書く。
ふなじ　船路
ふなたび　船旅　[例]～を楽しむ。
ふなちん　船賃〈舟賃〉
ふなつき　船着き　[文]船着き
ふなつきば　船着き場　[公][文]船着場　[建]船着き場
ふなづみ　船積み　[文]船積み　[例]他の荷物は～にして送る。
ふなづみかもつ　船積み貨物　[公][文]船積貨物　[建]船積み貨物
ふなで　船出　[例]早暁に～する。社会への～。

は行

ふなぬし　船主　[例]～の許可を得る。

ふなのり　船乗り　[文]船乗り

ふなばた　船端〈舟端・舷〉　[例]～をたたいて魚を呼ぶ。

ふなべり　船べり〈舟べり〉　[例]全員が～の片方に寄ると危ない。

ふなやど　船宿〈舟宿〉

ふなよい　船酔い・舟酔い　[文]船酔い

ふなれ　不慣れ〈不馴れ〉　[文]不慣れ

ふにあい　不似合い　[文]不似合い　[例]～な格好。

ふにおちない　ふに落ちない〈腑に落ちない〉　⇒納得できない　[例]どう考えても、～。

ふにょい　不如意　[例]手元～だ。

ふにん　不妊　[例]～治療。

ふにん　赴任　[例]単身で～する。

ふね　船　[例]1万トンの～。

ふね　舟　[例]ささの葉の～。

[注]「船・舟」の使い分けは、「「異字同訓」の漢字の使い分け」参照。

ふのう　不能　[例]再起～。

ふはい　不敗　[例]～を誇る。

ふはい　腐敗　[例]食品が～する。

ふばい　不買　[例]～運動。

ふはく　浮薄　[例]軽ちょう～。

ふばらい　不払い　[公][文]不払　[建]不払い

ふばらい　賦払い　[公][文]賦払　[建]賦払い

ふび　不備　[例]～を補う。

ふひょう　不評　[例]～を買う。

ふひょう　付表

ふびん　ふびん〈不愍・不憫〉　[例]～に思う。

は行

「異字同訓」の漢字の使い分け

ふね

【船*】比較的大型のもの。

船の甲板。船で帰国する。船旅。親船。船乗り。船賃。船荷。船会社。船出。船酔い。釣り船(舟)**。渡し船(舟)**。

【舟】主に小型で簡単な作りのもの。

舟をこぐ。小舟。ささ舟。丸木舟。助け舟(船)を出す**。

*　「船」は、「舟」と比べて、「比較的大型のもの」に対して用いるが、「船旅。船乗り。船賃。船会社。船出」など、「ふね」に関わる様々な語についても広く用いられる。

**　「釣り船」「渡し船」は、動力を使わない小型の「ふね」の場合は、「釣り舟」「渡し舟」と表記することが多い。また、「助けぶね」は救助船の意で使う場合は「助け船」、比喩的に助けとなるものという意で使う場合は「助け舟」と表記することが多い。

(平成26年文化審議会国語分科会)

ぶふうりゅう　不風流・無風流　[例]～な人。
ふぶき　吹雪[付]　[例]～になる。紙～。
ふふく　不服　[例]～の申し立て。
ふぶく　ふぶく〈吹雪く〉　[例]北国では朝から晩まで～ことがある。
ぶぶん　部分　[例]全体から見た～。
ふへい　不平　[例]～を並べる。
ぶべつ　侮蔑　[例]～の目で見る。
ふへん　不変　[例]永久～の真理。
ふへん　不偏　[例]～不党の立場。
ふへん　普遍　[例]～妥当な考え方。
ふべん　不便　[例]交通が～な地。
ふぼ　父母　[例]～の愛。
ふほう　不法　[例]～行為。
ふほう　訃報　[文]訃報　[例]友人の～に接する。
ふまえる　踏まえる　[文]踏まえる　[例]経験を～。大地を～。
ふまん　不満　[例]～を抱く。
ふみ　文　[例]～を読む。
ふみあらす　踏み荒らす　[例]犬が芝生を～ので困っている。
ふみいし　踏み石　[文]踏み石　[例]～を渡る。
ふみいた　踏み板　[文]踏み板
ふみえ　踏み絵
ふみかためる　踏み固める　[例]雪道を～。
ふみきり　踏切・踏み切り　[公][文]踏切　[建]踏み切り　[例]鉄道の～。
ふみきり　踏み切り　[例]D選手は、～に失敗した。
ふみきりばん　踏切番・踏み切り番　[文]踏切番　[建]踏み切り番
ふみきる　踏み切る　[文]踏み切る　[例]値上げに～。
ふみこむ　踏み込む　[文]踏み込む　[例]容疑者の家に～。土足で～。
ふみしめる　踏み締める　[例]しっかりと大地を～。
ふみだい　踏み台　[文]踏み台　[例]人を～にする。～に乗る。
ふみたおす　踏み倒す　[文]踏み倒す　[例]借金を～。
ふみだす　踏み出す　[文]踏み出す　[例]一歩～。
ふみだん　踏み段　[文]踏み段　[例]一歩一歩～を上がる。
ふみつけ　踏み付け　[文]踏み付け　[例]人を～にするものではない。
ふみつぶす　踏み潰す　[例]虫を～。
ふみとどまる　踏みとどまる〈踏み止まる・踏み留まる〉　[例]最後まで～。
ふみならす　踏み鳴らす　[例]足を～。
ふみにじる　踏みにじる〈踏み躙る〉　[例]人の好意を～。靴で～。
ふみぬく　踏み抜く　[例]くぎを～。
ふみはずす　踏み外す　[文]踏み外す　[例]人としての道を～。階段を～。
ふみやぶる　踏み破る　[例]板を～。
ふみん　不眠　[例]～不休の働き。
ふむ　踏む　[文]踏む　[例]電車の中で、

は行

人の足を〜。二の足を〜。

ふむき　不向き　㊛不向き　�住宅には〜な土地。

ふめいりょう　不明瞭　�〜な発音。

ふめつ　不滅　�〜の偉業。

ふもう　不毛　�〜の荒野。

ふもと　麓　�山の〜。

ふやす　増やす　㊛増やす　�人数を〜。

ふやす　殖やす　㊛殖やす　�財産を〜。

㊟「増やす・殖やす」の使い分けは、「「異字同訓」の漢字の使い分け」p.558参照。

ふゆ　冬　�〜の夜。〜支度。

ふゆう　富裕　�〜な生活。

ぶゆう　武勇　�〜伝。

ふゆがれ　冬枯れ　㊛冬枯れ　�〜の景色。

ふゆきとどき　不行き届き　㊛不行き届き　�監督の〜をわびる。

ふゆごもり　冬籠もり

ふゆやすみ　冬休み

ふよ　付与　�権利の〜。

ふよ　賦与　�才能を〜される。

ふよう　不用　�〜な品。

ふよう　不要　�入場券は〜だ。

ふよう　扶養　�家族を〜する。

ぶよう　舞踊　�日本〜。

ふようい　不用意　�〜な言葉。

ふようじょう　不養生

ぶようじん　不用心〈無用心〉

㊟新聞では、「不用心」と書く。

ぶらいかん　無頼漢

ぶらさげる　ぶら下げる・ぶら提げる　�袋を〜。軒に〜。

ふらす　降らす　㊛降らす　�停滞している前線が長雨を〜。

ふらち　ふらち〈不埒〉　⇒不届き　�あいつは全く〜なやつだ。

ふらん　腐乱〈腐爛〉　�〜死体。

ぶらんこ　ぶらんこ〈鞦韆〉

ふり　不利　�〜な条件。

ふり　振り・ふり　㊛振り　�知らない〜。腕の〜方が少ない。

ふり　降り　㊛降り　�〜がひどい。

…ぶり　…振り・…ぶり　�10年〜。

㊟新聞では、「ぶり」と書く。

ふりあい　振り合い　㊛振り合い　�他との〜を考える。

ふりあげる　振り上げる　�腕を〜。

ふりおとす　振り落とす　㊛振り落とす　�受験者の約半分を〜。

ふりかえ　振替　�㊛振替　�口座〜。〜休日。

ぶりかえす　ぶり返す　�風邪が〜。

ふりかえる　振り返る　㊛振り返る　�二度も三度も後ろを〜。

ふりかえる　振り替える　�予定を〜。AをもってBに〜。

ふりかかる　降り掛かる　�火の粉が〜。災いが〜。

ふりかざす　振りかざす〈振り翳す〉　�刀を〜。権力を〜。

㊣:付表の語　✕:表外字　△:表外音訓　〈　〉:参考表記　⇒:言い換え等

ふりかた　振り方　[例]身の～。
ふりがな　振り仮名　[文]振り仮名
ふりかぶる　振りかぶる　[例]大上段に～。
ふりきる　振り切る　[文]振り切る　[例]反対を～。後続を～。
ふりこ　振り子　[文]振り子　[例]時計の～。～の等時性。
ふりこみ　振り込み　[例]代金の～。
ふりこみきん　振り込み金　[公][文]振込金　[建]振り込み金　[例]～のお知らせ。
ふりこむ　振り込む　[例]口座に～。
ふりこむ　降り込む　[文]降り込む　[例]雨が～。
ふりしきる　降りしきる〈降り頻る〉　[例]～雨をついて出掛ける。
ふりすてる　振り捨てる　[文]振り捨てる　[例]未練を～。
ふりそそぐ　降り注ぐ　[例]日光が～。
ふりそで　振り袖　[文]振り袖　[例]～の着物。～を着る。
ふりだし　振り出し　[公][文]振出し　[建]振り出し　[例]～に戻る。小切手の～。
ふりだしきょく　振出局　[文]振出局
ふりだしこぎって　振出小切手
ふりだしにん　振出人　[公][文]振出人
ふりだす　振り出す　[文]振り出す　[例]手形を～。
ふりだす　降り出す　[例]夜半過ぎには雨が～でしょう。
ふりつけ　振り付け　[文]振り付け　[例]踊りの～をする。
ふりつける　振り付ける　[例]劇中の踊りを～。
ふりつづく　降り続く　[例]～長雨。
ふりつもる　降り積もる　[文]降り積もる　[例]音もなく～雪。
ふりはなす　振り放す〈振り離す〉　[例]すがってくる手を～。
ふりほどく　振りほどく〈振り解く〉　[例]捕まえられた手を～。
ふりまく　振りまく〈振り撒く〉　[例]盛んに愛想を～。
ふりまわす　振り回す　[文]振り回す　[例]棒を～。他人を～。
ふりみだす　振り乱す　[例]髪を～。
ふりむく　振り向く　[文]振り向く　[例]後ろを～とそこに彼女がいた。
ふりむける　振り向ける　[例]積み立てたお金を旅費に～。
ふりやむ　降りやむ〈降り止む〉　[例]長く降っていた雨が～。
ふりょ　不慮　[例]～の事故。
ふりょう　不良　[例]～品。
ふりょう　不猟　[例]鳥獣の～。
ふりょう　不漁　[例]かつおが～だ。
ぶりょう　ぶりょう〈無聊〉　⇒退屈　[例]～をかこつ。
ふりょうけん　不了見〈不料簡〉　[例]～を起こす。
ふりょく　浮力　[例]～が大きい。
ぶりょく　武力　[例]～の行使。

ふりわけ　振り分け　㊛振り分け
　　㋕〜髪。
ふりわける　振り分ける　㊛振り分
　　ける　㋕荷物を〜。右と左に〜。
　　利潤を〜。
ふりん　不倫　㋕〜の関係。
ふる　振る　㊛振る　㋕鈴を〜。
ふる　降る　㊛降る　㋕雨が〜。
…ぶる〔接尾語〕　…ぶる・…振る
　　㊝…ぶる　㋕もったい〜。学者
　　〜。偉〜。
ふるい　古い　㊛古い　㋕考えが〜。
ふるい　震い　㊛震い　㋕〜が来る。
ふるい　ふるい〈篩〉　㋕良い物を〜
　　に掛けてより分ける。
ふるいけ　古池　㋕〜を巡る。
ふるいたつ　奮い立つ　㊛奮い立つ
　　㋕決勝戦で全員が〜。
ふるう　振るう　㊛振るう　㋕料理
　　の腕を〜。
ふるう　震う　㊛震う　㋕大地が〜。
ふるう　奮う　㊛奮う　㋕勇気を〜。
　　㊐「振るう・震う・奮う」の使い分けは、

「「異字同訓」の漢字の使い分け」参
照。
ふるう　ふるう〈篩う〉　㋕粉を〜。
ふるえ　震え　㊛震え　㋕体の〜。
ふるえあがる　震え上がる　㋕余り
　　の寒さに思わず〜。
ふるえごえ　震え声　㊛震え声
ふるえだす　震え出す
ふるえる　震える　㊛震える
ふるかぶ　古株　㋕彼は、今や〜だ。
ふるきず　古傷　㋕〜が痛む。
ふるくさい　古臭い　㋕〜考え。
ふるさと　古里・ふるさと〈故里・
　　故郷〉
ふるす　古す　㊛古す　㋕使い〜。
ふるって　奮って　㊛奮って　㋕〜
　　御参加ください。
ふるなじみ　古なじみ〈古馴染み〉
　　㋕〜の店。
ふるびる　古びる　㊛古びる　㋕古
　　びてはいるが、感じのいい建物。
ふるぼける　古ぼける〈古呆ける〉
　　㋕1冊の古ぼけたノート。

──── 「異字同訓」の漢字の使い分け ────

ふるう
【振るう】盛んになる。勢いよく動かす。
　　士気が振るう。事業が振るわない。熱弁を振るう。権力を振るう。
【震う】小刻みに揺れ動く。
　　声を震わせる。決戦を前に武者震いする。思わず身震いする。
【奮う】気力があふれる。
　　勇気を奮って立ち向かう。奮って御参加ください。奮い立つ。奮い起こす。
　　　　　　　　　　　　　　　　（平成26年文化審議会国語分科会）

㊐:付表の語　×:表外字　△:表外音訓　〈　〉:参考表記　⇒:言い換え等

ふるまい　振る舞い　⊗振る舞い
　例横柄な〜。

ふるまいざけ　振る舞い酒　例〜に
　すっかり酔ってしまった。

ふるまう　振る舞う　⊗振る舞う
　例堂々と〜。自由に〜。

ふるめかしい　古めかしい　⊗古め
　かしい　例〜洋館。

ふるわす　震わす　⊗震わす　例悲
　しみに声を〜。

ふれ　振れ　例指針の〜。

ふれ　触れ　⊗触れ　例お〜が出る。

ふれあう　触れ合う　⊗触れ合う
　例心が〜。互いの肩が〜。

ぶれい　無礼　例〜な振る舞い。

ふれこみ　触れ込み　例10年に一人
　の逸材という〜。

ふれだいこ　触れ太鼓　⊗触れ太鼓
　例大相撲の〜が聞こえる。

ふれまわる　触れ回る　⊗触れ回る
　例つまらないことを〜。

ふれる　振れる　⊗振れる　例はか
　りの針が〜。

ふれる　触れる　⊗触れる　例法に
　〜行為。

ふろ　風呂　例熱い〜。

ふろう　不老　例〜不死の薬。

ふろう　不労　例〜所得。

ふろう　浮浪　例各地を〜する。

ふろく　付録　例雑誌の〜。

ふろしき　風呂敷

ふろしきづつみ　風呂敷包み　⊗風

呂敷包み　例〜を抱えて歩く。

ふろば　風呂場

ふろや　風呂屋

ふわ　不和　例二人が〜になる。

ふわく　不惑　例〜の年齢。

ふわたり　不渡り　⊗不渡り　例〜
　を出す。〜の小切手。

ふわたりてがた　不渡り手形
　公⊗不渡手形　建不渡り手形
　例〜を出す。

ふわらいどう　付和雷同　例他人の
　意見に〜することはよくない。

ふん　分²〔ブン・フン・ブ
　　　　わける・わかれる・わかる・わかつ〕
　例分陰、分秒、分別、分銅、五分、
　三十分

ふん　粉⁵〔フン
　　　　こ・こな〕　例粉末、粉乳、
　粉飾、粉砕、粉食、製粉

ふん　紛〔フン
　　　まぎれる・まぎらす・ま
　　　ぎらわす・まぎらわしい〕　例紛
　糾、紛失、紛争、紛乱、内紛、
　諸説紛々

ふん　雰〔フン〕　例雰囲気

ふん　噴〔フン
　　　ふく〕　例噴火、噴煙、噴出、
　噴射、噴水、噴霧器

ふん　墳〔フン〕　例墳墓、古墳、前方
　後円墳

ふん　憤〔フン
　　　いきどおる〕　例憤激、憤慨、
　憤死、憤然、悲憤、発憤、義憤

ふん　奮⁶〔フン
　　　ふるう〕　例奮起、奮戦、
　奮発、奮励努力、興奮、発奮

ふん　ふん〈糞〉　例犬の〜。

ぶん　分²〔ブン・フン・ブ
　　　　わける・わかれる・わかる・わかつ〕

㋕分解、分子、分担、自分、水分、二人分、分を尽くす　＊大分県（おおいたけん）

ぶん　文¹〔ブン・モン〕〔ふみ〕　㋕文化、文庫、文学、英文、作文

ぶん　聞²〔ブン・モン〕〔きく・きこえる〕　㋕外聞、新聞、見聞、風聞、伝聞

ふんいき　雰囲気　㋩雰囲気　㋕上々の〜。

ふんか　噴火　㋕火山の〜。

ぶんか　分化　㋕細かく〜する。

ぶんか　文化　㋕〜の発展。

ぶんか　分科　㋕審議会の〜会。

ぶんか　文科　㋕〜と理科。

ふんがい　憤慨　㋕大いに〜する。

ぶんかい　分解　㋕時計を〜する。

ぶんがく　文学　㋕〜の研究。

ぶんかさい　文化祭　㋕大学の〜。

ぶんかざい　文化財　㋕〜の保護。

ぶんかつ　分割　㋕財産を〜する。

ぶんかつばらい　分割払い　�㋩分割払　㋦分割払い　㋕10か月の〜で買う。

ぶんかん　分館　㋕図書館の〜。

ふんき　奮起　㋕一層の〜を促す。

ぶんき　分岐　㋕鉄道の〜点。

ふんきゅう　紛糾　㋕問題が〜する。

ぶんきょう　文教　㋕〜地区。

ぶんけ　分家　㋕本家と〜。

ぶんげい　文芸　㋕〜作品。

ふんげき　憤激　㋕大いに〜する。

ぶんけん　分権　㋕地方〜。

ぶんけん　分遣　㋕〜隊。

ぶんけん　文献　㋕〜を調べる。

ぶんげん　分限　㋕〜を守る。

ぶんこ　文庫　㋕学級〜。〜本。

ぶんごう　文豪　㋕明治時代の〜。

ふんこつさいしん　粉骨砕身　㋕社会のために〜する。

ふんさい　粉砕　㋕敵を〜する。

ぶんざい　分際　㋕学生の〜で…。

ふんしつ　紛失　㋕〜物。

ふんしゃ　噴射　㋕ジェット〜装置。

ふんしゅつ　噴出　㋕火山が爆発して煙とともに灰を〜する。

ふんじょう　紛じょう〈紛擾〉　⇒紛争　㋕〜が起こる。

ぶんしょう　文章　㋕〜を書く。

ぶんしょう　分掌　㋕事務の〜。

ぶんじょう　分譲　㋕〜住宅。

ふんしょく　粉飾〈扮飾〉　㋕事実を〜して発表する。〜決算。

ふんすい　噴水　㋕公園の〜。

ぶんすいれい　分水れい〈分水嶺〉　⇒分水界・分水線

ふんする　ふんする〈扮する〉　㋕主人公に〜。

ぶんせき　分析　㋕内容を〜する。

ふんそう　紛争　㋕〜が長引く。

ふんそう　ふん装〈扮装〉　⇒こしらえ　㋕〜を凝らす。

ぶんたん　分担　㋕責任を〜する。

ぶんだん　文壇　㋕〜に連なる。

ふんとう　奮闘　㋕試合で〜する。

㊤:付表の語　×:表外字　△:表外音訓　〈　〉:参考表記　⇒:言い換え等

ふんどう　分銅　例〜を載せる。

ぶんどき　分度器　例半円〜。

ふんどし　ふんどし〈褌〉

ぶんどる　分捕る　例敵の兵器を〜。

ふんにょう　ふん尿〈糞尿〉　⇒大小便・汚物　例〜の処理。

ふんぬ　ふんぬ〈憤怒・忿怒〉　例〜の形相。

ふんぱつ　奮発　例大いに〜する。

ふんばり　踏ん張り　例もうひと〜。

ふんばる　踏ん張る　例足を〜。

ぶんぴつ　分泌　例胃液の〜。　注「ぶんぴ」とも。

ぶんぶ　文武　例〜両道の達人。

ぶんぷ　分布　例針葉樹の〜。

ふんぷん　紛々　例諸説〜。

ふんぷん　ふんぷん〈芬々〉　例〜たる花の香。

ふんべつ　分別　例〜をわきまえる。

ぶんべつ　分別　例ごみの〜。

ふんべつざかり　分別盛り　⊗分別盛り

ぶんべん　分べん〈分娩〉　⇒出産・お産　例無痛〜。

ふんぼ　墳墓　例王家の〜。

ぶんぽう　文法　例日本語の〜。

ふんまつ　粉末　例〜石けん。

ふんまん　ふんまん〈憤懣・忿懣〉　⇒憤慨・不平　例〜やる方ない。

ふんむき　噴霧器

ぶんめい　文明　例〜の利器。

ぶんや　分野　例学問の〜。

ぶんり　分離　例水と油が〜する。

ぶんりゅう　分留〈分溜〉　例原油を〜する。

ぶんりょう　分量　例仕事の〜。

ぶんるい　分類　例動物を〜する。

ふんれい　奮励　例〜努力する。

ぶんれつ　分列　例〜行進。

ぶんれつ　分裂　例二つに〜する。

へ

へ　へ〈屁〉　例〜とも思わぬ。

へい　丙〔ヘイ〕　例丙種、甲乙丙

へい　平³〔ヘイ・ビョウ／たいら・ひら〕　例平易、平常、平凡、平面、平和、公平

へい　兵⁴〔ヘイ・ヒョウ〕　例兵役、兵器、兵隊、撤兵、兵を率いる

へい　併(倂)〔ヘイ／あわせる〕　例併記、併合、併置、併用、合併

へい　並⁶(竝)〔ヘイ／なみ・ならべる・ならぶ・ならびに〕　例並行、並称、並進、並立、並列

へい　柄〔ヘイ／がら・え〕　例横柄、葉柄、話柄、権柄ずく

へい　病³〔ビョウ・ヘイ／やむ・やまい〕　例疾病

へい　陛⁶〔ヘイ〕　例陛下

へい　閉⁶〔ヘイ／とじる・とざす・しめる・しまる〕　例閉口、閉会、閉店、開閉、密閉

へい　塀(塀)〔ヘイ〕　例塀際、石塀、

は行

板塀、土塀、ブロックの塀

へい　幣〔ヘイ〕　例貨幣、紙幣、御幣
担ぎ

へい　弊〔ヘイ〕　例弊害、弊社、旧弊、
積弊、疲弊

へい　蔽〔ヘイ〕　例隠蔽

へい　餅[餅](餅)〔ヘイ もち〕　例煎餅

べい　米²〔ベイ・マイ こめ〕　例米価、米作、
米食、英米、渡米

へいい　平易　例～な文章。

へいえき　兵役　例～に服する。

へいおん　平穏　例～な毎日。

へいか　陛下　例～のお出まし。

べいか　米価　例～を上げる。

へいがい　弊害　例～を除く。

へいき　平気　例～な顔。

へいき　兵器　例～の生産。

へいき　併記〈並記〉　例両案を～す
る。

へいきん　平均　例得点を～する。

へいげい　へいげい〈睥睨〉　⇒にら
むこと　例辺りを～する。

へいこう　平行　例～に進む。

へいこう　平衡　例～を保つ。

へいこう　並行　例線路に～した高
速道路。

へいこう　閉口　例子供に泣かれて
大いに～した。

へいごう　併合　例隣国を～する。

へいごし　塀越し　⊗塀越し

へいさ　閉鎖　例冬は港を～する。

べいさく　米作　例～日本一の県。

へいじつ　平日　例～の営業時間。

へいしゅ　丙種

べいじゅ　米寿　例～の祝い。

へいじょう　平常　例～どおり営業
する。

べいしょく　米食　例～とパン食。

へいせい　平静　例～を取り戻す。

へいぜい　平生　例～の行い。

へいぜん　平然　例～とした様子。

へいそ　平素　例～の心掛け。

へいそく　閉塞　公閉塞　例～感。

へいそつ　兵卒

へいたい　兵隊

へいたん　平たん〈平坦〉　⇒平ら・
平地　例～な土地。

へいてん　閉店　例～は21時です。

へいどん　併どん〈併呑〉　⇒併合
例隣国を～する。

へいはく　幣はく〈幣帛〉　⇒供物
例神前に～をささげる。

へいはつ　併発　例余病を～する。

へいへいぼんぼん　平々凡々

へいほうこん　平方根

へいぼん　平凡　例～な表現。

へいめん　平面　例～的な見方。

へいゆ　平癒　例病気の～を祈る。

へいよう　併用　例塗り薬と飲み薬
を～する。

へいり　弊履〈敝履〉　例あたかも～
のように捨てられてしまう。

へいりつ　並立　例二大勢力の～。

へいれつ　並列　例直列と～。

団:付表の語　×:表外字　△:表外音訓　〈　〉:参考表記　⇒:言い換え等

へいわ　平和　[例]～を祈る。

ページ　ページ〈頁〉　[文]ページ　[例]～をめくる。

べからず　べからず〈可からず〉　[例]無用の者は立ち入る～。

へき　壁〔ヘキ かべ〕　[例]壁画、壁面、絶壁、岸壁

へき　璧〔ヘキ －〕　[例]完璧、双璧

へき　癖〔ヘキ くせ〕　[例]悪癖、性癖、習癖、病癖、潔癖

べき　べき〈可き〉　[文]べき　[例]注意す～事柄。やはり行く～だ。

へぎいた　へぎ板〈折ぎ板〉

へきえき　へきえき〈辟易〉　⇒尻込み・閉口　[例]暑さに～する。

へきえん　へき遠〈僻遠〉　[例]～の地。

へきが　壁画　[例]法隆寺の～。

へきくう　へき空〈碧空〉　⇒青空

へきち　へき地〈僻地〉　[公][文]へき地　⇒辺地　[例]～の教育の振興。

へきとう　へき頭〈劈頭〉　⇒初め・最初・冒頭　[例]～の挨拶。

へきめん　壁面　[例]白い～。

へきれき　へきれき〈霹靂〉　⇒雷鳴　[例]青天の～とは、このことだ。

へこおび　へこ帯〈兵児帯〉

へこたれる　へこたれる　[例]余りの暑さに～。怒られてさすがに～。

へこむ　へこむ〈凹む〉　[例]衝突して前の部分が～。

へさき　へさき〈舳先〉　[例]船の～。

へしおる　へし折る〈圧し折る〉　[例]竹を～。高慢の鼻を～。

へそ　へそ〈臍〉　[例]～の緒。

へそくり　へそ繰り　[例]～の金。

へた　下手[付]　[文]下手　[例]～な絵。

へた　へた〈蔕〉　[例]柿の～。

べたぐみ　べた組み　[文]べた組み　[例]～の組み版。

へだたり　隔たり　[文]隔たり　[例]年齢に～がある。

へだたる　隔たる　[文]隔たる　[例]心が～。距離が～。

へだて　隔て　[文]隔て　[例]～なく付き合う。

へだてる　隔てる　[文]隔てる　[例]テーブルを隔てて座る。

べつ　別[4]〔ベツ わかれる〕　[例]別居、別離、区別、識別、特別、判別

べつ　蔑〔ベツ さげすむ〕　[例]蔑視、軽蔑

べっこう　べっ甲〈鼈甲〉　[例]～細工。

べっさつ　別冊　[例]～の付録。

べっし　別紙　[例]～を参照すること。

べっし　蔑視　[例]人を～するな。

べつじょう　別条　[例]～のない毎日。

べつじょう　別状　[例]命に～はない。

[注]「別条」は事柄、「別状」は状態に着目するときに用いる。

[注]新聞では、「別条・別状」は、「別条」と書く。

べつずり　別刷り　[文]別刷り　[例]紀要の～。口絵を～にする。

べっそう　別荘　[例]～を新築する。

べつだ　別だ　[文]別だ　[例]話は～。

は行

べつだん　別段　例〜困らない。

べっと　別途　例その件は、〜考える。

べつべつ　別々　例〜の物。

べつむね　別棟　例男女〜の寮。

へつらう　へつらう〈諂う〉　例上役に何かと〜。

べつり　別離　例〜の悲しみ。

べつわく　別枠

へど　へど〈反吐〉　例〜が出る。

べに　紅　例〜を差す。〜染め。

へび　蛇　例毒〜。大きな〜。

へめぐる　経巡る

へや　部屋付　文部屋　例〜の掃除。

へやずみ　部屋住み　文部屋住み　例〜の身。

へらす　減らす　文減らす　例体重を〜。

へらずぐち　減らず口　例〜をたたく。

へり　減り　文減り　例タイヤの〜。

へり　へり〈縁〉　例畳の〜。

へりくだる　へりくだる〈謙る・遜る〉

へりくつ　へ理屈〈屁理屈〉　例散々に〜をこねる。

へる　経る　文経る　例年月を〜。

へる　減る　文減る　例体重が〜。

へん　片⁶〔ヘン かた〕　例片言、片雲、破片、断片、小片、木片、紙片

へん　辺⁴〈邊〉〔ヘン あたり・べ〕　例辺境、辺地、左辺、周辺、その辺

へん　返³〔ヘン かえす・かえる〕　例返還、返

却、返事、返送、返済、返礼

へん　変⁴〈變〉〔ヘン かわる・かえる〕　例変化、変人、急変、事変、異変、大変、変な話、変じる

へん　偏〔ヘン かたよる〕　例偏見、偏向、偏食、偏重、偏光、偏平、偏西風、不偏、偏とつくり

へん　遍〔ヘン〕　例遍歴、遍路、遍在、普遍、一遍

へん　編⁵〔ヘン あむ〕　例編曲、編者、編集、編成、長編、前の編

べん　弁⁵〈辨・瓣・辯〉〔ベン〕　例弁別、弁当、弁解、弁論、弁償、雄弁、花弁、安全弁

べん　便⁴〔ベン・ビン たより〕　例便益、便利、便所、便法、簡便、不便、交通の便、便の検査、便じる

べん　勉³〈勉〉〔ベン〕　例勉学、勉強、勉励、勤勉

へんあい　偏愛　例長男を〜する。

へんい　変異　例生物の突然〜。

へんい　変移　例時代の〜。

へんか　変化　例語形の〜。

べんかい　弁解　例〜するな。

へんかく　変革　例制度を〜する。

へんかく　変格　例動詞の〜活用。

べんがく　勉学　例〜にいそしむ。

へんかん　返還　例優勝旗を〜する。

へんかん　変換　例漢字に〜する。

べんぎ　便宜　例〜を図る。

へんきゃく　返却　例借りた本の〜。

へんきょう　辺境〈辺疆〉　例〜の地。

へんきょう　偏狭　例〜な考え。

べんきょう　勉強　例受験〜。

へんくつ　偏屈　例〜な人。

へんけん　偏見　例独断と〜。

べんご　弁護　例被告人を〜する。

べんごし　弁護士

へんこう　変更　例予定を〜する。

へんこう　偏向　例〜教育。

へんさ　偏差　例〜値。

へんさい　返済　例借金を〜する。

へんざい　偏在　例富の〜。

へんざい　遍在　例関東一円に〜する伝説。

へんさん　編さん〈編纂〉⇒編集　例辞書の〜。〜者。

へんじ　返事　例二つ〜。いい〜。

へんしつ　偏執　例〜的。
注「へんしゅう」とも。

へんしつ　変質　例薬品が〜する。

へんしゅう　偏執　例自説に〜する。
注「へんしつ」とも。

へんしゅう　編修　例国史の〜。

へんしゅう　編集〈編輯〉　文編集　例雑誌を〜する。

べんしょう　弁証　例〜法。

べんしょう　弁償　例損害の〜。

へんしょく　偏食　例〜は良くない。

へんしん　返信　例〜用封筒。

へんしん　変心　例〜を嘆く。

へんしん　変身　例〜術。

へんじん　変人〈偏人〉　例人と違うことをして、〜と言われる。

へんすう　辺すう〈辺陬〉⇒辺ぴ　例〜の地。

べんずる　弁ずる　例一席〜。

へんせい　編成　例予算の〜。

へんせい　編制　例学級〜。

べんぜつ　弁舌　例〜爽やか。

へんせん　変遷　例服装の〜。

へんそう　変装　例〜を見破る。

へんそく　変則　例正則と〜。

へんたい　変態　例昆虫の〜。

へんたいがな　変体仮名

べんたつ　べんたつ〈鞭撻〉⇒激励・励ます　例今後とも御指導ご〜のほどをお願いします。

へんちょう　偏重　例学歴の〜。

へんてつ　変哲　例何の〜もない。

へんてつ　編てつ〈編綴〉⇒つづる　例書類を〜する。
注法令では、用いない。

へんどう　変動　例物価の〜。

べんとう　弁当　例昼食の〜。

へんとうせん　へん桃腺〈扁桃腺〉　例〜が腫れている。

へんにゅう　編入　例町を市に〜する。第3学年に〜する。

へんのう　返納　例免許証を自主〜する。

へんぱ　偏ぱ〈偏頗〉⇒不公平　例〜な取り扱い。

へんぱい　返杯〈返盃〉　例上役に〜する。

べんばく・べんぱく　弁ばく・弁ぱ

は行

く〈弁駁〉　⇒反論・抗弁　例A
氏の論に～する。

へんぴ　辺び〈辺鄙〉　⇒片田舎
例～な土地。

べんぴ　便秘　例～で苦しむ。

へんぷく　辺幅　例～を飾る。

へんぺい　へん平〈扁平〉　⇒平ら・
平たい　例～な形。～足。

べんべつ　弁別　例善悪を～する。

へんぼう　変貌　例駅前の様子が大
きく～した。

べんぽう　便法　例～を講じる。

へんぽん　へんぽん〈翩翻〉　⇒ひら
ひら　例旗が風に～と翻る。

べんめい　弁明　例趣旨を～する。

べんらん　便覧　例国語～。
　　付「びんらん」は慣用読み。

べんり　便利　例交通が～だ。

べんりし　弁理士

へんりん　片りん〈片鱗〉　⇒一端
例大器の～をうかがわせる。

へんれい　返礼　例～を済ます。

へんれい　返戻　⊗返戻　例貸付金
の～。

べんれい　勉励　例学問に～する。

へんれき　遍歴　例諸国を～する。

べんろん　弁論　例～大会。

ほ

ほ　歩²〈歩〉〔ホ・ブ・フ　あるく・あゆむ〕　例歩道、
　　徒歩、進歩、歩を進める

ほ　保⁵〔ホ　たもつ〕　例保温、保護、保
　　存、担保、確保

ほ　哺〔ホ〕　例哺乳類

ほ　捕〔ホ　とらえる・とらわれる・と
　　る・つかまえる・つかまる〕　例捕手、
　　捕獲、捕虜、逮捕

ほ　補⁶〔ホ　おぎなう〕　例補給、補欠、補
　　充、補正、候補、増補版

ほ　舗〔ホ〕　例舗装、舗道、茶舗、
　　店舗　付老舗(しにせ)

ほ　帆　例～に風を受ける。白い～
　　を上げる。

ほ　穂　例すすきの～。稲～。

ほ　母²〔ホ　はは〕　例母性、母体、父母、
　　祖母、実母、航空母艦　付乳母
　　(うば)、叔母・伯母(おば)、母屋・
　　母家(おもや)、母(かあ)さん

ほ　募〔ホ　つのる〕　例募金、募集、応募、
　　公募

ほ　墓⁵〔ホ　はか〕　例墓地、墓穴、墓参、
　　墓標、墳墓

ほ　模⁶〔モ・ボ〕　例規模

ほ　慕〔ボ　したう〕　例慕情、愛慕、敬慕、
　　思慕、恋慕

ほ　暮⁶〔ボ　くれる・くらす〕　例暮秋、暮春、

暮色、歳暮、薄暮、朝令暮改

ぼ　簿〔ボ〕　例簿記、原簿、帳簿、名簿

ほいく　保育・哺育　文保育　例〜所。〜園。
　　注人については「保育」、動物については「哺育」。

ほいくし　保育士

ボイラーぎし　ボイラー技師

ぼいん　母音　例子音と〜。

ぼいん　ぼ印〈拇印〉　⇒指印・爪印　例〜でもよい。

ほう　方²〔ホウ・かた〕　例方位、方法、方角、地方、この方がいい　付行方（ゆくえ）

ほう　包⁴〔ホウ・つつむ〕　例包囲、包容力、内包

ほう　芳〔ホウ・かんばしい〕　例芳香、芳情、芳紀、芳志、芳名簿、遺芳

ほう　邦〔ホウ〕　例邦画、邦楽、本邦、友邦、連邦

ほう　奉〔ホウ・ブ・たてまつる〕　例奉献、奉祝、奉迎、奉納、奉仕、奉加帳、信奉

ほう　宝⁶（寶）〔ホウ・たから〕　例宝庫、宝石、家宝、国宝、財宝、七宝

ほう　抱〔ホウ・だく・いだく・かかえる〕　例抱負、抱擁、抱懐、介抱

ほう　放³〔ホウ・はなす・はなつ・はなれる・ほうる〕　例放歌、放出、放送、放棄、追放、解放、豪放

ほう　法⁴〔ホウ・ハッ・ホッ〕　例法則、法律、製法、方法、文法、法を守る

ほう　泡〔ホウ・あわ〕　例気泡、水泡、発泡

ほう　胞〔ホウ〕　例胞子、細胞、同胞

ほう　封〔フウ・ホウ〕　例封建的、素封家

ほう　俸〔ホウ〕　例俸給、本俸、減俸、年俸

ほう　倣〔ホウ・ならう〕　例模倣

ほう　峰〔ホウ・みね〕　例奇峰、孤峰、秀峰、霊峰、連峰

ほう　砲〔ホウ〕　例砲火、砲撃、大砲、機関砲、銃砲、鉄砲

ほう　崩〔ホウ・くずれる・くずす〕　例崩壊、崩落　付雪崩（なだれ）

ほう　訪⁶〔ホウ・おとずれる・たずねる〕　例訪欧、訪問、探訪、来訪

ほう　報⁵〔ホウ・むくいる〕　例報告、報酬、報道機関、報復、情報、吉報、果報、報じる

ほう　蜂〔ホウ・はち〕　例蜂起

ほう　豊⁵（豐）〔ホウ・ゆたか〕　例豊凶、豊富、豊満、豊潤、豊作、豊水期

ほう　飽〔ホウ・あきる・あかす〕　例飽和、飽食

ほう　褒（襃）〔ホウ・ほめる〕　例褒賞、褒章、褒美、過褒

ほう　縫〔ホウ・ぬう〕　例縫合、縫製、裁縫

ほう　方・ほう　文方　例先方。〜針。君の〜が正しい。

ほう　亡⁶〔ボウ・モウ・ない〕　例亡国、亡命、亡父、亡霊、存亡、死亡通知、治乱興亡

は行

ほう　乏〔ボウ
（とぼしい）〕　例窮乏、貧乏、耐乏、欠乏

ほう　忙〔ボウ
（いそがしい）〕　例忙殺、繁忙、多忙、忙中の閑

ほう　妄〔モウ・ボウ〕　例妄言
　団「妄言」は、「もうげん」とも。

ほう　坊〔ボウ・ボッ〕　例坊間、坊主、坊や、朝寝坊、僧坊、赤ん坊、坊に泊まる

ほう　妨〔ボウ
（さまたげる）〕　例妨害

ほう　忘6〔ボウ
（わすれる）〕　例忘恩、忘我、忘失、忘却、忘年会、備忘

ほう　防5〔ボウ
（ふせぐ）〕　例防火、防止、防備、堤防、消防、国防、予防

ほう　房〔ボウ
（ふさ）〕　例房内、独房、子房、僧房、冷房、女房

ほう　肪〔ボウ〕　例脂肪

ほう　某〔ボウ〕　例某月某日、某氏、某国、某所

ほう　冒〔ボウ
（おかす）〕　例冒険、冒頭、冒とく、感冒

ほう　剖〔ボウ〕　例剖検、解剖

ほう　紡〔ボウ
（つむぐ）〕　例紡織、紡績、紡すい形、混紡、綿紡

ほう　望4〔ボウ・モウ
（のぞむ）〕　例望外、望郷、希望、人望、名望、眺望、展望

ほう　傍〔ボウ
（かたわら）〕　例傍系、傍線、傍聴、傍観者、傍若無人、路傍

ほう　帽〔ボウ〕　例帽子、学帽、制帽、脱帽、無帽

ほう　棒6〔ボウ〕　例棒グラフ、棒読み、片棒、痛棒、鉄棒、棒に振る

ほう　貿5〔ボウ〕　例貿易

ほう　貌〔ボウ〕　例変貌、美貌、容貌

ほう　暴5〔ボウ・バク
（あばく・あばれる）〕　例暴言、暴飲暴食、暴落、横暴、乱暴、粗暴、自暴自棄

ほう　膨〔ボウ
（ふくらむ・ふくれる）〕　例膨大、膨張

ほう　謀〔ボウ・ム
（はかる）〕　例謀議、謀略、知謀、陰謀、無謀、首謀者、深謀遠慮

ほうあん　法案　例～を上程する。

ほうい　包囲　例敵を～する。

ほういつ　放逸〈放佚〉　例生活が～に流れる。

ほうえ　法会　例～を営む。

ほうえい　放映　例テレビの～。

ほうえい　防衛　例国土を～する。

ほうえき　防疫　例感染症の～。

ほうえき　貿易　例外国との～。

ほうえきしょう　貿易商　例～として名高い人。

ほうえんきょう　望遠鏡　例天体～。

ほうおう　法王　例ローマ～庁。

ほうおう　法皇　例後白河～。

ほうおく　ぼう屋〈茅屋〉　⇒あばら屋・小屋

ほうおん　防音　例～装置。

ほうか　放火　例自宅に～する。

ほうか　放課　例～後の部活動。

ほうか　砲火　例～を交える。

ほうか　ほう火〈烽火〉　⇒のろし

例革命の〜を上げる。

ほうが　ほう芽〈萌芽〉　⇒芽ばえ・兆し　例悪の〜を摘む。

ほうかい　抱懐　例未来への希望を〜する。

ほうかい　崩壊・崩潰　公崩壊　例建物が〜する。古い制度の〜。

ほうがい　法外　例〜な値段。

ぼうがい　妨害〈妨碍〉　例通信の〜。

ほうがく　方角　例南の〜を捜す。

ほうがく　邦楽　例〜を習う。

ほうがちょう　奉加帳　例〜を回す。

ほうかつ　包括　例全体を〜する。

ほうがん　包含　例この件は多くの問題点を〜している。

ほうがん　砲丸　例〜を投げる。

ぼうかん　防寒　例〜用コート。

ぼうかん　傍観　例事の成り行きを〜する。〜者。

ぼうかん　暴漢　例〜に襲われる。

ほうがんし　方眼紙　例５ミリの〜。

ほうがんなげ　砲丸投げ　交砲丸投げ　例〜の選手。

ほうき　芳紀　例〜正に18歳。

ほうき　法規　例〜を守る。

ほうき　放棄〈抛棄〉　例権利の〜。

ほうき　蜂起　例各地一斉に〜する。

ほうき　ほうき〈箒〉　例〜で掃く。

ぼうぎ　謀議　例共同〜。

ぼうきゃく　忘却　例〜のかなた。

ぼうぎゃく　暴虐　例〜な行為。

ほうきゅう　俸給　例〜の支給。

ぼうぎょ　防御〈防禦〉　例攻撃と〜。

ぼうきょう　望郷　例〜の念。

ほうぎょく　宝玉

ぼうぐい　棒ぐい〈棒杭・棒杙〉

ぼうくうごう　防空ごう〈防空壕〉

ほうけい　傍系　例〜の血属。

ほうげき　砲撃

ほうける　ほうける〈惚ける・呆ける〉　例一日中遊び〜。

ほうげん　方言　例〜で話す。

ほうげん　放言　例大臣の〜。

ぼうけん　冒険　例〜をする。

ぼうげん　妄言　例〜を謝る。注「もうげん」とも。

ぼうげん　暴言　例〜を吐く。

ほうけんてき　封建的　例〜な考え。

ほうこ　宝庫　例海の幸の〜。

ほうご　防護　例〜服。

ほうこう　方向　例進むべき〜を決める。それは〜違いだ。

ほうこう　芳香　例〜を放つ花。

ほうこう　ほうこう〈彷徨〉　⇒さまようこと　例荒野を〜する。

ほうこう　ほうこう〈咆哮〉　⇒(獣が)ほえること　例猛獣の〜。

ほうごう　縫合　例傷口を〜する。

ぼうこう　暴行　例〜を加える。

ぼうこう　ぼうこう〈膀胱〉

ほうこく　報告　例決算の〜。

ほうこく　某国　例〜の密使。

ぼうさい　防災　例〜訓練。

ぼうさい　防塞　例〜を築く。

は行

ほうさく　方策　例問題解決の～。

ほうさく　豊作　例～と凶作。

ほうさつ　忙殺　例準備に～される。

ほうさん　ほう酸〈硼×酸〉

ほうさん　坊さん

ほうし　芳志　例御～を賜る。

ほうし　奉仕　例社会に～する。

ほうし　胞子　例～で殖える植物。

ほうし　放恣〈放肆×〉　例～な生活。

ほうじ　法事　例～を営む。

ほうじ　奉持〈捧×持〉

ぼうし　防止　例危険の～。

ほうし　某氏　例～からの寄贈。

ぼうし　帽子　例～をかぶる。

ほうしき　方式　例一定の～。

ほうじちゃ　ほうじ茶〈焙×じ茶〉

ぼうしつ　房室

　　困法令では、用いない。

ほうしゃ　放射　例～熱。～冷却。
　　～線。～能。

ぼうじゃくぶじん　傍若無人　例～
　　な振る舞いをする男。

ほうしゅ　法主

　　困「ほっす・ほっしゅ」とも。

ほうしゅう　報酬　例仕事の～。

ぼうしゅう　防臭　例～剤。

ほうしゅつ　放出　例大量の～。

ほうじゅん　芳純〈芳醇×〉　例～な酒。

ほうじゅん　豊潤　例～な土地。

ほうじょ　ほう助〈幇×助〉　⇒補助・
　　援助　例自殺～。

ぼうしょ　某所　例都内～。

ほうしょう　報奨　例～金。

ほうしょう　報償　例損害に対する
　　～金を請求する。

ほうしょう　褒章　例～の授与。

ほうしょう　褒賞　例善行に対して
　　～を与える。

ほうじょう　褒状

ほうじょう　豊じょう〈豊穣×・豊饒×〉
　　⇒豊か・豊作　例～な土地。

ほうしょく　飽食　例暖衣～。

ほうしょく　紡織　例～の機械。

ほうじる　奉じる　例職を～。

ほうじる　報じる　例事件を～。

ほうじる　ほうじる〈焙×じる〉　例茶
　　を機械で～。

ほうしん　方針　例～を決定する。

ほうしん　放心　例～状態。

ほうじん　法人　例一般社団～。

ぼうず　坊主　例～頭。

ぼうすいけい　紡すい形〈紡錘×形〉

ほうせい　縫製　例洋服の～。

ほうせき　宝石

ぼうせき　紡績　例～工業。

ぼうせん　傍線　例～を引く。

ぼうぜん　ぼう然〈茫×然・呆×然〉
　　⇒ぼんやり　例～と立ちすくむ。

ほうそう　包装　例商品を～する。

ほうそう　放送　例ラジオの～。

ほうそう　法曹　例～界。

ほうそく　法則　例宇宙の～。

ほうたい　包帯〈繃×帯〉

ほうだい　放題　例食べ～。

は行

ほうだい　膨大〈厖大〉　⊗膨大
　⇒多大　例～な予算。量が～だ。

ほうたかとび　棒高跳び

ほうだち　棒立ち　⊗棒立ち　例驚
　きの余り～となる。

ほうだん　放談　例政局～。

ほうち　法治　例～国家。

ほうち　放置　例不用品を～する。

ほうち　報知　例火災を～する。

ほうちゃく　ほう着〈逢着〉　⇒ぶつ
　かること・出合うこと・遭遇
　例重大な矛盾に～する。

ほうちょう　包丁〈庖丁〉

ぼうちょう　傍聴　例会議を～する。

ぼうちょう　膨張〈膨脹〉　⊗膨張
　例予算が～する。～係数。
　囲法令では、「膨脹」は用いない。「膨
　張」を用いる。

ほうてい　法定　例～相続人。

ほうてい　奉呈〈捧呈〉　例親書の～。

ほうてい　法廷　例～で争う。

ほうてき　ほうてき〈放擲・抛擲〉
　⇒放棄　例義務を～する。

ほうとう　放とう〈放蕩〉　⇒道楽
　例～息子。

ほうどう　報道　例事件を～する。

ぼうとう　冒頭　例文章の～。

ぼうとう　暴投　例投手の～。

ぼうとう　暴騰　例株価が～する。

ぼうどう　暴動　例～が起こる。

ぼうとく　冒とく〈冒瀆〉　⇒侵害・
　汚すこと　例神を～する。

ほうにん　放任　例子供を～する。

ほうねん　豊年　例～満作。

ぼうねんかい　忘年会

ほうのう　奉納　例初穂料を～する。

ほうはい　ほうはい〈澎湃〉　例世論
　が～として湧き起こる。

ほうばい　ほう輩〈傍輩・朋輩〉
　⇒同僚・仲間

ぼうばく　ぼう漠〈茫漠〉　⇒取り止
　めのない様子・漠然・漠とした
　例～たる大海。～とした意見。

ぼうはてい　防波堤

ほうび　褒美　例～を与える。

ぼうび　防備　例～を固める。

ぼうびき　棒引き　⊗棒引き　例借
　金を～にする。

ほうふ　抱負　例将来の～を語る。

ほうふ　豊富　例～な資源。

ぼうふ　亡父　例～の遺品。

ぼうふうう　暴風雨　例～による被
　害。

ほうふく　報復　例～の手段を探す。

ほうふつ　ほうふつ〈彷彿・髣髴〉
　例亡父の顔を～とさせる。

ほうぶつせん　放物線〈抛物線〉
　例～を描いて空中を飛ぶ。

ほうべん　方便　例うそも～。

ほうほう　方法　例目的と～。

ほうぼう　方々　例～を見回る。

ほうほうのてい　ほうほうの体〈這
　う這うの体〉　例～で逃げ出す。

ほうまつ　泡まつ〈泡沫〉　例～のご

1～6：教育漢字学年配当　　⊗：法令・公用文の表記　　⊗：文科省語例集の表記

とく消える。

ほうまん　放漫　例〜な財政。

ほうまん　豊満　例〜な肉体。

ほうむりさる　葬り去る　例事件を
闇から闇へ〜。

ほうむる　葬る　文葬る　例死者を
〜。

ぼうめい　亡命　例中立国に〜する。

ほうめん　方面　例東北〜を旅行す
る。医学の〜に明るい。

ほうめん　放免　例無罪〜にする。

ほうもん　訪問　例家庭を〜する。
例〜介護。

ぼうや　坊や　例かわいい〜。

ほうゆう　ほう友〈朋友〉　⇒友人

ほうよう　包容　例〜力がある人。

ほうよう　法要　例〜を営む。

ほうよう　抱擁　例互いに〜する。

ぼうよみ　棒読み　文棒読み　例台
本を〜する。

ほうらつ　放らつ〈放埒〉　⇒放縦・
放逸　例〜な生活。

ほうりあげる　放り上げる　例ボー
ルを屋根まで〜。

ほうりこむ　放り込む　例物置に〜。

ほうりだす　放り出す　例仕事を〜。

ほうりつ　法律　例〜を公布する。

ぼうりゃく　謀略　例敵の〜。

ほうる　放る〈抛る〉　文放る　例ボ
ールを〜。

ほうるい　ほう塁〈堡塁〉　⇒保塁・
防塁・とりで

ほうれい　法令　例〜の文章。

ほうれい　法例　⇒準拠法令・法令
の適用関係
注法令では、用いない。

ほうれつ　放列　例カメラの〜。

ほうろう　放浪　例〜の旅人。

ほうろう　ほうろう〈琺瑯〉　例〜引
きの鍋。

ぼうろう　望楼　例〜からの眺め。

ぼうろん　暴論　例〜を吐く。

ほうわ　飽和　例〜状態。

ほえたてる　ほえ立てる〈吠え立て
る・吼え立てる〉　例犬が〜。

ほえつく　ほえ付く〈吠え付く・吼
え付く〉　例犬が怪しい人に〜。

ほえる　ほえる〈吠える・吼える〉

ほお　頰〖ほお〗　例頰、頰張る
注「頰」は、「ほほ」とも。

ほお　頰　例〜が赤くなる。

ほお　ほお〈朴〉　例〜歯のげた。

ほおかぶり　頰かぶり〈頰被り〉
例〜を決め込む。〜する。

ほおじろ　頰白

ほおずき　ほおずき〈鬼灯・酸漿〉

ほおずり　頰擦り　例子供に〜する。

ほおづえ　頰づえ〈頰杖〉　例〜を突
いて話を聞いている。

ほおばる　頰張る　文頰張る　例口
一杯に〜。

ほおべに　頰紅

ほおぼね　頰骨

ほか　外　文外　例社長〜5名。殊

の〜。

ほか　ほか・外・他　公文ほか
　例その〜のことは知りません。〜の考え方。〜から探す。
　注公用文では、「そのほか…」、「特別の場合を除くほか」のように用いるときは、原則として、仮名で書く。
　注「外・他」の使い分けは、「「異字同訓」の漢字の使い分け」参照。

ほかく　捕獲　例猛獣を〜する。

ほかげ　火影〈灯影〉　例水面の〜。

ほかけぶね　帆掛け船　文帆掛け船

ほかし　ぼかし〈暈し〉　例全体に〜を使った絵。

ほかす　ぼかす〈暈す〉　例話を〜。

ほかならぬ　外ならぬ・ほかならぬ・他ならぬ　例〜あなたのことだから…。

ほがらかだ　朗らかだ　文朗らかだ　例性格が〜。

ほかん　保管　公保管　例書類を〜する。
　注法令では、「管守」は用いない。「保管」を用いる。

ほかん　補完　例〜的な役割。

ぼき　簿記　例〜を学ぶ。

ほきゅう　補給　例燃料を〜する。

ほきょう　補強　例選手の〜。

ぼきん　募金　例〜を始める。

ほきんしゃ　保菌者

ほく　北²〔ホク
きた〕　例北部、北進、北方、北斗七星、敗北

ぼく　木¹〔ボク・モク
き・こ〕　例木刀、木石、大木、高木、土木　付木綿（もめん）

ぼく　目¹〔モク・ボク
め・ま〕　例面目　付真面目（まじめ）
　注「面目」は、「めんもく」とも。

ぼく　朴〔ボク〕　例朴直、質朴、純朴、素朴

ぼく　牧⁴〔ボク
まき〕　例牧畜、牧師、牧場、牧草、遊牧、放牧

ぼく　睦〔ボク〕　例親睦、和睦

ぼく　僕〔ボク〕　例僕、公僕、下僕

ぼく　墨（墨）〔ボク
すみ〕　例墨汁、筆墨、白墨、石墨、遺墨、水墨画

ぼく　撲〔ボク〕　例撲殺、撲滅、打撲　付相撲（すもう）

は行

―――――「異字同訓」の漢字の使い分け―――――

ほか
【外】ある範囲から出たところ。
　　思いの外うまく事が運んだ。想像の外の事件が起こる。もっての外。
【他】それとは異なるもの。
　　他の仕事を探す。この他に用意するものはない。他の人にも尋ねる。
　　　　　　　　　　　　　　　　　（平成26年文化審議会国語分科会）

ぼく　僕〔代名詞〕 [公]僕　[例]～と一緒にハイキングへ行こう。
ほくい　北緯　[例]～38度。
ぼくさつ　撲殺
ぼくし　牧師　[例]～の祈り。
ぼくじゅう　墨汁
ぼくじょう　牧場　[例]～の見学。
[注]「まきば」とも。
ほくしん　北進　[例]大洋を～する。
ほぐす　ほぐす〈解す〉　[例]緊張を～。
ほくせい　北西　[例]～の風が吹く。
ぼくせき　木石　[例]人間は～ではなく、欲も望みもある。
ぼくそう　牧草　[例]～の栽培。
ほくそえむ　ほくそ笑む〈北叟笑む〉
ぼくたく　木たく〈木鐸〉　[例]社会の～となろうとして頑張る。
ぼくたち　僕たち
ぼくちく　牧畜　[例]～を業とする。
ぼくてき　牧笛　[例]～が聞こえる。
ほくとしちせい　北斗七星
ぼくとつ　朴とつ〈朴訥〉　⇒素朴・実直　[例]～な男。
ぼくねんじん　朴念仁
ぼくめつ　撲滅　[例]犯罪を～する。
ぼくよう　牧羊　[例]～犬。
ぼくら　僕ら〈僕等〉
ほぐれる　ほぐれる〈解れる〉　[例]気持ちが～。その場の緊張が～。
ほくろ　ほくろ〈黒子〉
ほげい　捕鯨　[例]～船。
ほけつ　補欠　[例]～の選手。
ぼけつ　墓穴　[例]自ら～を掘る。
ほけん　保険　[例]～を掛ける。
ほけん　保健　[例]～と衛生。
ほけんし　保健師
ほこ　矛〈鉾・戈〉　[例]～と盾。
ほご　保護　[例]弱者を～する。文化財～。
ほこさき　矛先〈鋒〉　[例]～を向ける。
ほごし　保護司
ほこらしい　誇らしい　[文]誇らしい
ほこり　誇り　[文]誇り　[例]～を持つ。
ほこり　ほこり〈埃〉　[例]～が立つ。
ほこる　誇る　[文]誇る　[例]郷土を～。
ほころばす　綻ばす　[例]顔を～。
ほころび　綻び　[文]綻び　[例]着物の～を縫う。
ほころびる　綻びる　[文]綻びる　[例]桜のつぼみが～。
ほころぶ　ほころぶ・綻ぶ　[文]ほころぶ　[例]口元が～。
[注]「ほころびる」は表内訓なので漢字表記であるが、「ほころぶ」は表外訓なので仮名表記となる。
ほさ　補佐〈輔佐〉　[例]課長～。
ぼさつ　簿冊　[例]法令に定める～。
ぼさつ　ぼさつ〈菩薩〉
ぼさん　墓参　[例]～のため帰郷する。
ほし　星　[例]明るい～。
ほじ　保持　[例]記録を～する。
ぼし　墓誌　[例]～に刻まれた文。
ほしあかり　星明かり
ほしあみ　干し網　[例]海岸の～。

は行

ほしい　欲しい　⊗欲しい　例〜物
　　がある。

…(て)ほしい　…(て)ほしい〈…(て)
　　欲しい〉　⊗…(て)ほしい
　　例見て〜。来て〜。聞いて〜。

ほしいままに　ほしいままに〈縦に・
　　恣に〉　例権力を〜する。

ほしうお　干し魚〈乾し魚〉　⊗干し
　　魚

ほしうらない　星占い

ほしがき　干し柿〈乾し柿〉　⊗干し
　　柿

ほしがる　欲しがる　⊗欲しがる

ほしくさ　干し草〈乾し草〉　⊗干し
　　草

ほじくる　ほじくる〈穿る〉　例耳を
　　〜。

ほしづきよ　星月夜

ほしとりひょう　星取り表

ほしまわり　星回り　⊗星回り
　　例〜がいい。

ほしもの　干し物　⊗干し物

ほしゅ　保守　例路線の〜。

ほしゅう　補修　例〜の工事。

ほしゅう　補習　例〜の授業。

ほじゅう　補充　例欠員の〜。

ほしゅう　募集　例店員を〜する。

ほしゅん　暮春

ほじょ　補助〈輔助〉　⊗補助　例資
　　金を〜する。

　　注法令では、「輔助」は用いない。「補
　　助」を用いる。

ほしょう　保証　例身元〜人。

ほしょう　保障　例社会〜。

ほしょう　補償　例損害〜金。

ほしょう　歩しょう〈歩哨〉　⇒警戒
　　兵　例警備のため、〜に立つ。

ほじょう　慕情　例〜が募る。

ほしょうつき　保証付き

ほす　干す〈乾す〉　⊗干す　例魚を
　　〜。池の水を〜。

ほせい　補正　例予算を〜する。

ほせい　母性　例〜本能。

ほそい　細い　⊗細い　例〜腕。

ほそう　舗装〈鋪装〉　例〜した道路。

ほそうぐ　補装具　例〜費の支給。

ほそうで　細腕

ほそおもて　細面　例〜の美人。

ほそく　補足　⊗補足　例説明を〜
　　する。

ほそく　捕捉　公⊗捕捉　例人工衛
　　星を〜。

ほそながい　細長い

ほそびき　細引き　⊗細引き　例幾
　　重にも〜を掛けて厳重に縛る。

ほそぼそ　細々　例〜と暮らす。

ほそめ　細め・細目　例戸を〜に開
　　ける。

　　注「形容詞＋め」は原則として「〜め」。

ほそめる　細める　例目を〜。

ほそる　細る　⊗細る　例身が〜思
　　いをする。

ほぞん　保存　例文化財を〜する。

ぼたい　母体　例〜を保護する。

ぼたい　母胎　[例]～への影響。
ぼだい　ぼだい〈菩提〉　[例]～寺。
ほだされる　ほだされる〈絆される〉　[例]情に～。
ぼたもち　ぼた餅〈牡丹餅〉
ほたる　蛍　[例]～の光。
ほたるがり　蛍狩り　[文]蛍狩り　[例]～に行く。
ボタン　ボタン〈釦・鈕〉
ぼたんゆき　ぼたん雪〈牡丹雪〉
ぼち　墓地　[例]～を買う。
ほっ　法[4]〔ホウ・ハッ・ホッ〕　[例]法主
[注]「法主」は、「ほうしゅ」とも。
ほつ　発[3]（發）〔ハツ・ホツ〕　[例]発心、発起、発句、発作、発端
ぼっ　坊〔ボウ・ボッ〕　[例]坊ちゃん
ぼつ　没〔ボツ〕　[例]没我、没収、没交渉、出没、死没、若くして没する
ぼつ　勃〔ボツ〕　[例]勃興、勃発
ほっき　発起　[例]一念～する。～人。
ぼつご　没後〈歿後〉　[例]～有名になった作家。
ぼっこう　勃興　[例]新しい勢力の～。
ぼっこうしょう　没交渉　[例]世間と～に暮らす。彼とは全く～だ。
ぼっこん　墨痕　[例]～鮮やかに書く。
ほっさ　発作　[例]～が起きる。
ほっしゅ　法主
[注]「ほうしゅ・ほっす」とも。
ぼっしゅう　没収　[例]供託金の～。
ほっす　法主
[注]「ほうしゅ・ほっしゅ」とも。
ほっする　欲する　[文]欲する　[例]平和を～。
ぼっする　没する〈歿する〉　[例]日が西の地平線に～。偉人が～。
ぼつぜん　勃然　[例]勇気が体中に～として湧き起こる。
ほっそく　発足　[例]会が～する。
ほったてごや　掘っ建て小屋・掘っ立て小屋　[文]掘っ建て小屋
ほったん　発端　[例]事件の～。
ぼっちゃん　坊ちゃん
ぼっとう　没頭　[例]研究に～する。
ほづな　帆綱　[例]船の～を張る。
ぼつねん　没年〈歿年〉　[例]～不明。
ぼっぱつ　勃発　[例]大事件の～。
ほっぽう　北方　[例]～領土の返還。
ぼつらく　没落　[例]旧家が～する。
ほつれる　ほつれる〈解れる〉　[例]縫い目が～。髪の毛が風で～。
ほてい　ほてい〈布袋〉
ほてる　火照る　[例]顔が～。
ほてん　補塡　[公][文]補塡　[例]赤字を～する。
ほど　程　[文]程　[例]身の～を知る。
ほど〔助詞〕　ほど〈程〉　[公][文]ほど　[例]先～。後～。二日～。
…ほど〔助詞〕　…ほど〈…程〉　[公][文]…ほど　[例]言い訳すればするほど～窮地に陥る。花と見まがう～だ。
ほどあい　程合い

は行

ほどう　歩道　例〜を歩く。

ほどう　補導〈輔導〉　例非行少年の〜を担当する。

ほどう　舗道〈鋪道〉

ほどう　母堂　例社長の御〜。

ほどうきょう　歩道橋

ほどく　ほどく〈解く〉　例ひもを〜。

ほとけ　仏　例神と〜。

ほとけさま　仏様

ほどける　ほどける〈解ける〉　例歩いているうちに靴のひもが〜。

ほどこし　施し　文施し　例〜をする。

ほどこす　施す　文施す　例彩色を〜。

ほどとおい　程遠い　文程遠い　例成功にはまだまだ〜。

ほととぎす　ほととぎす〈時鳥・不如帰・杜鵑〉

ほどなく　程なく〈程無く〉　例〜列車が来る。

ほとばしる　ほとばしる〈迸る〉　例水が蛇口から勢いよく〜。

ほどほど　ほどほど〈程々〉　例物事は〜にするのがよい。

ほとぼり　ほとぼり　例〜が冷める。

ほどよい　ほどよい〈程好い〉　例〜味加減。

ほとり　ほとり〈辺〉　例湖の〜。

ほとんど　ほとんど〈殆ど〉　文ほとんど　例〜なくなった。

ほなみ　穂波　例〜が揺れる。

ほなみ　穂並み　文穂並み　例見事な〜を見せる稲。

ほにゅう　哺乳　例〜動物。〜瓶。

ほにゅうるい　哺乳類　公哺乳類

ほね　骨　例〜を折る。

ほねおしみ　骨惜しみ　文骨惜しみ　例〜をするな。

ほねおり　骨折り　文骨折り　例〜損のくたびれもうけ。〜をする。

ほねぐみ　骨組み　文骨組み　例建物のがっしりした〜。計画の〜。

ほねつぎ　骨接ぎ　文骨接ぎ

ほねぬき　骨抜き　文骨抜き　例案を〜にする。いわしの〜をする。

ほねみ　骨身　例〜にしみる。

ほねやすめ　骨休め　例〜をする。

ほのお　炎〈焔〉　例怒りの〜。ろうそくの〜が風に揺れる。

ほのか　ほのか〈仄か〉　例空が〜に明るい。〜な光明を見いだす。

ほのぐらい　ほの暗い〈仄暗い〉　例〜ろうそくの火。

ほのめかす　ほのめかす〈仄めかす〉　例暗に〜。

ほばく　捕縛　例犯人が〜される。

ほばしら　帆柱　例船の〜。

ほふく　ほふく〈匍匐〉　⇒はうこと　例〜で前進する。

ほふる　ほふる〈屠る〉　例牛を〜。

ほほ　頬　例〜が赤い。
注「ほお」とも。

ほぼ　ほぼ〈略〉　文ほぼ　例論文が

は行

〜書き上がった。〜了解した。

ほほえみ　ほほえみ〈微笑み〉

ほほえむ　ほほえむ〈微笑む〉

ほまえせん　帆前船

ほまれ　誉れ　⊗誉れ　例〜が高い。

ほめことば　褒め言葉　⊗褒め言葉

ほめたたえる　褒めたたえる〈褒め
　　称える・褒め讃える〉

ほめもの　褒め者　⊗褒め者

ほめる　褒める　⊗褒める

ぼや　ぼや〈小火〉　例〜を出す。

ほよう　保養　例温泉へ〜に行く。

ほら　洞　例〜の中。

ほら　ほら〈法螺〉　例〜を吹く。

ほらあな　洞穴

ほらがい　ほら貝〈法螺貝〉

ほらがとうげ　洞が峠

ほらふき　ほら吹き〈法螺吹き〉

ほり　堀〔ほり〕　例堀、外堀、内堀、
　　堀端、釣堀、堀で泳ぐ

ほり　堀　⊗堀

ほり　掘り　例この井戸は〜が浅い。

ほり　彫り　⊗彫り　例〜の深い顔。

…ぼり　…彫　公⊗…彫　例鎌倉〜。
　　建工芸品の場合に限る。

…ぼり　…彫り　例機械〜。

ほりあげる　彫り上げる　⊗彫り上
　　げる　例観音像を〜。

ほりおこす　掘り起こす　例岩を〜。

ほりかえす　掘り返す　⊗掘り返す
　　例畑の土をよく〜。

ほりさげる　掘り下げる　例問題点

を〜必要がある。深く〜。

ほりだしもの　掘り出し物　⊗掘り
　　出し物　例〜を見付ける。

ほりだす　掘り出す　⊗掘り出す

ほりつける　彫り付ける　例字を〜。

ほりぬきいど　掘り抜き井戸
　　公⊗掘抜井戸　建掘り抜き井戸

ほりばた　堀端〈濠端〉　例皇居のお
　　〜を二人で歩く。

ほりもの　彫り物　⊗彫り物　例腕
　　のいい〜師。

ほりゅう　保留　例処分を〜する。

ほりょ　捕虜　例敵の〜になる。

ほりわり　掘り割り　⊗掘り割り

ほる　掘る　⊗掘る　例井戸を〜。

ほる　彫る　⊗彫る　例仏像を〜。

ほれこむ　ほれ込む〈惚れ込む〉
　　例腕前に〜。

ほれぼれ　ほれぼれ〈惚れ惚れ〉
　　例〜するような美声。

ほれる　ほれる〈惚れる〉　例人柄に
　　〜。

ほろ　ほろ〈母衣・幌〉　例〜付きの
　　馬車。

ほろ　ぼろ〈襤褸〉　例〜を出す。

ほろびる　滅びる〈亡びる〉　⊗滅び
　　る　例文明が〜。

ほろぶ　滅ぶ〈亡ぶ〉　⊗滅ぶ　例伝
　　統が〜。

ほろぼす　滅ぼす〈亡ぼす〉　⊗滅ぼ
　　す　例敵を〜。

ほろよい　ほろ酔い〈微酔い〉　⊗ほ

ろ酔い　例〜機嫌で銀座を歩く。

ほん　反³〔ハン・ホン・タン そる・そらす〕　例謀反

ほん　本¹〔ホン もと〕　例本家、本末、本質、本来、資本、三本、本を読む

ほん　奔〔ホン〕　例奔騰、奔走、奔放、奔馬、出奔

ほん　翻(飜)〔ホン ひるがえる・ひるがえす〕　例翻案、翻意、翻刻、翻訳

ぼん　凡〔ボン・ハン〕　例凡人、凡俗、凡百、非凡、平凡、平々凡々

ぼん　盆〔ボン〕　例盆栽、盆地、盆暮れ、旧盆、初盆、円い盆

ぼん　煩〔ハン・ボン わずらう・わずらわす〕　例煩悩

ほんい　本位　例自分〜の考え。

ほんい　本意　例〜を打ち明ける。

ほんい　翻意　例相手の〜を促す。

ぼんおどり　盆踊り　②盆踊り

ほんかい　本懐　例〜を遂げる。

ほんき　本気　例〜で取り組む。

ほんぎまり　本決まり　②本決まり　例改定が〜になる。

ぼんくれ　盆暮れ　②盆暮れ　例〜の贈り物。〜の挨拶。

ほんけ　本家　例〜と分家。

ほんこく　翻刻　例珍しい本の〜。

ほんごし　本腰　例〜を入れて取り掛かる。

ぼんさい　盆栽　例〜いじり。

ほんし　本旨　例〜に反する。

ほんしつ　本質　例〜を究める。

ほんしょう　本性　例〜を現す。

ぼんしょう　ぼん鐘〈梵鐘〉　⇒釣鐘　例寺の〜。

ほんしょうづめ　本省詰め　②本省詰　建本省詰め

ぼんじん　凡人　例偉人と〜。

ほんせき　本籍　例〜と現住所。

ほんそう　奔走　例準備に〜する。

ほんぞん　本尊　例〜を祭る。

ほんたて　本立て

ほんだな　本棚　例作り付けの〜。

ぼんち　盆地　例〜の気候。

ほんてん　本店　例〜と支店。

ほんてんづめ　本店詰め　②本店詰　建本店詰め

ほんとう　本当　②本当　例それは〜ですか。〜にうれしい。

ほんのう　本能　例動物の〜。

ぼんのう　煩悩　例〜のとりこになる。〜を去る。

ぼんぴゃく　凡百　例〜の施設。

ほんぶ　本部　例〜と支部。

ぼんぷ　凡夫　例〜の悲しさ。

ほんぶり　本降り　例〜になって出て行く雨宿り。

ほんぽう　本邦　例〜初演。

ほんぽう　本俸　例〜と諸手当。

ほんぽう　奔放　例自由〜。

ぼんぼり　ぼんぼり〈雪洞〉

ほんまつ　本末　例まず、事の〜を明らかにする必要がある。〜転倒。

ほんみょう　本名　例〜を名乗る。

は行

ほんもう　本望　例〜を遂げる。

ほんもの　本物　例彼の芸は〜だ。

ほんやく　翻訳　例外国小説の〜。

ほんやり　ぼんやり　例〜と見える。

ほんよう　凡庸　例〜な人物。

ほんよみ　本読み

ほんらい　本来　例〜の目的。

ほんりょう　本領　例〜を発揮する。

ほんろう　翻弄　例波に〜される。

ま

ま　麻〔[▽]あさ〕　例麻酔、麻薬、亜麻、
大麻

ま　摩〔[▽]〕　例摩擦、摩天楼、護摩

ま　磨〔[▽]みがく〕　例研磨、練磨

ま　魔〔[▽]〕　例魔術、魔法、魔力、睡
魔、悪魔、邪魔、病魔

ま　真　例〜後ろ。〜っ赤。

ま　馬　例〜子唄。絵〜。

ま　間　例つかの〜。床の〜。〜が
抜ける。

まあたらしい　真新しい　⊗真新し
い　例〜洋服を着る。

まい　米²〔ベイ・マイこめ〕　例玄米、白米、
新米、精米

まい　毎²（毎）〔マイ〕　例毎回、毎年、
毎朝、毎日、毎度、毎時間、
毎々

まい　妹²〔マイいもうと〕　例義妹、姉妹、
令妹、弟妹、実妹

まい　枚⁶〔マイ〕　例枚数、枚挙、一
枚、大枚、三枚目、千枚漬け

まい　昧〔マイ〕　例曖昧、三昧

まい　埋〔マイうめる・うまる・うもれる〕　例埋
没、埋葬、埋蔵

まい　舞　⊗舞　例〜を舞う。

まいあがる　舞い上がる　⊗舞い上
がる　例ほこりが〜。

ま行

⊞:付表の語　×:表外字　△:表外音訓　〈　〉:参考表記　⇒:言い換え等

まいあさ　毎朝　例〜通う道。

まいおうぎ　舞扇　㊛舞扇

まいきょ　枚挙　例〜にいとまがない。

まいこ　舞子〈舞妓〉　㊛舞子

まいご　迷子㊆　㊛迷子　例〜のお知らせ。

まいこむ　舞い込む　㊛舞い込む　例幸運が〜。彼女から手紙が〜。

まいしゅう　毎週　例〜映画を見る。

まいしん　まい進〈邁進〉　⇒突進・直進・勇進・突き進むこと　例目的に向かって〜する。

まいすう　枚数　例〜を数える。

まいそう　埋葬　例〜に立ち会う。

まいぞう　埋蔵　例金の〜量。

まいちもんじ　真一文字　例口を〜に結ぶ。

まいど　毎度　例〜のことだ。

まいにち　毎日　例〜出勤する。

まいひめ　舞姫　㊛舞姫　例美しい〜。

まいぼつ　埋没　例土砂に〜した家。

まいまい　毎々　例〜言われている。

まいもどる　舞い戻る　㊛舞い戻る　例故郷に〜。

まいる　参る　㊛参る　例寺に〜。この暑さには全く〜。

まう　舞う　㊛舞う　例舞を〜。

まうえ　真上　例〜を見る。

まうしろ　真後ろ　例〜から迫る。

まえ　前　例〜に進む。〜と後ろ。

まえあし　前脚・前足　例〜を上げる。

㊥新聞では、「前脚」と書く。

まえいわい　前祝い　㊛前祝い

まえうけきん　前受け金　㊊㊛前受金

まえうり　前売り　㊛前売り　例指定乗車券の〜。

まえうりけん　前売り券

まえおき　前置き　㊛前置き　例〜は短くしよう。

まえがき　前書き　㊛前書き　例本の〜。

まえかけ　前掛け　㊛前掛け　例料理をするときには〜をする。

まえがし　前貸し　㊛前貸し　例給料の〜。

まえがしきん　前貸し金　㊊㊛前貸金

まえがしら　前頭　例〜三枚目。

まえがり　前借り　㊛前借り　例小遣いの〜をする。

まえだれ　前垂れ

まえばらい　前払い　㊊㊛前払　㊤前払い

まえぶれ　前触れ　㊛前触れ　例嵐の〜。

まえまえ　前々　例〜からの約束。

まえむき　前向き　㊛前向き　例〜に問題を考える。

まえもって　前もって〈前以て〉　例是非〜知らせてください。

ま行

まえやく　前厄

まえわたし　前渡し　⊗前渡し
　例旅費の〜。

まがいもの　まがい物〈紛い物〉

まがう　まがう〈紛う〉　例夢かと〜。

まがお　真顔　例〜で言う。

まがし　間貸し　⊗間貸し

まかす　任す〈委す〉　⊗任す　例後
　のことをすっかり〜。

まかす　負かす　⊗負かす　例相手
　を〜。

まかせる　任せる〈委せる〉　⊗任せ
　る　例全部〜。

まかない　賄い　⊗賄い　例〜料理。

まかなう　賄う　⊗賄う　例給料だ
　けで〜。

まがり　曲がり　⊗曲がり　例〜を
　直す。

まがり　間借り　⊗間借り　例〜を
　する。

まがりかど　曲がり角　⊗曲がり角

まがりくねる　曲がりくねる　例曲
　がりくねった道。

まがりなり　曲がりなり　例〜にも
　我が家が完成した。

まがりにん　間借り人　⊗間借り人

まがりみち　曲がり道

まがる　曲がる　⊗曲がる　例腰が
　〜。根性が〜。

まき　巻　⊗巻　例上の〜。

まき　巻き　例〜が緩む。

まき　まき〈薪〉　例〜を燃やす。

まきあげき　巻き上げ機　公⊗巻上
　機

まきあげる　巻き上げる　⊗巻き上
　げる　例ロープを〜。土ぼこり
　を〜。金を〜。

まきえ　まき絵〈蒔絵〉

まきおこす　巻き起こす〈捲き起こ
　す〉　例大混乱を〜。

まきがい　巻き貝　⊗巻き貝

まきかえし　巻き返し　例〜を図る。

まきかえす　巻き返す　例劣勢を〜。

まきかた　巻き方　例〜を強くする。

まきがみ　巻紙　公⊗巻紙　例〜に
　書く。

まきがみ　巻き髪　⊗巻き髪

まきこむ　巻き込む　例争いに〜。

まきじた　巻き舌　⊗巻き舌

まきじゃく　巻き尺　公⊗巻尺

まきずし　巻きずし〈巻き鮨〉

まきぞえ　巻き添え　⊗巻き添え
　例事件の〜を食う。

まきた　真北　例〜に進む。

まきちらす　まき散らす〈撒き散ら
　す〉　例粉を〜。悪臭を〜。

まきつけ　巻き付け　公⊗巻付け
　建巻き付け

まきつける　巻き付ける　例糸を〜。

まきとり　巻取り　公⊗巻取り
　建巻き取り

まきとる　巻き取る

まきなおす　巻き直す　例ひもを〜。

まきば　牧場

⊞:付表の語　×:表外字　△:表外音訓　〈　〉:参考表記　⇒:言い換え等

ま行

注「ぼくじょう」とも。

まきもどし　巻き戻し　文巻き戻し

まきもの　巻き物　公文巻物

まぎらす　紛らす　文紛らす　例気を～。

まぎらわしい　紛らわしい　文紛らわしい　例～行動はするな。

まぎらわす　紛らわす　文紛らわす　例気を～。姿を～。

まぎれ　紛れ　文紛れ　例～もない事実。

まぎれこむ　紛れ込む　文紛れ込む　例書類がどこかに～。

まぎれる　紛れる　文紛れる　例気が～。人混みに紛れて見失う。

まぎわ　間際　文間際　例発車の～。

まきわり　まき割り〈薪割り〉

まく　幕6〔マク・バク〕　例幕内、幕開き、幕切れ、暗幕、天幕、除幕式、幕を引く

まく　膜〔マク〕　例膜質、膜片、膜壁、鼓膜、粘膜、腹膜、薄い膜

まく　巻く〈捲く〉　文巻く　例糸を～。酔ってくだを～。

まく　まく〈蒔く・播く〉　例種を～。

まく　まく〈撒く〉　例水を～。

まくあい　幕あい〈幕間〉　例～に大急ぎで食事をする。

まくあき　幕開き　例舞台の～。

まくあけ　幕開け　例近代の～。

まくぎれ　幕切れ　文幕切れ　例実にあっけない～となった。

まぐさ　まぐさ〈秣〉　例馬の～。

まくしたてる　まくしたてる〈捲し立てる〉　例一気に～。

まくしつ　膜質　例薄い～の皮。

まくのうち　幕の内　例～弁当。

まくら　枕〔まくら〕　例枕、枕元

まくら　枕　例～木。

まくらことば　枕ことば〈枕詞〉

まくらもと　枕元〈枕許〉　例～の目覚まし時計。

まくりあげる　まくり上げる〈捲り上げる〉

まくる　まくる〈捲る〉　例腕を～。

まぐれあたり　まぐれ当たり〈紛れ当たり〉　文まぐれ当たり

まくれる　まくれる〈捲れる〉　例強い風でポスターが～。

まけ　負け　文負け　例～を認める。

まげ　曲げ　例腰の～伸ばし。

まけいくさ　負け戦　文負け戦

まけおしみ　負け惜しみ　文負け惜しみ　例～を言う。

まけぐせ　負け癖　文負け癖

まけこし　負け越し　例7勝8敗で～となる。

まけこむ　負け込む

まけじだましい　負けじ魂　文負けじ魂

まけずぎらい　負けず嫌い　文負けず嫌い

まげて　まげて〈曲げて・枉げて〉　例～御承知くださるようお願い

します。

まげもの　曲げ物　㊊曲げ物　㋑杉
の〜。

まける　負ける　㊊負ける　㋑勝負
に〜。半額に〜。

まげる　曲げる　㊊曲げる　㋑鉄の
棒を〜。志を〜。

まけんき　負けん気　㋑〜が強い。

まご　孫　㋑〜をあやす。

まご　馬子　㋑〜にも衣装。

まごころ　真心　㋑〜を尽くす。

まごつく　まごつく　㋑初めての土
地で〜。

まこと　誠〈真・実〉　㋑〜を尽くす。
〜の話。〜を言えば…。

まことしやか　まことしやか〈真し
やか・実しやか〉　㋑〜にうそ
を言う。

まことに　誠に・まことに〈真に・
実に〉　㊊誠に　㋑〜喜ばしい。

まごびき　孫引き　㊊孫引き　㋑原
典に当たらず〜する。

まさか　まさか〈真逆〉　㋑〜そんな
ことはあるまい。

まさしく　正しく・まさしく　㋑こ
れは〜彼の仕事だ。

まさつ　摩擦　㋑〜熱。布で〜する。

まさに　正に・まさに〈将に・当に〉
㊊正に　㋑〜そのとおりです。

まさめ　正目〈柾目〉　㋑板の〜。

まさゆめ　正夢　㋑夢は〜だった。

まざりあう　混ざり合う・交ざり合
う　㋑いろいろな物が〜。

まさりおとり　勝り劣り〈優り劣り〉
㊊勝り劣り　㋑いずれも〜がな
い品質。

まざりもの　混ざり物　㊊混ざり物
㋑〜を除去する。

まさる　勝る〈優る〉　㊊勝る　㋑実
力が〜。

まざる　交ざる　㊊交ざる　㋑麻が
〜。

まざる　混ざる〈雑ざる〉　㊊混ざる
㋑水が〜。

「異字同訓」の漢字の使い分け

まざる・まじる・まぜる

【交ざる・交じる・交ぜる】主に、元の素材が判別できる形で一緒になる。
芝生に雑草が交ざっている。漢字仮名交じり文。交ぜ織り。
カードを交ぜる。白髪交じり。子供たちに交ざって遊ぶ。
小雨交じりの天気。

【混ざる・混じる・混ぜる】主に、元の素材が判別できない形で一緒になる。
酒に水が混ざる。異物が混じる。雑音が混じる。
コーヒーにミルクを混ぜる。セメントに砂を混ぜる。絵の具を混ぜる。

（平成26年文化審議会国語分科会）

㊊:付表の語　×:表外字　△:表外音訓　〈　〉:参考表記　⇒:言い換え等

注「交ざる・混ざる」の使い分けは、「「異字同訓」の漢字の使い分け」p.598参照。

まし　増し　⊗増し　例２割〜料金。

まじえる　交える　⊗交える　例膝を〜。漢字と仮名を交えて書く。

ましかく　真四角　例〜な板。

ました　真下　例橋の〜を通る。

まして　まして〈況して〉　⊗まして　例易しいこともできない、〜難しいことは…。

まじない　まじない〈呪い〉　例不吉なことを避けるため、〜をする。

まじなう　まじなう〈呪う〉　例縁起を担いで〜。

まじめ　真面目付　⊗真面目　例人生の問題について、〜に話す。

ましょうめん　真正面　例講堂の〜に国旗を掲揚する。

まじらい　交じらい　⊗交じらい　例子供の時からの〜。

まじりあう　混じり合う・交じり合う　例ＡとＢが〜。

まじりけ　混じりけ・混じり気　⊗混じりけ　例これは〜がない。

まじりもの　混じり物　⊗混じり物　例多少〜がある。

まじる　交じる　⊗交じる　例仮名が〜。

まじる　混じる〈雑じる〉　⊗混じる　例塩が〜。

注「交じる・混じる」の使い分けは、

「「異字同訓」の漢字の使い分け」p.598参照。

まじわり　交わり　⊗交わり　例アジアの諸国と〜を結ぶ。

まじわる　交わる　⊗交わる　例友と〜。

ます　升〈枡〉　例〜で量る。

ます　増す　⊗増す　例体重が〜。

ます　ます〈鱒〉　例〜料理。

まず　まず〈先ず〉　⊗まず　例〜挨拶をする。〜はおめでとう。

ますい　麻酔　例〜を掛ける。

まずい　まずい〈不味い〉　例〜料理。

まずい　まずい〈拙い〉　例〜絵。

まずしい　貧しい　⊗貧しい　例〜暮らし。

まずしさ　貧しさ　⊗貧しさ

ますせき　升席〈枡席〉　例相撲の〜。

ますます　ますます〈益々〉　⊗ますます　例〜寒くなってきた。

まずまず　まずまず〈先ず先ず〉　例〜無事に済んだ。〜安心だ。

ますめ　升目〈枡目〉

まぜあわす　混ぜ合わす・交ぜ合わす　例十分に〜。

まぜおり　交ぜ織り　⊗交ぜ織り　例〜の布。

まぜかえす　混ぜ返す　例人の話を〜ものではない。

まぜもの　混ぜ物　⊗混ぜ物

ませる　ませる　例年の割に随分ませた子供だ。

ま行

まぜる　交ぜる　⊗交ぜる　例漢字に仮名を交ぜて書く。

まぜる　混ぜる〈雑ぜる〉　⊗混ぜる　例赤を～。

　畫「交ぜる・混ぜる」の使い分けは、「「異字同訓」の漢字の使い分け」p.598参照。

また　又〔また〕　例又は

また　又・また〈亦〉　⊗又　例今日も～寒い日だ。～の機会。

また〔接続詞〕　また・又　公⊗また　例健康的であり、～経済的でもある。

また　股　例大～で歩く。内～。

まだ　まだ〈未だ〉　例～できない。

またがし　又貸し　例他人の本を～する。～を禁ずる。

またがり　又借り　例本を～する。

またがる　またがる〈跨がる〉　例馬に～。両者に～問題。

またぎき　又聞き　例話を～する。

またぐ　またぐ〈跨ぐ〉　例小川を～。

まだしも　まだしも〈未だしも〉　例暑いより～寒い方がよい。

またたき　瞬き　例星の～。

またたく　瞬く　⊗瞬く　例星が～。

またとない　又とない・またとない　例これは～珍しい品です。

または〔接続詞〕　又は・または　公⊗又は　例バス～タクシーで行く。

　畫法令・公用文では、選択が二重になる場合、小さな方の選択に「若しくは」、大きな方に「又は」を使う。例えば、「3年以下の懲役若しくは禁錮又は50万円以下の罰金」のように用いる。

まだら　まだら〈斑〉　例雪が～に残る。

まち　町　例～と村。～役場。

まち　街　例学生の～。

　畫「町・街」の使い分けは、「「異字同訓」の漢字の使い分け」参照。

まち　待ち　例1時間～。

まちあいしつ　待合室　公⊗待合室　例病院の～。

まちあわせ　待ち合わせ　⊗待ち合わせ　例～に遅刻した。

まちあわせじかん　待ち合わせ時間

「異字同訓」の漢字の使い分け

まち

【町】行政区画の一つ。人家が多く集まった地域。
　町と村。〇〇町。町役場。町ぐるみの歓迎。城下町。下町。町外れ。

【街】商店が並んだにぎやかな通りや地域。
　街を吹く風。学生の街。街の明かりが恋しい。街の声。街角に立つ。

（平成26年文化審議会国語分科会）

畫:付表の語　×:表外字　△:表外音訓　〈　〉:参考表記　⇒:言い換え等

(文)待ち合わせ時間
まちあわせる　待ち合わせる　(文)待ち合わせる
まちうける　待ち受ける　(例)結果の連絡を～。
まちがい　間違い　(文)間違い　(例)～をする。
まぢかい　間近い　(例)暮れも～。
まちがう　間違う　(文)間違う　(例)道を～。
まちがえる　間違える　(文)間違える　(例)計算を～。
まぢかだ　間近だ　(文)間近だ　(例)春も～。
まちかど　町角・街角　(例)～のポスト。
まちかねる　待ちかねる　(例)開演時刻が来るのを～。
まちかまえる　待ち構える　(例)敵の来るのを～。
まちじゅう　町中・街中
まちどおしい　待ち遠しい　(文)待ち遠しい　(例)開幕が～。
まちどおしさ　待ち遠しさ　(文)待ち遠しさ
まちなか　町中・街中　(例)～を歩く。
まちなみ　町並み・街並み　(文)町並み
まちのぞむ　待ち望む　(例)出現を～。
まちはずれ　町外れ・街外れ　(文)町外れ　(例)～の家。
まちばり　待ち針　(例)裁縫のときに～を使う。
まちびと　待ち人　(文)待ち人　(例)～来たらず。
まちぶせ　待ち伏せ　(文)待ち伏せ
まちぶせる　待ち伏せる　(例)道で友人の来るのを～。
まちぼうけ　待ちぼうけ〈待ち惚け〉　(例)昨日は結局～を食った。
まちまち　まちまち〈区々〉　(例)～な大きさ。意見が～だ。
まちわびる　待ちわびる〈待ち侘びる〉　(例)母の帰りを～。
まつ　末[4]〔マツ・バツ／すえ〕　(例)末代、末尾、本末、粉末、年度末
まつ　抹〔マツ／—〕　(例)抹消、抹殺、抹茶、塗抹、一抹
まつ　松　(例)～の緑。～の林。
まつ　待つ　(文)待つ　(例)友人を～。
まっか　真っ赤[付]　(文)真っ赤　(例)～な太陽。
まつかさ　松かさ〈松笠・松毬〉
まつかざり　松飾り　(文)松飾り　(例)正月の～。
まっき　末期　(例)～的症状。
まっくら　真っ暗　(例)停電で～になる。
まっくらやみ　真っ暗闇
まっくろ　真っ黒　(例)～な煙。
まつげ　まつげ〈睫・睫毛〉
まつご　末期　(例)～の水。
まっこう　抹香　(例)～臭い説教。
まっこう　真っ向　(例)～から反対す

ま行

る。

マッサージし　マッサージ師

まっさいちゅう　真っ最中　例試験
　　の〜ですから静かに。

まっさお　真っ青囲　⊗真っ青
　　例〜な海。心配で顔が〜になる。

まっさかさま　真っ逆さま〈真っ逆
　　様〉　例崖から〜に落ちる。

まっさかり　真っ盛り　⊗真っ盛り
　　例花の〜。

まっさき　真っ先　⊗真っ先　例〜
　　に始める。

まっさつ　抹殺　例悪を〜する。

まっし　末子
　　囲「ばっし」とも。

まつじ　末寺　例○○寺の〜。

まっしぐら　まっしぐら〈驀地〉
　　例目的に向かい、〜に進む。

まっしょう　抹消　例記録を〜する。

まっしょう　末しょう〈末梢〉　⇒末
　　節　例〜的なことに気付く。

まっしょうじき　真っ正直　例あの
　　人は本当に〜な人だ。

まっしょうめん　真っ正面　例雪を
　　頂いた富士山が〜に見える。

まっしろ　真っ白　⊗真っ白　例〜
　　な雪。

まっすぐ　真っすぐ〈真っ直ぐ〉
　　例〜な線。

まっせき　末席　例〜に連なる。

まつだい　末代　例〜までの恥。

まったく〔副詞〕　全く・まったく

⊘⊗全く　例〜聞いていない。
　　〜暑い日だ。

まつたけ　まつたけ〈松茸〉

まっただなか　真っただ中〈真っ只
　　中〉　例砂漠の〜。

まったん　末端　例〜まで行き届く。

まっちゃ　抹茶　例〜をたてる。

まってい　末弟
　　囲「ばってい」とも。

まっとうする　全うする　⊗全うす
　　る　例使命を〜。

まつなみき　松並木

まつのうち　松の内

まっぱだか　真っ裸　例〜になる。

まつばづえ　松葉づえ〈松葉杖〉
　　例〜を突く。〜にすがる。

まつばやし　松林　例美しい〜。

まつばら　松原　例海岸にある〜。

まつび　末尾　例文章の〜。

まっぴつ　末筆　例〜ながら…。

まっぴら　真っ平　例〜御免だ。

まっぴるま　真っ昼間

まっぷたつ　真っ二つ　例〜に割る。

まつり　祭り　⊗祭り　例〜の夜。

まつりあげる　祭り上げる　⊗祭り
　　上げる

まつりごと　政　例〜を行う。

まつる　祭る〈祀る〉　⊗祭る　例祖
　　先を〜。

まで　まで〈迄〉　⊗まで　例8時〜
　　に出勤する。もはやこれ〜。

まてんろう　摩天楼

囲:付表の語　×:表外字　△:表外音訓　〈　〉:参考表記　⇒:言い換え等

まと　的　例非難の〜になる。

まど　窓　例〜を開ける。

まどあかり　窓明かり　例〜が差す。

まどい　惑い　⊗惑い　例心の〜。

まどい　まどい〈団居・円居〉　例み
　んなそろった楽しい〜の一時。

まとう　まとう〈纏う〉　例ぼろを〜。

まどう　惑う　⊗惑う　例恋に〜。

まどか　まどか〈円か〉　例〜な月。

まどかけ　窓掛け　⊗窓掛け

まどぎわ　窓際　例〜の席。

まどぐち　窓口　例〜で受け付ける。

まどごし　窓越し　例〜に見る。

まとはずれ　的外れ　⊗的外れ
　例〜な意見。

まとまる　まとまる〈纏まる〉　例案
　が〜。

まとめる　まとめる〈纏める〉　⊗ま
　とめる　例交渉を〜。案を〜。

まとも　まとも〈真面〉　例〜な話。

まどり　間取り　⊗間取り　例〜の
　良い家。〜が不便だ。

まどろむ　まどろむ〈微睡む〉　例し
　ばらくの間、手を休めて〜。

まどわく　窓枠

まどわす　惑わす　⊗惑わす　例人
　心を〜。

まないた　まな板〈俎・俎板〉

まなこ　眼　例〜を閉じる。

まなざし　まなざし〈眼差し〉　例厳
　しい〜でこちらを見る。

まなじり　まなじり〈眦〉　例〜を決

して立ち上がる。

まなつ　真夏　例〜の太陽。

まなでし　まな弟子〈愛弟子〉　例〜
　たちに囲まれた先生。

まなび　学び　⊗学び　例〜の園。

まなぶ　学ぶ　⊗学ぶ　例よく〜。

まなむすめ　まな娘〈愛娘〉

まにあう　間に合う　例時間に〜。

まにあわせ　間に合わせ　例〜に作
　る。一時の〜。

まにんげん　真人間　例改心して〜
　になる。

まぬかれる　免れる　⊗免れる
　例災難を〜。
　注「まぬがれる」とも。

まぬけ　間抜け　例〜な返事。

まね　まね〈真似〉　⊗まね　例人の
　〜をする。

まねき　招き　⊗招き　例〜に応じ
　る。

まねきねこ　招き猫　⊗招き猫

まねく　招く　⊗招く　例自宅に〜。

まねごと　まねごと〈真似事〉　例バ
　ンドの〜をしている。

まねる　まねる〈真似る〉　例声を〜。

まのあたり　目の当たり　⊗目の当
　たり　例惨状を〜にする。

まのび　間延び　⊗間延び　例〜し
　た話。

まばたき　まばたき〈瞬き〉　例〜を
　する暇もない。

まばたく　まばたく〈瞬く〉　例目を

ま行

ぱちぱちと～。

まばゆい　まばゆい〈目映い・眩い〉
　例光が～。～ばかりに輝く。

まばら　まばら〈疎ら〉　例～に木が
　生えている。人影も～だ。

まひ　まひ〈麻痺〉　例交通が～する。
　指先が～する。

まびき　間引き　例～運転。

まびく　間引く　例大根を～。

まひる　真昼　例～の太陽。

まぶか　目深　例帽子を～にかぶる。

まぶしい　まぶしい〈眩しい〉　例～
　光。

まぶす　まぶす〈塗す〉　例砂糖を～。

まぶた　目蓋〈瞼〉　例～を閉じる。

まふゆ　真冬　例～のスポーツ。

まほう　魔法　例～使い。

まほうびん　魔法瓶　例～から湯を
　つぐ。

まぼろし　幻　例～が浮かぶ。

まま　まま〈儘〉　文まま　例したい
　～にさせておく。その～で待て。

ままこ　まま子〈継子〉　例～扱い。

ままごと　ままごと〈飯事〉　例二人
　で仲良く～をして遊んでいる。

まみえる　まみえる〈見える〉　例敵
　と相～。

まみず　真水　例海水から～を作る。

まみなみ　真南　例～の方向。

まみれる　まみれる〈塗れる〉　例泥
　に～。一敗地に～。

まむかい　真向かい　文真向かい

例家の～に新しく店ができた。

まめ　豆　例～を煮る。～知識。

まめ　まめ〈肉刺〉　例足の～が痛い。

まめ　まめ〈忠実〉　例～に働く。

まめかす　豆かす〈豆粕〉　例～を飼
　料にする。

まめしぼり　豆絞り　文豆絞り
　例～の手拭いで鉢巻きをする。

まめつ　摩滅・磨滅　例機関車の車
　軸が～してしまった。
　注新聞では、「摩滅」と書く。

まめつぶ　豆粒　例～のように小さ
　い。～を一つずつ拾う。

まめまき　豆まき〈豆撒き〉　例節分
　に～をする。

まめまめしい　まめまめしい〈忠実忠
　実しい〉　例まめまめしく働く。

まもう　摩耗・磨耗　例ブレーキが
　～してしまった。軸受けの～。
　注新聞では、「摩耗」と書く。

まもなく　間もなく　文間もなく
　例列車は～発車する予定です。

まもの　魔物　例～を退治する。

まもり　守り〈護り〉　文守り　例～
　を固める。

まもりがみ　守り神

まもりぶくろ　守り袋　文守り袋

まもりふだ　守り札　文守り札

まもる　守る〈護る〉　文守る　例留
　守を～。約束を～。

まやく　麻薬　例～を取り締まる。

まやくとりしまりほう　麻薬取締法

団：付表の語　×：表外字　△：表外音訓　〈　〉：参考表記　⇒：言い換え等

[公]麻薬取締法

まゆ　眉　～をひそめる。～唾物。

まゆ　繭　[例]蚕の～。

まゆげ　眉毛

まゆずみ　眉墨〈黛〉

まゆだま　繭玉

まゆつば　眉唾　[例]～物。

まよい　迷い　[文]迷い　[例]心に～を生じる。

まよいご　迷い子　[文]迷い子

まよう　迷う　[文]迷う　[例]道に～。

まよけ　魔よけ〈魔除け〉　[例]～の札。

まよなか　真夜中　[例]～に起きる。

まよわす　迷わす　[文]迷わす　[例]人を～。

まり　まり〈鞠・毬〉　[例]～を突く。

まる　丸　[例]正答を～で囲む。

まるあらい　丸洗い　[文]丸洗い　[例]浴衣の～。

まるい　丸い　[文]丸い　[例]背中が～。

まるい　円い　[文]円い　[例]月が～。

[注]「丸い・円い」の使い分けは、「「異字同訓」の漢字の使い分け」参照。

まるきばし　丸木橋　[例]～を渡る。

まるさ　丸さ　[文]丸さ　[例]背中の～。

まるさ　円さ　[文]円さ　[例]月の～。

まるた　丸太　[例]～を積む。

まるだし　丸出し

まるつぶれ　丸潰れ　[例]面目が～だ。

まるで　まるで〈丸で〉　[例]～夢のようだ。～見えない。

まるのみ　丸のみ〈丸呑み〉　[例]要求を～にする。

まるはだか　丸裸　[例]～にされる。

まるぼし　丸干し　[例]いわしの～。

まるまる　丸々・まるまる　[例]～と太る。～損をした。～3日間。

まるまる　丸まる　[例]くるくる～。

まるみ　丸み・丸味　[文]丸み　[例]～を付ける。

まるみ　円み・円味　[文]円み　[例]月が～を帯びてくる。

まるみえ　丸見え　[例]外から～だ。

まるめこむ　丸め込む　[例]相手を～。

ま行

「異字同訓」の漢字の使い分け

まるい

【丸い】球形である。角がない。

　丸いボール。地球は丸い。背中が丸くなる。角を丸く削る。丸く収める。

【円い】円の形である。円満である。

　円(丸)い窓*。円(丸)いテーブル*。円(丸)く輪になる*。円い人柄。

*　窓やテーブル、輪の形状が円形である場合に「円い」と「円」を当てるが、現在の漢字使用においては、球形のものだけでなく、円形のものに対しても、「丸」を当てることが多い。

（平成26年文化審議会国語分科会）

まるめる　丸める　⊗丸める　例体を前に～。

まるもうけ　丸もうけ〈丸儲け〉　例坊主～。

まるやき　丸焼き　例豚の～。

まるやけ　丸焼け　⊗丸焼け　例火事で何もかも～になった。

まれ　まれ〈希・稀〉　⊗まれ　例今日は、近頃～に見る良い天気だ。

まろやか　まろやか〈円やか〉　例～な味のウイスキー。

まわしもの　回し者　⊗回し者　例敵の～。

まわす　回す　⊗回す　例驚いて目を～。あれこれと気を～。

まわた　真綿　例～でくるむように大事にする。

まわり　回り　⊗回り　例火の～。

まわり　周り　⊗周り　例池の～。
　　注「回り・周り」の使い分けは、「「異字同訓」の漢字の使い分け」参照。

まわりあわせ　回り合わせ　⊗回り合わせ　例～が悪い。

まわりくどい　回りくどい　例～話。

まわりどうろう　回り灯籠　例～の絵のようだ。

まわりぶたい　回り舞台　⊗回り舞台　例～を使った演出。

まわりみち　回り道〈回り路〉　⊗回り道　例～をして帰る。

まわりもち　回り持ち　⊗回り持ち　例～で当番を務める。

まわる　回る　⊗回る　例目が～。

まん　万²（萬）〔マン・バン〕　例万一、万年筆、万病、百万、巨万

まん　満⁴（滿）〔マン みちる・みたす〕　例満員、満月、満足、満二年、円満、充満、不満、未満、満を持する

まん　慢〔マン〕　例慢心、慢性、緩慢、高慢、怠慢、自慢

まん　漫〔マン〕　例漫画、漫然、漫歩、散漫、冗漫

まんいち　万一　例～に備える。

まんいん　満員　例電車が～だ。

まんえつ　満悦　例～至極です。

まんえん　まん延〈蔓延〉　⇒はびこ

―――――「異字同訓」の漢字の使い分け ―――――

まわり
【回り】回転。身辺。円筒形の周囲。
　　モーターの回りが悪い。回り舞台。時計回り。身の回り。胴回り。首回り。
【周り】周囲。周辺。
　　池の周り。周りの人。周りの目が気になる。学校の周りには自然が残っている。
　　　　　　　　　　　　　　　　　　　　（平成26年文化審議会国語分科会）

団:付表の語　×:表外字　△:表外音訓　〈　〉:参考表記　⇒:言い換え等

ること・流行　例感染症が〜する。

まんが　漫画　例〜を描く。

まんがいち　万が一　例〜に備える。

まんき　満期　例定期預金の〜。

まんきつ　満喫　例自然を〜する。

まんげつ　満月　例新月と〜。

まんげん　満限　例〜に達する。

　注法令では、「満限に達する」は、特別な理由がある場合以外は用いない。「満了する」を用いる。

まんこう　満こう〈満腔〉　⇒全幅・心から　例〜の謝意を表する。

まんざい　漫才　例〜と落語。

まんざら　満更・まんざら　例〜悪い気持ちはしない。〜でもない。

まんじゅう　まんじゅう〈饅頭〉

まんじょう　満場　例〜一致。

まんせい　慢性　例〜の病気。

まんぜん　漫然　例〜と過ごす。

まんぞく　満足　例食事に〜する。〜に書けない。

まんちゃく　まん着〈瞞着〉　⇒ごまかし・欺き　例敵を〜する。

まんちょう　満潮　例〜と干潮。

まんてん　満天　例〜の星。

まんてん　満点　例〜を取る。

まんなか　真ん中　文真ん中　例庭の〜に池がある。

まんねんすぎ　万年杉

まんねんひつ　万年筆

まんびき　万引き　例〜を捕まえる。

まんぷく　満幅　例〜の信頼を得る。

まんぷく　満腹　例たくさん食べて〜になる。もう〜です。

まんべんなく　満遍なく〈万遍なく〉　例辺り一帯を〜捜す。

まんぽ　漫歩　例街中を〜する。

まんまえ　真ん前　例学校の〜の店。

まんまる　真ん丸　例〜な目。

まんまん　満々　例〜と水をたたえている湖沼。自信〜。

まんめん　満面　例〜の笑み。

まんりき　万力　例〜で締める。

まんりょう　満了　公満了　例任期が〜する。

　注法令では、「満限に達する」は、特別な理由がある場合以外は用いない。「満了する」を用いる。

み

み　未4〔ミ〕　例未決、未来、未満、前代未聞

み　味3〔ミ・あじ・あじわう〕　例味覚、意味、興味、真剣味　団三味線（しゃみせん）

み　眉〔ビ・ミ・まゆ〕　例眉間

み　魅〔ミ〕　例魅了、魅力、魅惑、魅する

み　身　例〜が引き締まる。

み　実　例木の〜。

み…〔接頭語〕　み…〈御…〉　[文]み…　[例]～霊。～代。

…み〔接尾語〕　…み〈…味〉　[公][文]…み　[例]弱～。有り難～。

みあい　見合い　[文]見合い　[例]～をする。需給の～。

みあいけっこん　見合い結婚　[文]見合い結婚　[例]～と恋愛結婚。

みあう　見合う　[例]支出に～収入。

みあきる　見飽きる　[文]見飽きる　[例]いつも同じ絵ばかりで～。

みあげる　見上げる　[例]空を～。

みあたる　見当たる　[文]見当たる　[例]どこにも見当たらない。

みあやまる　見誤る　[例]知人と～。

みあわす　見合わす　[例]顔を～。

みあわせ　見合わせ　[公][文]見合せ　[建]見合わせ

みあわせる　見合わせる　[例]出発を～。顔を～。

みいだす　見いだす〈見出す〉　[文]見いだす　[例]活路を～。

みいり　実入り　[文]実入り　[例]副業の方からの～がかなりある。

みいる　見入る　[例]じっと～。

みうける　見受ける　[例]Aさんとお見受けします。

みうごき　身動き　[文]身動き　[例]～一つできない。

みうしなう　見失う　[文]見失う　[例]敵を～。

みうち　身内　[例]～が集まる。

みうり　身売り　[文]身売り　[例]工場を～する。

みえ　見え〈見栄〉　[文]見え　[例]～を張る。

みえ　見え〈見得〉　[例]～を切る。

みえかくれ・みえがくれ　見え隠れ　[例]姿が～している。

みえすく　見え透く　[例]見え透いたうそをつく。

みえっぱり　見えっ張り〈見栄っ張り〉　[例]～な性格。

みえぼう　見え坊〈見栄坊〉　[文]見え坊

みえる　見える　[文]見える　[例]よく～。

…(と)みえる　…(と)みえる　[例]来ないと～。

みおくり　見送り　[文]見送り

みおくりにん　見送り人　[文]見送人

みおくる　見送る　[例]空港で～。

みおさめ　見納め〈見収め〉　[文]見納め　[例]代表チームの～。今日が～だ。

みおとし　見落とし　[文]見落とし

みおとす　見落とす　[例]大事な点を～ところだった。

みおとり　見劣り　[文]見劣り　[例]他に比べて、かなり～がする。

みおぼえ　見覚え　[文]見覚え　[例]～のない顔。

みおろす　見下ろす　[例]屋上から～。

みかえし　見返し　[文]見返し　[例]本

ま行

の～。
みかえす　見返す　[例]答案用紙を～。
みかえり　見返り　[文]見返り　[例]～の品。～の松。
みかえりぶっし　見返り物資　[公][文]見返物資
みがき　磨き〈研き〉　[例]料理の腕に～を掛ける。
みがきこ　磨き粉　[文]磨き粉
みがきたてる　磨き立てる〈研き立てる〉　[例]ぴかぴかに～。
みかぎる　見限る　[例]商売を～。
みかく　味覚　[例]秋の～。
みがく　磨く〈研く〉　[文]磨く　[例]剣道の技を～。表面を～。
みかけ　見掛け　[文]見掛け　[例]人は～によらないものだ。
みかけだおし　見掛け倒し　[文]見掛け倒し　[例]体格は立派でも～だ。
みかける　見掛ける　[例]よく～服装。
みかた　見方　[例]表の～。
みかた　味方　[例]敵と～。
みかづき　三日月
みがって　身勝手　[例]～な行動。
みかねる　見かねる〈見兼ねる〉　[例]見るに見かねて注意する。
みがまえ　身構え　[文]身構え　[例]～をする。
みがまえる　身構える　[例]敵に～。
みがら　身柄　[例]～を引き受ける。
みがる　身軽　[例]～な服装。
みかわす　見交わす　[例]互いに～。
みがわり　身代わり　[文]身代わり　[例]我が子の～になる。
みかん　未刊　[例]既刊と～。
みかん　未完　[例]～の作品。
みき　幹　[例]大きな木の～。
みぎ　右　[例]～と左。～に出る者がない。
みぎがわ　右側　[例]～を歩く。
みきき　見聞き　[文]見聞き　[例]～する。
みぎきき　右利き　[例]～と左利き。
みぎて　右手　[例]～と左手。
みぎまき　右巻き　[例]～のねじ。
みきり　見切り　[文]見切り　[例]検討不足のまま～発車する。
みぎり　みぎり〈砌〉　[文]みぎり　⇒折・際　[例]猛暑の～御自愛ください。
みきりひん　見切り品　[文]見切り品
みきる　見切る　[例]品物を～。
みぎれい　身奇麗・身ぎれい〈身綺麗〉　[例]いつも～にしている。
みぎわ　みぎわ〈水際・渚・汀〉　⇒なぎさ・水際　[例]～にたたずむ。
みきわめる　見極める　[文]見極める　[例]様子を～。
みくだす　見下す　[例]人を～。
みくびる　見くびる〈見縊る〉　[例]相手を～ものではない。
みくらべる　見比べる　[文]見比べる　[例]二つの物を～。

ま行

みぐるしい　見苦しい　⊗見苦しい
　㋑〜態度。

みぐるみ　身ぐるみ〈身̂包み〉　㋑〜
　剥がれる。

みけねこ　三毛猫

みけん　眉間

みこし　みこし〈御̂輿・神̂輿̂〉

みごしらえ　身ごしらえ〈身̂拵え〉
　⇒身支度　㋑十分な〜。

みこす　見越す　㋑赤字を〜。

みごと　見事・みごと〈美̂事〉　⊗見
　事　㋑実に〜な出来栄えの絵だ。

みことのり　詔〈勅̂〉

みこみ　見込み　⊗見込み　㋑来年
　の春に完成の〜です。卒業〜。

みこみがく　見込み額　㊣⊗見込額

みこみすうりょう　見込み数量
　㊣⊗見込数量

みこみちがい　見込み違い　⊗見込
　み違い　㋑全く〜であった。

みこみのうふ　見込み納付　㊣⊗見
　込納付

みこむ　見込む　㋑将来を〜。

みごもる　身籠もる　㋑子供を〜。

みごろ　見頃　㋑紅葉の〜。

みごろ　身頃　㋑着物の〜を縫う。

みごろし　見殺し　㋑仲間を〜には
　できない。

みさお　操　㋑〜を立てる。

みさかい　見境　㋑前後の〜もなく
　行動する。

みさき　岬〔みさき̂〕　㋑岬

みさき　岬　㋑〜の突端。

みさげる　見下げる　㋑見下げたや
　つだ。人を見下げた態度。

みささぎ　陵　㋑先帝の〜。

みさだめる　見定める　⊗見定める
　㋑物事の本質をしっかりと〜。

みじかい　短い　⊗短い　㋑夏の夜
　は〜。

みじかすぎる　短過ぎる　㋑〜休み。

みじかめ　短め・短目　㋑〜の丈。
　㊟「形容詞＋め」は原則として「〜め」。

みじかよ　短夜　⊗短夜　㋑夏の〜。

みじたく　身支度〈身̂仕度〉

みじまい　身じまい〈身̂仕舞い〉
　㋑〜をして人に会う。

みじめだ　惨めだ　⊗惨めだ　㋑見
　るも〜。

みじゅく　未熟　㋑〜な技術。

みしょう　未詳　㋑生没年〜。

みしりごし　見知り越し　⊗見知り
　越し　㋑〜の友人。

みしる　見知る　㋑見知らぬ人。

みじろぎ　身じろぎ〈身̂動̂ぎ〉　㋑長
　時間〜一つしないでいる。

みじん　みじん〈微̂塵̂〉　㋑〜もやま
　しいことはない。〜に砕く。

みず　水　㋑〜を飲む。

みずあげ　水揚げ　㋑さんまの〜量。

みずあげこう　水揚げ港

みずあげだか　水揚げ高

みずあそび　水遊び　⊗水遊び

みずあび　水浴び　⊗水浴び　㋑〜

ま行

㊟:付表の語　✕:表外字　△:表外音訓　〈　〉:参考表記　⇒:言い換え等

をする。
みずあめ　水あめ〈水飴〉
みずあらい　水洗い　[文]水洗い
みすい　未遂　[例]殺人～。
みずいらず　水入らず　[例]家族～。
みずいれ　水入れ　[文]水入れ
みずいろ　水色　[例]～の服。
みずうみ　湖　[例]～に住む魚。
みすえる　見据える　[文]見据える　[例]将来を～。じっと相手を～。
みずおけ　水おけ〈水桶〉
みずおち　みずおち〈鳩尾〉
[注]「みぞおち」とも。
みずかき　水かき〈水掻き〉　[例]かえるの足には～がある。
みずかけろん　水掛け論　[文]水掛け論　[例]どこまでいっても～だ。
みずかさ　水かさ〈水嵩〉
みずがし　水菓子
みすかす　見透かす　[文]見透かす　[例]腹を～。
みずがめ　水がめ〈水瓶・水甕〉
みずから　自ら　[文]自ら　[例]～招いた不幸。
みずがれ　水がれ〈水涸れ〉　[例]今年は～がひどい。
みずぎわ　水際　[例]～対策。
みずくさ　水草
みずくさい　水臭い　[例]そんな～ことを言ってくれるな。
みずぐすり　水薬　[例]～と粉薬。
みずくみ　水くみ〈水汲み〉
みずぐるま　水車
みずけ　水気　[例]～が多い。
みずけむり　水煙　[文]水煙　[例]～を上げる。
みすごす　見過ごす　[例]うっかり～。
みずさし　水差し　[文]水差し　[例]ガラスの～。
みずしらず　見ず知らず　[例]～の人。
みずぜめ　水攻め　[文]水攻め
みずぜめ　水責め　[文]水責め
みずたまり　水たまり〈水溜まり〉
みずっぱな　水っぱな〈水っ洟〉
みすてる　見捨てる〈見棄てる〉
みずのみ　水飲み　[例]～場。
みずはけ　水はけ〈水捌け〉　[例]～の良い土地。
みずはりけんさ　水張り検査　[公][文]水張検査
みずひき　水引　[公][文]水引　[例]～を掛ける。
みずびたし　水浸し　[文]水浸し
みずぶくれ　水膨れ〈水脹れ〉　[例]やけどの痕に～ができる。
みすぼらしい　みすぼらしい〈見窄らしい〉　[例]～なりをした男。
みずまき　水まき〈水撒き〉　[例]庭に～をする。
みずまくら　水枕
みずまし　水増し　[文]水増し　[例]請求の～をチェックする。
みすみす　みすみす〈見す見す〉　[例]～絶好のチャンスを逃した。

ま行

みずみずしい　みずみずしい〈瑞々しい〉　例～野菜。～若さ。

みずもり　水盛り　文水盛り

みする　魅する　文魅する　例聴衆を～演説。

みずわり　水割り　例～を飲む。

みせ　店　例～を開く。出～。

みせいねん　未成年　例～者。

みせかけ　見せ掛け・見せかけ　文見せ掛け　例～は立派だ。

みせかける　見せ掛ける・見せかける　例本物と見せ掛けて売る。

みせがまえ　店構え　例立派な～。

みせさきわたし　店先渡し　文店先渡し

みせしめ　見せしめ　例～のために厳重に処分する。

みせつける　見せ付ける・見せつける　例これ見よがしに～。

みせびらかす　見せびらかす　例札束を～。

みせびらき　店開き　例10年目に独立して～をする。

みせもの　見せ物〈見世物〉　文見せ物

みせる　見せる　文見せる　例人に本を～。

みぜん　未然　例犯罪を～に防ぐ。

みそ　みそ〈味噌〉　例～を作る。～を付ける。～汁。手前～。

みぞ　溝　例～を埋める。

みぞう　未曽有　文未曽有　例～の

出来事とも言えよう。

みぞおち　みぞおち〈鳩尾〉　付「みずおち」とも。

みそか　みそか〈三十日・晦日〉

みそこなう　見損なう　文見損なう　例彼を見損なった。映画を～。

みそづけ　みそ漬け〈味噌漬け〉

みそめる　見初める　例彼女を～。

みぞれ　みぞれ〈霙〉　例～が降る。

みそれる　見それる〈見逸れる〉　例お見それしました。

みだし　見出し　文見出し　例新聞の～。

みだしなみ　身だしなみ〈身嗜み〉　例Ａ先生は～がいい人だ。

みたす　満たす〈充たす〉　文満たす　例おけに水を～。希望を～。

みだす　乱す　文乱す　例順序を～。

みたて　見立て　文見立て　例～違いをする。ネクタイの～。

みたてる　見立てる　例娘に似合う柄を～。立ち木を人に～。

みだら　淫ら〈猥ら〉　文淫ら　例～な言動を慎むように注意する。

みだらだ　淫らだ　例行いが～。

みだりに　みだりに〈濫りに・妄りに〉　文みだりに　例～室内に入らないように。

みだれ　乱れ　文乱れ　例髪の～。

みだれがみ　乱れ髪　文乱れ髪　例～を直す。

みだればこ　乱れ箱　文乱れ箱

例脱いだ着物を〜に入れる。

みだれる　乱れる　🄯乱れる　例順
　序が〜。

みち　道〈路・途・径〉　🄯道　例〜
　に迷う。〜端。解決の〜が付く。
　森の小〜を行く。

みち　未知　例〜の世界。

みちがえる　見違える　🄯見違える
　例室内が〜ようにきれいになる。

みぢかだ　身近だ　🄯身近だ　例例
　が〜。

みちしお　満ち潮　🄯満ち潮　例〜
　と引き潮。

みちしるべ　道しるべ〈道標〉

みちすがら　道すがら　例散歩の〜
　友の家に寄る。

みちすじ　道筋　例〜をたどる。

みちづれ　道連れ　🄯道連れ　例旅
　の〜。

みちのり　道のり〈道程〉　例次の町
　までのおよその〜を知りたい。

みちばた　道端　例〜で遊ぶ。

みちひ　満ち干　例潮の〜。

みちびき　導き　🄯導き　例先生の
　お〜。

みちびきだす　導き出す　例ここか
　ら、次のことを〜ことができる。

みちびく　導く　🄯導く　例客を部
　屋に〜。生徒を〜。成功に〜。

みちみち　道々　例〜考える。

みちゆき　道行き　🄯道行き　例芝
　居の〜の場面で拍手をする。

みちる　満ちる　🄯満ちる　例潮が
　〜。

みつ　密⁶〔ミツ〕　例密会、密偵、密
　度、密約、厳密、秘密

みつ　蜜〔ミツ〕　例蜜月、甘い蜜

みつ・みっつ　三つ　🄯三つ　例〜
　子の魂百まで。

みつうん　密雲　例〜が垂れ込める。

みつおり　三つ折り　🄯三つ折り

みっか　三日　🄯三日　例来月の〜。

みつがさね　三つ重ね　🄯三つ重ね
　例〜の重箱。

みつかる　見付かる・見つかる
　例落とした財布が〜。

みつぎもの　貢ぎ物　🄯貢ぎ物
　例〜をする。

みつぐ　貢ぐ　🄯貢ぐ　例金を〜。

みつくす　見尽くす　例展覧会場を
　隅から隅まで〜。

みつぐみ　三つ組み　🄯三つ組み
　例〜の杯。

みづくろい　身繕い　🄯身繕い
　例急いで〜を済ませる。

みつくろう　見繕う　例適当に〜。

みつげつ　蜜月

みつける　見付ける・見つける
　🄯見付ける　例珍しい本を〜。

みっこう　密航　例〜者。

みっこく　密告　例敵に〜する。

みっしつ　密室　例地下の〜。

みっしゅう　密集　例人口の〜。

みっせつ　密接　例〜な関係にある。

みっせん　密栓　例瓶に〜をする。

みっせん　蜜腺　例花の〜。

みつぞろい　三つぞろい〈三つ揃い〉
　　例〜の洋服をあつらえる。

みっちゃく　密着　例体に〜した下
　　着。〜取材。

みっつ　三つ

みってい　密偵

みつど　密度　例〜の濃い議論。

みつどもえ　三つどもえ〈三つ巴〉
　　例〜の攻防。

みっともない　みっともない　例〜
　　ことはやめなさい。

みつばち　蜜蜂　公蜜蜂

みっぷう　密封　例〜して保存する。

みっぺい　密閉　例箱の蓋を〜する。

みつまめ　蜜豆

みつめる　見詰める　例じっと〜。

みつもり　見積もり　公文見積り
　　建見積もり　例建築の〜をして
　　もらう。

みつもりかかく　見積価格

みつもりしょ　見積書　公文見積書

みつもる　見積もる　文見積もる
　　例おおよその予算を〜。

みつやく　密約　例〜を交わす。

みつゆび　三つ指　文三つ指　例〜
　　を突いてお辞儀をする。

みてい　未定　例会場は〜である。

みとう　未到　例前人〜の地。

みとう　未踏　例人跡〜の地。

みとおし　見通し　文見通し　例〜

が明るい。

みとおす　見通す　例未来を〜。

みとがめる　見とがめる〈見咎める〉
　　例小さなミスを〜。

みどころ　見所〈見処〉　例映画の〜。

みとどける　見届ける　文見届ける
　　例首尾を〜。最期を〜。

みとめ　認め　文認め　例〜を押す。

みとめいん　認め印　文認め印

みとめる　認める　文認める　例長
　　所を〜。

みどり　緑　例〜の野山。

みとりず　見取り図　公文見取図

みとる　見取る　例情勢を〜。

みとる　みとる〈看取る〉　例一晩ま
　　んじりともせず患者の容態を〜。

みとれる　見とれる〈見惚れる・見
　　蕩れる〉　例美しい姿に〜。

みな　皆　例〜が賛成する。

みなおす　見直す　文見直す　例人
　　柄を〜。初めから〜。

みなかみ　水上　例〜へ遡って行く。

みなぎる　みなぎる〈漲る〉　例喜び
　　が体全体に〜。清新の気が〜。

みなげ　身投げ　文身投げ　例〜を
　　する。

みなごろし　皆殺し　例一家を〜。

みなさん　皆さん

みなしご　みなしご〈孤児〉

みなす　みなす〈見做す〉　文みなす
　　例返信のない者は欠席と〜。

みなと　港　例〜に入る。〜町。

ま行

田:付表の語　×:表外字　△:表外音訓　〈　〉:参考表記　⇒:言い換え等

みなみ　南　例〜と北。

みなみむき　南向き　例〜の部屋。

みなもと　源　例川の〜。

みならい　見習い　公文見習　建見習い　例〜の期間。

みならいきかん　見習い期間　例〜でも手当を出す。

みならいこう　見習い工　公文見習工　建見習い工

みならう　見習う　例仕事を〜。

みなり　身なり〈身形〉　例きちんとした〜で出席する。〜を整える。

みなれる　見慣れる〈見馴れる〉　文見慣れる　例見慣れた風景。

みにくい　醜い　文醜い　例〜争い。

みにくい　見にくい〈見難い〉　文見にくい　例暗いので遠くが〜。

みにくさ　醜さ　文醜さ　例人間の〜をさらけ出す。

みぬく　見抜く　例偽物と〜。

みね　峰　例山の〜。刀の〜。

みねごし　峰越し　文峰越し　例〜に見える一本松を目標に歩く。

みねづたい　峰伝い　例〜に歩く。

みねつづき　峰続き　文峰続き　例〜の山々。

みの　みの〈蓑〉　例〜を着る。〜虫。

みのう　未納　例〜の税金。

みのうえ　身の上　例〜を話す。

みのがす　見逃す　文見逃す　例チャンスを〜。

みのこす　見残す　例展示物を〜。

みのしろきん　身の代金

みのたけ　身の丈　例〜を測る。

みのほど　身の程　例〜を知る。

みのまわり　身の回り　文身の回り　例〜を整理する。

みのり　実り〈稔り〉　文実り　例〜の多い話。

みのる　実る　文実る　例努力が〜。

みばえ　見栄え・見映え　文見栄え　例一段と〜がする。
　注新聞では、「見栄え」と書く。

みはからい　見計らい　文見計らい　例あなたのお〜にお任せします。

みはからう　見計らう　例潮時を〜。

みはじめ　見始め　文見始め　例芝居の〜は、…。

みはなす　見放す　例運に見放される。

みはらい　未払い　公文未払　建未払い

みはらいかんじょう　未払い勘定　公文未払勘定　建未払い勘定

みはらいねんきん　未払い年金　公文未払年金　建未払い年金

みはらし　見晴らし　文見晴らし　例頂上は〜がいい。

みはらしだい　見晴らし台　文見晴らし台

みはらす　見晴らす　文見晴らす　例四方を〜。

みはり　見張り　文見張り　例交代で〜に立つ。

みはりばん　見張り番　⊗見張り番

みはる　見張る〈瞠る〉
　例船のブリッジで～。目を～。

みびいき　身びいき〈身晶屓〉　例～
　をする。

みぶり　身振り・身ぶり　⊗身振り
　例～で教える。大げさな～。
　注新聞では、「身ぶり」と書く。

みぶるい　身震い　⊗身震い　例余
　りの怖さについ～する。

みぶん　身分　例～証明書。

みぼうじん　未亡人

みほれる　見ほれる〈見惚れる〉
　例ダブルプレーの美技に～。

みほん　見本　例商品の～。

みまい　見舞い　⊗見舞い　例友人
　の～に行く。

みまいきん　見舞い金

みまいじょう　見舞い状

みまいひん　見舞い品　公⊗見舞品

みまう　見舞う　⊗見舞う　例病気
　を～。不況に見舞われる。

みまがう　見まがう〈見紛う〉　例花
　かと～ばかりの美しさ。

みまちがえる　見間違える　例つい
　～こともある。

みまもる　見守る　例成り行きを～。

みまわす　見回す　例辺りを～。

みまわり　見回り　例～をする。

みまわる　見回る　例家中を～。

みまん　未満　例10歳以上25歳～。

みみ　耳　例～を澄まして聞く。

みみあか　耳あか〈耳垢〉

みみあたらしい　耳新しい　例何か
　～話はないか。

みみうち　耳打ち　⊗耳打ち　例そ
　っと～する。

みみかき　耳かき〈耳掻き〉

みみかざり　耳飾り　⊗耳飾り
　例真珠の～。

みみざわり　耳障り　例～な話。

みみずく　みみずく〈木菟〉　例真夜
　中に～が鳴く。

みみたぶ　耳たぶ〈耳朶〉

みみだれ　耳垂れ　例～が出たので
　耳鼻科に行った。

みみなり　耳鳴り　⊗耳鳴り　例～
　がする。

みみなれる　耳慣れる　例耳慣れな
　い外来語。

みみもと　耳元〈耳許〉　例～でこっ
　そりとささやく。

みみより　耳寄り　⊗耳寄り　例良
　い出物があるという～な話。

みむき　見向き　例一旦嫌いになっ
　たら、もう～もしない。

みめ　見目　例～麗しい人。

みめい　未明　例8日～に出発。

みもだえ　身もだえ〈身悶え〉　例苦
　しさの余り～する。

みもち　身持ち　⊗身持ち　例～が
　良い。

みもと　身元〈身許〉　例～の保証。

みもとひきうけにん　身元引受人

ま行

注:付表の語　×:表外字　△:表外音訓　〈　〉:参考表記　⇒:言い換え等

[文]身元引受人

みもの　見物　[例]これは～だ。

みもん　未聞　[例]前代～の事件。

みや　宮　[例]お～参り。

みゃく　脈[5]〔ミャク／―〕　[例]脈絡、鉱脈、静脈、動脈、山脈

みゃくはく　脈拍〈脈搏〉

みゃくらく　脈絡　[例]～のない話。

みやげ　土産[付]　[例]～を買う。

みやこ　都　[例]水の～。～大路。

みやこおち　都落ち　[文]都落ち

みやこそだち　都育ち　[文]都育ち

みやさま　宮様

みやすい　見やすい〈見易い〉　[例]もっと～所に貼ってください。

みやづかえ　宮仕え　[文]宮仕え　[例]すまじきものは～。

みやびやか　みやびやか〈雅やか〉　[例]～な舞。

みやぶる　見破る　[例]偽物と～。

みやまいり　宮参り　[例]七五三の日に～をする。

みやる　見やる〈見遣る〉　[例]はるかに遠くの山を～。

みよ　みよ〈御世・御代〉　[例]明治の～に生まれ育った人。

みよい　見よい〈見好い〉　[例]もう少し～場所はないかと探す。

みょう　名[1]〔メイ・ミョウ／な〕　[例]名字、名号、名代、戒名、大名、本名　[付]仮名(かな)、名残(なごり)

みょう　妙〔ミョウ／―〕　[例]妙案、妙技、妙齢、奇妙、巧妙、絶妙

みょう　命[3]〔メイ・ミョウ／いのち〕　[例]寿命、宣命書き

みょう　明[2]〔メイ・ミョウ／あかり・あかるい・あかるむ・あからむ・あきらか・あける・あく・あくる・あかす〕　[例]明朝、明春、明星、明日、明年、光明、灯明　[付]明日(あす)

みょう　冥〔メイ・ミョウ／―〕　[例]冥加、冥利

みょうあん　妙案　[例]～が浮かぶ。

みょうが　冥加　[例]～に尽きる。

みょうぎ　妙技　[例]～を披露する。

みょうごにち　明後日

みょうじ　名字〈苗字〉

みょうじょう　明星　[例]明けの～。

みょうだい　名代　[例]父の～として葬式に参列する。

みょうと　みょうと〈夫婦〉　[例]二人は晴れて～となった。

みょうに　妙に　[例]～気が合う。

みょうにち　明日

みょうねん　明年

みょうみ　妙味　[例]～を味わう。

みょうり　冥利　[例]役者～に尽きる。

みょうれい　妙齢　[例]～の女性。

みより　身寄り　[文]身寄り

みらい　未来　[例]～を語る。

みりょう　未了　[例]審議～。

みりょう　魅了　[例]聴衆を～する。

みりょく　魅力　[例]書道の～。

みりん　みりん〈味醂〉

みる　見る〈観る・看る・覧る・視

る〉 [文]見る [例]絵を～。映画を～。手相を～。

みる 診る〈看る〉 [文]診る [例]医者が病人を～。患者の容体を～。

[注]「見る・診る」の使い分けは、「「異字同訓」の漢字の使い分け」参照。

…(て)みる …(て)みる [公][文]…てみる [例]行って～。食べて～。試して～。

[注]公用文では、「見てみる。」のように用いるときは、原則として、仮名で書く。

みるまに 見る間に [例]初雪は～消えてしまった。

みるみる 見る見る [例]風船が～うちに大きくなっていく。

みれん 未練 [例]～がましい。

みわく 魅惑 [例]～的なまなざし。

みわける 見分ける [例]真偽を～。

みわすれる 見忘れる [例]年月がたってすっかり～。

みわたし 見渡し [文]見渡し

みわたす 見渡す [例]～限り花盛りだ。全体を～。

みん 民[4]〔ミン たみ〕 [例]民衆、民意、民族、民主的、国民、半官半民

みん 眠〔ミン ねむる・ねむい〕 [例]不眠、安眠、仮眠、睡眠、冬眠

みんか 民家 [例]～の軒先。

みんかん 民間 [例]～放送。

みんげい 民芸 [例]～品。

みんしゅう 民衆 [例]～の支持。

みんしゅてき 民主的

みんせい 民生 [例]～の安定。

みんせい 民政 [例]軍政と～。

みんぞく 民俗 [例]地方の～の調査。

みんぞく 民族 [例]～の祭典。

みんな みんな〈皆〉 [例]～の顔。

みんぽう 民法 [例]～の改正。

みんゆう 民有 [例]～地。

みんよう 民謡 [例]郷土の～。

みんわ 民話 [例]郷土に伝わる～。

ま行

「異字同訓」の漢字の使い分け

みる

【見る】眺める。調べる。世話する。

遠くの景色を見る。エンジンの調子を見る。顔色を見る。面倒を見る。親を見る。

【診る】診察する。

患者を診る。脈を診る。胃カメラで診る。医者に診てもらう。

（平成26年文化審議会国語分科会）

む

む　矛〔ム・ほこ〕　例矛盾

む　武5〔ブ・ム〕　例武者人形、荒武者

む　務5〔ム・つとめる・つとまる〕　例公務、事
　　務、乗務、職務、義務、任務

む　無4〔ム・ブ・ない〕　例無効、無名、無
　　理、皆無、努力が無になる

む　夢5〔ム・ゆめ〕　例夢幻、夢中、悪夢

む　謀〔ボウ・ム・はかる〕　例謀反

む　霧〔ム・きり〕　例霧氷、霧笛、濃霧、
　　雲散霧消、五里霧中、噴霧器

むい　無為　例一日を～に暮らす。

むいか　六日　例～のあやめ。

むえき　無益　例～な努力。

むえん　無縁　例～仏。～塚。

むが　無我　例～の境地。

むかい　向かい　②向かい　例～の
　　家。

むかいあう　向かい合う　②向かい
　　合う　例客と～位置に座る。

むかいあわせ　向かい合わせ　②向
　　かい合わせ

むかいあわせる　向かい合わせる
　　②向かい合わせる

むかいかぜ　向かい風　②向かい風

むかいがわ　向かい側　例～の家。

むかう　向かう　②向かう　例船が
　　南に～。

むかえ　迎え　②迎え　例～の車。

むかえうつ　迎え撃つ　例敵を～。

むかえざけ　迎え酒

むかえび　迎え火　②迎え火　例お
　　盆の夕方に～をたく。

むかえる　迎える　②迎える　例客
　　を～。

むかし　昔　例～の人。～話。

むかしかたぎ　昔かたぎ〈昔気質〉
　　例～の職人。

むかしがたり　昔語り　②昔語り

むかしなじみ　昔なじみ〈昔馴染み〉
　　例10年振りに～に会う。

むかしばなし　昔話　②昔話　例～
　　を聞く。

むかしふう　昔風　例～に暮らす。

むかっぱら　向かっ腹　例彼はすぐ
　　に～を立てる。

むがむちゅう　無我夢中　例この10
　　年というもの～で過ごした。

むき　無期　例大会を～延期する。

むき　無機　例～化学。

むき　向き　②向き　例～を変える。
　　南～の家。子供～の本。

むぎ　麦　例～を刈る。～飯。

むきあう　向き合う　②向き合う
　　例面と～。

むぎうち　麦打ち　②麦打ち　例～
　　の季節。

むぎかり　麦刈り　例～の季節。

むぎこ　麦粉　例～の菓子。

むぎこがし　麦焦がし

1〜6：教育漢字学年配当　②：法令・公用文の表記　②：文科省語例集の表記

ま行

むきだし　むき出し〈剝き出し〉
　　例闘志を～にしてやって来る。

むきなおる　向き直る　例正面に～。

むぎばたけ　麦畑〈麦畠〉　例～にひ
　　ばりが鳴く。

むぎふみ　麦踏み

むぎまき　麦まき〈麦蒔き・麦播き〉
　　例畑を耕した後、～をする。

むきみ　むき身〈剝き身〉　例貝の～。

むぎわら　麦わら〈麦藁〉　例～帽子。

むく　向く　文向く　例横を～。運
　　が～。

むく　むく〈無垢〉　⇒清浄・汚れな
　　い様子・純粋　例～な心。

むく　むく〈剝く〉　例果物の皮を～。

むくい　報い〈酬い〉　文報い　例～
　　を受ける。

むくいる　報いる〈酬いる〉　文報い
　　る　例功労に～。

むけ　向け　文向け　例外国～の品。

むけい　無形　例～文化財。

むげに　無下に　例そう～断れない。

むける　向ける　文向ける　例顔を
　　右に～。

むける　むける〈剝ける〉　例皮が～。

むげん　夢幻　例～の世界。

むげん　無限　例～の空間。

むこ　婿〈壻・聟〉　例～と嫁。

むこ　むこ〈無辜〉　⇒罪のない・善
　　良な　例～の民。

むごい　むごい〈惨い〉　例～仕打ち。

むこいり　婿入り　文婿入り　例～

の支度。

むこう　無効　例この処分は～だ。

むこう　向こう　文向こう　例～の
　　方から来る。～へ押しやる。

むこうがわ　向こう側　例～へ渡る。

むこうぎし　向こう岸　例～に渡る。

むこうずね　向こうずね〈向こう脛〉
　　例～を思い切りぶつける。

むこうづけ　向こう付け

むこうどなり　向こう隣　例～の家。

むこうはちまき　向こう鉢巻き

むこうみず　向こう見ず　文向こう
　　見ず　例～な男。～な行動。

むごたらしい　むごたらしい〈惨た
　　らしい〉　例～場面。

むことり　婿取り　文婿取り　例～
　　をする。

むごん　無言　例～の忠告。

むざい　無罪　例～の判決。

むさくるしい　むさくるしい　例大
　　層～所ですがどうぞ。

むさぼりくう　貪り食う　文貪り食
　　う

むさぼる　貪る　文貪る　例暴利を
　　～。惰眠を～。

むざん　無残・無惨〈無慙〉　例～な
　　最期。
　　注新聞では、「無残」と書く。

むし　虫　例～が鳴く。腹の～。

むし　無視　例忠告を～する。

むじ　無地　例～の洋服。

むしあつい　蒸し暑い　文蒸し暑い

例〜夜。

むしかえし　蒸し返し　⊗蒸し返し
例同じ事の〜をするな。

むしかえす　蒸し返す　例話を〜。

むしかご　虫籠　例鈴虫の〜。

むしがし　蒸し菓子　⊗蒸し菓子
例茶請けに〜を切って出す。

むしき　蒸し器　例〜で芋を蒸す。

むしくい　虫食い　⊗虫食い　例古
い本には〜がある。

むしけら　虫けら〈虫螻〉　例〜のよ
うに扱われる。

むしず　むしず〈虫酸〉　例〜が走る。

むしずし　蒸しずし〈蒸し鮨〉　⊗蒸
しずし　例〜とは、珍しい。

むじつ　無実　例〜の罪。

むじな　むじな〈狢・貉〉

むしのいき　虫の息

むしば　虫歯　例〜を治療する。

むしばむ　むしばむ〈蝕む〉　例悪に
むしばまれる。

むしぶろ　蒸し風呂　⊗蒸し風呂
例〜に入る。

むしぼし　虫干し　⊗虫干し　例着
物の〜。

むしめがね　虫眼鏡　例〜で見る。

むしやき　蒸し焼き　⊗蒸し焼き
例魚を〜にして食べる。

むじゃき　無邪気　例〜に遊ぶ。

むしゃにんぎょう　武者人形　例5
月の節句に〜を飾る。

むしゃぶりつく　むしゃぶりつく

〈武者振り付く〉　例子供が〜。

むしゃぶるい　武者震い　例試合前
に〜をする。〜が出る。

むじゅん　矛盾　例〜だらけの論。

むしょう　無償　例〜の行為。

むじょう　無上　例〜の喜び。

むじょう　無常　例諸行〜。〜観。

むじょう　無情　例〜な人。

むしようかん　蒸しようかん〈蒸し
羊羹〉　例〜を一さお買う。

むしょうに　無性に・むしょうに
例〜会いたくなる。

注新聞では、「無性に」と書く。

むしよけ　虫よけ〈虫除け〉　例〜の
薬を十分に入れておく。

むしりとる　むしり取る〈毟り取る〉
例毛を〜。無理に〜。金を〜。

むしる　むしる〈毟る〉　例草を〜。

むしろ　むしろ〈筵・蓆〉　例針の〜。

むしろ　むしろ〈寧ろ〉　⊗むしろ
例〜こちらの方がよい。

むじんぞう　無尽蔵　例〜な資源。

むす　蒸す　⊗蒸す　例まんじゅう
を〜。部屋の中が〜。

むずかしい　難しい　⊗難しい
例〜問題。

注「むつかしい」とも。

むずかしさ　難しさ　⊗難しさ
例解決の〜を実感する。

むずがゆい　むずがゆい〈むず痒い〉
例背中が〜。〜気持ち。

むすこ　息子付　例〜と娘。

ま行

むすび　結び　②結び　例～の神。

むすびつける　結び付ける　例しっかりと～。

むすびめ　結び目　②結び目　例～を解く。

むすぶ　結ぶ　②結ぶ　例2点を～直線。糸を～。

むすめ　娘〔むすめ〕　例娘心、小娘

むすめ　娘　例年頃の～。

むすめごころ　娘心　例～のいじらしさ。

むせかえる　むせ返る〈噎せ返る〉　例急いで水を飲んで～。～ような館内の空気。

むせびなき　むせび泣き〈噎び泣き〉　②むせび泣き　例～の声。

むせびなく　むせび泣く〈噎び泣く〉　例～ような調べ。

むせる　むせる〈噎せる〉　例煙に～。

むせん　無線　例防災行政～。

むそう　無双　例大力～の男。

むそう　無想　例無念～。

むそう　夢想　例～だにしない。

むぞうさ　無造作・無雑作　②無造作　例～に言う。

　　注新聞では、「無造作」と書く。

むだ　無駄〈冗・徒〉　②無駄　例～を省く。

むだあし　無駄足　例～を踏む。

むだぐち　無駄口　例～をたたく。

むだづかい　無駄遣い　②無駄遣い　例金の～。

むだばなし　無駄話　②無駄話　例暇に飽かせて～をする。

むだぼね　無駄骨　例～を折る。

むだん　無断　例～で帰る。

むち　無知　例～に付け込む。

むち　無恥　例厚顔～。

むち　むち〈鞭・笞〉　例～を当てる。

むちうつ　むち打つ〈鞭打つ・笞打つ〉　例怠け心に～。

むちゃ　むちゃ〈無茶〉　例～をする。

むちゃくちゃ　むちゃくちゃ〈無茶苦茶〉　例～な行動。

むちゅう　夢中　例遊びに～になる。

むつ・むっつ　六つ　②六つ　例暮れ～の鐘。

むつかしい　難しい

　　注「むずかしい」とも。

むつぎり　六つ切り　②六つ切り　例紙を～にする。～の印画紙。

むつまじい　むつまじい〈睦まじい〉　②むつまじい　例二人は～仲だ。

むてき　霧笛　例～を鳴らす。

むてっぽう　無鉄砲　例～なやり方。

むとどけ　無届け　例～で欠席する。

むとんちゃく　無頓着　例金に～だ。

むないた　胸板　例～が厚い。

むなぎ　棟木　例太い～。

むなぐら　胸倉　例～をつかむ。

むなぐるしい　胸苦しい　例～気分。

むなげ　胸毛

むなさわぎ　胸騒ぎ　②胸騒ぎ　例何となく～がする。

ま行

注:付表の語　×:表外字　△:表外音訓　〈　〉:参考表記　⇒:言い換え等

むなざんよう　胸算用　例自分の利益を～する。

むなしい　むなしい〈空しい・虚しい〉　文むなしい　例～努力だ。

むなもと　胸元〈胸許〉　例～を押さえる。

むに　無二　例～の親友。

むね　旨　文旨　例その～を告げる。

むね　胸　例～を張る。

むね　棟　例5～の建物がある。

むねあげ　棟上げ　文棟上げ　例我が家の～は5日に済んだ。

むねあげしき　棟上げ式　文棟上げ式

むねわりながや　棟割り長屋　文棟割り長屋

むねん　無念　例～無想。残念～。

むひ　無比　例痛烈～の批評。

むぼう　無帽　例炎天下に～で歩く。

むぼう　無謀　例～な探検計画。

むほん　謀反　例～をたくらむ。

むめい　無名　例～の新人。

むやみ　むやみ・無闇〈無暗〉　文むやみ　例～に腹が減る。
　　注新聞では、「むやみ」と書く。

むやみやたら　むやみやたら・無闇やたら〈無暗矢鱈〉　例～に食べる。

むよう　無用　例～の長物。

むよく　無欲　例～な人。

むら　村　例～を流れる小川。

むら　むら〈斑〉　例色に～がある。

むらがる　群がる　文群がる　例甘い物に～あり。

むらさき　紫　例～の服を着る。

むらさきいろ　紫色　例～の花。

むらざと　村里　例～の祭り。

むらしばい　村芝居　例～の見物。

むらす　蒸らす　文蒸らす　例御飯を～。

むらすずめ　群すずめ〈群雀〉　文群すずめ　例～が餌をあさる。

むらちどり　群千鳥

むらはちぶ　村八分　例～にする。

むり　無理　例～を承知で頼む。

むりおし　無理押し　例～をする。

むりじい　無理強い　文無理強い　例～はしません。

むりやり　無理やり〈無理矢理〉

むりょ　無慮　例～数万の群集。

むれ　群れ　文群れ　例～を成す。

むれ　蒸れ　文蒸れ　例御飯の～が良い。

むれる　群れる　文群れる　例かもめが～。

むれる　蒸れる　文蒸れる　例御飯がよく～。

むろ　室　例芋を～に入れておく。

むろざき　室咲き　文室咲き　例～の花。

むろん〔副詞〕　無論　公文無論　例～承知している。

ま行

め

め　目〈眼〉　例〜を開く。欲〜。

め　芽　例草の〜が出る。新〜。

め　雌　例〜しべ。

…め〔接尾語〕　…目　文…目　例三日〜。10番〜。

…め〔接尾語〕　…め・…目　公文…め　例少な〜。高〜の球。

注「形容詞＋め」は「め」であるのに対して、「動詞＋め」は「目」（例：控え目）と表記する。

めあたらしい　目新しい　文目新しい　例〜出し物。

めあて　目当て　文目当て　例賞金〜に出場する。塔を〜に歩く。

めい　名[1]〔メイ・ミョウ／な〕　例名声、名刺、名義、名誉、有名、地名、氏名　団仮名(かな)、名残(なごり)

めい　命[3]〔メイ・ミョウ／いのち〕　例命中、命令、運命、生命、社長の命

めい　明[2]〔メイ・ミョウ／あかり・あかるい・あかるむ・あからむ・あきらか・あける・あく・あくる・あかす〕　例明暗、明示、明白、説明、鮮明、先見の明　団明日(あす)

めい　迷[5]〔メイ／まよう〕　例迷宮、迷路、迷惑、低迷　団迷子(まいご)

めい　冥〔メイ・ミョウ〕　例冥福

めい　盟[6]〔メイ〕　例盟主、加盟、同盟、連盟、盟を結ぶ

めい　銘〔メイ〕　例銘柄、銘記、感銘、碑銘、座右の銘、銘を打つ

めい　鳴[2]〔メイ／なく・なる・ならす〕　例鳴動、悲鳴、吹鳴、共鳴、雷鳴

めい　めい〈姪〉　例叔父と〜。

めいあん　明暗　例人生の〜。

めいい　名医　例〜に頼む。

めいかい　明快　例〜な説明。

めいかく　明確　例〜な事実。

めいがら　銘柄　例酒の〜。

めいき　明記　例氏名を〜する。

めいき　銘記　例心に〜する。

めいぎ　名義　例〜を変更する。

めいぎかきかえ　名義書き換え　公文名義書換

めいきょく　名曲　例〜の鑑賞。

めいげつ　名月　例陰暦の8月15日と9月13日の月を〜という。

めいげつ　明月　例明るく輝く満月を〜という。

めいげん　名言　例〜を吐く。

めいげん　明言　例〜を避ける。

めいさつ　名刹

めいし　名士　例各界の〜。

めいし　名刺　例〜を交換する。

めいじ　明示　例目標を〜する。

めいじつ　名実　例〜共に第一人者。

めいしゅ　銘酒　例〜を飲む。

めいしょう　名称　例〜の変更。

めいしょう　名勝　例〜の探訪。

団:付表の語　×:表外字　△:表外音訓　〈　〉:参考表記　⇒:言い換え等

めいじょう　名状　[例]～し難い惨状。
めいじる　命じる　[例]出張を～。
めいじる　銘じる　[例]肝に～。
めいせい　名声　[例]～を博する。
めいせき　明せき〈明晰〉　⇒はっきり・明敏　[例]～な頭脳。
めいせん　銘仙　[例]～の着物。
めいそう　めい想〈瞑想〉　⇒沈想・黙想　[例]～にふける。
めいてい　めいてい〈酩酊〉　⇒深酔い・酔うこと・酔っ払うこと
めいど　冥途・冥土　[例]～の土産。
[注]新聞では、「あの世・冥土」と書く。
めいとう　名刀　[例]～の鑑賞。
めいとう　名答　[例]御～。
めいとう　明答　[例]～を避ける。
めいどう　鳴動　[例]天地が～する。
めいはく　明白　[例]～な事実。
めいふく　冥福　[例]故人の～を祈る。
めいぶつ　名物　[例]東京～。～男。
めいぶん　名分　[例]大義～。
めいぶん　名文　[例]～を読む。
めいぶん　明文　[例]趣旨を～化する。
めいぶん　銘文　[例]石碑の～。
めいぼ　名簿　[例]委員の～。
めいぼう　明ぼう〈明眸〉　⇒澄んだ目・美しい目元・奇麗な瞳
めいめい　銘々・めいめい　[文]銘々　[例]～勝手なことをする。～皿。
めいもう　迷妄　[例]～を覚ます。
めいもく　めい目〈瞑目〉　⇒目をつぶること・死ぬこと
めいよ　名誉　[例]～を重んじる。
めいよきそん　名誉毀損　[例]相手を～で訴える。
めいよよく　名誉欲　[例]～に取りつかれた男。
めいりょう　明瞭　[公][文]明瞭　[例]～な発音。簡単～に説明する。
めいる　めいる〈滅入る〉　[例]気が～。
めいれい　命令　[例]～を下す。
めいろ　迷路　[例]～に迷い込む。
めいろう　明朗　[例]～な性格の人。
めいわく　迷惑　[例]～を掛ける。
めうし　雌牛　[例]～と雄牛。
めうつり　目移り　[文]目移り　[例]品物を選ぶのに～がして困る。
メートル　メートル〈米〉　[文]メートル　[例]3～。
めおと　めおと〈夫婦〉　[例]二人は晴れて～になった。
めかくし　目隠し　[文]目隠し　[例]～をする。
めがける　目掛ける　[文]目掛ける　[例]的を目掛けて射る。
めがしら　目頭　[例]～が熱くなる。
めかす　めかす　[例]精一杯めかして出掛ける。
めかた　目方　[例]～が重い。
めがね　眼鏡[付]　[文]眼鏡　[例]～を掛ける。
めがみ　女神　[例]自由の～。
めきき　目利き　[文]目利き　[例]魚の～。

ま行

めくじら　目くじら　[例]～を立てる。
めぐすり　目薬　[例]～を差す。
めくそ　目くそ〈目糞〉　⇒目やに
めくばせ　目くばせ〈目配せ〉　[例]合図に～をする。
めくばり　目配り　[例]～を怠らない。
めぐまれる　恵まれる　[例]運に～。
めぐみ　恵み　[文]恵み　[例]自然の～。
めぐむ　恵む　[文]恵む　[例]金を～。
めぐむ　芽ぐむ　[文]芽ぐむ　[例]草木が～。
めぐらす　巡らす　[文]巡らす
めぐり　巡り　[例]血の～が悪い。房総半島～。
めぐりあい　巡り合い　[例]不思議な～と言うべきだ。
めぐりあう　巡り合う　[例]10年振りに～。
めぐりあるく　巡り歩く　[文]巡り歩く　[例]あちこちの寺を～。
めぐりあわせ　巡り合わせ　[例]不幸な～と諦める。
めくる　めくる〈捲る〉　[例]紙を～。
めぐる　巡る　[文]巡る　[例]因果は～。関西地方を～3泊4日の旅。
めぐる　めぐる〈巡る〉　[文]めぐる　[例]課題をめぐって議論する。
めこぼし　目こぼし〈目溢し〉　[例]どうかお～をお願いします。
めさき　目先　[例]～が利く。
めざし　目刺し　[文]目刺し　[例]～を焼く。
めざす　目指す　[文]目指す　[例]優勝を～。
めざとい　目ざとい〈目敏い〉　[例]あの子は随分～子供だ。
めざまし　目覚まし　[文]目覚まし
めざましい　目覚ましい　[文]目覚ましい　[例]～働きをする。
めざましどけい　目覚まし時計　[例]～の音に慌てて起きる。
めざめ　目覚め　[文]目覚め　[例]ぐっすり寝たので気持ちの良い～だ。
めざめる　目覚める　[例]朝早く～。
めざわり　目障り　[例]～になる。
めし　飯　[例]～を食う。朝～。
めしあがる　召し上がる　[文]召し上がる　[例]何を召し上がりますか。
めしかかえる　召し抱える　[例]大勢の家来を～。
めした　目下　[例]～に気を遣う。
めしたき　飯炊き　[文]飯炊き　[例]～をする。
めしつぶ　飯粒　[例]～を拾う。
めしとる　召し捕る　[例]盗賊を～。
めしべ　雌しべ・めしべ〈雌蕊〉　[例]～と雄しべ。
めしもの　召し物　[文]召し物　[例]お～。
めじり　目尻　[例]～を下げる。
めじるし　目印　[文]目印　[例]～を付ける。
めじろおし　めじろ押し・目白押し　[文]めじろ押し　[例]予定が～だ。

[付]:付表の語　×:表外字　△:表外音訓　〈　〉:参考表記　⇒:言い換え等

ま行

めす　雌〈牝〉　囫雄と〜。

めす　召す　⊗召す　囫コートをお召しください。宮中に召される。

めすいぬ　雌犬　囫〜を飼う。

めずらしい　珍しい　⊗珍しい　囫〜花。

めずらしがる　珍しがる　⊗珍しがる

めずらしさ　珍しさ　⊗珍しさ

めだつ　目立つ　⊗目立つ　囫〜色彩。

めだま　目玉　囫〜が飛び出る。

めちゃくちゃ　めちゃくちゃ〈目茶苦茶・滅茶苦茶〉　囫〜な説明。

めつ　滅〔メツ　ほろびる・ほろぼす〕　囫滅菌、滅亡、絶滅、消滅、生者必滅

めっき　めっき〈滅金・鍍金〉　囫〜が剝げる。金〜をする。

めっき　目つき〈目付き〉　⊗目つき　囫鋭い〜。

めっきり　めっきり　囫〜寒くなる。

めっしつ　滅失　囫文書の損傷若しくは〜。

めっする　滅する　囫「大義、親(しん)を〜」と言う。

めっそう　滅相　囫〜もない。

めった　めった〈滅多〉　⊗めった　囫〜なことを言うな。〜斬り。

めったうち　めった打ち〈滅多打ち〉　囫棒で〜にする。

めったに　めったに〈滅多に〉　囫〜ないことだ。〜人が来ない。

めつぶし　目潰し　囫〜を食う。

めつぼう　滅亡　囫豪族が〜する。

めでたい　めでたい〈目出度い・芽出度い〉　⊗めでたい　囫〜日。明けましておめでとう。

めでる　めでる〈愛でる〉　囫花を〜。

めど　めど〈目処〉　⊗めど　囫仕事の〜が立ったばかりです。

めどおり　目通り　⊗目通り　囫〜を許す。

めとる　めとる〈娶る〉　囫妻を〜。

めぬき　目抜き　⊗目抜き　囫〜の通り。

めぬきどおり　目抜き通り

めのたま　目の玉　囫〜が黒い。

めのまえ　目の前　囫〜にある。

めばえ　芽生え　囫友情の〜。

めばえる　芽生える　⊗芽生える　囫草木が〜。

めばな　雌花　囫〜と雄花。

めはなだち　目鼻立ち・目鼻だち　囫〜が整っている。

めばり　目張り　⊗目張り　囫障子の〜。

めぶんりょう　目分量　囫砂糖を〜で入れたら少し甘過ぎた。

めべり　目減り　⊗目減り　囫〜が激しい。

めぼし　目星　囫〜を付ける。

めぼしい　めぼしい　囫〜品。

めまい　めまい〈眩暈〉　囫〜がする。

めまぐるしい　目まぐるしい〈目紛

ま行

るしい〉 [例]～変化。

めもと　**目元**〈目許〉 [例]～が涼しい。

めもり　**目盛り** [文]**目盛り** [例]計器の～。

めやす　**目安** [例]作業の～。

めやに　**目やに**〈目脂〉

めりこむ　**めり込む**〈減り込む〉 [例]車がぬかるみに～。

めりはり　**めりはり**〈減り張り・乙張り〉

めん　**免**(免)〔メン まぬかれる〕 [例]免許、免職、免除、放免、任免

[注]「まぬかれる」は、「まぬがれる」とも。

めん　**面**3〔メン おも・おもて・つら〕 [例]面談、面会、面従腹背、顔面、洗面、三面鏡、方面 [付]真面目(まじめ)

めん　**綿**5〔メン わた〕 [例]綿織物、綿糸、綿密、綿々、綿布、連綿、純綿 [付]木綿(もめん)

めん　**麺**(麵)〔メン —〕 [例]麺類

めんえき　**免疫** [例]～ができる。

めんおりもの　**綿織物**

めんか　**綿花**〈棉花〉 [例]～の収穫。

めんかい　**面会** [例]～に行く。

めんきつ　**面詰** [例]近くに寄って～する。

めんきょ　**免許** [例]運転～。～皆伝。

めんきょしょう　**免許証**

めんくらう　**面食らう** [例]急なことで大いに～。

めんし　**綿糸** [例]～を輸入する。

めんしき　**面識** [例]～のある人。

めんじょ　**免除** [例]税金を～する。

めんじょう　**免状** [例]～の取得。

めんじる　**免じる** [例]税を～。A君に免じて我慢しておきます。

めんする　**面する** [例]海に～地域。

めんぜい　**免税** [例]～品。

めんせき　**面積** [例]農地の～。

めんせつ　**面接** [例]～試験。

めんだん　**面談** [例]三者～。

めんどう　**面倒** [文]**面倒** [例]～を掛ける。～な手続き。

めんどうくさい　**面倒臭い・面倒くさい** [例]～仕事は一切しない。

めんどり　**めんどり**〈雌鳥・雌鶏〉 [例]卵を産むのは～だ。

めんば　**面罵** [例]荒々しい言葉で～する。

めんぷ　**綿布** [例]～のシーツ。

めんぼう　**面貌** [例]彼の～はあの俳優にそっくりだ。

めんぼく　**面目** [例]～が立つ。

[注]「めんもく」とも。

めんみつ　**綿密** [例]～に調べる。

めんめん　**面々** [例]劇団の～。

めんめん　**綿々** [例]話が～と続く。

めんもく　**面目** [例]～躍如。

[注]「めんぼく」とも。

めんよう　**綿羊**〈緬羊〉

めんよう　**面妖** [例]～なことがあるものだ。

めんるい　**麺類** [例]昼食に～を食べる。

も

も　茂〔モ しげる〕　例茂林、繁茂

も　模⁶〔モ・ボ〕　例模型、模写、模
　　範、模倣、…を模する

も　喪　例父の～に服する。～服。
　　～中。

も　藻　例池に生える～。玉～。

もう　亡⁶〔ボウ・モウ〕　例亡者

もう　毛²〔モウ け〕　例毛管、毛髪、毛
　　細管、不毛、羊毛、二毛作

もう　妄〔モウ・ボウ〕　例妄語、妄信、
　　妄想、虚妄、迷妄、軽挙妄動

もう　盲〔モウ〕　例盲腸、盲点、盲従、
　　盲導犬、文盲

もう　耗〔モウ・コウ〕　例消耗、損耗
　　注「モウ」は、慣用音。

もう　猛〔モウ〕　例猛威、猛獣、猛然、
　　猛烈、勇猛　付猛者（もさ）

もう　望⁴〔ボウ・モウ のぞむ〕　例懇望、大望、
　　本望、所望
　　注「大望」は、「たいぼう」とも。

もう　網〔モウ あみ〕　例網膜、漁網、情報
　　網、通信網　付投網（とあみ）

もうかる　もうかる〈儲かる〉　例よ
　　く売れてたくさん～。

もうけ　設け　⊗設け　例～の席。

もうけ　もうけ〈儲け〉　例～が多い。

もうけもの　もうけ物〈儲け物〉

例これは意外な～だ。

もうける　設ける　⊗設ける　例席
　　を～。

もうける　もうける〈儲ける〉　例株
　　を売って～。

もうげん　妄言　例～を吐く。
　　注「ぼうげん」とも。

もうこ　猛虎

もうさいかん　毛細管

もうしあげる　申し上げる　⊗申し
　　上げる　例お知らせ申し上げま
　　す。

もうしあわせ　申し合わせ　公⊗申
　　合せ　建申し合わせ　例関係者
　　の～。

もうしあわせじこう　申し合わせ事
　　項　公⊗申合せ事項　建申し合
　　わせ事項

もうしあわせる　申し合わせる
　　⊗申し合わせる　例特別扱いを
　　しないように～。

もうしいで　申しいで〈申し出で〉
　　例今回に限り～を受理する。

もうしいれ　申し入れ　公⊗申入れ
　　建申し入れ　例せっかくの～を
　　断る。

もうしいれじこう　申し入れ事項

もうしいれしょ　申し入れ書

もうしいれる　申し入れる　⊗申し
　　入れる　例待遇の改善を～。

もうしうける　申し受ける　⊗申し
　　受ける　例特別料金を～。

ま行

もうしおくり　申し送り　⊠申し送
り　例次の責任者への～。

もうしおくる　申し送る　⊠申し送
る　例引き継ぎ事項を～。

もうしご　申し子　例時代の～。

もうしこみ　申し込み　⚪⊠申込み
建申し込み　例参加の～をする。

もうしこみきかん　申込期間　建申
し込み期間　例～を１か月延ば
す。

もうしこみさき　申込先　建申し込
み先

もうしこみしょ　申込書　建申し込
み書　⚪⊠申込書　例～の提出
期限。

もうしこみずみ　申し込み済み
例会にはもう～だ。

もうしこむ　申し込む　⊠申し込む
例入会を～方はお早めに。

もうしたて　申し立て　⚪⊠申立て
建申し立て　例異議の～をする。

もうしたてにん　申し立て人
⚪⊠申立人　建申し立て人
例異議の～として…。

もうしたてる　申し立てる　⊠申し
立てる　例異議を～。

もうしつけ　申し付け　例上役の～
を聞く。

もうしつける　申し付ける　⊠申し
付ける　例適切な対応をするよ
う～。

もうしで　申し出　⚪⊠申出　建申

し出　例せっかくの～を断る。

もうしでる　申し出る　例希望者は
～こと。

もうしひらき　申し開き　⊠申し開
き　例～をする。

もうしぶん　申し分　⊠申し分
例全く～のない人物だ。

もうじゃ　亡者　例金の～。

もうしゅう　妄執　例～に取り付か
れる。

もうじゅう　盲従　例上役の命令だ
と言っても～する必要はない。

もうじゅう　猛獣　例～を捕らえる。

もうしょ　猛暑　例～の候…。

もうしわけ　申し訳　⊠申し訳
例誠に～ない。～が立たない。

もうしわたし　申し渡し　⊠申し渡
し　例特別任務の～を受ける。

もうしわたす　申し渡す　⊠申し渡
す　例今後の注意を～。

もうしん　妄信　例うわさを～する。

もうしん　猛進　例目的に向かって
～する。ちょ突～。

もうす　申す　⊠申す　例山本と～
者です。

もうせい　猛省　例～を促す。

もうせつ　妄説　例～を信じるな。

もうせん　毛せん〈毛氈〉

もうそう　妄想　例～にとらわれる。

もうちょう　盲腸　例～の手術。

…もうで　…詣・…詣で　⊠…詣
例初～。寺～。

もうでる　詣でる　⟨文⟩詣でる　⟨例⟩元
　　日に神社に〜。

もうてん　盲点　⟨例⟩捜査の〜。

もうとう　毛頭　⟨例⟩そんな気持ちは
　　〜ありません。

もうどう　妄動　⟨例⟩軽挙〜を慎む。

もうどうけん　盲導犬

もうねん　妄念　⟨例⟩〜を払う。

もうはつ　毛髪　⟨例⟩〜の手入れ。

もうひつ　毛筆　⟨例⟩〜の習字。

もうひょう　妄評　⟨例⟩〜多謝。

もうまく　網膜　⟨例⟩〜に映る。

もうもう　もうもう⟨濛々・朦々⟩
　　⟨例⟩煙が〜と立つ。

もうら　網羅　⟨文⟩網羅　⟨例⟩資料を〜
　　する。

もうれつ　猛烈　⟨例⟩〜な勢い。

もうろう　もうろう⟨朦朧⟩　⇒ぼん
　　やり　⟨例⟩意識が〜となる。

もうろく　もうろく⟨耄碌⟩　⟨例⟩すっ
　　かり〜する。

もえ　燃え　⟨文⟩燃え　⟨例⟩まきの〜が
　　いい。

もえあがる　燃え上がる　⟨文⟩燃え上
　　がる　⟨例⟩炎が〜。勢いよく〜。

もえうつる　燃え移る　⟨例⟩隣の家に
　　〜のを防ぐ。

もえがら　燃え殻　⟨文⟩燃え殻　⟨例⟩炭
　　の〜。

もえぎ　もえぎ⟨萌黄・萌葱⟩　⟨例⟩〜
　　色。

もえさかる　燃え盛る　⟨文⟩燃え盛る

⟨例⟩炎々と〜家。

もえさし　燃えさし⟨燃え止し⟩
　　⟨例⟩マッチの〜。

もえたつ　燃え立つ

もえつきる　燃え尽きる　⟨文⟩燃え尽
　　きる

もえつく　燃え付く・燃えつく

もえのこり　燃え残り　⟨文⟩燃え残り

もえのこる　燃え残る

もえひろがる　燃え広がる

もえる　燃える　⟨文⟩燃える　⟨例⟩火が
　　〜。理想に〜。

もえる　もえる⟨萌える⟩　⟨例⟩草が〜。

もがく　もがく⟨踠く⟩　⟨例⟩盛んに〜。

もぎ　模擬　⟨例⟩〜店。〜試験。

もぎとる　もぎ取る⟨挘ぎ取る⟩
　　⟨例⟩みかんを〜。無理やりに〜。

もく　木¹〔ボク・モク
　　　　　　き・こ〕　⟨例⟩木造、木
　　星、木曜日、木魚、貯木場、材
　　木、樹木　⟨団⟩木綿(もめん)

もく　目¹〔モク・ボク
　　　　　　め・ま〕　⟨例⟩目次、目測、
　　目前、目的、眼目、項目、…と
　　目する　⟨団⟩真面目(まじめ)

もく　黙(默)〔モク
　　　　　　だまる〕　⟨例⟩黙視、黙殺、
　　黙読、暗黙、沈黙、黙する

もぐ　もぐ⟨挘ぐ⟩　⟨例⟩実を〜。

もくげき　目撃　⟨例⟩現場を〜する。

もぐさ　もぐさ⟨文⟩　⟨例⟩きゅうの〜
　　を用意する。

もくさつ　黙殺　⟨例⟩申し出を〜する。

もくし　黙視　⟨例⟩〜はできない。

もくじ　目次　⟨例⟩本の〜。

ま行

もくしょう　目しょう〈目睫〉　⇒目前　例〜の間に迫る。

もくず　藻くず〈藻屑〉　例海の〜。

もくする　黙する　例何を聞いても黙して語らない。

もくぜん　目前　例〜に迫る。

もくぞう　木造　例〜の住宅。

もくそく　目測　例川幅を〜する。

もくたん　木炭　例〜画。

もくちょう　木彫　例〜の仏像。

もくてき　目的　例〜を果たす。

もくと　目途　文目途　例参加者1,000名を〜とする。

もくとう　黙とう〈黙禱〉　⇒祈り　例１分間の〜をささげる。

もくにん　黙認　例違反の〜はしない。

もくひけん　黙秘権　例〜の行使。

もくひょう　目標　例〜を掲げる。

もくもく　黙々　例〜と励む。

もくよく　もく浴〈沐浴〉　例斎戒〜。

もぐり　潜り　例〜の業者。素〜。

もぐりこむ　潜り込む　文潜り込む　例中に〜。

もぐる　潜る　文潜る　例海に〜。

もくれい　目礼　例〜を交わす。

もくれい　黙礼　例〜する。

もくろく　目録　例記念品の〜。

もくろみ　もくろみ〈目論見〉　文もくろみ　例〜が外れる。

もくろみしょ　もくろみ書〈目論見書〉　例〜を提出する。

もくろむ　もくろむ〈目論む〉

もけい　模型　例飛行機の〜。

もこ　もこ〈模糊〉　⇒ぼんやり　例曖昧〜としている。

もさ　猛者付　例柔道の〜。

もさく　模索〈摸索〉　例暗中〜。

もし　もし〈若し〉　文もし　例〜雨なら…。

もじ　文字　例小さな〜を読む。
　注「もんじ」とも。

もしくは〔接続詞〕　若しくは・もしくは　公文若しくは　例父〜母、又は兄〜姉。
　注法令・公用文では、選択が二重になる場合、小さな方の選択に「若しくは」、大きな方に「又は」を使う。例えば「３年以下の懲役若しくは禁錮又は50万円以下の罰金」のように用いる。

もじづかい　文字遣い　例正しい〜。

もじどおり　文字どおり・文字通り

もしも　もしも〈若しも〉　例〜のこと。

もしや　もしや〈若しや〉　例〜と思うと…。

もしゃ　模写〈摸写〉　例壁画の〜。

もしゅ　喪主　例〜は長男だ。

もす　燃す　文燃す　例まきを〜。

もする　模する　例原型を〜。

もぞう　模造〈摸造〉　例〜品。

もだえる　もだえる〈悶える〉　例身をもだえて泣く。

もたげる　もたげる〈擡げる〉　例つ

くしが土の中から頭を～。

もたせかける　もたせかける〈凭せ
　掛ける〉　例看板を塀に～。

もたらす　もたらす〈齎す〉　文もた
　らす　例吉報を～。

もたれる　もたれる〈凭れる〉　例壁
　に～。甘い物を食べると胃が～。

もち　持ち　例旅費は主催者～だ。
　～が良い品。

もち　餅　例～を食べる。のし～。

もちあがる　持ち上がる　例降って
　湧いたように事件が～。

もちあげる　持ち上げる　文持ち上
　げる　例椅子を～。上司を～。

もちあじ　持ち味　例～を生かす。

もちあるき　持ち歩き　例便利な機
　械だが重くて～には不便だ。

もちあわせ　持ち合わせ　文持ち合
　わせ　例あいにく～がない。

もちあわせひん　持ち合わせ品
　文持ち合わせ品

もちあわせる　持ち合わせる　文持
　ち合わせる

もちいえ　持ち家　公文持家　建持
　ち家

もちいる　用いる　文用いる　例人
　を～。道具を巧みに～。

もちかえる　持ち帰る　例ごみを～。

もちかえる　持ち替える　例傘を左
　手に～。

もちかぶ　持ち株　文持ち株　例～
　の整理。

もちきり　持ち切り　例彼女のうわ
　さで～だ。

もちぐされ　持ち腐れ　例宝の～。

もちくずす　持ち崩す　例身を～。

もちこし　持ち越し　文持ち越し
　例～の懸案。

もちこす　持ち越す　例結論を～。

もちこたえる　持ちこたえる〈持ち
　堪える〉　例逆境によく～。

もちごま　持ち駒　文持ち駒　例～
　が豊富だ。

もちこみ　持ち込み　公文持込み
　建持ち込み

もちこみきんし　持ち込み禁止
　公文持込禁止　建持ち込み禁止
　例危険物の～。

もちこむ　持ち込む　例危険物を～。

もちごめ　餅米〈糯米〉　例～をつい
　て、餅を作る。

もちだし　持ち出し　文持ち出し
　例費用が掛かり過ぎて、～だ。

もちだしきんし　持ち出し禁止
　文持ち出し禁止　例館外への～。

もちだす　持ち出す　例話を～。

もちつき　餅つき　文餅つき

もちなおす　持ち直す　例病人が～。

もちにげ　持ち逃げ　文持ち逃げ
　例かばんを～される。

もちぬし　持ち主　文持ち主　例本
　の～。

もちば　持ち場　文持ち場　例自分
　の～。

ま行

もちはこび　**持ち運び**　[例]～の便を考える。

もちはこぶ　**持ち運ぶ**　[例]パソコンを～。

もちぶん　**持ち分**　[公][文]**持分**　[建]**持ち分**　[例]自分の～を他人に譲る。

もちまえ　**持ち前**　[文]**持ち前**　[例]～の粘り強さを発揮する。

もちまわり　**持ち回り**　[文]**持ち回り**　[例]～で議長を務める。～閣議。

もちもの　**持ち物**　[文]**持ち物**　[例]～に名前を書く。

もちや　**餅屋**　[例]餅は～。

もちゅう　**喪中**　[例]～につき、年頭の挨拶をやめる。

もちより　**持ち寄り**　[例]～の品。

もちよる　**持ち寄る**　[文]**持ち寄る**　[例]銘々が好きな物を～。

もちろん　**もちろん**〈勿論〉　[文]**もちろん**　⇒無論　[例]～大丈夫だ。

もつ　**物**[3]〔ブツ・モツ / もの〕　[例]貨物、作物、食物、荷物、書物、禁物、進物、宝物殿　[付]果物(くだもの)

もつ　**持つ**　[文]**持つ**　[例]荷物を～。

もっか　**目下**　[例]～検討中です。

もっきん　**木琴**　[例]～の演奏者。

もっけ　**もっけ**〈勿怪〉　[例]ここで会えたのは～の幸いだ。

もっけい　**黙契**　[例]～を結ぶ。

もったい　**もったい**〈勿体〉　[例]～を付けないで話しなさい。

もったいない　**もったいない**〈勿体無い〉　[例]捨てるのはまだ～。

もったいぶる　**もったいぶる**〈勿体振る〉　[例]そんなに～な。

もって　**もって**〈以て〉　[公][文]**もって**　[例]以上を～閉会します。

もってこい　**もってこい**〈持って来い〉　[例]商売するのに～の場所。

もってのほか　**もっての外**〈以ての外〉　[例]暴力を振るうなど～だ。

もっとも〔副詞〕　**最も**　[公][文]**最も**　[例]これが～良い品です。

もっとも〔接続詞・形容動詞〕　**もっとも**〈尤も〉　[文]**もっとも**　[例]～そう言われると困るが…。それも～な話だ。

もっぱら〔副詞〕　**専ら**　[公][文]**専ら**　[例]～運動ばかりやっている。

もつやき　**もつ焼き**　[文]**もつ焼き**　[例]～を注文する。

もつれる　**もつれる**〈縺れる〉　[例]舌がもつれて、よく話せない。

もてあそぶ　**弄ぶ**〈玩ぶ〉　[文]**弄ぶ**　[例]指先でペンを～。

もてあます　**持て余す**　[文]**持て余す**　[例]時間を～。

もてなし　**もてなし**〈持て成し〉

もてなす　**もてなす**〈持て成す〉

もてはやす　**もてはやす**〈持て囃す〉　[例]歌手としてもてはやされる。

もてる　**もてる**〈持てる〉　[例]女性に～。

もと　**下**　[文]**下**　[例]自由の旗の～。

[付]:付表の語　×:表外字　△:表外音訓　〈　〉:参考表記　⇒:言い換え等

ま行

もと　元　⊗元　例～を取る。親～。

もと　本　⊗本　例～を正す。

もと　基　⊗基　例資料を～にする。

　　注　「下・元・本・基」の使い分けは、「「異字同訓」の漢字の使い分け」参照。

もと　もと〈因〉　例不摂生が病気の～だ。油断が失敗の～になる。

もと　もと〈素〉　例ホットケーキの～。

もとい　基　⊗基　例揺るぎない～。

もとうけ　元請け　公⊗元請　建元請け　例～と下請け。

もとうけだか　元受け高　⊗元受高　建元受け高

もとうりぎょうしゃ　元売り業者　公⊗元売業者　建元売り業者

もとごえ　元肥　例～をやる。

もどしいれ　戻し入れ　公⊗戻入れ　建戻し入れ

もとじめ　元締め　⊗元締　建元締め　例販売の～。

　　注公文書では、「もとじめ」が職務・身分上の名である場合は、「元締」と書く。

もどす　戻す　⊗戻す　例元に～。

もとせん　元栓　例～を閉める。

もとちょう　元帳　例会計の～。

もとづく　基づく　⊗基づく　例総意に～。

もとで　元手　例～を掛ける。

もとどおり　元どおり・元通り　⊗元どおり　例すっかり～だ。

もとね　元値　例～と売値。

「異字同訓」の漢字の使い分け

もと

【下】影響力や支配力の及ぶ範囲。…という状態・状況で。物の下の辺り。
　　　法の下に平等。ある条件の下で成立する。一撃の下に倒した。
　　　花の下で遊ぶ。真実を白日の下にさらす。灯台下暗し。足下（元）が悪い＊。

【元】物事が生じる始まり。以前。近くの場所。もとで。
　　　口は災いの元。過労が元で入院する。火の元。家元。出版元。元の住所。
　　　元首相。親元に帰る。手元に置く。お膝元。元が掛かる。

【本】（⇔末）。物事の根幹となる部分。
　　　生活の本を正す。本を絶つ必要がある。本を尋ねる。

【基】基礎・土台・根拠。
　　　資料を基にする。詳細なデータを基に判断する。これまでの経験に基づく。

＊　「足もと」の「もと」は、「足が地に着いている辺り」という意で「下」を当てるが、「足が着いている地面の周辺（近くの場所）」という視点から捉えて、「元」を当てることもできる。

（平成26年文化審議会国語分科会）

もとめ　求め　⊗求め　例客の〜に
　応じる。

もとめる　求める　⊗求める　例面
　会を〜。社長の出席を〜。

もともと　元々・もともと　例〜我
　慢強い性格の人だった。

もとゆい　元結　⊗元結

もとより　もとより〈固より・素よ
　り〉　⊗もとより　例小学生は
　〜大人までゲームをしている。

もどりみち　戻り道　⊗戻り道

もとる　もとる〈悖る〉　例道徳に〜。

もどる　戻る　⊗戻る　例元に〜。

もなか　もなか〈最中〉　例おいしい
　〜を一箱頂きました。

もぬけのから　もぬけの殻〈蛻の殻〉
　例家の中は〜だった。

もの　者　⊗者　例資格を持つ〜。

もの　物　⊗物　例〜が豊富だ。

もの　もの　⚇⊗もの　例効力を失
　う〜とする。正しい〜と認める。
　　囲公用文では、「正しいものと認め
　　る。」のように用いるときは、原則
　　として、仮名で書く。

ものいい　物言い　⊗物言い　例〜
　が柔らかだ。勝敗に〜が付く。

ものいみ　物忌み　⊗物忌み　例父
　を亡くして、今〜の期間だ。

ものいり　物入り・物要り　例暮れ
　が近づくと、何かと〜だ。
　　囲新聞では、「物入り」と書く。

ものいれ　物入れ　例〜にしまう。

ものうい　物憂い　⊗物憂い　例〜
　季節。

ものうげ　物憂げ　例〜な様子。

ものうり　物売り　⊗物売り　例〜
　の声がのんびりと聞こえる。

ものおき　物置　⚇⊗物置　例〜に
　しまう。〜小屋。

ものおじ　物おじ〈物怖じ〉

ものおしみ　物惜しみ　⊗物惜しみ

ものおと　物音　例〜一つ立てない。

ものおぼえ　物覚え　⊗物覚え
　例〜が良い。

ものおもい　物思い　⊗物思い
　例一日中〜にふける。

ものかげ　物陰　例〜に隠れる。

ものがたり　物語　⚇⊗物語　例〜
　を読む。

ものがたる　物語る　例如実に〜。

ものがなしい　物悲しい　例〜気分。

ものぐさ　物臭・ものぐさ　例〜な
　性格。

ものぐるい　物狂い　⊗物狂い

ものごころ　物心　例〜が付く年頃。

ものごし　物腰　例柔らかな〜。

ものごと　物事　例〜のけじめ。

ものさし　物指し・物差し　⊗物指
　し・物差し　例〜で長さを測る。
　　囲新聞では、「物差し」と書く。

ものさびしい　物寂しい

ものしずか　物静か　例〜な人。

ものしり　物知り　⊗物知り　例〜
　の老人。

囲:付表の語　×:表外字　△:表外音訓　〈　〉:参考表記　⇒:言い換え等

ものずき　物好き　[文]物好き　[例]～な人。
ものすごい　ものすごい〈物凄い〉　[例]～人気がある。
ものたりない　物足りない　[例]何となく～感じだ。
ものとり　物取り　[文]物取り　[例]～が入った。
ものの　ものの〈物の〉　[例]～10分もすればできるだろう。
ものの　ものの　[例]就職はした～…。
もののあわれ　物の哀れ　[例]秋になると、～を感じる。
ものほし　物干し　[文]物干し　[例]～に洗濯物を干す。
ものほしげ　物欲しげ〈物欲し気〉
ものほしば　物干し場　[公][文]物干場
ものまね　物まね〈物真似〉　[例]鳥の鳴き声の～がうまい。
ものめずらしい　物珍しい　[例]物珍しそうに眺める。
ものもち　物持ち　[文]物持ち　[例]～がいい。
ものものしい　物々しい　[例]～警戒
ものやわらか　物柔らか　[例]～な態度で接する。
ものわかり　物分かり　[例]A君の親は～がいい。
ものわかれ　物別れ　[文]物別れ　[例]交渉はついに～となった。
ものわすれ　物忘れ　[文]物忘れ　[例]～がひどい。
ものわらい　物笑い　[文]物笑い　[例]～の種となる。
もはや　もはや〈最早〉　[例]あれから～10年たった。～これまで。
もはん　模範　[例]～的な行い。
もふく　喪服　[例]～を着た女性。
もほう　模倣〈摸倣〉　[例]人の作品の～をする。
もみあう　もみ合う〈揉み合う〉　[例]大勢の人が出入り口で～。
もみあげ　もみあげ〈揉み上げ〉　[例]～を伸ばす。
もみけす　もみ消す〈揉み消す〉　[例]悪事を～。
もみじ　紅葉[付]　[例]～が美しい。～のような手。
もみじがり　紅葉狩り　[文]紅葉狩り　[例]～に出掛ける。
もみで　もみ手〈揉み手〉　[例]～をして客に近寄る。
もむ　もむ〈揉む〉　[例]肩を～。電車の中でもまれる。気を～。
もめん　木綿[付]　[例]～の織物。
もも　桃　[例]～の木。
もも　もも〈股・腿〉　[例]太～。
ももいろ　桃色　[例]～の花。
ももひき　ももひき〈股引き〉　[例]～をはく。
ももわれ　桃割れ　[文]桃割れ　[例]～に結う。
もや　もや〈靄〉　[例]～が懸かる。
もやす　燃やす　[文]燃やす　[例]情熱

ま行

を～。

もよう　模様　例花～の付いたタオ
　ル。その時の～を伝える。

もようがえ　模様替え　例部屋の～。

もよおし　催し　文催し　例音楽会
　の～がある。

もよおしもの　催し物　公文催物
　建催し物　例市民会館で～があ
　る。

もよおす　催す　文催す　例会を～。

もより　最寄り団　文最寄り　例～
　の銀行。～駅。

もらいうける　もらい受ける〈貰い
　受ける〉　例家宝を～。

もらいて　もらい手〈貰い手〉

もらいなき　もらい泣き〈貰い泣き〉
　文もらい泣き　例話を聞いて、
　思わず～する。

もらいもの　もらい物〈貰い物〉
　例～ですが、どうぞ。

もらう　もらう〈貰う〉　文もらう
　例手紙を～。

もらす　漏らす〈洩らす〉　文漏らす
　例秘密を～。

もり　森　例～の中を通る。

もり　守・守り　例赤ちゃんのお～。
　子～。灯台～。
　注職分としては「守」。

もり　盛り　文盛り　例～のいい飯。

もり　漏り〈洩り〉　文漏り　例雨～
　がひどい。

もり　もり〈銛〉　例魚を～で突く。

もりあがり　盛り上がり　文盛り上
　がり　例世論の～を待つ。

もりあがる　盛り上がる　例場が～。

もりあげる　盛り上げる　文盛り上
　げる

もりかえす　盛り返す　文盛り返す
　例劣勢を～。

もりがし　盛り菓子　文盛り菓子
　例豪勢な～。

もりきり　盛り切り　文盛り切り
　例～の御飯。

もりこむ　盛り込む　例原案に～。

もりずな　盛り砂　文盛り砂

もりそば　盛りそば〈盛り蕎麦〉

もりだくさん　盛りだくさん〈盛り
　沢山〉　例～な行事をこなす。

もりたてる　もり立てる〈守り立て
　る〉　例家業を～。

もりつち　盛り土　公文盛土　建盛
　り土　例低い所に～して平らに
　する。
　注「もりど」とも。

もりど　盛り土　公盛土　建盛り土
　注「もりつち」とも。

もりばな　盛り花　文盛り花

もる　盛る　文盛る　例砂を～。

もる　漏る〈洩る〉　文漏る　例雨が
　～。

もれ　漏れ〈洩れ〉　文漏れ　例ガス
　～。

もれなく　漏れなく〈洩れ無く〉
　例部屋中～捜した。～粗品進呈。

ま行

もれる　漏れる〈洩れる〉　㊛漏れる　㋓穴から水が〜。選に〜。

もろい　もろい〈脆い〉　㋓情けに〜。

もろて　もろ手〈諸手・両手〉　㋓〜を挙げて賛成する。

もろとも　もろとも〈諸共〉　㋓車〜崖下に落ちた。

もろは　もろ刃〈諸刃・両刃〉　㋓〜の剣。

もろはだ　もろ肌〈諸肌・両肌〉　㋓〜脱いで頑張る。

もろもろ　もろもろ〈諸々〉　㊛もろもろ　㋓〜の事情があるのだ。

もん　文¹〔ブン・モン ふみ〕　㋓文句、文字、経文、天文学、二束三文
　㊟「文字」は、「もじ」とも。

もん　門²〔モン かど〕　㋓門衛、門戸、門下生、専門、仏門

もん　紋〔モン〕　㋓紋章、家紋、指紋、波紋、紋切り型

もん　問³〔モン とう・とい・とん〕　㋓問題、問答、顧問、訪問

もん　聞²〔ブン・モン きく・きこえる〕　㋓相聞歌、前代未聞、聴聞、名聞

もんおり　紋織り

もんがいかん　門外漢　㋓そのことについては、全くの〜だ。

もんかせい　門下生　㋓有名なA先生の〜となる。

もんがまえ　門構え　㊛門構え　㋓立派な〜の家。

もんきりがた　紋切り型　㊛紋切り型　㋓〜の挨拶では仕方がない。

もんく　文句　㋓〜を言う。

もんげん　門限　㋓〜を守る。

もんこ　門戸　㋓〜を開く。〜を成す。

もんごん　文言　㋓法律の〜。

もんし　もん死〈悶死〉　⇒もだえ死に

もんじ　文字
　㊟「もじ」とも。

もんしょう　紋章　㋓〜を付ける。

もんぜつ　もん絶〈悶絶〉　⇒気絶　㋓苦しみ抜いて〜する。

もんぜんばらい　門前払い　㊛門前払い　㋓〜を食わす。

もんだい　問題　㋓〜を解く。〜を起こす。試験〜。

もんちゃく　もんちゃく〈悶着〉　⇒物議・ごたごた・もめごと　㋓相続のことで〜を起こす。

もんつき　紋付き　㊛紋付き　㋓〜の羽織を着て出掛ける。

もんどう　問答　㋓〜無用。禅〜。

もんなし　文なし

もんばつ　門閥　㋓〜に頼る。

もんぴ　門扉　㋓〜を閉ざす。

もんもう　文盲

もんもん　もんもん〈悶々〉　㋓〜と失意の日を送る。

もんよう　文様・紋様　㋓唐草の〜。
　㊟新聞では、「文様」と書く。

1〜6：教育漢字学年配当　㊣：法令・公用文の表記　㊛：文科省語例集の表記

や

や　冶〔ヤ〕　例冶金、陶冶　付鍛冶
　　　(かじ)

や　夜²〔ヤ　よ・よる〕　例夜景、夜半、十
　　五夜、深夜、昼夜

や　野²〔ヤ　の〕　例野外、野球、野性、
　　野心、分野、野に下る　付野良
　　　(のら)

や　弥(彌)〔ヤ〕　付弥生(やよい)

や　弥　例～猛(やたけ)にはやる心。

や　矢　例～を放つ。

や　屋　例～根。本～。

や　家　例～主。借～。

　　注「屋・家」の使い分けは、「「異字同
　　訓」の漢字の使い分け」参照。

やいば　やいば〈刃〉　例～を研ぐ。

やいん　夜陰　例～に乗じる。

やえ　八重　例～咲き。

やえざくら　八重桜　例～が満開だ。

やえん　野猿　例～の群れ。

やおちょう　八百長付　例～試合。

やおもて　矢面　例～に立つ。

やおや　八百屋付

やがい　野外　例～で運動する。

やかた　館　⊗館　例貴族の～。

やがて　やがて〈軈て〉　⊗やがて
　　例～夏になる。

やかましい　やかましい〈喧しい〉
　　⊗やかましい　例機械の音が～。

やから　やから〈輩〉　例ふていの～。

やかん　やかん〈薬缶・薬鑵〉

やき　焼き　⊗焼き　例～のいい器。

…やき　…焼　公⊗…焼　例備前～。
　　注工芸品の場合に限る。

やぎ　やぎ〈山羊〉

やきいも　焼き芋　⊗焼き芋

「異字同訓」の漢字の使い分け

や

【屋*】建物。職業。屋号。ある性質を持つ人。
　　長屋に住む。小屋。屋敷。酒屋。八百屋。三河屋。音羽屋。頑張り屋。
　　照れ屋。

【家*】人が生活する住まい。
　　貸家を探す。狭いながらも楽しい我が家。借家住まいをする。家主。家賃。
　　空き家。

*　「屋」も「家」もどちらも「建物」という意では共通するが、「屋」は、主として、
　外側から捉えた建物の形状に視点を置いて用い、「家」は、主として、建物を
　内側から捉えたときの生活空間に視点を置いて用いる。

（平成26年文化審議会国語分科会）

付：付表の語　　×：表外字　　△：表外音訓　　〈　〉：参考表記　　⇒：言い換え等

やきいれ　焼き入れ　例鋼の～。

やきいん　焼き印　文焼き印　例～
　を押す。

やきがね　焼き金　文焼き金

やききる　焼き切る　例ガラスをバ
　ーナーで～。

やきぐり　焼きぐり〈焼き栗〉　文焼
　きぐり

やきごて　焼きごて〈焼き鏝〉　文焼
　きごて

やきざかな　焼き魚　文焼き魚
　例～を食べる。

やきしお　焼き塩　文焼き塩

やきすてる　焼き捨てる

やきそば　焼きそば〈焼き蕎麦〉
　文焼きそば

やきたて　焼き立て・焼きたて
　文焼き立て

やきつけ　焼き付け　公文焼付け
　建焼き付け　例写真の～。

やきつける　焼き付ける　例目に～。

やきどうふ　焼き豆腐　文焼き豆腐

やきとり　焼き鳥　文焼き鳥

やきなおし　焼き直し　文焼き直し
　例他人の作品の～にすぎない。

やきなおす　焼き直す　例魚を～。

やきにく　焼き肉　文焼き肉

やきば　焼き刃　文焼き刃　例付け
　～。

やきば　焼き場　文焼き場

やきはらう　焼き払う　例野を～。

やきぶた　焼き豚

やきまし　焼き増し　例写真の～。

やきめし　焼き飯　文焼き飯

やきもち　焼き餅　文焼き餅　例～
　を食べる。～を焼く。

やきもどし　焼き戻し　文焼き戻し

やきもの　焼き物　文焼き物　例中
　国の～を集める。～料理。

やきん　冶金　例～の技術。

やきん　野きん〈野禽〉　⇒野鳥

やく　厄〔ヤク〕　例厄介者、厄年、前
　厄、災厄、厄を払う

やく　役³〔ヤク・エキ〕　例役所、役人、
　役場、役目、適役、取締役、荷
　役、配役、役に立つ

やく　約⁴〔ヤク〕　例約束、約半分、
　節約、倹約

やく　疫〔エキ・ヤク〕　例疫病神

やく　益⁵〔エキ・ヤク〕　例御利益

やく　訳⁶(譯)〔ヤク
わけ〕　例訳語、訳文、
　日本語訳、通訳、翻訳

やく　薬³(藥)〔ヤク
くすり〕　例薬学、薬剤、
　薬局、火薬、服薬

やく　躍〔ヤク
おどる〕　例躍起、躍動、飛
　躍、活躍

やく　焼く　文焼く　例魚を～。

やく　やく〈妬く〉　例人の成功を～。

やくおとし　厄落とし　文厄落とし
　例～に神社にお参りする。

やくがえ　役替え　文役替え　例～
　を命じる。

やくがら　役柄　例～を重んじる。

やくかん　約款　例契約～による。

や
行

やくざい　薬剤　例～の調合。

やくざいし　薬剤師

やくさつ　やく殺〈扼殺〉　⇒絞殺
　例かっとして～する。

やくしょ　役所　例～に勤める。

やくじょ　躍如　例面目～。

やくしょく　役職　例～に就く。

やくしょづとめ　役所勤め　文役所
　勤め

やくす　訳す　例英語に～。

やくする　約する　例実行を～。

やくそく　約束　例～を果たす。

やくだつ　役立つ　文役立つ　例研
　究に～。

やくだてる　役立てる　例利益を福
　祉事業に～。

やくづき　役付き　文役付き　例～
　の社員。

やくどう　躍動　例生命が～する。

やくどころ　役どころ〈役所〉

やくどし　厄年　例～を迎える。

やくはらい・やくばらい　厄払い
　文厄払い

やくび　厄日　例今日は～だ。

やくびょうがみ　疫病神

やくぶん　訳文　例日本語の～。

やくまわり　役回り　文役回り
　例有り難くない～。

やくめ　役目　例～を果たす。

やくよけ　厄よけ〈厄除け〉　例～の
　お守り。

やぐら　やぐら〈櫓〉　例～太鼓。

やくわり　役割　公文役割　例～を
　決める。

やけ　焼け　文焼け　例日～。生～。

やけ　やけ〈自棄〉　例～を起こす。

やけあと　焼け跡　文焼け跡　例～
　を捜査する。

やけいし　焼け石　文焼け石　例～
　に水。

やけおちる　焼け落ちる　例城が～。

やけくそ　やけくそ〈自棄糞〉

やけこげ　焼け焦げ　文焼け焦げ
　例洋服に～を作る。

やけざけ　やけ酒〈自棄酒〉

やけしぬ　焼け死ぬ

やけつく　焼け付く　例真夏の～よ
　うな暑さには参ってしまう。

やけつち　焼け土　文焼け土

やけど　やけど〈火傷〉

やけの　焼け野　文焼け野

やけひばし　焼け火箸　文焼け火箸

やけぶとり　焼け太り　文焼け太り
　例あの家は～した。

やける　焼ける　文焼ける　例家が
　～。日に～。世話が～人たち。

やける　やける〈妬ける〉　例仲が良
　過ぎるのを見ると～。

やこう　夜光　例～塗料。～虫。

やごう　屋号　例店の～で呼ぶ。

やさい　野菜　例～の値段が高い。

やさがし　家捜し　文家捜し　例～
　して証拠を見付ける。

やさがし　家探し　例～の末、やっ

と適当な貸家を見付けた。

やさき　矢先　例出発しようとした
　～に客が来た。

やさしい　優しい　文優しい　例～
　心。

やさしい　易しい　文易しい　例～
　解説。
　注「優しい・易しい」の使い分けは、
　　「「異字同訓」の漢字の使い分け」参
　　照。

やさしさ　優しさ　文優しさ　例～
　にあふれた伯母さんの顔。

やさしさ　易しさ　文易しさ　例問
　題の～にかえって戸惑った。

やじ　やじ〈野次・弥次〉　例客席か
　ら～が飛ぶ。～合戦。～馬。

やしき　屋敷〈邸〉　公文屋敷　例～
　を手放す。

やしきあと　屋敷跡

やしないおや　養い親　文養い親

やしないご　養い子　文養い子

やしなう　養う　文養う　例家族を
　～。胆力を～。十分に実力を～。

やじり　矢尻〈鏃〉

やじる　やじる〈野次る・弥次る〉
　例大声で演説を～。

やじるし　矢印　例～を付ける。

やしろ　社　例大きな～。

やしん　野心　例～を抱く。

やすあがり　安上がり　文安上がり
　例家で飲む方が～だ。

やすい　安い〈廉い〉　文安い　例～
　値段。

…やすい　…やすい〈…易い〉　文…
　やすい　例この辞書は引き～。

やすうけあい　安請け合い　文安請
　け合い　例仕事を～する。

やすうり　安売り　文安売り　例大
　～。

やすっぽい　安っぽい　文安っぽい
　例値段の割に～品。～ドラマだ。

やすまる　休まる　文休まる　例心
　が～。

やすみ　休み　文休み　例～を取る。

やすみぢゃや　休み茶屋　文休み茶
　屋

───「異字同訓」の漢字の使い分け───

やさしい
【優しい】思いやりがある。穏やかである。上品で美しい。
　　優しい言葉を掛ける。誰にも優しく接する。気立ての優しい少年。
　　物腰が優しい。
【易しい】(⇔難しい)。たやすい。分かりやすい。
　　易しい問題が多い。誰にでもできる易しい仕事。易しく説明する。
　　易しい読み物。

（平成26年文化審議会国語分科会）

1〜6:教育漢字学年配当　公:法令・公用文の表記　文:文科省語例集の表記

やすみどころ　休み所　[文]休み所
やすみやすみ　休み休み　[例]冗談も～言え。
やすむ　休む　[文]休む　[例]二日～。
やすめる　休める　[文]休める　[例]翼を～。仕事の手を～。
やすもの　安物　[例]～を買う。
やすやすと　やすやすと〈易々と〉　[例]重い物でも～持ち上げる。
やすらかだ　安らかだ　[文]安らかだ　[例]寝息が～。
やすり　やすり〈鑢〉　[例]～を掛ける。
やすんずる　安んずる　[文]安んずる　[例]現状に～。人心を～。
やせい　野生　[例]～の動物。
やせい　野性　[例]～的な人。
やせおとろえる　痩せ衰える
やせがた　痩せ型　[文]痩せ型
やせがまん　痩せ我慢　[文]痩せ我慢
やせぎす　痩せぎす　[例]～の人。
やせこける　痩せこける　[例]頬が～。
やせほそる　痩せ細る　[例]腕が～。
やせる　痩せる〈瘠せる〉　[文]痩せる　[例]見る影もなく～。～思い。
やたい　屋台　[例]～骨が傾く。
やたて　矢立て　[文]矢立て　[例]古道具屋で、～の掘り出し物を買う。
やたら　やたら〈矢鱈〉　[例]～なことは口にするな。～に喉が渇く。
やちょう　野鳥　[例]～の観察。
やつ・やっつ　八つ　[文]八つ　[例]お～。
やつ　やつ〈奴〉　[例]大きい～をもらう。～に一杯食わされる。
やつあたり　八つ当たり　[文]八つ当たり　[例]家族に～する。
やっかい　厄介　[文]厄介　[例]～なこと。
やっき　躍起　[例]～になって弁解するところがどうも怪しい。
やつぎばや　矢継ぎ早　[文]矢継ぎ早　[例]～な催促。～の質問。
やっきょう　薬きょう〈薬莢〉
やっきょく　薬局
やつざき　八つ裂き　[文]八つ裂き　[例]～にしたいくらい憎らしい。
やっつける　やっつける　[例]仕事を今夜中に～。
やってくる　やって来る　[例]渡り鳥が～。向こうから～男。
やっぱり　やっぱり〈矢っ張り〉　[例]～私の思っていたとおりだ。
[注]「やはり」とも。
やつれる　やつれる〈窶れる〉　[例]長患いで見る影もなく～。
やど　宿　[例]～に泊まる。
やとい　雇い　[文]雇い　[例]臨時の～。
やといいれ　雇い入れ　[公][文]雇入れ　[建]雇い入れ
やといいれけいやく　雇い入れ契約　[公][文]雇入契約　[建]雇い入れ契約
やといいれる　雇い入れる　[例]忙しいので臨時に数人～。
やといどめ　雇い止め・雇止め

注厚生労働省では、「雇止め」と書く。

やといどめてあて　雇い止め手当
　　公文雇止手当　建雇い止め手当
　　例〜をもらう。

やといにん　雇い人　文雇人

やといぬし　雇い主　公文雇主
　　建雇い主

やとう　雇う　文雇う　例人を〜。

やどす　宿す　文宿す　例子を〜。
　　大望を〜。

やどなし　宿なし　例〜無一文。

やどや　宿屋　例〜に泊まる。

やどり　宿り　文宿り　例一夜の〜。

やどりぎ　宿り木〈寄生木〉　文宿り
　　木

やどる　宿る　文宿る　例子が〜。

やなぎ　柳　例〜に風と受け流す。

やなぎごし　柳腰　例〜のお姫様。

やなみ　家並み〈屋並み〉　文家並み
　　例古い〜。

やなり　家鳴り　文家鳴り　例〜が
　　する。

やに　やに〈脂〉　例松の〜。

やにさがる　やに下がる〈脂下がる〉

やにょうしょう　夜尿症

やにわに　やにわに〈矢庭に〉　例〜
　　怒り出す。

やぬし　家主　例親切な〜。

やね　屋根　例〜の瓦。

やねづたい　屋根伝い　文屋根伝い

やはり〔副詞〕　やはり〈矢張り〉
　　公文やはり　例遅れるだろうと

思ったが〜遅れた。
　注「やっぱり」とも。

やはん　夜半　例〜からの雨。

やばん　野蛮　例〜な振る舞い。

やひ　野卑〈野鄙〉　例〜な言葉。

やぶ　やぶ〈藪〉　例竹〜。〜蚊。

やぶいしゃ　やぶ医者〈藪医者〉

やぶいり　やぶ入り〈藪入り〉　文や
　　ぶ入り

やぶか　やぶ蚊〈藪蚊〉　例〜がひど
　　い。

やぶく　破く　例障子を〜。

やぶさか　やぶさか〈吝か〉　例彼の
　　長所を認めるのには〜ではない。

やぶへび　やぶ蛇〈藪蛇〉　例うっか
　　り口に出して、〜になる。

やぶる　破る　文破る　例紙を〜。
　　記録を〜。沈黙を〜。規則を〜。

やぶれ　破れ　文破れ　例〜を繕う。

やぶれがさ　破れ傘　文破れ傘

やぶれかぶれ　破れかぶれ　例思う
　　ようにならず、〜になる。

やぶれさる　敗れ去る　例奮闘のか
　　いなく一回戦であえなくも〜。

やぶれめ　破れ目　例障子の〜。

やぶれる　破れる　文破れる　例障
　　子が〜。均衡が〜。静寂が〜。
　　夢が〜。

やぶれる　敗れる　文敗れる　例初
　　戦で〜。勝負に〜。人生に〜。
　　選挙に〜。敵に〜。

注「破れる・敗れる」の使い分けは、

や
行

「「異字同訓」の漢字の使い分け」参照。

やぼ　**野暮・やぼ**　[例]～な振る舞い。[注]新聞では､「やぼ」と書く。

やぼう　**野望**　[例]～に燃える。

やま　**山**　[例]～に登る。急ぎの仕事が～のようにたまっている。

やま　**やま〈山〉**　[例]試験問題に～を張る。～が当たる。

やまい　**病**　[文]**病**　[例]～は気から。

やまがり　**山狩り**　[文]**山狩り**　[例]犯人を捜すため、～をする。

やまくずれ　**山崩れ**　[文]**山崩れ**　[例]～で道路が不通になる。

やまごえ　**山越え**　[文]**山越え**　[例]今日中に～をする予定で出発する。

やまごもり　**山籠もり**　[例]修行のために、～する。

やまし　**山師**

やまじ　**山路**　[例]～をたどる。

やましい　**やましい〈疚しい〉**　[例]私には少しも～ところはない。

やますそ　**山裾**

やまだし　**山出し**　[文]**山出し**

やまづたい　**山伝い**　[文]**山伝い**　[例]～に歩く。

やまつづき　**山続き**　[文]**山続き**

やまづみ　**山積み**　[例]商品が～されている。～の懸案事項。

やまて　**山手**　[例]～と海手。

やまと　**大和**[付]　[例]～言葉。～なでしこ。～絵。

やまなみ　**山並み〈山脈〉**　[例]雪を頂く～が美しい。

やまねこ　**山猫**

やまのぼり　**山登り**　[文]**山登り**

やまはだ　**山肌〈山膚〉**

やまびこ　**山びこ〈山彦〉**　⇒こだま

やまびらき　**山開き**　[文]**山開き**　[例]富士山の～。

やまぶし　**山伏**　[文]**山伏**

やまもり　**山盛り**　[文]**山盛り**　[例]～3杯。

やまやき　**山焼き**　[文]**山焼き**　[例]早春の～。

やまやま　**山々**　[例]信州の～。

「異字同訓」の漢字の使い分け

やぶれる
【破れる】引き裂くなどして壊れる。損なわれる。
　障子が破れる。破れた靴下。均衡が破れる。静寂が破れる。
【敗れる】負ける。
　大会の初戦で敗れる。勝負に敗れる。人生に敗れる。選挙に敗れる。敗れ去る。

(平成26年文化審議会国語分科会)

やまやま　やまやま　例欲しいのは
　　〜だが諦めよう。

やまわけ　山分け　⊗山分け　例〜
　　にする。

やみ　闇〔やみ〕　例闇夜、暗闇

やみ　闇　例〜取引。一寸先は〜。

やみあがり　病み上がり　⊗病み上
　　がり　例〜の体。

やみうち　闇討ち　⊗闇討ち

やみつき　病み付き　⊗病み付き
　　例ゴルフにすっかり〜になった。

やみよ　闇夜

やむ　病む　⊗病む　例気に〜。

やむ　やむ〈止む・已む〉　例雨が〜。

やむをえず　やむを得ず〈止むを得
　　ず・已むを得ず〉　⊗やむを得
　　ず　例〜引き受けることにした。

やむをえない　やむを得ない〈止む
　　を得ない・已むを得ない〉
　　例〜用事で欠席する。

やめ　やめ〈止め・已め〉　例そんな
　　つまらない話は〜にしよう。

やめる　辞める　⊗辞める　例会社
　　を〜。

やめる　やめる〈止める・已める〉
　　例酒を〜。

やや　やや〈稍〉　⊗やや　例〜波が
　　高い。

ややこしい　ややこしい　例〜仕事。
　　〜関係。

ややもすれば　ややもすれば〈動も
　　すれば〉　⊗ややもすれば

　　例〜怠けがちになる。

やゆ　やゆ〈揶揄〉　⇒からかい・冷
　　やかし　例相手を〜する。

やよい　弥生付　例〜の空。〜時代。

やり　やり〈槍〉　例〜を突き出す。

やりかえす　やり返す〈遣り返す〉
　　例やられたら〜。計算を〜。

やりかた　やり方〈遣り方〉　例〜を
　　変える。違った〜。

やりきれない　やりきれない〈遣り
　　切れ無い〉　例〜気持ち。

やりくち　やり口〈遣り口〉　例随分
　　ひどい〜だ。〜が汚い。

やりくり　やりくり〈遣り繰り〉
　　例家計の〜。〜が付かない。

やりこめる　やり込める〈遣り込め
　　る〉　⊗やり込める　例相手を
　　〜。

やりすごす　やり過ごす〈遣り過ご
　　す〉　例電車を１台〜。

やりそこなう　やり損なう〈遣り損
　　なう〉　例機械の組み立てを〜。

やりっぱなし　やりっ放し〈遣りっ
　　放し〉　例〜にせず片付ける。

やりて　やり手〈遣り手〉　例彼は若
　　いのに似ず、なかなかの〜だ。

やりとげる　やり遂げる〈遣り遂げ
　　る〉　例物事を最後まで〜。

やりとり　やり取り〈遣り取り〉
　　⊗やり取り　例巧みな〜をする。

やりなおし　やり直し〈遣り直し〉
　　⊗やり直し　例計算の〜。

１〜６：教育漢字学年配当　㊰：法令・公用文の表記　⊗：文科省語例集の表記

やりなおす　**やり直す**〈遣り直す〉
[例]もう一度～必要がある。

やりなげ　**やり投げ**〈槍投げ〉　[文]**やり投げ**

やりば　**やり場**〈遣り場〉　[例]～のない怒り。

やる　**やる**〈遣る〉　[文]**やる**　[例]使いを～。友達に本を～。

…(て)やる　**…(て)やる**　[文]**…(て)やる**　[例]勉強を教えて～。

やるせない　**やるせない**〈遣る瀬無い〉　[例]どうにも～気持ちだ。

やわはだ　**柔肌**　[文]**柔肌**

やわらかい　**柔らかい**　[文]**柔らかい**
[例]～毛布。頭が～。～春の日ざし。

やわらかい　**軟らかい**　[文]**軟らかい**
[例]～肉。～土。地盤が～。～表現。
[注]「柔らかい・軟らかい」の使い分けは、「「異字同訓」の漢字の使い分け」参照。

やわらかだ　**柔らかだ**　[文]**柔らかだ**
[例]布が～。態度が～。身のこなしが～。

やわらかだ　**軟らかだ**　[文]**軟らかだ**
[例]表情が～。
[注]「柔らかだ・軟らかだ」の使い分けは、「「異字同訓」の漢字の使い分け」参照。

やわらかみ　**柔らかみ**　[文]**柔らかみ**
[例]この画家の線には～がある。

やわらぐ　**和らぐ**　[文]**和らぐ**　[例]寒さが～。

やわらげる　**和らげる**　[文]**和らげる**
[例]声を～。

やんわり　**やんわり**　[例]～と言う。

ゆ

ゆ　**由**[3]〔ユ・ユウ・ユイ／よし〕　[例]由来、経由、来由

ゆ　**油**[3]〔ユ／あぶら〕　[例]油煙、油性、油田、油脂、肝油、石油、揮発油

「異字同訓」の漢字の使い分け

やわらかい・やわらかだ
【柔らかい・柔らかだ】ふんわりしている。しなやかである。穏やかである。
柔らかい毛布。身のこなしが柔らかだ。頭が柔らかい。
柔らかな物腰の人物。物柔らかな態度。
【軟らかい・軟らかだ】（⇔硬い）。手応えや歯応えがない。緊張や硬さがない。
軟らかい肉。軟らかな土。地盤が軟らかい。軟らかく煮た大根。
軟らかい表現。
（平成26年文化審議会国語分科会）

ゆ　喩〔二〕　例比喩

ゆ　愉〔二〕　例愉悦、愉快、愉楽

ゆ　遊³〔ユウ・二〕　例遊山
あそぶ

ゆ　諭〔ユ〕　例諭旨、諭告、教諭、
さとす
　　説諭

ゆ　輸⁵〔二〕　例輸血、輸入、輸送、
　　輸出、運輸、空輸

ゆ　癒〔ユ〕　例癒合、癒着、
いえる・いやす
　　快癒、治癒、平癒

ゆ　湯　例～に入る。熱い～。

ゆあがり　湯上がり　公湯上がり
　　例～は気持ちがいい。

ゆい　由³〔ユ・ユウ・ユイ〕　例由緒
よし

ゆい　唯〔ユイ・イ〕　例唯一、唯我独
　　尊、唯心論、唯物論、唯美主義

ゆい　遺⁶〔イ・ユイ〕　例遺言
　　囲「遺言」は、「いごん」とも。

ゆいいつ　唯一　例～無二の方法。

ゆいがどくそん　唯我独尊

ゆいごん　遺言　例父の～。

ゆいしょ　由緒　公由緒　例～ある
　　神社。

ゆいたて　結い立て・結いたて
　　公結い立て　例～の髪。

ゆいのう　結納　例～を交わす。

ゆいびしゅぎ　唯美主義

ゆいぶつろん　唯物論

ゆう　友²〔ユウ〕　例友愛、友好、友
とも
　　情、友人、友邦、旧友、親友
　　団友達（ともだち）

ゆう　右¹〔ウ・ユウ〕　例右筆、左右、
みぎ
　　座右

ゆう　由³〔ユ・ユウ・ユイ〕　例自由、
よし
　　事由、理由

ゆう　有³〔ユウ・ウ〕　例有益、有給、
ある
　　有資格者、有権、所有、特有

ゆう　勇⁴〔ユウ〕　例勇敢、勇気、豪
いさむ
　　勇、武勇、勇を奮う

ゆう　幽〔ユウ〕　例幽境、幽玄、幽霊、
　　幽明境を異にする

ゆう　悠〔ユウ〕　例悠久、悠然、悠長、
　　悠遠、悠揚、悠々

ゆう　郵⁶〔ユウ〕　例郵便、郵送、郵
　　券

ゆう　湧〔ユウ〕　例湧水、湧出
わく

ゆう　猶〔ユウ〕　例猶予

ゆう　裕〔ユウ〕　例裕福、富裕、余裕

ゆう　遊³〔ユウ・二〕　例遊園地、遊戯、
あそぶ
　　遊牧、遊離、外遊、交遊

ゆう　雄〔ユウ〕　例雄大、雄飛、
お・おす
　　英雄、群雄、雌雄、文壇の雄

ゆう　誘〔ユウ〕　例誘因、誘導、誘
さそう
　　致、誘発、誘惑、誘拐、勧誘

ゆう　憂〔ユウ〕　例憂
うれえる・うれい・うい
　　国、憂愁、憂慮、憂色、一喜一
　　憂、内憂外患

ゆう　融〔ユウ〕　例融解、融通、融然、
　　融和、融雪装置、金融

ゆう　優⁶〔ユウ〕　例優位、
やさしい・すぐれる
　　優越、優柔、優勝、優美、俳優

ゆう　夕　例朝に～に。

ゆう　結う　公結う　例髪を～。

ゆうあい　友愛　例～の情。

ゆうい　有為　例前途～の青年。

や行

注「うい」と読む場合は、意味が異なる。

ゆうい　優位　例〜に立つ。

ゆういぎ　有意義　例〜な夏休み。

ゆううつ　憂鬱　例〜な気分。

ゆうえい　遊泳〈游泳〉　例〜禁止。

ゆうえき　有益　例〜な話。

ゆうえつ　優越　例〜感を覚える。

ゆうえん　悠遠　例〜の昔。

ゆうえん　優艶　例〜な舞い姿。

ゆうが　優雅　例〜な生活。

ゆうかい　誘拐　例〜を防ぐ。

ゆうかい　融解　例氷が〜する。

ゆうがい　有害　例〜な食品。

ゆうかしょうけん　有価証券　例現金及び〜。

ゆうがた　夕方　例〜訪問する。

ゆうがとう　誘が灯〈誘蛾灯〉

ゆうかん　有閑　例〜階級。

ゆうかん　勇敢　例〜な人。

ゆうき　勇気　例〜を出す。

ゆうぎ　遊技　例〜場。

ゆうぎ　遊戯　例園児が〜をする。

ゆうぎ　友ぎ〈友誼〉　⇒友好・友情　例〜に厚い人。

ゆうきゅう　有給　例〜休暇。

ゆうきゅう　悠久　例〜の昔から変わらない自然。

ゆうきょう　幽境　例〜に遊ぶ。

ゆうぐう　優遇　例社員を〜する。

ゆうぐれ　夕暮れ　⊗夕暮れ

ゆうげ　夕げ〈夕餉〉　例〜の支度。

ゆうけい　有形　例〜無形の援助。

ゆうげしき　夕景色　例富士の〜。

ゆうけん　郵券　⇒郵便切手

ゆうげん　幽玄　例〜の境地。

ゆうけんしゃ　有権者

ゆうこう　友好　例〜的な態度。

ゆうこう　有効　例〜に使う。

ゆうごう　融合　例二派の〜を図る。

ゆうこく　幽谷　例深山〜。

ゆうこく　憂国　例〜の情。

ゆうこん　雄こん〈雄渾〉　⇒雄大　例〜な図柄。〜な筆跡。

ゆうざい　有罪　例〜の判決。

ゆうし　有志　例〜の寄付。

ゆうし　雄姿　例馬上の〜。

ゆうし　融資　例〜を受ける。

ゆうじ　有事　例〜法制。〜の備え。

ゆうしゃ　勇者　例真の〜。

ゆうしゅう　有終　例〜の美。

ゆうしゅう　憂愁　例〜の色。

ゆうしゅう　優秀　例〜な成績。

ゆうじゅう　優柔　例〜不断。

ゆうしゅつ　湧出　公湧出　例温泉が〜する。

ゆうしゅつりょう　湧出量　例温泉の〜が豊富だ。

ゆうしゅん　優しゅん〈優駿〉　⇒優れた馬　例〜ぞろいの牧場。

ゆうじょ　ゆうじょ〈宥恕〉
注法令では、用いない。

ゆうしょう　有償　例〜で配布する。

ゆうしょう　優勝　例〜を祝う。

ゆうじょう　友情　例〜を深める。

ゆうしょく　夕食　例〜を食べる。

ゆうしょく　憂色　例〜を帯びる。

ゆうすい　幽すい〈幽邃〉　⇒幽寂
例〜な深山の渓谷。

ゆうすい　湧水　例岩間からの〜。

ゆうずい　雄ずい〈雄蕊〉　⇒雄しべ

ゆうすう　有数　例世界〜の学者。

ゆうずう　融通　例資金を〜する。
〜の利かない人。

ゆうすずみ　夕涼み　文夕涼み
例〜に縁側に出る。

ゆうする　有する　例効力を〜。

ゆうせい　優生　例〜学。

ゆうせい　優性　⇒顕性　例〜遺伝。

ゆうせい　優勢　例〜な敵。

ゆうぜい　遊説　例全国を〜する。

ゆうせん　有線　例〜放送。

ゆうせん　優先　例他より〜する。

ゆうぜん　友禅　例〜の着物。

ゆうぜん　悠然　例〜とした態度。

ゆうそう　勇壮　例〜なマーチ。

ゆうそう　郵送　例資料を〜する。

ゆうたい　勇退　例後進に道を譲っ
て〜する。

ゆうたい　郵袋　例郵便物を入れる
〜。

ゆうたい　優待　例読者を〜する。

ゆうだい　雄大　例〜な景色。

ゆうだち　夕立　公文夕立　例〜が
降る。

ゆうち　誘致　例企業を〜する。

ゆうちょう　悠長　例〜に構える。

ゆうづき　夕月　例〜の輝き。

ゆうとう　優等　例〜賞。

ゆうとう　遊とう〈遊蕩〉　⇒道楽
例〜にふける。

ゆうどう　誘導　例〜尋問。避難〜。

ゆうなぎ　夕なぎ〈夕凪〉

ゆうに　優に　例幹の太さが〜１メ
ートルはある木。

ゆうのう　有能　例〜な技術者。

ゆうばえ　夕映え　文夕映え　例〜
の空。

ゆうはつ　誘発　例犯罪を〜する。

ゆうひ　夕日　例赤い〜。

ゆうひ　雄飛　例海外に〜する。

ゆうびん　郵便　例〜を出す。

ゆうびんうけ　郵便受け

ゆうふく　裕福　例〜な家庭。

ゆうべ　夕べ　文夕べ　例夏の〜。

ゆうべ　ゆうべ〈昨夜〉　例〜の客。

ゆうべん　雄弁　例〜な人。

ゆうぼう　有望　例〜な新人。

ゆうぼく　遊牧　例〜の民。

ゆうまぐれ　夕間暮れ　例秋の〜。

ゆうめい　有名　例〜な芸術家。〜
無実の親睦団体。

ゆうめい　勇名　例〜をはせる。

ゆうもう　勇猛　例〜果敢。

ゆうもや　夕もや〈夕靄〉

ゆうやけ　夕焼け　文夕焼け　例〜
の空。

ゆうやけぐも　夕焼け雲　文夕焼け

１〜６：教育漢字学年配当　公：法令・公用文の表記　文：文科省語例集の表記

雲

ゆうやみ　夕闇　例辺りに～が迫る。

ゆうゆう　悠々　文悠々　例～自適
の生活。～と会場に現れた。

ゆうよ　猶予　例執行を～する。

ゆうよう　悠揚　例～迫らぬ態度。

ゆうよく　遊よく〈遊弋〉　例巡視船
が付近の海を～する。

ゆうり　有利　例～な条件。

ゆうり　遊離　例現実から～した案。

ゆうりょ　憂慮　例～すべき事態。

ゆうりょう　有料　例～駐車場。

ゆうりょう　優良　例～品。

ゆうりょうじ　優良児

ゆうれい　幽霊　例～が出る。

ゆうれつ　優劣　例～を競う。

ゆうわ　融和　例部内の～を図る。

ゆうわ　ゆう和〈宥和〉　例外国に対
して～政策を取る。

ゆうわく　誘惑　例～に負ける。

ゆえ　故　文故　例～なく欠席して
はならない。

…ゆえ　…ゆえ・…故　文…ゆえ
例病気の～出席できかねます。
それ～。

　　注公用文では、「一部の反対のゆえに
　　はかどらない。」のように用いると
　　きは、原則として、仮名で書く。

ゆえい　輸えい〈輸贏〉

　　注法令では、用いない。

ゆえつ　愉悦　例～を感じる。

ゆえつ　ゆ越〈踰越〉

注法令では、用いない。

ゆえに〔接続詞〕　ゆえに・故に
　　公文ゆえに　例～これは正しい。

ゆえん　ゆえん〈所以〉　文ゆえん
　　⇒訳・理由・方法　例以上が、
　　A氏を会長に推薦する～である。

ゆか　床　例～を張る。～運動。

ゆかい　愉快　例～な仲間。

ゆかしい　ゆかしい〈床しい〉　例実
に～話だと思います。古式～。

ゆかした　床下　例～浸水。～収納。

ゆかた　浴衣付　例～を着る。

ゆがむ　ゆがむ〈歪む〉　文ゆがむ
　　例悲しみにゆがんだ顔。形が～。

ゆがめる　ゆがめる〈歪める〉　例余
りの苦しさに思わず口を～。

ゆかり　ゆかり〈縁〉　例○○～の地。

ゆき　雪　例～が降る。大～。

ゆき　行き　文行き　例東京～の列
車。

注「いき」とも。

ゆきあう　行き会う　例知人に～。

ゆきあかり　雪明かり

ゆきあそび　雪遊び

ゆきあたり　行き当たり　文行き当
たり　例～ばったりの策。

ゆきあたる　行き当たる　文行き当
たる　例この先を曲がると、郵
便局に～。困難に～。

ゆきおれ　雪折れ　文雪折れ　例柳
に～なし。

ゆきおろし　雪下ろし・雪降ろし

[文]雪下ろし
ゆきかい　行き交い　[例]人や車の～。
ゆきかう　行き交う　[例]車が～。
ゆきかえり　行き帰り　[文]行き帰り　[例]仕事の～に立ち寄る店。
ゆきがかり　行き掛かり　[文]行き掛かり　[例]～上、やめられない。
ゆきかき　雪かき〈雪掻き〉
ゆきがけ　行き掛け　[文]行き掛け　[例]～に郵便局に寄ってください。
ゆきかた　行き方　[文]行き方　[例]目的地へはいろいろな～がある。
ゆきがた　行き方　[例]～が不明だ。
ゆきき　行き来　[例]～が激しい。
ゆきぐつ　雪靴
ゆきげしき　雪景色
ゆきけむり　雪煙
ゆきさき　行き先　[文]行き先　[例]～の変更。
ゆきすぎ　行き過ぎ　[文]行き過ぎ　[例]～の是正。
ゆきすぎる　行き過ぎる
ゆきずり　行きずり　[例]～の人。
ゆきだおれ　行き倒れ　[例]～の人を介抱する。
ゆきだるま　雪だるま〈雪達磨〉
ゆきちがい　行き違い　[文]行き違い　[例]友人と～になる。
ゆきつけ　行きつけ〈行き付け〉　[例]～の店で買う。
ゆきづまり　行き詰まり　[文]行き詰まり　[例]仕事に～を感じる。
ゆきづまる　行き詰まる　[例]考えが～。交渉が～。
ゆきづらい　行きづらい〈行き辛い〉　[例]あそこへはどうも～。
ゆきどけ　雪解け　[文]雪解け　[例]～道。
ゆきとどく　行き届く　[文]行き届く　[例]世話が～。注意が～。
ゆきどまり　行き止まり　[文]行き止まり　[例]この道の先は、～だ。
ゆきなげ　雪投げ
ゆきなやみ　行き悩み　[文]行き悩み　[例]仕事が～の状態にある。
ゆきなやむ　行き悩む
ゆきば　行き場　[文]行き場　[例]～がない思い。
ゆきばれ　雪晴れ
ゆきふり　雪降り
ゆきみち　行き道　[文]行き道　[例]学校への～。
ゆきもどり　行き戻り　[文]行き戻り
ゆきもよう　雪模様　[例]～の空。
ゆきよけ　雪よけ〈雪除け〉　[例]家の周りに～を作る。
ゆきわたる　行き渡る　[文]行き渡る　[例]資料が出席者全員に～。
[注]「いきわたる」とも。
ゆく　行く　[文]行く　[例]学校へ～。
[注]「いく」とも。
ゆく　逝く　[文]逝く　[例]偉人～。
[注]「いく」とも。
[注]「行く・逝く」の使い分けは、「「異字

や行

同訓」の漢字の使い分け」p.38参照。

ゆく　ゆく〈行く〉　例納得が～まで
　聞く。

…(て)ゆく　…(て)ゆく〈…(て)
　行く〉　例ちょっと聞いてゆこ
　う。土産を買って～。

ゆくえ　行方団　文行方　例～が分
　からない。～を定めず出発する。

ゆくえふめい　行方不明　例～者。

ゆくさき　行く先　文行く先　例～
　を言わずに出掛ける。

ゆくすえ　行く末　文行く末　例こ
　の子の～が心配だ。

ゆくて　行く手　文行く手　例～は
　多難だ。

ゆくゆく　行く行く・ゆくゆく
　文行く行く　例～は独立したい。

ゆげ　湯気　例～が立つ。

ゆけつ　輸血　例～用の血液。

ゆさぶる　揺さぶる　文揺さぶる
　例強く～。

ゆざまし　湯冷まし　文湯冷まし
　例～を飲む。

ゆざめ　湯冷め　例～をしないよう
　に、すぐに寝た。

ゆさん　遊山　例物見～。

ゆし　油脂　例～工業。

ゆし　諭旨　例～免職。

ゆしゅつ　輸出　例外国へ～する。

ゆすぐ　ゆすぐ〈濯ぐ〉　例洗濯物を
　～。

ゆすぶる　揺すぶる　文揺すぶる

例ゆさゆさと～。

ゆすり　ゆすり〈強請〉　例～たかり
　を取り締まる。

ゆずり　譲り　文譲り　例親～の性
　格。

ゆずりあう　譲り合う　文譲り合う
　例お互いに遠慮して席を～。

ゆずりうけ　譲り受け　公文譲受け
　建譲り受け

ゆずりうけにん　譲り受け人
　公文譲受人　建譲り受け人
　例財産の～。

ゆずりうける　譲り受ける　文譲り
　受ける　例蔵書を～。

ゆずりじょう　譲り状　文譲り状
　例前もって～を書いておく。

ゆずりわたし　譲り渡し　公文譲渡
　し　建譲り渡し　例～を受ける。
　～の手続き。

ゆずりわたししょ　譲り渡し書

ゆずりわたしにん　譲り渡し人

ゆずりわたす　譲り渡す　文譲り渡
　す　例店を第三者に～。

ゆする　揺する　文揺する　例ぶら
　んこを～。

ゆする　ゆする〈強請る〉　例金を～。

ゆずる　譲る　文譲る　例席を～。

ゆせい　油井

ゆそう　油槽
　注法令では、「油槽」は用いない。「油タ
　ンク」を用いる。

ゆそう　輸送　例貨物を～する。

団:付表の語　×:表外字　△:表外音訓　〈　〉:参考表記　⇒:言い換え等

ゆそうせん　輸送船　例〜の入港。

ゆたかだ　豊かだ　文豊かだ　例愛情が〜。

ゆだねる　委ねる　文委ねる　例判断を〜。

ゆだる　ゆだる〈茹だる〉　例卵が〜。　注「うだる」とも。

ゆだん　油断　例〜も隙もない。

ゆだんたいてき　油断大敵

ゆちゃく　癒着　例財界との〜。

ゆづけ　湯漬け　文湯漬け

ゆでたまご　ゆで卵〈茹で卵〉

ゆでる　ゆでる〈茹でる〉　例卵を〜。　注「うでる」とも。

ゆでん　油田　例〜の多い国。

ゆとうよみ　湯とう読み〈湯桶読み〉　例〜と重箱読み。

ゆどおし　湯通し　文湯通し　例食材を〜する。

ゆどの　湯殿　例ひのき造りの〜。

ゆにゅう　輸入　例石油を〜する。

ゆのみ　湯飲み〈湯呑み〉　文湯飲み

ゆび　指　例〜人形。

ゆびおり　指折り　例〜数えて待つ。全国でも〜の資産家だ。

ゆびきり　指切り　文指切り　例〜げんまん。

ゆびさき　指先　例〜がかじかむ。

ゆびさす　指さす・指差す　文指さす　例〜方に富士山が見えた。

ゆびぬき　指ぬき〈指貫き〉　文指ぬき　例裁縫に〜を使う。

ゆびわ　指輪

ゆぶね　湯船〈湯槽〉

ゆみ　弓　例〜と矢。

ゆみず　湯水　例金を〜のように使う。

ゆみとり　弓取り　文弓取り

ゆみはりづき　弓張り月　文弓張り月　例〜を眺める。

ゆみや　弓矢

ゆめ　夢　例〜を見る。

ゆめ　ゆめ〈努〉　例〜忘れるな。

ゆめうつつ　夢うつつ〈夢現〉　例ぼんやりとしていて〜の状態。

ゆめごこち　夢心地　例〜で聞く。

ゆめじ　夢路　例楽しい〜。

ゆめにも〈努にも〉　夢にも　例〜思わない。〜忘れない。

ゆめみる　夢見る　例〜ような気分。

ゆゆしい　ゆゆしい〈由々しい〉　例実に〜問題である。〜事態。

ゆらい　由来　例地名の〜。

ゆらぐ　揺らぐ　文揺らぐ　例屋台骨が〜。

ゆらす　揺らす　例ぶらんこを〜。

ゆりあげる　揺り上げる　例背中の子供を〜。

ゆりうごかす　揺り動かす　例ぶらんこを〜。人の心を〜。

ゆりおこす　揺り起こす　例朝寝坊の子を〜。

ゆりかえし　揺り返し　文揺り返し　例地震の〜は怖いものだ。

や行

ゆりかご　揺り籠　[文]揺り籠
ゆりもどし　揺り戻し　[例]大きな地震の後は、～がある。
ゆる　揺る　[文]揺る　[例]風が木の枝を～。
ゆるい　緩い　[文]緩い　[例]傾斜が～。
ゆるがす　揺るがす　[例]土台を～。
ゆるがせ　ゆるがせ〈忽せ〉　[文]ゆるがせ　[例]大事なことを～にする。
ゆるぎない　揺るぎない　[文]揺るぎない　[例]～地歩を固める。
ゆるぐ　揺るぐ　[文]揺るぐ　[例]土台が～。揺るがぬ自信。
ゆるし　許し　[文]許し　[例]～を請う。
ゆるしがたい　許し難い　[文]許し難い　[例]それは全く～行為である。
ゆるす　許す　[文]許す　[例]失敗を～。
ゆるまる　緩まる　[例]寒さが～。
ゆるみ　緩み〈弛み〉　[文]緩み　[例]気持ちの～が招いた事故。
ゆるむ　緩む〈弛む〉　[文]緩む　[例]寒さが～。次第に結び目が～。
ゆるめる　緩める　[文]緩める　[例]取締りを～。帯を～。
ゆるやかだ　緩やかだ　[文]緩やかだ　[例]規制が～。勾配が～。
ゆれ　揺れ　[文]揺れ　[例]船の～。
ゆれうごく　揺れ動く　[例]左右に～。
ゆれる　揺れる　[文]揺れる　[例]気持ちが～。
ゆわえる　結わえる　[文]結わえる　[例]髪を～。
ゆわかし　湯沸かし　[文]湯沸かし
ゆわかしき　湯沸かし器　[公][文]湯沸器　[建]湯沸かし器

よ

よ　与(與)〔ヨ あたえる〕　[例]与党、給与、授与、関与、参与、貸与、供与、生殺与奪
よ　予[3](豫)〔ヨ ―〕　[例]予感、予定、予備、予防、猶予
よ　余[5](餘)〔ヨ あまる・あます〕　[例]余技、余念、余剰、余地、残余、千余円、千円余
よ　誉(譽)〔ヨ ほまれ〕　[例]栄誉、名誉
よ　預[6]〔ヨ あずける・あずかる〕　[例]預金、預託、預言
よ　世　[例]～の荒波。
よ　代　[例]武家の～

[注]「世・代」の使い分けは、「「異字同訓」の漢字の使い分け」p.657参照。

よ　夜　[例]～が更ける。～が明ける。
よあかし　夜明かし　[文]夜明かし　[例]思い出話で～をする。
よあけ　夜明け　[文]夜明け　[例]～の空。
よあそび　夜遊び　[文]夜遊び　[例]～が過ぎると体に障る。
よあるき　夜歩き　[文]夜歩き　[例]～は危険です。

[付]:付表の語　×:表外字　△:表外音訓　〈　〉:参考表記　⇒:言い換え等

よい　宵　例春の〜。〜祭り。

よい　良い・よい　⊗良い　例仲が〜。よくできる。

よい　善い・よい　⊗善い　例〜行い。陰口は善くない。

囲「良い・善い」の使い分けは、「「異字同訓」の漢字の使い分け」参照。

よい　酔い　⊗酔い　例酒の〜。船〜。二日〜。

…(て)よい　…(て)よい〈…(て)良い〉　公⊗…てよい　例帰って〜。連絡して〜。

囲公用文では、「連絡してよい。」のように用いるときは、原則として、仮名で書く。

よいごこち　酔い心地　⊗酔い心地

よいごし　宵越し　⊗宵越し　例江戸っ子は、〜の金を持たない。

よいざまし　酔い覚まし〈酔い醒まし〉　例〜に水を飲む。

よいざめ　酔い覚め〈酔い醒め〉　⊗酔い覚め　例〜の水はうまい。

よいだおれ　酔い倒れ　⊗酔い倒れ

よいっぱり　宵っ張り　⊗宵っ張り　例〜の朝寝坊。

よいつぶれる　酔い潰れる

よいのくち　宵の口　例まだ〜だよ。

よいのみょうじょう　宵の明星

よいまつり　宵祭り　⊗宵祭り　例〜と本祭り。

よいやみ　宵闇　例〜が迫る。

よいん　余韻　例〜を残す。

─── 「異字同訓」の漢字の使い分け ───

よ
【世】その時の世の中。
明治の世*。世の中が騒然とする。この世のものとは思えない美しさ。世渡り。世が世ならば。
【代】ある人や同じ系統の人が国を治めている期間。
明治の代*。260年続いた徳川の代。武家の代。
＊　「明治のよ」については、「明治時代の世の中」という意では「明治の世」、「明治天皇の治世下にある」という意では「明治の代」と使い分ける。

よい
【良い】優れている。好ましい。
品質が良い。成績が良い。手際が良い。発音が良い。今のは良い質問だ。感じが良い。気立てが良い。仲間受けが良い。良い習慣を身に付ける。
【善い】道徳的に望ましい。
善い行い。世の中のために善いことをする。人に親切にするのは善いことである。

(平成26年文化審議会国語分科会)

や行

よう　幼6〔ヨウ／おさない〕　例幼児、幼少、幼稚、幼虫、幼女、長幼の序

よう　用2〔ヨウ／もちいる〕　例用意、用件、使用、借用、費用、任用、引用

よう　羊3〔ヨウ／ひつじ〕　例羊毛、綿羊、牧羊、羊腸の小径

よう　妖〔ヨウ／あやしい〕　例妖怪、妖艶

よう　洋3〔ヨウ〕　例洋画、洋楽、洋風、海洋、西洋、大洋

よう　要4〔ヨウ／かなめ・いる〕　例要求、要点、要注意、重要、必要

よう　容5〔ヨウ〕　例容易、容器、容積、容量、寛容、形容、内容

よう　庸〔ヨウ〕　例庸君、中庸、凡庸、租庸調

よう　揚〔ヨウ／あげる・あがる〕　例揚陸、意気揚々、称揚、掲揚、抑揚

よう　揺(搖)〔ヨウ／ゆれる・ゆる・ゆらぐ・ゆるぐ・ゆする・ゆさぶる・ゆすぶる〕　例揺らん期、動揺

よう　葉3〔ヨウ／は〕　例葉脈、葉緑素、落葉、紅葉　付紅葉(もみじ)

よう　陽3〔ヨウ〕　例陽光、陽性、陰陽、斜陽、太陽、陰と陽

よう　溶〔ヨウ／とける・とかす・とく〕　例溶解、溶液、水溶液

よう　腰〔ヨウ／こし〕　例腰痛、腰部

よう　様3(樣)〔ヨウ／さま〕　例様式、様子、様相、同様、模様、一様、今様

よう　瘍〔ヨウ〕　例潰瘍、腫瘍

よう　踊〔ヨウ／おどる・おどり〕　例舞踊

よう　窯〔ヨウ／かま〕　例窯業

よう　養4〔ヨウ／やしなう〕　例養子、養成、養育、休養、滋養、教養、供養

よう　擁〔ヨウ〕　例擁護、擁立、抱擁

よう　謡(謠)〔ヨウ／うたい・うたう〕　例謡曲、童謡、民謡、歌謡

よう　曜2〔ヨウ〕　例曜日、黒曜石、土曜、日曜、七曜表

よう　酔う　⊗酔う　例酒に～。

よう　様　例各人各～。文～。

よう　よう〈様〉　雨が降っている～だ。その～なことはない。

ようい　用意　例会議の～をする。

ようい　容易　例～な仕事ではない。

よういく　養育　例子供を～する。

よういん　要因　例発生の～。

よういん　要員　例～を確保する。

ようえき　溶液　例砂糖の～。

ようえん　妖艶　例～な姿。

ようおん　よう音(拗音)　例「キャ、キュ、キョ」などを～と言う。

ようか　八日　例今月の～。

ようかい　妖怪

ようかい　溶解〈鎔解・熔解〉　例砂糖を水に～する。

ようかい　容かい〈容喙〉　⇒干渉・口出し　例第三者が～すべきことではない。

ようがく　洋楽　例～を鑑賞する。

ようかん　ようかん〈羊羹〉

ようがん　溶岩〈熔岩〉

ようき　容器　例調味料の～。

や行

ようき　陽気　例〜な人。

ようぎ　容疑　例〜が晴れる。

ようきゅう　洋弓　例〜の試合。

ようきゅう　要求　例賃上げの〜。

ようぎょう　窯業　例〜を営む。

ようきょく　謡曲　例〜を習う。

ようぐ　用具　例筆記〜。

ようけい　養鶏　例〜が盛んな町。

ようげき　よう撃〈邀撃〉　⇒迎撃
　例敵を〜する。

ようけつ　要けつ〈要訣〉　⇒要点・
　極意・こつ　例成功の〜。

ようけん　用件　例〜を思い出す。

ようけん　要件　例〜を満たす。

ようご　用語　例新聞の〜。

ようご　養護　例〜教諭。

ようご　擁護　例人権を〜する。

ようこう　要項　例会議の〜をまと
　める。実施〜。

ようこう　要綱　例計画の〜。

ようこう　陽光　例〜が降り注ぐ。

ようこうろ　溶鉱炉〈熔鉱炉〉

ようさい　要塞

ようさん　養蚕　例〜が盛んだ。

ようし　用紙　例答案〜。

ようし　要旨　例文章の〜を書く。

ようし　容姿　例〜端麗。

ようし　養子　例〜縁組。

ようじ　幼児　例〜を預かる。

ようじ　ようじ〈楊枝〉　例爪〜。

ようしき　洋式　例〜のトイレ。

ようしき　様式　例生活の〜。

ようしゃ　容赦　例〜なく責め立て
　る。どうか御〜ください。

ようしゅ　洋酒　例〜を飲む。

ようしょ　要所　例〜を固める。

ようしょう　要衝　例交通の〜。

ようじょう　養生　例日頃の〜。

ようしょく　養殖　例真珠の〜。

ようじん　用心　例火の〜。

ようす　様子　例〜を見る。

ようすいぼり　用水堀

ようする　要する　例緊急を〜。

ようする　擁する　例広大な土地を
　〜。

ようするに　要するに　例〜やる気
　の問題だ。

ようせい　要請　例援助を〜する。

ようせい　養成　例後継者の〜。

ようせい　妖精

ようせき　容積　例〜を量る。

ようせつ　溶接〈熔接〉　例レールを
　〜する。鉄管を〜する。

ようせつ　よう折〈夭折〉　⇒早死に・
　若死に　例彼の〜が惜しまれる。

ようせん　用箋

ようそ　要素　例〜ごとに分ける。

ようそう　様相　例〜が一変する。

ようだ〔助動詞〕　ようだ〈様だ〉
　公文ようだ　例それ以外に方法
　がない〜。

ようたい　様態　例〜の観察。

ようだい　容体・容態　例〜が持ち
　直した。

や行

囲新聞では、「容体」と書く。

ようたし　用足し〈用達〉　例あいに
　くですが、～に出ています。

ようだてる　用立てる　文用立てる
　例金を～。

ようだん　用談　例社長と～する。

ようだん　要談　例政府首脳の間で
　～が行われた。

ようち　幼稚　例～な方法。

ようち　夜討ち　文夜討ち　例～を
　企てる。

ようちえん　幼稚園

ようちゅう　幼虫　例せみの～。

ようちゅうい　要注意　例これは間
　違えやすいので～だ。

ようつう　腰痛　例～に悩まされる。

ようてい　要諦　例処世の～を知る。

ようてん　要点　例文章の～。

ようと　用途　例会費の～。

ようど　用度　例事務に必要な～。

ようとん　養豚　例～が盛んだ。

ようにん　よう人・用人　⇒雇人、
　使用人　文よう人

ようにん　容認　例変更を～する。

ようび　曜日　例～を決める。

ようひん　用品　例台所～。

ようひん　洋品　例紳士～売り場。

ようぶ　腰部　例～が痛む。

ようふう　洋風　例～の建築。

ようふく　洋服　例紺の～。

ようぶん　養分　例～を蓄える。

ようぼう　要望　例予算の増額を～

する。～事項。

ようぼう　容貌　例美しい～の女性。

ようむき　用向き　文用向き　例～
　を伺う。

ようもう　羊毛　例～の輸入。

ようやく　要約　例話の～。

ようやく　ようやく〈漸く〉　文よう
　やく　例手紙を～書き終えた。

ようよう　洋々　例前途～。

ようらん　揺らん〈揺籃〉　⇒揺り籠
　例～の地。～時代。～期。

ようりつ　擁立　例候補者を～する。

ようりょう　用量　例1日分の～。

ようりょう　要領　例～がいい。～
　を得ない。

ようりょう　容量　例箱の～。

ようりょくそ　葉緑素

ようれい　用例　例熟語の～を示す。

よか　余暇　例～を楽しむ。

よかぜ　夜風　例～に当たる。

よかれあしかれ　善かれあしかれ
　〈善かれ悪しかれ〉　例～実行す
　るしかない。

よかん　予感　例～が的中する。

よき　予期　例～しない出来事。

よぎない　余儀ない　例～事情で中
　座する。

よきょう　余興　例～をする。

よきん　預金　例銀行に～する。

よく　抑〔ヨク おさえる〕　例抑圧、抑制、
　抑揚、抑留、抑止力

よく　沃〔ヨク〕　例肥沃

囲:付表の語　×:表外字　△:表外音訓　〈　〉:参考表記　⇒:言い換え等

よく　浴⁴〔ヨク／あびる・あびせる〕　例浴室、
　浴槽、浴場、海水浴、日光浴、
　恩恵に浴する　団浴衣（ゆかた）

よく　欲⁶〔ヨク／ほっする・ほしい〕　例欲求、
　欲望、食欲、愛欲、無欲

よく　翌⁶〔ヨク〕　例翌日、翌春、翌
　年、翌朝、翌々日

よく　翼〔ヨク／つばさ〕　例翼賛、翼長、左
　翼、低翼式、比翼、尾翼

よく　よく〈良く・善く・能く〉
　例～分かる。～行く店。

よくあつ　抑圧　例言論を～する。

よくうつ　抑鬱　例～した気分。

よくし　抑止　例戦争を～する。

よくしゅん　翌春　例出会った～に
　結婚した。

よくじょう　浴場　例公衆～。

よくする　浴する　例光栄に～。

よくする　よくする〈能くする〉
　例我々の～ところではない。

よくせい　抑制　例感情を～する。

よくそう　浴槽　例四角い～。

よくど　沃土　例広大な～。

よくとくずく　欲得ずく〈欲得尽く〉

よくねん　翌年　例～に実施する。

よくばり　欲張り　⊗欲張り　例～
　な人。

よくばる　欲張る

よくふか　欲深

よくぼう　欲望　例～を満たす。

よくめ　欲目　例親の～。

よくも　よくも〈能くも〉　例～だま

したな。～言えるね。

よくや　沃野　例流域に開けた～。

よくよう　抑揚　例～を付ける。

よくよく　よくよく　例～調べる。
　～のことだ。

よくよくじつ　翌々日

よくりゅう　抑留　例捕虜を～する。

よけい　余計　⊗余計　例～なこと
　をするな。人より～に働く。

よける　よける〈避ける〉　例車を～。

よけん　予見　例未来を～する。

よげん　予言　例～が的中する。

よげん　預言　例神の～者。

よこ　横　例縦と～。～書き。

よご　予後　例病気は～が大切だ。

よこあい　横合い　⊗横合い　例～
　から手を出す。

よこう　予行　例運動会の～練習。

よこがお　横顔　例～の整った人。

よこがき　横書き　⊗横書き　例～
　の文書。

よこがみやぶり　横紙破り　例～の
　男。

よこぎる　横切る　⊗横切る　例道
　路を～。

よこしま　よこしま〈邪〉　例～な考
　えを抱く。

よこす　よこす〈寄越す〉　例久しぶ
　りに便りを～。

よごす　汚す　⊗汚す　例手を～。

よこずき　横好き　例下手の～。

よこすべり　横滑り〈横辷り〉　例総

や行

務課長から人事課長への～。
よこたえる　横たえる　[文]横たえる　[例]身を～。
よこだおし　横倒し　[文]横倒し　[例]台風で大木が～になる。
よこだおれ　横倒れ　[文]横倒れ　[例]車体の～。
よこたわる　横たわる　[文]横たわる　[例]大木が～。前途に困難が～。
よこづけ　横付け　[文]横付け　[例]自動車を玄関に～にする。
よこづな　横綱　[例]～に昇進する。
よこつら・よこっつら　横面・横っ面　[例]～を張る。車の～。
よこて　横手　[例]～から飛び出す。
よごと　夜ごと〈夜毎〉　[例]～の夢。
よこどり　横取り　[文]横取り　[例]弟がもらったお菓子を～する。
よこながし　横流し　[文]横流し　[例]物品の～。
よこながれ　横流れ　[文]横流れ　[例]～品。
よこなぐり　横殴り　[例]～の雨。
よこばい　横ばい〈横這い〉　[例]景気が～の状態になる。かにの～。
よこはば　横幅　[例]～が広い。
よこばら・よこっぱら　横腹・横っ腹　[例]船体の～。～が痛む。
よこぶり　横降り　[文]横降り　[例]～の雨。
よこみち　横道　[例]話が～にそれる。
よこむき　横向き　[文]横向き
よこめ　横目　[例]～で見る。
よこもじ　横文字　[例]～に弱い。
よこやり　横やり〈横槍〉　[例]話に～を入れる。
よごれ　汚れ　[文]汚れ　[例]～が付く。
よごれもの　汚れ物　[文]汚れ物　[例]～を洗う。
よごれる　汚れる　[文]汚れる　[例]手が～。
よさん　予算　[例]～の編成。
よし　由　[文]由　[例]お元気で御活躍の～、何よりのことと存じます。
よしあし　善しあし〈善し悪し〉　[例]事の～を判断する。正直すぎるのも～だ。
よしずばり　よしず張り〈葦簀張り〉　[文]よしず張り　[例]海岸の～の店。
よじのぼる　よじ登る〈攀じ登る〉　[例]木に～。
よしみ　よしみ〈好・誼〉　[例]親友の～で相談に乗る。
よじょう　余剰　[例]～物資。
よじょう　余情　[例]～のある詩。
よじる　よじる〈捩る〉　[例]体を～。
よじる　よじる〈攀じる〉　[例]高い崖をよじって登る。
よじん　余じん〈余燼〉　⇒くすぶり　[例]災害の～が残る。
よしんば　よしんば〈縦しんば〉　[例]～雨でも、予定どおり実行する。
よす　よす〈止す〉　[例]酒を～。中途

や行

で計画を～。

よすてびと　世捨て人　⊗世捨て人

よすみ　四隅　例部屋の～。

よせ　寄席因　例～で落語を聞く。

よせあつめ　寄せ集め　⊗寄せ集め

よせあつめる　寄せ集める　⊗寄せ
集める　例各方面から人材を～。

よせい　余生　例幸福な～を送る。

よせうえ　寄せ植え　例玄関の前に
～の花壇を作る。

よせがき　寄せ書き　⊗寄せ書き
例転任する人へ～を贈る。

よせぎざいく　寄せ木細工　⊗寄せ
木細工　例箱根名物の～。

よせざん　寄せ算　⊗寄せ算

よせつける　寄せ付ける　例敵を寄
せ付けない。

よせなべ　寄せ鍋　⊗寄せ鍋

よせる　寄せる　⊗寄せる　例親類
に身を～。思いを～。隅に～。

よぜん　余ぜん〈余喘〉　⇒虫の息・
余命　例なお～を保っている。

よせんかい　予せん会〈予餞会〉
⇒(はなむけの)送別会

よそ　よそ〈余所・他所〉　例～者。

よそいき　よそ行き〈余所行き〉
例～の言葉。

よそう　予想　例～以上の売れ行き。

よそおい　装い　⊗装い　例美しい
～。

よそおう　装う　⊗装う　例平静を
～。

よそく　予測　例結果を～する。

よそみ　よそ見〈余所見〉　例～をし
ないで、真っすぐ歩く。

よそゆき　よそ行き〈余所行き〉
例～の着物がない。

よそよそしい　よそよそしい〈余所
余所しい〉　例～態度。

よたく　預託　例銀行に～する。

よだれ　よだれ〈涎〉　例～を垂ら
す。

よだん　予断　例～を許さない。

よだん　余談　例～に花が咲く。

よち　予知　例地震を～する。

よち　余地　例考慮の～がない。

よつ・よっつ　四つ　⊗四つ　例～
に組む。

よつかど　四つ角　⊗四つ角　例街
の～。

よつぎ　世継ぎ　⊗世継ぎ

よつつじ　四つつじ〈四つ辻〉　例こ
の先の～を右へ曲がる。

よって　よって・因って〈依って・
仍って〉　⊗よって　例…、～
これを賞する。

よっぱらい　酔っ払い　⊗酔っ払い

よっぱらう　酔っ払う

よつめがき　四つ目垣　⊗四つ目垣

よつゆ　夜露　例～にぬれる。

よづり　夜釣り　⊗夜釣り

よつんばい　四つんばい〈四つん這
い〉　例土俵上に～になる。

よてい　予定　例～どおり行う。

や行

よとう　与党　例〜と野党。

よどおし　夜通し　文夜通し　例〜
　寝ないで看病する。〜風が吹く。

よどむ　よどむ〈淀む〉　例水が〜。

よなき　夜泣き　文夜泣き　例赤ん
　坊の〜。

よなき　夜鳴き　例〜そば。

よなべ　夜なべ　例毎晩〜をする。

よなれる　世慣れる〈世馴れる〉
　例次第に世慣れてくる。

よにげ　夜逃げ　文夜逃げ

よねん　余念　例勉強に〜がない。

よのなか　世の中　例〜はそんなに
　甘いものではない。

よばわる　呼ばわる　文呼ばわる
　例荒野で〜。

よび　予備　例〜の品。〜知識。

よびあう　呼び合う　文呼び合う
　例名を〜。

よびあつめる　呼び集める　例仲間
　を大勢〜。

よびいれる　呼び入れる　例家の中
　へ友人を〜。

よびおこす　呼び起こす　文呼び起
　こす　例記憶を〜。

よびかえす　呼び返す　文呼び返す
　例帰ろうとしている人を〜。

よびかけ　呼び掛け　文呼び掛け
　例寄附の〜。仲間への〜。

よびかける　呼び掛ける　文呼び掛
　ける

よびこ　呼び子　文呼び子　例〜を

鳴らす。

よびごえ　呼び声　文呼び声　例〜
　が高い。物売りの〜がする。

よびこむ　呼び込む　例客を〜。

よびすて　呼び捨て　文呼び捨て
　例名前を〜にする。

よびだし　呼び出し　公文呼出し
　建呼び出し　例学校から〜を受
　ける。

よびだしでんわ　呼び出し電話
　　　文呼出電話　建呼び出し電話

よびだしふごう　呼び出し符号
　　　公文呼出符号　建呼び出し符号

よびだす　呼び出す　文呼び出す
　例友人を電話で〜。

よびたてる　呼び立てる　例用事が
　できたので、友人を大声で〜。

よびつける　呼び付ける　文呼び付
　ける　例担当者を〜。

よびつづける　呼び続ける　例息子
　の名を〜。

よびとめる　呼び止める

よびなれる　呼び慣れる〈呼び馴れ
　る〉　例呼び慣れた名前。

よびにくい　呼びにくい〈呼び難い〉

よびね　呼び値　文呼び値

よびみず　呼び水　例彼の行動が〜
　となった。

よびもどす　呼び戻す　文呼び戻す
　例出張先から〜。

よびもとめる　呼び求める　例母親
　を〜幼い子。

や行

よびもの　呼び物　[文]呼び物　[例]展覧会の〜。

よびよせる　呼び寄せる　[文]呼び寄せる　[例]親類縁者を〜。

よびりん　呼び鈴　[文]呼び鈴　[例]〜を押す。

よぶ　呼ぶ　[文]呼ぶ　[例]大声を出して友達を〜。感動を〜。

よふかし　夜更かし　[文]夜更かし　[例]毎晩〜をする。

よふけ　夜更け　[文]夜更け　[例]〜に近くで火事があった。

よぶん　余分　[例]〜な物を捨てる。

よほう　予報　[例]天気〜。

よぼう　予防　[例]感染症を〜する。〜接種。

よぼう　よ望〈輿望〉　⇒衆望　[例]〜を担って立つ。

よほど〔副詞〕　よほど〈余程〉　[公][文]よほど　[例]〜うれしかったと見える。

よまつり　夜祭り

よまわり　夜回り　[文]夜回り　[例]町内を〜する。

よみ　読み　[文]読み　[例]〜と書き。〜が足りない。

よみあげざん　読み上げ算

よみあげる　読み上げる　[文]読み上げる　[例]一人一人名前を〜。

よみあやまり　読み誤り　[文]読み誤り　[例]先生に〜を指摘される。

よみあやまる　読み誤る

よみあわせ　読み合わせ　[文]読み合わせ　[例]原稿と校正刷りの〜。

よみおわる　読み終わる　[文]読み終わる　[例]文豪の全集を１年掛けて〜。

よみかえ　読み替え　[公][文]読替え　[建]読み替え　[例]法令中の語の〜。

よみかえきてい　読み替え規定　[公][文]読替規定　[建]読み替え規定

よみかえす　読み返す　[例]好きな本を何度も〜。

よみがえる　よみがえる〈蘇る・甦る〉　[例]記憶が〜。雨で草木が〜。

よみかき　読み書き　[文]読み書き　[例]漢字の〜のテストをする。

よみかけ　読み掛け　[文]読み掛け　[例]〜の本。

よみかた　読み方　[文]読み方　[例]漢字の〜。

よみきり　読み切り　[文]読み切り　[例]連載と〜。

よみきる　読み切る　[例]長編の小説を一晩掛かって〜。

よみごたえ　読み応え　[例]随分〜のある本だ。

よみさし　読みさし　[例]〜の本。

よみせ　夜店　[例]〜で買う。

よみつづける　読み続ける　[例]小説を一晩中〜。

よみづらい　読みづらい〈読み辛い〉

よみて　読み手　[文]読み手　[例]かる

や行

たの〜になる。〜と書き手。

よみとる　読み取る　例正しく〜。

よみなおす　読み直す

よみなれる　読み慣れる　例難しい
　字を〜。英字新聞を〜。

よみはじめる　読み始める　例これ
　から〜ところです。

よみふける　読みふける〈読み耽る〉
　例食事も取らずに小説を〜。

よみふだ　読み札　文読み札　例か
　るたの〜。

よみもの　読み物　文読み物　例〜
　風な文章。

よむ　読む　文読む　例本を〜。

よむ　詠む　文詠む　例歌を一首〜。
　注「読む・詠む」の使い分けは、「「異字
　同訓」の漢字の使い分け」参照。

よめ　嫁　例〜に行く。花〜。

よめ　夜目　例〜が利く。

よめいり　嫁入り　文嫁入り　例〜
　道具。

よもすがら　夜もすがら　例〜語り
　明かす。

よもやま　よもやま〈四方山〉　例〜
　話に花が咲いた。

よゆう　余裕　例時間に〜がない。

より　寄り　文寄り　例客の〜が良
　い。南〜の風が吹く。

より　より　例15日〜受け付ける。
　注公用文では、起点を示すには、「か
　ら」を用いて「より」は用いない。

より　より〈自〉　文より　例京都〜
　遠い所。彼〜も五つばかり年上
　だ。
　注公用文では、比較を示す場合にだ
　け用いる。

より　より〈縒り・撚り〉　例〜を戻
　す。

よりあい　寄り合い　文寄り合い
　例村の〜に出る。

よりあいじょたい　寄り合い所帯

よりあいせたい　寄り合い世帯
　文寄り合い世帯

よりあう　寄り合う　文寄り合う
　例町民が集会所に〜。

よりあつまり　寄り集まり　文寄り

「異字同訓」の漢字の使い分け

よむ

【読む】声に出して言う。内容を理解する。推測する。
　　大きな声で読む。子供に読んで聞かせる。秒読み。
　　この本は小学生が読むには難しい。人の心を読む。手の内を読む。
　　読みが浅い。読みが外れる。

【詠む】詩歌を作る。
　　和歌や俳句を詠む。一首詠む。歌に詠まれた名所。題に合わせて詠む。

（平成26年文化審議会国語分科会）

注:付表の語　×:表外字　△:表外音訓　〈　〉:参考表記　⇒:言い換え等

集まり

よりあつまる　寄り集まる　⊗寄り集まる　⦿周囲に聴衆が～。

よりあわせる　より合わせる〈縒り合わせる・撚り合わせる〉　⦿糸を～。

よりいと　より糸〈縒り糸・撚り糸〉

よりかかる　寄り掛かる　⊗寄り掛かる　⦿壁に～。

よりきり　寄り切り　⦿～の勝ち。

よりきる　寄り切る

よりごのみ　より好み〈選り好み〉　⊗より好み　⦿～ばかりする。

よりそう　寄り添う　⦿恋人に～。

よりたおし　寄り倒し

よりだす　より出す〈選り出す〉　⦿良いみかんだけを～。

よりどころ　よりどころ〈拠所〉　⊗よりどころ　⦿～となる前例がない。心の～。

よりどり　より取り〈選り取り〉　⊗より取り　⦿～一つ100円の大安売り。～見取り。

よりぬき　より抜き〈選り抜き〉　⊗より抜き　⦿～の品物。

よりぬく　より抜く〈選り抜く〉　⦿良い品だけを～。

よりみち　寄り道　⊗寄り道　⦿学校からの帰り、～をする。

よりわける　より分ける〈選り分ける〉　⦿卵の大きさを～。

よる　夜　⦿～と昼。

よる　寄る　⊗寄る　⦿店に～。しわが～。思いも寄らない。

よる　よる・因る〈依る・拠る・由る〉　公⊗よる　⦿努力に～。表に～説明。基準に～。何事によらず…。

よる　よる〈選る〉　⦿良い品を～。

よる　よる〈縒る・撚る〉　⦿糸を～。

よるひる　夜昼　⦿～なく働く。

よるべ　寄る辺　⊗寄る辺　⦿～もない身の上。

よれい　予鈴　⦿～と本鈴。

よろい　よろい〈鎧〉　⦿～武者。

よろこばしい　喜ばしい　⊗喜ばしい　⦿～出来事。

よろこばす　喜ばす　⊗喜ばす

よろこび　喜び〈歓び・悦び・慶び〉　⊗喜び　⦿～の色を浮かべる。

よろこぶ　喜ぶ　⊗喜ぶ　⦿朗報に～。

よろしい　よろしい〈宜しい〉　⦿帰っても～。どちらでも～。

よろしく　よろしく〈宜しく〉　⊗よろしく　⦿どうぞ皆様に～お伝えください。

よろず　よろず〈万〉　⦿～の物事。

よろめく　よろめく〈蹌踉めく〉　⦿酔って足が～。

よろん　世論〈輿論〉　⊗世論　⦿～の動向に注目する。～調査。　㊟「せろん」とも。

よわ　よわ〈夜半〉　⦿秋の～を旧友

や行

と語り明かす。

よわい　弱い　〔文〕弱い　〔例〕力が～。
　熱に～。

よわい　よわい〈齢〉　〔例〕～正に80歳。

よわき　弱気　〔例〕～を起こす。

よわごし　弱腰　〔例〕～の交渉。

よわたり　世渡り　〔文〕世渡り　〔例〕彼
　はなかなか～の上手な人だ。

よわね　弱音　〔例〕～を吐く。

よわび　弱火　〔例〕～で煮る。

よわまる　弱まる　〔文〕弱まる　〔例〕風
　が～。

よわみ　弱み〈弱味〉　〔文〕弱み　〔例〕人
　の～に付け込む。～がある。

よわむし　弱虫

よわめる　弱める　〔文〕弱める　〔例〕火
　力を～。勢力を～。

よわよわしい　弱々しい　〔文〕弱々し
　い　〔例〕見るからに～体つき。

よわりきる　弱り切る　〔例〕とんだ失
　敗をして～。

よわりはてる　弱り果てる　〔例〕どう
　にもならず～。

よわりめ　弱り目　〔例〕～にたたり目。

よわる　弱る　〔文〕弱る　〔例〕視力が～。

よんどころない　よんどころない
　〈拠ん所無い〉　〔例〕～事情がある。

ら

ら　拉〔ラ〕　〔例〕拉致

ら　裸〔ラ／はだか〕　〔例〕裸身、裸体、裸婦
　像、全裸、赤裸々

ら　羅〔ラ〕　〔例〕羅針盤、羅列、網羅

…ら　…ら〈…等〉　〔公〕〔文〕…ら　〔例〕彼
　～。これ～。何～。我～。

らい　礼³（禮）〔レイ・ライ〕　〔例〕礼賛、
　礼拝、帰命頂礼
　　〔注〕「礼拝」は、「れいはい」とも。

らい　来²（來）〔ライ／くる・きたる・きたす〕
　〔例〕来客、来年、来歴、来館者、
　以来、往来、飛来、遠来

らい　雷〔ライ／かみなり〕　〔例〕雷名、雷鳴、雷
　魚、雷雨、魚雷、避雷針、落雷

らい　頼（頼）〔ライ／たのむ・たのもしい・たよる〕
　〔例〕依頼、信頼、無頼漢

らいい　来意　〔例〕～を告げる。

らいう　雷雨　〔例〕～が激しい。

らいさん　礼賛　〔例〕先人の偉業を～
　する。

らいしゅう　来週　〔例〕～の初め。

らいしゅう　来襲　〔例〕台風の～。

らいせ　来世　〔例〕現世と～。

らいねん　来年　〔例〕～結婚する。

らいはい　礼拝　〔例〕仏を～する。
　　〔注〕キリスト教では、「れいはい」と読む。

らいひん　来賓　〔例〕～の祝辞。

〔注〕:付表の語　×:表外字　△:表外音訓　〈　〉:参考表記　⇒:言い換え等

らいほう　来訪　例客が〜する。

らいめい　雷名　例〜をとどろかす。

らいめい　雷鳴　例〜を伴った雨。

らいらく　らいらく〈磊落〉　⇒太っ
　腹　例豪放〜な性質。

らいれき　来歴　例故事〜。

らかん　羅漢　例五百〜。

らく　絡〔ラク
からむ・からまる・からめる〕
　例短絡、連絡、脈絡

らく　落³〔ラク
おちる・おとす〕　例落語、
　落日、落涙、集落、暴落

らく　酪〔ラク〕　例酪農

らく　楽²(樂)〔ガク・ラク
たのしい・たのしむ〕
　例楽園、楽天家、快楽、娯楽、
　極楽　団神楽(かぐら)

らくいん　らく印〈烙印〉　公らく印
　例〜を押される。

らくいんきょ　楽隠居

らくえん　楽園　例この世の〜。

らくがき　落書き　文落書き　例こ
　の壁に〜をしてはいけません。

らくご　落語　例〜家。〜を聞く。

らくご　落後・落ご〈落伍〉　⇒脱落
　例〜者。競争社会から〜する。

らくさ　落差　例〜が激しい。

らくさつ　落札　例競売で〜した。

らくじょう　落城　例ついに〜した。

らくせい　落成　例新校舎の〜式。

らくせん　落選　例選挙で〜する。

らくだい　落第　例試験に〜する。

らくたん　落胆　例失恋に〜する。

らくちゃく　落着　例これで事件は
〜するものと思われる。

らくちょう　落丁　例〜がありまし
　たら直ちに取り替えます。

らくてんか　楽天家

らくのう　酪農　例〜を営む。

らくはく　落はく〈落魄〉　⇒零落・
　落ちぶれる　例事業に失敗して
　すっかり〜してしまった。

らくばく　落ばく〈落莫〉　⇒うらぶ
　れた・寂しい　例〜たる光景。

らくばん　落盤〈落磐〉　公落盤
　例炭坑の〜事故。
　注法令では、「落磐」は用いない。「落
　盤」を用いる。

らくやき　楽焼き　文楽焼き　例〜
　の茶わん。

らくよう　落葉　例〜の季節。

らくようじゅ　落葉樹

らくらく　楽々　例３人が〜と座れ
　る長椅子。

らくるい　落涙　例思わず〜する。

らしん　裸身　例〜をさらす。

らしんばん　羅針盤

らせん　らせん〈螺旋〉　例〜階段。

らたい　裸体　例〜を写生する。

らち　拉致　公文拉致　例何者かに
　〜される。

らち　らち〈埒〉　例〜が明かない。

らちがい　らち外〈埒外〉　⇒範囲
　外・枠外　例法律の〜。

らつ　辣〔ラツ〕　例辣腕、辛辣

らっか　落下　例岩石が〜する。

ら行

らっか　落花　[例]～の舞の風情。～生。～ろうぜき。

らっかさん　落下傘　⇒パラシュート　[例]～で降下する。

らっかん　落款　[例]書に～を押す。

らっかん　楽観　[例]事態を～する。

らっぱのみ　らっぱ飲み〈喇叭飲み〉

らつわん　辣腕　[例]～を振るう。

られつ　羅列　[例]項目を～する。

らん　乱^{6}(亂)〔ラン　みだれる・みだす〕　[例]乱視、乱戦、乱筆、乱暴、混乱、錯乱、反乱

らん　卵^{6}〔ラン　たまご〕　[例]卵黄、卵生、鶏卵、産卵

らん　覧^{6}(覽)〔ラン　―〕　[例]回覧、一覧、閲覧、観覧、展覧、巡覧、便覧、博覧会

らん　濫〔ラン　―〕　[例]濫造、濫発、濫伐、濫用、濫費、濫獲、氾濫

[注]新聞では、「氾濫」以外は、全て「乱」と書く。

らん　藍〔ラン　あい〕　[例]出藍

らん　欄(欄)〔ラン　―〕　[例]欄外、欄干、欄間、空欄、上の欄

らんおう　卵黄　[例]～と卵白。

らんがい　欄外　[例]～に書き入れる。

らんかく　乱獲・濫獲　[例]～に反対する。

[注]新聞では、「乱獲」と書く。

らんかん　欄干　[例]橋の～。

らんさく　乱作・濫作　[例]同じような作品を～する。

らんざつ　乱雑　[例]机の上が～だ。

らんじゅく　らん熟〈爛熟〉　⇒熟しきること・成熟　[例]文化の～期。

らんしょう　濫しょう〈濫觴〉　⇒はじまり　[例]近代文学の～。

らんせん　乱戦　[例]～模様。

らんそう　卵巣

らんぞう　乱造・濫造　[例]粗製～。

らんだ　乱打　[例]半鐘を～する。

らんちきさわぎ　乱痴気騒ぎ　[例]～はやめなさい。

らんとう　乱闘　[例]～騒ぎが起きる。

らんどく　乱読・濫読　[例]小説を～する。

らんどり　乱取り　[例]柔道場で若者が～をしている。

らんにゅう　乱入　[例]興奮した観客が場内に～する。

らんばい　乱売　[例]商品を大幅に値下げして～する。

らんぱく　卵白　[例]卵黄と～。

らんばつ　濫伐・乱伐　[例]山林の～は、土砂崩れの原因になる。

らんぱつ　乱発・濫発　[例]手形を～する。

らんはんしゃ　乱反射

らんぴ　濫費・乱費　[例]予算の～。

らんぴつ　乱筆　[例]～ですがお許しください。

らんぶ　乱舞　[例]狂喜～する。

らんぼう　乱暴　[例]～を働く。

らんまん　らんまん〈爛漫〉　[例]春～。

らんみゃく　乱脈　例経理の〜振り
　を指摘された。

らんよう　濫用・乱用　例職権を〜
　することは慎むべきだ。

らんらん　らんらん〈爛々〉　例〜と
　目を光らせている。

らんりつ　乱立・濫立　例今度の総
　選挙には候補者が〜しそうだ。

り

り　吏〔リ〕　例吏員、官吏、能吏、
　公吏

り　利⁴〔リ きく〕　例利益、利害、利用、
　鋭利、勝利、複利、便利、有利、
　地の利　团砂利（じゃり）

り　里²〔リ さと〕　例里程、一里塚、郷
　里、遊里、千里眼

り　理²〔リ〕　例理科、理解、理想、
　理由、整理、地理、理に詰まる

り　痢〔リ〕　例痢病、疫痢、下痢、
　赤痢

り　裏⁶〔リ うら〕　例裏面、内裏、表裏、
　手裏剣、暗黙裏、囲炉裏

り　履〔リ はく〕　例履行、履修、履歴、
　弊履　团草履（ぞうり）

り　璃〔リ〕　例浄瑠璃、瑠璃色

り　離〔リ はなれる・はなす〕　例離散、離脱、
　離別、距離、分離、不即不離

りあげ　利上げ　文利上げ　例0.5

％の〜。

りいん　吏員　例徴税〜。

りえき　利益　例〜を上げる。

りえん　離縁　例養子〜届。

りえん　り園〈梨園〉　⇒劇界・歌舞
　伎界　例〜の名門。

りか　理科　例算数と〜。

りかい　理解　例説明を〜する。

りがい　利害　例〜得失。

りがくりょうほうし　理学療法士

りき　力¹〔リョク・リキ ちから〕　例力学、力
　泳、力作、力量、馬力、念力

りきさく　力作　例一大〜だ。

りきそう　力走　例ゴール前の〜。

りきそう　力そう〈力漕〉　例ボート
　を〜する。

りきむ　力む　文力む　例大きな石
　を持ち上げようと〜。

りきゅう　離宮　例〜の公開。

りきりょう　力量　例〜を試す。

りく　陸⁴〔リク〕　例陸地、陸続、陸
　橋、海陸、上陸、着陸

りくあげ　陸揚げ　文陸揚げ　例船
　荷の〜。

りくあげち　陸揚げ地　公文陸揚地

りくあげりょう　陸揚げ量　公陸揚
　量

りぐい　利食い　文利食い　例株を
　〜する。

りくそう　陸曹　例自衛隊の〜。

りくち　陸地　例〜が見えてきた。

りくつ　理屈・理窟　公文理屈

(例)～に合わない議論。～をこねる。
りくつづき　陸続き　(例)噴火によって～になる。
りくとう　陸稲
りげん　り言〈俚言〉　⇒方言
りげん　りげん〈俚諺〉　⇒ことわざ
りこ　利己　(例)～主義。～心。
りこう　利口〈利巧・悧巧〉　(例)～な子供。～に立ち回る。
りこう　履行　(例)義務を～する。
りさい　り災〈罹災〉　⇒被災　(例)火事で～する。
りし　利子　(例)元金と～。
りじゅん　利潤　(例)～を追求する。
りしょく　利殖　(例)～の相談。
りする　利する　(例)敵を～行為。
りせい　理性　(例)～ある行動。
りそう　理想　(例)～を追う。
りそく　利息　(例)貯金の～。
りだつ　離脱　(例)党を～する。戦線～。
りち　律[6]〔リツ・リチ〕　(例)律儀、律義
りち　理知〈理智〉　(例)～的な人。
りちぎ　律儀・律義　(例)～な人。
[注]新聞では、「律義」と書く。
りつ　立[1]〔リツ・リュウ　たつ・たてる〕　(例)立案、立食、起立、確立、国立、成立、独立　[付]立ち退く（たちのく）
りつ　律[6]〔リツ・リチ〕　(例)律動、規律、道徳律、法律、律する
りつ　率[5]〔ソツ・リツ　ひきいる〕　(例)能率、効率、比率、進学率、百分率
りつ　慄〔リツ〕　(例)慄然、戦慄
りつあん　立案　(例)計画の～。
りつき　利付き　(文)利付き　(例)～手形。
りつきさいけん　利付き債券　(文)利付債券　(例)～を買い入れる。
りっきゃく　立脚　(例)住民の視点に～する。
りっきょう　陸橋
りっこうほ　立候補　(例)選挙に～する。～の届け出。
りっしゅん　立春　(例)～と立秋。
りっしょう　立証　(例)無罪の～。
りっすい　立すい〈立錐〉　(例)満員で～の余地も無い。
りっする　律する　(例)自らを～。
りつぜん　慄然　(例)思わず～とする。
りったい　立体　(例)～交差。
りつどう　律動　(例)～美。
りっぱ　立派　(文)立派　(例)～な人物。
りづめ　理詰め　(文)理詰め　(例)～に考える。
りてい　里程　(例)～を測る。～標。
りはつ　利発　(例)～な子供。
りはん　離反〈離叛〉　(例)グループから～する。
りびょう　り病〈罹病〉　⇒発病・病気にかかる　(例)高い～率。
りふじん　理不尽　(例)～な要求。
りべつ　離別　(例)～の悲しみ。
りまわり　利回り　(文)利回り　(例)～

の良い株。

りめん　裏面　例～での工作。

りゃく　略⁵〔リャク〕　例略儀、略称、
　計略、策略、政略、省略、侵略

りゃく　利益　例神様の御～。

りゃくしょう　略称　例法令の～。

りゃくす　略す　例説明は～。

りゃくず　略図　例～で示す。

りゃくだつ　略奪〈掠奪〉

りゅう　立¹〔リツ・リュウ／たつ・たてる〕　例建立
　団立ち退く（たちのく）

りゅう　柳〔リュウ／やなぎ〕　例柳暗花明、
　柳色、川柳、花柳界

りゅう　流³〔リュウ・ル／ながれる・ながす〕　例流動、
　流儀、流行、電流、一流、自己
　流、底流

りゅう　留⁵〔リュウ・ル／とめる・とまる〕　例留意、
　留学、留任、留年、滞留、蒸留、
　停留所、保留、抑留

りゅう　竜(龍)〔リュウ／たつ〕　例竜骨、
　竜神、竜頭蛇尾、恐竜、大きな
　竜

りゅう　粒〔リュウ／つぶ〕　例粒子、粒状、
　粒々辛苦、微粒子

りゅう　隆(隆)〔リュウ〕　例隆起、隆
　盛、隆々、興隆

りゅう　硫〔リュウ〕　例硫安、硫酸、
　硫化銀　団硫黄（いおう）

りゅう　理由　例反対する～。

りゅうい　留意　例健康に～する。

りゅういん　留飲・りゅう飲〈溜飲〉
　例～が下がる。

囲新聞では、「留飲」と書く。

りゅうかぎん　硫化銀

りゅうがく　留学　例アメリカに～
　する。～生。

りゅうかん　流汗　例～りんり。

りゅうかん　流感　例～にかかる。

りゅうき　隆起　例土地の～。

りゅうぐう　竜宮　例～城。

りゅうげんひご　流言飛語〈流言蜚
　語〉　例～に惑わされる。

りゅうこう　流行　例～を追う。

りゅうこつ　竜骨　例船の～。

りゅうさん　硫酸

りゅうし　粒子

りゅうしつ　流失　例豪雨のため橋
　が～してしまった。

りゅうしゅつ　流出　例土砂が～す
　る。頭脳～。

りゅうしょう　隆しょう〈隆昌〉
　⇒隆盛　例御～を祈る。

りゅうじん　竜神

りゅうず　竜頭　例腕時計の～。

りゅうすい　流水　例～量を調節す
　る。行雲～。

りゅうせい　流星　例しし座～群。

りゅうせい　隆盛　例国運の～。

りゅうち　留置　例被疑者の～。

りゅうちょう　りゅうちょう・流ち
　ょう〈流暢〉　⊗りゅうちょう
　⇒すらすらと・よどみなく
　例～な日本語を話す。

りゅうつう　流通　例生産物の～。

ら行

りゅうどう　流動　囫情勢はなお〜的である。〜資本。〜食。

りゅうとうだび　竜頭蛇尾　囫催しは、〜に終わった。

りゅうにん　留任　囫役員に〜する。

りゅうねん　留年　囫単位不足で〜する。大量に〜者が出た。

りゅうは　流派　囫生け花の〜。

りゅうほ　留保　囫権利を〜する。

りゅうよう　流用　囫予算を別の事業に〜する。

りゅうりゅう　隆々　囫〜として栄える。筋肉〜とした体。

りゅうりゅうしんく　粒々辛苦　囫〜の末、ようやく完成した。

りょ　侶〔リョ〕　囫僧侶、伴侶

りょ　旅³〔リョ・たび〕　囫旅客、旅行、旅団、旅券、旅館、旅情

りょ　虜（虜）〔リョ〕　囫虜囚、捕虜

りょ　慮〔リョ〕　囫慮外、遠慮、考慮、無慮、思慮、顧慮、配慮、熟慮断行

りょう　了〔リョウ〕　囫了解、了承、完了、校了、その点を了とする

りょう　両³（兩）〔リョウ〕　囫両眼、両方、両隣、両立、両親、千両、一両日

りょう　良⁴〔リョウ・よい〕　囫良好、良性、良識、良心、優良、改良、善良　＊奈良県（ならけん）　囝野良（のら）

りょう　料⁴〔リョウ〕　囫料金、料理、材料、損料、調味料

りょう　涼〔リョウ・すずしい・すずむ〕　囫涼風、涼味、清涼剤、納涼、木陰に涼を求める

りょう　猟（獵）〔リョウ〕　囫猟犬、猟師、渉猟、狩猟、密猟

りょう　陵〔リョウ・みささぎ〕　囫陵墓、丘陵、山陵、天皇陵

りょう　量⁴〔リョウ・はかる〕　囫量産、測量、度量、分量、度量衡、少量

りょう　僚〔リョウ〕　囫僚船、僚友、官僚、閣僚、同僚、幕僚長

りょう　領⁵〔リョウ〕　囫領海、領土、要領、大統領、本領、受領書

りょう　漁⁴〔ギョ・リョウ〕　囫漁師、大漁、不漁、海で漁をする　注「猟」の字音の転用。

りょう　寮〔リョウ〕　囫寮歌、寮生、寮母、独身寮

りょう　霊（靈）〔レイ・リョウ・たま〕　囫悪霊、死霊、精霊流し

りょう　療〔リョウ〕　囫療法、療養、医療、治療、施療、診療所

りょう　瞭〔リョウ〕　囫明瞭

りょう　糧〔リョウ・ロウ・かて〕　囫糧食、糧米、糧道、食糧、携帯口糧

りよう　利用　囫施設を〜する。

りょう　里謡〈俚謡〉　囫地方で歌われる〜。

りよう　理容　囫〜と美容。

りょういき　領域　囫〜を広げる。

りょういく　療育

りょうえん　りょう遠〈遼遠〉　⇒程

ら行

遠い　[例]前途～だ。
りょうが　りょうが〈凌駕〉　⇒しのぐこと・追い越すこと　[例]水準をはるかに～する好成績。
りょうかい　了解〈諒解〉　[文]了解　[例]相手の～を得る。
りょうがえ　両替　[公][文]両替　[例]千円札を百円硬貨に～する。～機。
りょうき　猟期　[例]かもの～。
りょうぎり　両切り　[文]両切り　[例]～たばこ。
りょうきん　料金　[例]～を払う。
りょうけん　了見〈了簡・料簡〉　[例]狭い～だ。
りょうこう　良好　[例]～な成績。
りょうさい　良妻　[例]～賢母。
りょうさん　量産　[例]～態勢に入る。この品は～ができない。
りょうし　猟師　[例]熊を捕る～。
りょうし　漁師　[例]大物を狙う～。
りようし　理容師
りょうじ　領事　[例]在外の～。
りょうじ　療治　[例]病気を～する。
りょうしつ　良質　[例]～な水。
りょうしゅう　領収　[例]～書。
りょうしゅう　領袖　[例]政党の～。
りょうしょう　了承〈諒承〉　[文]了承　[例]申し出の件は～しました。
りょうしょく　糧食　[例]～の貯蔵。
りょうじょく　陵辱〈凌辱〉　[例]～を受ける。
りょうしん　両親　[例]お陰で～共に健在です。
りょうしん　良心　[例]～がとがめる。
りょうせい　寮生　[例]～の世話。
りょうせいばい　両成敗　[例]けんか～。
りょうせん　りょう線〈稜線〉　⇒尾根　[例]山の～。
りょうぜん　瞭然　[例]本物と偽物との違いは一目～だ。
りょうだて　両建て　[文]両建て　[例]～預金。
りょうてい　料亭　[例]～で会食する。
りょうど　領土
りょうどう　糧道　[例]～を断つ。
りょうとうづかい　両刀使い・両刀遣い　[文]両刀使い　[例]辛党と甘党の～。
りょうどなり　両隣　[例]～の家。
りょうば　両刃　[例]～の剣。
りょうぶん　領分　[例]～を守る。
りょうぼ　寮母
りょうぼ　陵墓
りょうみ　涼味　[例]～満点の宿。
りょうゆう　僚友　[例]～と語らう。
りょうゆう　領有　[例]隣国の～。
りょうよう　両用　[例]水陸～。
りょうよう　療養　[例]病気の～に専念する。自宅～。
りょうらん　りょうらん〈繚乱〉　⇒咲き乱れること　[例]百花～。
りょうり　料理　[例]日本～。
りょうりつ　両立　[例]ＡとＢとを～

ら行

させることは難しい。
りょうりょう　りょうりょう〈寥々〉⇒寂しい・ごく僅か・ひっそり　[例]入場者は～たるものだ。
りょうわき　両脇　[例]荷物を～に抱える。
りょかく　旅客　[例]～列車。
[注]「りょきゃく」とも。
りょかん　旅館　[例]～に泊まる。
りょきゃく　旅客　[例]～列車。
[注]「りょかく」とも。
りょく　力[1]〔リョク・リキ/ちから〕　[例]学力、権力、努力、能力、尽力、理解力、支配力
りょく　緑[3](綠)〔リョク・ロク/みどり〕　[例]緑地、緑茶、緑陰、緑風、新緑
りょくいん　緑陰　[例]～の語らい。
りょくか　緑化　[例]国土の～。
[注]「りょっか」とも。
りょくそうるい　緑藻類
りょくちゃ　緑茶　[例]紅茶と～。
りょけん　旅券　[例]～の申請。
りょこう　旅行　[例]～に出る。
りょしゅう　旅愁　[例]～に浸る。
りょしゅう　虜囚　[例]～の身。
りょじょう　旅情　[例]～を慰める。
りょっか　緑化　[例]国土の～。
[注]「りょくか」とも。
りょひ　旅費　[例]～が不足する。
りりしい　りりしい〈凜々しい〉[例]～姿で出掛けて行った。
りりつ　利率　[例]～が上がる。
りれき　履歴　[例]～書。
りろ　理路　[例]～整然と話す。
りろん　理論　[例]～と実践。
りん　林[1]〔リン/はやし〕　[例]林間学校、林業、林立、山林、密林、森林
りん　厘〔リン/―〕　[例]厘毛、一分一厘、一銭五厘、厘の位
りん　倫〔リン/―〕　[例]倫理、人倫、絶倫
りん　鈴〔レイ・リン/すず〕　[例]風鈴、呼び鈴
りん　輪[4]〔リン/わ〕　[例]輪転機、輪状、輪番、一輪、車輪、日輪、銀輪、競輪、三輪車
りん　隣〔リン/となる・となり〕　[例]隣家、隣室、隣接、隣人、隣国、近隣
りん　臨[6]〔リン/のぞむ〕　[例]臨海、臨時、臨月、臨床、来臨、君臨
りんかい　臨海　[例]～学校。
りんかい　臨界　[例]～温度。
りんかく　輪郭〈輪廓〉　[例]事件の～を語る。顔の～。
りんき　臨機　[例]～応変の処置。
りんぎ　りん議〈稟議〉　⇒回付承認・申請
[注]「ひんぎ」の慣用読み。
りんぎょう　林業　[例]～を興す。
りんけん　臨検　[公]臨検
[注]法令では、「臨検」は犯則事件の調査の場合についてのみ用いる。それ以外の場合は「立入検査」を用いる。
りんじ　臨時　[例]～に休業する。
りんしつ　隣室　[例]～の物音。

ら行

りんじゅう　臨終　例〜を迎える。

りんしょう　臨床　例〜実験。

りんしょうけんさぎし　臨床検査技師

りんしょうしんりし　臨床心理士

りんしょく　りんしょく〈吝嗇〉　⇒けち　例〜家。

りんせつ　隣接　例〜の市町村。

りんぜん　りん然〈凜然〉　⇒りりしい　例〜と困難に立ち向かう。

りんばん　輪番　例〜制。

りんゆう　りんゆう〈鄰佑〉　囲法令では、用いない。

りんり　倫理　例〜を重んじる。

りんりつ　林立　例大工場の煙突が〜している工業地帯。

りんれつ　りんれつ〈凜冽〉　例〜の気がみなぎる冬の朝。

る

る　流³〔リュウ・ル　ながれる・ながす〕　例流浪、流転、流布、流罪、配流

る　留⁵〔リュウ・ル　とめる・とまる〕　例留守

る　瑠〔ル〕　例浄瑠璃、瑠璃色

るい　涙(涙)〔ルイ　なみだ〕　例感涙、落涙、声涙、血涙、紅涙、催涙弾

るい　累〔ルイ〕　例累加、累々、累進、累計、累積、係累、連累

るい　塁(壘)〔ルイ〕　例塁審、堅塁、敵塁、土塁、盗塁、本塁打

るい　類⁴(類)〔ルイ　たぐい〕　例類語、類焼、類型、種類、人類、分類

るいか　累加　例金額を〜する。

るいけい　累計　例〜は500万円。

るいけい　類型　例〜で分ける。

るいじ　累次　例〜にわたる審議。

るいじ　類似　例〜のデザイン。

るいしょう　類焼　例強風のために〜する。

るいしん　累進　例〜課税。

るいしん　塁審　例〜と球審。

るいじんえん　類人猿

るいすい　類推　例複数の例から他を〜する。

るいする　類する　例児戯に〜行動。

るいせき　累積　例〜赤字。

るいせん　涙腺

るいるい　累々　例〜たる死体。

るざい　流罪

るす　留守　②留守　例〜を頼む。

るすい　留守居　例〜の人。

るすばん　留守番　例店の〜。

るつぼ　るつぼ〈坩堝〉　例興奮の〜と化す。白金の〜に入れる。

るてん　流転　例万物は〜する。

るふ　流布　例同じような品物が世間に〜している。

るり　瑠璃　例〜色。〜鳥。

るる　るる〈縷々〉　例今までのいきさつを〜述べる。

るろう　流浪　例〜の旅。

ら行

れ

れい　令[4]〔レイ／―〕　[例]令夫人、令嬢、法令、戒厳令、命令、令を下す

れい　礼[3]（禮）〔レイ・ライ／―〕　[例]礼儀、礼装、謝礼、無礼、礼を尽くす

れい　冷[4]〔レイ／つめたい・ひえる・ひや・ひやす・ひやかす・さめる・さます〕　[例]冷暖房、冷凍、冷評、冷却、冷淡、寒冷、秋冷

れい　励（勵）〔レイ／はげむ・はげます〕　[例]励行、激励、奨励、勉励、精励

れい　戻（戾）〔レイ／もどす・もどる〕　[例]戻入、返戻

れい　例[4]〔レイ／たとえる〕　[例]例外、例証、例年、用例、具体例、凡例

れい　鈴〔レイ・リン／すず〕　[例]金鈴、振鈴、本鈴、予鈴、電鈴

れい　零〔レイ／―〕　[例]零下、零細、零点、零落

れい　霊（靈）〔レイ・リョウ／たま〕　[例]霊感、霊魂、霊長類、幽霊、霊を慰める

れい　隷〔レイ／―〕　[例]隷書、隷属、奴隷

れい　齢（齡）〔レイ／―〕　[例]船齢、年齢、妙齢、高齢、樹齢、適齢期

れい　麗〔レイ／うるわしい〕　[例]麗人、麗筆、端麗、美麗、美辞麗句、秀麗

れいか　零下　[例]～３度。

れいがい　冷害　[例]～による減収。

れいがい　例外　[例]～を認める。

れいかん　霊感　[例]～が働く。

れいぎ　礼儀　[例]～を守る。

れいきゃく　冷却　[例]エンジンを水で～する。～期間。

れいきゅう　霊きゅう〈霊柩〉　⇒ひつぎ　[例]～車。

れいぐう　冷遇　[例]～を受ける。

れいけん・れいげん　霊験　[例]～あらたかな神様として知られる。

れいこう　励行　[例]手洗いの～。

れいこく　冷酷　[例]～な人間。

れいこん　霊魂　[例]～の存在。

れいさい　零細　[例]～な企業。

れいじゅう　隷従

れいしょ　隷書　[例]～体の活字。

れいじょう　令状　[例]逮捕の～。

れいじょう　礼状　[例]～を出す。

れいじょう　令嬢　[例]社長の～。

れいじん　麗人　[例]男装の～。

れいすいまさつ　冷水摩擦

れいせい　冷静　[例]～な分析。

れいぞう　冷蔵　[例]～庫。

れいぞく　隷属　[例]強国に～する。

れいたん　冷淡　[例]～な態度。

れいちょうるい　霊長類

れいてん　零点　[例]プロとしては～だ。

れいとう　冷凍　[例]魚を～する。

れいにゅう　戻入　[文]戻入　[例]定額～。

れいねん　例年　[例]～どおり行う。

れいはい　礼拝　例〜堂。
　囲仏教では、「らいはい」と読む。

れいびょう　霊びょう〈霊廟〉　⇒霊
　堂　例孔子の〜にお参りする。

れいふじん　令夫人　例社長の〜。

れいほう　霊峰　例〜富士。

れいぼう　冷房　例〜と暖房。

れいまい　令妹

れいまいり　礼参り　例願いがかな
　ったので神社にお〜する。

れいまわり　礼回り　例お世話にな
　った方々にお〜をする。

れいめい　令名　例学者としての〜
　が高い。

れいめい　れい明〈黎明〉　⇒あけぼ
　の・夜明け　例新しい時代の〜。

れいらく　零落　例見る影もなく〜
　した。

れいり　れいり〈怜悧〉　例〜な人。

れき　暦（暦）〔レキ
こよみ〕　例暦年、還暦、
　旧暦、太陽暦

れき　歴5（歴）〔レキ〕　例歴史、歴戦、
　歴訪、遍歴、履歴、経歴

れきさつ　れき殺〈轢殺〉

れきし　歴史　例〜上の人物。

れきし　れき死〈轢死〉　例〜体。

れきぜん　歴然　例〜たる証拠。

れきだい　歴代　例〜の首相。

れきど　れき土〈礫土〉　⇒砂利土・
　石地　例農業に適さない〜。

れきねん　暦年　例〜で区切る。

れきねん　歴年　例〜の研究。

れきほう　歴訪　例諸国を〜する。

れつ　列3〔レツ〕　例列外、列車、列
　席、陳列、隊列、行列、参列

れつ　劣〔レツ
おとる〕　例劣等、劣悪、劣
　性、拙劣、卑劣、優劣、下劣

れつ　烈〔レツ〕　例烈震、烈日、烈火、
　壮烈、猛烈、強烈

れつ　裂〔レツ
さく・さける〕　例裂傷、決裂、
　破裂、分裂、支離滅裂

れっか　烈火　例〜のごとく怒る。

れつがい　列外　例〜に出る。

れっき　れっき〈歴〉　例〜とした証
　拠。

れっきょ　列挙　例氏名を〜する。

れっしゃ　列車　例夜行〜。

れっする　列する　例会議に〜。

れっせい　劣性　例〜遺伝。

れっせい　劣勢　例戦いで〜となる。

れっとう　列島　例日本〜。

れっとう　劣等　例〜感。

れっぱく　裂ぱく〈裂帛〉　例〜の気
　合いと共に迫ってくる。

れん　恋（戀）〔レン
こう・こい・こいしい〕
　例恋愛、恋慕、失恋、悲恋

れん　連4〔レン
つらなる・つらねる・つれる〕
　例連合、連山、連中、連続、関連

れん　廉〔レン〕　例廉売、廉潔、廉価、
　廉直、清廉、低廉、破廉恥

れん　練3（練）〔レン
ねる〕　例練習、練度、
　練達、試練、熟練、洗練、訓練

れん　錬（錬）〔レン〕　例錬金術、錬成、
　精錬、鍛錬

ら行

れんあい　**恋愛**　[例]～観。～結婚。
れんか　**廉価**　[例]～で販売する。
れんが　**れんが**〈煉瓦〉　[公][文]**れんが**
[例]～の塀。
[注]法令では、「れん瓦」は用いない。
れんがづくり　**れんが造り**〈煉瓦造り〉　[文]**れんが造り**
れんかん　**連関**〈聯関〉　[例]政治と経済の～を考える。～事項。
れんきんじゅつ　**錬金術**　[例]現代科学では、～は考えられない。
れんけい　**連係**〈連繋〉　[文]**連係**
[例]左右の～の動作。
れんけい　**連携**　[例]両者が～する。
れんけつ　**連結**　[例]10両～の列車。
れんごう　**連合**〈聯合〉　[文]**連合**
[例]国際～。企業～。
れんさ　**連鎖**　[例]～反応。
れんざ　**連座**〈連坐〉　[例]～制。
れんじつ　**連日**　[例]～の雨。
れんじゅ　**連珠**〈聯珠〉　[例]～の必勝法。
れんしゅう　**練習**　[例]書き方の～。
れんじゅう　**連中**　[例]長唄～。
れんしょ　**連署**　[例]書類に～する。
れんせい　**錬成・練成**　[例]心身の～に努める。
[注]新聞では、「錬成」と書く。
れんそう　**連想**〈聯想〉　[例]不吉な～。
れんぞく　**連続**　[例]５試合～出場。
れんたい　**連帯**　[例]～保証人。
れんたい　**連隊**〈聯隊〉　[例]歩兵の～。
れんたつ　**練達**　[例]武芸に～する。
れんたん　**練炭**〈煉炭〉
れんちゅう　**連中**　[例]会社の～。
れんにゅう　**練乳**〈煉乳〉
れんぱ　**連覇**　[例]３～を成し遂げた。
れんばい　**廉売**　[例]野菜を～する。
れんぱつ　**連発**　[例]駄じゃれの～。
れんびん　**れんびん**〈憐憫・憐愍〉
⇒同情・哀れみ　[例]～の情。
れんぼ　**恋慕**　[例]～の情。横～。
れんぽう　**連邦**〈聯邦〉　[例]～制の国。
れんぽう　**連峰**　[例]アルプスの～。
れんま　**錬磨・練磨**　[例]心身の～。
[注]新聞では、「錬磨」と書く。
れんめい　**連盟**〈聯盟〉　[例]スポーツ～に加入する。
れんめん　**連綿**　[例]～と続く寺の歴史。
れんらく　**連絡**〈聯絡〉　[文]**連絡**
[例]～を密にする。
れんりつ　**連立**〈聯立〉　[例]与野党～の内閣。～方程式。

ろ

ろ　**呂**〔ロ〕　[例]風呂
ろ　**炉**(爐)〔ロ〕　[例]炉辺、懐炉、暖炉、原子炉、溶鉱炉、囲炉裏
ろ　**賂**〔ロ〕　[例]賄賂
ろ　**路**^{3}〔ロ じ〕　[例]路線、路上、海路、

道路

ろ　露〔ロ・ロウ〕　例露見、露出、露店、
　　露骨、露命、雨露、甘露

ろ　ろ〈櫓〉　例舟の～を操る。

ろう　老⁴〔ロウ おいる・ふける〕　例老境、
　　老巧、老人、老練、長老、元老、
　　不老不死　団老舗(しにせ)

ろう　労⁴(勞)〔ロウ〕　例労使、労力、
　　労働、疲労、徒労、苦労、労を
　　ねぎらう

ろう　弄〔ロウ もてあそぶ〕　例愚弄、翻弄

ろう　郎(郎)〔ロウ〕　例郎等、野郎、
　　新郎

ろう　朗⁶(朗)〔ロウ ほがらか〕　例朗報、朗
　　読、朗吟、朗詠、朗々と、晴朗、
　　明朗

ろう　浪〔ロウ〕　例浪費、波浪、放浪、
　　風浪、流浪

ろう　廊(廊)〔ロウ〕　例廊下、回廊、
　　画廊、歩廊

ろう　楼(樓)〔ロウ〕　例楼門、楼閣、
　　鐘楼、望楼、摩天楼、楼に登る

ろう　漏〔ロウ もる・もれる・もらす〕　例漏水、
　　漏電、漏えい、遺漏、疎漏、脱漏

ろう　糧〔リョウ・ロウ かて〕　例兵糧

ろう　露〔ロ・ロウ つゆ〕　例披露

ろう　籠〔ロウ かご・こもる〕　例籠城

ろう　ろう〈牢〉　例～に入れる。

ろう　ろう〈蝋〉　例～細工。

ろうえい　朗詠　例和歌の～。

ろうえい　漏えい〈漏洩〉　⽂漏えい
　　⇒漏らすこと　例機密を～する。

ろうおう　老翁　例かくしゃくたる
　　～。

ろうおく　ろう屋〈陋屋〉　⇒あばら
　　屋　例むさくるしい～ですが…。

ろうか　廊下　例長い～を歩く。

ろうかい　老かい〈老獪〉　⇒悪賢
　　い・ずるい　例～な手段。

ろうかく　楼閣　例空中～。

ろうきゅう　老朽　例校舎の～化。

ろうきゅう　籠球　⇒バスケットボ
　　ール

ろうく　労苦　例長年～を重ねる。

ろうく　老く〈老軀〉　⇒老体　例あ
　　えて～にむち打つ。

ろうごく　ろう獄〈牢獄〉　⇒獄舎・
　　刑務所　例罪人を～に入れる。

ろうこつ　老骨　例～にむち打つ。

ろうさい　労災　例～保険。

ろうさく　労作　例多年の～。

ろうじゃく　老若　例～男女。
　　囲「ろうにゃく」とも。

ろうしゅう　ろう習〈陋習〉　⇒悪
　　習・因習　例旧来の～を破る。

ろうじょう　籠城　例～作戦。

ろうじん　老人　例～をいたわる。

ろうすい　老衰　例～による死亡。

ろうする　労する　例心身を～。

ろうする　弄する　例策を～。

ろうぜき　ろうぜき〈狼藉〉　⇒乱
　　暴・乱雑　例～を働く。

ろうせつ　漏せつ〈漏洩〉　⇒漏らす
　　こと　例機密を～する。

ら行

ろうそく　ろうそく〈蠟×燭〉　例〜を
　　ともす。〜の明かり。

ろうでん　漏電　例〜による火災。

ろうどう　労働　例1日8時間〜。

ろうどく　朗読　例詩を〜する。

ろうにゃく　老若　例〜男女。
　　囲「ろうじゃく」とも。

ろうにん　浪人　例大学の入学試験
　　に落ちて〜する。

ろうば　老婆

ろうばい　ろうばい〈狼×狽×〉　⇒慌て
　　ること　例突然のことで大いに
　　〜した。周章〜。
　　囲法令では、用いない。

ろうひ　浪費　例時間を〜する。

ろうびき　ろう引き〈蠟×引き〉　文ろ
　　う引き　例〜をした丈夫な紙。

ろうほう　朗報　例〜と悲報。

ろうぼく　老木　例ひのきの〜。

ろうや　ろうや〈牢×屋〉

ろうらく　籠絡　例言葉巧みに〜す
　　る。

ろうりょく　労力　例〜を惜しむ。

ろうれい　老齢　例〜年金。

ろうれつ　ろう劣〈陋×劣〉　⇒卑劣
　　例〜な手段を用いる。

ろうれん　老練　例〜な選手。

ろうろうと　朗々と　例〜吟じる。

ろか　ろ過〈濾×過〉　⇒浄化　例水を
　　〜する。〜装置。

ろかた　路肩　例〜に駐車する。

ろく　六¹〔ロク
　　　む・むつ・むっつ・むい〕　例六

三制、六大学、六法、六月、丈
六、第六感

ろく　緑³（綠）〔リョク・ロク
　　　　　　　みどり〕　例緑青

ろく　録⁴（錄）〔ロク〕　例録画、録音、
　　実録、登録、目録、記録、録す
　　る

ろく　麓〔ロク
　　　ふもと〕　例山麓

ろくに　ろくに〈碌×に〉　例〜調べも
　　しない。

ろくおん　録音　例インタビューを
　　〜する。

ろくがつ　六月　例〜の花嫁。

ろくしょう　緑青　例銅に〜が吹く。

ろくする　録する　例歴史に〜。

ろくだいしゅう　六大州　例〜を股
　　にかけて活躍する。

ろくろく　ろくろく〈碌×々〉　例〜勉
　　強もしないのに合格した。

ろけん　露見・露顕　例悪が〜する。
　　囲新聞では、「露見」と書く。

ろこつ　露骨　例〜に感情を表す。

ろじ　路地　例〜を通り抜ける。

ろじ　露地　例〜栽培。

ろしゅつ　露出　例〜を意識する。

ろじょう　路上　例〜駐車。

ろせん　路線　例バス〜。

ろっかせん　六歌仙

ろっこつ　ろっ骨〈肋×骨〉　⇒あばら
　　骨　例〜を折るほどの大けが。

ろっこんしょうじょう　六根清浄

ろっぽう　六法　例〜全書。

ろてん　露天　例〜風呂。

囲:付表の語　×:表外字　△:表外音訓　〈　〉:参考表記　⇒:言い換え等

ろてん　露店　例縁日に〜が出る。

ろてんしょう　露天商　例縁日には
　〜が店開きする。
　注新聞では「露天商」と書く。

ろてんぼり　露天掘り　⊗露天掘り
　例石炭を〜する。

ろとう　路頭　例〜に迷う。

ろばた　炉端　例〜で歓談する。

ろびらき　炉開き　⊗炉開き　例〜
　をする。

ろへん　炉辺　例〜談話。

ろぼう　路傍　例〜の人。〜の石。

ろれつ　呂れつ〈呂律〉　例〜が回ら
　ないほど酔っている。

ろん　論⁶〔ロン〕　例論外、論理、論
　証、議論、人生論、討論、論じ
　る

ろんきゅう　論及　例社会問題に〜
　する。

ろんきゅう　論究　例日本語の起源
　について〜する。

ろんこく　論告　例検事の〜。

ろんしょう　論証　例その正当性を
　〜することは難しい。

ろんじる　論じる　例是非を〜。

ろんじん　論陣　例〜を張る。

ろんせつ　論説　例〜委員。

ろんせん　論戦　例〜を交える。

ろんばく　論ばく〈論駁〉　⇒反論
　例自分と異なる意見に〜する。

ろんぽう　論法　例三段〜。

ろんぽう　論ぽう〈論鋒〉　⇒論調

　例〜を向ける。

ろんり　論理　例〜を通す。

ら行

わ

わ　和³〔ワ・オ／やわらぐ・やわらげる・／なごむ・なごやか〕　例和音、和解、和紙、和服、柔和、唱和、温和、和を結ぶ　付日和(ひより)、大和(やまと)

わ　話²〔ワ／はなす・はなし〕　例話題、会話、童話、対話、電話、世話

わ　輪　例〜になって遊ぶ。

わい　賄〔ワイ／まかなう〕　例収賄、贈賄

わいきょく　わい曲〈歪曲〉　⇒ゆがめること　例事実を〜する。

わいざつ　わい雑〈猥雑〉　例〜な話。

わいしょう　わい小〈矮小〉　⇒小柄・短小　例〜な樹木。〜な考え。

わいせつ　わいせつ〈猥褻〉　公わいせつ　例〜な小説。

わいろ　賄賂　公文賄賂　例〜を贈る。

わか　和歌　例〜を詠む。

わが〔連体詞〕　我が〈吾が〉　公文我が　例〜国。〜者顔。

わかい　和解〈和諧〉　公和解　例〜が成立する。

　　　注法令では、「和諧」は用いない。「和解」を用いる。

わかい　若い　文若い　例〜うちに挑戦する。まだまだ考えが〜。

わかがえる　若返る　文若返る　例気持ちが〜。

わがくに　我が国　文我が国

わかげ　若気　例〜の至り。

わかじに　若死に　文若死に　例彼が〜したのは惜しい。

わかしゆ　沸かし湯　文沸かし湯　例〜の温泉。

わかす　沸かす　文沸かす　例白熱したゲームで観衆を〜。

わかだんな　若旦那　例老舗の〜。

わかちあう　分かち合う　文分かち合う　例喜びを〜。

わかちがき　分かち書き　文分かち書き　例平仮名の文章を〜する。

わかつ　分かつ　文分かつ　例左右に〜。たもとを〜。

わかづくり　若作り　文若作り

わがはい　我が輩〈吾が輩〉

わがまま　わがまま〈我が儘〉

わがみ　我が身〈吾が身〉　例つくづくと〜を省みる。

わかめ　わかめ〈若布・和布〉

わかもの　若者　例〜の力。

わがや　我が家〈吾が家〉　例狭いながらも楽しい〜。〜に帰る。

わかやぐ　若やぐ　文若やぐ　例スポーツをすると、気持ちが〜。

わからずや　分からず屋　例うちの子は〜で困る。

わかる　分かる〈解る・判る〉　文分かる　例相手の気持ちがよく〜。

付:付表の語　×:表外字　△:表外音訓　〈　〉:参考表記　⇒:言い換え等

わかれ　別れ　[文]別れ　[例]～の挨拶。
わかればなし　別れ話　[文]別れ話
わかれみち　分かれ道　[例]この次の～でさよならをしましょう。
わかれみち　別れ道　[文]別れ道　[例]人生の～。
わかれめ　分かれ目・分かれめ　[例]ここが勝敗の～だ。
わかれめ　別れ目・別れめ　[文]別れ目　[例]人生の～。
わかれる　分かれる　[文]分かれる　[例]三つに～。
わかれる　別れる　[文]別れる　[例]友と～。
[注]「分かれる・別れる」の使い分けは、「「異字同訓」の漢字の使い分け」参照。
わかわかしい　若々しい　[文]若々しい
わき　脇〔―わき〕　[例]脇腹、両脇
わき　脇　[文]脇　[例]～が甘い。～を固める。～に抱える。
わき　沸き　[文]沸き　[例]湯の～が早い。
わき　湧き　[文]湧き
わきあいあい　和気あいあい〈和気藹々〉　⇒和やか　[例]例会は～とした雰囲気だった。
わきあがる　沸き上がる　[文]沸き上がる　[例]お湯がぐらぐらと～。
わきあがる　湧き上がる　[文]湧き上がる　[例]勇気が～。声援が～。
わきおこる　湧き起こる　[例]盛んな声援が～。
わきかえる　沸き返る　[文]沸き返る　[例]湯が～。番狂わせに～。
わきだす　湧き出す　[文]湧き出す
わきたつ　沸き立つ　[文]沸き立つ　[例]湯が～。場内が～。
わきづけ　脇付　[例]手紙の～。
わきでる　湧き出る　[例]地下水が～。
わきのした　脇の下〈腋の下〉　[例]体温計を～に挟む。
わきばら　脇腹　[例]～が痛い。
わきまえる　わきまえる〈弁える〉　[文]わきまえる　[例]礼儀を～。

「異字同訓」の漢字の使い分け

わかれる
【分かれる】一つのものが別々の幾つかになる。違いが生じる。
道が二つに分かれる。敵と味方に分かれる。人生の分かれ道。
勝敗の分かれ目。意見が分かれる。評価が分かれる。
【別れる】一緒にいた身内や友人などと離れる。
幼い時に両親と別れる。家族と別れて住む。けんか別れになる。
物別れに終わる。
（平成26年文化審議会国語分科会）

わ行

わきみ　脇見　例授業中に～をする。

わきみず　湧き水　②湧き水

わきみち　脇道　例話が～にそれる。
　～へ入る。

わきめ　脇目　例～も振らず頑張る。

わきやく　脇役　例～で芝居に出る。
　～に甘んずる。

わぎり　輪切り　②輪切り　例大根
　の～。

わく　惑〔ワク／まどう〕　例惑星、疑惑、迷
　惑、誘惑、当惑、困惑、幻惑

わく　枠〔わく〕　例枠内、窓枠、黒
　枠、枠組み、枠をはめる

わく　枠　②枠　例～で囲う。

わく　沸く　②沸く　例湯が～。

わく　湧く　②湧く　例温泉が～。
　雲が～。
　注「沸く・湧く」の使い分けは、「「異字
　同訓」の漢字の使い分け」参照。

わくぐみ　枠組み　②枠組み　例計
　画の～。コンクリートの～。

わくせい　惑星　例～と恒星。

わくづくり　枠作り　②枠作り
　例計画の～。

わくづけ　枠付け　②枠付け

わくづける　枠付ける

わくでき　惑溺　例酒色に～する。

わくない　枠内　例～から出ないよ
　うにしてください。予算の～。

わくらん　惑乱　例人心を～する。

わけ　訳　②訳　例どういう～だ。
　～を尋ねる。～の分かった人。

わけ　分け　例勝負が～になる。

…わけ　…わけ〈…訳〉　公②…わけ
　例のんびりする～にはいかない。
　注公用文では、「賛成するわけにはい
　かない。」のように用いるときは、
　原則として、仮名で書く。

わけどり　分け取り　例財産の～。

わけへだて　分け隔て　例～なくも
　てなす。少しも～しない。

わけまえ　分け前　②分け前　例～
　をもらう。

わけめ　分け目・分けめ　②分け目
　例天下～の戦い。髪の～。

わける　分ける　②分ける　例遺産
　を～。明暗を～。

わごう　和合　例夫婦が～する。

――――――「異字同訓」の漢字の使い分け――――――

【沸く】水が熱くなったり沸騰したりする。興奮・熱狂する。
　　　風呂が沸く。湯が沸く。すばらしい演技に場内が沸く。
　　　熱戦に観客が沸きに沸いた。
【湧く】地中から噴き出る。感情や考えなどが生じる。次々と起こる。
　　　温泉が湧く。石油が湧き出る。勇気が湧く。疑問が湧く。アイデアが湧く。
　　　興味が湧かない。雲が湧く。拍手や歓声が湧く。

　　　　　　　　　　　　　　　　　　（平成26年文化審議会国語分科会）

わ行

田:付表の語　×:表外字　△:表外音訓　〈　〉:参考表記　⇒:言い換え等

わこうど　若人田　囲〜の集い。

わざ　技　囲優れた〜を競う。

わざ　業　囲離れ〜。軽〜。

　　圧「技・業」の使い分けは、「「異字同
　　　訓」の漢字の使い分け」参照。

わざと　わざと〈態と〉　文わざと
　　囲〜いたずらをする。

わさび　わさび〈山葵〉　囲まぐろの
　　すしに〜を利かす。〜漬け。

わざわい　災い〈禍〉　文災い　囲〜
　　を転じる。

わざわざ　わざわざ〈態々〉　囲〜お
　　いでいただき恐縮です。

わしづかみ　わしづかみ〈鷲摑み〉
　　囲札束を〜にする。

わずか〔副詞〕　僅か　公文僅か
　　囲〜に右へ寄る。〜しか残らな
　　い。

わずらい　煩い　文煩い　囲心の〜。

わずらい　患い　囲長の〜。

わずらう　煩う　文煩う　囲思い〜。

わずらう　患う　文患う　囲肺を〜。

　　圧「煩う・患う」の使い分けは、「「異字
　　　同訓」の漢字の使い分け」参照。

わずらわしい　煩わしい　文煩わし
　　い　囲世間には〜ことがある。

わずらわす　煩わす　文煩わす
　　囲お手を〜ことと思います。

わすれがたい　忘れ難い

わすれがたみ　忘れ形見　文忘れ形
　　見　囲母の〜。〜の書籍。

わすれっぽい　忘れっぽい　囲〜人。

わすれはてる　忘れ果てる

わすれもの　忘れ物　文忘れ物
　　囲〜をして慌てて帰る。

わすれる　忘れる　文忘れる　囲我
　　を〜。

わせ　わせ〈早生〉　囲〜のりんご。

──────　「異字同訓」の漢字の使い分け　──────

　わざ
　【技】技術・技芸。格闘技などで一定の型に従った動作。
　　　　技を磨く。技を競う。技に切れがある。柔道の技。技を掛ける。
　　　　投げ技が決まる。
　【業】行いや振る舞い。仕事。
　　　　人間業とも思えない。神業。至難の業。軽業。業師。物書きを業とする。

　わずらう
　【煩う】迷い悩む。
　　　　卒業後の進路のことで思い煩う。心に煩いがない。
　【患う】病気になる。
　　　　胸を患う。3年ほど患う。大病を患う。長患いをする。

　　　　　　　　　　　　　　　　　　　　　（平成26年文化審議会国語分科会）

わ行

わせ　わせ〈早稲〉　例〜の収穫。

わた　綿　例布団の〜。〜のように疲れる。

わだい　話題　例〜の人物。

わたいれ　綿入れ　文綿入れ　例〜を着る。

わたうち　綿打ち　文綿打ち　例布団の〜。

わだかまり　わだかまり〈蟠り〉　例〜なく話す。何か〜がある。

わだかまる　わだかまる〈蟠る〉　例胸中に不満が〜。

わたくし〔代名詞〕　私　公文私　例公と〜。〜にもできる。それは〜の本だ。

わたくしごと　私事　例〜ですのでどうかお構いなく。

わたくしする　私する　例政治を〜行為に異を唱える。

わたし〔代名詞〕　私　公文私　例〜の家。

わたし　渡し　文渡し　例江戸川の〜の値段。

わたしば　渡し場　文渡し場　例〜で待つ。

わたしぶね　渡し船・渡し舟　文渡し船

わたしもり　渡し守

わたす　渡す　文渡す　例バトンを〜。金を〜。橋を〜。

わだち　わだち〈轍〉　例ぬかるみに〜が付いている。

わたって　わたって〈亘って・互って〉　文わたって　例全体に〜事細かに説明する。

わたつみ・わだつみ　わたつみ・わだつみ〈綿津見・海神〉

わたり　渡り　文渡り　例〜を付ける。〜に船。

わたりあう　渡り合う　文渡り合う　例重大な問題で相手方と〜。

わたりあるく　渡り歩く　例全国を〜。職場を〜。

わたりぞめ　渡り初め　文渡り初め　例橋の〜の式を行う。

わたりどり　渡り鳥　文渡り鳥　例〜が帰る。

わたりもの　渡り者

わたりろうか　渡り廊下　文渡り廊下　例〜を通って離れへ行く。

わたる　渡る　文渡る　例アメリカへ〜。〜世間に鬼はない。

わたる　わたる〈亘る・互る〉　例約1か月に〜猛練習。

わとじ　和とじ〈和綴じ〉　例〜の本。

わな　わな〈罠〉　例〜を仕掛ける。

わなげ　輪投げ　文輪投げ　例〜で遊ぶ。

わななく　わななく〈戦慄く〉　例余りの恐ろしさに、体が〜。

わび　わび〈侘び〉　例〜の境地。

わび　わび〈詫び〉　例〜を入れる。

わびごと　わび言〈詫び言〉　例今頃になって〜を言っても駄目だ。

わびしい　わびしい〈侘しい〉　例〜思いをする。

わびじょう　わび状〈詫び状〉　例迷惑を掛けた相手に〜を書く。

わびずまい　わび住まい〈侘び住居〉　⊗わび住まい　例安アパートの〜。山里に〜している。

わびる　わびる〈詫びる〉　⊗わびる　例心から〜。

わふう　和風　例〜料理。

わふく　和服　例〜が似合う。

わへい　和平　例〜を望む。

わぼく　和睦　例長年の敵と〜する。

わめく　わめく〈喚く〉　例大声で〜。

わら　わら〈藁〉　例〜にもすがる思い。

わらい　笑い　⊗笑い　例〜が起きる。

わらいがお　笑い顔　⊗笑い顔

わらいごえ　笑い声　⊗笑い声

わらいじょうご　笑い上戸　⊗笑い上戸　例あの人は〜だ。

わらいとばす　笑い飛ばす　例悲しいことを〜。

わらいばなし　笑い話　⊗笑い話

わらう　笑う　⊗笑う　例にっこりと〜。鼻で〜。

わらじ　わらじ〈草鞋〉　例二足の〜を履く。〜が擦り切れる。

わらづつみ　わら包み〈藁包み〉　⊗わら包み

わらづと　わらづと〈藁苞〉　例〜に入れた納豆。

わらどこ　わら床〈藁床〉　例〜を敷いて寝る。

わらにんぎょう　わら人形〈藁人形〉　例〜に切り付ける。

わらばんし　わら半紙〈藁半紙〉

わらぶき　わらぶき〈藁葺き〉　例〜の屋根。

わらべ　童　例里の〜。

わらべうた　童歌　例〜を歌う。

わらわす　笑わす　例人を〜。

わり　割　⊗割　例〜を食う。〜がいい。五〜。

わりあい　割合　公⊗割合　例4名に1名の〜で合格する。〜よくできた。〜暑い。

わりあて　割り当て　公⊗割当て　建割り当て　例当番の〜をする。

わりあてがく　割り当て額　公⊗割当額　建割り当て額　例寄附金の〜。

わりあてる　割り当てる　⊗割り当てる　例仕事の分担を〜。

わりいん　割り印　⊗割り印　例証明書に〜を押す。

わりかん　割り勘　⊗割り勘　例勘定は〜にしよう。〜で払う。

わりきる　割り切る　⊗割り切る　例仕方ないと〜。

わりこみ　割り込み　例〜禁止。

わりこむ　割り込む　⊗割り込む　例横から話に〜。列に〜。

わ行

わりざん　割り算　㊙割り算　㊾〜
　と掛け算。

わりだか　割高　㊝㊙割高　㊾これ
　は、質を考えると〜な品物だ。

わりだし　割り出し　㊾犯人の〜。

わりだす　割り出す　㊙割り出す
　㊾原価を〜。

わりちゅう　割り注　㊙割り注
　㊾本文の中に〜を入れる。

わりつけ　割り付け　㊙割り付け
　㊾紙面の〜をする。

わりに〔副詞〕　割に・わりに
　㊝㊙割に　㊾値段の〜品質が良
　い。〜涼しい。

わりばし　割り箸　㊾お弁当を〜で
　食べる。

わりばん　割り判　㊙割り判　㊾〜
　を押す。

わりびき　割引　㊝㊙割引　㊾３〜
　で買う。社員〜。

わりびきけん　割引券

わりびく　割り引く　㊙割り引く
　㊾手形を〜。話を割り引いて聞
　く。５％〜。

わりふ　割り符　㊙割り符　㊾〜の
　一方を相手に渡す。

わりふり　割り振り　㊙割り振り
　㊾芝居の役の〜をする。仕事の
　〜を決める。

わりまえ　割り前　㊙割り前　㊾〜
　を出す。

わりまし　割り増し　㊝㊙割増し

�割り増し　㊾深夜のタクシー
　料金には〜がある。

わりましきん　割り増し金　㊝㊙割
　増金　㊱割り増し金　㊾〜を徴
　収する。

わりましきんつき　割り増し金付き
　㊙割増金付　㊱割り増し金付き
　㊾〜の債券。

わりむぎ　割り麦　㊙割り麦

わりもどし　割り戻し　㊝㊙割戻し
　㊱割り戻し　㊾払い過ぎに対す
　る〜がある。

わりもどしきん　割り戻し金
　㊝㊙割戻金　㊱割り戻し金
　㊾多額の〜をもらった。

わりもどす　割り戻す　㊙割り戻す
　㊾一定の金額を〜。

わりやす　割安　㊝㊙割安　㊾まと
　め買いの方が〜だ。

わる　割る　㊙割る　㊾10を２で〜。
　湯飲み茶わんを落として〜。

わるあがき　悪あがき〈悪足搔き〉
　㊾今更〜をしても駄目だ。

わるい　悪い　㊙悪い　㊾評判が〜。

わるがしこい　悪賢い　㊾〜やり方。
　〜やつだ。

わるぎ　悪気　㊾〜のない人。

わるくち・わるぐち　悪口　㊾〜を
　言う。

わるさ　悪さ　㊙悪さ　㊾後味の〜
　が残った事件。〜をする。

わるだくみ　悪巧み　㊾〜に引っ掛

ㄊ:付表の語　×:表外字　△:表外音訓　〈　〉:参考表記　⇒:言い換え等

かる。～をする。

わるぢえ　悪知恵　[例]とかく～が働く。

わるびれる　悪びれる　[例]一向に～様子がない。

わるふざけ　悪ふざけ　[例]～の度が過ぎるようだ。

わるもの　悪者　[例]～にされる。

わるよい　悪酔い　[例]～して絡む。

われ　我〈吾〉　[文]**我**　[例]～に返る。

われ　割れ　[文]**割れ**　[例]ガラスの～。

われがちに　我がちに〈我勝ちに〉　[例]～逃げ出していく。

われがね　割れ鐘〈破れ鐘〉　[例]～のような大声で怒鳴り付ける。

われしらず　我知らず　[例]～立ち止まった。

われながら　我ながら〈我乍ら〉　[例]これは～よくできたと思う。

われめ　割れ目・割れめ　[文]**割れ目**　[例]壁に～ができる。氷の～。

われもの　割れ物　[文]**割れ物**　[例]～に注意。

われら　我ら〈我等〉　[例]～社員一同。

われる　割れる〈破れる〉　[文]**割れる**　[例]皿が～。票が～。

われわれ〔代名詞〕　**我々**　[公]**我々**

わん　湾(灣)〔ワン ―〕　[例]湾曲、湾内、湾入、港湾、湾の入り口

わん　腕〔ワン うで〕　[例]腕章、腕力、敏腕、左腕、手腕

わん　わん〈椀・碗〉　[例]飯の～。

わんきょく　湾曲〈彎曲〉　[例]背骨が～する。なだらかに～した線。

わんしょう　腕章　[例]～を巻く。

わんない　湾内　[例]～に入ると急に波が静かになる。

わんにゅう　湾入〈彎入〉　[例]海が陸地に～する。

わんぱく　腕白　[例]～盛りの子供。

わんりょく　腕力　[例]～を振るう。

付　　　録

(注)付録において、原文が縦書きのものや横書きでも原文が読点(、)
使用のものは、そのまま読点(、)を使っている。

1 常用漢字表（抄）

〔編者注：以下の5行，原文は縦書き。〕
■内閣告示第二号
　一般の社会生活において現代の国語を書き表すための漢字使用の目安を、次の表のように定める。

　なお、昭和五十六年内閣告示第一号は、廃止する。
平成二十二年十一月三十日　　　　　　　　　内閣総理大臣　菅　直人

常用漢字表

　前　書　き
1　この表は，法令，公用文書，新聞，雑誌，放送など，一般の社会生活において，現代の国語を書き表す場合の漢字使用の目安を示すものである。
2　この表は，科学，技術，芸術その他の各種専門分野や個々人の表記にまで及ぼそうとするものではない。ただし，専門分野の語であっても，一般の社会生活と密接に関連する語の表記については，この表を参考とすることが望ましい。
3　この表は，都道府県名に用いる漢字及びそれに準じる漢字を除き，固有名詞を対象とするものではない。
4　この表は，過去の著作や文書における漢字使用を否定するものではない。
5　この表の運用に当たっては，個々の事情に応じて適切な考慮を加える余地のあるものである。

　表の見方及び使い方
1　この表は，「本表」と「付表」とから成る。
2　「本表」には，字種2136字を掲げ，字体，音訓，語例等を併せ示した。
3　漢字欄には，字種と字体を示した。字種は字音によって五十音順に並べた。同音の場合はおおむね字画の少ないものを先にした。字音を取り上げていないものは，字訓によった。
4　字体は文字の骨組みであるが，便宜上，明朝体のうちの一種を例に用いて「印刷文字における現代の通用字体」を示した。

5　「しんにゅう／しょくへん」に関係する字のうち，「辶／𩙿」の字形が
　通用字体である字については，「辶／𩙿」の字形を角括弧に入れて許容字
　体として併せ示した。当該の字に関して，現に印刷文字として許容字体を
　用いている場合，通用字体である「辶／𩙿」の字形に改める必要はない。
　これを「字体の許容」と呼ぶ。

　　なお，当該の字の備考欄には，角括弧に入れたものが許容字体であるこ
　とを注記した。また，通用字体の「謎」における「謎」についても「しん
　にゅう／しょくへん」の扱いに準じるものとして，同様の注記を加えてあ
　る。

6　丸括弧に入れて添えたものは，いわゆる康熙字典体である。これは，明
　治以来行われてきた活字の字体とのつながりを示すために参考として添え
　たものであるが，著しい差異のないものは省いた。

7　音訓欄には，音訓を示した。字音は片仮名で，字訓は平仮名で示した。
　１字下げで示した音訓は，特別なものか，又は用法のごく狭いものである。
　なお，１字下げで示した音訓のうち，備考欄に都道府県名を注記したもの
　は，原則として，当該の都道府県名にのみ用いる音訓であることを示す。

8　派生の関係にあって同じ漢字を使用する習慣のある次のような類は，適
　宜，音訓欄又は例欄に主なものを示した。

けむる	煙る		わける	分ける
けむり	煙		わかれる	分かれる
けむい	煙い，煙たい，煙たがる		わかる	分かる
			わかつ	分かつ

　なお，次のような類は，名詞としてだけ用いるものである。

| しるし | 印 | | こおり | 氷 |

9　例欄には，音訓使用の目安として，その字の当該音訓における使用例の
　一部を示した。なお，「案じる」「信じる」「力む」等のように字音を動詞
　として用いることのできるものについては，特に必要な場合を除き，示し
　ていない。

10　例欄の語のうち，副詞的用法，接続詞的用法として使うものであって，
　紛らわしいものには，特に〔副〕，〔接〕という記号を付けた。

11　他の字又は語と結び付く場合に音韻上の変化を起こす次のような類は，
　音訓欄又は備考欄に示しておいたが，全ての例を尽くしているわけではな
　い。

納得（ナッ<u>ト</u>ク）　　　　格子（コウ<u>シ</u>）

手綱（タ<u>ヅ</u>ナ）　　　　　金物（カナ<u>モ</u>ノ）

音頭（オン<u>ド</u>）　　　　　夫婦（フ<u>ウ</u>フ）

順応（ジュン<u>ノ</u>ウ）　　　因縁（イン<u>ネ</u>ン）

春雨（ハル<u>サ</u>メ）

12　備考欄には，個々の音訓の使用に当たって留意すべき事項などを記した。

(1)　異字同訓のあるものを適宜⇔で示し，また，付表にある語でその漢字を含んでいるものを注記した。

(2)　都道府県名については，音訓欄に「1字下げで掲げた音訓」が，原則として，当該の都道府県名を表記するために掲げた音訓であることを明示する場合に，「埼玉県」「栃木県」のように注記した。

　　　また，都道府県名に用いられる漢字の読み方が，当該の音訓欄にない場合（例えば，大分県の「分」，愛媛県の「愛」「媛」など），その都道府県の読み方を備考欄に「大分（おおいた）県」「愛媛（えひめ）県」という形で注記した。

　　　したがって，全ての都道府県名を備考欄に掲げるものではない。

(3)　備考欄にある「＊」は，「(付) 字体についての解説」「第2　明朝体と筆写の楷書との関係について」の「3　筆写の楷書字形と印刷文字字形の違いが，字体の違いに及ぶもの」の中に参照すべき具体例があることを示す。当該字が具体例として挙げられている場合は，＊の後に，［(付) 第2の3参照］と掲げたが，具体例が挙げられていない場合は［(付) 第2の3【剝】参照］のように，同様に考えることができる具体例を併せ掲げた。

　　　また，しんにゅうの字，及びしんにゅうを構成要素として含む字のうち通用字体が「辶」で示されている字については，上記「第2　明朝体と筆写の楷書との関係について」の「1　明朝体に特徴的な表現の仕方があるもの」の中に「辶・辶—辶」が示され，「辶」も筆写では「辶」と同様に「辶」と書くことから，上の「3　筆写の楷書字形と印刷文字字形の違いが，字体の違いに及ぶもの」の例に準じて，備考欄に「＊」を付し，＊の後に，［(付) 第2の1参照］と掲げた。

　　　なお，「＊」の付いた字の多くは，昭和56年の制定当初から常用漢字表に入っていた字体とは，「臭⇔嗅」「歩⇔捗」「狭⇔頰」「道⇔遡」「幣⇔蔽」などのように，同じ構成要素を持ちながら，通用字体の扱

いに字体上の差異があるものである。

13　「付表」には，いわゆる当て字や熟字訓など，主として1字1字の音訓としては挙げにくいものを語の形で掲げた。便宜上，その読み方を平仮名で示し，五十音順に並べた。

付　情報機器に搭載されている印刷文字字体の関係で，本表の通用字体とは異なる字体（通用字体の「頰・賭・剝」に対する「頬・賭・剥」など）を使用することは差し支えない。

（付）　字体についての解説

第1　明朝体のデザインについて

　常用漢字表では，個々の漢字の字体（文字の骨組み）を，明朝体のうちの一種を例に用いて示した。現在，一般に使用されている明朝体の各種書体には，同じ字でありながら，微細なところで形の相違の見られるものがある。しかし，各種の明朝体を検討してみると，それらの相違はいずれも書体設計上の表現の差，すなわちデザインの違いに属する事柄であって，字体の違いではないと考えられるものである。つまり，それらの相違は，字体の上からは全く問題にする必要のないものである。以下に，分類して，その例を示す。

　なお，ここに挙げているデザイン差は，現実に異なる字形がそれぞれ使われていて，かつ，その実態に配慮すると，字形の異なりを字体の違いと考えなくてもよいと判断したものである。すなわち，実態として存在する異字形を，デザインの差と，字体の差に分けて整理することがその趣旨であり，明朝体字形を新たに作り出す場合に適し得るデザイン差の範囲を示したものではない。また，ここに挙げているデザイン差は，おおむね「筆写の楷書字形において見ることができる字形の異なり」と捉えることも可能である。

1　へんとつくり等の組合せ方について

　(1)　大小，高低などに関する例

硬 硬　吸 吸　頃 頃

　(2)　はなれているか，接触しているかに関する例

睡 睡　異←異←　挨 挨

2　点画の組合せ方について

(1)　長短に関する例

雪 雪 雪　満 満　無 無　斎 斎

(2)　つけるか，はなすかに関する例

発 発　備 備　奔 奔　溺 溺

空 空　湿 湿　吹 吹　冥 冥

(3)　接触の位置に関する例

岸 岸　家 家　脈 脈 脈

蚕 蚕　印 印　蓋 蓋

(4)　交わるか，交わらないかに関する例

聴 聴　非 非　祭 祭

存 存　孝 孝　射 射

(5)　その他

芽 芽 芽　夢 夢 夢

3　点画の性質について

(1)　点か，棒（画）かに関する例

帰 帰　班 班　均 均　麗 麗

蔑 蔑

(2)　傾斜，方向に関する例

考 考　値 値　望 望

(3) 曲げ方，折り方に関する例

勢 勢　競 競　頑 頑 頑　災 災

(4) 「筆押さえ」等の有無に関する例

芝 芝　更 更　伎 伎

八 八 八　公 公 公　雲 雲

(5) とめるか，はらうかに関する例

環 環　泰 泰　談 談

医 医　継 継　園 園

(6) とめるか，ぬくかに関する例

耳 耳　邦 邦　街 街　餌 餌

(7) はねるか，とめるかに関する例

四 四　配 配　換 換　湾 湾

(8) その他

次 次　姿 姿

4　特定の字種に適用されるデザイン差について

　「特定の字種に適用されるデザイン差」とは，以下の(1)〜(5)それぞれの字種にのみ適用されるデザイン差のことである。したがって，それぞれに具体的な字形として示されているデザイン差を他の字種にまで及ぼすことはできない。

　なお，(4)に掲げる「叱」と「叱」は本来別字とされるが，その使用実態から見て，異体の関係にある同字と認めることができる。

(1)　牙・牙・牙

(2)　韓・韓・韓

(3)　茨・茨・茨

(4)　叱・叱

(5)　栃・栃

第2　明朝体と筆写の楷書との関係について

　　常用漢字表では，個々の漢字の字体（文字の骨組み）を，明朝体のうち
　の一種を例に用いて示した。このことは，これによって筆写の楷書におけ
　る書き方の習慣を改めようとするものではない。字体としては同じであっ
　ても，1，2に示すように明朝体の字形と筆写の楷書の字形との間には，
　いろいろな点で違いがある。それらは，印刷文字と手書き文字におけるそ
　れぞれの習慣の相違に基づく表現の差と見るべきものである。

　　さらに，印刷文字と手書き文字におけるそれぞれの習慣の相違に基づく
　表現の差は，3に示すように，字体（文字の骨組み）の違いに及ぶ場合も
　ある。

　　以下に，分類して，それぞれの例を示す。いずれも「明朝体－手書き
　（筆写の楷書）」という形で，左側に明朝体，右側にそれを手書きした例
　を示す。

1　明朝体に特徴的な表現の仕方があるもの

　（1）　折り方に関する例

　　　衣－衣　　去－去　　玄－玄

　（2）　点画の組合せ方に関する例

　　　人－人　　家－家　　北－北

　（3）　「筆押さえ」等に関する例

　　　芝－芝　　史－史

　　　入－入　　八－八

(4)　曲直に関する例

子 − 子　　手 − 手　　了 − 了

(5)　その他

辶・辶 − 辶　　竹 − ⺮　　心 − 心

2　筆写の楷書では，いろいろな書き方があるもの

(1)　長短に関する例

雨 − 雨 雨　　戸 − 戸 戸 戸

無 − 無 無

(2)　方向に関する例

風 − 風 風　　比 − 比 比

仰 − 仰 仰

糸 − 糸 糸　　ネ − ネ ネ　　ネ − ネ ネ

主 − 主 主　　言 − 言 言 言

年 − 年 年 年

(3)　つけるか，はなすかに関する例

又 − 又 又　　文 − 文 文

月 − 月 月

条 − 条 条　　保 − 保 保

(4) はらうか，とめるかに関する例

奥 － 奥 奥　　　公 － 公 公

角 － 角 角　　　骨 － 骨 骨

(5) はねるか，とめるかに関する例

切 － 切 切 切　　　改 － 改 改 改

酒 － 酒 酒　　　陸 － 陸 陸 陸

穴 － 穴 穴 穴

木 － 木 木　　　来 － 来 来

糸 － 糸 糸　　　牛 － 牛 牛

環 － 環 環

(6) その他

令 － 令 令　　　外 － 外 外 外

女 － 女 女　　　叱 － 叱 叱 叱

3 　筆写の楷書字形と印刷文字字形の違いが，字体の違いに及ぶもの
　　　以下に示す例で，括弧内は印刷文字である明朝体の字形に倣って書
　いたものであるが，筆写の楷書ではどちらの字形で書いても差し支え
　ない。なお，括弧内の字形の方が，筆写字形としても一般的な場合が
　ある。

(1) 方向に関する例

淫 － 淫 (淫)　　　恣 － 恣 (恣)

煎 － 煎 (煎)　　　嘲 － 嘲 (嘲)

溺－溺（溺）　　蔽－蔽（蔽）

(2)　点画の簡略化に関する例

葛－葛（葛）　　嗅－嗅（嗅）

僅－僅（僅）　　餌－餌（餌）

箋－箋（箋）　　塡－填（塡）

賭－賭（賭）　　頰－頬（頰）

(3)　その他

惧－惧（惧）　　稽－稽（稽）

詮－詮（詮）　　捗－捗（捗）

剝－剥（剝）　　喩－喩（喩）

〔編者注：次ページから常用漢字表の本表及び付表が掲げられていますが，この辞典の本文に組み入れてあるので，省略しました。

　本表及び付表の原文については，文化庁『新訂第二版　公用文の書き表し方の基準（資料集）』（令和4年8月，第一法規）を御参照ください。

　また，698ページからの「(付) 字体についての解説」をより詳しく解説した「常用漢字表の字体・字形に関する指針（報告）」（平成28年2月29日，文化審議会国語分科会報告）もありますので，御参照ください。〕

https://www.bunka.go.jp/seisaku/bunkashingikai/kokugo/hokoku/pdf/92550601_01.pdf

2 現代仮名遣い

■内閣訓令第1号

　　　　　　　　　　　　　　　　　　　　　　各行政機関

　「現代仮名遣い」の実施について

　政府は，本日，内閣告示第1号をもつて，「現代仮名遣い」を告示した。

　今後，各行政機関においては，これを現代の国語を書き表すための仮名遣いのよりどころとするものとする。

　なお，昭和21年内閣訓令第8号は，廃止する。

　　昭和61年7月1日　　　　　　　　　　内閣総理大臣　中曽根康弘

〔編者注：以下の5行，原文は縦書き。〕

■内閣告示第一号

　一般の社会生活において現代の国語を書き表すための仮名遣いのよりどころを、次のように定める。

　なお、昭和二十一年内閣告示第三十三号は、廃止する。

　　昭和六十一年七月一日　　　　　　　　内閣総理大臣　中曽根康弘

　　現代仮名遣い

　前　書　き

1　この仮名遣いは，語を現代語の音韻に従つて書き表すことを原則とし，一方，表記の慣習を尊重して一定の特例を設けるものである。

2　この仮名遣いは，法令，公用文書，新聞，雑誌，放送など，一般の社会生活において，現代の国語を書き表すための仮名遣いのよりどころを示すものである。

3　この仮名遣いは，科学，技術，芸術その他の各種専門分野や個々人の表記にまで及ぼそうとするものではない。

4　この仮名遣いは，主として現代文のうち口語体のものに適用する。原文の仮名遣いによる必要のあるもの，固有名詞などでこれによりがたいものは除く。

5　この仮名遣いは，擬声・擬態的描写や嘆声，特殊な方言音，外来語・外来音などの書き表し方を対象とするものではない。

6　この仮名遣いは，「ホオ・ホホ（頬）」「テキカク・テッカク（的確）」の
ような発音にゆれのある語について，その発音をどちらかに決めようとす
るものではない。

7　この仮名遣いは，点字，ローマ字などを用いて国語を書き表す場合のき
まりとは必ずしも対応するものではない。

8　歴史的仮名遣いは，明治以降，「現代かなづかい」（昭和21年内閣告示第
33号）の行われる以前には，社会一般の基準として行われていたものであ
り，今日においても，歴史的仮名遣いで書かれた文献などを読む機会は多
い。歴史的仮名遣いが，我が国の歴史や文化に深いかかわりをもつものと
して，尊重されるべきことは言うまでもない。また，この仮名遣いにも歴
史的仮名遣いを受け継いでいるところがあり，この仮名遣いの理解を深め
る上で，歴史的仮名遣いを知ることは有用である。付表において，この仮
名遣いと歴史的仮名遣いとの対照を示すのはそのためである。

本　　　　文

凡　例

　1　原則に基づくきまりを第1に示し，表記の慣習による特例を第2に示
した。

　2　例は，おおむね平仮名書きとし，適宜，括弧内に漢字を示した。常用
漢字表に掲げられていない漢字及び音訓には，それぞれ＊印及び△印を
つけた。

第1　語を書き表すのに，現代語の音韻に従って，次の仮名を用いる。

　　　ただし，下線を施した仮名は，第2に示す場合にだけ用いるものであ
る。

1　直音

　　　あ　い　う　え　お
　　　か　き　く　け　こ　　　が　ぎ　ぐ　げ　ご
　　　さ　し　す　せ　そ　　　ざ　じ　ず　ぜ　ぞ
　　　た　ち　つ　て　と　　　だ　ぢ　づ　で　ど

```
な　に　ぬ　ね　の
は　ひ　ふ　へ　ほ　　ば　び　ぶ　べ　ぼ
　　　　　　　　　　　ぱ　ぴ　ぷ　ぺ　ぽ
ま　み　む　め　も
や　　　ゆ　　　よ
ら　り　る　れ　ろ
わ　　　　　　　を
```

例　あさひ（朝日）　きく（菊）　さくら（桜）　ついやす（費）
　　にわ（庭）　ふで（筆）　もみじ（紅葉）　ゆずる（譲）
　　れきし（歴史）　わかば（若葉）
　　　えきか（液化）　せいがくか（声楽家）　さんぽ（散歩）

2　拗音

```
きゃ　きゅ　きょ　ぎゃ　ぎゅ　ぎょ
しゃ　しゅ　しょ　じゃ　じゅ　じょ
ちゃ　ちゅ　ちょ　ぢゃ　ぢゅ　ぢょ
にゃ　にゅ　にょ
ひゃ　ひゅ　ひょ　びゃ　びゅ　びょ
　　　　　　　　　　ぴゃ　ぴゅ　ぴょ
みゃ　みゅ　みょ
りゃ　りゅ　りょ
```

例　しゃかい（社会）　しゅくじ（祝辞）　かいじょ（解除）
　　りゃくが（略画）
　　〔注意〕　拗音に用いる「や，ゆ，よ」は，なるべく小書きにする。

3　撥音

```
ん
```

例　まなんで（学）　みなさん　しんねん（新年）
　　しゅんぶん（春分）

4　促音

```
っ
```

例　はしって（走）　かっき（活気）　がっこう（学校）

せっけん（石鹸*）
〔注意〕 促音に用いる「つ」は，なるべく小書きにする。

5　長音
　(1)　ア列の長音
　　　　　ア列の仮名に「あ」を添える。
　　例　おかあさん　　おばあさん
　(2)　イ列の長音
　　　　　イ列の仮名に「い」を添える。
　　例　にいさん　　おじいさん
　(3)　ウ列の長音
　　　　　ウ列の仮名に「う」を添える。
　　例　おさむうございます（寒）　　くうき（空気）　　ふうふ（夫婦）
　　　　うれしゅう存じます　　　きゅうり　　　ぼくじゅう（墨汁）
　　　ちゅうもん（注文）
　(4)　エ列の長音
　　　　　エ列の仮名に「え」を添える。
　　例　ねえさん　　ええ（応答の語）
　(5)　オ列の長音
　　　　　オ列の仮名に「う」を添える。
　　例　おとうさん　　とうだい（灯台）
　　　　わこうど（若人）　　おうむ
　　　　かおう（買）　　あそぼう（遊）　　おはよう（早）
　　　　おうぎ（扇）　　ほうる（放）　　とう（塔）
　　　　よいでしょう　　はっぴょう（発表）
　　　　きょう（今日）　　ちょうちょう（蝶々*）

第2　特定の語については，表記の慣習を尊重して，次のように書く。

1　助詞の「を」は，「を」と書く。
　例　本を読む　　岩をも通す　　失礼をばいたしました
　　　やむをえない　　いわんや…をや　　よせばよいものを
　　　てにをは

2 助詞の「は」は,「は」と書く。

　例　今日は日曜です　　山では雪が降りました

　　　あるいは　　または　　もしくは

　　　いずれは　　さては　　ついては　　ではさようなら　　とはいえ

　　　惜しむらくは　　恐らくは　　願わくは

　　　これはこれは　　こんにちは　　こんばんは

　　　悪天候もものかは

　〔注意〕　次のようなものは,この例にあたらないものとする。

　　　いまわの際　　すわ一大事

　　　雨も降るわ風も吹くわ　　来るわ来るわ　　きれいだわ

3 助詞の「へ」は,「へ」と書く。

　例　故郷へ帰る　　…さんへ　　母への便り　　駅へは数分

4 動詞の「いう(言)」は,「いう」と書く。

　例　ものをいう(言)　　いうまでもない　　昔々あったという

　　　どういうふうに　　人というもの　　こういうわけ

5 次のような語は,「ぢ」「づ」を用いて書く。

　(1) 同音の連呼によって生じた「ぢ」「づ」

　　　例　ちぢみ(縮)　　ちぢむ　　ちぢれる　　ちぢこまる

　　　　　つづみ(鼓)　　つづら　　つづく(続)　　つづめる(約)

　　　　　つづる(綴)

　　〔注意〕「いちじく」「いちじるしい」は,この例にあたらない。

　(2) 二語の連合によって生じた「ぢ」「づ」

　　　例　はなぢ(鼻血)　　そえぢ(添乳)　　もらいぢち

　　　　　そこぢから(底力)　　ひぢりめん

　　　　　いれぢえ(入知恵)　　ちゃのみぢゃわん

　　　　　まぢか(間近)　　こぢんまり

　　　　　ちかぢか(近々)　　ちりぢり

　　　　　みかづき(三日月)　　たけづつ(竹筒)　　たづな(手綱)

　　　　　ともづな　　にいづま(新妻)　　けづめ　　ひづめ　　ひげづら

　　おこづかい（小遣）　あいそづかし　わしづかみ

　　こころづくし（心尽）　てづくり（手作）　こづつみ（小包）

　　ことづて　はこづめ（箱詰）　はたらきづめ　みちづれ（道連）

　　かたづく　こづく（小突）　どくづく　もとづく

　　うらづける　ゆきづまる　ねばりづよい

　　つねづね（常々）　つくづく　つれづれ

　なお，次のような語については，現代語の意識では一般に二語に分解しにくいもの等として，それぞれ「じ」「ず」を用いて書くことを本則とし，「せかいぢゅう」「いなづま」のように「ぢ」「づ」を用いて書くこともできるものとする。

　例　せかいじゅう（世界中）

　　いなずま（稲妻）　かたず（固唾）　きずな（絆）*

　　さかずき（杯）　ときわず　ほおずき　みみずく

　　うなずく　おとずれる（訪）　かしずく　つまずく

　　ぬかずく　ひざまずく

　　あせみずく　くんずほぐれつ　さしずめ　でずっぱり

　　なかんずく

　　うでずく　くろずくめ　ひとりずつ

　　ゆうずう（融通）

〔注意〕　次のような語の中の「じ」「ず」は，漢字の音読みでもともと濁っているものであって，上記(1)，(2)のいずれにもあたらず，「じ」「ず」を用いて書く。

　　例　じめん（地面）　ぬのじ（布地）

　　　ずが（図画）　りゃくず（略図）

6　次のような語は，オ列の仮名に「お」を添えて書く。

　例　おおかみ　おおせ（仰）　おおやけ（公）　こおり（氷・郡）

　　こおろぎ　ほお（頬・朴）　ほおずき　ほのお（炎）　とお（十）

　　いきどおる（憤）　おおう（覆）　こおる（凍）　しおおせる

　　とおる（通）　とどこおる（滞）　もよおす（催）

　　いとおしい　おおい（多）　おおきい（大）　とおい（遠）

　　おおむね　おおよそ

これらは，歴史的仮名遣いでオ列の仮名に「ほ」又は「を」が続くものであって，オ列の長音として発音されるか，オ・オ，コ・オのように発音されるかにかかわらず，オ列の仮名に「お」を添えて書くものである。

付記

　次のような語は，エ列の長音として発音されるか，エイ，ケイなどのように発音されるかにかかわらず，エ列の仮名に「い」を添えて書く。

　　　　例　かれい　　　せい（背）

　　　　　　かせいで（稼）　まねいて（招）　春めいて

　　　　　　へい（塀）　めい（銘）　れい（例）

　　　　　　えいが（映画）　とけい（時計）　ていねい（丁寧）

付　　　　表

凡　例

　1　現代語の音韻を目印として，この仮名遣いと歴史的仮名遣いとの主要な仮名の使い方を対照させ，例を示した。

　2　音韻を表すのには，片仮名及び長音符号「ー」を用いた。

　3　例は，おおむね漢字書きとし，仮名の部分は歴史的仮名遣いによった。常用漢字表に掲げられていない漢字及び音訓には，それぞれ＊印及び△印をつけ，括弧内に仮名を示した。

　4　ジの音韻の項には，便宜，拗音の例を併せ挙げた。

現代語の音韻	この仮名遣いで用いる仮名	歴史的仮名遣いで用いる仮名	例				
イ	い	い ゐ ひ	石 井戸 貝	報いる 居る 合図	赤い 参る 費やす	意図 胃 思ひ出	愛 権威 恋しさ
ウ	う	う ふ	歌 買ふ	馬 吸ふ	浮かぶ 争ふ	雷雨 危ふい	機運

エ	え	え	柄　枝　心得　見える　栄誉
		ゑ	声　植ゑる　絵　円　知恵
		へ	家　前　考へる　帰る　救へ
	へ	へ	西へ進む
オ	お	お	奥　大人　起きる　お話　雑音
		を	男　十日　踊る　青い　悪寒
		ほ	顔　氷　滞る　直す　大きい
		ふ	仰ぐ　倒れる
	を	を	花を見る
カ	か	か	蚊　紙　静か　家庭　休暇
		くわ	火事　歓迎　結果　生活　愉快
ガ	が	が	石垣　学問　岩石　生涯　発芽
		ぐわ	画家　外国　丸薬　正月　念願
ジ	じ	じ	初め　こじあける　字　自慢　術語
		ぢ	味　恥ぢる　地面　女性　正直
	ぢ	ぢ	縮む　鼻血　底力　近々　入れ知恵
ズ	ず	ず	鈴　物好き　知らずに　人数　洪水
		づ	水　珍しい　一つづつ　図画　大豆
	づ	づ	鼓　続く　三日月　塩漬け　常々
ワ	わ	わ	輪　泡　声色　弱い　和紙
		は	川　回る　思はず　柔らか　琵琶**（びは）
	は	は	我は海の子　又は
ユー	ゆう	ゆう	勇気　英雄　金融
		ゆふ	夕方
		いう	遊戯　郵便　勧誘　所有
		いふ	都邑*（といふ）
	いう	いふ	言ふ
オー	おう	おう	負うて　応答　欧米
		あう	桜花　奥義　中央
		あふ	扇　押収　凹凸
		わう	弱う　王子　往来　卵黄

		はう	買はう　　舞はう　　怖うございます
コー	こう	こう	功績　　拘束　　公平　　気候　　振興
		こふ	劫*（こふ）
		かう	咲かう　赤う　かうして　講義　健康
		かふ	甲乙　太閤*（たいかふ）
		くわう	光線　広大　恐慌　破天荒
ゴー	ごう	ごう	皇后
		ごふ	業　永劫*（えいごふ）
		がう	急がう　長う　強引　豪傑　番号
		がふ	合同
		ぐわう	轟音*（ぐわうおん）
ソー	そう	そう	僧　総員　競走　吹奏　放送
		さう	話さう　浅う　さうして　草案　体操
		さふ	挿話
ゾー	ぞう	ぞう	増加　憎悪　贈与
		ざう	象　蔵書　製造　内臓　仏像
		ざふ	雑煮
トー	とう	とう	弟　統一　冬至　暴投　北東
		たう	峠　勝たう　痛う　刀剣　砂糖
		たふ	塔　答弁　出納
ドー	どう	どう	どうして　銅　童話　運動　空洞
		だう	堂　道路　葡萄*（ぶだう）
		だふ	問答
ノー	のう	のう	能　農家　濃紺
		のふ	昨日
		なう	死なう　危なうございます　脳　苦悩
		なふ	納入
ホー	ほう	ほう	奉祝　俸給　豊年　霊峰
		ほふ	法会
		はう	葬る　包囲　芳香　解放
		はふ	はふり投げる　はふはふの体　法律
ボー	ぼう	ぼう	某　貿易　解剖　無謀

		ぽふ	正法
		ばう	遊ばう　飛ばう　紡績　希望　堤防
		ばふ	貧乏
ポー	ぽう	ぽう	本俸　連峰
		ぽふ	説法
		ばう	鉄砲　奔放　立方
		ばふ	立法
モー	もう	もう	もう一つ　啓蒙*（けいもう）
		まう	申す　休まう　甘う　猛獣　本望
ヨー	よう	よう	見よう　ようございます　用　容易　中庸
		やう	八日　早う　様子　洋々　太陽
		えう	幼年　要領　童謡　日曜
		えふ	紅葉
ロー	ろう	ろう	楼　漏電　披露
		ろふ	かげろふ　ふくろふ
		らう	祈らう　暗う　廊下　労働　明朗
		らふ	候文　蠟燭**（らふそく）
キュー	きゅう	きゆう	弓術　宮殿　貧窮
		きう	休養　丘陵　永久　要求
		きふ	及第　急務　給与　階級
ギュー	ぎゅう	ぎう	牛乳
シュー	しゅう	しゆう	宗教　衆知　終了
		しう	よろしう　周囲　収入　晩秋
		しふ	執着　習得　襲名　全集
ジュー	じゅう	じゆう	充実　従順　臨終　猟銃
		じう	柔軟　野獣
		じふ	十月　渋滞　墨汁
		ぢゆう	住居　重役　世界中
チュー	ちゅう	ちゆう	中学　衷心　注文　昆虫
		ちう	抽出　鋳造　宇宙　白昼
ニュー	にゅう	にゆう	乳酸
		にう	柔和

		にふ	*埴生（はにふ）　　入学
ヒュー	ひゅう	ひう	日向（ひうが）
ビュー	びゅう	びう	*誤謬（ごびう）
リュー	りゅう	りゆう	竜　　隆盛
		りう	留意　　流行　　川柳
		りふ	粒子　　建立
キョー	きょう	きよう	共通　　恐怖　　興味　　吉凶
		きやう	兄弟　　鏡台　　経文　　故郷　　熱狂
		けう	教育　　矯正　　絶叫　　鉄橋
		けふ	今日　　脅威　　協会　　海峡
ギョー	ぎょう	ぎよう	凝集
		ぎやう	仰天　　修行　　人形
		げう	今暁
		げふ	業務
ショー	しょう	しよう	昇格　　承諾　　勝利　　自称　　訴訟
		しやう	詳細　　正直　　商売　　負傷　　文章
		せう	見ませう　　小説　　消息　　少年　　微笑
		せふ	交渉
ジョー	じょう	じよう	冗談　　乗馬　　過剰
		じやう	成就　　上手　　状態　　感情　　古城
		ぜう	*饒舌（ぜうぜつ）
		ぢやう	定石　　丈夫　　市場　　令嬢
		でう	箇条
		でふ	一帖*（いちでふ）　　六畳
	ぢょう	ぢやう	盆提灯（ぼんぢやうちん）
		でう	一本調子
チョー	ちょう	ちよう	徴収　　清澄　　尊重
		ちやう	腸　　町会　　聴取　　長短　　手帳
		てう	調子　　朝食　　弔電　　前兆　　野鳥
		てふ	*蝶（てふ）
ニョー	にょう	によう	女房
		ねう	尿

ヒョー	ひょう	ひよう	氷山				
		ひやう	拍子	評判	兵糧		
		へう	表裏	土俵	投票		
ビョー	びょう	びやう	病気	平等			
		べう	秒読み	描写			
ピョー	ぴょう	ぴよう	結氷	信憑性* （しんぴようせい）			
		ぴやう	論評				
		ぺう	一票	本表			
ミョー	みょう	みやう	名代	明日	寿命		
		めう	妙技				
リョー	りょう	りよう	丘陵				
		りやう	領土	両方	善良	納涼	分量
		れう	寮	料理	官僚	終了	
		れふ	漁	猟			

〔編者注：以下５行，原文は縦書き。〕

■内閣告示第四号

　昭和六十一年内閣告示第一号の一部を次のように改正する。

　　　平成二十二年十一月三十日　　　　　　　内閣総理大臣　菅　　直人

　本文第１の５中「（抛*）」を「（放）」に改め、同文第２の５⑵中「（固唾*）」を「（固唾）」に改め、同文第２の６中「（頰・朴̂）」を「（頰・朴̂）」に改める。

〔編者注：本文は，上記改正を反映したものとなっています。〕

3 送り仮名の付け方

■内閣訓令第2号

各行政機関

「送り仮名の付け方」の実施について

　さきに，政府は，昭和34年内閣告示第1号をもって「送りがなのつけ方」を告示したが，その後の実施の経験等にかんがみ，これを改定し，本日，内閣告示第2号をもって，新たに「送り仮名の付け方」を告示した。

　今後，各行政機関においては，これを送り仮名の付け方のよりどころとするものとする。

　なお，昭和34年内閣訓令第1号は，廃止する。

　　昭和48年6月18日

内閣総理大臣　田中　角榮

■内閣告示第2号

　一般の社会生活において現代の国語を書き表すための送り仮名の付け方のよりどころを，次のように定める。

　なお，昭和34年内閣告示第1号は，廃止する。

　　昭和48年6月18日

内閣総理大臣　田中　角榮

送り仮名の付け方

　前書き

一　この「送り仮名の付け方」は，法令・公用文書・新聞・雑誌・放送など，一般の社会生活において，「常用漢字表」の音訓によって現代の国語を書き表す場合の送り仮名の付け方のよりどころを示すものである。

二　この「送り仮名の付け方」は，科学・技術・芸術その他の各種専門分野や個々人の表記にまで及ぼそうとするものではない。

三　この「送り仮名の付け方」は，漢字を記号的に用いたり，表に記入したりする場合や，固有名詞を書き表す場合を対象としていない。

　「本文」の見方及び使い方

一　この「送り仮名の付け方」の本文の構成は，次のとおりである。

　単独の語

1　活用のある語

通則1　（活用語尾を送る語に関するもの）

通則2　（派生・対応の関係を考慮して，活用語尾の前の部分から送る語
　　　　に関するもの）

2　活用のない語

通則3　（名詞であって，送り仮名を付けない語に関するもの）

通則4　（活用のある語から転じた名詞であって，もとの語の送り仮名の
　　　　付け方によって送る語に関するもの）

通則5　（副詞・連体詞・接続詞に関するもの）

　複合の語

通則6　（単独の語の送り仮名の付け方による語に関するもの）

通則7　（慣用に従って送り仮名を付けない語に関するもの）

　付表の語

　　1　（送り仮名を付ける語に関するもの）

　　2　（送り仮名を付けない語に関するもの）

二　通則とは，単独の語及び複合の語の別，活用のある語及び活用のない語
　の別等に応じて考えた送り仮名の付け方に関する基本的な法則をいい，必
　要に応じ，例外的な事項又は許容的な事項を加えてある。

　　したがって，各通則には，本則のほか，必要に応じて例外及び許容を設
　けた。ただし，通則7は，通則6の例外に当たるものであるが，該当する
　語が多数に上るので，別の通則として立てたものである。

三　この「送り仮名の付け方」で用いた用語の意義は，次のとおりである。

　単独の語・・・　漢字の音又は訓を単独に用いて，漢字一字で書き表す語
　　　　　　　　　をいう。

　複合の語・・・　漢字の訓と訓，音と訓などを複合させ，漢字二字以上を
　　　　　　　　　用いて書き表す語をいう。

　付表の語・・・　「常用漢字表」の付表に掲げてある語のうち，送り仮名
　　　　　　　　　の付け方が問題となる語をいう。

　活用のある語・・・　動詞・形容詞・形容動詞をいう。

　活用のない語・・・　名詞・副詞・連体詞・接続詞をいう。

　本　則・・・　送り仮名の付け方の基本的な法則と考えられるものをいう。

　例　外・・・　本則には合わないが，慣用として行われていると認められ

るものであって，本則によらず，これによるものをいう。

許　容・・・　　本則による形とともに，慣用として行われていると認めら
れるものであって，本則以外に，これによってよいものをい
う。

四　単独の語及び複合の語を通じて，字音を含む語は，その字音の部分には
送り仮名を要しないのであるから，必要のない限り触れていない。

五　各通則において，送り仮名の付け方が許容によることのできる語につい
ては，本則又は許容のいずれに従ってもよいが，個々の語に適用するに当
たって，許容に従ってよいかどうか判断し難い場合には，本則によるもの
とする。

本　　　　文

単独の語

1　活用のある語

通則1

　　本則　活用のある語（通則2を適用する語を除く。）は，活用語尾を送
る。

　　　　〔例〕　憤る　承る　書く　実る　催す
　　　　　　　　生きる　陥れる　考える　助ける
　　　　　　　　荒い　潔い　賢い　濃い
　　　　　　　　主だ

　　例外　(1)　語幹が「し」で終わる形容詞は，「し」から送る。
　　　　　　　　〔例〕　著しい　惜しい　悔しい　恋しい　珍しい

　　　　(2)　活用語尾の前に「か」，「やか」，「らか」を含む形容動詞は，
　　　　　　その音節から送る。
　　　　　　　　〔例〕　暖かだ　細かだ　静かだ
　　　　　　　　　　　　穏やかだ　健やかだ　和やかだ
　　　　　　　　　　　　明らかだ　平らかだ　滑らかだ　柔らかだ

　　　　(3)　次の語は，次に示すように送る。
　　　　　　　　明らむ　味わう　哀れむ　慈しむ　教わる　脅かす（おどか
　　　　　　す）　脅かす（おびやかす）　関わる　食らう　異なる　逆らう
　　　　　　捕まる　群がる　和らぐ　揺する
　　　　　　　　明るい　危ない　危うい　大きい　少ない　小さい　冷たい

平たい

　　新ただ　同じだ　盛んだ　平らだ　懇ろだ　惨めだ

　　哀れだ　幸いだ　幸せだ　巧みだ

許容　次の語は，（　　）の中に示すように，活用語尾の前の音節から
　　送ることができる。

　　　表す（表わす）　著す（著わす）　現れる（現われる）　行う（行なう）

　　断る（断わる）　賜る（賜わる）

（注意）　語幹と活用語尾との区別がつかない動詞は，例えば，「着る」，
　　「寝る」，「来る」などのように送る。

通則2

　　本則　活用語尾以外の部分に他の語を含む語は，含まれている語の送り
　　仮名の付け方によって送る。（含まれている語を〔　　〕の中に示
　　す。）

　　〔例〕

　　（1）　動詞の活用形又はそれに準ずるものを含むもの。

　　　　動かす〔動く〕　照らす〔照る〕

　　　　語らう〔語る〕　計らう〔計る〕　向かう〔向く〕

　　　　浮かぶ〔浮く〕

　　　　生まれる〔生む〕　押さえる〔押す〕　捕らえる〔捕る〕

　　　　勇ましい〔勇む〕　輝かしい〔輝く〕　喜ばしい〔喜ぶ〕

　　　　晴れやかだ〔晴れる〕

　　　　及ぼす〔及ぶ〕　積もる〔積む〕　聞こえる〔聞く〕

　　　　頼もしい〔頼む〕

　　　　起こる〔起きる〕　落とす〔落ちる〕

　　　　暮らす〔暮れる〕　冷やす〔冷える〕

　　　　当たる〔当てる〕　終わる〔終える〕　変わる〔変える〕

　　　　集まる〔集める〕　定まる〔定める〕　連なる〔連ねる〕

　　　　交わる〔交える〕

　　　　混ざる・混じる〔混ぜる〕

　　　　恐ろしい〔恐れる〕

　　（2）　形容詞・形容動詞の語幹を含むもの。

　　　　重んずる〔重い〕　若やぐ〔若い〕

　　　　怪しむ〔怪しい〕　悲しむ〔悲しい〕　苦しがる〔苦しい〕

確かめる〔確かだ〕

重たい〔重い〕　憎らしい〔憎い〕　古めかしい〔古い〕

細かい〔細かだ〕　柔らかい〔柔らかだ〕

清らかだ〔清い〕　高らかだ〔高い〕　寂しげだ〔寂しい〕

(3)　名詞を含むもの。

汗ばむ〔汗〕　先んずる〔先〕　春めく〔春〕

男らしい〔男〕　後ろめたい〔後ろ〕

許容　読み間違えるおそれのない場合は，活用語尾以外の部分について，次の（　）の中に示すように，送り仮名を省くことができる。

〔例〕　浮かぶ(浮ぶ)　生まれる(生れる)　押さえる(押える)

捕らえる(捕える)

晴れやかだ(晴やかだ)

積もる(積る)　聞こえる(聞える)

起こる(起る)　落とす(落す)　暮らす(暮す)　当たる(当る)　終わる(終る)　変わる(変る)

(注意)　次の語は，それぞれ〔　〕の中に示す語を含むものとは考えず，通則1によるものとする。

明るい〔明ける〕　荒い〔荒れる〕　悔しい〔悔いる〕　恋しい〔恋う〕

2　活用のない語

通則3

本則　名詞（通則4を適用する語を除く。）は，送り仮名を付けない。

〔例〕　月　鳥　花　山

男　女

彼　何

例外　(1)　次の語は，最後の音節を送る。

辺り　哀れ　勢い　幾ら　後ろ　傍ら　幸い　幸せ　全て　互い　便り　半ば　情け　斜め　独り　誉れ　自ら　災い

(2)　数をかぞえる「つ」を含む名詞は，その「つ」を送る。

〔例〕　一つ　二つ　三つ　幾つ

通則4

本則　活用のある語から転じた名詞及び活用のある語に「さ」，「み」，「げ」などの接尾語が付いて名詞になったものは，もとの語の送り

仮名の付け方によって送る。

〔例〕

　(1)　活用のある語から転じたもの。

　　　動き　仰せ　恐れ　薫り　曇り　調べ　届け　願い　晴れ

　　　当たり　代わり　向かい

　　　狩り　答え　問い　祭り　群れ

　　　憩い　愁い　憂い　香り　極み　初め

　　　近く　遠く

　(2)　「さ」,「み」,「げ」などの接尾語が付いたもの。

　　　暑さ　大きさ　正しさ　確かさ

　　　明るみ　重み　憎しみ

　　　惜しげ

例外　次の語は,送り仮名を付けない。

　　　謡　虞　趣　氷　印　　頂　帯　畳

　　　卸　煙　恋　志　次　隣　富　恥　話　光　舞

　　　折　係　掛(かかり)　組　肥　並(なみ)　巻　割

　(注意)　ここに掲げた「組」は,「花の組」,「赤の組」などのように使った場合の「くみ」であり,例えば,「活字の組みがゆるむ。」などとして使う場合の「くみ」を意味するものではない。「光」,「折」,「係」なども,同様に動詞の意識が残っているような使い方の場合は,この例外に該当しない。したがって,本則を適用して送り仮名を付ける。

許容　読み間違えるおそれのない場合は,次の（　　）の中に示すように,送り仮名を省くことができる。

　〔例〕　曇り(曇)　届け(届)　願い(願)　晴れ(晴)

　　　　当たり(当り)　代わり(代り)　向かい(向い)

　　　　狩り(狩)　答え(答)　問い(問)　祭り(祭)　群れ(群)

　　　　憩い(憩)

通則5

本則　副詞・連体詞・接続詞は,最後の音節を送る。

　〔例〕　必ず　更に　少し　既に　再び　全く　最も

　　　　来る　去る

　　　　及び　且つ　但し

例外　(1)　次の語は，次に示すように送る。

　　　　明<u>くる</u>　大<u>いに</u>　直<u>ちに</u>　並<u>びに</u>　若<u>しくは</u>

　　　(2)　次の語は，送り仮名を付けない。

　　　　又

　　　(3)　次のように，他の語を含む語は，含まれている語の送り仮名
　　　　の付け方によって送る。（含まれている語を〔　　〕の中に示
　　　　す。）

　　〔例〕　併<u>せて</u>〔併せる〕　至<u>って</u>〔至る〕　恐<u>らく</u>〔恐れる〕

　　　　　従<u>って</u>〔従う〕　絶<u>えず</u>〔絶える〕　例<u>えば</u>〔例える〕　努<u>めて</u>
　　　　〔努める〕

　　　　　辛<u>うじて</u>〔辛い〕　少<u>なくとも</u>〔少ない〕

　　　　　互<u>いに</u>〔互い〕

　　　　　必<u>ずしも</u>〔必ず〕

　複合の語

通則6

　本則　複合の語（通則7を適用する語を除く。）の送り仮名は，その複
　　　合の語を書き表す漢字の，それぞれの音訓を用いた単独の語の送り
　　　仮名の付け方による。

　　〔例〕

　　　(1)　活用のある語

　　　　　書<u>き</u>抜<u>く</u>　流<u>れ</u>込<u>む</u>　申<u>し</u>込<u>む</u>　打<u>ち</u>合<u>わせる</u>　向<u>かい</u>合
　　　<u>わせる</u>　長引<u>く</u>　若返<u>る</u>　裏切<u>る</u>　旅立<u>つ</u>

　　　　　聞<u>き</u>苦<u>しい</u>　薄暗<u>い</u>　草深<u>い</u>　心細<u>い</u>　待<u>ち</u>遠<u>しい</u>
　　　軽々<u>しい</u>　若々<u>しい</u>　女々<u>しい</u>

　　　　　気軽<u>だ</u>　望<u>み</u>薄<u>だ</u>

　　　(2)　活用のない語

　　　　　石橋　竹馬　山津波　後<u>ろ</u>姿　斜<u>め</u>左　花便<u>り</u>　独<u>り</u>言
　　　卸商　水煙　目印

　　　　　田植<u>え</u>　封切<u>り</u>　物知<u>り</u>　落書<u>き</u>　雨上<u>がり</u>　墓参<u>り</u>
　　　日当<u>たり</u>　夜明<u>かし</u>　先駆<u>け</u>　巣立<u>ち</u>　手渡<u>し</u>

　　　　　入<u>り</u>江　飛<u>び</u>火　教<u>え</u>子　合<u>わせ</u>鏡　生<u>き</u>物　落<u>ち</u>葉
　　　預<u>かり</u>金

寒空　深情け

愚か者

行き帰り　伸び縮み　乗り降り　　抜け駆け　作り笑い

暮らし向き　　売り上げ　取り扱い　乗り換え　引き換え

歩み寄り　申し込み　移り変わり

長生き　早起き　苦し紛れ　　大写し

粘り強さ　有り難み　待ち遠しさ

乳飲み子　無理強い　　立ち居振る舞い　呼び出し電話

次々　常々

近々　深々

休み休み　行く行く

許容　読み間違えるおそれのない場合は，次の（　　）の中に示すよう
　　に，送り仮名を省くことができる。

　　　〔例〕　書き抜く(書抜く)　申し込む(申込む)　打ち合わせる
　　　　　　(打ち合せる・打合せる)　向かい合わせる(向い合せる)
　　　　　　聞き苦しい(聞苦しい)　待ち遠しい(待遠しい)
　　　　　　田植え(田植)　封切り(封切)　落書き(落書)　雨上がり
　　　　　　(雨上り)　日当たり(日当り)　夜明かし(夜明し)
　　　　　　入り江(入江)　飛び火(飛火)　合わせ鏡(合せ鏡)　預かり
　　　　　金(預り金)
　　　　　　抜け駆け(抜駆け)　暮らし向き(暮し向き)　売り上げ
　　　　　(売上げ・売上)　取り扱い(取扱い・取扱)　乗り換え(乗換
　　　　　え・乗換)　引き換え(引換え・引換)　申し込み(申込み・申
　　　　　込)　移り変わり(移り変り)
　　　　　　有り難み(有難み)　待ち遠しさ(待遠しさ)
　　　　　　立ち居振る舞い(立ち居振舞い・立ち居振舞・立居振舞)
　　　　　呼び出し電話(呼出し電話・呼出電話)

(注意)　「こけら落とし(こけら落し)」，「さび止め」，「洗いざらし」，
　　　　「打ちひも」のように前又は後ろの部分を仮名で書く場合は，他
　　　　の部分については，単独の語の送り仮名の付け方による。

通則7

　　複合の語のうち，次のような名詞は，慣用に従って，送り仮名を付けな
い。

〔例〕

(1) 特定の領域の語で，慣用が固定していると認められるもの。

　　ア　地位・身分・役職等の名

　　　　関取　頭取　取締役　事務取扱

　　イ　工芸品の名に用いられた「織」，「染」，「塗」等。

　　　　（博多）織　（型絵）染　（春慶）塗　（鎌倉）彫　（備前）焼

　　ウ　その他。

　　　　書留　気付　切手　消印　小包　振替　切符　踏切

　　　　請負　売値　買値　仲買　歩合　両替　割引　　組合　手当

　　　　倉敷料　作付面積

　　　　売上（高）　貸付（金）　借入（金）　繰越（金）　小売（商）積立（金）

　　　取扱（所）　取扱（注意）　取次（店）　取引（所）　乗換（駅）　乗組（員）

　　　引受（人）　　引受（時刻）　引換（券）　（代金）引換　振出（人）

　　　待合（室）　見積（書）　申込（書）

(2) 一般に，慣用が固定していると認められるもの。

　　　奥書　木立　子守　献立　座敷　試合　字引　場合　羽織　葉巻

　　　番組　番付　日付　水引　物置　物語　役割　屋敷　夕立　割合

　　　合図　合間　植木　置物　織物　貸家　敷石　敷地　敷物　立場

　　建物　並木　巻紙

　　　受付　受取

　　　浮世絵　絵巻物　仕立屋

（注意）

　　(1)　「（博多）織」，「売上（高）」などのようにして掲げたものは，

　　　　（　　）の中を他の漢字で置き換えた場合にも，この通則を適用

　　　　する。

　　(2)　通則7を適用する語は，例として挙げたものだけで尽くしては

　　　　いない。したがって，慣用が固定していると認められる限り，類

　　　　推して同類の語にも及ぼすものである。通則7を適用してよいか

　　　　どうか判断し難い場合には，通則6を適用する。

付表の語

　「常用漢字表」の「付表」に掲げてある語のうち，送り仮名の付け方が問
題となる次の語は，次のようにする。

1　次の語は，次に示すように送る。

浮<u>く</u>つく　お巡<u>り</u>さん　差<u>し</u>支<u>え</u>る　立<u>ち</u>退<u>く</u>　手伝<u>う</u>　最寄<u>り</u>

なお，

　　次の語は，（　　）の中に示すように，送り仮名を省くことができる。

　　差<u>し</u>支<u>え</u>る（差支える）　立<u>ち</u>退<u>く</u>（立退く）

2　次の語は，送り仮名を付けない。

息吹　桟敷　時雨　築山　名残　雪崩　吹雪　迷子　行方

〔編者注：以下16行，原文は縦書き。〕

■内閣告示第三号

昭和四十八年内閣告示第二号の一部を次のように改正する。

　　昭和五十六年十月一日　　　　　　　　　内閣総理大臣　鈴木　善幸

前書きの一及び「本文」の見方及び使い方の三中「当用漢字音訓表」を「常用漢字表」に改める。

本文の付表の語中「当用漢字音訓表」を「常用漢字表」に、「息吹」を「息吹　桟敷」に改める。

■内閣告示第三号

昭和四十八年内閣告示第二号の一部を次のように改正する。

　　平成二十二年十一月三十日　　　　　　　内閣総理大臣　菅　　直人

本文通則1の例外(3)中の「脅かす（おびやかす）　食らう」を「脅かす（おびやかす）　関わる　食らう」に改め、同文通則3の例外(1)中の「幸<u>せ</u>　互<u>い</u>」を「幸<u>せ</u>　全<u>て</u>　互<u>い</u>」に改め、同文付表の語の1中の「差<u>し</u>支<u>え</u>る　五月晴<u>れ</u>　立<u>ち</u>退<u>く</u>」を「差<u>し</u>支<u>え</u>る　立<u>ち</u>退<u>く</u>」に、「差<u>し</u>支<u>え</u>る（差支える）　五月晴<u>れ</u>（五月晴）　立<u>ち</u>退<u>く</u>（立退く）」を「差<u>し</u>支<u>え</u>る（差支える）　立<u>ち</u>退<u>く</u>（立退く）」に改める。

〔編者注：本文は，上記改正を反映したものとなっています。〕

4 外来語の表記

■内閣訓令第1号

各行政機関

『外来語の表記』の実施について

　政府は，本日，内閣告示第2号をもって，『外来語の表記』を告示した。

　今後，各行政機関においては，これを現代の国語に書き表すための「外来語の表記」のよりどころとするものとする。

　　平成3年6月28日

内閣総理大臣　海部　俊樹

〔編者注：以下の5行，原文は縦書き。〕

■内閣告示第二号

　一般の社会生活において現代の国語を書き表すための「外来語の表記」のよりどころを、次のように定める。

　　平成三年六月二十八日

内閣総理大臣　海部　俊樹

外来語の表記

　前　書　き

1　この『外来語の表記』は，法令，公用文書，新聞，雑誌，放送など，一般の社会生活において，現代の国語を書き表すための「外来語の表記」のよりどころを示すものである。

2　この『外来語の表記』は，科学，技術，芸術その他の各種専門分野や個々人の表記にまで及ぼそうとするものではない。

3　この『外来語の表記』は，固有名詞など（例えば，人名，会社名，商品名等）でこれによりがたいものには及ぼさない。

4　この『外来語の表記』は，過去に行われた様々な表記（「付」参照）を否定しようとするものではない。

5　この『外来語の表記』は，「本文」と「付録」から成る。「本文」には「外来語の表記」に用いる仮名と符号の表を掲げ，これに留意事項その1（原則的な事項）と留意事項その2（細則的な事項）を添えた。「付録」に

は，用例集として，日常よく用いられる外来語を主に，留意事項その2に
例示した語や，その他の地名・人名の例などを五十音順に掲げた。

本　　　文

「外来語の表記」に用いる仮名と符号の表

1　第1表に示す仮名は，外来語や外国の地名・人名を書き表すのに一般的
に用いる仮名とする。

2　第2表に示す仮名は，外来語や外国の地名・人名を原音や原つづりにな
るべく近く書き表そうとする場合に用いる仮名とする。

3　第1表・第2表に示す仮名では書き表せないような，特別な音の書き表
し方については，ここでは取決めを行わず，自由とする。

4　第1表・第2表によって語を書き表す場合には，おおむね留意事項を適
用する。

第1表

ア	イ	ウ	エ	オ
ア	イ	ウ	エ	オ
カ	キ	ク	ケ	コ
サ	シ	ス	セ	ソ
タ	チ	ツ	テ	ト
ナ	ニ	ヌ	ネ	ノ
ハ	ヒ	フ	ヘ	ホ
マ	ミ	ム	メ	モ
ヤ		ユ		ヨ
ラ	リ	ル	レ	ロ
ワ				
ガ	ギ	グ	ゲ	ゴ
ザ	ジ	ズ	ゼ	ゾ
ダ			デ	ド
バ	ビ	ブ	ベ	ボ
パ	ピ	プ	ペ	ポ
キャ		キュ		キョ
シャ		シュ		ショ
チャ		チュ		チョ
ニャ		ニュ		ニョ

第1表（右欄の特別な音）

ア	イ	ウ	エ	オ
			シェ	
			チェ	
ツァ			ツェ	ツォ
	ティ			
ファ	フィ		フェ	フォ
			ジェ	
	ディ			
		デュ		

第2表

ア	イ	ウ	エ	オ
			イェ	
	ウィ		ウェ	ウォ
クァ	クィ		クェ	クォ
	ツィ			
		トゥ		

ヒャ	ヒュ	ヒョ		グァ				
ミャ	ミュ	ミョ				ドゥ		
リャ	リュ	リョ		ヴァ	ヴィ	ヴ	ヴェ	ヴォ
ギャ	ギュ	ギョ				テュ		
ジャ	ジュ	ジョ				フュ		
ビャ	ビュ	ビョ				ヴュ		
ピャ	ピュ	ピョ						
ン（撥音）								
ッ（促音）								
ー（長音符号）								

留意事項その1（原則的な事項）

1 　この『外来語の表記』では，外来語や外国の地名・人名を片仮名で書き表す場合のことを扱う。

2 　「ハンカチ」と「ハンケチ」，「グローブ」と「グラブ」のように，語形にゆれのあるものについて，その語形をどちらかに決めようとはしていない。

3 　語形やその書き表し方については，慣用が定まっているものはそれによる。分野によって異なる慣用が定まっている場合には，それぞれの慣用によって差し支えない。

4 　国語化の程度の高い語は，おおむね第1表に示す仮名で書き表すことができる。一方，国語化の程度がそれほど高くない語，ある程度外国語に近く書き表す必要のある語——特に地名・人名の場合——は，第2表に示す仮名を用いて書き表すことができる。

5 　第2表に示す仮名を用いる必要がない場合は，第1表に示す仮名の範囲で書き表すことができる。

　　　例　イェ→イエ　　ウォ→ウオ　　トゥ→ツ，ト　　ヴァ→バ

6 　特別な音の書き表し方については，取決めを行わず，自由とすることとしたが，その中には，例えば，「スィ」「ズィ」「グィ」「グェ」「グォ」「キェ」「ニェ」「ヒェ」「フョ」「ヴョ」等の仮名が含まれる。

留意事項その2（細則的な事項）

　以下の各項に示す語例は，それぞれの仮名の用法の一例として示すもので
あって，その語をいつもそう書かなければならないことを意味するものでは
ない。語例のうち，地名・人名には，それぞれ（地），（人）の文字を添えた。

Ⅰ　第1表に示す「シェ」以下の仮名に関するもの

1　「シェ」「ジェ」は，外来音シェ，ジェに対応する仮名である。
　〔例〕　シェーカー　シェード　ジェットエンジン　ダイジェスト
　　　　　シェフィールド（地）　アルジェリア（地）
　　　　　シェークスピア（人）　ミケランジェロ（人）
　　　注　「セ」「ゼ」と書く慣用のある場合は，それによる。
　　　　〔例〕　ミルクセーキ　ゼラチン

2　「チェ」は，外来音チェに対応する仮名である。
　〔例〕　チェーン　チェス　チェック　マンチェスター（地）
　　　　　チェーホフ（人）

3　「ツァ」「ツェ」「ツォ」は，外来音ツァ，ツェ，ツォに対応する仮名
　である。
　〔例〕　コンツェルン　シャンツェ　カンツォーネ
　　　　　フィレンツェ（地）　モーツァルト（人）　ツェッペリン（人）

4　「ティ」「ディ」は，外来音ティ，ディに対応する仮名である。
　〔例〕　ティーパーティー　ボランティア　ディーゼルエンジン
　　　　　ビルディング
　　　　　アトランティックシティー（地）　ノルマンディー（地）
　　　　　ドニゼッティ（人）　ディズニー（人）
　　　注1　「チ」「ジ」と書く慣用のある場合は，それによる。
　　　　〔例〕　エチケット　スチーム　プラスチック　スタジアム
　　　　　　　スタジオ　ラジオ

　　　　　チロル（地）　エジソン（人）

　　　注2　「テ」「デ」と書く慣用のある場合は，それによる。

　　　　〔例〕　ステッキ　キャンデー　デザイン

5　「ファ」「フィ」「フェ」「フォ」は，外来音ファ，フィ，フェ，フォに
　　対応する仮名である。

　　〔例〕　ファイル　フィート　フェンシング　フォークダンス

　　　　　　バッファロー（地）　フィリピン（地）　フェアバンクス（地）

　　　　　　カリフォルニア（地）

　　　　　　ファーブル（人）　マンスフィールド（人）　エッフェル（人）

　　　　　　フォスター（人）

　　　注1　「ハ」「ヒ」「ヘ」「ホ」と書く慣用のある場合は，それによる。

　　　　〔例〕　セロハン　モルヒネ　プラットホーム　ホルマリン

　　　　　　　メガホン

　　　注2　「ファン」「フィルム」「フェルト」等は，「フアン」「フイル
　　　　　ム」「フエルト」と書く慣用もある。

6　「デュ」は，外来音デュに対応する仮名である。

　　〔例〕　デュエット　プロデューサー　デュッセルドルフ（地）

　　　　　　デューイ（人）

　　　注　「ジュ」と書く慣用のある場合は，それによる。

　　　　〔例〕　ジュース（deuce）　ジュラルミン

Ⅱ　第2表に示す仮名に関するもの

　　第2表に示す仮名は，原音や原つづりになるべく近く書き表そうとする場
　合に用いる仮名で，これらの仮名を用いる必要がない場合は，一般的に，第
　1表に示す仮名の範囲で書き表すことができる。

　1　「イェ」は，外来音イェに対応する仮名である。

　　〔例〕　イェルサレム（地）　イェーツ（人）

　　　　注　一般的には，「イエ」又は「エ」と書くことができる。

　　　　〔例〕　エルサレム（地）　イエーツ（人）

2　「ウィ」「ウェ」「ウォ」は，外来音ウィ，ウェ，ウォに対応する仮名である。

　〔例〕　ウィスキー　ウェディングケーキ　ストップウォッチ

　　　　　ウィーン（地）　スウェーデン（地）　ミルウォーキー（地）

　　　　　ウィルソン（人）　ウェブスター（人）　ウォルポール（人）

　　　　注1　一般的には，「ウイ」「ウエ」「ウオ」と書くことができる。

　　　　　〔例〕　ウイスキー　ウイット　ウエディングケーキ　ウエハース

　　　　　　　　ストップウオッチ

　　　　注2　「ウ」を省いて書く慣用のある場合は，それによる。

　　　　　〔例〕　サンドイッチ　スイッチ　スイートピー

　　　　注3　地名・人名の場合は，「ウィ」「ウェ」「ウォ」と書く慣用が

　　　　　　　強い。

3　「クァ」「クィ」「クェ」「クォ」は，外来音クァ，クィ，クェ，クォに
　対応する仮名である。

　〔例〕　クァルテット　クィンテット　クェスチョンマーク

　　　　　クォータリー

　　　　注1　一般的には，「クア」「クイ」「クエ」「クオ」又は「カ」「キ」

　　　　　　　「ケ」「コ」と書くことができる。

　　　　　〔例〕　クアルテット　クインテット　クエスチョンマーク

　　　　　　　　クオータリー

　　　　　　　　　カルテット　レモンスカッシュ　キルティング　イコール

　　　　注2　「クァ」は，「クヮ」と書く慣用もある。

4　「グァ」は，外来音グァに対応する仮名である。

　〔例〕　グァテマラ（地）　パラグァイ（地）

　　　　注1　一般的には，「グア」又は「ガ」と書くことができる。

　　　　　〔例〕　グアテマラ（地）　パラグアイ（地）

　　　　　　　　ガテマラ（地）

　　　　注2　「グァ」は，「グヮ」と書く慣用もある。

5　「ツィ」は，外来音ツィに対応する仮名である。

　〔例〕　ソルジェニーツィン（人）　ティツィアーノ（人）

注 一般的には，「チ」と書くことができる。
〔例〕 ライプチヒ（地） ティチアーノ（人）

6 「トゥ」「ドゥ」は，外来音トゥ，ドゥに対応する仮名である。
〔例〕 トゥールーズ（地） ハチャトゥリヤン（人） ヒンドゥー教
注 一般的には，「ツ」「ズ」又は「ト」「ド」と書くことができる。
〔例〕 ツアー（tour） ツーピース ツールーズ（地）
ヒンズー教
ハチャトリヤン（人） ドビュッシー（人）

7 「ヴァ」「ヴィ」「ヴ」「ヴェ」「ヴォ」は，外来音ヴァ，ヴィ，ヴ，ヴェ，ヴォに対応する仮名である。
〔例〕 ヴァイオリン ヴィーナス ヴェール
ヴィクトリア（地） ヴェルサイユ（地） ヴォルガ（地）
ヴィヴァルディ（人） ヴラマンク（人） ヴォルテール（人）
注 一般的には，「バ」「ビ」「ブ」「ベ」「ボ」と書くことができる。
〔例〕 バイオリン ビーナス ベール
ビクトリア（地） ベルサイユ（地） ボルガ（地）
ビバルディ（人） ブラマンク（人） ボルテール（人）

8 「テュ」は，外来音テュに対応する仮名である。
〔例〕 テューバ（楽器） テュニジア（地）
注 一般的には，「チュ」と書くことができる。
〔例〕 コスチューム スチュワーデス チューバ チューブ
チュニジア（地）

9 「フュ」は，外来音フュに対応する仮名である。
〔例〕 フュージョン フュン島（地・デンマーク） ドレフュス（人）
注 一般的には，「ヒュ」と書くことができる。
〔例〕 ヒューズ

10 「ヴュ」は，外来音ヴュに対応する仮名である。
〔例〕 インタヴュー レヴュー ヴュイヤール（人・画家）

注　一般的には，「ビュ」と書くことができる。
〔例〕　インタビュー　レビュー　ビュイヤール（人）

Ⅲ　撥音，促音，長音その他に関するもの

1　撥音は，「ン」を用いて書く。
〔例〕　コンマ　シャンソン　トランク　メンバー　ランニング　ランプ
　　　　ロンドン（地）　レンブラント（人）
　　　注1　撥音を入れない慣用のある場合は，それによる。
　　　〔例〕　イニング（←インニング）　サマータイム（←サンマータ
　　　　　　イム）
　　　注2　「シンポジウム」を「シムポジウム」と書くような慣用もあ
　　　　　　る。

2　促音は，小書きの「ッ」を用いて書く。
〔例〕　カップ　シャッター　リュックサック　ロッテルダム（地）
　　　　バッハ（人）
　　　注　促音を入れない慣用のある場合は，それによる。
　　　〔例〕　アクセサリー（←アクセッサリー）　フィリピン（地）（←
　　　　　　フィリッピン）

3　長音は，原則として長音符号「ー」を用いて書く。
〔例〕　エネルギー　オーバーコート　グループ　ゲーム　ショー
　　　　テーブル　パーティー
　　　　ウェールズ（地）　ポーランド（地）　ローマ（地）
　　　　ゲーテ（人）　ニュートン（人）
　　　注1　長音符号の代わりに母音字を添えて書く慣用もある。
　　　〔例〕　バレエ（舞踊）　ミイラ
　　　注2　「エー」「オー」と書かず，「エイ」「オウ」と書くような慣用
　　　　　　のある場合は，それによる。
　　　〔例〕　エイト　ペイント　レイアウト　スペイン（地）
　　　　　　　ケインズ（人）
　　　　　　　　サラダボウル　ボウリング（球技）

注3　英語の語末の-er，-or，-arなどに当たるものは，原則として ア列の長音とし長音符号「ー」を用いて書き表す。ただし， 慣用に応じて「ー」を省くことができる。

〔例〕　エレベーター　ギター　コンピューター　マフラー
　　　　エレベータ　コンピュータ　スリッパ

4　イ列・エ列の音の次のアの音に当たるものは，原則として「ア」と書く。

〔例〕　グラビア　ピアノ　フェアプレー　アジア（地）　イタリア（地）
　　　　ミネアポリス（地）

注1　「ヤ」と書く慣用のある場合は，それによる。

〔例〕　タイヤ　ダイヤモンド　ダイヤル　ベニヤ板

注2　「ギリシャ」「ペルシャ」について「ギリシア」「ペルシア」 と書く慣用もある。

5　語末（特に元素名等）の-(i)umに当たるものは，原則として「-(イ) ウム」と書く。

〔例〕　アルミニウム　カルシウム　ナトリウム　ラジウム
　　　　サナトリウム　シンポジウム　プラネタリウム

注　「アルミニウム」を「アルミニューム」と書くような慣用もある。

6　英語のつづりのxに当たるものを「クサ」「クシ」「クス」「クソ」と 書くか，「キサ」「キシ」「キス」「キソ」と書くかは，慣用に従う。

〔例〕　タクシー　ボクシング　ワックス　オックスフォード（地）
　　　　エキストラ　タキシード　ミキサー　テキサス（地）

7　拗音に用いる「ヤ」「ユ」「ヨ」は小書きにする。また，「ヴァ」「ヴィ」 「ヴェ」「ヴォ」や「トゥ」のように組み合せて用いる場合の「ア」「イ」 「ウ」「エ」「オ」も，小書きにする。

8　複合した語であることを示すための，つなぎの符号の用い方について は，それぞれの分野の慣用に従うものとし，ここでは取決めを行わない。

〔例〕　ケース　バイ　ケース　　　ケース・バイ・ケース
　　　ケース−バイ−ケース
　　　マルコ・ポーロ　　　マルコ＝ポーロ

付録

用　例　集

凡　例
1　ここには，日常よく用いられる外来語を主に，本文の留意事項その2
　（細則的な事項）の各項に例示した語や，その他の地名・人名の例など
　を五十音順に掲げた。地名・人名には，それぞれ（地），（人）の文字を
　添えた。
2　外来語や外国の地名・人名は，語形やその書き表し方の慣用が一つに
　定まらず，ゆれのあるものが多い。この用例集においても，ここに示し
　た語形やその書き表し方は，一例であって，これ以外の書き方を否定す
　るものではない。なお，本文の留意事項その2に両様の書き方が例示し
　てある語のうち主なものについては，バイオリン／ヴァイオリンのよう
　な形で併せ掲げた。

【ア】	アフリカ(地)	イギリス(地)
アーケード	アメリカ(地)	イコール
アイスクリーム	アラビア(地)	イスタンブール(地)
アイロン	アルジェリア(地)	イタリア(地)
アインシュタイン(人)	アルバム	イニング
アカデミー	アルファベット	インタビュー
アクセサリー	アルミニウム	／インタヴュー
アジア(地)	アンケート	インド(地)
アスファルト	【イ】	インドネシア(地)
アトランティックシティ	イエーツ／イェーツ(人)	インフレーション
ー(地)	イェスペルセン(人)	【ウ】
アナウンサー	イエナ(地)	ウイークデー
アパート	イエローストン(地)	ウィーン(地)

ウイスキー／ウィスキー

ウイット

ウィルソン（人）

ウェールズ（地）

ウエスト　waist

ウエディングケーキ

　／ウェディングケーキ

ウエハース

ウェブスター（人）

ウォルポール（人）

ウラニウム

【エ】

エイト

エキス

エキストラ

エジソン（人）

エジプト（地）

エチケット

エッフェル（人）

エネルギー

エプロン

エルサレム

　／イェルサレム（地）

エレベーター

　　／エレベータ

【オ】

オーエン（人）

オーストラリア（地）

オートバイ

オーバーコート

オックスフォード（地）

オフィス

オホーツク（地）

オリンピック

オルガン

オレンジ

【カ】

ガーゼ

カーテン

カード

カーブ

カクテル

ガス

ガソリン

カタログ

カット

カップ

カバー

カムチャツカ（地）

カメラ

ガラス

カリフォルニア（地）

カルシウム

カルテット

カレンダー

カロリー

ガンジー（人）

カンツォーネ

【キ】

ギター

キムチ

キャベツ

キャンデー

キャンプ

キュリー（人）

ギリシャ／ギリシア（地）

キリマンジャロ（地）

キルティング

【ク】

グアテマラ

　／グァテマラ（地）

クイーン

クイズ

クインテット

クーデター

クーポン

クエスチョンマーク

クオータリー

　　　　／クォータリー

グラビア

クラブ

グランドキャニオン（地）

クリスマスツリー

グリニッジ（地）

グループ

グレゴリウス（人）

クレジット

クレヨン

【ケ】

ケインズ（人）

ゲーテ（人）

ケープタウン（地）

ケーブルカー

ゲーム

ケンタッキー（地）

ケンブリッジ（地）

【コ】

コーヒー

コールタール

コスチューム

コップ

コピー

コペルニクス（人）

コミュニケーション

コロンブス（人）

コンクール

コンクリート

コンツェルン

コンピューター
　　／コンピュータ
コンマ
【サ】
サーカス
サービス
サナトリウム
サハラ(地)
サファイア
サマータイム
サラダボウル
サラブレッド
サンドイッチ
サンパウロ(地)
【シ】
シーボルト(人)
シェーカー
シェークスピア(人)
シェード
ジェットエンジン
シェフィールド(地)
ジェンナー(人)
シドニー(地)
ジブラルタル(地)
ジャカルタ(地)
シャツ
シャッター
シャベル
シャンソン
シャンツェ
シュークリーム
ジュース juice, deuce
シューベルト(人)
ジュラルミン
ショー
ショパン(人)

シラー(人)
シンフォニー
シンポジウム
【ス】
スイートピー
スイッチ
スイング
スウェーデン(地)
スーツケース
スープ
スカート
スキー
スケート
スケール
スコール
スコップ
スター
スタジアム
スタジオ
スタンダール(人)
スチーム
スチュワーデス
ステージ
ステッキ
ステレオ
ステンドグラス
ステンレス
ストーブ
ストックホルム(地)
ストップウオッチ
　　／ストップウォッチ
スプーン
スペイン(地)
スペース
スポーツ
ズボン

スリッパ
【セ】
セーター
セーラー〔～服〕
セメント
ゼラチン
ゼリー
セルバンテス(人)
セロハン
センター
セントローレンス(地)
【ソ】
ソウル(地)
ソーセージ
ソファー
ソルジェニーツィン(人)
【タ】
ダーウィン(人)
ターナー(人)
ダイジェスト
タイヤ
ダイヤモンド
ダイヤル
タオル
タキシード
タクシー
タヒチ(地)
ダンス
【チ】
チーズ
チーム
チェーホフ(人)
チェーン
チェス
チェック
チケット

チップ	デュエット	ネクタイ
チフス	デュッセルドルフ(地)	【ノ】
チャイコフスキー(人)	テレビジョン	ノーベル(人)
チューバ／テューバ	テント	ノルウェー(地)
チューブ	テンポ	ノルマンディー(地)
チューリップ	【ト】	【ハ】
チュニジア	ドア	パーティー
／テュニジア(地)	ドーナツ	バイオリン
チョコレート	ドストエフスキー(人)	／ヴァイオリン
チロル(地)	ドニゼッティ(人)	ハイキング
【ツ】	ドビュッシー(人)	ハイドン(人)
ツアー tour	トマト	ハイヤー
ツーピース	ドライブ	バケツ
ツールーズ	ドライヤー	バス
／トゥールーズ(地)	トラック	パスカル(人)
ツェッペリン(人)	ドラマ	バター
ツンドラ	トランク	ハチャトリヤン
【テ】	トルストイ(人)	／ハチャトゥリヤン(人)
ティー	ドレス	バッハ(人)
ディーゼルエンジン	ドレフュス(人)	バッファロー(地)
ディズニー(人)	トロフィー	バドミントン
ティチアーノ	トンネル	バトン
／ティツィアーノ(人)	【ナ】	バニラ
ディドロ(人)	ナイアガラ(地)	ハノイ(地)
テープ	ナイフ	パラグアイ
テーブル	ナイル(地)	／パラグァイ(地)
デカルト(人)	ナトリウム	パラフィン
テキサス(地)	ナポリ(地)	パリ(地)
テキスト	【ニ】	バルブ
デザイン	ニーチェ(人)	バレエ〔舞踊〕
テスト	ニュース	バレーボール
テニス	ニュートン(人)	ハンドル
テネシー(地)	ニューヨーク(地)	【ヒ】
デパート	【ネ】	ピアノ
デューイ(人)	ネーブル	ビーナス／ヴィーナス
デューラー(人)	ネオンサイン	ビール

ビクトリア
　　／ヴィクトリア(地)
ビスケット
ビスマルク(人)
ビゼー(人)
ビタミン
ビニール
ビバルディ
　　／ヴィヴァルディ(人)
ビュイヤール
　　／ヴュイヤール(人)
ヒューズ
ビルディング
ヒンズー教
　　／ヒンドゥー教
ピンセット
【フ】
ファーブル(人)
ファイル
ファッション
ファラデー(人)
ファン
フィート
フィクション
フィラデルフィア(地)
フィリピン(地)
フィルム
フィレンツェ(地)
フィンランド(地)
プール
フェアバンクス(地)
フェアプレー
ブエノスアイレス(地)
フェルト
フェンシング
フォーク

フォークダンス
フォード(人)
フォーム
フォスター(人)
プディング
フュージョン
フュン島(地)
ブラームス(人)
ブラシ
プラスチック
プラットホーム
プラネタリウム
ブラマンク
　　　　／ヴラマンク(人)
フランクリン(人)
ブレーキ
フロイト(人)
プログラム
プロデューサー
【ヘ】
ヘアピン
ペイント
ベーカリー
ヘーゲル(人)
ベーコン
ページ
ベール／ヴェール
ベストセラー
ペダル
ベニヤ〔～板〕
ベランダ
ペリー(人)
ヘリウム
ヘリコプター
ベルサイユ
　　　／ヴェルサイユ(地)

ペルシャ／ペルシア(地)
ヘルシンキ(地)
ヘルメット
ベルリン(地)
ペンギン
ヘンデル(人)
【ホ】
ホイットマン(人)
ボウリング〔球技〕
ホース
ボートレース
ポーランド(地)
ボーリング boring
ボクシング
ポケット
ポスター
ボストン(地)
ボタン
ボディー
ホテル
ホノルル(地)
ボランティア
ボルガ／ヴォルガ(地)
ボルテール
　　　　／ヴォルテール(人)
ポルトガル(地)
ホルマリン
【マ】
マージャン
マイクロホン
マカオ(地)
マッターホーン(地)
マドリード(地)
マニラ(地)
マフラー
マラソン

マンション	モリエール（人）	ルーマニア（地）
マンスフィールド（人）	モルヒネ	ルクス lux
マンチェスター（地）	モンテーニュ（人）	ルソー（人）
マンモス	モントリオール（地）	【レ】
【ミ】	【ヤ】	レイアウト
ミイラ	ヤスパース（人）	レール
ミキサー	【ユ】	レギュラー
ミケランジェロ（人）	ユーラシア（地）	レコード
ミシシッピ（地）	ユニホーム	レスリング
ミシン	ユングフラウ（地）	レニングラード（地）
ミッドウェー（地）	【ヨ】	レビュー／レヴュー
ミネアポリス（地）	ヨーロッパ（地）	レフェリー
ミュンヘン（地）	ヨット	レベル
ミルウォーキー（地）	【ラ】	レモンスカッシュ
ミルクセーキ	ライバル	レンズ
【メ】	ライプチヒ（地）	レンブラント（人）
メーカー	ラジウム	【ロ】
メーキャップ	ラジオ	ローマ（地）
メーデー	ラファエロ（人）	ロケット
メガホン	ランニング	ロシア（地）
メッセージ	ランプ	ロダン（人）
メロディー	【リ】	ロッテルダム（地）
メロン	リオデジャネイロ（地）	ロマンス
メンデル（人）	リズム	ロマンチック
メンデルスゾーン（人）	リノリウム	ロンドン（地）
メンバー	リボン	【ワ】
【モ】	リュックサック	ワイマール（地）
モーター	リレー	ワイヤ
モーツァルト（人）	リンカーン（人）	ワシントン（地）
モスクワ（地）	【ル】	ワックス
モデル	ルーベンス（人）	ワット（人）

付

　前書きの4で過去に行われた表記のことについて述べたが，例えば，明治以来の文芸作品等においては，下記のような仮名表記も行われている。

　　　ヰ：スキフトの「ガリヴー旅行記」　　ヱ：エルテル

　　　ヲ：ヲルポール　　ヴ：ヴイオリン　　ギ：ギオロン

　　　ヹ：ヹルレヌ　　ヅ：ヅルガ　　ヂ：ケンブリッヂ

　　　ヅ：ワーヅワース

5 公用文作成の考え方（建議）

（令和4年1月7日文化審議会）

前書き

　文化審議会は、これからの時代にふさわしい公用文作成の手引とするために「公用文作成の考え方」をここに示すこととした。

　昭和26年に当時の国語審議会が建議した「公用文作成の要領」は、翌27年に内閣官房長官依命通知別紙として各省庁に周知されてから約70年を経ている。基本となる考え方は現代にも生きているものの、内容のうちに公用文における実態や社会状況との食い違いがあることも指摘されてきた。

　こうした状況を踏まえ、文化審議会国語分科会は同要領の見直しについて検討し、「新しい「公用文作成の要領」に向けて」（令和3年3月12日）を報告した。以下に示す「公用文作成の考え方」は、国語分科会報告に基づき、「公用文作成の要領」が示してきた理念を生かしつつ、それに代えて政府内で活用されることを目指し取りまとめたものである。

　これは、法令や告示・通知等に用いられてきた公用文の書き表し方の原則が、今後とも適切に適用されることを目指している。それとともに、各府省庁等が作成する多様な文書それぞれの目的や種類に対応するよう、公用文に関する既存のルール、慣用及び実態に基づき、表記、用語、文章の在り方等に関して留意点をまとめたものである。

基本的な考え方

1 公用文作成の在り方

(1) 読み手とのコミュニケーションとして捉える

　ア 読み手に理解され、信頼され、行動の指針とされる文書を作成する。

　イ 多様化する読み手に対応する。広く一般に向けた文書では、義務教育で学ぶ範囲の知識で理解できるように書くよう努める。

　ウ 地方公共団体や民間の組織によって活用されることを意識する。

　エ 解説・広報等では、より親しみやすい表記を用いてもよい。

　オ 有効な手段・媒体を選択し、読み手にとっての利便性に配慮する。

(2) 文書の目的や種類に応じて考える（表「公用文の分類例」参照）

ア　原則として、公用文の表記は法令と一致させる。ただし、表「公用文の分類例」がおおよそ示すとおり、文書の目的や種類、想定される読み手に応じた工夫の余地がある。

イ　法令に準ずるような告示・通知等においては、公用文表記の原則に従って書き表す。

ウ　議事録、報道発表資料、白書などの記録・公開資料等では、公用文表記の原則に基づくことを基本としつつ、必要に応じて読み手に合わせた書き表し方を工夫する。

エ　広く一般に向けた解説・広報等では、特別な知識を持たない人にとっての読みやすさを優先し、書き表し方を工夫するとともに、施策への関心を育むよう工夫する。

（表）公用文の分類例

大　別	具体例	想定される読み手	手段・媒体の例
法　令	法律、政令、省令、規則	専門的な知識がある人	官報
告示・通知等	告示・訓令 通達・通知 公告・公示	専門的な知識がある人	官報 府省庁が発する文書
記録・公開資料等	議事録・会見録 統計資料 報道発表資料 白書	ある程度の専門的な知識がある人	専門的な刊行物 府省庁による冊子 府省庁ウェブサイト
解説・広報等	法令・政策等の解説 広報 案内 Q&A 質問等への回答	専門的な知識を特に持たない人	広報誌 パンフレット 府省庁ウェブサイト 同SNSアカウント

※「想定される読み手」は、各文書を実際に読み活用する機会が多いと考えられる人を指す。

2　読み手に伝わる公用文作成の条件

(1)　正確に書く

ア　誤りのない正確な文書を作成する。誤りが見つかった場合には、速やかに訂正する。

イ　実効性のある告示・通知等では、公用文の書き表し方の原則に従う。

ウ　基となる情報の内容や意味を損なわない。

エ　関係法令等を適宜参照できるように、別のページやリンク先に別途示す。

オ　厳密さを求めすぎない。文書の目的に照らして必要となる情報の範囲を正確に示す。

(2)　分かりやすく書く

ア　読み手が十分に理解できるように工夫する。

イ　伝えることを絞る。副次的な内容は、別に対応する。

ウ　遠回しな書き方を避け、主旨を明確に示す。

エ　専門用語や外来語をむやみに用いないようにし、読み手に通じる言葉を選ぶ。

オ　図表等によって視覚的な効果を活用する。

カ　正確さとのバランスをとる。

(3)　気持ちに配慮して書く

ア　文書の目的や種類、読み手にふさわしい書き方をする。

イ　読み手が違和感を抱かないように書く。型にはまった考え方に基づいた記述を避ける。

ウ　対外的な文書においては、「です・ます」体を基本として簡潔に敬意を表す。

エ　親しさを伝える。敬意とのバランスを意識し、読み手との適度な距離感をとる。

Ⅰ　表記の原則

「現代仮名遣い」（昭和61年内閣告示第1号）による漢字平仮名交じり文を基本とし、特別な場合を除いて左横書きする。

1　漢字の使い方

漢字の使用は、「常用漢字表」（平成22年内閣告示第2号）に基づくものとする。また、その具体的な運用については「公用文における漢字使用等について」（平成22年内閣訓令第1号）の「1　漢字

使用について」及び「3　その他」に基づくものとする。

　　ただし、広く一般に向けた解説・広報等においては、読み手に配慮し、漢字を用いることになっている語についても、仮名で書いたり振り仮名を使ったりすることができる。

2　送り仮名の付け方

　　送り仮名の付け方は、「送り仮名の付け方」（昭和48年内閣告示第2号）に基づくものとする。また、その具体的な運用については、「公用文における漢字使用等について」（平成22年内閣訓令第1号）の「2　送り仮名の付け方について」及び「3　その他」に基づくものとする。

　　ただし、広く一般に向けた解説・広報等においては、読み手に配慮し、送り仮名を省いて書くことになっている語についても、送り仮名を省かずに書くことができる。

3　外来語の表記

　　外来語の表記は、「外来語の表記」（平成3年内閣告示第2号）に基づくものとする。「外来語の表記」の第1表によって日本語として広く使われている表記を用いることを基本とし、必要に応じて第2表を用いる。第1表及び第2表にない表記は、原則として使用しない。

4　数字を使う際は、次の点に留意する

　　ア　横書きでは、算用数字を使う。

　　　　　例）令和2年11月26日　　　午後2時37分　　　72%
　　　　　　電話：03-5253-＊＊＊＊

　　イ　大きな数は、三桁ごとにコンマで区切る。

　　　　　例）5,000　　62,250円　　　1,254,372人

　　ウ　兆・億・万の単位は、漢字を使う。

　　　　　例）5兆　　100億　　30万円

　　エ　全角・半角は、文書内で使い分けを統一する。

　　オ　概数は、漢数字を使う。

　　　　　例）二十余人　　数十人　　四、五十人

　　カ　語を構成する数や常用漢字表の訓による数え方などは、漢数字を使う。

　　　　　例）二者択一　　一つ、二つ…　　　一人、二人…

六法全書　　七五三

キ　縦書きする場合には、漢数字を使う。

ク　縦書きされた漢数字を横書きで引用する場合には、原則として算用数字にする。

ケ　算用数字を使う横書きでは、「○か所」「○か月」と書く（ただし、漢数字を用いる場合には「○箇所」「○箇月」のように書く。）。

　　　例）３か所　　７か月　　三箇所　　七箇月

5　符号を使う際は、次の点に留意する

(1)　句読点や括弧の使い方

ア　句点には「。」（マル）読点には「、」（テン）を用いることを原則とする。横書きでは、読点に「,」（コンマ）を用いてもよい。ただし、一つの文書内でどちらかに統一する。

イ　「・」（ナカテン）は、並列する語、外来語や人名などの区切り、箇条書の冒頭等に用いる。

ウ　括弧は、()（丸括弧）と「」（かぎ括弧）を用いることを基本とする。() や「」の中に、更に () や「」を用いる場合にも、そのまま重ねて用いる。

　　　例）（平成26（2014）年）

　　　　　「「異字同訓」の漢字の使い分け例」

エ　括弧の中で文が終わる場合には、句点（。）を打つ。ただし、引用部分や文以外（名詞、単語としての使用、強調表現、日付等）に用いる場合には打たない。また、文が名詞で終わる場合にも打たない。

　　　例）（以下「基本計画」という。）　　「決める。」と発言した。

　　　　　議事録に「決める」との発言があった。

　　　　　「決める」という動詞を使う。

　　　　　国立科学博物館（上野）　　「わざ」を高度に体現する。

オ　文末にある括弧と句点の関係を使い分ける。文末に括弧がある場合、それが部分的な注釈であれば閉じた括弧の後に句点を打つ。二つ以上の文、又は、文章全体の注釈であれば、最後の文と括弧の間に句点を打つ。

カ　【　】（隅付き括弧）は、項目を示したり、強調すべき点を目立

たせたりする。

　　　例）【会場】文部科学省講堂　　【取扱注意】

　キ　そのほかの括弧等はむやみに用いず、必要な場合は用法を統一
　　　して使用する。

(2)　様々な符号の使い方

　ア　解説・広報等においては、必要に応じて「？」「！」を用いて
　　　よい。

　　　　例）○○法が改正されたのを知っていますか？
　　　　　　来月20日、開催！

　イ　他の符号を用いる場合には、文書内で用法を統一し、濫用を避
　　　ける。

　ウ　矢印や箇条書等の冒頭に用いる符号は、文書内で用法を統一し
　　　て使う。

　エ　単位を表す符号を用いる場合は、文書内で用法を統一して使う。

6　そのほか、次の点に留意する

　ア　文の書き出しや改行したときには、原則として1字下げる。

　イ　繰り返し符号は、「々」のみを用いる。2字以上の繰り返しは
　　　そのまま書く。

　　　　例）並々ならぬ　　東南アジアの国々　　正々堂々
　　　　　　ますます　　一人一人

　ウ　項目の細別と階層については、例えば次のような順序を用いる。

　　　（横書きの場合の例）第1　1　(1)　ア　(ア)
　　　　　　　　　　　　　第2　2　(2)　イ　(イ)
　　　　　　　　　　　　　第3　3　(3)　ウ　(ウ)

　　　（縦書きの場合の例）第一　一　1　(一)　(1)　ア
　　　　　　　　　　　　　第二　二　2　(二)　(2)　イ
　　　　　　　　　　　　　第三　三　3　(三)　(3)　ウ

　エ　ローマ字（ラテン文字。いわゆるアルファベットを指す。）を
　　　用いるときには、全角・半角を適切に使い分ける。

　オ　日本人の姓名をローマ字で示すときには、差し支えのない限り
　　　「姓－名」の順に表記する。姓と名を明確に区別させる必要があ
　　　る場合には、姓を全て大文字とし（YAMADA Haruo）、「姓－
　　　名」の構造を示す。

　カ　電子的な情報交換では、内容が意図するとおりに伝わるよう留
　　意する。

　キ　読みやすい印刷文字を選ぶ。

　ク　略語は、元になった用語を示してから用い、必要に応じて説明
　　を添える。

　　　　例）クオリティー・オブ・ライフ（Quality of Life。以下
　　　　　「QOL」という。）

　ケ　図表を効果的に用いる。図表には、分かりやすい位置に標題を
　　付ける。

Ⅱ　用語の使い方

1　法令・公用文に特有の用語は適切に使用し、必要に応じて言い換え
　る

　　　　例）及び　　並びに　　又は　　若しくは

2　専門用語は、語の性質や使う場面に応じて、次のように対応する

　ア　言い換える。

　　　　例）頻回 → 頻繁に、何回も　　埋蔵文化財包蔵地 → 遺跡

　イ　説明を付けて使う。

　　　　例）罹災証明書（支援を受けるために被災の程度を証明する
　　　　　書類）

　ウ　普及を図るべき用語は、工夫してそのまま用いる。

3　外来語は、語の性質や使う場面に応じて、次のように対応する

　ア　日本語に十分定着しているものは、そのまま使う。

　　　　例）ストレス　　ボランティア　　リサイクル

　イ　日常使う漢語や和語に言い換える。

　　　　例）アジェンダ → 議題

　　　　　インキュベーション → 起業支援

　　　　　インタラクティブ → 双方向的

　　　　　サプライヤー → 仕入先、供給業者

　ウ　分かりやすく言い換えることが困難なものは、説明を付ける。

　　　　例）インクルージョン（多様性を受容し互いに作用し合う共
　　　　　生社会を目指す考え）

　　　　　多様な人々を受け入れ共に関わって生きる社会を目指す

　　　「インクルージョン」は…
　エ　日本語として定着する途上のものは、使い方を工夫する。
　　　　例）リスクを取る　→　あえて困難な道を行く、覚悟を決めて
　　　　　　進む、賭ける
4　専門用語や外来語の説明に当たっては、次の点に留意する
　ア　段階を踏んで説明する。
　イ　意味がよく知られていない語は、内容を明確にする。
　ウ　日常では別の意味で使われる語は、混同を避けるようにする。
5　紛らわしい言葉を用いないよう、次の点に留意する
　ア　誤解や混同を避ける。
　　(ア)　同音の言葉による混同を避ける。
　　(イ)　異字同訓の漢字を使い分ける。
　イ　曖昧さを避ける。
　　(ア)　「から」と「より」を使い分ける。
　　　　　　例）東京から京都まで　　　午後1時から始める
　　　　　　　　長官から説明がある　　東京より京都の方が寒い
　　　　　　　　会議の開始時間は午前10時より午後1時からが望まし
　　　　　　　　い
　　(イ)　程度や時期、期間を表す言葉に注意する。
　　　　　　例）幾つか指摘する　→　3点指摘する
　　　　　　　　少人数でよい　→　3人以上でよい
　　　　　　　　早めに　→　1週間以内（5月14日正午まで）に
　　　　　　　　本日から春休みまで　→　春休み開始まで／春休みが終
　　　　　　　　了するまで
　　(ウ)　「等」「など」の類は、慎重に使う。これらの語を用いるとき
　　　　　には、具体的に挙げるべき内容を想定しておき、「等」「など」
　　　　　の前には、代表的・典型的なものを挙げる。
　ウ　冗長さを避ける。
　　(ア)　表現の重複に留意する。
　　　　　　例）諸先生方　→　諸先生、先生方
　　　　　　　　各都道府県ごとに　→　各都道府県で、都道府県ごとに
　　　　　　　　第1日目　→　第1日、1日目
　　　　　　　　約20名くらい　→　約20名、20名くらい

　(イ)　回りくどい言い方や不要な繰り返しはしない。

　　　例）利用することができる　→　利用できる

　　　　　調査を実施した　→　調査した

　　　　　教育費の増加と医療費の増加により　→　教育費と医療

　　　費の増加により

6　文書の目的、媒体に応じた言葉を用いる

　ア　誰に向けた文書であるかに留意して用語を選択する。

　　　例）喫緊の課題　→　すぐに対応すべき重要な課題

　　　　　可及的速やかに　→　できる限り早く

　イ　日本語を母語としない人々に対しては、平易で親しみやすい日本語（やさしい日本語）を用いる。

　ウ　敬語など相手や場面に応じた気遣いの表現を適切に使う。解説・広報等における文末は「です・ます」を基調とし、「ございます」は用いない。また、「申します」「参ります」も読み手に配慮する特別な場合を除いては使わない。「おります」「いたします」などは必要に応じて使うが多用しない。

　エ　使用する媒体に応じた表現を用いる。ただし、広報等においても、広い意味での公用文であることを意識して一定の品位を保つよう留意する。

7　読み手に違和感や不快感を与えない言葉を使う

　ア　偏見や差別につながる表現を避ける。

　イ　特定の用語を避けるだけでなく読み手がどう感じるかを考える。

　ウ　過度に規制を加えたり禁止したりすることは慎む。

　エ　共通語を用いて書くが、方言も尊重する。

8　そのほか、次の点に留意する

　ア　聞き取りにくく難しい漢語を言い換える。

　　　例）橋梁（りょう）　→　橋　　塵埃（じんあい）　→　ほこり　　眼瞼（けん）　→　まぶた

　イ　「漢字1字＋する」型の動詞を多用しない。

　　　例）模する　→　似せる　　擬する　→　なぞらえる

　　　　　賭する　→　賭ける　　滅する　→　滅ぼす

　ウ　重厚さや正確さを高めるには、述部に漢語を用いる。

　　　例）決める　→　決定（する）　　消える　→　消失（する）

　エ　分かりやすさや親しみやすさを高めるには、述部に訓読みの動

詞を用いる。

> 例）作業が進捗する → 作業がはかどる、順調に進む、予定
> どおりに運ぶ

オ　紋切り型の表現（型どおりの表現）は、効果が期待されるとき
にのみ用いる。

Ⅲ　伝わる公用文のために

1　文体の選択に当たっては、次の点に留意する

ア　文書の目的や相手に合わせ、常体と敬体を適切に選択する。法
令、告示、訓令などの文書は常体（である体）を用い、通知、依
頼、照会、回答など、特定の相手を対象とした文書では敬体（で
す・ます体）を用いる。

イ　一つの文・文書内では、常体と敬体のどちらかで統一する。

ウ　常体では、「である・であろう・であった」の形を用いる。

エ　文語の名残に当たる言い方は、分かりやすい口語体に言い換え
る。

> 例）〜のごとく → 〜のように
> 進まんとする → 進もうとする
> 大いなる進歩 → 大きな進歩

オ　「べき」は、「用いるべき手段」「考えるべき問題」のような場
合には用いるが「べく」「べし」の形は用いない。また、「べき」
がサ行変格活用の動詞（「する」「〜する」）に続くときは、「〜す
るべき…」としないで「〜すべき…」とする。また、「〜すべき」
で文末を終えずに「〜すべきである」「〜すべきもの」などとす
る。

2　標題・見出しの付け方においては、次のような工夫をする

ア　標題（タイトル）では、主題と文書の性格を示す。また、報告、
提案、回答、確認、開催、許可などの言葉を使って文書の性格を
示す。

> 例）新国立体育館について → 新国立体育館建設の進捗状況
> に関する報告
> 予算の執行について → 令和2年度文化庁予算の執行状況
> （報告）

　　　　文化審議会について　→　第93回文化審議会（令和２年11月
　　　22日）を開催します

　イ　分量の多い文書では、見出しを活用し、論点を端的に示す。

　ウ　中見出しや小見出しを適切に活用する。

　エ　見出しを追えば全体の内容がつかめるようにする。

　オ　標題と見出しを呼応させる。

　カ　見出しを目立たせるよう工夫する。

3　文の書き方においては、次の点に留意する

　ア　一文を短くする。

　イ　一文の論点は、一つにする。

　ウ　三つ以上の情報を並べるときには、箇条書を利用する。

　　　　例）国語に関する内閣告示には、常用漢字表、外来語の表記、
　　　　　　現代仮名遣い、送り仮名の付け方、ローマ字のつづり方の
　　　　　　五つがある。

　　　　　　→　国語に関する内閣告示には、次の五つがある。

　　　　　　　　・常用漢字表

　　　　　　　　・外来語の表記

　　　　　　　　・現代仮名遣い

　　　　　　　　・送り仮名の付け方

　　　　　　　　・ローマ字のつづり方

　エ　基本的な語順（「いつ」「どこで」「誰が」「何を」「どうした」）
　　　を踏まえて書く。

　オ　主語と述語の関係が分かるようにする。

　カ　接続助詞や中止法（述語の用言を連用形にして、文を切らずに
　　　続ける方法）を多用しない。

　キ　同じ助詞を連続して使わない。

　　　　例）本年の当課の取組の中心は…　→　本年、当課が中心的に
　　　　　　取り組んでいるのは…

　ク　複数の修飾節が述部に掛かるときには、長いものから示すか、
　　　できれば文を分ける。

　ケ　受身形をむやみに使わない。

　コ　二重否定はどうしても必要なとき以外には使わない。

　　　　例）…しないわけではない　→　…することもある

　　　　　○○を除いて、実現していない　→　○○のみ、実現した

　サ　係る語とそれを受ける語、指示語と指示される語は近くに置く。

　シ　言葉の係り方によって複数の意味に取れることがないようにする。

　ス　読点の付け方によって意味が変わる場合があることに注意する。

4　文書の構成に当たっては、次のような工夫をする

　ア　文書の性格に応じて構成を工夫する。

　イ　結論は早めに示し、続けて理由や詳細を説明する。

　ウ　通知等は、既存の形式によることを基本とする。

　エ　解説・広報等では、読み手の視点で構成を考える。

　オ　分量の限度を決めておく。

　カ　「下記」「別記」等を適切に活用する。

〔編者注：文化審議会は、「新しい「公用文作成の要領」に向けて」（令和3年3月文化審議会国語分科会報告）に基づき、令和4年1月、文部科学大臣に「公用文作成の考え方」を建議。同年同月、閣議での報告を経て内閣官房長官から各国務大臣に宛てて「「公用文作成の考え方」の周知について」の通知。

　これにより、「公用文作成の要領」（昭和27年内閣官房長官依命通知別紙）に代わり、政府内で、本建議が現代社会にふさわしい公用文作成の手引として活用されていくことになりました。公用文を、文書の目的や性格、想定される主な読み手、用いられる媒体などによって3種に分類し、それぞれに応じた文書作成に参考となる考え方を具体例も掲げ示しています。

　ここには、「公用文作成の考え方（建議）」を掲載しますが、より詳しいことは、次のURLから「(付)「公用文作成の考え方（文化審議会建議）」解説」を参照願います。〕

https://www.bunka.go.jp/seisaku/bunkashingikai/kokugo/hokoku/pdf/93651301_01.pdf

6 公用文における漢字使用等

■内閣訓令第1号

各行政機関

公用文における漢字使用等について

　政府は，本日，内閣告示第2号をもって，「常用漢字表」を告示した。

　今後，各行政機関が作成する公用文における漢字使用等については，別紙によるものとする。

　なお，昭和56年内閣訓令第1号は，廃止する。

　平成22年11月30日

内閣総理大臣　菅　　直人

別紙

公用文における漢字使用等について

1　漢字使用について

⑴　公用文における漢字使用は，「常用漢字表」（平成22年内閣告示第2号）の本表及び付表（表の見方及び使い方を含む。）によるものとする。

　　なお，字体については通用字体を用いるものとする。

⑵　「常用漢字表」の本表に掲げる音訓によって語を書き表すに当たっては，次の事項に留意する。

　ア　次のような代名詞は，原則として，漢字で書く。

　　　　例　　俺　彼　誰　何　僕　私　我々

　イ　次のような副詞及び連体詞は，原則として，漢字で書く。

　　　例（副詞）

　　　　　　余り　至って　大いに　恐らく　概して　必ず

　　　　　必ずしも　辛うじて　極めて　殊に　更に　実に

　　　　　少なくとも　少し　既に　全て　切に　大して　絶えず

　　　　　互いに　直ちに　例えば　次いで　努めて　常に　特に

　　　　　突然　初めて　果たして　甚だ　再び　全く　無論　最も

　　　　　専ら　僅か　割に

　　　（連体詞）

　　　　　明くる　大きな　来る　去る　小さな　我が（国）

ただし，次のような副詞は，原則として，仮名で書く。

例　かなり　ふと　やはり　よほど

ウ　次の接頭語は，その接頭語が付く語を漢字で書く場合は，原則として，漢字で書き，その接頭語が付く語を仮名で書く場合は，原則として，仮名で書く。

例　御案内（御＋案内）　御挨拶（御＋挨拶）
ごもっとも（ご＋もっとも）

エ　次のような接尾語は，原則として，仮名で書く。

例　げ（惜しげもなく）　ども（私ども）　ぶる（偉ぶる）
み（弱み）　め（少なめ）

オ　次のような接続詞は，原則として，仮名で書く。

例　おって　かつ　したがって　ただし　ついては　ところが
ところで　また　ゆえに

ただし，次の4語は，原則として，漢字で書く。

及び　並びに　又は　若しくは

カ　助動詞及び助詞は，仮名で書く。

例　ない（現地には，行かない。）
ようだ（それ以外に方法がないようだ。）
ぐらい（二十歳ぐらいの人）
だけ（調査しただけである。）
ほど（三日ほど経過した。）

キ　次のような語句を，（　）の中に示した例のように用いるときは，原則として，仮名で書く。

例　ある（その点に問題がある。）
いる（ここに関係者がいる。）
こと（許可しないことがある。）
できる（だれでも利用ができる。）
とおり（次のとおりである。）
とき（事故のときは連絡する。）
ところ（現在のところ差し支えない。）
とも（説明するとともに意見を聞く。）
ない（欠点がない。）
なる（合計すると1万円になる。）

> ほか（そのほか…，特別の場合を除くほか…）
> もの（正しいものと認める。）
> ゆえ（一部の反対のゆえにはかどらない。）
> わけ（賛成するわけにはいかない。）
> ・・・かもしれない（間違いかもしれない。）
> ・・・てあげる（図書を貸してあげる。）
> ・・・ていく（負担が増えていく。）
> ・・・ていただく（報告していただく。）
> ・・・ておく（通知しておく。）
> ・・・てください（問題点を話してください。）
> ・・・てくる（寒くなってくる。）
> ・・・てしまう（書いてしまう。）
> ・・・てみる（見てみる。）
> ・・・てよい（連絡してよい。）
> ・・・にすぎない（調査だけにすぎない。）
> ・・・について（これについて考慮する。）

2 送り仮名の付け方について

(1) 公用文における送り仮名の付け方は，原則として，「送り仮名の付け方」（昭和48年内閣告示第2号）の本文の通則1から通則6までの「本則」・「例外」，通則7及び「付表の語」（1のなお書きを除く。）によるものとする。

　　ただし，複合の語（「送り仮名の付け方」の本文の通則7を適用する語を除く。）のうち，活用のない語であって読み間違えるおそれのない語については，「送り仮名の付け方」の本文の通則6の「許容」を適用して送り仮名を省くものとする。なお，これに該当する語は，次のとおりとする。

> 明渡し　預り金　言渡し　入替え　植付け　魚釣用具
> 受入れ　受皿　受持ち　受渡し　渦巻　打合せ　打合せ会
> 打切り　内払　移替え　埋立て　売上げ　売惜しみ　売出し
> 売場　売払い　売渡し　売行き　縁組　追越し　置場　贈物
> 帯留　折詰　買上げ　買入れ　買受け　買換え　買占め
> 買取り　買戻し　買物　書換え　格付　掛金　貸切り　貸金
> 貸越し　貸倒れ　貸出し　貸付け　借入れ　借受け　借換え

刈取り　缶切　期限付　切上げ　切替え　切下げ　切捨て
切土　切取り　切離し　靴下留　組合せ　組入れ　組替え
組立て　くみ取便所　繰上げ　繰入れ　繰替え　繰越し
繰下げ　繰延べ　繰戻し　差押え　差止め　差引き　差戻し
砂糖漬　下請　締切り　条件付　仕分　据置き　据付け
捨場　座込み　栓抜　備置き　備付け　染物　田植　立会い
立入り　立替え　立札　月掛　付添い　月払　積卸し
積替え　積込み　積出し　積立て　積付け　釣合い　釣鐘
釣銭　釣針　手続　問合せ　届出　取上げ　取扱い　取卸し
取替え　取決め　取崩し　取消し　取壊し　取下げ　取締り
取調べ　取立て　取次ぎ　取付け　取戻し　投売り　抜取り
飲物　乗換え　乗組み　話合い　払込み　払下げ　払出し
払戻し　払渡し　払渡済み　貼付け　引上げ　引揚げ
引受け　引起し　引換え　引込み　引下げ　引締め　引継ぎ
引取り　引渡し　日雇　歩留り　船着場　不払　賦払
振出し　前払　巻付け　巻取り　見合せ　見積り　見習
未払　申合せ　申合せ事項　申入れ　申込み　申立て　申出
持家　持込み　持分　元請　戻入れ　催物　盛土　焼付け
雇入れ　雇主　譲受け　譲渡し　呼出し　読替え　割当て
割増し　割戻し

(2)　(1)にかかわらず，必要と認める場合は，「送り仮名の付け方」の本文
の通則2，通則4及び通則6（(1)のただし書の適用がある場合を除く。）
の「許容」並びに「付表の語」の1のなお書きを適用して差し支えない。

3　その他

(1)　1及び2は，固有名詞を対象とするものではない。

(2)　専門用語又は特殊用語を書き表す場合など，特別な漢字使用等を必要
とする場合には，1及び2によらなくてもよい。

(3)　専門用語等で読みにくいと思われるような場合は，必要に応じて，振
り仮名を用いる等，適切な配慮をするものとする。

4　法令における取扱い

法令における漢字使用等については，別途，内閣法制局からの通知によ
る。

7　法令における漢字使用等

法令における漢字使用等について

（平成22年11月30日
内閣法制局総総第208号
内閣法制次長通知）

　平成22年11月30日付け内閣告示第2号をもって「常用漢字表」が告示され，同日付け内閣訓令第1号「公用文における漢字使用等について」が定められたことに伴い，当局において，法令における漢字使用等について検討した結果，別紙のとおり「法令における漢字使用等について」（平成22年11月30日付け内閣法制局長官決定）を定め，実施することとしましたので，通知します。

　なお，昭和29年11月25日付け法制局総発第89号の「法令用語改善の実施要領」（同実施要領の別紙「法令用語改正要領」を含む。）及び昭和56年10月1日付け内閣法制局総発第141号の「法令における漢字使用等について」は，本日付けで廃止しますので，併せて通知します。

（別　紙）

　平成22年11月30日付け内閣告示第2号をもって「常用漢字表」が告示され，同日付け内閣訓令第1号「公用文における漢字使用等について」が定められたことに伴い，法令における漢字使用等について，次のように定める。

　平成22年11月30日

内閣法制局長官

法令における漢字使用等について

1　漢字使用について

　(1)　法令における漢字使用は，次の(2)から(6)までにおいて特別の定めをするもののほか，「常用漢字表」（平成22年内閣告示第2号。以下「常用漢字表」という。）の本表及び付表（表の見方及び使い方を含む。）並びに「公用文における漢字使用等について」（平成22年内閣訓令第1号）の別紙の1「漢字使用について」の(2)によるものとする。また，字体につい

ては，通用字体を用いるものとする。

　なお，常用漢字表により漢字で表記することとなったものとしては，次のようなものがある。

挨拶	宛先	椅子	咽喉	隠蔽	鍵	覚醒
崖	玩具	毀損	亀裂	禁錮	舷	拳銃
勾留	柵	失踪	焼酎	処方箋	腎臓	進捗
整頓	脊柱	遡及	堆積	貼付	賭博	剝奪
破綻	汎用	氾濫	膝	肘	払拭	閉塞
捕捉	補塡	哺乳類	蜜蜂	明瞭	湧出	拉致
賄賂	関わる	鑑みる	遡る	全て		

(2) 次のものは，常用漢字表により，（　　）の中の表記ができることとなったが，引き続きそれぞれ下線を付けて示した表記を用いるものとする。

　　<u>壊滅</u>（潰滅）　　<u>壊乱</u>（潰乱）　　<u>決壊</u>（決潰）

　　<u>広範</u>（広汎）　　<u>全壊</u>（全潰）　　<u>倒壊</u>（倒潰）

　　<u>破棄</u>（破毀）　　<u>崩壊</u>（崩潰）　　<u>理屈</u>（理窟）

(3) 次のものは，常用漢字表により，下線を付けて示した表記ができることとなったので，（　　）の中の表記に代えて，それぞれ下線を付けて示した表記を用いるものとする。

　　<u>臆説</u>（憶説）　　<u>臆測</u>（憶測）　　<u>肝腎</u>（肝心）

(4) 次のものは，常用漢字表にあるものであっても，仮名で表記するものとする。

　　虞　
恐れ　｝　→　おそれ

　　且つ　→　かつ

　　従って（接続詞）　→　したがって

　　但し　→　ただし

　　但書　→　ただし書

　　外　
他　｝　→　ほか

　　又　→　また（ただし，「または」は「又は」と表記する。）

　　因る　→　よる

(5) 常用漢字表にない漢字で表記する言葉及び常用漢字表にない漢字を構成要素として表記する言葉並びに常用漢字表にない音訓を用いる言葉の使用については，次によるものとする。

　ア　専門用語等であって，他に言い換える言葉がなく，しかも仮名で表記すると理解することが困難であると認められるようなものについては，その漢字をそのまま用いてこれに振り仮名を付ける。

　　【例】
　　　暗渠（きょ）　按分（あん）（ぶん）　蛾（が）　瑕疵（か）（し）　管渠（きょ）　涵養（かん）　強姦（かん）
　　　砒素（ひ）　埠頭（ふ）

　イ　次のものは，仮名で表記する。

　　　拘わらず　　　　　→　　かかわらず
　　　此　　　　　　　　→　　この
　　　之　　　　　　　　→　　これ
　　　其　　　　　　　　→　　その
　　　煙草　　　　　　　→　　たばこ
　　　為　　　　　　　　→　　ため
　　　以て　　　　　　　→　　もって
　　　等（ら）　　　　　→　　ら
　　　猥褻　　　　　　　→　　わいせつ

　ウ　仮名書きにする際，単語の一部だけを仮名に改める方法は，できるだけ避ける。

　　【例】
　　　斡旋　　　　　　　→　　あっせん（「あっ旋」は用いない。）
　　　煉瓦　　　　　　　→　　れんが（「れん瓦」は用いない。）

　　ただし，次の例のように一部に漢字を用いた方が分かりやすい場合は，この限りでない。

　　【例】
　　　あへん煙　　えん堤　　救じゅつ　　橋りょう　　し尿
　　　出えん　　じん肺　　ため池　　ちんでん池　　でん粉
　　　てん末　　と畜　　ばい煙　　排せつ　　封かん　　へき地
　　　らく印　　漏えい

　エ　常用漢字表にない漢字又は音訓を仮名書きにする場合には，仮名の部分に傍点を付けることはしない。

(6) 次のものは，（　　）の中に示すように取り扱うものとする。

匕　首（用いない。「あいくち」を用いる。）

委　棄（用いない。）

慰藉料（用いない。「慰謝料」を用いる。）

溢　水（用いない。）

違　背（用いない。「違反」を用いる。）

印　顆（用いない。）

湮　滅（用いない。「隠滅」を用いる。）

苑　地（用いない。「園地」を用いる。）

汚　穢（用いない。）

解　止（用いない。）

戒　示（用いない。）

灰　燼（用いない。）

改　訂・改　定（「改訂」は書物などの内容に手を加えて正すこととという意味についてのみ用いる。それ以外の場合は「改定」を用いる。）

開　披（用いない。）

牙　保（用いない。）

勧　解（用いない。）

監　守（用いない。）

管　守（用いない。「保管」を用いる。）

陥　穽（用いない。）

干　与・干　預（用いない。「関与」を用いる。）

義　捐（用いない。）

汽　罐（用いない。「ボイラー」を用いる。）

技　監（特別の理由がある場合以外は用いない。）

規　正・規　整・規　制（「規正」はある事柄を規律して公正な姿に当てはめることという意味についてのみ，「規整」はある事柄を規律して一定の枠に納め整えることという意味についてのみ，それぞれ用いる。それ以外の場合は「規制」を用いる。）

覊　束（用いない。）

吃　水（用いない。「喫水」を用いる。）

規　程（法令の名称としては，原則として用いない。「規則」を用いる。）

欺　瞞（用いない。）

欺　罔（用いない。）

狭　隘（用いない。）

饗　応（用いない。「供応」を用いる。）

驚　愕（用いない。）

魚　艙（用いない。「魚倉」を用いる。）

紀　律（特別な理由がある場合以外は用いない。「規律」を用いる。）

空気槽（用いない。「空気タンク」を用いる。）

具　有（用いない。）

繋　船（用いない。「係船」を用いる。）

繋　属（用いない。「係属」を用いる。）

計　理（用いない。「経理」を用いる。）

繋　留（用いない。「係留」を用いる。）

懈　怠（用いない。）

牽　連（用いない。「関連」を用いる。）

溝　渠（特別な理由がある場合以外は用いない。）

交叉点（用いない。「交差点」を用いる。）

更　代（用いない。「交代」を用いる。）

弘　報（用いない。「広報」を用いる。）

骨　牌（用いない。「かるた類」を用いる。）

戸　扉（用いない。）

誤　謬（用いない。）

詐　偽（用いない。「偽り」を用いる。）

鑿　井（用いない。）

作　製・作　成（「作製」は製作（物品を作ること）という意味についてのみ用いる。それ以外の場合は「作成」を用いる。）

左　の（「次の」という意味では用いない。）

鎖　鑰（用いない。）

撒水管（用いない。「散水管」を用いる。）

旨　趣（用いない。「趣旨」を用いる。）

枝　条（用いない。）

首　魁（用いない。「首謀者」を用いる。）

酒　精（用いない。「アルコール」を用いる。）

鬚　髯（用いない。）

醇　化（用いない。「純化」を用いる。）

竣　功（特別な理由がある場合以外は用いない。「完成」を用い
　　　る。）

傷　痍（用いない。）

焼　燬（用いない。）

銷　却（用いない。「消却」を用いる。）

情　況（特別な理由がある場合以外は用いない。「状況」を用い
　　　る。）

檣　頭（用いない。「マストトップ」を用いる。）

証　標（用いない。）

証　憑・憑　拠（用いない。「証拠」を用いる。）

牆　壁（用いない。）

塵　埃（用いない。）

塵　芥（用いない。）

侵　蝕（用いない。「侵食」を用いる。）

成　規（用いない。）

窃　用（用いない。「盗用」を用いる。）

船　渠（用いない。「ドック」を用いる。）

洗　滌（用いない。「洗浄」を用いる。）

僣　窃（用いない。）

総　轄（用いない。「総括」を用いる。）

齟　齬（用いない。）

疏　明（用いない。「疎明」を用いる。）

稠　密（用いない。）

通　事（用いない。「通訳人」を用いる。）

定繋港（用いない。「定係港」を用いる。）

呈　示（用いない。「提示」を用いる。）

停　年（用いない。「定年」を用いる。）

捺　印（用いない。「押印」を用いる。）

売　淫（用いない。「売春」を用いる。）

配　付・配　布（「配付」は交付税及び譲与税配付金特別会計の
　　　　ような特別な場合についてのみ用いる。それ以外の場合は
　　　　「配布」を用いる。）

蕃　殖（用いない。「繁殖」を用いる。）

版　図（用いない。）

誹　毀（用いない。）

彼　此（用いない。）

標　示（特別な理由がある場合以外は用いない。「表示」を用い
　　　　る。）

紊　乱（用いない。）

編　綴（用いない。）

房　室（用いない。）

膨　脹（用いない。「膨張」を用いる。）

法　例（用いない。）

輔　助（用いない。「補助」を用いる。）

満限に達する（特別な理由がある場合以外は用いない。「満了す
　　　　る」を用いる。）

宥　恕（用いない。）

輸　贏（用いない。）

踰　越（用いない。）

油　槽（用いない。「油タンク」を用いる。）

落　磐（用いない。「落盤」を用いる。）

臨　検・立入検査（「臨検」は犯則事件の調査の場合についての
　　　　み用いる。それ以外の場合は「立入検査」を用いる。）

鄰　佑（用いない。）

狼　狽（用いない。）

和　諧（用いない。「和解」を用いる。）

2　送り仮名の付け方について

(1)　単独の語

　　ア　活用のある語は，「送り仮名の付け方」（昭和48年内閣告示第2号

の「送り仮名の付け方」をいう。以下同じ。）の本文の通則1の
「本則」・「例外」及び通則2の「本則」の送り仮名の付け方による。

イ　活用のない語は，「送り仮名の付け方」の本文の通則3から通則
5までの「本則」・「例外」の送り仮名の付け方による。

［備考］　表に記入したり記号的に用いたりする場合には，次の例に
示すように，原則として，（　　）の中の送り仮名を省く。

【例】

晴（れ）　　曇（り）　　問（い）　　答（え）　　終（わり）
生（まれ）

(2)　複合の語

ア　イに該当する語を除き，原則として，「送り仮名の付け方」の本
文の通則6の「本則」の送り仮名の付け方による。ただし，活用の
ない語で読み間違えるおそれのない語については，「送り仮名の付
け方」の本文の通則6の「許容」の送り仮名の付け方により，次の
例に示すように送り仮名を省く。

【例】

明渡し	預り金	言渡し	入替え	植付け	魚釣用具
受入れ	受皿	受持ち	受渡し	渦巻	打合せ
打合せ会	打切り	内払	移替え	埋立て	売上げ
売惜しみ	売出し	売場	売払い	売渡し	売行き
縁組	追越し	置場	贈物	帯留	折詰
買上げ	買入れ	買受け	買換え	買占め	買取り
買戻し	買物	書換え	格付	掛金	貸切り
貸金	貸越し	貸倒れ	貸出し	貸付け	借入れ
借受け	借換え	刈取り	缶切	期限付	切上げ
切替え	切下げ	切捨て	切土	切取り	切離し
靴下留	組合せ	組入れ	組替え	組立て	くみ取便所
繰上げ	繰入れ	繰替え	繰越し	繰下げ	繰延べ
繰戻し	差押え	差止め	差引き	差戻し	砂糖漬
下請	締切り	条件付	仕分	据置き	据付け
捨場	座込み	栓抜	備置き	備付け	染物
田植	立会い	立入り	立替え	立札	月掛
付添い	月払	積卸し	積替え	積込み	積出し

積立て	積付け	釣合い	釣鐘	釣銭	釣針
手続	問合せ	届出	取上げ	取扱い	取卸し
取替え	取決め	取崩し	取消し	取壊し	取下げ
取締り	取調べ	取立て	取次ぎ	取付け	取戻し
投売り	抜取り	飲物	乗換え	乗組み	話合い
払込み	払下げ	払出し	払戻し	払渡し	払渡済み
貼付け	引上げ	引揚げ	引受け	引起し	引換え
引込み	引下げ	引締め	引継ぎ	引取り	引渡し
日雇	歩留り	船着場	不払	賦払	振出し
前払	巻付け	巻取り	見合せ	見積り	見習
未払	申合せ	申合せ事項	申入れ	申込み	申立て
申出	持家	持込み	持分	元請	戻入れ
催物	盛土	焼付け	雇入れ	雇主	譲受け
譲渡し	呼出し	読替え	割当て	割増し	割戻し

イ　活用のない語で慣用が固定していると認められる次の例に示すような語については，「送り仮名の付け方」の本文の通則7により，送り仮名を付けない。

【例】

合図	合服	合間	預入金	編上靴
植木	(進退)伺	浮袋	浮世絵	受入額
受入先	受入年月日	請負	受付	受付係
受取	受取人	受払金	打切補償	埋立区域
埋立事業	埋立地	裏書	売上(高)	売掛金
売出発行	売手	売主	売値	売渡価格
売渡先	絵巻物	襟巻	沖合	置物
奥書	奥付	押売	押出機	覚書
(博多)織	折返線	織元	織物	卸売
買上品	買受人	買掛金	外貨建債権	概算払
買手	買主	買値	書付	書留
過誤払	貸方	貸越金	貸室	貸席
貸倒引当金	貸出金	貸出票	貸付(金)	貸主
貸船	貸本	貸間	貸家	箇条書
貸渡業	肩書	借入(金)	借受人	借方

引取税	引渡(人)	<u>日付</u>	引込線	瓶詰
<u>歩合</u>	封切館	福引(券)	船積貨物	踏切
振替	振込金	<u>振出(人)</u>	不渡手形	分割払
<u>(鎌倉)彫</u>	掘抜井戸	前受金	前貸金	巻上機
巻紙	巻尺	巻物	<u>待合(室)</u>	見返物資
見込額	見込数量	見込納付	水張検査	<u>水引</u>
<u>見積(書)</u>	見取図	見習工	未払勘定	未払年金
見舞品	名義書換	<u>申込(書)</u>	申立人	持込禁止
元売業者	<u>物置</u>	<u>物語</u>	物干場	<u>(備前)焼</u>
<u>役割</u>	<u>屋敷</u>	雇入契約	雇止手当	<u>夕立</u>
譲受人	湯沸器	呼出符号	読替規定	陸揚地
陸揚量	<u>両替</u>	<u>割合</u>	割当額	割高
<u>割引</u>	割増金	割戻金	割安	

　［備考１］　　下線を付けた語は,「送り仮名の付け方」の本文の通則
　　　　　　　　７において例示された語である。

　［備考２］　　「売上(高)」,「(博多)織」などのようにして掲げたもの
　　　　　　　　は,（　　）の中を他の漢字で置き換えた場合にも,「送り
　　　　　　　　仮名の付け方」の本文の通則７を適用する。

　⑶　付表の語

　　　「送り仮名の付け方」の本文の付表の語（１のなお書きを除く。）の
　　送り仮名の付け方による。

３　その他

　⑴　１及び２は,固有名詞を対象とするものではない。

　⑵　１及び２については,これらを専門用語及び特殊用語に適用するに当
　　たって,必要と認める場合は,特別の考慮を加える余地があるものとす
　　る。

　　　附　　則　（抄）

１　この決定は,平成22年11月30日から施行する。

２から４　（略）

8 法令における拗音及び促音に用いる 「や・ゆ・よ・つ」の表記について

法令における拗音及び促音に用いる「や・ゆ・よ・つ」の表記について
（通知）

（昭和63年7月20日　内閣法制局総発第125号）
（内閣法制局長官総務室から　内閣官房内閣参）
（事官室あての通知）

　標記の件については，従来原則として大書きにすることが慣行になつているところ，「現代仮名遣い」において「なるべく小書きにする」ものとされていることにもかんがみ，当局における取扱いを別紙のとおりにすることに決定しましたので，参考までにお知らせします。

〔編者注：以下，原文は縦書き。〕

別添

（昭六三・七・一八　決裁）

（法令審査例規）
　法令における拗音及び促音に用いる「や・ゆ・よ・つ」の表記について
一　法令における拗音及び促音に用いる「や・ゆ・よ・つ」の表記については、次に掲げる規定の部分を除き、昭和六十三年十二月に召集される通常国会に提出する法律及び昭和六十四年一月以後の最初の閣議に提案する政令（以下「新基準法令」という。）から、小書きにする。
　1　新基準法令以外の法律又は政令（以下「旧基準法令」という。）の一部を改正する場合において、その施行時に旧基準法令の一部として溶け込む部分
　2　旧基準法令の規定を読み替えて適用し、又は準用する規定における読替え後の部分
　3　漢字に付ける振り仮名の部分
二　条約についても、一に準ずる取扱いとする。
三　一及び二は、固有名詞を対象とするものではない。
　（備考）　(1)　一の実施により、法律に用いられている語と当該法律に基づく政令に用いるこれと同一の語とが書き表し方において異なることとなつても差し支えない。
　　　　　　(2)　旧基準法令の一部を改正する場合又は読替え適用若しくは読

替え準用を規定する場合に旧基準法令の規定の一部を引用するときは、その表記により引用することは当然である。

(3) 旧基準法令において例外的に小書きを用いている場合には、一1は適用せず、当該旧基準法令の表記に従つて改正する。

(4) 小書きにした「や、ゆ、よ、つ」は、タイプ又は印刷の配字の上では一文字分として取り扱うものとし、(注) に示すように、上下の中心に置き、右端を上下の字の線にそろえる。

(5) 拗音及び促音に用いるカタカナの「ヤ、ユ、ヨ、ツ」については従来から原則として小書きが行われてきており、今後も従来どおりの取扱いとする。

(注)

〔編者注：この通知に基づいて、昭和63年9月1日付けで、内閣官房参事官室首席内閣参事官から、各省庁文書主管課長あて、＜内閣作成に係る公用文における拗音及び促音に用いる「や・ゆ・よ・つ」の表記について＞と同趣旨の文書が発せられています。〕

9 人名用の漢字

〔解説〕 新しく生まれた子の名に用いることのできる漢字（字体を含む。）は，戸籍法施行規則で次のように決めてあります。

1 「常用漢字表」（平成二十二年，内閣告示第二号）に掲げてある漢字（2136字）。

2 平成二十二年，法務省令第四〇号の「別表第二」に掲げてある漢字（863字）。子の名に用いる場合の読み方には決まりはありません。

〔編者注：以下の7行，原文は縦書き。〕

○戸籍法施行規則

第六十条 戸籍法第五十条第二項の常用平易な文字は、次に掲げるものとする。

一 常用漢字表（平成二十二年内閣告示第二号）に掲げる漢字（括弧書きが添えられているものについては、括弧の外のものに限る。）

二 別表第二に掲げる漢字

三 片仮名又は平仮名（変体仮名を除く。）

〔編者注：以下に掲げる別表第二「漢字の表（第六十条関係）」については『官報』に掲載されたものに従って，縦書きの体裁のまま示しています。〕

彦	幡	巌	寵	姥	堵	噂	啄	叉	勺	凜	倖	伶	亦	丑
彪	庄	巖	尖	娩	塙	圃	哩	叡	勿	凛	偲	侃	亥	丞
彬	庇	巫	尤	嬉	壕	圭	喬	叢	匁	凩	傭	侑	亨	乃
徠	庚	已	屑	孟	壬	坐	喧	叶	匡	凧	儲	俄	亮	之
忽	庵	巳	峨	宏	夷	尭	喰	只	廿	凰	允	俠	仔	乎
怜	廟	巴	峻	宋	奄	堯	喋	吾	卜	凱	兎	俣	伊	也
恢	廻	巷	峻	宕	奎	坦	嘩	吞	卯	函	俐	俐	伍	云
恰	弘	巽	嵯	宥	套	埴	嘉	吻	卿	其	倭	伽	亘	亘
恕	弛	帖	嵩	寅	娃	堰	嘗	哉	厨	劫	冴	俱	佃	互
悌	彗	幌	嶺	寅	姪	堺	噌	哨	厩	劼	凌	倦	佑	些

洲	毘	檀	槍	楓	椛	栖	柘	杏	晦	昊	擢	捧	或	惟
洵	毯	櫂	槌	椰	梁	桐	柊	杖	晨	昏	孜	掠	戟	惣
洛	汀	櫛	樫	楢	栗	栗	柏	杜	智	昌	敦	揃	托	悉
浩	汝	櫓	槻	楊	椋	梧	柾	李	暉	昂	斐	摑	按	惇
浬	汐	欣	樟	榎	椀	梓	柚	杭	暢	晏	幹	摺	挺	惹
淵	汲	欽	樋	樺	楯	梢	桧	杵	曙	晃	斧	撒	挽	惺
淳	沌	歎	橘	榊	楚	椰	檜	杷	曝	晄	斯	撰	掬	惚
渚	沓	此	樽	榛	楕	梯	栞	枇	曳	晒	於	撞	捲	慧
渚	沫	殆	橙	槙	椿	桶	桔	柑	朋	晋	旭	播	捷	燐
淀	洸	毅	檎	槇	楠	梶	桂	柴	朔	晟	昂	撫	捺	戊

縞 絃 篠 竿 穰 禎 磯 矩 甥 琥 玖 爾 焚 漕 淋
徽 紬 簞 笈 穰 禎 砒 甫 琶 珂 楪 煌 漣 渥
繫 絆 簾 笹 穹 禽 祢 砥 畠 琵 珈 牟 煤 澪 渾
繡 絢 籵 笙 穿 禾 禰 砧 畢 琳 珊 牡 煉 濡 湘
纂 綺 粥 笠 窄 秦 祐 硯 疋 瑚 珀 牽 熙 瀕 湊
纏 綜 粟 筈 窪 秤 祐 碓 疏 瑞 玲 犀 燕 灘 湛
羚 綴 糊 筑 窺 稀 祷 碗 皐 瑤 琢 狼 燎 灸 溢
翔 緋 紘 箕 竣 稔 禱 碩 皓 瑳 琢 猪 燦 灼 滉
翠 綾 紗 箔 竪 稟 禄 碧 眸 瓜 琉 猪 燭 烏 溜
耀 綸 紐 篇 竺 稜 祿 磐 瞥 瓢 瑛 獅 燿 焔 漱

錘 醇 逢 辰 貰 詢 衿 藁 蓬 蒔 萊 荻 芦 腔 而
錐 醋 遥 辻 賑 詫 袈 薩 蔓 蒐 菱 莫 苑 脹 耶
錆 醒 遙 迂 赳 誼 袴 蘇 蕎 蒼 葦 莉 茄 膏 耽
錫 醤 遁 迄 跨 諏 裡 蘭 蕨 蒲 葵 菅 苔 臥 聡
鍬 釉 遼 迅 蹄 諄 裟 蝦 蕉 蒙 萱 菫 苺 舜 肇
鎧 釘 邑 迪 蹟 諒 裳 蝶 蕃 蓉 葺 菖 茅 舵 肋
閃 釧 祁 迦 輔 謂 襖 螺 蕪 蓮 萩 萄 茉 芥 肴
閏 銑 郁 這 輯 諺 訊 蝉 薙 蔭 董 菩 茸 芹 胤
閤 鋒 鄭 逞 輿 讃 訣 蟹 蕾 蔣 葡 萌 茜 芭 胡
阿 鋸 酉 逗 轟 豹 註 蠟 蕗 蔦 蓑 萠 莞 芙 脩

775

陀 隈 隼 雀 雁 雛 雫 霞 靖 靶

鞍 鞘 鞠 鞭 頁 頌 頗 顛 颯 饗

馨 馴 馳 駕 駿 驍 魁 魯 鮎 鯉

鯛 鰯 鱒 鱗 鳩 鳶 鳳 鴨 鴻 鯉

鵬 鷗 鷲 鷺 鷹 麒 麟 麿 黎 黛

鼎

注 「－」は、相互の漢字が同一の字種であることを示したもの
　である。

二

者 視 黑 嚴 險 藝 勳 響 僞 寬 懷 價 應 衞 亞
者 視 黒 厳 険 芸 勲 響 偽 寛 懐 価 応 衛 亜

煮 兒 穀 廣 圈 擊 薰 曉 戲 漢 樂 禍 櫻 謁 惡
煮 児 穀 広 圏 撃 薫 暁 戯 漢 楽 禍 桜 謁 悪

壽 濕 碎 恆 檢 縣 惠 勤 虛 氣 渴 悔 奧 圓 爲
寿 湿 砕 恒 検 県 恵 勤 虚 気 渇 悔 奥 円 為

收 實 雜 黃 顯 儉 揭 謹 峽 祈 卷 海 橫 緣 逸
収 実 雑 黄 顕 倹 掲 謹 峡 祈 巻 海 横 縁 逸

臭 社 祉 國 驗 劍 鷄 驅 狹 器 陷 壞 溫 薗 榮
臭 社 祉 国 験 剣 鶏 駆 狭 器 陥 壊 温 園 栄

徵 彈 滯 藏 層 搜 禪 攝 醉 眞 疊 條 將 暑 從
徴 弾 滞 蔵 層 捜 禅 摂 酔 真 畳 条 将 暑 従

聽 晝 瀧 贈 瘦 巢 祖 節 穗 寢 孃 狀 祥 署 澁
聴 昼 滝 贈 痩 巣 祖 節 穂 寝 嬢 状 祥 署 渋

懲 鑄 單 臟 騷 曾 壯 專 瀨 愼 讓 乘 涉 緒 獸
懲 鋳 単 臓 騒 曽 壮 専 瀬 慎 譲 乗 渉 緒 獣

鎭 著 嘆 卽 增 裝 爭 戰 齊 盡 釀 淨 燒 諸 縱
鎮 著 嘆 即 増 装 争 戦 斉 尽 醸 浄 焼 諸 縦

轉 廳 團 帶 憎 僧 莊 纖 靜 粹 神 剩 獎 敍 祝
転 庁 団 帯 憎 僧 荘 繊 静 粋 神 剰 奨 叙 祝

傳（伝）稻（稲）盃（杯）繁（繁）賓（賓）拂（払）墨（墨）埜（野）様（様）欄（欄）涙（涙）歴（歴）廊（廊）

都（都）德（徳）賣（売）晚（晩）敏（敏）佛（仏）飜（翻）彌（弥）謠（謡）龍（竜）曡（塁）練（練）錄（録）

嶋（島）突（突）梅（梅）卑（卑）冨（富）勉（勉）每（毎）藥（薬）來（来）虜（虜）類（類）鍊（錬）

燈（灯）難（難）髮（髪）祕（秘）侮（侮）步（歩）萬（万）與（与）賴（頼）虜（虜）禮（礼）郎（郎）

盗（盗）拜（拝）拔（抜）碑（碑）福（福）峯（峰）默（黙）搖（揺）覽（覧）凉（涼）綠（緑）曆（暦）朗（朗）

注　括弧内の漢字は、戸籍法施行規則第六十条第一号に規定する漢字であり、当該括弧外の漢字とのつながりを示すため、参考までに掲げたものである。

10　ローマ字のつづり方

■内閣訓令第1号

各　官　庁

ローマ字のつづり方の実施について

　国語を書き表わす場合に用いるローマ字のつづり方については，昭和12年
9月21日内閣訓令第3号をもつてその統一を図り，漸次これが実行を期した
のであるが，その後，再びいくつかの方式が並び行われるようになり，官庁
等の事務処理，一般社会生活，また教育・学術のうえにおいて，多くの不便
があつた。これを統一し，単一化することは，事務能率を高め，教育の効果
をあげ，学術の進歩を図るうえに資するところが少なくないと信ずる。

　よつて政府は，今回国語審議会の建議の趣旨を採択して，よりどころとす
べきローマ字のつづり方を，本日，内閣告示第1号をもって告示した。今後，
各官庁において，ローマ字で国語を書き表わす場合には，このつづり方によ
るとともに，広く各方面に，この使用を勧めて，その制定の趣旨が徹底する
ように努めることを希望する。

　なお，昭和12年9月21日内閣訓令第3号は，廃止する。

　　昭和29年12月9日

内閣総理大臣　吉　田　　　茂

■内閣告示第1号

　国語を書き表わす場合に用いるローマ字のつづり方を次のように定める。

　　昭和29年12月9日

内閣総理大臣　吉　田　　　茂

ローマ字のつづり方

　　まえがき

1　一般に国語を書き表わす場合は，第1表に掲げたつづり方によるものと
　する。

2　国際的関係その他従来の慣例をにわかに改めがたい事情にある場合に限
　り，第2表に掲げたつづり方によつてもさしつかえない。

3　前2項のいずれの場合においても，おおむねそえがきを適用する。

第1表　〔（　）は重出を示す。〕

a	i	u	e	o			
ka	ki	ku	ke	ko	kya	kyu	kyo
sa	si	su	se	so	sya	syu	syo
ta	ti	tu	te	to	tya	tyu	tyo
na	ni	nu	ne	no	nya	nyu	nyo
ha	hi	hu	he	ho	hya	hyu	hyo
ma	mi	mu	me	mo	mya	myu	myo
ya	(i)	yu	(e)	yo			
ra	ri	ru	re	ro	rya	ryu	ryo
wa	(i)	(u)	(e)	(o)			
ga	gi	gu	ge	go	gya	gyu	gyo
za	zi	zu	ze	zo	zya	zyu	zyo
da	(zi)	(zu)	de	do	(zya)	(zyu)	(zyo)
ba	bi	bu	be	bo	bya	byu	byo
pa	pi	pu	pe	po	pya	pyu	pyo

第2表

sha	shi	shu	sho
		tsu	
cha	chi	chu	cho
		fu	
ja	ji	ju	jo
di	du	dya	dyu	dyo
kwa			
gwa			
			wo

　　そえがき

前表に定めたもののほか，おおむね次の各項による。

1　はねる音「ン」はすべてnと書く。

2　はねる音を表わすnと次にくる母音字またはyとを切り離す必要がある
　場合には，nの次に ' を入れる。

3　つまる音は，最初の子音字を重ねて表わす。

4 長音は母音字の上に＾をつけて表わす。なお，大文字の場合は，母音字を並べてもよい。

5 特殊音の書き表わし方は自由とする。

6 文の書きはじめ，および固有名詞は語頭を大文字で書く。なお，固有名詞以外の名詞の語頭を大文字で書いてもよい。

〔編者注：地名等のローマ字表記に関する規定等は、平成17年に国土地理院で改訂され、第2表のつづりを使い、長音記号は付けないこと（必要に応じて使用可）を原則としました。〕

11　公用文等における日本人の姓名の
　　ローマ字表記について

（令和元年10月25日
関係府省庁申合せ）

　グローバル社会の進展に伴い，人類の持つ言語や文化の多様性を人類全体が意識し，生かしていくことがますます重要となっており，このような観点から，日本人の姓名のローマ字表記については，「姓－名」という日本の伝統に即した表記としていくことが大切である。

　したがって，今後，各府省庁が作成する公用文等において，日本人の姓名をローマ字表記する際は，原則として「姓－名」の順で表記することとし，下記のとおり取り扱うこととする。

　なお，本件の対応に当たりシステムの改修を要するなど，特別の事情がある場合は，当分の間これによらなくてもよい。

記

1　各府省庁が作成する公用文等における日本人の姓名のローマ字表記については，差し支えのない限り「姓－名」の順を用いることとする。
2　各府省庁が作成する公用文等のうち，次のものを対象とする。なお，国際機関等により指定された様式があるなど，特段の慣行がある場合は，これによらなくてもよい。
　⑴　各行政機関が保有する外国語（英語等）のウェブサイト，ソーシャルメディア
　⑵　外国語（英語等）で発信する文書（二国間・多数国間の共同声明等，白書，基本計画，戦略，答申）
　⑶　我が国及び各行政機関が主催する会議（公開）における名簿，ネームプレート等
　⑷　外国語（英語等）の文書（書簡，国際機関・相手国などに対し我が方立場を説明する資料，その他の原議書による決裁を要する文書）
　⑸　外国語（英語等）による行政資料等
　⑹　我が方大使の信任状・解任状の英仏語訳
　⑺　交換公文等の署名欄，国際約束の署名権限委任状の英仏語訳
3　各府省庁が作成する公用文等において日本人の姓名をローマ字表記する

際に，姓と名を明確に区別させる必要がある場合には，姓を全て大文字とし（YAMADA Haruo），「姓―名」の構造を示すこととする。

4　地方公共団体，関係機関等，民間に対しては，日本人の姓名のローマ字表記については，差し支えのない限り「姓―名」の順を用いるよう，配慮を要請するものとする。

5　上記の内容は，令和2年1月1日から実施するものとする。ただし，各府省庁において対応可能なものについては，実施日前から実施することができる。

〔編者注：各省庁からも関係団体宛てに，同趣旨の通知が出ています。例えば，「公用文等における日本人の姓名のローマ字表記について」（令和元年10月25日元文庁第1062号　（関係団体）宛て　文部科学省大臣官房長，文化庁次長通知）〕

12　教育漢字（学年別漢字配当表）

〔解説〕次に示す表は，平成29年 3 月31日，文部科学省告示「小学校学習指導要領」に掲げてあるものです。この表に示してある1026字の漢字は，全国の小学校でこの学年別配当のとおり，それぞれの学年で指導されているものです。

学 年 別 漢 字 配 当 表

第一学年	一 右 雨 円 王 音 下 火 花 貝 学 気 九 休 玉 金 空 月 犬 見 五 口 校 左 三 山 子 四 糸 字 耳 七 車 手 十 出 女 小 上 森 人 水 正 生 青 夕 石 赤 千 川 先 早 草 足 村 大 男 竹 中 虫 町 天 田 土 二 日 入 年 白 八 百 文 木 本 名 目 立 力 林 六 （80字）
第二学年	引 羽 雲 園 遠 何 科 夏 家 歌 画 回 会 海 絵 外 角 楽 活 間 丸 岩 顔 汽 記 帰 弓 牛 魚 京 強 教 近 兄 形 計 元 言 原 戸 古 午 後 語 工 公 広 交 光 考 行 高 黄 合 谷 国 黒 今 才 細 作 算 止 市 矢 姉 思 紙 寺 自 時 室 社 弱 首 秋 週 春 書 少 場 色 食 心 新 親 図 数 西 声 星 晴 切 雪 船 線 前 組 走 多 太 体 台 地 池 知 茶 昼 長 鳥 朝 直 通 弟 店 点 電 刀 冬 当 東 答 頭 同 道 読 内 南 肉 馬 売 買 麦 半 番 父 風 分 聞 米 歩 母 方 北 毎 妹 万 明 鳴 毛 門 夜 野 友 用 曜 来 里 理 話 （160字）

第三学年	悪 安 暗 医 委 意 育 員 院 飲 運 泳 駅 央 横 屋 温 化 荷 界
	開 階 寒 感 漢 館 岸 起 期 客 究 急 級 宮 球 去 橋 業 曲 局
	銀 区 苦 具 君 係 軽 血 決 研 県 庫 湖 向 幸 港 号 根 祭 皿
	仕 死 使 始 指 歯 詩 次 事 持 式 実 写 者 主 守 取 酒 受 州
	拾 終 習 集 住 重 宿 所 暑 助 昭 消 商 章 勝 乗 植 申 身 神
	真 深 進 世 整 昔 全 相 送 想 息 速 族 他 打 対 待 代 第 題
	炭 短 談 着 注 柱 丁 帳 調 追 定 庭 笛 鉄 転 都 度 投 豆 島
	湯 登 等 動 童 農 波 配 倍 箱 畑 発 反 坂 板 皮 悲 美 鼻 筆
	氷 表 秒 病 品 負 部 服 福 物 平 返 勉 放 味 命 面 問 役 薬
	由 油 有 遊 予 羊 洋 葉 陽 様 落 流 旅 両 緑 礼 列 練 路 和
	(200字)
第四学年	愛 案 以 衣 位 茨 印 英 栄 媛 塩 岡 億 加 果 貨 課 芽 賀 改
	械 害 街 各 覚 潟 完 官 管 関 観 願 岐 希 季 旗 器 機 議 求
	泣 給 挙 漁 共 協 鏡 競 極 熊 訓 軍 郡 群 径 景 芸 欠 結 建
	健 験 固 功 好 香 候 康 佐 差 菜 最 埼 材 崎 昨 札 刷 察 参
	産 散 残 氏 司 試 児 治 滋 辞 鹿 失 借 種 周 祝 順 初 松 笑
	唱 焼 照 城 縄 臣 信 井 成 省 清 静 席 積 折 節 説 浅 戦 選
	然 争 倉 巣 束 側 続 卒 孫 帯 隊 達 単 置 仲 沖 兆 低 底 的
	典 伝 徒 努 灯 働 特 徳 栃 奈 梨 熱 念 敗 梅 博 阪 飯 飛 必
	票 標 不 夫 付 府 阜 富 副 兵 別 辺 変 便 包 法 望 牧 末 満
	未 民 無 約 勇 要 養 浴 利 陸 良 料 量 輪 類 令 冷 例 連 老
	労 録
	(202字)

第五学年	圧囲移因永営衛易益液演応往桜可仮価河過快
	解格確額刊幹慣眼紀基寄規喜技義逆久旧救居
	許境均禁句型経潔件険検限現減故個護効厚耕
	航鉱構興講告混査再災妻採際在財罪殺雑酸賛
	士支史志枝師資飼示似識質舎謝授修述術準序
	招証象賞条状常情織職制性政勢精製税貴績接
	設絶祖素総造像増則測属率損貸態団断築貯張
	停提程適統堂銅導得毒独任燃能破犯判版比肥
	非費備評貧布婦武復複仏粉編弁保墓報豊防貿
	暴脈務夢迷綿輸余容略留領歴　　　　　（193字）
第六学年	胃異遺域宇映延沿恩我灰拡革閣割株干巻看簡
	危机揮貴疑吸供胸郷勤筋系敬警劇激穴券絹権
	憲源厳己呼誤后孝皇紅降鋼刻穀骨困砂座済裁
	策冊蚕至私姿視詞誌磁射捨尺若樹収宗就衆従
	縦縮熟純処署諸除承将傷障蒸針仁垂推寸盛聖
	誠舌宣専泉洗染銭善奏窓創装層操蔵臓存尊退
	宅担探誕段暖値宙忠著庁頂腸潮賃痛敵展討党
	糖届難乳認納脳派拝背肺俳班晩否批秘俵腹奮
	並陛閉片補暮宝訪亡忘棒枚幕密盟模訳郵優預
	幼欲翌乱卵覧裏律臨朗論　　　　　　　（191字）

〔編者注：音訓の小・中・高等学校段階別割り振り表（平成29年3月）については，https://www.mext.go.jp/a_menu/shotou/new-cs/1385768.htmを御参照ください。〕

13 主な教育漢字の筆順

〔解説〕

(1) 筆順は，文部省『筆順指導の手びき』（昭和33年）に準拠していますが，そこに掲げてあるものよりも幾らか細かく分解して示してあります。

なお，『筆順指導の手びき』の「本書のねらい」には，

「…筆順は，学習指導上に混乱を来たさないようにとの配慮から定められたものであって，そのことは，ここに取りあげなかった筆順についても，これを誤りとするものでもなく，また否定しようとするものでもない。」

とあります。

(2) 配列は，常用漢字表（平成二十二年内閣告示第二号）に掲げてある各字の音訓のうち，なるべくその字の一般的と思われる字音（字音のない場合は字訓）によって五十音順にしました。したがって，もし，ある字が，ある字音（字訓）の箇所に見当たらなかった場合は，その字の他の字音（字訓）の箇所を捜してください。

(3) 字体は，便宜上，教科書体活字によりました。

【あ】

愛　＾　⺍　⻖　感　愛　愛
悪　一　日　亜　亜　悪
圧　一　厂　厈　圧
安　＇　宀　安　安
案　＇　宀　安　安　案
暗　日　旷　暗　暗

【い】

以　＼　ｌ　以　以　以
衣　＇　一　ナ　ホ　衣　衣
位　イ　伫　位　位
囲　冂　冃　用　囲
医　一　匚　匸　医　医
委　二　千　禾　秃　委　委
胃　口　四　田　胃　胃
異　口　田　田　里　里　異
移　二　千　禾　秒　移　移
意　＇　立　音　意
遺　＇　口　中　虫　貴　潰　遺
域　十　圹　圻　垍　城　城　域
育　＇　亠　云　育　育

一　一
引　フ　弓　引
印　＇　イ　イ　印　印

因　冂　冃　肉　因
員　口　日　冐　員
院　＇　ろ　阝　阼　阼　院
飲　へ　今　食　飲　飲

【う】

右　ノ　ナ　右
宇　＇　宀　宇　宇　宇
羽　フ　ヲ　ヲ　羽　羽　羽
雨　一　冂　币　雨　雨
運　一　冒　軍　運　運
雲　一　币　雲　雪　雪　雲　雲

【え】

永　＼　了　永　永　永
泳　氵　泳　泳　泳　泳
英　一　艹　苎　莁　英
映　ⅡⅡ　日　日　映　映　映　映
栄　＂　学　栄　栄
営　＂　学　営　営　営
衛　彳　衛　衛　衛　衛　衛
易　口　日　尸　号　易
益　＂　兰　益　益　益
液　氵　液　液　液　液　液
駅　ｌ　冂　馬　馬　駅　駅
円　冂　冂　円

延 ´ ノ イ 千 正 延 延	仮 イ 仁 仮 仮 仮
沿 シ シ 氵 沿 沿 沿	何 イ 仁 仁 何 何
園 冂 門 甼 閜 園 園	花 一 艹 艹 芢 花
遠 十 吉 吉 袁 袁 遠 遠	価 イ 仁 佰 価 価
塩 十 土 圹 垆 塩 塩	果 冂 日 旦 甲 果
演 シ シ 氵 沪 泸 演 演	河 シ シ 河 河 河
	科 二 千 禾 禾 科 科
【お】	夏 一 丆 百 頁 夏 夏
	家 丶 宀 宀 宇 穷 家 家
王 一 丁 干 王	荷 一 艹 艹 荷 荷 荷
央 丶 口 口 央 央	貨 イ 仁 伫 貨
応 丶 广 广 応 応	過 冂 円 円 咼 咼 渦 過
往 彳 彳 行 往	歌 一 可 可 哥 歌 歌
桜 十 木 オ ギ ギ 桜 桜 桜	課 シ 言 訳 評 課
横 十 木 木 ギ 椎 横 横	我 丶 二 手 我 我
屋 コ 尸 尸 尽 屋 屋	画 一 亓 両 両 画 画
億 イ 广 伫 倍 億 億	芽 一 艹 艹 芒 芽 芽
音 立 产 音 音	賀 フ カ 加 智 賀
恩 冂 因 因 恩 恩	回 冂 回 回
温 泗 泗 涅 温 温	灰 一 厂 厂 厅 灰
	会 ノ 人 合 会 会
【か】	快 丶 丶 忄 忄 快
	改 コ 己 己 改 改
下 一 丁 下	海 シ シ 汇 浄 海 海
化 ノ イ 化	界 冂 田 甲 界 界
火 丶 ソ 少 火	械 十 木 机 柿 械 械 械
加 フ カ カ 加	
可 一 口 可	

絵　く　乡　幺　糸　紒　絵　絵	巻　丷　䒑　半　美　类　巻　巻
開　｜　冂　冂　門　閂　開	看　一　二　三　手　禾　看　看　看
階　了　阝　阝　阝　陀　陛　階	寒　丶　宀　宀　宀　寒　寒
解　ク　〆　角　角　解　解　解	間　｜　冂　冂　門　門　間
貝　冂　目　貝	幹　十　古　車　軡　幹　幹
外　ノ　ク　タ　外　外	感　ノ　厂　后　咸　咸　感　感
害　丶　宀　宀　中　宝　害	漢　氵　汁　汁　渖　漢　漢
街　彳　彳　彳　彳　街　街　街	慣　丶　忄　忄　忄　忄　慣　慣
各　ノ　ク　夂　各	管　竹　竹　竺　竺　管　管　管
角　ク　ㄫ　角　角	関　｜　冂　門　門　閂　関
拡　一　扌　扌　扩　扩　拡　拡	館　𠆢　㑒　食　飣　飣　館
革　一　艹　䒑　苗　革	簡　竹　竹　竹　筲　筲　筲　簡　簡
格　十　木　杦　杦　格	観　𠂉　千　希　雚　観　観
覚　ⅵ　⺍　⺍　当　覚	丸　ノ　九　丸
閣　阝　阝　門　門　門　閉　閣　閣	岸　丶　屮　山　岀　岸　岸
確　一　厂　矿　矿　碎　確	岩　丶　屮　山　岀　岩　岩
学　丶　ⅵ　⺍　学　学　学	眼　冂　目　䀠　眊　眼　眼
楽　丶　白　自　泊　澊　楽	顔　亠　立　产　彦　彦　顔　顔
額　丶　宀　宀　安　客　額	願　一　厂　所　盾　原　原　願　願
活　氵　汇　汗　活	
割　宀　宀　中　宀　宝　害　割　割	**【き】**
株　十　木　杵　杵　株	
干　一　二　干	危　ノ　ク　�　产　产　危
刊　二　干　刊　刊	机　一　十　オ　木　朾　机
完　丶　宀　宀　完　完	気　ノ　ケ　气　気　気
官　丶　宀　宀　官　官	希　ノ　メ　ナ　产　希　希
	汽　氵　汇　汽　汽

790

季	一	二	禾	委	季	季	吸	丨	口	叮	吸	吸	
紀	幺	幺	幺	糸	紀	紀	求	一	十	求	求	求	
記	二	言	訂	記	記		究	宀	空	空	究		
起	十	走	起	起			泣	氵	汁	泣	泣		
帰	丨	尸	帰	帰			急	刍	急	急			
基	一	廿	甘	其	基		級	幺	糸	級	級		
寄	宀	空	実	寄	寄		宮	宀	宮	宮			
規	二	夫	規	規			救	一	求	救	救		
喜	十	吉	喜	喜			球	王	珂	球	球		
揮	扌	押	揮	揮			給	糸	給	給			
期	其	期	期				牛	牛					
貴	中	貴	貴				去	土	去	去			
旗	方	旗	旗				居	尸	居	居			
器	哭	器	器				挙	兴	挙	挙			
機	木	機	機				許	言	許	許			
技	扌	技	技				魚	魚	魚				
義	羊	義	義				漁	氵	漁	漁			
疑	疑	疑					共	廿	共				
議	言	議	議				京	亠	京	京			
客	宀	客	客				供	亻	供	供			
逆	屰	逆	逆				協	十	協	協			
九	九						胸	月	胸	胸			
久	久						強	弓	強	強			
弓	弓						教	孝	教				
旧	旧						郷	郷	郷				
休	亻	休					境	土	境	境			

橋　十　才　扩　栌　橋　橋　橋
鏡　人　ఒ　牟　金　鈩　鈩　鐼　鏡
競　立　立　咅　竟　競
業　〞　〞〞　業　業
曲　｜　冂　曲　曲
局　ユ　尸　局　局
極　十　才　扩　枦　枦　柯　極　極
玉　一　丁　王　玉
均　土　圴　均　均
近　ノ　厂　斤　斤　近　近
金　ノ　人　今　全　今　金
勤　一　廿　节　芦　董　勤　勤
筋　ヶ　〴　竻　筜　笳　笳　筋　筋
禁　十　木　林　禁
銀　人　ఒ　牟　金　鈤　鈤　鉬　銀

【く】

区　一　フ　又　区
句　ノ　勹　句
苦　一　廿　芇　芊　苦
具　冂　月　且　具
空　ウ　宀　空　空
君　フ　ヲ　ヲ　尹　君
訓　ㇺ　言　訓　訓
軍　ノ　冖　宣　軍
郡　フ　ユ　尹　君　郡　郡

群　フ　ヨ　ヨ　尹　君　群　群

【け】

兄　丶　冂　口　尸　兄
形　二　开　形
系　一　ఒ　丞　玄　系　系
径　ノ　ク　彳　彳　彵　径　径
係　亻　广　伫　俘　俘　係
型　二　开　刑　型
計　ㇺ　言　計
経　ఒ　幺　幺　糸　約　終　経
敬　一　廿　芍　芍　敬
景　冂　日　旦　景　景
軽　一　月　百　車　軒　軽　軽
警　廿　芍　苟　莣　敬　鹩　警
芸　一　廿　芏　芸　芸
劇　广　广　庐　庐　虍　虜　虜　劇
激　氵　沪　泊　泊　湻　潡　激
欠　ノ　ク　夂　欠
穴　丶　宀　宀　宀　穴
血　ノ　亻　白　血　血
決　氵　汁　汋　決
結　ఒ　幺　幺　糸　紶　結　結
潔　氵　汁　沽　洆　潔　潔　潔
月　丿　刀　月
犬　一　ナ　大　犬

件	イ 仁 化 件	呼 い丨口 叮 叮 吁 呼
見	丨 冂 目 見	固 冂 冂 円 固 固
券	丷 丷 半 关 券 券	故 十 古 古 圹 故
建	⁊ ⁊ ⁼ ⁼ 聿 建 建	個 イ 仃 们 们 個 個
研	一 丆 石 矴 研	庫 丶 广 广 庐 庫
県	丨 冂 目 県	湖 氵 汁 洁 油 湖
健	イ 仃 仟 仴 律 健 健	五 一 丆 五 五
険	⁊ ⁊ ⻖ 阝 阡 険 険	午 ノ ⺉ 仁 午
検	十 オ 朾 柃 検	後 イ 彳 彳 徉 徉 後
絹	〳 纟 纟 糸 糽 糽 絹	語 言 言 訂 語 語
権	十 オ 朾 梻 栌 桟 権	誤 言 言 訂 誤 誤 誤
憲	丶 宀 宀 宀 宔 害 憲 憲	護 言 言 訷 訷 謢 護 護
験	丨 冂 冂 冎 馬 馰 騃 験	口 丨 冂 口
元	一 二 テ 元	工 一 丅 工
言	丶 宀 亖 言	公 ノ 八 公 公
限	⁊ ⁊ ⻖ 阝 阻 限	功 一 工 功 功
原	一 厂 厂 所 盾 盾 原 原	広 丶 亠 广 広 広
現	一 丅 王 珇 珇 現	交 丶 亠 六 夳 交
減	氵 沍 沔 減 減	光 丨 ⺌ 业 光
源	氵 沪 沪 沪 沪 沪 源 源	向 ノ 亻 门 向
厳	丷 丷 严 严 崚 厳	后 丆 厂 尸 后

【こ】

		好 乀 女 女 好 好 好
		考 十 尹 考 考
己	⁊ ⁊ 己	行 彳 彳 亻 行 行
戸	一 ⼮ ⼮ 戸	孝 十 士 耂 孝 孝 孝
古	一 十 古	効 亠 六 方 交 効 効

幸　十 㚗 㚗 幸　　　　骨　丨 冂 冂 冎 冎 骨 骨 骨
厚　一 厂 厈 厚 厚 厚　　今　ノ 人 今 今
皇　ノ 宀 白 皁 皇　　　困　丨 冂 冂 円 困 困 困
紅　幺 糸 糸 糸 紅 紅 紅　根　十 木 朾 相 梠 根
候　亻 亻 亻 伊 伊 候　　混　氵 沪 沪 泥 混
校　十 木 朾 柼 校
耕　一 三 未 耒 耕　　　　　　　【さ】

航　ノ 丿 自 自 舡 航　　左　一 ナ 左 左
降　阝 阝 阝 陉 陉 降 降 降　査　十 木 杏 査
高　ノ 亠 古 高 高　　　砂　丆 丆 石 石 矶 砂 砂 砂
康　ノ 亠 广 户 序 庚 康 康　差　ソ 羊 羊 差 差
黄　一 艹 芈 黄 黄　　座　广 广 庐 庐 座 座 座 座
港　氵 汢 浩 浩 港 港　　才　一 十 才
鉱　人 牟 牟 金 針 鈩 鉱 鉱　再　一 冂 再 再
構　十 木 朾 栉 構 構 構　災　く 巛 巛 災
興　亻 牁 即 胂 脚 興　　妻　一 ヲ ヨ 妻 妻
鋼　金 釗 釗 釗 鋼 鋼 鋼 鋼　採　一 扌 扌 抨 採 採
講　言 言 請 誹 講 講 講　済　氵 汢 汢 済 済 済
号　丶 口 口 号 号　　祭　夕 夕 夕 祭 祭
合　ノ 人 合 合　　　細　纟 纟 糸 糸 細 細
告　ノ 牛 生 告　　　菜　一 艹 苹 莖 菜
谷　ノ 八 公 谷　　　最　冂 旦 旱 昗 最
刻　亠 亥 亥 亥 刻 刻　　裁　士 丰 丰 丰 裁 裁
国　冂 冂 国 国 国　　際　阝 阝 阝 阣 際 際
黒　口 日 甲 里 黒　　在　一 ナ 才 在 在
穀　士 声 壴 彀 穀　　材　十 木 村 材

財　冂　目　貝　財　財　　　　支　一　十　ゟ　支

罪　冖　罒　罙　罪　罪　罪　　止　丨　卜　止　止

作　亻　亻　仁　作　作　　　　氏　ノ　匸　氏　氏

昨　冂　日　旷　昨　昨　　　　仕　ノ　亻　仁　什　仕

策　ノ　⺮　⺮　竻　竻　笁　筞　策　　史　丶　口　口　史　史

冊　丨　冂　冊　冊　冊　　　　司　冂　司　司

札　一　十　才　木　札　　　　四　丨　冂　冊　四　四

刷　コ　尸　刷　刷　刷　　　　市　丶　亠　宀　市　市

殺　ノ　㐅　杀　殺　殺　　　　矢　ノ　丿　⺈　天　矢

察　丶　宀　宷　宷　宷　窔　察　察　死　一　厂　歹　歹　死

雑　ノ　九　杂　雑　雑　雑　　糸　く　幺　幺　糸　糸

皿　丨　冂　皿　皿　皿　　　　至　一　厶　𡗗　至　至

三　一　二　三　　　　　　　　志　十　士　志　志

山　丨　山　山　　　　　　　　私　ノ　二　千　禾　私　私

参　ム　ム　厽　矢　参　　　　使　亻　仁　佢　伊　使

蚕　二　天　天　吞　蚕　　　　始　く　夂　女　如　始　始

産　宀　亠　产　产　産　産　　姉　く　夂　女　妒　姉　姉

散　一　卄　卅　苩　莆　散　　枝　一　十　才　木　杜　枝　枝

算　ノ　⺮　⺮　竹　笞　筧　算　姿　ノ　冫　次　次　姿　姿

酸　一　冂　西　酉　酌　酡　酸　思　丨　口　囚　田　思　思

賛　二　夫　夫　兟　梼　賛　　指　一　十　才　扩　护　指

残　一　厂　万　歹　歹　残　残　残　師　ノ　亻　尸　自　師　師

　　　　　　　　　　　　　　　紙　く　幺　幺　糸　糿　紅　紙

【し】

　　　　　　　　　　　　　　　視　丶　礻　礻　礼　祁　視

　　　　　　　　　　　　　　　詞　二　言　訂　訂　詞

士　一　十　士　　　　　　　　歯　丨　卜　凵　凿　歩　歯

子　フ　了　子

試	ミ	言	訂	訂	訌	試		写	ヽ	写	写	写			
詩	ミ	言	計	詳	詿	詩		社	ヽ	ラ	ネ	ネ	社	社	
資	ヽ	ニ	ゾ	次	浴	資		車	一	戸	亘	車			
飼	ヘ	ケ	ケ	旨	食	釘	飼 飼	舎	ノ	八	全	全	舎		
誌	言	訂	計	誌	誌	誌 誌		者	十	土	耂	者			
示	二	亍	示					射	′	竹	月	身	身	身	射 射
字	′	′′	宀	宇	宁	字		捨	扌	扩	扲	扲	拴	拴	捨 捨
寺	十	土	岺	寺				謝	ミ	言	訂	訃	諍	謝	
次	ヽ	ニ	ゾ	次				尺	コ	コ	尸	尺			
耳	一	丆	耳	耳	耳			借	イ	仁	仕	借	借		
自	′	′l	门	自				若	一	艹	艻	芳	芋	若	若
似	イ	们	仏	似				弱	ㄱ	弓	弓	弱	弱		
児	l	冂	旧	児				手	′	二	手				
事	一	亍	亘	亘	事			主	ヽ	二	宁	主			
治	ミ	汁	泊	治				守	′	′′	宀	宁	守	守	
持	一	十	扌	扩	挂	持		取	一	丆	耳	取	取		
時	日	日	旪	昨	時			首	ヽ	′′	艹	芦	首		
辞	′	二	千	舌	舌	辞	辞	酒	ミ	汀	沔	酒			
磁	石	矿	矿	砕	砕	磁	磁 磁	種	′	ニ	千	禾	秆	稆	種 種
式	一	王	式	式				受	′	′′	′″	严	受	受	
識	ミ	言	訂	詳	諳	識	識	授	一	十	扌	扩	护	授	
七	一	七						樹	木	村	柿	桔	桔	樹	樹 樹
失	′	二	牛	失				収	l	リ	収	収			
室	′	宀	宁	宝	宝	室		州	′	リ	州	州			
質	′	ゲ	忾	竹	質			周	丿	冂	月	円	周		
実	′	宀	宇	実				宗	′	宀	宇	宗			

拾	一	十	扌	扩	扮	拾		初	丶	ラ	衤	ネ	衤	初	初
秋	ノ	二	千	禾	和	秋		所	一	ラ	戸	所	所
修	亻	亻	俏	俏	修	修		書	フ	ユ	聿	書
終	乀	幺	幺	糸	紋	終	終		暑	日	旦	早	昇	暑
習	フ	ヲ	羽	羽	羽	習		署	一	四	四	罒	甲	罗	署	署
週	丿	月	用	周	调	週		諸	言	言	計	詝	諸
就	亠	古	京	亨	就	就		女	く	女	女
衆	丿	丶	白	血	血	卑	衆	衆		助	丨	月	且	助	助
集	亻	什	隹	隹	集	集		序	丶	广	广	序
十	一	十						除	乀	阝	阝	阽	险	除	除
住	亻	亻	亻	住	住		小	亅	小	小
重	一	二	盲	車	重		少	亅	小	小	少
従	亻	彳	径	仹	祥	従		招	一	十	扌	扚	扨	招
縦	乀	糸	糾	絆	絆	絆	縦		承	フ	了	手	承	承
祝	丶	ヲ	衤	衤	祝	祝		松	一	十	才	木	朩	杧	松	松
宿	丶	宀	宀	宀	宿	宿		昭	日	旦	旷	昭	昭
縮	糸	紵	紵	縮	縮	縮	縮		将	丬	丬	汁	护	护	护	将	将
熟	亠	亨	亨	享	孰	孰	孰	熟		消	冫	汀	汁	汨	消	消
出	丨	屮	中	出		笑	丿	ト	竺	竺	竺	笑	笑
述	十	朮	沭	述		唱	口	唱	唱	唱
術	彳	什	休	術	術		商	丶	一	立	产	芮	商
春	三	夫	夫	春		章	丶	一	产	音	章	章
純	乀	幺	幺	糸	紡	紡	純	純		勝	丿	月	月	肝	胖	胖	勝
順	丿	川	川	順	順		焼	丶	ハ	火	灯	炻	焼	焼	焼
準	冫	汀	汁	淮	準		証	言	言	訂	訂	証	証
処	丿	ク	夂	処	処		象	丷	色	免	象	象

傷	イ	仁	作	信	信	傷	傷	傷
照	冂	日	昨	昭	照			
障	阝	阝	阝	産	陪	�	障	
賞	丶	丷	常	賞	賞			
上	丨	卜	上					
条	ノ	ク	タ	条				
状	丨	丬	状	状				
乗	一	二	乒	垂	垂	乗		
城	十	圤	圤	圹	坊	城	城	城
常	丶	丷	学	常	常	常		
情	丶	忄	忄	忄	悍	情	情	
場	圤	圯	坦	場	場			
蒸	艹	艹	芌	芽	茏	茏	蒸	蒸
色	ク	㇆	各	色	色			
食	ノ	入	仒	今	令	食	食	
植	十	木	朾	柿	植	植		
織	糸	糸	糸	紓	紓	緒	織	織
職	一	丁	耳	耵	聍	聩	職	職
心	丶	心	心	心				
申	丶	口	日	日	申			
臣	丨	厂	厂	戸	臣			
身	丶	丆	冇	身	身	身		
信	イ	仁	信	信	信			
神	丶	礻	礻	礻	和	袖	神	
真	十	市	直	直	真			
針	入	仐	仐	令	金	金	針	

深	氵	氵	氵	深	深			
進	イ	什	隹	淮	進			
森	十	木	森	森				
新	亠	立	立	亲	新	新		
親	亠	立	亲	新	親			
人	ノ	人						
仁	ノ	イ	仁					

【す】

図	冂	冂	冈	図	図			
水	刂	刂	水	水				
垂	一	二	三	乒	乒	垂	垂	
推	一	扌	扌	扪	扪	掛	推	
数	丷	米	米	娄	数	数		
寸	一	寸	寸					

【せ】

世	一	十	世	世	世			
正	丁	下	正	正				
生	ノ	仁	牛	生				
成	ノ	厂	万	成	成	成		
西	一	厂	兀	西	西			
声	士	吉	吉	声				
制	ノ	仁	制	制	制	制		
性	丶	忄	忄	忄	忓	性		
青	一	十	主	青	青			

政	一	下	正	正	政		雪	一	二	示	雫	雪	雪
星	丶	口	日	旦	星		節	ᶜ	ᶜᶜ	竺	笁	箭	節 節
省	ᶜ	小	少	省	省		説	ᶜ	言	訂	訪	説	
清	氵	汁	洰	清	清		舌	一	二	千	舌		
盛	ノ	厂	厉	成	成 盛 盛		絶	⟨	幺	幺	糸	紀	絽 絶
晴	日	日	吽	晴	晴		千	一	二	千			
勢	ᶜ	夫	赤	刲	埶 勢 勢		川	ノ	川	川			
聖	一	二	耳	耶	即 聖 聖		先	ノ	⟨	牛	生	先	
誠	ᶜ	言	訂	訪	訪 誠		宣	丶	宀	宀	冟	宣	
精	ᶜ	半	米	籵	桔 精 精		専	一	戸	百	申	車	専
製	ᶜ	缶	耒	制	剒 剝 製 製		泉	ᶜ	白	白	泉	身	泉
静	一	青	靑	静	静		浅	氵	汴	浅	浅	浅	
整	ᶜ	日	申	束	軟 敕 整		洗	氵	氵	汐	汚	洪	洗
税	ᶜ	二	禾	利	利 税		染	氵	氵	沈	涇	染	染
夕	ノ	ク	夕				船	ᶜ	几	角	舟	舩	船
石	一	厂	石				戦	丶	ᵛ	当	単	単	戦 戦
赤	十	土	亦	赤			銭	ᶜ	ᵃ	牟	金	釒	銭 銭 銭
昔	一	十	廿	芹	苫 昔 昔		線	⟨	幺	幺	糸	約	綷 線
席	丶	亠	广	产	庐 席		選	ᵃ	己	巴	巽	巽	選 選
責	十	主	青	責			全	ノ	入	ᶜ	今	全	
積	ᶜ	千	禾	利	秆 稍 積 積		前	丶	ᵛ	首	首	前	前
績	⟨	幺	幺	糸	紆 結 績 績		善	ᵛ	亜	羊	茥	羞	善
切	一	七	切	切			然	ノ	ク	タ	外	狄	然 然
折	一	扌	扌	扩	折								
接	一	扌	扌	扩	护 接 接		**【そ】**						
設	ᶜ	言	訂	訂	設		祖	丶	ᵗ	ネ	衤	初	祖

素	一 圭 耂 素	息 丿 冂 自 息 息
組	乡 幺 糸 糸 紕 組	速 一 戸 束 束 速 速
早	丶 口 曰 旦 早	側 亻 伫 佃 俱 側 側
争	夕 勹 夕 刍 争	測 冫 氵 沪 沮 測
走	十 土 キ キ 走	族 丶 亠 方 方 扩 挤 族
奏	二 丰 夫 表 麦 麦 奏	属 コ 尸 尸 居 居 属 属
相	一 十 木 机 相	続 乡 幺 糸 糸 紅 続 続 続
草	一 艹 节 节 草	卒 丶 亠 亣 卆 卆 卒
送	丷 关 关 送 送	率 丶 亠 亣 玄 玄 密 密 率
倉	丿 入 合 合 仐 倉	存 一 ナ 才 存 存
巣	丷 ⺍ ⺍ 当 当 単 単 巣	村 十 木 村 村
窓	宀 宀 空 空 突 突 窓 窓	孫 乛 了 孑 孑 孫 孫 孫
創	丿 入 合 仐 倉 創	尊 丷 䒑 酋 酋 酋 尊
装	丨 爿 壮 壮 芸 芸 裝 装	損 一 十 才 扣 捐 捐 損
想	十 木 机 相 相 想 想	
層	二 尸 尸 尸 屄 屒 層 層	**【た】**
総	乡 幺 糸 糸 紸 絵 総 総	他 亻 仲 仲 他
操	扌 护 护 押 捸 操 操	多 丿 夕 タ 多
造	丿 牛 生 告 浩 造	打 一 十 才 打
像	亻 伫 伫 俜 伊 像 像	太 一 ナ 大 太
増	圡 圹 圹 増 増	対 丶 亠 ナ 文 対 対
蔵	一 艹 广 庐 芹 荿 蔵 蔵	体 亻 什 休 体
臓	犷 犷 肵 肵 臆 臓 臓 臓	待 彳 彳 徔 待
束	一 厂 厅 曰 申 束 束	退 コ ヨ 艮 艮 退 退
足	丶 口 口 甼 叿 足	帯 一 卅 卅 芇 帯 帯
則	丨 冂 冂 目 貝 則 則	貸 亻 亻 代 代 貸 貸

隊	' ３ 阝 阼 阧 隊 隊	値 イ 仁 仹 侑 侑 値 値
態	' ム 自 能 能 態 態	置 ' '' 罒 罒 置 置
大	一 ナ 大	竹 ' ' ケ 竹 竹
代	イ 仁 代 代	築 ' ' 竹 竹 筑 筑 筑 築
台	ム 台	茶 一 艹 艾 苳 茶
第	' ' ' 竹 笋 笋 第 第	着 ' '' 羊 羊 羊 着
題	' 口 日 早 早 是 題 題	中 ' 口 口 中
宅	' '' 宀 宄 宅 宅	仲 ' イ 仁 仆 仲 仲
達	十 士 幸 幸 達 達	虫 口 中 虫 虫
担	一 ナ 寸 扌 扣 担 担	宙 ' '' 宀 宁 市 宙 宙
単	' '' 兴 単 単	忠 ' 口 口 中 忠 忠
炭	' ' 山 山 炭 炭 炭 炭	注 ' ' 汁 注
探	扌 扩 扩 扨 抨 挥 探	昼 ' 尺 昼 昼
短	' ' 矢 矢 短 短	柱 十 木 杧 柱
誕	' ' 言 訂 訂 誕 誕 誕	著 一 艹 芓 莱 著
団	冂 冂 団 団	貯 ' 貝 貯 貯 貯
男	' 口 田 田 男 男	丁 一 丁
段	' イ 乍 乍 乍 段 段	庁 ' 广 广 庁 庁
断	'' 半 米 迷 断 断	兆 ' ' 丬 兆 北 兆
暖	日 日 日 昕 昕 暖 暖	町 冂 田 町 町
談	' ' 言 訂 訂 談 談	長 一 ┌ 토 長 長 長

【ち】

地	十 士 圹 地 地
池	' ' 汁 池
知	' ' 矢 知

帳	' 冂 巾 帆 帐 帳 帳
張	' 弓 引 弹 弹 張
頂	丁 丁 疒 疒 而 頂 頂 頂
鳥	' ' 户 户 鳥 鳥
朝	十 古 卓 朝

腸 丿 刀 月 肥 胆 腸 腸	典 丶 冂 曲 曲 典
潮 氵 氵 氵 浐 浐 淖 潮 潮	店 丶 广 广 庐 店
調 訁 言 訂 訓 調 調	点 丶 卜 占 点
直 十 市 直 直	展 コ 尸 尸 屏 屏 展
賃 亻 仁 仁 侼 賃	転 一 口 車 車 転 転 転
	田 丨 冂 田 田
【つ】	伝 亻 仁 仁 伝 伝
	電 一 厂 币 雨 雨 雷 電
追 丶 亻 白 自 追 追	
通 丶 マ マ 甬 甬 涌 通 通	【と】
痛 广 广 疒 疗 疗 病 痛 痛	
	徒 亻 什 件 件 徒
【て】	都 十 土 耂 者 者 都 都
	土 一 十 土
低 亻 仁 伒 任 低 低	努 く 夂 女 奴 努 努
弟 丶 丷 当 弟 弟	度 丶 亠 广 户 庐 庐 度
定 丶 宀 宀 宇 宇 定	刀 フ 刀
庭 丶 广 广 庐 庄 庭 庭	冬 丿 ク 夂 冬
底 丶 广 广 庐 庐 底 底	灯 丶 丷 ⺌ 火 灯 灯
停 亻 仁 伫 停 停 停	当 丶 丨 ⺌ 当 当
提 一 十 扌 押 押 捍 提	投 一 十 扌 扌 扏 投
程 二 千 禾 秆 秆 程	豆 一 厂 口 豆 豆 豆 豆
的 丶 亻 白 的 的	東 一 口 甫 車 東
笛 丿 𥫗 𥫗 笛 笛 笛 笛	島 丶 亻 白 鸟 島
適 丶 亠 产 商 商 滴 適	討 訁 言 言 討 討
敵 丶 亠 产 商 商 献 敵	党 丶 丷 ⺌ 当 党
鉄 人 今 金 鈝 鉄	湯 氵 沪 沪 浔 湯
天 一 二 天 天	

登　フ　ヲ　ヺ　癶　癸　登	【に】
答　ノ　ト　ケ　竹　竻　笒　答	
等　ノ　ト　ケ　竹　竺　笁　等	二　一　二
統　く　幺　幺　糸　紵　紵　統	肉　丨　冂　内　肉
糖　米　籵　粰　粘　粘　糖　糖	日　丨　冂　日　日
頭　一　戸　豆　豆　頭　頭	入　ノ　入
同　丨　冂　冂　同	乳　乛　乛　乛　乛　乳　乳　乳　乳
動　一　一　亘　重　重　動　動	任　イ　イ　仁　仟　任
堂　丷　丷　尚　尚　堂	認　言　言　訂　認　認　認
童　丶　立　音　童	
道　丷　丷　首　道　道	【ね】
働　イ　イ　佰　俥　働　働	熱　土　坴　刬　執　執　熱
銅　人　幺　全　金　釦　釦　銅	年　ノ　仁　乒　年
導　丷　丷　首　首　道　道　導　導	念　ノ　人　今　念　念
特　牛　牛　牛　牜　牸　特	燃　火　灯　炒　炒　燃　燃　燃
得　イ　彳　彳　得　得	
徳　イ　彳　徏　徳　徳　徳	【の】
毒　十　主　青　青　毒	納　く　幺　幺　糸　糽　納
独　ノ　犭　犭　犯　狆　独	能　ム　自　自　能　能
読　言　言　訂　訃　読　読	脳　月　月　肝　肶　脳　脳　脳
届　コ　尸　屁　屇　届	農　丶　口　曲　曲　芦　農　農
【な】	【は】
内　丨　冂　内　内	波　氵　氵　汗　沪　波
南　十　内　内　南　南	派　氵　氵　汇　沶　派
難　一　廿　甚　莫　薁　鄭　難	破　一　厂　石　矼　砕　破

馬	丨 厂 厂 馬 馬 馬
拝	一 十 扌 扩 拝 拝
背	一 斗 北 北 北 背 背
肺	刀 月 月 肝 肝 肝 肺 肺
俳	亻 亻 亻 亻 俳 俳 俳 俳
配	一 丆 西 酉 酉 配 配
敗	刀 目 貝 貝 敗 敗
売	十 士 声 売
倍	亻 亻 亻 俯 倍 倍
梅	十 木 木 杧 杧 栂 梅 梅
買	丶 冖 罒 罒 買 買
白	丿 亻 白 白
博	十 十 忄 忄 博 博 博 博
麦	十 士 主 麦 麦
箱	丿 丶 竹 竹 笨 箱 箱 箱
畑	丶 丷 少 火 炒 畑
八	丿 八
発	刀 刀 刀 癶 癶 癶 発
反	一 厂 厅 反
半	丶 丷 半 半
犯	丶 犭 犭 犯 犯
判	丶 丷 半 半 判 判
坂	土 土 扩 圻 坂 坂
板	十 木 木 杦 杦 板
版	丿 丿 斤 片 版 版
班	丁 王 王 到 珂 班 班 班

飯	𠆢 𠆢 𠆢 刍 刍 飠 飯 飯
晩	日 旷 旷 晬 晬 晬 晚 晩
番	丿 丆 办 平 平 釆 番

【ひ】

比	一 匕 比 比
皮	丿 厂 广 皮 皮
否	一 丆 不 不 否
批	一 十 扌 扌 批 批 批
肥	刀 月 肝 肝 肥 肥
非	丿 丿 非 非
飛	乀 飞 飞 飛 飛 飛
秘	千 禾 禾 秒 秒 秘 秘 秘
悲	丿 丿 非 非 悲 悲
費	一 弓 弗 弗 費 費
美	丷 丷 羊 兰 美
備	亻 亻 俨 俨 俻 備 備
鼻	丶 亻 门 自 畠 畠 畠 鼻
必	丶 丷 义 必 必
筆	丿 丶 丶 竹 竹 笎 笄 筆
百	一 丆 丆 百
氷	丿 丨 丬 氺 氷
表	十 圭 圭 表
俵	亻 亻 仕 俵 俵 俵 俵
票	一 丆 西 西 覀 票
評	丶 言 言 訂 評 評

標 十 木 栌 栌 栌 標 標 標

秒 二 千 利 秒 秒

病 ` 宀 广 疒 疒 病 病

品 丶 口 口 品 品

貧 ` 八 今 分 㑹 貧

物 ` 宀 牛 牛 牝 物

粉 ` 丷 斗 米 粉 粉 粉

奮 一 ナ 六 木 本 奮 奮 奮

分 ノ 八 分 分

文 ` 一 ナ 文

聞 I 門 門 門 門 聞 聞

【ふ】

不 一 ア 才 不

夫 一 二 チ 夫

父 ノ 八 グ 父

付 イ 仁 付 付

布 ノ ナ 右 布

府 ` 宀 广 广 庁 府

負 ` 宀 肖 負 負

婦 く 女 女 妒 妒 婦 婦 婦

富 ` 宀 宀 宀 㝢 富

武 一 二 千 千 正 武 武

部 立 立 咅 部 部

風) 几 几 凤 凮 風

服 刀 月 月 肝 服

副 一 戸 戸 咼 畐 副 副

復 彳 犷 衧 徨 復 復

福 丶 礻 礻 礻 禧 福 福

腹 月 月 肝 胪 腹 腹 腹 腹

複 丶 礻 礻 礻 裑 禈 複

仏 イ 仏 仏

【へ】

平 一 口 勾 平

兵 ` イ 斤 斤 丘 兵

並 丶 丷 丷 丷 丗 並 並

陛 ` 阝 阝 阞 阼 陛 陛 陛

閉 阝 門 門 門 門 閉 閉

米 丶 丷 丷 半 米

別 口 另 另 別 別

片 ノ 丿 戸 片

辺 フ カ 刀 辺 辺

返 一 厂 反 返 返

変 一 亠 亦 亦 変

編 く 幺 糸 絅 絅 絹 絹 編

弁 厶 厶 ム ム 弁

便 イ 仁 伃 伂 便 便

勉 ク 各 各 免 免 勉

【ほ】

歩 ` 卜 止 止 歩 歩

保 亻 仁 伊 仔 保
補 丶 テ オ ネ ネ 祁 補 補
母 乙 口 母 母
墓 一 艹 莒 莫 墓
暮 艹 芢 莒 莒 莫 莫 幕 暮
方 丶 一 方 方
包 丿 勹 勽 包
宝 丶 丷 宀 宀 宁 宇 宝 宝
放 丶 一 方 方 扩 放
法 氵 汁 法 法
訪 言 言 言 言 訂 訪 訪
報 土 キ キ 幸 幸 郣 報
豊 丶 口 曲 曲 豊 豊
亡 丶 一 亡
忘 丶 一 亡 広 忘 忘 忘
防 了 阝 阝 阽 防 防
望 一 亡 切 胡 望 望
棒 扌 木 杧 枺 棒 棒 棒
貿 丿 乇 乇 卯 卯 留 貿
暴 丶 口 旦 早 昇 暴 暴 暴
北 一 十 北 北 北
木 一 十 才 木
牧 丿 二 牛 牛 牧 牧
本 一 十 木 本

【ま】

毎 丿 一 仁 句 句 毎
妹 乙 女 女 妒 姅 妹
枚 一 十 才 木 术 杧 枚 枚
幕 艹 苩 莒 莒 莫 莫 幕 幕
末 一 二 十 末
万 一 万 万
満 氵 汁 汁 汁 満 満 満

【み】

未 一 二 十 未
味 口 叮 吽 味
密 宀 宀 少 安 安 宓 宻 密
脈 刀 月 肌 肵 脈 脈
民 コ コ 尸 民

【む】

務 丶 マ 予 矛 矛 矜 務 務
無 丿 一 二 無 無 無
夢 艹 艹 茜 茜 苩 夢 夢 夢

【め】

名 丿 勹 夕 名
命 丿 人 合 合 命 命
明 丨 冂 日 明 明

迷	゛	゛	半	米	迷	迷			
盟	日	明	明	盟					
鳴	口	叮	鳴	鳴					
面	一	了	丙	而	面	面			
綿	く	纟	纟	糸	糸	絈	絈	綿	綿

【も】

模	木	杧	杧	栉	樌	樌	模	模
毛	一	三	毛					
目	丨	冂	月	目				
門	丨	冂	冂	門	門	門	門	
問	丨	冂	門	門	門	問		

【や】

夜	'	亠	疒	夜	夜	夜
野	丶	口	日	甲	里	野	野
役	'	彳	彳	役	役	
約	く	纟	纟	糸	糸	約	約
訳	言	言	訓	訳	訳	
薬	一	艹	艹	节	苩	荅	薬	薬

【ゆ】

由	丨	冂	巾	由	
油	氵	汀	沺	油	
輸	一	市	亘	車	軩	軩	輸	輸
友	一	ナ	方	友	

有	ノ	ナ	有					
勇	'	マ	雨	面	甬	勇		
郵	二	千	兵	重	垂	郵	郵	
遊	亠	方	方	扩	斿	游	游	遊
優	イ	仁	仃	侽	傻	傻	優	優

【よ】

予	'	マ	子	予			
余	ノ	人	合	全	余		
預	'	予	預	預			
幼	く	纟	纟	幻	幼		
用	ノ	刀	月	用			
羊	丶	'	兰	兰	羊		
洋	氵	氵	洋	洋			
要	一	冂	西	要	要	要	
容	'	宀	宀	穴	突	容	
葉	一	艹	艹	苹	苹	苹	葉
陽	'	阝	阝	阼	陧	陽	陽
様	十	木	栏	样	样	様	様
養	'	兰	羊	芋	美	养	養
曜	日	日	日	甲	昍	晬	曜
浴	氵	氵	浴	浴			
欲	'	八	父	谷	欲	欲	
翌	コ	ヲ	굅	彗	習	習	翌

【ら】

来　一　ㄇ　�911　平　来
落　一　艹　芠　莎　茖　落
乱　ノ　ニ　千　千　舌　舌　乱
卵　ノ　㇌　㇌　卯　卯　卵
覧　丨　厂　厂　臣　臣　臨　覧　覧

【り】

利　ノ　ニ　禾　利　利
里　丨　ㄇ　曰　甲　里
理　一　丨　王　㺩　理　理　理
裏　亠　亩　审　重　裏　裏　裏　裏
陸　㇇　㇌　阝　阹　陸　陸　陸
立　丶　亠　立　立
律　彳　彳　彳　律　律
略　田　田　畋　畋　略
流　氵　汸　汸　汸　済　流
留　ノ　㇌　邙　邙　留
旅　丶　亠　方　方　扩　斻　旅
両　一　ㄇ　而　両　両
良　丶　㇌　ㅋ　自　良
料　丶　丷　米　米　料　料
量　丨　ㄇ　㠯　昌　量　量
領　ノ　𠆢　𠆢　令　領　領
力　フ　力

緑　乚　幺　糸　糺　紀　紀　緑
林　一　十　オ　木　林
輪　一　ㄇ　亘　車　軩　軩　輪　輪
臨　丨　厂　厂　臣　臨　臨　臨　臨

【る】

類　丶　丷　半　米　类　斲　類

【れ】

令　ノ　𠆢　𠆢　今　令
礼　丶　㇇　ㅊ　ネ　礼
冷　冫　冫　㐷　冷
例　亻　亻　伊　仴　伢　例　例
歴　一　厂　厍　麻　麻　歴　歴
列　一　ㄈ　歹　列　列
連　一　ㄇ　亘　車　連　連
練　乚　幺　糸　糺　糽　紳　練

【ろ】

路　丶　ㄇ　ㅂ　ㅂ　ㅂ　趵　路
老　十　耂　考　老
労　丶　丷　学　学　労
朗　丶　㇌　ㅋ　自　良　郎　朗　朗
六　丶　亠　六　六
録　𠆢　𠂆　午　金　釪　鈩　鈩　録
論　言　言　訡　訡　論　論　論

【わ】

和　　　　　　和
話　　　　　　話

和　ノ　二　千　禾　和
話　シ　言　訁　訐　話

14　学習指導要領の一部改正

常用漢字表の改定に伴う中学校学習指導要領の一部改正等及び
小学校，中学校，高等学校等における漢字の指導について（通知）

（平成22年11月30日　22文科初第1255号　文部科学大臣政務官から　各都道府県教
育委員会，各指定都市教育委員会，各都道府県知事，附属学校を置く各国立大学
長，構造改革特別区域法第12条第1項の認定を受けた地方公共団体の長あての通知）

　このたび，平成22年11月30日内閣告示第2号をもって，常用漢字表が改定
されたことに伴い，同日文部科学省告示第161号をもって，中学校学習指導
要領の一部を改正する告示（以下「中学校一部改正告示」という。）が別添
1のとおり公示され，また，文部科学省告示第162号をもって，平成22年11
月30日から平成24年3月31日までの間における中学校学習指導要領（平成10
年文部省告示第176号）及び高等学校学習指導要領（平成11年文部省告示第
58号）の特例を定める告示（以下「特例告示」という。）が別添2のとおり
公示され，さらに，文部科学省告示第163号をもって，平成22年11月30日か
ら平成24年3月31日までの間における特別支援学校小学部・中学部学習指導
要領（平成11年文部省告示第61号）及び特別支援学校高等部学習指導要領
（平成11年文部省告示第62号）の特例を定める告示が別添3のとおり公示さ
れました。

　今回の改正等は，別添4の「常用漢字表改定に伴う学校教育上の対応につ
いて」（まとめ）（平成22年9月29日）を踏まえ，学校教育における漢字指導
の取扱いについて行ったものです。

　ついては，別添1から4及び下記事項を御了知の上，各都道府県教育委員
会におかれては，所管の学校及び域内の市町村教育委員会に対し，各指定都
市教育委員会におかれては，所管の学校に対し，各都道府県知事及び構造改
革特別区域法第12条第1項の認定を受けた地方公共団体の長におかれては，
所轄の学校及び学校法人等に対し，国立大学長におかれては，その管下の学
校に対して，小学校，中学校及び高等学校等における漢字の指導が，その趣
旨に即して適切に行われるよう周知を図るとともに，必要な指導等をお願い
します。

記

1　小学校，中学校，高等学校及び中等教育学校における漢字指導上の留意

事項

(1) 小学校

　　小学校国語科における漢字指導については，「読み」，「書き」ともに，現行の小学校学習指導要領（平成10年文部省告示第175号）及び新しい小学校学習指導要領（平成20年文部科学省告示第27号）の取扱いに変更はないこと。

　　また，例えば，社会科等で用いられる都道府県名等の漢字の中には，小学校学習指導要領国語の学年別漢字配当表（以下「学年別漢字配当表」という。）にないものもあるが，振り仮名を付けるなど，従前どおり，児童の学習負担に配慮しつつ，各学校において，児童や地域の実態等に応じて，適切に提示して指導することができること。

(2) 中学校（中等教育学校の前期課程を含む。以下同じ。）

　　中学校国語科における漢字の「書き」の指導については，現行の中学校学習指導要領（平成10年文部省告示第176号）（以下「現行中学校学習指導要領」という。）及び新しい中学校学習指導要領（平成20年文部科学省告示第28号）（以下「新中学校学習指導要領」という。）の取扱いに変更はないこと。

　　中学校国語科における漢字の「読み」の指導については，次のとおりとする。

　　ア）平成22年度中及び平成23年度は，特例告示により，改定前の常用漢字表（昭和56年内閣告示第1号）に基づいて，現行中学校学習指導要領により指導すること。

　　イ）平成24年度以降は，改定後の常用漢字表（平成22年内閣告示第2号）に基づいて，中学校一部改正告示により改正された新中学校学習指導要領（以下「一部改正した新中学校学習指導要領」という。）により指導すること。

　　なお，平成23年度までの間，追加された常用漢字の「読み」について，その必要性や使用頻度等を勘案し，生徒や地域の実態等に応じて，適宜指導することができるとともに，現行中学校学習指導要領から新中学校学習指導要領に移行するために必要な措置（平成21年4月1日から平成24年3月31日までの間における中学校学習指導要領の特例を定める件（平成20年文部科学省告示第99号））により，一部改正した新中学校学習指導要領によることもできること。

（参考）　一部改正した新中学校学習指導要領国語の漢字の「読み」に関する事項

〔第1学年〕

　小学校学習指導要領第2章第1節国語の学年別漢字配当表（以下「学年別漢字配当表」という。）に示されている漢字に加え，その他の常用漢字のうち，<u>300字程度から400字程度</u>までの漢字を読むこと。

〔第2学年〕

　第1学年までに学習した常用漢字に加え，その他の常用漢字のうち，<u>350字程度から450字程度</u>までの漢字を読むこと。

〔第3学年〕

　第2学年までに学習した常用漢字に加え，その他の常用漢字の大体を読むこと。

（下線部は改正部分）

(3)　高等学校（中等教育学校の後期課程を含む。以下同じ。）

　高等学校国語科における漢字指導については，「読み」，「書き」ともに，次のとおりとする。

　　ア）平成22年度中及び平成23年度は，特例告示により，改定前の常用漢字表に基づいて，現行の高等学校学習指導要領（平成11年文部省告示第58号）（以下「現行高等学校学習指導要領という。）により指導すること。

　　イ）平成24年度以降は，改定後の常用漢字表に基づいて，平成24年度以前の入学生については現行高等学校学習指導要領により，平成25年度以降の入学生については新しい高等学校学習指導要領（平成21年文部科学省告示第34号）により，指導すること。

　なお，平成23年度までの間，追加された常用漢字について，「読み」，「書き」ともに，その必要性や使用頻度などを勘案し，生徒や地域の実態等に応じて，適宜指導することができるものとする。

　また，今回，文化審議会答申（平成22年6月7日）においては，改定常用漢字表の性格として，「情報機器の使用が一般化・日常化している現在の文字生活の実態を踏まえるならば，漢字表に掲げるすべての漢字を手書きできる必要はなく，また，それを求めるものでもない」とされていることから，「書き」の指導に当たっては，この改定常用漢字表の

性格を十分に踏まえ，各学校において生徒の実態に応じ適切に行うこと。

2　学校教育での筆写（手書き字形）の取扱いについて

　学年別漢字配当表に示された漢字の筆写の指導については，これまでどおり学年別漢字配当表の字体を標準として指導すること。

　また，改定後の常用漢字表の「（付）字体についての解説」（別添参考資料1）（以下「（付）字体についての解説」という。）の第2の3にあるような「筆写の楷書字形と印刷文字字形の違いが，字体の違いに及ぶもの」についての筆写の楷書の指導については，次のとおりとする。

　　ア）中学校における漢字の「読み」の指導過程で筆写する場面等においては，印刷文字字形に倣って指導することを標準とすること。なお，それぞれの漢字の特性や生徒の実態に応じて，字体の違いに及ぶ指導を行ってもよいこと。

　　イ）高等学校においては，中学校までの指導を踏まえて，各学校が生徒や教材等の実態に応じて適切に指導すること。

　なお，改定後の常用漢字表においても，「（付）字体についての解説」の「第1　明朝体のデザインについて」や「第2　明朝体と筆写の楷書との関係について」の記載があることを踏まえ，児童生徒が書いた漢字の評価については，指導した字形以外の字形であっても，指導の場面や状況を踏まえつつ，柔軟に評価すること。

3　高等学校入学者選抜における学力検査

　高等学校入学者選抜のための学力検査における漢字の「読み」の出題等については，次のとおりとする。

　　ア）平成26年度入学者選抜試験までは，改定前の常用漢字表の範囲となるよう配慮すること。（ただし，今回，常用漢字表から削除された字種（「勺」，「錘」，「銑」，「脹」，「匁」），削除された音訓（「畝」（訓：せ），「疲」（訓：つからす），「浦」（音：ホ））については，出題しないよう配慮すること。）

　　イ）平成27年度入学者選抜試験以降は，改定後の常用漢字表の範囲からとするが，中学校国語教科書の本文教材における常用漢字の使用状況など，中学校における指導の実態を踏まえ，適切な配慮の下に行われる必要があること。

　また，入学者選抜のための学力検査において，受験者の書く漢字を評価する場合には，上記2のなお書きを十分に踏まえ，適切に行うこと。

4　特別支援学校における漢字指導等

　特別支援学校における漢字指導等についても，上記1から3の趣旨，内容を了知の上，適切に行うこと。

5　その他

　(1)　教科書における対応については，教科書発行者に対し，平成24年度以降使用される中学校の国語の教科書並びに高等学校の「国語総合」及び「国語表現Ⅰ」の教科書において，改定常用漢字表または追加漢字一覧表等を巻末に掲載する等の措置がなされることが望ましい旨，別途通知していること。(別添参考資料2)

　(2)　追加された常用漢字の音訓及び付表の語についての小学校，中学校及び高等学校の各学校段階ごとの割り振りについては，「音訓の小・中・高等学校段階別割り振り表」(平成3年3月)に追加することを文部科学省で検討中であり，別途通知する予定であること。

　(3)　大学入学者選抜のための学力検査における取扱いについても，別途通知する予定であること。

別添1　(省略)
別添2　(省略)
別添3　(省略)
別添4　(省略)
参考資料1　(省略)
参考資料2　(省略)

15 学校教育における「現代仮名遣い」の取扱いについて

学校教育における「現代仮名遣い」の取扱いについて（通知）

（昭和61年7月1日 文初小第241号 文部省初等中等教育局長から）
（各都道府県教育委員会教育長，各都道府県知事，附属学校を置く各）
（国立大学長，国立久里浜養護学校長あての通知）

　このたび，さきに行われた国語審議会の答申「「現代かなづかい」の改定について」に基づき，昭和61年7月1日，内閣告示第1号をもって，「現代仮名遣い」が告示されました。

　この告示は，一般の社会生活において現代の国語を書き表すための仮名遣いのよりどころとして定められたものです。

　ついては，学校教育においても，この告示に従って現代仮名遣いの指導を行う必要がありますので，下記事項を了知の上，貴管下の教育委員会，学校に対し適切な指導をされるようお願いします。

記

1　小・中・高等学校における現代仮名遣いの指導については，原則として，この告示によるものとすること。

　なお，告示の本文第2の5の(2)のなお書きの部分の取扱いについては，原則として本則により指導するものとし，許容の部分については中・高等学校において指導するものとすること。

2　上記の取扱いについては，昭和62年度から実施するものとすること。

3　盲学校，聾学校及び養護学校の小学部，中学部及び高等部における「現代仮名遣い」の取扱いについては，上記1及び2に準ずるものとすること。

（参考）「現代かなづかい」と「現代仮名遣い」の内容の対比

事　項	旧		新	
	現　代かなづかい	学校教育	現　代仮名遣い	学校教育
助詞「は」「へ」	「は」「へ」と書くことを本則とする（細則第4、第8）。「わ」「え」と書くことも許容すると解釈されている。	本則（細則第4、第8）によって、「は」「へ」と書くことで指導する。	「は」「へ」と書く。（許容を省く。）	従来どおり。
オ列長音	オ列の仮名に「う」をつけて書くことを本則とする（細則備考第5、第8）。「お」や「ー」をつけて書くことも許容すると解釈されている。	本則（細則備考第5、第8）によって、「う」をつけて書くことで指導する。	「う」をつけて書く。（許容を省く。）	従来どおり。
「じ、ぢ」「ず、づ」の使い分けのうち，現代語の意識では二語に分解しにくい語。（例）「せかいじゅう」「いなずま」など。	「じ」「ず」を用いる。（昭和31年国語審議会報告「正書法について」）	「じ」「ず」と書くことで指導する。	「じ」「ず」を用いて書くことを本則として、「ぢ」「づ」を用いることも許容する。	本則により指導することを原則とし、許容については中・高等学校で指導する。
「とけい（時計）」「ていねい（丁寧）」などでエ列長音で発音されることのあるもの。	説明的な記述なし。（エ列長音「ねえさん（姉さん）」「ええ（応答の語）」については細則第11）	「とけい」、「ていねい」と書くことで指導する。	エ列の仮名に「い」をつけて書く。	従来どおり。

16 学校教育における「送り仮名の付け方」について

学校教育における「当用漢字音訓表」及び「送り
仮名の付け方」の取り扱いについて

（昭和48年6月18日　文初小第358号　文部省初等中等教育局長から各都
道府県教育委員会，各都道府県知事あての通知。〔原文は縦書き。〕）

このたび、さきに行われた国語審議会の答申「「当用漢字音訓表」および
「送りがなのつけ方」の改定について」に基づき、昭和四八年六月一八日、
内閣告示第一号及び内閣告示第二号をもって、「当用漢字音訓表」及び「送
り仮名の付け方」が告示されました。

これらの告示は、一般の社会生活において、現代の国語を書き表すための
目安及びよりどころとして定められたものであります。

ついては、学校教育においても、これらの告示に従って音訓及び送り仮名
の指導を行う必要がありますが、その指導については、児童生徒の発達段階
に応じて教育上の観点から特別の配慮を要するところでありますので、左記
により貴管下の関係機関等に対し適切な指導をされるようお願いします。

記

1　「当用漢字音訓表」の取り扱いについて

　(1)　小学校及び中学校における「当用漢字音訓表」の取り扱いについては、
　　音訓に関する指導の程度、範囲について、なお、十分検討する必要があ
　　るので、音訓の指導については、別に通知するまでの間は従来どおりと
　　する。

　(2)　高等学校においては、昭和四八年度に入学した生徒から、新たに加え
　　られた音訓及び付表の語を含めて、「当用漢字音訓表」のすべての音訓
　　が卒業までに読めるようになるように配慮するものとする。

　　なお、昭和四八年度において第二学年以上に在学する生徒についても、
　　同様の趣旨で指導を行うことが望ましい。

2　「送り仮名の付け方」の取り扱いについて

　(1)　小学校、中学校及び高等学校における送り仮名の指導については、原
　　則として、「送り仮名の付け方」の通則一から通則六までの「本則」・

「例外」、通則七及び「付表の語」（一のなお書きの部分を除く。）による
ものとする。

　なお、「送り仮名の付け方」の通則一、通則二、通則四及び通則六の
「許容」並びに「付表の語」のなお書きの部分（以下「許容等」とい
う。）については、中学校及び高等学校で取り扱うものとするが、その
場合、中学校においては、国語科における指導の際、「送り仮名の付け
方」に許容等のあることを説明する程度とし、高等学校においても、こ
れに準じて指導するものとする。

(2)　前記の取り扱いについては、昭和四九年度から実施するものとする。

3　盲学校、聾学校及び養護学校の小学部、中学部及び高等部における「当
用漢字音訓表」及び「送り仮名の付け方」の取り扱いについては、前記1
及び2に準ずるものとする。

17 文化審議会答申「改定常用漢字表」前文等

（平成22年6月7日）

はじめに

　平成17年3月30日に，文部科学大臣から文化審議会（以下，「審議会」という。）に対して，「敬語に関する具体的な指針の作成について」及び「情報化時代に対応する漢字政策の在り方について」が諮問され，文化審議会国語分科会（以下，「分科会」という。）において検討することとされた。

　分科会では，平成17年5月16日に開催された第29回分科会以降，継続して上記の諮問事項の検討を行い，平成17年7月5日の第30回分科会では，この諮問事項に対応するために，分科会に敬語小委員会及び漢字小委員会を設置した。「敬語に関する具体的な指針の作成について」は敬語小委員会で，「情報化時代に対応する漢字政策の在り方について」は漢字小委員会でそれぞれ検討することとされた。このうち，敬語に関しては，敬語小委員会の検討に基づいて分科会でまとめられた「答申案」が，平成19年2月2日に開かれた審議会総会で了承され，「敬語の指針」として，文部科学大臣に答申された。

　漢字小委員会では，「国語施策として示される漢字表」の必要性から検討を始め，現行の常用漢字表が，現在の文字生活の実態から既に乖離していることを踏まえて，その改定作業に入ることとした。そのために，種々の漢字調査を行いつつ，周到かつ慎重に審議を進めた。審議に伴う具体的な作業に対応するため，平成19年10月17日に開催された第17回漢字小委員会では，「漢字小委員会ワーキンググループ」の設置を決めた。その後，漢字小委員会は，字種，音訓，字体等についての考え方を整理しつつ，議論を深め，「「新常用漢字表（仮称）」に関する試案」の案を平成21年1月16日の委員会において取りまとめた。この案は，同年1月27日の分科会で了承され，同年3月16日から4月16日まで広く一般からの意見募集を行った。ここで寄せられた意見については，漢字小委員会で丁寧に検討し，新たに9字追加，4字削除するなど必要な修正を施した「「改定常用漢字表」に関する試案」の案を同年10月23日に取りまとめた。

　この案は，同年11月10日の分科会で了承され，同年11月25日から12月24日まで2度目の意見募集を行った。ここで寄せられた意見についても，漢字小

委員会で十分に精査した上で，更に必要な修正を施し，「「改定常用漢字表」に関する答申案（素案）」を平成22年4月23日に取りまとめた。この素案は，同年5月19日の分科会で，「答申案」として了承され，同年6月7日の審議会総会の決定を経て，文部科学大臣に答申するものである。

　なお，ここまでに開催された漢字小委員会，漢字小委員会ワーキンググループ等の回数は計94回（漢字小委員会：42回，同ワーキンググループ：49回，このほかに漢字小委員会・懇談会：3回）に上る。

　答申は，「Ⅰ　基本的な考え方」「Ⅱ　漢字表」「Ⅲ　参考」から成る。このうち「基本的な考え方」においては，「情報化社会の進展と漢字政策の在り方」「改定常用漢字表の性格」などについて述べるとともに，これに関連する「漢字政策の定期的な見直し」「学校教育における漢字指導」などについての見解を述べる。また，「参考」においては，「追加字種（196字）表」「現行「常用漢字表」からの変更点一覧」などを掲げる。

Ⅰ　基本的な考え方
1　情報化社会の進展と漢字政策の在り方
　(1)　改定常用漢字表作成の経緯

　　　改定常用漢字表の作成は，「はじめに」で述べたように平成17年3月30日の文部科学大臣諮問に基づくものである。この諮問に添えられた理由には，

　　　　種々の社会変化の中でも，情報化の進展に伴う，パソコンや携帯電話などの情報機器の普及は人々の言語生活とりわけ，その漢字使用に大きな影響を与えている。このような状況にあって「法令，公用文書，新聞，雑誌，放送など，一般の社会生活において，現代の国語を書き表す場合の漢字使用の目安」である常用漢字表（昭和56年内閣告示・訓令）が，果たして，情報化の進展する現在においても「漢字使用の目安」として十分機能しているのかどうか，検討する時期に来ている。

　　　　常用漢字表の在り方を検討するに当たっては，JIS漢字や人名用漢字との関係を踏まえて，日本の漢字全体をどのように考えていくかという観点から総合的な漢字政策の構築を目指していく必要がある。その場合，これまで国語施策として明確な方針を示し

> てこなかった固有名詞の扱いについても，基本的な考え方を整理
> していくことが不可欠となる。
>
> 　また，情報機器の広範な普及は，一方で，一般の文字生活にお
> いて人々が手書きをする機会を確実に減らしている。漢字を手で
> 書くことをどのように位置付けるかについては，情報化が進展す
> ればするほど，重要な課題として検討することが求められる。検
> 討に際しては，漢字の習得及び運用面とのかかわり，手書き自体
> が大切な文化であるという二つの面から整理していくことが望ま
> れる。（平成17年3月30日文部科学大臣諮問理由）

と述べられている。

　分科会においては，上述の理由を踏まえて，「総合的な漢字政策」
の核となるものが「国語施策として示される漢字表」であること，ま
た，昭和56年に制定された現行の常用漢字表が近年の情報機器の広範
な普及を想定せずに作成されたものであることから，「漢字使用の目
安」としては見直しが必要であることを確認した。このため，常用漢
字表の内容に急激な変化を与えて社会的な混乱を来すことのないよう
留意しながら，常用漢字表に代わる漢字表を作成することとした。

(2)　国語施策としての漢字表の必要性

　国語施策として示される漢字表は，一般の社会生活において，現代
の国語を書き表す場合の漢字使用の目安を示すものであるが，情報機
器による漢字使用が一般化し，社会生活で目にする漢字の量が確実に
増えていると認められる現在，このような目安としての漢字表がある
ことは大きな意味がある。すなわち一般の社会生活における漢字使用
を考えるときには「コミュニケーションの手段としての漢字使用」と
いう観点が極めて重要であり，その観点を十分に踏まえて作成された
漢字表は，国民の言語生活の円滑化，また，漢字習得の目標の明確化
に寄与すると考えられるためである。

　言語生活の円滑化とは，当該の漢字表に基づく表記をすることによ
って，我が国の表記法として広く行われている漢字仮名交じり文によ
る文字言語の伝達をより分かりやすく，効率的なものとすることがで
き，同時に，表現そのものの平易化にもつながるということである。
このことは，情報機器の使用による漢字の多用化傾向が認められる現

在の情報化社会の中で，＜漢字使用の目安としての漢字表＞が存在しない状況を想像してみれば明らかである。

　また，情報機器の広範な普及によって，書記環境は大きく変わったが，読む行為自体は基本的に変わっていない。端的に言えば，現時点において情報機器は「読む行為」よりも「書く行為」を支援する役割が大きい。情報機器が広く普及し，その使用が一般化した時代の漢字使用の特質は，この点と密接にかかわるものである。その意味で，情報化社会においては，これまで以上に「読み手」に配慮した「書き手」になるという注意深さが求められる。情報化時代と言われる現在は，これまでと比較して，受け取る情報量が圧倒的に増えているということからも，この考え方の重要性は了解されよう。

(3)　JIS漢字と，国語施策としての漢字表

　現在，多くの情報機器に搭載されているJIS漢字の数は，第1水準，第2水準合わせて6355字あり，現行の常用漢字表に掲げる1945字の3倍強となっている。さらに，既に1万字を超える漢字（JIS第1〜第4水準の漢字数は10050字）を搭載している情報機器も急速に普及しつつある。情報機器を利用することで，このような多数の漢字が簡単に使える現在，常用漢字表の存在意義がなくなったのではないかという見方もある。

　しかし，このことは，既に述べたことからも明らかなように，一般の社会生活における「漢字使用の目安」を定めている常用漢字表の意義を損なうものではない。むしろ簡単に漢字が使えることによって，漢字の多用化傾向が認められる中では，「一般の社会生活で用いる場合の，効率的で共通性の高い漢字を収め，分かりやすく通じやすい文章を書き表すための漢字使用の目安（「常用漢字表」の答申前文）」となる常用漢字表の意義はかえって高まっていると考えるべきである。改定常用漢字表に求められる役割もこれと同様のものである。

　現在の情報化社会の中で大きな役割を果たしているJIS漢字については，その重要性を十分認識しつつ，一般のコミュニケーションにおける漢字使用という観点から，「国語施策としての漢字表」を確実に踏まえた対応が必要である。すなわち，分かりやすい日本語表記に不可欠な「国語施策としての漢字表」に基づいて，情報機器に搭載されている＜多数の漢字を適切に選択しつつ使いこなしていく＞という考

え方を多くの国民が基本認識として持つ必要がある。

(4) 漢字を手書きすることの重要性

　漢字を手で書くことをどのように位置付けていくかについては，情報機器の利用が一般化する中で，早急に整理すべき課題である。その場合，文部科学大臣の諮問理由で述べられていたように，「漢字の習得及び運用面とのかかわり，手書き自体が大切な文化であるという二つの面から整理していく」必要がある。

　このうち前者については，漢字の習得時と運用時に分けて考えることができる。情報機器を利用する場合にも，後述するように，情報機器の利用に特有な漢字習得が行われていると考えられるが，情報機器の利用が今後，更に日常化・一般化しても，習得時に当たる小学校・中学校では，それぞれの年代を通じて書き取りの練習を行うことが必要である。それは，書き取り練習の中で繰り返し漢字を手書きすることで，視覚，触覚，運動感覚など様々な感覚が複合する形でかかわることになるためである。これによって，脳が活性化されるとともに，漢字の習得に大きく寄与する。このような形で漢字を習得していくことは，漢字の基本的な運筆を確実に身に付けさせるだけでなく，将来，漢字を正確に弁別し，的確に運用する能力の形成及びその伸長・充実に結び付くものである。

　運用時については，近年，手で書く機会が減り，情報機器を利用して漢字を書くことが多いが，その場合は複数の変換候補の中から適切な漢字を選択できることが必要となる。この選択能力は，基本的には，習得時の書き取り練習によって，身に付けた種々の感覚が一体化されることで，瞬時に，漢字を図形のように弁別できるようになることから獲得されていくものであると考えられる。

　情報機器の利用は，複数の変換候補の中から適切な漢字を選択することにより，それ自体が特有の漢字習得につながっている。この場合，様々な感覚が複合する形でかかわる書き取りの反復練習とは異なって，視覚のみがかかわった習得となる。今後，情報機器の利用による習得機会は一層増加すると考えられるが，視覚のみがかかわる漢字習得では，主に漢字を図形のように弁別できる能力を強化することにしかならず，繰り返し漢字を手書きすることで身に付く，漢字の基本的な運筆や，図形弁別の根幹となる認知能力などを育てることはできない。

　以上のように，漢字を手書きすることは極めて重要であり，漢字を習得し，その運用能力を形成していく上で不可欠なものと位置付けられる。

　平成14年度に実施した文化庁の「国語に関する世論調査」の中で，「あなたの経験から漢字を習得する上で，どのようなことが役に立ちましたか。」と尋ねているが，第1位は「何度も手で書くこと」（74.3％）であり，上述の考えを裏付ける結果となっている。

　後者の，手書き自体が大切な文化であるということに関連する調査として，同じ平成14年度実施の文化庁「国語に関する世論調査」の中で，「あなたは，漢字についてどのような意識を持っていますか。」ということを尋ねている。この結果は，「日本語の表記に欠くことのできない大切な文字である。」を選んだ人が71.0％で最も多く，逆に，最も少なかったのは「ワープロなどがあるので，これからは漢字を書く必要は少なくなる。」の3.4％であった。漢字を書く必要性は今後もなくならないと考えている人が多数を占めていることは注目に値する。パソコンや携帯電話などの情報機器の使用が日常化し，一般化する中で，手書きの重要性が再認識されつつあるが，一方で，手書きでは相手（＝読み手）に申し訳ないといった価値観も同時に生じていることに目を向ける必要がある。

　上述のような状況を踏まえて，効率性が優先される実用の世界は別として，＜手で書くということは日本の文化としても極めて大切なものである＞という考え方を社会全体に普及していくことが重要である。また，手で書いた文字には，書き手の個性が現れるが，その意味でも，個性を大事にしようとする時代であるからこそ，手で書くことが一層大切にされなければならないという考え方が強く求められているとも言えよう。情報機器が普及すればするほど，手書きの価値を改めて認識していくことが大切である。

(5)　名付けに用いる漢字

　人名用漢字は，平成16年9月27日付けの戸籍法施行規則の改正により，それ以前と比較して，その数が大幅に増えた。このこと自体は名付けに用いることのできる漢字の選択肢が広がったということであるが，一方で，このような状況を踏まえると，名の持つ社会的な側面に十分配慮した，適切な漢字を使用していくという考え方がこれまで以

上に社会全体に広がっていく必要がある。具体的には「子の名というものは，その社会性の上からみて，常用平易な文字を選んでつけることが，その子の将来のためであるということは，社会通念として常識的に了解されることであろう。(国語審議会「人名漢字に関する声明書」，昭和27年)」という認識を基本的に継承し，

① 文化の継承，命名の自由という観点を踏まえつつも，社会性という観点を併せ考え，読みやすく分かりやすい漢字を選ぶ。

② その漢字の意味や読み方を十分に踏まえた上で，子の名にふさわしい漢字を選ぶ。

という考え方が社会一般に共有される必要がある。

(6) 固有名詞における字体についての考え方

　固有名詞（人名・地名）における漢字使用については，特にその字体の多様性が問題となるが，その中でも姓や名に用いている漢字の字体には強いこだわりを持つ人が多い。そこに用いられている各種の異体字は，その個人のアイデンティティーの問題とも密接に絡んでおり，基本的には尊重されるべきである。しかしながら，一般の社会生活における「コミュニケーションの手段としての漢字使用」という観点からは，その個人固有の字体に固執して，他人にまで，その字体の使用を過度に要求することは好ましいことではない。

　公共性の高い，一般の文書等での漢字使用においては，「1字種1字体」が基本であることを確認していくことは「コミュニケーションの手段としての漢字使用」という観点からは極めて大切である。姓や名だけでなく，新たに地名を付ける場合などにおいても，漢字の持つ社会的な側面を併せ考えていくという態度が社会全体の共通認識となっていくことが何より重要である。

2　改定常用漢字表の性格

(1) 基本的な性格

　改定常用漢字表は，現行の常用漢字表と同じく，法令・公用文書・新聞・雑誌・放送等，一般の社会生活で用いる場合の，効率的で共通性の高い漢字を収め，分かりやすく通じやすい文章を書き表すための，新たな漢字使用の目安となることを目指したものである。一般の社会生活における漢字使用とは，義務教育における学習を終えた後，ある

程度実社会や学校での生活を経た人を対象として考えたもので，この点も現行の常用漢字表と同様である。端的には，

1 法令，公用文書，新聞，雑誌，放送等，一般の社会生活において，現代の国語を書き表す場合の漢字使用の目安を示すものである。

2 科学，技術，芸術その他の各種専門分野や，個々人の表記にまで及ぼそうとするものではない。ただし，専門分野の語であっても，一般の社会生活と密接に関連する語の表記については，この表を参考とすることが望ましい。

3 固有名詞を対象とするものではない。ただし，固有名詞の中でも特に公共性の高い都道府県名に用いる漢字及びそれに準じる漢字は例外として扱う。

4 過去の著作や文書における漢字使用を否定するものではない。

5 運用に当たっては，個々の事情に応じて，適切な考慮を加える余地のあるものである。

という性格の漢字表と位置付けて作成するものである。また，「漢字使用の目安」における「目安」についても，現行の常用漢字表と同趣旨のものである。具体的には，「① 法令・公用文書・新聞・雑誌・放送等，一般の社会生活において，この表を無視してほしいままに漢字を使用してもよいというのではなく，この表を努力目標として尊重することが期待されるものであること。」，「② 法令・公用文書・新聞・雑誌・放送等，一般の社会生活において，この表を基に，実情に応じて独自の漢字使用の取決めをそれぞれ作成するなど，分野によってこの表の扱い方に差を生ずることを妨げないものであること。」（「常用漢字表」答申前文）という意味の語として用いているものである。

上述のように，改定常用漢字表は一般の社会生活における漢字使用の目安となることを目指すものであるから，表に掲げられた漢字だけを用いて文章を書かなければならないという制限的なものでなく，必要に応じ，振り仮名等を用いて読み方を示すような配慮を加えるなどした上で，表に掲げられていない漢字を使用することもできるものである。文脈や読み手の状況に応じて，振り仮名等を活用することについては，表に掲げられている漢字であるか否かにかかわらず，配慮す

べきことであろう。このような配慮をするに当たっては，文化庁が平成22年2月から3月に実施した追加及び削除字種にかかわる国民の意識調査の結果も参考となろう。

　なお，情報機器の使用が一般化・日常化している現在の文字生活の実態を踏まえるならば，漢字表に掲げるすべての漢字を手書きできる必要はなく，また，それを求めるものでもない。

(2) 固有名詞に用いられる漢字の扱い

　改定常用漢字表の中に，専ら固有名詞（主に人名・地名）を表記するのに用いられる漢字を取り込むことは，一般用の漢字と固有名詞に用いられる漢字との性格の違いから難しい。したがって，これまでどおり漢字表の適用範囲からは除外する。ただし，都道府県名に用いる漢字及びそれに準じる漢字は例外として扱う。

　適用の対象としない理由は，既に述べた両者の性格の違いからということであるが，もう少し具体的に述べれば，使用字種及び使用字体の多様性に加え，使用音訓の多様性までもが絡んでくるためである。一般の漢字表記にはほとんど使われず，固有名詞の漢字表記にだけ使われる＜固有名詞用の字種や字体及び音訓＞はかなり多いというのが実情である。

3　字種・音訓の選定について

(1) 字種選定の考え方・選定の手順

　現行の常用漢字表に掲げる漢字と，現在の社会生活における漢字使用の実態との間にはずれが生じており，このずれを解消するという観点から，字種の選定を行うこととした。そのため改定常用漢字表における字種としては，基本的に，一般社会においてよく使われている漢字（＝出現頻度数の高い漢字）を選定することとし，具体的には，最初に常用漢字を含む3500字程度の漢字集合を特定し，そこから，必要な漢字を絞り込むこととした。この選定過程では，以下の①を基本として，②以下の項目についても配慮しながら，単に漢字の出現頻度数だけではなく，様々な要素を総合的に勘案して選定していくことを基本方針とした。

　　① 教育等の様々な要素はいったん外して，日常生活でよく使われている漢字を出現頻度数調査の結果によって機械的に選ぶ。

②　固有名詞専用字ということで，これまで外されてきた「阪」や「岡」等についても，出現頻度数が高ければ最初から排除はしない。(これについては最終的に上記2の(1)3のように扱うこととした。)

③　出現頻度数が低くても，文化の継承という観点等から，一般の社会生活に必要と思われる漢字については取り上げていくことを考える。

④　漢字の習得の観点から，漢字の構成要素等を知るための基本となる漢字を選定することも考える。

①の考え方に基づいた漢字集合を特定するために，以下のような「漢字出現頻度数調査」を実施した。

	対象総漢字数	調査対象としたデータ
A　漢字出現頻度数調査(3)※1	49,072,315	書籍860冊分の凸版組版データ
B　上記Aの第2部調査	3,290,795	Aのうち教科書分の抽出データ
C　漢字出現頻度数調査(新聞)※2	3,674,613	朝日新聞2か月分の紙面データ
D　漢字出現頻度数調査(新聞)※2	3,428,829	読売新聞2か月分の紙面データ
E　漢字出現頻度数調査(ウェブサイト)※3	1,390,997,102	ウェブサイト調査の抽出データ

※1　Aの調査対象総文字数は「169,050,703」。また，Bとは別に，第3部として月刊誌4誌の抽出調査も実施している。これらの組版データは，いずれも平成16年，17年，18年に凸版印刷が作成したものである。

※2　C，Dは，いずれも平成18年10月1日〜11月30日までの朝刊・夕刊の最終版を調査したデータである。

※3　調査全体の漢字数は「3,128,388,952」。このうち「電子掲示板サイトにおける投稿本文」のデータを除いたもの。

　これらの調査結果のうち，Aを基本資料，B以下を補助資料と位置付けて，上記の3500字の漢字集合に入った漢字の1字1字について，

改定常用漢字表に入れるべきかどうかを判断した。実際に検討した漢字は，調査Aにおいて，常用漢字としては，最も出現順位の低かった「銑」（4004位）と同じ出現回数を持つ漢字までとしたので，4011字に上る。

　この漢字集合に入った漢字については，常用漢字であるか，表外漢字であるかによって，次のような方針に従い，かつ常用漢字表における字種選定の考え方を参考としながら選定作業を進めた。

＜方針：常用漢字・表外漢字の扱い＞

①　常用漢字のうち，2500位以内のものは残す方向で考える（個別の検討はしない）。

②　常用漢字で，2501位以下のものは「候補漢字A」とし，個別に検討を加える（→該当する常用漢字は60字）。

③　表外漢字のうち，1500位以内の漢字を「候補漢字S」とし，個別に検討する。

④　表外漢字のうち，1501～2500位のものを「候補漢字A」とし，個別に検討する。

⑤　表外漢字のうち，2501～3500位のものを「候補漢字B」とし，個別に検討する。

なお，3501～4011位までの表外漢字のうち，特に検討する必要を認めた漢字については「候補漢字B」に準じて扱うこととした。また，常用漢字の異体字（「嶋」，「國」など）は検討対象から外した。候補漢字については，

　・候補漢字S：基本的に新漢字表に加える方向で考える。

　・候補漢字A：基本的に残す方向で考えるが，不要なものは落とす。

　・候補漢字B：特に必要な漢字だけを拾う。

と考えたが，これは，検討を効率的に進めるための便宜的な区分であり，実際には対象漢字の1字1字を常用漢字表の選定基準に照らしつつ総合的に判断した。選定基準の3に関して，都道府県名に用いる漢字及びそれに準じる漢字は例外とした。

＜選定基準：昭和56年３月23日国語審議会答申「常用漢字表」前文＞

　　字種や音訓の選定に当たっては，語や文を書き表すという観点から，現代の国語で使用されている字種や音訓の実態に基づいて総合的に判断した。主な考え方は次のとおりである。

　　1　使用度や機能度（特に造語力）の高いものを取り上げる。なお，使用分野の広さも参考にする。

　　2　使用度や機能度がさほど高くなくても，概念の表現という点から考えた場合に，仮名書きでは分かりにくく，特に必要と思われるものは取り上げる。

　　3　地名・人名など，主として固有名詞として用いられるものは取り上げない。

　　4　感動詞・助動詞・助詞のためのものは取り上げない。

　　5　代名詞・副詞・接続詞のためのものは広く使用されるものを取り上げる。

　　6　異字同訓はなるべく避けるが，漢字の使い分けのできるもの及び漢字で書く習慣の強いものは取り上げる。

　　7　いわゆる当て字や熟字訓のうち，慣用の久しいものは取り上げる。

　　なお，当用漢字表に掲げてある字種は，各方面への影響も考慮して，すべて取り上げた。

(2)　字種選定における判断の観点と検討の結果

　　上記(1)に述べた作業の結果，現行の常用漢字表に追加する字種の候補として220字，現行の常用漢字表から削除する字種の候補として５字を選定した。その後，「出現文字列頻度数調査」を用いて，追加候補及び削除候補の１字１字の使用実態を確認しながら，追加字種候補を188字とした。「出現文字列頻度数調査」とは，(1)の「漢字出現頻度数調査A」に出現している漢字のうち，検討対象とした漢字を中心として前後１文字（全体で３文字）の文字列を抽出し，当該の漢字の出現状況を見ようとしたものである。この「出現文字列頻度数調査」によって，当該の漢字の出現状況が明らかになり，その漢字の具体的な使われ方を正確に確認することができた。その上で，当該の漢字を追

加候補とするかどうかについては，基本的には前述の常用漢字表の選定基準と重なるものであるが，以下のような観点に照らして判断した。

<入れると判断した場合の観点>

① 出現頻度が高く，造語力（熟語の構成能力）も高い

→ 音と訓の両方で使われるものを優先する（例：眉，溺）

② 漢字仮名交じり文の「読み取りの効率性」を高める

→ 出現頻度が高い字を基本とするが，それほど高くなくても漢字で表記した方が分かりやすい字（例：謙遜の「遜」，堆積の「堆」）

→ 出現頻度が高く，広く使われている代名詞（例：誰，俺）

③ 固有名詞の例外として入れる

→ 都道府県名（例：岡，阪）及びそれに準じる字（例：畿，韓）

④ 社会生活上よく使われ，必要と認められる

→ 書籍や新聞の出現頻度が低くても，必要な字（例：訃報の「訃」）

<入れないと判断した場合の観点>

① 出現頻度が高くても造語力（熟語の構成能力）が低く，訓のみ，あるいは訓中心に使用（例：濡，覗）

② 出現頻度が高くても，固有名詞（人名・地名）中心に使用（例：伊，鴨）

③ 造語力が低く，仮名書き・ルビ使用で，対応できると判断（例：醬，顚）

④ 造語力が低く，音訳語・歴史用語など特定分野で使用（例：菩，揆）

188字の追加字種候補を選定した後，追加字種の音訓を検討する過程で，字種についても若干の見直し（追加4字，削除1字）を行い，「「新常用漢字表（仮称）」に関する試案」では191字を追加することとした。さらに，平成21年3月から4月に実施した，一般国民及び各府省等を対象とした意見募集に寄せられた意見を踏まえて再度の見直し

（追加 9 字，削除 4 字）を行い，「「改定常用漢字表」に関する試案」では196字を追加字種とした。また，平成21年11月から12月には 2 度目の意見募集を実施し，寄せられた意見を精査した上で更に検討を加えたが，答申でも，この196字の追加字種をそのまま踏襲することとした。

さらに，選定した196字の追加字種と 5 字の削除字種については，平成22年 2 月から 3 月に，意識調査（16歳以上の国民約4100人から回答）を実施した。その結果は，字種の選定が妥当であったことを裏付けたものとなっている。

なお， 2 度の意見募集に際し，関係者から追加要望のあった「碍（障碍）」は，上述の字種選定基準に照らして，現時点では追加しないが，政府の「障がい者制度改革推進本部」において，「「障害」の表記の在り方」に関する検討が行われているところであり，その検討結果によっては，改めて検討することとする。

(3) 字種選定に伴って検討したその他の問題

字種の選定に伴って，検討の過程では，「準常用漢字（仮称＝情報機器を利用して書ければよい漢字）」や「特別漢字（仮称＝出現頻度は低くても日常生活に必要な漢字）」を設定するかどうか，また，現行の常用漢字表にある「付表」（当て字や熟字訓などを語の形で掲げた表）に加え，例えば，「挨拶」の「挨」と「拶」のように，「挨拶」という特定の熟語でしか使わない＜頻度の高い表外漢字の熟語＞や，「元旦」のように表外漢字の「旦」を含む熟語等について，その特定の語に限って常用漢字と同様に認める熟語の表を「付表 2 （仮称）」あるいは「別表（仮称）」として設定するかどうかなどについても時間を掛けて検討したが，最終的には＜なるべく単純明快な漢字表を作成する＞という考え方を優先し，これらについては設定しないこととした。

(4) 音訓の選定

「「新常用漢字表（仮称）」に関する試案」で追加字種とした191字については，既に述べた「常用漢字表の選定基準」及び「出現文字列頻度数調査」の結果を併せ見ながら，採用すべき音訓を決めた。また，現行の常用漢字表にある字についても，その音訓をすべて再検討し，現在の文字生活の実態から考えて必要な音訓を追加し，必要ないと判

断された訓（疲：つからす）を削除した。「付表」についても同様の観点から再検討し，若干の手直しを施した。

　なお，音訓の選定に当たっては，独立行政法人国立国語研究所から提供を受けた資料（「現代日本語書き言葉均衡コーパス」の生産実態サブコーパス・書籍データのうち，平成20年9月9日の時点で，利用可能な約1730万語のデータに基づく調査結果）を併せ参照した。

　その後，(2)の「字種選定における判断の観点と検討の結果」で述べた2度の意見募集によって寄せられた意見を踏まえ，新たに追加した字種の音訓も含めて，音訓についての見直しを行い，必要な音訓の追加及び削除を行った。

4　追加字種の字体について

(1)　字体・書体・字形について

　字体・書体・字形については，現行常用漢字表の「字体は文字の骨組みである」という考え方を踏襲し，この3者の関係を分析・整理した「表外漢字字体表」（国語審議会答申，平成12年12月）の考え方に従っている。以下に，3者の関係を改めて述べる。

　文字の骨組みである字体とは，ある文字をある文字たらしめている点画の抽象的な構成の在り方のことで，他の文字との弁別にかかわるものである。字体は抽象的な形態上の観念であるから，これを可視的に示そうとすれば，一定のスタイルを持つ具体的な文字として出現させる必要がある。

　この字体の具体化に際し，視覚的な特徴となって現れる一定のスタイルの体系が書体である。例えば，書体の一つである明朝体の場合は，縦画を太く横画を細くして横画の終筆部にウロコという三角形の装飾を付けるなど，一定のスタイルで統一されている。すなわち，現実の文字は，例外なく，骨組みとしての字体を具体的に出現させた書体として存在しているものである。書体には，印刷文字で言えば，明朝体，ゴシック体，正楷書体，教科書体等がある。

　また，字体，書体のほかに字形という語があるが，これは印刷文字，手書き文字を問わず，目に見える文字の形そのものを総称して言う場合に用いる。総称してというのは，様々なレベルでの文字の形の相違を包括して称するということである。したがって，「論」と「論」な

どの文字の違いや「談（明朝体）」と「談（ゴシック体）」などの書体の違いを字形の相違と言うことも可能であるし，同一字体・同一書体であっても生じ得るような微細な違いを字形の相違と言うことも可能である。

　なお，ここで言う手書き文字とは，主として，楷書（楷書に近い行書を含む。）で書かれた字形を対象として用いているものである。

(2) 追加字種における字体の考え方

　現行常用漢字表では，「主として印刷文字の面から現代の通用字体（答申前文）」が示され，筆写における「手書き文字」は別のこととしている。本答申でも，この考え方を踏襲し，本表の漢字欄には，印刷文字としての通用字体を示した。具体的には，「表外漢字字体表」の「印刷標準字体」と，「人名用漢字字体」を通用字体として掲げた。ただし，同表で「簡易慣用字体」とした「曽」「痩」「麺」はその字体を掲げ，人名用漢字字体の「痩」は「瘦」を掲げた関係で採用していない。なお，現行の常用漢字表制定時に追加した95字については，表内の字体に合わせ，一部の字体を簡略化したが，今回は追加字種における字体が既に「印刷標準字体」及び「人名用漢字字体」として示され，社会的に極めて安定しつつある状況を重視し，そのような方針は採らなかった。より具体的に述べれば，以下のとおりである。

① 当該の字種における「最も頻度高く使用されている字体」を採用する。

・「表外漢字字体表」の「印刷標準字体」及び「人名用漢字字体」がそれに該当する。（「表外漢字字体表」の「簡易慣用字体」を採用するものは，頻度数に優先して，生活漢字としての側面を重視したことによる。）

・教科書や国語辞典をはじめ，一般の書籍でも当該字種の字体として広く用いられている。例えば，上述の「漢字出現頻度数調査A」では，

（頰： 8回，頬：6685回）　（亀：6695回，龜： 4回）

（遡： 2回，遡： 753回）　（餌： 3回，餌：1377回）

という結果（出現回数）となっている。

・情報機器でも近い将来この字体に収束していくものと考えられる。

② 国語施策としての一貫性を大切にする。

- 今回，追加する字種の標準の字体が，既に「印刷標準字体」及び「人名用漢字字体（＝昭和26年以降平成9年までに示された字体。なお，平成16年9月に追加された人名用漢字においては，印刷標準字体がそのまま採用されている。)」として示されており，表内に入るからといって，その標準の字体を変更することは，安定している字体の使用状況に大きな混乱をもたらすことが予想される。このことは，表外に出る漢字にも同様に当てはまることであり，標準の字体は表内か表外かで変わるものではない。

- 社会的な慣用（字体の安定性）を重んじ，一般の文字生活の現実を混乱させないという考え方が国語施策の基本的な態度である。

③ 「改定常用漢字表」の「目安」としての性格を考慮する。

- 目安としての漢字表である限り，表外漢字との併用が前提となる。この点から表内の字体の整合を図る意味が，制限漢字表であった当用漢字表に比べて相対的に低下している。

- 今後，常用漢字が更に増えたとしても表外漢字との併用が前提となる。その表外漢字の字体は基本的に印刷標準字体であるので，表内に入れば，字体を変更するということが繰り返されると，社会における字体の安定性という面で大きな問題となる。

④ JIS規格（JIS X 0213）における改正の経緯を考慮する。

- 表外漢字字体表の「答申前文」にある以下の記述に沿って，JIS規格（JIS X 0213）が平成16年2月に改正され，印刷標準字体及び簡易慣用字体が既に採用されていることを考慮する必要がある。

> 今後，情報機器の一層の普及が予想される中で，その情報機器に搭載される表外漢字の字体については，表外漢字字体表の趣旨が生かされることが望ましい。このことは，国内の文字コードや国際的な文字コードの問題と直接かかわっており，将来的に文字コードの見直しがある場合，表外

漢字字体表の趣旨が生かせる形での改訂が望まれる。改訂に当たっては，関係各機関の十分な連携と各方面への適切な配慮の下に検討される必要があろう。（平成12年12月8日国語審議会答申「表外漢字字体表」前文）

・　今回，字体を変更することは，表外漢字字体表に従って改正された文字コード及びそれに基づいて搭載される情報機器の字体に大きな混乱をもたらすことになる。

　また，個々の漢字の字体については，現行の常用漢字表同様，印刷文字として，明朝体が現在最も広く用いられているので，便宜上，そのうちの一種を例に用いて示した。このことは，ここに用いたものによって，現在行われている各種の明朝体のデザイン上の差異を問題にしようとするものではない。この点についても，現行の常用漢字表と同様である。（「（付）字体についての解説」参照）

　なお，現行の常用漢字表に示されている通用字体については一切変更しないが，これも上記の理由（特に①及び②）に基づく判断である。

(3)　手書き字形に対する手当て等

　上記(2)で述べた方針を採った場合，現行の常用漢字表で示す「通用字体」と異なるものが一部採用されることになる。特に「しんにゅう」「しょくへん」については，同じ「しんにゅう／しょくへん」でありながら，現行の「辶／飠」の字形に対して「辶／𩙿」の字形が混在することになる。

　この点に関し，印刷文字に対する手当てとしては，

「しんにゅう／しょくへん」にかかわる字のうち，「辶／𩙿」の字形が通用字体であるものについては，「辶／飠」の字形を角括弧に入れて許容字体として併せ示した。当該の字に関して，現に印刷文字として許容字体を用いている場合，通用字体である「辶／𩙿」の字形に改める必要はない。

という「字体の許容」を行い，更に当該の字の備考欄には，角括弧を付したものが「許容字体」であることを注記した。「字体の許容」を適用するのは，具体的には「遜（遜）・遡（遡）・謎（謎）・餌（餌）・餅（餅）」の5字（いずれも括弧の中が許容字体）である。

　また，手書き字形（＝「筆写の楷書字形」）に対する手当てとして

は、「しんにゅう」「しょくへん」に限らず、印刷文字字形と手書き字形との関係について、現行常用漢字表にある「(付) 字体についての解説」、表外漢字字体表にある「印刷文字字形（明朝体字形）と筆写の楷書字形との関係」を踏襲しながら、実際に手書きをする際の参考となるよう、更に具体例を増やして記述した。

　「しんにゅう」の印刷文字字形である「辶／辶」に関して付言すれば、どちらの印刷文字字形であっても、手書き字形としては同じ「辶」の形で書くことが一般的である、という認識を社会全般に普及していく必要がある。(「(付) 字体についての解説」参照)

5　その他関連事項

　以上のとおり改定常用漢字表を作成することに伴って、これに関連する漢字政策の定期的な見直しの必要性や、学校教育にかかわる漢字指導の扱いなどの問題については、次のように考えた。

(1)　漢字政策の定期的な見直し

　現代のような変化の激しい時代にあっては、「言葉に関する施策」についても、定期的な見直しが必要である。特に漢字表のように現在進行しつつある書記環境の変化と密接にかかわる国語施策については、この点への配慮が必要である。今後、定期的に漢字表の見直しを行い、必要があれば改定していくことが不可欠となる。

　この意味で、定期的・計画的な漢字使用の実態調査を実施していくことが重要である。漢字表の改定が必要かどうかについては、その調査結果を踏まえ、

　　①　言語そのものの変化という観点

　　②　言語にかかわる環境の変化という観点

という二つの観点に基づいて、社会的な混乱が生じないよう、慎重に判断すべきである。なお、②の変化とは具体的には、情報機器の普及によって生じた書記手段の変化等を指すものである。

(2)　学校教育における漢字指導

　現行常用漢字表の「答申前文」に示された以下の考え方を継承し、改定常用漢字表の趣旨を学校教育においてどのように具体化するかについては、これまでどおり教育上の適切な措置にゆだねる。

　常用漢字表は，その性格で述べたとおり，一般の社会生活における漢字使用の目安として作成したものであるが，学校教育においては，常用漢字表の趣旨，内容を考慮して漢字の教育が適切に行われることが望ましい。

　なお，義務教育期間における漢字の指導については，常用漢字表に掲げる漢字のすべてを対象としなければならないものではなく，その扱いについては，従来の漢字の教育の経緯を踏まえ，かつ，児童生徒の発達段階等に十分配慮した，別途の教育上の適切な措置にゆだねることとする。

（昭和56年3月23日国語審議会答申「常用漢字表」前文）

(3)　国語の表記にかかわる基準等

　現行の常用漢字表の実施に伴い，各分野で行われてきている国語の表記や表現についての基準等がある場合，改定常用漢字表の趣旨・内容を踏まえ，かつ，各分野でのこれまでの実施の経験等に照らして，必要な改定を行うなど適切な措置を取ることが望ましい。

18　国語審議会答申「改定現代仮名遣い」前文

（昭和61年 3 月 6 日）

前　　　文

〔はじめに〕

　国語審議会は，昭和41年 6 月以来，文部大臣の諮問に応じ，「国語施策の改善の具体策について」の審議を行ってきた。まず，昭和47年 6 月当用漢字改定音訓表及び改定送り仮名の付け方を答申し，これらは昭和48年 6 月内閣告示・内閣訓令によって実施された。引き続き，昭和56年 3 月常用漢字表を答申し，これは，昭和56年10月内閣告示・内閣訓令によって実施された。

　さらに，国語審議会は，昭和57年 3 月以降，文部大臣の諮問事項中，検討を要する問題としてなお残されていた「現代かなづかい」について審議を進めてきたが，昭和60年 2 月には仮名遣い委員会の試案を公表して広く各方面の意見を聞くなど慎重な審議を重ね，このたびこの「改定現代仮名遣い」を作成するに至った。

〔仮名遣いについての認識〕

1　仮名遣いの沿革

　国語を仮名によって表記するということは，漢字の表音的使用，すなわち漢字を万葉仮名として用いたところから始まったが，初めは，音韻に従って，自由に漢字を用いたのであって，それを使い分けるきまりが立てられていたとは認めがたい。 9 世紀に至って，草体及び略体の仮名が行われるようになり，やがて11世紀ごろ，いろは歌という形での仮名表が成立したが，その後の音韻の変化によって，「いろは」47字の中に同音の仮名を生じ，12世紀末にはその使い分けが問題になり，きまりを立てる考え方が出てきた。藤原定家を中心としてかたちづくられていった使い分けのきまりが，いわゆる定家仮名遣いである。定家仮名遣いは，ときに，その原理について疑いを持たれることもあったが，後世長く歌道の世界を支配した。次に，1700年ごろになって，契沖が万葉仮名の文献に定家仮名遣いとは異なる仮名の使い分けがあることを明らかにし，それ以後，古代における先例が国学者を中心とする文筆家の表記のよりどころとなった。一方，字音については，その後，中国の韻書に基づいて仮名表記を定める研究が進ん

だ。この字音仮名遣いと契沖以来の仮名遣いとを合わせて，今日普通に歴史的仮名遣いと呼んでいる。

　明治の新政府が成立すると，公用文や教科書には歴史的仮名遣いが主として用いられるようになり，それ以来約80年間は，歴史的仮名遣いが社会一般の基準であった。しかし，その間には，表音主義による仮名遣いの改定がしばしば論議され，また，字音については小学校教科書に表音式の仮名遣いが約10年間実施されたことがある。そして，昭和21年それまでの歴史的仮名遣いに代わる「現代かなづかい」が「大体，現代語音にもとづいて，現代語をかなで書きあらわす場合の準則」として制定され，これが，その後約40年，官庁，報道関係，教育その他の各方面に広く用いられて今日に至っている。

2　「仮名遣い」という語の示す内容

　今回の審議に当たっては，仮名によって語を表記するときのきまりを「仮名遣い」と考えた。これは，従来一般に，同音の仮名を語によって使い分けることが仮名遣いであると考えられていたのに比べると，広い見方である。

〔「改定現代仮名遣い」の作成の経緯〕

　「現代かなづかい」は，「教育上の負担を軽くするばかりでなく，国民の生活能率をあげ，文化水準を高める上に，資するところが大きい。」として実施されたものであるが，それ以来，これに対しては，国民のだれもが自然にかつ容易に文章を書き表せるようになったとして，その果たした役割を大きく評価する意見がある一方，古典や文化的伝統との断絶をもたらしたという批判もあり，さらに，不徹底な表音主義のため混乱する面があるとして表音主義の徹底を求める主張もあった。

　国語審議会は，「現代かなづかい」に対してこうした様々な意見があることについても十分留意しながら，仮名遣いの規範性や適用分野などの基本的な問題，助詞「を」「は」「へ」，「じ・ぢ」「ず・づ」の使い分け，オ列長音に関するものなどの具体的な問題，さらに，仮名遣いと古典教育の問題など，「現代かなづかい」に関する諸問題について審議を重ねた。審議に当たっては，明治時代以来の仮名遣い関係の諸案，仮名遣い問題の論評などを参照するとともに，教科書，辞書，新聞，雑誌などにおける仮名遣いの現状を把握することに努めた。

その結果,「現代かなづかい」実施以来約40年の歳月を経た今日,法令,公用文書,新聞,雑誌,放送など,一般の社会生活におけるその使用状況は,不安定とみるよりも安定しているとみるべきであり,「現代かなづかい」は,大筋において改める必要はないものと判断した。

しかし,「現代かなづかい」をより一層受け入れられやすく使いやすいものとするために,その性格,構成及び内容について,なお明確化や手直しが望ましいと考え,この「改定現代仮名遣い」を作成した。

〔「改定現代仮名遣い」の性格,構成及び内容〕

この「改定現代仮名遣い」の性格,構成及び内容（改定の要点）は,次のとおりである。

1 性格

(1) この仮名遣いは,語を現代語の音韻に従って書き表すことを原則とし,一方,表記の慣習を尊重して一定の特例を設ける。

(2) この仮名遣いは,法令,公用文書,新聞,雑誌,放送など,一般の社会生活において現代の国語を書き表すための仮名遣いのよりどころを示すものであり,科学,技術,芸術その他の各種専門分野や個々人の表記にまで及ぼそうとするものではない。

(3) この仮名遣いは,主として現代文のうち口語体のものに適用する。原文の仮名遣いによる必要のあるもの,固有名詞などでこれによりがたいものは除く。

(4) この仮名遣いは,擬声・擬態的描写や嘆声,特殊な方言音,外来語・外来音などの書き表し方を対象とするものではない。

(5) この仮名遣いは,「ホオ・ホホ（頬）」「テキカク・テッカク（的確）」のような発音にゆれのある語について,その発音をどちらかに決めようとするものではない。

(6) この仮名遣いは,国語を書き表すのに仮名を用いる場合のよりどころとして示すものであり,点字,ローマ字等を用いる場合のきまりとは必ずしも対応するものではない。

2 構成

(1) 「改定現代仮名遣い」は,第1として原則に基づくきまりを,第2として表記の慣習による特例を示した。なお,付表で,この仮名遣いと歴史的仮名遣いとにおける仮名の使い方を対照させ,例を添えた。

(2) 「現代かなづかい」では，そのきまりを4表，細則33項目，備考10項目などで示したが，今回の改定では，本文に原則5項目，特例6項目，付記1項目で示して構成を簡明にした。

3　内容（改定の要点）

(1) 「現代かなづかい」では，助詞の「は」「へ」，オ列の長音（拗長音を含む。）について，本則のほかに許容を認める趣旨の表現がされているが，一般社会におけるこれらの語の書き方の定着状況にかんがみ，これらの許容は省くこととした。

(2) 「じ・ぢ」「ず・づ」の使い分けのうち，現代語の意識で二語に分解しにくい語について「じ」「ず」を用いることは，昭和31年国語審議会報告「正書法について」に示されている方針を踏襲してこれを本則とし，「ぢ」「づ」を用いることも許容することとした。

(3) 「現代かなづかい」では明示していないが，「とけい（時計）」「ていねい（丁寧)」などのようなエ列長音で発音されることのある語の表記について，付記を設けて新たに言及した。

〔歴史的仮名遣い〕

　歴史的仮名遣いは，仮名遣いの沿革の項でも述べたとおり，「現代かなづかい」の制定以前には，社会一般の基準として行われてきたものであり，今日においても，歴史的仮名遣いで書かれた文献等を読む機会は多い。歴史的仮名遣いが，我が国の歴史や文化に深いかかわりをもつものとして，尊重されるべきことは言うまでもない。また，この仮名遣いにも歴史的仮名遣いを受け継いでいるところがあり，この仮名遣いの理解を深める上で，歴史的仮名遣いを知ることは有用である。今回，付表を設けて，この仮名遣いと歴史的仮名遣いとの対照を示したのはそのためである。

〔学校教育〕

　この「改定現代仮名遣い」は，性格の項で述べたとおり，現代の一般の社会生活における仮名遣いのよりどころを示したものである。学校教育においては，この趣旨を考慮して仮名遣いの教育が適切に行われることが望ましい。なお，歴史的仮名遣いの学習については，古典の指導において適切な配慮をすることが期待されるところである。

19 国語審議会答申
「改定送り仮名の付け方」前文

（昭和47年6月28日）

　昭和34年内閣告示による「送りがなのつけ方」は，十余年にわたり行われてきたが，その経験にかんがみ，又，社会の各方面からの意見や批判を考慮して，今回これを改定することとした。

　この「改定送り仮名のつけ方」は，法令・公用文書・新聞・雑誌・放送など，一般の社会生活で現代の国語を書き表す場合の送り仮名の付け方のよりどころを示すものである。

　なお，「改定送り仮名の付け方」は，「当用漢字改定音訓表」の音訓によって語を書き表す場合について取り扱ったものである。

〔方　　針〕

　我が国で一般に行われている漢字仮名交じり文において，漢字を用いて語を書き表す場合，語形を明らかにするために，漢字の後に仮名を添えて書くことがある。この場合，語のどこまでを漢字で表し，どこから仮名で書くか，という送り仮名の付け方が問題になる。

　今回，送り仮名の付け方を改定するに当たっては，国語表記の実態を踏まえた上で，できるだけ系統的で簡明な法則にまとめることとした。しかし，送り仮名には，このような法則だけで処理することのできない慣用の事実があり，これを無視するわけにはいかない。そこで，この現実を考慮して，慣用を尊重し，更に表記上の実際に即して弾力性を持たせることとした。

〔内　　容〕

　以上の方針に従い，送り仮名の付け方を次のように本則・例外・許容の三つに分けて考えた。

　1　本　則

　　　語には活用のあるものと活用のないものとがあるが，それぞれについて，次のことが基本的な法則として考えられる。

　　(1)　活用のある語については，

　　　ア　活用を表すために，次のイに述べるものを除き，活用する部分（活用語尾）を送る。

　　　イ　派生・対応の関係にある語〔例えば，「頼む（動詞）」に対する「頼もしい（形容詞）」，「当てる（他動詞）」に対する「当たる（自

　　動詞)」など〕は，その関係を考慮して，活用語尾の前の部分から
　　送る。

　(2)　活用のない語については，

　　　ア　名詞は，次のイに述べるものを除き，送り仮名をつけない。

　　　イ　活用のある語から転じた名詞は，もとの語の送り仮名の付け方に
　　　　よって送る。

　　　ウ　副詞・連体詞・接続詞は，特に語形を明らかにするため，語の最
　　　　後の音節を送る。

　以上の五つを本則とする。

2　例　外

　　語によっては，本則に合わない送り仮名の付け方が，慣用として一定し
　ているものがある。これを本則に対する例外とする。なお，読み間違えを
　避けるために，本則に合わない送り仮名の付け方で慣用の認められるもの
　をも，例外とすることがある。

　　例外とする語について，分類できるものは，分類して示すが，それ以外
　のものは，個別に示すこととする。

3　許　容

　　語によっては，本則に合う送り仮名の付け方と共に，本則に合わない付
　け方が慣用として行われていて，本則だけを適用することは妥当でないと
　考えられるものがある。これらの語については，本則に合わない付け方を
　も取り上げて，これを許容とする。

　以上の本則・例外・許容は，主として，漢字の音又は訓を単独に用いて，
漢字一字で書き表す語（ここでは「単独の語」と言う。）について考えたも
のである。漢字の訓と訓，音と訓などを複合させ，漢字二字以上を用いて書
き表す語（ここでは「複合の語」と言う。）の送り仮名の付け方も原則とし
ては，その語を書き表す漢字の，それぞれの音訓を用いた「単独の語」の場
合に従うことになる。しかし，「複合の語」の送り仮名には，「単独の語」に
ない省き方のできるものがあり，又，送り仮名を付けないことが慣用となっ
ているものがあるので，例外・許容について，以上の事実に応じた取り扱い
をすることとする。

　　　　　なお，「単独の語」及び「複合の語」を通じて，字音を含む語は，
　　　　その字音の部分には送り仮名を要しないのであるから，この「改定
　　　　送り仮名の付け方」では，必要のない限り触れないこととする。

〔構　成〕

　この「改定送り仮名の付け方」の本文では，まず，「当用漢字改定音訓表」の「本表」に示してある音訓を用いて書き表される語を「単独の語」と「複合の語」とに分け，「付表」に掲げてある語は，「付表の語」として別に挙げた。なお，「さび止め」，「打ちひも」などのように，前若しくは後ろの部分を仮名で書く場合については「複合の語」の中で取り扱うこととした。

　次に，「単独の語」は「活用のある語」と「活用のない語」とに分け，〔内容〕に述べたところに従って，各々の送り仮名の付け方を通則として示した。各通則には，本則の外，例外・許容のあるものは，それを合わせて掲げた。「複合の語」は，(1)「単独の語」の送り仮名の付け方によるもの（「単独の語」にはない送り仮名の省き方ができるものを含む。）と，(2)慣用に従って送り仮名を付けないものとに分けて，それぞれ通則を立てた。(2)は，(1)に対して例外に当たるが，該当する語が多数に上るので，別の通則を立てたのである。

　以上に従って全体の構成を表に示せば，次のようになる。

$$
\text{単独の語}
\begin{cases}
\text{活用のある語}
\begin{cases}
\cdots\cdots\text{通則 1} \\
\cdots\cdots\text{通則 2}
\end{cases} \\
\text{活用のない語}
\begin{cases}
\cdots\cdots\text{通則 3} \\
\cdots\cdots\text{通則 4} \\
\cdots\cdots\text{通則 5}
\end{cases}
\end{cases}
$$

$$
\text{複合の語}
\begin{cases}
\cdots\cdots\text{通則 6} \\
\cdots\cdots\text{通則 7}
\end{cases}
$$

　　付表の語

〔運　用〕

1　各通則において，送り仮名の付け方が許容によることのできる語については，本則，許容のいずれに従ってもよいが，個々の語に適用するに当たって，許容に従ってよいかどうか，判断し難い場合には，本則によるものとする。

2　この「改定送り仮名の付け方」は，漢字を記号的に用いたり，表に記入したりする場合や，固有名詞を書き表す場合を対象としていない。

3　この「改定送り仮名の付け方」は，科学・技術・芸術，その他の各種専門分野における表記や個々人の表記にまでこれを及ぼそうとするものではない。

4　学校教育においては，この「改定送り仮名の付け方」が適切な配慮の下に運用されることが望ましい。

〔編者注：括弧や符号の使い方などを含めた諸々の表記に関する新しいよりどころは，本書743ページ以下の「5 公用文作成の考え方（建議）」（令和4年1月，文化審議会）と文化庁ウェブサイトで公開されている「(付)「公用文作成の考え方（文化審議会建議）」解説」（https://www.bunka.go.jp/seisaku/bunkashingikai/kokugo/hokoku/pdf/93651301_01.pdf）を御参照願います。〕

編　者

天沼　寧（あまぬま・やすし）

大正3年、奈良県に生まれる。
早稲田大学文学部文学科卒業。文部省図書局国語課、文化庁文化部国語課を経て、大妻女子大学文学部教授。国文学専攻。
平成6年没。

加藤彰彦（かとう・あきひこ）

昭和3年、東京都に生まれる。
東京大学文学部国文学科卒業。文部事務官、千葉大学留学生部助教授、教科書調査官を経て、実践女子大学名誉教授。国語学、日本語教育専攻。
令和4年没。

鈴木仁也（すずき・まさなり）

昭和39年、東京都に生まれる。
筑波大学大学院博士課程中退。東京学芸大学附属高等学校教諭、文化庁文化部国語課専門職、同課国語調査官を経て、現在、文化庁国語課国語調査官（文化庁政策課文化政策調査研究室国語調査官）。平成21年5月から文部科学省コミュニケーション教育推進会議オブザーバーも務めた。共著に『学びを創る国語教室1』（三省堂）、監修に『まんがで学ぶ敬語』（国土社）がある。

サービス・インフォメーション

――――――通話無料――――――

①商品に関するご照会・お申込みのご依頼
　　　　　TEL 0120(203)694／FAX 0120(302)640
②ご住所・ご名義等各種変更のご連絡
　　　　　TEL 0120(203)696／FAX 0120(202)974
③請求・お支払いに関するご照会・ご要望
　　　　　TEL 0120(203)695／FAX 0120(202)973

●フリーダイヤル(TEL)の受付時間は、土・日・祝日を除く
　9:00～17:30です。
●FAXは24時間受け付けておりますので、あわせてご利用ください。

用字用語　新表記辞典　新訂五版

1981年12月 1 日　新訂初版発行

2022年11月20日　新訂五版発行

2023年 9 月15日　新訂五版第 3 刷発行

編　者　　天　沼　　　寧

　　　　　加　藤　彰　彦

　　　　　鈴　木　仁　也

発行者　　田　中　英　弥

発行所　　第一法規株式会社
　　　　　〒107-8560　東京都港区南青山2-11-17
　　　　　ホームページ　https://www.daiichihoki.co.jp/

表記(新五)　　ISBN 978-4-474-07497-2　C0581 (1)

目　　　次

あ行

か行

さ行

た行

な行

は行

ま行

や行

ら行

わ行